Lateinamerika-Studien
Band 30 / I

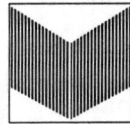

Lateinamerika-Studien

Herausgegeben von

Titus Heydenreich   Hermann Kellenbenz †
Gustav Siebenmann   Hanns-Albert Steger
Franz Tichy

Schriftleitung: Titus Heydenreich

Band 30 / I

Columbus zwischen zwei Welten

Historische und literarische Wertungen
aus fünf Jahrhunderten

I

Herausgegeben von Titus Heydenreich

Vervuert Verlag · Frankfurt am Main · 1992

Anschrift der Schriftleitung:

Universität Erlangen-Nürnberg
Zentralinstitut (06)
Sektion Lateinamerika
Bismarckstr. 1
D-8520 Erlangen

Gedruckt mit Unterstützung
der Universität Erlangen-Nürnberg

Die Deutsche Bibliothek - CIP-Einheitsaufnahme

Columbus zwischen zwei Welten: historische und literarische
Wertungen aus fünf Jahrhunderten / hrsg. von Titus Heydenreich. -
Frankfurt am Main : Vervuert , 1992
  (Lateinamerika-Studien ; 30, 2 Bde.)
  ISBN 3-89354-730-4
NE: Heydenreich, Titus [Hrsg.]; GT;

© by the Editors 1992
Alle Rechte vorbehalten
Druck: difo druck, 8600 Bamberg
Printed in Germany

Inhalt

Band I

Vorwort XI

Amerika 1992 - Rettung durch Wiederentdeckung?
Thesen und Themen im Roman "Cristóbal Nonato" (1987)
von Carlos Fuentes
Marga Graf 1

Colón, intertextual: "Il diario del viaggio" (1990), de Giorgio Bertone
Elio Gioanola 21

"Die columbinische Wende". Anmerkungen zum Bordbuch und zu den Briefen
Manfred Henningsen 27

El supuesto origen judío de Cristóbal Colón: una reevaluación
Günter Böhm 47

The Semiotics of Inhumanity: Tzvetan Todorov's
"La Conquête de l'Amérique. La question de l'autre"
Anthony Stephens 83

Die Columbusvita im "Psalterium Octaplum" des Agostino Giustiniani
(Genua 1516)
Hartmut Bobzin 97

Von "neüwen Inseln" und "canibales"
Zur Columbus- und Anghiera-Rezeption bei Sebastian Münster
Sabine Wagner 107

"garriebat philomena". Die erste Columbus-Reise und ihre narrative
Tradierung in Deutschland bis zum Jahr 1600
Wolfgang Neuber 125

Lorenzo Gambara di Brescia: "De navigatione Christophori Columbi Libri IV".
Das erste neulateinische Columbus-Epos
Heinz Hofmann 143

Columbus, die Alte und die Neue Welt in lateinischer Literatur
Die Entdeckung Amerikas bei Caspar Barlaeus (1584-1648) als
einemRepräsentanten der neulateinischen Kunstprosa
Karl August Neuhausen 211

Johann Christian Alois Mickl (Abt Quirinus): "Plus Ultra".
Das letzte neulateinische Columbus-Epos
Heinz Hofmann 233

"La famosa comedia de El Mundo Nuevo descubierto por Cristóbal Colón"
von Lope de Vega
Jahrhundertbilanz als Puppenspieltheater
Monika Walter 277

Heilsgeschichte und Aufklärung
Johann Jakob Bodmers "Colombona"
Wynfried Kriegleder 295

Columbus als "Apostel und Eroberer"
im französischen Epos des 18. Jahrhunderts
Dietrich Briesemeister 307

Columbus für Kinder
Anmerkungen zu Campes Columbus-Buch
Joachim Schultz 325

Christophe Colomb et la Découverte de l'Amérique sur l'horizon du
Siècle des Lumières
Hans-Jürgen Lüsebrink 339

Der lange Weg des Columbus in die "Historia del Nuevo Mundo"
von Juan Bautista Muñoz (1793)
Manfred Tietz 357

A Columbus for Young Ladies. The Discoverer of the New World
in Susanna Rowson's Didactic Novel "Reuben and Rachel"
Arno Löffler 381

Entdecker über Entdecker: Alexander von Humboldt, Cristóbal Colón
und die Wiederentdeckung Amerikas
Ottmar Ette 401

Die Entdeckung Amerikas und der Triumph des Kompaß in Népomucène
Louis Lemerciers "Christophe Colomb. Comédie shakespearienne" (1809)
Volker Kapp 441

"Messo di Dio, campion di Cristo" - Columbus als italienischer Nationalheld
in B. Bellinis "La Colombiade" (1826) und L. Costas
"Cristoforo Colombo" (1846)
Hans-Günter Funke 457

Christophe Colomb, Léon Bloy et l'écriture de l'histoire
Giovanni Dotoli 483

Band II

"Where Freedom shall her generous plans pursue":
Columbus in der Literatur der Vereinigten Staaten von Amerika vor 1850
Helmbrecht Breinig 515

Kolumbus in der Literatur der Vereinigten Staaten von Amerika seit Melville:
Genealogie und Verdrängung
Hans-Joachim Lang 545

Las contradicciones en el discurso independentista de Eugenio María
de Hostos: Una aproximación a "La Peregrinación de Bayoán" (1863)
Andrea Pagni 579

Columbus als Heiliger Held des Historismus: Bernabé Demarías
"Colón. Poema Histórico" (Argentinien 1887)
Ein Beitrag zur Gattungsgeschichte des Epos in Lateinamerika.
Thomas Bremer 593

Columbus und Victor Hugo bei Rubén Darío
Harald Wentzlaff-Eggebert 627

Columbus in Rom. Der Sonettzyklus "La Scoperta de l'America (1894)
von Cesare Pascarella
Titus Heydenreich 649

Ein dänischer Columbus-Mythos. Johannes V. Jensen und die längste Reise
Bernd Henningsen 669

"Christophe Colomb"
Stationen einer Zusammenarbeit zwischen Paul Claudel und Darius Milhaud
Thomas Daniel Schlee 697

Der sinnreiche Seefahrer, oder:
"den vorgebildeten Don Quichote in Columbus sehen, das hieß: ihn sehen"
Zu Jakob Wassermanns biographischem Roman
Gérard Laudin 707

Columbus, Americanism and the End of the Weimar Republic
Wassermann's Columbus novel an Walter Hasenclever's
and Kurt Tucholsky's Columbus play
Franz Futterknecht 725

Cristóbal Colón o el valor de la Historia. Blasco Ibáñez crítico de
la "leyenda romántica"
Friedrich Wolfzettel 743

Amerika oder Die Macht der Poesie: "Christophe Colomb",
ein dramatisches Feenmärchen von Michel de Ghelderode
Heinz Klüppelholz 757

"...la poesía ha inventado nuevos continentes. Colón y España
descubren el mejor": Alfonso Reyes y su imagen de Cristóbal Colón
Ludwig Schrader 779

El interés por la persona de Cristóbal Colón
en la Polonia de los siglos XIX y XX
Janusz Tazbir 793

Der polnische "Kolumbus" als Kollektivum.
("Kolumbowie rocznik 20" von Roman Bratny)
Ulrich Steltner 809

"Les Indes" d'Édouard Glissant:
du rêve avorté à l'alchimie d'un monde nouveau
Carminella Biondi 825

Columbus in Quebec
Réjean Ducharme, "La fille de Christophe Colomb" (1969)
Hanspeter Plocher 833

"Une folle aventure": "Christophe Colomb" de Charles Bertin
Peter-Eckhard Knabe 847

Colón y la modernidad:
"Colón, versos de arte menor por un varón ilustre", de Alberto Miralles
Jochen Heymann 861

Columbus aus marxistischer Sicht: Über Anna Seghers' Erzählung
"Das Versteck" (1980), mit einer Nachbemerkung zu Peter Hacks'
Geschichtsdrama "Eröffnung des indischen Zeitalters" (1954)
Günter Blamberger 881

Cristóbal Colón el Invisible o "El arpa y la sombra" de Alejo Carpentier
Hermann Herlinghaus 895

Roland Brival, "Le sang du roucou" -
Zum Problem eines dekolonisierenden Diskurses im Roman
Volker Roloff 911

"Anacaona" de Jean Métellus (1985): la parole et la croix
Patrizia Oppici 933

"¿Y ahora, qué será de nosotros sin los bárbaros?"
Lectura de "1492" de Homero Aridjis
Susana Zanetti 943

Cantando la historia:
"Los perros del paraíso" de Abel Posse
Roland Spiller 957

Namenindex 987

Adressen 1005

Vorwort

Vor hundert Jahren war für Europa die Welt noch in Ordnung. Trotz des unübersehbaren Aufstiegs der USA zur Supermacht und trotz der wachsenden Widerstände gegen die kolonialistische Mentalität alter und junger Nationen waren London, Paris, zunehmend auch Berlin die Zentren internationaler Politik.

Ausgerechnet das Columbus-Jubiläum machte jedoch deutlich, daß der alte Kontinent längerfristig mit Konkurrenz würde rechnen müssen. Nach Genua und den spanischen Städten Huelva, Sevilla und Madrid war Chicago mit ihrer - nur aus technischen Gründen erst 1893 eröffneten - World's Columbian Exhibition demonstrativ glanzvolles Zentrum der Feiern zur 400.Wiederkehr der Entdeckung Amerikas.

Gefeiert wurde weltweit nahezu ohne Reflektierung des einstigen Vorgangs und seiner durch die Jahrhunderte sich hinziehenden Folgen. Und es wurde gefeiert unter Ausschluß der Urbevölkerungen, der dezimierten Nachfahren der Entdeckten. In Madrid riefen die ehemals spanischen Kolonien und die ehemalige Tierra Madre den 12.Oktober zum künftig gemeinsam zu begehenden "Día de la raza" aus; "raza" intendierte jedoch ausschließlich die lateinische, iberische, kurzum eurogene Bevölkerung.

Insgesamt erlebte das Jahr 1892 lediglich den Höhepunkt einer positiven Wertung von Columbus' Person und Tat, die schon zu Lebzeiten und mit Beteiligung des Interessierten ihren Anfang genommen hatte und sodann vier Jahrhunderte hindurch in der Historiographie, Kunst und Literatur dominierte.

1992, im Jahr des Quinto Centenario, liegen die Dinge anders. Von den zahlreichen, dem Historismus des 19.Jahrhunderts entsprungenen Jubiläen - man denke nur an die weltweite euphorische Akzeptanz der Französischen Revolution sowohl 1889 als auch 1989 - wurde keines mit soviel Nachdenklichkeit, Skepsis, Kritik, zum Teil vehementer Kritik begleitet wie die 500.Wiederkehr jenes Ereignisses, das schon im Vorfeld der (Um-)Benennung - Entdeckung? Begegnung? Invasion? - die Gemüter erhitzte.

Die vorliegende Sammlung von Textinterpretationen versucht, dieser Nachdenklichkeit und Kritik Rechnung zu tragen. Der Haupttitel "Columbus zwischen zwei Welten" versteht sich geographisch und metaphorisch in einem, mit Blick auf jene Dialektik der Wertungen, die sich zögerlich im achtzehnten,

dezidierter im zwanzigsten Jahrhundert manifestiert. Entsprechend auch die
Gestaltung der Gliederung: Der chronologischen Reihung gehen die Analysen
zweier Texte voran, die die skeptische Grundstimmung von 1992 exemplarisch
veranschaulichen: Fuentes' Absage an eine historische Progression oder
Renaissance Amerikas am Beispiel der historisch folgenlosen Geburt eines
"neuen" Cristóbal Colón am 12.Oktober 1992 und Bertones schwermütiges
intertextuelles Spiel mit der "Authentizität" des Bordbuchs.

Vollständigkeit konnte und sollte nicht angestrebt werden. Vieles ergab
sich aus dem dankenswerten Zufall der Gewinnung von Sachkennern bestimmter
Autoren und Texte. So kamen einerseits "entlegene" Werke (u.a. aus der neulateinischen Epik des 16. bis 18.Jahrhunderts) erfreulich ausführlich zum Zuge,
während andere, mindestens ebenso relevante Texte, ja ganze Bereiche wie
die italienische Epik des 16. und 17.Jahrhunderts, die Opernproduktion
des 17. bis 19.Jahrhunderts, die (allerdings durchweg schlechten bzw. noch
schlechteren) Verfilmungen des Columbus-Stoffes unberücksichtigt blieben.
Dennoch ermöglicht die Gesamtheit der hier vereinigten Beiträge zwei
rezeptionsgeschichtliche Schlußfolgerungen:
1. Columbus-Autoren aus dem Norden wie Süden Amerikas begegnen in
steigender Anzahl - aus welchen Gründen auch immer - erst mit der Wende
zum 20.Jahrhundert, bleiben jedoch weiterhin vergleichsweise gering.
2. Das von Columbus mitgeschaffene positive Columbus-Image dominiert
grosso modo vier Jahrhunderte lang. Es profitiert vom Umstand, daß
biographische Fakten nur spärlich und z.T. nur von zweiten, panegyrisch
geschulten Händen vermittelt wurden. Es profitiert ferner von einem
christlich-teleologischen Geschichtsverständnis, das besonders mit
Abschluß (1563) des Konzils von Trient nach militanten Paladinen des
Christentums aus ferner oder naher Vergangenheit Ausschau hält und dabei
auch auf Entdecker und Eroberer wie Columbus, Vespucci, Hernan Cortés,
Vasco da Gama stößt. Eine Potenzierung dieses heroenfreundlichen
Geschichtsverständnisses erleben wir im Jahrhundert der Romantik und
des bereits erwähnten Historismus' - obwohl bekanntlich auch die Aufklärung einer optimistischen, ziel-strebigen, also telos-gläubigen Weltsicht nicht eben abhold war. Dieselbe Aufklärung freilich stellt erstmals auch kritische, europa-selbstkritische Überlegungen über Ethos
und Nutzen von Columbus' Tat an. Eine entschiedene, nachhaltige Wertungs-
wende bringt jedoch erst die Wende zu unserem Jahrhundert. Zwei Weltkriege

und ein kaum minder verheerender kalter Krieg verleiden uns die irrationale Verehrung von (vermeintlichen) historischen Anführern und geben zu bedenken, daß Geschichte nicht nur gemacht wird von Einzelnen, sondern auch erlitten wird von Vielen. Der generellen Heldenskepsis und Heldendemontage fällt auch Columbus anheim - bis hin zur Anlastung aller Folgeentwicklungen in der einst "Neuen, heute "Dritten" Welt.

Wie werden die Zeugen des Zentenars von 2092 rückblickend über Columbus urteilen - und über uns?

+++++

Die redaktionelle Endphase von Columbus zwischen zwei Welten koinzidierte zeitlich mit den Vorbereitungen der Ausstellung Columbus 1492-1992: Wirklichkeit und Legenden der Herzog August Bibliothek Wolfenbüttel (29.2.-12.10.92). So gilt hier unser Dank zunächst den Mitgestaltern der Ausstellung, besonders Herrn Dr.Manuel Lichtwitz von der Herzog August Bibliothek für viele Anregungen und weiterführende Gespräche.

Ohne das engagierte Erlanger Mitarbeiter-Team hätte Columbus zwischen zwei Welten nicht entstehen können. Herr Dr.Jochen Heymann richtete zahlreiche Typoskripte für die Reinschrift her. Frau Sabine Dauner oblag die mühevolle Kompilierung des Namenindex. Frau Susanne Groth, M.A., Frau Christine Dauner, M.A. und zuletzt Frau Ulrike Metzger, Frau Anja Bühling, M.A., Frau Carmen Wurm, M.A. sowie Herr Dr.Roland Spiller halfen sachkundig bei der Herstellung und Korrektur von Druckvorlagen. Die Hauptarbeit der Reinschrift für den Druck übernahm jedoch - wie schon bei Vorbereitung der Bände 13 und 22 sowie zahlreicher weiterer Einzeltyposkripte unserer LATEINAMERIKA-STUDIEN - abermals Frau Angelika Bracht. Allen Genannten sowie der Universität Erlangen-Nürnberg, die einen Großteil der Druckkosten übernahm, sei sehr herzlich gedankt.

Erlangen, im Februar 1992   T.H.

Amerika 1992 - Rettung durch Wiederentdeckung?
Thesen und Themen im Roman "Cristóbal Nonato" (1987) von Carlos Fuentes

Marga Graf

Es ist reizvoll - und nicht ganz ohne Risiko - das jüngste[1] Romanwerk eines Autors mit umfangreichen Publikationen und hohem Bekanntheitsgrad auf dem internationalen Buchmarkt auf Inhalt und Aussage hin kritisch zu hinterfragen.

Sinnträchtiger Ausgangspunkt in Cristóbal Nonato ist die 500 Jahrfeier, quincentenario, zur Entdeckung Amerikas 1492 durch Columbus. Der Bedeutung des Anlasses entsprechend wird von der mexikanischen Regierung in einem Erlaß verkündet, daß dasjenige mexikanische Kind, männlichen Geschlechts, das am 12.Oktober 1992 genau um 0.00 Uhr geboren wird und "cuyo nombre de familia, aparte del nombre de pila (seguramente, lo estimamos bien, Cristóbal) más semejanzas guarde con el Ilustre Navegante" zum Hijo pródigo de la Patria ernannt werden soll (S.13).[2] Seine Erziehung übernimmt die Republik. Mit 18 Jahren werden ihm die Llaves de la República übergeben und mit 21 wird er zum Regente de la Nación erklärt werden "con poderes de elección, sucesión y selección prácticamente omnímodos" (S.14).

Cristóbal (Nonato) wird im Januar 1992 am Strand von Acapulco von seinen Eltern Angel y Angeles Palomar gezeugt. Mit dem Familiennamen "Palomar" ist eine wesentliche Bedingung zur Teilnahme an dem von der Republik ausgeschriebenen Wettbewerb erfüllt, die Angleichung des Nachnamens an Colón:

> Colonia, Colombia, Columbririo, Colombo, Colombiano o
> Columbus para no hablar de Colón, Colombo, Colomba o
> Palomo, Palomares o Santospirito" (S.14)

Geht man von diesem zentralen Ansatz des Romans aus, drängt sich scheinbar zwingend die literarische Konzeption des Autors auf, daß er mit dem 12.10.1992, der Geburt eines anderen Columbus, auch die Entdeckung einer anderen Neuen Welt evozieren will. Ist Cristóbal Nonato ein historischer Rückblick und/oder eine Zukunftsvision? Wer einen neuen Carlos Fuentes zu entdecken glaubt, der das Columbusthema etwa im Stil Alejo Carpentiers in El Arpa y la Sombra mit scharfem Skalpell seziert, sieht sich getäuscht. Wie in La región más transparente (1958) und in La muerte de Artemio Cruz (1962) dient Cristóbal Nonato vor allem dazu, ein Bild Mexikos, eine Radiographie seiner Gesellschaft anzufertigen, die alle Schichten erfaßt. Es geht dem Autor auch in diesem Roman darum, die innere Struktur Mexikos zu durchleuchten, die ethnischen, sozialen und politischen Gegensätze hervorzuheben, die Mexikos Geschichte beeinflußt und bis in die Gegenwart geprägt haben. Die Frage nach der Mexikanität, die Definition des Selbst-Seins und des Anders-Seins, des Eigenen und des Anderen, ist in der Literatur Mexikos, stärker als in anderen Ländern und Regionen Spanisch-Amerikas ein zentrales Anliegen, für das nicht nur der Name Carlos Fuentes steht, sondern in der Essayistik Octavio Paz, in der Philosophie Leopoldo Zea stellvertretend zu nennen sind.

Vom Zeitraum her betrachtet, ist Cristóbal Nonato eine kritische Analyse Mexikos, die drei Generationen umfaßt: die der Revolution von 1910 bis 1917, die Folgegeneration der 40er Jahre und die Generation, deren Geburt mit den blutigen Ereignissen von 1968 zusammenfällt. Im Roman von Fuentes werden die zeitliche Abfolge und die daraus folgenden unterschiedlichen politischen und gesellschaftlichen Zeitaspekte durch die Angehörigen der Familie Palomar y Fagoaga dargestellt. Die erste Generation ist vertreten durch den einundneunzigjährigen General Rigoberto Palomar, aktiver Revolutionär und ein aufrechter Verfechter der Ideen der Revolution von 1910. Die folgende Generation ist weniger durch die Ideale der Revolution denn durch die neuen Konzeptionen von Fortschritt und Technologie geprägt. Wirtschaftlicher Aufschwung im Gefolge persönlicher Bereicherung und Korruption ist beispielhaft vertreten durch Homero Fagoaga. Fortschrittsdenken und experimentelle Wissenschaft durch die Eltern Angel Palomars, Diego y Isabel Palomar, beide Chemiker - "Los Curies de Tlalpan". Mit Fernando Benítez Fagoaga, "Defensor de los Indios", besitzt die Familie einen Verfechter der autochthonen Werte Mexikos. Die Tanten Farnesia und Capitolina Fagoaga sind eingekapselt in ein erstarrtes System hierarchischer Wertbegriffe der Gesellschaft. Um diese Familiendynastie herum gruppieren sich - als Ergänzung oder in Opposition - die übrigen handelnden Personen. Der Fötus im Mutterleib empfängt und speichert in den neun Monaten seines Vor-Lebens Informationen über seine Umwelt, die er an den Leser zur Aufbewahrung weitergibt. Der Leser nimmt im Roman eine Sonderstellung ein. Er wird zum Vertrauten Nonatos und dadurch in den Handlungsablauf mit einbezogen. An ihn wendet sich Nonato immer wieder mit dem dringlichen Apell, sein Gedächtnis, seine Erinnerung zu sein, wenn er im Stadium der Geburt sein Wissen verlieren wird. Nonato ist Beobachter und Erzähler zugleich in monologisierender Form.

Aus der Perspektive des Fötus - mehr noch des Neugeborenen - betrachtet, gleicht der Cristóbal von 1992 dem Entdecker von 1492: Beide treten ein in eine ihnen unbekannte, fremde Welt. Beide sind auf das, was sie erwartet nicht vorbereitet, von irrigen oder falschen Erwartungen getragen. Das Kind von 1992 muß seine Umwelt entdecken und verstehen lernen wie der europäische Entdecker 1492 einen fremden Kontinent. Mit dem Zusammenprall zweier Kulturen im 15.Jahrhundert, der aztekisch-indianischen und der mediterran-europäischen beginnt der mühsame Prozeß einer Identitätssuche, die sich bis heute in Mexiko in ihrer Definition immer wieder in Frage stellt. In der mexikanischen Gesellschaft haben sich von Anfang an Spannungsfelder - Antipoden - aufgebaut. Zuerst im ethno-sozialen (Indianer-Spanier) und kulturell-historischen Bereich (Kolonie-Mutterland), später, im 19. und 20.Jahrhundert vor allem im Nord-Süd-Konflikt (USA-Mexiko). Die Informationen, die Nonato im Mutterleib über das mexikanische Umfeld erhält, sind durch solche Gegensätze geprägt.

Entsprechend dem Bewertungsschema der europäischen und indianischen Rasse, wie es seit der ersten Begegnung beider Kulturen zur Zeit der Entdeckung Amerikas besteht, präsentiert sich die mexikanische Gesellschaft des 20.Jahrhunderts ihrem neuen "mexikanischen Columbus". Ethnisch gesehen ist die indianische Bevölkerung Mexikos eine rückentwickelte, minderwertige Rasse geblieben. Während der Indianer Ixca Cienfuegos in La región más transparente noch den Stellenwert eines intelligenten, selbstbewußten Mittlers zwischen den Kulturen einnimmt, im stolzen Bewußtsein, Träger einer vergangenen großen Kultur zu sein, präsentiert sich Jipi Toltec - "muchacho pertubado de ojos llorosos que tenía mucha dificultad para dormir y lo hacía contando dioses aztecas en vez de borregos y vivía dentro de sí y su confusión histórica" (S.161) - in Cristóbal Nonato als geistig verwirrt und ohne Bezug zur Realität

> [...] caminaba por las principales avenidas de la ciudad con las greñas largas y grasosas, una cara flaca y hocicona como de coyote enplumado, un traje de harapos y un lujoso cinturón de piel de víboras, anunciando en francés "la serpent-à-plumes, c'est moi." - Cree que está siempre en medio de la conquista de México, que ha regresado y que nadie lo ha reconocido [...] (S.147).

Mehr noch: Er kehrt die Ereignisse der Geschichte in ihr Gegenteil um - oder macht sie rückgängig - wenn er sich illegal an den Reichtümern der Weißen vergreift, wie es die Konquistadoren und ihre Nachfolger zur Zeit der Eroberung, Entdeckung und Inbesitznahme Amerikas getan hatten. Er sammelt

für seine Familie in deren ärmlicher Hütte die Trophäen aus der modernen
Zivilisation des weißen Mannes, wie den

> ventilador eléctrico, batidora Mixmaster, hielera Sanyo,
> televisor Philips, tostadora Sears, secadora de pelo
> Machiko Kyo, y su horno de microndas Osterizer y su radio
> despertador Kawabata[...] <u>como Colón y Cortés regresando
> a la corte de España cargados de cocos y magueyes, hamacas
> y pelotas de goma, oro y maderas, penachos de pluma y
> diademas de ópalo</u>[...] (S.339, Hervorh. selbst)

Jipi-Toltec ist eine gespaltene Persönlichkeit, ein Rebell gegen die
Gesellschaft, die seine Rasse entmachtet und beraubt hat, eingesponnen in
seine indianische Vergangenheit. Der Vergleich mit dem aztekischen Gott
Quetzalcoatl, der gefiederten Schlange, reflektiert den Wunsch, auf die
Macht und Größe der indianischen Vergangenheit aufmerksam zu machen. Er
geht dabei so weit, die schwangere Angeles, kurz vor der Geburt ihres Kindes,
zu entführen, sie seiner Familie als seine Frau vorzustellen, die ein Kind
von ihm erwartet, den "hijo de los dioses por nacer" (S.491), der eine neue
indianische Dynastie gründen wird. Es ist rassen- und klassenspezifisch aufschlußreich, daß sich Nonato, der seine Identität nur durch die von Vater
und Mutter ererbten Gene bestätigt sehen will, mit Nachdruck dagegen ver-
wahrt, die Rolle einer aztekischen Gottheit in einer elenden Hütte zu übernehmen:

> Tomen nota sus mercedes, buena nota señores Electores:
> Estos rucos se refieren a Mí cuando dicen estas cosas.
> SE REFIEREN a MI! Dense cuenta de mi pavor, atrapado
> donde ustedes ya saben, consultando como loquito mi
> cadena genética a ver si algo me condena a nacer en
> choza de aztecas birolos y a encarnar, qué se yo, al
> sol y al sacrificio y la chingada! NADA, señores '
> electores, lo que se llama NADA, si en esta pinche
> choza va a nacer una especie de proto-Huichilobos, no
> he de ser yo[...] yo soy Cristóbal Palomar, no el Hijo
> de los Teúles! (S.493-494)

In den Genen des Nonato vereinen sich Mexikaner "con y sin pasado". Zu
denen, die von Geburt und Familie her auf eine Vergangenheit zurückblicken
können, gehören die Palomar und Fagoaga. Angel Palomar, der Vater Nonatos,
aus wohlhabender kreolischer Familie, gehört zu den von der Gesellschaft
Bevorzugten. Zwei Lebens- und Weltanschauungen stehen sich gegenüber in
den Brüdern Fernando und Homero Fagoaga, zwei Prototypen, die stellvertretend sind für den Dualismus einer Gesellschaft, die ihr Selbstverständnis
aus europäischen und indianischen Traditionen und aus dem Fortschrittsdenken
des vor allem durch Nordamerika vertretenen Materialismus ableitet. Fernando

Benítez,[3] Defensor de los Indios, repräsentiert "La Patria Buena". Sein
ganzes Interesse und sein persönlicher Einsatz gelten der Pflege und Überlieferung der mexikanisch-indianischen Kultur. Er unternimmt im Namen des
INI (Instituto Nacional Indigenista) Exkursionen in entlegene Gebiete, um
Kontakte zu Indianer zu suchen, die fernab von der Zivilisation leben:
"Dijo y escribió siempre que todos los pueblos indios entre Sonora y
Yucatán sólo tenían tres cosas en común: la pobreza, el desamparo y la
injusticia". (S.230) Don Fernando kämpft für Rassentoleranz und mehr soziale
Gerechtigkeit. Er versammelt um sich die "Niños Perdidos". Die Namenlosen,
wie El Gordito, später El Huevo genannt - "de cuyo nombre original ya nadie
se acuerda o quiere acordarse" - und die Verwaisten, wie El Huérfano Huerta.

Ganz anders Don Homero, Anwalt und Sprachforscher - "Defensor de la Lengua
Castellana, el Cid Lenguador":

> [...] quien no acaba de comprender por qué un hombre dedicado
> a la más ingente tarea nacionalista como es la defensa de la
> lengua, puede ser atacado y burlado simplemente porque de
> paso hace su luchita en terrenos económicos que a nadie le
> han sido, qué va!, vedados,[...] (S.102)

Don Homero gehört zu denen, die durch skrupellose Geschäftemacherei auf
internationaler Ebene, zu eigenem Nutzen und nicht im Sinne einer Verbesserung der Lage der Gesamtbevölkerung Mexikos, zu Macht und Ansehen
gekommen sind. Die Besitzgier des reichen Großbürgertums, 1992, ohne Rücksicht und auf Kosten der unzähligen Armen und Rechtlosen, ist durchaus als
eine Parallele zur Besitzgier des weißen Eroberers, 1492, auf Kosten der
eroberten indianischen Bevölkerung zu verstehen. El tío Homero distanziert
sich von armseligen Habenichtsen und linken Rebellen. Sein Beitrag zur
Rassentoleranz erschöpft sich in seiner Vorliebe, Filipinos - zwei nacheinander, jeweils mit Namen Tomasito - als Diener und Chauffeur einzustellen.

Mehr noch als Homero sind die Schwestern Fagoaga, Farnesia und Capitolina,
von einem borniertgen und traditionellen Klassenbewußtsein erfüllt, das so
ausgeprägt ist, daß sie den Armen und Entrechteten die Daseinsberechtigung
in der mexikanischen Gesellschaft absprechen:

> Uno de sus ideales era que en México sólo viviese gente
> de la misma clase que ellas. Acariciaban la idea de que
> todos los pobres fueran corridos de México, y toda la
> gente de medio pelo encarcelada (S.81).

Denen con pasado stehen diejenigen sin pasado gegenüber: Die Armen und
Verwaisten, die Namenlosen ohne persönlichen und historischen Stammbaum
wie der Huérfano Huertas: "No me acuerdo de nada. No sé quién es mi papá
ni mi mamá" (S.161). "Sin pasado" im Hinblick auf ihre gesellschaftliche
Position ist auch Angeles, die Mutter Nonatos. Sie ist Symbol eines Neubeginns der mexikanischen Nation. Frei von Vor-Wissen und Vor-Urteilen
ist sie ein noch unbeschriebenes Blatt, offen für alle Eindrücke, die auf
sie einwirken, für "ideas, feminismo, izquierda, tercer mundo, ecología,
banabomba, Karl und Sigi, teología de la liberación hasta catolicismo tradicional con tal de ir contra la conformidad" (S.61). Noch unbelastet durch
negative Erfahrungswerte, strebt sie ein Leben in Gerechtigkeit und Gleichheit, ein gutes Leben an. Autoritätsdenken, Persönlichkeitskult, der Glaube
an "razas superiores", an Tod und Unterdrückung "en nombre de la idea, la
historia, la nación o el líder" (S.62) berührt sie nicht. Sie orientiert
sich geistig an den "diálogos de Platón", veröffentlicht in den zwanziger
Jahren von "don José Vasconcelos"[4] Angel, "el padre de Cristóbal Nonato", ist
ein ruheloser Wanderer zwischen den Welten: der "con pasado" und der "sin
pasado". Er ist ständig auf der Suche nach seinem alter ego. Sinnbild seiner
geistigen und erotischen Sehnsucht nach Erfüllung im Anderen ist die "Agueda"
des mexikanischen Dichters Ramón López Velarde (1888-1921).[5] Er macht sie
zu seiner Traum-Frau in sinnlicher und übersinnlicher Bedeutung. Zwei weitere
Frauen kreuzen seinen Lebensweg, Colasa Sánchez, Tochter des Ayatola Matamoros,
gesellschaftlich sin pasado und politisch linksorientiert, und Penny López,
neureich, Tochter eines Ex-Ministers, die er begehrt, die ihn aber mit Nicht-
achtung straft. Angel, 1968 geboren, gehört zur Generation der "desesperados", der
Pessimisten und Skeptiker, die jeder neuen Versprechung von "apertura o auge
renovación" durch die Regierenden mißtrauen. Produkt einer mexikanischen
Gesellschaft, die gleichermaßen durch die europäische und indianische Zivilisation geprägt worden ist, ist er ständig auf der Suche nach Mexikos Identität und damit nach der eigenen: "Busqué a un país idéntico a sí mismo"
(S.135). Mexikos Selbstverständnis im ausgehenden 20.Jahrhundert muß sich,
1992, endlich gleichwertig aus seinen beiden kulturellen Wurzeln verstehen.
Es gilt die indianische Geschichte vor Mißachtung und Unterbewertung zu bewahren, wie es im 16.Jahrhundert schon der Bischof Vasco de Quiroga und Fray
Bernardino de Sahagún - "que salvó toda la memoria del pasado indio" - verlangt hatten. Wenngleich nicht mit der wissenschaftlichen Akribie seines
Onkels Fernando Benítez, fühlt sich Angel doch ähnlich wie dieser dazu berufen, die Vergangenheit des alten Mexiko in die Gestaltung des neuen

Mexikos einzubeziehen, d.h. Mexiko auf den Säulen zweier Zivilisationen aufzubauen: "Ser conservador mexicano moderno".

Die Ergänzung im Anderen, wie sie sich letztendlich zwischen Angel und Angeles erfüllt, ist Ausdruck einer positiven Gegensätzlichkeit im allgemeinen zwischenmenschlichen Bereich. Sie erhält ihre Symbolkraft, wenn man sie auf die mexikanische Gesellschaft als Ganzes anwendet:

" - Los otros nos dan su ser/
- Cuando te completo a ti, Angeles/
- Yo te completo a ti, Angel/" (S.545).

Die Akzeptanz positiver Gegensätzlichkeit, die den jeweils Anderen, den von anderer Art - ergänzt und vervollkommnet, muß wesentlicher Bestandteil der Gesellschaft sein, um ihre inneren Spannungen zu überwinden und eine zukunftsorientierte Entwicklung einleiten zu können. Eine solche Haltung setzt den Einschluß aller Elemente in eine Gesellschaftsform voraus, somit auch jener autochthonen Bevölkerungsteile, die zur Entwicklung der Nation Wesentliches beitragen. Diese Ansicht wird in Fuentes' Roman Cristóbal Nonato mit großer Eindringlichkeit durch Fernando Benítez Fagoaga vertreten: "Para Fernando Benítez, la realidad era animada por el pasado". Die Vergangenheit Mexikos hat nicht mit der Eroberung durch Columbus und Cortés begonnen. Die Vergangenheit Mexikos ist die Geschichte der Eroberung und Besiedelung des Landes durch die Indianer. Da seiner Ansicht nach México D.F. dem gesellschaftlichen und politischen Chaos ausgeliefert und sein Untergang programmiert ist, weil die Mächtigen in Wirtschaft, Verwaltung und Politik die Kontrolle über den riesigen, sich ständig weiter ausdehnenden Moloch Stadt verloren haben, sucht Fernando Benítez nach den Wurzeln Mexikos, die allein sein Überleben garantieren können:

> En esta ciudad no hay salvación: la gente se odia demasiado
> a sí mismo.[...] Ojalá que todos salgamos bien de este remedo
> de apocalipsis: yo me voy a pasar un mes con los indios
> huicholes, porque para ver qué pasa cuando lo sagrado se
> mueve, prefiero verlo en su origen que en su desenlace.
> Después de todo,[...] lo sagrado es primero que nada la
> celebración del origen.[...] Yo lo miraré todo desde el
> origen, en la montaña, con los indios de nuevo, para no
> perder mi perspectiva el día en que este apocalipsis se
> agote (S.452)

Ein einschneidendes Erlebnis erschüttert den Glauben und den Enthusiasmus des anerkannten Anthropologen, Soziologen und aktiven Mitarbeiters des INI. Weit abseits der Zivilisation, auf einer Hochfläche, in einem "valle seco y plateado, atrincherado por oscuras barrancas que lo aislaban eternamente de la mano más próxima" (S.229) trifft Don Fernando auf einen Indianerstamm, der sich auf seltsame Weise verschlossen verhält gegenüber seinen Versuchen, Kontakt mit seinen Mitgliedern aufzunehmen. Sie sind Sonnenanbeter, der Sonne zugewandt, mit geöffneten Augen, ohne durch das Sonnenlicht geblendet zu werden. Sie sind offensichtlich blind. Der Forscher und die Indios - sie sehen einander nicht, in tatsächlichem und übertragenen Sinn. Ihre Isolation durch ein körperliches Gebrechen wird zum Symbol eines nicht zu überbrückenden Abgrunds zwischen den Ethnien. Zwischen denen, die von ihrem Land 1492 Besitz ergriffen haben, den Spaniern und ihren kreolischen Nachfahren, und denen, die entmachtet und entrechtet, aufgesogen und an den Rand der Gesellschaft gedrückt wurden, den Indios, gibt es keinen Weg der Verständigung. Mehr noch als vor 500 Jahren ist 1992 die territoriale und ethnische Einheit Mexikos zerstört:

> México - lo que quedaba de México después de la Partición - se iba muriendo, sin que los mexicanos - los que andaban encerrados en los límites de la flaca República - acabarán jamás de conocerse entre sí. de conocer lo que quedaba de la patria averiada (S.235).[...] Vio una angosta nación esquelética y decapitada, el pecho en los desiertos del norte, el corazón infartado en la salida del Golfo en Tampico, el vientre en la ciudad de México, el ano supurante y venéreo en Acapulco, las rodillas recortadas en Guerrero y Oaxaca ... Esto quedaba (27).

"El México mutilado", das durch Fremdeinflüsse zerstückelte Mexiko, ist im 20.Jahrhundert durch neue Eroberer besetzt und ausgeplündert worden: Wirtschaftsinvasoren aus den USA beherrschen seit Beginn des Jahrhunderts das Marktgeschehen in Mexiko. Seit dem ausgehenden 19.Jahrhundert gibt es in Mexiko Erdöl. Eine der ersten Raffinerien wurde 1880 durch den Nordamerikaner Pearson gebaut.[6] Mit "El Chitacam Trusteeship (Chiapas-Tabasco-Campeche) enajenado a los consorcios petroleros norteamericanos de las Cinco Hermanas" spielt Fuentes in seinem Roman auf die dominierende Rolle ausländischen Unternehmertums und Kapitals in Mexiko an. Dabei sind es nicht allein die fremden Kapitalanleger, die sich auf Kosten des mexikanischen Volkes an der Erdölproduktion bereichern. Die eigentlichen Schmarotzer am Eigentum des kleinen Mannes sind die mexikanischen Unternehmer, denen der persönliche Profit wichtiger ist als eine allgemeine Prosperität der Wirtschaft zugunsten des mexikanischen Volkes. Ende der 70er Jahre beginnt der große wirtschaftliche Zusammenbruch der Erdölindustrie in Mexiko und damit La Crisis: gefallene Ölpreise und gestiegene internationale Kreditzinsen

bringen das Land an den Rand des wirtschaftlichen Zusammenbruchs. Ein
günstiger Zeitpunkt für rücksichtslose mexikanische Spekulanten, sich durch
internationale Devisentransaktionen zu bereichern.[7] Bankiers und fremde
Kapitalanleger bringen ihr Vermögen in Sicherheit: "Los banqueros se
fueron de México al Gran Caymán con sus indemnizaciones - Los inversionistas
extranjeros se fueron a paises seguros" (S.329). Der große Verlierer ist
die breite Masse des Volkes:

> Miraron Angel y Angeles a las filas de jóvenes sin destino,
> las largas filas de gente amolada, formada ante la nada,
> esperando nada de la nada, la ciudad de México decrépita
> y moribunda y el teatro callejero montado en tarimas y
> camiones desvencijados representándolo todo, las razones
> y las sinrazones: AFTER THE FIESTA THE SIESTA entren,
> entren todos a ver cómo se desplomaron los precios del
> petróleo (S.331).

Die Armen und Ärmsten sind auch die Leidtragenden eines internationalen
Tourismus-Unternehmertums wie des Club Méditerranée, das sich u.a. in der
Gegend um Acapulco und in ausgedehnten Territorien Yucatáns ausbreitet mit
verheerenden Folgen für Lebensraum und Kultur einer überwiegend indianischen
Landbevölkerung. Die Luxushotels in Acapulco, die sich in steigendem Maße
neben den Villen reicher Mexikaner und Ausländer ausbreiten, verdrängen die
angestammte Bevölkerung aus ihrem Lebensraum. Tourismus wird staatlich gefördert, da er eine unerläßliche und einträgliche Quelle zur Abzahlung der
Zinsen der mexikanischen Auslandsverschuldung darstellt: "los intereses de
la deuda externa (la deuda eterna) que este año llegará, se calcula, a los
1 492 millones de dólares: bonita cifra para celebrar los cinco siglos de
Colón-y-Zeción" (S.26).

In Acapulco, wo Don Homero einen luxuriösen Sommersitz sein eigen nennt,
kommt es zu einer Verschwörung der vertriebenen und entrechteten einheimischen
Bevölkerung gegen die Reichen des In- und Auslandes unter der Führung des
Jipi-Toltec:

> Fueron los últimos rebeldes en quedarse arañando los cerros
> con vista al mar y a la bahía: el mar y la bahía son del
> jet set, no de los paracaidistas, dijo mirándose retratado
> en Paris Match el gobernador don Vicente Alcocer (S.54).

Die "paracaidistas" sind die Armen, die in Zentren der sogenannten
Zivilisation und des Fortschritts wie die Heuschrecken einfallen in der
Hoffnung, sich ein Stück vom Wohlstands-Kuchen abschneiden zu können. Sie
landen schließlich, nachdem sie ihre Heimatregionen freiwillig oder ge-

zwungenermaßen verlassen haben, in den Elendsvierteln, die sich in immer größeren Ringen um México D.F. ausbreiten. Mexiko ist ein armes und krankes Land - "Make-sick-o" - das durch ein korruptes System regiert wird. Herausragende Figur ist der Licenciado Federico Robles Chacón, Sohn des Bankiers Federico Robles und der blinden Indianerin Hortensia Chacón, beide bekannt aus dem Roman La región más transparente. Er lenkt die Geschicke Mexikos durch gezielte Manipulation der Massen: Statt Fakten und Zahlen Phantasie (imaginación) und Symbole:

> Como el descontento no se resuelve con estadísticas, quisiéramos que se resolviese con hechos. Pero como los hechos son testarudos y, además, resolverlos puede conducir al caos, propongo que no empleemos ni hechos ni estadísticas, sino imaginación y símbolos. (S.37)[...] A este país lo único que le interesa es la legitimación simbólica del poder (S.38).

Eine ehemalige Sekretärin der SEPAVRE (Secretaría de Patrimonio y Vehiculación de Recursos) wird zur Kultfigur hochstilisiert. In ihr soll sich die Sehnsucht und das Bedürfnis nach gläubiger Hingabe des Volkes erfüllen. Nach "Nuestra Señora la Coatlicue (la antigua), Nuestra Señora la Malinche (la impura), Nuestra Señora de Guadelupe (la pura), Nuestra Señora la Adelita (la revoltosa), Las Estrellas del Cine (las secretas), Las gringas de nuestros sueños masturbadores", wird "La última: Nuestra Señora Mamadoc" die perfekte Mischung aus allen Vorangegangenen sein. Mamadoc ist Produkt des Volkes und Ausdruck seiner Ängste und Sehnsüchte. Jedes Jahr am 15.September wird sie den "Grito de Dolores" ausstoßen. Mit diesem Schrei gebärt sie symbolisch die Leiden des Volkes, die in dem ersten Aufstand zur Unabhängigkeit durch den Padre Hidalgo, 1810, ihren historischen Auftakt hatten. Sie wird am 12.Oktober 1992 den "Hijo Pródigo de la República" proklamieren. "A ella se le perdonaría todo". In ihren glanzvollen und gefühlvollen Auftritten legitimiert sich zu gleicher Zeit der Anspruch auf Macht und Reichtum der politisch und wirtschaftlich Einflußreichen Mexikos.

Die eigentlichen Schmarotzer, diejenigen, die sich auf Kosten der unwissenden und mittellosen Masse des Volkes hemmungslos bereichern sind Typen wie der Licenciado Ulises López, Ex-Minister und rücksichtsloser Wirtschaftsboss: "Ulises López creía en la autoafirmación y su grito en la noche fué este: - Fui piraña y lo volveré a ser!" (S.366). Seine Devise und Lebensphilosophie: "Sólo uso a los que me usarían a mí o usan a los demás. Si los exploto, es porque explotan; si engaño, es porque engañan. Todos quieren lo mismo [...]

Poder, sexo y dinero (S.367)". Er, seine Frau, Lucha Plancarte de López und seine Tochter Penélope (Penny) leben in luxuriöser Isolation vom mexikanischen Volk. Sie streben nach immer mehr Reichtum, um es u.a. im Ausland - in Luxushotels und Boutiquen des Jet-Set in Nordamerika - ausgeben zu können.

Federico Robles Chacón, Ulises López, Homero Fagoaga repräsentieren die dünne Schicht der Mächtigen und Besitzenden und in ihnen repräsentiert sich die PRI - die Partido Revolucionario Institucional, die allmächtige Regierungspartei Mexikos, die den Präsidenten aus ihren Reihen stellt und noch nie eine Wahl verloren hat. Staatliche Unterstützung, erhebliche Geldmittel und persönliche Beziehungen sorgen dafür, daß der Kreislauf der Macht ungestört rotieren kann.[8]

Mitglied der PRI zu sein[9] ist für Homero Fagoaga ein Glaubensbekenntnis:

> Yo nací con el PRI, ése es mi timbre de gloria nacional
> pero también mi destino personal[...] yo no concibo la
> existencia sin el PRI, estoy orientado, sintonizado,
> enchufado con el Partido, al PRI debo mi idioma, mis
> pensamientos, mis ideales, mis combinaciones, mis
> trácalas, mis oportunidades, mis excusas y mis audacias:[...]
> toda mi existencia, hasta mis fibritas más íntimas[...]
> deriva del PRI y su sistema. (S.269)

Wie wenig nah, volks-nah, sich die PRI ihren Gründungsidealen aus der Revolution von 1910 bis 1920 verbunden fühlt, läßt sich aus einer Episode in Cristóbal Nonato ablesen. Don Homero, der einen Posten als Senator anstrebt, hält vor 5000 Mixteken in spanischer Sprache eine mit Latinismen und Anspielungen auf die römische Geschichte gespickte Rede, die niemand versteht, da "ni uno solo de estos aborígenes habla español" (S.263). Hier wird auf groteske und makabre Weise das Dilemma eines politischen Systems sichtbar gemacht, das sich demokratisch nennt, aber weiterhin auf den traditionellen Werten einer Klassengesellschaft aufbaut, in der nur eine dünne Schicht von Privilegierten den Vorteil einer guten Ausbildung und eines besseren Lebensstandards genießt. Diese Niederlage, die Unmöglichkeit, sich breiten Volksmassen verständlich zu machen, führt bei Homero zu einer Bewußtseinskrise, die sein Bruder Fernando dazu nutzt, ihn vom schlechten Einfluß der PRI auf die Entwicklung der mexikanischen Gesellschaft zu überzeugen und für einen Kampf um mehr Freiheit und Demokratie zu gewinnen:

> -Vas a renunciar públicamente al PRI, Homero.(S.268)[...]
> en la libertad y la democracia, Homero. Saldrás a combatir por ellas cuando yo te lo ordene, Homero. Les
> darás a tus conciudadanos la confianza que nadie ha

querido darles. Tú le darás a este país despreciado
el mínimo chance de ser democrático, Homero.

Der Versuch Homeros, in dem Ort Malinaltzin seine Vorstellungen von mehr
Demokratie an eine Gruppe von Bauarbeitern weiterzugeben, endet kläglich
und entwürdigend für ihn, seinen Bruder, für Angel und Angeles, die vom Wortführer des Bautrupps, Matamoros, vergewaltigt wird. Dieser Matamoros -
"muchachote alto, fornido, prieto, bigotón, con ojos de guerillero[...] con
hombrotes casi gorilescos" (S.120), tritt schon vorher im Roman als Schulfreund Angels mit literarischen Ambitionen auf. Er gehört zu den Unterprivilegierten, den Verunsicherten der Gesellschaft, die ihre Selbstverwirklichung und die Überwindung ihres Minderwertigkeitskomplexes im Haß auf die
durch Geburt und Stellung vom Schicksal Begünstigten abreagieren. Die Vergewaltigung Angeles' durch Matamoros läßt sich als Racheakt an Angel verstehen, der eine ihm vorgelegte literarische Produktion von Matamoros nicht
entsprechend positiv und für eine Veröffentlichung geeignet begutachtet
hatte.

Später entdeckt Matamoros eine andere Möglichkeit, zu Macht und Ansehen zu
kommen, den Katholizismus:

> Les recordó que México era la segunda nación católica
> del mundo y la primera de habla española, ciento treinta
> millones de católicos, no ciento treinta millones de
> priístas o panistas o comunistas o campesinos o pepenadores o funcionarios o lo que fuera. (S.443)

Er, der Ayatola Matamoros, wird der neue Heilsverkünder: El Hermano Menor de
Jesuscristo que quiere para nuestro México:

> Nacionalismo guadalupano! El de Ustedes!
> Moralidad católica! La de Ustedes!
> Madrecita santa! La de ustedes!
> Nueva energía! La de todos!
> Nueva fe! La de todos nosotros! (S.444)

Seine Parolen: "Queremos país! Queremos nación! - Menos clase y más nación".
Gleichheit für alle bedeutet zunächst die Abschaffung des Geldes. "No más
dinero!". Statt mit wertlosen Geldscheinen: Handel und Wirtschaft auf der
Grundlage des Waren-Tauschgeschäfts. Die Bewegung des Ayatola eskaliert
bei der Durchführung ihrer Prinzipien letztendlich in Gewalt und Plünderungen. Der Zorn der Massen findet sein Opfer in der Verwüstung des Eigentums, in Mord und Vergewaltigung der Familie Ulises López. Später werden
die Anhänger des Ayatola Matamoros durch das Eingreifen des Licenciado
Federico Robles Chacón in einem blutigen Gemetzel zusammengeschlagen und

getötet, Der Ayatola stirbt. Die alten Machtverhältnisse sind wiederhergestellt: "¡Viva México, viva el PRI!" (S.484).

Rekapituliert man das Vorangegangene, bietet sich in Fuentes' Cristóbal Nonato eine erschreckende, zum Teil apokalyptische Vision Mexikos. Das Buch, 1987 veröffentlicht, erfüllt heute, 1991, den Anspruch, an der Realität gemessen werden zu können. Der Leser, der diese "Chronik eines Ungeborenen" in die Hand nimmt, wird fiktiv und tatsächlich zum Zeitzeugen und Ansprechpartner. Der Monolog, den Nonato in Richtung auf den "elector" führt - den e-/lector, d.h. Leser und Auserwählten zugleich, dem Nonato eine Aufgabe, eine Mission anträgt - ist mit einem dringlichen Apell an dessen Aufmerksamkeit und Mithilfe verbunden. Er soll das Gedächtnis des Ungeborenen sein, ihn an die im Mutterleib, als Fötus, gewonnenen Erkenntnisse erinnern. Einmal geboren, wird Cristóbal Palomar seiner Umwelt genau so unwissend und "sprachlos" gegenüberstehen und ausgeliefert sein wie sein Namensvetter vor 500 Jahren beim Betreten amerikanischen Bodens. Die Sprache, die der Verständigung und dem Verständnis dient, die Sprache der Mutter und der anderen "dort draußen", er wird sie verlieren und erst in einem mühsamen Prozeß des Erlernens und Verstehens wiedergewinnen. Und dieses, obwohl der Nonato im Mutterleib bereits einen eigenen Prozeß der Bewußtwerdung und der Sprachgestaltung durchlaufen hat:

> Señores electores: rueguen por mí, rueguen que la lección del lenguaje aprendido en el seno de mi madre no la olvide, como tantas otras cosas, apenas tenga lugar el parto. Permitan que al nacer conozca no sólo mi lenguaje sino el que dejo atrás[...] A lo largo de este mi (obligado) monólogo, yo debo permitir que todas las voces exteriores se crucen como tormentas en mi discurso solitario[...] Pido esta ráfaga de voces en la cámara de mi propio eco con la esperanza de que un día, hoy y mañana (o ayer: quién sabe?) mi propia voz atraviese como una tormenta el universo verbal, los diálogos y monólogos de ellos, de USTEDES, allá afuera, otros y sin embargo también aquí, adentro, iguales: enviaré estos mensajes desde mi catacumba carnal, me comunicaré con los que no me oyen y seré, como todo autor minoritario y silenciado, la voz rebelde, censurada y silente ante de los lenguajes reinantes, que son, no los del otro, no los de nosotros, sino los de la mayoría. (S.280/281)

Mit der Geburt verkümmert die Sprache Nonatos zum Lallen. Er wird damit des wichtigsten Instrumentariums der Verständigung beraubt. Die Erkenntnisse aus neun Monaten Beobachtung werden mit seiner Geburt auf den Punkt Null reduziert werden. Er weiß, daß er zurückversetzt wird in den Zustand der Unwissenheit und der Sprachlosigkeit und daß nur durch den Leser die Erkenntnisse seiner Vor-Vergangenheit aus der Entwicklung im Mutterleib gespeichert und übermittelt werden können. Schon dort definiert Nonato, wenn nicht seine Bestimmung (destino), so doch seine Berufung (vocación):

> intentaré descifrar el perenne misterio de los nombres
> lucharé sin descanso contra lo desconocido
> mezclaré con irreverencia los lenguajes
> interrogaré, hablaré de tí, imaginaré, concluiré sólo
> para abrir una nueva página
> llamaré y contestaré sin tregua
> ofreceré al mundo y a la gente otra imagen de sí mismos
> me transformaré siendo el mismo:
> CRISTOBAL NONATO (S.305/306)

Die Misere der Gesellschaft liegt an den unterschiedlichen Sprachen, die in ihr gesprochen werden, die eine Verständigung der Rassen und Klassen erschweren, wenn nicht unmöglich machen. Sich verständlich zu machen und verstehen zu können, ist das elementare Bedürfnis Nonatos:

> Quiero ser comprendido; para ello, debo comprender.
> Quiero entender lo que aquí se va diciendo fuera de mí:
> el lenguaje, tan invocado por el tío Homero, tan
> aplicado por el tío Fernando, tan usado por todos, yo
> lo comparto: esto me dicen, en primer lugar, mis genes:
> eres lenguaje (S.279).

Die Bedrohung des Menschen durch ein feindliches, ökologisches und humanes Umfeld verursacht schon im Ungeborenen Ängste, die er unter Hinweis auf seine positiven, durch die Eltern vererbten Gene abwehrt. Die Vorherbestimmung der Charaktereigenschaften, der Fähigkeiten und der äußeren Erscheinung bestimmt die Autodefinition des Nonato in den ersten Monaten seiner Entwicklung als Fötus. Mit dem achten Monat erwacht die Erkenntnis, nicht nur als Individuum per se, sondern als Teil eines determinierten Umfeldes geboren zu werden, auf das das Ungeborene keinen Einfluß ausüben kann. Die Frage nach Zeit (tiempo), Raum (espacio) und Umfeld (circunstancia) wird zum Alptraum im Hinblick auf die Geburt. Ein Gefühl des Ausgeliefertseins kommt in Nonato auf:

> Por primera vez, elector, siento que me llevan a donde no
> quiero ir, y este sentimiento me abre los ojos a otro hecho
> hasta ahora inconsciente: temo no ser lo que mi plano genético
> ha determinado para mí, sino lo que las fuerzas de afuera,
> todos esos fenómenos que mi inteligencia (privada, interior)
> ha venido observando[...] y registrando[...] toda esa minucia
> exterior ajena a mi ser[...] toda esa circunstancia (pareja
> famosa: Ortega y Gasset) todo ese ambiente, se impongan en
> mí, anulen mi voluntad y mi inteligencia[...] (S.489).

In steigendem Maße wächst in Nonato das Bewußtsein, in eine feindliche und selbstzerstörerische Welt hineingeboren zu werden, ohne das Licht der Erkenntnis der Vor-Geburt mit hinübernehmen zu können in die Phase des Geborenwerdens. Wie 1492 für Cristóbal Colón ist die "Wieder-Entdeckung" Mexikos 1992 für Cristóbal Palomar mit Risikofaktoren belastet, die sich aus dem Status der Unkenntnis und Unwissenheit gegenüber einer unbekannten neuen Welt ableiten lassen. Beklemmend wirkt sich auf den 'Ungeborenen' die Vision der möglichen Wiederholung der Taten und Untaten der Vorfahren aus, die er erneut begehen könnte durch den Verlust seiner Erkenntnisse aus der Zeit vor der Geburt als Fötus im Mutterleib:

> Aún no nazco y ya temo que voy a actuar de nuevo como
> actuaron todos mis antepasados. Gloria y ambición.
> Amor y libertad. Violencia.(S.555)[...] Vale la pena nacer
> en México en 1992? (S.557)

Nichts hat sich verändert. Die Gier nach Besitz ist geblieben. Sie hat in Mexiko die Reichen noch reicher, die Armen noch ärmer gemacht und für alle gemeinsam zur Zerstörung der Umwelt geführt. Mexiko erstickt in Abfällen und Abgasen:

> Matamos a la tierra para poder vivir, y luego esperamos que
> la tierra nos perdone, nos absuelva de la muerte a pesar de
> que la matamos?(558)[...]: ái te vengo, mundo, para actuarte mi
> dosis de violencia, violencia sobre la naturaleza, violencia
> sobre los hombres, violencia sobre mi mismo. (S.559).

Wo ist das Land, der Kontinent, den es für Cristóbal (Colón) Palomar 1992 neu zu entdecken gäbe? Gezeugt am Strand von Acapulco, entsteht über die Spermen, die sich mit Sand und Wasser vermischen - "lavándose en la mar después de haberme creado" (S.196) - eine symbolische Verbindung zum Pazifik. Es ist bezeichnenderweise Don Homero, der dahin drängt, daß Cristóbal Palomar (der Preisträger!), am 12.10.1992 unbedingt in Acapulco zur Welt kommen müsse:

> [...] que Acapulco se identifique con la Magna Celebración
> del Quincentenario y que nuestro rostro, que recibió al
> Ilustre Navegante viniendo de nuestro oriente que era su
> occidente en busca de un oriente que quedaba más lejos,
> se vuelva ahora hacia el verdadero oriente clásico, el
> Pacífico, que en realidad es nuestro más cercano occidente y
> nosotros, válgame Dios, el oriente verdadero de ellos! (S.539)

Fünf Jahrhunderte lang waren das Mittelmeer und der Atlantik die Wiege der Kultur - "cuna y prisión, madre y madrastra" - gewesen. Die Zukunft würde dem Pazifik gehören. Pazifisch, "Pacífica" ist hier, neben der Region, auch als Ausdruck eines zukünftigen friedlichen Nebeneinanders der Rassen und

Kulturen, ihrer künstlerischen Werte und ihres technischen Wissens zu interpretieren. Verständnis für den Anderen, das Anderssein als Ergänzung des Selbstseins, technischer Fortschritt und kulturelle Leistung in harmonischer Gleichsetzung. So sieht es der zweite Tomasito, "el muchacho oriental":

> En Pacífica le dimos la mano a la vez al rápido avance tecnológico y a la conciencia trágica de la vida, tomando en serie lo que dice una novela, un poema, una película, una sinfonía, una escultura: decidimos que las obras de cultura eran tan reales en el mundo como una montaña o un transitor, que no hay naturaleza viva sin su compensación en el arte, ni presente vivo con un pasado muerto, ni futuro aceptable que no admita las excepciones al progreso, ni progreso técnico que no integre las advertencias del arte. (S.545)

Bei Don Homero entspricht die bewußte Ausrichtung auf Pacífica einem einseitig materiell orientierten Zukunftsbild. Er sieht im Kontakt mit der pazifischen Rasse, ihrem kommerziellen und technischen Know-how, die Zukunft und das Überleben Mexikos gesichert:

> Pacífica es nuestra salvación, nos negamos al mercado común con los Estados Unidos y Canadá en los setenta, pero ahora Japón y China dominan a los Estados Unidos y Canadá. Pacífica es nuestra carta, obvio; entramos por la puerta grande al comercio y a la tecnología, sin deberles nada a los gringos!(S.549)

Lateinamerika - Mexiko - Eine Region, in der es nichts mehr zu holen gibt. Die sich dem Fortschritt verschlossen hat und in Unterentwicklung stagniert. Eine Region, in der sich Entdeckungen nicht mehr lohnen, weil es nichts mehr zu entdecken gibt. Eine Region, die sich selbst aufgegeben hat, die an Verbesserungen ihrer Lebensverhältnisse nicht interessiert war, über fünf Jahrhunderte bis zur Selbstaufgabe zur Ausbeutung freigegeben für einige Wenige. Keine lohnende Region also für den Entdecker von 1992? Carlos Fuentes ist hier wie in seinen anderen Romanen - u.a. in <u>La región más transparente</u> und <u>La muerte de Artemio Cruz</u> - ein kritischer Analytiker, der ebenso aufmerksam machen will auf die negativen Folgen einer falschen Selbsteinschätzung wie auf die Möglichkeiten eines positiven Wandels, der zwingend notwendig ist und der seine Kräfte gleichermaßen aus einem traditionellen und aus einem modernen Selbstverständnis ableiten muß. Aus der Konfrontation zweier Lebensanschauungen, wie sie im Roman durch Homero und Fernando Benítez vertreten werden - der des reinen egoistischen Nutzdenkens und der der Verteidigung und Besinnung auf die eigenen Werte im Hinblick auf eine verbesserte Lebensperspektive - wächst bei Angel Palomar die Erkenntnis, seinen Sohn in und für Mexiko auf die Welt kommen zu lassen. So wenig wie die kapitalistische Welt

"Pepsicoatls", repräsentiert durch die USA, das neue Utopia der Generation von 1940 verwirklichen konnte - nach den enttäuschten Erwartungen der Revolution von 1910 - so wenig wäre Pacífica geeignet, das neue Utopia der desillusionierten Generation von 1968 darzustellen. Die "utopía mexicana" muß in Mexiko und durch die Mexikaner ihre Verwirklichung finden. Der Wieder-Entdecker Mexiko-Amerikas muß 1992 seine Chance erhalten, an der Entstehung der Neuen Welt in progressivem und humanem Sinne teilnehmen zu können. Das Mexiko von 1992 braucht seinen Columbus für seine bessere Zukunft. So sieht es Angel, der Vater:

> Angeles, Cristóbal, no quiero un mundo de progreso que
> nos capture entre el Norte y el Este y nos arrebate lo
> mejor del Occidente, pero tampoco quiero un mundo
> pacífico que no mereceremos mientras no resolvamos lo
> que ocurre acá adentro. (S.555)

In diesem Sinne ist Cristóbal Palomar nicht der programmierte Mythos eines "hijo pródigo de la República", kein mentales Produkt eines cleveren Politikers, kein Preisträger, sondern der Hoffnungsträger der 68 Geborenen, deren Väter auf die Straße gingen, um für mehr Demokratie und soziale Gerechtigkeit zu protestieren, deren Nachkommen von 1992 Mexikos Identität neu entdecken und definieren müssen.

Die Frage, ob Carlos Fuentes mit seinem Roman <u>Cristóbal Nonato</u> besondere Zeichen im Hinblick auf 1992 oder unter Rückblick auf die Entdeckung Amerikas 1492 und die 500jährige Geschichte Mexikos/Lateinamerikas setzen will, bleibt dem Leser überlassen. Eine eher verhaltene spanische Rezension zu <u>Cristóbal Nonato</u> äußert die Ansicht, daß Carlos Fuentes "ofrece al lector una nueva versión de sus obsesiones, repetidas hasta casi la saturación en los restantes títulos de su dilatada obra narrativa". Derselbe Rezensent kann sich allerdings nicht der Einsicht verschließen, daß es dennoch "algunas inovaciones" in Fuentes letztem Roman gibt. Er unterstreicht den "tono irónico, distendido y a menudo burlesco" (S.346) der den überwiegenden Teil des Werkes beherrsche und nur in einigen Teilen den ernsten und schulmeisterlichen (sentencioso) Ton seiner früheren Romane vorzeige.[10] Wirklich? Fuentes liebt raffinierte Satzkonstruktionen, Allusionen, Wortspiele und Bildeffekte. ein bissiger satirischer Unterton ist in <u>Cristóbal Nonato</u> nicht zu übersehen. Sarkasmus und ein Hauch von "schwarzem Humor" drängen sich beim Lesen auf. Aber es sind gerade die grellen Überzeichnungen, mit denen der Autor seine Personen und Gruppen aus unterschiedlichen, einander frontal gegenüberstehenden sozialen Schichten charakterisiert, die den

Ernst seiner literarischen Aussage mit Nachdruck unterstreichen. Die Unabänderlichkeit und Unüberbrückbarkeit von Klassen- und Rassenunterschieden, wachsende Armut und die Bedrängnis der Gesellschaft durch ein ökologisches Umfeld, dessen Zerstörung das natürliche Gleichgewicht zwischen Mensch und Natur bedroht, lassen bei der Lektüre des Romans eher den Eindruck des Makabren und Apokalyptischen als des Burlesken entstehen. Die Unmöglichkeit, die als Nonato gewonnenen Erkenntnisse als Nato in Erfahrungswerte umsetzen zu können, zum Wohle der Gesellschaft und des Landes, lassen den Columbus von 1992 an seiner Mission verzweifeln, umsomehr, da die Feiern zum Quincentenario am 12.Oktober auf Anordnung des Präsidenten verschoben werden sollen. Begründung: "Colón era Colonial/no hay nada qué celebrar se acabaron los cristobalitos" (S.557). Änderungen, Veränderungen, alles läßt sich auf morgen verschieben: "el tiempo mexicano es aplazable, aplazable, aplazable: todo ocurrirá mañana,[...]" (S.557).

Das deprimierende Gefühl, Erben einer bedeutenden europäischen Kultur, der spanischen, und zugleich der aztekischen, zu sein, und dennoch heute unter dem Begriff Unterentwicklung und Drittwelt-Region zu rangieren, weckt aggressive Empfindungen in Mexiko vor allem gegen die USA. Octavio Paz und Leopoldo Zea haben sich in ihren Schriften immer wieder mit dieser Nord-Süd-Konfrontation auseinandergesetzt. Von Quetzalcoatl zu Pepsicoatl. Die mythische Vergangenheit der Indianer, mit der die spanischen Eroberer 1492 in Berührung kamen, wird im 2o.Jahrhundert durch den Mythos des Fortschritts überdeckt, dessen Sinnbild die Werbeplakate für Pepsi-Cola, Waschmaschinen, Kühlautomaten u.a. geworden sind. Der Cristóbal-Colón-Palomar von 1992 wird vor der Aufgabe stehen, Mexiko wieder-zu-entdecken, ihm ein neues autonomes Selbstverständnis zu übermitteln. Was Carlos Fuentes in seinem 1973 erschienenen Buch Tiempo Mexicano zu diesem Problem schreibt, gilt gleichermaßen auch noch für seinen Roman Cristóbal Nonato:

> Imposible Quetzalcoatl, indeseable Pepsicoatl: los mexicanos tenemos la obligación y la posibilidad de inventarnos un modelo propio de vida, una gran síntesis novedosa de los tiempos que nos han marcado, a fin de insertarnos en el tiempo de nuestra memoria, nuestra aspiración y nuestra justicia verdaderas.[11]

Es mutet wie eine "Vision" an, wenn man das folgende Zitat aus einer declaración betrachtet, die 1984 im Hinblick auf das Quincentenario 1992 von einer Gruppe internationaler Wissenschaftler ausgearbeitet wurde, deren geistiger Promotor Leopoldo Zea war, und die sich mit einer Revision der "Idee der Entdeckung" beschäftigt:

> La idea del descubrimiento no está en el pasado sin
> en el futuro: el problema es saber lo que vamos a
> "descubrir", "encubrir", "integrar", "liberar". La
> idea del "redescubrimiento" tal vez sea la más fecunda.[11]

Die Forderung nach einer Re-/Vision, einem Überdenken der Idee der Entdeckung unter der Perspektive einer mehr zukunftsorientierten Form der Neu-/Wiederentdeckung Amerikas 1992 ist im Cristóbal Nonato von Carlos Fuentes 1987 bereits literarisch in die Tat umgesetzt worden.

Anmerkungen

1. Der Roman La Campaña, von Carlos Fuentes, Madrid 1990 bei Mondadori S.A., war der Verfasserin bei Abfassung des Aufsatzes noch nicht bekannt.

2. Ortsverweise und Zitate hier und im Folgenden n.d.Ausg. Carlos Fuentes: Cristóbal Nonato. México, Fondo de Cultura Económica, 1987.

3. Fernando Benítez Fagoaga ist als identisch anzusehen mit dem mexikanischen Soziologen und Anthropologen Fernando Benítez, mit dem Fuentes eng befreundet ist. Im prólogo zu den Obras Completas de C.Fuentes (Aguilar, Tomo I, 1974) verweist Benítez auf die enge Verbundenheit des Autors mit der indianischen Mythologie und Architektur: "Carlos regresa siempre a lo primario, a lo mítico opuesto a la falacia destructiva de la sociedad industrial (30).[...] Fuera de Octavio Paz, ningún escritor mexicano había reflexionado en que la pirámide es la forma geográfica de nuestro país, de la costa a los volcanes, la expresión culminante de lo sagrado por espacio de dos mil años, la irremediable estratificación de una sociedad jerarquizada y despótica." (36)

4. José Vasconcelos (1882-1959), aktiver Teilnehmer an der Revolution von 1910, wurde von Präsident Obregón (1920-1924) zum Rektor der Universität México D.F. (UNAM) ernannt. 1921-24 Erziehungsminister. Durch seine "educación pública" versuchte Vasconcelos auch untere Schichten der Bevölkerung einzubeziehen, um deren Lebensstandard zu verbessern. Er gründete Fach- und Berufsschulen und förderte die handwerkliche Ausbildung. Seine besondere Vorliebe galt den Bibliotheken und der Verbreitung ausländischer Klassiker durch eigene Editionen und Übersetzungen. Zu den Standardwerken, die er als maßgeblich für eine geistige Selbstauwertung der mexikanischen Gesellschaft an Schulen und Universitäten für notwendig erachtete, gehören neben Goethes Faust, Dantes Divina Commedia, Homers Ilias und Odyssee auch die Dialoge von Platon. Die Kulturpolitik Vasconcelos ist antipositivistisch und auf die Wiederbelebung mexikanischer Werte ausgerichtet. Leitmotiv des movimiento educativo: "Por mi raza hablará el Espíritu." - Vgl. J.Vasconcelos: Indiología - una interpretación de la Cultura Iberoamericana, Barcelona, 1927; cap.V: La educación pública./ Octavio Paz: El Laberinto de la Soledad, México 1950; Cap.VI: La "Inteligencia" Mexicana.

5. C.Fuentes spielt hier auf das Gedicht Mi prima Agueda an. Anspielungen auf López Velarde finden sich an zahlreichen Stellen des Romans, u.a. als Zitate, die das Leitmotiv für einzelne Kapitel geben. Z.B. Tercero: Una vida padre, 5. (p.134): "Patria: Sé siempre igual, fiel a tu espejo diario." - Aus dem epischen Gedicht Suave Patria.

6. "Pearson war einer der ersten Abenteurer und Nutznießer des Ölgeschäfts in Mexiko, der Mann, der nach Hernán Cortéz das zweitgrößte Vermögen der mexikanischen Geschichte erwirtschaftete." Aus: I.Buche/J.Metzger/ R.Schell (Hg.): Mexiko - Die versteinerte Revolution. Bornheim-Merten, Lamuv, 1985, S.176.

7. Am 1.September 1982[...] trat Präsident Jose López Portillo die propagandistische Flucht nach vorn an: In seiner jährlichen Regierungserklärung verkündete er die Verstaatlichung aller mexikanischen Privatbanken und eine strenge Devisenbewirtschaftung. Am Ende seiner Amtszeit angelangt, räumte er vor den Abgeordneten des Parlaments ein: "Meine Politik hat es einer kleinen Gruppe ermöglicht, unglaubliche Reichtümer anzuhäufen und sie vor unseren Augen mit unserer Billigung unversteuert außer Landes zu schaffen." I.Buche u.a. (oben Anm.4), S.206.

8. "Der Präsident wird nach der Prozedur des dedazo gewählt: eine Prozedur, die jedem Mexikaner bekannt ist, dennoch nicht in der Öffentlichkeit stattfindet. Mit dem dedo weist der Amtierende auf den Zukünftigen. Solange der Erwählte von der Partei auf Vorschlag des Amtierenden noch nicht erwählt ist, wird er als tapado gehandelt. Jeder, der gehandelt wird, macht sich Hoffnung der verdadero tapado zu sein, bis die destape tatsächlich stattgefunden hat." I.Buche u.a., S.13.

9. "Die PRI ist hervorgegangen aus der während der Amtszeit des Präsidenten Plutarco Elías Calles (1924-1934) gegründeten PRN (Partido Revolucionario Nacional). 1938 erfolgt unter Cárdenas die Umbenennung in PRM (Partido de la Revolución Mexicana). 1946 erhält sie die Bezeichnung PRI unter Präsident Miguel Alemán Valdés." Vgl. I.Buche u.a.: Zeittafel zur mexikanischen Geschichte, S.218.

10. Javier Ordiz Vázquez: Carlos Fuentes: **Cristóbal Nonato**, México, Fondo de Cultura Económica, 1987. In: Revista Iberoamericana, Núm.150, Enero-Marzo 1990, pp.345/46.

11. Carlos Fuentes: Tiempo Mexicano, Cuadernos de Joaquín Mortiz, México, 1973, p.38.

12. Auszug aus einer Deklaration, über die anläßlich eines Symposiums vom 26.-30.11.1984 in Mexico/UNAM von den Teilnehmern abgestimmt wurde. Thema des Symposiums: "Las Ideas del Descubrimiento de América". Grundsätzlicher Tenor der Deklaration: "cambiar las celebraciones para preparar otro tipo de conmemoración pensando en las correspondientes condiciones políticas y sus posibilidades."

Colón, intertextual: "Il diario del viaggio" (1990), de Giorgio Bertone

Elio Gioanola

Giorgio Bertone no finge haber encontrado el manuscrito único, ni siquiera fingiendo que finge - por juego literario - el antiguo procedimiento narrativo: fabrica directamente un diario colombino ficticio, tan actual e individualizado en el estilo que muestra claramente sus intenciones, tanto más cuanto que no recurre siquiera al pretexto de una eventual integración de las lagunas provocadas por Las Casas al recopiar el Diario de a bordo de Cristóbal Colón; en cambio, propone directamente una reelaboración sintética del Diario mismo, de aquél que la tradición ha hecho llegar hasta nosotros, retomando muchos puntos - incluso los más salientes -, ampliados, entre otras cosas, con las fechas de salida y llegada, y otras muchas intermedias.

Veamos, por ejemplo, el exordio, punto fuerte de toda narración. El texto colombino dice así:

> Partimos viernes 3 días de Agosto de 1492 años de la barra de Saltés, a las ocho horas. Anduvimos con fuerte virazón hasta el poner el sol hazia el Sur sesenta millas, que son 15 leguas; después al Sudueste y al Sur cuarta de Sudueste, que era el camino para las Canarias. (p.45s.)[1]

En el Diario de Bertone encontramos:

> Venerdi, 3 Agosto.
> Alle 8 passata la Barra di Saltés nel nome di Jesus. Con la marca discendente siamo scivolati lenti in mare aperto dove l'assenza di brezze ci ha abbandonati con le prue incerte e alberi e bompressi che disegnano cerchi ed ellissi, secondo la corrente, sempre ben in vista di terra fino al tramonto[...] Rotta Sud poi Sud-Ovest e Sud, quarta di Sud-Ovest: solo un segno nella carta, come la vigilia di un viaggio (p.9, 10).[2]

Aquí aparecen más detalles y observaciones que en el original (considerando también la multitud de cosas omitidas), pero el esquema del texto colombino es reproducido puntualmente hasta en los detalles, con intencionalidad clarísima. Lo mismo cabe observar en muchas notas del viaje de ida, del de vuelta, del descubrimiento de nuevas tierras, de la estancia en las Islas Afortunadas: la rotura del timón de la Pinta, la etapa de las Canarias, el camino hacia el Oeste favorecido por el viento, la floración de algas en el mar de los Sargazos, la lejana luz vista por Colón la noche antes del

avistamiento de tierra por la mañana, el espectáculo de la ballena, la
vida edénica de los habitantes del Nuevo Mundo, la búsqueda obsesiva de
oro, el naufragio de la Santa María, la tempestad en el viaje de vuelta,
las rogativas y votos del Almirante y los marineros, la gran tempestad,
la acogida hostil en las Azores, la arribada continental en la desemboca-
dura del Tajo, la última breve ruta hacia España.

¿Qué sentido tiene por tanto la operación de Giorgio Bertone al retomar un
texto venerando y al confrontarse con una escritura considerada augusta, si
no por el estilo, por ser la relación de una de las aventuras más dignas de
recuerdo de la humanidad? El confrontarse con una materia tan gloriosa: ¿no
es una empresa que haga temblar el pulso y que exponga al riesgo del fracaso?
Sin contar con que, en nuestra literatura, la empresa colombina ha inspirado
repetidamente - con los textos de que hablamos - a una poeta y filósofo de
la categoría de Leopardi, hasta dar ese texto verdaderamente extraordinario
que es el Dialogo di Cristoforo Colombo e di Pietro Gutierrez. Obviamente,
un escritor y crítico tan experto como Bertone no puede dejar de tener en
cuenta estos riesgos, y si afronta parangones que pueden resultar tan
aplastantes, no cabe duda de que debe tener una baza que jugar. Además,
hay que recordar que el viaje de Colón es, como aquél mítico de Ulises,
un auténtico arquetipo imaginativo, y que por esto mismo acaba inevitablemente por definir el horizonte de quien imagina una historia de mar con
alguna intención significativa.

En este caso particular, ya el título avisa de la intención del autor, puesto
que el Diario de a bordo colombino deviene un Diario del viaggio más genera-
lizador, con un "del" que absolutiza, poniendo en evidencia las implica-
ciones metafísicas e incluso metanarrativas agregadas al arquetipo. Al
intentar reducir a su esencia la comparación de los dos Diarios, se podría
decir que el colombino tiene como referente un viaje, de modo que el primero se refiere a la realidad, mientras que el segundo lo hace a la literatura. Me parece que el significado de la operación del escritor reside precisamente en ésto: la literatura (la escritura) deviene el primum, lo que
justifica la audacia de la comparación, puesto que nada se presta mejor que
un texto y un hecho célebres para llevar a cabo elaboraciones metanarrativas
(a no confundir una intencionalidad de este tipo con cualquier veleidad de
restyling, inevitablemente destinada a la inutilidad y a la retórica de la
bella escritura).

Desde esta perspectiva, Colón no navega tanto a través de las islas del Atlántico, cuanto en aquéllas - no menos peligrosas - del mar de las posibilidades expresivas, de tal modo que no es la realidad la que domina lo escrito, sino, al revés, lo escrito hace ser la realidad, o le da forma de manera significativa. En este diario "fingido", Colón es un asceta, pero uno de la exactitud ejecutiva, de la perfecta puesta en forma, en esa acción virtual que es la escritura, del caos de los hechos y del pathos que suscitan. Para un Colón de este tipo, el estilo es todo, y la decisión de ponerse en tablas con el <u>Diario de a bordo</u> tiene su motivación directa en que el autor ha detectado, en el Almirante mismo, un modelo de estilo (en primer lugar, estilo marino: "La partenza per il marinaio non è un sentimento ma un punto preciso all'incrocio dei rilevamenti", p.25).

Bajo esta luz hay que entender la exuberancia de términos técnicos usados por Bertone, que pudieran parecer remitir al mimetismo realista de quien intenta reproducir los aspectos y momentos típicos de una navegación a vela; tanto más cuanto que el escritor es, en realidad, un hábil y experto velista (además de un aplaudido alpinista). Valga como ejemplo un elenco de tal terminología: "formaggetta", "agugliotti", "femminelle", "bigotte", "giardinetto", "comenti", "stocchi", "coltellacci", "bolina", "civada", "controgassa", "paramezzale", "drizza", "mascone", "gottare", "alare", "bordeggiare controvento", "impiobare cavi"... Pero el florecimiento del léxico especializado corresponde menos a una realidad bien delimitada que toca reproducir, que al contracanto fascinado de una técnica a la que no se le permiten imprecisiones como las de la escritura. Precisamente éste es el estilo elegido como modelo en la convertibilidad recíproca de la técnica navigatoria y de la técnica del escritor:

> Col variare dei venti a favore da una mura all'altra si
> dovrebbe ogni volta ammainare la penna aguzza della latina
> (una faticaccia!) per passarla sottovento e virare a poppa.
> Tutta una serie di ordini e ammaina! e issa! ogni volta
> con fatica di cime e drizze - e bestemmie delle schienedritte -.
> Con le vele quadre basta appena orientare i bracci: una
> regolatina, un controllo, che vela e vento stiano come
> una freccia a 90° col piano. (p.17)

Es la fascinación de la ejecución exacta, bella en sí misma y válida operativamente en cuanto bella y exacta: ésta es la "aritmética de una asceta" a que aspira Colón. El Almirante contrapone la perfección ejecutiva al desorden visceral de la tripulación incluso en las plegarias que acompañan - junto con las blasfemias y juramentos - la vida de a bordo de los marineros:

> Competa.[...] Stridule grosse discordanti ma così carnose,
> le voci, non ho mai saputo fondervi la mia. Baratto con
> Dio la viltà incallita della mia solitudine e la blasfemia
> del cocciuto orgoglio con la perfezione della recita: il
> perfetto silenzio della preghiera pronunciata nella mente
> e trascritta sul foglio mentre quelle golacce cantano:
> Salve Regina Mater Misericordiae... (p.26sq.)

De la mente al folio, para que la perfección del <u>rezo</u> alcance el sustento de la escritura. Precisamente el trayecto es lo que interesa verdaderamente a Bertone, la intención que le guía en el "rehacer" el diario colombino, el cual, como registro de <u>realia</u> (y de <u>mirabilia</u>) resulta recorrido por la escritura, con una perfecta translación de la exactitud técnica y de la eficacia operativa del quehacer y decir marineros en estilo. El viaje por mar, igual que el "viaje por antonomasia" que abre el nuevo mundo, se convierte en metáfora del viaje mental que se realiza en la obra escrita:

> "Vorrei[...] sempre raggiungere" - dice Colón en el registro
> del diario (o "metadiario"?), - la massiccia esattezza della
> lingua di bordo, quella que riduce le metafore a strumenti,
> come cavi antenne barra, a linguaggio quotidiano. Ed è per
> questo che i fogli volanti sono diario, promemoria, elenco,
> numeri astronomici e contabili, citazioni, maledizioni e
> porchemiserie: lo scarafaccio del viaggio, alla ricerca delle
> sue parole funzionanti[...].
> Se il sole, la luna e le stelle comunicassero non altro che
> dati, non avanzassero la pretesa di nessun sentimento. Ed
> io non fossi che la lingua che ti parla. Tal quale gli
> ordini sulla nave: ammaina le bonette!, grido, e il nostromo:
> ammaina le bonette, e il marinaio ripete per ultimo l'ordine
> ai propri muscoli e alle mie orecchie, ammaina!, così come
> il messaggio chiuda il cerchio. Solo nel fare, solo nell'operare
> la comunicazione perde l'infinità delle connotazioni. E l'io
> finalmente s'acqueta, dorme." (p.34)

Parece una apología del realismo y es lo contrario: la expulsión de la metáfora como indicador de la operación literaria de hecho no significa - ya se ha dicho antes - la sumisión de la escritura a la acción y a la realidad, sino la totalización de la escritura misma, con el mensaje que retorna sobre sí mismo y cierra el círculo. En tal perspectiva, las palabras son "funcionantes", no porque estén ligadas inequívocamente a las cosas, sino porque describen con rigor matemático una función circular. "Lo stile è la bellezza dell'economia", dice significativamente el Colón de este <u>Diario</u>: no hay mejor definición de la escritura - una vez liberada de la sujección a la descriptividad y a los sentimientos y bienes - por eso, que la naturaleza del cristal, que contiene en sí las leyes de su propia formacion, en el rigor económico de una estructura libre de redundancias.

Ya se ha dicho que, mientras que el Diario colombino registra la realidad
de las cosas hechas y vistas, aquél de Bertone confiere el ser a la realidad a partir de la escritura: la confirmación más llamativa de ese estatuto
es la invención de las cuatro islas, en las cuales el archipiélago del nuevo
mundo se extiende y se transforma en archipiélago del todo mental, con estas
ínsulas fantásticas (Nuova Sorte, Fantàsia, Portînia, Irenia) en las cuales
todo resulta posible, por la abolición de las leyes cardinales de lo real
que son tiempo, espacio y causalidad, a pesar de obedecer todo a una Regla
interna, subyacente, que convierte en estructura coherente el potencial
caos del imaginario desatado. No es casualidad que las ínsulas fantásticas
sean producto de una mente desconectada de todo estímulo externo: la gran
calma chicha que detiene las naves en el viaje de retorno crea la epoché
necesaria para el desligamiento de todo referente. Ese mar completamente
liso es, en sí, un gran mapa geográfico, uno de aquellos sobre los que
Colón ha aprendido, hace tantos años, a navegar hacia las Indias: Las islas
están sobre el mapa, y eso basta para conferirles ser en el esplendor de su
potencialidad pura. Aquí, la imagen del mundo como escritura encuentra verdaderamente su perfección: si por todo el libro - y también en aquél sobre los
viajes verticales, Percorsi andini - está presente la lección de Italo
Calvino, aquí se descubre con la obligada referencia a las Città invisibili.

Decir que el primum del libro de Bertone es la escritura no significa, obviamente, indicar operaciones de virtuosismo narcisista: en este diario
fingido hay, incluso, una rigurosa ascética antimetafórica - como ha sido
indicado -, desdoblada del ascetismo de la vida marinera. El desdoblamiento
de la escritura de las cosas es, incluso, apertura hacia una relación puri-
ficada con el Objeto:

> A un viaggiatore monomaniaco [dice el Almirante] anche
> le aureole salmastre che si allargano concentriche sulle
> pareti della cabina, prima o poi cominciano a parlare
> della Cosa; e i profili delle nubi e il cavo delle onde
> come il palmo della mano per una gitana. (p.33)

Por tanto, el viaje es también una búsqueda - imposible - del Objeto, es
decir, del origen, del sentido, del fin, y nada mejor que el viaje puede
simbolizar esta búsqueda: la escritura se desprende de sus referentes
(elimina los "rumores") en la medida en que intenta aprehender la música
de las esferas. Las nuevas tierras y las nuevas gentes descubiertas ni
siquiera apagan en Cristóbal Colón el ansia del viajar: el retorno a España,

después de increíbles peripecias, ni siquiera le da la felicidad del deber cumplido. En una página muy bella, el Almirante, tras haber avistado tierra, declara la fatuidad de la meta alcanzada, que de-termina el viaje y por eso lo sustrae de la infinitud del deseo y del imaginario, ofuscando la luz negra del Objeto con los colores, espléndidos y novísimos, de las cosas recién descubiertas:

> Io per me, non l'hai capito?, volgerei la prora di 180 gradi con la stessa rinuncia del cavaliere che si arresti a un filo dal traguardo e dalla vittoria[...]. Può l'attesa interrompersi da sola, suicidarsi anzitempo? Non mira essa al suo compimento?[...]
> Finora ho nutrito anno per anno, ora per ora, a ogni ribaltamento di clessidra, il mio stato di attesa, come un farmaco allucinante. E domani? perderò la tensione che informa tutti i miei giorni? S'affloscierà la carica che da decenni mi torce, mi tende, mi muove come una vela piena, si svuoterà la mestra dopo che il pennone s'è spezzato?
> Perchè, vedi, finora tutto è appartenuto alla mia mente, parole, dimostrazioni, preghiere, decifrazioni dell'universo, progetti; e la mèta. Tutto è rimasto dentro l'immaginazione e il linguaggio. Anche l'atteso stesso, il nuovo che avanzerà
> (p.39)

El viaje sólo es verdaderamente viaje si renuncia a la meta: si descubre cosas nuevas, aleja del Objeto: sólo el diario del viaje, la escritura, puede llevarnos, aunque sea ilusoriamente, a sus límites.

(Traducción: Jochen Heymann)

NOTAS

1. "Diario de a bordo", en: Cristóbal Colón, <u>Los cuatro viajes. Testamento</u>, ed. de Consuelo Varela, Madrid 1986. Todas las citas del <u>Diario</u> con indicación de la página entre paréntesis son de esta edición.

2. Giorgio Bertone: <u>Il diario del viaggio</u>, Genova, Marietti 1990 (Collana di Narrativa, 47). Bertone, nacido en Imperia en 1949, es catedrático de literatura italiana en la universidad de Cagliari. En la misma editorial ha publicado <u>Percorsi andini</u>, en 1986.

"Die columbinische Wende". Anmerkungen zum Bordbuch und zu den Briefen

Manfred Henningsen

Das Reiseprojekt, das Christoph Columbus im Mai 1486 den spanischen Majestäten, König Ferdinand und Königin Isabella, vorlegte und nach Überwindung großer Widerstände im Herbst 1492 verwirklichte, betraf nicht Amerika. Der mexikanische Historiker O'Gorman hat 1961 das Interesse des Columbus am Seeweg nach Asien auf paradoxe Weise mit der europäischen Entdeckung Amerikas verbunden, als er schrieb:

> The voyages which Columbus undertook were not, nor could they have been, "voyages to America", since the interpretation of the past is not retroactive. To believe the contrary is to deprive history of the light which it sheds on its own unfolding, and also to deprive events of their profound human drama, of their intimate personal truth. In complete opposition, therefore, to the attitude adopted by all historians in that they start out with a readymade, fully constituted America in sight, we shall start out from a void, from a not-yet-existing America.[1]

Auch im Welthorizont des Amerigo Vespucci, dem Zeitgenossen des Columbus, gab es keinen Platz für Amerika. Er sprach aber bereits 1503 in einem berühmten Brief von einer "neuen Welt (mundus novus) und wurde so auch von der Academie St.Die in ihrer Cosmographiae Introductio (1507) zum Namenspatron des neuen Kontinents gewählt. Kartographisch wurde diese Wirklichkeit von Martin Waldseemüller dargestellt, dessen Weltkarte den neuen Wissensstand repräsentierte, die man mit den Vespucci-Briefen der neuen Weltkarte beigab.

Für Columbus gehörte die Wirklichkeit der westindischen Inselwelt, die er im Oktober 1492 sichtete, bis zu seinem Tode (1506) zu jenem Asien, über das Marco Polo so ausführlich berichtet hatte. Selbst die offenkundigen Unterschiede in der Beschreibung von Fauna und Flora, ganz zu schweigen von den zivilisatorischen Diskrepanzen, konnten ihn nicht von seiner asiatischen Vorlage abbringen. Aber auch Waldseemüller, der die Vespucci-Lesart der neuen Welt verewigte, hat auf seiner Weltkarte neben dem "America" im Westen einen amerikanischen "Drachenschwanz" im Osten der Welt eingetragen. Diesen "Drachenschwanz", der die geographische Gestalt Südamerikas wiedergibt, findet man nicht erst seit 1492 als südliche Fortsetzung des chinesischen Reiches in Weltkarten eingezeichnet - auch wenn es neben Waldseemüllers Version noch andere Karten im 16.Jahrhundert mit einem südamerika-

nischen "Drachenschwanz" in Asien gibt. Drei Jahre vor der Entdeckung
Amerikas erschien 1489 eine Karte mit diesem Amerika im Osten, die sogenannte Ptolemaios-Karte von Heinrich Hammer. Der argentinische Gelehrte
Paul Gallez hat über das Amerikawissen vor Columbus eine Studie veröffentlicht, in der er sich mit mittelalterlichen europäischen und arabischen, vor
allem aber antiken chinesischen, phönizischen und ägyptischen Amerikakennt-
nissen beschäftigt. Für Gallez steht fest, daß "Expeditionen stattgefunden
haben, die vor der Tat des Kolumbus das ganze Innere des Kontinents entdeckt" haben.[2]

Gallez' Thesen setzen eine lange Geschichte systematischer Kenntnis nicht
nur des südamerikanischen Kontinents, sondern auch der ozeanischen Naviga-
tionsverhältnisse voraus. Gelegentliche überseeische Exkursionen von unter-
nehmungsfreudigen Arabern, Chinesen, Phöniziern und Ägyptern würden diese
Wissensgrundlage schwerlich gelegt haben. Gallez beschränkt sich in seiner
Diskussion der Wissenslage weitgehend auf die Kartographie. In der allgemeinen Literatur über das präcolumbinische Amerika finden seit Jahren Diskussionen über antike transozeanische Zivilisationsbeziehungen statt. Der Kunst-
historiker Alexander von Wuthenau hat z.B. in einer Studie über <u>Altamerika-
nische Tonplastik</u> auf die anthropologische Vielfalt in der Repräsentation
des Menschenbildes in den präcolumbinischen Zivilisationen hingewiesen. In
der reduktionistischen Sprache des europäischen Rassismus, der, wie wir noch
sehen werden, mit Columbus und dem Zeitalter der portugiesisch-spanischen
Entdeckungen beginnt, schreibt Wuthenau über seinen Fund:

> Als ich vor etwa 15 Jahren mit einem intensiveren Studium
> der präcolumbinischen Köpfe begann, habe ich diese Seite
> der künstlerischen Darstellung verschiedener Rassen gewiß
> nicht gesucht, aus dem einfachen Grunde, daß ich nichts
> davon wußte. Im Gegenteil, ich suchte eigentlich in erster
> Linie typische 'Indianer'-Köpfe, merkte aber bald, daß es
> in den früheren und tieferen Schichten eigentlich keine
> Indianer gab. Da fand man - natürlich in erster Linie -
> Mongolen, aber auch richtige Chinesen und urjapanische
> Ringkämpfer, Tataren, Weiße verschiedenster Gattungen,
> besonders Semiten mit und ohne Bärte, da fand man aber
> auch eine erstaunliche Anzahl von Negern und negroiden
> Elementen aller Schattierungen.[3]

Auch wenn Wuthenaus rassische Klassifikation und seine Metaphysik mehr als
fragwürdig sind - er hält Rassen "schon in Urzeiten" für "gottgegeben" -,
muß man seiner phänomenologischen Einsicht zustimmen, daß kein "Indianer
sich hingesetzt hat und in meisterhafter Weise einen Negerkopf oder den
eines Weißen mit allen Einzelheiten der Rassenmerkmale abzubilden vermochte,

ohne einen Neger oder Weißen je gesehen zu haben."[4]

Die Arbeiten von Allen Huemer[5] und Barry Fell - America B.C. (1976)und Saga America (1980) - verdeutlichen, in welchen historischen Zusammenhängen man die Ursachen für diese erstaunliche Variationsbreite künstlerischer Repräsentationen suchen muß. Ihre Versuche zu einer universalhistorischen Darstellung der präcolumbinischen Zivilisationskontakte legen einen globalen Wissenshorizont frei, vor dessen Hintergrund die erstaunliche Vielfalt menschlicher Phänotypen in Amerika gesehen werden kann. Dieser Erfahrungshintergrund des präcolumbinischen Amerika wird mit den portugiesisch-spanischen Entdeckungen des 15. und 16.Jahrhunderts ausgelöscht. Denn Europa entdeckt für sich eine neue und "leere" Welt, der es seine Sinndeutung und Lebensbedingungen mit Gewalt aufzuoktroyieren beginnt. Dem Prozeß der Entdeckung folgen die Prozesse kontinentaler Eroberung, zivilisatorischer Zerstörung, Holocaust-ähnlichen Völkersterbens, kolonialer Neugründungen und der schließlichen Einverleibung in das moderne Weltsystem.

O'Gormans interpretativer Ansatz, "mit einem leeren, noch nicht existierenden Amerika zu beginnen", macht die columbinische Wende des europäischen Weltbewußtseins sichtbar. Denn der mexikanische Historiker sympathisiert mit dem Sinngebungsprozeß, den er die "Erfindung Amerikas" nennt.

> The historical being exhibited by America was rejected
> as lacking in spiritual meaning, according to Christian
> standards of the time. America was no more than a potentiality, which could be realized only by receiving and
> fulfilling the values and ideals of European culture.
> America, in fact, could acquire historical significance
> only by becoming another Europe. Such was the spiritual
> or historical being that was invented for America.[6]

Für Columbus gibt es keine Sinnstrukturen in der Welt, der er begegnet. Sicher, man soll Columbus nicht mit den gewalttätigen Abenteurern wie Hernán Cortés oder Francisco Pizarro vergleichen, die als Zerstörer des aztekischen Mexico und des Perus der Inca in die Geschichte eingingen. Mit Columbus beginnt aber jene Blindheit für die zivilisatorische Wirklichkeit der Anderen, die dazu führt, wie Tzvetan Todorov in seinem Amerikabuch schreibt, daß "das 16.Jahrhundert[...] Zeuge des größten Völkermordes in der Geschichte der Menschheit" wurde. "Wir alle sind direkte Nachkommen Colóns," läßt er seine Leser wissen, "mit ihm beginnt unsere Genealogie - sofern das Wort Beginn überhaupt einen Sinn hat."[7]

Dieser columbinische Anfang des Westens läßt sich Schritt für Schritt im
Bordbuch der ersten Reise nachvollziehen. Es gehört jedoch zur Geschichte
der Begegnung des Westens mit dem Anderen, daß dieses Protokoll weder als
Original noch als erste Nachschrift erhalten geblieben ist. Das Original
übergab Columbus seinen königlichen Auftraggebern, die unter strengsten
Bedingungen der Geheimhaltung eine Kopie für Columbus anfertigen ließen,
die er kurz vor seiner zweiten Reise erhielt (1493-96). Die Maßnahmen der
Geheimhaltung deuten an, daß die Majestäten den Reisebericht und das Versprechen des "indianischen" Goldes und anderer Schätze als königliches Geheimwissen betrachteten und vor den Portugiesen bewahren wollten. Der überlieferte Text des Bordbuchs beruht auf einer gerafften Kopie, die der Dominikaner Bartolomé de las Casas, der als Freund der Familie Zugang zur columbinischen Familienbibliothek besaß, wahrscheinlich 1552 angefertigt hat.[8]
Dieser editorische Sachverhalt ist von hoher Bedeutung, da Las Casas 1550/51
im Disput mit Juan Ginés de Sepúlveda in Valladolid die Geschichte der Gewalt
und die politisch-theologische Legitimation der Eroberung einer radikalen
Kritik unterzogen hatte. Las Casas, der zum anklägerischen Gewissenszeugen
Spaniens avanciert war - und Spanien sollte die einzige Kolonialgesellschaft
bleiben, in der eine solche öffentliche Gewissensdebatte stattfand - und im
überseeischen Neuspanien wegen seines Einflusses in Spanien gehaßt wurde,
ist gleichsam zum Zeugen der ganzen Geschichte der columbinischen Wende
geworden. Seine früheste Begegnung mit der neuen Welt, die er 1502 physisch
zum ersten Male betreten sollte, fand, wie Lewis Hanke es beschreibt, 1493
statt: "Er war in Sevilla, als Columbus nach seiner Rückkehr von seiner
ersten Reise 1493 in den Straßen von Sevilla triumphierend Eingeborene und
Papageien aus der neuen Welt präsentierte."[9] Die humane und zivilisatorische
Indifferenz, die Columbus in dieser Parade zur Schau stellte und zweifelsohne vom jungen Las Casas, der erst 1514 in Cuba zum Verteidiger der eroberten
Völker Amerikas erwachte, geteilt wurde, spricht auch aus dem Bordbuch. Die
Menschen der neuen Welt erschienen so exotisch und ausbeutbar wie die Tiere.

Er erlebte sie nackt, als er ihnen zum ersten Male am 12.Oktober 1492
begegnete. Aber bevor er sich ihnen nach der Landung auf der Insel, die er
später Hispaniola nannte - dem heutigen Haiti und Santo Domingo -, zuwandte,
erklärte er ihre Insel zum Besitz der spanischen Herrscher. Mit der zivilisatorischen Arroganz, die das europäische Weltverhalten in den nächsten Jahrhunderten auszeichnen sollte, rief er spanische Schiffsoffiziere und andere
Mitglieder der Landungspartie herbei, damit die den Akt der Landnahme be-

zeugen könnten (Eintrag 11.Oktober 1492). Wie er einige Tage später anmerkte (16.Oktober 1492), vergaß er nie, ein Kreuz zu errichten, um die weltliche Besitznahme religiös abzusichern. Er verlas Erklärungen, so wie es die Majestäten von ihm verlangt hatten, deren Inhalt aber noch nicht dem Text entsprach, der von 1514 an bei ähnlichen Gelegenheiten zur Verlesung gelangte. Der spätere Text, der zur Verhinderung von Willkür und gesetzloser Landnahme eingeführt worden war, wurde in zynischer Manier vor Bäumen, leeren Hütten oder imaginären Einwohnern, da die wirklichen bereits die Flucht ergriffen hatten, und manchmal von Schiffen aus verlesen.[10] Dieser Zynismus der Eroberung findet sich bei Columbus noch nicht. An der existentiellen Unwahrheit des juridischen Aktes selbst änderte sich dadurch aber nichts, da die zufällig anwesenden Inselbewohner weder die Sprache noch die theologischen, politischen oder ökonomischen Vorstellungen begriffen, die in ihr artikuliert wurden. Todorov plädiert für linguistische Naivität, wenn er Columbus' offenkundiges Unverständnis für die existierenden Sprachprobleme zu erklären versucht. Ihm sei die "Dimension der Intersubjektivität" der Sprache entgangen.[11] Aber Todorov kommt der Sache wohl am nächsten, wenn er Colóns "Bevorzugung der Länder vor den Menschen" hervorhebt. "In der Hermeneutik des Colón nehmen diese jedenfalls keine Sonderstellung ein."[12]

Die Menschen waren nackt und damit für einen bekleideten Europäer äußerlich erkennbar als Wesen ohne die Merkmale einer spezifischen Zivilisation. Die ausgeprägte Körperbemalung, die er an ihnen bereits am ersten Tag feststellte, war für ihn ohne jeden symbolischen Sinn, bewies nur ihren Zustand der Zivilisationslosigkeit. Ihre Naturwüchsigkeit machte sie zu Kandidaten einer Zivilisierung, die selbstverständlich mit der Konversion zum Christentum beginnen mußte. Und um sicher zu gehen, daß diese nackten Leute sich den Spaniern gegenüber freundlich zeigten und nicht durch Gewalt, sondern Liebe zum heiligen Glauben bekehrt würden, gab er einigen unter ihnen "unos bonetes colorados y unas cuentas de vidro[...], y otras cosas muchas de poco valor" (11.Oktober 1492). Sie aber, die er in jeder Hinsicht für unbedarft hielt, nahmen nicht nur alles, sondern gaben ihnen alles, was sie besaßen. Diese Haltung freundlicher Freigebigkeit der Inselbewohner sollte sich auf der ganzen Reise wiederholen und sich vor allem auch auf Gold erstrecken, für das sich Columbus und die Spanier beständig mit Talmischmuck und billigem Krimskrams revanchierten.

Die Nacktheit der neuen Menschen hatte aber noch eine einschneidende Wirkung auf die Anthropologie der Eroberung und der menschlichen Perspektive, die

seither das Verhältnis Europas zur Welt bestimmt hat. Allen Huemer datiert
den Anfang des westlichen Rassismus mit der "Erfindung" des Konzepts des
"Indianers" durch Columbus.[13] Für Huemer bedeutet die Einführung des Namens
"Indianer" als Oberbegriff die Auslöschung der zivilisatorischen und anthropologischen Vielfalt des amerikanischen Doppelkontinents, der auf eine vieltausendjährige pluralistische Geschichte zurückblicken kann. Menschliche
Geschichte wird seit Columbus zur menschlichen Zoologie. So überzeugend
Huemers "indianische" Beweisführung sein mag, es gibt im Augenblick von
Columbus' Begegnung mit der Nacktheit eine Unterscheidung, die für den Anfang
des europäischen Rassismus nicht minder bedeutsam ist. Columbus findet die
jungen Leute, die er am ersten Tag sah, "muy bien hechos, de muy fermosos
cuerpos y muy buenas caras." "D'ellos se pintan de prieto", fügt er hinzu,
"y d'ellos son de la color de los canarios, ni negros ni blancos[...]".
Zwei Tage später (13.Oktober 1492) wiederholt er seine anthropologische Beobachtung, daß es sich um "gente muy fermosa" handle, "y ellos ninguno prieto,
salvo de la color de los canarios".

Auf die schwarze Hautfarbe kommt er noch wiederholt zu sprechen (z.B. am
24.Dezember 1492). Im Brief an Santangel vom April 1493, der im Gegensatz
zum Bordbuch veröffentlicht wurde, faßt er seinen Eindruck schließlich zusammen: "En estas islas fasta aquí no he hallado ombres mostrudos, como
muchos pensavan, más antes es toda gente de muy lindo acatamiento, ni son
negros como en Guinea[...]."[14] Der Topos der menschlichen Monstrosität, der,
aus antiken und mittelalterlichen Quellen gespeist, durch die frühe Amerikaliteratur und vor allem Kunst geistert, soll uns hier so wenig interessieren
wie die europäische Projektion eines kannibalischen Amerika.[15] Columbus hat
am Aufbau dieses ideologischen Panoptikums kräftig mitgewirkt. Wichtiger
scheint mir die antiafrikanische Dimension seines Denkens zu sein, da sie
der Begegnung mit den nackten "Indianern" der neuen Welt vorausgeht.

Der beständige Vergleich der Menschen der neuen Welt mit den Menschen
Afrikas ist der entscheidende Schritt in die Richtung des Rassendiskurses
der europäischen Neuzeit. Die Metaphorologie der Hautfarben, die von nun
an die Sprache über andere Völker, Nationen, Gesellschaften und Zivilisationen überlagert oder ersetzt, beginnt im Zeitalter der Entdeckungen und
hat bis heute den Sprachhaushalt der westlichen Welt nicht verlassen (die
Selbstverständlichkeit, mit der die europäische Intelligenzija und Presse
noch heute von einer farbigen Welt oder farbigen Menschen redet, beweist
immer wieder, wie erfolgreich die Verinnerlichung der Eroberungsanthropo-

logie in Europa gewesen ist). In der präcolumbinischen Symbolsprache Europas
sind Afrika und afrikanische Menschen kontinuierlich präsent gewesen.[16]
Sie besaßen sogar eine heilsgeschichtliche Bedeutung, die sich z.B. noch
im 13.Jahrhundert in der Dreikönigssymbolik zeigte.[17] Die heiligen drei
Könige trugen ausgeprägt europäische, orientalische und afrikanische Züge.
Auch wenn dem europäischen König immer symbolische Überlegenheit zugebilligt
wurde, da er natürlich der europäisierten heiligen Familie physiognomisch am
nächsten stand, so umgab den Repräsentanten des afrikanischen Teils der alten
Welt doch auch eine spezielle Aura. Neben der Verfluchung Hams, des neugierigen und kommunikationsfreudigen Sohnes Noahs (er klärte seine beiden
Brüder über die sexuellen Eskapaden des intoxikierten Vaters auf und hätte
eigentlich zum westlichen Kulturhelden aufsteigen müssen), der zum afrikanischen Stammvater avancierte, und in der späteren Geschichte des antischwarzen Rassismus in Amerika eine besondere Rolle spielen sollte, gab es
den Topos des "guten Äthiopiers". Für die heilsgeschichtliche Geographie
war das Wissen wichtig, daß der "gute Äthiopier" in größter Nähe zum Ort
des ursprünglichen Paradieses lebte (Columbus wird auch das in seinen Paradiesspekulationen ändern). Das Buch Genesis (2:10-11) ließ keinen Zweifel
darüber aufkommen, daß die Quellen des Nils im Paradiese lokalisiert waren.
Die Rolle der Königin von Sheba (Könige 1:10) wie die erfolgreiche Konversion der Äthiopier in der Frühzeit des Christentums (Apostelgeschichte 8:28)
bestärkten nur noch die positive heilsgeschichtliche Bedeutung Afrikas, die
im 15.Jahrhundert dann in portugiesischen Suchexpeditionen nach dem Priester
Johannes, dem legendären äthiopischen König, pragmatischen Ausdruck fand.
Von dieser heilsgeschichtlichen Rolle Afrikas bewahrte sich bei Columbus
nichts, auch wenn er auf der dritten Reise, wie wir noch sehen werden,
eigene Paradiesvisionen hatte. Man könnte ihn geradezu das Ende dieser
Symbolgeschichte nennen.

Columbus entdeckte Afrika für sich selbst im Jahre 1482 oder 1483 auf einer
Reise nach jenem "Guinea" (dem heutigen Ghana), das er immer wieder zum
Vergleich der Menschen zitiert.[18] "Guinea" muß, wie Paolo Emilio Taviani
die Erfahrung für den aus dem kargen Ligurien stammenden Columbus rekonstruiert hat, überwältigend gewesen sein. Die tropische Fülle der Natur, die er
(wie die portugiesischen Seefahrer und Entdecker vor ihm im 15.Jahrhundert)
als radikalen Kontrast zur eigenen Herkunftslandschaft erlebte, war aber
mehr als ein exotisch überbordender Garten. Diese Natur erweckte zugleich
Schrecken, der durch das für Europäer mörderische Klima in der Nähe des

Äquators nur noch verstärkt wurde. Die neuen Gebiete, über die Columbus
1492 in seinem Bordbuch berichtet, waren zugleich fruchtbar und frei vom
Terror der Natur:

> "Y certifico y Vuestras Altezas que debaxo del sol no me
> pareçe que las puede mejores en fertilidad, en temperancia
> de frio y calor, en abundançias de aguas buenas y sanas,
> y no como los rios de Guinea, que son todos pestilençia,
> porque, loado Nuestro Señor, hasta oy de toda mi gente no
> a avido persona que aya mal la cabeça ni estado en cama
> por dolençia." (27.Nov.1492).

Die Grenzen für die Expansion ihres Zivilisationsstils, den Europäer seit dem Entdeckungszeitalter mit Zivilisation schlechthin gleichzusetzen begannen, wurden von Columbus und den Europäern bei der Begegnung mit dem tropischen Afrika physisch erfahren. Daß Afrika erst im 19.Jahrhundert erobert wurde, hat nicht zuletzt mit der europäischen Angst vor den afrikanischen Lebensbedingungen zu tun, dem Wissen um die europäische Lebensunfähigkeit am Äquator.

Diese Angst vor "Guinea" wendete sich aber auch gegen die Menschen, die unter diesen Bedingungen zu existieren vermochten. Die Menschen Afrikas wurden für die Menschen Europas, die am Äquator nicht leben konnten, zum Teil der Natur. Als Naturwesen waren sie alle unfähig zur Kultur und hatten deshalb keine. Da sie zur Landschaft des Äquators gehörten, dessen Sonne die Haut der Europäer verbrannte und dessen Hitze sie immobilisierte, war ihr phänotypisches Erscheinungsbild gleichsam der Beweis ihrer Zugehörigkeit zur Natur. Wer schwarz war, lebte jenseits der Differenzierungen der Kultur, hatte keinen Zugang zu ihr, wurde von ihr in der ewig gleichen Natürlichkeit nicht erreicht. Die Natur Afrikas, so könnte man die columbinische Perspektive charakterisieren, machte alle gleich in ihrer schwarzen Kulturlosigkeit. Wie immer man Columbus' beständigen Vergleich der "indianischen" Welt mit der Wirklichkeit "Guinea" zu verstehen versucht, "Guinea" steht für die Auslöschung aller zivilisatorischen Unterschiede. Auch wenn die "Indianer" in ihrer Nacktheit Columbus an die kulturlosen Menschen "Guineas" erinnerten, selbst als Kandidaten für die Sklaverei kamen sie noch besser weg. Denn in der anthropologischen Ästhetik der Eroberung waren sie nicht schwarz, demonstrierten somit äußerlich, daß sie nicht mehr Teil der feindlichen Natur waren. Durch den Kontakt mit den Europäern könnten sie zumindest potentiell auf das Niveau der christlichen europäischen Zivilisation emporgehoben werden.

Mit Columbus beginnt die Ersetzung des Anderen, des Fremden, ja, des Barbaren durch ein Denken in ahistorischen rassischen Phänotypen und endet deshalb auch die Geschichte der westlichen Xenophobie. Es ist, wie Huemer behauptet, der Anfang des Rassismus. Xenophonie lebt von der Affirmation des Anderen, dessen spezifische symbolische Identität gehaßt wird. Der Rassismus lebt von der Universalisierung des westlichen Phänotyps als paradigmatischer Form menschlicher Artverwirklichung. Im Rassismus wird die Affirmation des Anderen als spezifische historische Wirklichkeit verweigert und die ideologische Kategorie der Rasse der historischen menschlichen Vielfalt übergestülpt. Die Erfindung der Rassen läuft parallel zur Entdeckung Amerikas und führt zu ähnlich zerstörerischen Ergebnissen. Ob es allein der Schock Afrikas war, der den angeblich rotblonden und hellhäutigen Columbus[19] zum Denken in phänotypischen Kategorien provozierte, stehe dahin. Da er 1477 von England aus mit Island den nördlichsten Ort der damals bekannten Oikumene besucht und damit auch die blondesten und hellhäutigsten Menschen besichtigt hat,[20] könnten ihn die vereinigten afrikanischen und isländischen Impressionen zu dieser plakativen und reduktionistischen Dreiteilung der für ihn noch immer alten Welt getrieben haben.

Die columbinische Wende des europäischen Weltbewußtseins erschöpft sich jedoch nicht im rassischen Reduktionismus. Die europäische Weltherrschaft, die mit dem Zeitalter der ozeanischen und kontinentalen Entdeckungen begann, perpetuierte die Schaffung eines ökonomischen Netzwerkes von abhängigen Beziehungen, deren Motive bereits in den Beobachtungen, Haltungen und Projektionen des Columbus erkennbar sind. Er gehörte nicht zu den Paten des "modernen Weltsystems" (I.Wallerstein). Sein christlich-apokalyptisches Selbstimage trug eher mittelalterliche Züge. Und doch verbanden ihn seine couragierte Planung und die Ausführung seines Unternehmens - selbst wenn er die neue Welt für den gesuchten asiatischen Teil der alten hielt - und die geradezu besessene Goldgier mit repräsentativen Verhaltensmustern der modernen, kapitalistischen Systemmanager. Die Psychologie des frühen Kapitalismus war Columbus fremd. Sie wurde in seiner Zeit jedoch paradigmatisch vorgelebt vom Führungspersonal italienischer und deutscher Bank- und Handelshäuser, die ihr Kapital in diese portugiesischen und spanischen Entdeckungsprojekte investierten.[21] Die Bankiers und Kaufleute investierten Kapital, um ihre Gewinne zu maximieren. Columbus suchte rohes Kapital, Gold, um die Reconquista fortzusetzen, mit der möglichen Eroberung und dem Wiederaufbau der heiligen Stadt Jerusalem.[22] Dies zumindest schrieb er den spanischen

Majestäten von seiner vierten Reise (1502-04) am 7.Juli 1503 aus Jamaica. Über diese Motive gibt es in der Columbus-Literatur eine Kontroverse, die sich zudem mit der Frage nach seiner möglichen jüdischen Herkunft verbindet. Salvador de Madariaga hat in seiner großen Biographie Columbus als konvertierten katalanischen Juden zu identifizieren versucht.[23] Der Italiener Taviani hat,[24] gleich Vieler zuvor, diese Genealogie kürzlich zurückgewiesen. Der amerikanische jüdische Historiker Ronald Sanders übernimmt nicht nur die Madariaga-These, sondern behauptet zudem, daß die Reisen des Columbus von konvertierten spanischen Juden finanziert worden seien, um ein neues gelobtes Land zu finden.[25] Zuverlässige Hinweise darauf, daß Columbus von Motiven der Rettung des spanischen Judentums zu seinen Expeditionen aufgebrochen sei, gibt es jedoch nicht.

Die spirituelle Bewußtseinshaltung, die sich kontinuierlich im Bordbuch und den Briefen zu Worte meldet, hat Columbus nicht davon abgehalten, die neue Welt und ihre Menschen gleichsam für die Inkorporation in das westliche Weltsystem abzuschätzen. Die Art und Weise, in der er über Land und Leute schreibt, läßt keine Zweifel aufkommen über die instrumentelle Verfügbarkeit der Welt.[26] Die instrumentelle Haltung des Columbus ist begründet in seinem zivilisatorischen und anthropologischen Selbstverständnis. Da die Menschen der neuen Welt offenbar im vorzivilisatorischen Zustand der Natürlichkeit lebten, gehörten sie zur Natur, die von den Europäern zivilisatorisch genutzt und geformt werden sollte. Der zoologische Kern seiner Anthropologie war bereits von Anfang an sichtbar, als er Menschen einfing, um sie später am Hofe und in den Straßen von Spanien vorzuführen. Bereits am 14.Oktober 1492 berichtete er stolz in seinem Bordbuch über den Fang der ersten sieben Menschen, denen in Zukunft viele folgen sollten. Von der anthropologischen Zoologie zur Sklaverei war es aber nicht weit, da er den Majestäten in dem in Briefform gehaltenen Bordbuch versicherte, daß die Gefangenen

> "puedenlos todos llevar a Castilla o tenellos en la misma isla captivos, porque con cincuenta hombres terná[n] todos sojuzgados, y les hará[n] hazer todo lo que quisieren."

Im "Memorial para los Reyes Católicos" vom 30.Januar 1494 schlug er den Majestäten die Einführung des Sklavenhandels mit den neuentdeckten Inseln vor.[27] Die Art, wie er den Bewohnern begegnete, enthüllt die Duplizität seines Denkens.

Nachdem er bereits die ersten Opfer gekidnappt hatte, ließ er andere entkommen, um die Bewohner von seiner Großzügigkeit und Freundlichkeit zu überzeugen. Er erklärte den Majestäten in einem Fall, warum er dies freundliche Image zu erzeugen versuche:

> "Ya esta razón usé esto con él, de le mandar alargar,
> y le di las dichas cosas, porque nos tuviesen en esta
> estima, porque otra vez cuando Vuestras Altezas aquí
> tornen a enbiar no hagan mala compañía" (15.Okt.1492)

Dieses gelegentliche Täuschungsmanöver änderte nichts an der grundsätzlichen Verfügbarkeit der neuen Menschen für die der alten Welt, wie er es z.B. am 12.November beschrieb, als ein Boot mit sechs Jünglingen zum Admiralsschiff ruderte, von denen fünf an Bord kamen. Columbus' Bericht fährt fort:

> "[...] estos mandé detener e los traigo. Y después enbié
> a una casa que es de la parte del río Poniente, y truxeron
> siete cabeças de mugeres entre chicas e grandes y tres niños.
> Esto hize porque mejor se comportan los hombres en España
> aviendo mugeres de su tierra que sin ellos[...]."

In der Nacht, so berichtet er weiter,

> "vino a bordo en una almadá el marido de una d'estas
> mugeres y padre de tres fijos, un macho y dos hembras,
> y quedan agora todos consolados con él, que deben todos
> ser parientes, y él es ya hombre de 45 años."

Am 17.November registriert er, daß zwei der Jünglinge geflohen sind.

An der Beschreibung dieser und ähnlicher Situationen des Menschenraubs fällt die geradezu schizophrene Haltung auf, die Columbus den Menschen gegenüber einnimmt. Zum einen behandelt er sie als Objekte, die zur Befriedigung der europäischen Neugier und patriarchalischen Lust (oder als Sklaven) herhalten müssen. In diesem Fall überraschen ihn die menschlichen Reaktionen, die die Objekte europäischer Verfügbarkeit an den Tag legen und damit ihren Objektstatus durchbrechen. Aber weder das Bordbuch noch die Briefe deuten an, daß ihn diese Reaktionen menschlich gerührt hätten. Gefühle des Mitleids oder gar des Unrechts motivieren ihn aber auch nicht, wenn er zum anderen detaillierte Einblicke in die "indianische" Verhaltenskultur liefert. Die Tugenden der Generosität, Freundlichkeit und Ehrlichkeit werden von ihm wiederholt zitiert, ohne ihn jedoch zur Reflexion auf seine eigene Strategie der Täuschung zu veranlassen. Erstaunliche Charakterisierungen bleiben folgenlos für sein Verständnis. Als Weihnachten 1492 eines seiner Schiffe, die Santa Maria, in der Nähe der Küste ein Leck bekommt und verlassen werden muß, hilft ein Stamm unter der Führung seines Königs bei der totalen Entladung. Im Bordbuch lesen wir:

> Certifica el Almirante a los Reyes que en ninguna parte de
> Castilla tan buen recaudo en todas las cosas se pudiera
> poner sin faltar una agujeta.[...] Mandó poner hombres
> armados enrededor de todo, que velasen toda la noche. "El,
> con todo el pueblo, lloravan; tanto", dize el Almirante,
> "son gente de amor y sin cudiçia y convenibles para toda
> cosa, que certifico a Vuestras altezas que en el mundo
> creo que no ay mejor gente ni mejor tierra. Ellos aman a
> sus próximos como a sí mismos, y tienen una habla la más
> dulçe del mundo, y mansa y siempre con risa (25.Dez.1492)

Trotz dieser sympathischen Beschreibung am Weihnachtstag hielt er sie einen Tag später für "muy cobardes fuera de remedio" (26.Dez.).

Der Vorwurf der Feigheit, den Columbus wiederholt im Bordbuch gegenüber den friedfertigen "Indianern" erhebt - seine martialischen Erwartungen waren deshalb immer, fast hoffnungsvoll, auf die "Kariben" oder "Kannibalen" gerichtet, wie er die nicht so friedfertigen Bewohner der Nachbarinseln auf Grund seiner privaten Hermeneutik zu nennen pflegte -, war in diesem bestimmten Fall eigentlich als Kompliment gemeint. Denn Columbus verteidigt den Bau des kleinen Forts für die erste (und unfreiwillige) spanische Siedlung am westlichen Ozeanufer. Wegen des Verlustes der Santa Maria und der an Meuterei grenzenden Schwierigkeiten, die er mit dem Kapitän der Pinta, Martin Alonso Pinzón, erlebt hatte, mußte er im Dezember vierzig Leute seiner Besatzung zurücklassen. Er nannte die Siedlung Bahía de la Navidad, konnte auf seiner zweiten Reise (1493-96) aber nur noch die Ruinen der Anlage und Leichen besichtigen. Die Spanier waren, wie Las Casas und Hernando Colón, ein Sohn des Christoph Columbus, Jahrzehnte später darlegen sollten, Opfer ihrer Goldgier, des marodierenden Verhaltens auf der ganzen Insel, ihres wiederholten Frauenraubs geworden. Die friedlichen Bewohner der "Weihnachts-Bucht" waren von anderen Stämmen Hispaniolas, die sich von den Spaniern weniger gefallen ließen, in der Verteidigung abgelöst worden. Keiner der zurückgelassenen Matrosen hatte überlebt. Columbus selbst, wie es der ihn begleitende Arzt Diego Alvarez Chanca in einem Brief an die Stadt Sevilla beschrieben hat, glaubte weiter an die Friedfertigkeit der Bewohner[28] und weigerte sich, den "rey", der ihm Weihnachten 1492 geholfen hatte, hinzurichten. Wie wenig aber die Besichtigung dieses ersten neuspanischen Friedhofes zur Selbstkritik der Europäer, einschließlich des Columbus, beitrug, kann man dem Brief des Dr.Chanca entnehmen. Der Bruder des Königs hatte das Schiff des Admirals besucht, auf dem sich u.a. zehn "indianische" Frauen befanden. Chanca behauptet, sie seien Gefangene der "Kariben" gewesen, die die Spanier

befreit hätten. Nach einem Gespräch mit dem Königsbruder, der übrigens eine
Ladung Gold für Columbus abgeliefert hatte, sprangen sie in der folgenden
Nacht über Bord. Vier wurden, als sie das Land erreichten, von den Spaniern
wieder eingefangen. Am nächsten Morgen begab sich Columbus zum König, um
die sofortige Rückgabe der restlichen sechs Flüchtlinge zu verlangen.[29]
Chanca schreibt nicht, ob diese Frauen zum anthropologischen Zoo oder zum
Schiffsbordell gehörten. Seine Empörung, oder die des Columbus, legt aber
nahe, daß sie sich nicht für die Handlungsmotive der Frauen oder des Königs-
bruders interessierten. Sie waren am folgenden Morgen empört, als der König
sein Lager abgebrochen hatte und verschwunden war. Die Blindheit für die
Anderen, die sich bereits in diesen anfänglichen und noch überschaubaren
Schlüsselerfahrungen zeigte, sollte sich in nur wenigen Jahren in den
Holocaust-ähnlichen Mordszenen der spanischen Eroberung austoben.

Diese Blindheit für die Menschen und ihr zivilisatorisches Selbstverständnis
wird zum Verwertungsdenken, wenn es um die Geographie und die nicht-humanen
Aspekte der Natur geht. Er findet Buchten, die als Häfen geeignet sind für
den zukünftigen Handel (17.Oktober und 25.November 1492); er sieht tropische
Wälder in Sägewerken verarbeitet (25.November 1492); er findet Nutzpflanzen
für alle möglichen Zwecke, vor allem auch Gewürze, selbst wenn er sie oft
mißidentifiziert; er erkundigt sich nach den ortsspezifischen Produkten der
Erde (13.Dezember 1492) usw. Im Brief über die erste Reise, der im April 1493
veröffentlicht wurde, heißt es über Hispaniola:

"Esta es para desear, e vista, es para nunca dexar.[...]
todas las tengo por de Sus Altezas[...].
Die Situation in Hispaniola sei besonders günstig
"para las minas de oro y de todo trato así de la tierra
firme de aquá como de aquella de allá del Gran Can,
adonde havrá grand trato e ganancia[...].[30]

Im selben Brief ventiliert er zusätzlich, wie bereits erwähnt, die Möglichkeit des Handels mit Sklaven. Das moderne ökonomische Weltsystem wurde in
seinen transatlantischen Möglichkeiten von Columbus bereits vorausgesehen.
Daß weder Spanien noch Portugal jemals zur zentralen Macht dieses Weltsystems aufgestiegen sind, dessen Karriere Wallerstein seit 1974 verfolgt
hat,[31] mag mit dem rohen Kapital zu tun haben, das beide Mächte auf so erfolgreiche Weise und ohne in den kapitalistischen Produktions- und Handels-
prozeß einzusteigen, den präcolumbinischen Zivilisationen entzogen haben.
Die iberische Unfähigkeit zum Kapitalismus und die jahrhundertelange
politisch-ökonomische Unterentwicklung waren u.a. der Preis für die Zerstö-

rung des alten Amerika und den Raub seines Goldes.
Auch dieser Raub nimmt seinen Anfang mit Columbus. Seine Goldbesessenheit
zieht sich wie ein roter Faden durch seine Reiseberichte. Die Realisierung
seiner ersten Reise war ein königliches Risikounternehmen, das aber vor
allem von italienischen Bankiers und zu einem geringeren Teil durch Columbus'
Eigenkapital finanziert worden ist.[32] Columbus lebte unter dem Zwang, seine
Kreditgeber finanziell zu befriedigen. Dieser Zwang erklärt zweifelsohne
einen Teil der Besessenheit, mit der er alle konkreten und imaginierten
Hinweise auf Gold verfolgte. Bereits am zweiten Tag auf Hispaniola
(13.Oktober 1492) sichtet er kleine goldene Nasenringe bei den Bewohnern
und glaubt zu verstehen, daß es zum Süden hin einen König gebe, der viel
Gold hat. Da Columbus, wie Todorov gezeigt hat, unentwegt glaubt, Menschen,
die andere Sprachen sprechen, auch ohne Dolmetscher zu verstehen, finden
sich in seinen Berichten viele Hinweise auf Goldminen und Goldschätze, die
er von Inselbewohnern erhalten haben will. Deren permanente Ausflüchte oder
Weigerungen, ihn zu diesen Stätten zu begleiten, kann er nur mit der Angst
vor den "Kariben" oder "Kannibalen" erklären. Daß er sie möglicherweise mißverstehen könnte oder sie ihm Geschichten erzählen, die Mythen sind und deshalb nicht wörtlich ausgelegt werden dürfen, kommt ihm nicht in den Sinn.
Die goldenen Arm-, Bein-, Nasen- Ohren- und Halsringe, die er sieht (z.B.
am 15.Oktober 1492), nähren seine Fehlinterpretation. Da er sich außerdem
an den Prachtbeschreibungen des Marco Polo orientiert, bestätigen seine
Beobachtungen dessen monumentales Orient-Bild (z.B. 28.Oktober 1492). Die
für Columbus immer wieder überraschende Bereitschaft, mit der die Bewohner
auch goldene Gegenstände weggeben (z.B. 22.Dezember 1492), verstärkt bei
ihm die Überzeugung von der Existenz reicher Goldvorkommen. Er hat die
größten Schwierigkeiten, sich eine Gesellschaft vorzustellen, die nicht
auf ökonomischen Verkehrsregeln basiert, die durch Gold oder dessen Äquivalent, nämlich Geld, vermittelt werden. Er jedenfalls tut nichts, um die
Bewohner von ihrer Freigebigkeit abzuhalten, auch wenn er sich darüber in
seinem Bordbuch und den Briefen wiederholt Gedanken macht.

Diese Gedanken über die Generosität der Anderen berühren nie deren Ideen
über die, wie Columbus sie zitiert, "himmlische Herkunft" der Europäer
(z.B. 13.Okt., 6.Nov., 3.Dez.1492). Für Columbus ist diese symbolische
Interpretation seiner und der Erscheinung anderer Europäer irrelevant. Da
er sie für religionslos hält, kann er mit diesen archetypischen Bildern
nichts anfangen. Für ihn bekunden diese exotischen Vorstellungen jedoch die

offene Bereitschaft zum Empfang des Christentums und den Erfolg der Mission.
Er legt deshalb auch den Majestäten nahe, möglichst schnell die Missionie-
rungsarbeit in Gang zu setzen (12.November 1492).

Man kann Columbus trotz seiner Unfähigkeit, die symbolischen Sinngeschichten
der Anderen zu begreifen, nicht den Vorwurf machen, die Visionen der Anderen
als Mittel der Kriegsführung gegen sie benutzt zu haben. Cortés, der Eroberer des aztekischen Mexico, sollte das 1519 in aller Schamlosigkeit tun,
als er den Hauptgrund für das anfängliche Ausbleiben des aztekischen Wider-
standes erfuhr. Der Azteken-Herrscher Moctezuma erklärte Cortés bei ihrer
ersten Begegnung, daß man die Spanier für die lang erwarteten Vorfahren
hielt, die ihren Mythen entsprechend eines Tages zurückkehren würden. Die
spanische Ankunft hatte gleichsam zu einer mythischen Lähmung der Azteken
geführt, die ohne diese Parusieerwartung die Spanier auf Grund ihrer zahlen-
mäßigen Überlegenheit mit Leichtigkeit hätten ins Meer treiben können. Cortés,
der dem jungen Kaiser Karl V. ausführliche Berichte über seinen Eroberungs-
und Zerstörungszug geschrieben hat, gibt jedoch in seinem zweiten Brief
(1520) zu verstehen, daß er sich auch ohne Mythos-Hilfe zu seinen Handlungen
motiviert fühlte:

> Muchas veces fui de esto por muchas veces requerido, y yo
> les animaba diciéndoles que mirasen que eran vasallos de
> vuestra alteza y que jamás en los espanoles en ninguna parte
> hubo falta, y que estábamos en disposición de ganar para
> vuestra majestad los mayores reinos y senorios que había en
> el mundo, y que demás de hacer de lo que a cristianos éramos
> obligados, en pugnar contra los enemigos de nuestra fe, y
> por ello en el otro mundo ganába más la gloria y en éste
> conseguíamos el mayor prez y honra que hasta nuestros
> tiempos ninguna generación ganó.[33]

Daß gegenüber den obszönen Ausmaßen der Goldgier des Cortés und seiner Leute
Columbus' Goldbesessenheit verblaßt, versteht sich von selbst. Aber die
Motive und Rechtfertigungen des Cortés sind bei Columbus bereits vorhanden.
Er war jedoch noch der eschatologische Visionär, der wiederholt den Überblick
über seine neuspanischen Herrschafts- und Verwaltungsaufgaben als Vize-König
und General-Gouverneur und über seine eigenen familiären Eigentumsverhält-
nisse verlor. Auf seiner dritten Reise (1498-1500) kulminierten die Anklagen
neidischer Alt- und rebellierender Neuspanier. Die spanischen Majestäten
schickten schließlich einen bevollmächtigten hohen Untersuchungsrichter
nach Hispaniola, der Ende August 1500 eintraf und es Anfang Oktober für
angeraten hielt, Columbus und einen Bruder zu verhaften und in Ketten nach
Spanien zu senden. Dort wurden sie nach einer kurzen Untersuchung, die die

Vorwürfe des Untersuchungsrichters keineswegs widerlegte, sondern das
administrative Mißmanagement weitgehend bestätigte, freigesetzt. Columbus
wurde danach noch eine vierte Reise bewilligt (1502-04), auf der er mit
seinen beiden Schiffen auf Jamaica Schiffbruch erlitt. Nach seiner Rückkehr
nach Spanien forderte ihn König Ferdinand im Mai 1505 - Königin Isabella,
von der Columbus immer die größte Unterstützung erhalten hatte, war im
November 1504 gestorben - vergeblich zur Aufgabe all seiner königlichen
Privilegien auf, die ihm im April 1492 nach Annahme des Reiseprojektes von
den Majestäten gewährt und im Juli 1497 neuerlich bestätigt worden waren.
Columbus starb im Mai 1506 im Alter von 55 Jahren.

Zum Schluß sei noch kurz ein Problemkomplex berührt, der in der Selbstinterpretation des Columbus eine große Rolle spielt und in dem sich ein zusätzliches europäisches Motiv für die Legitimation der globalen Expansion enthüllt, nämlich sein eschatologisches Denken. Columbus hat 1502, bevor er
seine vierte Reise antrat, ein Libro de las Profecías kompiliert. Dieses
nicht besonders originelle "Buch" besteht aus Auszügen aus prophetischen
und apokalyptischen Texten der Bibel und historisch überlieferten wie eigenen
Kommentaren zu Stellen, die sich vor allem mit dem Ort Jerusalem im Drama
einer zukünftigen Heils- und Erlösungsgeschichte befassen. Für Madariaga
unterstreicht die schlichte Existenz dieses Buches die These von Columbus'
jüdischer Abstammung. Nur für einen Juden, selbst wenn er zum Christentum
konvertiert war, konnte die heilige Stadt eine solche exklusive Bedeutung
gewinnen.[34] Wie auch immer die Frage nach der jüdischen Herkunft des Columbus
zu beantworten sei, es waren immerhin Christen, die die Kreuzzüge des Mittelalters mit dem Ziele der Befreiung Jerusalems veranstalteten und auf dem
Wege dorthin, gleichsam als blutiger Auftakt, europäische Juden umbrachten.
Columbus mußte kein Jude sein, um die symbolische Bedeutung Jerusalems zu
betonen. Seine Fixierung auf Jerusalem verbindet ihn mit anderen apokalyptischen Fundamentalisten des Mittelalters und der Neuzeit, die alle
die Bilder des himmlischen Jerusalem in den biblischen Visionen als historisches Reiseziel deuteten. Sein Mißverständnis überlebte die Entdeckung
einer anderen Welt. Es beweist deshalb, wie literalistisch und konventionell
Columbus dachte. Diesen Vorwurf der Fehlinterpretation möchte ich mit seinen
originellen Kommentaren zum Paradies illustrieren, die er auf der dritten
Reise niedergeschrieben hat, z.T. bereits während der königlichen Untersuchung und damit in einem besonders sensibilisierten Bewußtseinszustand.

Auf der dritten Reise segelte er von den kapverdischen Inseln in die Nähe des südamerikanischen Kontinents, vom Delta des Orinoco, nach Trinidad und an der Küste des heutigen Venezuela entlang nach Hispaniola. Seine ungenauen Meßinstrumente und noch ungenaueren Eintragungen brachten ihn dazu, an der Kugelgestalt der Erde Zweifel zu äußern. Der nördlichen Hemissphäre beließ er ihre runde Gestalt, der südlichen aber gab er eine neue. Er kam, wie er schrieb, zu dem Ergebnis, daß die südliche Hälfte

> [...] es de forma de una pera que sea toda muy redonda, salvo
> allí donde tiene el peçón que allí tiene más alto, o como quien
> tiene una pelota muy redonda y en un lugar d'ella fuesse como
> una teta de muger allí puesta, y qu'esta parte d'este peçón sea
> la más alta e más propinca al cielo, y sea debaxo la linea equi-
> noçial, y en esta mar Occéana, en fin del Oriente (llamo yo fin
> de Oriente adonde acaba toda la tierra e islas.[35]

Columbus erörtert die verschiedenen Ortsangaben für das Paradies, um sich schließlich für den Stengel der Birne, d.h. aber die kosmische Brustwarze zu entscheiden:

> [...] no porque yo crea que allí, donde es el altura del
> estreno, sea navegable, ni ‹a› agua[...]; porque creo
> que allí es el Paraíso Terrenal, adonde no puede llegar
> nadie salvo por voluntad divina. Y creo qu'esta tierra que
> agora mandaron descubrir Vuestras Altezas sea grandíssima[...].
> Yo no tomo qu'el Paraíso Terreal sea en forma de Montaña
> áspera, [...] salvo qu'él sea en el colmo, allí donde dixe la
> figura del peçón de la pera[...].[36]

Columbus ist sich sicher, daß die Menschen von Trinidad, die größer, schneller, heller, intelligenter, langhaariger und weniger feige als all die anderen waren, denen er bisher begegnet war, näher zum Paradies lebten. Die starken Süßwasserströmungen, die er im Delta des Orinoco bemerkt hatte, konnten nur aus dem Paradies kommen. Auch wenn er die Möglichkeit eines großen, bisher unbekannten Landes als Ursprungsregion des Flusses in Erwägung zieht, betont er:

> [...] muy assentado tengo el ánima que allí, adonde dixe,
> es el Paraíso Terrenal[...].
> Plega a Nuestro Señor de dar mucha vida y salud y descanso
> a Vuestras altezas para que puedan proseguir esta tan noble
> empresa, en la cual me parece que rescibe Nuestro Señor
> mucho servicio, y la España crece de mucha grandeza, y todos
> los cristianos mucha consolaçión y plazer, porque aqui se
> divulgará el nombre de Nuestro Señor.[37]

Columbus hat nicht Amerika entdeckt, sondern das Paradies oder zumindest den Weg dorthin. Er war sich bereits auf seiner ersten Reise klar darüber, daß man den Zugang zu den von ihm entdeckten Territorien beschränken müsse, wie er am 27.November 1492 in sein Bordbuch geschrieben hatte:

> Y digo que Vuestras Altezas no deven consentir que aquí trate ni faga pie ningun estrangero, salvo cathólicos cristianos, pues esto fue el fin y el comienço del propósito, que fuese por acreçentamiento y gloria de la religión cristiana, ni venjg a estas partes ninguno que no sea buen cristiano.[38]

Dieses eschatologische Missionsdenken der ersten Reise hatte sich auf der dritten zum Selbstverständnis des Apokalyptikers verschärft. Columbus legte seinen Herrschern Territorien zu Füßen, in denen sich die Landschaft der biblischen Schöpfungsgeschichte befand. Der königliche Admiral hatte sich zum Boten eines Heilsplanes erhoben, der nicht nur das Herrschaftsgebiet der spanischen Könige erweiterte und damit die Erfüllung des ökumenischen Missionsauftrages der Bibel näherbrachte. Dieser Plan setzte die Reyes Católicos als weltliche Verwalter des Paradieses ein. So besehen, war Columbus in der Tat der Entdecker einer neuen Welt, die kraft ihrer kosmisch-erotischen Lage die bisherige Welt zur alten werden lassen konnte.

Anmerkungen

1. Edmundo O'Gorman, The Invention of America. An inquiry into the historical nature of the New World and the meaning of its history. Bloomington, Ind. 1961, S.74.

2. Paul Gallez, Das Geheimnis des Drachenschwanzes. Die Kenntnis Amerikas vor Kolumbus. Berlin 1980, S.126.

3. Alexander von Wuthenau, Altamerikanische Tonplastik. Das Menschenbild der Neuen Welt. Baden-Baden 1980, S.39f.

4. Ebd. S.40f.

5. Allen Huemers bisher unveröffentlichtes Manuskript, The Invention of "Race", behandelt die Problematik der kontinentalen Beziehung und vor allem die Rolle des Rassismus in der Schaffung der modernen Welt.

6. O'Gorman, a.a.O., S.139.

7. Tzvetan Todorov, Die Eroberung Amerikas. Das Problem des Anderen. Aus dem Französischen von Wilfried Böhringer, Frankfurt/Main 1985 (edition suhrkamp, Neue Folge, Bd.213), S.13.

8. Siehe dazu das Vorwort zu The Journal of Christopher Columbus. Translated by Cecil Jane, revised and annotated by L.A.Vigneras, with an appendix by R.A.Skelton. London 1960, S.XVff. Alle folgenden Columbus-Zitate n.d.A. Cristóbal Colón: Textos y documentos completos. Relaciones de viajes, cartas y memoriales. Edición, prólogo y notas de Consuelo Varela. Madrid 1982 (Alianza Universidad).

9. Lewis Hanke, Bartolomé de las Casas. An Interpretation of his Life and Writings. Den Haag 1951, S.19.

10. Siehe Lewis Hanke, The Spanish Struggle for Justice in the Conquest of America. Boston 1965, S.34.

11. Todorov, a.a.O. S.40.

12. Ebd., S.46.

13. Siehe Anm.5.

14. A.a.O. (oben Anm.8), S.144.

15. Hierzu die Beiträge von Hugh Honour, Elisabeth Luchesi und Bernadette Buher in K.-H.Kohl (Hrsg.), Mythen der Neuen Welt. Zur Entstehungsgeschichte Lateinamerikas. Berlin 1982.

16. Siehe das bahnbrechende Werk von Martin Bernal. Black Athena. The Afroasiatic Roots of Classical Civilization. New Brunswick 1987; Bernal handelt in diesem ersten Band eines dreibändigen Werkes von der Arisierung des antiken Griechenland, an der europäische Intellektuelle, unter ihnen vor allem Deutsche, während der letzten zweihundert Jahre gearbeitet haben.

17. Henri Baudet, Paradise on Earth. Some Thoughts on European Images of European Man. New Haven/London 1965, S.17. Zum Folgenden ebd. S.14ff.

18. Paolo Emilio Taviani, Christopher Columbus. The Grand Design. London 1985, S.115.

19. So jedenfalls Gianni Granzotto: Christoph Kolumbus. Eine Biographie, Stuttgart 1985 [¹Milano, Mondadori 1984], S.60: "Wenn man von dem ausgeht, wie er in den kurzen Anmerkungen jener geschildert wird, die ihn persönlich kannten, dann muß Christoph rötliche Haare von lebhaftem Blond gehabt haben, die ziemlich früh weiß wurden; sein Teint war hell und ein wenig sommersprossig".

20. Vgl. Granzotto a.a.O., S.54.

21. Siehe J.H.Parry, "The Problem of Discovery: A New World?" in: Frederick B.Pike (Hrsg.), Latin American History. Select Problems. New York 1969, S.5.

22. Vgl. Taviani, a.a.O., S.112.

23. Salvador de Madariaga: Vida del muy magnífico señor don Cristóbal Colón, México-Buenos Aires ⁵1952 [¹Buenos Aires 1940].

24. Taviani a.a.O., S.253.- S. auch den Beitrag von Günter Böhm in diesem Band.

25. Ronald Sanders, Lost Tribes and Promised Lands., The Origins of American Racism. Boston/Toronto 1978, S.91. Hierzu jedoch gleichfalls Günter Böhm.

26. Siehe dazu auch Joachim Moebus, "Über die Bestimmung des Wilden und die Entwicklung des Verwertungsstandpunktes bei Columbus", in: Mythen der Neuen Welt (oben Anm.15), S.49-56.

27. Colón, a.a.O. (oben Anm.8), S.147ff., hier S.154.
28. Granzotto, a.a.O., S.270.
29. "The Letter Written by Dr.Chanca to the City of Seville", in: J.M.Cohen (Hrsg.), The Four Voyages of Christopher Columbus. Harmondworth, England 1969, S.151f.
30. Colón, a.a.O., S.143 und 144.
31. Immanuel Wallerstein, The Modern World-System. Bd.I/II: New York 1980, Bd.III: New York 1989.
32. Taviani, a.a.O., S.497-500.
33. Hernán Cortés: Cartas de relación, México, Editorial Porrúa ^{3}1967, S.32
34. Madariaga , a.a.O., S.236, 502ff.- Text des Libro de las Profecías in Colón, a.a.O., S.286ff.
35. Colón, a.a.O., S.213.
36. Ebd., S.219.
37. Ebd., S.220.
38. Ebd., S.68.

El supuesto origen judío de Cristóbal Colón: una reevaluación

Günter Böhm

1. Algunas teorías sobre su origen judío

El interés de relacionar la figura de Cristóbal Colón con personajes judíos de su época se manifestó, a través de diferentes artículos y estudios, recién con motivo del Cuarto Centenario del descubrimiento de América. Si bien es cierto que algunos historiadores judíos contemporáneos de Colón incluyen en sus obras una descripción del Nuevo Mundo - como es el caso de Abraham ben Mordechai Farrisol y su "Iggeret Orhot Olam", escrita en Ferrara, en 1524[1] -, hasta fines del siglo XIX, ninguno llega a suponer o afirmar el origen judío del gran navegante.[2]

Gracias a una iniciativa del gobierno español en 1892, se dio comienzo a una investigación sobre la participación judía en el descubrimiento del Nuevo Mundo, de la que se encargó el historiador y rabino Moritz Kayserling, y cuyas conclusiones vieron la luz dos años más tarde tanto en idioma alemán como en inglés.[3] Kayserling, gran conocedor de los textos publicados por los sefarditas (judíos de origen español o portugués), principalmente en Amsterdam durante los siglos XVII y XVIII,[4] no encontró ningún indicio sobre un supuesto origen judío de Cristóbal Colón, limitándose a destacar los contactos de éste con importantes personajes y sabios, tanto judíos como conversos, que le hicieron posible dar comienzo a su empresa, como también los nombres de algunos miembros de la tripulación de sus carabelas que, según nos cuenta Kayserling, eran de origen judío.

Sólo algunos años después de la publicación del libro de Kayserling, el español Celso García de la Riega lee un trabajo en la Sociedad Geográfica de Madrid, en 1898,[5] donde trata de probar que Cristóbal Colón había nacido en Pontevedra, Galicia, en 1437, y que era hijo de Susana Fontanarosa, mujer de origen judío, y de Domingo Colón, vendedor de mapas, también judío converso; indica, además, que numerosas familias judías llevaban el apellido "Colón" dentro y fuera de España. Según García de la Riega, la familia Colón había huído de España a Génova, siendo en esta ciudad donde cambió su apellido por el de Colombo.[6]

Este primer intento de demostrar que Cristóbal Colón provenía de una familia judía que debió abandonar España por las persecuciones religiosas, dio pábulo a numerosos estudios posteriores, como el de Salvador de Madariaga, quien, en su libro "Cristóbal Colón",[7] ya no ponía en duda el origen genovés del famoso navegante, pero afirmaba que pertenecía a una familia judía-española que había abandonado el país en 1391, año de graves disturbios anti-judíos, después de lo cual había tenido que ocultar su origen, manteniendo, sin embargo, como idioma familiar, el español. De todas estas teoría se desprende que el origen judío de Cristóbal Colón sólo se podía probar si, al mismo tiempo, se establecía que su familia era oriunda de España.

Finalmente, otro grupo de estudiosos llega a la conclusión de que el misterio que rodea a Colón, su origen, ciertas actuaciones, observaciones y escritos suyos, únicamente pueden ser interpretados como provenientes de un judío converso que mantuvo estrechas relaciones no sólo con astrónomos y geógrafos judíos, sino también con un número influyente de "Cristianos Nuevos", como Luis de Santangel, "escribano de ración", y Gabriel Sánchez, tesorero real, ambos altos funcionarios y personas de confianza de los reyes de Aragón, lo que, según la opinión de algunos autores, podría confirmar la existencia de una verdadera "confradía", de conversos que, en conocimiento del origen judío de Cristóbal Colón, se empeñó en ayudarle a llevar a cabo su empresa, no sólo en beneficio de sus intereses comerciales, sino también, en lo posible, en busca de tierras ignotas donde los perseguidos "Cristianos Nuevos" pudieran encontrar un refugio a las amenazantes acusaciones del Tribunal del Santo Oficio de la Inquisición.

Historiadores judíos contemporáneos, si bien mencionan las diferentes teorías que hablan del ocultamiento del origen de Colón, de su contacto con personajes judíos o judeo-conversos y principalmente de sus continuas citas de textos bíblicos, no se pronuncian sobre aquellas otras que intentan establecer un ancestro judío del navegante. Cecil Roth, por ejemplo, en su artículo sobre el Almirante, en la ENCYCLOPAEDIA JUDAICA,[8] se limita a enumerar algunas de las hipótesis existentes. Por su parte, Fritz Yitzhak Baer, considerado como el máximo exponente de la historia de los judíos en España, es más enfático al declarar que "si no se puede probar el origen español de Colón, no puede mantenerse el argumento de su origen judío. Además, esto tampoco comprobaría esta afirmación".[9] En su "Historia de los judíos en la España Cristiana", aparecida en Israel en 1945,[10] básica para la comprensión del problema, Yizhak Baer ni siquiera incluye a Cristóbal Colón entre los judeo-conversos o persona cuyo origen judío podría sospecharse. Postura similares pueden observarse en las obras de otros historiadores judíos que, posteriormente a las publicaciones de Fritz Baer, se han dedicado a la investigación del judaísmo español.

Lo mismo cabe afirmar de los principales historiadores españoles modernos, quienes, como Julio Caro Baroja en su monumental obra "Los judíos en la España Moderna y Contemporánea",[11] tampoco aluden a alguna de las hipótesis conocidas sobre el ilustre Almirante.

Analizaremos, a continuación, los diferentes argumentos que pretenden confirmar el origen judío del descubridor de América.

2. Su origen y su estadía en Génova.

Lo publicado hasta ahora sobre los antepasados de Cristóbal Colón es escaso. De su abuelo, Giovanni Colombo, se sabe que era oriundo de la aldea de Moconesi, en el valle de Fontanabuona, y que seguramente tenía como profesión la de tejedor, tal como la iba a aprender su hijo Doménico,[12] padre, a su vez, del insigne navegante. De su madre, Susana Fontanarosa,[13] se menciona en un documento que era hija de Giacomo Fontanarosa, natural de Bisagno, y que en 1473 tenía dos hijos, 'Christoforus' y 'Giovanni Pellegrino', ya mayores de edad, de los cuales el último falleció poco tiempo más tarde.

Aunque se desconozca la fecha exacta del nacimiento de Cristóbal Colón, se puede desprender de un acta notarial, fechada a fines de octubre de 1470, donde se declara que tenía ya "más de diez y nueve años",[14] con lo cual es posible afirmar que había nacido en la segunda mitad del año 1451. En otro documento figuran Bartolomeo y Giacomo, hermanos de Cristóbal, también "tejedores" (lanarius), profesión que habían aprendido en su juventud.

Hasta qué momento Cristóbal Colón haya trabajado como "tejedor" no es dado determinar. Por lo menos, hasta agosto de 1472, sólo se menciona en una oportunidad a su padre, Doménico Colombo, "lanero", residente en Savona, omitiendo en este caso la profesión y el lugar en que vivía su hijo Cristóbal.[15] Llama la atención que en las pocas ocasiones en que Colón aparece en actas notariales, entre 1470 y 1473, tanto en Génova como en Savona, lo hace apoyando financieramente a su padre, Doménico, quien, además de su profesión de "tejedor", también manejaba una taberna,[16] aparentemente con poco éxito, ya que con frecuencia se vio obligado a reconocer deudas incobrables, debiendo, en 1483, subalquilar su tienda y parte de su casa a un zapatero local[17] para poder sobrevivir junto a su numerosa familia.

Después del fallecimiento, primero de la madre y, posteriormente, del padre Doménico, todavía numerosos vecinos de Génova declaran en 1501, bajo juramento, que los tres hijos, Cristóforo, Bartolomeo y Giácomo de Colombo, "están ausentes de esta ciudad y de la jurisdicción de Savona desde hace largo tiempo [...] y que viven en España como se ha sabido y se sabe."[18]

El origen humilde de la familia Colombo se deja ver, aparte de las escasas actas notariales, en textos de cronistas de la época. Antonio Gallo, canciller del Banco de San Jorge, institución financiera de gran importancia para la República de Génova en ese entonces, quien al mismo tiempo se desempeñaba como cronista oficial de la ciudad desde 1477, escribe en una oportunidad:[19]

> "Cristóforo y Bartolomeo Colombo, hermanos, ligurios de nación, de padres plebeyos genoveses que vivían de salarios que ganaban como laneros (porque el padre era tejedor y los hijos a veces cardadores), alcanzaron fama grande en toda Europa por un hecho de la mayor osadía y de la más novedad en las cosas humanas. Aunque de poco saber en su niñez, se dedicaron a la navegación, según costumbre de su raza, al alcanzar la edad púber. Pero al fin Bartolomeo, quien era el más joven, se instaló en Portugal, en donde, para ganarse la vida, se dedicó a hacer mapas en pintura para uso de marineros, en los cuales representaba mediante dibujos: mares, puertos, costas, bahías e islas en sus proporciones verdaderas [...]. Bartolomeo, influido por el estudio de los mapas y familiarizado con los cuentos de los que de un modo u otro retornaban de partes distantes del mundo, comunicó sus argumentos y pensamientos a su hermano, más experto en cosas de la mar, indicándole cómo el que saliera hacia el mar dejando atrás las costas meridionales de Africa, se encontraría forzosamente a mano derecha, hacia el occidente, tierras continentales[...]".

Existe otra mención contemporánea sobre la familia Colombo, la del embajador Genovés en Milán, Seranega, el cual, en 1499, también habla, en un relato suyo, de "Cristóforo Colombo, genovés".[20]

No menos interesante es un "Psalterium" (Libro de los Salmos) políglota, publicado en 1516 en Génova, con su texto impreso en latín, hebreo, griego, árabe y arameo, y cuya edición se debe al eminente orientalista Agostino Giustiniani, obispo de Nebbio, en Córcega, en el que, al margen del texto del Salmo 19, se hace referencia a Cristóbal Colón y a su descubrimiento del Nuevo Mundo. Esta primera mención del navegante en un texto hebreo, también destaca el hecho de que Colombo provenía de Génova ("Columbus patria genuensis") y de que era de origen plebeyo ("vilibus ortus parentibus").[21]

Extraña constatar, entonces, que el amigo y contemporáneo de Cristóbal Colón, Fray Bartolomé de Las Casas,[22] habla de él, en especial du su origen, en términos muy diferentes, lo que podría explicarse atendiendo a que su fuente de información es precisamente el mismo descubridor - o bien su hijo Fernando - quien, por muchas razones, trata de desvirtuar su ancestro plebeyo, aparentemente desconocido en España en los años decisivos, anteriores a su histórico viaje al Nuevo Mundo. Leemos, por lo tanto, en el texto escrito por Bartolomé de Las Casas:

> "Fue pues, este varón escogido de nación genovés, de algún lugar de la provincia de Génova: cuál fuese, dónde nació o qué nombre tuvo el tal lugar, no consta la verdad dello más de lo que se solía llamar antes que llegase al estado que llegó, Cristóbal Columbo de Terrarubia, y lo mismo su hermano Bartolomé Colón [...]. Sus padres fueron personajes notables, en algún tiempo ricos, cuyo trato o manera de vivir debió ser por mercaderías por la mar, según él mismo da a entender en una carta suya [...]."[23]

De esta descripción se desprende, de inmediato, que Bartolomé de Las Casas se limita a repetir lo que Cristóbal Colón le cuenta o le escribe, lo que, a su vez, aclara el motivo por el cual Colón evade las numerosas preguntas que otros contemporáneos le formulan, principalmente relacionadas con su origen.

Así, para citar sólo un caso, el médico de La Rábida, García Fernández, nos cuenta cómo un fraile, "Frey Juan Pérez, ques ya dyfunto, quiso fablar con el dicho Don Cristobal Colon, e viendole despuscycion de otra tierra o reyno ajeno a su lengua, le preguntó que quien era e de donde venía, e aquel dicho Cristobal Colon le dixo quel venia de la Corte de su Alteza",[24] respuesta vaga que no hace sino indicar que se había mudado de una parte a otra.

Mucho más peso, sin embargo, tiene la relación que de Colón hace el cronista principal de los Reyes, Andrés Bernáldez, quien lo conoció personalmente y lo describe como "un hombre de tierra de Génova, mercader de libros de estampa [...] que llamaban Cristóbal Colón, hombre de muy alto ingenio, sin saber muchas letras, muy diestro de la arte de la Cosmographia, e del repartir del mundo",[25] lo que deja de manifiesto que para sus contemporáneos no era ningún secreto el lugar en el cual había nacido. Tampoco esto era ningún misterio en la Corte, ya que queda constatado hasta en documentos oficiales, como es el caso de una carta enviada por el embajador de los Reyes Católicos en Londres, en 1498, donde les comunica que "el rey de Inglaterra embió cinco años armados con otro genovés como Colón a buscar la isla de Brasil y las siete ciudades [...] ".[26]

3. Su aprendizaje del idioma español

A muchos historiadores sorprende el aparente desconocimiento que Colón manifestaba en expresarse y, más aún, de comunicarse por escrito en su idioma natal, el italiano. Hay que tomar en cuenta que el joven marinero hablaba en su juventud sólo el genovés, un dialecto que generalmente no era adecuado para usar en cartas o documentos. Su salida de Génova, para aprender la profesión de marinero, debe haberse producido a muy temprana edad, lo que significa que no alcanzó a tener mayor dominio del idioma italiano ni, todavía menos, a adquirir conocimientos de mayor envergadura en una universidad italiana. Tales aseveraciones se ven confirmadas en una carta suya, que data de 1501:

> "De muy pequeña edad entré en la mar navegando, y lo he
> continuado hasta hoy [...], ya pasan cuarenta años que yo
> voy en este uso. Todo lo que hasta hoy se navega he andado.
> Tracto e conversación he tenido con gentes sabias, eclesiásticas
> y seglares, latinos y griegos, judíos y moros [...]".

Deja testimonio también, en esta oportunidad, de sus estudios "de geometría y aritmética, e ingenio en el ánima y manos para dibujar esta esfera, y en ellas las ciudades, ríos y montañas, islas y puertos, todos en su propio sitio". No menos significativo es el hecho de que se dé a conocer como autodidacta, al expresar a continuación que "en este tiempo he yo visto y puesto estudio en ver de todas escrituras, cosmografía, historias, crónicas y filosofía y de otras artes".[27]

Si aceptamos la afirmación de numerosos historiadores de que Colón nació a mediados de 1451,[28] se colige de esta carta que ya se encontraba a bordo de algún navío a la edad de diez, o, tal vez, de 14 años,[29] según lo da a entender su hijo Fernando en la biografía del gran navegante. Es comprensible, así, el desconocimiento que Colón tiene del italiano en los años decisivos de su residencia en la Península Ibérica, y cuya causa debe buscarse en su contacto permanente con marineros de origen portugués e español, con lo cual el muchacho genovés empieza a hacer uso de estos dos idiomas, perdiendo, poco a poco, el uso de su lengua materna.[30]

Efectivamente, tanto de los testimonios de sus coetáneos como de los documentos que emanan de él mismo, se sabe que hablaba el portugués y el castellano, idioma este último en que se dirigía por escrito no sólo a los gobernantes y habitantes de España. sino también a sus familiares y amistades residentes en Italia, sin exceptuar a su hermano Bartolomé, nacido en Génova.[31]

A los 45 años de edad, aparentemente sólo era capaz de leer en italiano, cosa que se observa a partir de unas burdas traducciones de este idioma al español que Colón anotaba en los márgenes de la "Historia di Plinio".[32] El primer idioma en que Cristóbal Colón pudo expresarse en forma cabal, tanto oralmente como también, quizás, por escrito, fue el portugués. Menéndez Pidal, en su notable estudio sobre "La lengua de Colón",[33] cree, más bien, que no alcanzó a aprender a escribir en este idioma, suposición que tiene cierto valor, por el hecho de que no se conoce ningún documento en portugués escrito por el navegante.[34] Lo que queda claro para este autor es que "el español no era su lengua materna, sino un idioma aprendido",[35] pues sus cartas o anotaciones las hacía en un español aportuguesado, lo que nuevamente indica que dominaba el portugués antes de su aprendizaje del idioma de Cervantes. Dedica Menéndez Pidal un extenso comentario a una observación escrita por Colón al margen de la "Historia rerum ubique gestarum", de Eneas Silvio Piccolomini (más tarde Papa Pío II), impresa en Venecia, en 1477, llegando a la conclusión de que "esta memorable nota de 1481 contiene portuguesismos abundantes", a lo cual agrega: "Como vemos, el castellano de estas breves líneas es muy imperfecto."

> "Pero es notable que el lenguaje de esta nota de 1481 se parece extremadamente al de los escritos de Colón cuando ya se hallaba en España. Algunos lusismos de los empleados en esa nota elimina el descubridor más tarde: 'despois' lo sustituye por 'después' y 'foy' o 'foe' lo reemplaza por 'fue', si bien en España aún escribre 'boy' por 'buey'. Pero la mayoría de los portuguesismos los conserva. Vacila siempre en el timbre de las vocales, hasta en sus últimos años, escribiendo en 1504 'coerpo', 'acoerdate', 'soma', 'ocorre', 'desimparar', 'al caballo la vista de su dueño le 'ingorda'. Tropezaba a menudo con el diptongo 'ie'; todavía en 1503 escribía 'se intenda' por 'se entiende'. y siempre decía 'quero', 'requeren', 'cualquera', la falta de 'ie' en el perfecto la desliza a veces, aún en 1504: 'virdes' por 'viéredes'. Otros muchos portuguesismos así continúan fijos en la lengua del almirante, desde esa nota de 1481 escrita a los treinta años de edad, hasta los autógrafos redactados hacia los cincuenta y cinco años, al fin de su vida. Los veintiun años de residencia entre andaluces y castellanos no fueron lo suficientemente poderosos para desarraigar el lusismo",

lo que, para Menéndez Pidal, significa una prueba "indisputable de que Colón aprendió en Portugal el español."[36]

En realidad, ya a los contemporáneos de Colón les llamaba la atención este hecho, tal como lo anota Fray Bartolomé de Las Casas[37] cuando se refiere en este sentido al almirante: "Debe ser natural de otra lengua, porque no penetra del todo la significación de los vocablos de la lengua castellana ni del modo de hablar de ella"; "Estas son sus palabras, puesto que defectuosas cuanto a nuestro lenguaje castellano, el cual no sabía bien". En otra oportunidad, Las Casas disculpa a su amigo por sus yerros en el manejo del español diciendo que se debían éstos al hecho de que "no fuese la lengua materna del almirante".[38]

Mucho se ha especulado sobre las razones que determinaron que Cristóbal Colón se haya empeñado en adquirir conocimientos del idioma español y también algunos más rudimentarios del latín, antes de establecerse en España, idioma, este último, en el que supo leer y expresarse por escrito, aunque con numerosos errores gramaticales.[39]

Precisamente, el país en que Colón supuestamente inició el aprendizaje del idioma español ha dado lugar a diferentes interpretaciones de parte de los historiadores que intentan establecer el origen de la familia del almirante. La suposición de que el Almirante haya aprendido este idioma en Génova, como aventura Madariaga - "la familia Colombo era una familia de judíos españoles instalada en Génova que, siguiendo las tradiciones de su raza, había permanecido fiel al lenguaje de su país de origen"[40]- carece de pruebas documentales. Por lo demás, sólo en congregaciones judías de origen español se mantenía el idioma vernacular, no así entre judeoconversos que habían abandonado su patria y vivían como cristianos en países cuyo idioma y costumbres adoptaban muy rápidamente. Tampoco se explicaría el hecho de que Cristóbal Colón hablara - como efectivamente lo hacía - siempre un español aportuguesado, cosa que ya nos quedó clara y que nos autoriza para afirmar que Colón sólo aprendió el español después de haber dominado la lengua portuguesa. A su vez, el aprendizaje de ésta debe haber comenzado, primero, durante los años en que se puso al servicio de numerosos empresarios genoveses que utilizaban embarcaciones lusitanas, o, por lo menos, con tripulaciones compuestas, en parte, por marineros portugueses. El hecho de que Colón figure en una escritura, fechada en Savona el 20 de marzo de 1472, como "Christoforo de Columbo, laneiro de Janua"[41] significa que, para desempeñarse en su oficio, tuvo que desplazarse continuamente hacia la Península Ibérica, la que proveía a Génova de la mayor parte de la lana que se usaba allí en su industrialización. Como puertos de embarque destacaban, en aquella época, los de Cádiz, Cartagena, Lisboa, Tortosa y Valencia, lo que también permite suponer que el ilustre navegante había recorrido algunas regiones de España. Indiscutiblemente, sus estadías, breves o largas, en estos lugares deben haberlo motivado a adquirir cierto conocimiento del castellano antes de su llegada a Castilla, en 1485.

4. Colombo-Colón: causa del cambio de nombre.

El motivo por el cual Cristóforo Colombo tomó la decisión de cambiar su nombre por el de Cristóbal Colón ha inquietado a numerosos historiadores, principalmente a aquéllos que, con mucha razón, indican que, en general, los italianos residentes en España no tuvieron problema alguno para mantener su apellido primitivo. Sin embargo, el mismo Colón entrega a su amigo, Bartolomé de Las Casas, una versión sobre este asunto, la que nos demuestra que el ilustre marinero deseaba probar que sus antepasados eran "personas notables, en algún tiempo ricos". Al respecto, escribe el cronista Las Casas:

> "El linaje de suyo dicen que fue generoso y muy antiguo, procediendo de aquel Colón de quien Cornelio Tácito trata en el Lib. XII al principio, diciendo que trajo a Roma preso a Mitridates, por lo cual le fueron dadas insignias consulares y otros privilegios por el pueblo romano en agradecimiento de sus servicios. Y es de saber, que antiguamente el primer sobrenombre de su linaje, dicen que fue Colón, después el tiempo andando, se llamaron Colombos los sucesores del dicho Colón romano o Capitán de los romanos; y destos Colombos hace mención Antonio Sabelico en el Lib. VIII de la década décima folio 168, donde trata de los ilustres varones genoveses que se llamaron Colombos, como abajo se dirá. Pero este ilustre hombre, dejado el apellido introducido por la costumbre, quiso llamarse Colón, restituyéndose el vocablo antiguo, no tanto acaso, según es de creer, cuanto por voluntad divina que para obrar lo que su nombre y sobrenombre significaba lo elegía [...]."[42]

No menos importancia da Colón a su nombre Cristóbal, y también lo destaca el cronista Las Casas en esta oportunidad:

> "Llamóse, pues, por nombre, Cristóbal, conviene a saber 'Christum ferens', que quiere decir traedor o llevador de Cristo, y ansí se firma él algunas veces; como en la verdad él haya sido el primero que abrió las puertas deste mar Océano, por donde entró y el metió a estas tierras tan remotas y reinos, hasta entonces tan incógnitos, a nuestro Salvador Jesucristo [...]. Tuvo por sobrenombre 'Colón', que quiere decir poblador de nuevo, el cual sobrenombre le convino en cuanto por su industria y trabajos fue causa que descubriendo estas

> gentes, infinitas ánimas dellas, mediante la predicación
> del Evangelio [...] hayan ido y vayan cada día a poblar
> de nuevo aquella triunfante ciudad del cielo. También le
> convino, porque de España trajo el primero gente (si ella
> fuera cual debía ser) para hacer colonias, que son nuevas
> poblaciones traidas de fuera, que puestas y asentadas
> entre los naturales habitadores [...] constituyeran una
> nueva [...] cristiana iglesia y felice república [...]".

Lo que aquí nos cuenta Las Casas es, obviamente, lo que el Almirante, o posteriormente su hijo Fernando, le transmitió, y con estos datos construyó la biografía de Colón, ensalzando su figura y omitiendo ciertos hechos de su vida que pudieran perjudicar su reputación en la corte de los Reyes.[43] Y es por ello que el cronista no aclara debidamente las acciones emprendidas por Colón entre 1472 y 1485, años en que el Almirante empezó a servir temporalmente a Renato de Anjou como un corsario. Y es precisamente este período de tiempo en que se produce el cambio de su nombre "Colombo" por el de "Colón" y en que intenta ocultar su origen genovés.

El Padre Las Casas relata algunos pormenores de aquella época, que corresponde a la llegada del Almirante a Portugal:

> "[...] en aquel tiempo anduviese por ella un famoso varón,
> el mayor de los corsarios que en aquellos tiempos había,
> de su nombre y linaje, que se llamaba Columbo Junior, a
> diferencia de otro que había sido nombrado y señalado
> antes, y aqueste Junior trajese grande armada por la mar
> contra infieles y Venecianos y otros enemigos de su nación,
> Cristóbal Colón determinó ir e andar con el, en cuya
> compañía estuvo e anduvo mucho tiempo. Este Columbo Junior,
> teniendo nuevas que cuatro galeazas de Venezianos eran pasadas
> a Flandes, esperolas a la vuelta entre Lisboa y el Cabo
> de San Vicente, para asirse con ellas a las manos."[44]

Al incendiarse una de las naves francesas durante el combate, en la cual se encontraba Colón, éste se vió obligado a lanzarse al mar y - prosigue Las Casas - "como era muy gran nadador, y pudo haber un remo que a ratos le sostenía mientras descansaba, ansi anduvo hasta llegar a tierra [...]", en este caso, a las costas de Portugal.

Lo que, sin embargo, se ha podido determinar posteriormente es el hecho de que tuvieron lugar no una sino dos batallas de San Vicente: la primera en 1476 y la segunda en 1485. Sobre la primera escriben dos contemporáneos del Almirante, Alonso de Palencia y Ruy de Pina. En esta oportunidad, el 13 de agosto de 1476, la flota de corsarios estaba al mando del almirante francés Guillaume de Casenove-Coullon, conocido en Italia por "Colombo" y en España por "Colón".[45]

Tanto Fernando, el hijo del Almirante, como las Casas se limitan a describir, en forma casi idéntica, la batalla de San Vicente que tuvo lugar no en 1476 sino en 1485, esta vez a cargo de un almirante conocido como "Colombo Junior", quien en realidad se llamaba Jorge Byssipat o Jorge el Griego. Indiscutiblemente existía una razón muy poderosa para llegar a "confundir" la participación de Cristóbal Colón en una de las dos batallas navales mencionadas: en el combate marítimo de 1476, el Almirante francés Guillaume de Casenove-Coullon abordó unas naves genovesas, o sea, el genovés Cristóbal Colón participó en un ataque a navíos de su propia patria.

Sobre esta batalla existe una crónica intitulada "Del caso acaescido al capitan de la flota francesa llamado Colón en el Cabo de Santa María que es a treynta y seis leguas de la ciudad de Cadiz".[46] Tenemos aquí, entonces, una posible explicación de algunos de los misterios que acompañan las notas biográficas que nos legó el hijo Fernando y el cronista Bartolomé de Las Casas, ya que, como vemos, el Almirante tenía ya varios antecedentes sospechosos que ocultar. Por otro lado, el cambio de nombre del "Colombo" italiano al "Colón" español, es más comprensible si se piensa que el ilustre descubridor expresa en una oportunidad, en una carta dirigida al Ama del príncipe Don Juan que "yo no soy el primer almirante de mi familia",[47] aseveración frente a la cual algunos investigadores hacen notar cómo buscaba un parentesco con el almirante Casenove-Coullon aparentemente, Cristóbal Colón encontró oportuno cambiar no sólo su apellido, sino también agregar a su rango el de "Almirante".

Con respecto a su participación en el combate naval en contra de genoveses, sus cronistas supieron ocultar el hecho, haciéndolo aparecer en el otro, acaecido en 1485.

Las consecuencias de la acción bélica en contra de las naves de su patria deben haber pesado en la conciencia de Cristóbal Colón hasta sus últimos días; sólo así se explicaría que en su testamento legue algún dinero a genoveses que aparentemente fueron perjudicados en la batalla de San Vicente, exigiendo en una cláusula del mismo que "Hasele de dar en tal forma que no se sepa quien lo manda dar."[48]

5. Su religión y su religiosidad.

El principal cronista de Cristóbal Colón, fray Bartolomé de Las Casas, describe a su amigo con las siguientes palabras:

> "En las cosas de la religión cristiana, sin duda era católico y de mucha devoción; cuasi en cada cosa que hacía o decía, o quería comenzar a hacer, siempre anteponía: 'En el nombre de la Santa Trinidad haré esto o verná esto, o espero que será esto; en cualquiera carta o cosa que escribía, ponía en la cabeza: Jesus cum María sit nobis in via'; [...]. Su juramento era a veces: 'Juro a San Fernando'; cuando alguna cosa de gran importancia en sus cartas quería con juramente afirmar, mayormente escribiendo a los Reyes, decía: 'Hago juramento que es verdad esto'. Ayunaba los ayunos de la Iglesia observantísimamente; confesaba muchas veces y comulgaba; rezaba todas las horas canónicas como los eclesiásticos y religiosos; enemicísimo de blasfemias y juramentos; era devotísimo de Nuestra Señora y del seráfico Padre San Francisco; pareció ser muy agradecido a Dios por los beneficios que de la divinal recibía, por lo cual, cuasi por proverbio, cada hora traía que le había hecho Dios grandes mercedes, como a David. Cuando algún oro o cosas preciosas le traían, entraba en su oratorio e hincaba las rodillas, convidando a las circunstantes y decía: 'demos gracias a Nuestro Señor que de descubrir tantos bienes nos hizo dignos'; celosísimo era en gran manera del honor divino; cúpido y deseoso de la conversión destas gentes, y que por todas partes se sembrase y ampliase la fe de Jesucristo, y singularmente aficionado y devoto de que Dios le hiciese digno de que pudiese ayudar en algo para ganar el Santo Sepulcro; y con esta devoción y la confianza que tuvo de que Dios le había de guiar en el descubrimiento deste Orbe que prometía, suplicó a la serenísima Reina Doña Isabel, que hiciese voto de gastar todas las riquezas que por su descubrimiento para los Reyes resultasen en ganar la tierra y Casa Santa de Jerusalem, y ansí la Reina lo hizo, como abajo se tocará [...]".[49]

Pese a mostrarnos un Colón profundamente devoto, al parecer, fray Bartolomé no estaba tan convencido de su verdadero afecto al Cristianismo, pues comienza diciéndonos que "sin duda" era católico. Esta forma neutral de expresarse, la usa a menudo el cronista, como cuando escribe: "También de lo que conocía de Cristiandad de Cristóbal Colón".[50] Sin embargo, al referirse a los últimos días del Almirante, dice, en forma mucho más afirmativa, que Cristóbal Colón, viéndose muy debilitado como cristiano "cierto que era, rescibió con mucha devoción todos los Sanctos Sacramentos."[51]

Sus profundas convicciones cristianas también manifiesta el Almirante cuando alude a las personas que debieran en algún momento poblar las tierras descubiertas por él. Así lo manifiesta en una carta dirigida a los Reyes:

> [...] y digo que vuestras Altezas no deben consentir que aquí
> trate ni faga pie ningun extranjero, salvo católicos cristianos,
> pues esto fue el fin y el comienzo del propósito que fuese por
> acrecentamiento y gloria de la Religión cristiana, ni venir a
> esta parte ninguno que no sea buen cristiano."[52]

Este sentimiento religioso lo acompaña hasta el fin de sus días.

Todavía, poco antes de morir, solicita, en su testamento, a su hijo Diego que sirva a los Reyes y a la religión cristiana, y que después de su fallecimiento mantenga una capilla de tres capellanes que digan tres misas diarias, una en honor de la Santa Trinidad, otra en el de la Concepción de Nuestra Señora y otra por el alma de su padre, madre y mujer.[53]

6. La "Gerusalemme Liberata": Colón sueña con rescatar Jerusalem.

Llama la atención que Cristóbal Colón haga a menudo referencias a citas y pasajes correspondientes a la Biblia Hebrea, el Pentateuco, hecho que numerosos estudiosos toman como indicio para afirmar su supuesto origen judío. Así, menciona Colón en una oportunidad, que

> "[...] David, rey muy sabio, guardó ovejas y después fue
> hecho rey de Jerusalem; y soy siervo de aquel mismo Señor
> que puso a David en este Estado",

palabras que reproduce su hijo Fernando, al finalizar un capítulo de la biografía de su progenitor,[54] y de las que también se hace eco Fray Bartolomé de Las Casas, según ya transcribimos en el capítulo anterior:
" [...] cada hora traía que le había hecho Dios grandes mercedes, como a David."[55]

Junto a esto, está en Colón la preocupación "de que Dios le hiciese digno de que pudiese ayudar en algo para ganar el Santo Sepulcro", preocupación que manifestó tanto a sus amigos y cronistas, como, en especial, a los Reyes Católicos:

> " [...] protesté a vuestras Altezas que toda la ganancia
> desta mi empresa el descubrimiento del Nuevo Mundo se
> gastase en la conquista de Jerusalem, y vuestras Altezas
> se rieron y dijeron que les placía y que sin esto tenían
> aquella gana."[56]

Estaba seguro el Almirante de que, une vez terminada su misión, es decir, el descubrimiento de nuevas tierras, podía embarcarse en otra gran aventura, la de liberar los Lugares Santos, en Jerusalem, en manos de los infieles, tal como lo habían intentado anteriormente los Cruzados. La

"Gerusalemme Liberata", la Jerusalem libertada, era su gran sueño, un sueño que un siglo más tarde renovaría Torcuato Tasso en su inmortal epopeya.

Todavía en los últimos años de su vida persiste su obsesión por la liberación de Jerusalem. Durante su cuarto viaje a las Indias, en una extensa carta, fechada en la isla de Jamaica, el 7 de julio de 1503,[57] nuevamente alude a las grandes figuras de la Biblia Hebrea, a Moisés y a "David que Dios de pastor hizo Rey en Judea", quien

> "en su testamento dejó tres mil quintales de oro de las Indias a Salomón para ayuda de edificar el templo, y según Josefo era destas mismas tierras. Hierusalem y el monte Sion ha de ser reedificado por manos de cristianos: quien ha de ser, Dios por boca del Profeta en el décimo cuarto salmo lo dice.[58] El Abad Joaquin dijo que este había de salir de España. San Gerónimo a la santa muger le mostró el camino para ello. El Emperador de Catayo ha dias que mandó sabios que le enseñen en la fé de Cristo. ¿Quién será que se ofrezca a esto? Si nuestro Señor me lleva a España, yo me obligo de llevarle, con el nombre de Dios, en salvo[...]".

Admiración y fe en los grandes personajes bíblicos fueron, sin duda, la causa de que algunos lugares del Nuevo Mundo descubiertos por Cristóbal Colón hayan recibido nombres como "David" - una caleta de Jamaica -, "Salomón" - un cabo de la isla Guadelupe - o "Isaac" - una punta de la isla Santa María la Antigua.[59]

Afanosamente busca el Almirante textos de los profetas que le parecen referencias a sus propios viajes y que presagian la liberación de Jerusalem, los que recopila en su "Libro de las Profecías", que dejó inconcluso, y que tenía la intención de enviar posteriormente a los Reyes. En especial, es el profeta Isaías quien, según lo iba a expresar Cristóbal Colón en sus escritos, ya había previsto su descubrimiento del Nuevo Mundo. De ese modo lo dice en una carta a los Reyes:

> "Ya dije que para la esecución de la impresa en las Indias no me aprovechó razón ni matemática ni mapamundos: llenamente se cumplió lo que dijo Isayas, y es lo que deseo de escribir aquí por le reducir a V.A. a memoria, y porque se alegren del otro que yo le dije de Jerusalem por las mesmas autoridades, de la cual impresa si fe hay tenga muy por cierto la victoria."[60]

La falta de apoyo por parte de los Reyes en su proyectada reconquista de Jerusalem, llevó al Almirante a esgrimir argumentos más convincentes par acelerar alguna determinación real. Colón había sacado algunas conclusiones

de la lectura de San Agustín, que le convencieron de que el fin del mundo
iba a producirse durante el séptimo milenio.

El cálculo de la edad del mundo ya le había intrigado muchos años antes,
tal como se desprende de una apostilla marginal que escribió en castellano,
en 1481, en un libro de su propiedad, la "Historia rerum ubique gestarum",
de Eneas Silvio Piccolomini, más adelante el Papa Pío II.[61] Anota allí:
"Esta es la coenta de la criaçion del mundo segondo los judíos.[62] Vivió
Adán 130 años y entonces ingendró Aset[...]".

Luego de destacar:

> "Así que de la criaçion del mundo hasta el dilubio son 1655
> años [...]", concluye en los siguiente términos: "Y (des)que
> saliron de Egipto has(t)a que se fabricó la primera Casa 480
> años. Y des que foi fabricada la primera Casa fasta su
> destrucción son 410 años. Y des que foi destruida la primera
> Casa fasta la salida del cativerio de Babilonia a 70 años,
> y entonçes se começo la segunda Casa. Y duró la segunda
> Casa 400 años. Y desque nacio Abraam fasta que foe destruido
> la segunda Casa 1088 años. Y desde la destruçion de la segunda
> Casa fasta segundo los judíos, fasta agora, siendo el año del
> naçimiento de Nuestro Señor de 1481, son 1413 años. Y desde el
> comienço fasta esta era de 1481 son 5241 años [...]".

Veinte años más tarde, en 1501 escribe el Almirante una carta a los Reyes
en la cual les hace saber que según su estudio sólo faltan 155 años para
el fin del mundo y con ello se habrían cumplido las profecías:

> "Quedaba mucho por cumplir de las profecías y digo que son
> cosas grandes en el mundo, y digo que la señal es que nuestro
> Señor da priesa en ello: el predicar el Evangelio en tantas
> tierras de tan poco tiempo acá me lo dice [...]",

y volviendo a insistir en que él se consideraba la persona elegida para
hacer cumplir las profecías, continúa:

> "aquellos bienaventurados Apostoles de contíno sin cesar
> un momento me avívan con gran priesa".[63]

Las citas bíblicas, usadas por Cristóbal Colón en sus apuntes relacionados
con su intento de liberar Jerusalem y los Lugares Santos, y sus visiones
apocalípticas, basadas fundamentalmente en los escritos del profeta Isaías
y de San Juan, no indican, sin embargo, ningún conocimiento de otros textos
religiosos judíos. Su referencia al Segundo Templo de Jerusalem como
"Segunda Casa",[64] término en uso en la Biblia Hebrea, puede muy bien pro-
venir de la "Vulgata" o traducción al latín del Pentateuco, que también
emplea esta denominación cuando alude al Templo de Jerusalem, y no es

ningún indicio de que el Almirante haya dado a conocer así, aunque insconcientemente, su supuesto ancestro judío, como afirman algunos autores recientemente.[65]

7. Judíos y judeoconversos en la vida de Colón.
a) Los judíos.

A pesar de que Cristóbal Colón hace mención muy raras veces de personajes judíos que en alguna forma ayudaron o participaron en su magna empresa del descubrimiento del Nuevo Mundo, tenemos algunos antecedentes que indican que buscó su contacto, principalmente para enriquecer su conocimiento en el arte de la navegación: Sobre todo dos hombres de ciencia judíos, el médico del Rey João II de Portugal, Mestre Joseph Vecinho, y el astrónomo y cronista salmantino, Abraham ben Samuel Zacuto, con quien Vecinho había estudiado matemáticas y cosmografía.

Cuando, alrededor de 1483-84, Colón presentó al Rey el proyecto de su futura expedición marítima, Vecinho y otro médico de la corte, Mestre Rodrigo, supuestamente también judío, formaron parte de la comisión que examinó tal proyecto y fue responsable de su rechazo. Así lo relata el cronista João de Barros:

> "El Rey porque via ser este Christovam Colom homen falador
> e glorioso en mostrar sus habilidades, e mais fantastico
> e de imaginações com sua ilha cypango, que certo no que
> dizia davalhe pouco credito. Comtudo a força de sus importunações mandou qu'estivesse com Dom Diogo Ortiz, bispo de
> Cepta e com Mestre Josope Vecinho, aquem quem ele cometia
> estas cousas da cosmographia e seus descobrimientos; e todos
> ouveram por vaidade as paraulas de Christovam Colom, por todo
> ser fundado em imaginações e cousas da ilha Cypango de Marco
> Paulo".[66]

Aunque responsable, en parte, del fracaso de Colón en ganarse el apoyo del Rey, Vecinho facilitó posteriormente al Almirante una copia del "Almanaque Perpetuo", confeccionado por su maestro Abraham Zacuto, que lo había traducido de la versión original hebrea, primero al latín, y más adelante al español,[67] siendo la obra más importante sobre astronomía de su autor, la que acompañó al Almirante durante su histórico viaje.

Abraham Zacuto, a su vez, había realizado estudios de astronomía y astrología en la famosa Universidad de Salamanca. Si bien se apreciaban sus conocimientos en esta Casa de Estudios, es improbable que haya llegado a ser profesor de la misma a causa de su religión, de la cual, a diferencia de Vecinho, no estaba dispuesto a renegar. No existen documentos que atestigüen que Zacuto y Colón se hayan encontrado en algún momento en Salamanca, en 1496, año en que se supone que Zacuto, Colón y los Reyes Católicos se hallaban en esta ciudad,[68] y es sorprendente que el astrónomo no haga mención ni de Colón ni de sus históricos viajes en su "Sefer ha-Yuhasin", texto genealógico, escrito en 1504, en Túnez, ciudad en la que residió en tiempo después de abandonar España, en 1492, y Portugal, en 1497.

Indiscutiblemente, Zacuto hubiera mencionado un encuento en esta oportunidad, ya que da a conocer en este libro, junto con datos autobiográficos, la historia de los judíos en España y Portugal, hasta su expulsión.

La suposición de un encuentro entre Abraham Zacuto y el Almirante tomó fuerzas recién en el siglo pasado, al publicarse una lista de libros que Colón poseía en los últimos años de su vida.[69] Figura en ella, entre otros, una edición del "Almanach Perpetuum" de Zacuto, impresa en Leiria, en 1496, ciudad portuguesa en la cual se había instalado la primera imprenta del país. Vale la pena mencionar que esta edición, que se debe a la traducción del hebreo de Joseph Vecinho, es, a su vez, el único incunable en idioma español, impreso en Portugal.[70]

Otro libro, el "Tratado de las Ynfluencias del cielo", escrito aparentemente también en hebreo, pero existente sólo en su versión española, en Gata, provincia de Cáceres, fue compuesto por Zacuto probablemente entre los años 1480 y 1492, ya que en este mismo año se trasladó a Portugal. Un manuscrito de este "Tratado" pertenecía a Fernando Colón, quien lo adquirió recién en 1524, en Sevilla, por lo cual es improbable que su padre lo haya poseído con anterioridad.[71]

En el reino de Portugal, en 1492, Zacuto fue nombrado astrónomo de la corte de los Reyes. En este país aconsejó a Vasco de Gama, antes de su viaje a la India, en 1496, informando favorablemente al Rey sobre este proyecto. En esta oportunidad también enseñó a los marineros de la expedición sobre el uso de su recién perfeccionado astrolabio, sus tablas astronómicas y mapas naúticas. En 1497, al ordenar el Rey la expulsión de los judíos de Portugal, Abraham Zacuto se contaba entre aquellos que abandonaron para siempre la Península Ibérica.

No cabe duda de que Cristóbal Colón, durante los años de su estadía en Portugal, conoció a numerosos judíos, especialmente en Lisboa. Esta ciudad

tenía una importante población judía de artesanos y fue, al mismo tiempo,
centro comercial de primera magnitud, residiendo también allí numerosos
sabios, entre ellos Joseph Vecinho y Abraham Zacuto. No es de extrañar,
entonces, que el Almirante se haya acordado, años más tarde, en su testamento de un judío, cuyo nombre, sin embargo, ya no tenía presente y quien
seguramente le fue útil en algunas ocasiones. Así, en su última voluntad,
expresa su deseo de que se entregue "a un judío que moraba a la puerta de
la Judería en Lisboa o a quien mandare un sacerdote el valor de medio marco
de plata".[72] Hay que hacer notar que el Almirante, al dictar su testamento
el 19 de mayo de 1506, poco antes de morir, no tenía conocimiento de que
este judío y los otros que había conocido en Lisboa ya se habían visto
obligados a abandonar el país nueve años antes, lo que indica que su nexo
con los judíos no era más que superficial. De haber sido descendiente de
conversos, no podía habérsele escapado esta dramática expulsión, tal como
la presenciada años antes, en 1492, en España.

b) Los Judeoconversos.

Mucho se ha escrito sobre la participación de judeoconversos aragoneses en
los preparativos y en el financiamiento de los viajes al Nuevo Mundo de
Cristóbal Colón.[73]

Era de público conocimiento que los Reyes Católicos no sintieron hostilidad
hacia los judíos. Habían favorecido al entrada de algunos de ellos a su
servicio en la corte, encargándoles importantes misiones de toda índole.
En el reino de Aragón, algunos conversos habían sido elevados a los más
altos cargos por el propio rey. La resistencia que estos judeoconversos
encontraron luego entre los "cristianos viejos" se refleja en las numerosas
publicaciones, que no tardaron en circular por España, como las "Coplas del
Provincial", libelo antijudío que se burlaba de personajes influyentes cuyo
origen judío era, por lo general, bien conocido en las altas esferas de la
Corte. Otro texto, el "Libro Verde de Aragón"[74] o "Libro o Genealogía de
los nombres y apellidos que de judíos tenían los convertidos de la ciudad
de Zaragoza y Reyno de Aragón [...]", causó tanto revuelo y escándalo, que
fue recogido nada menos que por orden del Inquisidor General, don Andrés
Pacheco, en noviembre de 1623, quien encarecidamente exigía que no quedase
"ni un rastro de dicho libro [...], para que se quemase publicamente, con
gran pompa."

Figuran en este libro los familiares de Alfonso de la Caballería, condenados por la Inquisión aragonesa. Miembro de una famosa familia de conversos, desde 1482, De la Caballería ostentaba el título de vicecanciller del rey de Aragón. Sin embargo, y esto no es más que una prueba de cómo muchos de estos judeoconversos actuaron como cristianos sinceros, apoyó en cierta medida los propósitos del rey de establecer al Inquisición también en este reino.

Es sabido que numerosos judeoconversos en España se habían vuelto después de su bautismo, acérrimos enemigos de su pueblo. Uno de los casos más famosos es el del rabino docto, Shelomo ha-Levi, conocido posteriormente como Don Pablo de Santa María, quien fue el jefe indiscutible del anti-semitismo español en el siglo XIV. Llegó a ocupar el puesto de obispo de Burgos y, también, el de tutor del príncipe Don Juan, padre de Isabel la Católica. Lo mismo puede decirse de otro destacado miembro de la familia De la Caballería, Mosén Pedro, hijo de Micer Pedro de la Caballería, autor de un texto violentamente anti-judío, el "Celo de Cristo contra judíos y sarracenos",[75] en el cual llega a expresar - hasta tal extremo llegó su odio a la religión de sus antepasados - que "sobre la ruina de los judíos se constituiría y construiría la verdadera y católica esperanza cristiana."

Citamos estos ejemplos para dejar en claro que muchos de los conversos, aunque no llegaron a coincidir con una posición antijudía tan extrema, tomaron muy en serio su bautismo, prueba de lo cual es que el Tribunal del Santo Oficio de la Inquisición no llegó a condenar a ninguno de los consejeros de los Reyes Católicos que ocuparon cargos de importancia antes y después de la expulsión de los judíos de España, en 1492.

Es incomprensible, por lo tanto, que Salvador Madariaga, en su ya citada biografía de Cristóbal Colón, se refiera a dos destacados funcionarios del reino de Aragón, y protectores del Almirante, Gabriel Sánchez y Luis Santángel, recalcando su origen judío,[76] queriendo insinuar, así, que existía una verdadera "cofradía" de judeoconversos que ofrecía ayuda al navegante, argumento recogido posteriormente por otros publicistas que insistieron en que estos influyentes consejeros actuaron de este modo motivados por el interés de prestar ayuda a "uno de los suyos", es decir, a un judeoconverso, o por lo menos, a un descendiente de una familia judía de origen español.

Lo que es efectivo es que Luis de Santángel, escribano de ración, era bisnieto de Noah Chinillo, convertido al cristianismo durante los años de la famosa disputa religiosa de Tortosa, en 1413/1414. Su hijo, Azarias, tomó más adelante el nombre de Luis y el apellido de Santángel. Uno de sus hermanos, Martín, se hizo dominicano y llegó a ocupar, con el tiempo, la posición de Inquisidor General de la Corona de Aragón.[77] Algunos miembros de su familia, sin embargo, fueron condenados por el Tribunal de la Inquisición, lo que no impidió que Luis de Santángel, - y esto parece una ironía del destino - a su vez obtuviera de los Reyes, en mayo de 1497, una Cédula que le permitía, tanto a él como a sus herederos, apropiarse de los bienes confiscados por el Santo Oficio a los herejes y apóstatas del reino de Valencia.[78]

Semejante es el caso del Tesorero General de Aragón, Gabriel Sánchez, hijo de una pareja de conversos. También él fue acusado, en 1488, por el Tribunal de la Inquisición - y no olvidemos que este Tribunal recogía hasta denuncias anónimas para iniciar sus actuaciones. Empero, no sólo mantuvo su alto cargo sino que, más aún, por orden del arzobispo de Sevilla el proceso se vio paralizado, dándose término al mismo en 1501, con su absolución completa, dictada por el Comisario Apostólico, pues el proceso había quedado, finalmente, bajo vigilancia del propio Papa.[79]

Fueron Luis de Santángel y su primo Gabriel Sánchez los que alentaron a la Reina a apoyar los planes de Colón y los que, con sus préstamos facilitados, le hicieron posible realizar su histórico primer viaje al Nuevo Mundo. El dinero, sin embargo, no le fue entregado directamente al Almirante, tal como se menciona en un documento de la época:

> "Hallándose los Reyes en necesidad de dinero para esta empresa el viaje de Colón, prestóles diez y seis mil ducados Luys de Santángel, su escribano de raciones."[80]

A ellos dirige Colón su famoso relato, una verdadera carta "circular",[81] con el fin de que se divulgara por toda Europa, a la brevedad posible, algo que no hubiera acontecido si se hubiese dirigido solamente a los Reyes. No es de extrañar entonces, que este descubrimiento produjera gran entusiasmo en todo el continente y fuera impreso ocho veces en 1493, primero en su versión en latín, el 29 de abril, en Roma. Pero no sólo estos relatos del Almirante sino también las cartas enviadas a distinguidas personalidades, principalmente de Italia, por Pedro Mártyr, escritor italiano y confidente de los Reyes Católicos, hacen llegar noticias sobre este histórico viaje a todos aquéllos de cierta relevancia. Así, se lee en una carta suya, fechada el 14 de mayo de 1493, en Barcelona: "Algunos días después, un tal Cristóbal Colón retornó a las Antípodas Occidentales; es un ligur que, enviado por mis Reyes, con sólo tres barcos penetró en aquella provincia reputada por fabulosa, volviendo con pruebas palpables [...]".[82] Vemos aquí, además, que al Almirante se le considera específicamente como "ligur", o sea, de la región de Génova, y que el bien informado Pedro Mártyr en ningún momento transmite la sospecha de que pudiese tratarse de un "judeo-converso" o de origen judeo-italiano. Este testimonio es de gran importancia, ya que Pedro Mártyr, cuya posición anti-judía era ampliamente conocida,[83] no hubiera titubeado un momento en revelar cualquier indicio que acusara a Cristóbal Colón de ser judío.

De los demás conversos, protectores o financistas del Almirante, que Madariaga menciona como "judíos",[84] se contaban Fray Diego de Deza, profesor de teología de la Universidad de Salamanca; Andrés Cabrera, marqués de Moya, y Fray Hernando de Talavera, confesor de la reina Isabel. Confundir a estos personajes con judíos o suponer que su fe cristiana no era examinada y comprobada debidamente, ya no se puede aceptar en un análisis histórico serio. Talavera fue elegido Prior del Monasterio de Frailes Jerónimos del Prado, y sería difícil imaginar que la reina, y en alguna oportunidad también el rey, eligiera como su confesor personal a un sacerdote que, si bien descendía de conversos por parte de su madre, hubiese manifestado la menor simpatía por Cristóbal Colón sólo por el hecho descender de judíos.

Sólo dos hombres influyentes en la corte, y financistas de los Reyes, Isaac Abrabanel y Abraham Senior, eran judíos. El último, presionado por los Reyes Católicos, recibió el bautismo en una ceremonia solemne el 15 de junio de 1492, conociéndose, en adelante, como Fernán Núñez Coronel. Por su parte, Isaac (Ishac) Abrabanel y su familia se contaban entre aquellos judíos de la corte que, en vano, se esforzaron por anular el decreto de expulsión que se firmó el 31 de marzo, el cual no se dio a conocer hasta fines de abril del mismo año. Como no aceptara convertirse, Abrabanel abandonaba España a principios de julio de 1492.[85] Tampoco éste menciona en parte alguna, en su comentario histórico sobre el éxodo de los judíos de España, a Cristóbal Colón, lo que indiscutiblemente hubiera hecho en caso de sospechar su origen judío.

8. El histórico viaje y el descubrimiento del Nuevo Mundo.

Se inicia la travesía.

Numerosos detalles relacionados con la fecha de la partida de las tres naves de la expedición, con los miembros de su tripulación y con algunos accidentes acaecidos durante la travesía, que se conocen gracias a las cartas a los Reyes escritas por Colón y, principalmente, a su diario de viaje, han dado argumentos a los defensores de la hipótesis que venimos refutando sobre el origen judío del Almirante.

Existe, en primer lugar, el argumento de que Colón aplazó su viaje porque el día propuesto originalmente coincidía con el día 9 de Ab del calendario hebreo, día de duelo para el pueblo judío: según la tradición, corresponde a la fecha en que fueron destruidos tanto el primero como el segundo Templo de Jerusalem.[86] Esta afirmación no tiene base alguna; en el caso de que Colón supuestamente haya mantenido algunos ritos judíos, no existe antecedente de que un cripto-judío haya celebrado este día como festividad religiosa por no tener a mano un calendario judío para calcular la fecha. Además, y esto es más importante aún, el 31 de julio de 1492, día en que el último judío debía abandonar el país, caía en el 7 del mes de Ab, y sólo según una piadosa tradición, entre cuyos autores se contaba Isaac Abrabanel, se cambió esta fecha para el día de duelo ya establecido.[87]

Con respecto a la expulsión de los judíos, dice Colón en una de sus cartas a los Reyes, incorporada a su "Diario":

> "Así que después de haber echado fuera todos los judíos
> de todos vuestros reynos y señoríos, en el mismo mes de
> enero mandaron vuestras altezas a mí que, con armada
> suficiente me fuese a las dichas partidas de India;[...]".[88]

No obstante equivocarse en el mes - no era en enero sino en agosto cuando inicio su histórico viaje -, toma aquí como punto de referencia para hablar de su travesía la fecha en que se habían "echado fuera todos los judíos". Esta manera de identificar los acontecimientos significativos se observa en la mayoría de sus cartas, en las que, en vez de fechas precisas, recuerda ciertos hechos de trascendencia. Cuando, por ejemplo, describe pormenores de la partida de sus carabelas en su cuarto y último viaje al Nuevo Mundo, desde Cádiz, en la primera mitad de 1504, en una carta dirigida al Padre Gorricio, una vez llegado a la Gran Canaria; comenta: "El vendaval me detuvo en Cádiz fasta que los Moros cercaron a Arcila y con él salí al socorro y fue al puerto."[89]

En general, y esto hay que destacarlo, el Almirante siempre usa las palabras de rigor para designar a las personas con que tiene algún contacto personal. Así, escribe a los Reyes: "Trato y conversación he tenido con gente sabia, eclesiásticos e seglares, latinos y griegos, judíos y moros [...]".[90]
No menos preciso es cuando se expresa, como veremos más adelante, de ciertos individuos a los que califica de "conversos", "buenos cristianos", "indios" o "rebeldes cristianos".

La tripulación de las carabelas.

Si el proyectado viaje de Cristóbal Colón hubiese tenido como finalidad asegurar a los judíos bautizados un continente libre de recelos y persecuciones tal como creen algunos autores, podríamos suponer que un número considerable de su tripulación se hubiera compuesto de conversos de última hora. Sin embargo, una prolija investigación sobre las personas que se aventuraron a embarcarse junto al Almirante en su primera travesía,[91] permite establecer con certeza el origen judío de sólo uno de ellos, "un Luis de Torres que había sido judío y sabía diz que hebraico y caldeo y aún algo de arábico", según lo anota Cristóbal Colón en su "Diario". Pocos días después del histórico descubrimiento del Nuevo Mundo, el 2 de noviembre, con otro compañero de viaje, Torres recibe el encargo de explorar el terreno de la Isla de Cuba. Al regresar 3 días más tarde, informó éste que no había encontrado oro, pero sí "mucha gente que atravesaba a sus pueblos, mugeres y hombres, con un tizón en la mano, yerbas para tomar su sahumerio que acostumbraban [...]. Con el cual se adormecen las carnes y cuasi emborracha, y así diz que no sienten el cansancio [...]". Tal fue el descubrimiento del tabaco, en las palabras del Padre Las Casas, quien agrega, además, que "Españoles cognoci yo en esta Isla Española que los acostumbraron a tomar [...]. No sé que sabor o provecho hallaban en ellos".[92]

Este se estableció posteriormente en la isla, siendo, probablemente, la primera persona de origen judío radicada en el Nuevo Mundo,[93] donde también descansan sus restos.

De los otros tripulantes del primer viaje del Almirante, se piensa que tienen origen judío Alfonso de la Calle, Rodrigo Sánchez de Segovia - del cual se afirma que era familiar del tesorero real Gabriel Sánchez -, Marco, cirujano de a bordo, y el boticario Maestre Bernal, reconciliado por la Inquisición en 1490.

Otros pocos judeo-conversos figuran entre los que participaron en el segundo viaje de Colón, como Efraim Benveniste de Calahorra, pero falta aún una documentación adecuada que permita pasar de las sospechas a aseveraciones rotundas.

"Conversos" y "buenos cristianos".
Antes de regresar a España, en marzo de 1496, y partiendo de Isabela, primera ciudad fundada por él en el Nuevo Mundo, Colón nombró a las autoridades que debieran gobernar la isla Santo Domingo en su ausencia. Como Alcalde Mayor, encargado de la administración y justicia, escogió a "un escudero criado suyo, bien entendido aunque no letrado",[94] Francisco Roldán, cuyas actuaciones en este cargo le iban a causar luego gravísimos problemas. Descontentos por la falta de alimentos, los pobladores se rebelaron, encabezando este levantamiento Roldán, contando también con la colaboración de los indígenas. Aparentemente habían llegado noticias sobre estos hechos a España, dejando a Colón en una situación muy inconfortable, según aquí se aprecia:

> "De todo esto me acusaban contra toda justicia, como ya dije, todo esto es era porque Vuestras Altezas me aborreciesen a mi y al negocio; más no fuera así si el autor del descubrir dello fuera converso, porque conversos, enemigos son de la prosperidad de Vuestras Altezas y de los cristianos; mas echaron esta fama y tuvieron forma que llegase a se perder del todo; y estos que son con este Roldan, que agora me da guerra, dicen que los mas son dello".[95]

Esta defensa que de los rumores en su contra hace el Almirante, y las palabras hostiles a los conversos que allí expresa, se repiten en el caso de un converso de apellido Ximeno, persona de confianza de don Juan de Fonseca, arcediano de Sevilla, a quien los Reyes habían delegado numeroso asuntos en las tierras recién descubiertas. Después de quejarse por las molestias que le ocasiona Ximeno, escribe Colón:

> "También suplico a Vuestras Altezas, que manden a las personas que entienden en Sevilla en esta negociación que no le sean contrarios, y no la impidan. Yo no sé lo que allí pasaría Ximeno, salvo que es de generación que se ayudan a muerte y vida, e yo ausente y envidiado extranjero; no me desechen Vuestras Altezas, pues que siempre me sostuvieron".[96]

Releyendo las opiniones que le merecen al Almirante los "conversos", vertidas en las dos citas que anteceden, a saber: "enemigos son de la prosperidad de Vuestras Altezas y de los cristianos" y "generación que se ayudan a muerte y vida", se hace difícil aceptar que un personaje supuestamente "converso" se exprese en términos semejantes de otras personas pertenecientes a la misma casta que él.

Colón, por otro lado, no clasifica a los cristianos entre "cristianos viejos" y "cristianos nuevos", o sea, entre aquellos que descienden de antiguas familias cristianas y otros que provienen de familias judías posteriormente convertidas al cristianismo. Sólo existe para él la designación gobal de "cristianos" en cuanto a pertenencia religiosa. Así, escribe en su "Diario" en una oportunidad: "me atacaron los indios y los rebeldes cristianos", o sea, un grupo de españoles que formaban parte de su expedición. En la misma forma, al dirigirse a los Reyes y refiriéndose a las personas que en el futuro debieran poblar las tierras descubiertas por él, pedía, como citáramos previamente:

> "Vuestras Altezas no deben consentir que aqui trate ni faga pie ningun extranjero, salvo católicos cristianos, pues este fue el fin y el comienzo del própósito que fuese por acrecentamiento y gloria de la Religión cristiana, ni venir a estas partes ninguno que no sea buen cristiano".[97]

En otras palabras, lo que él quería era que vinieran católicos sinceros, de cuya verdadera fe no habría que sospechar, y no "conversos", que considera Colón como "enemigos [...] de los cristianos". Difícil es suponer que la persona que manifiesta estos sentimientos sea a su vez descendiente de una familia judía o bautizada a última hora.

9. <u>El enigma de la firma de Cristóbal Colón.</u>

Una escritura con letras desconocidas y su signatura en un documento en que nombra como heredero universal a su hijo Diego, han sido la fuente de numerosas especulaciones y teorías sobre el supuesto origen judío de Colón.

El cronista Pedro Mártyr, en un momento en que la relación del Almirante con el recién nombrado gobernador Bobadilla, con sede en Santo Domingo, se había empeorado, escribe:

> "Dicen que el nuevo Gobernador ha enviado a los Reyes cartas escritas por el almirante en caracteres desconocidos, en las que avisa y aconseja a su hermano el Adelantado, que estaba ausente, que venga con fuerzas armadas a defenderle contra todo ataque por si el gobernador intentase venir contra él con violencia".[98]

Basta esta mención de Pedro Mártyr, quien se cuida muy bien de introducir con un "dicen" sus palabras, para que se llegue a especular que esta carta pudo ser escrita en "alguna forma cursiva del alfabeto hebreo", ya que "una escritura hebrea corriente hubiera sido peligrosa para Colón; pero una escritura cursiva más o menos legible en caracteres hebreos deformados por el uso, sobre todo en las circunstancias locales, a tanta distancia de la Inquisición, evitaría estos peligros [...]".[99]

Sólo basta recordar, al respecto, que el aprendizaje de la lectura y escritura en hebreo unicamente se adquiría, en aquella época, en las escuelas que mantenían las congregaciones judías de cada país y ningún judeoconverso tuvo acceso a esta enseñanza. Tampoco se fijan quienes fundan sus conjeturas en fuentes como éstas en que, si bien Pedro Mártyr habla de "una carta en caracteres desconocidos", no vacila en dar a conocer el contenido de la misma, con lo cual queda claro que no pudo haber sido escrita en hebreo, idioma que los colonizadores del Nuevo Mundo desconocían y, por lo tanto, tampoco podían leer.

Más absurdas aún fueron las interpretaciones especulativas que se hicieron de la famosa firma de Cristóbal Colón, usada en los últimos años de su vida y sobre la cual da instrucciones precisas de cómo escribirla, sin explicar su significado. Expresa el Almirante en relación a esto:

"Don Diego, mi hijo, o cualquier otro que heredase este Mayorazgo, después de haber heredado y estado en posesión de ello, firme de mi firma, la cual agora acostumbro, que es una X con una S encima, y una M con una A romana encima, y encima della una S y después una Y griega con uns S encima con sus rayas y virgulas, como yo agora fago, y se parecerá por mis firmas, de las cuales se hallarán muchas, y por esta parecerá".[100]

Tal como se aprecia en un documento firmado por Colón, esta firma tiene la siguiente forma:

.S.
.S.A.S.
X M Y
Xpo FERENS

Con el fin de indicar el origen judío de Colón, algunos autores cambiaron la forma geométrica de la misma, creando con las letras un triángulo al que dieron una interpretación cabalística luego de identificarlo con el Escudo de David (doble triángulo o hexagrama):

.S.
.S.A.S.
X M Y
XPO FERENS

De este modo, el catedrático portugués, Moisés Bensabat, se atreve a asegurar que las siete letras que anteceden a la firma constituyen "la transposición al latín de siete letras hebraicas de una oración que expresa la fe en un Dios único".[101] Para darse cuenta del absurdo en que se ha caído por intentar descifrar el significado de las letras usadas por el Almirante, basta con mencionar sólo las diferentes interpretaciones que a la primera ".S." dan algunos autores, para quienes significaría: S (araceno); S(elevabo); S (ervus); S (piritus); S(alvet); S(um); S(ervidor); S(ubscripsi); S(upplex) y otras aproximaciones no menos fantásticas. Ni siquiera se le escapa a uno suponer que la firma se aproximaría al "Kadish", antigua oración judía, en arameo, que enuncia la fe en la santidad de Dios.[102] A Salvador de Madariaga, esta forma triangular de las letras de la firma del Almirante, le "obliga a pensar en la ciencia oculta de los judíos" y añade "otro elemento de interés a los abundantes indicios [...] de su origen judío". En su opinión, "así el anciano marinero volvía a su fe prístina al acercarse a la muerte".[103]

Conclusiones

1. Los primeros intentos por probar el origen judío de Cristóbal Colón se dan a conocer poco después de los festejos del Cuarto Centenario del descubrimiento de América. Son principalmente investigadores españoles quienes procuran demostrar que Colón descendía de una familia judía residente en Pontevedra. Este afán más bien patriótico de darlo a conocer como de origen español, motivó a otros historiadores, como es el caso de Salvador de Madariaga - quien no rechaza en su publicación la posibilidad de que el Almirante haya nacido en Italia - a probar que sus antepasados habían emigrado desde la Península Ibérica a Génova como judíos conversos, escapando a fines del siglo XIV de las olas de persecusión que afectó a la mayoría de las comunidades judías en España. En su muy divulgada biografía, impresa en 1940, da por asentado el origen judío de Cristóbal Colón, lo que, según él, explicaría el ocultamiento tanto por parte del Almirante como de sus hermanos e hijos de numerosos aspectos de su vida ahora desconocidos y hechos nunca bien explicados, como asimismo su permanente cita de pasajes correspondientes a la Biblia Hebrea y, no menos importante para el logro de sus empresas, el apoyo que le prestaron destacados e influyentes judeoconversos en la corte de los Reyes Católicos. Es principalmente esta "Vida del muy magnífico señor don Cristobal Colón" el texto que la mayoría de los publicistas

73

usaron, posteriormente, para repetir la hipótesis de su origen judío, sin haber podido probar ni agregar nada nuevo sobre este particular.

2. La documentación que existe en torno a la familia de Cristóbal Colón establece que éste provenía de la región de Génova y que nació en el seno de una familia plebeya. La hipótesis de que Colón era, en realidad, descendiente de judíos españoles que escapaban a fines del siglo XIV de su país de origen para salvarse de las persecusiones religiosas, no ha sido posible comprobarla documentalmente hasta el momento. Además, sería poco probable que, en este caso, se hubiesen dirigido a Génova, ciudad que no permitía el establecimiento de judíos desde el siglo XIII.

Al no poder verificarse la hipótesis de la existencia de una familia judeo-española de apellido Colón-Colombo en este lugar, tampoco podrá mantenerse la suposición de que su conocimiento del idioma español lo haya adquirido en la casa paterna.

Está comprobado, además, por destacados investigadores, como es el caso de Ramón Menéndez Pidal, que el Almirante hablada previamente el idioma portugués antes de su aprendizaje del español.

3. De sus profundas convicciones cristianas nadie dudaba en su tiempo y tanto cronistas contemporáneos como personas allegadas a Colón no manifestaban la más mínima sospecha sobre este aspecto. A pesar de que el Almirante tenía numerosos adversarios y enemigos, nunca fue acusado por ellos de no vivir como cristiano devoto.

4. Sus citas correspondientes a textos pertenecientes a la Biblia Hebrea, el Pentateuco, no indican, en ningún momento, algún conocimiento más profundo de la religión judía y tampoco fueron objetadas por las autoridades eclesiásticas de su época.

5. Numerosos aspectos de su vida que aún no ha sido posible aclarar, como son su cuna humilde, el cambio de su apellido Colombo-Colón, su escritura y firma misteriosa, sólo pueden entenderse en el contexto de un ocultamiento de su origen plebeyo, del anhelo de identificarse con personajes relevantes y del propósito de callar el episodio de su participación en un barco corsario que combatía en contra de navíos genoveses, o sea, de su patria.

6. No existe ninguna prueba de que judíos o judeoconversos (que no deben confundirse con cripto-judíos) de la corte de los Reyes Católicos hayan apoyado o ayudado financieramente a Colón para que llevara a cabo su empresa sólo

por suponer o sospechar su origen judío. Lo que sí se sabe es que Cristóbal Colón se había pronunciado, en ocasiones, en forma despectiva de "conversos, enemigos de los cristianos".

7. El número de judíos convertidos al cristianismo poco antes de embarcarse en los navíos que partían desde el Puerto de Palos, el 3 de agosto de 1492, ha sido abultado en numerosas publicaciones que se ocupan del histórico viaje al Nuevo Mundo. Tampoco existe ninguna comprobación de que el atraso de la partida de las naves se deba al hecho que el Almirante no deseaba dar comienzo a su viaje por coincidir con una festividad judía, la que, en general, tampoco fue observada por los cripto-judíos españoles, ya que esta fecha sólo se puede conmemorar con ayuda de un calendario hebreo, lo que, obviamente, no les era posible obtener en los territorios en los cuales toda identificación con la religión judía era severamente castigada por parte del Tribunal de la Inquisición.

8. Las diferentes interpretaciones que se han dado a unas "cartas escritas en caracteres desconocidos" y a la famosa firma de siete letras de Cristóbal Colón, lejos de dar validez a la argumentación de un supuesto origen judío del Almirante, sólo prueban la falta de seriedad para llevar a cabo una investigación histórica que lo pudiera confirmar.

9. A un siglo de la aparición de las primeras publicaciones que aseguraban el origen judío de Cristóbal Colón, no se ha podido encontrar aún la documentación apropiada que dé un apoyo histórico-científico a estas afirmaciones.

NOTAS

1. Publicada en Venecia, en 1587, y traducida al latín con el título de "Tractatus itinerum mundi", Oxford, 1691, constituye la primera obra de un autor judío relacionada con el descubrimiento de América. El capítulo XIV de este texto menciona el posible asentamiento de las Diez Tribus Perdidas en este continente.

2. Heinrich Graetz, autor de la primera "Historia General del Pueblo Judío", en once volúmenes, publicada bajo el título de "Geschichte der Juden von den ältesten Zeiten bis auf die Gegenwart", 1853/75, tampoco incluye información al respecto.

3. M.Kayserling: "Christoph Columbus und der Anteil der Juden an den spanischen und portugiesischen Entdeckungen", Berlin, 1894; "Christopher Columbus", New York, 1894.

4. M.Kayserling: "Biblioteca Española-Portuguesa-Judaica", Strasbourg, 1890. En esta obra menciona a todos los autores y sus publicaciones, escritas preferentemente en español y portugués, en las cuales también se encuentran diversos textos que hacen referencia a la historia de los judíos en la Península Ibérica y a su éxodo y asentamiento en otros países de Europa y del Nuevo Mundo.

5. La Sociedad Geográfica de Madrid publica esta investigación en el N° 40 de sus boletines, intitulado "¿Cristóbal Colón, español?".

6. García de la Riega publica, en 1914, su libro "Colón Español", en el cual amplía su estudio anterior; siguen sus pasos autores como Rafael Calzado: "La verdadera patria de Colón", 1920, y Otero Sánchez: "España, patria de Colón", 1922.

7. "Vida del muy magnífico señor don Cristóbal Colón", Buenos Aires, 1940.

8. Vol.5, pp.756/758, Jerusalem, 1971. Resume en él lo que anteriormente había dado a conocer en "Who was Columbus", "The Menorah Journal", Vol. XXVIII, octubre-diciembre, 1940.

9. "Jüdisches Lexikon", Vol.I, p.1432, Berlin, 1930.

10. Se publicó allí bajo el título "Toledot ha Yehudim be-Sefarad ha Notzrit", Tel. Aviv, 1945. Traducida del hebreo al español por José Luis Lacave, Madrid, 1981.

11. Madrid, 1961, 3 vol.

12. En un acta notarial, del 21 de febrero de 1429, Doménico ("Johannes de Columbo de Moconexi, habitador in villa Quinti") entrega su hijo a un tejedor flamenco para que se desempeñe como aprendiz del oficio en su casa. Documentación de la "Città de Génova" (Colombo), 1932, p.104, cit. en Salvador de Madariaga: "Vida del muy magnífico Señor don Cristóbal Colón", Buenos Aires, 1947, p.586

13. "Sozana filia quondam Jacobi de Fontanarubea de Bezagno et uxor Dominici de Columbo de Ianqa ac Christoforus et Iohannes Pelegrinus filii [...] ", Así figura en una acta notarial, en agosto de 1473. "Città de Génova", p.150, Madariaga, op.cit., p.587.

14. "Cristofforus de Columbo filius Dominici maior annis decem novem[...]". "Città de Génova", p.170. Madariaga, Op.cit., p.588.

15. "Dominicus Columbus, lanerius, habitator Saonae, et Christoforus, eius filius". "Città de Génova", p.148. Madariaga, Op.cit., p.588.

16. Dominicus de Colombo [...] textor pannorum et tabernarius", "Città de Génova", 2 de marzo de 1470. Madariaga, Op.cit., p.589.

17. "Città de Génova", 17 de enero de 1483, p.154. Madariaga, p.51.

18. "Città de Génova", p.176. Madariaga, Op.cit., p.53.

19. Antonio Gallo: "Rerum Italicarum Scriptores", editado recién en 1723, en Milán, por Ludovico Antonio Muratori y dado a conocer por John Boyd Thacher: "Christopher Columbus. His life, his work, his remains", New York, 1903, Vol.I, pp.190-202. Cit. Madariaga, Op.cit., pp.55, 56.

20. John Boyd Thacher, Op.cit., Vol.I, p.195.

21. Cecil Roth: "The Jews in the Renaissance", Philadelphia, 1964, p.155.

22. Bartolomé de Las Casas: "Historia de las Indias", "Colección de Documentos inéditos para la Historia de España por el Marqués de la Fuensanta del Valle y D.José Rayón", Madrid, 1875.

23. Bartolomé de Las Casas: Op.cit., Libro I, Cap.II, Vol.62, pp.40-45.

24. "Pleitos de Colón", "Colección de Documentos inéditos para la Historia de España por el Marqués de la Fuensanta del Valle y D.José Rayón", Vol.II, pp.191-194, Madrid, 1875. Madariaga. Op.cit., pp.40, 41.

25. Andrés Bernáldez: "Historia de los Reyes Católicos Don Fernando y Doña Isabel, escrita por el bachiller Andrés Bernáldez, cura de los Palacios y Capellán del Arzobispo de Sevilla, Don Diego Deza", Sevilla, 1870, Vol.I, Cap. CXVIII, p.357. Salvador de Madariaga, Op.cit., p.40, 584.

26. Carta del embajador Ruy González Puebla, fechada en Londres, el 23 de junio de 1498. Salvador de Madariaga, Op.cit., p.250. A Madariaga le llama la atención que los Reyes Católicos, al responder con otra carta a la del embajador, sólo menciona a "uno como Colón", sin agregar el aditivo "genovés", lo que no es de extrañar, ya que el embajador González Puebla únicamente quizo especificar el hecho de que también en Inglaterra el rey hacía uso de marineros genoveses, mientras que en España la nacionalidad extranjera de Colón ya era suficientemente conocida como para aludir a ella en forma permanente.

27. Martín Fernández de Navarrete: "Colección de los viajes y descubrimientos que hicieron por mar los españoles desde fines del siglo XV", Madrid, 1825-1837, Tomo II, p.262, Documento CXL.

28. Samuel Elliot Morison: "Admiral of the Ocean Sea. A life of Christopher Columbus", Vol.I, pp.10-12, Boston 1942.

29. Hernando Colón: "Historia del almirante Don Cristóbal Colón", Tomo I, p.36, Madrid 1932.

30. El desconocimiento de la lengua materna entre jóvenes residentes en el extranjero, y que no han tenido la posibilidad de practicar su idioma, constituye un hecho comprobado que hemos podido observar entre numerosos hijos de inmigrantes, refugiados desde Europa Central, a partir de 1933, al comenzar el avance del nacionalsocialismo y del fascismo de Alemania, Austria e Italia. Al no tener la oportunidad de continuar hablando su lengua natal en la casa paterna ni entre sus amistades, es notaria su dificultad de expresarse en ella después de algunos años.

31. Martín Fernández de Navarrete: Op.cit., Tomo I, pp.331-352, 283, 303.

32. "Historia de Plinio, tradocta per Christoforo Landino", Venecia, 1489.

33. Ramón Menéndez Pidal: "La lengua de Colón". Madrid, 1942, pp.18-27.

34. Antonio Rumeu de Armas en, "El 'Portugés' Cristóbal Colón en Castilla", Madrid, 1982, p.44, comenta al respecto que posiblemente existían algunos escritos en el "Arquivo da Marinharia" de Lisboa, que es probable se hayan perdido en el terremoto que sedoló esta ciudad en 1755.

35. Menéndez Pidal, Op.cit., p.13.

36. Menéndez Pidal, Op.cit., pp.19, 20, 21.

37. Bartolomé de Las Casas: "Historia de las Indias", México, 1951, Vol.I, pp.244, 474; Vol.II, pp.44, 72.

38. Antonio Rumeu de Armas, Op.cit., pp.45-47.

39. Un análisis sobre el dominio del latín de Cristóbal Colón, se encuentra en un estudio de Cesare de Lollis: ¿Qui a découvert l'Amérique?", "Revue des Revues", Paris, Janvier 1898.

40. Salvador de Madariaga, Op.cit., p.85.

41. "Raccolta di Documenti e Studi pubblicati dalla Reale Comissione Colombiana nel Quarto Centenario dalla Scoperta dell'America", Roma, 1892, parte III, Vol.I, p.123.

42. Bartolomé de Las Casas: Op.cit., Libro I, Cap.II, Vol.62, pp.40-45.

43. Fernando Colón: "Historia del Almirante Don Cristóbal Colón", Madrid 1892.

44. Bartolomé de Las Casas, Op.cit., Lib.I, Cap.IV, Vol.62, pp.51, 52. "Historia dle Almirante Don Cristóbal Colón", Op.cit., Vol.I, pp.37-41. Salvador de Madariaga, Op.cit., pp.75, 76.

45. Henry Vignaud: "Etudes critiques sur la vie de Christophe Colomb avant ses découvertes", Paris, 1905, pp.131-189, 333. Henri Harisse: "Les Colombo de France et d'Italie, fameux marins du XVe siècle", Paris 1874, pp.1-132.

46. Diego de Valera: Epístolas y otros varios Tratados de Mosén Diego de Valera", Sociedad de Bibliófilos Españoles, Madrid, 1878, I, VII, VIII, pp.29, 32. Del mismo autor: "La Crónica de los Reyes Católicos", Revista de Filología Española, Madrid, 1925, Cap. XXI, p.77. Salvador de Madariaga, Op.cit., pp.77, 78.

47. El original español de esta carta se ha perdido y sólo existe en su traducción al italiano. "Raccolta di Documenti pubblicati dalla Reale Comissione Colombiana nel Quarto Centenario dalla Scoperta dell'America",

Roma, 1892, Parte I, Vol.II, p.275. Salvador de Madariaga, Op.cit., p.595.

48. Salvador de Madariaga, Op.cit., p.595. Este autor, con mucha razón, arguye "que queda demostrado que se trata de descargos de conciencia, evidentemente, porque el corsario genovés se sentía obligado a reparar el daño que había cooperado a hacer a los armadores genoveses".

49. Bartolomé de Las Casa: Op.cit., Libro I, Cap.II, Vol.62, p.44 Salvador de Madariaga, Op.cit., pp.37-41.

50. Bartolomé de Las Casas: Op.cit., Libro I, Cap.III, Vol.62, p.46.

51. Bartolomé de Las Casas: Op.cit., Libro III, Cap. XXXVIII, Vol.64,p.194.

52. Martín Fernández de Navarrete: Op.cit., Vol.I, p.86. Salvador de Madariaga, Op.cit., p.308.

53. Testamento dictado el 19 de mayo de 1506. Martín Fernández de Navarrete, Op.cit.,Vol.II, p.315. Salvador de Madariaga, Op.cit., pp.558, 559.

54. Fernando Colón: "Historia del Almirante Don Cristóbal Colón", Vol.II, Madrid, 1892.

55. Bartolomé de Las Casas:"Historia de las Indias", "Colección de documentos inéditos para la Historia de España [...] ", Madrid, 1875, Libro I, Cap.II, Vol.62, pp.41-45.

56. Martín Fernández de Navarrete: "Colección de los Viajes y Descubrimientos que hicieron por mar los Españoles", Madrid, 1825, Vol.I, p.117. Ver Salvador de Madariaga: Op.cit., p.237.

57. Martín Fernández de Navarrete: "Colección de los Viajes [...] ", Vol.I, pp.296-312, Madrid, 1825.

58. "¿Quién traerá de Sion la salvación de Israel? Cuando cambie Yahvéh la suerte de su pueblo, exultará Jacob, se alegrará Israel", aludiendo al regreso del destierro del pueblo de Israel.

59. Rafael Piñeda Yánez: "Para los que aún dudan que Colón era judío". Revista "Comentario", Buenos Aires, 1963, p.42.

60. Martín Fernández de Navarrete: "Colección de los viajes [...] ", Madrid, 1825, Vol.II, p.265. Salvador de Madariaga, Op.cit., p.503.

61. "Biblioteca Colombina", Sevilla. "Raccolta Colombina", Parte I, Vol.II, pp.368/369, apostilla 858.

62. Génésis, 5:3-32.

63. Martín Fernández de Navarrete: Op.cit., Vol.II, p.263. Cit. por Salvador de Madariaga: "Vida del muy magnífico señor don Cristóbal Colón", Buenos Aires, 1947, pp.82, 504.

64. El término hebreo "Bet" o "Casa", refiriéndose al Templo de Jerusalem, es traducido en la versión al latín, en al "Vulgata", por "Domus" (casa), tal como Colón lo menciona en sus citas.

65. Entre ellos, Cecil Roth, "Encyclopaedia Judaica", Vol.5, p.757; Cecil Roth: "Who was Columbus", The Menorah Journal", Vol. XXVIII, Octubre-Diciembre, 1940.

66. João de Barros: "Da Asia. Dos feitos que os Portugueses fizeram no descubrimiento e conquista dos mares e terras do Oriente", Lisboa, 1552, Vol.I, Lib.III, Cap.XI, fol.37-v. Salvador de Madariaga: Op.cit., p.164.

67. Este texto, escrito entre 1473 y 1478, bajo el título de "ha-Hibbur-ha Gadol", fue impreso algunos años más tarde como "Almanach perpetuum celestium motuum".

68. F.Cantera Burgos: "El judío salmantino Abraham Zacut", Madrid, 1931, p.29.

69. Simón de la Rosa: "Libros y autógrafos de C. Cristóbal Colón", Sevilla, 1891, texto editado con motivo del Cuarto Centenario del descubrimiento de América.

70. De otra edición, una traducción al latín, también correspondiente al año 1496, impresa en Venecia, no hay mayores antecedentes. Se conocen otros ejemplares, aparecidos en esta misma ciudad, fechados en 1500 bajo el título de "Almanach perpetuū Rabi Abrahe çacuti [...]", preparados por Johannes Michael, los que en realidad fueron impresos recién en 1525. F.Cantera Burgos: Op.cit., pp.73-80; Luis de Albuquerque: "Almanach Perpetuum de Abraão Zacuto", Lisboa, 1986, pp.28-31.

71. En la introducción al libro, su autor se da a conocer como "Rabi Abraham Zacut de Salamanca", Joaquim de Carvalho: "Estudos sobre a cultura portuguesa no século XVI", Coimbra, 1947, Vol.I, p.111.

72. Martín Fernández de Navarrete: Op.cit., Vol.II, pp.315, 316, 317.

73. Manuel Serrano y Sanz: "Orígenes de la dominación española en América", Madrid, 1918.

74. "Libro Verde de Aragón - Documentos aragoneses", publicados por Isidro de las Cagigas, Madrid, 1929. Otro libelo, como el "Tizón de la Nobleza de España", compuesta en 1560 por el cardenal Francisco Mendoza y Bobadilla, arzobispo de Burgos, para ser presentado al rey Felipe II, demostraba que la mayoría de la nobleza de Castilla y Aragón tenía sangre judía en sus venas, entre ellos sus parientes, los condes de Chinchón.

75. José Amador de los Ríos: "Historia social, política y religiosa de los judíos de España y Portugal", Madrid, 1875, Vol.III, pp.106, 237.

76. Op.cit., p.233.

77. Julio Caro Baroja: Op.cit., pp.258, 259.

78. Salvador de Madariaga: Op.cit., p.254.

79. Fritz Yitzhak Baer: "Los judíos [...]", Vol.II, p.604.

80. Garibay: "Compendio Historial", Amberes, 1571, Libro XIX, Cap.1. Cit. José Amador de los Ríos: Op.cit., Buenos Aires, 1943, Vol.II, p.279.

81. Salvador de Madariaga: Op.cit., p.361.

82. Salvador de Madariaga: Op.cit., p.362. Esta carta, escrita en latín, menciona a "Christophorus Colonus", lo que sorprende al autor del libro, quien esperaba que Pedro Mártyr lo hubiese nombrado como "Columbus". Esto, sin duda, se debe al hecho de que Mártyr latinizó el nombre del Almirante. "Cristóbal" se transformó, entonces, en "Christophorus" y a "Colón" bastaba agregarle al terminación "us", para darlo a conocer como "Colonus". Esta adaptación al latín se observa en numerosos nombres principalmente de hombres de letras y científicos cuyas obras fueron traducidas de su versión original al latín, entre los siglos XV y XVIII. Efectivamente, en este mismo período, en una declaración bajo juramento, se menciona también al "dicho almyrante don Cristoval Colon" y no Columbus, que "fue el primero que descubrió estas tierras [americanas]". Ver "Pleitos de Colón", Vol.VII, p.185. Cit. por Salvador de Madariaga: Op.cit., p.366.

83. Fritz Yitzhak Baer, Op.cit., p.793.

84. "La administración de la casa de la reina Isabel - financiera, militar y eclesiástica (sic) - era tan judía como la de Fernando". Salvador de Madariaga, Op.cit., p.184.

85. Una de las pocas fuentes que mencionan los intentos de aplazar o derogar el edicto de expulsión es precisamente un comentario de Abraham Abrabanel y otro de Eliyahu Capsali, los cuales no corresponden siempre a los hechos históricos acaecidos. Ver: Fritz Yitzhak Baer, Op.cit., pp. 647, 790.

86. Conocido en hebreo como "Tishá Be-Ab", se recuerda con un día de ayuno y duelo la destrucción en ese día del primer Templo por Nabucodonosor, 586 a.E.C., y del segundo Templo por Tito, el año 70 E.C.

87. Abraham Zacuto, en su crónica "Sefer Yahusín", dice textualmente, refiriéndose a la expulsión de los judíos de España: "[...] y el 7 de Ab del año mencionado 1492 salieron apresurados y expulsados por orden del rey los de la diáspora de Jerusalem que había en España".
A.Neuman: "The Jews in Spain. Their Social and Cultural life during the Middle Ages", Philadelphia, 1944, Vol.II, pp.272, 273. Fritz Yitzhak Baer: Op.cit., p.793.

88. Martín Fernández de Navarrete: Op.cit., Vol.I, p.331. Salvador de Madariaga: Op.cit., pp.512, 513.

89. Martín Fernández de Navarrete: Op.cit., Vol.I, p.331. Salvador de Madariaga: Op.cit., pp.512, 513.

90. Martín Fernández de Navarrete, Op.cit., Vol.II, p.262. Salvador de Madariaga, Op.cit., p.584.

91. Alicia B.Gould y Quincy: "Nueva lista documentada de la tripulación de Colón en 1492", "Boletín de la Academia de la Historia",Vol.XC, Madrid, 1927.

92. Martín Fernández de Navarrete: Op.cit., Vol.I, p.51. Salvador de Madariaga: Op.cit., p.313.

93. Moritz Kayserling: "Christopher Columbus [...] ", New York, 1894. "American Jewish Historical Society", N° 27, 1920, pp.474,475.

94. Bartolomé de Las Casa, Op.cit., Lib.I, Cap. CXI, Vol.63, p.124. Salvador de Madariaga, Op.cit., p.408.

95. Bartolomé de Las Casa, Op.cit., Lib.I, Cap. CLXIII, Vol.63, p.384. Salvador de Madariaga, Op.cit., p.461.

96. Bartolomé de Las Casas, Op.cit., Cap. CXXVI, Vol.63, pp.199, 200. Salvador de Madariaga, Op.cit., pp.446, 447.

97. Martín Fernández de Navarrete, Op.cit., Vol.I, p.71. Salvador de Madariaga, Op.cit., p.308.

98. Angel de Altoaguirre y Duvale: "Cristóbal Colón y Pablo del Pozzo Toscanelli", Madrid, 1903, p.328. Salvador de Madariaga, Op.cit., pp. 488, 489.

99. Salvador de Madariaga, Op.cit., p.488, quien "justifica la hipótesis de que la familia de Colón pudo muy bien haber conservado el conocimiento y aún el manejo de la escritura hebrea después de haber abandonado el uso de la lengua [...]".

100. Martín Fernández de Navarrete, Op.cit., Vol.II, p.229. Salvador de Madariaga, Op.cit., p.559.

101. Moisés Bensabar Amzalak: "Una interpretação da Assinatura de Cristobam Colombo", Lisboa, 1927. Alberto Liamgot: "Marginalidad y Judaismo em Cristóbal Colón", Buenos Aires, 1976, pp.32, 34, 35.

102. Maurice David: "Who was Columbus?", New York, 1933.

103. Salvador de Madariaga, Op.cit., pp. 560, 561.

The Semiotics of Inhumanity: Tzvetan Todorov's "La Conquête de l'Amérique. La question de l'autre"

Anthony Stephens

Todorov's book evokes the excitement of a quest, that of Columbus for the lands of the Great Khan, and it also structures itself as a quest, as the search for a morally adequate mode of encountering the other. The book owes its fascination to the fact that the semiotic analysis is always in the service of a moral intention - "parce que mon intérêt principal est moins celui d'historien que d'un moraliste" (p.12)[1] - which places historical material the reader will already know in more or less detail in an unusual perspective, as Todorov patiently peels back layers of self-representation to reveal the moral dimensions of the birth of modern colonialism. Alienation and the inability to ensure a humane response to others have been obsessive themes in European literatures, and in the literatures that derive from them, since the dawn of Romanticism in the late eigtheenth century. As the twentieth century nears its end, we seem trapped in an Alexandrinian period of alienation. The false steps and stumbles in the dance of self and other are themselves artistic and intellectual mannerisms. The failure of communication seems the only possible message: let us hope it is, itself, distorted.

Todorov employs a mythical trope when he returns to 1492. In crime novels, as in narratives of failed marriages, there is a compulsion to return to the moment at which everything began to go wrong. It is a mythical assumption in the history of ideas, that such a point can ever be identified with intellectual rigour. The naming of origins is frequently a leap into belief, and so it is with Todorov. One of the first things he establishes about Columbus is his antiquated mode of thinking: "tel un Don Quichotte en retard de plusieurs siècles sur son temps, Colon voudrait partir en croisade et libérer - Jérusalem!" (p.18). Again and again Todorov is forced beyond the encounter of 1492 to examine semiotic and moral problems that go back a further two thousand years to Aristotle and the genesis of the Western intellect. From the moral perspective, the value of 1492 resides in its shock effect. For Todorov's book does not begin with Columbus at all. It begins with a short narrative and a dedication:

> Le capitaine Alonso Lopez de Avila s'était emparé pendant
> la guerre d'une jeune Indienne, une femme belle et gracieuse.
> Elle avait promis à son mari craignant qu'on ne le tuât à la
> guerre de n'appartenir à aucun autre que lui, et ainsi nulle
> persuasion en pût l'empêcher de quitter la vie plutôt que de
> de se laisser flétrir par un autre homme: c'est pourquoi on
> la livra aux chiens.
>
> Diego de Landa,
> Relation des choses de Yucatan, 32
>
> Je dédie ce livre à la mémoire
> d'une femme maya dévorée par les chiens

In the beginning was genocide. The reduction of the population of the Americas in the sixty years between Columbus' first voyage to the middle of the next century is estimated as being from eighty millions to ten (p.161ff.). There is an unreality about numbers like this, for it is hard to make a moral issue out of the transmission of diseases in an age when infection and epidemics were scarcely understood and when the population of Europe had no idea of how to protect itself, let alone others. But enough of the genocide stems from slavery and wanton cruelty for the shock effect to be justified.

The world of Todorov's Columbus is bounded by wars: without the victory of the Catholic Monarchs over the Moorish Kingdom of Granada, Columbus' voyage would not have been financed. Columbus himself saw the real purpose of his voyage to Asia in the amassing of wealth to finance future wars: the crusades to liberate Jerusalem. In Todorov's account of Columbus' relations with the natives of the Caribbean, we are shown a process of degeneration of attitudes. From his simple willingness to find all the inhabitants of his New World 'good', because of its geographical closeness to the Earthly Paradise, Columbus descends from misapprehension to misapprehension - "il corrige un préjugé par un autre" (p.24) - into the realms of slavery and savage punishments. So far is Columbus from understanding the natives' concept of communal property that his initial view of them as intrinsically 'generous' reverses itself:

> Colon oublie donc sa propre perception, et déclare peu après
> que les Indiens, loin d'être généreux, sont tous voleurs
> (renversement parallèle à celui qui les transforme, des
> meilleurs hommes du monde, en sauvages violents): du coup,
> il leur impose des châtiments cruels, ceux-là même qui
> étaient alors en usage en Espagne: "Comme en ce voyage que
> je fis à Cibao, il arriva que quelque Indien déroba peu ou
> prou, s'il se trouvait que certains d'entre eux volent,

> châtiez-les en leur coupant le nez et les oreilles, car ce
> sont des parties du corps qui ne se peuvent cacher"
> ("Instructions à Mosen Pedro Margarite", 9.4.1494.)(p.45)

From applying Spanish punishments to 'crimes' which the criminals cannot understand, the expedition goes on to stage a religious war in miniature:

> "Ils aiment leur prochain comme eux-mêmes", écrit Colon
> dans la nuit de Noël (25.12.1492). Cette image ne peut
> être obtenue, bien entendu, qu'au prix de la suppression
> de tous les traits des Indiens qui la contrediraient -
> suppression dans les discours les concernant, mais aussi,
> le cas échéant, dans la réalité. Au cours de la seconde
> expédition, les religieux accompagnant Colon commencent
> à convertir les Indiens: mais il s'en faut de beaucoup
> que tous s'y plient et se mettent à vénérer les saintes
> images. "Après avoir quitté la chapelle ces hommes jetèrent
> les images sur le sol, les couvrirent d'un tas de terre et
> pissèrent dessus"; ce que voyant Bartholomé, le frère de
> Colon, décide de les punir de façon bien chrétienne. "En
> tant que lieutenant du vice-roi et gouverneur des îles,
> il amena ces vilains hommes en justice et, leur crime
> ayant été établi, il les fit brûler vifs en public"
> (Ramon Pane in F.Colon, 62.26), (p.49)

At this point, the purpose of Todorov's own fable emerges with startling clarity. The conquest of America, as he narrates it, is a darker version of the myth of the Fall. Columbus is the new Adam who begins by finding everything in Eden fresh and innocent and ends by torturing and burning its inhabitants. What Columbus initiates is worsened by Cortés and all the other conquistadors. Even the 'good' Spaniards, such as Las Casas, fatally misunderstand the nature of what they are trying to save (p.166ff.). From Columbus to Las Casas, all the protagonists are ultimately one. Todorov's myth is that of the Fall of Christianity:

> Propager la religion présuppose qu'on considère les Indiens
> comme ses égaux (devant Dieu). Mais s'ils ne veulent pas
> donner leurs richesses? Il faudra alors les soumettre,
> militairement et politiquement, pour pouvoir les leur
> prendre de force; autrement dit les placer, du point de
> vue cette fois-ci humain, dans une position d'inégalité
> (d'infériorité). Or, c'est encôté sans la moindre hésitation
> que Colon parle de la nécessité de les soumettre, ne s'aperce-
> vant pas de la contradiction entre ce qu'entraînent l'une et
> l'autre de ses actions, ou tout du moins de la discontinuité
> qu'il établit entre le divin et l'humain. Voici pourquoi il
> remarquait qu'ils étaient craintifs et ne connaissaient pas
> l'usage des armes. "Avec cinquante hommes Vos Altesses les
> tiendraient tous en sujétion et feraient d'eux tout ce qu'Elles
> pourraient vouloir" ("Journal", 14.10.1492); est-ce encore le
> chrétien qui parle? Est-ce encore d'égalité qu'il s'agit?

> Partant pour la troisième fois pour l'Amérique, il demande
> la permission d'amener avec lui des criminels volontaires,
> qui seraient du coup graciés: est-ce encore le projet
> évangélisateur? (p.50)

It is here that Todorov may well begin to irritate the historically minded reader, not because he distorts the history of the conquest of America, but because he refuses to examine the genesis of what he calls "Christianity". This is understandable: myths demand protagonists with relatively clear and easily understood personalities. There is little room in myth for historical equivocation. If "Christianity" is to become, in the guise of the composite figure of Columbus a n d Las Casas, the flawed tragic hero of Todorov's mythical narration, then it needs a foreground presence which is immediately intelligible. Hence Todorov sets out from the mythical assumption that "Christianity" is a religion of equality. The fall of "Christianity" turns this into a contradiction:

> Il y a une contradiction évidente, que les adversaires du
> Requerimiento ne manqueront pas de souligner, entre
> l'essence de la religion qui est censée fonder tous les
> droits des Espagnols et les conséquences de cette lecture
> publique: le christianisme est une religion égalitaire;
> or, en son nom, on réduit les hommes à l'esclavage. Non
> seulement pouvoir spirituel et pouvoir temporel se trouvent
> confondus, ce qui est la tendance de toute idéologie d'Etat
> - qu'elle découle ou non de l'Evangile -, mais, de plus, les
> Indiens n'ont le choix qu'entre deux positions d'infériorité:
> ou bien ils se soumettent d'eux-mêmes, et deviennent serfs;
> ou bien ils seront soumis de force, et réduits à l'esclavage.
> Parler de légalisme, dans ces conditions, est dérisoire. Les
> Indiens sont d'emblée posés comme inférieurs, car ce sont
> les Espagnols qui décident des règles du jeu. (p.153)

In Todorov's retelling of the myth of the Fall, equality is the primal innocence of "Christianity" and "l'idéologie esclavagiste" (p.51) is the sin into which it falls in the New World.

But w h e n, one must ask, was Christianity ever a religion of equality? It emerges from another religion, Judaism, in whose scriptures the right of conquest is divinely authorised. There is scant encouragement in the Old Testament to question the rightness of Israel's wars of expansion. In the New Testament, and especially in the Gospel of Matthew, there is a strong current of Jewish separatism which Pauline Christianity had to neutralise before the faith could expand. Paul's view of social hierarchies is so coloured by his expectation of the Second Coming that equality does not figure largely in his view of things. Ephesians VI, 5 may stand as one example among many: "Servants, be obedient to them that are your masters according to the flesh, in fear and trembling, in singleness of your heart, as unto Christ."[2] But, whatever, the beginnings of Christianity may have been, from the time it was transformed into a state religion by the Emperor Constantine, over eleven hundred years before Columbus, its historical presence was anything but that of a religion of equality. By the time its creed was formulated at the Council of Nicaea in 325, Christianity had been adapted to the shape of a cult which served an imperial power, and nothing had occurred to question this by 1492. The pope with whom Columbus corresponded was the Borgia pope Alexander VI whose brand of Christianity was, notoriously, as far away from that of the itinerant preacher from Galilee as it was possible to get.

Certain shadowy ideals of equality may have survived in the Christian tradition, but to expect Columbus to disentangle them from the historical realities of his own age and its dominant faith, and to be dismayed when he does not, is a mythical strategem on Todorov's part. This is not to accuse Todorov himself of being duplicitous. He is far from that. But he does delay the dénouement of his tragedy till quite late in his book - just as he offers the reader the terrible anecdote of the young Mayan woman torn apart by dogs before he lets Columbus set sail on his first voyage.

The text of the Requerimiento, formulated by a court jurist in 1514 and meant to be read to groups of Indians before making them subjects of the Spanish Crown, reveals what kind of Christianity was let loose upon the New World:

> Ce texte, curieux exemple d'une tentative pour donner une base légale à la réalisation des désirs, commence par une brève histoire de l'humanité, dont le point culminant est l'apparition de Jésus-Christ, déclaré, "chef du lignage humain", espèce de souverain suprême, qui a sous sa juridiction l'univers tout entier. Ce point de départ établi, les choses s'enchaînent tout simplement: Jésus a transmis son pouvoir à saint Pierre, celui-ci aux papes qui l'ont suivi; l'un des derniers papes a fait don du continent américain aux Espagnols (et en partie aux Portugais). Les raisons juridiques de la domination espagnole étant ainsi posées, il ne reste plus à s'assurer que d'une chose: c'est que les Indiens soient informés de la situation, car il se peut qu'ils aient ignoré ces cadeaux successifs que se faisaient papes et empéreurs. C'est ce à quoi va remédier la lecture du Requerimiento, faite en présence d'un officier du roi (mais aucun interprète n'est mentionné). (p.153)

This is the Christianity of Constantine, and not of the historical Jesus, and it provides the key to understanding "l'idéologie esclavagiste" (p.51) to which Columbus succumbs. To see Jesus as the Cosmocrator, rather than as the Suffering Servant, was the Church's preferred version for over eleven hundred years before Columbus' first voyage and it is surely disingenuous to expect anything else of him.

But to be the protagonist in a tragic myth, Christianity, in the persons of Columbus and Las Casas, needs an opportunity to fail. If Todorov had placed his summary of the Requerimiento at the very beginning of the book, then this would have neutralised the dramatic potential of his own quest. Columbus needs, as a tragic hero, to find everything in the New World 'good', before he can fall from Grace and begin behaving like a normal Christian of the late fifteenth century, for whom the expulsion of the Jews from Spain and the other policies of the Catholic Monarchs posed no moral dilemmas whatever.

Columbus' alter ego, Las Casas, does perceive a good deal that Columbus did not, but he does not f o r e s e e it; he has the benefit of hindsight, and, even then, his vision is far from clear, as Todorov shows in detail:

> De même, il assimilera les Indiens aux Juifs, les Espagnols au pharaon; les Indiens aux chrétiens, les Espagnols aux Maures. "Le gouvernement [des Indes] est beaucoup plus injuste et cruel que le règne par lequel le pharaon d'Egypte opprimait les Juifs" ("Mémoire au Conseil des Indes", 1565). "Les guerres ont été pires que celles des Turcs et des Maures contre le peuple chrétien"("Discours de Valladolid", 12); on remarquera au passage que Las Casas ne manifeste jamais la moindre tendresse à l'égard des musulmans, sans doute parce que ceux-ci ne peuvent pas être assimilés à des chrétiens qui s'ignorent; et, lorsqu'il démontre, dans son Apologia, qu'il est illégitime de traiter les Indiens de "barbares" simplement parce qu'ils sont autres, il n'oublie pas de condamner "les Turcs et les Maures, le vrai déchet barbare des nations". (p.171)

Columbus/Las Casas' tragedy is thus ultimately not to have f o r e s e e n the consequences that are all too apparent to Las Casas in 1565. To ask: how could they? is to ask, in effect, the same question as: how could Oedipus have known he was marrying his mother? When analysing a tragic myth, we begin with the end. We know what went wrong; we speculate on how it might have gone right, but return ultimately to a tragic inevitability. Las Casas' imperfect vision sets the seal on Columbus' inevitable failure. For while Columbus has the barest of curiosity for the Indians as people, preferring

to focus his attention on non-human nature (p.40ff.), Las Casas loves them.
But, loving them, he still perceives them in a false light b e c a u s e
he is a Christian.

> Las Casas aime les Indiens. Et il est chrétien. Pour lui,
> ces deux traits sont solidaires: il les aime précisément
> p a r c e q u'il est chrétien, et son amour i l l u s t r e
> sa foi. Pourtant, cette solidarité ne va pas de soi: on a vu
> que, justement parce qu'il était chrétien, il percevait mal
> les Indiens. Peut-on vraiment aimer quelqu'un si on ignore
> son identité, si on voit, à la place de cette identité, une
> projection de soi ou de son idéal? On sait bien que la chose
> est possible et même fréquente dans les relations entre per-
> sonnes; mais que devient-elle dans la rencontre des cultures?
> Ne risque-t-on pas de vouloir transformer l'autre au nom de
> soi, donc de le soumettre? Que vaut alors cet amour? (p.173)

With the theme of the failure of love, Todorov situates his myth squarely
in the last decades of the twentieth century. To those of us who have
learned from Kafka, Sartre, Beckett and Lacan that love generally fails to
realise the good intentions towards the other it is meant to encompass,
and indeed usually also fails to b e love in any sense that will stand
scrutiny, Las Casas, as Todorov presents him, is the most comprehensible
of figures. He is thus the bridge to our identifying with Columbus, a more
difficult case, because Columbus believed his voyages of discovery were
foretold by the Prophet Isaiah: "'J'ai déjà dit que pour l'exécution de
l'entreprise des Indes, la raison, les mathématiques et la mappemonde ne
me furent d'aucune utilité. Il ne s'agissait que de l'accomplissement de
ce qu'Isaïe avait prédit'" (p.30). But the superimposition of Las Casas
on Columbus is irrésistible to the modern reader:

> La perception que Las Casas a des Indiens n'est pas plus
> nuancée que celle de Colon, du temps où celui-ci croyait
> au "bon sauvage", et Las Casas admet presque qu'il projette
> sur eux son idéal: "Les Lucayens[...] vivaient réellement
> comme les gens de l'Age d'or, une vie dont poètes et
> historiens ont chanté de telles louanges", écrit-il, ou
> encore, à propos d'un Indien: "Il me semblait voir en lui
> notre père Adam du temps où il vivait à l'état d'innocence"
> (<u>Historia</u>, II, 44 et 45). Cette monotonie des adjectifs est
> d'autant plus frappante qu'on lit là des descriptions non
> seulement écrites à des moments différents mais décrivant
> des populations également distinctes, et même éloignées les
> unes des autres, de la Floride au Pérou; or elles sont toutes
> régulièrement "douces et pacifiques". Il s'en aperçoit par-
> fois, mais ne s'y attarde guère: "Quoique en certaines choses
> leurs rites et leurs coutumes différents, en ceci au moins
> ils sont tous ou presque tous semblables: ils sont simples,

> pacifiques, aimables, humbles, généreux et de tous les
> descendants d'Adam, sans aucune exception, les plus
> patients. Ils sont aussi les plus disposés à être amenés
> à la connaissance de la foi et de son Créateur, n'y opposant
> aucun obstacle" (Historia, I, 76). (p.169)

Corresponding to the Othello of Columbus/Las Casas there is always the Iago of Cortés, the sinister master of improvisation, who does n o t fail, in his own terms, and does not 'fail' in Todorov's terms either, because his goals have nothing to do with the more humane aspects of Christianity. Essential to the tragedy of Columbus/Las Casas is the common belief that "la victoire universelle du christianisme" (p.18) is a simple and unquestionable good.

The price of such simplicity is, in purely modern terms, a division of the self: "Mais deux personnages coexistent en Colon (pour nous), et dès que le métier de navigateur n'est plus en jeu, la stratégie finaliste l'emposte dans son système d'interprétation: celle-ci ne consiste plus à chercher la vérité mais à trouver des confirmations pour une vérité comme d'avance..." (p.27). Columbus would no doubt have been just as appalled to find he had two souls in his one Faustian breast as would the historical Jesus have been to discover he had delegated all that power, which he did n o t have, to a personality such as Alexander VI. But the confrontations and translations which are never possible in history are possible in myth, and should one blame Todorov for exploiting them?

Perhaps the most bizarre moment in Todorov's myth of Columbus is the historically quite accurate anecdote concerning the question of whether Cuba was an island or a continent:

> Toujours est-il que, vers la fin de cette seconde expédition,
> on assiste à une scène célèbre, et grotesque, où Colon re-
> nonce définitivement à vérifier par l'expérience si Cuba est
> une île, et décide d'appliquer l'argument d'autorité à l'égard
> de ses compagnons: tous descendent sur terre, et chacun prononce
> un serment affirmant qu'"il n'avait aucun doute que ce fût la
> terre ferme et non une île, et qu'avant beaucoup de lieus, en
> naviguant sur ladite côte, on trouverait un pays de gens policés
> et connaissant le monde.[...] A peine de dix mille maravedis
> [monnaie espagnole] pour quiconque dirait par la suite le
> contraire de ce qu'à présent il disait, et à chaque fois en
> quelque temps que ce fût: à peine aussi d'avoir la langue
> coupée, et, pour les mousses et les gens de cette sorte,
> qu'en pareil cas leur soient donnés cent coups de garcette
> et qu'on leur coupe la langue" ("Serment sur Cuba", juin
> 1494). Etonnant serment où on jure qu'on trouvera des gens
> civilisés! (p.29)

To modern eyes, this anecdote blends the world of Alfred Jarry's *Ubu Roi* with
that of Honecker, Ceaucescu and Saddam Hussein. The horrific irony of this
historical moment is only fully perceptible to a generation that has learned
to desconstruct totalitarian ideologies and to realise that an ideology does
not have to be totalitarian to deserve deconstruction.

The name that is missing from Todorov's index is Marx, but there can be
little doubt the prolonged meditation on the fall of "Christianity" includes
an implicit critique of the enourmous gaps between the more humane aspects
of Marxist theory and régimes that call themselves Marxist in practice.
Todorov's quite improbable contention that Christianity, as Columbus knew
it, was a religion of equality becomes more intelligible if we realise that,
just as Columbus is inseparable from his *alter ego* Las Casas, so "Christianity",
as Todorov chooses to define it, is doubled by Marxism, which is much more
explicitly a cult of equality.

The common denominator between the "Christianity" of Columbus/Las Casas and
the more modern religion he refrains from mentioning, namely Marxism, is
"l'universalisme" with its specific disregard for individual differences:

> Mais cette affirmation même de l'égalité des hommes se fait
> au nom d'une religion particulière, le christianisme, sans
> que pour autant ce particularisme soit reconnu. Il y a donc
> un danger potentiel de voir affirmer, non seulement la nature
> humaine des Indiens, mais aussi leur "nature" chrétienne.
> "Les lois et les règles naturelles et les droits des hommes...",
> disait Las Casas; mais qui décide de ce qui est naturel en
> matière de lois et de droits? Ne serait-ce justement la
> religion chrétienne? Puisque le christianisme est universaliste,
> il implique une indifférence essentielle de tous les hommes.
> (p.168)

This possibility of substitution helps explain much that is otherwise
puzzling in Todorov's text. Read naively, it appears as one long demonstration
of the inadequacies of the Christian religion, as it was practised five
hundred years ago, as a means of effecting genuine communication between
self and other. If Todorov's book does no more than this, then it can
scarcely excite a contemporary reader, who is familiar with Nietzsche and
who cannot help objecting that neither Columbus nor Las Casas could be ex-
pected to know Christianity in its most egalitarian aspect. For egalitarian
Christianity is a modern restoration of something which only might have been.

It makes more sense to read Todorov's deconstruction of the Christianity of Columbus/Las Casas as a parable for the late twentieth century. One way of bringing this to life is to quote the Dominican Diego Durán's extraordinary equation of the Aztects with the Jews:

> Durán ne soutient pas la tension du doute pendant longtemps et, à l'époque où il écrit son livre d'histoire, c'est-à-dire 1580-1581, il a pris sa décision: les Aztèques ne sont rien d'autre qu'une des tribus perdues d'Israël. Le premier chapitre de son histoire s'ouvre sur cette affirmation: "En fin de compte, nous pourrions affirmer que de par leur nature ils sont Juifs et appartiennent au peuple hébreu. En faisant, on ne risque pas de commettre une grande erreur, étant donné leurs manières de vivre, leurs cérémonies, leurs rites et superstitions présages et feintes, si proches de ceux des Juifs qui n'en diffèrent en rien" (III,1). Les preuves de cette origine commune sont encore des analogies: les uns et les autres accomplissent un long voyage, se multiplient grandement, ont eu un prophète, ont connu des tremblements de terre, ont reçu la manne divine, proviennent de la rencontre de la terre et du ciel et connaissent le sacrifice humain (pour Durán une ressemblance ne peut s'expliquer que par la diffusion). Et si dans le livre sur la religion Durán alternait rapprochements avec les chrétiens et rapprochements avec les Juifs, dans le livre d'histoire il ne relève pratiquement plus que ressemblances entre rites aztèques et rites juifs. (p.215f.)

It is wholly appropriate for myth to connect what history can only separate, and it is irrelevant to the importance of this equation in Todorov's mythical discourse that Durán's speculations were not published until the nineteenth century. Myths are only effective if they have presence, and such an unlikely equation as that of the Aztecs with the Jews is, in the contemporary context, a sure method of giving presence to the confusions of a Christianity which Christians of today might simply disown.

A key to understanding the central purpose of Todorov's discourse is given very early in the book in a quotation from Las Casas:

> "Mais cet homme illustre, renonçant au nom établi par la coutume, voulut s'appeler Colon, restituant le vocable antique moins pour cette raison [que c'était le nom ancien] que, il faut croire, mu par la volonté divine qui l'avait élu pour réaliser ce que son prénom et son nom signifiaient. La Providence divine veut habituellement que les personnes qu'Elle désigne pour servir reçoivent des prénoms et des noms conformes à la tâche qui leur est confiée, ainsi qu'on le vit dans maint endroit de l'Ecriture Sainte; et le Philosophe dit au chapitre IV de sa _Métaphysique_: "Les noms doivent convenir aux qualités et aux usages des choses". C'est pourquoi

> il était appelé Custobal, c'est-à-dire <u>Christum Ferens</u>,
> qui veut dire porteur du Christ, et c'est ainsi qu'il
> signa souvent; car en vérité il fut le premier à ouvrir
> les portes de la mer Océane, pour y faire passer notre
> Sauveur Jésus-Christ, jusqu'à ces terres lointaines et
> ces royaumes jusqu'alors inconnus.[...]. Son nom fut
> Colon, qui veut dire repeupleur, nom qui convient à
> celui dont l'effort fît découvrir ces gens, ces âmes
> au nombre infini qui grâce à la prédication de l'Evangile,
> [...] sont allées et iront tous les jours repeupler la
> cité glorieuse du Ciel. Il lui convient aussi pour autant
> qu'il fut le premier à faire venir des gens d'Espagne
> (quoique pas ceux qu'il aurait fallu), pour fonder des
> colonies, ou populations nouvelles, qui, s'établissant
> au milieu des habitants naturels[...], devaient constituer
> une nouvelle[...]Eglise chrétienne et un Etat heureux. (p.32f.)

Columbus' nominalism, which Las Casas rightly traces back to both Aristotle and the Bible, is a symptom of the incapacity of the Western psyche to conceive of human otherness in positive terms: "on refuse l'existence d'une substance humaine réellement autre, qui puisse ne pas être un simple état imparfait de soi" (p.48). This is Todorov's central concern, and it is as relevant to the self's perception of the other at the end of the twentieth century as at the beginning of the sixteenth, or, indeed, in the fourth when Christianitiy first became a religion of imperialism.

But let us not be misled into an uncritical acceptance of this relevance. If we look closely at Todorov's words, they imply that a "perfect state of oneself" is a standard that can readily be applied to comprehension and discourse. I doubt this, as the whole theory of narcissism, which proceeds from muddled beginnings in Freud's writings, has yet to attain any coherence and canonicity. Lacan, Kohut and Kernberg have all developed elaborate constructs from Freud's pioneering efforts, yet in none of their theories is there a coherent dynamic shown between the "Größen-Ich", or perfect image of the self, and imperfect 'selves' belonging to another sex or culture.

There is a sense in which the sheer drama of Todorov's chosen example may make us treat this question simply - in order to be able to treat it at all. But it is incumbent on us to remember that the self is not simple, that 'perfection' is a category which only psychotics commonly apply to themselves consciously and that each self is defined by gender in its first conscious experiences. Todorov has no place for these considerations in his moral universe, but this is essentially because his thinking is pre-Freudian. "L'intérêt de soi" is the wellspring of his concept of the self, whereas

I would prefer he began with Lacan's distinction between the Imaginary and Symbolic. It is difficult to deduce moral precepts from Lacan's concept of the Symbolic Order, and, in this sense, Todorov's book illustrates the indecision of the late twentieth century as far as concepts of the self are concerned. To moralise, we must simplify; to explore genuinely unknown regions, we must complicate. Should morality and psychology ever meet, then Todorov's book will have been a respectable way-station.

To realise this central concern, Todorov stylises Columbus' encounter with the natives of the Caribbean so as to make of it a mythical crossroads: had Columbus' perception of the natives' otherness no been entirely predetermined by convictions that had nothing to do with the human realities he encountered, then he might have opened the way to a more humane semiotic of self and other. Alas, he took the wrong path and inaugurated the ideology of colonialism. It is a terrible burden for one individual to have to carry - but then: that is what tragic heroes are for.

The extenuating circumstances that can be offered for Columbus are that the 'universalism' he represents as a Christian of the early sixteenth century, or a Marxist of the late twentieth, also imprisons, as does Marxism or Christianity today. He is thus as much a victim as many a citizen of the totalitarian states we have experienced in this century: "le désir de dépasser l'individualisme de la société et d'accéder à la socialité propre aux sociétés hiérarchiques se retrouve, entre autres, dans les états totalitaires" (p.256). Todorov's whole book is an eloquent attack on the tendencies towards totalitarianism which are present in the Western psyche from the beginning, and no less evident in Thomas More's Utopia or Campanella's La Città del Sole than in Plato's Republic.

To ask the reader to accept the encounter between the cultures of Spain and the natives of America as a utopia manqué does not have much to do with historical reality. Nor does it help our perceptions of the history of the conquest of America to posit a Christianity of pure egalitarianism for the sole purpose of having it betrayed by Columbus/Las Casas, and degenerate into the Christianity of colonial exploitation. A further weakness of Todorov's epistemology of self and other is that it lacks focus on the nature of the self and on issues of gender specificity. There appears to be an axiom underlying Todorov's analyses that if only one could encounter the other in the same affective mode as one experiences oneself, then all would be well. The possibility that one hates and mistreats the other because the perception of the other is determined by a negative cathexis of an aspect of the self seems never to have occurred to him.

That such internalisations of the other may have quite different dynamics according to whether they are male or female is equally remote from his thinking. there is no lack of anecdotes about the exploitation of American women as sexual objects, but there is an almost complete lack of curiosity about the sexual bias of historical Christianity. Todorov never lacks compassion, but one cannot escape the feeling that a thorough reading of Marian Warner's Alone Of All Her Sex, for example, would have produced a more sophisticated discussion of the role of Christianity in the formation of colonial ideologies. But Todorov asks to be understood as a moralist, and it is his moral purpose which shines through all his mythicisations. La Conquête de l'Amérique is a book in the tradition of Ernst Bloch's Das Prinzip Hoffnung and this, rather than the elegance of the semiotic analysis, constitutes its lasting value. Nothing could be more depressing than to rehearse the terrible saga of the destruction of so many cultures without a positive moral perspective onto a future in which the Western consciousness can adequately respond to the humanity of the other. For the sake of the young Mayan woman torn apart by dogs and for the countless other victims of the arrogance of 'universalism' since, it is worth reliving Todorov's myth of the failure of Columbus/Las Casas, for what counts is the margin of insight we might use in the future:

> Car l'autre est à découvrir. La chose est digne d'étonnement,
> car l'homme n'est jamais seul, et ne serait pas ce qu'il est
> sans sa dimension sociale. Et pourtant c'est bien ainsi: pour
> l'enfant qui vient de naître, s o n monde est l e monde, et
> la croissance est un apprentissage de l'extériorité et de la
> socialité; on pourrait dire un peu cavalièrement que la vie
> humaine est enfermée entre ces deux extrêmes, celui où le j e
> envahit le monde, et celui où le monde finit par absorber le
> j e, sous forme de cadavre ou de cendres. Et comme la découverte
> de l'autre connaît plusieurs degrés, depuis l'autre comme objet,
> confondu avec le monde environnant, jusqu'à l'autre comme sujet,
> égal au j e, mais différent de lui, avec infiniment de nuances
> intermédiaires, on peut bien passer sa vie sans jamais achever
> la pleine découverte de l'autre (à supposer qu'elle puisse l'être).

> Chacun de nous doit la recommencer à son tour, les
> expériences antérieures ne nous en dispensent pas;
> mais elles peuvent nous apprendre quels sont les effets
> de la méconnaissance. (p.251)

NOTES

1. Tzvetan Todorov, <u>La Conquête de l'Amérique. La question de l'autre</u>. Paris, 1982.

2. For a summary of attitudes towards slavery in the early centuries of the Christian church, see Karlheinz Deschner, <u>Kriminalgeschichte des Christentums</u>, Vol.3: Die alte Kirche. Hamburg 1990, pp.514-529.

Die Columbusvita im "Psalterium Octaplum" des Agostino Giustiniani(Genua 1516)

Hartmut Bobzin

> Caeli enarrant gloriam Dei
> et opera manuum eius adnuntiat firmamentum
> dies diei eructat verbum
> et nox nocti indicat scientiam
> non sunt loquellae neque sermones
> quorum non audiantur voces eorum
> in omnem terram exivit sonus eorum
> et in fines orbis terrae verba eorum
>
> (Psalm 18,2-5; Vulgata)

Agostino Giustinianis Vita von Columbus, 1516 veröffentlicht, ist zwar nicht die früheste,[1] jedoch sicherlich die eigentümlichste, berücksichtigt man ihren Publikationsort: wer wollte wohl in den Glossen zu einer polyglotten Psalmenausgabe,[2] in denen kabbalistische Stoffe einen für die Zeit ungewöhnlich hohen Anteil ausmachen,[3] etwas so "Profanes" wie die Lebensbeschreibung von Cristoforo Colombo vermuten? Vielleicht wäre die Glosse zu Psalm 18,5[4] ja auch unbeachtet geblieben, wenn ihr Verfasser in einem anderen seiner Werke, einer Geschichte Genuas,[5] in der er eine noch kürzere Columbus-Vita bietet, nicht ausdrücklich darauf verwiesen hätte.[6]

Agostino Giustiniani (1470-1536) war Genueser Herkunft; dasselbe behauptet er für Columbus, zum Ärger anderer Biographen (und Legendenfabrikanten). Doch ehe darauf näher einzugehen ist, erscheint es angemessen, zunächst noch etwas bei Giustiniani, seiner Person und seinen Werken, zu verweilen. Mit dem Epitheton "Annalista Genovese",[7] unter dem man sein Interesse für Columbus rubrizieren könnte, wäre sein vielfältiges Wirken nur einseitig und unzureichend charakterisiert:[8] er war einer jener neugierigen und unruhigen Geister des späten 15. bzw. frühen 16.Jahrhunderts, denen Philologie (verstanden im weitesten Sinne, - d.h. auch "neu [wieder]-entdeckte Sprachen wie Griechisch, Hebräisch, ja sogar Arabisch umfassend), Theologie und Kabbalistik, Historiographie, Geographie und Kartographie fast gleich bedeutende Anliegen waren; Parallelen zu anderen Gelehrten wie z.B. Sebastian Münster[9] oder Guillaume Postel,[10] um nur zwei besonders prominente zu nennen, wären leicht zu ziehen.

Über Giustinianis Leben ist nicht sehr viel bekannt; die wichtigsten Informationen sind seiner schon erwähnten, postum erschienenen Geschichte Genuas

zu entnehmen;[11] daneben liefert auch die Korrespondenz von Erasmus einige
wichtige Informationen.[12]

Giustiniani wurde 1470 als Sproß einer angesehenen Genueser Familie geboren.
1488 tritt er in den Dominikanerkonvent von Pavia ein und widmet sich u.a.
Sprachstudien. Ab 1512 hält er in Bologna als Baccalaureus Vorlesungen,
bittet jedoch schon 1514 darum, davon dispensiert zu werden, um sich ganz
der Herausgabe einer polyglotten Bibelausgabe widmen zu können. Gewissermaßen als "Specimen" erscheinen 1516 die Psalmen in einer beachtlichen Auflage von 2000 Exemplaren.[13] Bereits 1514 war er Bischof von Nebbio auf
Korsika geworden, das damals zu Genua gehörte. 1518 geht Giustiniani auf
Einladung des französischen Königs François I. nach Paris und lehrt dort
an der Sorbonne Hebräisch. In dieser Zeit von 1518 bis 1522,[14] in der er,
unterbrochen von einer Reise nach England und Holland, in Paris weilt, erscheinen die meisten seiner Werke, besser gesagt: der von ihm (neu) herausgegebenen Werke.[15] 1522 kehrt er nach Korsika zurück, scheint sich nun mehr
um seine Diözese gekümmert zu haben. In diese Zeit fallen seine historischen
und kartographischen Arbeiten. 1536 stirbt er auf der Überfahrt von Korsika
nach Genua.

Die Bedeutung von Giustinianis Lebenswerk gerecht zu würdigen ist nicht
ganz einfach. Sicherlich ist er nicht durchweg "der windige Bischof", als
der er kürzlich (m.E. nicht ganz zu Recht) bezeichnet wurde;[16] aber in den
ihm zugeschriebenen Werken scheint er doch mehr Kompilator als origineller
Geist zu sein, was auch für die Geschichte Genuas gilt. Es wäre m.E. allerdings bedenklich, Giustiniani jede historiographische Sorgfalt abzusprechen,
d.h. im vorliegenden Fall, die Zuverlässigkeit seiner Nachrichten über Columbus grundsätzlich zu bezweifeln. Giustiniani schreibt seine Genueser
Annalen als Patriot, und Columbus erwähnt und rühmt er als Kompatrioten:
gerade aus dieser überschwenglichen Haltung heraus ist die (durch andere
Dokumente unabweisbare) Behauptung einer niedrigen Herkunft von Columbus
in jeder Weise glaubhaft; fast der überzeugendste Beweis dafür ist die
wütende Attacke auf Giustiniani in Fernando Colombos Biographie seines
Vaters.[17] Aber um diese (m.E. längst im Sinne Giustinianis entschiedene)
Frage zu streiten geht es mir hier nicht.

Warum rückt Giustiniani die Lebensbeschreibung seines Landsmannes Columbus
ausgerechnet in einen sakralen Text, ein Psalterium, ein? Der Text steht,
wie oben schon erwähnt, als Glosse zu Psalm 19 (18),5: "In omnem terram
exivit sonun eorum [sc.: opera manuum dei] et in fines orbis terrae verba

eorum". Der älteren kirchlichen Auslegungstradition galt der erste Teil von Psalm 19 "als allegorische Weissagung, die Himmel als Bild der Kirche und die Sonne als Bild des Evangeliums".[18] Daß eine solche Tradition auch Giustiniani geläufig war, zeigt die Glosse in den Worten "alter pene orbis repertus est christianorumque coetui aggregatus". Und Giustiniani behauptet ferner, Columbus selber habe sich als Erfüller dieser "Prophezeiung" verstanden.[19] Theologisch war die Glosse also durchaus "am Platze", - wobei jedoch hinzuzufügen ist, daß diese Form von Einbeziehung zeitgenössischer Ereignisse in die Auslegung in einer seriösen, vornehmlich für Theologen bestimmten Ausgabe eher als ungewöhnlich zu bezeichnen ist.[20]

Man könnte den "Ort" von Giustinianis Columbusvita aber noch in einen anderen Zusammenhang einordnen, nämlich den Wettstreit zwischen italienischer und spanischer Gelehrsamkeit zu Beginn des 16.Jahrhunderts. Und hier spielte der Gedanke, den Bibeltext mehrsprachig zu drucken, keine geringe Rolle. Aldus Manutius, der bedeutende Venezianer Drucker, hatte noch vor der Jahrhundertwende einen solchen Plan gefaßt,[21] aber zu seiner Ausführung kam es nicht. Erst Kardinal Franciscus Ximenes de Cisneros, dem Begründer der Universität von Alcalá, gelang es, Gelehrte zu gewinnen, die diese Aufgabe in Angriff zu nehmen in der Lage waren.[22] Aber der Text der "Complutensischen Polyglotte", die zwischen 1514 und 1517 gedruckt wurde, konnte bekanntlich erst mit großer, durch die Kurie verursachter Verzögerung erscheinen.[23] So konnte Giustiniani mit seinem polyglotten Psalterium, das ja nur als "Specimen" einer Gesamtausgabe der Bibel gedacht war, mit einem gewissen Recht für sich die Priorität reklamieren. Es scheint mir im übrigen sicher, daß er (ebenso wie auch Erasmus) von dem großen Unternehmen in Alcalá schon frühzeitig gehört hatte, ja sogar die Anregung zu seinem Unternehmen von dort erhielt. Daß der wissenschaftliche Wert von Giustinianis Psalterium[24] geringer ist als derjenige der Complutensischen Polyglotte, bedarf keiner besonderen Erläuterung und ist in unserem Zusammenhang auch unerheblich.[25]

Nach dem bisher Ausgeführten scheint mir folgende Schlußfolgerung möglich. Wenn Giustiniani, woran wohl kaum zu zweifeln ist, sein polyglottes Psalterium im skizzierten Sinn als Beweis für die superioritas Italiens über die Spaniens verfaßt hat, dann ist die als Glosse zu Psalm 18 eingerückte Vita des Genuesers Columbus ein besonders diskreter (und origineller) Hinweis, das zu unterstreichen.

Textanhang[26]

Die Columbusvita aus Giustinianis Psalterium ist als Separatdruck 1890 in Paris erschienen,[27] sie wurde erneut 1893 in der <u>Raccolta Colombiana</u>[28] und 1984 in dem Kongreßband <u>Agostino Giustiniani annalista genovese</u>[29] abgedruckt. Eine englische Übersetzung aus dem Beginn des 19. Jahrhunderts, die sich - handgeschreiben - in einem Exemplar von Giustinianis Psalterium findet, hat Joseph L. Blau 1964 veröffentlicht.[30] Die Seltenheit des <u>Psalterium</u> wie auch der späteren Nachdrucke rechtfertigt m.E. einen Wiederabdruck im vorliegen Sammelband.

/C_7recto/ Et in fines mundi uerba eorum.
Saltem te[m]poribus nostris q[ui]b[us] mirabili ausu Christophori columbi genuensis, alter pene orbis repertus est christianorumq[ue] cetui aggregatus. At uero quoniam Columbus freque[n]ter p[re]dicabat se a Deo electum ut per ipsum adimpleretur hec prophetia. non alienu[m] existimaui uitam ipsius hoc loco inserere. Igitur Christophorus cognomento columbus patria genuensis, uilibus ortus parentibus, nostra etate fuit qui sua industria, plus terrarum & pellagi explorauerit paucis me[n]sibus, quam pene reliqui omnes mortales universis retro actis seculis. Mira res, s[ed] ta/C_8recto/men plurium iam non nauium modo, sed classium & exercituu[m] euntium redeuntiumq[ue] testimonio explorata & certa. Hic puerilibus annis uix prima elementa edoctus, pubesce[n]s iam rei maritime operam dedit, dein p[ro]fecto in lusitaniam fratre, ac ulissipone questum instituente, pingendarum tabellarum ad usum maritimum, effigiantium maria & portus & litora, huiusmodi maritimos sinus atq[ue] insulas didicit ab eo, que ibi tum forte is a plurimis acceperat, qui ex regio instituto ibant quotannis ad explorandas inaccessas ethiopum terras, & occeani intra meridiem & occasum, remotas plagas. Cum quibus is pluries sermone[m] serens[31] queq[ue] ab his acceperat conferens cum his que & in suis ipse iam dudum fuerat meditatus picturis, & legerat apud cosmographos, tandem uenerat in opinionem posse omnino fieri, ut qui ethiopum ad libicum uergentiu[m] litora linque[n]s, rectus dirigar inter zephirum & libicum nauigatione[m], paucis mensibus aut insulam aliquam, aut ultimas indorum continentes terras assequeretur. Que ubi satis exacte percepit a fratre, serio intra se rem examinans, no[n]nullis regis hispani p[ro]ceribus ostendit esse i[n] animo sibi, modo rex necessaria conficiende rei subministret, longe /C_7verso/ celerius quam lusitani fecissent nouas terras, nouosq[ue] adire populos, regiones postremo ante hac incognitas

penetrare. Fit celeriter de re hac uerbum regi, qui tum regum lusitanorum
emulatione, tum studio huiusmodi nouarum rerum & glorie, que sibi ac
posteris posset de ea re accedere pellectus diu re cum Columbo tractata,
nauigia tandem exornari duo iubet quibus soluens Columbus ad insulasq[ue]
fortunatas nauigans cursum instituit paululum ab occidentali linea sinister
inter libicum. s. ac zephirum remotior tamen longe a libico & ferme zephiro
iunctus.Vbi co[m]plurium dierum cursus exactus est & computata ratione
cognitum quadragies se se iam centena passuum millia esse permensum recto
cursu ceteri quidem spe omni lapsi,referendum iam esse pedem & cursum in
contrariam partem flectendum contendebant, ipse uero in incepto persistere
& quantum coniectura assequi posset promittere haud longius diei unius
nauigatione abesse uel continentes aliquas terras, uel insulas. Haud abfuit
dictis fides. Quippe seque[n]ti luce terras nescio quas conspicati naute
eum laudibus effere, & maximam in hominis opinione fiduciam reponere. Insule
erant ut postea cognitum est ferme innumere, non longe a continentibus
quibusdam terris ut pre se ferebat aspectus. Ex huiusmodi insulis nonnullas
animaduersum ferre homines incultos cognomento caniballos, humanis ad esum
carnes minime abhorrentes, ac uicinos populos latrociniis infestantes,
cauatis quibusdam magnarum arborum truncis quibus ad proximas trahicientes
insulas homines quasi lupi in cibum uenentur. Nec defuit fortuna ex his
unam nauiculis cum suis huiusmodi ductoribus comprehendendi. idq[ue] haud
incruenta pugna qui postmodum usq[ue] in hispaniam sospites uecti sunt.
Que prima est inuenta ex insulis hispana est nuncupata. In eaq[ue]
inuenti mortales innumeri paupertate & nuditate conspicui, quos primo
nutibus ad congressum comiter inuitatos donisq[ue] allectos, ubi propius
accesseru[n]t, facile apparebat & dissimilem suo candorem, & habitum &
inauditum antea ad eos accessum, ceteraq[ue] omnia quasi e celo aduenientium
obstupescere & mirari, quippe color illis lo[n]ge dissimilis nostro, minime
tamen niger sed auro persimilis, lacerna illis collo pe[n]debat herebatq[ue]
pectori contegens pudenda quasi uelamen, cui modicum annexu[m] esset aurum,
eaq[ue] co[m]munis mariu[m] & feminaru[m], no[n] amplius uirginu[m].
/C₈recto) Nam uirgines nude prorsus incedunt, donec a uiris quibusdam,
eius rei peritis osseo quoda[m] ueluti digito, uirginitate[m] exuantur.
Nulla apud eos animalia quadrupedia, preter canes quosdam pusillos, alimenta
illis radices ex quibus panes conficiuntur, haud dissimilis saporis triticeo
tum glandes alia figura q[uam] nostre sed esui[32] iocu[n]diores. Voti co[m]pos
iam factus Colu[m]bus, remeare in hispaniam constituit, communitoq[ue] loco
quem primum occupauerat solisq[ue] quadraginta ad custodiam relictis in

hispaniam nauigat. prosperamq[ue] sortitus nauigationem, ubi primu[m] ad
fortunatas appulit insulas nuncios cu[m] literis ad rege[m] premittit, qui
de his omnibus factus certior mirum immodu[m] gauisus est, prefectumq[ue]
eum totius rei maritime constitue[n]s, magnis honoribus ornat. Procedunt
ei uenie[n]ti obuiam uniuersi proceres, magnoq[ue] gaudio excipitur noui
orbis inuentor. Nec mora, parantur alie naues & numero & magnitudine,
priores longe excedentes omniumq[ue] rerum genere implentur. Mittit hispania
iam sua in innocuum orbem uenena, oneratur plurima & serica & aurata uestis,
& cui non satis erat de hoc nostro orbe triumphasse nauigat in puros & in
innocuos populos luxus, & que uix nostram satiare ingluuiem poterant silue
quamuis incessantibus pene exhauste uenationibus, in remotissimas plagas
mittunt suem aprumq[ue] illorum ante hac nescios uentres distenturos. Sed
nauigant cum his qui ex parata & populos iam iam captura ingluuie,
prouenturis morbis Esculapii inuento medeantur. Deferentur semina & plante
arborum. Nam triticum ut postea cognitum est ubi terre conditum fuerat,
primo statim ad grandiusculam altitudinem crescens, paulo post euanescebat,
quasi damnante natura noua cibariorum genera, & eos suis radicibus esse
contentos iubente. Soluens igitur Columbus classem duodecim nauium, armis
uirisq[ue] ac omni rerum copia instructam, non amplius uiginti dierum nauigatione
ad insulam hispanam appellit, offendit quos reliquerat ad unum a barbaris
strangulatos, causa pretensa quod in eorum mulieres impudici & iniurii
fuissent. Igitur accusata eorum seuicie & ingratitudine, ubi uidet eos ad
penitentiam uersos, ueniam eis edicit indulturum modo fideles in posterum
& dicto audientes sint. Deinde missis inq[ui]sitoribus in quascu[m]q[ue]
partes, ubi uidet i[n]sula[m] esse & magnitudine, & aeris te[m]perie, &
soli fecu[n]ditate, & p[o]p[u]loru[m] freque[n] / C_8verso/tia insignem,
simulq[ue] affertur inueniri certis in locis, aquarum in preruptis,
purissimu[m] aurum, nec deesse in campis semen quodda[m] piperi persimile
& figura & sapore, statuit o[mn]ino oppidu[m] co[n]dere. Vndiq[ue] igitur
co[n]quisita materie, adhibitisq[ue] ear[um] reru[m] peritis, breui erectu[m]
est oppidu[m], cui Helisabet inditu[m] nome[n]. Ipse p[re]fectus duabus
sibi nauibus assumptis, i[n]sula[m] ipsam circuit. Deinde co[n]tine[n]tis
illius soli quod loan[n]e nomine nuncupauerat litus lege[n]s, dies unu[m]
& septuaginta adnauigat ei litori, iugiter occiduu[m] solem uersus prora[m]
tenens, circiterq[ue] sexagies centena millia passuu[m], uir nauigior[um]
cursus peritissimus estimator, se e[ss]e progressum, ex dieru[m]
noctiu[m]q[ue] supputatione cognoscit. Id quo co[n]stitit p[ro]montoriu[m]

Eua[n]gelista[m] appellat, retroq[ue] flecte[n]di cursum co[n]silium capit,
rediturus eo pararior & i[n]structior. Inter nauigandu[m] uero, signa[n]tur
in tabula & sinus & litora & p[ro]mo[n]toria. Retulitq[ue] hoc mu[n]di latus
poli ar[c]tici dece[m] & octo graduu[m] eleuatione[m] habere, cu[m] quatuor
t[ame]n & uiginti sepe[n]trionale litus insule hispane, poli ipsius
altitudine[m] oste[n]dat. Cognitum est aute[m] ex obseruatione suoru[m], si
modo ueram, inire rationem potuerunt, eam que anno d[omi]ni quarto & nonagesimo
post millesimu[m]& quadri[n]ge[n]tesimu[m] eclipsim apparuit mense septembri,
quatuor ferme horis ante apud hispanam insulam q[uam] hispali[m] que uulgo
sibilia nuncupatur uisam. Ex ea autem computatione colligebat Columbus eam
insulam horis quatuor, Euangelista[m] uero decem a gadibus distare, nec
amplius duabus horis, / D_1recto/hoc est duodecima parte totius circuli
terrarum, ab eo loco quem Ptolemeus catigara uocat & ultimum habitabilis
in oriente sole constituit abesse, Quod si non obstiterit nauigantibus
solum, breui futurum ut ultimum oriens omni decurso inferiore nostro
hemisperio, contrario cursu coniunctus fuerit a tendentibus ad occidentem.
His tam miris peractis nauigationibus, regressus in hispaniam Columbus
fati munus i[m]pleuit. Rex ipse qui uiue[n]ti multa priuilegia co[n]tulerat,
mortuo dedit ut filius in patris locu[m] succederet, p[re]fectura[m]q[ue] indorum marisq[ue] oceani ageret, qui in hodiernum usq[ue] uiuit, summa cum amplitu-
dine, summisq[ue] opibus. Nec primores hispanie dedignati sunt illi coniugio
copulare, iuuenem nobilitate & moribus insignem. Moriens autem Columbus,
haud oblitus est dulcis patrie, reliquit enim officio. sancti Georgii quod
appellant, habentq[ue] genuenses precipuum & ueluti totius reipublice decus
& columen, decimam partem prouentuum uniuersorum quos uiuens possidebat.
Hic fuit uiri celeberrimi exitus, qui si grecorum heroum temporibus natus
esset proculdubio in deorum numerum relatus esset.

Anmerkungen

1. Früher ist z.B. Antonio Gallo: <u>De navigatione Columbi per inaccessum ante Oceanum comentariolus</u>, 1506.

2. <u>Psalterium, Hebreum, Grȩcu[m], / Arabicu[m], & Chaldȩu[m], cu[m] tribus / latinis i[n]terp[re]tatio[n]ibus & glossis.</u> Genuae: Petrus Paulus Porrus 1516.

3. Vgl. dazu J.L.Blau: <u>The Christian Interpretation of the Cabala in the Renaissance</u> (Washington, N.Y. 1944; repr. 1965), S.33; F.Secret: <u>Le Zôhar chez les Kabbalistes chrétiens de la Renaissance</u>, Paris/La Haye 1964, S.30ff.

4. Nach der Psalmenzählung der Vulgata; nach dem masoretischen Text (und dem der Lutherbibel) Psalm 19,5.

5. <u>Castigatissimi annali con la loro copiosa tavola della Eccelsa & Illustrissima Republi.</u> di Genoa, da fideli & approuati Scrittori, per el Reuere[n]do Monsignore Agostino Giustiniano Genoese Vescouo di Nebio accuratamente racolti. Genoa: Antonio Bellono 1537.

6. Lib. V, ad annum 1493, Ch. CCXLI, B und C: "Ma delle cose di Colombo non dirô altro, sia perchê Antonio Gallo ha scritto la vita sua amplamente, sia ancor perchê noi l'abbiamo riferita nel nostro Salterio, su quel passo: 'In omnem terram exivit sonus eorum'".

7. Unter dieser Überschrift erschien 1984 in Genua ein Kongreßband: <u>Agostino Giustiniani annalista genovese ed i suoi tempi</u>, der v.a. sein Werk als Historiker würdigt.

8. So fehlt in dem bereits erwähnten, ansonsten verdienstvollen Kongreßband eine umfassende Berücksichtigung von Giustinianis vielfältiger Wirksamkeit als eines Philologen, der sich neben der Kenntnis des Griechischen und Hebräischen auch durch die des Arabischen auszeichnete. Vgl. zu diesem Aspekt H.Bobzin: <u>Agostino Giustiniani (1470-1536) und seine Bedeutung für die Geschichte der Arabistik</u>, in: XXIV.Deutscher Orientalistentag, Köln 1988, Vorträge, hrsg.v. Werner Diem und Abdoljavad Falaturi, Stuttgart 1990, S.131-139.

9. Vgl. zu ihm ausführlich zuletzt K.H.Burmeister: <u>Sebastian Münster, Versuch eines biographischen Gesamtbildes</u>. Basel & Stuttgart 1969 (= Basler Beiträge zur Geschichtswissenschaft, 91). Für die Würdigung seiner Leistungen auf dem Gebiet der Geographie bzw. Kosmographie ist noch immer V.Hantzsch: <u>Sebastian Münster. Leben, Werk, wissenschaftliche Bedeutung</u>, Leipzig 1898 (= Abg. d. Sächs. Ak.d.Wiss., Phil.-Hist. Kl. 41,18,3; repr. Nieuwkoop 1965) maßgebend. Das von Münster besonders bearbeitete Gebiet der Hebraistik und Aramaistik ist von Burmeister nicht fachmännisch gewürdigt.

10. Die Vielfältigkeit seines Wirkens zeigen eindrücklich zwei rezente Kongreßbände: <u>Guillaume Postel 1581-1981. Actes du Colloque International d'Avranches 5-9 septembre 1981</u>, Paris: Guy Trédaniel 1985, sowie M.L.Kuntz (ed.): <u>Postello, Venezia e il suo mundo</u>, Firenze: Olschki 1988 (= Civiltà Veneziana, Saggi 36). In beiden Bänden findet sich weitere einschlägige Literatur.

11. Castigatissimi annali, ad annum 1470, ch. CCXXIII, Lff. Bezeichnend für G. ist die Art und Weise, wie er diese Autobiographie einleitet: "Et l'anno di mille quatroce[n]to settanta, non ho trouato cosa alcuna degna da referire, eccetto questa, che questo anno in giorno di Dominica Paulo giustiniano dalla banca, & Bartholomea giustiniana longa co[n]sorti hebbero vn figlio maschio..."

12. Vgl. die biographische Notiz zu Giustiniani von Allen, in: Erasmus, Opus Epistolarium III, S.278, n. 356. Dort wird auf alle einschlägigen Erasmus-Briefe bzw. Äußerungen von Erasmus über G. verwiesen. Giustiniani besuchte Erasmus im Oktober 1518 in Löwen.

13. Mehr als die Psalmen ist nicht erschienen, weitere Vorarbeiten Giustinianis, von denen er in den Annali spricht ("ho compilato tutto il nuovo testamento in greco, latino, ebreo, ed arabico") scheinen verschollen. Bei Conrad Gesner (Bibliotheca universalis, Tiguri 1545, p.105) findet sich allerdings folgende interessante Notiz: "Utramque Augustini Justiniani Epistolam ad Bendinellum de Saulis Cardinalem, & Praefationem in N.T. editionem Latine & Hebraice scriptam, cum aliquot versibus primi capitis Matthaei a D. Conrado Pellicano, colendissimo Praeceptore, accepimus, quae ipse olim descripserat A.D. 1517. ab Authore accepta".

14. Vgl. dazu im einzelnen L.Delaruelle: Le séjour à Paris d'Agostino Giustiniani, in: Revue du 16ême siècle 12 (1925) 322-37.

15. Sie sind von Delaruelle, a.a.O., zusammengestellt. Das bei weitem bedeutendste dieser Werke ist die aus der hebräischen Übersetzung des Y^{e}hūda ben S^{e}lōmō al-Ḥarīzī (1165-1225) geflossene lateinische Ausgabe von Maimonides' ursprünglich arabisch geschriebenem Werk Dalālat al-hā'irīn u.d.T. Dux seu Director dubitantium aut perplexorum (Parisiis: Jod. Badius 1520, repr. Frankfurt a.M. 1964); vgl. noch folgende Anm.

16. F.Niewöhner: Veritas sive Varietas. Lessings Toleranzparabel und das Buch von den drei Betrügern, Heidelberg 1988, S.162. Die S.165, Anm.28 geäußerte Ansicht, Giustiniani habe sich selber als Übersetzer von Maimonides' Werk Dux seu director dubitantium aut perplexorum (vgl. vorige Anm.), ausgegeben, ist m.E. nicht zutreffend und beruht auf einem Mißverständnis. Im Vorwort zu diesem Werk erwähnt Giustiniani ausdrücklich die ihm vorliegende lateinische Übersetzung.

17. Historie del S.D.Fernando Colombo; Nelle quale s'ha particolare, & vera relatione della vita, & de' fatti dell'Ammiraglio D.Cristoforo Colombo, suo padre ... Venezia 1571; in der kritischen Edition von R.Caddeo, Milano 1930, Vol. I, cap.II: "Chi fossero il padre e la madre dell'Ammiraglio e le qualità loro; e la falsa relazione che un certo Giustiniani fa dell'esercizio suo, prima che acquistasse il titolo d'Ammiraglio". Fernando wirft G. u.a. vor, er hätte statt des Ausdrucks "vilibus ortus parentibus" (bzw., in den Annali: "fu di parenti plebei") einen eleganteren wählen müssen: "Humili loco, seu a parentibus pauperrimis ortus".

18. S. Franz Delitzsch: Biblischer Commentar über die Psalmen, Leipzig 1883^4, S.209.

19. Eine Behauptung, die ich aus anderen mir derzeit bekannten Quellen nicht stützen kann.

20. So findet sich z.B. in dem sehr gründlichen und interessanten Psalmenkommentar des lothringischen Gelehrten Wolfgang Musculus (Basel: J.Herwagen 1551), der mit Hilfe von Giustinianis Psalterium autodidaktisch Arabisch lernte, zu dieser Stelle keinerlei Hinweis auf Giustiniani, obwohl dessen Psalterium immer wieder zur Auslegung herangezogen wird.

21. Vgl. K.Busse (Hrsg.), Bücher die die Welt verändern, München 1968, S.125f.

22. Vgl.James P.R.Lyell: Cardinal Ximenes.Statesman,Ecclesiastic,Soldier and Man of Letters with an Account of the Complutensian Polyglot Bible, London 1917; Mariano Revilla Rico: La Políglota de Alcalá. Estudio histórico-crítico, Madrid 1917.

23. Die dem ersten Band vorgedruckte Sanktion von Papst Leo X. ist auf den 22.5.1520 datiert; das Dedikationsexemplar wurde der Bibliotheca Vaticana am 5.12.1521 einverleibt.

24. Vgl. dazu J.Ch.Döderlein: Von Augustin Justinians Polyglotten Psalter, in:Literarisches Museum II/1, Altdorf 1778, S.1-25; anon., in: Books & the Orient (Brill's Catalogue No 539, published during the 6th MELCOM conference, Leiden, 15-18 April 1984), S.38ff., Nr.164; dort übrigens auch ein Faksimileabdruck der Columbus-Glosse.

25. Anzumerken bleibt nur, daß schon Erasmus mit dem sicheren Blick des Philologen die Schwächen von Giustinianis Edition erkannt hat.

26. Die Wiedergabe folgt in Graphie und Zeichensetzung genau dem Original; Abkürzungen sind aufgeschlüsselt und durch eckige Klammern[] markiert, Konjekturen durch runde Klammern ().

27. Vgl. NUC, vol.201, sv Giustiniani, Agostino (1); mir nicht zugänglich. Im Rahmen der übrigen Psalmenglossen findet sich die Vita auch in den Glossemata sive annotationes sparsae et intercisae in octaplum Psalterii, in: J.Pearson (ed.), Critici Sacri, tom.4, 1668.

28. Raccolta ... Colombiana nel quarto centenario della scoperta dell'America, Parte III, Vol.2: Narrazioni sincrone, CXVIII, pp.245-47.

29. Und zwar von Aldo Agosto im Anhang zu seinem bereits zitierten Aufsatz Agostino Giustiniani e Cristoforo Colombo (in: A.G.,annalista genovese, 51-61), S.58-61.

30. An unpublished English Translation of Justinian's Life of Columbus, in: Columbia Library Columns, Vol.XIII, May 1964, Nr.3, 9-20.- Ich danke Hans-Julius Schneider, Erlangen, herzlich dafür, daß er mir eine Kopie dieses in der Bundesrepublik nicht vorhandenen Textes beschafft hat.

31. Agosto liest "ferens"; der Text hat eindeutig "serens".

32. Agosto: exui.

Von "neüwen inseln" und "canibales"
Zur Columbus- und Anghiera- Rezeption bei Sebastian Münster

Sabine Wagner

Ein Charakteristikum der frühesten Berichte über Amerika, so auch derjenigen Columbus', Vespuccis oder Cortés', besteht darin, daß sie nur über einen relativ kurzen Zeitraum als eigenständige Veröffentlichungen erschienen. Durch ihren auf knappe und eingängige Sensationsmeldungen ausgerichteten Briefcharakter sowie die wenig umfangreichen, schnellebigen Publikationsformen nutzten sie sich in bezug auf ihren Neuigkeitswert schnell ab. Dennoch prägten sie maßgeblich das Amerika-Bild der folgenden Jahrhunderte, da sie bis ins 17.Jahrhundert die Grundlage bildeten für historiographische und geographische Gesamtdarstellungen, die ihrerseits wiederholt von Dritten rezipiert wurden. Der Weg, auf dem die von Columbus vermittelten Informationen über einen beschränkten Leserkreis hinaus in das Allgemeinwissen gebildeter Laienschichten eingingen,und welche Selektionskriterien und Änderungsmechanismen dabei hervortraten, soll hier exemplarisch anhand des Amerika-Teils der Cosmographia Sebstian Münsters und seiner Entwicklung in deren verschiedenen Auflagen dargestellt werden.[1]

Das kompilatorische Werk des Baseler Theologen, Hebraisten und Mathematikers Münster erschien 1544 und wurde bis 1628 zwanzigmal neu aufgelegt, bis zu seinem Tode 1552 von ihm selbst, später durch andere, wiederholt bearbeitet und mehrmals, zum Teil in Auszügen, übersetzt.[2] Die meisten der darin enthaltenen Karten, Stadtansichten und kleineren Holzschnitte wurden in allen Ausgaben beibehalten und sind wirkungsgeschichtlich ebenfalls interessant.

Die Cosmographia versteht sich nachdrücklich als umfassende Weltbeschreibung, legt aber den inhaltlichen Schwerpunkt auf Deutschland. Der mit "Von den neüwen inseln[...]" überschriebene Amerika-Teil der Erstausgabe beschränkt sich auf knapp sieben Seiten, die das Schlußkapitel des fünften, eigentlich Asien behandelnden Buches bilden.[3] Diese Zuordnung erklärt sich teilweise aus dem geringen Seitenumfang. Wie der Amerikakarte zu Anfang des Werkes zu entnehmen ist, hält Münster Amerika keineswegs anachronistischerweise für einen Teil Asiens. Daß er dennoch bei der Bestimmung der geographischen Lage die "neüwen inseln" näher an Japan und Indien rückt[4] und den Amerika-Teil mit einem auf Marco Polo zurückgehenden Abschnitt über Cipango

107

Ausschnitt aus der Amerikakarte der Cosmographei, Basel 1550

(Japan)[5] beginnt, verweist auf eine ältere Tradition der Entdeckungsliteratur. Auch der weitere Inhalt des Kapitels befindet sich auf einem Stand, der, gemessen an den zeitgenössischen Kenntnissen über Amerika und in Hinblick auf die rein narrative Darstellungsweise, um mindestens drei Jahrzehnte veraltet ist.

Der folgende Bericht über die ersten drei Fahrten des Columbus erweist sich bei einem Textvergleich als Zusammenfassung der bereits 1511 in Sevilla erschienenen ersten Dekade Peter Martyrs von Anghiera. Münster nennt seine Quelle nicht, doch die kurze Erwähnung der Expedition Grijalvas nach Yucatan am Ende des Kapitels, wovon Peter Martyr erst in der vierten Dekade berichtet, weist auf die verbreitete Ausgabe Basel 1533 der ersten drei Dekaden und einer Kurzfassung der vierten, des sogenannten Enchiridion,[6] als Vorlage hin. Münsters Mitarbeit an der Reisekompilation Johannes Huttichs, Novus Orbis,[7] die ebenfalls die erste Dekade und den Enchiridion beinhaltet, sowie einige kleinere Übereinstimmungen mit deren Text lassen vermuten, daß er auch hierauf zurückgriff, doch schließt sich die Cosmographia insgesamt näher an Peter Martyrs Original an.

Wie Peter Martyr berichtet Münster zunächst von Columbus' Ausfahrt und auf relativ breitem Raum von den kanarischen Inseln. Erst nach zwei Seiten kommt er auf Amerika zu sprechen, wobei er die Formulierung des ersten elysischen Eindruckes der Spanier von den neuentdeckten Inseln fast wörtlich aus seiner Quelle übernimmt: "[...] besunder hörten sie umb sant Martinstag die nachtgallen mit voller stimmen singen[...]".[8] Als erste Begegnung mit Einheimischen wird jedoch nicht die Landung auf Guanahani, sondern auf Hispaniola beschrieben. Wie in Columbus' Bordbuch der ersten Reise wird vermerkt,[9] daß die Eingeborenen zunächst die Flucht ergreifen und erst, nachdem eine Gefangene gut bewirtet und beschenkt wurde, zum Tauschhandel mit den Spaniern übergehen.[10] Peter Martyrs anschließende Ausführungen über Bekehrungsmöglichkeiten und indianische Einbäume läßt Münster aus; dafür folgt direkt ein späterer Abschnitt aus der ersten Dekade über Tiere und Landeserzeugnisse, worin auch die mühelose Goldgewinnung beschrieben wird. Durch die Verbindung mit der vorhergehenden Szene, in der die Spanier für Tonscherben Gold erhandeln, und die Auslassung relativierender Bemerkungen Peter Martyrs, wonach allerdings nicht viel Gold in dieser Gegend zu finden sei,[11] entsteht beim Leser eine umso stärker auf die schon in Sebastian Brants Narrenschiff angeführten Charakteristika "Gold und nackte Leute"[12] reduzierte Vorstellung von der

Neuen Welt. Besagte "nacket lüt" jedoch teilen sich auf in Schafe und
Wölfe; die Sitten letzterer werden nun ausgiebig abgehandelt. Es folgt
eine ausführliche Passage über die menschenfressenden Kariben, deren Vorlage bei Peter Martyr noch vor der Landesbeschreibung zu finden ist und
auf deren Ursprung näher eingegangen werden muß.

An schriftlichen Zeugnissen von Columbus selbst über seine erste Reise
existieren nur das in einer Abschrift von Las Casas erhaltene Bordbuch[13]
und der in mehreren Drucken überlieferte Brief an Luis de Santángel vom
15.Februar 1493.[14] Im Bordbuch erwähnt Columbus mehrfach, daß Eingeborene
ihm von den Bewohnern der Nachbarinsel, den Kariben, berichteten, diese
hätten Hundeköpfe und köpften, kastrierten und fräßen ihre Gefangenen:
"[...] comian los hombres, y que en tomando uno lo degollaban y le bebian
la sangre y le cortaban su natura." (Bordbuch, 4.Dez.1492, Fol.21r.). Der
Verlauf dieser ersten Columbusreise hat gezeigt, daß die Verständigung mit
den Einheimischen keineswegs so unproblematisch war, wie Columbus gern vorgibt. Was immer ihm in diesem Falle erzählt wurde, das, wovon er gehört
haben will, sind eindeutig die aus antiker und mittelalterlicher Geographie
und aus Reiseberichten über Indien bekannten Kynocephaloi: hundsköpfige
Anthropophagen, die neben anderen Monstrositäten den östlichen Weltrand
bevölkern sollen. Columbus kennt sie aus seiner vorbereitenden Lektüre
über sein Reiseziel Asien; er beruft sich wiederholt auf Plinius und Marco
Polo.[15] "Cariba" als "Caniba" mißverstehend, gibt er gleichzeitig vor, diese
ohnehin durch seine eigenen Projektionen entstandenen Gerüchte nicht zu
glauben und interpretiert die "canibales" als "Leute des (von ihm gesuchten) Großen Khans" (26.Nov.1492, 11.Dez.1492). Wie sehr sich Columbus'
Erwartungen an der europäischen Monstertradition orientieren, zeigt sich
darin, daß er, als in dieser Gegend kein Großkhan zu finden ist, plötzlich nicht mehr an der Existenz der nun einmal von ihm "canibales" genannten
Menschenfresser zweifelt (26. Dez. 1492). Auch die lateinische Fassung des
Columbusbriefes, Basel 1494, greift diese Vorstellungen auf, indem sie erklärt, daß man zwar keine Monster gefunden habe, von geschwänzten und haarlosen Menschen, Amazonen und Anthropophagen habe man aber gehört.[16] Der
deutsche Übersetzer des Druckes Straßburg 1497 bezieht sich noch stärker
auf die antike Geographie, indem er ausgiebig Ptolemäus zur Beglaubigung
zitiert, ohne diese Einfügung vom Originaltext abzuheben.[17] Viel hat
Columbus also nicht zu den Kariben zu sagen, doch geben er selbst und die
früheste Überlieferung seines Briefes sich alle Mühe, sie in die vertraute
Monstertradition einzuordnen.

Bei Peter Martyr findet sich jedoch eine detaillierte Schilderung kanniba-
lischer Tischsitten,[18] die Münster wiederum fast ungekürzt und inklusive
aller drastischen Vergleiche aus dem Bereich europäischer Haustierhaltung
übernimmt:

> "Die weil nun Columbus in diser inseln was mit seinen mittge-
> ferten/klagten im die ynwoner grosse not über ettlich völcker
> die sie Canibalen nennen/wie die auß irem land schiffeten in
> andere inseln unnd fiengen die leüt/schlügen sie zu todt/
> fressen sie/und giengen nit anderst mit jnen vmb dann wie ein
> Tigerthier oder Löw mit einem zamen thier. Den knaben hüwen
> sie auß vnd mesteten sie biß sie feißt wurden/theten jnen
> gleich wie man den Cappunen thut/aber die betagten metzgeten
> sie eins wegs/wurffen das gederm hinweg/essen die andere innern
> glider/des gleichen die eüssere/als hend vnd füß/aber dz übrig
> saltzten sie vnd behielten es. Die weiber fressen sie nit/sunder
> behielten sie zu der frucht gleich wie man die hennen halt zun
> eyern/aber die alten weyber hielten sie zum dienst."[19]

Der Brief Peter Martyrs an den Kardinal Ascanio Sforza, der das erste Buch
der ersten Dekade bildet, datiert vom 13.Nov.1493[20] und wurde somit vor
Columbus' Rückkehr von seiner zweiten Fahrt, während der die erste Begegnung mit Kariben stattfand, verfaßt. Alle Nachrichten über diesen Stamm
und seine angebliche Menschenfresserei basieren also auf den Gerüchten,
die Columbus auf den Großen Antillen vernommen haben will. Als offiziellem
Chronisten der Krone stand Peter Martyr der Zugang zu allen Aufzeichnungen
über diese Entdeckungsfahrten und der Kontakt zu den Teilnehmern offen;
auf welchem Wege der Mundpropaganda diese gegenüber Columbus' Berichten
noch farbigere Schilderung zustande kam, ist kaum nachzuvollziehen. Anzunehmen ist aber, daß der gelehrte Humanist die erhaltenen Nachrichten aus
dem Fundus an Informationen über menschenfressende Weltrandbewohner aus
der antiken und nachfolgenden Literatur ergänzte.[21] Sollte er sie nicht
selbst hinzugefügt haben, dürften ihm als damit Vertrautem, der sich zudem
auf die Glaubwürdigkeit von Augenzeugen zu verlassen pflegte,[22] solche Angaben zumindest nicht als widernatürlich erschienen sein.

Münster gibt diese Stelle nicht nur unkritisch wieder, sondern schließt
auch unmittelbar daran eine Kannibalenepisode aus dem zweiten Buch der
ersten Dekade an, wonach Columbus während der nächsten Fahrt ein Dorf der
Menschenfresser gefunden haben soll:

> "Nachmals in der anderen fart hat es sich zugetragen/das
> Columbus mit den seinen kommen ist in ein insel/die hat
> er genent zum Creütz/vnd das was der Canibalen insel/wie
> sie darnach erfuren. Vnd als sie vmb her schiffeten/funden

Kannibalenpaar, Cosmographei, Basel 1550, S.1186.

> sie nidere hütten/etwan zwentzig oder dreissig bey einander
> ston/vnd in circkel weiß geordnet/ waren von holtz gemacht/
> vnd auff gericht in eins spitzen gezelts form/vnd mit palmen
> vnd andern bäumen blettern gedeckt. Vnd do sie auß den Schiffen
> giengen/flohen fraw vnd man daruon/ vnd sie funden vil iunger
> knaben gefangen und gebunden/die do zur metzig wurden gemest/
> vnd ettlich alte weiber die zur dienstbarkeit wurden gehalten.
> Sie funden auch vil yrdene häfen/in denen menschen fleysch/
> genß/enten vnd Psittich waren zusammen gethan/item der gleichen
> funden sie an spissen die zu braten. Sie funden auch ein haupt
> eins iungen knaben/das noch blut tropffet/vnd erst kurtzlichen
> von leyb was gehauwen vnd hieng an einer stangen."[23]

Peter Martyrs Quelle für den entsprechenden Abschnitt dürfte ein Brief des Dr.Chanca, eines Teilnehmers der Expedition sein.[24] Diesmal übernimmt Münster den Text der Vorlage weniger genau. Er läßt nicht nur eine längere Passage über die Bauweise der indianischen Hütten aus, sondern auch die recht effektvolle Erwähnung der Pfeilspitzen aus menschlichen Knochen. Stattdessen wiederholt er im wesentlichen die Angaben seines vorhergehenden Absatzes; er verstärkt dessen Wirkung, indem er die Spanier nicht nur - wie Anghiera - Kochtöpfe mit Menschenfleisch und abgeschlagene Köpfe finden läßt, sondern konsequent alles, was sie bisher nur vom Hörensagen kannten. Anschaulicher gestaltet wird die Szene durch die unrealistische Erwähnung des europäischen Bratspießes und die dazugehörige Illustration, die ein Kannibalenpaar bei der Hausschlachtung zeigt.

Mit der Errettung von vier Frauen aus der Gewalt der Kannibalen auf der Insel Ayay schließt der Bericht über die zweite Reise des Columbus. Entsprechendes wird bei Peter Martyr im gleichen Buch wesentlich weiter unten erwähnt. Allerdings handelt es sich hier bei den Gefangenen um mehrere Männer und Frauen,[25] doch die Befreiung potentiellen weiblichen Zuchtviehs erschien Münster wohl spektakulärer, selbst im Verhältnis zu einem vorhergehenden längeren Amazonenabschnitt, den er ausläßt.

Durch diese Umgruppierung der Episoden aus Peter Martyrs Dekaden hat Münster eine wirkungsvolle, geschlossene Kannibalendarstellung geschaffen, die als dominanter Teil des Amerika-Kapitels erscheint, zumal sie ebensoviel Raum einnimmt wie bis dahin der gesamte restliche Text über die Neue Welt.

Ansonsten streift die <u>Cosmographia</u> von Columbus' Unternehmungen nur die Entdeckung Kubas und auf der dritten Reise die der "insel Parias/do fand er vil golds vnd perlin."[26] Nach einer kurzen Erwähnung von Pedro Alonso Nuñez[27] folgt ein längerer Bericht über die angeblichen vier Reisen Amerigo

Vespuccis nach dem Text der Quatuor Navigationes.[28] Münster schließt diesen jedoch eng an den Columbusbericht an, einmal, indem er aus Vespucci Kolumbus' Reisegefährten und Nachfolger in spanischen Diensten macht, aber auch durch die Betonung des Kannibalismus bei der Beschreibung indianischer Lebensweise: "Aber kein fleisch essen sie dann menschen fleisch."[29] Die einzige Begebenheit der dritten Vespucci-Reise, die des Erwähnens für wert befunden wird, ist die Tötung und das Auffressen eines spanischen Matrosen durch die Indianer.[30] Mit wenigen Sätzen über die Besiedlung Kubas und Hispaniolas und die Entdeckung Yucatans endet der Amerika-Teil.

Auch die zum zweitenmal erweiterte Ausgabe der Cosmographia von 1550[31] zieht keine Quellen außer Anghiera und Vespucci heran. Der Amerika-Teil, noch immer ein Kapitel des Asien-Buches, umfaßt nun knapp zehn Seiten, hat also kaum von der Verdopplung des Umfanges des Gesamtwerkes gegenüber der Erstausgabe profitiert.[32] Der Text ist mit dieser weitgehend identisch bis auf einige zusätzliche Einschübe.

Zunächst wird der erste Abschnitt über die Kariben, der sich auf Columbus' erste Fahrt bezieht, ergänzt durch einen Satz zur Überlegenheit der Menschenfresser gegenüber anderen Indianern, der wiederum Peter Martyrs Chronik entnommen ist: "[...] sie seind starck und grimmig/vnnd mögen zehen auß inen hundert andere meistern."[33]

Zwischen diese und die zweite Kannibalenepisode ist nun ein halbseitiger Abschnitt über Missions- und Besiedlungsabsichten der Spanier eingefügt,[34] worin, wie schon bei Peter Martyr, in der Beschreibung der Auswahl der Handwerker, Nutztiere und Kulturpflanzen biblische Motive und der Atlantis-Mythos anklingen.

Auf den Bericht von der Gefangenenbefreiung auf Guadeloupe und Ayay folgt nun eine Erzählung über einen Kampf zwischen Spaniern und Kariben mit der abschließenden Bemerkung, daß die Bewohner der übrigen Inseln sich an den überwältigten Kannibalen rächten, indem sie sie ebenfalls auffräßen, "[...] wie wol sie sunst nit pflegten zu essen menschen fleisch."[35]

Hiermit werden diese "senftmütig leüt" letztlich auch als wilde Menschenfresser entlarvt oder diesen zumindest durch ihr mangelndes moralisches Urteilsvermögen angenähert. Mit dieser Zufügung füllt das Thema der Menschenfresserei aufs neue eine komplette Seite. Der direkt anschließende letzte neue Einschub behandelt die Zerstörung der ersten Siedlung auf Hispaniola durch die Indianer und deren Wiederaufbau gegen den beginnenden Widerstand der Bevölkerung, die nun keineswegs mehr sanft und friedfertig erscheint: "[...] wolten die Spanier alle auß den inseln triben haben wo sie es hetten vermöcht mitt iren handbogen vnnd spiessen."[36]

Der Bericht über Vespuccis Reisen wird nun vom übrigen Text abgeteilt durch eine Überschrift "Die dritt schiffung so Columbus[...] hatt getan".[37] Allerdings wird nicht mehr über Columbus' weitere Fahrten gesagt als in der Erstausgabe, bis auf eine Erwähnung des Aufstandes unter seinen Begleitern, der ihn zur Rückkehr zwang. Von den "kleinen Entdeckern" wird noch Vicente Pinzón genannt,[38] der restliche Text bleibt unverändert.

Bis zum Ende des 16.Jahrhunderts erschien die Cosmographia noch in dreizehn aktualisierten Auflagen. Der Amerika-Teil wurde bis dahin jedoch nicht mehr erweitert.

Diese zweite Fassung ab 1550 bringt als zusätzlichen weiteren Aspekt gegenüber der Erstausgabe den Besitzanspruch der Europäer auf die neu entdeckten Inseln. Was die Kannibalen betrifft, erschienen diese bereits vorher durch den breiten Raum, den Münster ihnen widmete, als der dominante Typus des amerikanischen Eingeborenen. Indem nun auch die Friedfertigkeit der übrigen Indianer durch ihre schwindende Duldsamkeit gegenüber den Eroberern relativiert wurde, rücken auch sie in die Nähe ihrer noch unzivilisiertere Nachbarn. Galten die Kariben schon in der Erstausgabe durch ihr Verhalten und durch Münsters Wortwahl - "Tiger thier oder Löw" - als von einer viehischen, perversen Wildheit, die einzig die Beschaffung und Erzeugung von Frischfleisch als Lebensinhalt kennt, so ist dieser Charakterzug vermittels der Erwähnung ihrer zehnfachen Körperkraft und ihres tollkühnen Angriffes auf die Spanier nochmals gesteigert. Die bereits bei Columbus zu verfolgende[39] und in der Philosophie der Conquista längst etablierte Entwicklung des Anthropophagen vom Kuriosum zum direkten Feind, der die gewaltsame Aneignung seines Landes durch sein Verhalten legitimiert,[40] ist also auch bei Münster mit einiger Verspätung vollzogen.

Münster wählt die wiedergegebenen Kannibalen-Episoden aus seinen Quellen mit Bedacht. Er erhöht die Spannung des Lesers, indem er die Entdecker systematisch im Umgang mit den Menschenfressern die Erfahrungsbereiche des Hörens, des eigenen Augenscheins, des unmittelbaren Kontaktes mit Betroffenen, der kriegerischen Konfrontation mit den Kannibalen und zuletzt - im Vespucci-Bericht - die Situation des Opfers selbst durchleben läßt. Daß er sich wie die Autoren seiner Vorlagen und andere Zeitgenossen bemüht, den Akt anschaulich, da an Bekanntes angelehnt, zu präsentieren, erhöht die Einprägsamkeit dieser Darstellungen umso mehr. Auch fehlt in keiner Ausgabe die oben beschriebene Illustration[41] als optischer Anreiz neben dem Bericht über Columbus; auch der Abschnitt über die dritte Vespucci-Reise ist meist mit einer Menschenfresserabbildung geziert.[42] (Abb.3)

1614 erschien eine wiederum wesentlich umfangreichere Bearbeitung der Cosmographia durch Johann Jacob Grasser.[43] Der Amerika-Teil ist immer noch dem Asien-Buch des mittlerweile auf acht Bücher angewachsenen Werkes angehängt und nur um einen elfzeiligen Abschnitt über die "Statt Cusco" mit dazugehöriger doppelseitiger Stadtansicht erweitert sowie um einen halbseitigen Holzschnitt von "Temistitan", auf dessen Eroberung nicht eingegangen wird.

Bis ins 17.Jahrhundert befindet sich also der in den vierziger Jahren des 16.Jahrhunderts abgefaßte Amerika-Teil der Cosmographia auf einem zeitlichen Stand der Entdeckungsgeschichte vor 1519. Als Kosmograph, Mitglied der Tübinger Geographenschule[44] und Mitarbeiter an Huttichs Kompilation dürfte Münster das vorhandene Material seiner Zeit gekannt haben. Daß er sich dennoch auf die Rezeption nur zweier Quellen beschränkt, ist auf deren Autorität zurückzuführen, die im Rahmen einer geographischen Gesamtdarstellung schwerer wog als die Aktualität neuerer, meist nicht lateinisch abgefaßter, Berichte und Chroniken. Peter Martyrs Dekaden - und zwar in der hier genannten Fassung der ersten drei Dekaden und der gekürzten vierten, weniger in der Gesamtausgabe Madrid 1530 - und die durch die Publikation seitens der Geographenschule von St.Diê in wissenschaftlichen Rang erhobenen Quatuor Navigationes blieben für die Gattung der deutschen Kosmographie lange die maßgeblichen Standardwerke. Auch beispielsweise Huttichs Novus Orbis oder der Amerika-Teil in Sebastian Francks Weltbuch[45] basieren hierauf oder auf Bearbeitungen. "Zu beschreiben die gantze welt/ [...] erfordert ein weitschweiffig vnnd wol bericht gemüt/ das vil gelesen/ vil gehört vnd vil erfaren hab/ wölches dannocht alles noch nit genug will sein/wo nitt ein recht vrteyl da bey ist/do durch mann mög vnderscheiden das war von dem falschen/vnd das gewiß von dem ongewissen",[46] schreibt Münster in seiner Vorrede an Gustav von Schweden. Und glaubwürdig ist Peter Martyrs Chronik nicht zuletzt durch ihren beständigen Rückgriff auf die antike Geographie.

"europäischer" Kannibale, Cosmographei, Basel 1550, S.1191.

Münster selbst versucht jedoch nicht mehr, wie Martyr oder der Übersetzer
des deutschen Columbusbriefes; die "neüwen inseln" [mit Hilfe von Angaben der antiken Schriftsteller an Indien ...] anzubinden. Die Neuen
Inseln haben ihren Platz gerade deswegen in der Kosmographie, weil sie
"neu" sind. Nicht von ungefähr gehören die meisten deutschen Kosmographen
des 16.Jahrhunderts akademischen Berufen an, die von der Änderung des mittelalterlichen Welt- und Menschenbildes durch die neuen Entdeckungen direkt
betroffen sind, nämlich den Theologen[47] und Ärzten.[48] Doch die Erweiterung
des Erdkreises stellt keine Bedrohung mehr da, sie demonstriert vielmehr
die Allmacht Gottes: "Also wöllen wir kein Landt vnersucht lassen/damit wir
erkennen was Gott für seltzame vnn wunderbarliche ding auff dem weiten
Erdtrich erschaffen habe[...] ", fordert Münster.[49]

Diese Prämisse bedeutet gleichzeitig, daß im Rahmen der Kosmographie der
Schwerpunkt auf dem Akt des Entdeckens, des Offenbarens eines weiteren
Teils der Welt liegt und weniger auf der detaillierten Beschreibung desselben.
Zu einem Zeitpunkt, da die spanische Informationspolitik längst eine deskrip-
tive Berichterstattung über die neu eroberten Landstriche fordert[50] und sich
auch in deutschsprachigen Reiseberichten die Trennung in eine das persönliche Erleben schildernde "Narratio" und eine "Descriptio" der Landesgegebenheiten durchsetzt,[51] bleibt der Amerika-Teil der Cosmographia der narrativen
Darstellungsweise der älteren Berichte verhaftet. Er zeigt lediglich die
Komplettierung der von Gott geschaffenen Welt durch einen neu entdeckten
Landstrich und seinen "Helden", Kolumbus, in der Konfrontation mit dessen
heidnischen Bewohnern. Da Münster als Protestant zudem nicht den - katholischen - Missionsgedanken verfolgt,[52] interessiert er sich nur oberfläch-
lich für etwaige positive Züge letzterer, die sie zum Christentum geeignet
machen könnten. Was die Landessitten betrifft, konzentriert er sich daher
auf die "seltzame(n) vnn wunderbarliche(n) ding", auf das Spektakuläre,
insbesondere den Kannibalismus. Dessen Darstellung beruht, wie auch in den
herangezogenen Quellen, nicht auf einem "Lokalaugenschein", sondern auf
überkommenen antiken und mittelalterlichen Anthropophagievorstellungen und
geschieht mittels gezielt europäisierender Beschreibungsweisen. Nicht auf
die Vermittlung von Andersartigkeit kommt es hier an, sondern auf die Nach-
vollziehbarkeit durch den Leser. Münsters Kosmographie transportiert somit
über ein Jahrhundert ein Kannibalenbild, das entstand, bevor der erste
Europäer einen Kariben zu Gesicht bekam, und das, soweit es auf Anghiera
zurückgeht, auf Mundpropaganda basiert bzw., was die Details aus den
Quatuor Navigationes betrifft, auf einer Fälschung.

1628 erschien letztmals eine erweiterte Bearbeitung der Cosmographia,[53] die nun als neuntes und letztes Buch einen völlig umgestalteten Amerika-Teil präsentiert. Dieser ist in 51 Kapitel nach einzelnen Landschaften unterteilt; neben der Entdeckungsgeschichte werden die jeweiligen Landesgegebenheiten, eventuelle Vorkommen von Bodenschätzen und die Sitten der Bevölkerung abgehandelt. Außer Anghiera und Vespucci ist nun eine Vielzahl weiterer Quellen namentlich aufgeführt, darunter die Chroniken Fernández de Oviedos,[54] López de Gómaras,[55] José de Acostas[56] oder die Reiseberichte Ulrich Schmidels[57] und Jean Lérys.[58] Wie der Titel bereits sagt, ist aus den "neüwen inseln" endgültig die "newe Welt/so jetzt America genannt wird", der vierte Kontinent, geworden. Doch was ist mit den "canibales"? Nach wie vor ist die Menschenfresserei ein oft erwähntes Thema, wird aber meist knapp als Faktum festgestellt[59] oder an Menschenopfer angebunden.[60] Doch überrascht es - obwohl Anghiera kaum mehr zitiert wird, der gesamte Bericht über Columbus' Entdeckungsfahrten[61] ohne derart Grausiges auskommt und weiter unten eine Schilderung des rituellen Kannibalismus nach Léry folgt[62] - diesen Zeilen wohlbekannten Inhalts zu begegnen:

> "In allen diesen Ländern von dem guldenen Castilia vnd
> dem Golffo von Uraba an/biß gen Paria/gibt es Caribes
> oder Canibales welche Menschenfleisch essen/vnd den
> Kindern verschneiden/sie desto fetter vnd zarter zu
> machen/für ihr Speiß: vnnd in den Bergen Andes/ sind
> sie auch also beschaffen."[63]

Philologisch interessant ist es, zu beobachten, wie hier die ursprüngliche Verballhornung des Namens der Kariben zum Synonym für Menschenfresser jeglicher Landstriche wird.

Insgesamt bleibt festzustellen, daß das frühe und auf fragwürdige Weise entstandene Kannibalenbild aus den ersten Jahren der Eroberung Amerikas noch im 17.Jahrhundert über Gesamtdarstellungen tradiert wurde und wesentlich nachhaltiger die Vorstellung vom amerikanischen Menschenfresser prägte als spätere Konzeptionen. Insbesondere der Aspekt der "bestialitas", der Gier nach Menschenfleisch um des Genusses willen, sollte das Urteil späterer Amerikareisender beeinflussen. Dies ist also, was letztlich an Angaben über die von Columbus angetroffene Urbevölkerung des vermeintlichen "Indien" aus dem Werk seines ersten Chronisten, Anghiera, bleibt. In bezug auf die "neüwen inseln" wurde der Versuch einer Einordnung in das Bild der Alten Welt bald aufgegeben; die "canibales" allerdings haben ihn nicht überlebt.

Anmerkungen

* Dieser Aufsatz basiert im wesentlichen auf einem Kapitel meiner unveröffentlichten Magisterarbeit, "Perspektiven des Kannibalismus-Problems in der deutschen Amerika-Literatur des 16. und 17.Jahrhunderts", Marburg 1989.

1. Sebastian Münster: Cosmographia. Beschreibung aller Lender[...], Basel (Heinrich Petri) 1544. Herangezogen wurden folgende deutschsprachigen Ausgaben: Basel 1544, 1550, 1564, 1588 und 1614 sowie die Ausgabe 1628 im Reprint, Lindau 1978.

2. Karl Heinz Burmeister: Sebastian Münster. Eine Bibliographie, Wiesbaden 1964, Nr.87ff., nennt insgesamt fünf lateinische, sechs französische, eine tschechische und drei italienische Übersetzungen. Zu den Teilbearbeitungen s.dort Nr.102ff.

3. Cosmographia 1544, s.Anm.1, S.636-642.

4. Ebd., S.636.

5. Vgl. Marco Polo: The Travels of Marco Polo, ed. by M.Komroff, London 1928, S.270ff.

6. Peter Martyr von Anghiera, De orbe novo decades tres, Basel 1533.

7. Novus orbis regionum ac insularum veteribus incognitarum, Basel 1532. Münster verfaßte hierfür eine Einleitung über die Kosmographie als Wissenschaft.

8. Cosmographia 1544, s.Anm.1; Anghiera, s.Anm.6, I, 1, Bl. 1C: "[...] cantatem inter condensa nemora philomenam mense Nouembri audierunt." Hierzu vgl.auch den Beitrag von Wolfgang Neuber im vorliegenden Band.

9. Christoph Columbus: Diario de Colón. Libro de la primera navegación y descubrimiento de las Indias, ed. por Carlos Sanz, Madrid 1962, 12.12.1492; Anghiera, s.Anm.6, I, 1, Bl 1D; Cosmographia 1544, s.Anm.1, S.638.

10. Columbus' Logik, der seinen Leuten befohlen hatte, "[...] que tomasen algunos para honrallos y hacelles perder el miedo[...]", (Diario, siehe Anm.9, 12.12.1492) setzt sich somit auch bei Münster fort.

11. Anghiera, s.Anm.6, I, 1, Bl. 2B.

12. Sebastian Brant: Das Narrenschiff, Basel 1494, Kap.66, V. 53-56: "Ouch hatt man sit in Portigal/Vnd inn Hispanien vberall/Golt-inslen funden vnd nacket lüt/Von den man vor wust sagen nüt."

13. Das Bordbuch wurde im 16.Jh. nicht gedruckt; er erschien erstmals 1825 im Bd.1 der Colección de los Viages y Descubrimientos que hicieron por mar los Españoles desde fines del Siglo XV, hrsg. v.Martin Fernández Navarrete. Hier zit. in der Ausg. Diario de Colón. Libro de la primera navegación y descubrimiento de las Indias, ed. por Carlos Sanz, Madrid 1962.

14. Erhalten sind zwei spanische Drucke, neun lateinische und ein deutscher, letzterer geht wie die übrigen acht lateinischen zurück auf die Ausgabe Rom 1493 bei Stephan Planck sowie wahrscheinlich auf eine verlorene katalanische Version. Zur Bibliographie s. R.H.Major: The Bibliography of the First Letter of Columbus, Describing his Discovery of the New World, London 1872, Rep. Amsterdam 1972; Konrad Häbler; Einleitung, in: Der deutsche Kolumbus-Brief. In Facsimile-Druck hrsg. m.e.Einl.von Konrad Häbler, Straßburg 1900.

15. Zu Plinius s. Bordbuch, s.Anm.14, 12.11.1492, Fol.23r, zu Marco Polo 1.11.1492, Fol.20r, 21.10.1492, Fol 16v. Zu den Kynocephaloi s.Plinius, Historia Naturalis, VI, 195, hier benutzt in d.Ausg. Natural History, ed. by T.E.Page, transl.by H.Rackham and W.H.S.Jones, 10 Vols., Cambridge/ Mass./London ²1947-63; Marco Polo, s.Anm.5, S.283. Polo vergleicht lediglich die Gesichter der Andamanenbewohner mit denen von Hunden, doch zeigen die Rezeptionsgeschichte dieser Stelle und mittelalterliche Illustrationen, daß hierin meist Kynocephaloi gesehen wurden. Vgl. Rudolf Wittkower: Marco Polo und die Bildtradition der Wunder des Ostens, in: Ders.: Allegorie und Wandel der Symbole in Antike und Renaissance, Köln 1984, S.151-179; im gleichen Band auch die nach wie vor beste Studie zur Tradition der Weltrandbewohner: Rudolf Wittkower: Die Wunder des Ostens: Ein Beitrag zur Geschichte der Ungeheuer, S.87-150.

16. Facsimile of Columbus' Letter Published at Basle 1494, in Major, s.Anm.14, S. (77).

17. Eyn schön hübsch lesen von etlichen inßlen[...], in: Der deutsche Kolumbusbrief, s.Anm.14, Fol. (bii r).

18. Anghiera, s.Anm.6, I, 1, Bl. 2A:
"Esse non longe ab illis insulis quorundam ferorum hominum insulas, qui carnibus humani uescantur, fama didicere:[...] Canibales arbitrari, sic truculentos illos, siue Caribes, uocant. Horum obscoenorum insulas itinere ferê in medio ad has insulas ad meridiem reliquere. Suas insulas ij mites à Canibalibus non aliter incursionibus crebris uexari perpetuô ad praedam conqueruntur, atque per nemora uenatores per uim & per insidias feras insectantur. Quos pueros capiunt, ut nos pullos gallinceos, aut porcos quos ad obsonia uolumus pinguinores & teniores educare, castrant, grandiores & pingues effectos comedunt: aetate autem iam matura cum ad eorum manus perueniunt, peremptos partiuntur: intestina & extremas membrorum partes recentes epulantur, membra sale condita, ut nos pernas suillas, in tempora seruant. Mulieres comedere apud eos nefas est & obscoenum: si uero quas assequuntur iuunes, ad sobolem procreandam, non aliter atque nos gallinas, oues, iuuenas, & caetera animalia, curant & custodiunt: uetulas ad obsequia praestanda pro seuis habent."

19. Cosmographia 1544, s.Anm.1, S.638f.

20. Anghiera, s.Anm.6, Bl. 3A: "idus Novemb. M.CCCC XCIII."

21. Die (Un)-Sitten des Kriegführens um menschlicher Beute willen, des Kindermästens und Einpökelns von Leichenteilen erinnern an Motive aus dem fiktiven, aber verbreiteten und lange als authentisch geltenden Reisebericht John Mandevilles; vgl. Sir John Mandevilles Reisebeschreibung in deutscher Übersetzung von Michel Velser. Nach d.Stuttgarter Papierhandschrift hrsg. v. E.J.Morall, Berlin 1974, bes. S.112 u.121.

22. Anghiera, s.Anm.6, III, 1, Bl. 44D: "Credere oportet rerum participibus."
23. Cosmographia 1544, s.Anm. 1, S.639; vgl. Anghiera, s.Anm.6, I, 2, Bl. 3D-C:

"Insulam peragrantes innumeros, sed XX tantum aut XXX domorum singolos uicos inueniunt[...] Aduentare nostros incolae sentientes, domibus derelectis tam uiri quam foeminae profugerunt. Ex pueris & mulieribus captiuis, quos ex alijs insulis praedati fuerant, uel obsequij uel epularum gratia feruatis, ad nostros circiter XXX confugiunt. Domos ingressi, habere uasa fictilia omnis generis, fidelias, orcas, cantharos, & alia huiuscemodi à nostris non multum dissimilia: atque in eorum coquinis elixas cum psittacis & anserinis carnibus carnes humanas, & fixas uerubus alias assandas comperere. Penetralia & domorum latibula quaeritando, tibiarum & brachiorum humanorum ossa accuratissime apud omnes, ad cuspides sagittarum conficiendas, seruari cognitum est: ex ossibus enim illas, quod ferro careant, fabrefaciunt. Caetera ossa exesis carnibus proijciunt. Inuenere etiam caput nuper occisi iuuenis trabi appentum, sanguine adhuc madidum."

24. In: Christoph Kolumbus: Bordbuch, Briefe Berichte, Dokumente, hrsg.v. E.G.Jacob, Bremen o.J.(1956), S.223-49, bes. S.229. Bemerkenswert ist, daß laut Chanca alle Greuelberichte von den befreiten Gefangenen stammen sollen. Er selbst will nur einen Männerhals im Kochtopf gesehen haben.
25. Anghiera, s.Anm.6, I, 2, Bl. 4B.
26. Cosmographia 1544, s.Anm.1, S.639.
27. Vgl. Anghiera, s.Anm. 6, I, 8, Bl. 18Dff.
28. Die lateinische Übersetzung der "Lettera di Amerigo Vespucci", o.O. u. J. (Florenz 1505 o.1506), erschien zuerst in Martin Waldseemüllers "Cosmographia Introductio", St.Diê 1507; vgl. Friedrich Wilhelm Sixel, Die deutsche Vorstellung vom Indianer in der ersten Hälfte des 16.Jh., Città del Vaticano 1966 (Annali Lateranese XXX), S.90f. S. a. die deutsche Übersetzung: "Diß büchlin saget wie die zwen durchlüchtigste herren her Fernandus K. zu Castilien vnd herr Emanuel K. zu Portigal haben[...] funden[...] ein Nüwe welt[...]", Straßburg (Johann Grüninger) 1509. Den lateinischen Text enthält auch Huttichs "Novus Orbis". Der Holzschnitt des Kannibalenpaares mit Fleischerbeil an der Schlachtbank, Comographia 1544, s.Anm.1, S.639, zeigt Ähnlichkeit mit einer Illustration aus Grüningers Übersetzung, sodaß Münster diese wahrscheinlich ebenfalls kannte.
29. Cosmographia 1544, s.Anm.1, S.641.
30. Ebd., S.642; vgl. a. (Vespucci): "Diß büchlin saget[...]" s.Anm.28, Faks. d.Ausg. Straßburg 1509, New York 1902, Bl. (25a/b) (Paginierung Bl 1a-32a von mir.)
31. Sebastian Münster: Cosmographei oder beschreibung aller länder[...] , Basel (Heinrich Petri) 1550. Die erste Oberarbeitung und Erweiterung von 659 S. auf 818 S. erschien 1545; vgl. Burmeister, s.Anm.2, Nr.67; diese wurde 1546 und 1548 nachgedruckt.
32. Von 659 S. (1544) auf 1233 S. (1550).

33. Cosmographei 1550, s.Anm.31, S.1186. Vgl. Anghiera, s.Anm.6, I, 1, Bl. 2A: "[...] decim enim Canibales centum ex alijs facile, si concurrant, superaturos omnes indigenae fatentur."
34. Vgl. Anghiera, s.Anm. 6, I, 1, Bl 2Df.
35. Cosmographei 1550, s.Anm. 31, s.1187. Vgl. Anghiera, s.Anm.6, I, 2, Bl. 4Cf.
36. Cosmographei 1550, s.Anm. 31, S.1188. Vgl. Anghiera, s.Anm. 6, I, 2, Bl 5Aff; der letzte Satz ist eine Zufügung Münsters.
37. Cosmographei 1550, s.Anm.31, S.1189.
38. Zu Pinzons Fahrten s.Anghiera, S.Anm.6, I, 9, Bl.20Bff.
39. Vgl. Joachim Moebus: Über die Bestimmung des Wilden und die Entwicklung des Verwertungsstandpunktes bei Kolumbus, in: Das Argument 79, 1973, S.273-307.
40. Die Verbindung von Kannibalismus und Herrschaftslegitimation in Reiseberichten verdiente es, eingehender besprochen zu werden, als hier möglich ist; weiterführend sei verwiesen auf Tzvetan Todorov: Die Eroberung Amerikas. Das Problem des Anderen, Frankfurt a.M. 1985, bes. S.177-201.
41. Wie alle kleinen Holzschnitte der Cosmographia wird dieser variabel eingesetzt; so stellt er in der Ausg. Basel 1564, S.1421, Menschenfresser auf Java dar.
42. Ein bekleideter Mensch brät einen nackten Körper am Spieß; etwa in der Cosmographei 1550, s.Anm.31, S.1145, auch als Skythe verwendet.
43. Cosmographey: das ist Beschreibung aller Länder[...], Basel (Sebstian Henripetri) 1614. Diese Ausg. umfaßt 1575 S. in Groß $2°$. Grasser wird nur auf einem zweiten Titelblatt von 1615, das einem Teil der Ausg.1614 beigebunden wurde, genannt; vgl. Burmeister, s.Anm.2, Nr.85.
44. Zu Münsters genauerer Biographie s.Karl Heinz Burmeister: Sebastian Münster. Versuch eines biographischen Gesamtbildes, Basel/Stuttgart 1963.
45. Sebastian Franck: Weltbuch: spiegel vnd bildtniss des gantzen erdbodens[...] , Tübingen (Ulrich Morhart) 1534.
46. Zit. n.Cosmographei 1550, s.Anm.31.
47. Außer Münster Simon Grynaeus, Johannes Boemus oder auch Sebastian Franck; vgl. Jean Lebeau: Les cosmographes allemands du XVIe siècle et les grandes découvertes, in: Revue d'Allemagne 13, 1981, S.195-215.
48. Etwa Jobs Ruchamer und Michael Herr; vgl. Hannes Kästner: Der Arzt und die Kosmographie, in: Literatur und Laienbildung im Spätmittelalter und der Reformationszeit, Stuttgart 1984, S.504-531.
49. Vorrede an den Leser, zit. n. Cosmographei 1550, s.Anm.31.
50. Vgl. Birgit Scharlau: Beschreiben und Beherrschen. Die Informationspolitik der spanischen Krone im 15. und 16.Jh., in: Mythen der Neuen Welt, hrsg. v. Karl Heinz Kohl, Berlin 1982, S.92-100.

51. So etwa Hans Staden: Warhaftige Historia und beschreibung eyner Landtschafft der Wilden/Nacketen/Grimmigen Menschenfresser Leuthen ... ", Marburg (Andreas Kolbe) 1557; Nikolaus Federmann: Indianische Historia, Hagenau (Sigmund Bund) 1557. Federmanns posthum veröffentlichter Bericht enthält eine reine Narratio seiner Reise; mehrere Hinweise im Text zeigen jedoch, daß er beabsichtigte, einen deskriptiven Teil anzufügen. Vgl. N.Federmanns und H.Stades (!) Reisen in Südamerika, hrsg. v.Karl Klüpfel, Stuttgart 1859, S.9, 20, 40 u.77.

52. Der lutherische Protestantismus sieht im Heiden grundsätzlich einen abgefallenen Christen, keinen Menschen, der des Evangeliums noch bedarf. Erst gegen Ende des 16.Jh.s entdeckt der Protestantismus die Eroberungsgeschichte Amerikas für den antispanischen Glaubenskampf; s. etwa Theodor de Brys Amerika-Reisesammlung, Frankfurt a.M. 1590ff., oder Nikolaus Höningers Anghiera- und Benzoni-Bearbeitung: Erste Theil/DER Newenn Weldt vnd Indianischen Nidergängigen Königreichs/Newe vnd Wahrhaffte History/[...] durch Hieronymum Benzon[...] erstlich beschrieben[...] , Basel (Sebastian Henripetri) 1582.

53. Cosmographia: das ist Beschreibung der ganzen Welt[...], Basel (Henripetri) 1628; hier zit. n. dem Reprint Lindau 1978.

54. Gonzalo Fernández de Oviedo y Valdes: Historia general y natural de las Indias, T.1, Sevilla 1535; s. Cosmographia 1628, s.Anm.53, Bd.4, S.1687.

55. F.López de Gómara: Historia general de las Indias, Saragossa 1552; s. Cosmographia 1628, s.Anm.53, Bd.4, S.1687.

56. José de Acosta: De Natura Novi Orbis, Salamanca 1589; s. Cosmographia 1628, s.Anm.53, Bd.4, S.1687.

57. Ulrich Schmidel: Wahrhafftige vnd liebliche Beschreibung etlicher fürnemen Indianischen Landtschafften[...] , in: Sebastian Franck: Ander theil dieses Weltbuchs von Schif-fahrten[...] , Frankfurt a.M. (Sigmund Feyerabend) 1567, Bl.1-26; s. Cosmographia 1628, s.Anm.23, Bd.4, S.1696.

58. Jean Léry: Histoire d'un voyage fait en Brésil, Genf 1553; s. Cosmographia 1628, s.Anm.53, Bd.4, S.1724ff.

59. S. Cosmographia 1628, s.Anm.53, Bd.4, S.1715.

60. Ebd., S.1713 u.1717.

61. Ebd., S.1692ff.

62. Ebd., S.1709f.

63. Ebd., S.1723.

"garriebat philomena". Die erste Columbus-Reise und ihre narrative Tradierung in Deutschland bis zum Jahr 1600

Wolfgang Neuber

Wie wenig auch immer es aus der Sicht der Ureinwohner Amerikas an der europäischen Invasion zu feiern geben mag, deren Beginn sich 1992 zum 500.Mal jährt: Aus der Perspektive des europäischen Bewußtseins und Selbstverständnisses erscheint sie als 'Entdeckung', deren unmittelbare ökonomische, politische und geistige Nachwirkungen das gesamte 16.Jahrhundert durchzogen. Der Eintritt einer 'Neuen Welt', d.h. eines bislang in Europa völlig unbekannten Weltteils, in die Sphäre des europäischen Wissens ließ Europa plötzlich als 'Alte Welt' erscheinen. 'Neu' steht hierbei für einen weißen Fleck auf der Karte der europäischen Identitätsgeschichte, für ein Territorium, das allen Einschreibungen europäischer Tradition gegenüber offen schien, eben weil es diese 'entbehrte'. Das gilt auch schon für Columbus, der doch bloß in 'Indien', d.h. dem asiatischen Osten, gelandet war, wie er bis zu seinem Tod glaubte; was er fand, unterschied sich in relevanten Zügen von der abendländischen geographischen Empirie, auch wenn die Anknüpfung an die Schriftüberlieferungen der antiken Kosmographie problemlos gelang.

Im Sinne dieser europäischen Bewußtseinsgeschichte stellen die folgenden Ausführungen eine - notwendig unvollständige - Bestandsaufnahme dessen dar, was im deutschen Sprachgebiet während des ersten folgenden Jahrhunderts von der Entdeckung der Neuen Welt im engsten Sinn, d.h. der ersten Fahrt des Columbus, erzählerisch überliefert wurde. Obwohl 'Deutschland' politisch an der Entdeckung keinen Anteil hatte, erschienen hier doch bei weitem die meisten Druckwerke darüber; nirgends war das Interesse daran so groß wie hier.[1]

Will man Gründe dafür aufspüren, so ließen sich neben wissenschaftshistorischen Befunden (vgl. die führende Position der zeitgenössischen deutschen Erdkunde: Behaim; Ringmann und Waldseemüller in St.Dié; Regiomontanus und der Pirckheimer-Kreis in Nürnberg; die Tübinger Geographenschule etc.) und etwaigen mentalitäts- und sozialgeschichtlichen Verhältnissen (vgl. das zeitliche Umfeld der Reformation) zumal philologische Analysen beibringen, die zweifach geführt werden könnten. Zum ersten böte sich die Möglichkeit, eine umfassende literarische Wirkungsgeschichte der Entdeckung Amerikas zu schreiben, was bis heute aussteht. Zum zweiten könnte man die argumentativen Schwerpunkte der engsten und ersten Entdeckungsvorgänge und Ergebnisse in ihrer narrativen Tradierung ins Auge fassen, um herauszufinden, was über Jahrhunderte hinweg ihre spezifisch interessierende Substanz ausmacht - und genau das soll im folgenden für die ersten hundert Jahre skizziert werden. Zwei Textquellen bilden das philologische Ausgangsmaterial: die lateinische und die deutsche Drucküberlieferung des Columbusbriefs auf deutschem Gebiet und das Erste Buch der Ersten Dekade Peter Martyrs von Anghiera, der sowohl den Brief wie auch mündliche Auskünfte seitens des Entdeckers, mit dem er befreundet war, verarbeitet.[2] Der erwähnte Brief wurde von Columbus auf der Heimreise seiner ersten 'Indien'-Fahrt, und zwar am 15.Februar 1493 vor den Kanarischen Inseln, verfaßt; er ist an den spanischen Rechnungsrat Luis de Santangel adressiert.[3] Analysiert wird im folgenden die ältere[4] der beiden Baseler Ausgaben des Briefs, die beide 1494 von Johann Bergmann von Olpe gedruckt worden waren, sowie die auf den 30.September 1497 datierte Ausgabe[5] des Straßburgers Bartholomäus Kistler, die auf eine Übersetzung durch einen anonymen Ulmer Gelehrten zurückgeht. Diese stützt sich ihrerseits auf den ältesten lateinischen Druck, den Leandro de Cosco am 29.April 1493 in Rom angefertigt hatte, und auf einen verlorenen spanischen Druck desselben Jahres in katalanischer Sprache. Vielleicht ist eine verlorene Ulmer Druckstufe anzunehmen, derer sich Kistler bediente. Immerhin ist es aber signifikant, daß die deutsche Fassung der einzige überlieferte Druck des Briefs in einer Volkssprache außerhalb Spaniens darstellt.[6] Dies stimmt tendenziell überein mit dem überproportionalen Interesse an Americana im deutschen Sprachraum.

Der als Brief gekennzeichnete und in Ich-Form abgefaßte Text berichtet von der 33 Tage dauernden Überfahrt in westlicher Richtung und benennt insgesamt sechs Inseln, die für die spanische Krone reklamiert werden. Die großen Flüsse, sicheren Häfen und hohen Berge werden gepriesen, die paradiesische Vegetation, die keine Jahreszeiten zu kennen scheint; und obwohl nun November ist, *garriebat philomena: et alij passeres varij ac innumeri* (Fol.iij^r). Die Nachtigall aber ist nichts als ein antikisches Versatzstück, verlangt doch das paradiesische Ensemble nach dieser ideologischen Vollständigkeit: Was immer Columbus gehört haben mag, es kann keine Nachtigall gewesen sein, die ein Vogel der Alten Welt ist. Doch die Inselwelt erscheint ihm wahrhaft als Bild des Goldenen Zeitalters. Abundante Fruchtbarkeit überall, reiche Weiden, Wiesen, Honig, reiche Metallvorkommen - aber kein Eisen (lat. Fassung, Fol. iij^v). Die Einwohner gehen nackt, sind schöne Menschen, furchtsam und kennen kein Eisen und keine Waffen (ebd., Fol. [iv]^r). Sie sind freundlich und tauschen so bereitwillig ihr Gold gegen wertloses Zeug der Matrosen, daß Columbus schon einschreiten muß, um Übervorteilungen zu verhindern. Er tut dies, damit sie für die Spanier eingenommen und gute Christen werden, glauben sie doch, diese seien vom Himmel gestiegen. Und der Himmel ist der Ort, den die Eingeborenen, die keine Idolatrie kennen, für den Sitz aller Macht, Stärke und alles Guten halten (ebd., Fol. [v]^r). Als Handwerker sind sie geschickt, können sich aber nicht gegen die Überfälle von Anthropophagen wehren, die ihnen überlegen sind. Außer von diesen Menschenfressern hört Columbus noch von einer Insel mit geschwänzten Menschen, einer Insel der Haarlosen und einer Amazoneninsel; Monster hat er aber nirgends getroffen. Bevor er nach Hause fährt, um seinem König zu erzählen, wie leicht dort Gold, Gewürze, Baumwolle und Mastix zu gewinnen sein werden, wie leicht man dort die Christenheit wird mehren können, zuvor also läßt Columbus 38 Mann in einem Fort zurück und schließt mit dem Häuptling enge Freundschaft. - Soweit in Kürze der inhaltliche Grundbestand des Columbusbriefs.

Die Texte der lateinischen Basler und der deutschen Straßburger Ausgabe sind jedoch an manchen Stellen in signifikanter Weise voneinander unterschieden. Einige Differenzen im datenfaktischen Bereich[7] sind hier belanglos; es geht nicht um Fragen der Entdeckungshistoriographie, sondern um jene der kulturspezifischen Aneignung und Verwertung des Texts. Der deutsche Text ist vor allem dadurch ausgezeichnet, daß er den Bericht mit Vehemenz in Übereinstimmung zu bringen versucht mit der schriftlichen Überlieferung der antiken Geographie. Wenn Columbus im lateinischen Text eingangs nur sagt, in mare Jndicum perueni (Fol. j^r), so verdeutlicht das die deutsche Übertragung, indem sie neben Indien auch den Ganges ins Spiel bringt. Ein ganzer kosmographischer Einschub, 13 Zeilen lang und mit einem A wie eine Fußnote gekennzeichnet, beschäftigt sich im deutschen Druck (Fol. [a iv]^v) damit, die bloß kurz erwähnte Insel der geschwänzten Menschen, an der Columbus vorbeigefahren sein will, präziser zu lokalisieren und zugleich den als Augenzeugenbericht stets der Lüge verdächtigen Brief durch die Autorität der Schrifttradition zu beglaubigen.[8] Auch Ptolemäus kenne diese Insel, heißt es da, sie liege im Indischen Meer; Ptolemäus sage zwar nichts von den Inseln, die Columbus entdeckt haben will, sie liegen aber vermutlich nicht weit von taprobana (das ist Ceylon bzw. bisweilen Sumatra), denn von diesen Inseln schreiben die antiken Kosmographen genauso wie Columbus es schribt dz ers erfaren hab.

Nicht nur, daß Columbus selbst glaubte, nach 'Indien' gekommen zu sein, der
deutsche Druck verstärkt diese integrationistische Tendenz, das Neue mit dem
Alten zu identifizieren und das dann nur noch vermeintlich Unbekannte mit
dem Bekannten in eins zu setzen. Columbus berichtet von wilden Menschenfressern und ihren Beutezügen. Und als er, daran anschließend, auf eine
kriegerischen Fraueninsel zu sprechen kommt, deren Lebensprinzipien er auf
den Amazonen-Mythos der Antike bezieht, bzw. als Columbus dem antiken
Amazonen-Mythos räumlich und damit zeitlich nahegekommen zu sein meint,
da fügt der deutsche Text noch hinzu: 'Das sind die, die Ptolemäus Anthropophagen nenntn, die wohnen nahe bei den Geschwänzten, die Fraueninsel wird
ebenfalls bei Ptolemäus erwähnt' (Fol. b ij^r). In welcher Weise diese Erwähnung geschieht, das wird hier im deutschen Text ebenfalls dargelegt
und rekapituliert.

Gegen Ende des lateinischen Briefs macht Columbus die Bemerkung, 'das alles
[was er getan, gesehen und berichtet hat] ist wahr und wunderbar und ist
nicht unser Verdienst, sondern das des heiligen christlichen Glaubens und
der Frömmigkeit und Gottesfurcht unserer Könige' (Fol. [viij]^r). Die deutsche
Fassung setzt dagegen: 'Alles konnte nur entdeckt werden mit Hilfe Gottes,
besonders die Wunder meiner Fahrt, von denen doch schon Ptolemäus schreibt,
ebenso auch Strabo und Plinius, doch nun gibt es Augenzeugen und Beweise'
(Fol. b ij^v). Wie hierbei die Prioritäten liegen und was damit gemeint ist,
zeigt das Ende der deutschen Übersetzung: Eine abschließende Bemerkung
rundet nämlich im Straßburger Druck diesen Komplex ab. Der Übersetzer verweist auf den oben genannten Zusatz A, der Ptolemäus und den andern Kosmographen folgt. Und dann sagt er: 'Der das zuerst fand, der schrieb auch
schon früher davon, [noch vor Columbus]. Und dem König von Spanien ist
davon Kunde gegeben worden, bevor er Columbus ausgesandt hat.'^{9} - Der auto-
ritative Vorlauf gebührt der antiken Schrifttradition, deren herrschafts-
legitimatorische Tauglichkeit nun empirisch bestätigt wurde.

Einmal sagt Columbus, <u>Nullum apud eos monstrum reperi: vt plerique existima-
bant: sed homines magne reuerentie atque benignos</u> (Fol. [vij]^r); ein zweites
Mal sagt er, er habe keine <u>monstra</u> (ebd.) gesehen, auch von keinen gehört,
außer von den aggressiven, feindseligen Menschenfressern. Der deutsche Text
übersetzt die erste Stelle damit, daß er <u>kein kriegischer ouch merdischer
lüt oder erstochen volck</u> (Fol.)[b j]^v gefunden habe, und die zweite,
er habe <u>kein kriegischer noch merdischer volck</u> (ebd.' gesehen oder
davon gehört, außer von den Anthropophagen. Das Lateinische gibt eine

nur in geringem Umfang vor. Die deutsche Übersetzung dagegen reduziert die wunderbare Abnormität der Erdrandvölker auf die Alltäglichkeit der Aggression, ist offensichtlich an der Sensation weniger interessiert als an der geographischen Homogenisierung einer durch den europäischen Menschen benutzbaren Welt. Alteritätserfahrungen sind hierbei gar nicht erwünscht.

Dies geht auch aus der Überschrift, dem Titel des deutschen Drucks, hervor, wo dem König höchstselbst die Entdeckung zugeschrieben wird: Eyn schön hübsch lesen von etlichen inßlen die do in kurtzen zyten funden synd durch den künig von hispania. Die katholische Majestät wird zum Agenten der Europäisierung, und das heißt nicht zuletzt: der Christianisierung. Die Bebilderung unterstreicht dies aufs deutlichste. Der lateinische Druck hat vier verschiedene, ganzseitige Holzschnitte innerhalb des Texts; sie nehmen Bezug auf das im Brief Berichtete und kondensieren seinen Inhalt visuell.[10] Die deutsche Ausgabe dagegen weist zwei identische, praktisch ganzseitige Abdrucke eines Holzschnitts auf, und zwar zu Beginn (unter der Überschrift) und, alleine, auf der Explicit-Seite zu Ende. Daß diese rahmende Placierung inhaltlich korrekt ist, geht aus dem Sujet der Illustration hervor. Sie zeigt - so ist das Bild im Kontext des Druckes zu lesen - Jesus, der dem spanischen König den Christianisierungs- und Kolonisierungsauftrag erteilt. Auch der Umstand, daß dieses Bild kein für den Brief angefertigtes 'Original' ist, sondern aus einem anderen Buch übernommen wurde, verstärkt diese Interpretation: Es stammt aus einem Druckwerk, das zu gleicher Zeit bei Kistler in Arbeit war, nämlich der Prenosticatio zu teütsch des Johann Lichtenberger, die auf den 31.Oktober 1497 datiert ist, und gehört dort zu der Textstelle Hye sole sten der saluator vnd reden zum Römschen Kunig. Das Bild zeigt also den Erlöser, der dem Kaiser Maximilian und seinem Gefolge gegenübertritt und den Herrscher anspricht, was durch den Disputationsgestus auch visualisiert wird. Wenn dieses Gegenübertreten und Ansprechen das zentrale Argument des Bilds ausmacht, dann liegt hierin die Vorbedingung für seine Übertragbarkeit.[11]

Die erste Fahrt des Columbus wird von Anghiera, einem italienischen Humanisten in spanischen Diensten, in Buch eins der Ersten Dekade behandelt.[12] Anghiera, der sich auch mündlich von Columbus selbst hatte unterrichten lassen, verfaßte den Anfang der Ersten Dekade 1493. Buch eins ist auf den 13.November datiert und endet mit der zweiten Ausfahrt des Genuesers. Der Text ist gegenüber dem Columbusbrief stark verändert. Geblieben ist die Schilderung der Überfahrt in 33 Tagen, angereichert um den Hinweis auf seine aufsässige Mannschaft, mit der der Seefahrer konfrontiert war. Geblieben ist ebenso der Bericht von der Gutwilligkeit der Eingeborenen, die die Spanier für Himmelsgesandte halten und ihnen gerne alles Gold eintauschen, vom allgemeinen Goldreichtum der Region, von der Nachtigall, die im November singt, und von den Süßwasserströmen, den günstigen Häfen sowie den vielen Naturschätzen. Auch die 38 in einem Fort zurückgelassenen Männer werden erwähnt.

Die ursprüngliche Briefgestalt des Berichts wird nun aber sekundär überlagert von der Briefgestalt des Anghiera-Texts, aus der Ich-Erzählung ist eine Darstellung in der dritten Person geworden. Die chronologische Erzählordnung der Reise überformt Anghiera zu einer systematischen Darstellung des neu-gefundenen Archipels: Aus dem Bericht des beteiligten Augenzeugen wird Historiographie. Anghiera schiebt eine kurze Geschichte der Kanarischen Inseln ein und schreibt ein eigenes Kannibalen-Kapitel sowie ein Kapitel zur systematischen Darstellung der Landeserzeugnisse und der Tiere der Insel 'Española'. Im abschließenden Heimreise-Kapitel finden auch Bemerkungen zur Eingeborenensprache mit einigen Beispielen Platz.

Anghiera betont - zum Ruhm seines Freundes - die Abenteuerlichkeit des Unternehmens: Neben der versuchten Meuterei berichtet er von Seenot und Schiffbruch. Schon die Einleitung gibt diese Argumentation vor. Ruhm, sagt Anghiera, gebührt den Entdeckern und ihren Förderern, d.h. also im vorliegenden Kontext, Columbus und dem spanischen König. Warum, wird ebenfalls geklärt: Ziel der Fahrt war die Verbreitung des christlichen Glaubens und die Gewinnung von Reichtümern (S.25). Damit ist das argumentative Ziel der gesamten Darstellung vorgegeben.

Der Exotismus- oder Alteritäts-Aspekt gerät solcherart deutlich in den Hintergrund. Die Nacktheit der Indianer und ihre Unkenntnis von Eisen dienen nicht mehr als Dokumente eines Goldenen Zeitalters, sondern treten ganz in die Sphäre christlicher 'milte' (die gefangene nackte Indianerin wird von den Spaniern gekleidet; S.28) sowie technischer Fertigkeit: Die Eingeborenen arbeiten mit Steinwerkzeugen statt mit eisernen, sind aber ungeheuer geschickt und effizient damit (S.28f.). Nicht mehr die Waffenlosigkeit regiert das Argument 'kein Eisen', sondern der dennoch erreichte kulturelle Standard der Indianer.

Das ausführliche Kannibalen-Kapitel widerspricht dieser Interpretation (Alteritäts-Abbau) nur scheinbar. Im Unterschied zu den prachtvollen Eingeborenen, die Columbus gesehen hat, sind die greulichen Menschenfresser ihm

ja nicht persönlich zu Angesicht gekommen. Von ihnen hat er bloß über seine
indianischen Kontaktleute erfahren, die um so sympathischer erscheinen, als
sie offenbar des spanischen Schutzes bedürfen: Gegen die Anthropophagen
können sie sich nämlich nicht wehren, sooft sie auch überfallen werden
(S.29).

Und in der Tat sind ihre Feinde böse Leute. Sie fangen Knaben, kastrieren
und mästen sie wie Hühner oder Schweine. Manche Körperteile älterer gefangener Männer werden gepökelt und aufbewahrt, "wie wir es mit Schweineschinken tun" (ebd.). Frauen werden nicht gegessen, sondern versklavt, wenn
sie alt sind, oder, wenn sie jung sind, gebraucht wie "Hennen, Mutterschafe, Rinder und andere Nutztiere zur Zucht" (ebd.). Auch hier gibt es
nichts Fremdes im Horizont der Kulturtechnik, die bildspendenden Vergleiche
binden das Fremde ins Eigene. Befremdlich und abscheulich ist bloß die
Kombinatorik, die ein ungewohntes Objekt dieser Kulturtechnik vorführt,
nämlich den Menschen selbst, der die Stelle des vertrauten Tier-Objekts
einnimmt.[13]

Daß das spanische Königspaar hofft, die vielen "unverdorbenen Menschen"
(S.31), die Columbus gesehen hat, leicht christianisieren zu können, wird
explizit festgehalten; daß sie ihre ganze militärische Macht einsetzen
werden, um sie vor den bislang noch unsichtbaren menschenfressenden Barbaren
zu schützen, impliziert der Text. Der Verwertungsstandpunkt als Haltung der
Entdeckung gegenüber tritt hier deutlicher zutage als im Brief des Columbus,[14]
ist aber vielleicht durch das Gespräch mit dem nunmehrigen "Admiral" (ebd.)
verstärkt worden und nicht allein das Produkt der humanistischen Historiographie.

Jedenfalls macht Anghieras Text Furore. Noch bevor sie vom Autor selbst in
der endgültigen Fassung 1511 freigegeben wird, erscheint die Erste Dekade
1504 in Venedig und 1507 in Vicenza. Besonders dieser Druck ist im Hinblick
auf die Überlieferungsgeschichte von Bedeutung; es handelt sich um ein umfangreiches Werk, in dessen Kontext auch Columbus via Anghiera Eingang
findet, die Paesi Nouamente retrouati. Et Nouo Mondo Da Alberico Vesputio
Florentino intitulato des Antonio Fracanzano da Montalboddo.[15] Der Nürnberger Jobst Ruchamer, ein Arzt und Freund Willibald Pirckheimers, fertigt
von diesem Buch nur ein Jahr später eine deutsche Übersetzung an, die den
Titel trägt Newe vnbekanthe landte Und ein newe weldte in kurtz verganger
zeythe erfunden.[16]

Wiederum gibt es hier, bei Ruchamer, signifikante Modifikationen, die nicht allein auf die Übertragung von einer Sprache in die andere zurückzuführen, sondern einer bewußten kulturpolitischen Aneignung zuzuschreiben sind. Die Nennung einiger Nutzpflanzen fehlt bei Ruchamer ebenso wie sämtliche Abenteuer-Passagen (Meuterei, Unwetter). An ihre Stelle tritt eine physiognomische Beschreibung des Genuesers und eine nicht minder narrativ-literarische Argumentationsformel: der Hinweis, Columbus habe, nachdem er lange Jahre dem König gedient hatte, ihn um die Ausrüstung der Reise gebeten. Die Entdeckung erscheint solcherart im Gewand einer Abenteuer-Fahrt, als ritterliche Verrichtung im Kontext der Heldenepik des Mittelalters.

Dennoch ist die ideelle Orientierung Ruchamers ganz neuzeitlich. Der Titel segmentiert die irdische Sphäre in <u>Newe vnbekanthe landte</u> sowie <u>ein newe weldte in kurtz verganger zeythe erfunden</u>, er unterscheidet also Entdeckungen im Horizont der kosmographischen Schrifttradition und Entdeckungen, die außerhalb dieser Tradition stehen. Diese Deutung ist nicht überzogen. Auch Ruchamers <u>vorrede</u> thematisiert den Bruch mit dem überlieferten Wissen der Schrifttradition über den Wissenszuwachs durch eigenen, neuen Augenschein.[17] Als historische Erklärung für diese im Theoretischen höchst fortschrittliche Haltung kommt z.B. in Frage, das vorreformatorische Nürnberg und sein Interesse an potentiellen Gegenwelten in Betracht zu ziehen, d.h. zu erwägen, ob Ruchamer nicht einen Vorlauf zu Thomas Morus' <u>Utopia</u> darstellt. Die Neue Welt faßt er in der <u>vorrede</u> seiner Übertragung nämlich in die Kategorien der wunderbaren und schönen Inseln, voll der wunderlichen Tiere, der köstlichen Gewächse und Gewürze, der edlen Steine, des Golds und der Perlen - und voll der nackten Leute, die all diese Reichtümer für gering hielten, <u>welche bey vns hoch geacht</u>[18] werden.

Gegenüber Anghiera ist also der Alteritäts-Aspekt zentral geworden, ist das Verwertungsinteresse verschwunden - was freilich angesichts der politischen Geographie nicht überraschen kann. Columbus, so resümiert Ruchamer, hat erkannt, <u>das an den orthen ein newe vnerhörte welt were</u> (Fol. giij^{V}a). Eine, ich wiederholte, <u>vnerhörte Welt</u>, eine Welt, von der man noch nichts gehört hatte, noch nichts wußte. Dies ist ein signifikanter Bruch mit der bisherigen Tradition, die die Entdeckung kosmographisch zu integrieren gesucht hatte. Daher fehlt bei Ruchamer auch die noch bei Anghiera anzutreffende Bemühung, die Entdeckung an die Schrifttradition der antiken Kosmographie anzugliedern; wo Anghiera auf Plinius, Aristoteles und Seneca verwiesen hatte, da fehlen bei dem Nürnberger entsprechende Hinweise zur Gänze.

Die Reformation spielt eine nicht zu unterschätzende Rolle in der Geschichte
der frühneuzeitlichen Kosmographie, die auch als literarische Gattung auf
Reiseberichte[19] im allgemeinen und auf den Columbusbericht im besonderen
nicht verzichten konnte. Die protestantische Theologie im Gefolge Melanchthons
und seines neudefinierten Aristotelismus entwarf das Bild eines sich immer
noch tätig manifestierenden, lenkenden Gottes, der die Eröffnung einer Neuen
Welt als zweite Offenbarung vor den Menschen erkennen ließ.[20]

Dies ist zu bedenken, wenn man Johann Huttichs NOVVS ORBIS REGIONVM AC
INSVLARVM VETERIBVS INCOGNITARVM[21] aus dem Jahr 1532 betrachtet, zu dem
Simon Grynaeus ein Vorwort schrieb. Grynaeus war ein früher Reformator,
ein Freund von Luther, Melanchthon, Calvin und Sebastian Münster, dem Kosmo-
graphen; Huttich war Kanonikus am Straßburger Münster. Wie der Titel des
Werks zeigt, wird die argumentative Linie Ruchamers bruchlos weitergeführt.
Auch die Kapitelgliederung des Nürnbergers, die gegenüber Anghiera leicht
verschoben ist, übernimmt Huttich identisch.

Änderungen gegenüber Ruchamer resultieren vor allem aus der Differenz zwischen
der Volkssprache und dem Horizont des Gelehrtenlateins. So werden etwa anstelle der Haustier-Vergleiche gegenüber den Anthropophagen Tiger und Löwen
herangezogen, wodurch Wildheit und Blutrünstigkeit stärker hervortreten.
Die im Medium des Lateinischen nicht abzulegende Gelehrtheitsdemonstration,
die immanenten Gründen der begrifflichen Wissensorganisation entspringt,
zieht dann einen punktuellen Rekurs auf Anghiera nach sich, wenn Huttich
erneut die Nähe der Neuen Welt zu Indien betont und sich auf Aristoteles
und Seneca beruft.

Die faktische Neuheit der Neuen Welt wird dabei jedoch nicht preisgegeben.
Huttich sagt, Columbus uidebatur nouum comperisse mundum (S.93). Und auch
die mythologische Distanzierung muß aufgegeben werden, wenn Alterität empirisch beweisbar sein soll. Anders als im Columbusbrief spricht Huttich
nicht von der philomena, sondern, ohne den poetisch-mythologischen Assozia-
tionsrahmen, sachlich von luscinia (S.91).

Michael Herr, Straßburger Stadtphysikus, schließt mit seiner 1534 gedruckten
Übersetzung des NOVVS ORBIS ideell und wörtlich an Huttich an: Die New welt,
der landschaften vnnd Jnsulen, so bis hie her allen Altweltbeschrybern
vnbekant.[22] Der Bericht ist, im Medium der Volkssprache, dennoch deckungsgleich mit Huttich, bis hin zu den Löwen und Tigern, mit denen die Kannibalen
verglichen werden.

Abweichungen von dieser Konstellation finden sich in zeitlicher Nähe zu Huttich und Herr, sie lassen sich problemlos als konfessionell begründet erweisen. Der konfessionslose Mystiker Sebastian Franck, der zunächst der Reformation nahestand und später mit Täuferkreisen sympathisierte, schreibt in seiner Chronica[23] aus dem Jahr 1535 die Entdeckung der Neuen Welt Vespucci 1497 zu. Entsprechend stark reduziert wird der Bericht über die erste Fahrt des Columbus dargeboten, wobei Franck zwar Ruchamer folgt, aber nur das rein narrative Gerüst beibehält, so daß alle systematischen Teile (Pflanzen, Sprache etc.) sowie die Gliederung des Texts durch Kapitelüberschriften entfallen. Diese Perspektive kostet sogar die Kannibalen ihre literarische Existenz; über sie sagt Franck nur ein paar Worte im Zusammenhang mit der zweiten Reise des Columbus, als dieser die Menschenfresser ja auch erstmals selbst gesehen haben wollte.[24]

Ich übergehe die frühen Auflagen von Sebastian Münsters Cosmographia, die zwischen 1544 und 1628 21mal erschien, um hier die Kurtze Chronick[25] des Kölner Kartäusers Lorenz Surius aus dem Jahr 1568 anzuschließen. Die Katholiken hatten sich geweigert, der protestantischen Sicht einer zweiten Offenbarung durch die Entdeckungsgeschichte zuzustimmen. Der Verzicht der Lutheraner auf jede Form der Missionierung erklärt sich aus Luthers Meinung, die Apostel seien überall schon gewesen und die Heiden wären in Wahrheit Abgefallene. Auch dem schlossen sich die Katholischen nicht an. Papst Leo X. hatte 1513 festgehalten, daß die Indianer von Christus noch nichts gehört hätten. Nicht den Europäern, so folgt daraus, wurde eine neue Offenbarung zuteil, es sei vielmehr umgekehrt, daß nämlich die Bibel nun erst den Heiden in der Neuen Welt geoffenbart werden müsse. Der Gegensatz der beiden Konfessionen ist diametral.

Surius stellt, diesem Konzept folgend, die gesamte Entdeckungsgeschichte der Neuen Welt in den Kontext der Mission. So hätten es die katholischen Herrscher durch die europäische Expansion ermöglicht, <u>daß sich vil vnzälige abgöttische menschen zu Christo bekeret / vnd den Catholischen waren glauben</u> (Fol.3^v) angenommen haben. Surius versteht dies, die Katholisierung der Neuen Welt, als Ersatz für die reformatorische Ketzerei in Europa. Ohne weitere Aufenthalte ist dann von der ersten Reise des Columbus die Rede, der als Werkzeug dieser Mission erscheint. Surius folgt, wenig überraschend, Anghiera, dem katholischen Urtext sozusagen.

Wie Franck aber, doch aus anderen Gründen, kondensiert auch er aufs stärkste, so daß nur ein Absatz über die Entdeckung der zwei Hauptinseln Johanna und

Hispana übrig bleibt. Surius erwähnt hier den Akt der Namensgebung, der Aneignung also; im Zusammenhang mit Johanna die Größe, die dichten Wälder, die Nachtigall im November, die Süßwasservorkommen und die Häfen; im Zusammenhang mit Hispana die wegen der Kannibalen (ausführlich) furchtsamen und nackten Einwohner (marginal). Von Haarlosen oder Geschwänzten, von Reichtümern an Naturalien, von Gold, vom latenten Goldenen Zeitalter oder der Absenz von Eisen fällt kein Wort. Surius kann es im Horizont der katholischen Missionsinteressen weder um die pontentielle Utopie einer Neuen Welt gehen, noch um antike Mythen oder exotische Alterität. Sein dürrer Text ist das Resultat eines Pragmatismus, der nur die Ausbreitung des Heils unter Heiden sucht. Immerhin hatte erst vor kurzem die katholische Kirche den Indianern sogar ihr Menschsein bestätigt,[26] was ihnen einen hervorragenden Status als Missionsobjekte verlieh.

In jeder Hinsicht völlig konträr dazu verhält sich Nikolaus Hönigers Anghiera-'Übersetzung' aus dem Jahr 1582.[27] Von strikt lutherischer Warte aus durchargumentiert, schließt dieser Text viel weniger unmittelbar an den spanischen Historiographen an, als dies gemeinhin behauptet wird.[28] Der Text ist hier erzählerisch breit ausgefaltet und aus narrationslogischen Gründen mit zahllosen Details angereichert, die der Evidentia, der Veranschaulichung zu emotionalisierenden Zwecken, dienen. Die Darstellung der drohenden Meuterei etwa liest sich bei Höniger so: Als nach dreißig Tagen Fahrt noch kein Land in Sicht kam, fiengen die Kriegßleuth vnnd seine Mitgesellen all offentlich an / vnnd treweten jhm mit viel Schmachworten / vnd nenneten jhn vber lauth eyn Genuesischen Landtstreiffer / Betrieger vnd verführer. Dann er wüßte gar nicht wo er hinführe oder wo er anländen wöllte / vnd würden sie durch sein Leitung vnd führung in eyn Augenscheinliche vnd offentliche Verderbung geführet / vnd dem Todt in den Rachen gestossen (S. xviij). Columbus kann sie kurzfristig beruhigen, doch nach einer Zeit beginnen sie erneut zu murren usf. - Allein die Überfahrt nimmt bei Höniger eine ganze Folioseite ein, wo Anghieras Text mit rund einem Viertel davon sein Auslangen findet.

Der Matrose, der vom Mast aus zuerst das ersehnte Land sieht, erhofft sich vom König bei der Heimkehr reiche Belohnung. Als ihm diese aber nicht zuteil wird, ist er dermassen erzörnt vnd erbittert worden / das er vor grossem Zorn vnd Neidt darauon in Africam geflohen / den Christlichen Glauben verlassen / vnd den Teufflischen Mahometischen oder Türckischen angenommen vnd bekennet (S. xix). Auch in Details führt Höniger also vor, was die Katholischen für Leute sind; und überdies berichtet die unmittelbar anschließende Überschrift des nächsten Kapitels, daß die Spanier auch Columbus selbst nachmals mit Haß vnd Neidt haben angefochten und daß den Indianern der freundliche Empfang der Spanier übel vergolten wurde: vnder dem Schein der Freündtschafft wurden die eynfaltigen Jndianer an Goldt vnd andern Gezierten vnd Kleinotern beraubt (ebd.). Die Habgier der katholischen Eroberer kontrastiert mit einem gegenweltlichen Status der Indianer, die das Goldt vnd die Edelgestein gar für nichts achteten (S. xxi).

Ganz im ideologischen Gegensatz zu Anghiera ergänzt Höniger ausführlich, daß die Eingeborenen von ihren eignen Göttern prophetisch vor den Spaniern gewarnt worden waren: Sie würden ihnen unsägliches Leid und Sklaverei bringen (S. xxif.) - was ja auch zur Gänze eingetreten sei, wie der Erzähler bestätigt (S. xxij). Trotz dieses Wissens hätten die naiven Indianer den Spaniern alles wie die Affen nachgemacht. Das wird nicht zuletzt von den katholischen Riten gesagt, wodurch Höniger klarstellt, warum es den Indianern einfallen konnte, ein "Ave Maria" zu beten (S. xxiij).

Neben dem ideologischen Substrat der konfessionellen Polemik hat der Text zumal eine Aufgabe: Argumentatives Ziel der Geschichtserzählung (vgl. z.B.: wie wir dann baldt hören werden, S. xx) sind vor allem der Mut und das Gottvertrauen des epischen Helden: Auff diese weiß hat Christophorus Columbus durch sein eygen Mannheit vnnd Klûgheit / mit Hilff Gottes vnnd seiner Gnaden zum ersten diß new Jndien erfunden vnd geoffenbaret (ebd.). Nicht von ungefähr ist hier von 'Offenbarung' die Rede. Ganz im lutherischen Konzept der Gnadentheologie und des Lenkergottes wird die 'Historie' als Exempelerzählung dem Publikum in geschichtsphilosophischer Absicht präsentiert; zur identifikatorischen Einübung in das Gottvertrauen stattet Höniger den Text reich mit evidentiellen, affekterregenden Mitteln aus.

Nicht allein, daß der Gegenstand der Neuen Welt aus dem Mittelpunkt der Argumentation gerückt ist - er war durch eine nunmehr fast hundertjährige, breit dokumentierte Überlieferungsgeschichte längst ein bekanntes, ja fast vertrautes literarisches[29] Sujet. Es ist darüber hinaus das konfessionell begründete Modell der Exempelerzählung, das den stoischen Helden mit affizierendem Ziel evidentiell vor Augen stellt. Sowohl von der Warte der Stoizismusrezeption (vgl. Hönigers Zeitgenossen Justus Lipsius) des Barock als auch von der ideologisch-philosophischen Warte der Erzählstrategien des 17.Jahrhunderts aus ist dieses Textdokument bemerkenswert.[30] Man wird künftig die dezidiert nicht-fiktionalen epischen Genera in einer Geschichte des Romans des 17.Jahrhunderts berücksichtigen müssen.

Der strikten Narrationslogik nach, muß Hönigers Text auf alle systematischen Partien verzichten, so daß Anghieras Darstellungen der Kannibalen, der Pflanzen- und der Tierwelt sowie der Eingeborenensprache völlig entfallen. Zwei Faktoren bestimmen den Wegfall auch der im November singenden Nachtigall. Zum einen die narrative Evidentia, die das 'historische' zugunsten des aktionistischen Details verdrängt; zum anderen die anthropozentrische Orientierung des Texts, der seine Argumentation nicht auf regionale Attribute abstellt, sondern gänzlich auf menschliches Handeln.

Hönigers Erzählmodell des exemplarischen Helden wirkt fort und wird in Conrad Löws 1598 in Köln gedrucktem Meer oder Seehanen Buch[31] erneuert. Das ganze Werk ist der neuzeitlichen Seefahrt gewidmet und nach einzelnen Seehelden und ihren Fahrten gegliedert. Columbus macht den Anfang, was die bewußtseinsgeschichtliche Zäsur der 'Entdeckung' Amerikas erneut unterstreicht. Das an eine Biographie geknüpfte Abenteuer erfordert eine zunehmende narrative Einbettung und evidentielle Ausschmückung. Aus diesem Grund reproduziert Löw die bereits von der älteren Historiographie als unwahr zurückgewiesene Geschichte von dem unbekannten alten Seefahrer, der vor seinem Tod im Haus des Columbus diesem die exakte Westroute nach 'Indien' mitteilte.

Abgesehen von dem solcherart mystifizierten Ursprung des Wissens um den westlichen Seeweg nach 'Indien', ist auch der Rest des Texts auf Spannung und biographische Individuation aus. Obwohl Columbus als eine Art Selfmademan dasteht, konzediert ihm Löw die Integration in die europäische kosmographische Tradition. Sie studiert Columbus aber erst, als er von seinem geheimnisumwitterten Gast die Route erfährt: Columbus ist nämlich nicht sonderlich gelehrt / aber gutes verstandts (S.1) gewesen, zudem niederer Abkunft, ein schlecht Gesell vnnd Schiffknecht (ebd.). Doch nun ist er von seiner Idee besessen und verbringt viele Jahre damit, irgendwelchen großen Herrschaften sein Vorhaben schmackhaft zu machen. Der spanische König ist erst interessiert, als er die Mohammedaner aus Spanien vertrieben hat. Zwei der drei Folioseiten der Löwschen Erzählung werden benötigt, um an den Punkt zu kommen, wo Columbus endlich absegeln darf.

Eine Meuterei erwähnt Löw nicht, dafür hat Columbus schon auf der Fahrt mit anderen Schrecken zu kämpfen, um deren Anschaulichkeit willen auch die präzisen Zeitmarken (vgl. die 33tägige Überfahrt etc.) geopfert werden:

Vnd nach dem er vil tag gesägelt / begegnet jm so vil Graß / dz es schine ein Wise zu seyn / dessen er erschrack / aber on vrsach / denn es war kein gefahr darbey (S. 3). Nach der Ankunft folgt die berühmte Begegnung mit den fliehenden Eingeborenen, von denen die Spanier nur eine nackte Frau fangen, die sie verpflegen und kleiden usf. Ab hier schließt sich die Erzählung Anghiera eng an, verzichtet aber, wie auch Höniger, auf alle systematischen Darlegungen und auf die Nachtigall. Auff dise weise seind die Jndien von Columbus entdeckt (ebd.), resümiert der Text, der dieses Verdienst also nicht mehr dem König selbst zuschreibt.

Löws Druckort Köln verweist auf ein katholisches Buch. Polemiken gegen die Spanier treten nicht auf, aber ebensowenig ist von Mission und Verbreitung des Christentums die Rede. Erzähltechnisch ist die historisch-biographische Mustererzählung eines geschichtsmächtigen Individuums festzustellen, in ihrer ökonomiegeschichtlichen Ausrichtung ziemlich unbekümmert um Religiöses, geschweige denn Konfessionelles. Der spanische König hatte dank Columbus bloß 16.000 Dukaten einzusetzen, um an große, von Löw unermüdlich erwähnte Reichtümer heranzukommen. Hiebey mag man mercken vnd betrachten / dz mit so wenig bar Gelts der Spanischen Kron so vil ist gebessert / als dz einkommen vnd Gefell von Jndia traget vnd lauffet (S.2). Ideologisch steht Löws Text den englischen 'merchant adventurers' nahe. Dies also ist die zweite Möglichkeit narrativer Abenteuerevidenz: neben dem selbstbewußt gottvertrauenden menschlichen Handeln im Rahmen konfessioneller Geschichtsphilosophie das neugierig zielstrebige menschliche Handeln im Kontext der Ökonomie. In allen frühen Texten singt die Nachtigall im November. Ihr unzeitiger Gesang ist für das 16.Jahrhundert zunächst das Leitmotiv einer Alterität, die je nach ideologischem - und das heißt für die Frühe Neuzeit v.a.: konfessionellem - Standpunkt wechselnd definiert und mit je unterschiedlichen Handlungszielen versehen wurde. Sobald der handelnde Mensch, der Held als Träger der Geschichte, zum Erzählgegenstand wird und das vertraut werdende geographische Objekt ablöst, hat die Nachtigall verspielt. Die Neue Welt mag um 1600 nicht mehr als mentale Bedrohung der europäischen Identität erscheinen; als poetisches Objekt und als utopisches Versprechen hat sie jedoch ebenfalls ausgedient.[32]

Anmerkungen

1. Einer Marktstatistik bis zur Mitte des 16.Jahrhunderts zufolge sind bei
   den europäischen Americana folgende Proportionen anzusetzen:
   Dt.Raum: 146 Americana (davon 101 lat.) = 28,6,%
   Italien: 125 Americana (davon 52 lat.) = 24,5%
   Spanien: 89 Americana (davon 18 lat.) = 17,4%
   Frankr.:   65 Americana (davon 41 lat.) = 12,7%
   Niederl.:   31 Americana (davon 24 lat.) = 6,0%
   Vgl. Friedrich Wilhelm Sixel: Die deutsche Vorstellung vom Indianer in
   der ersten Hälfte des 16.Jahrhunderts. Città del Vaticano 1966 (= Annali
   Lateranensi, XXX). S.47f.

2. Zum Columbusbrief vgl. bibliographisch R.H.Major: The Bibliography of the
   First Letter of Christopher Columbus, Describing His Discovery of the New
   World. London 1872. Reprint Amsterdam 1971; Konrad Häbler: [Einleitung].
   In: Der deutsche Kolumbus-Brief. In: Facsimile-Druck hg.m.e.Einl.v.
   Konrad Häbler. Straßburg 1900 (= Drucke und Holzschnitte des XV. und
   XVI.Jahrhunderts in getreuer Nachbildung, VI). S.7-24; Sixel: Vorstellung
   (Anm.1), S.82ff. - Zu Anghiera vgl. u.a. Hans Klinghöfer: Einleitung.
   In: Peter Martyr von Anghiera: Acht Dekaden über die Neue Welt. Übers.,
   eingef. u.m.Anm.vers.v. H.K. 2 Bde. Darmstadt 1972-1975 (= Texte zur
   Forschung, 5f.), S.1-21.- Das Bordbuch des Columbus, die dritte Geschichts-
   quelle für die Entdeckung Amerikas, war den Zeitgenossen nicht zugänglich;
   es wurde, in der Überlieferung der Historia general de Las Indias von
   Las Casas, erst 1875f. in Madrid gedruckt.

3. Die lateinischen Drucke haben, alle de Coscos Irrtum folgend, den König-
   lich Spanischen Schatzmeister Gabriel Sanchez als Adressaten angegeben;
   vgl.Häbler: [Einleitung] (Anm.2), S.13f.

4. Christoph Columbus: De Jnsulis inuentis. [Faks. d. Ausg. Basel 1494.]
   In: Major: Bibliography (Anm.2), S.[63]-[80].

5. [Christoph Columbus:] Eyn schön hübsch lesen von etlichen inßlen die do
   in kurtzen zyten funden synd durch den künig von hispania. vnd sagt von
   großen wunderlichen dingen die in den selben inßlen synd.[Gedruckt zu
   straßburg vff gruneck von meister Bartlomeß küstler ym iar. M.CCCC.xcvij.
   vff sant Jeronymus tag.] In: Der deutsche Kolumbus-Brief (Anm.2), S.[25]-
   [38], mit eigener, originaler Foliierung [a]^r-[biij]^r.

6. Neben zwei spanischen Drucken, in-f^o und in-4°, gibt es 9 erhaltene lateinische Drucke; alle sind zwischen 1493 und 1495 zu datieren und verteilen
   sich auf Rom (3), Paris (3), Basel (2) und Antwerpen (1).

7. Die Insel "Isabella" der lateinischen Überlieferung erscheint im deutschen
   Druck als "die hübsche insel", was auf ein "isla bella" des spanischen
   f^o-Drucks zurückgeht; die Boote der Eingeborenen werden in der lateinischen Version als 18-bänkig und größer beschrieben, sie fassen 70 bis
   80 Ruderer; die deutsche Fassung spricht von 4 Bänken und 20-28 Ruderern usf.

8. Vgl. dazu Wolfgang Neuber: Die frühen deutschen Reiseberichte aus der
   Neuen Welt. Fiktionalitätsverdacht und Beglaubigungsstrategien. In: Der
   europäische Beobachter außereuropäischer Kulturen. Zur Problematik der
   Wirklichkeitswahrnehmung. Hg. v.Hans-Joachim König, Wolfgang Reinhard und

Reinhard Wendt. Berlin 1989 (= Zeitschrift für Historische Forschung, Beiheft 7), S.43-64.

9. Da der Passus nicht leicht zu deuten ist, sei hier der Originaltext zitiert: <u>wann der es funden hat der schribet es ee vor dar von geschriben ist worden. vnd dem künig auch darvon geseit ist worden. Ee das er gesandt ist worden dz zu erfaren</u> (Fol. [b iij]).

10. Vgl. dazu Wolfgang Neuber: Verdeckte Theologie. Sebastian Brant und die Südamerikaberichte der Frühzeit. In: Der Umgang mit dem Fremden. Hg. v. Titus Heydenreich. München 1986 (= Lateinamerika-Studien, 22), S.9-29.

11. Zu den frühneuzeitlichen Bedingungen der Übertragbarkeit von Abbildungen aus einem Kontext in einen neuen vgl. Wolfgang Neuber: Fremde Welt im europäischen Horizont. Zur Topik der deutschen Amerika-Reiseberichte der Frühen Neuzeit, Berlin 1991 (= Philologische Studien und Quellen, 121), sub verbo "Hans Staden".- Jedenfalls ist festzuhalten, daß nicht intellektuelles, künstlerisches oder ökonomisches Ungenügen, wie häufig unterstellt wird, dafür verantwortlich sind, sondern die spezifische Bildkonzeption und -theorie der Frühen Neuzeit.

12. Vgl. Anghiera: Acht Dekaden (Anm.2), Bd.1, S.25-31.

13. Vgl. dazu Wolfgang Neuber: Amerika in deutschen Reiseberichten des 16.und des 17.Jahrhunderts. In: Akten des Kongresses des Studienkreises für die europäische Expansion nach Übersee, Wolfenbüttel, 14.-16.März 1989. Hg. v. Hans-Joachim König. Tübingen 1992.

14. Vgl. Joachim Moebus: Über die Bestimmung des Wilden und die Entwicklung des Verwertungsstandpunkts bei Kolumbus. In: [Katalog.] Mythen der Neuen Welt. Zur Entdeckungsgeschichte Lateinamerikas. Hg. v. Karl-Heinz Kohl im Auftrag der Berliner Festspiele GmbH. Berlin 1982, S.49-56.

15. [Antonio Fracanzano da Montalboddo:] Paesi Nouamente retrouati. Et Nouo Mondo Da Alberico Vesputio Florentino intitulato. [Stampato in Vicentia cum la impensa de Mgro Henrico Vicentino: & diligente cura & industria de Zamaria suo fiol nel. M.ccccvii. a di. iii. de Nouembre.]

16. [Jobst Ruchamer:] Newe vnbekanthe landte Und ein newe weldte in kurtz verganger zeythe erfunden. [Nürnberg: Georg Stuchs 1508.] - Die erste Columbusfahrt vgl. hier Fol. gij a-giij a.

17. Vgl. <u>Die vorrede dyses Büchleins</u>. Ebd. Fol. aj[r].

18. Ebd. - Vgl. dazu Neuber: Theologie (Anm.10), S.20f.

19. Vgl. dazu Wolfgang Neuber: Zur Gattungspoetik des Reiseberichts. Skizze einer historischen Grundlegung im Horizont von Rhetorik und Topik. In: Der Reisebericht. Die Entwicklung einer Gattung in der deutschen Literatur. Hg. v. Peter J.Brenner, Frankfurt a.M. 1989 (= suhrkamp taschenbuch 2097), S.50-67.

20. Vgl. dazu Neuber: Fremde Welt (Anm.11), Kap. B; dort auch weiterführende Literatur, v.a. die hervorragenden Arbeiten von Manfred Büttner.

21. [Ioannes Huttich:] NOVVS ORBIS REGIONVM AC INSVLARVM VETERIBVS INCOGNITARVM, unā cum tabula cosmographica, & aliquot alijs consimilis argumenti libellis, quorum omnium catalogus sequenti patebit pagina. His accessit copiosus rerum memorabilium index. BASILEAE APVD IO.HERVAGIVM, MENSE MARTIO, ANNO M.D.XXXII. - Den Bericht über die erste Fahrt des Columbus vgl. hier S.90-94.

22. [Michael Herr:] Die New welt, der landschaften vnnd Jnsulen, so bis hie her allen Altweltbeschrybern vnbekant / Jungst aber von den Portugalesern vnnd Hispaniern jm Nidergenglichen Meer herfunden.[...] Gedruckt zū Straßburg durch Georgen Vlricher von Andla / am viertzehenden tag des Mertzens. An. M.D. XXXIIII.- Die erste Columbusreise vgl. hier. Fol. 28^r [recte: 29^r]- 30^v.

23. [Sebastian Franck:] Chronica/:Beschreibung vnd gemeyne anzeyge/ Vonn aller Wellt herkommen/ Fürnämen Lannden/ Stande/ Eygenschafften/ Historien/ wesen/ manier/ sitten/ an vnd abgang. Auß den glaubwirdigsten Historien/ On all Glose vnd Zūsatz/ Nach Historischer Warheit beschriben. Getruckt zu Franckenfort/ am Meyn/ Bei Christian Egenolffen. [M.D.XXXV. Im Augstmón(!)]- Die erste Columbusreise vgl. hier Fol. CV^v.

24. Zu der generell finalistischen Wahrnehmung und Argumentation seitens Columbus vgl. Tzvetan Todorov: Die Eroberung Amerikas. Das Problem des Anderen. A. d. Französischen v. Wilfried Böhringer. Frankfurt a.M.1985 (= edition suhrkamp. N.F., 213), S.11-66.

25. Lorenz Surius: Kurtze Chronick oder Beschreibung der vornembsten händeln vnd geschichten/ so sich beide in Religions vnd weltlichen sachen/ fast in der gantzen Welt zugetragen/ vom jar vnsers lieben Herren M.D. biß auff das jar M.D.LXVIII. Newlich durch den W. Herrn LAVRENTIVM SVRIVM Cartheuser Ordens zu Cöln / mit fleiß zusammen getragen vnd beschrieben/ Vnd jetzo trewlich verteutscht durch HENRICVM FABRICIVM AQVENSEM, P. Getruckt zu Cöln / durch Gerwinum Calenium/ vnd die Erben etwan Johan Quentels/ im jar M.D.LXVIII. Mit Rö. Keis. Maiest. Gnad vnd freiheit/ in zehen jar nit nach zu trucken. - Den Bericht über die erste Columbusfahrt vgl. hier Fol. 3^v-4^r.

26. Durch eine päpstliche Bulle Pauls III. im Jahr 1537.

27. Peter Martyr [von Anghiera] und Girolamo Benzoni: Erste Theil/ DER Newenn Weldt vnd Jndianischen Nidergängischen Königreichs/ Newe vnd Wahrhaffte History/ von allen Geschichten/ Handlungen/ Thaten/ Strengem vnd sträfflichem Regiment der Spanier gegen den Jndianern/ Vngläublichem grossem Gut/ von Goldt/ Sylber/ Edelgestein/ Pärlein/ Schmaragdt/ vnd andern grossen Reichthumb/ so die Spanier darinn erobert:[...] Durch Hieronymum Bentzon von Meylandt in Lateinischer Spraach erstlich beschrieben/ vnd selbs Persönlich in XIIII. Jaren erfahren vnd durchwandert.[...] Jetz aber/ Alles mit sonderm fleiß/ zu Nutz allen Regenten vnd Oberherrn: Auch Liebhabern der Historien/ auß dem Latein in das Teutsch gebracht/ Durch/ Nicolaum Höniger von Königshofen an der Tauber. [Getruckt] Zū Basel/ durch Sebastian Henricpetri/ im Jhar [!] nach vnser Erlösung vnnd Seeligmachung Jesu Christi/ M.D.Lxxxij.] - Den Bericht vgl. S. xvij-xxiij.

28. So etwa Klingelhöfer: Einleitung (Anm.2), S.11; in dieser Hinsicht und zudem nach dem oben zur Überlieferungsgeschichte Ausgeführten zu korrigieren (vgl. die falsche Positionierung von Ruchamer in seinem Verhältnis zu Huttich und Herr) wäre auch das Stemma bei Frauke Gewecke: Wie die neue Welt in die alte kam. Stuttgart 1986, S. [340]f.

29. Ich meine damit keineswegs fiktionale Texte, sondern die Tradition des Gegenstandes in seiner narrativen Vermittlung durch die historiographisch-kosmographischen Werke des 16.Jahrhunderts.

30. Eine Exempelerzählung wie die vorgeführte markiert jedenfalls deutlich das Vorfeld und die mentalen Bedingungen für die Durchsetzung des Lipsianischen Neustoizismus; das folgenreiche Hauptwerk des Lipsius, De constantia, erschien ja erst 1584, also zwei Jahre nach Hönigers Anghiera-Paraphrase.

31. Conrad Löw: Meer oder Seehanen Buch/ Darinn Verzeichnet seind/ die Wunderbare/ Gedenckwürdige Reise vnd Schiffarhten [!]/ so recht vnd billich geheissen Meer vnd Seehanen/ der Königen von Hispania/ Portugal/ Engellandt vnd Franckreich/ inwendig den letst [!] vergangnen hundert Jahren/ gethan.[...] Dise Reisen vnd Schiffahrten seind zusamen/ auß andern Spraachen ins Teutsch gebracht/ Durch Conrad Löw der Historien Liebhaber. Getruckt zu Cölln/ auff der Burgmauren/ Bey Bertram Buchholtz/ Jm Jahr 1598. - Die erste Columbusreise vgl. S.1-3.

32. Das skizzierte Thema verdiente wohl, ausführlicher, als hier möglich war, dargestellt zu werden. Besonders die von mir stark vernachlässigte Gattung der Kosmographie wäre noch zu berücksichtigen, vgl. etwa die vielen Auflagen der Münsterschem Cosmographia (zu ihr siehe den Aufsatz von Sabine Wagner im vorliegenden Band); vgl. zudem Johann Rauw: COSMOGRAPHIA. Das ist: Ein schöne, Richtige vnd volkomliche Beschreibung deß Göttlichen Geschöpffs [...]. Getruckt zu Franckfort am Mayn/ durch Nicolaum Bassaeum. M.D.XCVII, sowie Matthias Quad: COMPENDIVM VNIVERSI complectens GEOGRAPHICARVM ENARRATIONVM LIBROS SEX. COLONIAE AGRIPPINAE, Sumptibus Wilhelmi Lutzenkirchij. ANNO M.DC. - Eine historische Verlängerung ins 17.Jahrhundert wäre nicht weniger wünschenswert.

Lorenzo Gambara di Brescia:
"De navigatione Christophori Columbi Libri IV"
Das erste neulateinische Columbus-Epos

Heinz Hofmann

1. Europäische Expansion und Veränderung des Weltbilds im ausgehenden Mittelalter.

Auch ohne nach dem Jubiläumsjahr 1992 zu schielen, das mit zahlreichen wissenschaftlichen und populären Veranstaltungen der 500. Wiederkehr jenes 12.Oktober 1492 gedenken wird - und wobei ein Großteil der heutigen Bewohner des amerikanischen Doppelkontinents, vor allem jene, die von den ursprünglichen indianischen Bevölkerungsgruppen abstammen, der Feier des 11.Oktobers 1492 als des letzten Tages, da ihre Vorfahren noch in Freiheit und Selbstbestimmung lebten, den Vorzug geben werden: ohne also jenen unvermeidlichen Jubiläen vorausgreifen zu wollen, wird das Studium der europäischen Expansion zwischen dem 13. und 18.Jahrhundert als des Zeitalters der großen Entdeckungen, der Entschleierung des orbis terrarum, der Entmythologisierung und, wenn der Ausdruck hier gestattet ist, der Ent-Antikisierung des Weltbildes eine der zentralen Aufgaben wissenschaftlicher Forschung nicht nur der Historiker, sondern auch der Literarhistoriker, insbesondere der Forscher auf dem Gebiet von Humanismus und Renaissance, bleiben.

Die drei soeben verwendeten Begriffe der Expansion, der Entmythologisierung und der Ent-Antikisierung bedürfen in diesem Zusammenhang vielleicht einer kurzen Erläuterung.

Zurecht hat die neure historische Forschung[1] darauf hingewiesen, daß das Reden von "Entdeckung" und vom "Zeitalter der Entdeckungen" einer europazentrierten Perspektive entstammt, die historisch und objektiv nicht länger aufrechterhalten werden kann, wenn man die Rolle der Bewohner der neu in den europäischen Gesichtskreis getretenen Länder nicht ungebührlich marginalisieren will. Diese Perspektive berührte überdies empfindlich das historische Selbstverständnis derjenigen außereuropäischen Staaten, die als Folge der europäischen Expansion und Kolonisation entstanden sind und die sich gegenwärtig in verschieden starker Weise auf die europäische Tradition als Wurzel ihrer Existenz und ihres Selbstverständnisses, also ihrer historisch-kulturellen Identität, berufen. Es ist daher dem Verfasser des Artikels "Europäische Expansion" im Lexikon des Mittelalters zuzustimmen, wenn er darauf hinweist, es seien "im Vorfeld der 500.Wiederkehr der Fahrt des Columbus 1992 von stärker indianisch geprägten Staaten Lateinamerikas Forderungen erhoben worden, z.B. den Begriff 'Entdeckung' als diskriminierend aufzugeben, da die außereuropäischen Gebiete großenteils bewohnt und mithin lange zuvor von Menschen 'entdeckt' worden waren".[2]

Der Begriff der Entmythologisierung, von Rudolf Bultmann für seinen interpretatorischen Zugriff auf das Neue Testament geprägt und von seiner theologischen Schule weiterentwickelt, ist inzwischen ein allgemein gebräuchlicher Terminus geworden, um "eine Institution oder ein Wort des fest geprägten, institutionellen oder metaphysischen Charakters zu entkleiden".[3] Er wird hier gebraucht für die Tatsache, daß als Folge des Prozesses der europäischen Expansion die im Mittelalter tradierten, aus Antike und Spätantike überkommenen Vorstellungen über die Art und Natur der Erde und ihrer Bewohner durch die Erweiterung des geographischen und historischen Wissenshorizonts stets mehr angefüllt, korrigiert und revidiert werden mußten: Die Geheimnisse der Erde, wie sie in den Texten der <u>Mirabilia Mundi</u>-Literatur, des Alexanderromans, des Briefes des Priesters Johannes und der spätmittelalterlichen Reiseliteratur etwa eines John Mandeville, aber auch der antiken und spätantiken Geschichtsschreibung beschrieben waren, wurden stets mehr enträtselt, der Schleier des Unbekannten, der über vielen Gegenden und Völkern lag, wurde stets mehr gelüftet, und die mythische Überlieferung wurde stets mehr rationalisiert. Am Ende dieser Entwicklung, im 19.Jahrhundert, waren die meisten "weißen Flecken" auf der Landkarte beseitigt und hatte sich ein System neuer Wissensvorräte gebildet, auf dem unser modernes Weltbild des 20.Jahrhunderts beruht.[4]

Diese Entmythologisierung ist, wie bereits angedeutet wurde, mit einer Ent-Antikisierung verbunden: Das mittelalterliche Weltbild, die Vorstellung von der Beschaffenheit und Ausdehnung der Erde, von den Kontinenten und Meeren, den Bewohnern und der Stellung der Erde im Kosmos, ist im 15.Jahrhundert überwiegend von der paganen Antike (Plinius, Pomponius Mela; Strabon, Ptolemaios) und nur noch zu einem geringen Teil von der christlichen Spätantike (Orosius, Isidor von Sevilla, Aethicus Ister, Geographus Ravennas) bestimmt. Diese war ihrerseits zwar in vielem auf die antike wissenschaftliche und Gelehrtenkultur angewiesen, doch setzte sich im Widerstreit der theologischen Exegeten im Osten (Antiochien, Gaza, Alexandrien) wieder die ältere "vorwissenschaftliche" Auffassung von der Erde als Scheibe durch. Sie konnte sich auf die biblische Kosmologie stützen und erlaubte es gleichzeitig, die wissenschaftlichen Erkenntnisse der griechischen Geographen und Kosmographen (Aristoteles, Eratosthenes, Strabon u.a.) als "pagane" Irrlehren abzutun. So vermittelten im lateinischen Westen Orosius und Isidor von Sevilla, im byzantinischen Bereich Kosmas Indikopleustes mit seiner <u>Christlichen Topographie</u> ein theologisches Weltbild, das gegenüber dem wissenschaftlichen Kenntnisstand ihrer eigenen Zeit einen fatalen Rückschritt bedeutete und erst seit dem 15.Jahrhundert durch die Wiederentdeckung der Schriften namentlich von Ptolemaios und Strabon endgültig abgelöst wurde.[5]

Schritt für Schritt wurde dieses mittelalterliche, antik-christlich geprägte Weltbild aber auch empirisch erweitert, und zwar meist auf dem Wege der Mission bei den europäischen Randvölkern im Norden und Osten, die sich im 13. und 14.Jahrhundert bis in die Mongolei und nach China vorgewagt hatte.[6] Im Westen dagegen bildete der Atlantik eine schier unüberwindliche Barriere, im Süden und Südosten zunächst der Herrschaftsbereich des Islam und die nordafrikanischen Wüstengebiete.

Eine neue Phase der Erschließung der islamischen Länder im östlichen Mittelmeerraum stellen die Kreuzzüge des hohen Mittelalters (11.-13.Jahrhundert) dar,[7] die schließlich im 14. und 15.Jahrhundert von handels- und machtpolitisch geleiteten Expansionsinteressen der südeuropäischen Mittelmeeranrainer abgelöst werden. Vor allem Venedig, Genua, Pisa und andere italienische Stadtstaaten sowie die Königreiche der iberischen Halbinsel - in erster Linie Portugal, Spanien zunächst noch in weit geringerem Ausmaße - sind daran beteiligt, wenn freilich der Kreuzzugsgedanke im Rahmen der <u>reconquista</u> motivierendes und legitimierendes Element bleibt. Mit Personen wie Heinrich dem Seefahrer (1394-1460), Nuño Tristão, Dinis Dias, Alvise da Ca'da Mosto und Antoniotto Usodimare verbinden sich die Entdeckungen Madeiras, der Azoren und der Kapverdischen Inseln sowie die Erschließung der westafrikanischen Küste bis in den Golf von Guinea. In der zweiten Hälfte des 15.Jahrhunderts folgen die Fahrten des Diego Cão zur Kongomündung und entlang der angolanischen Küste bis zum Kap Cross im heutigen Namibia sowie die endgültige Umsegelung des Kaps der Guten Hoffnung durch Bartolomeu Diás im Jahre 1488.[8]

2. Die Humanisten im Spannungsfeld von Antikerezeption und europäischer Expansion

Die durch diese Entdeckungsfahrten verursachte Neuformung und Neustrukturierung des historisch-geographisch-ethnologischen Wissens ließ das durch Antike und Spätantike vermittelte Wissen und das darauf beruhende Weltbild des Mittelalters als nicht mehr länger in derselben Weise zutreffend und damit als korrekturbedürftig erscheinen. Zu diesem Prozeß der Verabschiedung oder Korrektur und Neuformulierung antik-mittelalterlicher Wissensvorgaben in der humanistischen Gelehrtenliteratur seit dem 16.Jahrhundert bildet sich eine gegenläufige Komponente heraus, die von der Entdeckung und Rezeption der griechischen Literatur, namentlich auch der hellenistischen und kaiserzeitlichen wissenschaftlichen Texte, gesteuert wird,[9] die zunächst überwiegend noch in lateinischen Übersetzungen zugänglich sind.

Das Dilemma der Humanisten, das sie in jeweils neuen Anläufen zu überwinden suchten, lag in der Unvereinbarkeit des von ihnen propagierten vorbildlichen Charakters der Antike einerseits und deren Überholung und Unterminierung durch die wachsende Empirie und die Umstrukturierung der gesellschaftlichen Wissensvorräte ihrer eigenen Zeit andererseits. Freilich stellte sich dieses Problem im 15. oder 16.Jahrhundert noch nicht in der gleichen Schärfe wie seit dem 17.Jahrhundert, das als Entstehungszeit der neuzeitlichen Wissenschaft gilt;[10] doch lassen sich bereits im 16.Jahrhundert in der Literatur Ansätze finden, wonach der Antike auf literarisch-ästhetischem Gebiet der unbestreitbare Vorrang eingeräumt wird, während man sich von den wissenschaftlichen Erkenntnissen der Alten langsam zu distanzieren beginnt.[11] So konfrontieren uns die Texte der humanistisch gebildeten Literaten, vor allem jene in lateinischer Sprache, mit dem Paradox, daß das sich herauskristallisierende Bewußtsein, einer neuen Zeit anzugehören, die sich aus den Bindungen des vorangegangen saeculum obscurum emanzipieren will, just in einer Sprache, einem Stil und einer literarischen Formenwelt sich ausdrückt, die einer weit zurückliegenden Vorzeit angehört: Erneuerung als Wiederherstellung des Alten[12] ist also das Hauptkennzeichen der humanistisch-neulateinischen Literatur, wodurch sie jenes ästhetische Potential erzeugt, dem diese Literatur auch heute noch das Interesse nicht nur der Literarhistoriker verdankt.[13]

3. Columbus zwischen Mittelalter und Neuzeit

Christophorus Columbus steht im Schnittpunkt dieser historischen und literarischen Entwicklungen:[14] Wie die weit ausholenden Studien von Ballesteros Beretta, Morison, Heers, Taviani und neuerdings Tudela y Bueso[15] gezeigt haben, basiert sein historisches und geographisches Wissen noch vollständig auf den Theorien des Spätmittelalters. Hinreichend bekannt und in der Literatur diskutiert ist der Einfluß, den eine der typischen und weit verbreiteten spätmittelalterlichen Enzyklopädien auf seine historischen und geographischen Kenntnisse ausgeübt hat: die Imago Mundi des Pierre d'Ailly (ca. 1350-1420), zu der er zahlreiche Randnotizen hinterlassen hat.[16] Dazu kommen der Reisebericht des Marco Polo Il Milione in der lateinischen Fassung des Liber de consuetudinibus et condicionibus orientalium regionum des Dominikaners Francesco Pipino von Bologna,[17] die Historia rerum ubique gestarum des Humanisten Aeneas Sylvius Piccolomini (später Papst Pius II.), die er ebenfalls mit zahlreichen Anmerkungen versah,[18] der Reisebericht des John Mandeville,[19] die Naturalis Historia des älteren Plinius in der 1489 in Venedig gedruckten italienischen Übersetzung von Cristoforo Landino und die Ephemerides von Regiomontanus.[20] Hinreichend bekannt sind ferner die Elemente seines mittelalterlich-christlich bestimmten Weltbildes, das ihn in den von ihm entdeckten Ländern das irdische Paradies der Bibel suchen ließ und ihm bis zuletzt die Erkenntnis vewehrte, nicht Indien, sondern tatsächlich einen neuen Kontinent entdeckt zu haben.[21]

Hinreichend bekannt ist aber auch, daß er durch seine frühen Erfahrungen mit der Seefahrt und seine eigenen Reisen, die ihn in den levantinischen Osten, zu den Britischen Inseln und bis Island im Norden, zu den Atlantischen Inseln (Madeira, Azoren) im Südwesten und bis zur Goldküste und nach Guinea im Süden führten, und seine zeitweilige Tätigkeit als Zeichner von Seekarten, zusammen mit seinem Bruder Bartolomeo, in portugiesischen Diensten eine Fülle an praktischen Erfahrungen sammelte und ein empirisches Wissen aufbaute, das ihn weit über die Enge der antik-mittelalterlichen Tradition und Theorie hinausführte.[22] Gerade dieser aus der Praxis und beruflichen Erfahrung entstandene Unternehmungsgeist, die praktische Neugier und das Beharrungsvermögen, eine einmal als richtig erkannte Lösung mit allen Mitteln zu realisieren - gerade diese Eigenschaften waren es, wie wir wissen, die ihm jene Schlüsselrolle in einer Zeit zugeteilt haben, die wir nicht ohne Grund als Epoche des Umbruchs und der Veränderung verstehen gelernt haben und die wir in der Periodisierung der Geschichte in den Rang einer Epochenschwelle erhoben haben. Die kopernikanische Wende der Naturwissenschaft und Philosophie im 15.Jahrhundert, die Hans Blumenberg beschrieben hat,[23] erfährt ihre Komplementierung in der columbianischen Wende, die seit 500 Jahren horizontstiftend gewirkt hat.

4. Columbus im ersten neulateinischen Epos über die Entdeckung der Neuen Welt.

Doch geht es mir in diesem Beitrag nicht so sehr um die philosophischen oder weltgeschichtlichen Aspekte der columbianischen Wende, von deren Auswirkungen auch wir im 20.Jahrhundert noch in einem Maße beeinflußt sind, daß wir uns dessen kaum mehr vollständig bewußt sind: Vielmehr will ich unter der doppelten Perspektive "Columbus als Entdecker zwischen Mittelalter und Neuzeit" und "Antike epische Tradition in der neulateinischen Columbusepik" einen bisher wenig beachteten Aspekt jenes anderen, literarischen Columbusbildes vorstellen, das zu den übrigen Beiträgen des vorliegenden Bandes der Lateinamerika-Studien eine willkommene Ergänzung liefern dürfte.

Die Entdeckungsreisen von Columbus bildeten mehrere Male das Thema in der neulateinischen Epik zwischen dem 16. und 18.Jahrhundert.[24] Neben den fünf epischen Gedichten, die ausschließlich den Fahrten von Columbus gewidmet sind, wird die Thematik noch in einigen anderen Epen in anderem Zusammenhang ausführlicher behandelt: so etwa im 3.Buch von Fracastoros Syphilis sive de morbo Gallico, wo der Mythos von der Entstehung der neuen Krankheit im Kontext der ersten Reise von Columbus 1492/3 erzählt wird, oder in zwei Lehrgedichten des 17.Jahrhunderts, nämlich im 5.Buch (vv. 1080-1195) der Plantarum libri VI von Abraham Cowley (1618-1667, posthum erschienen 1668) und im letzten Buch (vv. 633-1060) der Nauticorum libri VIII des Neapolitaner Jesuiten Nicolò Parthenio Giannetasio (1648-1715, zuerst erschienen 1685).[25]

Das erste der genannten fünf Columbus-Epen stammt von dem auch sonst als neulateinischem Dichter hervorgetretenen Lorenzo Gambara di Brescia (1494-1586), einem Verwandten der Dichterin Veronica Gambara (1485-1550), und wurde erstmals 1581 in Rom veröffentlicht unter dem Titel De Navigatione Christophori Columbi libri IV; überarbeitete Neuauflagen erschienen 1583 und 1585, ein letzter Druck wurde 1586 in seine Poemata omnia in unum collecta aufgenommen.[26] Es ist ein Spätwerk des Autors, geschrieben im neunten Jahrzehnt seines Lebens, und behandelt als einziges der fünf Columbusepen alle vier

Entdeckungsreisen; außerdem ist es das einzige Columbusepos, das nicht durch einen anonym-allwissenden Erzähler erzählt wird, sondern die Hauptperson Columbus tritt während eines Festmahls in Barcelona beim Vater des Kardinals Antonio Perenotti von Granvella, dem der Autor das Epos auch gewidmet hat,[27] selbst als Erzähler seiner Fahrten und Abenteuer auf. Als fiktives Datum jenes Festmahls und der damit verbundenen Erzählung ergibt sich der Zeitraum zwischen Mitte November 1504 und Mai 1506, d.h. zwischen der Rückkehr des Admirals von seiner vierten Reise am 7.November 1504 und vor seinem Tod am 20.Mai 1506, wobei die erste Hälfte des Jahres 1505 dem Autor als der wahrscheinlichste Zeitpunkt vorgeschwebt haben mag.[28] Die Erzählsituation ist den Büchern 9-12 der Odyssee und den Büchern 2-3 der Aeneis vergleichbar, in denen ebenfalls die Hauptperson der Handlung (Odysseus bzw. Aeneas) während eines ihr zu Ehren gegebenen Festmahls als Erzähler in der 1.Person auftritt. Das Festmahl bildet auch hier nur den äußeren Rahmen, also die Erzählsituation, für die vier Bücher von Columbus' Erzählungen, von denen jedes Buch je einer der vier Entdeckungsfahrten gewidmet ist. Die Identität von Erzähler und Hauptperson der Handlung[29] bringt eine Beschränkung der Erzählperspektive und des Erzählerwissens mit sich, die in der Regel eingehalten wird.[30]

Gambara, der beinahe drei Generationen nach Columbus schreibt, hält sich bei der Darstellung der Ereignisse, die er seinem Protagonisten in den Mund legt, in der Regel sorgfältig an die ihm zur Verfügung stehenden Quellen: In der Hauptsache sind dies die Decades de orbe novo des Petrus Martyr von Anghiera, die seit 1493 sukzessive veröffentlicht wurden und deren erste Gesamtausgabe 1530 in Alcalá erschien;[31] daneben scheint Gambara auch die Biographie des Columbus, die dessen Sohn Fernando geschrieben hatte und von der eine italienische Übersetzung 1571 in Venedig erschienen war,[32] die 1533 in Venedig gedruckte italienische Übersetzung von Oviedos spanischer Bearbeitung von Petrus Martyrs Decades[33] und einige der in der dreibändigen Raccolta delle Navigationi e Viaggi des Gian Battista Ramusio (Venedig 1550-1566) abgedruckten Texte[34] benutzt zu haben.

a) Buch I

Das Epos beginnt mit dem üblichen Proömium des epischen Erzählers, das sich aus Themenangabe (vv. 1-5), Widmung an den Kardinal Antonio Perenotti (vv. 6-15a) und Beschreibung der vorausgesetzten fiktiven Erzählsituation (vv. 15b-17) zusammensetzt und somit der Dreiteilung im klassischen lateinischen Epos, etwa der Aeneis,[35] entspricht. Die Anklänge gerade an das Aeneis-Proömium waren dabei für den Leser nicht zu überhören (1, 1-5):

> Maeonio cum sit celebrari carmine dignus
> Christophorus, magnae qui primus littora Cubae
> Attigit et primus nostris incognita nautis
> Aequora depressumque polum novaque astra retexit
> Et fer felices Cancri sub sidere terras[...]   5

Die Aufforderung des Gastgebers Perenotti an Columbus, von seinen Reisen zu erzählen, erfolgt bereits ganz aus dem Geist der Überlegenheit der neuen Zeit gegenüber der Antike, wenn Perenotti Columbus und seine Taten über die antiker Helden wie Herakles und Dionysos, der ja immerhin bis Indien kam, stellt (1, 26-35):

> [...] sileant vates memorare Pelasgi
> Innumeros terrae tractus lustrasse viasque
> Alcidem Bacchumque Indos penetrasse, sua quas
> Purpurea exoriens terras Sol luce retexit.
> Felix Ausoniae tellus, cui contigit uni   30
> Terrarum imperium cunctarum, nunc quoque felix,
> Quae talem te laeta tulit sub luminis oras,
> Cui Deus omnipotens alto dignatus Olympo est
> Tot pelagi monstrare vias, tot regna, tot urbes
> Egregias, quas maiorum non viderat aetas.   35

Freilich kannte auch die Spätantike schon das Taceat superata vetustas (Claud.Ruf. 1, 273) und war es ein panegyrischer Topos, die Vergangenheit gegenüber der eigenen Zeit abzuwerten; doch reichten Columbus' Taten weit über alles hinaus, was jemals von den Vorfahren vollbracht wurde, weil sie zur Taufe und Christianisierung der von ihm neu entdeckten Völker geführt hätten (1, 36-39):

> Per te nam positae Cancri sub sidere gentes
> Unumque trinumque Deum agnovere, repulsis
> Numinibus, veri quae gens ignara colebat:
> Quos omnes nostri tinxere salubribus undis.

Columbus beginnt seine Ausführungen, die den Rest des ersten Buches in Beschlag nehmen (1, 48-703#), mit einem geographischen Lehrvortrag, den er mit der antiken, von Eudoxos von Knidos maßgeblich formulierten Lehre von den fünf Zonen der Erde einleitet (sic prisca vetustas credidit: 1, 61f.), die der Autor Gambara an prominenter Stelle seines Vorbildes, der Georgica Vergils (1, 233ff.), gefunden hat. Doch distanziert sich Columbus des weiteren von dieser Auffassung, nach der es bekanntlich nur zwei bewohnbare (gemäßigte) und drei unbewohnbare (eine extrem heiße und zwei extrem kalte) Zonen gibt.[36] Das Argument dafür ist jedoch nicht naturwissenschaftlich, sondern theologisch: Es sei nicht angemessen zu glauben, Gott habe so viele

öde und unbewohnte Gegenden geschaffen und den Menschen nur zwei Zonen als
bewohnbar angewiesen (1, 90-92):

> Credere nec dignum est ipsum fecisse vacantes
> Tot pelagi immensos tractus, tot inhospita regna,
> Et mundi liquisse duas habitabilis oras.

Doch wird dieses theologische Räsonnement gleich danach durch zwei Überlegungen ergänzt, welche die Divergenz zu jener Argumentationsweise deutlich werden lassen: Die erste Überlegung stützt sich auf antike Nachrichten über die Aethiopier, Araber und andere sonnenverbrannte Völker der heißen Zone, deren Existenz jene Lehre von den zwei bewohnbaren und drei unbewohnbaren Zonen widerlege. Zum zweiten habe bereits Alexander der Große, der hier aus entdeckungsgeschichtlicher Perspektive eingeführt wird, die Unhaltbarkeit dieser Auffassung erwiesen (quae vana fuerunt somnia 1, 98f.), als er das Meer im Osten habe erkunden lassen und Schiffe in seinem Auftrag bis Taprobana (Ceylon)[37] vorgestoßen seien, einer Insel (1, 108-111)

> [...] laeti
> Dives agri, dives gemmarum aurique boumque
> Atque frequens late populos corruptaque nullo
> Aeris infecti vitio.

Columbus schließt sich diesen Argumenten an und bekräftigt sie mit den jüngsten portugiesischen Entdeckungen und den historischen Erfahrungen seiner eigenen Entdeckungsreisen, die ihn sowohl bis in die heiße Zone an die Goldküste und nach Guinea als auch bis in die kalte Zone des Nordens geführt hätten (1, 117f., 127ff.). Daneben seien auch die Beutezüge der Wikinger im Norden und die Eroberungen der noch östlich des eisigen Scythien wohnenden Mongolen Beweis dafür, daß auch in den extremen Zonen Menschen wohnen könnten (1, 119ff.). Überdies sei das Klima dieser Zonen nicht so extrem, wie die antike Tradition es habe weismachen wollen: denn gerade dort in Island habe er nicht die Eiswüsten angetroffen, von denen die herkömmlichen Lehrbücher berichteten (1, 129-133):

> Non etiam hic frigus penetrale ita regnat, ut unda
> Fluminea haud possit gelidum se evolvere in aequor,   130
> Pascunturque ferae silvas, maria aspera Delphin
> Hic secat atque lupus fluviorum pascitur undis.

Hieraus, so Columbus, habe er seinerzeit den Schluß gezogen: Wenn überall, nicht nur in den gemäßigten Zonen, die Erde von Menschen bevölkert sei, müßten auch im Westen Völker leben und müsse es dort ebenfalls bewohnte Küsten und Reiche geben (1, 133ff.). Die Alten hätten nur den mittleren

Teil der ganzen bewohnten Erde gekannt und gemeint, ringsum fließe der undurchdringbare Ozean, doch habe sich diese Auffassung durch die jüngsten Erkenntnisse als falsch herausgestellt (1, 142-147):

> Conscia sed veri longa experientia damnat
> Hanc rem, credibilem quondam. Qua praevius almum
> Lucifer adventare diem mortalibus aegris
> Nuntiat, innumeras dicunt sub sole oriente   145
> Oceani nautas vidisse per aequora terras
> Et longe distans a nostro littore littus.

Deutlicher läßt sich die Überlegenheit der eigenen Zeit an Wissen, das durch Erfahrung erworben wurde, gegenüber der irrigen Ansicht der Vergangenheit nicht ausdrücken: die longa experientia ist ein besserer Garant für die Wahrheit als die literarische Tradition der Antike, auch wenn sie das ganze Mittelalter hindurch Geltung besaß.

Die Entdeckungen im Osten bestätigen die seit längerem wieder virulente Theorie von der Kugelgestalt der Erde,[38] die durch die Übersetzung von Ptolemaios' Megiste Syntaxis ins Arabische (Almagest) im Mittelalter bei den Arabern bekannt war[39] und Mitte des 13.Jahrhunderts in der Schrift De sphaera des Johannes de Sacrobosco (John Holywood) in einer für die folgenden Jahrhunderte des Mittelalters verbindlichen Form wieder auftauchte,[40] so daß S.E.Morison in seiner Columbus-Biographie zu Recht feststellen konnte: "Every educated man in his day believed the world to be a sphere, every European university so taught geography, and seamen [...] knew perfectly well from seeing ships 'hull down' and 'raising' mountains as they approached, that the surface of the globe was curved".[41] 1410 erschien die erste lateinische Übersetzung der Hauptwerke des Ptolemaios, 1462 die erste lateinische Übersetzung seiner Geographika, 1469 die von Strabons Geographika. Griechische Handschriften von Ptolemaios und Strabon, teilweise mit Karten versehen, zirkulierten in Italien bereits in der 1.Hälfte des 15.Jahrhunderts. Alle Reisen bereicherten diesen Schatz der Erfahrung und Tradition und trugen bei zum Aufbau eines neuen Wissens (1, 151-154):

> Esse habitatum etiam quidquid sol aureus ambit
> Lumine purpureo haud dubium est: dumque hoc mare nauta
> Verberat arboribus, semper nova regna prius non
> Visa videt tractusque maris terrasque patentes.

Der Optimismus der neuen Zeit hat Columbus so weit infiziert, daß er zuversichtlich ist, nach ihm werden weitere Entdecker endgültig beweisen, daß es ein einziges littus continuum von Westen nach Osten gebe.[42] womit die alten geographischen Vorstellungen endgültig als falsch erwiesen würden (1, 163-169):

Spero equidem post me non multo tempore nautas
Venturos, retegent sparsas qui per mare terras
Littus et invenient occasu a solis ad ortum   165
Continuum, quae crediderant iam lapsa virorum
Saecula, tot vana esse hominum figmenta: nec ullum
Ulterius posse esse solum, sed inhospita tantum
Aequora et Oceani tantum notissima monstris.

Daran anschließend verleiht Columbus seiner Überzeugung Ausdruck, daß dieses noch zu entdeckende Land besiedelt und bebaut werden wird, und verweist auf den natürlichen Wechsel von Hitze und Kälte, wie er in der Taubildung im Wechsel von Tag und Nacht sich manifestiert, so daß mit diesem abschließenden naturwissenschaftlichen Analogiebeweis die frühere Theorie der unbewohnbaren Zonen endgültig ad acta gelegt werden kann (1, 170-180).

Gambaras Epos ist das Lehrgedicht unter den fünf neulateinischen Columbusepen. Neben der eben behandelten Einleitungspassage kommt dies in zahlreichen anderen Abschnitten zum Ausdruck, in denen der Protagonist Columbus die Erzählung unterbricht und Exkurse und didaktische Partien einschaltet, die seine Zuhörer (und gleichzeitig den impliziten Leser)[43] über die Bevölkerung und die natürliche Beschaffenheit der von ihm entdeckten Länder unterrichten sollen. Der Protagonist des Epos wandelt sich zum Lehrdichter, sein Lehrvortrag läßt die Erzählsituation und damit den fiktiven Rahmen des Festmahls vergessen, der erst am Ende des 4.Buches dem Leser erneut in Erinnerung gerufen wird, wenn der epische Erzähler wieder das Wort ergreift und mit ein paar Versen die Erzählung abschließt (4, 527-530) und das Epos mit einer persönlichen Sphragis ausklingen läßt (4, 531-541#).[44]

Als Autor hat sich Gambara den Vergil der Georgica zum Vorbild genommen: freilich ist die Zahl der vier Bücher, die Vergil in neoterischer Tradition den vier Büchern von Kallimachos' Aitia nachgebildet hat, für Gambara durch die Vierzahl der Reisen vorgegeben gewesen; dennoch kann man von bewußter imitatio sprechen, da auch eine andere Bucheinteilung (z.B. zwei oder drei Bücher) möglich gewesen wäre: Man kann dafür an das Columbusepos des böhmischen Zisterziensers Johann Christian Alois Mickl aus dem 18.Jahrhundert erinnern, der die ersten beiden Reisen in drei Büchern behandelt hat. Überdies ist die Vierzahl der Bücher auch durch die vier Bücher vorgegeben, die Odysseus' Erzählungen seiner Irrfahrten am Phäakenhof (Od. 9-12) in Beschlag nehmen, so daß eine bewußte Bezugnahme durchaus naheliegt.[45]

Im zweiten Teil seiner Erzählung berichtet Columbus, nachdem er bisher die Gründe, die ihn zur Fahrt bewogen, dargelegt hatte,[46] die Ereignisse vom Beginn der Expedition an in historischer Reihenfolge, wobei sich sein Autor im wesentlichen an Petrus Martyr hält: Vorbereitung und Ausrüstung der Flotte (1,187ff.), Abfahrt und erste Etappe bis Gades (1, 2o8ff.), wo Columbus in der Kirche betet und opfert - dies ein historisch nicht verbürgtes Element,[47] mit dem der Autor Gambara jedoch antike epische Stilmittel in sein Gedicht einarbeitet, um gegen die Gefahr erdrückender Beschreibungen auch die epische Handlung selbst nicht zu kurz kommen zu lassen -, und zu den Kanarischen Inseln als letzter Zwischenstation vor der Atlantiküberquerung (1, 238ff.). Dann beginnt der eigentliche Vorstoß ins Unbekannte (1, 245g.):

> Tunc nostras primum senserunt aequora puppes,
> Quae nullae secuere rates, non navita vidit.

Columbus berichtet von den festgestellten Abweichungen der Magnetnadel, umschreibt jedoch die im Bordbuch erwähnte Meuterei der Besatzung mit vorsichtig andeutenden Worten (1, 262ff.). Endlich meldet der Matrose Rodericus,[48] daß Land in Sicht sei (1, 282f.), und die Spanier landen bei symbolischem Sonnenaufgang auf einer Insel (1, 291-316), die in idyllischen Versen beschrieben wird, welche den Leser auf das vergilische Vorbild - die Einfahrt der Aeneaden in die Tibermündung bei Sonnenaufgang (Aen. 7, 25ff.) - verweisen.

In der folgenden Schilderung des ersten Kontaktes mit den Bewohnern schlägt die imitatio des Autors Gambara in aemulatio mit den antiken Vorbildern um - und darin zeigt er sich deutlich als humanistischer Literat -, wenn er seinen Helden die neu entdeckten Länder und Völker mit römischen Augen sehen läßt und ihm die Vorgaben der antiken literarischen Tradition als Referenzkader zuweist. Doch auch hier wird der literarische Columbus seinem historischen Vorbild nicht untreu, da, wie neuere Untersuchungen gezeigt haben, auch der historische Admiral das Neue, das er sah, nur ihm Rahmen seines vorgegebenen Weltbildes, seiner antik-mittelalterlich geprägten Denkstrukturen und seines vom Spanischen bestimmten sprachlichen Ausdrucksvermögens, also nur im Kontext seiner historisch-literarisch-linguistischen Sozialisationsgeschichte wahrnehmen, beschreiben und in seinen Wissenshorizont einordnen konnte.[49]

Ein deutlicher Fall von Romanisierung begegnet in der kurzen Beschreibung
der Siedlung der Eingeborenen, die Columbus anläßlich seiner ersten Landung
auf der Insel Guanahani (San Salvador) und deren offiziellen Besitznahme
für Spanien gibt: Der Kanonenschuß als Imponiergestus ist unhistorisch, zumindest nicht im Bordbuch und bei Petrus Martyr verbürgt, jedoch die erste
in einer Reihe von Miniaturen, die versuchen, Aussehen, Funktion und Wirkung
von Feuerwaffen in klassischen lateinischen Hexametern zu beschreiben.[50] Die
Hütten, von denen der historische Columbus im Bordbuch spricht, werden folglich im Epos zu einer römischen Stadt mit Straßen, Forum und Volksversammlung (1, 334-345):

>   [...] dehinc ipse per urbem,
> Urbem florentem pueris, a milite belli   335
> Signum deferri iubeo, passimque viarum
> Strata per atque forum cornu instrepuere recurvo
> Et totam implevere novis clangoribus urbem.
> Parte alia fractos sonitus dedit aenea moles
> Flammis permistos rutulis et littus et aequor   340
> Intremuere sono insolito, longe insula Cubae
> Audiit et sonitu gens est exterrita tanto.
> Urbemque hanc parvam sine caede et sanguine regnis
> Hesperiae primum adiunxi; namque ordine cives
> Acta palam assensu vario populusque probarunt.   345

Die Beschreibung der eingeborenen Bevölkerung stimmt mit den Aufzeichnungen
im Bordbuch und den darauf beruhenden Berichten bei Petrus Martyr im wesentlichen überein; dasselbe gilt auch von der Beschreibung von Landschaft und
Flora der neu entdeckten Inseln, die der locus amoenus-Topik der antiken
Literatur entlehnt und gelegentlich mit Anleihen bei den Vorstellungen von
der Goldenen Zeit durchsetzt ist,[51] so etwa bei der Beschreibung einer der
Inseln, die er auf der Fahrt von San Salvador nach Cuba passierte (1,365-371):

>   Res vero his terris nulla est mihi visa relatu   365
>   Digna mage hac, quam nunc memorabo: Ramus adoptat
>   Ramum alium variis foliis varioque colore,
>   Pomaque sunt intus varios servantia succos,
>   Cortice non simili, mater quae stipite ab uno
>   Daedala terra creat. Haec numquam poscit avari   370
>   Dura ministeria agricolae sub tempore veris.

Knapp zusammenfassend referiert Columbus (1, 398ff.) die Landung auf Cuba
und die Weiterfahrt entlang der cubanischen Küste (aus seinen eigenen Aufzeichnungen ist bekannt, daß er Cuba für das asiatische Festland ansah und
seine Matrosen und Soldaten auf der zweiten Reise im Juni 1494 sogar schwören
ließ, es sei eine Halbinsel Ostasiens)[52] und schließlich (1, 409ff.) die
Landung auf der Insel Quiqueia (Haiti), zu der er durch einen Sturm getrieben

wird, der den Untergang der "Santa Maria" herbeiführt (1, 411ff.).[53]

Bei der Erzählung von der Erforschung der Insel wird der Flucht der Bewohner durch den ersten epischen Vergleich unseres Textes Relief gegeben (1, 426-430):

> Haud aliter fugere viri montes super altos
> Quam timidae pecudes sub primae tempora lucis
> Conspecto procul herbosa sub valle luporum
> Agmine, dum silvis errant: sic illa petivit
> Turba virum loca nota metu seque abdidit umbris.   430

Der Vergleich hat trotz diverser vergilischer Versatzstücke kein direktes vergilisches Vorbild; freilich ist die Wahl der Vergleichsobjekte entlarvend, wenn die Inselbewohner als feige Schafe dargestellt werden, die Hals über Kopf Ausreiß nehmen: aber nun nicht vor dem majestätischen Löwen (dann wäre man noch in der Nähe des Löwengleichnisses in Aen. 9, 339ff.), sondern vor einem Rudel von gleichfalls schlecht beleumundeten Wölfen, mit denen die spanischen Entdeckungsfahrer verglichen werden. Ob die Konsequenzen dieses eben nicht schmeichelhaften Vergleiches dem erzählenden Protagonisten und damit seinem impliziten Autor bewußt waren, bleibe dahingestellt.[54] Jedenfalls wirkt, post eventum betrachtet, der Vergleich fast schon wieder schmeichelhaft für die Inselbewohner, die sofort die beutesuchende Gier der Fremden erkannt und - selbst unbewaffnet, aber mit dem Gelände bestens vertraut - angesichts einer reißenden Wolfsmeute die einzig mögliche Verteidigung durch die Flucht gewählt haben.

Die anschließende Passage, in der von der vorübergehenden Gefangennahme einer pulcherrima virgo berichtet wird, welche die Spanier jedoch, reichlich eingekleidet und geschmückt, wieder freilassen (1, 432ff.),[55] ist narratologisch ebenfalls interessant, da bei der Schilderung ihrer Rückkehr zu ihren Hütten und der Bewunderung, die sie in ihren Kleidern bei den dortigen Bewohnern auslöst (1, 444ff.), der Ich-Erzähler Columbus zum erstenmal die beschränkte Perspektive des homodiegetischen Erzählers verläßt und von einer heterodiegetisch-auktorialen Perspektive aus erzählt.[56] Durch die Erzählungen jenes Mädchens von der Friedfertigkeit der Ankömmlinge überzeugt, kommen die Bewohner Quiqueias aus den Wäldern herbei und helfen bei der Bergung der Ausrüstung und der Vorräte aus dem gestrandeten Schiff (1, 449ff.), wofür sie von den Spaniern mit Geschenken "überhäuft" werden (nos illos donis fessos cumulamus agrestes 1, 457); unter diesen Geschenken befinden sich sieben Krüge und sieben Becher, heroum variis decorata figuris (1, 459), doch geben sie dem Erzähler vorläufig noch keinen Anlaß zu einer traditionell epischen Ekphrasis.[57]

Die weiteren Geschehnisse folgen den aus dem Bordbuch und aus Petrus Martyr bekannten Vorgängen, die freilich in poetischer Lizenz kontaminiert und mit Ereignissen aus späteren Reisen durchsetzt werden (1, 466ff.): Bestaunung der Ankömmlinge durch stets neue Scharen von Inselbewohnern, Errichtung eines Kreuzes, Gebete und Gottesdienst mit Lobgesängen von Priestern (die an der ersten Fahrt noch nicht teilnahmen), Demonstration militärischer Stärke durch Kanonendonner und Aufzug der spanischen Kavallerie (die ebenfalls auf der ersten Fahrt noch fehlte).[58]

Schließlich kommt der rex der Insel, Guacanarillus (hinter dem sich der historische Kazike von Haiti, Guacanagarí, verbirgt), herbei; doch verzichtet er, eingedenk eines Orakels, das ihm einst die einheimischen Götter, die Zemen, gaben, auf Widerstand.[59] Auch hier ist in den Versen 540-546a die homodiegetisch-aktoriale Erzählperspektive nicht strikt gewahrt; doch erzählt Guacanarillus nach dem üblichen Austausch von Geschenken (Gold für Columbus, fette Gänse und andere Lebensmittel für die Matrosen) Columbus von jenen Orakelsprüchen, in denen die Ankunft eines neuen, in Kleidern gehüllten Volkes[60] prophezeit wird, das der Herrschaft der Zemen und der einheimischen Könige ein Ende machen, die Städte und Tempel zerstören und neue Gesetze und eine neue Religion einführen wird und wogegen jeglicher Widerstand zwecklos sein werde (1, 560ff.).[61] Die Anleihen bei Vergil (Bienenprodigium und Prophezeiung des Faunus an Latinus in Aen. 7, 68ff., 96ff.) und das romanisierende Kolorit des Zemen-Orakels werden überlagert durch die Versuche, die spanische Herrschaft in Westindien zu legitimieren und die spanische Administration und ihr oft grausames Vorgehen gegen die Einheimischen implizit zu rechtfertigen: Man bedenke, daß Gambara drei Generationen nach den Ereignissen schrieb, als die erste große Vernichtungswelle schon wieder Jahrzehnte zurücklag und Las Casas bereits seine schonungslose Kritik der spanischen Kolonialpolitik vorgebracht hatte.[62]

Da inzwischen die Sonne ins Sternbild des Taurus eingetreten war, rüstete sich Columbus zur Heimfahrt, entschloß sich jedoch, eine Gruppe von Männern in einer befestigten Anlage zurückzulassen, ut possim gentis mores et cernere regna (1, 589). Diese Maßnahme ergibt sich demnach nicht als Konsequenz aus dem Untergang der "Santa Maria" und dem dadurch verursachten Platzmangel auf den verbliebenen zwei Schiffen, wie es beim historischen Columbus nach Ausweis des Bordbuchs (26.12.1492) der Fall war, sondern wird mit allgemeinen historischen, geographischen und ethnologischen Interessen begründet. In seinen Abschiedsworten an Guacanarillus betont der Erzähler Columbus dann auch nachdrücklich, daß er nicht zu Krieg und Eroberung gekommen sei (1, 609f.), und ermahnt die zurückgelassenen Gefährten, auf seine Rückkehr im kommenden Frühjahr zu warten. Dabei läßt sich in 1, 634 eine erneute Durchbrechung der homodiegetisch-aktorialen Erzählperspektive konstatieren, wenn Columbus von Guacanarillus sagt:

> corde nefas versans se in regia tecta recepit.

Damit antizipiert er in einer für den narrataire zunächst noch undeutlichen Weise die historisch damals freilich längst bekannte Tatsache der Vernichtung der spanischen Siedlung durch die einheimische Bevölkerung von Hispaniola, die er dem Auditorium als vorsätzlich geplanten Mordanschlag Guacanagarís und seiner Untertanen suggerieren möchte.[63]

Die Rückfahrt selbst wird knapp resümiert (1, 636-645) und geht über in den Bericht seiner Begegnung mit den Monarchen, denen er seine Erlebnisse erzählt und die ihm daraufhin Mittel zur Ausrüstung einer neuen Flotte zur Verfügung stellen (1, 650-684). Das 1.Buch endet mit der Schilderung der Vorbereitungen und dem schließlichen Aufbruch zur zweiten Expedition am 25.September 1493 (1, 685-703#).[64]

b) Buch II

Die knappe Exposition des zweiten Buches erzählt in starker Raffung die Fahrt (mit Zwischenstation auf den Kanarien) über den Ozean und durch die Inselwelt der Bahamas (2, 1-40).[65] Dort stößt man mehrmals auf die Spuren von Kannibalen, deren Gebräuche und Lebensweise ein Dolmetscher - einer der zehn Indianer, die Columbus mit nach Spanien gebracht hatte und der ihn auf der zweiten Fahrt wieder begleitet - in einem Lehrvortrag schildert (2, 48-71. 79-11o).[66]

Die Vorstellung von menschenfressenden Völkern ist bereits seit der Antike bekannt und begegnet regelmäßig in mittelalterlichen Reiseberichten und Mirabilia Mundi-Texten;[67] Columbus und spätere Entdeckungsreisende und Schriftsteller (Amerigo Vespucci, Hans Staden, Théodore de Bry, André Thevet, Jean de Léry u.a.) haben die Nachrichten von den anthropophagen Stämmen der Karibik und eigene einschlägige Erlebnisse mit jenen antikmittelalterlichen Traditionen verbunden und jenes Bild von den "Kannibalen" geschaffen, das die Literatur über die Neue Welt bis ins 18.Jahrhundert beherrscht hat.[68]

Die nächste Inselgruppe, die Columbus bei der Vorbeifahrt sichtete, waren
die Antillen-Inseln (per aequora vidi Antilias 2, 128f.), die sagenhaften
Inseln der sieben Städte entsprechend mittelalterlicher Tradition, die in
mehreren Karten des 15.Jahrhunderts in der Mitte des westlichen Ozeans
zwischen Europa und Asien eingezeichnet sind.[69]

Danach fährt er an der ebenso sagenhaften Insel der Frauen vorbei, die ebenfalls seit dem Alexanderroman bis hin zu den Reiseberichten Marco Polos,
John Mandevilles und anderen einschlägigen Texten zu den festen Bestandteilen
mittelalterlicher Geographie gehört. Dabei vermischen sich die traditionellen
Elemente der Überlieferung von einer Insel der Frauen mit jener der Kannibalen,
als deren weiblicher Bevölkerungsteil sie gedacht werden.[70] Diese Insel und
die Gewohnheiten ihrer Bewohnerinnen, die Columbus vom Schiff aus beobachtet
und die er mit den Amazonen der Antike gleichsetzt, werden ihm ebenfalls von
dem Dolmetscher beschrieben, der zuletzt auch den Namen dieser Inseln nennt:
Madanina (2, 130-146).[71]

Die Weiterfahrt (2, 149ff.) führt sie an einer anderen Kannibaleninsel,
genannt Ayay (mit Santa Cruz identifiziert), vorbei (2, 158ff.), über deren
Besonderheiten (Hunde, die nicht bellen und von den Kannibalen kastriert und
später aufgefressen werden)[72] ebenfalls der indianische Dolmetscher berichtet.
Dort kommt es zu ersten Begegnungen und Scharmützeln mit den Kannibalen
(2, 186-223), die Columbus vom Strand aus als Zuschauer beobachtet, wie der
Erzähler betont (2, 209) und damit die Glaubwürdigkeit seiner Erzählungen
verbürgen will.

Nach der Vorbeifahrt an Burichena (Puerto Rico), dessen Bewohner als Feinde
der Kannibalen dargestellt werden (2, 245ff.), landen die Spanier wieder
auf Quiqueia (Hispaniola bzw. Haiti), wo sie die zerstörte Festung La Navidad vorfinden, jedoch vergeblich nach der zurückgebliebenen Besatzung suchen
und deshalb eine Gesandtschaft zum Kaziken Guacanagarí (Guacanarillus) ent-
senden (2, 266-300).

Soweit folgt Columbus' Erzählung dem historischen Ablauf der Ereignisse, wie
Gambara sie bis in die Einzelheiten zu Beginn von Buch II der Ersten Dekade
von Petrus Martyr finden konnte.[73] Auch die Suche nach den zurückgebliebenen
Gefährten erzählt Columbus strikt aus homodiegetischer Perspektive, wobei
seine Erzählhaltung zwischen aktorial[74] und auktorial[75] variiert und er
sein begrenztes Erzählerwissen deutlich artikuliert.[76]

Episierung und Romanisierung dringen im weiteren Verlauf vor allem durch in
den Beschreibungen der Kämpfe, welche die zurückgelassene spanische Besatzung
bei der Zerstörung der Festung La Navidad auf Hispaniola und ihrer Nieder-
metzelung durch die Bewohner der Insel führen mußte. Diese Vorgänge, die
sich während Columbus' Abwesenheit ereignet hatten, werden von Columbus, wie
soeben angedeutet, in der Form eines langen Botenberichts (2, 301-372) erzählt, den er wörtlich wiedergibt und in den die Antwort von Guacanarillus
in direkter Rede eingeschaltet ist (2, 308-370).[77] Diese Art der Berichterstattung ist typisch für das antike Epos und erinnert hier vor allem an den
Bericht des Venulus von seiner Gesandtschaft zu Diomedes und der Wiedergabe
von dessen Antwort in Aen. 11, 243ff. Daneben ist der Bericht, der weiterhin
im wesentlichen Petrus Martyr folgt, inhaltlich mit zahlreichen Übernahmen
aus Vergils letzten Aeneis-Büchern durchsetzt, so daß jenes Gemetzel zwischen
Indianern und den um ihr Leben kämpfenden spanischen Besatzern die Dimensionen einer heroischen epischen Schlacht annimmt (2, 324ff.).

Während Columbus hierauf einen gewissen Melchior Maldonado[78] zu Guacanarillus
entsendet, der dabei den später so genannten Hafen Puerto Real entdeckt (2,
377ff.)[79] und Alonso de Hojeda (Hoieda) und Ginés de Gorbolán (Corlanus) auf
einer Expedition das Landesinnere erkunden läßt (2, 417ff.), bei der sie
sieben Flüsse, darunter drei goldführende, entdecken, gründet er selbst die
erste Stadt in der Neuen Welt, die er Isabela nennt (2, 410ff.), sowie
mehrere castra, darunter das strategisch wichtige Santo Tomás, und erbaut
eine Kirche für die Hl.Drei Könige (2, 426ff.).[80]

Daran schließt die Erzählung von seiner Erkundungsfahrt durch die westindische Inselwelt an (2, 439-768), die er vom 24.April bis 29.September 1494
unternahm und auf der er vor allem Jamaica und Cuba erforschte.[81] Jamaica
wird mit der bei Gambaras Columbus stereotypen Ekphrasis vorgestellt als
(2,451f.)
             Iamaica dives
     Hortorumque simul vario laetissima cultu

und seine Einwohner werden als ein in den Kämpfen mit den Kannibalen kriege-
risches Volk beschrieben, das den Spaniern die Landung verwehrt, bis es endlich zu friedlicher Kontaktaufnahme kommt (2, 471f.). Doch auch hier ist die
Chronologie nicht eingehalten: Columbus segelte am 29.4. von der NW-Spitze
Hispaniolas (Hafen St.Nikolas) zur SO-Spitze Cubas (Kap Alpha und Omega),
dann vom 30.4. bis 2.5. entlang der Südküste Cubas bis zum Kap de Cruz,
drehte dann nach SSO und SSW und landete am 5.5. an der Nordküste Jamaicas

(St.Gloria/St.Anna's Bay); zwischen dem 6. und 12.5. hielt er sich an der
Nordküste Jamaicas auf, an der entlang er nach W segelte, und nahm am
13.5. wieder Kurs nach N zum Kap de Cruz und segelte dann ab 14.5. entlang
der West- und Südwestküste Cubas.[82] Gambara läßt seinen Protagonisten
Columbus die erste Landung auf Jamaica v o r der Landung auf Cuba erzählen
und endet die Perikope mit dem zweiten Aufenthalt auf Jamaica (21.7.-19.8.
1494), wodurch sich eine geschlossenere Komposition ergibt.[83]

Größeren Raum nimmt die Erzählung von Cuba ein (2, 478-734), die ebenfalls
getreulich dem Text von Petrus Martyr[84] folgt. Die kurze Szene, in der die
Spanier bei der Landung ein von den Bewohnern fluchtartig verlassenes
Barbecue mit Fischern und Reptilien am Holzkohlengrill finden (2, 485f.),
öffnet für den Erzähler den Weg, um wie Petrus Martyr zu einem großen und
gelehrten Exkurs über die Natur der Insel und ihre Bewohner, ihre Fauna und
Flora auszuholen. Hier bewegen sich Gambara und sein Protagonist-Erzähler
Columbus im didaktischen Genre, das sich zwar am Modell der vergilischen
Georgica orientiert, jedoch auch ins antike heroische und mythologische
Epos Eingang gefunden hat und noch stark die "theoretische Neugierde"[85]
des Entdeckers widerspiegelt, der durch die neuen Dinge selbst noch fasziniert ist und sie staunend an seine Zuhörer weitererzählt. Der Schlangen-
exkurs im 9.Buch von Lucans Bürgerkriegsepos[86] ist eines der Beispiele, die
auch für Gambara vorbildwirkende Geltung besaßen. Im folgenden handelt es
sich allerdings um einen nur kurzen Abschnitt über serpentes[...] qui non
inmittunt[...]letale venenum (2, 492f.), mit denen offensichtlich die Leguane
gemeint sind, die als regius cibus (2, 496) galten und bei den zeitgenössischen Autoren über die Neue Welt große Aufmerksamkeit erregten.[87] Daran
schließt sich die wieder stereotype Beschreibung der Bewohner (2, 505f.)

> Ingenio felix est gens et mitis et expers
> Armorum: sua rura colunt[...]

die in Vers 511 in eine Beschreibung der Landschaft übergeht. Besonders ausführlich schildert Columbus dann eine spezifisch indianische Form des Fisch-
fangs (2, 532-585), wofür die Eingeborenen einen eigens dazu abgerichteten
Jagdfisch (Echeneis naucrates oder remora) verwenden.[88] Ausdrücklich kündigt er diesen Exkurs an mit den Worten (2, 532):

> Sed tibi nunc mirum dicam dignumque relatu,

wodurch die Beschreibung als didaktischer Exkurs in die Nähe der tradierten
Mirabilia-Mundi-Geschichten gerückt und gleichzeitig die vorausgesetzte

Erzählsituation erneut thematisiert wird.

Die folgende Erzählung von der Fahrt durch das "Milchmeer" (2, 605ff.), der Begegnung mit den weißgekleideten Alten (2, 620ff),[89] dem Auffinden wildwachsender Weinreben (2, 632ff.), dem Zusammentreffen mit einem anderen Stamm, dessen Sprache die Spanier nicht mehr verstehen können (2,645ff.),[90] den Perlenmuscheln (2, 661f.), dem Schildkrötenschwarm (2, 702ff.), dem Geschenk duftender Tauben (2, 714ff.) bis zur zweiten Landung auf Jamaica (2, 737ff.) und der Rückkehr nach Hispaniola (2, 769ff.) lehnt sich ebenfalls eng an den Schluß der Dekade I 3 von Petrus Martyr an; sie wird lediglich unterbrochen durch den fiktional gestalteten Einschub der Landung auf einer der zahlreichen Cuba vorgelagerten Inseln (2, 670-700) - die Schiffe waren leck, die Vorräte verfault, die Mannschaft durch Unwetter und Hunger erschöpft, so daß Columbus in einem Gebet, das natürlich erhört wird, die Jungfrau Maria um Hilfe anfleht[91] und seinen Gefährten in einer kurzen Ansprache wieder Mut macht - und eine neuerliche didaktische Ekphrasis über die staatliche Gemeinschaftsform, in der jene Bewohner Cubas lebten (2, 723-734):[92] ein primitiver, friedlicher Kommunismus ohne Waffen und ohne hierarchische staatliche Organisation, wie es dem Ideal der Goldenen Zeit entspricht.[93]

Nach Hispaniola zurückgekehrt, veranlaßt Columbus die Ausbesserung der Schiffe, erkrankt aber schwer und wird in seine Gründung Isabela gebracht, wo er nach seiner Genesung die Rückfahrt nach Spanien plant, um von dort neue Nahrungsmittel und Saatgut zu importieren (2, 769-786). Doch vorher, so kündigt er an,[94] wolle er erzählen, was sich noch auf Hispaniola ereignet habe.

Dieser letzte Abschnitt des 2.Buches handelt von den Kämpfen mit dem aufständischen Kaziken Caonabò, der für die Zerstörung La Navidads und die Tötung der spanischen Besatzung verantwortlich war, und dessen endgültiger Niederwerfung und Gefangennahme (2, 788ff.) und ist erneut durch kunstvolle antike epische Stilisierung gekennzeichnet: Die Spanier schicken eine Gesandtschaft an den Häuptling, um ihm ein Friedensangebot zu unterbreiten; doch auch von anderen Stammeshäuptern kommen Gesandte zu ihm, die sich über die Herrschaft der Spanier beklagen. Caonabò schickt seinerseits Gesandte aus, von denen einer in einer langen Rede zum Widerstand gegen die Spanier aufruft (2, 842-881) und damit große Wirkung erzielt. Solche klassischen Eposszenen mit ihrer ausgewogenen Struktur, ihren kunstvollen Vergleichen[95] und ihrer hochstilisierten Sprache verfremden die Darstellung der Vorgänge, wie sie sich in Wirklichkeit abgespielt haben müssen und wie wir sie zum Teil aus zeitgenössischen Quellen und Augenzeugenberichten kennen.[96] Es überrascht daher nicht, daß gerade in diesem Abschnitt, in dem Aktivitäten auf beiden Seiten berichtet werden, der Autor Gambara seinen Erzähler nicht immer auf dem angemessenen narratologischen Pfad hält und ihn, sozusagen in der Hitze des Gefechtes, gelegentlich Dinge erzählen läßt, die dieser als homodiegetischer Ich-Erzähler nicht wissen dürfte.[97]

Das 2.Buch endet mit einer konventionellen epischen Szene (2, 943ff.): einem Sturm,[98] genauer der Schilderung des ersten tropischen Hurrikans, den die Spanier erlebten und der durch den erzwungenen Neubau der Schiffe die Abfahrt bis März 1496 verzögerte.[99] Gambaras Columbus berichtet jedoch nichts über die zwischen der Rückkehr von der zweiten und dem Aufbruch zur dritten Reise liegenden zwei Jahre, nichts über die Anschuldigungen durch Fra Buil und Mosén Pedro Margarit, nichts über seine schwierige Situation und die Mühe, die es ihn kostete, erneut eine Expedition zu organisieren,[100] sondern schließt mit König Ferdinands Entscheidung, eine neue Flotte auszurüsten, und dem Aufbruch zur 3.Reise, den er als homodiegetisch-auktorialer Erzähler mit einer Andeutung der bevorstehenden Konflikte kommentiert (2, 980-982):

> [...]mala et aspera sed fors
> Quiqueiae nobis inimicas detulit oras,
> Roldanus quas et socii ditione tenebat.

c) Buch III

Auch das 3.Buch wird vom Erzähler mit einem stark raffenden Referat seiner Ozeanüberquerung eingeleitet, die ihn diesmal von Madeira[101] über die Kanarischen und Kapverdischen Inseln nach Trinidad führte.[102] Plastisch ist dabei die Schilderung der drückenden, alles lähmenden Hitze in den windstillen Roßbreiten, in die Columbus' Flotte während der Überfahrt im Juli geriet: eine Erfahrung, die er vorher noch nicht gemacht hatte und die ihn sein Autor Gambara in die Hexameter des antiken Lehrgedichts kleiden läßt (3, 22-30):

> Atque viam tenuit vasti maris aerea pinus
> Australis tandemque in fervida marmora ponti
> Rumpimus. Hic calor Austrinus membra, ossa, medullasque
> Intrabat, nec erat requies. Nam mole fluebat   25
> Corporea immundus sudor calefactus, et aer
> Pene ipsa urebat cava vela, gravisque carinas
> Vexebat fessas pelagi sine murmure fervor,

> Atque cados aestus scindebat et arida transtra:
> Navita nec poterat tantos perferre calores.   30

Auch hier bringt ein Gebet an Gottvater und die Jungfrau Maria (3, 40-52) den sehnlichst erwarteten Wind, der sie ihre Fahrt nach Westen fortsetzen läßt, bis endlich ein gewisser Mendez[103] vom Mastkorb her ausruft (3, 77f.):

> longe se cernere terram,
> Quae montes ternos monstrat silvamque comantem.

Die anschließende Erzählung von der Landung auf Trinidad und den ersten Kontakten mit den Bewohnern (3, 79-143) hält sich wieder bis in die Einzelheiten an den Bericht bei Petrus Martyr,[104] angereichert mit stereotypen Bemerkungen wie (3, 79-81)

> Quo laeto clamore dolor procul abfuit omnis
> Et solitae vires animo rediere abiitque   80
> Pallidus ore color nosque anxia cura reliquit.

Daselbe gilt von dem ganzen folgenden Abschnitt (3, 144-236), der die weiteren Stationen der Reise bis zur Landung auf Hispaniola berichtet: Die Fahrt durch die Boca del Dragón (3, 144ff.) sieht der Erzähler analog zur Fahrt von Aeneas durch Scylla und Charybdis (<u>Aen</u>. 3, 420ff.), die Insel Margarita nennt er an derselben falschen Stelle zwischen den Bocas del Dragón und der Halbinsel Paria wie Petrus Martyr,[105] das Süßwassergebiet im Golf von Paria wird in einer kurzen Ekphrasis (3, 158ff.) als Besonderheit hervorgehoben,[106] aber nicht mit der Orinokomündung in Zusammenhang gebracht, die diversen Landungen an Parias Küste werden in poetischer Lizenz zusammengezogen (3, 169ff.) und auf zwei wesentliche Punkte beschränkt: Gold- und Perlenschmuck bei den Eingeborenen und Vorkommen von Wein (3, 196-198):[107]

> Alba ferunt necnon et vina rubentia secum,
> Non uvis expressa, tamen gratissima vina,
> Fructibus innumeris facta et pluvialibus undis.

Mit besonderem Interesse notiert Columbus, daß die Eingeborenen hellhäutig waren (<u>sunt albi indigenae</u>, 3, 199), bringt dies jedoch nicht in Verbindung mit dem dahinterstehenden Gedanken, daß es sich folglich um Bewohner Asiens handeln müsse und er also endlich in Indien gelandet sei.[108] Ebensowenig erwähnt Gambaras Columbus auch nur mit einem Wort die Überzeugung seines historischen <u>alter ego</u>, er habe hier das Irdische Paradies gefunden, auf das die äußeren Umstände - hohe Berge, Ströme frischen Wassers von den vier Paradiesesflüssen, Abgeschlossenheit am Rande eines noch unerforschten Kontinents, d.h. ganz im Osten Asiens, und eben auch die hellhäutigere Bevölkerung - in Kombination mit den Stellen aus den biblischen und spätantik-

mittelalterlichen Autoritäten hinwiesen.[109] Der Hauptgrund mag jedoch darin
liegen, daß Gambaras Vorlage Petrus Martyr an dieser Stelle, d.h. im Kontext
der Erzählung von Columbus' Erkundungsfahrt entlang der südamerikanischen
Küste, nichts davon bringt, sondern erst später, gegen Ende des 6.Buches
der ersten Dekade, des Admirals Festhalten an der Theorie vom Irdischen
Paradies deutlich kritisiert und als Fabeleien abtut.[110] Dabei ist gerade
das Festhalten des historischen Columbus an der Anschauung vom Irdischen
Paradies ein integraler, durch seine Lektüren (Marco Polo, John Mandeville,
Pierre d'Ailly u.a.) gefestigter Bestandteil seines mittelalterlich geprägten Weltbildes, der seine Perzeption des von ihm entdeckten otro mundo steuerte und ihn bis an sein Lebensende in der Überzeugung verharren ließ, einen
unbekannten Teil des asiatischen Kontinents, nicht aber einen völlig neuen,
vom asiatischen Festland unabhängigen, zwischen den europäischen und asiatischen Landmassen sich erstreckenden Erdteil entdeckt zu haben.[111]

Die Landung auf Hispaniola gibt dem Erzähler Gelegenheit zum längsten Exkurs
des ganzen Epos: Er ist eben jener Insel (Hispaniola, Haiti, Quiqueia)[112]
gewidmet, dem ersten und wichtigsten Stützpunkt der spanischen Kolonialherrschaft in der Neuen Welt. Der Exkurs erstreckt sich über 472 Verse
(3, 237-708) und wird mit einer besonderen proömiumähnlichen Ankündigung
eingeleitet (3, 237f.):

> Pauca super celebri dicam, Perenotte, Quiqueia,
> Has inter fama quae non est ultima terras.

Die ganze Beschreibung ist getragen von dem naturgeschichtlichen, geographischen, ethnologischen und anthropologischen Erkenntnisinteresse des
Wissenschaftlers und Entdeckers und atmet wie kein anderer Abschnitt von
Gambaras Epos den Geist der neuen Zeit. Dieser Exkurs legt Zeugnis ab für
die gelehrten Bestrebungen und die intellektuelle Neugier der Humanisten
und ist als solcher eine Rückprojektion von Gambaras eigenem intellektuellen
Ambiente der Zeit um 1580 auf den Protagonisten der Entdeckung der Neuen
Welt. Denn obwohl der historische Columbus sich lebhaft interessierte für
die Natur und Menschen der von ihm entdeckten Länder, tragen seine Beschreibungen der Naturschönheiten, seine ständigen Vergleiche der neu entdeckten
Länder und Inseln mit der andalusischen Heimat und das Lob der friedfertigen,
lernwilligen und leicht erziehbaren Bevölkerung deutlich apologetische Züge.
Diese erklären sich aus dem völligen Mißlingen seines eigentlichen Ziels
und Plans, nämlich einen kürzeren und einfacheren Seeweg zur Beschaffung
von Gold aus Asien zu finden als es den Portugiesen mit der Umschiffung

Afrikas und der Entdeckung des östlichen Seewegs nach Indien gelungen war. Das wenige Goldblech und der sonstige Flitterkram aus Gold, den er von seiner ersten Reise mit nach Spanien brachte, konnten nicht über seinen Mißerfolg hinwegtäuschen, daß er eben n i c h t Indien gefunden hatte und der ganze finanzielle und organisatorische Aufwand nutzlos erscheinen mußte. Wir wissen nicht, ob er sich selbst betrogen vorkam[113] oder Angst hatte, die Katholischen Könige könnten sich von ihm betrogen fühlen. Jedenfalls dienten sein Brief an den Verwalter der königlichen Privatschatulle von Aragon, Luis de Santangel, und die für den Hof bestimmte ausführliche Dokumentation in seinem Bordbuch vorrangig dem Ziel, den Eindruck eines Mißerfols zu verwischen und sich als Entdecker gewinnträchtiger neuer Kronländer und Untertanen zu profilieren.[114]

Nichts von dieser apologetischen Haltung findet sich beim Erzähler Columbus in Gambaras Epos: Er unterrichtet aus Freude am neu erworbenen Wissen die anderen, denen es nicht vergönnt war, jene Erfahrungen selbst zu machen; er schließt sich dabei eng an Petrus Martyr, die Hauptvorlage seines Autors Gambara, an und präsentiert seine Kenntnisse als der kundige und überlegene Wissenschaftler des Typs, den das 15. und 16.Jahrhundert hervorgebracht haben.

Nach einer einleitenden Bemerkung über die Gestalt der Insel, die er mit einem Kastanienblatt vergleicht,[115] und ihre gens natura facilis (3, 242), deren facilitas er aus der fast selbstverständlichen Übernahme christlicher Riten durch die Einwohner während seines Aufenthalts ableitet,[116] gibt er eine genaue Beschreibung der Natur der Insel, ihrer Bodenschätze - vor allem des Goldes, das man dort in den Bergen und Flüssen findet (3, 266ff.) -, der Vegetation und der Tierwelt, um dann ausführlich die besonderen Techniken des Vogelfangs vorzustellen (3, 316-390), den die Einheimischen mit Hilfe von Kürbissen (3, 327ff.), mit Pfeil und Bogen (3, 365ff.) und mit Laub und Zweigen (3, 369ff.) betreiben.[117]

Besonderes Interesse erregt die Lebensweise einer Gruppe der Inselbevölkerung, der Zavanae, die als bäurisch-wildes Volk beschrieben werden (3, 412-439), das in den Bergen in Höhlen wohnt und sich von wilden Früchten nährt, ohne Ackerbau zu betreiben oder andere Formen der Kultur zu kennen: Nicht einmal der Sprache sollen sie sich bedienen (3, 431), wodurch der Mensch sich bekanntlich von den Tieren unterscheidet.[118] Am merkwürdigsten ist jedoch, was Columbus über die Liebe bei diesem Bergstamm zu berichten weiß (3, 422-430):

>   Postquam Vesper adest nostrisque supervenit umbra,
>   Illic errat amor: Sed non nova cura quietem
>   Sollicitat, non bella movet, non cogit amantes
>   Ad letum informe aut ferro per pectus adacto   425
>   oppetere aut cum porta tonat resonantis Olympi
>   Turbatos penetrare sinus veniente procella.
>   Hic amor est semper simplex et semper inermis
>   Gaudia nec miscet curis. Hic nullus amanti
>   Invidet aut aliquam simulans spe ludit inani.   430

Diese seltsamen Verse schildern uns einen Volksstamm, der nicht nur hinsichtlich seiner äußeren Lebensbedingungen in einem vor-zivilisatorischen Zustand verkehrt, wie ihn Lukrez im fünften Buch seines Lehrgedichts (931ff.) ausführlich schildert, sondern auch hinsichtlich der Liebe gleichsam in einem Goldenen Zeitalter[119] lebt: Es ist eine friedliche Liebe ohne Eifersucht, ohne Gefühlsausbrüche, ohne Irrungen und Wirrungen und die aus solcher Eifersucht erwachsenden Folgen wie Feindschaft, Mord und Krieg. Die Verse atmen lukrezianischen Geist, sie beschreiben eine ursprünglich-primitive und gleichzeitig ideale, weil leidenschaftslose Form der Liebe, wie sie von dem römischen Lehrdichter im vierten Buch von De rerum natura (1058ff.) propagiert wurde. Andrerseits kontrastieren sie mit einem Verständnis von Liebe als Kunst und Leidenschaft, von Eros als dem "bittersüßen" (glykypikron), wie Sappho[120] ihn bereits genannt hatte. Diese Idee zieht sich durch die griechische und römische Literatur bis hin zu Catulls Vers dulcem curis miscet amaritiem (c. 68, 18) und dem berühmten Oxymoron des odi et amo (c. 85); sie läßt sich in Vergils Eklogen in der Schilderung des saevos amor,[121] in der römischen Liebeselegie mit den Themen des durus amor und des servitium amoris und im Bild von der Liebe als Krieg und Kriegsdienst[122] und in der griechischen Anthologie weiter verfolgen.[123] Aus den Worten von Columbus (und seines poeta creator Gambara) spricht der kultivierte Literat, der humanistische Kenner der Antike, der lukrezianische Lehrdichter, der die Ausbildung der Formen des Eros als eine der wesentlichen Stufen der menschlichen Kultur ansieht, und der Historiker der Zivilisation, nach dessen Meinung ein Volk, das die Liebe nicht kultiviert, auch selbst keinen Anspruch auf Kultur und Zivilisation erheben kann.[124] Die Verse sind aber zugleich auch Zeugnis für Lukrezens Empfehlung, man solle lieber das wählen, quae sunt sine poena commoda (4, 1074), und verraten eine kritische Haltung gegenüber den Auswüchsen der Zivilisation und des abträglichen Gebrauchs jener positiven Kräfte von Freude und Vergnügen im Lauf der Geschichte der Menschheit.

Die Beschreibung der Insel kulminiert ab Vers 440ff. in der Schilderung eines Zustands, wie er einst in der Goldenen Zeit gegeben war, und vermischt sich mit den Zügen des biblischen Paradieses, das in der literarischen Tradition der Spätantike mit der Terminologie des Goldenen Zeitalters beschrieben wurde.[125]

Die Suche nach dem Irdischen Paradies beherrschte den historischen Columbus bekanntlich auf all seinen Reisen, und auf der dritten Reise meinte er endlich, auf dem südamerikanischen Kontinent das Irdische Paradies, d.h. die Stätte, an der sich einst das Paradies der Bibel erstreckte, gefunden zu haben.[126] Der Gedanke eines Irdischen Paradieses, das trotz der Vertreibung des ersten Menschenpaares noch irgendwo im Verborgenen, den Menschen unzugänglich, bestehen müsse, war eine das ganze Mittelalter hindurch verbreitete theologische Vorstellung, die in zahlreichen spätmittelalterlichen Enzyklopädien weitertradiert wurde. Columbus dürfte sie in der Ymago Mundi des Pierre d'Ailly gefunden haben, der das Paradies im äußersten Osten lokalisierte.[127] Da Columbus bekanntlich glaubte, an der Ostspitze Asiens angekommen zu sein, und da auch die sonstigen Kennzeichen, wie sie in der gelehrten Literatur des Mittelalters überliefert wurden, zuzutreffen schienen, war der historische Columbus von der Identifikation der Nordküstenlandschaft des (von ihm als solchen nicht erkannten) südamerikanischen Festlandes mit dem Irdischen Paradies überzeugt.

Gambaras literarischer Columbus überträgt die Züge des Irdischen Paradieses auf die Ekphrasis der Insel Haiti und verbindet in der für seinen Autor typischen Manier die mittelalterliche theologische Tradition mit dem auch von den Humanisten aufgenommenen Konzept des irdischen Paradieses, das in der Renaissanceliteratur, vor allem in den utopischen Entwürfen von Thomas Morus' Utopie-Insel über Campanellas Sonnenstaat und Schnabels Insel Felsenburg bis hin zu Klopstocks Gelehrtenrepublik, weiter ausgearbeitet wurde.[128] In besonders kennzeichnender Weise, die geradezu als Phänomen des ideologischen Synkretismus bezeichnet werden kann, präludiert der spätantik-christlichen Evozierung des Irdischen Paradieses, die ihrerseits in Formulierungen der heidnisch-antiken Goldenen-Zeit-Vorstellung gekleidet ist, der an Lukrez, den Atheisten, erinnernde kulturhistorische Exkurs über Eros als Kulturform und Kulturträger, der hier als Negativfolie für den nicht zivilisierten, kulturlosen Bergstamm auf Haiti entfaltet wird.

Die mittelalterlich-theologische Denk- und Vorstellungswelt von Gambaras Columbus (und damit die des Autors selbst) wird im folgenden dadurch gestei-

gert, daß das Bild Haitis als des irdischen Paradieses eine spirituelle
Exegese erfährt, die den in der spätantiken christlichen Poesie[129] geläufigen
exegetischen Praktiken nachgebildet ist (3, 474-486):

> Letalis tamen est illis in partibus arbor:
> Cuius si frondes seu vir seu foemina tangat,   475
> Immittunt solo tactu letale venenum
> Ossibus et papulae apparent ceu verbera toto
> Corpore: Mox sese torquens (miserabile) vitam
> Efflat et ore petit terram, velut arbor ab alto
> Tacta polo. Sed salsa potest per membra dolorem   480
> Infusum virusque simul pestemque levare
> Unda maris, pelagi si membra immerserit undis.
> Quin etiam illa hominem solo necat arbor odore,
> Naribus hunc si quis captet. Non stipitis huius
> Accenso quisquam tecti penetralia trunco   485
> Me moneat suffire manu vel tangere frondes.

Die Allegorisierung Haitis als des wiedergefundenen Paradieses kulminiert in
der Beschreibung eines Baumes mit giftigen Blättern, deren Berührung dem
Menschen qualvolen Tod bringt; nur ein sofortiges Untertauchen im Wasser des
Meeres kann ihn davon erretten. Die Allegorese des Baumes als des Paradies-
baumes mit den verbotenen Früchten, der Todeskrankheit als Sünde und des
rettenden Bades im Meer als Taufe: diese Interpretationssignale sind zu
evident, um nicht vom fiktiven Auditorium und überdies von jedem zeitgenössischen Leser sofort verstanden zu werden. Darüber hinaus wäre zu bedenken,
ob mit diesen Versen nicht implizit auf die nach verbreiteter Ansicht aus der
Neuen Welt eingeschleppte Krankheit angespielt ist, der Girolamo Fracastoro
in seinem erstmals in Verona 1530 gedruckten Epos den antikisierend-mytholo-
gischen Namen <u>Syphilis</u> gegeben hat. Jedenfalls findet sich dort im Mythos
am Ende des zweiten Buches (2, 402ff.), in dem die Entdeckung der Queck-
silbertherapie erzählt wird, eine vergleichbare Symbolik, die eine spirituelle Exegese im Sinne einer Taufwasser-Allegorese nahelegt.[130]

Die folgenden Themen in Columbus' großem Haiti-Exkurs sind teilweise nur
lose miteinander verknüpft und verstärken den Eindruck, daß Gambara lediglich verschiedene Abschnitte, die er bei Petrus Martyr vorfand, metrifiziert
hat. Der Reihe nach läßt er seinen Erzähler Columbus die geläufigen Goldenen-
Zeit-Topoi behandeln: den friedlichen Charakter der Bewohner, die in einer
<u>pax aurea</u> leben (3, 513), die nur von gelegentlichen Überfällen der Kanni-
balen gestört wird,[131] das Fehlen von Habsucht und Gewinnstreben, von
Handel und Verkehr, da in einer Form des primitiven Kommunismus kein Privat-
eigentum bestehe (3, 517-526):

> Omnia sunt illis communia gentibus, ut Sol
> Et Luna est, nec plura petunt quam cogat egestas
> Castraque nec cingunt muris nec sepibus hortos,
> Nec quisquam novit sua praedia: Multa supersunt   520
> Iugera, queis campis committere semina possent.
> Non vendunt nec emunt rerum nec pondera norunt
> Metiri nec res ullas. Non dividit agros
> Terminus aut demens discordia fratribus unquam
> Aut consanguineis incessit nullaque tangit   525
> Hos cura indigenas animus nec fluctuat ira.[132]

Daran schließt sich ein Abschnitt über die Stellung der Frauen, besonders jener des Königs, und die Erbfolge in weiblicher Linie (3, 531ff.) gefolgt von vermischten Nachrichten über Pflanzen (Weintrauben, Baumwolle, Rüben, Kürbisse, Palmen und andere Fruchtbäume, Mais), Schiffe und Geräte der Eingeborenen (3, 577ff.), ferner über die von den Spaniern selbst eingeführten Tiere und Weinreben, die dort besser gedeihen als in Europa (3, 630ff.), und schließlich über die religiösen Anschauungen und Gebräuche der Einwohner (3, 661ff.), die der Erzähler von seiner europäisch-christlichen Perspektive aus nicht anders denn als verabscheuungswürdigen Aberglauben deuten kann[133] und die ihn zu einem der wenigen epischen Vergleiche inspirieren (3, 664-669):

> Ducebant miseri vitam sine numine vero:
> Haud secus ac puppis, valido quae fertur ab Austro   665
> Per maris Ionios fluctus perque alta Charibdis,
> Nec sit qui clavum regat obliquetque carinam,
> Ingenti cum immane furens Notus urgeat unda
> In syrtes scopulosque rates pelagique procellas.

Dennoch berichtet er kurz von den indianischen Göttern, den Zemen, welche den Eingang zu einer Höhle bewachten, von der Sonne und Mond ausgegangen seien, wie der indianische Mythos erzählt, und vom nächtlichen Umherfliegen der Seelen der Verstorbenen (3, 670ff.).[134]

Zum Abschluß jenes langen Exkurses über Haiti und seine friedliche und glückliche Bevölkerung fügt Columbus die Kunde hinzu, die ihn von der Wunderquelle auf der Insel Bouca erreicht habe, deren Wasser die Menschen wieder verjüngen kann (3, 699ff.):

> Aequoribus est his etiam Bouca insula parva,
> Nobilis est quae fontis aqua mitique locorum   700
> Temperie. Cuius si quis de fonte liquores
> Hauserit ante diem, subito fugit aegra senectus
> Atque novum veluti in florem conversa virescit
> Integer et sanguis venis fluit[...]

Die Vorstellung von einem Brunnen oder Wasserlauf, der Kranke heilen oder das Leben verlängern kann, ist seit der heidnischen Antike nachzuweisen, hat aber auch Wurzeln in der biblischen Tradition der vier Paradiesesflüsse, die in der spiritualen Exegese der Kirchenväter bildlich auf Christus als fons vitae gedeutet und zu Symbolen der Taufe werden.[135] Im Mittelalter entwickelte sich darauf die Vorstellung von einem Jungbrunnen, der älteren Menschen die Jugend zurückgeben kann. Dabei lassen sich zwei Typen unterscheiden: zum einen der Brunnen, in dem sich alte Frauen verjüngen, so daß sie wieder aussehen wie junge Mädchen und anziehend auf Männer wirken, zum andern der Brunnen, in dem sich alte Männer - entweder allein oder zusammen mit den Frauen - verjüngen und so nicht nur ihrem Körper erneut ein jugendliches Aussehen geben, sondern auch ihre sexuelle Potenz zurückgewinnen.[136] Beide Typen, der Jungbrunnen und der Liebesbrunnen, begegnen oft in mittelalterlicher fiktionaler Literatur wie dem Alexanderroman,[147] der Legende vom Priester Johannes,[138] dem Reisebericht von John Mandeville,[139] dem Fabliau de Coquaine (12.Jh.) oder dem Romanzo di Fauvel.[140] In der Renaissance erregte das Thema erneut großes Interesse, nicht nur in der Literatur, sondern auch in der Malerei, doch wurden die beiden Typen nicht selten miteinander vermengt.[141]

Offensichtlich auf Grund seiner Kenntnis dieser Überlieferungen fühlte sich der Spanier Ponce de Leon, der 1493 mit Columbus' zweiter Expedition nach Hispaniola gekommen und von 1509 bis 1512 Gouverneur auf Puerto Rico gewesen war, von Erzählungen der Arawaks über einen Jungbrunnen auf der Insel Bouica oder Bimini (dem heutigen Florida) so angezogen, daß er 1513 zur Suche nach diesem Jungbrunnen aufbrach, freilich ohne ihn wirklich zu finden. Dafür erforschte er die Küste des von ihm erstmals entdeckten und so genannten 'Florida' (das er jedoch für eine Insel hielt) vom Nordosten bis in die Bucht von Tampa, mußte allerdings, von streitbaren Bewohnern ständig verfolgt und angegriffen, unverrichteter Dinge wieder zurückkehren.[142]

Gambara kannte die Sage vom Jungbrunnen in der Neuen Welt aus Petrus Martyr, Dec. II 10 und VII 7;[143] an dieser zweiten Stelle vergleicht Petrus Martyr die Wirkung der Quelle mit der Häutung einer Schlange, ein Vergleich, den Gambara seinen Erzähler übernehmen läßt (3, 704-708). Während Petrus Martyr bei der ersten Erwähnung des Jungbrunnens von Florida in der 1514 geschriebenen 2.Dekade jedoch noch skeptisch ist und meint, er könne der Natur eine solche Kraft nicht zusprechen, da man sonst auch die Geschichte von der Verjüngung von Medeas Vater Aison und andere antike Überlieferungen für wahr

halten müsse, räsonniert er zehn Jahre später in VII 7 ausführlich über
die Heilkraft dieser Quelle und ist geneigt, diesen Berichten eher Glauben
zu schenken, wenn er freilich seine Bedenken hinsichtlich des Nutzens einer
solchen Lebensverlängerung angesichts der von Gott dem Menschen gesetzten
Grenze des irdischen Lebens nicht unterdrücken kann.[144]

Gambaras Columbus zieht sich elegant aus der Affäre, indem er kein Urteil
über die Wahrheit dieser Berichte abgibt, sondern erklärt, obwohl er die
Quelle gerne aufgesucht hätte, sei sie ihm doch zu weit entfernt gewesen,
als daß er auch dorthin noch hätte fahren können (vv. 709-718):

>   Mens erat hunc mihi certa locum fontemque videre
>   Illius et latices haurire et membra salubri   710
>   Tingere lympha, aevo ut longo multoque labore
>   Iam lapsum florem aetatis nunc rursus habere
>   Hac possem meque ut morbo turpique podagra
>   Eriperem, quae me, seu Sol iam dimovet oris
>   Aethereis nigrantem umbram seu candida secum   715
>   Luna vehit caelo radiantia sidera, torquet.
>   Non potui has ratibus sedes accedere: namque
>   Distabat longo felix haec insula cursu[...]

Dieser kunstvoll aufgebaute Abschluß der langen didaktischn Digression über
Haiti und des dritten Buches insgesamt [145] nimmt mit dem Gedanken der wiedererlangten (oder gar ewigen) Jugend noch einmal die Thematik der Goldenen
Zeit und des biblisch-irdischen Paradieses auf, evoziert freilich mit der
Vorstellung des Untertauchens im heilkräftigen Wasser auch nochmals die
Sünden- und Taufsymbolik der oben zitierten Verse 474ff. über die letalis
arbor und das heilende Bad im Salzwasser des Meeres. Columbus präsentiert
sich dem Leser erneut als ein Forscher, der die antike und mittelalterliche
Tradition (hier: des Jungbrunnens) kennt und sie mit den theologischen und
spirituellen Exegeseformen jener Zeit verbinden kann. Er ist andrerseits
aber, ganz im Sinne des Petrus Martyr von 1524, ein Mensch der neuen Zeit,
der bereit ist, diese Traditionen in Frage zu stellen und auf empirische
Weise sich von den noch unbekannten Dingen ein Bild zu verschaffen, die zu
einer Revision früherer Auffassungen führen können und die alte Autorität
der Tradition durch die neue Autorität der Erfahrung ablösen werden.

d) Buch IV

Das vierte Buch von Gambaras Epos kann diesem Befund nicht mehr viel Neues
hinzufügen: Die stereotype Eröffnung mit dem Fahrtbericht wird variiert mit
der Beschreibung des anbrechenden Frühlings (4, 1-7) als günstiger Reise-

zeit und einem doxologischen Gebet des Protagonisten (4, 8-14) um Beistand auf der Fahrt. Die einzelnen Stationen der Route werden ganz knapp angedeutet (4, 15-22), die Ozeanüberquerung selbst wird ebensowenig erwähnt wie die Versuche, in Santo Domingo vor Anker zu gehen, ein Schiff auszutauschen, die Ankerung in Puerto Escondido und der Hurrikan, der den Untergang von Ovandos Flotte auf dem Weg nach Spanien (bis auf die kleine Karavelle mit der Goldentschädigung für Columbus) herbeiführte.[146]

Die erste größere Episode, die auch historisch bedeutsam war - und zwar im Sinne einer verpaßten Chance, die Columbus' Einschätzung seiner Entdeckungen und sein 'Weltbild' nachhaltig hätte verändern können -, ist die Begegnung mit einem Handelsschiff der Mayas bei der Insel Quanassa (Guanaya) vor der Küste von Honduras (4, 23-54), das reiche Ladung trug, die von einer den Spaniern bisher unbekannten, weit höherstehenden Kultur zeugte.[147] Columbus erzählt sie vollkommen aus seiner Perspektive des je-narré, ohne daß sein poeta creator Gambara die späteren ausdeutenden Berichte von Columbus' Bruder Bartolomeo oder seines Sohnes Fernando einfließen ließe, und hält sich damit eng an den Wortlaut bei Petrus Martyr.[148]

Die folgenden Beschreibungen der mittelamerikanischen Küste im heutigen Honduras (Quiriquetana, von Columbus mit Marco Polos Ciamba, d.h. Hinterindien [dem heutigen Vietnam] identifiziert)[149] stehen erneut in der Tradition der Goldenen-Zeit-Topik (4, 57ff., bes. 97ff.) mit ihren ausführlichen Exkursen über Flora und Fauna sowie die Bewohner und ihre Sitten und Gebräuche, die dem komparatistischen ethnologischen Interesse des neuzeitlichen Forschers entspringen, und ständige, nahezu eintönige Wiederholung des Wortes vidi, um die Wahrheit des von ihm Berichteten durch Augenzeugenschaft zu verbürgen.[150] Daß Gambara seinen Erzähler auch hier antike Reminiszenzen einstreuen läßt, die er in dieser Form nicht bei Petrus Martyr gefunden hat, zeigen etwa die Verse 4, 171-173:

> Bisdenas vidi sparsas per marmora terras,
> Arboribus quarum pendebant aurea ramis
> Poma, velut nostris dependent citria in hortis.

Petrus Martyr spricht einfach von "zwölf kleinen Inseln, die er Limoneninseln nannte, weil sie eine unbekannte Art von Früchten trugen, die unseren Limonen ähnlich sahen" ([...]duodecim parvas praehendit insulas; has, quia praeditas novo genere fructuum limonos nostros emulantium, limonares appellavit).[151] Gambaras Columbus nennt die Früchte "goldene Äpfel" und will damit beim Leser nicht nur den antiken Mythos von den goldenen Äpfeln der Hesperiden evozieren, die Herakles gewann (wodurch eine zusätzliche Analogie Columbus-

Herakles möglich wird), sondern auch eine Verbeugung vor dem großen neulateinischen Lehrdichter Giovanni Pontano machen, der in seinem Lehrgedicht De hortis Hesperidum (1501/2) die Züchtung der Zitrusfrüche beschrieb und den Zitrusbaum eben mit jenem goldene Äpfel tragenden Baum identifizierte, den Herakles aus dem Garten der Hesperiden mitgebracht hatte und deren goldenen Schimmer im grünen Laub Pontano in immer neuen Variationen beschreibt.[152] Schließlich läßt sich eine weitere Verbindung zwischen Gambaras und Pontanos Gedicht darin sehen, daß Pontano neben den sauren Zitrusfrüchten des Mittelmeergebiets auch von süßen Zitrusfrüchten spricht, die im Osten gedeihen (in Gangetide terra: 1, 343) und sozusagen von selbst (sponte sua: 1,344) Honigsüße besitzen; diese Goldene-Zeit-Terminologie bringt Pontano im folgenden Abschnitt (1, 346ff.) mit den Entdeckungsfahrten des Vasco da Gama von 1497/9 in Verbindung, ohne freilich den Portugiesen zu nennen noch der europäischen Expansion um die Jahrhundertwende Aufmerksamkeit zu schenken.[153]

Im folgenden selektiert Gambara einige Abschnitte aus Petrus Martyr, wobei er seinen Protagonisten hauptsächlich über geographische Besonderheiten und die Flora und Fauna jener Gebiete berichten läßt.[154] Mangroven (4, 200ff), Meerkatzen (cercopitecus: 4, 213ff.), Wildeber (4, 232ff.) und der berühmte, auch in der Lettera rarissima an die spanischen Herrscher erwähnte Zweikampf zwischen jenen beiden Tieren (4, 234ff.).[155] Auch hier tritt, wie allgemein in den beiden letzten Büchern zu beobachten, das Didaktische stark in den Vordergrund,[156] während die Erzählung oft nur rudimentär die historisch-geographischen Zusammenhänge für die beschriebenen Phänomene herstellt und lediglich in einzelnen Episoden zu anekdotenhaften Szenen aufgefaltet wird.[157]

Ein bereits früher verwendetes Standardmotiv des antiken Epos[158] lockert in 4, 328ff. erneut den gleichmäßig dahinfließenden Lehrvortrag auf, wenn Columbus von den Stürmen berichtet, die seine Flotte bei der Fahrt entlang der Nordküste von Honduras zwischen Mitte August und Mitte September 1502 an schnellem Vorwärtskommen hinderten, und erzählt, wie sich auf sein Gebet hin, das er für sein Auditorium wörtlich wiederholt (4, 335-346), die Winde beruhigen und die See sich glättete.[159]

Wie bereits bei anderer Gelegenheit zu beobachten war, enthält sich Gambaras Columbus auch hier wieder aller Spekulationen über die Nähe der asiatischen Ostküste und verzichtet er darauf, die gemachten Beobachtungen mit seinen antik-mittelalterlich geprägten Wissensvorräten in Verbindung zu bringen, wie es der historische Columbus auch auf seiner letzten Reise noch sehr wohl getan hat.[160]

Abermals belebt der Erzähler die Dramatik der Handlung, als er von der Beendigung seiner Erforschung der mittelamerikanischen Nordküste und der Kursänderung nach Westen Anfang Dezember 1502 berichtet: Die Fahrt durch die stürmische See des Moskito-Golfes bis zur Landung am Belem-Fluß (im heutigen Panama) am 6.1.1503 verrät auf weite Strecken antike epische Diktion (4, 369-376); ebenso werden die anschließende Erkundung Veraguas durch Columbus' Bruder, den Adelante Bartolomeo, die Begegnung mit dem örtlichen Kaziken, die Kämpfe mit den Guaymi-Indianern, die letztlich gescheiterte Gründung einer spanischen Niederlassung (Santa María de Belén) und der schließliche Abzug der Spanier in eine längere epische Sequenz eingeformt (4, 377-474), die Columbus detailgetreu[161] und mit zahlreichen Anleihen aus Vergil, besonders aus dem Kampf um die Schiffe (Aen. 10, 69ff.), und zwei epischen Vergleichen[162] aus homodiegetisch-aktorialer Perspektive erzählt; lediglich ab 4, 426ff., bei der Schilderung der Kämpfe auf der Seite der Indianer,[163] scheint sich eine Verschiebung der Perspektive zur homodiegetisch-auktorialen Erzählung abzuzeichnen und Columbus sich als omnipräsenter Erzähler zu manifestieren; doch läßt sich die Beibehaltung der homodiegetisch-aktorialen Perspektive wahrscheinlich machen durch das historisch verbürgte Argument, daß Columbus die Vorgänge von seinem in einiger Entfernung vom Ufer ankernden Schiff aus beobachtete und dadurch beide Seiten des Flußufers und beide kämpfenden Parteien im Auge behalten konnte.[164] Ähnliche Bedenken narratologischer Art lassen sich bei der Passage geltend machen, in welcher Columbus, inzwischen auf Jamaica gestrandet und seit Monaten ohne Schiffe und Kontakte zu Hispaniola, von den Plänen der Bewohner Jamaicas erzählt, ihn töten zu wollen (4, 489ff.);[165] doch auch hier kann die Überschreitung des Ich-Horizonts als nur scheinbar von der Hand gewiesen werden, wenn man die fraglichen Verse als subjektive Ängste und Ahnungen des Erzählers auffaßt, die er zwar als je-narrant, jedoch aus der Perspektive des je-narré, erzählt.

In dieser bedrückenden persönlichen Situation, die er seinem Auditorium mit einer vergilianischen Reminiszenz verdeutlicht, die sein Schicksal parallel zu dem des Aeneas erscheinen läßt,[166] spielt Columbus zum letzten Mal die Überlegenheit seines neuzeitlichen Wissens aus: dieses Mal gegen die Bewohner von Jamaica, gegen deren feindliche Attacken und Versuche, ihn und seine Gefährten durch Verweigerung von Lebensmittellieferungen verhungern zu lassen, er sich wehren mußte. "At this critical juncture, the Admiral pulled his famous eclipse trick", wie S.E.Morison[167] schreibt: In einem Exemplar

von Regiomontanus' Ephemerides, das er bei sich hatte,[168] war für den
29.Februar 1504 eine totale Mondfinsternis angesagt. Dieses Wissen nutzte
er aus, um den Eingeborenen mit der Verfinsterung des Mondes als einem
Zeichen Gottes für unmittelbar bevorstehende Strafen zu drohen, falls sie
nicht umgehend Nahrungsmittel herbeibrächten. Die Mondfinsternis trat ein,
und die Eingeborenen bekamen es so mit der Angst zu tun, daß sie noch in
der gleichen Nacht mit der Wiederaufnahme der Lebensmittelversorgung begannen (4, 494-518).

In wenigen Versen berichtet er dann noch die Rückkehr nach Haiti auf einem
Schiff, das der treue Diego Méndez ihm nach Jamaica geschickt hatte, und
schließt seine eigene Erzählung mit den bei seinen Zuhörern neuerlich das
Ende von Aeneas' Erzählungen evozierenden Zeilen (4, 525f.9):

> Et tandem Hesperias fessis iam navibus oras
> Deveni: hoc iter est, nostrorum haec meta laborum.[169]

Hier endet die lange Erzählung des Columbus, die in 1, 48 eingesetzt hat,
und die Szene kehrt zur Rahmensituation des Banketts und der Zuhörer zurück,
die in den abschließenden Versen des (Haupt-)Erzählers[170] in Formulierungen,
die erneut an die Aeneis anklingen und somit die Parallele Columbus - alter
Aeneas abermals bekräftigen, dem narrataire bzw. lecteur fictif ins Gedächtnis gerufen wird (4, 527-530):

> Sic Ligur inventos intentis omnibus a se
> Oceani tractus nostrisque incognita nautis
> Sidera narrabat positasque per aequora terras
> Cum tandem tacuit mediaque in nocte quievit.[171]

Das Epos endet jedoch nicht mit diesen Versen, sondern mit einem sphragisartigen[172] Schluß von 11 Versen, in denen sich der Dichter als auteur
abstrait in den Text mengt und der Anfangswidmung an Kardinal Perenotti
(vgl. 1, 1-17) eine entsprechende Schlußwidmung gegenüberstellt (4,531-541#):

> Sim licet (ut perhibent) vates non ultimus inter
> Tybridis et cantu Mellaeque ad flumina notus
> Et primus, qui non nostro sub sole iacentes
> Ante alios cecini Romana per oppida terras,
> Christophorus quas exigua cum classe retexit: 535
> Serta tamen myrto aut hedera sperare canendo
> Non ausim. Sat erit tantum (nam maximus inter
> Es mihi mortales et eris mihi maximus olim,
> Dum reget hos artus caeli spirabilis aura),
> Aspirare meo si tu dignabere praesens   540
> Huic etiam, qua mente soles, Perenotte, labori.

Die Verse eröffnen einen breiten vergilianischen Anspielungshorizont und
verraten in der Kombination von dichterischer superbia und modestia Kenntnis
der antiken und neulateinischen Vorbilder. Die "affektierte Bescheidenheit"[173] der Berufung auf das Urteil anderer (ut perhibent), das Ecl. 9,
32-34 evoziert,[174] wird überlagert vom Stolz des Primus-Motivs, das hier
in Nachbildung der berühmten Passagen aus Vergils Georgica, die ihrerseits
wieder auf Ennius und Lukrez verweisen,[175] erscheint. Die anschließende bescheidene Zurückweisung von Kränzen aus Myrte oder Efeu und damit implizit
der Verzicht auf die Dichterkrönung[176] will den Leser nicht nur an die mit
Petrarcas Dichterkrönung am Ostersonntag des Jahres 1341 neu einsetzende
Tradition humanistischer poetae laureati erinnern, sondern vor allem auf
einen entsprechenden Passus in Fracastoros Syphilis verweisen, über den
ebenfalls eine Traditionslinie zu Vergils Georgica[177] und zu Lukrezens
De rerum natura[178] führt (Syph. 2, 158-164):

> Singula sed longum est nec percensere necesse,
> Jamque aliud vocor ad munus. Juvat in nova Musas
> Naturae nemora Aoniis deducere ab umbris: 160
> Unde mihi, si non e lauro intexere fronti
> Serta volent tantaque caput cinxisse corona,
> At saltem ob servata hominum tot millia, dignum
> Censuerint querna redimiri tempora fronde.

Bei Fracastoro wird der Anspruch auf Bekrönung mit dem Dichterlorbeer jedoch
im selben Satz spielerisch abgebogen und ironisch auf die Erwartung beschränkt, wenn schon nicht für den Dichterlorbeer auserkoren zu sein, so
doch zumindest mit der corona civica bekränzt zu werden, die aus einem
Eichenkranz bestand und in Rom für die Rettung eines Bürgers aus der Schlacht
verliehen wurde.[179] Gambara kombiniert diesen Abschnitt mit den Schlußversen
der Syphilis, die einen Hymnus auf das Guajakholz[180] darstellen und mit
einem sphragisartigen Kompliment an Pietro Bembo, den Adressaten des
Gedichts, enden (Syph. 3, 411-419):

> Ipsa tamen, si qua nostro te carmine Musae
> Ferre per ora virum poterunt, hac tu quoque parte
> Nosceris caeloque etiam cantabere nostro.
> Si non te Bactra, et tellus extrema sub Arcto,
> Non Meroe Libycisque Ammon combustus arenis,   415
> At Latium, at viridis Benaci ad flumina ripa
> Audiet et molles Athesi labente recessus.
> Et sat erit, si te Tiberini ad fluminis undam
> Interdum leget et referet tua nomina Bembus.

Fracastoro als <u>auteur abstrait</u> will keinen Weltruhm für sein Gedicht[181] beanspruchen, sondern ist zufrieden, wenn es in seiner norditalienischen Heimat bekannt wird, und würde sich selbst damit begnügen (<u>sat erit</u>), wenn es in Rom allein vom Adressaten Bembo gelesen würde.[182] Auch Gambaras <u>auteur abstrait</u> gäbe sich damit zufrieden (<u>sat erit tantum</u>), wenn der Adressat Perenotti dem vorliegenden Werk dieselbe Wertschätzung zuteil werden ließe, die er auch seinen früheren Werken entgegengebracht habe. Damit fordert Gambara als <u>auteur abstrait</u> zum Schluß noch einmal den Vergleich mit seinen großen Vorbildern und Anregern aus Antike und Humanismus, Vergil und Fracastoro, heraus und "signiert" sein Epos, indem er es als ebenbürtiges Werk in die literarische Reihe des antiken und neulateinischen Lehrgedichts stellt.

5. <u>Zusammenfassung</u>

Das Bild, das Gambara in seinem Epos von Columbus zeichnet, wird von zwei kontrastierenden, einander aber auch komplementierenden Elementen bestimmt: einerseits von der antiken und mittelalterlichen, durch das Christentum überformten wissenschaftlichen Tradition, die hauptsächlich literarisch vermittelt ist, und andrerseits von den wissenschaftlichen Fragestellungen und Errungenschaften, die zwar auch auf die Antike zurückgehen, aber im spätantik-mittelalterlichen Überlieferungsprozeß ausgeblendet waren und erst seit dem Beginn des 15.Jahrhunderts durch zunehmendes empirisches Interesse, nicht zuletzt infolge der "kopernikanischen Wende", zusehends größere Verbreitung und Akzeptanz erfuhren.

Die Bausteine zu diesem Bild fand Gambara in den historischen Quellen vor, auf die er sich für die inhaltliche Ausfüllung seines Gedichtes stützte, also namentlich in den <u>Decades</u> von Petrus Martyr, in den <u>Historie</u> des Fernando Colombo und in Oviedos <u>Summario</u>. Die literarische Strukturierung nach dem Vorbild von Vergils <u>Aeneis</u> und noch mehr nach dessen <u>Georgica</u>, also die Kombination von Epos und Lehrgedicht, und die Selektion und Kombination dieses Materials ist dagegen des Autors persönliche Leistung, mit der er sich der Aufgabe stellte, als erster die Reisen des Columbus und die europäische Entdeckung der Neuen Welt in den Hexametern des neulateinischen Epos darzustellen und damit die Anregung in Fracastoros berühmter <u>recusatio</u> aufzunehmen und zu realisieren.[183] Darüber hinaus wurde Fracastros <u>Syphilis</u>

auch insofern zum Vorbild für Gambara, als Gambara Fracastros epischem Zugriff auf das Lehrgedicht folgte und sich bemühte, Beschreibung und Lehre in Handlung und Erzählung umzusetzen.[184] Fracastoro erreichte dies durch das Erzählen von Krankheitssymptomen, ihrer Heilung und der historischen Aitiologie der Krankheit in Geschichten (Geschichte des iuvenis in 1, 382ff., Geschichte des Ilceus in 2, 281ff., Geschichte des Syphilus im Kontext der Geschichte von Columbus' erster Expedition in 3, 265ff.); doch bleibt er daneben auch heterodiegetischer Lehrdichter nach antikem Vorbild und gibt seine autoritativen Anweisungen in der ersten Person an das fiktive Gegenüber des im Text apostrophierten Schülers, der dadurch als didaktisches Äquivalent des narrataire im Erzähltext erscheint.[185] Gambara 'konstruierte' eine umfassende historische Rahmenhandlung, in die er den epischen Protagonisten als homodiegetischen Erzähler einbettete, der dadurch die Beschreibungen und Erklärungen als didaktische Exkurse in seine Erzählung einordnen und mit dem episch-historischen Diskurs verbinden kann. Auf diese Weise präsentiert der Erzähler als Protagonist, der die geographischen, ethnologischen, naturwissenschaftlichen und kulturhistorischen Beobachtungen als eigene Erlebnisse narrativ und historisch vermittelt und sich dadurch selbst als handelndes und reflektierendes Subjekt einbringt und profiliert.

Inwieweit dieses literarische Bild mit dem übereinstimmt, was wir vom historischen Columbus wissen, ist schwer zu sagen und bedarf noch näherer Untersuchung, da auch jenes historische Columbusbild literarisch vermittelt und gebrochen ist. Doch hat die Vermutung einige Wahrscheinlichkeit für sich (und wird durch die Eintragungen im Bordbuch der ersten und dritten Reise und durch seine Briefe verstärkt), daß der historische Columbus noch mehr den mittelalterlichen Konzepten verhaftet war als sein poeta creator Gambara und die spätere Historiographie uns glauben machen wollten.[186] Gambara, der humanistische neulateinische Dichter, hat ihn für die moderne empirische Wissenschaft seiner Zeit beansprucht und ihn in seinem Epos selbst zum Humanisten gemacht. Doch wie die Humanisten angesichts der Entdeckungen und der neuen, von den Alten noch nicht gekannten und beschriebenen Phänomene, mit denen sie sich plötzlich konfrontiert sahen, in ihrer Haltung gegenüber den antiken Autoren und ihrer Einschätzung der neuen Entwicklungen unsicher waren und in einem längeren Prozeß der Auseinandersetzung und Diskussion ihre Haltung neu bestimmen mußten, so ist auch Columbus in Gambaras Epos noch eine Figur, in der sich Gemeinsamkeiten und Unterschiede jener beiden Epochen - des Mittelalters und der Neuzeit - literarisch in sinnfälliger Weise dokumentieren.

Anmerkungen

1. Parry, J.H., The Age of Reconnaissance. London, 1963; Verlinden, C., Les origines de la civilisation atlantique de la Renaissance à l'Age des Lumières. Neuchâtel/Paris, 1966; Chaunu, P., Conquête et exploitation des nouveaux mondes. Paris, 1969; id., L'expansion européenne du XIIIe au XVe siècle, Paris, 1969; Bitterli, U., Die "Wilden" und die "Zivilisierten". Grundzüge einer Geistes- und Kulturgeschichte der europäisch-überseeischen Begegnung. München, 1976; id., Alte Welt - neue Welt. Formen des europäisch-überseeischen Kulturkontakts vom 15. bis zum 18.Jahrhundert. München,1986; Reinhard, W., Geschichte der europäischen Expansion. 2 Bde. Stuttgart/Berlin/Köln/Mainz, 1983/5; Schmitt, E. (Hrsg.), Dokumente zur Geschichte der europäischen Expansion. Bisher 4 Bde. München, 1986ff.; New American World. A Documentary History of North America to 1612. Vol.I: America from Concept to Discovery. Early Explorations of North America, ed. with a commentary by D.B.Quinn, with the assistance of Alison M.Quinn and Susan Hillier. London/Basingstoke 1979, 54ff., 74ff., 91ff.; Skalweit, S., Der Beginn der Neuzeit. Epochengrenze und Epochenbegriff. Darmstadt,1982, 47ff., 72ff. Dazu den kritischen Überblick von Larner, J., "The Certainty of Columbus: Some Recent Studies". History 73, 1988, 3-23.

2. Pietschmann, H., "Expansion, europäische (13.-16.Jahrhundert)", LMA IV,1989, 174-183(Zitat: 175);Bitterli, Die "Wilden" und die "Zivilisierten"(s.A.1), 72ff.; Randles, W.G., "Sur l'idée de la découverte". Les aspects internationaux de la découverte océanique aux XVe et XVIe siècles. Actes du Ve Colloque International d'Histoire Maritime, présentés par M.Mollat et P.Adam, Paris, 1966, 17-30. Washburn, W.E., "The Meaning of 'Discovery' in the Fifteenth and Sixteenth Centuries". American Historical Review 68, 1962, 1-21.

3. So Bartsch, H.-W., "Entmythologisierung". Historisches Wörterbuch der Philosophie II, 1972, 539f.

4. Vgl. hierzu die in A.1 zitierten Werke; außerdem Newton, A.P. (Ed.), Travel and Travellers in the Middle Ages. New York, 1926; Roux, P.J., Explorateurs au Moyen Age. Paris, 1961; Parry, J.H. (Ed.), The European Reconnaissance. Selected Documents. London/Melbourne, 1968; Atkinson, G., Les nouveaux horizons de la Renaissance française. Paris 1935; Bitterli, U. (Hg.), Die Entdeckung und Eroberung der Welt. Dokumente und Berichte. 2 Bde. München, 1980/1; Crone, G.R., The discovery of America. London, 1969; Scammel, G.V., The World Encompassed: the First European Maritime Empires c.800-1650. London, 1981; Mollat, M., Les explorateurs du XIIIe au XVIe siècle: Premiers regards sur des mondes nouveaux. Paris, 1984; Campbell, M.B., The Witness and the Other World. Exotic European Travel Writing, 400-1600. Ithaca, N.Y./London, 1988; Schmitt (Hg.), Dokumente (s. A.1). Siehe außerdem Wittkower, R., "Die Wunder des Ostens: Ein Beitrag zur Geschichte der Ungeheuer" (1942). Id., Allegorie und der Wandel der Symbole in Antike und Renaissance. Köln, 1984, 87-150; id., "Marco Polo und die Bildtradition der 'Wunder des Ostens'" (1957). Op.cit., 151-179; Lecouteux, C., Les monstres dans la littérature allemande du Moyen Age. Contribution à l'étude du merveilleux médiéval. Göppinger Arbeiten zur Germanistik, 300/1-3. Göppingen, 1982; Baltrusaitis, J., Le Moyen Age fantastique: antiquités et exotismes dans l'art gothique. Paris, 1955 (ital.Ausgabe: Il Medioevo fantastico. Milano, ²1973); Pochat, G., Der Exotismus während des Mittelalters und der Renaissance. Voraussetzungen, Entwicklung und Wandel eines bildnerischen Vokabulars. Acta Universitatis Stockholmiensis: Stockholm Studies in History of Art, 21.

Stockholm, 1970; Kappler, C., Monstres, démons et merveilles à la fin du Moyen Age. Paris, 1980 (ital.Ausgabe: Demoni, mostri e meraviglie alla fine del Medioevo. Firenze, 1983); Hodgen, M.T., Early Anthropology in the Sixteenth and Seventeenth Centuries. Philadelphia, 1964; Mythen der Neuen Welt. Zur Entdeckungsgeschichte Lateinamerikas. Hg. K.-H.Kohl, Berlin, 1982; Gregor, H., Das Indienbild des Abendlandes bis zum Ende des 13.Jahrhunderts. Wien, 1964; McCrindle, J.W., Ancient India as Described in Classical Literature. Westminster, 1901 (Amsterdam, ²1971). Zum Alexanderroman cf. Peckham, L.P.G./La Du, M.S., "La Prise de Defur" and "Le Voyage d'Alexandre au Paradis Terrestre". Elliott Monographs, 35. Princeton/N.Y., 1935; Cary, G., The Medieval Alexander. Ed. Ross, D.J.A., Cambridge, 1967; Ross, D.J.A., Alexander Historiatus: A Guide to Medieval Illustrated Alexander Literature. Warburg Institute Surveys, 1. London, 1963 (Supplement in JWCI 30, 1967, 383-388); Pfister, F., Kleine Schriften zum Alexanderroman. Beiträge zur Klassischen Philologie, 61. Meisenheim a.G., 1976; s. auch Lexikon des Mittelalters I, 1980, 354-366 s.v. "Alexander der Große in Kunst und Literatur". Zum Priester Johannes s.unten A.138.

5. Vgl. Hennig, R., Terrae incognitae. Bd. II-IV. Leiden, ²1950/6; Schmithüsen, J., Geschichte der geographischen Wissenschaft von den ersten Anfängen bis zum Ende des 18.Jahrhunderts. Mannheim/Wien/Zürich, 1970; Wright, J.K., The Geographical Lore of the Time of the Crusades. A Study in the History of Medieval Science and Tradition in Western Europe. New York, 1925. Repr. (mit neuer Einleitung von C.J.Glacken) 1965 (Zitate nach dieser Ausgabe); Herde, P., "Das geographische Weltbild und der Beginn der Expansion Europas an der Schwelle der Neuzeit". Nassauische Annalen 87, 1976, 69-100; Randles, W.G.L., De la terre plate au globe terrestre. Une mutation épistémologique rapide 1480-1520. Cahier des Annales, 38. Paris, 1980; Broc., N., La géographie de la Renaissance (1420-1620). Paris, 1980; Géographie du monde au Moyen Age et à la Renaissance. Ed. M.Pelletier. Paris, 1989; Goldstein, T., "Geography in fifteenth-century Florence". Merchant and Scholars. Essays in the History of Exploration and Trade, collected in memory of James Ford Bel. Ed. J.Parker. Minneapolis, 1965, 9-32; Feist Hirsch, E., "The Discoveries and the Humanists". Op.cit. 33-46; Rico F., "El nuevo mundo de Nebrija y Colón. Notas sobre la geografía humanística en España y el contexto intelectual del descubrimiento de América". Nebrija y la introducción del Renacimiento en España. Ed. V.García de la Concha. Actas de la III Academia Literaria Renacentista. Salamanca, 1983, 157-185 (ital. Version: "Il nuovo mondo di Nebrija e Colombo. Note sulla geografia umanistica in Spagna e sul contesto intellettuale della scoperta dell'America". Vestigia. Studi in onore di Giuseppe Billanovich. Roma, 1984, II. 575-606). Zur antiken Tradition vgl. Thomson, J.O., History of Ancient Geography, Cambridge, 1948, Repr. New York, 1965; Wolska-Conus, W., "Geographie". RAC X, 1978, 155-222, bes. 174ff. (zur christlichen Geographie); siehe demnächst Sallmann, K., "Die Fachwissenschaften und die Ausbildung der spätantiken Enzyklopädie". Die Literatur der Spätantike. Hgg. L.J.Engels und H.Hofmann. Neues Handbuch der Literaturwissenschaft. Band IV. Wiesbaden, 1992; von den Brincken, A.-D., "Mappa mundi und Chronographia. Studien zur imago mundi des abendländischen Mittelalters". Deutsches Archiv für Erforschung des Mittelalters 24, 1968, 118-186. Vgl. daneben auch Schmitt, Dokumente (s. A.1), Band I: Die mittelalterlichen Ursprünge der europäischen Expansion. München, 1986, 1 ff.; Band II: Die großen Entdeckungen. München, 1984, 1 ff., 89ff.; Campbell, op.cit., 46ff., 165ff.

6. Neben der weithin bekannten Reise des Marco Polo (1254-ca.1324), die er 1271 mit seinem Vater und Onkel unternommen hatte (die zwischen 1250 und 1269 auch schon allein in China waren) und von der die drei Venezianer erst 1295 wieder zurückgekehrt waren, sind es vor allem franziskanische Missionare wie Giovanni da Pian del Carpino und Wilhelm von Rubruck, die im 13.Jahrhundert den Fernen Osten erschlossen und darüber ausführlich berichtet hatten; vgl. Schmitt, op.cit., I, 71ff., 95ff. (mit Bibliographie); Campbell, op.cit., 87ff.; Dainelli, G., Missionari e mercadanti rivelatori dell'Asia nel Medio Evo. La Conquista della Terra, 5. Torino 1960. 119-146; Parry, European Reconnaissance (s. A.4), 131ff., 146ff.; Pochat, op.cit. (s. A.4), 75ff.; Surdich, F., Momenti e problemi di storia delle esplorazioni. Studi di storia delle esplorazioni, 4. Genova, 1978, 33ff., 59ff.; Hallberg, I., L'extrême orient dans la littérature et la cartographie de l'occident des XIIIe, XIVe et XVe siècles. Etude sur l'histoire de la géographie. Göteborg, 1906.
Zu Marco Polo vgl. Surdich, F., "La più recente storiografia poliana". Storiografia e storia. Studi in onore di Eugenio Dupré Theseider. Bd.I, Roma, 1974, 105-121; Dainelli, op.cit. 191-328; Zorzi, A., Vita di Marco Polo Veneziano. Milano 1982 (deutsche Übersetzung: Düsseldorf 1983); s. auch A.17. Vgl. im übrigen auch Scammel, op.cit. 86ff. ("The Venetian Republic"), 155ff. ("The Genoese Republic"), 225ff. ("Portugal"), 301ff. ("Spain"); Mollat, Les explorateurs (s. A.4), 17ff., 35ff., 49ff,; Crone, op.cit. (s. A.4), 1 ff., 10ff., 29ff.; Schmitt, op.cit., I, passim; II, 9ff., 50ff.; Hamann, G., Der Eintritt der südlichen Hemisphäre in die europäische Geschichte. Die Erschließung des Afrikaweges nach Asien vom Zeitalter Heinrichs des Seefahrers bis zu Vasco da Gama. Österr.Akad.d. Wiss., phil.-hist. Kl., Sitz.-Ber. 260 = Veröffentl. d.Komm. f.Gesch.d. Mathematik u.d.Naturwiss., Heft 6. Wien 1968; Ferro, G., I navigatori portoghesi sulla via delle Indie. Milano, 1974; Taviani, P.E., Cristoforo Colombo: la genesi della grande scoperta. 2 Bde. Novara, ³1988: I, 70ff.; II, 89ff.; Orlandi, G., "L'esplorazione dell'Atlantico nell'Alto Medioevo (con un contributo filologico)". Columbeis II. Genova, 1987. 105-116; Caprini, R., "Leif 'il fortunato'. America prima di Colombo". Op.cit. 117-129.

7. Neben der in A.6 genannten Literatur vgl. noch Reinhard, op.cit. (s. A.1), I, 18f.

8. Vgl. Chaunu, op.cit. (s. A.1); Scammel, op.cit. (s. A.4), 86ff. ("The Venetian Republic"), 155ff. ("The Genoese Republic"), 225ff. ("Portugal"), 301ff. ("Spain"); Boxer, C.R., The Portuguese Seaborne Empire, 1415-1825. London, ²1977; Diffie, B./Winius, G., Foundations of the Portuguese Empire, 1415-1580. Europe and the World in the Age of Expansion, I, Minneapolis, 1977; Schmitt, op.cit., I, passim, II, 9ff., 50ff.; Hamann, op.cit.; Fernández-Armesto, F., Before Columbus. Exploration and Colonisation from the Mediterranean to the Atlantic 1229-1492. London, 1987; de Dainville, F., La Géographie des Humanistes. Paris, 1940. - Zu den mittelalterlichen Berichten über Atlantiküberquerungen vgl. neben dem oben zitierten Werk von E.Schmitt zuletzt die in A.6 zitierten Beiträge von Orlandi und Caprini.

9. Vgl. hierzu allgemein Boas Hall, M., The Scientific Renaissance 1450-1630. New York/London, 1962; Wightman, W.P.D., Science and the Renaissance. 2 Bde., Edinburgh, 1962; id., Science in a Renaissance Society. London, 1972; Krafft, F., "Renaissance der Naturwissenschaften - Naturwissenschaften der Renaissance. Ein Überblick über die Nachkriegsliteratur". Humanismusforschung seit 1945. Ein Bericht aus interdisziplinärer Sicht. Deutsche Forschungsgemeinschaft: Kommission für Humanismusforschung, Mitteilung II. Boppard, 1975. 111-183. Mit besonderer Berücksichtigung der Entdeckungen seit 1500: Olschki, L., Storia letteraria delle scoperte geografiche. Firenze, 1937; Mollat, Les explorateurs (s. A.4), 113ff.; Honour, H., "Wissenschaft und Exotismus. Die europäischen Künstler und die außereuropäische Welt". Mythen der Neuen Welt (s. A.4). 22-47; Merchants & Scholars (s. A.5); Reinhard, W. (Hg.), Humanismus und Neue Welt. Deutsche Forschungsgemeinschaft: Mitteilung XV der Kommission für Humanismusforschung. Weinheim, 1987. Noch nützlich und informativ: Hall, A.R., The Scientific Revolution 1500-1800. London, 1954; Sarton, G., The Appreciation of Ancient and Medieval Science during the Renaissance 1450-1600. Univ. of Pennsylvania, 1955; Parry, European Reconnaissance (s. A.4); Taton, R. (Ed.), Histoire générale des sciences. Tome II: La science moderne (de 1450 à 1800). Paris, 1969.

10. Vgl. neben den in A.9 genannten Studien vor allem Zilsel, E., Die sozialen Ursprünge der neuzeitlichen Wissenschaft. Hg. u.übers. Krohn, W., Frankfurt a.M., 1976; daneben Koselleck, R., Vergangene Zukunft - Zur Semantik geschichtlicher Zeiten. Frankfurt a.M., 1979, bes. 300ff.; id., "Das achtzehnte Jahrhundert als Beginn der Neuzeit". Herzog, R./ Koselleck, R. (Hgg.), Epochenschwelle und Epochenbewußtsein. Poetik und Hermeneutik, XII. München, 1987, 269-282.

11. Zur Rolle der Humanisten bei der europäischen Expansion des 15. bis 19. Jahrhunderts und bei der literarischen und wissenschaftlichen Verarbeitung der neuen Informationen vgl. Humanismus und Neue Welt. Hg. W.Reinhard (s. A.9); Mollat, M., "Humanisme et grandes découvertes (XVe-XVIe siècles)". Francia 3, 1975, 221-235; id., Les explorateurs (s. A.4), 124ff.; Honour, op.cit. (s. A.9), 23ff.; Feist Hirsch, E., "The Discoveries and the Humanists". Merchants & Scholars (s. A.5), 33-46; Parry, op.cit. (s. A.3), 31ff.; Rico, F., "El nuevo mundo de Nebrija y Colón" (s. A.5); Lawrance, J.N.H., "Humanism in the Iberian Peninsula". The Impact of Humanism on Western Europe. Ed. A.Goodman and A.MacKay. London/New York, 1990, 220-258, bes. 254ff.; Gumbrecht, H.U., "Wenig Neues in der Neuen Welt. Über Typen der Erfahrungsbildung in spanischen Kolonialchroniken des XVI.Jahrhunderts". Die Pluralität der Welten. Aspekte der Renaissance in der Romania. Hg. W.-D.Stempel und K.Stierle, München, 1987, 227-249; Reichert, F., op.cit. (s. A.17), 61f., der Tommaso Giunti, den Herausgeber der Raccolta von Gian Battisto Ramusio zitiert: "[...]talché non avesse fatto più di bisogno leggere né Tolomeo né Strabone né Plinio né alcun altro degli antichi scrittori intorno alle cose di geografia" (Giovanni Battista Ramusio, Navigazioni e Viaggi. A cura di Marica Milanesi. I, Torino, 1978, 8). Siehe ferner Gerbi, A., Nature in the New World, from Christopher Columbus to Gonzalo Fernández de Oviedo (transl. J.Moyle). Pittsburgh, 1985 (ital. Erstausgabe: La natura delle Indie nove da Cristoforo Colombo a Gonzalo Fernandez de Oviedo. Milano/Napoli, 1975); Pagden, A., The Fall of Natural Man. The American Indian and the Origins of Comparative Ethnology. Cambridge, 1982; Feist Hirsch, E., "The Discoveries and Humanist Thinking". Bibliotheca Docet: Festabe für Carl Wehmer. Amsterdam, 1963, 385-397, bes.391ff.

12. So der Titel des Aufsatzes von Fuhrmann, M.: Herzog/Koselleck (s. A.10), 131-151, der jedoch die "Funktion antiquarischer Forschung im Spätrepublikanischen Rom" (so der Untertitel) behandelt.

13. Vgl.dagegen Roellenbeck, G., Das epische Lehrgedicht Italiens im fünfzehnten Jahrhundert. Ein Beitrag zur Literaturgeschichte des Humanismus und der Renaissance. Münchner Romanistische Arbeiten, 43. München, 1975, 91ff., bes. 109f. mit A.22.

14. Vgl. Hamann, G., "Christoph Columbus zwischen Mittelalter und Neuzeit - Nachfahre und Wegbereiter". Europäisierung der Erde? Studien zur Einwirkung Europas auf die außereuropäische Welt. Wiener Beiträge zur Geschichte der Neuzeit, 7. Hg. G.Klingenstein. Wien, 1980, 15-38; Verlinden, C., "Christophe Colomb: esquisse d'une analyse mentale". Revista de Historia de América 89, 1990, 9-27; Konetzke, R., "Der weltgeschichtliche Moment der Entdeckung Amerikas". HZ 182, 1956, 267-289; Skalweit, op.cit. (s. A.1), 59, 63f.; Ullmann, W., "The medieval origins of the Renaissance". The Renaissance. Essays in Interpretation. London/New York, 1982, 33-82; Todorov, T., "Der Reisende und der Eingeborene". Der Mensch der Renaissance. Hg. E.Garin. Frankfurt/New York/Paris, 1990, 341-370, bes. 344-350; Fagioli Cipriani, M.L., Cristoforo Colombo. Il medioevo alla prova. Torino, 1985. Trotz der Kritik von Heers, op-cit. 73f. und Reichert, op.cit. (s. A.17), 61, scheint mir die Fragestellung weiterhin legitim, wenn auch nur aus heuristischer Perspektive.

15. Ballesteros Beretta, A., Cristóbal Colón y el descubrimiento de América. Historia de América y de los pueblos americanos, IV-V. Barcelona/Buenos Aires, 1945; Morison, S.E., Admiral of the Ocean Sea.A Life of Christopher Columbus. Boston, 1942; id., The European Discovery of America: The Southern Voyages A.D. 1492-1616. New York, 1974; Heers, J., Christophe Colomb. Paris, 1981; Taviani, Cristoforo Colombo (s. A.6); id., I viaggi di Colombo: la grande scoperta. 2 Bde. Novara, 1984; Tudela y Bueso, J.P., Mirabilis in altis. Estudio critico sobre el origen y significado del proyecto descubridor de Cristobal Colon. Madrid, 1983 (dazu Larner, op.cit. [s.A.1], 14ff.). Für weitere Spezialliteratur zu einzelnen Problemen sei verwiesen auf den analytischen Index bei Conti, S., Un secolo di bibliografia colombiana 1880-1985. Genova, 1986, 349ff.

16. Ed.Buron, B., Ymago Mundi de Pierre d'Ailly. 3 Bde. Paris, 1930 (mit Abdruck von Columbus' Randnotizen). Vgl. Morison, Admiral, 92ff.; Manzano Manzano, J., Cristóbal Colón: Siete Años Decisivos de Su Vida 1485-1492. Madrid, 1964, 82ff. (dazu kritisch Larner, op.cit. [s. A.1], 9ff.); Ballesteros Beretta, Cristóbal Colón. I, 352ff.; Taviani, Cristoforo Colombo, I, 198ff.; II, 235ff.; Heers, op.cit. 123ff. Zu seinen Randnotizen vgl. Buron, op.cit., I, 23-37; Nunn, G.E., "The Imago Mundi and Columbus". American Historical Review 60, 1935, 646-661; Jos, op. cit. (s. A.22), 40ff.; Watts, P.M., "Prophecy and Discovery: On the Spiritual Origins of Christopher Columbus' 'Enterprise of the Indies'". American Historical Review 90, 1985, 73-102; Sarmati, E., "Le postille di Colombo all'Imago Mundi di Pierre d'Ailly". Columbeis IV. Genova, 1990, 23-42. Zu den spätmittelalterlichen Enzyklopädien allgemein vgl. von den Brincken, A.-D., "Die lateinische Weltchronistik". Mensch und Weltgeschichte. Zur Geschichte der Universalgeschichtsschreibung. Hg. A.Randa. Salzburg/München, 1969, 43-86; Melville, G., "Spätmittelalterliche Geschichtskompendien - Eine Aufgabenstellung". Römische Historische

Mitteilungen 22, 1980, 51-104; Hofmann, H., Artikulationsformen historischen Wissens in der lateinischen Historiographie des hohen und späten Mittelalters. Grundriß der romanischen Literaturen des Mittelalters XI/1: La littérature historiographique des origines à 1500. Hg. H.U.Gumbrecht, U.Link-Heer, P.-M.Spangenberg. 2.Teilband. Heidelberg, 1987, 405ff.

17. Benedetto, L.F., Marco Polo, Il Milione. Prima edizione integrale. Firenze, 1928; Marco Polo, Milione. Le divisament dou monde. Il Milione nelle redazioni toscana e franco-italiana. A cura di Gabriella Ronchi. Introduzione di C.Segre. Milano, 1982; Giovanni Battista Ramusio, Navigazioni e Viaggi. A cura di Marica Milanesi. Bd.III, Torino, 1980, 7-297: I viaggi di Marco Polo, gentiluomo veneziano (mit Bibliographie auf S.18f.). Die lateinische Übersetzung wurde erstmals 1485 in Antwerpen gedruckt; eine moderne kritische Edition oder Übersetzung davon gibt es nicht. Zur Person des Übersetzers Francesco Pipino O.P. aus Bologna vgl. Kaeppeli, Th., Scriptores Ordinis Praedicatorum Medii Aevi. I. Roma, 1970, 392ff. Neue deutsche Übersetzung von Guignard, E. Marco Polo, Il Milione. Die Wunder der Welt. Zürich, ^{4}1986. Vgl. Dainelli, op.cit. (s. A.6), 309-328; Heers, J., "De Marco Polo à Christophe Colomb: comment lire le Devisement du monde?" Journal of Medieval History 10, 1984, 125-143; Reichert, F., "Columbus und Marco Polo - Asien in Amerika. Zur Literaturgeschichte der Entdeckungen". Zeitschrift für Histor. Forschung 15, 1988, 1-63; Pittaluga, S., "Cristoforo Colombo amanuense (e il suo incunabolo del Catholicon di Giovanni Balbi)". Columbeis II. Genova, 1987, 137-151; Todorov, op.cit. (s. A.14), 342ff. Die handschriftlichen Randbemerkungen von Columbus zum Miglione sind herausgegeben von Gil, E., El libro de Marco Polo. Ejemplar anotado por Cristóbal Colón y que se conserva en la Biblioteca Capitular y Colombina de Sevilla. Edición, traducción y estudios de J.Gil. Presentación de F.Morales Padrón. Madrid, 1986. Vgl. auch oben A.6 und 11.

18. Historia rerum ubique gestarum locorumque descriptio. In: Aenei Sylvii Piccolominei Senensis[...]Opera quae extant omnia. Basileae, 1551, 281-471. Das Columbus gehörende Exemplar einer 1477 in Venedig erschienenen Ausgabe wird in der Biblioteca Colombina in Sevilla aufbewahrt. Edition von Columbus' Randbemerkungen von Lollis, C. de. In: Raccolta di documenti e studi pubblicati dalla R. Commissione Colombina. Roma, 1894. Parte I, vol.2. Vgl. Pittaluga, S., "Il 'vocabulario' usato da Cristoforo Colombo (Una postilla all'Historia rerum di Pio II e la lessicografia medievale)". Columbeis I. Genova, 1986, 107-115; Casella, N., "Pio II tra geografia e storia: la Cosmografia". Archivio della Società Romana di Storia Patria 95, 1972, 35-112; Paparelli, G., Enea Silvio Piccolomini: l'umanesimo sul soglio di Pietro. Ravenna, 1978, 127, 225.

19. Mandeville's Travels. Texts and Translations by M.Letts. Works issued by the Hakluyt Society II, 101-2. London, 1953; vgl. Waters Bennet, J., The Rediscovery of Sir John Mandeville. New York, 1954; Deluz, C., Le livre de Johan de Mandeville. Une "Géographie" au XIVe siècle. Louvain-la-Neuve, 1988. Siehe auch unten A.139.

20. Vgl. hierzu Ballesteros Beretta, Cristóbal Colón, I, 495ff.; Taviani, Cristoforo Colombo, I, 198ff.; II, 235ff.; Reichert, op.cit., 23f.

21. Vgl. die entsprechenden Einträge in seinem von Bartolomeo de Las Casas in Auszügen überlieferten Bordbuch der ersten Reise von 1492/3 sowie in den übrigen Dokumenten der vier von ihm durchgeführten Entdeckungsreise. Diese sind zugänglich in der Raccolta di documenti e studi pubblicati dalla R. Commissione Colombiana, Parte I, vol.I: Scritti di Cristoforo Colombo, pubbl. e iil. da C. de Lollis, Roma 1892. Vgl.auch Ferri, G. (Ed.), Cristoforo Colombo, Diario di Bordo. Libro della prima navigazione e scoperta dell Indie. Milano, 1985; Varela, C., Cristóbal Colón. Textos y documentos completos. Madrid, ²1984; Morison, S.E. (Ed.), Journals and Other documents on the Life and Voyages of Christopher Columbus. New York, 1963; Cohen, J.M. (Ed.), The Four Voyages of Christopher Columbus. London, 1969. Neue Transkription von Las Casas' Manuskript mit engl.Übersetzung und Anmerkungen von Dunn, O./Kelley Jr., E., The 'diario' of Christopher Columbus' First Voyage to America 1492-1493. Abstracted by Fray Bartolomé de las Casas. Norman, Okl./ London, 1989. Zum Problem ob die Entdecker sich dessen bewußt waren, daß sie eine "NeueWelt" oder einen "Neuen Kontinent" entdeckt hatten, vgl. Washburn, op.cit. (s. A.2); O'Gorman, E., The Invention of America. An Inquiry into the Historical Nature of the New World and the Meaning of its History. Bloomington, 1961; reprint Westport, Ct., 1972, 9ff., 73ff. (Zitate nach dieser Ausgabe); Skalweit, op-cit. (s. A.1), 47ff.; Bitterli, Die "Wilden" und die "Zivilisierten" (s.A.1), 72ff.; Todorov, T., Die Eroberung Amerikas. Das Problem des Anderen. Edition Suhrkamp, N.F.213. Frankfurt a.M., 1985, 11ff.; Tudela Y Bueso, op.cit., 73ff., 249ff., 329ff. Zu Columbus' verfestigter Meinung über die Identität der von ihm entdeckten Länder s. auch unten A.92.

22. Vgl. Hennig, R., Columbus und seine Tat. Eine kritische Studie über die Vorgeschichte der Fahrt von 1492. Abhandlungen und Vorträge, hg. von der Bremer Wissenschaftlichen Gesellschaft, XIII/4. Bremen, 1940; Morison, Admiral, 18ff., 27ff.; Ballesteros Beretta, Cristóbal Colón, I, 215ff., 246ff., 290ff., 365ff.; Crone, op.cit. (s. A.4), 46ff.; Heers, Christophe Colomb, 58ff., 84ff.; Taviani, Cristoforo Colombo, I, 49ff., 90ff., 111ff., 119ff., 124ff., 137ff.; II, 65ff., 112ff., 152ff., 157ff., 161ff., 169ff.; Herde, op.cit. (s. A.5), 90ff.; Manzano Manzano, op.cit. (s. A.16), 135ff.; Jos., E., El plan y la génesis del descubrimiento colombino. Cuadernos Colombinos, 9. Valladolid, 1979, bes. 38ff.

23. Vgl. Blumenberg, H., Die Legitimität der Neuzeit. Frankfurt a.M., ²1980/3, dessen vierter Band Aspekte der Epochenschwelle: Cusaner und Nolaner betitelt ist. Zur Diskussion um die Epochenschwelle vgl. auch Herzog/ Koselleck (Hgg.), Epochenschwelle und Epochenbewußtsein (s. A.10); Skalweit, op.cit. (s. A.1). Zum neuzeitlichen Risiko-Kalkül der spanischen Krone bei der Bewilligung von Columbus' Expedition vgl. jetzt Gumbrecht, op.cit. (s. A.11), 230f., der jedoch (245) davor warnt, curiositas zum allgemeinen Schlüssel für die Erklärungen der Unternehmungsbereitschaft der europäischen Entdecker und Konquistadoren zu machen.

24. Vgl. Hofmann, H., "Enea in America". Memores tui. Studi di Letteratura classica ed umanistica in onore di Marcello Vitaletti. A cura di S.Prete. Sassoferrato, 1990, 71-98. Gambara und Stella sind bereits kurz behandelt bei Zabughin, V., Virgilio nel Rinascimento italiano da Dante a Torquato Tasso. II. Bologna, 1923, 202-204.

25. Vgl. Ludwig, W., "Neulateinische Lehrgedichte und Vergils Georgica". From Wolfram and Petrarch to Goethe and Grass. Studies in Literature in Honour of Leonard Forster. Ed. D.H. Green, L. P.Johnson, D.Wuttke, Baden-Baden, 1982, 151-180; jetzt in: Ludwig, W., Litterae Neolatinae. Schriften zur Neulateinischen Literatur. Hg. L.Braun, W.-W.Ehlers, P.G.Schmidt, B. Seidensticker. Humanistische Bibliothek I, 35, München, 1988, 100-127 (hier 119 und 121f.); vgl. außerdem Hofmann, op.cit. (s. A.24).

26. Gambara hatte bereits in seinen Eclogae Nauticae, Antwerpen (Plantin) 1569, und in den Eclogae, die 1565 bei Oporin in Basel in seinen Poematum libri III erschienen waren, gelegentlich amerikanische Themen eingeführt. Zu Gambaras Epos im Kontext der Ozeanfahrten in der Dichtung des 16. und 17.Jahrhunderts vgl. Heydenreich, T., Tadel und Lob der Seefahrt. Das Nachleben eines antiken Themas in der romanischen Literatur. Heidelberg, 1970, 159ff. - Im folgenden gehe ich von der ersten Edition (Rom 1581) aus; die Verszählung stammt von mir.

27. Vgl. van Durme, M., Antoon Perrenot, Bisschop van Atrecht, Kardinaal van Granvella, Minister van Karel V en Filips II (1517-1586). Verhandelingen van de Koninklijke Vlaamse Akademie van Wetenschappen. Klasse der Letteren 18. Brussel, 1953 (spanische Ausgabe: Barcelona, 1957); id., Antoon Perrenot van Granvelle, Beschermheer van Christoffel Plantijn. Antwerpen, 1948. Der Einschnitt liegt nach 2, 490.

28. Zur Datierung der letzten eineinhalb Lebensjahre von Columbus vgl. Ballesteros Beretta, Cristóbal Colón, II, 658ff.; Morison, Admiral, 656ff.; Taviani, Viaggi, I, 258ff.; II, 319ff.

29. In der Erzähltypologie von Genette-Lintvelt handelt es sich also um eine homodiegetische Erzählung, bei der der Erzähler zugleich auch eine Person der Handlung ist. Vgl. Lintvelt, J., Essai de typologie narrative: le 'point de vue'. Théorie et analyse. Paris, 1981, 37ff., bes. 79ff.

30. Vgl. Lintvelt, op.cit., 84ff.; Hofmann, "Enea in America", 96 A.14.

31. Petrus Martyr Anglerius, De orbe novo decades octo. Alcalá, 1530. Reprint Graz, 1966. Deutsche Übersetzung: Petrus Martyr von Anghiera, Acht Dekaden über die Neue Welt. Übersetzt, eingeführt und mit Anmerkungen versehen von Hans Klingelhöfer. 2 Bde. Darmstadt, 1972; vgl. zuletzt: Pietro Martire d'Anghiera nella storia e nella cultura. Secondo Convegno Internazionale di Studi Americanistici, Genova-Arona, 16-19 Ottobre 1978. Atti. Genova, 1980; Ramos Peres, D., Las variaciones ideológicas en torno al descubrimiento de América. Pedro Mártir de Anglería y su mentalidad. Cuadernos Colombinos, 10. Valladolid, 1982.

32. Le Historie della vita e dei Fatti di Cristoforo Colombo, per D.Fernando Colombo suo figlio, Venezia 1571. Nuova ed. a cura di R. Caddeo, con studio introduttivo, note, appendici e numerose carte e incisioni. Viaggi e scoperte di navigatori ed esploratori italiani, 11-12. Milano, 1930.

33. Summario de la Generale Historia de l'Indie Occidentali cavato da libri scritti dal Signor Don Pietro Martyre del Consiglio delle Indie de la maesta de l'imperadore e da molte altre particulari relationi. Venezia, 1533; diese italienische Ausgabe von Oviedos spanischer Bearbeitung der

Decades von Petrus Martyr gab Gambara offensichtlich den ersten Anstoß zur Bearbeitung des Columbus-Themas in lateinischen Hexametern, zunächst in den Eclogae Nauticae von 1535; vgl. Zabughin, op.cit. (s. A.24), 252 A. 163.

34. Giovanni Battista Ramusio, Navegazioni e Viaggi. A cura di Marica Milanesi. 5 Bde. Torino, 1978-1985.

35. Zum Aeneis-Proömium im Kontext des antiken Epos-Proömiums vgl. etwa Buchheit, V., Vergil über die Sendung Roms. Untersuchungen zum Bellum Poenicum und zur Aeneis. Gymnasium Beihefte, 3. Heidelberg, 1963, 13-58; zum antiken epischen Proömium allgemein vgl. Romeo, A., Il proemio epico antico. Roma, 1985. Für das epische Proömium in der Renaissance vgl. Hirdt, W., "Untersuchungen zum Eingang in der erzählenden Dichtung des Mittelalters und der Renaissance". Arcadia 7, 1972, 47-64; id., Studien zum epischen Prolog. Der Eingang in der erzählenden Versdichtung Italiens. Humanistische Bibliothek I, 23. München, 1975; Fowler, A., Kinds of Literature. An Introduction to the Theory of Genres and Modes. Oxford, 1982, 91, 102f.

36. Cf. Wright, op.cit. (s. A.5), 17ff., 23ff., 55ff., 156ff.; von den Brincken, "Mappa mundi und Chronographia" (s. A.5), 134ff.; Randles, op.cit. 11ff., 33ff.; O'Gorman, op.cit. 54ff., 61ff. Zur antiken Theorie der fünf Zonen, die sich bereits bei Aristoteles, Meteora 362 a/b findet und vielleicht auf Eudoxos von Knidos zurückgeht, vgl. Thomson, op.cit. 116ff., 321ff., 382ff.; Abel, K., "Zone". Pauly-Wissowa, Re Suppl.XIV, 1974, 989-1188; Pedersen, op.cit. (s. A.39), 1+6ff. Columbus schrieb selbst einen Traktat über die Bewohnbarkeit aller fünf Zonen, der jedoch verloren ist: vgl. O'Gorman, op.cit., 66.

37. Vgl. Thomson, op.cit., 131, 300ff.; zum Problem der Lokalisierung vgl. Gambin, M.-Th., "L'île Taprobane: problèmes de cartographie dans l'océan indien". Géographie du monde au Moyen Age et à la Renaissance (s. A.5), 191-200.

38. Cfr. Langlois, Ch.-V., La connaissance de la nature et du monde au Moyen Age d'après quelques écrits français à l'usage des laïcs. Paris, ²1927; Hennig, op.cit. (s. A.22), 5ff., 173ff.; Wright, op.cit. (s. A.5), 15ff., 53f., 150ff.; von den Brincken, op.cit., 134ff.; ead., "Die Kugelgestalt der Erde in der Kartographie des Mittelalters". Archiv für Kulturgeschichte 58, 1976, 77-95; Herde, op.cit. (s. A.5); Randles, op.cit. (s. A.5), 9ff., 26ff., 41ff.; O'Gorman, op.cit., 51ff.; Tattersall, J., "Sphere or Disc? Allusions to the Shape of the Earth in some Twelfth-Century and Thirteenth-Century Vernacular French Works". Modern Language Review 76, 1981, 31-46; Reichert, op-cit., 15ff.

39. Vgl. Wright, op.cit., 78; Kunitzsch, P., Der Almagest. Die "Syntaxis Mathematica" des Claudius Ptolemaeus in arabisch-lateinischer Überlieferung. Wiesbaden, 1974; Pedersen, O., A Survey of the Almagest. Acta Histor. Scient. Nat. et Medicinae. Ed. Bibl. Univ. Hauniensis, 30. Odense, 1974. 11ff., bes. 19ff., 35ff.; Wightman, op.cit. (s. A.9), 104ff. Zur Kenntnis der Schriften von Claudius Ptolemaeus im Mittelalter (erste lateinische Übersetzung im Westen durch Manuel Chrysoloras und Giacomo Angiolo 1410, Editio princeps [ohne Karten] Vicenza 1475, mit Karten Bologna 1477) vgl. Randles, op.cit., 21ff.

40. Thorndike, L., The "Sphere" of Sacrobosco and Its Commentators. Chicago 1949 (Edition des lateinischen Textes mit Einleitung, englischer Übersetzung und Ausgabe einiger mittelalterlicher Kommentare). Thorndike datiert den Traktat, der in Paris geschrieben wurde, in den Anfang des 13.Jahrhunderts (op.cit., 5); zum Traktat von Sacrobosco und Pierre d'Ailly: op.cit., 38ff. Vgl.auch Pedersen, O., "In Quest of Sacrobosco". Journ. Hist. of Astronomy 16, 1985, 175-221; Randles, op.cit., 10ff., 33ff., 46ff.; Reichert, op.cit., 19f.

41. Morison, Admiral, 33.

42. Zu den Anschauungen über einen zusammenhängenden Küstenverlauf zwischen Europa und Asien vgl.Randles, op.cit., 69ff.

43. In Lintvelts Terminologie: den "lecteur abstrait"; cf. Lintvelt, op-cit., 17ff. Zum Konzept des "implied reader" vgl. Booth, W.C., The Rhetoric of Fiction. Chicago 1961, 137ff.

44. Siehe dazu unten A.172.

45. Vgl. Hofmann, "Enea in America", 86ff.

46. Vgl. 1, 181-183:
Hactenus ut finem faciam, Perenotte, loquendi,
Dum causam expedio, quae me tentare profundum
Impulit [...]

47. Vgl. die Eintragungen im Bordbuch für die ersten Tage (3.-8.August 1492); Morison, Admiral, 158ff.; Taviani, Viaggi, I, 9ff.

48. Von Columbus selbst im Bordbucheintrag vom 11./12.Oktober 1492 als Rodrigo de Triana bezeichnet, aber nach neueren Untersuchungen von Gould, A.B., Nueva lista documentada de los tripulantes de Colón en 1492. Madrid, 1984, 201ff. mit Juan Rodríguez Bermejo zu identifizieren; vgl. Henige, D., "Samuel Eliot Morison as Translator and Interpreter of Columbus' diario de a bordo". Terrae Incognitae 20, 1988, 69-88 (hier: 72 A.20).

49. Zu dieser gleichsam prädeterminierten Sehweise von Columbus vgl.Olschki, L., "What Columbus Saw on Landing in the West Indies". Proceedings of the American Philosophical Society 84, 1941, 633-659; Gewecke, F., Wie die neue Welt in die alte kam. Stuttgart, 1986, 59ff.; Reichert, op.cit., 31ff., 43ff., 57ff.; Mollat, "Humanisme et grandes découvertes" (s. A.11), 225f.; id., Les explorateurs (s. A.4), 117ff.; O'Gorman, op. cit., (s. A.21), 77ff.; Quinn, D.B., "New Geographical Horizons: Literature". First Images of America. The Impact of the New World on the Old. Ed. F.Chiapelli. Vol.II. Berkeley/Los Angeles/London, 1976, 635-658; Todorov, Eroberung Amerikas, 22ff.; Campbell, op.cit. (s. A.4), 165ff.; Lawrance, op.cit. (s. A.11), 255f.; Snyder, M.D., "The Hero in the Garden: Classical Contributions to the Early Images of America". Classical Traditions in Early America. Ed. J.W. Eadie, Ann Arbor, 1976, 139-174, hier bes. 149ff.; Hulme, P., Colonial Encounters. Europe and the Native Caribbean, 1492-1797. London/New York, 1986. 19ff.; Gumbrecht, op.cit. (s. A.11), 232f.; Rodriguez Monegal, E., Die Neue Welt. Chroniken Lateinamerikas von Kolumbus bis zu den Unabhängigkeitskriegen. Frankfurt a.M., 1982, 11: "Bei der Beschreibung der schönen armen Inseln, die er entdeckt hatte, griff er auf literarische Bilder zurück: er wird die Naturgeschichte des Plinius gekannt haben, und es schien ihm nicht schwerzu-

fallen, mit ihrem Erfindungsreichtum zu wetteifern. Er erinnerte sich auch an die Überraschungen und Exotismen Marco Polos; so konnte er die Rhetorik des Wunderbaren ausschöpfen, die er aus den Ritterromanen und Epen der Renaissance kannte. Seine Sinne waren von den Dichtern des Europa seiner Zeit geweckt worden. Deshalb hörte er auf Kuba Nachtigallen, atmete er Mailuft mitten im tropischen November und bezeugte, Sirenen und Amazonen, ja sogar Menschen mit Schwänzen gesehen zu haben. Mit seiner unvollkommenen Prosa [...] schuf er den europäischen Prototyp der Neuen Welt."

50. Vgl. etwa Fracastoro, Syphilis 3, 156ff.; Basinio da Parma, Hesperis 2, 361ff., 461ff.; Augurelli, Chrysopoeia e, p.56 (ed. Veneziana 1515); Palingenius Stellatus, Zodiacus Vitae 2, 40ff.; Politianus, Rusticus 73ff.; Pontanus, Meteoria 658ff.; Capece, De principiis rerum 3, 361ff. Zu diesen und anderen Autoren vgl. Roellenbleck, op.cit. (s. A.13), 229 A.16; Charlet, J.-L., "L'épithalame de Gabriele Altilio pour les noces de Jean Galeaz Sforza et Isabelle d'Aragon dans ses rapports avec la tradition et la culture classique". Res Publica Litterarum 6, 1983, 91-112.

51. Cf. Gatz, B., Weltalter, goldene Zeit und sinnverwandte Vorstellungen. Spudasmata XVI. Hildesheim, 1967; Levin, H., The Myth of the Golden Age in the Renaissance. Bloomington/London, 1969; Cook, H.J., "Ancient Wisdom, the Golden Age, and Atlantis" (s. A.69); Romeo, R., Le scoperte americane nella coscienza italiana del Cinquecento. Milano/Napoli, 1954, 13ff. Siehe auch unten A.128.

52. Vgl. Ballesteros Beretta, Cristóbal Colón, II, 231ff., bes. 236ff.; Morison, Admiral, 253ff., 445-474, bes. 465ff., 637ff.; Todorov, Entdeckung Amerikas (s. A.21), 31f.; Hulme, Colonial Encounters, 23ff.

53. In Wirklichkeit lief die "Santa Maria" am Weihnachtstag 1492 durch die Sorglosigkeit eines Schiffsjungen im stillen Wasser vor Haiti auf ein Riff und sank langsam, so daß der größte Teil der Ladung noch an Land gebracht werden konnte: vgl. das Bordbuch vom 25.Dezember 1492; siehe auch Ballesteros Beretta, Cristóbal Colón, II, 94; Morison, Admiral, 300ff.; Taviani, Viaggi, I, 68ff.; II, 95ff.

54. Daneben ist der Vergleich auch von Las Casas in seiner Brevisima Relación de la Destruyción de Las Indias von 1539 verwendet: "Zwischen diese sanften Lämmer, die ihr Herr und Schöpfer so reich beschenkt und begabt hat, sind die Spanier wie durch langes Fasten grausam gewordene Wölfe, Tiger und Löwen eingebrochen und haben in mehr als vierzig Jahren nichts anderes getan als sie in Stücke zu reißen, sie zu schlachten, sie zu foltern, ihnen Leid anzutun, sie zu quälen und sie mit einer solch abartigen Grausamkeit zu vernichten, wie man es noch nie zuvor gesehen, gelesen oder gehört hat" (zitiert nach: Kohl, K.-H., Entzauberter Blick: Das Bild vom Guten Wilden und die Erfahrung der Zivilisation. Berlin, 1981. 14). Petrus Martyr I 1, p.40 (Kap.2, S.28 Klingelhöfer) wählt einen anderen Vergleich:[...]veluti a canibus Gallicis timidi lepores sese fugientes se recipiunt.

55. Petrus Martyr I 1, p.40 (Kap. 2, S.28 Klingelhöfer): [...]mulierem tantum capiunt; hanc cum ad naves perduxissent, nostris cibis et vino bene saturatam atque ornatam vestibus[...] solutam reliquerunt. Quam primum

ad suos mulier concessit - sciebat enim illa, quo fugientes diverterent - ostendissetque mirum esse nostrorum ornatum et liberalitatem, omnes ad littora certatim concurrunt[...]

56. Zum narratologischen Problem vgl. Lintvelt, op.cit., 37ff., bes. 41ff. (narration hétérodiégétique, type narratif auctoriel), 54 (plan spatial), 79ff. (narration homodiégétique, type narratif auctoriel), 93 (plan spatial). Die Verletzung der homodiegetisch-aktorialen Perspektive erklärt sich aus den unkritischen Folgen des Berichts bei Petrus Martyr. Zu weiteren Durchbrechungen der homodiegetisch-aktorialen Erzählperspektive s. unten.

57. Vgl. dagegen die Ekphrasis des Helms, den Columbus an König Narilus (d.h. den Kaziken Guacanagarí von Hispaniola/Haiti) als Geschenk übergibt, in der Columbeis von Stella (2, 182-269); vgl.Hofmann,H.,"La scoperta del nuovo mondo nella poesia neolatina: I Columbeidos libri priores duo di Giulio Cesare Stella". Columbeis III. Genova, 1988, 71-94, hier: 90; weitere Helm-, Schild- und Gürtelbeschreibungen finden sich in anderen Columbusepen: vgl. id., "Enea in America" (s. A.24), 76f., 78f., 81.

58. Ähnliche Szenen finden sich auch in den späteren Columbusepen und gehören zum Standardrepertoire dieser Texte. Vgl.Hofmann, "La scoperta del nuovo mondo", bes. 80ff., 84ff.

59. Dieselbe Situation beschreibt auch Stella in seiner Columbeis 2, 62ff.; vgl. Hofmann, "La scoperta del nuovo mondo", 85ff. Zu den Zemen s.unten A.134.

60. 1, 563f.
vestibus, indutae gentes, quas extera classis
huc vehet[...]
erinnert an Aen. 7, 167f.
nuntius ingentis iqnota in veste reportat
advenisse viros.

61. Über entsprechende Voraussagen, die offensichtlich bei der Arawak-Bevölkerung in Umlauf waren, vgl. Petrus Martyr I 9, p.74 (Kap. 53f., S.119ff. Klingelhöfer); s. auch Hofmann, "La scoperta del nuovo mondo", 86 A.27.

62. Vgl. Konetzke, R., Süd- und Mittelamerika, I: Die Indianerkulturen Altamerikas und die spanisch-portugiesische Kolonialherrschaft. Frankfurt a.M., 1965. 27ff. und passim; Sauer, C.O., The Early Spanish Main. Berkeley/Los Angeles, 1966. 147ff., 196ff., 283ff., 290ff.; McAlister, L.N., Spain and Portugal in the New World, 1492-1700. Minnesota, 1984, 89ff., 108ff., 133ff., 153ff., 182ff.; Scammel, op.cit., 320ff.; Reinhard, op.cit., II, 44f., 69ff., 88ff.; Gewecke, op.cit. (s. A.49), 39ff., 194ff.; Schmitt III und IV passim. Zu Las Casas vgl. den Sammelband von Friede, J. and Keen, B. (Edd.), Bartolomé de Las Casas in History. Toward an Understanding of the Man and His Work. DeKalb/Ill. 1971; außerdem Hanke, L., The Spanish Struggle for Justice in the Conquest of America. Philadelphia, 1949 (Boston, 1965); Pagden, op.cit. (s. A.11), 119ff.

63. Auch der historische Columbus hielt, ausweislich der überlieferten
Berichte, namentlich des Berichtes des Fahrtteilnehmers Dr.Alvarez
Chanca al Cabildo de Sevilla, Guacanagarí für zumindest mitschuldig an
dem Massaker. Vgl. Ballesteros Beretta, Cristóbal Colón, II, 185ff. (zu
den Quellen für die 2.Reise), 202ff.; Morison, Admiral, 424ff.; siehe
auch unten A.75.

64. Ebenso endet das erste Buch der ersten Dekade von Petrus Martyr (I 1,
p.42 [Kap.6, S.32f. Klingelhöfer]).

65. Nach Petrus Martyr I 2, p.42f. (Kap. 7-8, S.34f. Klingelhöfer).

66. Das Ende der Rede des Dolmetschers ist im Text nicht genau bezeichnet.
Es in der Mitte von Vers 110 anzusetzen, läßt sich damit rechtfertigen,
daß in Vers 101-108 von der Überfalltaktik der Kannibalen die Rede ist
und in Vers 109-110a von ihren Behausungen, während in Vers 110b-111
die Baumwollvorkommen der Insel und ihr Reichtum an Vögeln erwähnt werden,
wonach ab Vers 112 die Erzählung in die erste Person übergeht (Indigenas
nuper captas cum munere misi) und vom mißglückten Versuch einer Kontaktaufnahme mit den Kannibalen berichtet.
Die Rede des Dolmetschers ist in Vers 72-78 unterbrochen durch einen
kurzen Bericht des Ich-Erzählers über das Schicksal der auf der ersten
Fahrt mitgenommenen zehn 'Indianer', von denen sieben einer tabida febris
erlegen seien; doch beeilt er sich hinzuzufügen, daß er sie nicht als
Gefangene oder Sklaven mitgebracht habe (2, 75-78):
   Hos ego non vinclos, non dura compede vinctos
   Ducebam, sed erant comites semperque vicissim
   Illorum sermone dies noctesque fruebar,
   Ut me sermonem patrium moresque docerent.
Vgl. Morison, Admiral, 354: Bitterli, Die "Wilden" und die "Zivilisierten"
(s. A.1), 180ff., 195ff.

67. Vgl. die menschenfressenden Kyklopen und Laistrygonen in der Odyssee
(9, 288ff.; 10, 81ff.), in der Aeneis (3, 641ff.) und in Ovids
Metamorphosen (14, 233ff.); in historischer Zeit galten skythische
Stämme als Menschenfresser: Herod. 4, 18, 2. 100, 2. 102, 2. 106.125, 1;
Plin. Nat.hist. 4,88; 6, 53; 7, 9ff.; vgl. Pagden, op.cit. (s. A.11),
80f. Zu mittelalterlichen Berichten über Anthropophaghie (Marco Polo,
Antonio Pigafetta, Giovanni da Pian del Carpino) vgl. Kappler, op.cit.,
(s. A.4), 159. 165f.; Lecouteux, op.cit. (s. A.4), Bd.2, 9ff. Siehe auch
R.Bernheimer, Wild Men in the Middle Ages. Cambridge/Mass., 1952;
Thomsen, C.W., Menschenfresser in der Kunst und Literatur, in fernen
Ländern, Mythen, Märchen und Satiren, in Dramen, Liedern, Epen und
Romanen. Wien, 1983, 24ff., bes. 77ff.

68. Vgl. Hulme, P., "Columbus and the Cannibals: A Study of the Reports of
Anthropophagy in the Journal of Christopher Columbus". Ibero-Amerika-
nisches Archiv N.F. 4, 1978, 115-139; id., Colonial Encounters (s. A.49).
13ff., 45ff.; Tudela y Bueso, op.cit. (s. A.15), 208ff.; Bucher, B.,
La sauvage aux seins pendants. Paris, 1977, 55ff., 68ff., 107ff., 131ff.,
154ff.; Berkhofer Jr., R.F., The White Man's Indian. Images of American
Indian from Columbus to the Present. New York, 1978, 7ff.; Luchesi, E.,
"Von den 'Wilden/Nacketen/Grimmigen Menschenfresser Leuthen/in der
Newenwelt America gelegen': Hans Staden und die Popularität der
'Kannibalen' im 16.Jahrhundert". Mythen der Neuen Welt (s. A.4), 71-74;
Bucher, B., "Die Phantasien der Eroberer. Zur graphischen Repräsentation
des Kannibalismus in de Brys America". Mythen der Neuen Welt, 75-91;

Pagden, op.cit., 81ff.; Todorov, Eroberung Amerikas (s. A.21), 42;
Gumbrecht, op.cit. (s. A.11), 233f.; Bogliolo Bruna, G./Lehmann, A.,
"Amazzoni o cannibali, vergini o madri, sante o prostitute: donne
amerindie e alterità nelle 'relazioni' di alcuni viaggiatori francesi
(secoli XVI-XVIII)". Columbeis III. Genova, 1988, 215-265.

69. Vgl. Babcock, W.H., Legendary Islands of the Atlantic. A Study in
    Medieval Geography. New York, 1922, 69ff., 144ff.; Clissold, S.,
    The Seven Cities of Cibola. London, 1961, 24ff.; Hennig, R., "Atlan-
    tische Fabelinseln und Entdeckung von Amerika". Histor.Zschr. 153, 1935,
    461-500; Wauchope, R., Lost Tribes & Sunken Continents. Myth and Method
    in the Study of American Indians. Chicago, 1962, 30f.; Sprague de Camp,
    L., Lost Continents. The Atlantis Theme in History, Science, and
    Literature. New York, 1954,Repr. 1970, 21f., 92ff.; Vigneras, L.-A.,
    La búsqueda del Paraíso y las legendarias islas del Atlántico. Cuader-
    nos colombinos, 6. Valladolid, 1978,bes.45ff.;Morison, Southern Voyages, 28ff.;
    id., The European Discovery of America, vol.II: The Northern Voyages.
    New York, 1971, 97ff.; Schmitt, op.cit., I, 2, 8, 68; II, 2, 11, 91,
    100ff., 111, 152, 242; Gewecke, op.cit. (s. A.49), 81f.; New American
    World (s. A.1). I, 74f. In seinem Kommentar zu Platons Timaios (I, p.177,
    10ff. Diehl) zitiert Proklos einen Historiker Markellos als Verfasser
    von Aithiopika mit der Nachricht, daß Reisende von sieben Inseln im
    Ozean jenseits der Säulen des Herkules berichtet hätten, deren Bewohner
    von ihren Vorfahren her Erinnerungen an die riesige Insel Atlantis be-
    wahrten. Zu Atlantis siehe neben Sprague de Camp noch Cook, H.J.,
    "Ancient Wisdom, the Golden Age, and Atlantis: The New World in Six-
    teenth-Century Cosmography". Terrae Incognitae 10, 1978, 25-43 (mit
    Bibliographie); Babcock, op.cit., 11ff.

70. Vgl. Hofmann, "La scoperta del nuovo mondo", 82, A.17; Bognolo, A.,
    "Geografia mitica e geografia moderna. Le Amazzoni nella scoperta
    dell'America". Columbeis IV. Genova 1990, 7-22. Siehe außerdem Bogliolo
    Bruna/Lehmann, op.cit. (s. A.68). Zur antik-mittelalterlichen Tradition
    der Amazoneninsel (auch -stadt oder -land) vgl. Lewicki, T., "Amazonen".
    LMA I, 1980, 514f.; Tudela y Bueso, op.cit., 208ff., 220ff., 236ff.,
    329ff.; Kappler, op.cit., 146; Deluz, Le livre de Jehan de Mandeville
    (s. A.19), 213ff., 230ff.

71. Heute Martinique; vgl. Petrus Martyr I 2, p.44 (Kap.8, S.37f. Klingel-
    höfer).

72. Hunde, die nicht bellen, werden öfters im Bordbuch erwähnt: vgl. die
    Eintragungen vom 17., 18. und 29.10. und 6.11.1492; dazu Gerbi, op.cit.
    (s. A.11), 29, 32f., 69, 278, 294ff., 410, 419.

73. Die Hunde auf Ayay (2, 165ff. - bei denen Petrus Martyr jedoch nicht
    hinzufügt, daß sie nicht bellen), Tod und Verwundung zweier Spanier
    durch karibische Giftpfeile (2, 193ff.), nächtliche Flucht einiger vor
    den Kannibalen befreiter Eingeborener von den Schiffen nach Burichena
    (2, 260ff.,), Abfeuern eines Kanonenschusses als Nachricht für die Ge-
    fährten auf Hispaniola (2, 280ff.) usw.; vgl. Petrus Martyr I 2, p.42ff.
    (Kap. 7ff., S.34ff. Klingelhöfer).

74. Zum Beispiel 2, 271-276:
    [...] et primis ducibus comitatus ad altum
    Accessi collem, ut socios arcemque viderem
    Xamana in regione, maris prope littora vasti.
    Quid referam? Constructae arcis vestigia nulla
    Apparent, non agger erat, non vallus, at arcis
    Relliquias ingens cineris celabat acervus.

75. Zum Beispiel 2, 280-283:
    Aerea personuit vicinos machina montes
    Convallesque cavas sonituque impleverat oras
    Littoreas frustra: namque incola traxerat omnes
    Ad letum Hispanos flammisque involverat arcem.

    Hierher gehört auch seine Kritik, mit der er aus auktorialer Perspektive den Botenbericht eines seiner Leute einleitet, den er zu Guaccanarillus geschickt hatte und der dessen Antwort wörtlich wiedergibt (2, 297-300):

    Et si ficta reor, quae Rex mihi Guacanarillus
    Dixerit - hoc Regis dictum nam fama refellit
    In cunctis vulgata locis, quos circuit ingens
    Insula -, at ipse tamen referam, quae dixerit ille.

    Das fiktive Auditorium und die späteren Leser mögen sich dabei an 1, 634 corde nefas versans erinnern (s. oben A.64.

76. Etwa in 2, 286-288:

    [...]sed tunc
    Non potui seriem facti, non noscere causam,
    Interpres quia nullus erat.

    Zur narratologischen Terminologie s. oben A.29.

77. Es liegt also narrative Einbettung dritten Grades (Haupterzähler, Columbus, Bote, Guacanarillus) vor; als Guacanarillus selbst seine Worte wiederholt, die er damals zu seinen anstürmenden Landsleuten sprach, Einbettung vierten Grades; vgl. Lintvelt, op.cit., 209ff., bes. 214.

78. Petrus Martyr I 2, p.46 (Kap.10, S.42 Klingelhöfer) bezeichnet ihn als Gesandten der spanischen Könige beim Papst im Jahre 1487; vgl. Morison, Admiral, 396.

79. Die Verse 2, 390ff. sind nahezu eine metrische Paraphrase des Berichts bei Petrus Martyr I 2, p.46 (Kap.10, S.44 Klingelhöfer).

80. Zu den historischen Einzelheiten, deren chronologische Reihenfolge bei Gambara verwischt ist, vgl. Ballesteros Beretta, Cristóbal Colón, II, 205ff.; Morison, Admiral, 426ff.; Taviani, Viaggi, I, 122ff.; II, 158ff.

81. Zum Historischen vgl. Ballesteros Beretta, Cristóbal Colón, II, 231ff.; Morison, Admiral, 445-480; id., Southern Voyages, 123-134; Taviani, Viaggi, I, 138-151; II, 166-178.

82. Vgl. hierzu die in A.81 zitierte Literatur.

83. Auch hier hielt sich Gambara genau an den Text von Petrus Martyr I 3, p.50-53 (Kap. 16-18, S.53-62 Klingelhöfer), der nach der Erwähnung des Hafens von St.Nikolas fortfährt:

> Transfretat igitur et Cubae meridionale latus capiens ad Occidentem vergit. Incipiunt illi, quo ulterius procedebat, tanto magis littora in latum protendi et ad meridiem curvari. In Cubae latere ad meridiem primam reperit insulam, quam incolae Iamaicam covant [...],

worauf die Beschreibung des Berges und der erst feindseligen, dann versöhnlichen Kontakte mit den Bewohnern folgen, die Columbus bei Gambara in 2, 453ff. und 465ff. gibt.

84. Ein Verbum fameo ist nach Ausweis des ThLL und des OLD nicht belegt; nur Forcellini zitiert unter diesem Lemma eine griechisch-lateinische Glosse, die jedoch im Corpus glossariorum latinorum (ed. Goetz, 1888-1923) nicht aufgeführt ist. Die Wörterbücher von Forcellini, Georges und Lewis-Short kennen außerdem ein Lemma famesco (Forcellini, Georges) bzw. famescens (Lewis-Short); Georges und Lewis-Short zitieren dafür als einzigen Beleg "Alcim. Avit. ad Sor. 738 (Georges: 740) ora famescentum ferarum"; Forcellini schreibt das Zitat länger aus: Ora famescentum satiet qui dira ferarum und gibt als weiteren Beleg aus Alcim. Avit. Carm. 2, 18 Nulla famescentem fulcirent pabula vitam, fügt jedoch hinzu: "Alii al. leg.". In Peipers Ausgabe lautet der Vers (2,19 in seiner Zählung): Nullaque constantem fulcirent pabula vitam. Mit dem Carm. ad Sor. kann nur das 6.Buch der Carmina des Alcimus Avitus (+ 518) gemeint sein, das den Titel De virginitate trägt und seiner Schwester Fuscina gewidmet ist (ed. R.Peiper, MGH AA VI 2, 275ff.); doch zählt dieses Gedicht nur 666 Verse, die von den Wörterbüchern angeführten Zitate kommen im ganzen poetischen Werk des Autors nicht vor: vgl. Concordantiae in Alcimi Ecdicii Aviti carmina. Kritische Wortkonkordanz zu den epischen Gedichten des Alcimus Ecdicius Avitus. Hg. Johann Rammminger. Hildesheim/Zürich/ New York, 1990. Der brieflichen Auskunft von J.Ramminger (Thesaurus Linguae Latinae, München) verdanke ich den Hinweis, daß das falsche Alcimus Avitus-Zitat (6, 740) einer mittelalterlichen Umarbeitung der Susanna-Geschichte entstammt, die zuerst in der Ausgabe von Johannes Gagneus (Lugduni 1536) gedruckt ist und sich bis ins 17.Jahrhundert gehalten hat. Zu famere und famescere vgl. auch noch Mignot, Xavier. Les verbes dénominatifs Latins. Études et Commentaires, 71. Paris, 1969. 99 A.1; 159. Trotz Mickl sonstiger Observanz der antiken Latinität zeigt er eine Vorliebe für Archaismen und seltene Wörter und verwendet gelegentlich auch Neologismen. Außer an dieser Stelle gebraucht er dasselbe Verbum noch in 3, 86f. (famet aurea tecta, sagt Superstitio von Columbus, Cubanosque studet flammis excindere fines) und 3, 370 (s. dazu die folgende Anm.).

85. Formuliert in Anlehnung an den 3.Band von Hans Blumenberg, Die Legitimität der Neuzeit, der den Titel Der Prozeß der theoretischen Neugierde (Frankfurt a.M., ²1973) trägt.

86. Pharsalia 9, 700-833, eingeleitet von einem mythologischen Aition (619-699) und abgerundet mit einem Exkurs über den Skorpion (833-937) und die Zaubermittel der Psyllier gegen Schlangengift.

87. Petrus Martyr I 3,p.50f.(Kap.17, S.54f. Klingelhöfer); VIII 7, p.252ff. (Kap.19, S.289 Klingelhöfer); vgl. Gerbi,Nature (s. A.11), 47, 199f., 231f., bes. 418ff.

88. Zum "Jagdfisch" Guaicano oder Echeneis remora vgl. Petrus Martyr l.c. und VII 8, p.231 (Kap.33, S.223f. Klingelhöfer); Taviani, Viaggi, II, 169.

89. Zu den Einzelheiten vgl. Morison, Admiral, 459ff.; Taviani, Viaggi, II, 170f. Gambaras Columbus-Erzähler erwähnt jedoch nicht, daß der historische Columbus diesen weißgekleideten Alten für den sagenhaften Priester Johannes hielt und die Begegnung als Beweis dafür betrachtete, daß er wirklich in Asien sei.

90. Nach Morison, Admiral, 464 und Taviani, Viaggi, II, 170 handelte es sich dabei um einen Angehörigen der Siboney, die nicht mehr zur Taino-Kultur Hispaniolas gehörten. Auch dessen Gebärdensprache deutete der historische Columbus so, daß jenseits der Berge ein mächtiger König wohne, der Kleider trage und mit dem Khan oder dem Priester Johannes identisch sein müsse; Gambaras literarischer Columbus befleißigt sich größerer Zurückhaltung (2, 652-654):

> Ille tamen montem hunc ultra signisque manuque
> Monstrabat populum esse alium regemque potentem,
> Qui sese indueret diversis vestibus ut nos.

91. Aufgebaut in strenger antiker Hymnen-Stilisierung mit Patronymikon, relativischer Prädikation, eigentlicher Bitte und abschließender Beteuerung (2, 681-684):

> Davidica o proles, Virgo, qua clarius ullum
> Lumen nec terrae nec habent cela atria caeli,
> Respice nos audique preces: Non te duce Syrtes
> Aut Maleae horrendas cautes fluctusque timebo.

92. Nicht wiedergegeben ist der Abschnitt bei Petrus Martyr I 3, p.153 (Kap.18, S.60f. Klingelhöfer) über die Begegnung mit dem "edlen Wilden", die in der Tradition von Alexanders des Großen Brahmanengespräch gestaltet ist und für den historischen Columbus eine neue Bestätigung dafür

war, daß er sich in Indien befand. Vgl. dazu Romeo, Le scoperte americane (s. A.51), 59ff.; Bitterli, Die "Wilden" und die Zivilisierten" (s. A.1), 367ff.; Berkhofer, The White Man's Indian (s. A.68), 72ff.; Boas, G., Essays on Primitivism and Related Ideas in the Middle Ages. Baltimore, 1948, 129ff.; Kohl, K.-H., Entzauberter Blick. Das Bild vom Guten Wilden und die Erfahrung der Zivilisation. Berlin, 1981; Dickason, O.P., The Myth of the Savage and the Beginnings of French Colonialism in the Americas. Edmonton/Alberta, 1984, 61ff.; Losada, A., "Consideraciones sobre la teoría del 'Buen Salvaje' y sus fuentes españolas de los siglos XVI y XVII en especial Colón, Mártir de Anglería, Las Casas, Vives, Guevara y Coreal (En el segundo Centenario de la muerte de Rousseau)". Pietro Martire d'Anghiera (s. A.31), 549-593. Zur antiken Tradition des "Edlen Wilden" vgl. Lovejoy, A.O. & Boas, G., Primitivism and Related Ideas in Antiquity. Baltimore, 1935 (Reprint New York, 1980), 287ff.

93. Nahezu wörtliche Paraphrase aus Petrus Martyr I 3, p.53 (Randnotiz Aetas aurea).

94. 2, 787: Evenere mihi sed quae prius, ordine dicam.

95. 2, 916-924 (Löwinnengleichnis) und 930-932 (Wolfsgleichnis).

96. Zu den Quellen für die zweite Reise von Columbus vgl. Ballesteros Beretta, Cristóbal Colón, II, 185ff.; Morison, Southern Voyages, 121; Sauer, op.cit. (S. A.62), 37f.; Taviani, Viaggi, II, 134f., 140f. Teilweiser Abdruck in engl. Übersetzung bei Cohen, The Four Voyages (s. A.21), 127ff.

97. Eine Überschreitung des Horizonts des homodiegetischen Erzählers läßt sich in den Versen 812ff., 827ff., 838ff., 879ff. und 900ff. feststellen. In allen Fällen läßt sich nachweisen, daß dies durch die metrische Paraphrasierung des Textes von Petrus Martyr verursacht wird, dem eine andere narratologische Situation zugrundeliegt, deren Verschiedenheit Gambara bei der metrischen Umsetzung nicht immer hinreichend berücksichtigt hat.

98. Zum Sturm als typisch epischer Szene vgl. Friedrich, W.-H., "Episches Unwetter". Festschrift für Bruno Snell. München, 1956, 77-87; Morford, M.P.O., The Poet Lucan: Studies in Rhetorical Epic. Oxford, 1967, 20ff. (zur literarischen Tradition des Seesturms); daneben auch Kröner, H.O., "Elegisches Unwetter". Poetica 3, 1970, 388-408. Siehe auch unten A.158.

99. Petrus Martyr I 4, p.56 (Kap.24, S.69f. Klingelhöfer); vgl. Morison, Admiral, 490f.; Taviani, Viaggi, I, 175; II, 179f.

100. Nach Petrus Martyr I 4, p.56 (Kap.24f., S.69ff. Klingelhöfer); vgl. Ballesteros Beretta, Cristóbal Colón, II, 253ff.; Morison, Admiral, 490ff., 496ff., 505ff.; Taviani, Viaggi, I, 152ff.; II, 204ff.

101. Daß er zunächst Madeira ansteuerte, hatte er bereits in 2, 978f. gesagt.

102. Abfahrt von Spanien war am 30.5.1498; auf Madeira blieb Columbus vom 10.-16.6., auf Gomera (Kanarische Inseln) vom 19.-21.6., wonach sich ein Teil der Flotte von seinen Schiffen trennte und die direkte Route über die Westindischen Inseln (Dominica, Guadeloupe, Puerto Rico) nach Hispaniola wählte. Von den Kapverdischen Inseln berührte er Boavista (27.-30.6.), das hauptsächlich von Leprakranken besiedelt war (vgl. 3, 7ff.), und São Tiago (1.-4.7.), auf Trinidad landete er am 31.7. Zum Historischen

vgl. Ballesteros Beretta, Cristóbal Colón, II, 283ff., bes. 357ff. (Quellen und Route); Morison, Admiral, 515ff.; id., Southern Voyages, 141ff.; Taviani, Viaggi, I, 188ff.; 230ff. (u.a. zu den Quellen der 3.Reise und zur Zusammenstellung der Flotte). Auszüge aus den Quellen zur 3.Reise in engl. Übersetzung bei Cohen, The Four Voyages, 203ff.

103. Obwohl keine Bemannungslisten für die 3.Reise bekannt sind, läßt sich ausschließen, daß er mit dem Edelmann Diego Méndez de Segura, dem durch seine kühne Kanufahrt von Jamaica nach Hispaniola berühmt gewordenen Teilnehmer an der 4.Reise (vgl. Ballesteros Beretta, Cristóbal Colón, II, 602ff.; Morison, Admiral, 626ff., 637, 641ff.; Taviani, Viaggi, I, 245ff.; II, 311ff., bes. 314f.; s.auch unten A.168), identisch ist, falls der Name hier überhaupt historisch verbürgt ist. Las Casas (im Auszug aus Columbus' Bordbuch der 3.Reise) nennt als den ersten, der Land gesichtet hatte, einen Matrosen aus Huelva namens Alonso Pérez, cf. Ballesteros Beretta, Cristóbal Colón, II, 369; Morison, Admiral, 528f.

104. Petrus Martyr I 6, p.61f. (Kap.33f., S.85ff. Klingelhöfer). Das Zusammentreffen mit den Eingeborenen und die mißglückte Verständigung - zuerst mit den üblichen Geschenken, dann mit Musik und Tanz der Spanier, was von den Eingeborenen jedoch als Kriegserklärung verstanden wird, so daß sie zu den Waffen greifen, Columbus ein drohendes Gefecht jedoch noch verhindern kann - läßt Gambara, über den Bericht bei Petrus Martyr hinausgehend, seinen Protagonisten in lebendiger und detailfreudiger Schilderung spannend wiedergeben (3, 100-140). Die durch Las Casas verbürgten Nachttöpfe (vacinetas) aus Messing, mit denen Columbus die Männer im Kanu zu locken versuchte, wurden bereits bei Petrus Martyr l.c. zu vasa aenea, tersa, lucida; Gambaras' Columbus verfremdet sie vollends
   [...]pateraspque figuris
   Diversis auro pictas varioque colore (3, 109f.)
und hat so die Philologen um die erste epische Nachttopfbeschreibung gebracht.

105. 3, 155ff., vgl. Petrus Martyr I 6, p.62 (Kap.34, S.87 Klingelhöfer); in Wirklichkeit liegt die Insel Margarita nördlich der Halbinsel Araya vor der venezuelanischen Küste und wurde von Columbus erst nach der Erkundung der Halbinsel Paria, die er für eine Insel hielt und Isla de Gracia nannte, am 15.8.1498 entdeckt; vgl. Ballesteros Beretta, Cristóbal Colón, II, 391; Morison, Admiral, 554f.; Taviani, Viaggi, I, 207f.

106. Unterstrichen durch die Apostrophe des fiktiven Zuhörers: Perenotte (3,159).

107. Vgl. Petrus Martyr I 6, p.63(Kap.34f., S.87ff. Klingelhöfer); auch hier stimmt Gambaras Text oft bis in die Einzelheiten mit seiner Vorlage überein, etwa in der Erwähnung der kreisförmigen Gebäude und der Stühle aus schwarzem Holz (3, 192f.), der Früchte, aus denen weißer und roter Wein gemacht wurde (3, 194ff., s.u.), der Namen der Landschaften Cumana, Manacapena und Curiana (3, 209f.), der hellen Hautfarbe der Eingeborenen (3, 199) und des Baumwolltuchs als Bekleidung,während sie im übrigen nackt seien (3, 201), der Bemerkung, er (sc. Columbus) wolle sich nicht länger dort aufhalten, weil sonst das aus Spanien für Hispaniola mitgebrachte Getreide in den Schiffen verfaule, werde aber

demnächst wieder kommen (3, 206ff.), oder der Fahrt durch das "Grasmeer" (mare herbidum, Petr.Mart. l.c.) der Sargassoalgen, die als etwas ganz Außergewöhnliches beschrieben wird (3, 226ff.):

> Queis passim (nec ficta loquor) viret herba profundo
> Remigiis invisa: rates fluitantia ponto
> Semina tardabant virides imitantia baccas
> Lentisci viridesque maris sub fluctibus herbae.

108. Vgl. dazu Morison, Admiral, 534.

109. Vgl. Ballesteros Beretta, Cristóbal Colón, II, 383ff.; Morison, Admiral, 556ff.; id., Southern Voyages, 154ff.; Taviani, Viaggi, I, 193ff.; II, 250ff.

110. Dec. I, 6, p.64:

> Unde in trium illorum culmine montium, quos e cavea speculatorem nautam a longe vidisse memoravimus, paradisum esse terrestrem asseveranter contendit[...] De his satis, quum fabulosa mihi videantur, ad historiam, a qua digressi sumus, revertamur.

111. Siehe oben A.16-21 und unten A.126-128. Vgl. außerdem Reichert, "Columbus und Marco Polo" (s. A.17), 33f., 43ff.; Hamann, "Christoph Columbus zwischen Mittelalter und Neuzeit" (s. A.14), 25ff., bes. 27f.; Watts, op.cit. (S. A.16), 75f., 81ff., 86ff.; Taviani, Viaggi, I, 193ff., 202ff.; II, 250ff. Dagegen bedeutet der Artikel von Sale, K., "What Columbus Died Believing: The True Geographie Concepts of the Great Discoverer". Terrae Incognitae 21, 1989, 9-16 einen Rückschritt gegenüber dem bereits erreichten Verständnis z.B. bei Washburn, O'Gorman, Skalweit und Bitterli (s. oben A.21).

112. Über die Herkunft der verschiedenen Namen der Insel informiert Petrus Martyr III, 7, p.129 (Kap.37, S.287 Klingelhöfer).

113. So die Meinung von Rodriguez Monegal (s. A.49), 11.

114. Vgl. Rodriguez Monegal, op.cit., 11 und oben A.49.

115. 3, 239f.:

> Castaneae similis folio est haec insula vasto
> Cincta mari [...]

Der Vergleich ist aus Petrus Martyr I 3, p.48 (Kap.13, S.49 Klingelhöfer) übernommen. Bekanntlich ist auch eine eigenhändige Skizze der Nordwestküste Haitis von Columbus überliefert: Abbildungen bei Sauer, Early Spanish Main (s. A.62), 40; Ballesteros Beretta, Cristóbal Colón, II, 85; Morison, Admiral, 286.

116. Vgl. 3, 242-245:

> [...]nam poplite flexo
> Ipse salutabam quoties de more Parentem
> Unigenae Christi, genua inflectebat et altam
> Ad caeli sua tunc vertebat lumina sedem.

Vgl. Todorov, Eroberung Amerikas (s. A.21), 57ff.

117. Hauptquelle bleibt Petrus Martyr I 3, p.48ff. (Kap.14, S.49ff.Klingelhöfer), III 7-9, p.129ff. (Kap.37ff., S.285ff. Klingelhöfer), III 10 (Arten des Vogelfangs), p.144f. (Kap.67, S.329ff. Klingelhöfer). Vgl. Gerbi, Nature in the New World (s. A.11), 68ff.

118. Gambara fand die Nachricht über dieses Nomadenvolk in den Bergen bei Petrus Martyr III 8, p.135 (Kap.49, S.303 Klingelhöfer). Zum ethnographisch-anthropologischen Typ vgl. Romeo, op.cit. (s. A.51), 84-114; Tinland, F., L'homme sauvage. Homo ferus et homo sylvestris. De l'animal à l'homme. Paris, 1968; Kappler, op.cit. (s. A.4), 157ff., 187ff.; Pagden, op.cit. 15ff.; Dickason, op.cit. 70ff.

119. Vgl. Petrus Martyr a.O.: Sine certis sedibus, sine sationibus aut cultura ulla, uti legitur de aurea aetate.

120. Fr. 130 L.-P. und Voigt; vgl. Carson, A., Eros the Bittersweet. Princeton, 1986, 3ff.

121. Ecl. 8, 47; vgl. die ganze Passage ab V.43ff. sowie Ecl. 2, 2ff.(Corydons Klage über Alexis, der seine Liebe nicht erwidert), 68 me tamen urit amor: quis enim modus adsit amori?; Ecl. 10, 6 sollicitos Galli dicamus amores u.ö. - bekanntlich ist die ganze 10.Ekloge dem Liebesleid von Gallus gewidmet.

122. Motto: Militat omnis amans et habet sua castra Cupido (Ov. Am. I 9). Vgl. Spies, A., Militat omnis amans. Ein Beitrag zur Bildersprache der antiken Erotik. Diss. Tübingen, 1930; McKeown, J.C., Ovid: Amores. Text, Prolegomena and Commentary. Vol. II: A Commentary on Book One. Liverpool, 1989, 257ff. Etwas anders sind die Veneris bella bei Tibull I, 10, 53ff., die näher bei den Versen Gambaras stehen und gerade jene Leidenschaften beschreiben, die den Zavane fehlen; vgl. Murgatroyd, P., Tibullus I. A Commentary on the First Book of the Elegies of Albius Tibullus. Pietermaritzburg, 1980, 292ff.; id., "Militia amoris and the Roman Elegists". Latomus 34, 1975, 59-79. Vgl. allgemein Müller, R., Motivkatalog der römischen Elegie. Diss. Zürich, 1952; Lyne, R.O.A.M., The Latin Love Poets from Catullus to Horace. Oxford, 1980, 67ff.; Stroh, W., "Die Ursprünge der römischen Liebeselegie". Poetica 15, 1983, 205-246, hier 220ff.; zuletzt knapp zusammenfassend Holzberg, N., Die römische Liebeselegie. Eine Einführung. Darmstadt, 1990, 10f.

123. Sappho, fr. 130 L.-P. und Voigt; vgl. Carson, op.cit.; Kenney, E.J., "Doctus Lucretius". Mnemosyne IV 23, 1970, 366-392, hier 251ff. Zu Lukrezens Diatribe gegen die Leidenschaft der Liebe vgl. auch Schrijvers, P.H., "Horror ac divina voluptas": Etudes sur la poétique et la poésie de Lucrèce. Amsterdam, 1970, 133ff., 279ff.

124. Vgl. Carson, op.cit., 62ff.

125. Vgl. außer der oben in A.51 genannten Literatur für die Antike noch Schmid, W., "Eine frühchristliche Arkadienvorstellung". Convivium. Festschrift für K.Ziegler. Stuttgart, 1954, 121-130; id., "Bukolik". RAC 2, 1954, 792ff.; Herzog, R., Die Bibelepik der lateinischen Spätantike 1. München, 1975, 29ff., 196ff.; Fontaine, J., "La conversion du christianisme à la culture antique: la lecture chrétienne de l'univers bucolique de Virgile". Bull.Ass. G. Budé 1978, 50-75.

126. Vgl. Hofmann, "La scoperta del nuovo mondo" (s. A.57), 82f. A.18 (mit Literatur); außerdem Gewecke, op.cit., 67ff.; Morison, Admiral, 549ff.; Wright, op.cit., 71f., 261ff.; Ballesteros Beretta, Cristóbal Colón, II, 383ff.; Sanford, C.L., The Quest for Paradise. Europe and the American Moral Imagination. Urbana/Ill., 1961, 38ff.; O'Gorman, op.cit. (s. A.11), 96ff.; Campbell, op.cit., 171ff. Siehe außerdem oben A.16-21 und A.111.

127. Siehe oben A.109-111.

128. Vgl. Baring-Gould, S., Curious Myths of the Middle Ages. London/Oxford/ Cambridge, 1881, 250ff.; Graf, A., Il mito del paradiso terrestre. Miti, leggende e superstizioni del Medio Evo. I. Torino, 1892. Repr. New York, 1971; Ayer, I., "Où plaça-t-on le paradis terrestre?". Etudes Franciscaines 36, 1924, 117-140, 371-398, 561-589; 37, 1925, 21-44, 113-145; Boas, op.cit. (s. A.92), 154ff.; Letts, M., Sir John Mandeville: the Man and his Book. London, 1949, 27, 36, 82, 85, 99, 102, 112, 142; Patch, H.R., The Other World According to Descriptions in Medieval Literature. Cambridge/Mass., 1950. Repr. New York, 1970, 134-174; Sanford, op.cit., 36ff.; Bartlett Giamatti, A., The Earthly Paradise and the Renaissance Epic. Princeton/N.J., 1966; von den Brincken, "Mappa mundi und Chronographia" (s. A.5), 172ff.; Bitterli, Die "Wilden" und die "Zivilisierten" (s. A.1), 376ff., 392ff.; Deluz, C., "Le paradis terrestre, image de l'orient lointain dans quelques documents géographiques médiévaux". Images et signes de l'orient dans l'occident médiéval (littérature et civilisation). Senefiance, n° 11. Aix-en-Provence, 1982, 143-161; Vigneras, op.cit. (s. A.69), 13 ff.; Levin, Myth of the Golden Age (s. A.51); Costa, G., La leggenda dei secoli d'oro nella letteratura italiana. Bari, 1972, 71ff.; Romeo, op.cit. (s. A.51), 13-32; Baudet, H., Paradise on Earth. Some Thoughts on European Images of Non-European Man. New Haven/London, 1965 (holländische Erstausgabe: Assen, 1959); O'Gorman, op.cit. (s. A.21), 63ff.; Todorov, Eroberung Amerikas (s. A.21), 23ff.; Snyder, op.cit. (s. A.49), 144ff.; Prest, J., The Garden of Eden. The Botanic Garden and the Re-Creation of Paradise. New Haven/London, 1981, 27ff., bes. 31ff.; Utopieforschung. Interdisziplinäre Studien zur neuzeitlichen Utopie. Hg. W.Voßkamp. 3 Bde. Frankfurt a.M., 1982.

129. Vgl. Herzog, op.cit. (s. A.120), 130ff.; id., Die allegorische Dichtkunst des Prudentius. Zetemata 42, München, 1966; id., "Exegese - Erbauung - Delectatio. Beiträge zu einer christlichen Poetik der Spätantike". Formen und Funktionen der Allegorie. Hg. W.Haug. Stuttgart, 1979, 56ff.; id., "La meditazione poetica: una forma retorico-teologica tra tarda antichità e barocco". La poesia tardoantica tra retorica, teologia e politica. Atti del V corso della Scuola Superiore di Archeologia e Civiltà Medievali, Erice (Trapani) 6-12 dicembre 1981. Messina, 1984, 75-102.

130. Vgl. Eatough, G., Fracastoro's 'Syphilis'. Introduction, Text, Translation and Notes. ARCA - Classical and Mediaeval Texts, Papers and Monographs, 12. Liverpool, 1984, 164f.;Hofmann, H., Die Fiktivierung des Lehrgedichts. Zur literarischen Diagnose der Syphilis (im Druck). In der neulateinischen Columbus-Epik,wird die Syphilis erstmals in der revidierten Fassung von Stellas Columbeis (Roma 1589) im Zusammenhang mit den Bäumen der Neuen Welt erwähnt (2, 695ff.), worunter sich der Guajakbaum befand, dessen Holz in Europa als Heilmittel gegen die Krankheit gebraucht wurde; vgl. Hofmann, H., "La seconda edizione della Columbeis di Giulio Cesare Stella: una revisione teologica". Columbeis IV. Genova, 1990, 195-219, bes. 208f.

131. Vgl. 3, 487-491:

> Tempore si certo non has accederet oras
> Aspera Cannibalum gens belli assuetaque rapto
> Et verubus torrere viros et ponere mensis,
> Laetior haud ulla hac, non hac felicior ulla
> Ora foret[...]

132. Als einzige Ausnahme fügt Columbus jedoch hinzu, daß es kriegerische Auseinandersetzungen gibt, wenn der König ohne Nachkommen stirbt (3, 527-530). Vgl. auch Todorov, Eroberung Amerikas, 52f.; ausführlich Sauer, Early Spanish Main, 50ff. Zu den antiken Motiven vgl.Gatz, op.cit. (s. A.51), 114ff., 144ff., 189ff.

133. Vgl.Romeo, op.cit.(s. A.51), 33ff.; Todorov, Eroberung Amerikas, 54f.,57ff.

134. Über die Zemen und die Geister der Toten findet sich ein ausführlicher Bericht bei Petrus Martyr I 9, p.72ff. (Kap.49ff., S.114ff. Klingelhöfer). Zu den religiösen Vorstellungen der Arawakds, vgl. Zerries, O., "Die Religionen des alten Amerika. Von W.Krickeberg, H.Trimborn, W.Müller, O.Zerries. Stuttgart, 1961, 269-384, bes.350ff.; Konetzke, op.cit. (s. A.62), 12ff.; Séjourné, L., Altamerikanische Kulturen. Fischer Weltgeschichte, 21. Frankfurt a.M., 1971, 120ff.

135. Gen. 2, 10-14; vgl.Ps.35, 9f. und 41, 2; fons hortorum und puteus aquarum viventium in Cant.4, 12 und 15 werden in der Exegese der Kirchenväter auch zu Symbolen der Jungfrau Maria; Joh. 4, 10 aqua viva und Apoc.22, 1ff. fluvius aquae vitae sind als Bilder auf Christus als fons vitae bezogen; vgl. Lexikon des Mittelalters II, 1983, 771ff. s.v. "Brunnen" (mit Bibliographie). Zur allegorischen Paradiesesexegese vgl. auch Sanford, op.cit. (s. A.126), 8ff.; Prest, op.cit. (s. A.128), 18ff., bes.20ff.; ausführlich Daniélou, J., Sacramentum futuri. Etudes de théologie historique, 22. Paris, 1950, 13ff.; Grimm, R. R., Paradisus coelestis, paradisus terrestris. Zur Auslegungsgeschichte des Paradieses im Abendland bis um 1200. München, 1977.

136. Vgl. Hopkins, E.W., "The Fountain of Youth". Journal of the American Oriental Society 26, 1905, 1-67; Cocchiara, G., "La fontana della vita. Echi del simbolismo acquatico nella novellistica popolare". Il paese di Cuccagna e altri studi di folklore. Torino, 1980, 126-158; Rapp, A., Der Jungbrunnen in Literatur und bildender Kunst des Mittelalters. Diss. Zürich 1976; zum Unterschied zwischen Jungbrunnen (Fountain of Youth) und Liebesbrunnen (Fountain of Love) vgl. Watson, P.F., The Garden of Love in Tuscan Art of the Early Renaissance. Philadelphia/London, 1970, 70ff., 92ff., 97ff., 124ff. Siehe auch unten A.142.

137. Vgl. Patch, op.cit. (s. A.128), 157ff.; Rapp. op.cit., 22ff.; Pfister, op.cit. (s. A.4), 9, 139, 143ff., 151ff. Siehe außerdem oben A.4.

138. Ed.Zarncke, F., Der Priester Johannes. I. Leipzig, 1879. Repr.Hildesheim/ New York, 1980, 86ff. (= Abhandlungen d. phil.-hist. Cl. d.Königl.Sächs. Ges.d.Wiss. VII/8, 1879, 912ff.); vgl. Baring-Gould, op.cit. (s. A.128), 32ff.; Langlois, op.cit. (s. A.38), 44ff.; Olschki, op.cit. (s. A.9), 194ff.; Patch, op.cit., 157ff., 163ff.; Rapp, op.cit., 18ff.; Mollat, Les explorateurs (s. A.4), 41ff., 51ff., 118ff., 146ff.; Knefelkamp, U., Die Suche nach dem Reich des Priesterkönigs Johannes. Gelsenkirchen, 1986, 41; Schmitt, op.cit. (s. A.1), 1, 125ff.

139. Mandeville's Travels (s. A.19), I, 121ff.; II, 325ff., 459f.; vgl.Rapp. op.cit., 32f.; Letts, op.cit. (s. A.128), 58f.; Patch, op.cit., 164ff.; Deluz, op.cit. (s. A.19), 227ff.; Waters Bennet,op.cit.(s. A.19),35,107,140.

140. Vgl.Graf, op.cit.(s. A.128), I, 16ff., 229ff.; Väänänen, V., "Le 'fabliau' de Cocagne". Neuphilologische Mitteilungen 48, 1947, 3-36(mit Textedition); Cocchiara, op.cit.(s. A.136); Rapp, op.cit., 28ff.; Richter, D., Schlaraffenland. Geschichte einer populären Phantasie. Köln, 1984, 49ff.

141. Für den Jungbrunnen (Fountain of Youth) denke man an das um 1440 entstandene Fresko im Castello della Manta, an einen Holzschnitt des niederländischen sog. "Meisters mit den Bandrollen" aus dem 3.Viertel des 15.Jahrhunderts, an die Holzschnitte von Erhard Schön aus Nürnberg von ca. 1520 und von Hans Sebald Beham aus dem Anfang des 16.Jahrhunderts sowie an Lucas Cranachs d.Ä. Gemälde "Der Jungbrunnen" von 1546 (Berlin-Dahlem, Staatl.Museum Preußischer Kulturbesitz). Abbildungen bei Rapp, op.cit., 149ff. und Watson, op.cit., pl.59.

142. Vgl. Olschki, L., "Ponce de Leon's Fountain of Youth. History of a Geographic Myth". The Hispanic American Historical Review 21, 1941, 361-385; Morison, Southern Voyages, 502ff.; Sauer, C.O., Sixteenth Century North America. The Land and the Peoples as Seen by the Europeans. Berkeley/Los Angeles/London, 1971, 26ff.; New American World (s. A.1), I, 231ff.; Davis, T.F., "History of Juan Ponce de Leon's Voyages to Florida. Source Records". Florida Historical Quarterly 14, 1935, 1-62; Murga Sanz, V., Juan Ponce de León. San Juan/P.R., 1959, 99ff., bes. 118ff.; Clissold, op.cit. (s. A.69), 26ff.; Schmitt, op.cit., II, 306ff., 315ff. Siehe auch oben A.136.

143. Über andere Nachrichten in der zeitgenössischen Literatur vgl. Morison und Schmitt (s. vorige Anm.).

144. Dec. II 10, p.104 (Kap.52, S.211f. Klingelhöfer); VII 7, p.228f.(Kap.29, S.214ff. Klingelhöfer). Vgl. Gerbi, op.cit., 63f., 361f., der als Grund für den Sinneswandel des Autors die Ersetzung literarischer Kriterien durch empirische Kriterien in Erwägung zieht: "Was it advancing old age that made him more credulous, more anxious to believe? Or must we interpret the new attitude as an empirical criterion replacing the literary criterion, the boundless liberty of nature bursting the bonds of authority, America now become a law unto itself, no longer judged by the yardstick of the classics?" (64). Zu Petrus Martyrs Beeinflussung durch antike Denkbilder und Sehweisen bei der Beschreibung der Neuen Welt vgl. Ramos, op.cit. (S. A.31), 56ff., bes. 70; Gumbrecht, op.cit (s. A.11), 239ff., 244f.

145. Columbus vermeidet es, die für ihn bitterste Erfahrung seiner dritten Reise - die Kämpfe seines Bruders Bartolomeo auf Haiti und die dortigen Wirren, den "Staatsstreich" seiner Gegner, seine Ergreifung und seinen Abtransport als Gefangener in Ketten nach Spanien - ausführlich zu erzählen, sondern begnügt sich damit, diese Ereignisse in Praeteritio-Form in wenigen Versen (3, 722-737) zu streifen, die er jedoch fast mit denselben Worten abschließt, mit denen Aeneas nach dem Bericht vom unerwarteten Tod seines Vaters Anchises auf Sizilien seine Erzählung vor Dido beendigt:
   Nav. 3, 733-734: Granvellane, tamen nostrorum meta laborum
                    Haec fuit[...]
   Aen. 3, 714: Hic labor extremus, longarum haec meta viarum.

Das Buch endet wie die vorangehenden Bücher mit der Nachricht von der Bewilligung der nächsten (hier der vierten Reise), für die ihm die Katholischen Könige vier Schiffe und 150 Mann Besatzung zur Verfügung stellen (3, 742-748#). Zum Historischen vgl. Ballesteros Beretta, Cristóbal Colón, II, 397ff.; Morison, Admiral, 562ff.; id., Southern Voyages, 157ff.; Taviani, Viaggi, I, 209ff.; II, 269ff.

146. Zum Historischen vgl. Ballesteros Beretta, Cristóbal Colón, II, 455ff.; Morison, Admiral, 584ff.; id., Southern Voyages, 236ff.; Taviani, Viaggi, I, 218ff.; II, 283ff. Die Hauptquelle für Gambara ist wiederum der Bericht bei Petrus Martyr I 10, p.77 (Kap.63, S.130 Klingelhöfer) und III 4, p.116ff. (Kap.16ff., S.248ff. Klingelhöfer).

147. Vgl. Ballesteros Beretta, Cristóbal Colón, II, 562f. Taviani, Viaggi, I, 225ff.; II, 290ff.; skeptisch zur "verpaßten Chance" Morison, Admiral, 594ff.

148. Siehe oben A.146.

149. Vgl. Marco Polo, Il Milione, cap.163.

150. Kulturhistorische Kuriosität mag dabei die Erwähnung von Brillengläsern beanspruchen, welche die Spanier den Eingeborenen als Geschenke geben; Columbus beschreibt die Reaktion, welche dadurch bei den Beschenkten hervorgerufen wurde(4, 84-89):

> Atque specilla, quibus procul et prope cuncta videre
> Grandaevi possent homines, super omnia grata
> Dona fuere magis senibus, qui mentem animumque
> Expleri haud poterant, cum res inopina nimisque
> Mira videretur: quoties nam naribus illa
> Ponebant, tunc hi mage lucida cuncta videbant.

Die Verse stehen in der Tradition von Beschreibungen moderner Erfindungen, die den Alten unbekannt waren und deswegen die Dichter besonders reizten, sie in kunstvollen lateinischen Hexametern wiederzugeben; ein anderes Beispiel ist die hexametrische Ekphrasis von Feuerwaffen; vgl. Hofmann, "La scoperta del nuovo mondo" (s. A.5), 89f. mit A.46 sowie oben A.50.

151. III 4, p.117 (Kap.17, S.251 Klingelhöfer).

152. Zu Pontanos Lehrgedichten, die postum 1505 bei Aldus in Venedig im Druck erschienen, vgl. Roellenbleck, op.cit. (s. A.13), 91ff.; zu De hortis Hesperidum bes. 105ff.

153. Dieser intertextuelle Dialog zwischen Gambara und der neulateinischen Dichtung seit dem ausgehenden 15.Jahrhundert (vor allem Pontano und Fracastoro) verdient eine genauere Untersuchung, die den Rahmen dieses Beitrags überschreiten würde.

154. Unerwähnt bleiben z.B. die Episode mit den zwei schönen Eingeborenenmädchen (puellas[...]virgines formae elegantis, Petr.Mart.III 4, p.117 [Kap.17, S.252 Klingelhöfer]) oder der Verlust von zwei Mann seiner Besatzung durch Ertrinken am Rio de los Desastres; vgl. Morison, Admiral, 597ff. Daneben werden freilich kurze Notizen bei Petrus Martyr, etwa über die Feier eines Gottesdienstes (rem divinam in littore iussit celebrare: III 4, p.116 [Kap.17, S.249 Klingelhöfer]), in kleinen Szenen aufgefaltet (4, 66-72);

> Et iuxta pelagi tentoria tendimus undam
> Et tabulis structum velamus fronde sacellum
> Ornamusque rates pictisque tapetibus aram.
> Sacra sacerdotes cuncti faciuntque canuntque
> Ante aram solvuntque Deo sua debita vota:
> Dehinc referunt nautae submisso poplite grates.

155. Vgl. Morison, Admiral, 604f.; Taviani, Viaggi, II, 296f. (mit Abbildung beider "Protagonisten"). Ausführlich berichtet diesen Zweikampf Columbus' Sohn Don Fernando in seinen Historie (ed. R.Caddeo, t. II, Milano 1930, 193ff.), kürzer Petrus Martyr III 4, p.118 (Kap.17, S.253 Klingelhöfer).

156. Am Ende jenes Exkurses kündigt der Erzähler selbst ein rascheres Erzähltempo an (4, 241f.):

> [...]Sed coepta sequamur
> Ad finem, quae iam properant, Perenotte, supremum,

um danach jedoch gleich wieder zu neuen Exkursen über die Bestattungsriten der Eingeborenen (4, 243-246), vier fruchtbare Inseln im Ozean (4, 249-266) oder Aussehen und Schmuck eines bestimmten Stammes (4, 267-273) überzugehen, auch hierin der Anordnung des Materials bei Petrus Martyr gewissenhaft folgend und streckenweise nur eine hexametrische Paraphrase davon liefernd.

157. Etwa in der Begegnung mit den kriegerischen Eingeborenen (4, 274-302), deren wilde Angriffslust erst durch Kanonenschüsse in die Luft gebrochen werden kann und sich dann ins glatte Gegenteil verkehrt (4, 298-300):

> [...]sese terra stravere precesque
> Fundebant positis armis pacemque petebant
> Submissi et nostras sponte accessere carinas.

Die vorangehenden Verse 289-298 sind ein neues Beispiel für die bereits oben A.50 erwähnten hexametrischen Ekphraseis von Feuerwaffen und ihrer Wirkung.

158. Siehe oben A.98.

159. Zum Historischen vgl. Ballesteros Beretta, Cristóbal Colón, II, 564ff.; Morison, Admiral, 597ff.; Taviani, Viaggi, I, 230.

160. Vgl. Ballesteros Beretta, Cristóbal Colón, II, 573ff.; Morison, Admiral, 605ff.

161. Die Details sind aus Petrus Martyr III 4, p.119f. (Kap.18, S.256f. Klingelhöfer) genommen; weggelassen ist der Abschnitt über den schädlichen Schiffswurm Broma.

162. 4, 448-451:

> Tota erat haud aliter tellus obducta virorum
> Agminibus, quam cum gravis aestas praeterit et iam
> Pallentem arboribus ducunt folia ipsa colorem
> Labunturque solumque tegunt herbasque virentes.

Die Elemente des Vergleichs, die auf das berühmte Vorbild in Hom. Il. 6, 146ff. zurückgehen, stammen aus Aen. 6, 309f. und wurden von Dante, Inf. 3, 112ff. aufgenommen.
4, 467-471:

> Non aliter quam pastores, cum nocte sub ipsa
> Conveniunt suaque arma ferunt, si turba luporum
> Terruit intonsas pecudes et septa reclusit
> Vi valida, huc illuc agitans armenta pecusque
> Diripiensque gregem vacua dominatur in aula.

Ein direktes Vorbild für diesen Vergleich läßt sich nicht bei Vergil finden, doch haben verschiedene Wolfs- und Löwengleichnisse der Aeneis (9, 59ff., 339ff.) und der Georgica (3, 537ff.) Pate gestanden.

163. 4, 426-431:

> Parte alia bello non aspernanda iuventus,
> Corpora nuda tamen, nostras accedere puppes
> Illorum ad littus magno clamore vetabat.
> Iamque sudes et saxa cadunt per inania nostris
> Puppibus atque aurae strident et littus utrumque
> Barbarico clamore sonat fluviique marisque.

Die folgenden vier Verse (432-435)

> Ipse et eram populo et regi gratissimus hospes:
> Incola sed tanquam regni aut moderator habebar
> Hostis atrox tanquam populo regique suumque
> Pellere credebat me limine velle tirannum

sind eine resignierende Reflexion über den kurzen Satz Hospites benigne susceperant, habitatores recusant von Petrus Martyr (III 4, p.119 [Kap.18, S.257 Klingelhöfer]).

164. Zu den historischen Einzelheiten vgl. Ballesteros Beretta, Cristóbal Colón, II, 584ff.; Morison, Admiral, 622ff.; Taviani, Viaggi, I, 243ff.; II, 306 ff.

165. Zum historischen Hintergrund vgl. Ballesteros Beretta, Cristóbal Colón, II, 595ff.; Morison, Admiral, 640ff.; Taviani, Viaggi, I, 251ff.; II, 310ff.

166. Die Verse 4, 482-484

> Hoc etiam praeter spem nobis accidit et me
> Supra alios casus passum terraque marique
> Turbavit[...]

erinnern an die Wendungen multum ille et terris iactatus et alto (1, 3), multa quoque et bello passus (1, 5) und tot volvere casus (1,9) aus dem Aeneis-Proömium.

167. Southern Voyages, 261; vgl. id., Admiral, 653ff.

168. Siehe oben A.20. Zu Diego Méndez vgl. Vigneras, L.-A., "Diego Méndez, Secretary of Christopher Columbus and Alguacil Mayor of Santo Domingo: A Biographical Sketch". The Hispanic American Historical Review 58, 1978, 676-696; s. auch oben A.103.

169. Vgl. Aen. 3, 714f. und bereits oben A.145 zu Nav. 3, 733f.

170. Des narrateur fictif in der Terminologie von Lintvelt (s. oben A.29.).

171. Vgl. Aen. 3, 716-718:

> Sic pater Aeneas intentis omnibus unus
> Fata renarrabat divom cursusque docebat.
> Conticuit tandem factoque hic fine quievit.

172. Zur Sphragis als Identifizierungs- und Authentifikationsformel in der antiken Poesie vgl. Kranz, W., "Sphragis. Ichform und Namensiegel als Eingangsmotiv und Schlußmotiv antiker Dichtung". Rheinisches Museum 104, 1961, 3-46, 97-124 (wieder abgedruckt in: id., Studien zur antiken Literatur und ihrem Fortwirken. Hg. E.Vogt. Heidelberg, 1967, 27-78); weiteres bei F.Bömer im Kommentar zu Ovid, Metamorphosen 15, 871ff. (Heidelberg, 1986, 488f.).

173. Vgl. Curtius, E.R., Europäische Literatur und lateinisches Mittelalter. Bern, 1948, 93ff.

174.   [...]Et me fecere poetam
    Pierides, sunt et mihi carmina, me quoque dicunt
    Vatem pastores.

175. Vgl. Georg. 2, 176

    Ascraeumque cano Romana per oppida carmen

    und 3, 10ff.

    Primus ego in patriam mecum, modo vita supersit,
    Aonio rediens deducam vertice Musas,
    Primus Idumaeas referam tibi, Mantua, palmas[...]

    Zu diesem für die römischen Dichter seit Ennius typischen Anspruch, als erste eine Gattung in der römischen Literatur begründet und griechische Vorbilder in Rom heimisch gemacht, d.h. rezipiert und adaptiert zu haben, vgl. die Kommentare von R.F.Thomas zu den Georgica (Cambridge, 1988, II, 36ff., bes. 39f.) und von P.Fedeli zu Properz (Bari, 1985. 45ff zu Prop. 3, 1,3); s. außerdem Kroll, W., "Römer und Griechen". Studien zum Verständnis der römischen Literatur. Stuttgart, 1924. Repr. Darmstadt, 1973, 1-23, bes. 12ff.; Reiff, A., Interpretatio, imitatio, aemulatio. Begriff und Vorstellung literarischer Abhängigkeit bei den Römern. Diss. Köln, 1959, 9ff., 15ff., 51ff.; Suerbaum, W., Untersuchungen zur Selbstdarstellung älterer römischer Dichter: Livius Andronicus, Naevius, Ennius. Spudasmata, 19. Hildesheim, 1968, 165ff.; Häußler, R., Das historische Epos der Griechen und Römer bis Vergil. Studien zum historischen Epos der Antike. I.Teil: Von Homer zu Vergil. Heidelberg, 1976, 303f.

176. Zum poeta laureatus vgl. Suerbaum, W., "Poeta laureatus et triumphans. Die Dichterkrönung Petrarcas und sein Enniusbild". Poetica 5, 1972, 293-328; id., Untersuchungen zur Selbstdarstellung älterer römischer Dichter, 310f. Zur antiken Tradition vgl. Kambylis, A., Die Dichterweihe und ihre Symbolik. Untersuchungen zu Hesiodos, Kallimachos, Properz und Ennius. Heidelberg, 1965. Auch Gambaras Vorbild Pontano (s. oben A.152) wurde 1486 von Papst Innozenz VIII. zum Dichter gekrönt: vgl. Suerbaum, "Poeta laureatus et triumphans", 295ff., bes. 304f.

177. Siehe oben A.175.

178. Vgl. 1, 924-930:

> Et simul incussit suavem mi in pectus amorem
> Musarum, quo nunc instinctus mente vigenti
> Avia Pieridum peragro loca nullius ante
> trita solo. Iuvat integros accedere fontis
> Atque haurire iuvatque novos decerpere flores
> insignemque meo capiti petere inde coronam,
> unde prius nulli velarint tempora Musae.

Vgl. dazu Schrijvers, op.cit. (s. A.123), 27ff., 158ff.; Häußler, op.cit. (s. A.175), 74, 250, 303f.

179. Zu den Einzelheiten demnächst Hofmann, Die Fiktivierung des Lehrgedichts, Kap. 5.2; s. daneben auch Eatough, op.cit., 146.

180. Vgl. oben A.130.

181. Ipsa in V.411, tu in V.412, te in V.411 und 414, tua in V.419 und die Verbformen der 2.Person Singular in V.413 beziehen sich auf arbos in V.406, womit der Guajakbaum gemeint ist: Es liegt also die rhetorische Figur der Metonymie in der Form der Gefäß-Inhalt-Beziehung vor (Lausberg, H., Handbuch der literarischen Rhetorik. München, ²1973, 293f.).

182. Zu den Anspielungen und Übernahmen aus Vergil und Lukrez in beiden Passagen (Syph. 2, 158ff.; 3, 411ff.) vgl. Eatough, op.cit., 146, 199 und demnächst Hofmann, Fiktivierung des Lehrgedichts, Kap. 5.2 und 5.3. Zu dem von Ennius herrührenden Motiv des Ruhms des Dichters in seiner Heimat vgl. Suerbaum, Untersuchungen zur Selbstdarstellung älterer römischer Dichter (s. A.175), 324f.

183. Vgl. Fracastoro, Syphilis 3, 13-26:

> Unde aliquis forsan novitatis imagine mira
> Captus et heroas et grandia dicere facta
> Assuetus canat auspiciis maioribus ausas   15
> Oceani intacti tentare pericula puppes.
> Necnon et terras varias et flumina et urbes
> Et varias memoret gentes et monstra reperta
> Dimensasque plagas alioque orientia caelo
> Sidera et insignem stellis maioribus Arcton.   20
> Nec taceat nova bella omnemque illata per orbem
> Signa novum et positas leges et nomina nostra.
> Et canat (auditum quod vix venientia credant
> Saecula) quodcumque Oceani complectitur aequor
> Ingens omne una obitum mensumque carina.
> Felix cui tantum dederit Deus!   25

Vgl. Eatough, op.cit., 171ff.; Hofmann, "La scoperta del nuovo mondo", 71f.; id., "Enea in America", 71f.

184. Zu diesem neuen poetischen Verfahren Fracastoros vgl. Roellenbleck, op.cit. (s. A.13), 147 A.86, 160f.; Hofmann, H., "La Syphilis di Fracastoro: immaginazione ed erudizione". Res Publica Litterarum 9 (= Studi Umanistici Piceni 6), 1986, 175-181; Seminar: Das Neulateinische Lehrgedicht. Leitung: Heinz Hofmann. Acta Conventus Neo-Latini Guelpherbytani. Proceedings of the Sixth International Congress of Neo-Latin Studies. Wolfenbüttel 12 August to 16 August 1985. Ed. S.P.Revard, F.Rädle, M.A. Di Cesare. Medieval & Renaissance Texts & Studies, 53. Binghamton/N.Y., 1988, 401-436, mit Beiträgen von Effe, B., "Die Funktion narrativ-fiktionaler Digression im antiken Lehrgedicht" (403-407), Akkerman, F., "Auf der Suche nach dem Lehrgedicht in einigen neulateinischen Poetiken" (409-417), Roellenbleck, G., "Erzählen und Beschreiben im neulateinischen Lehrgedicht"(419-423) und Di Cesare, M.A., "The Scacchia ludus of Marco Girolamo Vida: The Didactic Poem as Fictional Text" (425-432); s. demnächst auch Hofmann, H., Die Fiktivierung des Lehrgedichts. Zur literarischen Diagnose der Syphilis (im Druck).

185. Zur narratologischen Terminologie vgl. Lintvelt, op.cit (s. A.29), 22ff.

186. Dies ist auch die überwiegende Auffassung in der einschlägigen Literatur; vgl. etwa Ballesteros Beretta, Cristóbal Colón, II, 740ff., bes. 755ff., 762ff.; Taviani, Viaggi, I, 200f.; Larner, op.cit. (s. A.1), 19ff.; Milhou, A. Colón y su mentalidad mesiánica en el ambiente franciscanista español. Valladolid, 1983; Tudela y Buesco, op.cit. (s. A.15), 413ff.; Herde, op.cit. (s. A.5), 72f.; Hamann, op.cit. (s. A.14); Watts, op.cit. (s. A.16); Todorov, Eroberung Amerikas (s. A.21), 21, 24ff. u.ö.; Reichert, op.cit. (s. A.17), 61f.

Columbus, die Alte und die Neue Welt in lateinischer Literatur[1]
Die Entdeckung Amerikas bei Caspar Barlaeus (1584-1648)
als einem Repräsentanten der neulateinischen Kunstprosa

Karl August Neuhausen

Teodoro Schumacher (sive Sutori)
et Veteris et Novi orbis diligenti
septuagenario

A. EINLEITUNG: Columbus in lateinischer Dichtung des 19. Jahrhunderts.

Im Jubiläumsjahr 1892, als die Stadt Genua die 400-Jahrfeier der Entdeckung Amerikas durch Christoph Columbus beging, verfaßte der Jesuit Octavius Cagnazzi, einer der zahllosen gewandten lateinischen Dichter der Neuzeit[2], zur Verherrlichung des Columbus eine Papst Leo XIII., dem ebenfalls ausgezeichneten 'poeta Latinus', gewidmete Ode[3], welche aus 12 alkäischen Strophen besteht und mit folgender hymnischen Anrede der von Columbus entdeckten Neuen Welt beginnt:

> Me cordis aestus trans mare Atlanticum
> rapit. Migrandum est. O nova littora,
> tellus C o l u m b o obiecta primum,
> bellipotens America, salve!

Die vor wenigen Jahren erschienene Anthologie <u>Early American Latin Verse (1625-1825)</u>[4], die erste Sammlung dieser Art, enthält - wie schon der Titel erwarten läßt - ebenfalls lateinische Gedichte, die ein Lob des Columbus aufweisen. Im Mittelpunkt steht dabei das 103 daktylische Hexameter umfassende großartige Preisgedicht mit dem lapidaren Titel <u>Columbus</u>, das 1818 der damals erst vierzehnjährige Edmund Dorr Griffin (1804-1830) verfaßte[5]. Auch das zwei Jahre danach veröffentlichte <u>Carmen Saeculare</u>, welches John C. Fisher in 14 alkäischen Strophen komponierte[6], verkündet mit feierlicher Anrufung des Columbus seinen weltweiten Ruhm: <u>Tui per orbem dum celebrabitur, Columbe, magni gloria nominis ...</u> (V. 33ff.).
In konsequenter Weiterführung der in diesen Versen entwickelten Motive apostrophierte sodann Samuel Wilson im Schlußteil seines in nur drei sapphischen Strophen überlieferten Geburtstagsgedichtes <u>Ad diem natalem li-</u>

bertatis Americae Meridionalis[7], das im Jahre 1825 - anläßlich des festlichen Jahrestages der amerikanischen Unabhängigkeitserklärung - entstand und das wirkungsvoll auch jene 200 Jahre lateinischer Poesie im frühen Amerika umspannende 'Blütenlese' abschließt, die von den 'Ketten der allzu drückenden hochmütigen Vorherrschaft' der Engländer befreiten Bewohner Nordamerikas metonymisch als 'Söhne des Columbus':

> Nam diu pressos nimium Columbi
> filios quondam dominis superbis
> hic dies alma eripuit, catenas
> atque refregit.

Alle vier Dichter, die am Anfang bzw. am Ende des 19. Jahrhunderts Columbus in lateinischen Versen priesen, konnten dabei auf eine jahrhundertelange überaus umfangreiche und gehaltvolle literarische Tradition zurückblicken, die - ihrerseits nur ein kleines Teilgebiet des riesigen Gesamtbereiches der vom 14. Jahrhundert bis zur Gegenwart reichenden neulateinischen Literatur[8] - schon kurz nach Columbus' erster Landung auf amerikanischem Boden einsetzte[9], alle Gattungen der lateinischen Prosa (vor allem Geschichtsschreibung, Reiseberichte und Epistolographie) und Dichtung (in erster Linie Epos, Lehrgedicht und Lyrik) umfaßt[10] sowie auch die lateinischen Zusätze zu bildlichen Darstellungen des Columbus einschließt[11]. Mit Blick auf das bevorstehende Gedenkjahr - am 12. Oktober 1992 jährt sich zum 500. Male die Ankunft des Columbus in der für die Europäer Neuen Welt - werden nun überall noch intensiver als bisher[12] lateinische ebenso wie nationalsprachliche Texte erforscht, die sich nicht nur auf Columbus sowie das gesamte Zeitalter der Entdeckung und Eroberung Amerikas, sondern generell auf alle Aspekte der Neuen Welt (<u>Novus orbis</u>) - in betontem Gegensatz zur Alten Welt (<u>Orbis antiquus</u>) - beziehen.

Einen vorläufigen Überblick über die Forschungs- und Publikationsvorhaben bis 1992 (Arbeitsinstrumente, kritische Editionen sowie wissenschaftliche Untersuchungen) bietet die von D. Briesemeister und P. Raabe im Frühjahr 1989 herausgegebene erste Nummer der Reihe <u>Mundus Novus</u>[13]. Hinsichtlich der lateinischen Quellentexte und Bilddokumente besonders ergiebig ist die seit 1986 jährlich erscheinende Zeitschrift, die den gleichen Titel trägt wie einige lateinische Columbus-Epen[14] und sinnvollerweise in Genua publiziert wird: <u>Columbeis</u>.

B. HAUPTTEIL: Columbus, Alte und Neue Welt in lateinischen Prosawerken des prominenten niederländischen Humanisten Caspar Barlaeus

Angesichts der ständig wachsenden Flut neuer Veröffentlichungen zum Rahmenthema auch meines Beitrages[15] erscheint es zweckmäßig, sich auf das lateinische Oeuvre eines repräsentativen Autors zu beschränken und - da der literarische Gattungsbereich `Columbus in lateinischer Poesie' in diesem Band bereits abgedeckt ist - einige relevante Prosatexte herauszugreifen, die zum gleichen Themenkreis gehören. In mehrfacher Hinsicht eignen sich zu einer solchen Auswahl Schriften eines so vielseitigen lateinischen Prosaautors wie des aus Antwerpen stammenden Humanisten Kaspar von Baerle bzw. Caspar Barlaeus (1584-1648), der zuerst in Leiden und schließlich in Amsterdam wirkte[16].

I. Zu Barlaeus' Mercator sapiens (Amsterdam 1632)

Aus chronologischen Gründen ist zunächst die formal (sprachlich-stilistisch und rhetorisch) ebenso wie inhaltlich auf höchstem literarischem Niveau stehende, unter den hier zu erörternden Gesichtspunkten bisher jedoch m.W. noch nicht berücksichtigte Antrittsrede mit dem Doppeltitel Mercator sapiens sive oratio De coniungendis mercaturae et philosophiae studiis heranzuziehen, welche Barlaeus am 9. Januar 1632 im Athenaeum von Amsterdam hielt[17]. Drei Passagen seiner Beschreibung des Idealbildes des `weisen Kaufmannes', der seine speziellen beruflichen Zielsetzungen `mit philosophischen Studien verbindet', verdienen besondere Beachtung:

1. Nachdem er gemäß der programmatischen Überschrift seiner Rede zuerst dargelegt hat, daß zwischen dem 'Handelswesen' und der Ethik als einem Hauptgebiet der Philosophie ein sehr enges Nahverhältnis besteht (p.41 von der Woude: ... quam se cum morali philosophia maritet mercatura), wendet sich Barlaeus einzelnen Aspekten der mercatura zu und macht mit allgemeiner Berufung auf die Autorität anerkannter Fachwissenschaftler geltend, daß jedes Land, aus dem Kaufleute ihre Waren beziehen, bestimmte hervorragende Güter als die jeweils spezifischen Merkmale besitzt, die es vor allen übrigen Gegenden der Welt auszeichnen:

> Qui vero singularum regionum sint proventus, commoda, messes, ex physicorum quoque monumentis et rerum naturalium scriptoribus habemus. Docent hi Indiam ebur, Sabaeos thura, Persas sericum, Moluccanos aromata, aurum argentumque Americanos, Chalybes ferrum, aes Suecos, stannum Britannos sufficere.

In diesem Kanon taucht somit zum ersten und einzigen Male in Barlaeus' Rede die Bezeichnung Americanus (bzw. America s.u. S. 7) als Name für die Bewohner des von Columbus entdeckten Kontinents auf. Die Verwendung dieses Begriffes ist aus mehreren Gründen bemerkenswert:

a) Der Vorschlag, den neuen Erdteil nach Amerigo Vespucci zu benennen, geht zwar bekanntlich auf die 1507 erschienene Cosmographiae Introductio zurück, stammt aber nicht (wie es nach der communis opinio der Fall war), vom Kartographen Martin Waldseemüller - er fertigte lediglich die Weltkarte und den Globus an -, sondern von dem elsässischen Humanisten und Dichter Matthias Ringmann, der die zugehörige Einleitung verfaßte[18], und setzte sich erst in der zweiten Hälfte des 16. Jahrhunderts allgemein durch[19], wie ein Rückblick auf die Werke von Thomas Morus (1478-1536) und Martin Luther (1483-1546) verdeutlicht:

Bei Morus fehlt von Columbus und seinen Leistungen noch jede Spur; sein Wissen über die Neue Welt beruht allein auf Vespuccis Quattuor Navigationes, die im Anhang zu jener Cosmographiae Introductio abgedruckt sind[20]. Ebenso spielt im so umfangreichen Oeuvre des fünf Jahre jüngeren Martin Luther (1483-1546) die Neue Welt eine ganz untergeordnete Rolle: Nur an drei Randstellen seiner Gesammelten Werke[21] - in zwei Predigten des Jahres 1522 sowie in der Supputatio annorum mundi - deutet er dunkel die Entdeckung Amerikas an, bemerkt aber bloß "itzt newlich viel inseln und land funden" bzw. "Auch seind vil inseln erfunden worden noch zu unseren zeiten" und spricht demgemäß lediglich vage und einschränkend von Insulis nuper repertis in Occidente (ut dicitur). Vorausgesetzt ist jeweils anscheinend die schon 1493 unter der Überschrift De insulis inventis erschienene berühmte lateinische Übersetzung des Briefes von Columbus.

Der Name des Columbus kommt jedoch auch bei Luther ebensowenig vor wie die von Barlaeus offenbar bereits als allgemein bekannt vorausgesetzte Benennung Americanus bzw. America.

b) Bei genauerer Betrachtung der Länder- und Völkernamen, die Barlaeus hintereinander aufzählt, fällt auf, daß die Moluccani und Americani in der Mitte einer achtgliedrigen Reihe stehen, deren Struktur und Wortschatz ein wohldurchdachtes Ordnungsprinzip und Bewertungsprinzip erkennen läßt. Den Reigen eröffnen die drei Namen für Indien (India), die Araber - die Sabaei, die Einwohner von Saba, bezeichnen bei antiken Dichtern die Bevölkerung ganz Arabiens - und die Perser (Persae); die für diese Trias charakteristischen edlen Erzeugnisse sind laut Barlaeus Elfenbein (ebur), Weihrauch (thura) und Seide (sericum). Das Schlußlicht bildet ebenfalls eine Dreiergruppe: die Chalybes (eine Völkerschaft am Schwarzen Meer), die Schweden (Sueci) und die Britannier (Britanni); ihnen weist Barlaeus weniger wertvolle Attribute zu: die Metalle Eisen (ferrum), Erz (aes) und Blei (stannum). Die Bewohner der Gewürzinseln (Moluccani) sowie die Amerikas (Americani) nehmen daher hier schon deshalb eine Sonderstellung ein, weil sie - als Duo von den beiden Trios umrahmt - das Herzstück des Kataloges der acht Regionen bilden und im Gegensatz zu den sechs übrigen weder im Altertum noch im Mittelalter bekannt waren.

c) Die Molukken rangieren zwar hier - obwohl erst 1512 (20 Jahre nach Columbus' Entdeckung Amerikas) von den Portugiesen entdeckt - vor der Neuen Welt, weil sie als Teil Asiens den direkt vorher genannten drei Ländern geographisch näher stehen als den auf die drei letzten Plätze gerückten Gebieten Ost- und Westeuropas; überdies ist zu bedenken, daß die Molukken 1605 von den Holländern in Besitz genommen worden waren und insofern dem Publikum, vor dem Barlaeus sprach, mehr am Herzen lagen als die von anderen Europäern damals beherrschten amerikanischen Bezirke. Barlaeus gleicht jedoch diesen Nachteil der Americani gegenüber den Moluccani hier dadurch aus, daß er diesen wie allen anderen Völkern nur ein einziges Produkt zuweist - die damals freilich besonders kostbaren Gewürze (aromata) -, den Bewohnern Amerikas hingegen zwei vorzügliche Attribute, und zwar sogar Gold und Silber (aurum argentumque)[22] als die überhaupt wertvollsten Edelmetalle und höchsten Güter auch der vorliegenden Rangliste.

d) Mit dieser superlativischen Einschätzung der speziellen Reichtümer Amerikas erzielt Barlaeus zudem einen Doppeleffekt: Einerseits verdrängen hier die Americani mit ihren Gold- und Silberschätzen als ihrem Hauptvorzug sämtliche Völker, die vorher - von der Antike bis zum ausgehenden 15. Jahrhundert - im Rufe standen, den Gold- und Silberschatz jeder anderen Region zu übertreffen. Indem sie aber dadurch an die Stelle gerade auch jener antiken Vorbilder treten, sind die Americani andererseits - und zusammen mit ihnen die Moluccani - zugleich in die Gesamtsphäre des griechisch-römischen Altertums integriert, welches hier Staaten und Stämme repräsentieren, die an den äußersten Nord-und Ostgrenzen des einstigen Imperium Romanum angesiedelt waren. Als typischem Humanisten, der sich der klassischen lateinischen Sprache souverän und eigenständig bediente, ist es Barlaeus somit auf originelle Weise gelungen, die Neue Welt in die Alte einzubeziehen, nämlich den von Columbus entdeckten Kontinent und die drei Erdteile des orbis antiquus - Europa, Asien und Afrika - in einer untrennbaren Synthese miteinander zu verknüpfen.

e) Eine Veränderung des Begriffs Americani ist hier schließlich auch darin zu erblicken, daß Barlaeus jene literarische Bezeichnung für die Ureinwohner Amerikas vermeidet, die seit Columbus (der ja 'Westindien' suchte und stets glaubte gefunden zu haben) üblich war: Indi Americani als lateinischer Name für die 'Indianer', die amerikanischen Eingeborenen[23]. Während nämlich der Theologe Sepulveda als Gegner von Las Casas einen so diffamierenden Ausdruck wie barbari zu gebrauchen pflegte, um die Indianer als eine den europäischen Christen unterlegene Rasse abzuwerten[24], zieht Barlaeus einer Junktur wie Indi Americani den einfachen Plural Americani vor, erhebt somit das Adjektiv zum generellen Substantiv und erweckt infolgedessen mit dem einprägsamen Kollektivnamen Americani den Eindruck, statt der Indianer, die Columbus als erster Europäer antraf, seien die seitdem vornehmlich aus Westeuropa eingedrungenen Eroberer und neuen Beherrscher des Erdteils allgemein als 'die Amerikaner' und infolgedessen auch Eigentümer jener reichen Gold-und Silbermengen anzusehen, über welche der Kontinent tatsächlich schon lange vor Columbus in erheblich größerem Maße verfügte als jedes andere Land der Welt. Jedenfalls versteht Barlaeus unter Americani primär die seit Columbus' Zeit aus Europa eingewanderten Bewohner ganz Amerikas und steht so mit dieser Benutzung des Pauschaletiketts 'Amerikaner' als des Namens für alle Menschen, die am Anfang des 17. Jahrhunderts den Novus orbis bevölkerten, bereits am Wendepunkt von der frühesten Epoche zur Neuzeit des heutigen gesamten Amerika.

2. Auf diesen Passus bei Barlaeus, der seine singuläre Würdigung der Americani enthält, folgt konsequenterweise - fast unmittelbar - die erste und zugleich ebenfalls einzige Erwähnung und Hervorhebung des Namens des Columbus (p.42 von der Woude):

> Quid Columbo, Vespuccioque, primis Americae detectoribus,
> fiduciam fecit, ut relicto veteri orbe, novo exemplo, proras Occidenti obverterent? Aristotelis, Platonis, et forte etiam Senecae loca in causa fuere.

Schon aus sprachlich-stilistischen und syntaktischen Gründen ist zuerst der Kontext dieses einmaligen literarischen Auftritts des Columbus zu beleuchten. Barlaeus unterstreicht zunächst, daß die für den Handelskaufmann besonders interessanten Handelsobjekte, welche jener Kanon erstrebenswerter Wertgegenstände aufweist (wozu eben vor allem auch 'Gold und Silber' der 'Amerikaner' gehören), allesamt nur entdeckt und erforscht werden konnten, weil man jeweils allein den Erkenntnissen und Anregungen der bedeutendsten

Naturwissenschaftler der Antike folgte und voll vertraute; dabei nennt Barlaeus ausdrücklich die Namen des Aristoteles, Theophrast, Oppian, Dioskurides, Plinius d. Ä., Solinus und Strabon. Dieses Argumentationsprinzip - die Rückführung aller bisherigen geographischen Entdeckungen auf antike Autoritäten - überträgt Barlaeus folglich auch auf den Komplex 'Amerika', spart diesen indes für den Schlußteil der Perikope auf und verleiht ihm deshalb schon mit dieser äußeren Bevorzugung ebenso wie mit durchschlagskräftigen anderen Mitteln stärkeren Nachdruck als den vorher besprochenen Entdeckungsgfahrten in Afrika, im Orient und in Asien (wobei die Molukken gar nicht mehr aufgeführt sind).

Bereits die einleitende rhetorische Frage Quid ... fiduciam fecit, ut ...? erhöht das Gewicht des folgenden Beispiels, zumal da Barlaeus mit der Alliteration f(iduciam) f(ecit) einen größeren Effekt erzielt als zuvor mit den Junkturen auspicium ... fecit und ansam dedit. Um so eindrucksvoller rückt sofort nach dem kurzen ersten Wort (Quid) Columbus - und direkt nach ihm (nur durch -que verbunden) Vespucci - ins Zentrum der Szene. Verstärkt wird dieser Auftritt noch dadurch, daß Barlaeus vorher zwar neben den sieben antiken Schriftstellern auch Länder-, Orts- und Völkernamen (Afrika, Arabien und Ägypten, die Perser, das Kap der Guten Hoffnung sowie das Skythische Meer) zitiert hatte, dabei aber keinen Namen eines anderen Entdeckers. Columbus und Vespucci ragen hier also von vornherein als die beiden einzigen persönlich genannten Heroen aus der anonymen großen Schar aller Entdecker bisher unbekannter Teile des Erdkreises hervor.

Diesem wahrhaft überragenden Rang, den schon die Namen Columbus und Vespucci implizieren, entspricht die explizierende Apposition primis Americae detectoribus. Wie vorher Americani als Sammelbezeichnung für alle zeitgenössischen Bewohner der Neuen Welt verwendet somit Barlaeus hier zum ersten und einzigen Male in seiner Rede America als den zugehörigen Namen des von Columbus entdeckten Kontinents. Der Genitiv Americae ist jedoch bezeichnenderweise zwischen primis und detectoribus eingeschoben: Der Schwerpunkt liegt demnach auf primis als dem ersten Wort des prädikativen Zusatzes.

Mit der Junktur primis detectoribus sind daher Columbus und Vespucci schlagartig - viel deutlicher als zuvor die Americani mit ihren Spezifika aurum argentumque - in die literarische Tradition der griechisch-römischen Antike eingegliedert und automatisch sogar auf eine ebenso hohe Stufe gestellt wie Platon und Aristoteles, die größten antiken Philosophen, die Barlaeus demgemäß im feierlichen Finale seiner Rede mit dem Prädikat 'erste

Erfinder der Weisheit' versieht, um sie den Zuhörern als Vorbilder vor
Augen zu führen: Tum magni eritis et sapientes, cum placere vobis coeperint
sapientiae prisci et primi inventores, Plato et Aristoteles, ... (p.50 van
der Woude). Die Bestimmung des 'ersten Erfinders' (primus inventor bzw.
protos heuretes) oder 'Entdeckers' gehört in der Tat zu den verbreitetsten
und bedeutsamsten Topoi der antiken Literatur[25]. So reiht Barlaeus hier
Columbus und Vespucci - da der eine Amerika entdeckte, der andere diesem
'neuen' Kontinent den Namen gab und darum beide als 'erste Erfinder' in
klassischem Sinne gelten dürfen - mit dem höchst ehrenvollen Epitheton
primi detectores in den Kreis der prominentesten antiken Vorbilder für
Erfindungen und Entdeckungen ein.

Auffallend ist dabei allerdings Barlaeus' Wahl des Substantivs detector:
Gemäß dem konventionellen antiken Muster ist ja inventor bzw. das Verb
invenire (wie im Titel des latinisierten Columbus-Briefes) oder reperire
(wie in Luthers Paraphrase) zu erwarten. Auch Synonyma wie retegere bzw.
retectio waren seit Columbus' Pioniertat gebräuchlich, um den Vorgang der
Entdeckung Amerikas zu umschreiben. So ließ z.B. Stradanus (= J. van der
Straet: 1523-1605) seine Kupferstichsammlung, zu welcher auch bildliche
Darstellungen des Columbus und Vespuccis gehören, mit der Aufschrift AMERI-
CAE RETECTIO versehen[26], und Th. de Bry präsentierte in den zugehörigen
zwei lateinischen Versen das Verb reperire; in der Prosaunterschrift zum
Columbusstich tritt hingegen wiederum invenire auf: ... terroribus Oceani
superatis alterius paene Orbis regiones a se inventas ... (sc. Columbus).
Aber während das ebenfalls geläufige Kompositum detegere ('aufdecken')
oftmals das gleiche bedeutet wie retegere ('entdecken') und so auch in
Barlaeus' späterem Motto novos deteget orbes begegnet (s.u. S.225f.) ist
detector in solchem Zusammenhang sehr selten und in der überlieferten lateinischen Literatur der Antike insgesamt nur an drei Stellen belegbar[27],
und zwar zweimal bei Tertullian - daher sowohl in theologischem Sinne
(Christus als detector creatoris) als auch in apologetischem Kontext -
sowie in einem Scholion zu Statius' Thebais; dabei kommt die metaphorische
Prädikation der Sonne als 'Aufdeckerin eines großartigen Verbrechens' (sol
... magnifici flagitii detector) dem modernen Wortsinn von detector ('De-
tektiv') wohl am nächsten. Mit detectoribus statt inventoribus sind daher
aus antiker Sicht dem literarischen Bild, das Barlaeus von Columbus und
Vespucci zeichnet, einige besondere Farbnuancen beigemischt.

Erlesen ist - wiederum vom Standpunkt der antiken Literatur aus betrachtet
- auch Barlaeus' bildlicher Ausdruck proras Occidenti obvertere (d.h. 'die
Schiffe in westliche Richtung lenken'), der die erste Fahrt des Columbus
nach Amerika poetisch überhöhend veranschaulicht. Offensichtlich ahmt nämlich Barlaeus mit dieser Metapher Vergil nach, und zwar vor allem den Anfang des 6. Buches der Aeneis (V.3): Obvertunt pelago proras[28]. Den unbe-
stimmten Dativ pelago ('dem Meer') ersetzt Barlaeus - die konkrete Zielan-
gabe im vorausgegangenen Vers Vergils (Euboicis Cumarum adlabitur oris)
imitierend - durch die genauere Richtungsangabe Occidenti[29], um damit
gleichfalls in Übereinstimmung mit antiken Vorbildern (Occidens = Westen
bzw. 'Okzident', im Gegensatz zu Oriens = Osten bzw. 'Orient') anzudeuten,
daß Columbus selber vermeintlich zu den Küsten 'Westindiens' aufbrach, in
Wirklichkeit aber ebenso wie Vespucci von Europa aus über den Atlantischen
Ozean nach Amerika fuhr. Daß hier tatsächlich kein anderes Land gemeint
sein kann als eben global Amerika, beweisen die Zusätze relicto veteri orbe
und novo exemplo zwischen ut und Occidenti proras obverterent.

Zugrunde liegt dabei die durch die Entdeckungsfahrten des Columbus ausge-
löste Antithese zwischen Novus orbis und orbis antiquus: der Neuen Welt,
die mit dem Epochenjahr 1492 beginnt, und der Alten Welt, die von der Antike bis zum Ende des 15. Jahrhunderts reicht. Diese polare Beziehung läßt
sich schon aus dem Titel des großen lateinischen Geschichtswerkes des
Petrus Martyr Anglerius (1459-1524)[30] ersehen, das die Basis aller späteren
historischen Darstellungen der Entdeckung Amerikas durch Columbus bildet:
De orbe novo decades tres (1516), postum (1530) in acht Dekaden veröffentlicht[31]. Bereits zwei Jahre später griff Simon Grynaeus Martyrs Zen-
tralbegriff orbis novus auf, drehte jedoch bezeichnenderweise die Reihenfolge um, indem er novus vor orbis rückte, um durch diese betonte Plazierung des Adjektivs den Unterschied zwischen Neuer und Alter Welt klarer
hervortreten zu lassen, und publizierte so sein 584 Seiten starkes Buch
unter der emphatischen Überschrift Novus orbis regionum ac insularum
veteribus incognitarum ... (Basel 1532)[32]. Es ist somit kein Zufall, daß
mehr als vier Jahrzehnte später Martyrs historiographisches Basiswerk mit
verändertem Titel erschien: De rebus oceanicis et novo orbe ... (Köln
1574)[33]. Am deutlichsten freilich kam sieben Jahre danach der Gegensatz von
'Neuer' und 'Alter Welt' zum Ausdruck, nämlich im Titel der 1581 in Genf
publizierten lateinischen Übersetzung des italienischen Werkes des Girolamo
Benzoni: Novae novi orbis historiae ... libri tres: Diese kunstvolle doppelte Verwendung des Schlüsselbegriffs novus an hervorgehobenster Stelle

wirkte so stark, daß Christoph Besold seinem Amerikabuch (Tübingen 1619) den Titel De novo orbe Conjectanea geben konnte, zwei Jahre danach Honorius Philoponus einer allerdings etwas umständlichen Titelfassung (Nova typis transacta navigatio - Novi Orbis Indiae occidentalis ...) den Vorzug gab, bis schließlich 1633 - ein Jahr nach Barlaeus' Rede - das Monumentalwerk seines Landsmannes Johann de Laet unter dem konzisen Doppeltitel Novus orbis seu Descriptio Indiae occidentalis Libri XVIII in Leiden auf den Markt kam[34].

Barlaeus blickte somit, als er die Junkturen veteri orbe und novo exemplo formulierte, auf eine bereits über 100jährige literarische Tradition der Humanisten zurück, wandelte jedoch in echt humanistischer Manier die überkommenen Leitmotive ab, da er zwar die Voranstellung der beiden Adjektive sowie den Kardinalbegriff orbis - anstelle des in diesem Zusammenhang ungewöhnlichen Substantivs mundus[35] - beibehielt, aber (a) antiquus durch vetus (sc. orbis) ersetzte und (b) novus mit exemplum (statt mit orbis) verband. Mit diesen Variationen erzielte daher Barlaeus hier eine doppelte Wirkung:

(a) Vetus bedeutet zwar ebenso wie antiquus 'alt', bildet aber ursprünglich nicht den Gegensatz zu novus, sondern zu recens, bezeichnet also eigentlich "was schon lange Zeit besteht" im Unterschied zu dem, "was erst vor kurzem zu sein angefangen hat"[36], dient daher oft lediglich dazu, den Kontrast 'alt' - 'jung' auszudrücken und so z.B. auf den Altersunterschied zwischen 'älteren' und 'jüngeren' Zeitgenossen zu verweisen. Während darum antiquus in der Regel Personen, Gegenstände und Ereignisse kennzeichnet, die in weitem Abstand zur Gegenwart der fernen Vergangenheit angehören, verringert vetus die zeitliche Distanz erheblich, indem es sich auf Vorgänge bezieht, welche sich mit nur graduellen chronologischen Differenzen auf der gleichen Ebene abspielen. So erzeugt Barlaeus hier mit relicto veteri orbe die Vorstellung, Columbus und Vespucci hätten innerhalb jener zwar 'alten', aber noch fortbestehenden Grenzen der Welt der Antike einen in ihrem Osten gelegenen Ort 'verlassen', um über das Mittelmeer westwärts fahrend zu einem jüngst entdeckten ferneren anderen Gebiet des orbis antiquus zu gelangen. So werden Columbus und Vespucci auch auf diese Weise ganz in die Sphäre der gewissermaßen bis zu ihrer Zeit verlängerten Antike einbezogen.

(b) Demgemäß erfüllt auch novus als Prädikat von exemplum hier die Funktion, nicht auf die Existenz der entdeckten Neuen Welt als solcher aufmerksam zu machen, sondern den Vorbildcharakter der Fahrten hervorzuheben, die Columbus und Vespucci als primi Americae detectores gleichsam aus dem Geist der Antike in beispielhafter 'neuer Weise' unternahmen: Beide sind somit in

den idealen Kreis der 'Exempla' bzw. 'Paradigmata' eingereiht, welche die
antike Literatur preist und daher den nachfolgenden Generationen zur Nachahmung empfiehlt.

Mit diesen zwei Elementen hat Barlaeus endgültig den Boden bereitet, um nun
die Feststellung zu treffen, die sich aus dem bisherigen Gang der Argumentation zwangsläufig ergibt, nämlich daß auch Columbus und Vespucci nicht
etwa Mitglieder des neuen Erdkreises wurden, den sie entdeckten, sondern
weiterhin der Wertewelt des <u>orbis antiquus</u> verpflichtet blieben und daher
grundsätzlich nur auf die Autorität antiker Schriftsteller gestützt den
Entschluß zu fassen vermochten, Kurs auf noch unbekanntes Land im 'Okzident' zu nehmen. So beantwortet Barlaeus seine rhetorische Frage
(<u>Quid...?</u>), indem er ohne jede Überleitung die folgenden drei Koryphäen der
antiken Geisteswelt Revue passieren läßt: <u>Aristotelis, Platonis, et forte
etiam Senecae (sc. loca in causa fuere)</u>.

In der Tat hätte Barlaeus hier keine geeigneteren Namen zitieren können als
die dieser drei Klassiker, auf die er sich beruft. Zwar hatte er vorher,
als er die antiken 'Naturforscher' aufzählte, ebenfalls mit Aristoteles
begonnen, aber unter den sich anschließenden sechs Autoren fehlen ausgerechnet Platon und Seneca: Platons Rang war nach antiker Überlieferung noch
höher als der des Aristoteles, und der Philosoph Seneca, dessen lateinischen Prosastil Barlaeus im übrigen meisterhaft nachahmt[37], galt vor allem
mit seinen <u>Quaestiones naturales</u> in der römischen Antike als höchste Autorität.

Wie daher im Mittelalter der berühmte Doppelvers <u>Summus Aristoteles</u>, /
<u>Plato et Euripides</u> die oberste Stufe der Skala der Autoritäten widerspiegelte, drückt die vorliegende Trias, an deren Spitze ebenfalls Aristoteles
und Platon stehen (während der Philosoph und Dichter Seneca hier die Rolle
des Tragikers Euripides übernimmt), den denkbar höchsten Grad der Steigerung aus, so daß die gesamte Beweisführung in der abschließenden These
gipfelt, daß es allein klassische Textzeugnisse (<u>loca</u>) bei Aristoteles,
Platon und Seneca waren, die Columbus und Vespucci veranlaßten (<u>in causa
fuere</u>), Entdeckungsreisen in den unerforschten 'Westen der Welt' zu wagen.
Bezeichnenderweise zitiert Barlaeus am Ende seiner Rede (s.o.) als
einzige Autoritäten Platon und Aristoteles, ohne dabei jedoch eine bestimmte Textstelle anzugeben. Ebenso verzichtet Barlaeus auch hier darauf, einen
Passus aus einer Schrift der zitierten drei klassischen Autoren als Beleg
anzuführen. Es ist daher hier nur von sekundärer Bedeutung, die literarischen Quellen, auf die Barlaeus anspielt, zu ermitteln[38], zumal da er mit

der einschränkenden Bemerkung et forte etiam ('und vielleicht auch') vor Senecae selber einräumt, sich gar nicht sicher zu sein, ob Seneca wirklich Columbus und Vespucci motivierte, Amerika zu entdecken. Entscheidend ist vielmehr generell die Tatsache, daß Barlaeus die Antike - repräsentiert hier durch Aristoteles, Platon und Seneca - für die geistige Kraft hielt, die den maßgeblichen Einfluß auf Columbus' und Vespuccis Entdeckung Amerikas ausübte.

Das klassische griechisch-römische Altertum bildete demnach gewissermaßen das literarische Fundament der ersten Fahrt des Columbus in die zukünftige Neue Welt. Indem also Barlaeus hier allgemein - im Rahmen eines deduktiven Beweisverfahrens - die Ansicht vertritt, daß zwischen der von Columbus entdeckten Neuen und der Alten Welt eine Kausalbeziehung besteht, nimmt er wissenschaftliche Forschungsergebnisse vorweg, die auf induktivem Wege erst fast 300 Jahre später erzielt wurden: Gemeint sind die Untersuchungen des Klassischen Philologen Anton Elter (1858-1925), der seit 1902 mehrmals Vorträge zum Spezialthema "Columbus und die Geographie der Griechen" hielt, welche dann kurz nach seinem Tod unter dem allgemeinen Titel Das Altertum und die Entdeckung Amerikas herausgegeben wurden[39]. Ausgehend nämlich von dem Erdglobus, den Martin Behaim im selben Jahr verfertigte, als Columbus Amerika entdeckte, und in dessen Aufschriften sich "das gesamte geographische Wissen und die geographischen Vorstellungen der damaligen Zeit vor der Entdeckung Amerikas" manifestieren, zieht Elter wesentliche Schlüsse, die Columbus und seine das Weltbild umwälzende Entdeckung Amerikas betreffen:

> "Auch sein Wissen ging über das seiner Zeitgenossen nicht hinaus. Auch er stützte sich auf Ptolemäus und suchte sich im übrigen aus allen Enden der antiken und nachantiken Literatur alle Zeugnisse von Aristoteles und Seneca usw. an kritiklos zusammen, die für die Möglichkeit einer Westfahrt zu sprechen schienen. ... Zu wenig Mathematiker, um sich das selbst zu berechnen, was jedem Ptolemäuskenner damals geläufig war ... im übrigen im felsenfesten Vertrauen auf die unfehlbare Autorität der Alten ... steuert er gegen Westen, Indien zu suchen, wo es nach den bisherigen Erdmaßen liegen mußte, und eine neue Welt zu finden. Was den Alten theoretisch längst als Möglichkeit einleuchtend gewesen, das machte freilich Kolumbus durch seine Tat zur Wirklichkeit ... Die wissenschaftliche Grundlage aber dieser Tat und ihrer weltgeschichtlichen Folgen ist nicht von ihm oder der Neuzeit aus eigener Kraft neugelegt worden, sie lieferte voll und fertig die damals wiedererstandene Geographie der Griechen, das sie verkörpernde eine Buch des Claudius Ptolemäus."

Man braucht demnach nur Platons Namen gegen den des Ptolemaios einzutauschen, um zu erkennen, daß Barlaeus präzise zum Ausdruck brachte, was Elter dann systematisch begründete und ausführlich entfaltete. Allerdings bedarf aus heutiger philologischer Sicht der Kardinalbegriff 'Entdeckung', wie Barlaeus und Elter ihn benutzten, einiger Modifikationen, und zwar sowohl im Hinblick auf Die Entdeckung des Geistes, das wohl bekannteste Buch von B. Snell[40], als auch auf Grund des zuerst 1856 und dann in vielen Neuauflagen[41] erschienenen epochemachenden und berühmtesten Werkes von J. Burckhardt (Die Kultur der Renaissance in Italien), in dessen Mittelpunkt die Kapitel III - "Die Wiederentdeckung des Altertums" - und IV - "Die Entdeckung der Welt und des Menschen" - stehen. Eine Erörterung dieser Zusammenhänge würde jedoch den Rahmen meines kleinen Spezialbeitrages sprengen.

3. Auch kurz nach der Perikope, die im Columbus-Passus ihren krönenden Abschluß findet, spielt der Aspekt 'Neue und Alte Welt' eine wichtige Rolle, und zwar besonders in zwei aufeinander folgenden Sätzen in wiederum eigenartiger Weise (p.43 van der Woude):

a. Zuerst legt Barlaeus generell dar, welche naturwissenschaftlichen Kenntnisse der Kaufmann benötigt, um Reisen in den verschiedenen Ländern der Erde durchführen zu können, zitiert dabei aber nur Aristoteles' Metereologica und beschränkt sich daher nur auf den Mittelmeerraum, also das Gebiet der Alten Welt. Dann aber erweitert er den Horizont erheblich, indem er erläutert, wie nützlich es sei, die spezifischen Merkmale und Gefahren der Weltmeere zu kennen, und nennt daher - in Form indirekter Fragesätze - vier Beispiele, die jeweils einen der damals bekannten Erdteile repräsentieren, und zwar zunächst Afrika (die Südspitze: quam periculosa praetervectio promontorii australis Africae), Asien (China und Japan: quam ex portu Sinarum in Iaponiam difficilis traiectus) sowie Europa (Ostsee: quam infestae navigantibus maris Balthici fauces).

Deutlich abgesetzt von diesen drei quam-Kola und mit quantus stärker hervorgehobenen ist der an letzter Stelle aufgeführte Teilbereich Amerikas als des vierten und - da Australien damals in Europa noch nicht allgemein bekannt war - letzten Kontinents: quantus in sinu Mexicano a continente aquarum refluxus. Wie vorher den Namen für den gesamten Kontinent (America bzw. Americanus) so verwendet damit Barlaeus zum ersten und einzigen Male in seiner Rede Mexicanus als adjektivische Bezeichnung für die betreffende mittelamerikanische Region, nämlich den Golf von Mexiko (sinus Mexicanus), weist dabei jedoch bloß auf die Eigentümlichkeiten der Meeresströmungen zwischen der mexikanischen See und den Küsten des amerikanischen Festlandes hin. Demnach setzt Barlaeus die Kenntnis von ganz Amerika als bekannt voraus, so daß er sich hier auf geographische Detailangaben wie das 'Zurückfluten der Wassermengen' im Golf von Mexiko beschränken kann.

b. Ähnlich verhält es sich im nächsten Satz des Barlaeus: <u>Illud quoque apud philosophos reperire est, oceanum perpetuo motu in occasum ferri, ideoque citius hinc Novum adiri quam illinc Veterem repeti</u>.

Da sich Barlaeus hier allein auf 'Philosophen' als Gewährsmänner beruft, könnte man nun philosophische Reflexionen über Amerika als Neue Welt erwarten, zumal da schon aus etymologischen Gründen <u>occasus</u>, welches Substantiv Barlaeus verwendet, oftmals die gleiche metaphorische Bedeutung besitzt wie Occidens = Westen bzw. 'Abendland'. Aber auch hier teilt Barlaeus lediglich ein geographisches Faktum mit, nämlich die für die Nautik im allgemeinen und den reisenden Kaufmann im besonderen wichtige Tatsache, daß sich der Atlantische Ozean in ständiger Bewegung nach Westen hin befindet, sowie die Auswirkungen dieses Tatbestandes auf Fahrten zwischen den beiden Kontinenten: Die Dauer einer Schiffsreise von Europa nach Amerika ist kürzer als die einer Fahrt in umgekehrter Richtung.

Besondere Beachtung erfordert dabei die Terminologie, die Barlaeus benutzt. Mit Recht setzte der Herausgeber des Textes die Adjektive <u>Novum</u> und <u>Veterem</u> - anders als vorher bei den Junkturen <u>veteri orbe und novo exemplo</u> - in Großbuchstaben. War nämlich der Gegensatz zu <u>veteri orbe</u> - nämlich <u>novo orbe</u> - nur indirekt aus <u>novo exemplo</u> zu erschließen, präsentiert Barlaeus hier sozusagen den offiziellen Sprachgebrauch, indem er nachträglich erstmals den 'terminus technicus' <u>Novus orbis</u> - mit der typischen Voranstellung des betonten Adjektivs - verwendet und den analogen Begriff <u>Vetus orbis</u> (wiederum anstatt von <u>antiquus orbis</u>) direkt folgen läßt, dabei jedoch aus stilistischen Gründen auf den - hier deshalb zu ergänzenden - Zusatz <u>orbem</u> verzichtet und gerade dadurch den sachlichen Kausalzusammenhang des antithetischen Begriffspaares 'Alte' und 'Neue Welt' um so wirkungsvoller unterstreicht.

So kann sich Barlaeus direkt anschließend - also in nahtlosem Übergang vom <u>Novus</u> zum <u>Vetus orbis</u> - wiederum der Alten Welt zuwenden, um dann im Schlußteil seiner Rede hervorzuheben, daß sich der Stadtstaat von Amsterdam damals bereits den Zugang zu fast allen Ländern des Orients sowie des Okzidents geöffnet hatte und so ein 'Sammelort nahezu der gesamten Welt' war: <u>ut quae civitas orbis paene universi est receptaculum ...</u> (p.47 van der Woude). Wie man in der Antike unter <u>universus</u> bzw. <u>totus orbis</u> alle zu

jener Zeit bekannten Gebiete Europas, Asiens und Afrikas verstand, umfaßt
Barlaeus demnach mit demselben Terminus sämtliche Bereiche nicht nur der
drei Erdteile der Alten Welt, sondern auch ganz Amerikas als des neuen
vierten Kontinents. Damit ist die Neue Welt endgültig in die Alte integriert und so auch der Gegensatz dieser zwei Welten, zwischen denen Columbus als erster stand, überwunden.

II. Zu Barlaeus' historischem Werk über Brasilien und andere Regionen Amerikas (Amsterdam 1647)

Ein von der Konzeption, wie er sie im Mercator sapiens entworfen hatte,
abweichendes Bild des Verhältnisses der Neuen zur Alten Welt bietet Barlaeus in seinem Geschichtswerk, das er 1647 - 15 Jahre nach jener Rede (bzw.
ein Jahr vor seinem Tod) - ebenfalls in Amsterdam veröffentlichte und dem
Grafen Johann Moritz von Nassau (1604-1679) widmete, jenem niederländischen
Feldherrn und Staatsmann, der 1636 Gouverneur der Westindischen Handels-
gesellschaft geworden war und im Kampf gegen Portugal die Grundlage zu
einem südamerikanischen Kolonialreich geschaffen hatte. Die historische
Schrift trägt den Titel Rerum per octennium in Brasilia et alibi nuper
gestarum ... Historia und enthält auf einem Vorderblatt eine reich ver-
zierte Bildtafel, in deren Mitte das Zentralthema des Buches angegeben ist:
Res Brasiliae imperante ... I. Mauritio Nassoviae ... Comite und das im
oberen Teil die Aufschrift qua patet orbis aufweist, im unteren Teil Seneca
in Medea und Tiphisque novos deteget orbes.

Wie im Columbus-Passus der Rede vom Jahre 1632 zitiert somit Barlaeus hier
Seneca, aber zugleich auch mit Angabe eines bestimmten Werkes: in Medea.
Von den vier Versen dieser Tragödie, die den Namen des von Barlaeus zitier-
ten Tiphys enthalten, kommt hier nur folgende Partie in Betracht: Ausus
Tiphys pandere vasto / carbasa ponto legesque novas / scribere ventis:
nunc... (V.318-320). Von einem wörtlichen Zitat dieser Versgruppe, wie
Barlaeus Wortlaut vermuten läßt, kann hier jedoch keine Rede sein: Zwar
übernimmt Barlaeus mit novos auch das Schlüsselwort des Auftritts des
Tiphys bei Seneca, weicht aber sonst ganz von der von der Vorlage ab; denn
a) er verbindet das Adjektiv nicht mit leges, sondern mit orbes, b) er
verlagert die Handlung des Tiphys von der Vergangenheit (ausus) in die
Zukunft (deteget) und c) wählt mit diesem Hauptverb (detegere) sowie mit
orbes (sc. novos) die gleichen Begriffe wie in jener charakteristischsten

Prädikation des Columbus und Vespuccis als primi Americae detectores bzw. in der so typischen Definition Amerikas als Novus orbis.

So erweckt Barlaeus den Eindruck, daß novos deteget orbes von Tiphys vornehmlich auf Columbus als Entdecker der Neuen Welt zu übertragen ist, und fingiert damit eine prophetische Vorhersage der Entdeckung Amerikas bereits vor der ersten Fahrt des Columbus nach 'Westindien'. Auf diese Weise erscheint Columbus hier nach dem berühmten Vorbild in Vergils 'messianischer' Ekloge (4,34: Alter erit tum Tiphys) als 'zweiter Tiphys', und diese poetische Reminiszenz paßt auch sonst treffend zu dem von der antiken Literatur überlieferten mythischen Bild dieses Heros: Tiphys, der Steuermann der Argonauten und damit verantwortlich für die Fahrten der edelsten Seemannschaft der antiken Mythologie, verkörpert besonders in der hohen Dichtung den Idealtypus eines geschickten und umsichtigen Steuermanns, dessen Kunst - wie z.B. aus Ovids Exilpoesie hervorgeht[42] - zu den anspruchvollsten und angesehensten technischen Berufen in der Antike gehörte. Gemäß dieser so hohen Wertschätzung der Tätigkeit des Steuermanns spricht Ovid am Anfang des 1. Buches seiner 'Liebeskunst' selber den Wunsch aus, metonymisch 'Tiphys des Amor' zu heißen: Tiphys in Haemonia puppe magister erat ... Tiphys et Automedon dicar amoris ego (Ars. am. 1, 6/8).

Legt man dieses traditionelle Bild von dem vorbildlichen Steuermann Tiphys als Folie zugrunde, liegt es tatsächlich nahe, Barlaeus' Vision Tiphysque novos deteget orbes auf Columbus zu beziehen, da er der Steuermann des ersten in der neuen Welt gelandeten Schiffes war, und in ihm infolgedessen einen alter Tiphys zu erblicken. Barlaeus zerstört freilich diese gelehrte Illusion, indem er dem Tafelbild mit dem Tiphys-Zitat 15 lateinische Distichen - im übrigen ein Dokument seiner perfekten poetischen Kunst - gegenüberstellt, in welchen er den Grafen von Nassau als den Protagonisten der 'Brasilia Belgica' anspricht und deshalb ihn allein verherrlicht. So sieht Barlaeus hier wohl eher in diesem zeitgenössischen führenden holländischen Politiker als in Columbus den Tiphys alter, von dem er hofft, er werde in noch größerem Ausmaß, als es Columbus ehedem (vor immerhin schon über 150 Jahren) möglich war, nicht nur Teile Amerikas als des Novus orbis, sondern sogar noch mehr 'neue Welten' (daher der Plural novos orbes[43]) entdecken. Es ist so kein Wunder, daß Columbus in der Widmungsrede, die Barlaeus an den Grafen von Nassau richtet und charakteristischerweise mit der Ankündigung Brasiliam, imperio tuo armisque fulgidam, tibi offero, Comes Illustrissime eröffnet, keine Rolle mehr spielt und die Neue Welt gegenüber der Alten eine ganz andere Bewertung erfährt als im Mercator sapiens des

Jahres 1632. So hebt Barlaeus hier von vornherein hervor, daß die Menschen
in der Antike niemals die engen Grenzen ihres Erdkreises überschritten:
Quotquot Veterum res saeculo dignas posteris tradidere, prisci Orbis termi-
nos non egrediuntur. Bezeichnenderweise verbindet Barlaeus Orbis mit priscus (= 'altertümlich', 'uralt') und erweitert damit die Distanz zwischen
Neuer und Alter Welt in noch erheblich größerem Maße, als es bei antiquus
orbis oder gar vetus orbis, welche mildernde Junktur er 1632 vorgezogen
hatte, der Fall wäre.

Demgemäß kommt es Barlaeus hier nicht wie damals etwa darauf an, die Kontinuität der Entwicklung von der Alten zur Neuen Welt herauszustellen, um
so Columbus als Entdecker Amerikas und die Neue Welt insgesamt in die
literarische Tradition des vetus bzw. antiquus orbis einzubeziehen. Vielmehr legt Barlaeus hier den größten Wert auf die Erkennung der wesentlichen
Unterschiede der Neuen und Alten Welt, indem er Novus orbis - diesen Terminus gleichsam beim Wort nehmend - wirklich als 'neues Land' verstanden
wissen will, das der Antike völlig unbekannt war. Deshalb beschreibt hier
Barlaeus diesen Gegensatz des großen Teilbereichs der Neuen Welt, den er in
seinem Brasilia-Buch schildert, zu entsprechenden literarischen Darstellungen der Alten Welt so anschaulich wie möglich und benutzt das stilistische Kunstmittel der amplificatio, wie sie nach den Vorschriften der
antiken Rhetorik erforderlich ist, um die Wirkung einer Argumentation bis
zum Höchstgrad zu steigern. Barlaeus dehnt daher die Antithese 'Alte' und
'Neue Welt' auf die verschiedensten Gebiete aus, indem er a) Städte und
Länder, b) Völker und c) Flüsse des priscus und des Novus orbis" einander
direkt gegenüberstellt:

> a) Romanis Graecisque scriptoribus Athenae, Lacedaemon,
> Carthago, Roma, Latium, Galliae, Germaniae utramque paginam
> faciunt. Nobis Olinda, Pernambucum, Mauritiopolis, Tamari-
> ca, Parayba, Loanda, Mina, Maragnana, ignota priscis voca-
> bula.
> b) Tunc belli partes fuere Assyrius, Persa, Graius, Mace-
> do, Italus, Poenus, Allobrox, Cheruscus. Nunc Tapuiae, Ma-
> riquites, Petivares, Carbes, Chilenses, Peruenses.
> c) Olim Rhenus, Ister, Rhodanus, Indus, Ganges magnarum
> rerum testes fuere. Nunc Maragnonus, Platensis, Ianuarius,
> Afogadorum, Portus Calvi, Capivaribi et Biberibi flumina.

Konsequenterweise betont Barlaeus sodann auch - ebenfalls anhand einpräg-
samer und repräsentativer Beispiele in Form schärfster Antithesen - den
Kontrast zwischen a) seiner Position als Autor eines Geschichtswerkes zur
Neuen Welt und b) allen Menschen des griechisch-römischen Altertums (prisci) und daher auch so prominenten Historikern der Antike wie Polybios,

Livius und Tacitus sowie zu zweitrangigen Schriftstellern wie Florus, Sueton und Iustinus:

> Nulli Polybio noti Mulatae, nulli Livio Patagones, nulli
> Tacito Angolenses, Floro Mamolucchi, Suetonio aut Iustino
> Nigritae. At haec nostra nomina sunt. Illis scriptoribus in
> bellum ibat vestitus miles aut cataphractus. Mei quoque
> bellatores nudi. Illi gaesis, parma, sarissis, bipennibus,
> falcatis curribus, inter meos arcu clavaque terribiles.
> Illi ... Hi ... Tunc ... Nunc ... Ille ... Hi ...

So faßt Barlaeus die Besonderheiten seiner schriftstellerischen Position gegenüber der aller seiner antiken Kollegen prägnant zusammen, indem er betont, daß der gesamte historische Stoff, den er zu bearbeiten hat, in jeder Hinsicht ein völlig neuer ist: <u>Quaecumque mihi scribenti se offerunt, nova sunt, sidere, solo, populis, moribus, victu, armis</u>. Diese Gesamtbewertung der Neuen Welt und ihrer zahllosen einzelnen Elemente unterscheidet sich demnach grundsätzlich von jener, die Barlaeus anderthalb Jahrzehnte vorher im <u>Mercator sapiens</u> bot.

C. SCHLUSS: Eine umfassende Monographie zum Generalthema 'Columbus und die Neue Welt in der lateinischen Literatur seit dem 15. Jahrhundert' als Desiderat der neulateinischen Philologie

Mit den beiden hier untersuchten Schriften, die er 140 bzw. 150 Jahre nach Columbus' Entdeckung Amerikas verfaßte, steht Barlaeus jeweils am Ende und am Anfang einer Epoche der lateinischen Literatur zum Gesamtbereich der Neuen Welt: Die frühere Schrift spiegelt die in der ersten Hauptperiode (vom ausgehenden 15. bis zum beginnenden 17. Jahrhundert) vorherrschende Anschauung vom Verhältnis zwischen Alter und Neuer Welt wider, während das spätere Werk bereits die moderne Sichtweise zur Geltung bringt, die mehr auf die Unterschiede als auf die Gemeinsamkeiten zwischen den Sphären der Neuen und der Alten Welt abhebt.

Daß ein und derselbe Humanist - wie eben der exzellente lateinische Prosaautor und Dichter Barlaeus - in so kurzem zeitlichen Abstand so unterschiedliche literarische und historische Wertungen der zwei Welten, zwischen denen Columbus als erster Europäer stand, vorgenommen hat, sollte Anlaß genug sein, um a l l e überlieferten Texte, welche sich auf den Komplex 'Columbus, Neue und Alte Welt' beziehen, herauszugeben und systematisch zu erforschen. In der Tat gehören diese Texte zu allen literarischen Gattungen der lateinischen Prosa und Poesie, erstrecken sich - ganz im

Sinne des vorliegenden Sammelwerkes - über fünf Jahrhunderte (von der Blütezeit des Humanismus bis zur Gegenwart)", und ihre Quantität und Qualität sowie ihr Einfluß auf die nationalsprachlichen Behandlungen des Rahmenthemas ist erheblich größer, als man heutzutage gewöhnlich annimmt[45].
So hat auch mein kleiner Spezialbeitrag zu Barlaeus erst dann seinen Zweck voll erfüllt, wenn die bisher noch fehlende und daher dringend zu fordernde Monographie zum Gesamtkomplex 'Die Entdeckung Amerikas durch Columbus und die Neue Welt in der neulateinischen Literatur' (Columbus omnisque Novus orbis Latinus) erschienen sein wird[46] - auf jeden Fall hoffentlich spätestens anläßlich des Sesto Centenario: im Columbus-Gedenkjahr 2092.

Postscriptum

Kurz nach Abschluß meines Beitrages erschien - wie schon in Anm. 2 (bzw. Anm. 45) angekündigt - die Neuauflage des Standardwerkes der Neulateinischen Philologie, und zwar zunächst der erste Band:

> IJsewijn, Josef: <u>Companion to Neo-Latin Studies</u>, Part I: History and diffusion of Neo-Latin literature. Second entirely rewritten edition, Leuven 1990 (= Supplementa Humanistica Lovaniensia V).

Hatte IJsewijn dem Komplex 'Amerika in lateinischer Literatur' in der 1. Auflage seines 'Companion' nur 10 Seiten gewidmet (vgl. Anm. 9 und 10), räumt er ihm nunmehr erheblich mehr Platz ein (S. 284-307). Dieses beträchtlich erweiterte neue Kapitel bildet daher zukünftig die Grundlage für die so notwendige Behandlung auch des Spezialthemas 'Columbus Latinus'.

<u>Anmerkungen</u>

1. Dieser Spezialbeitrag beruht auf einem Gastseminar zum Generalthema "Die Entdeckung und Eroberung Amerikas in lateinischer Literatur", das ich 1987 in Wolfenbüttel (Herzog August Bibliothek) durchgeführt habe, sowie auf Vorträgen zum Komplex "NOVUS ORBIS - ORBIS ANTIQUUS - Die Wiederbelebung der Alten und die Entdeckung der Neuen Welt in der lateinischen Literatur vom Beginn der Renaissance bis zum Späthumanismus".

2. Vgl. das moderne Standardwerk zur gesamten neulateinischen Literatur (ab ca. 1300 n. Chr.) von J. Ijsewijn, <u>Companion to Neo-Latin Studies</u>, Amsterdam 1977, S.7 (zur völlig revidierten Neuauflage s. u. das Postscriptum). Cagnazzis Name fehlt allerdings in der sonst so materialreichen Monographie von V. Giustiniani: <u>Neulateinische Dichtung in Italien 1850-1950</u>..., Tübingen 1979.

3. Text mit Erläuterungen in: PLUS-ULTRA - Ein lateinisches episches Gedicht über die Entdeckung Amerikas durch Columbus verfaßt von dem gekrönten Dichter Joh. Christian Alois Mickl ..., hrsg. von R. Schmidtmayer ..., Wien 1902. Zu Mickls Columbus-Epos vgl. den Beitrag von H. Hofmann in diesem Band.

4. Edited with an introduction and notes by Leo M. Kaiser, Chicago 1984.

5. Text und Erläuterungen bei Kaiser, S.235-239 bzw. 291.

6. Text und Erläuterungen bei Kaiser, S.252-255 bzw. 291.

7. Text und Erläuterungen bei Kaiser, S. 266 bzw. 292.

8. Neueste Literatur jeweils im bibliographischen Anhang der maßgeblichen neulateinischen Zeitschrift Humanistica Lovaniensia. Repräsentativ für das Gesamtgebiet der neulateinischen Literatur jetzt auch Walther Ludwig: Litterae neolatinae - Schriften zur neulateinischen Literatur, München 1989 (= Hum. Bibl. R.1, Bd. 35).

9. Charakteristik einiger Hauptwerke zum Thema 'Columbus und die Entdeckung Amerikas in lateinischer Literatur' bei IJsewijn (198f.): Vgl. Anm. 2.

10. Gesamtüberblick über den Komplex 'Amerika in lateinischer Literatur bis ca. 1976' ebenfalls bei IJsewijn (191-200); dazu jetzt mein Postscriptum.

11. Solche mit lateinischen Aufschriften versehenen Abbildungen enthalten besonders die reichhaltigen neueren Ausstellungskataloge, die in meiner Literaturliste (s.u.Anm. 12) aufgeführt sind.

12. Von 1976 bis 1988 erschienene wissenschaftliche Beiträge zum Bereich 'Columbus und die Neue Welt in lateinischer Literatur' im Anhang meines Vortrages "Indis Americanis quae cum veteribus Helvetiis intercedere necessitudo sit visa Sepulvedae Bartholomaei Casai adversario - Novi orbis ad antiquum referendi specimen", in: Acta Conventus Neo-Latini Torontoniensis (Toronto 1988), Binghamton, N.Y. 1991 (= Medieval & Renaissance Texts and Studies, Vol. 86), S. 549-558.

13. Treffender Titel des kulturwissenschaftlichen Programms: "Alte Welt - Neue Welt. 500 Jahre Begegnung mit Amerika 1492-1992".

14. Zu Gambaras Columbeis vgl. H. Hofmann in diesem Band.

15. Vgl. auch die anderen Beiträge zu neulateinischen Texten in diesem Band.

16. Zu Leben und Schriften des Barlaeus s. W. Pökel: Philologisches Schriftsteller-Lexikon, Leipzig 1882 (Nachdruck Darmstadt 1966), S.13. Vgl. ferner neben IJsewijn (s.Anm. 2) auch meinen Beitrag "Academicus sapiens - Zum Bild des Weisen in der Neuen Akademie", in: Mnemosyne 40 (1977), 353-390.

17. Ausgabe mit niederländischer Übersetzung sowie mit Einleitung und Erläuterungen von S. van der Woude, Amsterdam 1967. Vgl. auch K. van der Horst, Inventaire de la correspondence de Caspar Barlaeus (1602-1648), Assen 1978.

18. Nachweise in der Rubrik "Warum 'Amerika'?" von J. Klowski, in: Der altsprachliche Unterricht, Jg. 30 (1987), Heft 2 ("Utopia - Mundus Novus"), S.79-82.

19. Typisch für diese Entwicklung sind die Titel der lateinischen Fassungen des Werkes von Hans Staden (Americae tertia pars ..., Frankfurt 1592) und Gerolamo Benzoni (Americae quarta pars ..., Frankfurt 1594). Weitere Belege enthalten vor allem die detaillierten Titelangaben in den grundlegenden ausgezeichneten Ausstellungskatalogen Die Neue Welt in den Schätzen einer alten europäischen Bibliothek (Wolfenbüttel 1976) und Mythen der Neuen Welt (Berlin 1982); vgl. dazu Anm. 11 und 12.

20. Nachweise ebenfalls bei Klowski (s. Anm. 18), S.80.

21. Die Belege verdanke ich Robert Rosin, der seinerseits auf Lewis W. Spitz verweist: Weimarer Ausgabe der Werke Luthers, Vol.10(I,1), S. 21; Vol.10(II-I), S.139; Vol.53, S.169.

22. "Gold und Macht - Spanien in der Neuen Welt" war bezeichnenderweise der Titel einer großen Ausstellung (1986); vgl. Anm. 11 und 12.

23. Vgl. meinen in Anm. 12 zitierten Beitrag "Indis Americanis ...".

24. Belege ebenfalls in dem in Anm. 12 zitierten Beitrag, dem Texte des aufschlußreichen Aufsatzes von Eckart Schäfer zugrundeliegen:"Die Indianer und der Humanismus - Die spanische Conquista in lateinischer Literatur", in: Der altsprachliche Unterricht, Jg. 27 (1984), Heft 6 ("Neulateinische Literatur im Lateinunterricht"), S. 49-70 und 82-91.

25. Hier genügt ein Verweis auf die Art. "Erfinder I (historisch)" und "Erfinder II (geistesgeschichtlich)", in: Reallexikon für Antike und Christentum, Bd. 5 (1962) 1179 - 1278.

26. Benutzt habe ich - wie in der Regel auch sonst - ein Exemplar der reichen Bestände der Herzog August Bibliothek in Wolfenbüttel. Abbildungen auch bei L. Quartino, Presupposti iconografici al Paradiso Terrestre di Cristoforo Colombo, in: Columbeis 2 (1987) 395-402; weiteres Material mit Angaben der Fundorte im folgenden Beitrag (S. 403-415) von A. Bettini: Antico e non antico in una allegoria della scoperta dell'America.

27. Belege im Thesaurus Linguae Latinae, Vol. V 1, 792,55-59.

28. Ähnlich insbesondere Aen. 7,35 (terraeque advertere proras) sowie Georg. 4,117 (... et terris festinem advertere proram).

29. Ebenso "in Occidente" bei Luther (s.o.) im Gegensatz zu "in Europam".

30. Neuere Beiträge zu den sprachlich-stilistischen, literarischen und historischen Aspekten dieses Werkes z.B. in: Columbeis 2 (1987).

31. Nachdruck (mit Einleitung von E. Woldan) Graz 1966; deutsche Übersetzung in 2 Bänden von H. Klingelhöfer, Darmstadt 1972/1973.

32. Beschreibung im Wolfenbütteler Katalog (s. Anm. 19), S.48.

33. Erläuterungen - allerdings ohne Hinweis auf die früheren Auflagen des Werkes - ebenfalls im Wolfenbütteler Katalog (s. Anm. 19 und 32), S. 47.

34. Vollständige Titelangaben wiederum jeweils im Wolfenbütteler Katalog.

35. Anders Titel wie **Mundus Novus - Lateinische Texte zur Eroberung Amerikas** (hrsg. von J. Klowski und E. Schäfer, Stuttgart 1987).

36. So in Georges' einschlägigem Handwörterbuch s.v. "vetus".

37. Zu *imitatio* und *aemulatio* als den obersten Stilprinzipien der Humanisten sowie zum Problemkreis 'Gattungs- und Individualstil lateinischer Autoren seit der Renaissance' vgl. jetzt meinen Aufsatz "Sprache und Stil der lateinischen Briefe von Julius Pflug (im Lichte seiner Stiltheorie sowie der Charakteristik bei Erasmus)", in: **Pflugiana ...**, hrsg. von E. Neuss und J. Pollet, Münster 1990, S. 138-176.

38. Einige Passagen aus Werken Platons, des Aristoteles und des jüngeren Seneca, die Barlaeus möglicherweise vorschwebten, notiert van der Woude.

39. In: **Rheinisches Museum für Philologie 75** (1926) 241-265.

40. Die 3. Auflage erschien in Hamburg 1955, die 4. in Göttingen 1974.

41. Die m.W. letzte Auflage, hrsg. von H. Günther, erschien in Frankfurt a.M. (Deutscher Klassiker Verlag) 1989.

42. Vgl. Trist. 4,3,77f. sowie Pont. 1,4, 37f.

43. Bezeichnend der Titel des ebenfalls sehr instruktiven Katalogs der Ausstellung "Die Neuen Welten in alten Büchern - Entdeckung und Eroberung in frühen deutschen Schrift- und Bildzeugnissen" (Staatsbibliothek Bamberg 1988).

44. Zahlreiche Texte z.B. in der **Vox Latina**, der viermal jährlich erscheinenden maßgeblichen lateinischen Zeitschrift der Gegenwart.

45. Rang und Bedeutung aller dieser lateinischen Texte werden nach Erscheinen der völlig revidierten zweiten Auflage des Handbuches zur neulateinischen Literatur von Ijsewijn (s.Anm. 2) wohl einer breiteren Öffentlichkeit bewußt werden, als es bisher geschehen ist: Vgl. dazu mein Postscriptum.

46. Wie notwendig eine wissenschaftliche Behandlung dieses Generalthemas ist, zeigen auch die 1893 - ein Jahr nach dem Quarto Centenario bzw. Cagnazzis Columbusode (von der mein Beitrag ausgeht) - in Padua gedruckten, jedoch anonymen lateinischen Columbus-Panegyrica, deren Kenntnis ich Titus Heydenreich verdanke, von deren Existenz ich aber erst nach der Fertigstellung des Typoskripts meines Beitrags erfuhr: Es handelt sich um (a) einen 27 Strophen umfassenden Hymnus auf Columbus mit der entsprechend lapidaren Überschrift "Christophoro Columbo" und (b) ein erheblich kürzeres (nämlich nur 10 Strophen aufweisendes) Gedicht mit allerdings längerem und originellem Titel:"Christophori Columbi novas Americae regiones invisentis ultima nox primi itineris". Beide Oden verdienen eine Spezialuntersuchung unter formalen und inhaltlichen Gesichtspunkten.

Johann Christian Alois Mickl (Abt Quirinus)
"Plus Ultra".
Das letzte neulateinische Columbus-Epos

Heinz Hofmann

1. Die neulateinische Columbusepik im Überblick

Die Columbus-Thematik der Entdeckung der Neuen Welt wurde in der lateinischen Poesie erst relativ spät rezipiert. Während die erste poetische Behandlung von Columbus' erster Fahrt in einer Volkssprache - das Gedicht des Giuliano Dati, das in ottava rima den berühmten und viel besprochenen ersten Brief des Columbus an Gabriel/Raphael Sánchez und Luis de Santángel versifizierte[1] - bereits aus dem Jahr 1493 datiert, hielt das Thema seinen Einzug in die neulateinische Poesie im Lehrgedicht Syphilis sive de morbo Gallico des Hieronymus Fracastorius, das erstmals 1530 in Verona im Druck erschien, jedoch bereits in den zwanziger Jahren des 16. Jahrhunderts geschrieben wurde.[2] Das dritte Buch erzählt die Ursachen für die Entstehung jener neuen Krankheit im Kontext der Entdeckung der Neuen Welt durch Columbus und liefert dadurch in subtiler Ironie jene epische Behandlung des Themas, die der Erzähler in der berühmten recusatio zu Anfang desselben dritten Buches als ein Unternehmen, das seine poetischen Kräfte übersteigen würde, noch abgelehnt hatte.[3]

Erst gut 60 Jahre später erschien das erste neulateinische Epos, das ausschließlich Columbus gewidmet ist und alle vier Entdeckungsreisen des Admirals behandelt: die vier Bücher De navigatione Christophori Columbi von Lorenzo Gambara di Brescia (1494-1586), zuerst gedruckt 1581 bei Franciscus Zannettus in Rom. Revidierte und erheblich erweiterte Fassungen erschienen, ebenfalls in Rom 1583 und 1585, welch letztere Fassung dann in die Poemata omnia in unum collecta (Rom 1586) aufgenommen wurde.[4]

1585, also vier Jahre später, edierte Giacomo Castelvetro, ein in London ansässiger Italiener, der sich für die Verbreitung poetischer Produkte seiner Landsleute in England einsetzte, ein Neffe des berühmten Herausgebers und Kommentators der aristotelischen Poetik Lodovico Castelvetro, die ersten zwei Bücher einer Columbeis des jungen römischen Dichters Giulio Cesare Stella, die in Anlehnung an die Aeneis die erste Fahrt von Columbus als heroisches Abenteuer in der Tradition des vergilischen Epos erzählte.[5] Eine zweite, erheblich erweiterte, aber auch in mehreren Punkten revidierte und korrigierte Edition wurde mit einem Vorwort von Francesco Benci S.J., Stellas Lehrer am Collegio Romano, 1589 in Rom gedruckt, eine inhaltlich unveränderte Neuauflage mit anderer Widmung ebenfalls in Rom 1590. Ebenso wie bei der Londoner Edition von 1585 handelte es sich auch hier lediglich um die Columbeidos libri priores duo: Die beiden letzten Bücher sind offensichtlich nie fertig geworden und auch nie im Druck erschienen.[6]

Nach Stella trat in der neulateinischen Columbus-Epik eine Pause von 70 Jahren ein, bis 1659 der junge Hamburger Vincentius Placcius[7] (1642-1699), später Anwalt und (seit 1675) Professor am Gymnasium seiner Heimatstadt, in der Bibliothekswissenschaft vor allem durch seine Anonymen- und Pseudonymenbibliographie bekannt, sein Gedicht Atlantis retecta sive De navigatione prima Christophori Columbi in Americam veröffentlichte, von dem eine zweite und revidierte Auflage 1668 als Buch II seiner Carminum puerilium et juvenilium libri IV in Amsterdam erschien.[8] Placcius' Behandlung des Thema ist insofern originell, als er lediglich die Vorgeschichte der ersten Reise von 1492 und die Ozeanüberquerung bis zur Landung auf der Insel Guanahaní/ Hispaniola behandelt. Die weiteren Ereignisse bis hin zur Errichtung der spanischen Herrschaft in der Neuen Welt werden ihm durch Atlantis, die Personifizierung des neuen Erdteils, erklärt, und zwar anhand ihres Schildes, auf dem die ganze künftige Geschichte Amerikas[9] abgebildet ist. Auf diese Weise gelingt es Placcius dennoch, die späteren Ereignisse, die bei Gambara der Protagonist selbst, bei Stella der allwissende Erzähler erzählt hatte, in das Epos einzubringen, sie aber kunstvoll in der Schildbeschreibung der Atlantis zu antizipieren.[10]

1715, mehr als ein halbes Jahrhundert nach dem ersten Erscheinen von Placcius' Gedicht, wurde unter dem Titel Columbus. Carmen epicum in Rom das längste Columbus-Epos gedruckt, das je erschienen ist.[11] Es stammt von dem Jesuiten Ubertino Carrara (ca. 1640-1716), einem Lehrer am Collegio Romano, und war als Anti-Aeneis gedacht, d.h. es sollte die heidnische Aeneis als Schullektüre verdrängen und mit seinem christlichen und erbaulichen Inhalt die Schüler zur wahren Religion und zu den wahren christlichen Tugenden anleiten - ein Ziel, das es bekanntlich nicht erreicht hat. In zwölf Büchern und über 9.000 Hexametern entwirft es in barocker Erzählfreude ein Welttheater, in dem die Strukturen und Handlungselemente des vergilianischen Vorbilds beibehalten sind, die erste Entdeckungsfahrt des Columbus jedoch, häufig auf Kosten der historischen Genauigkeit und Glaubwürdigkeit, durch Einlagen, Exkurse, Anachronismen, Vermengung diverser Handlungsstränge, Erfindung neuer Abenteuer und eine überquellende Erzählerphantasie in

eine fiktionale epische Handlung eingebaut wird, die die historische Fahrt
von 1492/3 zu einem antikisierend-christlichen Abenteuer verfremdet, in dem
Helden und Bösewichter, Heilige und Höllenmächte, Christen und Menschenfresser miteinander kämpfen und in zeittypischer ideologischer Gebundenheit
das Gute (die Spanier und das Christentum) das Böse (die Kannibalen und das
Heidentum) besiegt.[12]

In der zweiten Hälfte des 17.Jahrhunderts formte die Entdeckung der Neuen
Welt durch Columbus noch Bestandteil zweier didaktischer Epen, die ansonsten andere Themen behandelten: Das fünfte, den Obstbäumen gewidmete Buch
der Plantarum libri VI von Abraham Cowley (1618-1667), geschrieben in den
sechziger Jahren, beschreibt ein Herbstfest der Pomona auf Teneriffa, bei
dem es zu einem Wettstreit zwischen der Alten und Neuen Welt kommt um die
Frage, wer den größeren Reichtum an Fruchtbäumen habe; als dieser Wettstreit zum Schluß in Handgreiflichkeiten auszuarten droht, stellt Apollo
durch ein Lied, das er zur Leier singt (5, 1080-1195), die Eintracht wieder
her: In jenem Lied, welches das Buch beschließt, preist er die Tat des Columbus und kündet von der großen Zukunft, die Amerika bevorstehe, wenn das
aus der Neuen Welt importierte Gold die Europäer so völlig verdorben haben
wird, daß die besten Kräfte in die Neue Welt flüchten werden.[13] Der
Neapolitaner Jesuit Nicolò Parthenio Giannetasio (1648-1715) schrieb ein
erstmals 1685 in Neapel gedrucktes Lehrgedicht Nauticorum libri VIII, das
1686, 1692 und 1715 noch drei weitere Auflagen erlebte. Das Ende des 8. Buches klingt, vergleichbar dem Ende von Vergils Georgica, das innerhalb des
Aristaeus-Epyllions den Mythos von Orpheus und Eurydike erzählt, ebenfalls
in einen Mythos aus, der bei Giannetasio Columbus als dem Entdecker Amerikas gewidmet ist (8, 633-1060). In deutlicher Analogie zur Aristaeus-
Erzählung der Georgica nimmt Uranie, die Mutter des Columbus (sein Vater
ist Apollo), ihren Sohn, dem sie bereits als Kind die Entdeckung Amerikas
versprochen hatte, mit hinauf in den Himmel und weiht ihn dort nicht nur in
die Geheimnisse der Sphärenharmonie ein, sondern zeigt ihm von dort oben
auch die Erdteile Europa und Amerika und den dazwischenliegenden Ozean und
gibt ihm Anweisungen für seine bevorstehende Großtat, für deren Gelingen er
dem Oceanus und der Nymphe Ammerice opfern soll.[14]

Diese neulateinische Columbus-Epik des 16. und 17.Jahrhunderts findet ihren
Abschluß in dem Gedicht Plus ultra des deutschstämmigen, aus Böhmen stammenden Johann Christian Alois Mickl, das im folgenden kurz behandelt werden
soll.

2. Johann Christian Alois Mickl: ein später Repräsentant des böhmischen Humanismus im 18. Jahrhundert

Johann Christian Alois Mickl[15] wurde am 13.5.1711 in Ostrolow Oujezd nahe Forbes (Südböhmen) geboren und trat nach sechsjähriger Schulausbildung, vermutlich bei den Jesuiten in Krumau (Cesky Krumlov), 1727 in die Artistenfakultät der Prager Karlsuniversität ein. 1729 erwarb er dort das Baccalaureat, 1730/1 den Magistergrad in den Artes Liberales und wurde zum poeta laureatus der Karlsuniversität gekrönt. Während dieser Prager Studienzeit faßte er den größten Teil seiner lateinischen Gedichte ab, die sich auf die Gattungen der Ode, der Bukolik, des Epos und des Dramas verteilen. Im Juni 1731 trat er unter dem Ordensnamen Frater Quirinus in das Zisterzienserstift Hohenfurt (heute Vyssí Brod in der CSFR) ein, wo er ein Jahr später die feierliche Profeß ablegte. Daran schloß sich ein dreijähriges Theologiestudium (1732-35) am Collegium Bernardinum, der Zisterzienser-Ordensschule in Prag. 1735 wurde er zum Priester geweiht und kehrte nach Hohenfurt zurück, wo er bis 1737 als Philosophielehrer an der hauseigenen theologischen Hochschule tätig war. Zwischen 1737 und 1739 setzte er seine theologischen Studien in Prag fort, die er 1740 mit der Promotion zum Dr.theol. et iur.utr. abschloß, und lehrte ab 1740 Theologie am Erzbischöflich-Theologischen Kolleg zum Hl. Adalbert in Prag. Am 28.12.1747 wurde er zum Abt des Stiftes Hohenfurt gewählt und wirkte in dieser Funktion bis zu seinem Tod am 23.2.1767.

Während seiner Lehrtätigkeit verfaßte Mickl zahlreiche wissenschaftliche Werke, die hauptsächlich dem Vorlesungsbetrieb in Hohenfurt und Prag dienten und in handschriftlicher Form in der Hohenfurter Klosterbibliothek aufbewahrt wurden;[16] nur ganz wenige dieser Schriften sind auch im Druck erschienen.[17] Er selbst hatte, vermutlich noch während seiner Lehrtätigkeit in Prag, ein eigenhändiges Schriftenverzeichnis angelegt, das im Hohenfurter Archiv aufbewahrt wurde.[18] Im poetischen Teil dieses Werkverzeichnisses führt er unter den epischen Gedichten neben dem Columbus-Epos noch drei Applausus renuntiationes für Papst Clemens XII. (1730-1740), Kaiser Karl VI. (1711-1740) und die Universität Prag auf, daneben einen Lessus funebris und plurima alia carmina heroica; unter der Poesis eclogica erwähnt er Eclogae diversissimae materiae fere 100, quas specificare non vacat, mehr als 40 Elegien verschiedener Art sowie eine Versifizierung des Hohen Liedes der Bibel. Bei der dramatischen Poesie nennt er zwei Komödien und sechs Tragödien über historische, hagiographische und biblische Stoffe; zuletzt Lyrica plurima, darunter Chronosticorum et Chronographorum tres libri fere ultra, Symbola und einen Apparatus arcus triumphalis mit über 2000 Inschriften für verschiedene Klöster.

Wohl noch in der Prager Studienzeit, also um 1730, begann Mickl mit einer kritischen Sichtung und Redaktion seiner neulateinischen Poesie in einem Corpus, dem er den Titel Recentior artis poeticae Helicon in Germaniae fines translatus gab.[19] Er legte dafür eine kalligraphische Papierhandschrift in folio an mit einleitender Inhaltsübersicht, Titelblättern, Initialen und Miniaturen.[20]

Aus dem Inhaltsverzeichnis ergibt sich, daß Mickl vorhatte, sich in allen durch die neun Musen repräsentierten Literaturgattungen poetisch zu betätigen; danach sollte der fertige Helicon die folgenden Gattungen umfassen:

I. Bucolicorum, seu Euterpe, praeses tibiae cantus.
II. Poematum, seu Calliope, praeses carminis heroici.
III. Tragoediarum, seu Melpomene, tragici cothurni praeses.
IV. Comoediarum, seu Thalia, Comicorum praeses.
V. Elegiarum, seu Terpsichore, praeses citharae.
VI. Elegorum sacrarum, seu Uranie, astronomiae praeses.
VII. Odarum seu Lyricorum, seu Erato, praeses hymnorum.
VIII. Descriptionum historicarum, seu Clio, praeses historiae.
IX. Melo-Dramatarum seu Polyhymnia, histrioniae et actionis praeses.

Daran sollte sich ein Supplementum mit Epitaphien anschließen. Eingeleitet wurde die Sammlung mit einem Somnium poeticum in 93 elegischen Distichen und der Elegie Septemplex Aiacis Clipeus in 144 Distichen zur Verteidigung der Poesie.

Die Ausführung des ganzen poetischen Programms wurde jedoch durch den Eintritt des Autors ins Stift Hohenfurt und seine künftige geistliche Laufbahn verhindert, so daß der Helicon ein Torso blieb. Mit Gedichten vertreten sind nur die Gattungen der Musen Euterpe (I), Calliope (II) und Melpomene (III). Für die Gattungen der Komödie (IV), der Elegie (V) und der Geistlichen Elegie (VI) sind in anderen Handschriften Mickls Texte erhalten, doch fand er wohl nicht mehr die Zeit, um sie so zu revidieren, daß sie einen Platz im Helicon hätten finden können.[21]

Das erste Buch (Euterpe) enthält in fünf Teilen 19 bukolische Gedichte, wovon die beiden Gedichte des zweiten Teils als Elegiae sacrae betitelt sind und daher auch im Terpsichore-Buch untergebracht hätten werden können, während der vierte Teil mit dem Titel Illustrissima Dianae Hilaria eigentlich ein Lehrgedicht über die Jagd in 2 Büchern (Diana minor und maior) ist.[22] Das zweite Buch (Calliope) besteht aus dem Columbus-Epos Plus ultra, in den dritten Teil (Melpomene) ist von den aus Mickls Elenchus bekannten sechs Tragödien nur das historische Drama Magnatum ruina facilis, Mauritius Cappadox, Orientis Imperator aufgenommen, das die Geschichte des byzantinischen Kaisers Maurikios (582-602) als exemplarisch-erbauliches Lehrstück in der Tradition des lateinischen Jesuitendramas vorführt.

Aus dieser Anlage wird ersichtlich, daß die ersten beiden Bücher von Mickls Helicon (Euterpe und Calliope) einen vollständigen Anti-Vergil darstellen, der sich in der Abfolge von Eklogen (Bucolica), Lehrgedicht (Landbau bzw. Jagd) und heroischem Epos (Aeneas bzw. Columbus) manifestiert. Vorbilder für solche poetischen Programme der Vergilnachfolge gab es bereits in der Spätantike, jedoch läßt sich nicht mit Sicherheit behaupten, daß Mickl davon Kenntnis hatte.[23] Sein Anti-Vergil bildet letztlich auch nur den Eröffnungsteil eines viel umfassender und ehrgeiziger angelegten Projekts der imitatio und aemulatio mit der gesamten antiken Poesie, den er im Recentior artis poeticae Helicon zu verwirklichen gedachte.

3. Das Columbus-Epos Plus ultra

Das Epos, das in Mickls Anti-Vergil-Konzept sein Äquivalent zur Aeneis bilden sollte, weicht in zweifacher formaler Hinsicht von seinem antiken Vorbild ab: Der Titel ist nicht nach dem Namen des Protagonisten gebildet, vermutlich um keine Verwechslung mit Stellas Columbeis aufkommen zu lassen, und die Anzahl der Bücher ist auf drei mit insgesamt rund 2.400 Versen reduziert, während Mickls unmittelbarer Vorgänger Carrara an der vergilischen Zwölfzahl festgehalten hatte. Wie die meisten anderen Gedichte und Abhandlungen Mickls blieb auch das Columbus-Epos zu des Verfassers Lebzeiten und lange danach unveröffentlicht und konnte so auch keine Wirkung auf Spätere ausüben. Die erste gedruckte Edition wurde von seinem Ordensbruder Pater Rudolf Schmidtmayer, der sich auch sonst um das Oeuvre des Hohenfurter Abtes angenommen hatte, im Jahre 1902 in Wien veröffentlicht.[24]

Der vollständige Titel, wie ihn das Autograph im Helicon bot, lautet:[25] Plus ultra seu Hispaniae Lusitaniaeque heroum res gestae gloriosissimae, qui Herculis ultra metam progressi pro Legionis et Castellae regibus ignotam adhuc Americam primi invenere, amplissimo poemate celebrati. Der Titel spielt auf das Motto Kaiser Karls V. Plus ultra an und auf die daraus abgeleitete vermeintliche Inschrift Non plus ultra auf den Säulen des Herkules[26] und wird im Proömium (1, 39) und Epilog (3, 925) jeweils kurz paraphrasiert.

Das Motto Plus ultra, das Karl gewählt hatte, als er 1516 als Carlos I. König von Kastilien und Aragon wurde, stammt von seinem Leibarzt, dem Humanisten Luigi Marliano.[27] Es erscheint auf den kaiserlichen Emblemen und Wappen, in Illustrationen, die auf Karl V. Bezug nehmen, auf Münzen und Medaillen, und ist selbst ins Chorgestühl von Kirchen geschnitzt;[28] immer ist es dabei mit den Säulen des Herkules verbunden, so daß es, wie Rosenthal sagt,[29] ein Symbol für den schrankenlosen Ehrgeiz des Habsburgers wurde. Durch die dem Motto inhärenten geopolitischen Ansprüche "Charles aspired not merely to reach the Columns (as his Spanish kingdom in fact, did) but to go beyond them to the new ends of the earth".[30] Aus diesem Motto entstand eine Bildtradition, welche die Habsburgischen Könige und Kaiser als Herkules zeigte und den Säulen des Herkules eine wichtige ikonische und symbolische Funktion in Habsburgischer Kunst und Architektur zuwies.[31]

In der Zeit, als Mickl sein Columbus-Epos schrieb, regierte als Kaiser der Habsburger Karl VI. (1711-1740), der zweite Sohn von Kaiser Leopold I. (1658-1705) und jüngere Bruder von Kaiser Joseph I. (1705-1711), dem er nach dessen frühem Tod nachfolgte. Karl, der als erster Römischer Kaiser seit Karl V. (1519-1556, + 1558) wieder den Namen Karl trug und daher als sechster dieses Namens gezählt wird, war zunächst als Herrscher in den spanischen Territorien der Habsburger bestimmt, also im Königreich Spanien selbst, in den niederländischen und italienischen Besitzungen und schließlich in den Kolonien, und sollte in dieser Funktion der Nachfolger des letzten spanischen Habsburgers, König Karls II. (1655-1700), werden, der am 1. November 1700 kinderlos gestorben war. Da auch andere europäische Staaten an der Nachfolgeregelung im spanischen Weltreich elementare Interessen hatten, kam es zum sog. Spanischen Erbfolgekrieg (1701-1713/4), als dessen Resultat auf den Friedenskonferenzen von Utrecht (1713) und Rastatt (1714) die Erbfolge neu festgelegt wurde: Danach wurde Spanien mit den Kolonien an den Bourbonen Philipp (V., 1701-1746) übertragen, während sich der österreichische Habsburger Karl mit Mailand, Neapel, Sardinien und den spanischen Niederlanden begnügen mußte.[32] Doch hatte Karl bereits in den ersten Jahren des Krieges als spanischer König Carlos III. in Barcelona regiert und versucht, seine Herrschaft im Kampf gegen den Bourbonen durchzusetzen. Auch nach der Rückkehr nach Wien 1711 und nach dem Frieden von Rastatt 1714 hatte er seine Ansprüche auf das übrige spanische Erbe und damit auch auf die amerikanischen Kolonien nie aufgegeben. Wie die früheren spanischen Habsburger ließ auch er sich als Herkules porträtieren und verlieh mit der Übernahme der Säulen des Herkules in offizielle Darstellungen und Embleme diesen Ansprüchen auf die umfassende Herrschaft eines Karls V. in der Alten und Neuen Welt symbolischen und programmatischen Nachdruck.

Dieser Herrschaftsideologie mit ihren imperialen Ansprüchen ist u.a. Ausdruck verliehen in Architektur und Fassade der Karlskirche in Wien, deren Erbauung auf ein Gelübde Karls an seinen Namenspatron, den Hl. Karl Borromaeus,[33] während einer Pestepidemie im Jahre 1713 zurückgeht. Die Kirche selbst wurde zwischen 1716 und 1737 von Johann Bernard Fischer von Erlach (1656-1723) und seinem Sohn Emanuel (1693-1742)[34] erbaut. Aus ihrem barock-imperialen Programm sei in diesem Zusammenhang lediglich auf die beiden vorgelagerten Säulen verwiesen, welche die beiden Tugenden Constantia und Fortitudo im Motto von Karl VI. versinnbildlichen[35] und innerhalb des spanisch-habsburgischen Bedeutungshorizonts die Säulen des Herkules darstellen. Damit sollen sie nicht nur die Devise Plus ultra von Karls VI. großem programmatischen Vorgänger Karl V. symbolisieren, sondern auch den Anspruch des Kaisers auf die spanischen Besitzungen in der Neuen Welt dokumentieren.[36]

In diesem Kontext können die Wahl von Columbus' Entdeckungen als Sujet für ein episches Gedicht und insbesondere der vom gängigen Schema abweichende Titel Plus ultra verstanden werden als Huldigung des Autors an seinen Kaiser, den er bereits in einem anderen Gedicht gepriesen hatte.[37] Gleichzeitig sind sie Ausdruck literarischer Anerkennung und propagandistischer Unterstützung von Karls Anspruch auf habsburgische Universalherrschaft in der Alten und Neuen Welt, in einem Reich, in dem die Sonne nicht untergeht. In dieser Sicht erscheint Mickl abermals als neuer Vergil, der in seinem Epos die heroische Geschichte des Herrscherhauses im Spiegel einer historischen, mythisch überhöhten Person - hier Columbus, dort Aeneas - darstellt.

Das Epos erzählt die erste und zweite Fahrt von Columbus, wobei sich die
Erzählung jeder Fahrt auf jeweils zwei Bücher verteilt.[38] Mickl hält sich
an keine bestimmte historische Quelle oder an eines der früheren Columbus-
Epen, obwohl ihm die meisten davon offensichtlich bekannt gewesen sind. Im
Gegenteil: Seine geschichtlichen Kenntnisse sind ziemlich lückenhaft, und
er schaltet mit dem historischen Substrat so frei und willkürig wie
Carrara, ohne freilich dessen poetische und ästhetische Qualitäten zu erreichen. Als auffälligste Abweichungen von der historischen Überlieferung
lassen sich die folgenden anführen: Columbus wird durchgehend als Lusiacus
strategus, die Spanier als Lusiadae oder Lusiades bezeichnet - Lusitania
ist der seit der Antike gebräuchliche Name für das neuzeitliche Portugal,
während Spanien stets als Hispania oder Iberia bezeichnet wird -, die Abfahrt zur und die triumphale Rückkehr von der ersten Reise werden demzufolge auch nach Lissabon (anstatt nach Sevilla bzw. Palos) verlegt[39] und
die Lisboniacae orae/arenae und der Fluß Tajo (Tagus) dementsprechend häufig erwähnt (z.B. in 1, 338. 348. 359 etc.). Die Neue Welt wird nur an zwei
Stellen (2, 363; 3, 871) mit dem seit Waldseemüllers Globussegmenten gebräuchlich gewordenen Namen Amerika genannt,[40] ansonsten erscheint sie als
Libya, Libycae orae, Africa, Maurusia litora, Maurusiacae terrae und ähnlich, ihre Bewohner als Maurusia agmina, Maurusia pubes oder, entsprechend
der Auffassung von Columbus' Zeit und Columbus' eigener lebenslanger Überzeugung, als Indi oder Indius grex. Am Schluß (3, 888 ff.) wird sogar erzählt, Columbus habe auch Peru erobert, wohin er jedoch sein Leben lang
nicht gekommen ist.

Nicht gerechnet sind hier zahlreiche andere historische Ungenauigkeiten,
die jedoch den Zwängen der epischen Gattungskonventionen und der poetischen
Lizenz der fecunda licentia vatum[41] zugeschrieben werden können: etwa die
Zusammenziehung mehrerer Landungen auf Inseln der Neuen Welt in einen einzigen Inselaufenthalt, Konzentration des Geschehens auf Hispaniola (und
dadurch Vernachlässigung der ersten Landung auf San Salvador und der folgenden Erkundungsfahrt durch die westindische Inselwelt), Verschweigen des
Schiffbruchs der Santa Maria am Weihnachtstag 1492 und der dadurch notwendig gewordenen Gründung von La Navidad für einen Teil der zurückgelassenen
Besatzung, Vermischung von Ereignissen späterer Reisen mit denen der ersten
und zweiten Entdeckungsfahrt, Änderung der Ereignisabfolgen und andere
Manipulationen der Chronologie, fiktionale Ausgestaltung harmloser Schar-
mützel zu epischen Schlachten oder Erfindung neuer Kriege und Schlachten,
etwa der großen Seeschlacht gegen die Kannibalen im 3. Buch (274 ff.), die

in dieser Form nie stattgefunden hat. Auf epischen Konventionen beruhen
auch andere Einzelheiten der Schlachtbeschreibungen, z.B. die Aristien im
3.Buch (314 ff.) oder die Episode der Freunde Ernestus und Ferdinand (3,
415 ff.), die der Expedition von Nisus und Euryalus im 9.Buch der Aeneis
(176 ff.) nachgebildet ist, daneben die Ekphraseis, die den didaktischen
Partien in Gambaras Epos nahekommen, die zahlreichen Reden, die häufigen
illustrierenden epischen Vergleiche, die durch verschiedene Mittel erreichte antikisierende Stilisierung und nicht zuletzt die das irdisch-
historische Geschehen überwölbende, durchdringende und steuernde Götterhandlung, die vom Dualismus der himmlischen Mächte und christlichen Allegorien einerseits und der heidnischen Götter und Höllendämonen andererseits
bestimmt ist.

Um jedoch einen besseren Eindruck von Mickls erzählerischen und poetischen
Qualitäten zu geben und seine Version der Columbus-Fahrten gegenüber jener
seiner Vorgänger deutlicher profilieren zu können, soll zunächst ein Überblick über Aufbau und Inhalt von Plus ultra gegeben werden.

a) Buch I

In einem langen, 98 Verse umfassenden Proömium verabschiedet der Erzähler
die früher von ihm gepflegten Gattungen der Bukolik (coryli) und Georgik
(rus) und kündigt ein neues Genre und Thema an, das in den Bereich des
heroischen Epos führt: die Entdeckungstat des Columbus (1, 12-18):

> Sat corylis rurique datum: graviore deinceps
> Murmure Martisonos iactabunt classica plausus,
> Belligeris cantanda viris. Mox auspice Phoebo
> Inde triumphatae surgent in plectra phalanges.   15
> Hic Martis fervore calens hostique superbo
> Heroum fatale genus pro carmine laudes
> Magnificas ac gesta dabit...

Die vergilische Abfolge der Gattungen, innerhalb welcher das Columbus-Ge-
dicht den Platz der Aeneis einnehmen soll, wird im folgenden dem Leser
erneut auf dreifache Weise bewußt gemacht: durch Zitatanklänge an das
Aeneis-Proömium, mit dem sich Anspielungen auf das Columbeis-Proömium
Stellas verbinden,[42] durch die nachdrückliche Hervorhebung kriegerischer
Terminologie[43] und durch einen breit ausgeführten Vergleich zwischen
Columbus und Aeneas (1, 41-70), worin der Entdecker der Neuen Welt wegen
seines christlichen Glaubens, der Ausbreitung des Christentums in den von
ihm entdeckten Ländern und der Vernichtung des dort noch herrschenden

Heidentums Aeneas und die anderen Heroen der Vergangenheit weit überragt
(1, 58-70):

>   Christiadum sancita duces maiore triumpho
>   Illustrant radiisque fugant coelestibus umbras.
>   Nobilior patria siquidem virtute Columbus   60
>   Dardanios sublime duces heroaque Romae
>   Pignora ter fausto supereminet omine ductor,
>   Indomitos ut Marte greges populosque coegit
>   Hesperio parere iugo gentemque ferocem
>   Regales maestum docuit mordere lupatos.   65
>   Haud aliter Phrygiae non lurida busta ruinae,
>   Christiadum sed sacra probus cultumque Tonantis
>   Et fidei ritus et dogmata diva Theandri
>   Haec felix in regna ferens celebrandus Averno
>   Indignante novos superis reparavit honores.   70

Dieser Preis der Taten und Leistungen von Columbus beruht nicht allein auf der Ausbreitung der christlichen Religion unter den neu entdeckten Völkerschaften, sondern diese Missionierungstätigkeit sieht der Erzähler gleichzeitig verbunden mit der Unterwerfung jener Völker unter das Joch der spanischen Herrschaft: von Völkern obendrein, die als wild, barbarisch und ungezähmt beschrieben werden. Damit weckt der Erzähler von vornherein beim Leser Geringschätzung und Antipathie gegen die Bewohner der Neuen Welt und versucht ihn zu einer affirmativen, die im folgenden noch zu erzählenden Kriege und Schlachten billigenden Haltung zu bewegen und sich mit der Handlungsweise des Columbus und der Spanier zu identifizieren. Mit dieser Einschätzung seines Erzählers entfernt sich der (implizite) Autor Mickl von den Vorstellungen des Brave New World, eines Felix Mundus und des Edlen Wilden, die seit dem 16.Jahrhundert die Diskussion der europäischen Humanisten mitbestimmt haben,[44] und fügt die Unterwerfung unter spanische Herrschaft als Ziel der Expedition ausdrücklich hinzu. Damit befindet er sich nicht nur im Widerspruch zu den historisch verbürgten Ziele der Westexpedition von Columbus,[45] sondern verläßt auch die in den ersten Columbus-Epen von Gambara und Stella vertretene Auffassung, daß die Reisen des Columbus nicht der Eroberung und Unterwerfung, sondern der Entdeckung bisher unbekannter Länder, Meere und Inseln und der Ausbreitung des christlichen Glaubens dienen sollten.[46] Ob zynisch, zelotisch oder lediglich das Bewußtsein seiner eigenen Zeit unreflektiert projizierend: Mickl ist in der Reihe der neulateinischen Columbus-Dichter der letzte und extremste Exponent jener Art, die europäische Überlegenheit über die Bewohner der Neuen Welt zu äußern, indem diese verächtlich gemacht und nahezu auf eine Stufe mit wilden Tieren gestellt und als willkommene Beute für spanische Machtpolitik und Unterwerfung angesehen werden.[47]

Das Proömium schließt mit dem üblichen Musenanruf (1, 71-98), der vornehmlich an Calliope und Apollo gerichtet ist und erneut Zitate aus dem Aeneis-Proömium aufnimmt.[48]

In einem ersten Abschnitt (99-229) werden Vorgeschichte und Anlaß der Entdeckungsreise erzählt und wird Columbus vorgeführt, wie er über die Bewohnbarkeit der Erde und über die mögliche Existenz von Völkern im westlichen Ozean räsonniert (111 ff.).[49] In diesen Überlegungen wird er durch Religio bestärkt, die ihn auffordert, die Länder im Westen zu entdecken und die dort wohnenden barbarischen Heidenvölker zu zivilisieren und zu missionieren (141-194). In ihrer Rede (156-183) versucht sie, Columbus mit dem Hinweis auf die Schätze und die landschaftlichen und klimatischen Vorzüge der Neuen Welt zu locken und entwickelt sie gleichzeitig jenes negative Bild der Bewohner, das der Erzähler im Proömium bereits vorgegeben hat (165-171):

> Hic gemmas parit omne vadum, sine semine fructus   165
> Luxuriant, nec trux Aquilo nec degener Hiemis
> Hic partus sua castra videt; sunt singula veris
> Et caeli ridentis opes et pacis imago.
> Aspera sed rigidis gens passim moribus horret
> Nec superos nec sacra fovet, foedata per aras   170
> Victima mortali fumat sordetque cruore.

Die aufeinandergehäuften negativen Qualifikationen in den Versen 169-171, die vor allem auf die kannibalischen Riten der Bewohner anspielen, rechtfertigen gleichsam den folgenden Auftrag an Columbus, diese Riten mit Gewalt zu unterdrücken und die Christianisierung mit allen möglichen militärischen Mitteln durchzusetzen: dies, so Religio, sei der Befehl des Himmels an ihn, den er annehmen und ausführen müsse (172-181):

> Has, divum quod iussa petunt, tu proximus oras
> Fernando regnante petes ac puppe secunda
> Post liquidas, tot fata, neces, post mille labores
> Exactos calcabis ovans tristesque tyrannos   175
> Substernes patrio, victricia munera, Marti.
> Tunc divos fidei ritus, Tarpeia Tonantis
> Sacra pius plantare stude, labor haud tibi cassus,
> Nec sterilis mihi messis erit; conatibus ipsa
> Assistam. Tu perge citus, quo Martia virtus,   180
> Quo superi, quo fata vocant! I fortis ad arma!

Die Entdeckung wird als Missionierung ausgegeben, die Eroberung als Kreuzzug, und das Abschlachten der dortigen Bevölkerung als ruhmvolle Tat, als Auftrag des Himmels und der fata.[50] Mit diesem ideologischen Konstrukt ist

die Gedankenwelt umrissen, innerhalb derer Mickls Columbus sich bewegt und
handelt, ist die Perspektive abgesteckt, von der aus der Leser den Inhalt
des Epos verstehen und rezipieren soll. Wie Columbus den Auftrag der Religio annimmt (184-194), soll auch der Leser sich mit Columbus identifizieren
und die Argumente der Religio (und damit jene Mickls) akzeptieren und sich
zueigen machen.

Als nächstes greift Fama ein und verkündet König Ferdinand die Vorteile,
die ihm aus Columbus' Expedition erwachsen werden, und die dazugehörigen
Aufträge der Himmlischen (196: <u>deum mandata</u>), und bestimmt ihn zur finanziellen Unterstützung der Expedition (195-207). Die Vorbereitungen dazu
werden kurz beschrieben und erhalten durch ein in Anlehnung an <u>Aen.</u> 1, 430
ff. (mit Übernahme von Material aus <u>Georg.</u> IV) gestaltetes Bienengleichnis
(219-229) zusätzliches Relief.

In breiter Ausmalung beschreibt der Erzähler dann den Abschied der Mannschaft und die Abfahrt der Flotte aus dem Hafen von Lissabon (253-309),[51]
den er mit Aeneas' Abschied von Troja vergleicht (297-302). Des Columbus
Abschiedsworte (310-335) zitieren die antiken Vorbilder von Achilles und
Iason, von denen er sich jedoch durch <u>maius pietatis opus zelusque fidesque</u>
(325) unterscheidet. Eingedenk des Auftrags von Religio kann er daher seinen Gefährten zurufen (326-331):

> Sit gloria vobis
> Pro Christo, pro rege mori votamque monarchae
> Hesperio sacrare fidem; dum laurea vobis
> Surget, fatales hosti plantate cupressos!
> En praeo! Sectare ducem, quicumque Gradivum   330
> Magnanimus sub corde foves!

Der Eindruck, den der Leser gewinnt, daß es sich eher um die Ausfahrt zu
einem Kriegszug als zu einer Entdeckungs- oder Missionsreise handelt, ist
vom Erzähler daher durchaus beabsichtigt.

Die folgende Perikope (352-446) erzählt, übereinstimmend mit der historischen Überlieferung, die Fahrt der Flotte bis zu den Kanarischen Inseln und
die Pause, die dort zur Ausbesserung der Schiffe und zum Aufnehmen letzter
Vorräte eingelegt wurde. In Anlehnung vornehmlich an Stella, Placcius und
Carrara bestaunen auch bei Mickl die Meeresgötter die Schiffe und gibt
Oceanus Aufträge an die Meeresgottheiten, die Flotte und ihre Mission zu
schützen (361-404).

Auch die folgende Erzählung von der Ozeanüberquerung bedient sich der bereits von den Vorgängern verwendeten epischen Mittel zur Belebung der

Handlung: Ausführlich werden der (auf der Hinfahrt unhistorische) Seesturm[52] und die Meuterei der Bemannung, aufgelockert durch zwei epische Vergleiche (477-487 und 580-585), erzählt, und wie bei den Vorgängern gelingt es auch Mickls Columbus, sich die Himmlischen durch ein Gebet zum Beistand zu verpflichten und die Unruhen beizulegen (558-588).

Mickl schließt sich seinen Vorgängern Stella und Carrara ebenfalls darin an, daß in der Nacht vom 11. auf den 12. Oktober eine nächtliche Traumerscheinung Columbus von der bevorstehenden Landung unterrichtet. Mickls Erzähler leitet diesen Abschnitt eindrucksvoll mit einer Schilderung der nächtlichen Ruhe der Natur ein (589-599), die in vielem dem vergilischen Vorbild aus Aen. 4, 522 ff.[53] verpflichtet ist. Dann erscheint Pietas, begleitet von Spes, Nymphae und Fiducia, und verkündet Columbus für den folgenden Tag die Entdeckung eines an Schätzen reichen Landes (624-631):

>   Crastina Tithoni postquam praemissa marito
>   Phosphoricis Aurora rotis radiantia pandet   625
>   Atria stertentique rubens dominabitur orbi,
>   Multiplices - si quidem post tanta pericula plausus
>   Clementes statuere poli - post aequora portus
>   Aethiopumque lares auratae moenia cernes
>   Barbaricis habitata viris. Hic prima Theandri[54]   630
>   Dogmata Lusiadumque seres in regna leones.

Neben der bereits angemerkten Lokalisierung der neuen Welt in Afrika - hier vertreten durch die Aethiopum lares - stimmt auch die Beschreibung der zahlreichen Häfen und der goldenen Städte nicht zum historischen Bild der Taino-Kultur der Karibikinseln, sondern legt Verwechslung mit dem Gold der Inka- und Aztekenstädte und anderer altamerikanischer Hochkulturen nahe.[55]

Die letzte Perikope des ersten Buches wird, analog zur Schilderung der Nacht in 589 ff., mit einer breit ausgemalten Schilderung des Tagesanbruchs eingeleitet (650-660): Es ist der entscheidende Tag des 12.Oktober 1492,[56] der jedoch mit einem erneuten Aufflammen der Unruhen beginnt, was den Erzähler veranlaßt, sich im style indirect libre in die Erzählung einzuschalten und in direkter Apostrophe den Rebellen das Verwerfliche ihres Tuns vorzuhalten (660-675):[57]

>   Quid facerent? Quo fata trahunt? Nec vota supersunt   665
>   Nec sperasse valent. - Proh! demens turba, quid optes?
>   Stat vitam sacrare neci pelagoque perire,
>   Aspera quam tot fata pati. - Temeraria turba!
>   Quo ruitis? Proh! caeca cohors! Quae tristis Alecto
>   Discordi face corda cremat? Nunc sistite fata.   670
>   Nunc iras frenate, viri! Meliora propinant

> Caelicolae, quae vos lateant. Ast irrita iacto:
> Surdescunt mentes, rapiunt hortamina venti.

Die Ekphrasis des Mastkorbs (676-679) leitet über zur Meldung des Matrosen, daß Land in Sicht sei (692-698); dies gibt dem Erzähler, wie schon dem Erzähler von Stellas Columbeis,[58] Anlaß zu einer neuerlichen affektiven Einschaltung, in der er sich die Stimmung der Matrosen in jenem Augenblick zu vergegenwärtigen versucht (699-704). Jubelnd preist die Schiffsbesatzung Columbus (710 f.):

> Hesperii tu noster honos, dux magne, Gradivi,
> Tu nobis, tibi numen eris

und ergeht sich in Drohungen gegen den noch gar nicht aufgetretenen, aber als solchen bereits anvisierten Feind (714-717):

> Succumbat fatale genus! Tibi, maxime ductor,
> Maurus atrox et crudus Arabs, tibi barbara Congi   715
> Moenia potatorque Tagi supremaque Thule
> Inclinet servile caput...

Dann nimmt die Flotte unter Kanonendonner Kurs auf die Küste, wo die inzwischen zusammengelaufene Bevölkerung ängstlich flieht. Diese Flucht beschreibt der Erzähler mit den mittlerweile bekannten Wendungen und verstärkt beim Leser somit erneut die negative Einstellung zu den Bewohnern jener Gebiete (740-743):

> Ignoto tremebunda sono plebs atra sub antrum   740
> Degeneri perculsa metu fugit inque cavernas
> Occulit imbelles animas ac pectora condit,
> Ignotas mirata rates.

Der letzte Vers des ersten Buches (748) "Tantae molis erat Libycos inquirere fines" nimmt dagegen programmatisch das Ende von Vergils Aeneis-Proömium auf (1, 33)" Tantae molis erat Romanam condere gentem" und unterstreicht damit nochmals das heroisch-epische Programm von Plus ultra, das sich als Äquivalent zur Aeneis geben und Columbus nicht nur als alter Aeneas, sondern als einen dem antiken Heros überlegenen Helden verstanden wissen will.

b) Buch II

Das Proömium zum 2.Buch (1-21) beginnt - nach einem banalen Hactenus haec - mit dem Ruf Nunc arma sonent! (1) und verweist sogleich auf die nun zu erzählenden kriegerischen Ereignisse (2-9):

> ....Graviora canemus.
> Largius Hesperiae Lethaea pericula classis
> Fatalesque virum casus sonuere per orbem
> Barbyta tellurisque pater Thymbraeus Iberum   5
> Maeonio dedit aere ducem. Nunc inclita Martis
> Pectora Bellonaeque vices laurique decorem
> Lusiadum graviore sonet sublime cothurno
> Multiplici plaudente tuba.

Damit leitet das Proömium über zu einem Elogium auf Columbus, der als Martia proles, Hesperii Mavortis apex (9 f.) apostrophiert und vom Erzähler in der Form eines Musenanrufs als Thema des Gedichts und Quell der Inspiration[59] angerufen wird (16-18):

> ....tu carminis auctor
> Materiam praebes dictis, tu versibus ansam
> Suppeditas, dux magne, fave!

Die Landung und formelle Besitznahme der Insel wird in teilweiser Entsprechung zu den Notizen im Bordbuch[60] und der Darstellung bei seinen poetischen Vorgängern[61] erzählt, was bedeutet, daß auch hier der Freude Tränen reichlich fließen, dankbare Gebete zum Himmel emporsteigen und Kreuz und Fahne gehißt werden (22-81). Erneut gibt dies dem Erzähler Anlaß, sich reflektierend in die Erzählung einzumischen und in einer direkten Apostrophe Vergils die Columbus-Thematik über dessen Aeneis-Thematik zu stellen (33-37):

> Huc, Maro, Romulidum quondam iactate per oras,
> Laurigeros extende sonos, huc verte Camenas:
> Non tibi tam dulci quondam regnante Latino   35
> Attigerant plausu Lavinia tecta monarchae,
> Cum nova Laurenti subierunt moenia Troes.

Ausführlich werden dann die Insel und ihre Bewohner beschrieben, wobei Schönheit und Reichtum des Landes (82-109) stark mit der Wildheit und Grausamkeit der Bewohner kontrastieren (110-141), deren jährliche Menschenopfer[62] und deren Kannibalismus der Erzähler mit allen stilistischen Mitteln des Abscheus und der Lächerlichkeit schildert, die den Leser in seiner auf Grund der früheren Informationen bereits eingenommenen Haltung bestärken (110 ff.):

> Disparibus sed cruda chors hic moribus horret,   110
> Indecores animae, tantis ignobile terris
> Et genus et cum rege duces...

> ...rudis altera turba   116
> Lurida ridiculis depingit corpora monstris,
> Saphiris sua membra gravans, pontique metalla
> Infigit pretiosa cuti palmique racemis
> Aut limo brevius ruituras incolit aedes.   120
> Quid mores animosque notem? Quid barbara pandam

> Pectora? Quid crudos memorem sine lege furores?

Schließlich kehren die zunächst geflohenen Insulaner aus ihren Verstecken zurück und werden von den Spaniern bewirtet und mit wertlosen Dingen beschenkt, über die sie sich - ein weiteres Zeichen ihrer vom Erzähler nachdrücklich betonten Naivität - kindisch freuen (149-164).[63] Ihre Rückkehr zu ihrem König und die Art und Weise, wie sie dort von ihrer Begegnung mit den Ankömmlingen Bericht erstattet haben könnten,[64] ist ein interessantes Beispiel für eine verfremdende Realitätswahrnehmung: Der allwissende Erzähler versetzt sich in die Perspektive der Inselbewohner und versucht, mit ihren Wahrnehmungsmöglichkeiten die unerhörten neuen Geschehnisse zu beschreiben (165-196). Freilich antizipiert er damit nichts anderes als die "Erwartungserwartungen"[65] der Europäer und läßt die Inselbewohner die Neuankömmlinge eben so beschreiben, wie sie sich selber eingeschätzt und bewundert sehen möchten: Zunächst reproduzieren sie daher die - historisch übrigens verbürgte - Auffassung, die Männer seien göttlicher Abkunft (168-171):

> En portenta! dii, quorum sub numine regnas,
> Aethereos misere viros, qui fronte minaci
> Coelicolae pedibus nubes ac sidera scandunt   170
> Fulmineosque vomunt rigidis de faucibus ignes.

Auch die Art und Weise, wie sie ihrem König ihre eigene Furcht vor den Fremden schildern, gebraucht der Erzähler als Mittel zur Profilierung der Überlegenheit der Spanier, die er sodann kulminieren läßt in der Beschreibung des Eindrucks, den die Eingeborenen von Columbus und der Behendigkeit und Manövrierfähigkeit der spanischen Truppen gewannen (177-184):

> Fors tibi, quod reliquis nequicquam grandius ultro
> Numen erat miroque potens rutilabat honore,
> Terrificae circum cingebant agmine gentes,
> Iam dociles mutare latus, iam vertere norunt   180
> Pectora, iam pavidas volitant - res mira! - per auras,
> Et grandes pars frenat oves, pars verbere longo
> Stipitibusque gravata cavis fatale minatur
> Intentatque necem.

Der Eindruck, den sie von Columbus gewannen, läßt sie diesen gleichsam als überirdisches Wesen (vgl. besonders 177 f.) erfahren und beschreiben, das ihnen mit den Attributen der Göttlichkeit erscheint.[66] Dem vermeintlichen Erfahrungshorizont der Inselbewohner soll es auch entsprechen, wenn sie die ihnen unbekannten Pferde der Europäer als Schafe (oves, 182) deuten und ihnen das Galoppieren der Reiter vorkommt, als ob diese durch die Luft flögen (vgl. 181);[67] derselben verfremdenden Wahrnehmung ist es auch zuzuschreiben, daß sie die ihnen unbekannten Gewehre als ausgehöhlte Pfähle (stipitibusque...cavis, 183) bezeichnen, von denen jedoch - soviel haben sie offensichtlich schon begriffen - eine tödliche Bedrohung ausgehe; denn gleich darauf schildern sie die Gewehr- und Kanonenschüsse als Blitz und Donner (185 f.):

> Hem! Subitae micuere faces tonitruque tremendo 185
> Horrida mortiferas pariebant fulmina nubes.

Dieser Feuerzauber, den die Spanier als Droh- und Imponiergebärde entfesseln, bestätigt in den Augen der Inselbewohner die göttliche Abstammung der Fremden, die sie nunmehr mit gebeugten Knien als Götter verehren. Der eine (sc. Columbus), der ihnen bereits von Anfang an als herausragende Figur aufgefallen war, wendet sich nunmehr freundlich zu ihnen und sucht ihre offensichtliche Furcht wegzunehmen (187-191):

> Ocius incurvo veneramur poplite divos.
> Tum medius, cui summus honos reliquumque potestas,
> Blandius arridet pavidos superumque propinans
> Nectara magnificis demulcet pectora donis 190
> Incolumesque redire sinit.

Dieser ganze Abschnitt ist nicht nur ein Kokettieren des Erzählers mit seiner sonst an den Tag gelegten Allwissenheit, nicht nur ein Vorbild für das später von den russischen Formalisten, namentlich von Viktor Sklovskij beschriebene Verfahren der Verfremdung und Ent-Automatisierung habituell verfestigter Wahrnehmung,[68] sondern dient in erster Linie erneut dem ästhetisch heteronom bestimmten Zweck dieses Textes, dem Leser die Überlegenheit der Spanier durch die indirekte Spiegelung ihres Auftretens im (hypothetischen) Bewußtsein der Eingeborenen vor Augen zu führen und ihn in seiner ideologisch-weltanschaulichen Bewertung des Geschehens zu bestärken: Er mag über die hilflose Beschreibung der Pferde, der Reiter und der Feuerwaffen lächeln, weil er es ja besser weiß, er wird sich aber dem suggestiven Deutungsbestreben des Erzählers nicht entziehen können und sich in der Bewunderung der Indianer für die göttlichen Europäer als vertexteter Leser wiedererkennen, der die Interpretationsvorgaben des Erzählers bereitwillig übernimmt und das Deutungspotential des Textes unreflektiert in dessen Sinn aktualisiert.

In der folgenden Szene (208-312) kommt es zur ersten Begegnung des Königs der Insel[69] mit Columbus und den Spaniern, bei der Columbus den Ponticolae magni (249) sich und seine Begleiter vorstellt (251 ff.):

> Non nos empyreis superi delabimur oris
> Nec pariter ferro peregrinos perdere fines
> Adsumus aut tristi populos calcare Gradivo:

>   Utilius molimur opus, quo postera vobis
>   Tempora sideream pariant optata salutem.   255
>   Lusiadae sumus, Hesperio gens inclita ponto,
>   Supplicibus faciles, genus at fatale superbis.

Die Betonung der friedlichen Absicht wird sofort konterkariert mit der versteckten Drohung, sich als **genus fatale** zu erweisen, wenn die anderen nicht als **supplices**, sondern als **superbi** aufträten. Dem König bleibt somit gar nichts anderes übrig, als der Ansiedlung der Fremden und dem vorgestellten Schutz- und Bündnisvertrag zuzustimmen (263-276). Der mit Hilfe von Concordia zustandegekommene Vertragsabschluß wird mit einem Fest gefeiert (277-288), nach dessen Ablauf Columbus zur Heimfahrt rüstet, micht ohne vorher die Insel noch gründlich zu erforschen. Die imperialistisch-koloniale Mentalität, die Mickl seinen Figuren andichtet und der er offenbar selbst unterliegt, kommt auch hier wieder unverhüllt zum Ausdruck, wenn er seinen Erzähler von den **gentiles plagas super aequora partas** (293) sprechen[70] und ihn gleich darauf fortfahren läßt (294-296):

>   Mox inde tributo
>   Muneribusque graves auroque ferisque refertas   295
>   Cunctari iubet imperium per litora puppes.

Zunächst läßt Columbus jedoch eine Festung erbauen und bestimmt 30 Mann, die bis zu seiner Rückkehr auf der Insel zurückbleiben sollen, und fordert seinerseits vom König 30 Geiseln zur Absicherung des geschlossenen Vertrags und als lebendigen Beweis gegenüber dem spanischen Hofe für seine Entdeckungen (297-312). In seinem bereits mehrfach festgestellten unbekümmerten Umgang mit den historischen Tatsachen verschweigt Mickl die Probleme, die Columbus mit den Brüdern Pinzón hatte, den Untergang der **Santa Maria** und die dadurch notwendige Zurücklassung eines Teils der Bemannung auf Hispaniola,[71] da diese negativen Ereignisse einen Schatten auf die Heldenhaftigkeit der Spanier und seines Heros Columbus geworfen hätten, der sich mit der panegyrischen Tendenz seines Gedichtes nicht vertragen hätte. Auf diese Weise hat er freie Hand, um seinen allwissenden Erzähler die Stimmung des Lesers gegen die Bewohner der Neuen Welt weiter schüren zu lassen und die Niedermachung der auf Hispaniola verbliebenen Spanier und die Zerstörung der Festung La Navidad durch die Inselbewohner als bereits von vornherein geplante, heimtückische Mordtat des verschlagenen Königs und seiner arglistigen und verbrecherischen Untertanen hinzustellen (302-311):[72]

>   ...vulpino regis amori Credit [73]
>   et ignotae spolium committit hyaenae[74]
>   Ignorans, quid fata viris crudelia cudant.
>   At quoque barbarica totidem de gente ministros   305

> Foederis exposcit testes ac viva laboris
> Argumenta sui, votis cum prona strategi
> Adnuit infidi pietas simulata regentis.
> Dumque valefaciunt - tantum se subdola regis
> Extulit impietas! - praecordia perfida celant   310
> Fucatum sub pace nefas...

Die anschließende Erzählung der Rückfahrt und Ankunft in der Heimat sowie des feierlichen Empfangs am Königshof (313-374) wird abgerundet durch einen neuerlichen Erzählerkommentar, der in einen epischen Vergleich mündet, in dem die Freude über die Heimkehr von Columbus und seiner Mannschaft über die Freude Penelopes über die Heimkehr von Odysseus und ähnliche antike Vorbilder gestellt wird (375-388).

Mit einem Binnenprömium, das erneut Waffentaten und Kriege ankündigt (389-391), leitet der Erzähler zur zweiten Reise des Columbus über, deren Erzählung die restlichen eineinhalb Bücher des Epos einnimmt.
Wie bei Stella, Placcius und Carrara[75] greifen nunmehr auch hier die feindlichen Mächte der Unterwelt und die heidnischen Götter in die Handlung ein und versuchen, Columbus' Rückkehr nach Hispaniola und die Christianisierung der Neuen Welt, die sie von ihren letzten Stützpunkten auf Erden vertreiben und ihrer noch verbliebenen Macht berauben würde, zu verhindern.

Noch während Columbus' Anwesenheit in Spanien führt der Erzähler den Leser zur Behausung der Barbaries,[76] die, umgeben von ihrem Gefolge - Rabies, Tyrannis, Celaeno, Eumeniden - in einer Ekphrasis (392-412) vorgestellt wird. In einem längeren Monolog (413-431), der strukturell und teilweise inhaltlich den Monologen Junos in der Aeneis (1, 37 ff.; 7, 293 ff.) und dem des rex Erebi in Stellas Columbeis (1, 77 ff.) verwandt ist, macht sie ihrer Empörung über die drohende Vertreibung Luft und versucht, mit Hilfe der Unterweltsdämonen die Bewohner Hispaniolas gegen die Spanier aufzuhetzen (431-446). Sie hat damit Erfolg: denn die regia...impietas sceptrique furor (446 f.), die dem Leser von den früheren Passagen her vertraut ist, läßt sich von den höllischen Dämonen hinreißen, die kleine Schar der auf der Insel verbliebenen Spanier zu ermorden (448 ff.). Nachdem der Erzähler diese Mißtat in einem epischen Vergleich mit der enthemmten, alles entwurzelnden und mit sich fortreißenden Gewalt eines nach Wolkenbrüchen über seine Ufer getretenen Flusses (455-465) noch relativ neutral kommentiert hat, schaltet er sich mit einer Apostrophe an die Fluten des Ozeans, die das Massaker gesehen haben und ihm Einzelheiten darüber berichten könnten, direkt in die Erzählung ein (465-469):

> Quis gentis Iberae 465
> Hic stragem memorare queat? Vos, conscia ponti
> Litora, quae pavido spectatis crimina fluctu,
> Calcatam cum pace fidem, violata regentum
> Foedera, ceu Libycam plectris exponite pestem!

Die Einzelheiten des Untergangs der spanischen Truppe, gleichsam die Antwort der ponti litora als Augenzeugen (470-485), muten den modernen Leser geradezu als Hohn, als böswillige Verdrehung des historisch gesicherten Sachverhalts, als einzige große Lüge und Geschichtsklitterung an, die auch durch die erbaulichen Ziele und die panegyrische Intention von Mickls Epos nicht mehr entschuldigt werden kann:[77] Nach dieser Version wird die Selbstverteidigung der Inselbewohner gegen die plündernden, marodierenden und den Indianern ihre Frauen und Mädchen wegnehmenden Spanier zum ersten Religionskampf zwischen Heidentum und Christentum in der Neuen Welt stilisiert, bei dem die Haitianer versucht hätten, die Kreuze der Christen zu verbrennen, wogegen diese sich unter Vernachlässigung ihrer eigenen Sicherheit so lange gewehrt hätten (479-485),

> Donec sollicitos inter pia turba labores
> Ter denis numerata viris magis obruta tandem 480
> Ceu pacem ceu bella roget, pro numine divum,
> Pro patria, pro rege cadit mortemque decoro
> Vulnere complectens sua fata paciscitur ense
> Gens felix pulchramque bibit per funera falcem,
> Ingentes faustos Manes cum mittit ad umbras. 485

Der Märtyrertod der spanischen Besatzung von La Navidad wird durch einen Nachruf des Erzählers auf die gefallenen Glaubenshelden als unvergängliche Ruhmestat überhöht (486-490):

> At vos, Hesperii gens invictissima sceptri,
> Nulla dies taciturna premet nec sera silebunt
> Saecula, victurae quin Martia nomina Musae
> Perpetuo clangore canent, dum candida current
> Sidera, dum tumidae sulcabunt aequora classes. 490

Danach nimmt der Erzähler den Faden der Columbus-Handlung wieder auf, und ohne sich länger bei den Vorbereitungen zur zweiten Expedition, der Reiseroute und der Fahrt selbst aufzuhalten,[78] setzt er mit der Ankündigung des bevorstehenden Kampfes neu ein (491-494):

> Interea tristem populus genitura Gradivum
> Vela ducis retulere rates, numerosa per undas
> Carbasa Lusiacum designant super alta strategum
> Ultricesque vehunt gravidis in puppibus ignes.

Beim Nahen der Spanier fliehen die feigen Indianer abermals in die Wälder, dieses Mal freilich aus schlechtem Gewissen über ihre Freveltaten

(495 ff.); als die Spanier die Zerstörung der Feste entdecken und einige
gefangengenommene Inselbewohner verhören (506-510),

> ...tum perfida turba
> Imbelli concussa metu letique pavore
> Foedifragum confessa scelus regalia pandit
> Crimina Lusiadumque viros in sanguine mersos
> Indicat...[79]

Unverzüglich gibt Columbus das Zeichen zum Krieg (512 ff.) und stellt seine Soldaten zum Kampf auf. Der Ausbruch der Kämpfe wird vom Einsatz von Kanonen begleitet, was dem Erzähler Gelegenheit gibt, deren Funktionieren und Wirkung auf die Indianer in lateinischen Hexametern kunstvoll zu beschreiben (555-568).[80] Auf indianischer Seite entschließt man sich zur Befragung des Zemenorakels,[81] die vom Erzähler mit einer Ekphrasis der Orakelstätte und der damit verbundenen Riten eingeleitet wird (575-598). Diese Szene ist offensichtlich nach dem Vorbild einer ähnlichen Szene in Stellas Columbeis gestaltet, wo sich der Kazike - bei Stella heißt er Narilus, historisch gesehen handelt es sich um den Kaziken Guacanagarí von Haiti - an eine frühere Befragung des Zemenorakels erinnert und, eingedenk der Warnungen von damals, in letzter Minute den Ausbruch der Kämpfe verhindert (2, 56 ff.).[82] Das lange Orakel bei Stella (41 Verse) ist hier auf knappe sechs Verse reduziert, obwohl der Tenor derselbe ist: Widerstand gegen die Spanier ist sinnlos, denn (601-604):

> Advena, qui Libycas haud pridem classibus oras
> Contigit, invicto calcabit singula Marte,
> Servitio tua regna premet populosque catastis
> Supprimet et patrio dominabitur undique ferro.

Dennoch lassen sich die Untertanen (barbaries, 606) nicht vom Kampfe abhalten und greifen zu den Waffen. Am folgenden Tag, der durch einen episch beschriebenen Sonnenaufgang eingeleitet wird (608-615), beginnt der Kampf, der, wie angesichts der abermals als feige, ruhmlos und degeneres animae (692) denunzierten Indianer nicht anders zu erwarten, mit einem Sieg der Spanier endet, die Victoria und Bellona, welche als Beschützerin von Columbus eine Athene in der Odyssee vergleichbare Rolle spielt, als Helferinnen auf ihrer Seite haben (616-711).[83] Zum Schluß verbannt Mars selbst die gefesselte Barbaries ins äußerste Thule, während Tyrannis für die Niederlage den Spaniern Rache androht (712-721), womit der Erzähler implizit auf die Seeschlacht des dritten Buches vorausweist, bevor er das Buch mit einer Apostrophe des Columbus endet, der durch sein Gedicht (und damit auch dieses durch seinen Gegenstand) unsterblichen Ruhm erlangen wird (722-726):[84]

> At tu, Lusiaci proles invicta Gradivi,
> Inclite dux, merito Latiis aequande Camillis!
> Si quis honos vati, si quid mea barbyta possunt,
> Si Phoebus quod numen habet, florebis et omni   725
> Tempore per seros current tua facta nepotes.

c) Buch III

Das dritte Buch wird - ohne Proömium - eröffnet mit dem Bericht vom
Friedensschluß[85] und Columbus' Befehl zum Aufbruch, um neue Häfen zu
entdecken; erst danach ist ein kurzer Musenanruf an Apollo (17-20)
eingeschaltet, in dem der Erzähler die Fortsetzung der kriegerischen
Thematik ankündigt.

Vorerst wendet sich der Erzähler jedoch der "Götterhandlung" zu: dem Eingreifen heidnischer, Columbus und den Spaniern feindlich gesinnter
Gewalten, welche die drohende Christianisierung Cubas, der ins Auge
gefaßten folgenden Station der Expedition, abwenden wollen (21-173). Dabei
gelingen dem Erzähler (und dem Autor Mickl) eine Reihe beeindruckender
Bilder, die mit zum Besten des ganzen Epos zählen.

Gleichsam in einer ersten Einstellung wird Superstitio vorgeführt, Tisiphones monstrosa nurus, contagio mundi (22): Ihr Wüten wird in einer
eindrucksvollen Szene bildlich umgesetzt, wie sie, außer sich vor Raserei,
ihre Zähne in Felsen schlägt im Wahne, es handle sich um die Knochen von
Columbus (26-29):

> ...caeci tabo demersa furoris
> Admordet scopulos ac, dentibus ossa strategi
> Rodere se gaudens, insanas exserit iras
> In Parii rugas lapidis vel viscera saxi.[86]

In ihrer Verzweiflung begibt sie sich zu Hiems, um diese um Hilfe zu
bitten. In einer neuerlichen eindrucksvoll gestalteten Ekphrasis wird die
Behausung der Hiems, die in klirrender Kälte auf einer schneebedeckten Insel im hohen Norden liegt, beschrieben (41-73).[87] Umgeben von ihrem
Gefolge (Bruma, Boreas, Triton, Aquilo, Auster, Caurus, Notus, Pleias,
Gelu, Nox, Glacies, Frigus) und ihrer Tochter Nix hört sie die Klage der
Superstitio an[88] und sichert ihr Unterstützung zu; doch bevor sie diese
noch in die Tat umsetzen kann, greift Proteus ein und läßt Hiems mitsamt
ihrem Hofstaat in Eis erstarren (116-127).
Danach begibt sich Proteus zu Ver, dem Frühling selbst,[89] und bittet ihn
zurückzukehren, so daß Columbus bei günstigem Wetter seine Fahrt endlich

fortsetzen kann (128-166). Ver gehorcht, und als Folge seines Aufbruchs
macht sich überall der Frühlingsanbruch, die Herrschaft der respublica
lucis (145), durch das Aufblühen der Natur, die Schneeschmelze und die
Wiederaufnahme der Schiffahrt[90] bemerkbar, die endlich auch Columbus die
Abfahrt von Hispaniola ermöglicht (167-173).

Dennoch gelingt es Furor, dem Bruder der zu Eis erstarrten Superstitio, die
Kannibalen zum Überfall auf die spanische Flotte anzustacheln (174-186).
Unter Anführung ihres ductor Androphagus[91] rüsten sie zum Kampf, während
auf der anderen Seite Columbus in einer pathetischen, mit antiken Reminiszenzen gespickten Rede seine Soldaten anfeuert (225-245), an deren Ende er
seine missionarischen Ziele, wie Mickl sie als Legitimation der Eroberungen
verstanden haben mag, bekräftigt (243-245):

    Rex Christe, fave! Tibi convenit alma
    Subsidium praebere manu, mihi quaerere regna
    Auspiciisque tuis hostes excindere ferro.   245

Zur Demonstration seiner göttlichen Mission und Auserwählung kommt ihm
Bellona zuhilfe und bewirkt ein Flammenwunder an seinem Haupt, das dem
Flammenwunder am Haupt des kleinen Ascanius in der Aeneis (2, 681 ff.)
nachgebildet ist und das bereits Stella für seinen Columbus[92] usurpiert
hatte. Mickls Erzähler begnügt sich nicht nur mit der Schilderung des
wunderbaren Ereignisses, sondern verweist den gebildeten Leser ausdrücklich
auf das vergilische Vorbild (251-255):

    ...per tempora serpens
    Herois lambit frontem faustissima vates
    Ac omen laetum pugnae, ceu Mulciber olim
    Dardanii crines iuvenis diademate cinxit
    Flammigero blandoque ducis ridebat ab ore.   255

Das Wunder macht großen Eindruck bei den Soldaten: Stellvertretend für alle
ergreift ein gewisser Rodericus das Wort und versichert den Admiral unter
gleichzeitigen Drohungen gegen die Kannibalen des unbedingten Gehorsams
seiner Mannschaft (263-267):

    Cadet hostia Diti
    Tantaleisque gulam dapibus distendet in Orco,
    Carnivora quisquis laurum mendicat ab arte.   265
    Turba necem famet[93] ista, ferat discantque nepotes,
    Quid sit Lusiacum vel dente lacessere Martem!

Die folgende Seeschlacht wird vom Erzähler als Gegenstück zur Landschlacht
des 2.Buches gestaltet, jedoch insofern variiert, als er nach der Eröffnung
der Kämpfe durch die Kannibalen und einem epischen Vergleich das Geschehen
nach dem Vorbild von Aeneis X und XI in eine Reihe von Einzelkämpfen
(Aristien) auflöst (314-374), denen nach antikem Vorbild jeweils ein

Wortwechsel der Kontrahenten vorausgeht. Die schließliche Flucht der
Kannibalen leitet er mit einem epischen Vergleich ein, in dem er Columbus'
Kampf gegen die Kannibalen mit Herakles' Kampf gegen die Hydra
parallelisiert (376-379). Die Entscheidung wird durch ein Bombardement der
Kannibalen (379-403) mit den Kanonen an Bord der Flotte und das Eingreifen
Bellonas, die die Spanier zur Verfolgung der fliehenden Kannibalen antreibt
(404-414), herbeigeführt.[94]

Der Mittelteil des 3. Buches wird durch die 300 Verse umfassende Episode
von der Expedition des Freundespaares Ernestus und Ferdinand eingenommen
(415-715), die bei der Verfolgung der Kannibalen den Tod finden und von
ihren Kameraden auf Avana, wohin man beider Leichen bringt, begraben
werden. Die Episode ist nach dem Vorbild der nächtlichen Expedition von
Nisus und Euryalus in der Aeneis (9, 176-449) gestaltet, die ihrerseits auf
der nächtlichen Expedition von Odysseus und Diomedes in Buch 10 der Ilias,
der sog. Dolonie, beruht und später als Modell für ähnliche Abenteuer in
Statius und Silius Italicus diente.[95]

Ferdinands Schiff ist bei der Verfolgung der fliehenden Kariben auf einem
Felsenriff festgelaufen. Columbus bemerkt nach dem Ende der Seeschlacht das
Fehlen des Schiffes. Ernestus macht sich sofort auf die Suche nach dem
Freund, um ihn notfalls von den Menschenfressern freizukaufen; dabei landet
er auf einer der benachbarten Inseln und sinkt nach vergeblichem Rufen und
Suchen[96] erschöpft in einen tiefen Schlaf. So wird er von beutesuchenden
Kannibalen überrascht und im Schlaf getötet. Währenddessen wird Ferdinand
durch ein nächtliches Traumgesicht (larva decentior, 591) über Ernestus'
Suche nach ihm, jedoch nicht über den Tod des Freundes informiert und ist
fest entschlossen, ihn aufzusuchen. Virtus befreit sein Schiff vom Felsen,
und Ferdinand erreicht die Insel, wo er und seine Gefährten Ernestus jedoch
erschlagen auffinden. Während Ferdinand noch um den ermordeten Freund
klagt, wird er selbst von einem Pfeil der Kariben getroffen und stirbt
ebenfalls, nicht ohne vorher in seinen Abschiedsworten ihrer beider
Freundschaft als Vorbild für die Nachwelt gepriesen zu haben (680-682):

  ...at postera discant   680
 Saecula nec seros lateant haec fata nepotes,
 Quae verum fidi specimen testantur amoris.

Wie der Erzähler der Aeneis,[97] so preist auch unser Erzähler in einem af-
fektivischen Nachruf die Freunde und sichert ihnen Unsterblichkeit durch
sein Gedicht zu (687-691):

 Aeternos ambo morituri carmine fastos
 Et memores adamante notas! Venientia vobis

> Progenerare pares sudabunt saecula Nisos
> Et sero clamore colent, ni laurea terris   690
> Exsulet aut Clario rarescant classica vati.

Nach dieser Episode kehrt der Erzähler zu Columbus zurück und berichtet in starker Raffung, wie dieser auf der Insel Avana landete, die Bewohner zum Christentum bekehrte und einen Friedensbund mit ihnen abschloß (716-718).[98] Daran schließt sich die Erzählung von der Beisetzung der Freunde Ernestus und Ferdinand (719-741).

Columbus fährt nun weiter nach Kuba, wohin Fama die Kunde von seiner Ankunft vorausträgt (742-756). Auf diese Nachricht hin verlassen die heidnichen Götter ihre Kultstätten und fliehen vor den Spaniern und dem Christentum (757-770), eine Flucht, die vom Erzähler in der bekannten gehässigen Weise kommentiert wird (762-766):

> Hic ubi faex monstrosa deum per terga Tridentis
> Europam properare videt labarumque Theandri
> Cubanis volitare plagis, mox grandior umbra
> Larvaque latriae turpis se cardine fani   765
> Proripit et vultus dumeta sub horrida condit...

In einer kurzen Rede (771-775) prophezeit der höchste Heidengott den Sieg des Christentums, der sich sogleich manifest ankündigt durch das Erscheinen der Religio am Himmel, die einen Schild trägt, auf dem das Kreuzzeichen abgebildet ist,[99] und damit die heidnischen Götter bannt, deren Sturz in den Erebus vom Erzähler in zwei epischen Vergleichen kommentiert wird (783-800).

Nach der Landung auf Kuba halten die Spanier einen Gottesdienst ab an der Stelle, wo bis vor kurzem noch heidnische Riten gefeiert wurden (801-812). Die Inselbewohner, die diesem Vorgang staunend zusehen, berichten ihrem König Arviragus[100] von der Ankunft der Fremden und der Vertreibung der angestammten Götter (813-826). Während sich Arviragus mit seinen satrapae (825) noch berät, erscheint der Reiteroberst Alvarus[101] und versucht, den König für einen Friedens- und Freundschaftsvertrag zu gewinnen. Wie bereits Columbus in seiner Rede an den König von Hispaniola (2, 249 ff.), gibt Alvarus einen neuerlichen Beweis der Prinzipien spanischer Kolonialpolitik, so wie sein poeta creator Mickl sich diese vorstellt und offensichtlich fraglos billigt (848-856):

> ...reges et regna piae sub vincula pacis
> Et sacra Romulidum vestris meliora vocamus.
> Hac nasci virtute iuvat; pax evehit arces,   850
> Pax gentes, pax sceptra levat. Si foedera iungit
> Atque fide nostro societ se Cuba monarchae,

>   Perpetui comites terris arcebimus hostem.
>   Si renuat tumidaque duci cervice repugnet,
>   Arma feret bellique faces, absumere ferro   855
>   Et muros aequare solo nos India cernet.

Was zunächst noch wie ein Fürstenspiegel, eine Lektion in Völkerrecht und Friedenspolitik aussehen mag, wendet sich ab V. 850 unter dem Schein von Hilfe und Beistand auf der Basis gegenseitiger Respektierung und Gleichheit in ein brutales Unterwerfungsdiktat mit der unverhüllten Androhung von Krieg und Zerstörung, falls der König sich nicht freiwillig in den Schutz der Europäer begeben will; als solches ist es typisch für die spanische Kolonialpolitik in "Las Indias" und nicht nur ein Dokument unter vielen für den europäischen Imperialismus, sondern auch und vor allem ein Dokument für die unkritische Übernahme der offiziellen Positionen durch den Studenten Mickl um 1730 trotz zahlreicher anderslautender kritischer Stimmen, die auch in Prag nicht unbekannt und ungehört geblieben sein dürften.

Arviragus hat dem Vorschlag des Alvarus auch weiter nichts entgegenzusetzen und stimmt zu, worauf die Spanier in feierlichem Aufmarsch einziehen und, nachdem Concordia versöhnend eingegriffen hat,[102] ein neuntägiges Fest feiern (857-875). In starker Raffung berichtet der Erzähler dann, wie Columbus die Kubaner in europäischen Techniken und Produktionsweisen wie Ackerbau, Weinbau, Waffenherstellung, aber auch in den Schönen Künsten[103] unterweist[104] und dafür auf Grund der geschlossenen commercia Gold und Edelsteine nach Spanien verschifft.

Den Abschluß der Erzählung bilden die knappen Erwähnungen von Columbus' weiteren Expeditionen nach Jamaica und Peru, von denen bereits festgestellt wurde, daß sie nicht mit den historischen Tatsachen übereinstimmen.[105] Scheinbar hat der Autor Mickl gänzlich die Friedens- und Gleichheitsideologie vergessen, die er soeben (3, 848-851) dem Reiteroberst Alvarus in den Mund gelegt hatte; denn in der Sprache eines triumphalen Kolonialimperialismus läßt er seinen Erzähler die Eroberungs- und Unterwerfungstaten des Entdeckers rühmen (889-894):

>   ...victore Gradivo
>   Lusiacos gentes docuit sufferre lupatos   890
>   Supposita cervice iugo dominosque vereri
>   Undique per fauces pelagi terrasque leones
>   Impulerat vix rege minor, cui serviit uni,
>   Quidquid ab Antipodum iactat cunabula fetu.

Mit einer Praeteritio (895-900) und einer Variation auf den seit Homer bekannten Unsagbarkeitstopos (901-905)[106] beschließt der Erzähler seine Erzählung von Columbus' Fahrten.

Das Epos selbst endet mit einem Epilog, in dem der Dichter als impliziter Autor in einer Seefahrtsmetapher[107] dem Leser mitteilt, an das Ende seines Gedichts gekommen zu sein, das er mit einem Elogium auf Columbus (912-926) endgültig abschließt, in dem er ihn preist als (927 f.) als

> Tu pacis bellique decus quartique repertor
> Orbis, Atlantaei tu felix cardinis auctor

und mit der Wendung Herculeas transgressa vias auf den Titel Plus ultra im Sinne der angeblichen Inschrift auf den Säulen des Herkules zurückverweist.[108]

4. Zusammenfassung

Mickls Plus ultra, das letzte der fünf integralen neulateinischen Columbus-Epen, stellt sich wie seine Vorgänger in die Tradition des vergilianisierenden Epos der Renaissance[109] und übernimmt, soweit dies für seinen Gegenstand möglich ist, Strukturen, Szenen, Motivationen, Handlungselemente, Personen und Vokabular der Aeneis, in geringerem Maße anderer antiker heroischer Epen.[110] Neben dem eingangs bereits erwähnten Streben, sich als neuzeitlicher Vergil zu geben und einen modernen Anti-Vergil zu dichten, kann nun auch auf Grund der Analyse von Plus ultra diese Feststellung weiter beargumentiert werden.

Mickl scheint bei seiner Aeneis-Imitation[111] überdies von den mathematischen Relationen ausgegangen zu sein, die Vergil seinerseits gegenüber den homerischen Epen in acht genommen hatte: bekanntlich hat Vergil die 48 Bücher von Ilias und Odyssee auf 12 Bücher, also ein Viertel des ursprünglichen Umfangs, zurückgebracht; davon wiederum sind nach Auffassung der antiken Aeneis-Kommentatoren und -Erklärer die Bücher 1-6 das Äquivalent zur Odyssee, insofern sie Zerstörung Trojas, Irrfahrten und Rückkehr in die alte Heimat Italien, von wo die Dardaniden letztlich abstammen, erzählen, die Bücher 7-12 dagegen mit den bella, horrida bella[112] das Äquivalent zur Ilias.[113] Mickl hat in den 3 Büchern seines Epos die Aeneis ebenfalls auf ein Viertel ihres Umfangs reduziert und die Grenze zwischen "odysseeischer" und "iliadischer" Hälfte in der Mitte von Buch 2 angebracht (2, 491). Die ersten eineinhalb Bücher von Plus ultra behandeln Vorgeschichte und Anlaß der Expedition und entsprechen damit strukturell der Iliupersis von Aeneis 2 sowie die Fahrten und Entdeckungen selbst, die sich mit den errores der Aeneis-Bücher 1 und 3-4 und 6 decken sollen. Freilich treffen diese Konkordanzen nur in einem allgemeinen Sinn zu: z.B. hat Mickl, anders als Stella und Carrara, auf eine der Dido-Episode entsprechende Romanze zwischen Columbus und einer indianischen Prinzessin verzichtet, die nicht zum christlich-propagandistischen Ethos seines Gedichts gepaßt hätte, und ebensowenig erlaubte es ihm - trotz allen freizügigen Umgangs mit historischen Tatsachen - das Material, eine dem Tod des Anchises und den Leichenspielen des 5. Buches entsprechende Szenenfolge einzubauen. Auch die Unterweltshandlung des 6. Buches der <u>Aeneis</u> ließ sich in Mickls Konzept nicht integrieren, wenn freilich einige der Prophezeiungen im Kontext der Götterhandlung durch die christlichen Personifikationen gemacht werden.

Die Kriege und Kämpfe in der Neuen Welt, die erst in den zweiten eineinhalb Büchern erzählt werden, sollen in Mickls Konzeption die Kämpfe der Aeneaden in Italien reflektieren; auch einzelne strukturelle Momente, etwa die Befragung des Zemen- (2, 575 ff.) bzw. Faunus-Orakels (<u>Aen.</u> 7, 81 ff.), die Gegenhandlung der feindlichen Mächte (Superstitio und Hiems bzw. Juno und Allecto), die Aristien in den diversen Schlachtbeschreibungen oder die Episode von den beiden Freunden Ernestus und Ferdinand sind der iliadischen <u>Aeneis</u>-Hälfte nachgebildet.

Vergil und dem antiken Epos verpflichtet sind auch die Götterhandlung, oder bei Mickl zutreffender: das Eingreifen der über- und unterirdischen Mächte in das Geschehen, wodurch die Handlung in Gang gesetzt (vgl. Religio in 1, 141 ff.) und ihr weiterer Verlauf gesteuert wird. Dazu kommt die Verwendung des antiken mythologischen Personals, das trotz Mickls eifernden Katholizismus den Helden unterstützt (Oceanus, Proteus, Ver) oder ihm entgegenarbeitet (Superstitio, Barbaries, Furor, Triton), die antikisierende Umschreibung von Personen und Gegenständen einschließlich der Personen und Inhalte der christlichen Religion (Tonans, Theander, <u>flamen aethereum</u>, <u>aether</u>, <u>Olympus</u> etc.) und die vor allem in den zahlreichen epischen Vergleichen sich ausdrückende Parallelisierung der Columbus-Handlung mit antiker Mythologie, Sage und Geschichte, die - wie auch bei den vorangehenden Columbus-Epen - von der Überzeugung des <u>Taceat superata vetustas</u>[114] ausgeht.

In der Gestaltung des Columbus hat Mickl zahlreiche Züge und Eigenschaften des Aeneas auf seinen Helden übertragen:[115] Man braucht hier nur auf seine <u>virtus</u> und <u>pietas</u> verweisen, die wiederholt nachdrücklich betont wird, seine <u>prudentia</u> und <u>fortitudo</u>, aber auch sein missionarischer Eifer und sein Eroberungsdrang, die ihn von seinem antiken Vorbild unterscheiden. So macht Mickl von Anfang an deutlich, daß die Fahrten des Columbus als

Kriegs- und Eroberungszüge konzipiert sind, mit denen sich der Gedanke der propagatio fidei vermischt. So macht Mickl von Anfang an deutlich, daß die Fahrten des Columbus als Kriegs- und Eroberungsfeldzüge konzipiert sind , mit denen sich der Gedanke der propagtio fidei vermischt. Schließlich dient der beharrlich wiederholte Anspruch auf Spaniens rechtmäßige Herrschaft in der Neuen Welt auf der zeitgenössischen Diskursebene des Werkes auch der Unterstützung von Kaiser Karls VI. Ansprüchen auf das umfassende, die Herrschaft in Amerika miteinschließende Habsburgische Erbe, das dem Österreicher nach dem Spanischen Erbfolgekrieg vorenthalten worden war.

Die Missionierungsidee macht Mickl von allen neulateinischen Columbus-Epikern letztlich zum schärfsten Kritiker der Bewohner der neuen Welt, die von ihm ausschließlich in negativer Weise geschildert und in unverhohlener Manier als feige, heimtückisch, degeneriert und minderwertig dargestellt werden. Eine solche Verbohrtheit der Weltanschauung, eine solche Beschränktheit der Perspektive, eine solche unkritische Übernahme tendenziöser Anthropologie, Ethnologie und Historiographie verwundert um so mehr, als es um 1730 nicht an zahlreichen und gewichtigen Gegenstimmen gefehlt hat, die sich gegen eine derartige voreingenommene, überhebliche und ausschließlich europazentrierte Betrachtungsweise gewehrt haben.[116] So bleibt für den modernen Leser trotz aller Bewunderung für Mickls poetische Leistung ein unbehagliches Gefühl hinsichtlich des Autors Mentalität zurück.

Anmerkungen

1. La lettera dell'isole che ha trovato nuovamente il re di Spagna. Poemetto in ottava rima da Giuliano Dati. Pubblicato per cura di Gustavo Uzielli. Bologna, 1873 (Scelta di curiosità letterarie inedite o rare dal secolo XIII al XVII. Dispensa CXXXVI). Vgl. zum Brief: Sanz, Carlos. Bibliografía General de la Carta de Colón. Madrid, 1957; id., El Gran Secreto de la Carta de Colón. Madrid, 1958; id., Biblioteca Americana Vetustissima. Comentario critico e indice general cronologico. Madrid, 1960. 11 ff. Prime relazioni di navigatori italiani sulla scoperta dell'America. Colombo, Vespucci, Verazzano. A cura di Firpo, L. Torino, 1966. 11 ff. Zu Datis Gedicht vgl. Rogers, Francis M. "<On Dati's Os Cantares das Indias">. Actas. Congresso Internacional de História dos Descobrimentos, IV. Lisboa, 1961. 387-440.

2. Vgl. Eatough, Geoffrey. Fracastoro's Syphilis. Introduction, Text, Translation and Notes. Liverpool, 1984. 20 ff.; Hofmann, Heinz. Die Fiktivierung des Lehrgedichts. Zur literarischen Diagnose der Syphilis (im Druck).

3. Fracastoro, Syphilis 3, 13-26:

> Unde aliquis forsan novitatis imagine mira
> Captus et heroas et grandia dicere facta
> Assuetus canat auspiciis maioribus ausas   15
> Oceani intacti tentare pericula puppes.
> Necnon et terras varias et flumina et urbes
> Et varias memoret gentes et monstra reperta
> Dimensasque plagas alioque orientia caelo
> Sidera et insignem stellis maioribus Arcton.   20
> Nec taceat nova bella omnemque illata per orbem
> Signa novum et positas leges et nomina nostra.
> Et canat (auditum quod vix venientia credant
> Saecula) quodcumque Oceani complectitur aequor
> Ingens omne una obitum mensumque carina.   25
> Felix cui tantum dederit Deus!

Vgl. dazu Hofmann, Heinz. "La scoperta del nuovo mondo nella poesia latina: I Columbeidos libri priores duo di Giulio Cesare Stella". Columbeis III. Genova, 1988. 71-94, bes. 71 f.; id.,"Enea in America". Memores tui. Studi di letteratura classica ed umanistica in onore di Marcello Vitaletti. A cura di Sesto Prete. Sassoferrato, 1990. 71-98, bes. 71 f.

4. Vgl. Hofmann, Heinz. "Lorenzo Gambara di Brescia, De navigatione Christophori Columbi libri IV: Das erste neulateinische Columbus-Epos". Oben S. l43ff.

5. Vgl. Hofmann, Heinz. "La scoperta del nuovo mondo" (s. A. 3); id., "Enea in America" (s. A. 3), 73 ff. Zu Castelvetros Londoner Tätigkeit ist außer der a.O. genannten Literatur noch hinzuweisen auf Rosenberg, Eleanor. "Giacopo Castelvetro, Italian Publisher in Elizabethan London and his Patrons". Huntington Library Quarterly 6, 1943, 119-148 und auf Binns, James W. Intellectual Culture in Elizabethan and Jacobean England. The Latin Writings of the Age. ARCA: Classical and Medieval Texts, Papers and Monographs, 24. Leeds, 1990, 116.

6. Vgl. Hofmann, Heinz. "La seconda edizione della Columbeis di Giulio Cesare Stella: una revisione teologica". Columbeis IV. Genova, 1990. 195-219. Eine vergleichende Behandlung der antiken Tradition in den Epen von Gambara und Stella gibt Demerson, Geneviève. "The First Two Columbian Epics (De navigatione

Ch. Columbi by Lorenzo Gambara [1581], Columbeidos libri priores duo by Julius Caesar Stella [1585]) and the Classical Tradition". The Classical Tradition and the Americas. Ed. Wolfgang Haase, Meyer Reinhold, Rufus Fears. Vol. I. Berlin/New York, 1992 im Druck).

7. Die deutsche Namensform Plack wurde bereits von seinem Vater oder Großvater latinisiert: vgl. Lemcke, Johannes. op. cit. (s. A. 8). 4 ff.

8. Vgl. Memoriarum Hamburgensium volumen sextum edidit Jo. Albertus Fabricius. Hamburgi. 1730. 436-454; Hoffmann, F.L., Hamburgische Bibliophilen, Bibliographien und Literaturhistoriker. XIII, Serapeum 1857, 113-126; Lemke, Johannes. Vincent Placcius und seine Bedeutung für die Anonymen- und Pseudonymenbibliographie. Hamburg, 1925 (Mitteilungen aus der Hamburger Staats- und Universitätsbibliothek. N.F., Band 1). Placcius' Nachfolger am Akademischen Gymnasium Hamburg war der durch seine Bibliotheca Graeca, Bilbliotheca Latina und Bibliotheca mediae et infimae Latinitatis bekannt gewordene Bibliograph Johann Albert Fabricius.

9. Der Name wird mit der Ankunft des Dux Florentinus Amerigo Vespucci in Verbindung gebracht (V. 448 f.).

10. Placcius' Columbus-Epos ist übrigens das einzige seiner Art, das vom Verfasser selbst mit einem gelehrten Kommentar versehen wurde, in dem neben den Eigennamen aus Geographie, Geschichte und Mythos der Antike die Gestaltung der historischen Tatsachen im Epos erläutert und verteidigt wird; vgl. Hofmann, "Enea in America". 75 ff.

11. Ein Nachdruck erschien 1730 bei Mathias Wolff in Augsburg.

12. Vgl. Segre, Mario. Un Poema Colombiano del Settecento: Il "Columbus" di Ubertino Carrara (1715). Roma, 1925; Marini, M. Ubertino Carrara: un Arcade Umanista. Sora, 1987; Hofmann, "Enea in America", 77 ff.

13. Vgl. Hinman, R.B., Abraham Cowley's World of Order. Cambridge/Mass., 1960. 267 ff.; Ludwig, Walther. "Neulateinische Lehrgedichte und Vergils Georgica". From Wolfram and Petrarch to Goethe and Grass. Studies in Literature in Honour of L. Forster. Baden-Baden, 1982. 151-180; wieder abgedruckt in: Ludwig, Walther. Litterae Neolatinae. Schriften zur neulateinischen Literatur. Hg. von L.Braun, W.-W.Ehlers, P.G.Schmidt, B.Seidensticker. Humanistische Bibliothek: Texte und Abhandlungen, Reihe I, Band 35. München 1989. 100-127, hier bes. 117 ff.

14. Vgl. Ludwig, "Neulateinische Lehrgedichte", 121 ff.

15. Das Folgende nach Schmidtmayer, Rudolf. Plus ultra. Ein lateinisches episches Gedicht über die Entdeckung Amerikas durch Columbus, verfaßt von dem gekrönten Dichter Joh. Christian Alois Mickl. Wien, 1902. 13 ff.; vgl. auch Putschögl, Emil. Stift Hohenfurt vor 120 Jahren und heute, 1882, 11.November. Graz, 1882. 13 f.

16. Zusammenstellung bei Pavel, Raphael. "Beschreibung der im Stifte Hohenfurt befindlichen Handschriften". Xenia Bernardina II. Wien, 1891. 165-461: es betrifft hier die Nummern 218-229, 233, 271-273, 278-286, 307, 454-461, 543, 535, 623-625, 690-691, 712, 714, 720-727, 735-736, 769-770, 772-807, 824 und 827-855 mit bibliographischen, dogmatischen, ethischen, liturgischen, philosophischen, poetischen und verschiedenen Schriften, dazu Reden und Ordensachen; vgl. auch Putschögl, op. cit., 14 ff. Nach 1945 sind mehrere Handschriften der Hohenfurter Bibliothek verlorengegangen; eine neue Katalogisierung ist zur Zeit

im Gange, die Aufschluß über die noch vorhandenen Bestände geben wird; vgl. einstweilen Dukopisy klástera ve Vyssím Brode. Dodatek. Zpracoval Ryba, Bohumil. Codices manuscripti bibliothecae in Alto Vado. Supplementum. Opera et studio Theophili Ryba. Státní vedecká knihovna v Ceských Budejovicích, 1980 (für briefliche Auskunft und Hilfe bin ich Frau Dr. Kveta Cempírková, Direktorin der Staatl. Bibliothek in Ceské Budejovice, und Frau Dr. Anezka Badurová vom Wissenschaftlichen Informationszentrum der Nationalbibliothek in Prag zu herzlichem Dank verpflichtet).

17. Vgl. Pavel, Raphael. "Beiträge zur Geschichte der Cistercienser-Stifte Reun in Steiermark, Heiligenkreuz-Neukloster, Zwettl, Lilienfeld in Nieder-, Wilhering und Schlierbach in Ober-Österreich, Ossegg und Hohenfurt in Böhmen, Mogila bei Krakau, Szczyrzic in Galizien, Stams in Tirol und der Cistercienserinnen-Abteien Marienthal und Marienstern in der Kön. Sächsischen Lausitz." Xenia Bernardina III. Wien, 1891. 350 f.; neuerdings Bibliografie spisú Bohuslava Balbína vytistených do roku 1800. Praha, 1989. I, 48, 53, 59, 91, 181, 217. Über die Katalogisierung und Erschließung der fremdsprachigen Literatur der böhmischen Länder des 16.-18.Jahrhunderts vgl. Hejnic, Josef, in Zusammenarbeit mit Badurová, Anezka und Bohatcová, Mirjam. "Die fremdsprachige bohemikale Literatur des 16.-18.Jahrhunderts (Gegenwärtiger Forschungsstand und Ziele des weiteren Studiums)". Listy filologické 112, 1989, 220-228 (in Tschechisch, mit Resümee in Deutsch); die dort genannten tschechischen Werke (Handbücher, Lexika, Bibliographien etc.) blieben mir allerdings unzugänglich.

18. Vgl. Schmidtmayer, op. cit., 56 ff. Über den derzeitigen Verbleib ist mir nichts bekannt.

19. Übersicht bei Schmidtmayer, op. cit., 63 ff.

20. Als ms. 888 beschrieben bei Pavel, op. cit. (s. A. 16), 330 f.; vgl. id., op. cit. (s. A. 17), 351. Dieses Autograph des Helicon ist laut brieflicher Auskunft von Frau Dr. Kveta Cempírková von der Staatlichen Bibliothek in Ceské Budejovice vom 20.3.1990 zusammen mit weiteren kleinen Werken von Abt Quirinus Mickl in der Zeit nach 1945 verlorengegangen. Derzeit existieren nur noch verschiedene Abschriften, die seinerzeit der Zisterzienserpater Rudolf Schmidtmayer zur Vorbereitung seiner Ausgabe des Columbus-Epos angefertigt hatte, sowie sein Manuskript der Druckvorlage seiner Ausgabe einschließlich der umfangreichen Einleitung; ferner das umfängliche Manuskript (753 foll.) für eine zweisprachige annotierte Ausgabe von Mickls Bucolica und Plus ultra, die der Olmützer Gymnasialprofessor Jan Cermák zwischen 1912 und 1936 vorbereitet hatte, die jedoch nie im Druck erschienen ist; Cermák hatte sich dabei für den lateinischen Text nicht auf das damals noch vorhandene Autograph von Mickls Helicon (ms. 888) gestützt, sondern mit Schmidtmayers Transskriptionen gearbeitet. Vgl. Rukopisy klástera ve Vyssím Brode. Dodatek (s. A. 16), 169 f., 312 ff. (ich danke Frau Dr. Anezka Badurová, Prag, nochmals herzlich für die Zusendung von Kopien mit teilweiser Übersetzung der tschechischen Beschreibung aus dem genannten Katalog-Supplement).

21. Zu Einzelheiten vgl. Schmidtmayer, op. cit., 68 ff. Eine deutsche Komödie Mickls, die nicht im Elenchus seiner lateinischen Schriften aufgeführt ist, wurde ebenfalls von Schmidtmayer veröffentlicht: "Eine lustige Comedie. Verfaßt von Joh. Christian Alois Mickl, Hörer der philos. Fakultät in Prag, hrsg. von P. Rud. Schmidtmayer". Mittheilungen des Vereines für Geschichte der Deutschen in Böhmen 40, 1901, 286-302. 374-393; 41, 1902, 72-127 (auch separat: Prag, 1902). Es handelt sich um das Stück Eine lustige Comedie. Titel: Dolus an Virtus? Das ist: "Was Tugend nicht aufrichten kann, mit List man öfters stellet an." (vgl. Xenia Bernardina II, 1891, 333 nr.890).

22. Davon wurden folgende Gedichte bisher gedruckt: Schmidtmayer, Rudolf. "Ein lateinisches Preisgedicht (Ekloge) auf die Hauptstadt Prag von einem Baccalaureus der Prager Hochschule und Poeta laureatus, dem nachmaligen Abt des Cistercienserstiftes Hohenfurt, Dr. Quirin Alois Mickl (+1769). Veröffentlicht, mit einer Einleitung versehen und commentiert". XXIX. Programm des k.k. deutschen Staats-Gymnasiums in Budweis veröffentlicht am Schlusse des Schuljahres 1899-1900. Budweis, 1900. 3-39. Dasselbe Gedicht edierte ein paar Jahre später auch Cermák mit tschechischer Übersetzung und erklärenden Noten: "Praga, caput regni, faustissimis suorum auspiciis inclita, primum a geminis ruris pastoribus seu alumnis, mox a poeta ipso dignius in elogiorum assumpta argumentum. Básen Dra Quirina Mickla, opata klástera vysebrodského (+1767)." Prelozil prof. Jan Cermák. XXXVII Program, c. kr. Ceského Gymnasia v Olomouci. Vydany reditelstvím ústavu na konci skolního roku 1905/6. Olomouci, 1906. 3-32. Ebenso edierte Cermák das erste Buch des Lehrgedichts über die Jagd mit tschechischer Übersetzung und erklärenden Noten: "Diana minor. Básen Dra Quirina Mickla, opata klástera vysebrodského (+1767). Prelozil prof. Jan Cermák." XL. Program c. kr. Ceského Státního Gymnasia v Olomouci. Koncem Skolního roku 1908-1909. Olomouci, 1909. 3-37.

23. Der spätantike Dichter Nemesian hatte offensichtlich solch einen "Anti-Vergil" geplant, doch hatte er nur die Bucolica und das Lehrgedicht (Cynegetica) ausgeführt; das im Cynegetica-Proömium (63 ff.) angekündigte historisch-panegyrische Epos auf Carinus und Numerianus, die Söhne von Kaiser Carus (282-283), kam wegen des Todes von Numerianus (284) und des Regierungsantritts von Kaiser Diokletian (17.9.284), der im Frühjahr 285 auch Carinus ermorden ließ, nicht mehr zur Ausführung; vgl. Némésien, Oeuvres. Texte établi et traduit par Volpilhac, Pierre. Paris, 1975; Effe, Bernd. Dichtung und Lehre. Untersuchungen zur Typologie des antiken Lehrgedichts. Zetemata 69. München, 1977. 167 ff. [bibliograph. Verweis auf Smolak entfällt!] Herzog, Reinhart. Die Bibelepik der lateinischen Spätantike. Formgeschichte einer erbaulichen Gattung. Band I. München, 1975. XXXIII mit A.102 weist auf das 1967 durch Bernhard Bischoff gefundene, bisher noch unveröffentlichte Fragment (717 Verse aus den Büchern 8-10) des Bibelepos eines Severus hin, das vielleicht in der 2.Hälfte des 7.Jahrhunderts im westgotischen Spanien entstanden ist und bisher nur dem Titel nach aus dem Lorscher Bibliothekskatalog aus dem 9.Jahrhundert (Nr.456 Becker: metrum Severi episcopi in evang. 11. XII) bekannt war; dem Severus-Eintrag schließen sich die Einträge eiusdem eclogae decem. eiusdem georgicon libri IIII an (Nr. 457-8 Becker). Herzog hält wegen des Inhalts des Severus-Fragments Bischoffs Vermutung, es liege ein dreiteiliger Anti-Vergil vor, für unwahrscheinlich; doch muß der biblische Inhalt (metrische Evangelienparaphrase) des Aeneis-Äquivalents einer solchen strukturellen Homologie noch nicht widersprechen.

24. S. oben A.15.

25. Hier und im folgenden beruhen alle Angaben auf Schmidtmayers Transskription bzw. Ausgabe; eine vergleichende Nachprüfung der verschiedenen Transskriptionen Schmidtmayers in Hohenfurt bzw. Budweis war mir noch nicht möglich. Zu weiteren Eingriffen Schmidtmayers in den Text (Emendationen, Konjekturen etc.) vgl. op. cit., 116 A.2 und 118.

26. Zur Herkunft des Mottos Plus ultra und die erst später hieraus abgeleitete vermeintliche Inschrift Non plus ultra, deren bedenkliches Latein schon längst mißtrauisch hätte machen sollen, vgl. Rosenthal, Earl. "Plus ultra, Non plus ultra, and the Columnar Device of Emperor Charles V". Journal of the Warburg and Courtauld Institute 34, 1971, 204-228 (dieser Aufsatz war mir während der Arbeit an "Enea in America" noch nicht bekannt; die A. 40 jenes Aufsatzes wäre nunmehr entsprechend zu korrigieren und durch den Hinweis auf Rosenthal zu vermehren).

27. Vgl. die ausführliche Diskussion bei Rosenthal, l.c., der zahlreiche Beweise dafür anführt, daß die vermeintliche Inschrift auf den Säulen des Herkules Non plus ultra niemals bestanden hat, sondern ihre angebliche Existenz erst im 16. Jahrhundert aus dem Motto Karls V. Plus ultra abgeleitet wurde.

28. Abbildungen bei Rosenthal, l.c., zwischen S. 208 und 209; Kauffmann, Georg. "Feste". Der Mensch und die Künste. Festschrift für H. Lützeler. Düsseldorf, 1962. 451-458; Bataillon, Marcel. "Plus oultre: la cour découvre le nouveau monde."Fêtes et cérémonies au temps de Charles Quint. Deuxième Congrès de l'Association Internationale des Historiens de la Renaissance (2 section). Bruxelles, Anvers, Gand, Liège, 2-7 septembre 1957. Paris, 1960. 13-27 (den Hinweis auf diese beiden Aufsätze verdanke ich der Freundlichkeit von H. Walter, Mannheim).

29. Rosentahl, l.c., 216 f.

30. Rosenthal, l.c. 227.

31. Bruck, Guido. "Habsburger als 'Herculier'" Jahrbuch der Kunsthistorischen Sammlung in Wien 50, 1953, 191-198 (den Hinweis auf diesen Aufsatz verdanke ich der Freundlichkeit von H. Walter, Mannheim).

32. Zum Historischen vgl. etwa Handbuch der europäischen Geschichte, Band 4: Europa im Zeitalter des Absolutismus und der Aufklärung. Hg. von F. Wagner, Stuttgart, 1968, 429 ff., 549 ff., 555.

33. Karl Borromaeus (1638-1584) war nicht nur Schutzheiliger gegen die Pest, sondern auch eine prominente Figur der Gegenreformation. Vgl. Handbuch der Kirchengeschichte. Hg. von Hubert Jedin. Bandd IV: Reformation, Katholische Reformation und Gegenreformation. Freiburg/Basel/Wien, 1967, S. 522.

34. Vgl. Sedlmeyer, Hans. Johann Bernhard Fischer von Erlach. Wien/München 1956. 123 ff; Zacharias, Thomas. Joseph Emanuel Fischer von Erlach. Wien/-München, 1960. 97 ff; Kunoth, George. Die Historische Architektur Fischers von Erlach (Bonner Beiträge zur Kunstwissenschaft 5). Düsseldorf, 1956. 139 ff.

35. Dieses Motto lautete Constantia et Fortitudine: vgl. Sedlmayr, l.c., 128 f; Kunoth, l.c., 145.

36. Vgl. Sedlmayr, l.c., 128 ff.; ders., "Die Schauseite der Karlskirche in Wien". Epochen und Werke. Gesammelte Schriften zur Kunstgeschichte. Wien/-München, 1960. 174-187, bes. 183 ff.; Kunoth, l.c., 144f. Beide Autoren behandeln in den genannten Werken auch die anderen Aspekte des Bild- und Architekturprogramms der Karlskirche (diesen Hinweis verdanke ich der Freundlichkeit von H. Walter, Mannheim).

37. In der Applausus renuntiatio Carolo VI., die zwar nicht erhalten ist, die Mickl jedoch in dem eigenhändig geschriebenen Elechnus seiner Werke erwähnt; vgl. Schmidtmayer, l.c., 57.

38. Der Einschnitt liegt nach 2, 490.

39. Nur auf der Rückkehr von der ersten Reise landete das Schiff des Columbus, von schweren Stürmen abgetrieben, im Hafen von Lissabon, was zu Problemen und drohenden Zusammenstößen mit den portugiesischen Autoritäten führte; vgl. die Eintragungen in Columbus' Bordbuch vom 3. bis 12. März 1493, 390 ff. (das Bordbuch wird nach folgender Ausgabe zitiert: The Diario of Christopher Columbus's First Voyage to America 1492-1493. Abstracted by Fray Bartolomé de las

Casas. Transcribed and Translated into English, with Notes and a Concordance of the Spanish, by Oliver Dunn and James E. Kelley Jr. Norman, Okl./London, 1989). Ansonsten ist zum Historischen zu verweisen auf Morison, Samuel Eliot. Admiral of the Ocean Sea. A Life of Christopher Columbus. Boston, 1942. 153 ff., 336 ff.; Ballesteros Beretta, Antonio. Cristóbal Colón y el descubrimiento de América. Barcelona/Buenos Aires, 1945. I, 537 ff.; II, 103 ff.; Taviani, Paolo Emilio. I viaggi di Colombo: la grande scoperta. Novara, 1984. I, 9 ff., 79 ff., 85 ff.

40. Der Vorschlag zur Benennung der Neuen Welt nach Amerigo Vespucci scheint jedoch nicht von Waldseemüller selbst zu stammen, der nur für die Zeichnung der Globussegmente verantwortlich war, sondern von seinem Mitarbeiter Matthias Ringmann, der den Text der Cosmographiae Introductio verfaßte; vgl. Laubenberger, Franz. "The Naming of America". Sixteenth Century Journal 13, 1982, 91-113.

41. Ovid, Amores 3, 12, 41 f.:
Exit in immensum fecunda licentia vatum
   obligat historica nec sua verba fide.

42. Vgl. Plus ultra 1, 23-31:
Hesperias igitur palmas aususque Columbi
Magnanimos cantare lubet, qui primus Ibero
Marte potens, pietate gravis, celebrandus utroque   25
Per tantas Scyllae rabies pelagique furores
Auspiciis venit superum veloque secundo
Hactenus haud ulli tentata per aequora vectus
Barbaricos fines exustaque solibus arva
Infrenasque Tago ferri moderamine gentes   30
Subiecit mirante salo...
Vgl. damit etwa Stella, Columbeis 1, 1-10 (ed. Lond. 1585):
Bella ducemque cano, terris qui primus Iberis
Axis ad oppositi populos immensa Quiqueiae
Littora fecit iter secretaque regna retexit.
Ille graves rerum constanti pectore casus
Pertulit et magnos pelago terraque labores,   5
Inceptis dum monstrum Erebi fatalibus obstat,
Multaque bellando expertus, dum tecta locaret
Tuta suis ritusque pios moremque sacrorum
Conderet, unde novas passim venerata per aras
In summos nunc relligio successit honores.   10

43. Martisonos plausus und classica (1, 13), belligeris...viris (1, 14), triumphatae...phalanges (1, 15), Martis fervore calens (1, 16) und hostique superbo Heroum fatale genus (1, 16 f.), ductorum...triumphos (1, 20).

44. Vgl. Bitterli, Urs. Die "Wilden" und die "Zivilisierten". Grundzüge einer Geistes- und Kulturgeschichte der europäisch-überseeischen Begegnung. München, 1976; id. Alte Welt-Neue Welt. Formen des europäisch-überseeischen Kulturkontakts vom 15. bis zum 18.Jahrhundert. München, 1986; Kohl, Karl-Heinz. Entzauberter Blick. Das Bild vom Guten Wilden und die Erfahrung der Zivilisation. Berlin, 1981; Mythen der Neuen Welt. Zur Entdeckungsgeschichte Lateinamerikas. Hg. Kohl, Karl-Heinz. Berlin, 1982; Romeo, Rosario. Le scoperte americane nella coscienza italiana del Cinquecento. Milano/Napoli, 1954; Hodgen, Margaret T. Early Anthropology in the Sixteenth and Seventeenth Centuries. Philadelphia, 1964. 111 ff., bes. 354 ff., 386 ff.; Berkhofer, Robert F., Jr. The White Man's Indian. Images of the American Indian from Columbus to the Present. New York, 1978. 71 ff.; Pagden, Anthony. The Fall of Natural Man. The American

Indian and the Origins of Comparative Ethnology. Cambridge, 1982. 15 ff., 27 ff., 57 ff.; Gewecke, Frauke. Wie die neue Welt in die alte kam. Stuttgart, 1986, vor allem 225 ff.; Zur späteren Diskussion im 18. und 19.Jahrhundert vgl. neben Kohl, op. cit., und Hodgen, op. cit., 433 ff., vor allem Gerbi, Antonello. The Dispute of the New World. The History of a Polemic, 1750-1900. Revised and enlarged edition transl. by Moyle, Jeremy. Pittsburgh, 1973.

45. Vgl. etwa Morison, Admiral, 54 ff.; Ballesteros Beretta, Cristóbal Colón, II, 393 ff., bes. 446 ff., 522 ff., 537 ff.; Taviani, Paolo Emilio. Cristoforo Colombo. La genesi della grande scoperta. Novara, ^{3}1988. I. 156 ff., bes. 198 ff., 217 ff., 229 ff.; II. 184 ff., 235 ff., 286 ff.; Reinhard, Wolfgang. Geschichte der europäischen Expansion. Band 2: Die Neue Welt. Stuttgart/Berlin/Köln/Mainz, 1985. 38 ff.

46. Vgl. o. A.31 zu Stella und meinen Beitrag zu Gambara in diesem Band.

47. Placcius ist der erste in der Reihe dieser Autoren, der seinen Erzähler deutlich in verächtlichem Tone von den Bewohnern der Neuen Welt sprechen und Atlantis, die Personifikation der Neuen Welt, den allmächtigen Vater bitten läßt, er möge umgehend Columbus und die Spanier schicken, damit sie von ihnen entdeckt und endlich wieder von Menschen bewohnt werde, da ihre jetzigen Bewohner kaum als Menschen bezeichnet werden könnten (Atlantis retecta 241 ff.). Vgl. Hofmann, "Enea in America", 75. 93 f.

48. Vgl. etwa 1, 73 arma ratesque cano; 1, 88 ff. Hesperiae quae causa viae...nobis memora. Ansonsten läßt sich die Topik auf verschiedene antike und neulateinische Vorbilder zurückführen (Einzelnachweise müssen einer detaillierteren Untersuchung vorbehalten bleiben).

49. Vgl. dazu den Lehrvortrag des Columbus in Gambaras Epos (1, 48 ff.); s. Hofmann in diesem Bande.

50. Man erinnere sich, daß Stella in der zweiten Auflage seiner Columbeis (Rom 1589) alle Stellen der ersten Fassung (London 1585), an denen von fatum oder fata, fatalis etc. die Rede war, auf Anraten seines Lehrers Benci ausgemerzt hatte, da es sich bei der Vorstellung von fata um ein der christlichen Dogmatik zuwiderlaufendes Konzept handelte: vgl. Hofmann, "La seconda edizione" (s. A.6).

51. Zu den historischen Irrtümern s. o.

52. Daß die Hinfahrt bei ruhigem und sturmfreiem Wetter verlief, wissen wir aus den Aufzeichnungen des Bordbuchs; andrerseits gehört ein Seesturm zu den unerläßlichen epischen Versatzstücken und darf daher in keinem Columbus-Gedicht fehlen; vgl. meinen Aufsatz zu Gambara A. 98.

53. Zur Tradition solcher Beschreibungen vgl. den Kommentar von Pease, Arthur Stanley, Cambridge/Mass., 1935, 435 ff. ad loc.

54. Von Mickl häufig verwendetes Wort für Christus den "Gottmensch".

55. Vgl. 3, 888, wo Columbus sogar die Eroberung Perus zugeschrieben wird.

56. Nur ein Pedant wird Mickl vorhalten wollen, daß die Sichtung von Land bereits in der Nacht vom 11. auf den 12. Oktober mit der Wahrnehmung eines schimmernden Lichts begann und erst gegen 2 Uhr morgens Land in Sicht kam: vgl. die Einträge im Bordbuch vom 11./12. Oktober 1492, 58 ff.

57. Zur zunehmenden Tendenz des Erzählers im antiken Epos, sich mit Kommentaren, Reflexionen und emotiven Äußerungen in die Erzählung einzuschalten und sich stets mehr von der Erzählung betroffen zu zeigen, vgl. Effe, Bernd. "Epische Objektivität und auktoriales Erzählen. Zur Entfaltung emotionaler Subjektivität in Vergils Aeneis". Gymnasium 90, 1983, 171-186. Für die Spätantike: Herzog, Bibelepik (s. A. 23), 69 ff., bes. 75 ff., 97 ff.; Hofmann, Heinz. "Überlegungen zu einer Theorie der nichtchristlichen Epik der lateinischen Spätantike". Philologus 132, 1988, 101-159, bes. 116 ff.; Kirsch, Wolfgang. Die lateinische Versepik des 4. Jahrhunderts. Schriften zur Geschichte und Kultur der Antike, 28. Berlin, 1989. 176 ff., 183 ff., 232 ff.

58. 1, 386 ff. ed. Lond. 1585.

59. Zur Kombination verschiedener Phrasen und Motive aus der augusteischen Literatur vgl. Tib. 2,4,13 carminis auctor Apollo; Culex 12 Phoebus erit nostri princeps et carminis auctor; Aetna 4 dexter venias mihi carminis auctor; Ov. Am. 1,3,19 (zu seiner Geliebten) te mihi materiem felicem in carmina praebe mit dem Kommentar von J.C.McKeown (Leeds, 1989, 72) zur Stelle. Die metaphorische Verwendung von ansa ist, obwohl einmal bei Plautus und mehrfach bei Cicero bezeugt (vgl. ThLL s.v. 123, 41 ff.), ungewöhnlich und in epischer Sprache deplaziert.

60. Eintragung vom 11. Oktober, S. 62 ff. Nur zur Vermeidung falscher Vorstellungen hinsichtlich von Mickls Quellen sei darauf hingewiesen, daß Mickl das Bordbuch in Las Casas' Auszügen natürlich noch nicht kannte. Auf welche historische Quellen er sich im einzelnen stützte, muß erst eine genaue Untersuchung ausweisen. Jedenfalls hatte er nicht, wie Gambara oder Stella, Petrus Martyr, die Columbus-Biographie von Fernando, dem Sohn des Admirals, oder die Texte in Gian Battista Ramusios Raccolta benutzt: vgl. dazu Hofmann, "La scoperta del nuovo mondo" (s. A. 6), 81 f. mit A. 16 und oben in diesem Band A. 31-34.

61. Gambara 1, 291 ff.; Stella 1, 394 ff.

62. Bereits Schmidtmayer, op. cit. (s. A. 15), 91 A. 2 hat hierzu angemerkt, daß Mickl hier die religiösen Gebräuche und Einrichtungen der mexikanischen Maja-Stämme auf die Arawakbevölkerung der Karibikinseln überträgt.

63. Dabei thematisiert der Erzähler auch das Sprachproblem bei den ersten Verständigungsversuchen, vgl. 2, 154-157:
    Mox nutibus atram -
    Barbaricae nec enim norunt flexamina linguae -
    Sub sua castra vocant plebem simulantque favores
    Lusiadae...
Vgl. zu diesem Aspekt Hofmann, "Enea in America" (s. A. 3), 84 mit A. 28.

64. Vgl. 2, 163 f.:
    ...mirandos hoc promunt murmure sceptro
    Adventasse viros, sic forsitan ore soluti.
Auch anschließend fragt sich der Erzähler, wie der König diese Nachricht wohl aufgenommen haben mag, und bittet die Musen um detaillierte Information (197-199):
    Hos ubi rex bibit aure sonos, quo - cuncta recenti
    Pierides memorate lyra, si debita posco! -
    Pectore mirantis percepit nuntia turbae?

65. Zum Begriff der "Erwartungserwartungen" und seiner literaturwissenschaftlichen Adaption vgl. Luhmann, Niklas. "Institutionalisierung - Funktion und Mechanismus im sozialen System der Gesellschaft. Zur Theorie der Institution. Interdisziplinäre Studien, Band I. Hg. Schelsky, Helmut. Düsseldorf, 1970. 27-41, hier bes. 29 f.; Voßkamp, Wilhelm. "Gattungen als literarisch-soziale Institutionen". Textsortenlehre - Gattungsgeschichte. Hg. Hinck, Walter. Heidelberg 1977. 27-44, hier bes. 31 f.

66. Die Stelle ist interessant, weil Mickl seinen Erzähler damit - vermutlich ohne sich der vollen Implikationen und Konsequenzen bewußt zu sein - eine quasi hagiographische Sicht des Entdeckers vorwegnehmen läßt, die erst gegen Mitte des 19. Jahrhunderts zu einer Reihe von Kanonisationsbemühungen führt, die letztlich jedoch erfolglos blieben; vgl. dazu Heydenreich, Titus. "Christoph Columbus - ein Heiliger? Politische und religiöse Wertungsmotive im 19. Jahrhundert." (unveröffentlichtes Typoskript).

67. Auch hier schaltet der Autor frei und ohne Rücksicht auf die historische Wahrheit: Es ist bekannt, daß auf der ersten Reise keine Pferde und Soldaten an Bord waren (freilich waren die Schiffe und Mannschaften in der üblichen Weise bewaffnet); vgl. Morison, Admiral, 135 ff., 399; Crosby Jr., Alfred W. The Columbian Exchange. Biological and Cultural Consequences of 1492. Contributions in American Studies, 2. Westport/Ct., 1972. 74 ff. Auch kannten die Arawaks der Karibik keine Schafe oder andere den europäischen vergleichbare Haustiere - diese wurden erst auf der zweiten Reise 1493 von den Spaniern eingeführt: vgl. Crosby Jr., op. cit., 75, 92 ff., 98 ff., 108, 111 f.; Gerbi, Antonello. Nature in the New World. From Christopher Columbus to Gonzalo Fernández de Oviedo. Translated by Moyle, Jeremy. Pittsburgh, 1985. 15 ff.; mehr bei Hofmann, "La scoperta del nuovo mondo" (s. A. 6), 84 mit A. 21. Lediglich Hunde, die nicht bellen, erwähnt Columbus des öfteren in seinem Bordbuch: vgl. die Eintragungen zum 17.10., 28.10., 29.10. und 6.11.1492 (S. 94, 116, 120 ed. Dunn/ Kelley); in der Eintragung zum 16.10. (S. 90 ed. Dunn/Kelley) ist ausdrücklich festgestellt, daß Columbus keine Schafe, Ziegen oder andere Tiere sah.

68. Vgl. Sklovskij, Viktor. "Die Kunst als Verfahren". Texte der russischen Formalisten. Band I: Texte zur allgemeinen Literaturtheorie und zur Theorie der Prosa. Hg. Striedter, Jurij. München, 1969. 5-35, bes. 15 ff.

69. Hinter ihm verbirgt sich der fiktional verfremdete Kazike Guacanagarí von Hispaniola (Haiti): vgl. das Bordbuch zum 30. Dezember, S. 294, u.ö. (s. auch die Randnotiz zum 22. Dezember, S. 262); vgl. auch Fracastoro, Syphilis 3, 208 ff.; Gambara 1, 540 ff.; Stella 2, 124 ff.

70. Zur juristischen Form und staatsrechtlichen Legitimierung der Herrschaft in den entdeckten Gebieten vgl. Konetzke, Richard. Süd- und Mittelamerika I. Die Indianerkulturen Altamerikas und die spanisch-portugiesische Kolonialherrschaft. Fischer-Weltgeschichte, 22. Frankfurt a.M., 1965. 27 ff.; Mc Alister, Lyle N. Spain and Portugal in the New World 1492-1700. Europe and the World in the Age of Expansion, III. Minnesota, 1984. 90 ff.; Die mittelalterlichen Ursprünge der europäischen Expansion. Dokumente zur Geschichte der europäischen Expansion, 1. Hg. Charles Verlinden und Eberhard Schmitt. München, 1986. 238 ff.; Reinhard, op. cit. (s. A. 34), 43 ff., bes. 58 ff., wo er betont, daß "das ganze Vorgehen durch einen Herrschaftsanspruch a priori der spanischen Könige über die Neue Welt [sc. legitimiert wurde], der etwa auch den Abschluß von Verträgen mit Indianern als gleichberechtigten Partnern im Prinzip ausschloß", und in A. 182 darauf hinweist, "daß Christen mit Nichtchristen ursprünglich prinzipiell formal keine gleichberechtigten Verträge kennen" und folglich der Begriff capitulaciones "Terminus technicus für solche Abmachungen

unter Ungleichen ist". Mickls Darstellung ist ein zutreffender Kommentar dieser Auffassung, die bis weit ins 18. Jahrhundert ihre Geltung bewahrt hatte.

71. Zum Historischen vgl. Ballesteros Beretta, Cristóbal Colón, II, 86 f., 94 ff.; Morison, Admiral, 268 ff., 297 ff.; Taviani, Viaggi, I, 68 ff.; II, 95 ff.

72. Zu den wirklichen Gründen für das Ende der ersten spanischen Niederlassung in der neuen Welt - die Ausplünderung der einheimischen Bevölkerung und die Übergriffe vor allem gegenüber den Frauen und Mädchen - vgl. Ballesteros Beretta, Cristóbal Colón, II, 202 ff.; Morison, Admiral, 423 ff., bes. 427; Taviani, Viaggi, I, 116 ff.; II, 151 ff.

73. Nämlich die auf der Insel zurückgelassenen Gefährten.

74. Die Hyäne als Beispiel der Feigheit begegnet in der antiken Latinität nur in der Itala-Version von Ier. 12,9 sowie den einschlägigen patristischen Texten und Kommentaren dazu (vgl. ThLL s.v. 3129, 77 ff.). Auch für das Adjektiv vulpinus ist in der Antike metaphorischer Gebrauch nicht belegt, wohl aber für das Verbum vulpinor (Varr. Sat. Men. 327, dann wieder Apul. Met. 3, 22 [p. 69,1 Helm³]). Modell für Mickls Gedanken dürften Stellen wie Hor. ars 437 oder Pers. 5, 116 f. gewesen sein.

75. Vgl. Hofmann, "La scoperta del nuovo mondo", 75 ff.; id., "Enea in America", 74, 76 f., 80 ff.

76. Offensichtlich will Mickl sie im äußersten Osten jenseits der Thrakier, Geten und Gelonen lokalisieren, doch stimmt dazu die Nennung der Getuli (394) nicht, die im Nordwesten Afrikas beheimatet sind.

77. Sogar Pater Schmidtmayer, der erste Herausgeber von Plus ultra, dem bestimmt keine große kritische Distanz zu Person und Werk seines Ordensbruders nachgesagt werden kann, sieht sich anläßlich dieser Passage genötigt, Mickls Version als "poetische Darstellung" zu entschuldigen und die Dinge historisch zurechtzurücken: Schmidtmayer, op. cit. (s. A. 15), 92 f. mit A. 1. Es verdient hervorgehoben zu werden, daß die Ursachen des Untergangs der Besatzung von La Navidad durch mehrere zeitgenössische Dokumente belegt und in die Geschichtsschreibung der Entdeckungsreisen seit dem 16. Jahrhundert eingegangen waren und daher auch Mickl um 1730 in Prag zugänglich gewesen sein müssen; vgl. Taviani, Viaggi, II, 151 ff.

78. Vgl. dagegen Gambara 1, 667 ff.; 2, 1 ff.

79. Daß der Kazike Guacanagarí sich tatsächlich einer gewissen Mitschuld bewußt war und aus Angst vor den zurückkehrenden Spaniern sich unter Vortäuschung einer Verwundung in seine Hütte in den Bergen zurückgezogen hatte, erhellt aus den im wesentlichen übereinstimmenden Augenzeugenberichten: vgl. Taviani, op. cit. (s. vorige Anm.); Morison, Admiral, 423 ff.

80. Zu solchen Stilübungen in neulateinischer Dichtung vgl. Hofmann, "La scoperta del nuovo mondo", 89 f. mit A. 46 und den Artikel über Gambara oben in diesem Band A. 50.

81. Zu den Zemen und ihren Orakelstätten vgl. meinen Beitrag zu Gambara oben in diesem Band A. 134.

82. Vgl. Hofmann, "La scoperta del nuovo mondo", 85 ff.

83. Es braucht wohl nicht eigens erwähnt zu werden, daß diese Schlacht nicht historisch ist, sondern der freien Phantasie des Dichters entspringt. Zu den Konsequenzen der Entdeckung der Zerstörung von La Navidad vgl. die in A. 58 genannte Literatur.

84. Vergleichbar ist der Nachruf des Erzählers auf Nisus und Euryalus in Aen. 9, 446 ff., der jedoch im dritten Buch von Plus ultra erneut als Modell dient für den Nachruf auf das Freundespaar Ernestus und Ferdinand; s. unten S. 00 mit A. 84. Die Aeneis-Stelle wiederum wurde imitiert von Statius, Thebais 10, 442 ff.; vgl. auch Lucan 9, 980 ff.; Val. Flacc. 2, 242 ff.; Sil. Ital. 4, 396 ff. Siehe unten A. 80.

85. Voraus geht eine kurze, aber bildkräftige Szene, in der das Brennen der Eingeborenenbehausungen als Mahlzeit des Reigen tanzenden Vulkan beschrieben wird (3-6):
```
            ...genitorque ruinae
    Mulciber haud iam claudus agens per tecta choreas
    Ponticolum deforme chaos in pinguia sumpsit         5
    Prandia.
```

86. Durch zwei epische Vergleiche mit Melampus, der ebenfalls Steine, die gegen ihn geschleudert wurden, zerbiß, und dem rasenden Aiax, der eine Schafherde erschlug und meinte, es seien Trojaner (30-36), verdeutlicht der Erzähler ihr Wüten.

87. Vorbilder für die Personifizierung und Ansätze zu einer Beschreibung der Hiems konnte Mickl bei Lukrez 5, 747 und Ovid, Met. 2, 30; 15, 212 f. finden.

88. Die abschließend vorgebrachten Bitten erinnern an den Monolog des rex Erebi in Stellas Columbeis 1, 79 ff.; vgl. Plus ultra 3, 99-105:
```
    ..ne differ opem, nova stagna petentem
    Praedonum disperge gregem, sociaque caterva         100
    In colles effunde fretum, mugire per undas
    Fac Nereum sterilesque iube latrare procellas!
    Audaces medio ponto discerpe carinas
    Rostratumque chaos. Cautus per funera discat,
    Huc sua ne posthac oriens contagia mittat.          105
```

89. Auch hier wird die Höhle des Ver bei Paestum in einer kurzen Ekphrasis (128-136) vorgestellt.

90. Das traditionelle Fest des Beginns der Schiffahrt in hellenistisch-römischer Zeit waren die Ploiaphesia, ein der Isis geweihtes Fest, das am 5. März gefeiert wurde. Vgl. Griffiths, Gwyn J. Apuleius of Madauros, The Isis-Book (Metamorphoses, Book XI). Ed. with an Introduction, Translation and Commentary. Études préliminaires aux religions orientales dans l'Empire Romain, 39. Leiden, 1975. 31 ff.

91. Denselben sprechenden Namen trägt der Kannibalenherrscher auch im Columbus-Epos von Carrara.

92. Columbeis 1, 375 ff. (ed. Lond. 1585); vgl. Hofmann, "La seconda edizione", 200 f. Daneben ist auch an das Flammenwunder am Haupt der Lavinia in Aen. 7, 71 ff. zu denken.

93. Ein Verbum fameo ist nach Ausweis des ThLL und des OLD nicht belegt; die Wörterbücher von Forcellini, Georges und Lewis-Short kennen ein Lemma famesco (Forcellini, Georges) bzw. famescens (Lewis-Short); Georges und Lewis-Short

zitieren dafür als einzigen Beleg "Alcim. Avit. ad Sor. 738 (Georges: 740) ora famescentum ferarum"; Forcellini schreibt das Zitat länger aus: Ora famescentum satiet qui dira ferarum und gibt als weiteren Beleg aus Alcim. Avit. Carm. 2,18 Nulla famescentem fulcirent pabula vitam, fügt jedoch hinzu: "Alii al. leg.". Mit dem Carm. ad Sor. kann nur das 6. Buch der Carmina des Alcimus Avitus (+ 518) gemeint sein, das den Titel De virginitate trägt und seiner Schwester Fuscina gewidmet ist (ed. R. Peiper, MGH AA VI 2, 275 ff.); doch zählt dieses Gedicht nur 666 Verse, die von den Wörterbüchern angeführten Zitate kommen im ganzen poetischen Werk des Autors nicht vor: vgl. Concordantiae in Alcimi Ecdicii Aviti carmina. Kritische Wortkonkordanz zu den epischen Gedichten des Alcimus Ecdicius Avitus. Hg. Johann Ramminger. Hildesheim /Zürich/New York, 1990. Trotz Mickls sonstiger Observanz der antiken Latinität zeigt er eine Vorliebe für Archaismen und seltene Wörter und verwendet gelegentlich auch Neologismen. Außer an dieser Stelle gebraucht er dasselbe Verbum noch in 3, 86 f.(famet aurea tecta, sagt Superstitio von Columbus, Cubanosque studet flammis excindere fines) und 3, 370 (s. dazu die folgende Anm.).

94. Im einzelnen wäre zu Mickls Darstellung viel anzumerken, was jedoch aus Platzgründen hier unterbleiben muß. Hingewiesen sei wenigstens auf die falsche Vorstellung des Autors von den Booten der Kariben, die er sich mit Mastbäumen wie europäische Schiffe denkt (290 ff.), auf das Bild vom Fischfang des Unterweltsgottes Dis (308 ff.), auf die Überlänge des Kampftages, die Sol durch das Zügeln seines Gespanns bewirkt, um so den Spaniern den vollen Sieg zu ermöglichen (322 ff.), oder auf Miniaturen aus dem Kampfgeschehen wie die Szenen mit dem Kannibalen Nessus, der verwundete Spanier frißt und Blut aus einem Helm trinkt, bis er selbst mitten in seinem ruchlosen Geschäft von Almirus' Schwert in Schlund und Kehle durchbohrt wird (349 ff.), und dem Kannibalen Xias (monstrum informe, 358), der im Wasser die schwimmenden Leichenteile, abgeschlagenen Köpfe und Eingeweide auffischt, bis er von Rodericus getötet wird mit Worten, die einen makraben Humor verraten (369-374):
        I nunc, perverse satelles,
  Congrua, quae fameas, tibi prandia quaere sub Orco   370
  Tisiphonique comes posthac cenare memento!
  I, barathri mitte lacum! Stygis atria vise,
  Iam suprema vomens periturae frustula vitae!
  Quae tumulere, trahis tecum cum sindone telam.
Eine andere Szene ist jene des Kannibalen Forestus, der aus Neugier seinen Kopf in das Rohr einer Kanone steckt und von dem abgefeuerten Schuß enthauptet wird: eine Szene, die Schmidtmayer, op. cit. (s. A. 15), 98 als "komisches Intermezzo" ansieht, von Mickl eingeflochten, um "den Leser angenehm zu ergötzen und zu unterhalten" (sic!).

95. Stat. Theb. 10, 347-448; Sil. Ital. 4, 355-400.

96. Der Erzähler gibt hierbei dem Leser sowohl direkte als indirekte Andeutungen über den künftigen tragischen Ablauf der Ereignisse, der andrerseits ohnehin durch das vergilische Vorbild vorgegeben war: direkt durch kommentierende Zwischenbemerkungen wie inscius heu fati (512) oder miserabile fatum (555), indirekt, indem er Ernestus' Suche nach Ferdinand (3, 513 ff.) nach dem Beispiel von Herakles' Suche nach seinem Freund (und Geliebten) Hylas gestaltet, der bei der Landung der Argonauten in Mysien von Quellnymphen ins Wasser gezogen wurde (Ap. Rhod. 1, 1207 ff.; Val. Flacc. 3, 481 ff., bes. 565 ff.). Kontrastiv zu den tragischen Ereignissen ist auch der locus amoenus (529-547) gedacht, an dem Ernestus einschläft und den Tod findet.

97. 9, 446-449;

98. Eine Insel Avana gibt es nicht; auf der zweiten Fahrt erkundete Columbus nach dem Verlassen Hispaniolas zwischen Ende April und Mitte Juni 1494 die Küsten Jamaicas und Kubas und landete auf Kuba; vgl. Ballesteros Beretta, Cristóbal Colón, II, 231 ff.; Morison, Admiral, 445 ff.; Taviani, Viaggi, I, 138 ff., 146 ff.; II, 166 ff., 174 ff.

99. Die Szene erinnert an das Erscheinen der Venus mit den Waffen am Himmel, die Vulcanus für Aeneas geschmiedet hatte, in Aen. 8, 520 ff.

100. Denselben Namen trägt der König von Kuba auch im Columbus-Epos von Carrara; vgl. Hofmann, "Enea in America", 80 ff.

101. Auch dieser Name ist aus Carraras Columbus übernommen, doch trägt ihn dort der Aufrührer, der die Meuterei (6, 121 ff.) anzettelt und den Admiral zu ermorden versucht, aber im folgenden Handgemenge über Bord fällt und ertrinkt; vgl. Hofmann, "Enea in America", 79.

102. Vgl. 3, 868-870:
    ...Concordia gentes
    Associat geminas et dona sororia fido   870
    Destinat, Europae quo mittat America, nexu.

103. Vgl. 3, 882 f.:
    ...blandaeque Camenas
    Pacis amatrices Cubanis intulit oris.

104. Dasselbe tut Columbus auch im 8.Buch des Epos von Carrara: vgl. Hofmann, "Enea in America", 81.

105. Jamaica hatte Columbus während seiner zweiten Reise nur umsegelt, während er erst auf der vierten Reise die Insel selber erkundete und länger dort blieb: vgl. Ballesteros Beretta, Cristóbal Colón, II, 595 ff.; Morison, Admiral, 640 ff.; Taviani, Viaggi, I, 251 ff.; II, 310 ff.; s. oben A. 83. Nach Peru kam Columbus überhaupt nicht: Es wurde erst 1531-33 von Pizarro erobert.

106.   Non mihi, si toto turgescant barbyta Phoebo
    Totaque Castaliis exundet Cirrha fluentis
    Et fontes in plectra pluat, pro carmine vires
    Sufficiant, queis nostra sonent ex ordine laudes
    Classica Lusiadum numquam tacitura strategum.   905
Vgl. Il. 2, 488 ff.; Od. 11, 632 ff.; vgl. in der lateinischen Literatur besonders Ennius Ann. fr. 469 f. Skutsch; Hostius fr. 2 PLM ed. Morel; Lukr. fr. 1; Verg. Georg. 2, 42 f.; Aen. 6, 625 ff.; weiteres bei Knauer, Georg Nicolaus. Die Aeneis und Homer. Hypomnemata, 7. Göttingen, 1964. 120 ff.; The Annals of Q. Ennius. Edited with Introduction and Commentary by Otto Skutsch. Oxford, 1985, 627 ff.

107. Vgl. 3, 910 f.:
    Sat licuit tentasse fretum, satis India nostrae   910
    Exhibuit portenta rati posuitque triumphos.

108. Siehe dazu oben mit A. 26.

109. Vgl. Zabughin, Vladimiro. Vergilio nel Rinascimento Italiano da Dante a Torquato Tasso. I-II. Bologna, 1921-23; Bowra, Cecil Maurice. From Virgil to Milton. London, 1948; vgl. auch die kurze Übersicht bei Buck, August. Die Rezeption der Antike in den romanischen Literaturen der Renaissance. Berlin, 1976. 166 ff. Zum Lehrgedicht besonders Roellenbleck, Georg. Das epische Lehr-

gedicht Italiens im fünfzehnten und sechzehnten Jahrhundert. Ein Beitrag zur Literaturgeschichte des Humanismus und der Renaissance. Münchner Romanistische Arbeiten, 43. München, 1975; Ludwig, "Neulateinische Lehrgedichte" (s. A. 13).

110. Vgl. Hofmann, "La scoperta del nuovo mondo" und vor allem "Enea in America".

111. Der Begriff "Imitation" ist hier und im folgenden im Sinne der antiken rhetorisch-poetischen Terminologie, also nicht im modernen abwertenden Sinn zu verstehen: vgl. Reiff, Arno. Interpretatio, imitatio, aemulatio. Begriff und Vorstellung literarischer Abhängigkeit bei den Römern. Diss. Köln, 1959.

112. Aen. 6, 86, vgl. 7, 41.

113. Vgl. hierzu allgemein Büchner, Karl. "Publius Vergilius Maro, der Dichter der Römer". RE VIII A, 1955, 1021 ff. (hier zitiert nach der separaten Ausgabe Stuttgart, 1959. 317 ff., 418 f.); Knauer, Die Aeneis und Homer (s. A. 93). Daß man in letzter Zeit die odysseeischen Vorbilder auch in der zweiten Aeneis-Hälfte stärker betont hat als das iliadische Vorbild, nimmt an der antiken Auffassung und der Anschauung im 17./18. Jahrhunderts, die auch Mickl bekannt gewesen ist, nichts weg.

114. Claud. Ruf. 1, 273; vgl. meinen Beitrag zu Gambara oben in diesem Band.

115. Vgl. hierzu auch Schmidtmayer, op. cit. (s. A. 15), 81 ff.

116. Vgl. die oben in A. 33 zitierte Literatur; außerdem First Images of America. The Impact of the New World on the Old. Ed. Fredi Chiapelli. I-II. Berkeley/Los Angeles/London, 1976; Hulme, Peter. Colonial Encounters. Europe and the native Caribbean, 1492-1797. London/New York, 1986.

"La famosa comedia de El Mundo Nuevo descubierto por Cristóbal Colón"
von Lope de Vega
Jahrhundertbilanz als Puppenspieltheater

Monika Walter

"Levantad el espíritu..., escuchad el nuevo descubrimiento!", hatte gleich nach der Rückkehr des Columbus von seiner ersten Reise der italienische Humanist Pedro Mártir de Anglería, Erzieher und Chronist am Hofe der Katholischen Könige, begeistert ausgerufen.[1] Der höfische Dichter Ambrosio Montesino beschrieb 1508 sehr einprägsam den reichen Fabulierboden, den das Reisen zum neuentdeckten Kontinent bot: "Los hombres que navegando/ hallan tierras muy remotas/cuando vuelven, que es ya cuando/los estamos esperando/ en el puerto con sus flotas,/ que nos digan les pedimos/ las NOVEDADES que vieron/ y si algo nuevo oímos/ más velamos que dormimos/ por saberlo que supieron...".[2] Wir können heute das lebhafte Treiben vor allem in Sevillas "mentideros" und Tavernen nur erahnen, in denen die heimgereisten Conquistadoren den staunenden Zuhörern ihre sensationellen Erlebnisse aus dem fernen und unfaßbaren Erdteil erzählten. Doch so seltsam es uns heute anmuten mag: Nicht von den Schriftstellern des Siglo de Oro wurde die Entdeckung Amerikas als eines der schönsten Epenthemen gepriesen, sondern mehr als drei Jahrhunderte nach dem Ereignis von dem Franzosen François Renée Chateaubriand.[3] Offenbar widmete nur ein Spanier sein Epos den Eroberungskämpfen in Amerika, Alonso de Ercilla y Zúñigas La Araucana (1589), in dem man allerdings vergeblich nach einem Bezug zum Entdecker des neuen Kontinents sucht. Auch in der Lyrik sind die Spuren dieser einem Renaissance-Menschen doch so angemessenen Großtat mehr als spärlich. Nachweisbar besingt Juan de Castellanas die neuentdeckte Welt und den wagemutigen Admiral in einer seiner Elegías de los varones ilustres de Indias (1589).

Zuallererst hat der späte und zögernde Durchbruch des Amerika-Themas in der spanischen Literatur mit der unerhörten Neuheit des Gegenstandes zu tun. Beschreibungen der exotischen Ferne, die einen ebenso an mittelalterliches Weltempfinden wie an tradierte antike Normen und Muster gewohnten Leser überzeugen sollten, stellten eine ungeheure experimentelle Herausforderung für die Schriftsteller dar. Aber nicht allein aus der Aufgabe, dieser alles gewohnte Maß sprengenden Welt den Stempel des Authentischen aufzuprägen, entstanden die Schreibschwierigkeiten. Die exotische Realität des neuen

Kontinents übertraf selbst die lebhafteste Einbildungskraft. Alle antiken Prophetien eines antiken "Goldenen Zeitalters", alle christlichen Verheißungen eines "Irdischen Paradieses", alle populären Träume von einem Schlaraffenland "El Dorado" oder einer "Quelle der ewigen Jugend" schienen die Unternehmungen der Conquistadoren einzulösen. Das reale Geschehen bekam eine trügerische Märchenaura, unwirklich wie ein Traum bewegte es zwar die Phantasie vieler Zeitgenossen, aber wirklich eingeordnet in ihr Alltagsbewußtsein wurde es nur sehr zögerlich.

Geistige Barrieren wurden auch durch die behexende Vorbildwirkung der antiken Literaturmodelle gebaut. Nicht zu unterschätzen ist die Regelmacht einer neoaristotelischen Poetik, die, wie Torquato Tasso in seinen Discorsi del poema eroico (1594), den Ependichtern ungewohnte Handlungsräume wie die nordischen Länder Europas oder sogar das östliche Indien für ihre Werke empfiehlt, die Neue westindische Welt dagegen unerwähnt läßt.[4] Mußte also erst ein Autor kommen, der die klassischen "preceptos con seis llaues" verschloß und sich die absolute Freiheit der Themenwahl eroberte - "elijase el sujeto y no se mire/ - perdonen los preceptos - si es de reyes -,[5] um zumindest die spanische Bühne für diesen Gegenstand zu öffnen? Denn der spanische Homer, wie er schon von seinen Zeitgenossen im Wettstreit mit den antiken Meistern gefeiert wurde, ist auch der erste gewesen, der das Thema Amerikas in einer "comedia" behandelte. Kein anderer Dramatiker von Rang hat im Siglo de Oro ein Columbusstück geschrieben, und keiner hat sich auch diesem neuen Gegenstand mit einer solchen Intensität zugewandt. Lope gehörte zu den wißbegierigen Besuchern des "indianischen Hafens"[6] von Sevilla. Direkte Auskünfte über die Neue Welt erhielt er von dem Ehemann seiner Geliebten Micaela Luján als auch von Matías de Porras, Arzt des peruanischen Vizekönigs. Mit "Amarilis", einer unbekannten Dichterin aus Lima, stand er überdies als "Belardo" in einem poetischen Briefwechsel.[7]

Dem Stück Nuevo Mundo folgten, beeinflußt von Ercillas Epos und seinem peruanischen Nachahmer Pedro de Oña,[8] die Komödie El arauco domado und das auto sacramental La Araucana, ein weiteres Drama El Brasil restituido (1625), inspiriert von Zeugenberichten über den erfolgreichen Krieg der Spanier und Portugiesen gegen die holländische Besetzung Nordbrasiliens (1624). Und es gibt Titel von zwei Stücken, deren Texte verlorengegangen sind: La Conquista de Cortés und El Marqués del Valle. Anspielungen auf Amerika sind in zahlreichen Komödien vorhanden, vor allem in El arenal de Sevilla sowie in der Prosa von La Dragontea, La Dorotea, El laurel de Apolo.[9]

Doch selbst nach Lopes mutigem Schritt steigerte sich die künstlerische
Attraktivität der Helden und der Wirklichkeit Amerikas keinesfalls beträchtlich. Lopes Rivalen und Nachfolger konnten diesem Stoff offenkundig nur hin
und wieder einen dramaturgischen Reiz abgewinnen. "Karg" nennt mit Recht
Marcos Moríñigo die Ausbeute von nur zehn Werken zu dieser Thematik, die
im Zeitraum von 1600 bis 1661 entstanden sind. Von Tirso de Molina sind
drei Stücke überliefert: Todo es dar en una cosa, Amazonas en las Indias
und La lealtad contra la envidia. Calderón de la Barca schrieb nur einmal
über Amerika in La aurora en Copacobana (1661), ein auch in Übersee fast
unbekannt gebliebenes Werk, obwohl es die Eroberung und Christianisierung
Perus gestaltet. Juan Ruiz de Alarcón y Mendoza y Luis Vélez de Guevara
werden die Dramentitel Las hazañas del Marqués de Cañete und Las glorias
de los Pizarros o Palabras de los reyes [10] zugeschrieben.

Die geringe Popularität des Amerika-Themas in den Künsten war indessen
trügerisch. Vor dem leidenschaftlichen Chronikleser Lope de Vega breitete
sich eine Jahrhundertproduktion zur Neuen Welt aus. Nicht in den gerade
betrachteten lyrischen, epischen und dramatischen Gattungen, wohl aber in
einer von dem gelehrten Humanismus wie der Renaissance in Spanien überaus
geschätzten literarischen Form: der Geschichtsschreibung. Daß die Historiographie eine Schlüsselstellung in der Entwicklung der fiktiven Erzählprosa
des 16.Jahrhunderts einnahm, bezeugt ein Entwicklungsgesetz spanischer
Literatur. Im Mittelalter waren die guten Beziehungen zwischen Chronisten
und Dichtern entstanden, die der leidenschaftliche Chronikleser Lope de
Vega mit wachem Künstlerbewußtsein fortführt. Hinter dieser Kontinuität
verbarg sich die Autorität eines in allen literarischen Dingen sich zu
Wort meldenden Volkspublikums.

Diese Chroniken feierten das Jahrhundertereignis überschwenglich als "la
mayor cosa después de la creación del mundo, sacando la encarnación y
muerte del que lo crió."[11] Pedro Mártir brachte die Dimension des entdeckten Kontinents sofort auf den sehr handhabbaren Begriff des "Novus Orbis".[12]
Gegenüber dem mehr offiziellen Terminus von "Indias" und "Indias Occidentales" hatte "Nuevo Mundo" von Anfang an einen literarischen Klang. Diese
kolumbinischen Chroniken und die "relaciones" der Beteiligten prägten in
entscheidendem Maße die Vision der amerikanischen Realität und ihrer Beziehungen zu der spanischen. Persönliche Erlebnisberichte wie die von
Bernal Díaz del Castillo, Gaspar de Carvajal, Vasco de Quiroga, Gonzalo
Jiménez de Quesada, Juan Ponce de León sind von großem Einfluß auf Lope

de Vega gewesen. In allen diesen Texten wurde der Mythos der Entdeckung
Amerikas und seines Entdeckers entworfen. Beides bildete um 1600 eine
lebendige Materie, die schon mehr Legende als Historie war. Zu Lebzeiten
Lopes mußte die prophetische Ahnung von seinem Unternehmen, eben wirklich
eine neue Welt entdecken zu können, absolut unwahrscheinlich und magisch
erscheinen. Aber der Eintritt Amerikas und des Admirals in die nationale
Mythologie war nicht nur eine Angelegenheit der Historiographen, die
"disputa columbina" weit mehr als ein Gelehrtenstreit.

Der populärste Stückeschreiber Spaniens wäre nicht er selbst gewesen, hätte
er nicht auch in diesem Fall Geschmack und Vorstellungswelt eines breiten
Publikums genau gekannt. Das Ringen um die religiöse, politische und philosophische Sinngebung dieses Jahrhundertereignisses traf direkt in das
funkionale Zentrum des Lopeschen Theaters. Die "comedia" zielte nicht auf
ein authentisches Bild der moralischen Werte, nach denen sich die Gesellschaft zu richten hatte, sondern auf die "aktive Mythologie",[13] die ihr
untergründig Zusammenhalt gab. Der Mythos der Conquista hat darin eine
ebenso entscheidende wie prekäre Stellung. Wie kein anderer verdeutlichte
er die von der "comedia" angestrebte Darstellung des Zusammenhangs zwischen
göttlicher Vorsehung, "condición humana" und historischem Fehllauf der
spanischen Nation.[14] In diesem Mythos verdichteten sich daher unübersehbar
die Brüche und jähen Wechsel dieser nationalen Geschichte.

Für die Mehrheit des Theaterpublikums bildete der Mythos von Amerika indessen
keinen historiographischen Lesestoff. Mehr denn je war es das verlockende
"El Dorado", das greifbare Versprechen auf schnellen Reichtum oder zumindest
auf gesichertes Überleben, das in Alltagsgesprächen, in Fronleichnamstänzen,
auf Jahrmarktfesten kursierte. Mundonovi hießen bezeichnenderweise jene zur
Jahrhundertwende aus Italien kommenden Guckkästen umherziehender Gaukler.
Der Goldglanz einer Weltmacht, zu der Spanien durch die Entdeckung Amerikas
aufsteigen konnte, war innerhalb eines Jahrhunderts bereits wieder abge-
blättert. Der riesige Geldstrom aus den überseeischen Kolonien floß vor
allem in eine immer weniger erfolgversprechende Imperialpolitik Philipps II.
und in ein für die zukünftige Gewerbentwicklung ruinöses Kreditsystem.
Der Zusammenbruch der Merkantilwirtschaft hatte eine unermüdliche Wander-
lust unter den Spaniern aller Stände und Schichten geweckt. Der fahrende
Ritter Don Quijote (sein Autor Cervantes mühte sich vergeblich um einen
sicheren Posten in Übersee), die auswanderfreudigen pícaros Guzmán de
Alfarache und Buscón knüpften jeweils ganz unterschiedliche utopische

Erwartungen an ihre Glückssuche.[15] So blieb dieses zwischen Fiktion und Wirklichkeit schwebende Amerika nicht nur der Haftpunkt für das Alltagskalkül der sorgenvollen Zeitgenossen, sondern auch für ihre aus der Misere fliehende Imagination.

Auch wenn das gemutmaßte Entstehungsjahr der Komödie - 1598 - das eigentliche Aufführungsdatum nur grob umkreist,[16] es markiert diesen äußerst schwierigen und schmerzlichen Wendepunkt spanischer Geschichte, der Lopes gesamtes dramaturgisches Schaffen beeinflußte. Es war auch eine Zeit, in der Amerika einen Platz in der nationalen Mythologie fand, und zwar um so mehr, als mit wachsender Beziehungsvielfalt zu den überseeischen Kolonien ökonomische Erneuerungssehnsüchte und politische Projekte auf diese ferne Welt projiziert wurden. Am klarsten sprach der Inka Garcilaso de la Vega in den Comentarios reales de los Incas (1609) ein ebenso tradiertes wie gerade erst erahntes modernes Ganzheitsgefühl aus:

> [...] se podrá afirmar que no hay más que un mundo, y aunque llamamos Mundo Viejo y Mundo Nuevo, es por haberse descubierto aquél nuevamente para nosotros, y no porque sean dos, sino todo uno.[17]

In diese so schwer faßbaren Umbrüche des Weltempfindens fällt Lopes Verdienst, Amerika und seinen Entdecker bühnenfähig gemacht zu haben. Zunächst mag man meinen, im Widerstreit der Urteile über den künstlerischen Gehalt des Stückes wäre diese bewundernswerte Pionierleistung fast gänzlich unbeachtet geblieben.[18] Aber auch die Kritiker-Fehde um das Columbusspiel kann uns heute nur wenig überzeugen. Was geht uns noch die klassizistische Wut eines Leandro Fernández de Moratín gegenüber Lopes aus Zeit- und Raummaß ausbrechenden Szenenkunst an?[19] Im Gegenteil, gerade diese Eigentümlichkeit seines Theaters empfinden wir als erstaunlich modern. Mit der Entdeckungsfahrt begrenzte der "andalusische Pindar" dieses gigantische Thema auf ein ebenso machbares wie szenisch wirkungsvolles Maß. Kühne Raumsprünge - vom portugiesischen Hof Lissabons in das kapitulierende maurische Granada, von Kastilien auf den Ozean und die Insel Guanahaní und schließlich wieder zurück zur Residenz der Katholischen Könige - entsprechen dem historischen Stoff; sie unterstreichen zugleich die überhaupt nicht klassizistische Sketchstruktur der "comedia" und die abrupten wie fließenden Szenenmontagen, die an den heutigen Film erinnern.[20]

Und warum, so fragen wir weiter, haben eigentlich die positiven Wertschätzungen eines Marcelino Menéndez y Pelayo und eines Karl Vossler das Interesse an diesem Drama keineswegs gesteigert, obwohl beide ihm eine Geschichtsnähe zubilligten, "mucho más fiel a la historia que la mayor parte de las obras que se han compuesto sobre el mismo tema."[21] Vossler sprach in diesem Zusammenhang vom "Reiz eines so weit gespannten und innigen Welt- und Puppentheaterspiels",[22] aber auch dieses originelle Urteil weckte wenig Forscherneugier. Vielmehr drängt sich der Eindruck auf, die wenig rühmliche Wirkungsgeschichte dieses Stückes hänge eng mit der komplizierten Rezeption des gewählten Gegenstandes im europäischen Geschichtsbewußtsein zusammen. Wie John H.Elliott geschrieben hat, ist "la reputación histórica de Colón una cuestión que todavía no ha recibido toda la atención que merece."[23] Eine angemessene Würdigung kann daher nur gelingen, wenn das Werk genauer innerhalb jenes widersprüchlichen und bis heute geheimnisvollen Kristallisationsprozesses betrachtet wird, in dem Mythos und literarischer Ruhm der Neuen Welt und ihres Entdeckers bereits im Siglo de Oro geformt wurde.[24]

Daß Lopes Interesse vor allem dem Mythos des Entdeckers und der Entdeckung Amerikas galt, ist bereits aus der Formulierung des Stücktitels abzulesen. Außerdem spricht er am Dramenschluß noch einmal ausdrücklich von seiner "historia del Nuevo Mundo". "Historia" ist nach seiner Auffassung die Inszenierung berühmter Heldentaten und einzigartiger Geschehnisse. Folgerichtig ist die historische Wahrheit, übereinstimmend mit der Auffassung der humanistischen Chronisten, die Realität der idealen Werte, an denen sich die beispielhaften Taten von Helden richten, ihr Nimbus in der Meinung der Menschen, die Aureole ihres Ruhms.[25] Was nun den Ruhm seines Helden als Entdecker angeht, den der Dramentitel suggeriert, so ist er eines der zentralen ideologischen Probleme der kolumbinischen Chronisten gewesen. Ging es doch um die Aufgabe, Amerikas Entdeckung in ein göttlich inspiriertes Erfolgsprogramm imperialer Politik einzuordnen. Die Antwort nach dem "Wie" der Entdeckung beziehungsweise nach einem vorgegebenen Wissen um die entdeckten Inseln hat eine umfassende "disputa columbina" heraufbeschworen, die ein ganzes Mosaik von entgegengesetzten, negativ besetzten und radikalisierten Kolumbus-Bildern entstehen ließ: der geheimnisumwitterte Italiener war Abenteurer, Ehrgeizling, Usurpator, Justizopfer, armer Aufsteiger, göttlich inspirierter Visionär, traumgequälter Narr, gebildeter und selbstbewußter Seefahrer.

Bereits durch die Technik der Selbstbefragung in der Eingangsszene vermag Lope ein sehr offenes Columbus-Bild anzulegen und deutet seine Methode im Umgang mit dem historiographischen Stoff an: Alle Oppositionen in der

Genesis dieses Mythos werden von ihm auf die Linie eines spielerischen beziehungsweise theatralischen Ausgleichs gebracht und zugleich der wesentliche Dualismus im Mythos des Entdeckers - zwischen dem göttlich Erleuchteten und dem kundigen praxiserfahrenen und belesenen Seefahrer - herausgearbeitet, der bestimmend für die spanische Chronikschreibung des 16.Jahrhunderts und für die spätere Wirkungsgeschichte dieses Themas gewesen ist.

Die unterschiedlichen Bilder des Columbus sind im Siglo de Oro eng mit der populären "leyenda" vom unbekannten Steuermann verbunden, der angeblich dem Seefahrer das Geheimnis von der Existenz der westindischen Inseln anvertraut hat. Bereits in der zweiten Szene von Lopes Columbusspiel wird diese Geschichte eingeführt, aber ihre dramaturgische Funktion läßt sich nur wirklich ermessen, wenn man davon ihre hermeneutische Funktion in der damaligen Historiographie abhebt.[25] Sie ist in der Tat ein weitverbreitetes und wichtiges Element in der Legendenbildung um den Entdecker gewesen. Heute mag es seltsam anmuten, daß eine solche phantastische Fabel hermeneutische Möglichkeiten enthielt, das Wissen des Admirals um die zu entdeckenden Inseln und mit ihm die Zielgerichtetheit seines Unternehmens zu erklären. Zum einen mußten die Chronisten bei der Glorifizierung der illustren königlichen Unternehmung eine reale Einsicht verleugnen, nämlich Columbus' Irrtum, asiatische Inseln entdeckt zu haben. Zum anderen verblieben diese Chroniken, trotz aller ersten zögernden Annäherungen an eine wissenschaftliche Interpretation des Ereignisses, weitgehend noch auf einem vorwissenschaftlichen Feld der Geschichten als Geschichten. Diese Geschichten, gleichsam die "fiktiven Zentren" der Chroniken, haben schon einen sehr komplexen Charakter, in ihnen bilden die Autoren immer wieder die tradierten "noticias" unter dem Einfluß antiker und biblischer Legenden, weltanschaulicher Wertung und eigener Erfahrung literarisch um, probieren sie intuitiv eine "nueva escritura", die ihrer durchaus ambivalenten Wertung und historiographischen Aufarbeitung der Geschehnisse gerecht wird. In ihnen drückt sich zugleich die widerspruchsvolle Genesis des Mythos von der Entdeckung und dem Entdecker Amerikas aus.

In der Auslegung des Ereignisses mit Hilfe der Geschichte vom "piloto anónimo" spaltete sich die spanische Chronistik in zwei Tendenzen, eine orthodoxe und eine heterodoxe. Sie werden vor allem durch drei Werke verkörpert: Bartolomé de Las Casas' <u>Historia de las Indias</u> (um 1550, gedruckt erst 1875), Gonzalo Fernández de Oviedos <u>Historia general y natural de las Indias</u> (1535-1553)

und die Historia general de las Indias y vida de Hernán Cortés von Francisco
de Gómara (1552). Die beiden letztgenannten sind zugleich Lope de Vegas
Hauptquellen.

Grundsätzlich führt die Legende in die Geschichtsschreibung das unbewiesene
"a priori" ein, daß es sich um eine Entdeckung handelt und eben nicht um
einen irrtümlichen oder zufälligen Fund. Je nachdem, ob die Autoren die Erzählung als zweifelhafte "novela" oder als historische Wahrheit betrachten,
entsteht dabei ein anderes Entdecker-Bild: Oviedo betont das durch Lektüre
erworbene Wissen des Seefahrers um die vergessenen Inseln: "Colom [...]
conosçió, y es verdad, que estas tierras estaban olvidadas. Pero hallólas
escriptas, ê para mí no dudo averse sabido ê posseydo antiguamente por los
reyes de España."[26] Die "novela" vom unbekannten Steuermann ist die zweifelhafte Meinung des "vulgo", aber sie bestätigt zugleich einmal mehr die in
antiken Schriften vorhandene "notiçia desta oculta tierra".[27] Oviedo, leidenschaftlicher Fürsprecher einer erfolgreichen imperialen Eroberungs- und
Kolonialpolitik, betont um so mehr das Bild des gelehrten und sachkundigen
Entdeckers, als ihn nicht die Offenbarung der Neuen Welt an sich interessiert,
sondern die politisch-kulturelle Bedeutung des Ereignisses, in dem sich eine
providentielle Sicht auf die Nationalgeschichte abzeichnet.

Francisco de Gómara dagegen hielt die Legende eher für historisch verbürgte
Wahrheit und wertet die Tat des Columbus daher mehr als Nachvollzug. Dementsprechend fällt sein Bild des "almirante" aus:

> "No era docto Cristobal Colon mas era bien entendido [...]
> Halló las Indias, aunque a costa de los Reyes Católicos ...
> Aventuróse a navegar en mares y tierras que no sabía,
> por dicho de un piloto, y si fue de su cabeza, como
> algunos quieren, merece mucha más loa".[29]

Für Gómara ist der eigentliche Entdecker Gott selbst, er verdunkelte bisher
die Existenz der Inseln. Das Ereignis ist deshalb Entdeckung, weil die Inseln
gleichsam eine Neuheit an sich bilden.[29]

Eine Mittelstellung nimmt Bartolomé de las Casas ein, den als einzigen
Chronisten die Bedeutung des Ereignisses für die Weltgeschichte interessiert.
Sein Columbus ist ein hochgebildeter, mit Klugheit, Sachverstand und Imagination ausgestatteter Mensch, den Gott wegen seiner "virtud, ingenio, industria"
für "una de las egregias divinas hazañas" auserwählt hat.[30] Bartolomé de las
Casas versucht die beiden Oppositionen im zeitgenössischen Columbus-Bild,
das passive Instrument Gottes und der eigenverantwortlich und frei Handelnde,

in eine subtile Einheit zu bringen, indem er vom Entdecker des Weges zu den Ungläubigen spricht vom "christum ferens". Gerade weil dieses Bild alle im Mythos gespeicherten Widersprüche verschmilzt, hat es im Laufe des Jahrhunderts die größte Popularität bekommen. Kommt noch in der Elegie von Juan de Castellanas eine vierte Variante hinzu, in der Columbus mit dem unbekannten "piloto" gleichgesetzt wird. Lopes besondere Geschichtsnähe drückt sich in der historiographischen Belegbarkeit fast des gesamten Handlungsgeschehens bis zu den Eigennamen in Chroniken und "Relaciones" aus.[31] Zugleich ist sein Umgang mit Stoff und Darbietungsweise der Historien frei und kreativ. Aus der einen Chronik übernimmt er mehr den ideellen Ansatz, aus der anderen die Fülle der Episoden.

Die dramaturgische Funktion der erwähnten "novela" vom anonymen Seemann ergibt sich in Lopes Stück aus ihrem Platz im Handlungsablauf. Als Columbus sie dem portugiesischen König als Reisegrund vorträgt, ist er bereits als kluger, gebildeter, eher verunsichert als selbstgewiß wirkender Mann eingeführt. Von dem unerhörten, ebenso angelesenen wie durch "fabulas" gehörten Wissen um ein "nuevo mundo" ist er mehr überwältigt, denn innerlich überzeugt ("Sigo o me conduce aqui?", S.1). Hin- und hergetrieben wird er zugleich zwischen selbsterkanntem Mut und Erkenntnisvermögen "para altas cosas" (S.2) und seiner hierfür wohl wenig geeigneten "humildad" nicht seiner Herkunft, sondern seiner sozialen Lebenslage. Doch trägt diese innere Zerrissenheit keine Züge des Wahns. Sie erscheint vielmehr als ein sehr menschlicher Zweifel angesichts der fast erdrückenden Ahnung einer Mission. Als ein solcher sympathisch wirkender Mann - Lope versagt dem Italiener in keinem Augenblick des Stückes seine tiefe Bewunderung - geht er in die Audienz mit dem portugiesischen König. In diesem Figurenaufbau wirkt die vorgetragene Episode eher wie ein Schachzug klug eingesetzter Bescheidenheit. Da nur er für die Richtigkeit des Erzählten bürgt, erhält die Erzählung um so mehr den Charakter einer selbstausgedachten Fiktion, als sie bei dem in der 6.Szene folgenden Besuch der kastilischen Herzöge Medinaceli und Sidonia nicht wieder aufgenommen wird. Lope steht hier offenkundig der Version Castellanas nahe. Diese für die historiographische Columbus-Wertung entscheidende Episode spielt in Lopes dramaturgischer Struktur interessanterweise eine vorrangig theatralische Rolle. Mit der Anspielung auf ein populäres Columbus-Bild entspricht der "sentido común" und "gusto" einer Zuschauermehrheit und gewinnt sie als Sympathisanten seines Helden. Gegen die sarkastischen Reaktionen des portugiesischen

Königs und der kastilischen Herzöge - "cifrado el seso" (S.5) werden in
der Figur weiter die Züge des vielbelesenen Seefahrers ausgebaut. Offenbar
teilt Lope die Vorbehalte Oviedos gegenüber der "novela". Für den eigenen
Porträt-Entwurf aber geht er andere Wege als der Chronist. Die Argumenta-
tionskunst des Admirals in der Szene mit den Medicaneli und Sidonia testet
er wagemutig die Grenzen möglicher Meinungsäußerung auf der Bühne aus. Wird
doch ein Columbus gezeigt, der nicht nur den Fabeln des Äsop widerspricht,
sondern auch den Lehrmeinungen des Augustinus und Lactantius.

Wenige Jahre nach der Aufführung des Lope-Stückes wird Tommaso Campanella
diesen kühnen Bruch mit scholastischen Autoritäten als eine große historische Leistung des Entdeckers würdigen.[32] Lope jedoch ist Zeitgenosse der
Gegenreformation in Spanien. Seine Wertungsabsichten zielen in eine andere
Richtung.[33] Im anschließenden Selbstgespräch des Columbus, in dem er mit
Kompaß und Karten das Ernsthafte seiner lauten Überlegungen unterstreicht,
wird daher die häretisch wirkende Annahme der Existenz antipodischer Völker
sogleich wieder an die göttliche Eingebung gebunden - "[...] pero el cielo
me inspira lo contrario". (S.9)

Damit ist bereits das Allegorienspiel angekündigt, das nun zum eigentlichen
"noyau structurel et conceptuel" des Werkes[34] wird. Wir hatten bereits vom
spielerischen Ausgleich widersprüchlicher Elemente in Lopes Dramaturgie
gesprochen. Dieses eingefügte Spiel verdeutlicht sein Geschick, auf eine
sehr eigenständige und originelle Weise von dem "almirante de la mar
oceano" eine ebenso traditionelle wie wenig konformistische Sicht zu entwerfen.[35]

Wie in den autos sacramentales erlauben die Gespräche der Allegorien dem
Zuschauer, die wahren, in die historische Aktion der Amerika-Entdeckung
eingebundenen Kräfte wahrzunehmen. Die Debatten von Providencia und
Demonio, Religión und Idolatría um den Besitzanspruch dieses zu entdeckenden Erdteils geben in wenigen Sätzen das Ringen der kolumbinischen Chronisten um die Sinngebung der Entdeckung, als Kreuzzug oder als Goldgier,
als Ruhmsuche oder Machtausdehnung wider. Es sind bezeichnenderweise
Demonio, der "rey de Occidente", und Idolatría, die die Kernsätze der
Conquista-Kritik und mit ihr der "leyenda negra" im 16.Jahrhundert aus-
sprechen: Gegen die Kritik der Idolatría:

> so color de religión,
> van a buscar plata y oro
> del encubierto tesoro
>
> antwortet Providencia:
>
> > Dios juzga de la intención:
> > si El, por el oro que encierra,
> > gana las almas que ves,
> > en el cielo hay interés
> > no es mucho le haya en la tierra.
> > Y del cristiano Fernando,
> > que da principio a esta empresa,
> > toda la sospecha cesa. (S.11)

Mit anderen Worten: Die kritikwürdige Goldgier wird nicht allein wegen der Christianisierung entschuldbar, sondern auch und vor allem als Unternehmen der spanischen Monarchen. In einen einzigen Satz hat Lope alle einander widersprechenden Sinngebungen der Eroberung Amerikas auf eine paradoxe ganzheitliche Formel gebracht, die dem Urteil des José de Acosta in seiner "Historia moral y natural de las Indias" (1589) sehr nahekommt. Er brachte das Wunderbare der Christianisierung auf den theologischen Begriff, Lope auf die Ästhetik seines Theaterspiels.[36]

Vergessen wir nicht: Dieses Gespräch der Allegorien ist gleichsam Theater im Theater, es fungiert als ein hintergründiges Maskenspiel, das geschickt Offenbarung und Verhüllung, Maskieren und Demaskieren in eins setzt und die Mythen von Entdeckung und Entdecker zu einem szenischen Oxymoron verschmilzt. Denn was bei der Textlektüre wie ein tour de force anmutet - die endgültige Antwort der Providencia auf alle treffenden, weil historisch belegbaren Einwände: "La Conquista se ha de hacer", ist als eine theatralische Argumentation zu werten. Das Wunderbare der Entdeckung, nun ganz in eine providentialistische Sicht gesetzt, triumphiert auf der Bühne durch "apariencias": durch Musik, Farben, die Tricks der "tramoyas", den erleuchteten Thron der Providencia.

Diese Verwandlung der "historia del Nuevo Mundo" in eine "comedia de magia", in den Reiz eines Puppenspieltheaters, entspricht dem magischen Erklärungsmuster der Entdeckung unter den Durchschnittszuschauern. Eine Schlüsselstellung in diesem ästhetischen Vorgang hat die Imagination beziehungsweise die Dopplung der Columbusfigur in die Theaterfigur und in seine Einbildung. Charles Minguet bezeichnet die Einführung der Imagination als eine einzigartige poetische Möglichkeit, dem historischen Charakter des Seefahrers nahezukommen. Dem ist unter der Bedingung zuzustimmen, daß die Imagination in ihrer historisch konkreten Gestalt gedacht wird.

Nach den Vorstellungen der Zeitgenossen war "buena imaginativa" erforderlich
für die Ausübung sehr unterschiedlicher Künste und Wissenschaften: die
Poesie, die Eloquenz, Musik, Predigt- und Regierungskünste, Mathematik
und Astrologie, malen, schreiben, lesen, sowie für "todos los ingenios
y maguinamientos que fingen los artîfices."[37] Zu Lopes Zeiten standen
indessen alle an Imagination reich begabten Menschen im gegenreformato-
rischen Verdacht, gefährliche Neuerer zu sein. Die Lope-Figur des Columbus
erinnert nicht zufällig an einen um 1600 sehr populären und neuen literarischen Typus: den "arbitrista".[38] Mit ihm teilt er Züge, die ihn sicher
dem authentischen Columbus näherbringen: Er ist eine Mischung von Astrologe,
Mathematiker, Poet, erleuchtet, phantasiebegabt, besessen. Zugleich ist
dieser Entdecker kein bedauernswerter "ingeniero", kein verdächtiger
"cientîfico" und Rationalist, kein kritikwürdiger Scharlatan oder erfolg-
loser Weltverbesserer. Er ist vielmehr bei Lope ein großartiger Visionär,
dessen weltveränderndes Unternehmen dennoch nicht in die unveränderbare
göttliche Schöpfung eingreift.

Mit Hilfe dieser christlich inspirierten, praktisch klugen wie poetischen
Imagination baut Lope seine Figur aus. Durch den Kunstgriff der Dopplung
in Figur und Imagination bleibt der Held Visionär und Praktiker in einem.
Die Dualität von individueller Ahnung und ungewissem Getriebensein durch
"una secreta deidad" (s.1), von zerrissenem und sendungsbewußtem Typus wird
nun aufgehoben in einem einheitlichen Heldenbild des "loco cuerdo". Unter
dramaturgischen Aspekten ist der Held jetzt fertig. Daß er alle Voraussetzungen für einen heroischen Entdecker besitzt, hat ihm Providencia
bestätigt, dem Publikum allerdings waren sie schon vorher bekannt. Im
Allegorienspiel wurde weniger ein Narr bekehrt, als ein Zweifelnder endgültig in einen Selbstgewissen umgewandelt. Lopes Bewunderung für diesen
poetischen Erfinder einer einzigartigen Tat - die neoaristotelische Poetik
definierte den Dichter als "inventor de lo que nadie imaginô"[39] - nimmt
in einem Entwurf die Gestalt an, die über die Columbus-Bilder der Chroniken,
der relaciones und der mündlichen Geschichten seiner Zeit weit hinausgeht.

Daß nicht Ehrgeiz, Mißtrauen, Einsamkeit und Fehlverhalten herausgehoben
werden, hat mit Lopes dramatischer, aber nicht tragischer Figurenauffassung
überhaupt zu tun. Zugleich wird dieser Columbus ein Held durch die Unbeirr-
barkeit seines Sendungsbewußtseins, durch seine umfassende Bildung und
schließlich durch das sehr menschliche Maß seines Handelns. Auf diese Weise
verwandelt er sich, weitaus mehr als in anderen Texten der Zeit, in den

Entdeckerhelden an sich.[40] Die lebenskluge, gelassene Unerschütterlichkeit des Columbus wird im zweiten Akt wirkungsvoll dem gewalttätigen Egoismus des Abenteurers Pinzón - historischer Gegenspieler von Columbus auf der ersten Überfahrt - entgegengesetzt, um schließlich am Dramenschluß vom skeptischen König Fernando fast zum Heiligen übersteigert zu werden, auch darin spätere Interpretationen des Columbus vorwegnehmend.

Im zweiten Akt muß Lope nun ein weiteres, in seiner Dramenüberschrift angekündigtes Versprechen einlösen: die Entdeckung der Neuen Welt darzustellen. Die Figur des Columbus setzt von nun an nur noch Wertungsakzente und taucht, durch den Kunstgriff der Heimreise von der Bühne genommen, erst am Dramenschluß wieder auf. Angekündigt hatte sich Lopes Sicht auf den Mythos der Entdeckung bereits in der realistisch denkenden Providencia, die alle Sinngebungen des "descubrimiento" in eine spannungsreiche Wechselbeziehung gesetzt hatte. Als ihr Sprachrohr preist Columbus vor den Katholischen Königen sein Unternehmen ebenso als Christianisierung wie als wichtige Quelle des Goldreichtums und der Wissensvermehrung. Zunächst aber geht es Lope darum, diese Neue Welt - neu, weil "por naturaleza diferente" - in Bühnenwirklichkeit umzusetzen, das Entdeckungserlebnis einer andersartigen Wirklichkeit ästhetisch nachvollziehbar zu machen. Durch den Einsatz der populären Erzählung von der Meuterei an Bord der Santa María erreicht er tatsächlich einen drastischen Schaukontrast zwischen der rauhen Aufsässigkeit der kolumbinischen Schiffsmannschaft und der darauffolgenden Feststimmung unter den Indios. Diese Verlagerung des Spiels in die amerikanische Realität vor der spanischen Eroberung gehört zu den originellsten Momenten der Handlung. Sie wurde ebenso durch die Chroniken wie durch Ercillas La Araucana, möglicherweise auch vom Werk des Inca Garcilaso de la Vega, und gewiß in erheblichem Maße durch mündliche Berichte inspiriert.[41] Diese Erschließung existentieller Andersartigkeit entspricht gleichzeitig seiner Ästhetik des offenen Staunens vor dem unerschöpflichen Reichtum der Dinge:

> Buen exemplo nos da naturaleza
> Que por tal variedad tiene belleza.[42]

So beginnt die Szene mit einer Tanzromanze, die von der Sonnenanbetung bis hinein in den Rhythmus sehr einfühlsam Eigenheiten der indianischen Folklore abbildet.[43] "Diferente" ist die Tierwelt von "perdiz, el papagayo con el avestruz plumoso", anders die Früchte "mayquiz, cazavi, miel, cocos, chiles." (S.18). Aber die Märchenversion des "cacique Dulcanquellín" von

der "dichosa tierra y bella" (S.18) wird durch sein eigenes agressives
Verhalten - Frauenraub, Zweikämpfe - gleichzeitig ironisch gebrochen.
Unüberhörbar ist hier die Anspielung auf zwei Bilder, in denen der Mythos
der Entdeckung im Siglo de Oro Gestalt annahm: Die populäre Vision des
Schlaraffenlandes und die Vision vom "Goldenen Zeitalter".[44]

Der authentische Columbus selbst hatte das entdeckte Westindien als
"Irdisches Paradies" bezeichnet und in den leichtbekehrbaren und gefügigen
Indios erstmals den Typus des "guten Wilden" entworfen. Als Goldenes Zeit-
alter urchristlichen Zusammenlebens in der indianischen Wirklichkeit - "sin
noción de lo tuyo y lo mío, simiente de discordia" -[45] wurde Amerika von
Pedro Mártir de Anglería gesehen. Ihm folgten, zeitgleich im Jahre 1516 das
"Memorial de agravios hechos a los indios" von Bartolomé de Las Casas,
Thomas Morus' Utopia und später noch einmal in Ercillas La Araucana, das
den Heldenmut der Araukarier und der Spanier gleichsetzt.

Lope schrieb sein Stück, als dieses utopische Renaissance-Ideal sein geschichtlich bestimmtes Ende erlebte.[46] In den amerikanischen Szenen der
"comedia" können wir aber durchaus einen poetischen Weg zur Entdeckung
seiner geschichtlichen Wahrheit erkennen, indem er klug die Ambivalenz
und Widersprüche der tradierten Texte nutzte. Hinter der Utopie des Goldenen
Zeitalters stand die Frage nach der Humanität der amerikanischen Völker sowie der Definition von Humanität überhaupt als Denk- oder als Glaubens-
fähigkeit. Lope verknüpft die Oppositionen von Christen und Heiden, Barbaren und Zivilisierten zu einem interessanten Gesamtbild, in dem die
Erinnerung an den Mythos vom "guten Wilden" fortbesteht. Weder wird die
unschuldige Idylle eines friedlichen Zusammenlebens entworfen noch die
Humanisierung von Gewalt vollzogen, aber auch nicht die Aggressivität
der Indios als verräterische Kriegslust oder als Beweis für ihre angebo-
rene Eignung zur Sklaverei abgewertet.[47] Verschwiegen wird nicht das
Kannibalentum einiger Stämme, aber es relativiert sich durch das Negativ
einer feigen, heuchlerischen Habgier unter den Eroberern, die ihrerseits
mit Columbus' maßvoller Goldsuche kontrastiert. Diese Indios, obwohl Analphabeten, besitzen eine natürliche Weisheit und eine spielerische Einfalt,
die an Überlegungen aus den Essais (1572/1588) von Michel de Montaigne erinnert. Nicht eine kriegerisch-heroische Ästhetik wie bei Ercilla wird
zur Darstellung der Neuen Welt eingesetzt, sondern eine bäuerliche, die
die Realität in einen sinnlich exotischen und burlesk komischen Raum verwandelt. Barbaren werden diese Geschöpfe nur von der goldgierigen Mann-

schaft genannt.[48] Zwar belächelt Lope mit dem Zuschauer ihren Mangel an Kultur: Als Analphabeten kann sie die Lektüre eines Schriftstückes in panischen Schrecken versetzen, auch im erotischen Spiel kennen sie offenkundig keine Grenzen der Scham, aber wiederum wird im Verhältnis zu der verlogenen List der Spanier ihre niedrigere Zivilisation relativiert.

In der Seelenrettung hat Lopes Columbus beim Betreten der Neuen Welt den Sinn seiner Entdeckung verkündet. Aber auch als christliche Epopöe bringt diese Komödie ein jahrhundertelanges, vor allem von José de Acosta zusammengefaßtes Wissen um die realen Schwierigkeiten der Bekehrung zum Ausdruck. Gegen die Kraft der heidnischen Gläubigkeit und den unchristlichen Auftritt der Conquistadoren bleibt Lope wieder nur der Kunstgriff des christlich Wunderbaren: das plötzlich grünende und illuminierte Holzkreuz, ebenfalls eine der volkstümlichsten Episoden aus den kolumbinischen Chroniken.

Lope de Vegas El Nuevo Mundo descubierto por Colón gehört zu den bedeutenden und zu Unrecht verkannten Stücken des "andalusischen Pindars". Bis heute ist sein Beitrag zur poetischen und weltanschaulichen Aneignung der amerikanischen Wirklichkeit und der Entdeckertat des Columbus nicht umfassend erschlossen worden. Die spanischen Zeitgenossen haben den Nutzen der Conquista zuallererst im Gold, dann in der Christianisierung und erst ganz zum Schluß in der Heldentat des italienischen Seefahrers erkannt. Lope hat diese Bewertungsskala deutlich umgekehrt. Sein Humanismus bringt nicht die Utopie der Moderne eines Morus oder Campanella hervor, die zukunftsweisend Neue Welt, moderne Wissenschaft und den Tatmenschen Columbus in ein Verhältnis setzen.[49] Durch die Ambivalenzen, Ungereimtheiten und Widersprüche in den Texten der kolumbinischen Chroniken, Epen und Gedichte hat er jedoch die tieferliegenden Wahrheiten aufgespürt und die verborgene Dialektik der Geschichte erahnt. In den Reiz des Puppenspieltheaters verkleidet, bündelt Lope de Vega kühn die großen Fragen einer weit über das Siglo de Oro hinausgehenden Diskussion um den Sinn von Entdeckung und Entdecker Amerikas.

Anmerkungen

1. Zitiert nach John H.Elliott, El viejo Mundo y el Nuevo (1492-1650), Madrid 1972, S.22.

2. Marcos A. Moríñigo, América en el teatro de Lope de Vega, Buenos Aires 1946, S.27.

3. Vgl. Weston Flint, Colón en el teatro español, in: Estudios Americanos. Revista de la escuela de estudios hispanoamericanos, Nr.11, Sevilla 1961, S.165-186.

4. T.T. Prose, a cura di Ettore Mazzali, Mailand-Neapel 1959, S.589.

5. Lope de Vega, El arte Nuevo de hacer comedias en este tiempo, ed. y estudio preliminar de Juana de José Prades. Madrid 1971, S.283, 114.

6. Lope de Vega, El Arenal de Sevilla, in: Obras escogidas, Madrid 1958, Bd.1, S.1387.

7. Vgl. Carlos M.Fernández-Shaw, América en Lope de Vega, in: Cuadernos Hispanoamericanos, Nr.161-162, Madrid 1963, S.675-694.

8. Pedro de Oña, Arauco domado, Madrid 1596. Die Bearbeitung von Lope de Vega stammt aus dem Jahre 1625.

9. Vgl. Marcos A. Moríñigo, América en el teatro de Lope de Vega, a.a.O.

10. Ebenda, S.309. Leider fehlt hier jeder Hinweis auf die übrige Theaterproduktion zum Thema Amerika. Vgl. Winston A. Reynolds, El demonio y Lope de Vega en el manuscrito mexicano. Coloquio de la nueva conversión y bautismo de los cuatro últimos reyes de Tlaxcala en la Nueva España, in: Cuadernos Americanos, Nr.2, Vol.CLXIII, México 1976, S.172ff; Antonio de Lezama, La Borrascosa vida de Lope de Vega, in: Lope de Vega, Arauco domado, Santiago de Chile 1954. Er erwähnt unter anderem das siebenköpfige Autorenkollektiv, unter ihnen Guillén de Castro, Alarcón, Vélez de Guevara, das 1622 "Algunas Hazañas de las Muchas de Don García Hurtado de Mendoza" veröffentlichte.

11. Francisco de Gómara, Historia General de las Indias y Vida de Hernán Cortés. Prólogo y cronología Jorge Gurría Lacroix, Caracás 1979, S.7.

12. Pedro Mártir de Anglería, Décadas del Orbe Novo (1503-1539), 2 Bde, México 1964.

13. José Antonio Maravall, Teatro y literatura en la sociedad barroca, Madrid 1972, S.35.

14. Charles Vicent Aubrun, La Comédie espagnole (1600-1680), Paris 1966, S.254-267.

15. Vgl. Werner Krauss, Geist und Widergeist der Utopien, in: Sinn und Form, 14.Jh., H.5-6, Berlin 1962, S.773ff.

16. Siehe Griswold S.Morley und Courtney Bruerton, Cronología de las comedias de Lope de Vega, Madrid 1968.

17. Inca Garcilaso de la Vega, Comentarios Reales de los Incas, 3 Bde., Lima 1956, Bd.I, S.9.

18. Die kritischste Edition stammt von J.Lemartinel und Charles Minguet, El nuevo Mundo descubierto por Cristóbal Colón. Comedia de Lope de Vega y Carpio, Lille 1980. Sie liegt meiner Werkanalyse zugrunde. Seitenangaben werden im Text nachgestellt. Zur Editions- und Wirkungsgeschichte siehe vor allem Bibliographien von Marcelino Menéndez Pelayo, Estudios sobre el teatro de Lope de Vega, Bd.1, Madrid 1919, S.321ff. und J.Lemartinel und Charles Minguet, a.a.O., S.S.XII-XV.

19. Vgl. Marcelino Menéndez Pelayo, Estudios sobre el teatro de Lope de Vega, a.a.O., S.322.

20. Ramón Menéndez Pidal, De Cervantes y Lope de Vega, Madrid 1973; vgl. auch Juan Manuel Rozas, Rezension zu Lope de Vega, El Nuevo Mundo, in: Segismundo. Revista hispánica de teatro, N.1, Madrid 1965, S.157f.

21. Marcelino Menéndez Pelayo, a.a.O., S.324; Karl Vossler, Lope de Vega und seine Zeit, München 1947, S.289f.

22. John H.Elliott, a.a.O., S.23.

23. Hervorhebenswert sind Marcos A.Moríñigo, a.a.O., S.301-308; Francisco Ruiz Ramón, Lope y el Nuevo Mundo descubierto por Colón, in: Texte, Kontexte, Strukturen, Beiträge zur französischen, spanischen und hispanoamerikanischen Literatur. Festschrift zum 60.Geburtstag von Karl Alfred Blüher, Tübingen 1987, S.296-301; Raquel Minián de Alfie, Lope, lector de cronistas de Indias, in: Filología, año XI, Buenos Aires, 1968, S.1-21; J.Lemartinel und Charles Minguet, a.a.O., S.I-XI.

24. Enrique Pupo-Walker, La vocación literaria del pensamiento histórico en América. Desarrollo de la prosa de ficción: siglos XVI, XVII, XVIII y XIX, Madrid 1982, S.40f.

25. Vgl. Edmundo O'Gorman, La idea del descubrimiento de América, México 1951, S.65.

26. Gonzalo Fernández de Oviedo, Historia General y natural de las Indias, Einleitung von José Amador de los Ríos, 5 Bde. 1851, Bd.1, S.14.

27. A.a.O., S.18.

28. Francisco de Gómara, a.a.O., S.29, 44.

29. Edmundo O'Gorman, a.a.O., S.65.

30. Bartolomé de Las Casas, Historia de las Indias. Edición,prólogo, notas y cronología André Saint-Lu, 3 Bde., Caracas s.a., S.25.

31. Die Quellentreue der Handlung, in der nichts frei erfunden ist, schließt auch die Übernahme von Irrtümern der Chronisten ein, so Gómaras Angabe über die Präsenz von Columbus' Bruder auf der ersten Seefahrt. Die Namen der Indianer sind Abwandlungen von Ortsnamen, Stammesbezeichnungen und Eigennamen aus Alvar Núñez Cabeza de Vaca, "Naufragios y relación de la jornada a la Florida";"La crónica del Perú von Pedro Cieza de León" und "La Araucana" Ercilla y Zúñigas.

32. Tommaso Campanella, Philosophia sensibus demonstrata, Napoli 1591.
33. Vgl. Marcos Gordoa, Lope de Vega considerado como humanista, in: Abside, XXVI, Nr.4, México 1962, S.258ff.
34. J.Lemartinel und Charles Minguet, a.a.O., S.54.
35. Marcos A.Moriñigo, a.a.O., S.302.
36. Vgl. Michael Sievernich, Die andere Entdeckung Amerikas. Theologische Überlegungen zur bevorstehenden 500-Jahresfeier (1492-1992), in: Zeitschrift für Missions- und Religionswissenschaften, H.4, Münster 1988,S.260.
37. Juan Huarte de San Juan, Examen de ingenios para las ciencias, Ed.Esteban Torre, Madrid 1976, S.164.
38. Vgl. Pierre Vilar Bêroguain, Literatura y economía. La figura satîrica del arbitrista en el Siglo de Oro, Madrid 1973. Interessant ist der Vergleich zwischen Columbus und Don Quijote, z.B. in: Jakob Wassermann, Christoph Columbus. Der Don Quichote des Ozeans. Ein Porträt. Berlin 1981 [¹1929].
39. López Pinciano, Philosophia antigua poética, 3 Bde. Madrid 1953, Bd.1, S.265.
40. Jorge Campos, Lope de Vega y el descubrimiento colombino, in: Revista de Indias, Año X, Nr.37-38, Madrid 1949, S.754.
41. Lope de Vega, El arte nuevo de hacer comedias en este tiempo, a.a.O.,S.291.
42. Vgl. Gonzalo Fernández Oviedo, a.a.O., Bd.1, S.33ff; José de Acosta, a.a.O., S.317ff.
43. Vgl. J.Lemartinel und Charles Minguet, a.a.O., S.59.
44. Vgl. zur Utopie der Entdeckung Stelio Cro, Realidad y utopía en el decubrimiento y conquista de la América Hispana (1492-1692), Madrid 1983; Beatriz Pastor, Discurso narrativo de la conquista de América, La Habana 1983; Enrique de Gandía, Viejas y Nuevas Teorías del Descubrimiento de América, Córdoba 1984.
45. Zitiert nach Stelio Cro, a.a.O., S.20.
46. Karlheinz Barck, Luis de Góngora und das poetische Weltbild in seinen "Soledades", in: Luis de Góngora y Argote, Soledades, Leipzig 1973, S.142.
47. Vgl. Marcos A. Moriñigo, a.a.O., S.119-220; Oleh Mazur, Lope de Vega's Salvajes, Indios and Bárbaros, Ibero-romania, Jg.2, H.3. München 1970, S.260-281; Agustín Cueva, El espejismo heróico de la Conquista (Ensayo de interpretación de la Araucana), in: Casa de las Américas, Año XIX, Nr.110, Havanna 1978, S.29-40.
48. Beatriz Pastor, a.a.O., S.456ff.
49. John H.Elliott, a.a.O., S.25f.

Heilsgeschichte und Aufklärung
Johann Jakob Bodmers "Colombona"

Wynfrid Kriegleder

Johann Jakob Bodmers Colombona, ein "Gedicht in fynf Gesaengen", erschien erstmals 1753 im Züricher Verlag Orell und Comp. Eine bearbeitete und verbesserte Fassung brachte Bodmer 1767 im Rahmen der Calliope, einer Sammlung mancher seiner epischen Dichtungen, heraus. Die Umarbeitung betrifft vor allem metrische und syntaktische Verbesserungen; die Tendenz des Epos wurde nicht tangiert. Weder die erste noch die zweite Fassung konnte einen Publikumserfolg erzielen.

Zwar ist Bodmers (1698-1783) Rolle als Literaturtheoretiker unumstritten; die Bedeutung seiner poetologischen Äußerungen für die Entwicklung der deutschen Literatur des 18.Jahrhunderts wurde auch von Zeitgenossen anerkannt. Seine poetische Praxis hingegen war schon zu seinen Lebzeiten Anlaß zum Schaudern oder Gähnen bei den literarisch Interessierten. Seit Bodmer in Klopstocks Messias das deutschsprachige Äquivalent zu dem von ihm als Paradigma empfundenen Paradise Lost Miltons kennengelernt hatte, trieb auch ihn der Ehrgeiz, das "Wunderbare" - nach seiner Meinung und der seines Zürcher Kollegen Johann Jakob Breitinger das eigentliche Hauptgebiet der Dichtung - in eigenen Werken dem Publikum näherzubringen. Eine große Anzahl von Epen, die seit 1750 in rascher Folge entstanden, war das Resultat dieses Ehrgeizes.

Auf das Epos als die erhabene Gattung kat exochen griff Bodmer aufgrund seines immer noch normativen Literaturverständnisses und seiner Milton-Verehrung zurück. Daß seine Epen religiöse Stoffe thematisieren, liegt jedoch nicht nur am Vorbild Miltons, sondern ist zugleich logische Konsequenz seiner Überlegungen zum Problembereich des Wunderbaren. Denn für Bodmer - und hier trifft er sich mit seinem Leipziger Widerpart Gottsched - ist die Kategorie des Wahrscheinlichen durchaus Grundlage des poetischen Werkes. Und die ideale Verbindung von Wunderbarem und Wahrscheinlichem ergibt sich bei einem biblischen Stoff, wo die nachzuahmende Wirklichkeit zwar einerseits den menschlichen Horizont überschreitet und damit wunderbar wird, andererseits aber auf der unanfechtbaren Offenbarungswirklichkeit beruht.[1]

In diesem Sinn verfaßt Bodmer also seine vielen Patriarchaden - Epen über
Stoffe aus dem Alten Testament. Eines seiner Epen allerdings versucht, auch
im weltlichen Bereich die Anwendung der oben skizzierten Prinzipien durch-
zuführen. Es ist dies die Colombona.[2]
Bodmers Colombona krankt an den Mängeln all seiner Epen. Das programmatisch
im Zentrum stehende Erhabene läßt sich für ihn nur durch die Stoffwahl (in
diesem Fall ein welthistorisch bedeutsames Ereignis),[3] durch die Hochstili-
sierung der erzählten Ereignisse und durch die auktoriale Insistenz auf der
Würde und Erhabenheit des Berichteten realisieren. Eine Umsetzung des Wunderbaren auch in der Sprache (wie sie Klopstock gelang[4] und wie sie die stark
rezipientenorientierten Poetik der Züricher[5] eigentlich fordert), liegt
nicht in Bodmers Macht. Die Gleichgültigkeit der Zeitgenossen und die Nicht-
beachtung seitens der Literaturwissenschaft ist die verständliche Konsequenz
dieses poetischen Versagens.

Wenn hier also die Colombona einer näheren Analyse unterzogen werden soll,
so bleibt zu bedenken, daß Bodmers Text zwar ein faszinierendes Dokument für
die zeitgenössische Einstellung zur Entdeckung und Eroberung Amerikas durch
die Europäer darstellt und interessante Hinweise auf die zugrundeliegende
Geschichts- und Gesellschaftstheorie liefert; daß aber dieser Diskurs sich -
zum großen Teil - gerade nicht auf der literarischen Ebene abspielt, sondern
ziemlich unvermittelt in das Werk hereingezogen wird: auf der Ebene auktorialer Interpretation, auf der Ebene von den Figuren in den Mund gelegten
quasi-auktorialen Kommentaren und auf der Ebene des zugrundeliegenden, im
Text thematisierten Geschichtsentwurfes. Dem Widerspruch, in den diese
Faktoren dann zur Ebene der erzählten Begebenheiten treten, gilt es nach-
zugehen.

Johann Jakob Bodmers Colombona schildert die Entdeckung der Neuen Welt,
die, wie die Eingangsverse formulieren, rechtens nicht nach dem "kleineren
nahmen / Eines vervvegnen raeubers"[6] (nämlich: "Amerika" nach Vespucci),
sondern eben nach dem Entdecker "Colombona" heißen sollte. Da Europa es
versäumt habe und noch versäume, die Tat des Colombo (so heißt Columbus
im Bodmers Epos) gebührend zu ehren, solle das Epos poetische Gerechtigkeit
walten lassen und den großen Mann posthum ehren:

> [...]Er soll beruhigt mich hoeren,
> Wenn ich sein goettliches recht die Erde zu nennen besinge.[7]

Diesen Ton schlägt auch das Motto des Epos - einige Verse aus Pindars siebter nemeischer Ode - an: Nur die Dichtung kann große Taten der Vergangenheit dem Vergessen entreißen.

Berichtet wird von der ersten Reise des Columbus. Das Epos setzt wenige Tage vor der Landung "am Yamfluss", auf einer bald Cibao, bald Hayti genannten Insel, ein. Die Landung erfolgt am Ende des 3.Gesanges; der 4. und 5.Gesang sind der Schilderung des Verhältnisses zwischen den Spaniern und den "Wilden", insbesondere der sich entwickelnden Liebesgeschichte zwischen dem edlen Bleda von Leon und der edlen Indianerin Lamisa, gewidmet. Die Weiterfahrt und die Entdeckung anderer Inseln spielt nur eine geringe Rolle; sie ist Anlaß für eine große programmatische Rede, die Colombo nach der Rückkehr zum ersten Landungsplatz den dort zurückgebliebenen Gefährten hält. Einige wenige Verse runden das Geschehen bis zu Colombos Rückkehr nach Spanien ab.

Interessant und auffällig ist zunächst einmal die heilsgeschichtliche Perspektive, unter die Bodmer das Geschehen stellt. In Analogie zu Milton ist die Entdeckung der Neuen Welt letztlich das Resultat eines Kampfes zwischen dem Himmel und der Hölle. Vertreter der beiden Sphären greifen daher auch immer wieder in das Geschehen ein. Da ist einerseits der Cherub Zephon, der auf Befehl Gottes der aus zwei Schiffen bestehenden Flotte des Colombo folgt, um sie vor den Anschlägen der Hölle zu schützen. Da ist andererseits der böse Dämon Xagua, der zunächst die Entdeckung der Neuen Welt verhindern will, indem er die Mannschaft des "Drachen", des zweiten Schiffes, zur Meuterei aufstachelt; der nach der Landung vergeblich die Indianer zu Feindseligkeiten gegen die Spanier auffordert; und der schließlich, erbost ob des freundschaftlichen Verhältnisses zwischen den Europäern und den Indianern, den auf der Nachbarinsel wohnenden Caraiben "Mordlust und vvilden hunger nach menschenfleisch in die herzen"[8] haucht und sie zu einem - von den Spaniern grandios zurückgeschlagenen - Angriff auf Cibao provoziert.

Die Erklärung des heilsgeschichtlichen Plans liefert der Cherub Zephon seinem Mit-Cherub Ithuriel gleich im ersten Gesang: Gott erbarmte sich jener, die - durch das Meer von Europa getrennt - bisher "den schall vom blute des bundes",[9] also die christliche Heilsbotschaft, nicht hören konnten. Daher hat er dem Colombo "den Geist dermassen erhoeht",[10] daß dieser den Plan zu seiner Reise nach fremden Erdteilen fassen konnte. (Von Columbus'

Bemühungen um einen Seeweg nach Indien ist bei Bodmer keine Rede). Allerdings ist sogar bei Zephon diese heilsgeschichtliche Perspektive - wenn dies denn bei einem Cherub möglich sein kann - säkularisiert: denn er gedenkt der Wohltaten,[11]

> Die COLOMBO der andern helfte der Irdischen brachte,
> Religion und Tugend und kynste des vveisen Europa.

Ganz offensichtlich hat Zephon also Montesquieu gelesen, dessen <u>Esprit des loix</u> Bodmer in der Vorrede zu seiner <u>Colombona</u> ausdrücklich als Inspirationsquelle angibt. Dort wird im 5.Kapitel des 17. Buches die weltgeschichtliche Aufgabe beschrieben, die dem nördlichen Kontinent, also Europa, aufgrund seiner klimatisch bedingten Vorrangstellung zukomme. Hier wohnen nämlich jene Völker,

> qui sortent de leur pays pour détruire les tyrans & les
> esclaves, & apprendre aux hommes que, la nature les ayant
> faits égaux, la raison n'a pu les rendre dépendans que
> pour leur bonheur..[12]

Diese These Montesquieus - mit heilsgeschichtlichen Elementen verquickt - stellt ein Leitmotiv der <u>Colombona</u> dar. Ausschließlich heilsgeschichtlich argumentiert bereits am Beginn des Epos, als die Mannschaft des Colombo-Schiffes "Europa" von der zu entdeckenden Welt träumt, der mitfahrende Priester Dom Jago, wenn er auf den göttlichen Auftrag, dem neuen Erdteil das Evangelium zu verkünden, verweist.[13] Die Argumente Zephons fast wörtlich übernehmend, beschwichtigt Colombo im zweiten Gesang die Meuterer mit dem göttlichen Auftrag,

> Voelkern, die seit den ersten altern der Welt sich verlohren,
> Religion und gesez' und sanfte sitten zu bringen.[14]

Und fast nur mehr säkularisiert kommt Montesquieus These in der großen Rede, die Colombo seinen Gefährten im 5. Gesang hält, zu Ehren. Vieles ist in diese Rede hinein verpackt: Colombo plädiert für den Freihandel (nicht nur Castilien, sondern ganz Europa soll von der Neuen Welt profitieren) und lehnt, ebenfalls ganz im Sinn der physiokratischen Wirtschaftstheorie, die Suche nach Gold ab; er warnt Spanien, sich die Neue Welt zu unterwerfen, da dies Spanien selbst zerstören würde (auch das ist Montesquieusches Gedankengut: eine durch Eroberungen zu groß gewachsene Monarchie werde sich auflösen oder zur Despotie entarten - vgl. das 8.Buch); und er sieht schließlich eine auf dem Tauschgeschäft basierende schöne Zukunft voraus:

die Neue Welt wird Europa mit ihren kostbaren Gütern beliefern, Europa wird ihr dafür seine Sitten, seine Gaben, seinen Glauben[15] lehren, wird die Wilden, die alle Anlagen dazu haben -

Ihr gemyth ist nicht falsch, allein ihr verstand ist verfinstert[16]

- aufklären und zivilisieren. Und diese Aufklärung ist natürlich auch eine religiöse: Es geht um die Hinführung zum richtigen Glauben und - mehr noch - um die Wegführung von dem unaufgeklärten, unnatürlichen Götzenglauben mit seiner fanatischen Praxis, seinem Kanibalismus und seinen Menschenopfern. Europa muß also der Gesetzgeber der Neuen Welt werden, so stellt Colombo im Rahmen seiner rein innerweltlichen Argumentation fest, um erst ganz am Ende, im letzten Vers, den Bogen zu der völlig aus dem Gesichtsfeld verlorenen Heilsgeschichte zu schlagen - allerdings nur in Form einer Floskel:

Uns hat ein Gott bestimmt fyr sie [= die Bewohner der Neuen Welt] LYCURGE zu vverden.[17]

Und so wie die heilsgeschichtliche Dimension in den Reflexionen des Colombo mehr und mehr zurücktritt, so nimmt auch die Rolle der überirdischen Mitspieler, vor allem des Cherubs Zephon, im Fortgang des Epos mehr und mehr ab; tritt die ausschließlich humane Dimension mehr und mehr hervor.

Die Rolle des Christoph Columbus in Bodmers Colombona ist damit klar. Er ist das Werkzeug der zwar heilsgeschichtlich apostrophierten, de facto aber einem säkularisierten Weltgeist schon nahe kommenden Vorsehung; er ist - ganz im Sinn der am Anfang des Epos angekündigten Ehrenrettung - ein durch und durch positiver und edler Held (dessen Edelmut zwar proklamiert, aber kaum gezeigt wird). Alle unedlen Züge müssen daher verschwinden. So ist die Mannschaft des Columbus ein Ausbund an Tapferkeit und Tugend;[18] an irdischen Reichtum als Ziel und Ergebnis der Reise denkt kaum einer. Und auch die im 18. Jahrhundert noch weit verbreitete Legende, der Nürnberger Martin Behaim sei der eigentliche Entdecker Amerikas gewesen und Columbus hätte sich seiner Seekarte bedient,[19] muß entkräftet werden. Behaim tritt tatsächlich auf - in einem Traum, den Zephon dem Colombo schickt. Er enthüllt sich als väterlicher Freund unseres Helden, warnt ihn vor der von Xagua angezettelten Meuterei und berichtet, daß er selbst tatsächlich versucht habe, die Neue Welt zu erreichen, daß er aber kurz vor dem Ziel in einem Sturm umgekommen sei. So ist die Ehre Colombos, aber auch die Ehre des deutschen Entdeckers gerettet.

Als erstes Fazit bleibt: Colombo ist der edle Held, "der COLOMBONA, die lange vermissete schvvester, / Ihren drei schvvestern gegeben",[20] der also die Neue Welt der Alten geschenkt hat. Colombo leitet ein neues Zeitalter ein, ein Zeitalter des friedlichen Zusammenlebens der Weißen und der Indianer. Und so endet denn das Epos mit dem "zärtlichen" Abschied zwischen den in der Neuen Welt zurückbleibenden Weißen und Roten einerseits und den nach Spanien fahrenden Weißen und Roten andererseits, endet mit dem Versprechen baldiger Wiederkunft, endet mit dem Triumph des Colombo, der im letzten Vers als "groesserer TIPHYS" bezeichnet wird - wohl eine Anspielung auf die entsprechende Stelle in Vergils 4. Ekloge, wo für die Zeit vor dem Anbruch des künftigen Goldenen Zeitalters die Fahrt eines neuen Tiphys (des Steuermanns der Argonauten) mit seinen edlen Helden prognostiziert wird.

Panegyrik und Ehrenrettung ist mithin die Intention der Colombona. Sie trifft sich in dieser Hinsicht mit einem Werk, das Bodmer im Vorbericht ausdrücklich als Vorlage, dessen Verfasser er als "Mitarbeiter" bezeichnet: dem "narrative, philosophical and descriptive poem" The Sea-Piece des englischen Arztes J.Kirkpatrick.[21]

Kirkpatricks Gedicht in heroic couplets ist eine - auch stilistisch - seltsam inhomogene Mischung: Neben der detaillierten Schilderung einer Ozeanüberquerung finden sich moralisierende und naturwissenschaftliche Reflexionen, autobiographische Passagen und eine lange satirische Traumsequenz. Für Bodmer, der sich wohl schon aufgrund der Vorrede Kirkpatricks - einer leidenschaftlichen Verteidigung Miltons - zu dem Werk hingezogen sah, spielte das Sea-Piece eine doppelte Rolle. Zum einen lieferte es ihm die für die Schilderung einer Seefahrt nötigen Realien,[22] zum anderen scheint es ihm die Idee zu seinem eigenen Epos erst vermittelt zu haben. Denn als Kirkpatrick im 5.Gesang seines Gedichts auf Columbus zu sprechen kommt, äußert er all jene Gedanken, die Bodmer an den Anfang seines Werks stellt. Von dem Usurpator ist da die Rede, der durch die Benennung des neuen Kontinents Columbus seinen Nachruhm gestohlen habe, von der Aufgabe der Dichtung, posthum Gerechtigkeit walten zu lassen; ja, es findet sich sogar die Forderung, die Neue Welt solle "Colombona" heißen. Und auch bei Kirkpatrick ist im Buch des Schicksals als Aufgabe für Columbus verzeichnet, "[to] bear Messiah to the vastest shore",[23] auch hier ist er ein Werkzeug der göttlichen Vorsehung.

Wie aber verträgt sich das infolge dieses Konzepts positive und idealisierte Bild von der Entdeckung und Eroberung Amerikas mit der historischen Realität. Wie verträgt es sich mit Bodmers Kenntnis von Montesquieu, der im 8. Buch seines *Esprit des loix* über das Verhalten Spaniens in Amerika lakonisch festgestellt hatte:

> Pour garder l'Amérique, elle fit ce que le despotisme même ne fait pas; elle en détruisit les habitans.[24]

Wie verträgt es sich mit Bodmers in der *Colombona*-Vorrede angeführten Kenntnis des Conquista-Kritikers Bartolomé de Las Casas. Wie verhält sich Bodmers Wahrscheinliches und Wunderbares zur historischen Realität?

Eine erste Relativierung der optimistischen Heilsperspektive, nach der Europa der Neuen Welt die rechte Religion und die Zivilisation bringt, findet sich erstaunlicherweise bereits in der schon erwähnten Rede des Cherubs Zephon im ersten Gesang. Da heißt es über den Plan Gottes:

> Izt hat er von den Erden, die seine stimme nicht hoeren,
> Noch die stimme, die sein Geliebter im fleische geregt hat,
> Sein erbarmendes aug' auf jene verkennten gevvorfen[25]

- nämlich auf die Bewohner der Neuen Welt. Amerika also soll das bessere Europa werden, soll das in der Alten Welt, die nicht auf Gott hört, kaum mehr existierende Christentum realisieren. Dies wäre die positive Deutung der Worte Zephons. Es ist aber auch eine negative Deutung denkbar: Europa ist selbst unchristlich - wie soll es daher im Sinn des Christentums missionarisch tätig sein, wie kann es das überhaupt. Dem Cherub Zephon ist diese Interpretation wohl fremd, der Dämon Chiska kann sich damit hingegen durchaus anfreunden.

Dieser mexikanische Götze hat seinen Auftritt im 3. Gesang, wo er die Besorgnis seines Kollegen Xagua zu entkräften versucht. Xagua weiß, daß die Landung des Colombo unmittelbar bevorsteht. Mit der Etablierung der abendländischen Sitten aber (er nennt Weisheit, Tugend, Sanftmut, Religion) befürchtet er ein Ende der Dämonenherrschaft. Eine konzertierte Aktion der Höllengeister, so schlägt er vor, sei notwendig, um die spanischen Seefahrer in einem gewaltigen Sturm zu vernichten.

Chiska widerspricht seinem Mitdämon: Da das Schicksal nun einmal die Entdeckung der Neuen Welt beschlossen habe, müsse man sich damit abfinden. Es sei aber zu überlegen, ob die Verbindung mit Europa der Hölle nicht vielleicht doch "mehr nutzen als schaden gebaehren"[26] könne. Und nun folgt

eine Chiska in den Mund gelegte antirömische Tirade des Calvinisten Bodmer:
Der oberste Priester der christlichen Kirche, der Papst, habe

> Auf den altar den thron gesetzt; sobald er die kirche
> Gross gemachet, so vvard sie zum raub der hoelle; die groesse
> Ward und erhaelt sich durch stahl und gift, verrath und verschvvoeren.
> CHRISTS statthalter versetzt ins allerheiligste Gottes
> Ehbruch und blutschand und hat den klaeger im busem ersticket.[27]

Von dieser Religion sei ja wohl nichts zu besorgen:

> Haben vvir, XAGUA, viel von diesem glauben zu fyrchten,
> Der auf den lippen nur ruht und der in den busem nicht eindringt?
> Sollen vvir diese vveisheit von unsern Inseln entfernen,
> Die qevvisser verfyhrt, als unsre vvitzigste tycke?[28]

Die Vereinbarkeit dieses desillusionierenden Standpunktes, der zwar dem nicht vertrauenswürdigen Dämon in den Mund gelegt wird, den aber Bodmer wohl teilt, mit der heilsgeschichtlichen Perspektive muß zunächst fraglich bleiben.

Doch auch im säkularisierten Bereich findet sich ein ähnlicher Widerspruch. Neben den optimistischen, montesquieuschen Thesen von der Zivilisierungs- und Befreiungsaufgabe der Europäer stehen die Fakten der Conquista - und wieder ist es ein Dämon, nämlich Xagua, der dies thematisieren darf:

Im 4.Gesang will Xagua den indianischen Priester Bibby zum kriegerischen Vorgehen gegen Colombo und seine Leute überreden. Zu diesem Zweck entwirft er ein düsteres und - wie wir wissen und auch schon Bodmer wußte - historisch korrektes Zukunftsbild: Die spanische Goldgier, der Völkermord an den Indianern, die Entvölkerung ganzer Landstriche und die dadurch verursachte Einfuhr von Sklaven aus Afrika weissagt er dem entsetzten Bibby, und um seine Argumente zu bekräftigen, vergönnt er dem Priester eine Zukunfts- schau, die in aus der Geschichte des Las Casas genommenen Schreckensbildern das Gehörte auch sinnlich vermittelt.

Bibby eilt nun in die Ratsversammlung, um - so der Erzähler - "Laesternde vvorte mit bosheit erfyllt"[29] - zu sprechen, doch da greift wieder einmal der Cherub Zephon ein und läßt ihn plötzlich "segen an statt des fluches"[30] reden. Und höchst eigenartig argumentiert Bibby in der Versammlung der Häuptlinge: Was Xagua ihm geweissagt habe, sei Lüge und Falschheit; und selbst wenn die Weißen all die Zerstörungen tatsächlich ausführen wollten, wer könnte es ihnen wehren. Offenbar sei ihr Gott größer und mächtiger als Xagua, offenbar sei, was geschehen müsse, vorherbestimmt. Der Macht des Faktischen beugt sich Bibby: man muß versuchen, sich mit den Weißen gut zu

stellen, am besten durch Verschwägerung, indem man ihnen die eigenen
Töchter als Frauen gibt.

Dem Fatum beugt sich also der Dämon Chiska, dem Fatum beugt sich der
Indianerpriester Bibby. Und währen Chiska guter Hoffnung ist, daß mit der
Entdeckung der Neuen Welt das Reich der Hölle befördert werde, bleibt Bibby
nur die Hoffnung auf Milde der künftigen Machthaber. (Zwar wird in der
folgenden Rede des Häuptlings Hatuni die pessimistische Aussage Bibbys
wieder relativiert, wird erneut die Gottähnlichkeit der Weißen, ihre
Bildungsaufgabe betont - aber relativiert ist nicht aufgehoben.)

Kehren wir schließlich zur schon erwähnten großen Rede des Colombo am Ende
des Epos zurück, wo - in der Form von Vorschlägen, Forderungen und Warnungen
- ein idyllisches Zukunftsbild der künftigen Welt entworfen wird. Auch hier
schimmert die Realhistorie durch, in einer kurzen, konjunktivischen Passage,
die jedoch schnell wieder durch die optimistische Version abgelöst werden
muß. Was wäre, wenn Europa die Neue Welt versklavte, fragt sich Colombo:
"O vvie vvürde dadurch EUROPENS ehre geschaendet!",[31] stellt er fest und
leidet - hypothetisch - unter dem schweren Gedanken, die Indianer, seine
"Soehne", würden ihn, den Entdecker, einst verfluchen, da er ihnen den
Grimm Europas auf den Hals gezogen habe. Doch schnell geht diese Anwandlung
vorbei: es folgt der Auftritt des in die schöne Indianerin Lamisa verlieb-
ten Bleda, Bleda darf von den edlen Wilden berichten, und dem positiven
Fortgang und Ausgang des Epos steht nichts mehr im Weg.

Unauflösbar ist dieser Widerspruch: Hier die teils heilsgeschichtlich,
teils weltimmanent formulierte These von den Segnungen Europas, die nun
auch der Neuen Welt zuteil werden - eine These, die Anfang und Ende des
Epos bestimmen. Dort - wenn auch nicht eigentlich durchgeführt, sondern
nur in einzelnen, isolierten Momenten anklingend - die kritische Perspektive, die Europa als verkommen betrachtet und die Entdeckung als Unglück
für die Indianer ansieht, das eben vom Fatum bestimmt sei und dem man sich
beugen müsse.

Offensichtlich liegt der <u>Colombona</u> eine widersprüchliche, wenn auch von
Bodmer nicht als solche erkannte, Konzeption zugrunde. Dieser Widerspruch
ist einerseits in der den Züricher bestimmenden calvinistischen Tradition
selbst angelegt, die ja der Entdeckung Amerikas zwiespältig gegenüberstand: Zwar band man die göttliche Offenbarung an eine vernunftgemäße

Wahrheit (und nicht an Christus), postulierte daher eine natürliche Religiosität der "Wilden" und forderte mithin die Missionierung; dennoch diente die Geschichte der Conquista und der Zwangsbekehrung der Indianer von Anfang an als Vehikel antikatholischer Polemik.[32] Dies schlägt sich auch in der Colombona nieder: Colombo handelt zwar im Rahmen des göttlichen Heilsauftrags, dieser Heilsauftrag aber wird durch die korrupte und nicht reformierte Kirche verraten.

Andererseits aber dürfte die widersprüchliche Konzeption der Colombona durch Bodmers eigene, etwas unklare Stellung zwischen religiöser Tradition und säkularisierter Aufklärung bedingt sein. Dieser Widerspruch kennzeichnet ja auch die literaturtheoretischen Äußerungen des Zürichers. Reinhart Meyer hat darauf verwiesen, daß die so oft mit der säkularisierten Position der lutherischen norddeutschen und sächsischen Poetik (Gottsched) beinahe gleichgesetzte Poetik der beiden Schweizer Bodmer und Breitinger aus einem ganz anderen Fundament erwachsen ist: eben aus dem calvinistischen, theokratische Züge tragenden Zürich, dem die biblische Offenbarung weiterhin den Rahmen für die gesellschaftlichen Vorstellungen liefert.[33] Neben dieser traditionellen, "restaurativen" Tendenz findet sich allerdings auch eine - von Meyer zu wenig berücksichtigte - anti-absolutistische, bürgerliche, republikanische Linie, die freilich von einer präabsolutistischen, ständischen Position ausgeht, die aber dennoch innovativ wirkt und wesentliche Elemente der europäischen Aufklärung zu rezipieren vermag. (Symptomatisch dafür ist Bodmers Montesquieu-Rezeption: Auch Montesquieu argumentiert ja von einer feudalen Position her antiabsolutistisch und wirkt gerade dadurch auf die Protagonisten der Amerikanischen und der Französischen Revolution.)[34]

Diese Konstellation führt nun in der Colombona zu den beobachteten Ungereimtheiten. Da ist einerseits der Wille, gemäß der eigenen theologischen und poetologischen Position das Wunderbare zu besingen. Die Konsequenz ist die heilsgeschichtliche Legitimierung der Columbus-Fahrt. Da ist andererseits die aus antirömischen Affekten und aufklärerischer Kritik gespeiste desillusionierende Sicht auf die Eroberung Amerikas. Diese Sicht führt im Verlauf der Colombona zu einer wiederholten, aber punktuellen Störung der Heilsgeschichte. Wiederholt, weil sich diese Tendenz eben nicht verschweigen läßt; punktuell, weil es Bodmer nicht gelingt, sie seinem Werk zu integrieren: denn das hätte die Destruktion des heilsgeschichtlichen Entwurfs zur Folge.

Anmerkungen

1. Vgl. dazu Wolfgang Preisendanz: Die Auseinandersetzung mit dem Nachahmungsprinzip in Deutschland und die besondere Rolle der Romane Wielands (Don Sylvio, Agathon). In: Nachahmung und Illusion (= Poetik und Hermeneutik 1), 1964, S.73-95; hier bes. S.77.

2. Die Colombona. Ein Gedicht in fynf Gesaengen. Zyrich, bei Conrad Orell und Comp., 1753.

3. Schon Paul Böckmann (Formgeschichte der deutschen Dichtung. Erster Band: Von der Sinnbildsprache zur Ausdruckssprache, Hamburg 1949, S.573) verwies darauf, daß sich das Wunderbare bei Bodmer an der Inhaltlichkeit der Fabeln und Erfindungen orientiere.

4. Vgl. Klaus Weimar: Theologische Metrik. Überlegungen zu Klopstocks Arbeit am "Messias". In: Hölderlin-Jahrbuch 16 (1969/70), S.142-157.

5. Vgl. etwa Angelika Wetterer: Publikumsbezug und Wahrheitsanspruch. Der Widerspruch zwischen rhetorischem Ansatz und philosophischem Anspruch bei Gottsched und den Schweizern, Tübingen 1981.

6. Die Colombona (Anm.2) S.5.
7. Ebd.
8. Ebd., S.75.
9. Ebd., S.17.
10. Ebd.
11. Ebd., S.16.
12. Oeuvres Complètes de Montesquieu, publiés sous la direction de André Masson, Tome I, Paris 1950, S.375. (in der Übersetzung von Ernst Forsthoff [Montesquieu: Vom Geist der Gesetze, hg.v.E.F., Tübingen 1951, S.377:] "die aus ihrem Land ausziehen, um Tyrannen und Sklaven zu vernichten und die Menschen zu lehren, daß die Natur sie gleich geschaffen hat und folglich die Vernunft sie niemandem als nur ihrem Glücke unterwerfen kann."
13. Die Colombona (Anm.2) S.10.
14. Ebd., S.34.
15. Ebd., S.71.
16. Ebd.
17. Ebd.
18. Auf die Idealisierung des "zum größten Teil" aus "Gesindel" und "Verbrechern" bestehenden Schiffsvolkes bei Bodmer verweist Ernst Wetzel in seinem lediglich aufzählenden, geistesgeschichtliche Aspekte und starke Zugeständnisse an den Zeitgeist verbindenden Buch Der Kolumbus-Stoff im deutschen Geistesleben, Breslau 1935.
19. Vgl. Johann Heinrich Zedlers Großes vollständiges Universal-Lexikon, Bd.3, Halle und Leipzig 1733 (Nachdruck Graz 1961), Sp.943, wo Behaims Entdeckung Amerikas und der Maghellan-Straße allerdings als zweifelhaft bezeichnet wird.
20. Die Colombona (Anm.2), S.5.

21. J.Kirkpatrick: The Sea-Piece. A narrative, philosophical and descriptive poem in five cantos, London: M.Cooper & J.Buckland / J.Robinson MDCCL.

22. Besonders auffällig ist dies bei der Schilderung des Sturms (Die Colombona [Anm.2], S.20), für die Bodmer die entsprechende Passage aus dem Sea-Piece wörtlich übernimmt (vgl. ebd., S.39-41). Doch auch für viele weitere Details lassen sich Entsprechungen finden.

23. The Sea-Piece (Anm.20), S.111.

24. Montesquieu (Anm.11), S.167. Forthoffs (s. Anm.11) Übersetzung: "Um Amerika halten zu können, tat es selbst das, was der Despotismus nicht tat: es rottete seine Einwohner aus." (S.174).

25. Die Colombona (Anm.2), S.17.

26. Ebd., S.40.
27. Ebd.
28. Ebd.
29. Ebd., S.57.
30. Ebd.
31. Ebd., S.70.

32. Vgl. dazu Wolfgang Neuber: Newe vnbekanthe landte. Zur topischen Konstituierung deutscher Sachprosa der Frühen Neuzeit - am Beispiel der Reiseberichte aus der Neuen Welt. Habil.-Schrift Wien 1987, S.40ff.

33. Reinhart Meyer: Restaurative Innovation. Theologische Tradition und poetische Freiheit in der Poetik Bodmers und Breitingers. In : Aufklärung und literarische Öffentlichkeit, hg.v.Christa Bürger, Peter Bürger u. Jochen Schulte-Sasse, Frankfurt 1980, S.39-82.

34. Vgl. Melvin Richter: The political theory of Montesquieu, Cambridge 1977.

Columbus als "Apostel und Eroberer" im französischen Epos des 18. Jahrhunderts

Dietrich Briesemeister

Voltaire hatte mit seiner zwischen 1713 bis 1718 entstandenen Henriade in Frankreich große Erwartungen hinsichtlich der Erneuerung der epischen Dichtung geweckt, die jedoch im Verlauf der literarischen Entwicklung des 18.Jahrhunderts nicht in Erfüllung gehen sollten. Zwar erschienen epische Gedichte in erstaunlicher Zahl - ungefähr vier Dutzend Versepen sowie vierzehn Prosaepen im Gefolge von Fénelons Aventures de Télémaque (um 1694 geschrieben) -, doch haben sie später allesamt in der kritischen Wertung durch die Literaturgeschichtsschreibung keine Gnade gefunden.[1] Daß sie in den gängigen Handbüchern und Nachschlagewerken heute nicht einmal mehr erwähnt werden, vermittelt allerdings auch kein zutreffendes Bild von der gattungspoetischen Debatte in der Aufklärung und wird weder den hochgesteckten Ansprüchen der Ependichter noch den Vorstellungen der zeitgenössischen Leserschaft gerecht.[2] Neben religiösen Epen, die vor allem unter dem Eindruck der Milton-Rezeption entstanden, sind es Lehrgedichte, etwa zur Naturkunde oder über Themen des Handels, der Schiffahrt, der "nützlichen Kenntnisse" sowie fünf Heldenlieder auf Columbus und die Eroberung der Neuen Welt, die den Fortbestand der epischen Dichtung bis zur Französischen Revolution ausmachen. In diesem Überlieferungszusammenhang stehen außerdem Übersetzungen berühmter Epen sowohl der Antike (Homers Ilias in der Bearbeitung von Antoine Houdar de la Motte, Vergils Aeneis in den Fassungen von Jean R.Segrais und Pierre-François Desfontaines, Lukans Pharsalia, 1766, übertragen von Jean-François Marmontel, Lukrez) als auch der neueren europäischen Literaturen (Camões, Tasso, Pope, Milton, Klopstock und Bodmer). Außerdem dauerten die theoretischen Auseinandersetzungen über die Poetik, über Homer und die Querelle des Anciens et des Modernes an. Im Jahr vor Erscheinen der Colombiade von Mme Du Bocage kam Marmontels Artikel 'épopée' in der Encyclopédie ou Dictionnaire raisonné des Sciences, des arts et des métiers (t.5, Paris 1755, 825-831) heraus, der sich kritisch mit der Epentheorie des 17.Jahrhunderts (vor allem mit P. Le Bossu und der Auffassung vom Merveilleux chrétien) auseinandersetzt und im übrigen auf Voltaire verweist. Gegenstand des als "Folge von tableaux" und (mit Aristoteles) als "tragédie en récit" verstandenen epischen Gedichts könne "un voyage, une conquête, une guerre civile, un

devoir, un projet" oder auch "l'exécution d'un grand dessin" bilden. Die
auf "mélange de dramatique et d'épique" gegründete Handlung müsse denkwürdig, lehrreich und zugleich spannend sein, "c'est-à-dire digne d'être
présentée aux hommes comme un objet d'admiration de terreur, ou de pitié.
L'action de l'épopée doit donc avoir une grandeur et une importance universelles" (826). Dem Epos kommt damit die erzieherische Rolle einer "école
des maîtres du monde" zu. Wie genau diese Bestimmungen auf Columbus und
seine Unternehmungen zutreffen, stellte wenig später Jacques Charles Louis
Malfilâtre (1733-1767) in Betrachtungen über Le génie de Virgile heraus.[3]
Den eigenen Plan für ein Epos über "Christophe Colomb ou la Découverte
du nouveau monde" konnte der früh verstorbene Dichter nicht mehr verwirklichen. Immerhin erschien ihm dieser Gegenstand gewichtiger als der
Kampf zwischen Achill und Agamemnon, die Irrfahrten des Odysseus und sogar
die Gründung Roms. Im Streit um den Vorrang zwischen Antike und Moderne obsiegt das Interesse an der neueren Weltgeschichte, an der "Neuen Welt", am
Helden einer neuen Zeit, der die mythischen Heroengestalten in den Schatten
stellt. "Quel homme à peindre que ce Colomb! que deviennent les Hercule, les
Jason devant lui? que ces personnages si vantés dans la Fable sont peu de
chose en comparaison de ce héros unique" (p. XXVIII). Das epische Gedicht
über diese neue, wirkliche Welt wird für ihn zum enzyklopädischen Gesamtkunstwerk, das die Errungenschaften der Moderne, die Erkenntnisse der Geographie, Naturkunde, Astronomie, Schiffahrt, den Stand der sittlichen Bildung wie auch den politischen Weltzustand - "en un mot, tous les arts et
toutes les sciences" - aufnimmt. Columbus mit seinem Schicksal, seinem
Wissen, seinen Eigenschaften erscheint als Symbolgestalt inmitten eines
"siècle d'ignorance", die in die Zukunft weist.

In den Vorreden zu den Columbus-Epen stellen die Dichter immer wieder die
Geschichtlichkeit ihres epischen Vorwurfs, die geschichtliche Treue bei der
literarischen Gestaltung des Stoffs heraus. Die behandelten Geschehnisse,
der Protagonist, manche Nebenfigur und Einzelheit mögen zwar historisch
bezeugt sein, doch die Epen selbst setzen keineswegs bloß Fakten in Verse
um. Im Gegenteil: sie sind idealisierende Nachahmung "edler Handlungen",
"edler Charaktere", wetteifern geradezu in der Erfindung immer neuer episodischer Bilderfolgen und szenischer Arrangements, ganz im Sinne von Marmontels
Hinweis, man könne nicht genug "morceaux dramatiques" - in die epische Komposition einbringen. Epische Darstellungsweise erlaubt nicht nur, sondern verlangt geradezu "peintures plus fréquentes et plus vives". Epos und Drama

mischen sich und steigern sich gegenseitig ins Pathetische. Im Unterschied
zur Geschichtsschreibung, "qui raconte sans imiter", stellt das epische
Gedicht nach Marmontel eine "imitation, en récit, d'une action intéressante
et mémorable" dar. Die dichterische Ausschmückung ist frei erfunden und erfolgt mit den Mitteln der klassischen Rhetorik und epischen Erzähltechnik
(etwa in Reden, Visionen und vorausdeutenden Träumen, durch Ekphrasis und
Teichoskopie, Allegorien usw.). In diesem Sinn werden beispielsweise zahlreiche Naturerscheinungen (Sturm, Elmsfeuer, Windhose), exotische Früchte
und ferne Landschaften, Tiere, Ungeheuer, Bauten (Paläste, Tempel, Orte),
Feste, Spiele, rituelle Handlungen, Heeres- und Flottenaufgebot, Schlachten
"gemalt" in die epische Erzählung eingeführt zum Zweck der diversité, der
abwechlungsreichen Beschreibung. Exkurse nehmen zuweilen den Charakter von
kleinen Lehrgedichten innerhalb des Epos an, etwa die visionäre Schau der
Geschichte, Darstellung von Wissensstoff und der Erfindungen oder "Länder-
kunde". Zudem erläutern die Dichter in pedantischen Fußnoten historische,
geographische oder naturkundliche Einzelheiten unter Hinweis auf ihre
Quellen. Vielen erfundenen Gestalten und Episoden kommt eine übertragene,
allegorische Bedeutung oder dramatische Funktion zu (etwa böse Widersacher,
Liebesabenteuer, Verzögerungen, Prüfungen, Apotheosen). Ein besonderes Problem wirft in einer rationalistisch-skeptisch gewordenen Zeit, dem Siècle
des Lumières, die Darstellung und Verwendung des Wunderbaren auf. Die Lö-
sungsversuche reichen von der naiven Handhabung zauberhafter, unglaub-
licher, unwahrscheinlicher Elemente über die Patentlösung eines "nouveau
genre de merveilleux", das im Gegenstand des Epos selbst, der exotischen
Natur, den fremdartigen Menschen, Ländern und Zivilisationen der Neuen Welt
gesehen wird, bis hin zum Rückgriff auf das theologische Geschichtsverständnis.

Daß die Entdeckung und Eroberung Amerikas mitten im 18.Jahrhundert noch als
Fügung göttlicher Vorsehung gedeutet werden konnte, ist nicht nur dem Fortwirken eines von Bossuet klassisch formulierten theologischen Verständnisses
der Weltgeschichte als Heilsgeschichte zuzuschreiben, sondern beruht auch
auf einem Geschichtsbild, aus dem das Epos seit jeher seine innere Spannung
und seinen Anspruch als Begründung und Rechtfertigung von Geschichte bezieht.
Aus epischer Sicht stellt sich alles Geschehen als unbeirrbare Verwirklichung eines höheren Auftrags dar. Geschichte bleibt weder dem blinden
Zufall noch der Sinnlosigkeit überlassen, sondern bringt unter Mitwirkung
des dazu berufenen Helden einen vorgezeichneten Plan zur Ausführung. Selbst

Irrtümer und allzu menschliches Versagen des Helden vermögen ihn nicht aufzuhalten oder zu gefährden.

Als episches Thema par excellence erschienen Entdeckung und Eroberung Amerikas[4] im Zeitalter der Encyclopédie, das ansonsten den cosas de España nicht eben verständnisvoll gegenüberstand, erstmals in Le Mexique conquis (Paris 1752) von Boesnier, einem völlig unbekannten Autor, der sein Werk bezeichnenderweise einem Admiral de France widmete. Reise- und Expeditionsberichte, Geschichtsschreibung und Völkerkunde regten, zumal unter dem Eindruck der kolonialwirtschaftlichen Interessen Frankreichs und der Rivalität unter den europäischen Mächten in Übersee, die Beschäftigung mit Amerika an. In dieser Zeit des Aufbruchs und der Erweiterung des naturwissenschaftlichen Weltbildes wird die Gestalt des Columbus 250 Jahre nach seinem Tod wiederentdeckt als Verkörperung genialen Entdecker- und Eroberergeistes. Boesnier schreibt sein Prosapoem in zwölf Gesängen sozusagen als Richtigstellung der Historia de la conquista de Mexico von Antonio de Solís y Rivadeneyra (1684), eine merkwürdige Auffassung des Verhältnisses von Geschichtsschreibung und epischer Dichtung! Bemerkenswert an Boesniers Darstellung ist, daß Columbus von Anfang an als spiritus rector hinter dem Geschehen der Eroberung Mexikos steht. Zu Lebzeiten der Entdecker des Kontinents, wird er nun im Himmel dessen Fürsprecher und zum "Protecteur des Espagnols" hochstilisiert. Er betet zu Gott, daß das Licht des Glaubens in der Neuen Welt verbreitet werde. Die im "heiligen Eifer" ausgesprochene Fürbitte des Columbus findet Erhörung: Christus gibt dem Gouverneur auf Kuba im Traum die Weisung, unter Führung von Cortés eine Expedition auszusenden. Nach dem Sieg von Tlaxcala wird Cortés in einer Vision wie ein "neuer Elias" in das Jenseits entrückt. Dort erblickt er den "heiligen Genuesen" (le saint Génois) im Glanz der Ewigkeit. Der spanische "General" nähert sich dem Unsterblichen, und dieser zeigt ihm aus himmlischer Schau den amerikanischen Kontinent (chant X, t.2, 129-156). Der Wegbereiter enthüllt dem Conquistador Geschichte und Zukunft der Neuen Welt als Offenbarung und Berufung. Cortés folgt dem Vorbild und der Weisung des Columbus. Damit ist das epische Grundmuster der folgenden Gedichte vorgezeichnet: Sub specie aeternitatis erscheint das historische Geschehen der Eroberung als gerechte Ausführung eines göttlichen Auftrags im Kampf gegen die Mächte der Finsternis - des Teufels und des Aberglaubens -, die das heilige Unternehmen der Spanier vergeblich zu vereiteln trachten.

Das erste große Columbus-Epos des 18.Jahrhunderts stammt zum Erstaunen der
Zeitgenossen aus der Feder einer Frau, Anne-Marie Du Bocage (1710-1802).[5]
Als begeisterte Leserin von Miltons Paradise Lost, das sie auch in einem
erfolgreichen Epos Le Paradis terrestre (1748)[6] nachgeahmt hat, vermittelten ihr möglicherweise Verse aus dem neunten Gesang (1110-1117) mit der Anspielung auf die von Columbus aufgefundenen "Federmenschen" eine wichtige
Anregung für La Colombiade, ou La Foi portée au nouveau monde (Paris 1756),
ein Papst Benedikt XIV. gewidmetes Gedicht in zehn Gesängen. Mme Du Bocage,
die in Paris einen vielbesuchten literarischen Salon unterhielt, besaß
zweifellos auch Kenntnis von Boesniers apologetischem Werk. In der Vorrede
zur Colombiade spielt sie bei der Erläuterung ihres von Voltaire gerühmten,
in Melchior Grimms Korrespondenz[7] allerdings abschätzig beurteilten Epos
indirekt auf Boesnier an: eigentlich müßte Hernán Cortés der Held eines
Gedichts über die Eroberung der Neuen Welt sein, gesteht sie. Nach der
Lektüre der Histoire de la conquête du Mexique von Solís habe sie den Plan
gefaßt, ein episches Bild der "rares talens de ce Géneral" zu zeichnen
(wie Boesnier), ein Vorhaben, das sie jedoch alsbald wieder aufgab, da der
"schwache" Montezuma keinen ebenbürtigen Gegenspieler des "großen" Spaniers
darstellt. Die Protagonistenkonstellation hätte nicht nur erhebliche Eingriffe
in Charakterdarstellung und Handlungsverlauf verlangt, sondern auch zu
einem Übergewicht von Schlachtenszenen geführt, eine verdeckte Kritik an
Boesniers Vorgehen, der seinerseits Solís wegen die Vermengung von Fakten
und Fiktion kritisiert und die Conquista als Bilderbogen von Kampfepisoden
darbietet. Wegen seiner Grausamkeit kommt Pizarro dagegen für Mme Du Bocage
als Hauptgestalt eines Epos nicht in Frage, er ist kein "bewundernswerter
Held", abgesehen davon, daß aus den kriegerischen Ereignissen bei der Unterwerfung des Inkareiches auch kein "fait principal" herausragte, der notwendig
ist, um einer epischen Bearbeitung Gewicht zu verleihen. Du Bocages Epos,
dem Johann Jakob Bodmers Colombona (1753) mit derselben Deutung des Helden
als erwähltem Werkzeug der Vorsehung und Boten des christlichen Glaubens
vorausgeht, erlebte innerhalb weniger Jahre mit sechs Ausgaben und Übersetzungen sowohl ins Deutsche (1762) als auch ins Italienische (1771) eine
Verbreitung, die keinem anderen französischen Columbus-Epos des 18.Jahrhunderts beschieden wurde.[8]

Mit der Verwunderung, daß es eine Dichterin war, die zuerst die Taten des
"neuen Odysseus" besang, nehmen die Verfasser der beiden über ein Jahrzehnt
später geschriebenen Epen, Nicolas-Louis Bourgeois (1715-1780)(Christophe
Colomb, ou l'Amérique découverte, Paris 1773) und Robert Martin Le Suire

(1737-1815) (Le Nouveau Monde, ou Christophe Colomb, Paris 1781, neubearbeitet 1800) auf die Vorgängerin zwar Bezug, beteuern jedoch, erst nach Vollendung ihrer Werke von der Existenz der Colombiade Kenntnis erhalten zu haben. Manche Übereinstimmungen dürften sich in der Tat durch den Rückgriff auf das Repertoire epischer Motive und Darstellungsmittel erklären. Bourgeois, der etwa dreißig Jahre seines Lebens auf Santo Domingo verbrachte, schrieb sein 12.000 Verse umfassendes Gedicht in 24 Gesängen als dominikanische Gründerepopoe, in die eigene Erfahrungen und Beobachtungen sowie umfangreiche historische Quellenstudien und die Kenntnis der Lusíadas von Camões eingehen. Auch Bourgeois beruft sich u.a. auf Solis, dessen "Mexique conquis" eigentlich in Versen hätte verfaßt werden müssen. Aus dem alten Steuermann, der Columbus auf den Kanarischen Inseln entscheidende Unterweisung gegeben haben soll, macht Bourgeois einen Engel in menschlicher Gestalt, den Gott geschickt hat, um Columbus in die Pläne der Vorsehung einzuweihen. Die Berufung zum Apostel und Eroberer geschieht stilisiert als Initiation, als Erlebnis in der Höhle. Der Entdecker wird zum Prototyp des Kolonisators unter den Wilden, für die Bourgeois nur wenig Achtung hat.

Robert Martin Le Suire (1737-1815) schrieb sein episches Gedicht Le nouveau monde (Paris 1781; völlige Neubearbeitung mit dem Titel Le nouveau monde, ou Christophe Colomb, Paris 1800) zwischen 1756 und 1768. Das ehrgeizige Unternehmen stellt er durch ein Zitat aus Gerusalemme Liberta (canto X) auf dem Titelblatt demonstrativ in die Nachfolge Tassos.[9] An die Stelle der obligaten Musenanrufung tritt der Auftrag des Columbus an den Dichter, das Epos als tragisches Heldenlied zu singen:

> Chante, dit-il, ma gloire, époque des douleurs,
> Et sur mes vains exploits, fais répandre des pleurs.
> D'un projet si riant quelle fin désastreuse!
> (Ausgabe 1800, p.2)

Die in einem langen Vorspann angestellten Überlegungen rechtfertigen die epische Gattung in dürftiger Zeit: "Les Français ont toujours passé pour n'avoir pas la tête épique" (p.VI). Ein Brief Voltaires an den jungen Dichter vom 22.April 1761 soll als Empfehlung dienen für das zu dieser Zeit freilich noch gar nicht geschriebene Poem. Le Suire gibt die Vorstellung einer von der göttlichen Vorsehung geführten Geschichte auf. Die Entdeckung erscheint nun als Ergebnis menschlicher Planung, Berechnung und Wissenschaft: "La Découverte du Nouveau Monde, la plus fameuse qu'on soit faite, la seule importante peut-être qui ne soit pas due au hazard" (p.V). Als größtes Ereignis der Geschichte hat die Entdeckung in der Welt eine Revolution aus-

gelöst. Le Suire präsentiert sein Werk als episches Theater. Wie bei einem
Drama werden eingangs sogar die Personen der Handlungen aufgezählt und die
Schauplätze erwähnt ("toute l'Amérique", Spanien, Italien, insbesondere
Florenz, wo Columbus mit Vespucci zusammentrifft). Als Statisten werden
außerdem Massen von Spaniern, Franzosen, Italienern, Portugiesen, Indios,
Peruaner, Soldaten usw. in diesem Weltendrama aufgeboten, das sich zu einem
riesigen Szenario für die Biographie des Columbus weitet mit den Stationen
der Entdeckungsfahrten, den Verwirrungen der Liebe, Entbehrungen, Meutereien,
Gefangenschaft, Triumph und Tod. Das Weltendrama gerät schließlich zum
Gericht über die Weltgeschichte auf einem Konzil zu Rom, bei dem Vérité und
Illusion die Geschichte durchmustern. Auf dem Sterbebett hält Columbus
kritische Rückschau auf sein Tun und dessen Folgen. Obgleich Le Suire wieder-
holt beteuert, die Geschichte wahrheitsgetreu wiederzugeben, er beruft sich
u.a. auf Übereinstimmungen mit de Pauw und Abbé Raynal, zeugen die epischen
Details von blühender Phantasie. "Le merveilleux épique" ist bei einer
Nation, die nichts mehr glaubt und keinen Glauben mehr besitzt, überholt.
An seine Stelle tritt das Exotische, das Schauspiel, die Fremdartigkeit der
Menschen, ihrer Sitten und Glaubensvorstellungen.

Nur Pierre Laureau (1748-1845) schert aus dem Zusammenhang der Columbus-Epik
in der französischen Spätaufklärung aus und tut so, als ob sein Entwurf für
ein noch zu schreibendes Epos über die Entdeckung der Neuen Welt überhaupt
der erste Versuch im Land wäre, den Stoff zu verarbeiten (L'Amérique découverte, en six livres, Autun 1782). "On demande depuis longtemps le Poëme de
la découverte du nouveau monde. Les Journalistes l'indiquent, les Savans le
désirent, et les bibliothèques l'attendent", verkündet er dem Leser im groß-
sprecherischen Avertissement. Niemand wollte freilich die Ausführung dieser
Skizze übernehmen, die Columbus als "homme divin, créateur d'un monde"
(p.170) verherrlicht und zugleich eine "revue des siècles" veranstaltet,
die das alte Amerika und die Folgen der europäischen Expansion visionär
umspannt.

Im gleichen Jahr wie Laureaus Epenskizze erschien auch die von der Académie
de Marseille preisgekrönte Versepistel des Chevalier Lespinasse de Langeac
(+ 1830) Colomb dans les fers, à Ferdinand et Isabelle, après la découverte
de l'Amérique; dieser Heldenbrief steht am Schluß der Columbusgedichte vor
der Revolution. Der Genuese, der als einer der "grands hommes bienfaiteurs
de l'humanité" bezeichnet wird, hält den Katholischen Königen eine bitter
enttäuschte Abrechnung vor und hadert, in Ketten gelegt, mit seinem Schicksal

als einer der vielen "illustres persécutés": "c'est auprès de vous que sont les vrais Sauvages", schleudert er den Monarchen wütend entgegen und klagt die Spanier mit eben jenen Vorwürfen an, die schon immer gegen ihre Herrschaft in Amerika erhoben wurden: Tyrannei, barbarische Grausamkeit, Raffgier. Dem guten, menschlichen Columbus und den unschuldigen Völkern Amerikas stehen in diesem melodramatischen Pamphlet die spanischen Bösewichte gegenüber:

> Je n'ai rien obtenu qu'un monde à découvrir
> L'honneur m'a trop payé! mes fers sont ma richesse (123)

Der antispanische Akzent dieser rhetorischen Preisaufgabe, wie sie französische Provinzakademien im späten 18.Jahrhundert wiederholt ausschrieben, zeigt sich deutlich im Vergleich mit einem Melodrama (1790) von Luciano Francisco Comella y Villamitjana, das zwar auch Columbus' Rückkehr in Ketten behandelt, aber mit dem Erweis seiner Unschuld und der Rehabilitierung durch Königin Isabella endet.

Die literarischen Bearbeitungen des Columbus-Stoffes sind weniger wegen ihrer epischen Komposition bemerkenswert - diese greift durchwegs auf das Formelrepertoire klassischer Erzähltechnik und rhetorischer Sprachkunst zurück - als vielmehr durch ihre Deutung der Gestalt des Entdeckers selbst, der spanischen Landnahme und der Neuen Welt.

Die historische Figur des Columbus wird entgegen der Beteuerung der Autoren, die Historizität zu wahren und den epischen Bericht geschichtlicher Quellen zugrundezulegen, weder in ihrer individuellen biographischen Eigentümlichkeit dargestellt noch in einer psychologischen Charakter- und Motivationsstudie gedeutet. Die Konventionen der epischen Gattung erlegen der Zeichnung des Persönlichkeitsbildes eines Protagonisten strenge Stilisierung auf. Die Hauptgestalt muß nach bestimmten Merkmalen idealisiert und überhöht werden. Ungeachtet der schon über zweihundert Jahre andauernden Polemik um die Conquista und Spaniens Stellung in der Welt - zumal in Frankreich - preisen die französischen Ependichter Columbus weiterhin uneingeschränkt als Helden und Vorbild. Seine Entdeckungsfahrten bestätigen die außergewöhnliche Berufung. Das Leben des Helden (Bourgeois nennt ihn "le héros de la Mer", und für Le Suire ist er schlechthin "le Héros") folgt Erzählmustern mit markanten, entscheidenden Wegstationen. Mme Du Bocage und Bourgeois, aber auch Boesnier schreiben die göttliche Berufung des Columbus fest. Boesnier apostrophiert ihn als "le saint Génois" (erw.Ausgabe II, 125), Bourgeois nennt seine providentielle Mission die eines "Apôtre et conquérant" (erw.

Ausg.I, 20). Christophorus Columbus erscheint als Lichtträger des Glaubens bei einer Unternehmung, die als conquête spirituelle - als Eroberung und Evangelisierung gerechtfertigt wird. Um den Eingeborenen die Wahrheit des christlichen Glaubens unterrichten zu können, gewährt der Himmel Columbus sogar die Gabe, deren Sprache zu verstehen, ein Pfingstwunder in der Neuen Welt, das ihn zum Laienmissionar und Katecheten macht. Im 12.Gesang seines Epos beschreibt Bourgeois, wie Columbus einem Kaziken seine Sendung erklärt, ihn in der Gotteslehre unterweist und einen Überblick über die Schöpfung bis zur Ankunft Christi gibt. Einen Dolmetscher benötigt er wunderbarerweise nicht. Nach einer religiösen Zeremonie der Eingeborenen fährt Columbus in der Heilsgeschichte fort mit der Erzählung des Lebens Jesu bis zum Kreuzestod. Du Bocage läßt Columbus nicht nur vor der wilden Amazonenkönigin die Frohbotschaft predigen, sondern führt in der Begegnung mit der Indianerin Zama, einer anima naturaliter christiana, eine Prüfung des Helden vor. Dem naiven "ungebildeten", neugierigen Mädchen erzählt Columbus seine Reise und ihr eigentliches Ziel ("a porter notre foi sur un nouveau Rivage") in epischer Rückschau. Beim Katechismusunterricht verliebt er sich in die exotische Schönheit. Auch bei Bourgeois und Le Suire erscheint Columbus als Liebhaber (allerdings "sans compromettre sa dignité"!). Rousseau hatte in dem Opernlibretto La découverte du Nouveau Monde [10] (1740-1741) dieses Motiv der Liebesbeziehungen eingeführt, das in Melodramen des 19.Jahrhunderts wiederholt aufgenommen werden sollte. In tragischer Verwicklung verursacht Columbus durch die Liebe zu Zama den Selbstmord ihres verzweifelten alten Vaters, der dem Spanier arglos und großmütig vertraut. Doch Zama, die erste Indianerin, die dem alten Götter- und Dämonenglauben abschwört, sühnt dafür kurz vor der Hochzeit mit Columbus durch das Opfer ihres Lebens bei einem kriegerischen Überfall und geht als amerikanische Protomärtyrerin in den Himmel ein. Sie wird zum Schutzengel des Columbus. Die "Eroberte" rechtfertigt aus dem Jenseits die Eroberung (erw.Ausg., 157), während der Held hienieden aus der Versuchung der Liebe in seiner eigentlichen Sendung bestärkt hervorgeht. Gerade noch fast der Leidenschaft erlegen, ist er wieder der "Unsterbliche" (l'Immortel) und steht als Pastor bonus (erw.Ausg. 84) bei den Seinen. Boesnier läßt übrigens in Le Mexique conquis Cortés ebenfalls der Liebe zu einer Indianerprinzessin entsagen, der darin Columbus, seinem Vorbild, folgt.

Im Bestreben, den Helden zu glorifizieren, überhäufen die Dichter Columbus mit allen erdenklichen Vorzügen und Tugenden: er wird weise, bescheiden, gerecht, gottesfürchtig, friedfertig, ohne Falsch, edel, tugendhaft, großmütig, mutig und standhaft genannt. Als "grand homme" feiert ihn nicht nur Bourgeois, sondern auch die Encyclopédie. Zahlreiche schmückende, typisierende Beiwörter katalogisieren die moralische und menschliche Vollkommenheit des Colubmus gleichsam als Übermenschen. Die Umkehr dieser Epitheta kennzeichnet seine Widersacher. Bemerkenswert ist vor allem, wie der "gute" Columbus gegen die "bösen" Spanier mit ihrer Raffgier, Grausamkeit, Herrschsucht, Zügellosigkeit, Zwietracht usw. ausgespielt wird. Die dämonischen Mächte können ihm freilich nichts anhaben. Columbus, der sich stets menschlich gibt ("avec humanité"), wollte nur "le bon ordre" wiederherstellen, wie Le Suire betont (p.XVI). Dafür muß er viel Leid, ja Verfolgung ertragen und erfährt nicht einmal die Anerkennung durch die Katholischen Könige. Für Lespinasse wird er damit zum Prototyp des unglücklichen "illustre persécuté". Der Genuese steht außerhalb der geläufigen Spanienkritik. Die Entmythologisierung des Entdeckers findet in der Aufklärung noch nicht statt. Auch wenn ihm nicht alle Dichter eine ausgesprochen religiöse Sendung zuerkennen, bleibt er dennoch ein "génie profond et méditatif", ein "homme divin, créateur d'un monde" (Laureau, erw.Ausg., 170). Im Sinne der Fortschrittsphilosophie des 18.Jahrhunderts rückt Columbus auf zu großen "bienfaiteurs" im Andenken der Menschheit. Le Suire legt dem Zivilisationsbringer die Worte in den Mund:

> Je voulais enfin, quand j'ai franchi les ondes,
> En les réunissant, rendre heureux les deux Mondes
> (erw.Ausg. II, 108)

und sieht ihn damit gleichsam in der Rolle des Philanthropen und Weltverbesserers, der Kontinente, Rassen und Kulturen brüderlich zusammenführt, um eine größere, glücklichere Welt zu schaffen. Unversehens wird Columbus damit zum Inbegriff des aufgeklärten Menschen: "ce Génois éclairé" nennt ihn Du Bocage mit vielsagender Lichtmetaphorik. In einer Zeit der großen Forschungsreisen gibt er als unerschrockener Vorläufer, der mit Hilfe der Wissenschaft - etwa der astronomischen Kenntnisse - die Entdeckung plant und erfolgreich durchführt. Sein grundlegender geographischer Irrtum wird allerdings nicht erwähnt. Weite epische Passagen bei Du Bocage und Bourgeois nehmen sich aus wie naturwissenschaftliche oder ethnologische Expeditionsberichte. Die Eroberung verbindet sich nicht nur mit dem Missionsauftrag, sondern auch mit dem Prozeß der wissenschaftlichen Neugierde und dem Erkenntnisdrang des Forschenden. Du Bocage vollbringt das Kunststück,

Columbus gleichsam im Lichte der benediktinischen Regel des Ora et labora
zu verklären. In einer Glaubensdingen gegenüber skeptischer gewordenen
Zeit führt sie ihn als einen Mann vor, der in den entscheidenden Prüfungen
und Wendungen seines Lebens zu Gott betet und sich als auserwähltes Werkzeug der Vorsehung versteht. Wie Aeneas verkörpert er als Führergestalt
pietas und virtus. Zugleich ist er aber auch ein Vertreter der modernen
europäischen Wissenschaft, der die "Loix du Calcul" beherrscht und auch
nutzbringend anzuwenden weiß. Ausgerechnet ein "frommer Admiral" dient der
Verbreitung jener nützlichen Wissenschaften, die den Gang der civilisation
in der Neuen Welt befördern. Überlegene moralische Qualität (vertu) bewirkt
in Verbindung mit Wissenschaft Zustimmung und Überzeugung, das heißt die
geistige Unterwerfung der amerikanischen Eingeborenen. Du Bocage spricht von
"réduire les esprits" oder "conquérir les coeurs". In der "douce éloquence",
mit der Columbus, über göttliche und menschliche Dinge sprechend, die Indios
durch die gesittende Macht des Wortes überredet, wirkt ungebrochen das
römisch-abendländische Bildungsideal des Rhetors weiter, der als "vir bonus
dicendi peritus" definiert wurde und über jeden Gegenstand zu reden vermag.
Mit der Strategie vernünftiger Rede wird Columbus zum Gründervater des neuen
Gemeinwesens. Vor einem Konzil am päpstlichen Hof tritt er denn auch in Be-
gleitung eines indianischen Gefangenen als Anwalt und Fürsprecher mit einem
Plaidoyer für Amerika auf (Le Suire, chant XXI).

Laureau und Lespinasse hingegen heben an Columbus mehr das uneigennützige
Ruhmstreben hervor: "Supérieur aux viles passions de l'intérêt, n'ayant
pour but que la gloire qu'il ne perdait jamais de vue". Die französischen
Poeten des 18.Jahrhunderts bauen damit weiter am "allgemeinen Pantheon des
Weltruhms" (Jacob Burckhardt).

In der Gestalt des Columbus spiegelt sich die Begegnung mit der Neuen Welt
aus der Blickrichtung und Weltanschauung des ausgehenden Ancien Régime.
Wiederum bestimmt der in der literarischen Überlieferung ausgeformte Rahmen
epische Bauelemente und Erzähltechniken die Darbietung und Deutung amerikanischer Themen, vor allem das panoramisch-episodische Grundmuster der Fahrt
in fremde Länder unter Abenteuern, Gefahren und Widerwärtigkeiten, in denen
sich der Held bewährt und zu voller Größe entwickelt. Die Erkundung unbekannter Erdteile und die Auseinandersetzung mit anderen Menschen und außereuropäischen Kulturen stehen ganz im Zeichen der Spannung zwischen "Zivilisation und Barbarei".

Mme Du Bocage beschreibt die erste Begegnung zwischen Europäern und Eingeborenen vor dem Hintergrund einer paradiesischen Natur - dem locus amoen und idyllischen Hafen - mit aller zeremonieller Förmlichkeit. Die Annäherung spielt sich ab als Frage- und Antwortspiel mit Hilfe eines schiffbrüchigen spanischen Dolmetschers, der sozusagen als Vorbote schon vor Columbus da war. Diese Anekdote gehört zwar zum alten Bestand der Legende um den Entdecker, sie ist jedoch im Zusammenhang mit den Robinsonaden des 18.Jahrhunderts literarisch bemerkenswert. Der neugierige alte Kazike, der Columbus gegenübertritt, findet seine epische Entsprechung etwa bei Vergil in Euander. Columbus stellt sich dem Eingeborenen in einer Lehrrede vor, die natürlich keine Autobiographie, sondern eine Weltkunde darbietet als Ausdruck des europäischen Selbst- und Sendungsbewußtseins. Die epische Szene der Erkennung zeigt Alte und Neue Welt im Kulturvergleich: in einem Abriß abendländischer Geschichte porträtiert Columbus das überlegene Europa, wenngleich er auch bereitwillig die "bienfaits" im Zustand der guten Wilden anerkennt. Er spricht als Gleicher zu Gleichen, nicht wie ein Gott, als den ihn die Eingeborenen empfangen. Der Alte wiederum bietet Columbus gastfreundschaftlich sein Land an, zeigt es ihm als kundiger Führer und unterweist ihn bei einem Lehrgang in der Landeskunde. Die Entdeckung erscheint damit idealisiert als Erkundungsreise, als Ausflug in paradiesische Gegenden, als Besichtigung einer verschwenderisch üppigen exotischen Natur. Stellenweise gerät das Epos damit zur Lehrdichtung (Beschreibungen von Naturphänomenen, Tieren und Pflanzen). In der Begegnung zwischen Columbus und dem Alten spielt sich der Dialog über Geschichtsverständnis und Gesellschaftslehre des 18.Jahrhunderts ab. Columbus wird zum Sprachrohr rationalistisch-aufklärerischer optimistischer Auffassungen von Staat, Gesellschaft, Wirtschaft, Technik und der Gesetzlichkeit geschichtlicher Abläufe:

<blockquote>La Raison nous gouverne.</blockquote>

Dieser visionären Lobrede auf die europäische Fortschrittsidee hält der Weise aus der Neuen Welt seine zivilisationskritische Mahnrede entgegen, in der er die utopische Vorstellung von Urzustand der Gesellschaft und ihre vollkommene Ordnung vertritt. Er tadelt die ständige Unruhe der Europäer als Strafe für ihre Neugierde, für ihren unersättlichen Wissens- und Forschungsdrang und das rastlose Streben nach "plus oultre". Dagegen setzt er die Genügsamkeit, Zufriedenheit, Friedfertigkeit der Menschen in der Neuen Welt, eine kritische Vorhaltung, die sich der christliche Glaubensbote ausgerechnet von einem Heiden machen lassen muß. Die Argumentation des Alten

ergibt zugleich wie ein Negativbild eine Vorstellung von den Folgen der
Eroberung, die in allegorischen Figuren (Avarice, Démon d'Or, Zwietracht,
Laster) auftreten. Der Kazike läßt einen Rhapsoden vor den Ankömmlingen
einen hymnischen Preisgesang auf die Heimat vortragen, der ein stilisiertes
Zeugnis mündlicher Überlieferung der Einheimischen darstellen soll. Columbus
wiederum antwortet dem "Naturphilosophen" mit einer Gegenrede, die trotz
aller bedenkenswerten Kritik an den Spaniern mit ihrem orgueil, faste und luxe
als Triebfedern des Fortschritts sowie goût pour le plaisir festhält an den
aufklärerischen Grundpositionen. Der ingénu empfängt Anfangsunterricht in
der europäischen Wissenschaft sowie im Manufaktur- und Bauwesen: er wird
vertraut gemacht mit den aus der Alten Welt kommenden zivilisatorischen und
technischen Errungenschaften. Die Inszenierung dieser Bildungsmaßnahme veranschaulicht sinnfällig nicht nur den pädagogischen Optimismus der Aufklärung, sondern vor allem auch das Sendungs- und Überlegenheitsbewußtsein
europäischer Bildungs- bzw. Wissenschaftsauffassung. Die Technik überbietet
und verbessert den Naturzustand.

Im neunten Gesang von Du Bocages Epos wird ein Traumgesicht des Columbus
beschrieben, das ihn im Augenblick höchster Gefahr in seiner Mission bestätigt. Im Traum schaut der Held die künftige Geschichte Europas voraus,
erlebt Geschichte als prophetische Offenbarung sub specie aeternitatis.
Dabei erkennt er zugleich die Folgen seiner Entdeckung, einerseits den Fortschritt der "race future", aber auch die eigenen Fehler. Der Dichterin
bietet sich hier Gelegenheit, die geläufige Kritik zum spanischen Weltreich
aufzunehmen und als Selbsterkenntnis und Geständnis des Columbus in das
epische Geschehen einfließen zu lassen. Im Blick auf die Minen von Potosí,
den Fluch des Reichtums und den Niedergang des spanischen Imperiums bricht
Columbus in eine bewegte Klage und Verwünschungen aus, um sich aber auch
sogleich wieder effektvoll dem Loblied auf "l'Europe entreprenante" (158),
dem Handel, Gewerbe und der Schiffahrt zuzuwenden, die Europa mit Amerika
verbinden und den Wohlstand begründen: ein Niederschlag zeitgenössischer
Lehren von Wirtschaft, Luxus und Glück. Anachronistisch nimmt
sich im Munde des Columbus die Verherrlichung der Grande Nation aus
("éterniser la France"), der Erzrivalin Spaniens im Kampf um die Hegemonie.
Die Traumvision gipfelt in einen Überblick über die geistesgeschichtlichen
Großtaten der Franzosen bis in das 18.Jahrhundert. Diese Vorschau besiegelt
prophetisch die in der Gegenwart erreichte Vollendung Frankreichs. Sie
drückt eine translatio imperii et studiorum aus: Paris erscheint glorreich

als das neue Rom, und Frankreich übernimmt die Führungsrolle, die einst
Spanien nach der Entdeckung Amerikas innehatte.

Grandiose Geschichtsentwürfe und belehrende Weltkunde in visionärer Darbietung sind auch in den anderen Columbus-Epen tragende Bestandteile zur Legitimation eines bestimmten Weltverständnisses. Laureau resumiert die altamerikanische Geschichte im Bericht des alten weitgereisten Azara über alle jene Länder, die er aus eigener Anschauung kennt, in die aber die Europäer noch nicht vorgedrungen sind. In seine didaktische Prunkrede sind beispielsweise Schilderungen der Anden, des Kondors (als Monstrum) und eines Sonnentempels eingefügt mit der für die Zeit bezeichnenden verklärten Darstellung der Inka. Doch es fehlt auch nicht die "vision des vaincus". Columbus erschrickt, als er den Fluch von America auf die Europäer vernimmt. Die große Schmährede des Wilden, der als Gefangener nach Europa verbracht werden soll (108-111), gegen die europäische Zivilisation greift ebenfalls Argumente der zeitgenössischen Spanienkritik auf bzw. entwickelt in der utopischen Selbstdarstellung (131-135) einen zivilisationskritischen Gegenentwurf zu den europäischen Verhältnissen unter Verwendung ethnologischer Details. Das irdische Paradies wird durch Avarice und Fureur zerstört, die erst im Gefolge des Columbus nach Amerika gelangen. Laureau deutet die Tatsache, daß die spanischen Ankömmlinge von den Eingeborenen als "weiße Götter" bezeichnet wurden, aus der Perspektive der Wissenschaftsbegeisterung seiner Zeit auf merkwürdige allegorische Weise. Columbus sei sozusagen als Vertreter der europäischen Wissenschaft und Technik angekommen, mit dem Anspruch, die Welt untertan zu machen; Wissen verändert die Welt und beherrscht die Natur:

Le Savant est le Despote de la nature,

oder in prometheischer Geste:

l'homme aujourd'hui est donc l'égal des Dieux (101).

Columbus wird emporstilisiert zum Inbegriff des Kampfes gegen Ignorance, als Triumph über die "Unwissenheit" der vormodernen Zeiten. Unterstützt von "art sublime" - Wissenschaft und Technik -, erscheinen die Europäer ihren "Brüdern in Amerika" als Götter: "Puissance et grandeur de l'homme actuel: il est un Dieu vis-à-vis l'homme primitif" (101). Die Eroberung wird mit einem Zeitsprung von hundertfünfzig Jahren als Ergebnis des Wissenstandes und technologischen Fortschritts erklärt.

Bei Le Suire entwickelt ein alter weiser Sébastos (= der Ehrwürdige, Augustus) aus dem Volk der Eleuthères (= der Freien) seine Philosophie des

Naturzustands als utopisches Gegenbild zur Welt der Europäer.
Herbe Kritik an den Folgen der Entdeckung legt schließlich Lespinasse
Columbus in den Mund, der aus dem Gefängnis an die Könige schreibt.
Bourgeois ließ Columbus immerhin die Genugtuung widerfahren, nach der Rückkehr - in der Apotheose zwischen dem Königspaar sitzend - Ehrungen zu empfangen. Erst seine Rückkehr habe den Exodus der Massen nach Amerika ausgelöst mit allen negativen Folgen der Entvölkerung in Spanien, der Grausamkeit, Mißwirtschaft und Ausbeutung. Santo Domingo, wo der Autor lange lebte, wird als Beispiel dafür angeführt, wie die Spanier schlecht gewirtschaftet und Fortschritt verhindert haben, obwohl Columbus eigentlich der Prototyp eines Kolonisators war: er, der "Heros des Meeres", unterrichtete die Wilden im Ackerbau und förderte als vielseitiger Fachmann (connoisseur) die Entwicklung. Er tat bereits das, was die spanische Regierung erst neuerdings wieder im Zuge der bourbonischen Reformen zu praktizieren versucht.
Bourgeois äußert sich freilich auch sehr abfällig über die Neger, ihre Trunksucht, Faulheit, stupidité, Unfähigkeit zur Organisation eines Gemeinwesens und Diebeslust. Aus unmittelbarer Kenntnis der Insel und ihrer Bewohner läßt er zahlreiche konkrete Einzelheiten in sein Epos (und die pedantischen Anmerkungen) einfließen. Doch daneben stehen auch bei Bourgeois wieder allegorische Visionen. Columbus selbst belehrt einen Kaziken über Geschichte und Geographie Europas. Vérité, die zusammen mit Religion und Justice das Geschehen auf Erden verfolgt, enthüllt Columbus auf Geheiß des Allerhöchsten in ihrem Spiegel die Geschichte Amerikas (II, 210-236). In dieser dramatisch inszenierten Bilderfolge spricht Columbus zum Beispiel mit Vespucci und Cortés, Pizarro begegnet Atahualpa, Drake trifft mit Raleigh zusammen. Vérité verbreitet im Rahmen des Panoramas der Kolonialwelt im 18.Jahrhundert insbesondere auch die Kunde von den französischen Siedlungen in Amerika. Anachronistisch wohnt Columbus in Cap Français - "Paris de l'Amérique"! (I, 178) - sogar einem vom Dorfkaziken ausgerichteten Freudenfest bei. Auch hier kommt die Tat des Columbus letztlich der gloire Frankreichs zugute.

Die französischen Columbus-Epen des 18.Jahrhunderts sind eingebettet in eine gelehrthybride Spätentwicklung der Gattung hin zur weltanschaulich-philosophischen Lehrdichtung. Diese literarhistorische Erscheinung fällt wiederum zeitlich zusammen mit dem Höhepunkt der aufklärerischen Polemik gegen Spanien, ein Land, "qui ne mérite pas d'être connu", wie Voltaire meinte. Montesquieu, der auf die Gemeinplätze de Leyenda negra zurückgreift, schrieb im berüchtigten 78.Brief seiner Lettres Persanes, daß die Spanier in der Neuen Welt zwar unermeßliche Entdeckungen gemacht hätten, ihr eigenes Land aber nicht kennten. Sie behaupteten, in ihrem Reich ginge die Sonne nicht unter, aber man müsse hinzufügen, daß sie auf ihrem Lauf auch nur verwüstete Ländereien und öde Gegenden unter sich habe. Dennoch übt das Thema Entdeckung, das von den Spaniern und ihrem Kolonialreich nicht zu trennen ist, eine ungebrochene Faszination aus. "C'est ici le plus grand événement, sans doute, de notre globe [...] Tour ce qui a paru grand jusqu'ici semble disparaître devant cette espèce de création nouvelle", befindet Voltaire im Essai sur les moeurs et l'esprit des nations, noch bevor Boesnier und Du Bocage ihre Epen verfaßten. Die epischen Gedichte von Columbus zielen auf die Rechtfertigung eines umfassenden zivilisatorischen Entwurfs, der die Debatten der Aufklärung beschäftigt. Das Epos bietet traditionell den fiktionalen Erzählrahmen und die entsprechenden rhetorisch-literarischen Mittel, um in sinnbildlicher Ausgestaltung dem Anspruch einer universalhistorischen Betrachtung Genüge zu leisten. Zudem eröffnet die Metapher der Schiffahrt eine breite Motivreihe, die es ermöglicht, historische Ereignisse, Handlungen, Lebenssituationen des Seefahrers-Helden-Entdeckers deutend zu vermitteln, etwa hinsichtlich der Frage von Sinn und Ziel der Geschichte, der Erörterung des Verhältnisses zwischen Europa und Übersee in vergleichender Betrachtung der Kulturentwicklung sowie der Begegnung mit anderen Menschen. In einer Zeit, die Natur und Welt als unermeßlichen Forschungsbereich zu sehen lernte, mußten die Entdeckungen der frühen Moderne als grandiose Errungenschaften menschlichen Erkennntnisstrebens und menschlicher Wissenschaft erscheinen. Dem Optimismus, mit Hilfe der Wissenschaft die Welt zu erklären und zu verbessern, schienen keine Grenzen gesetzt zu sein. An Columbus schieden sich die Geister. Seine Figur erlaubt eine spitzfindige Unterscheidung zwischen Entdeckung und Kolonisation. Columbus tritt auf als der Gute, der sich nicht nur gegen die "préjugés" scholastischer Wissenschaft, sondern auch gegen Intrigen und Widerstände am spanischen Hof durchzusetzen weiß. Die Spanier in seinem Gefolge, die das Kolonialreich errichteten, sind hingegen die Schlechten, grausame Unterdrücker, Verursacher der Mißwirtschaft usw. Columbus wird zum Wegbereiter jener wissenschaftlichen Entdeckungen stilisiert, die im 18.Jahrhundert Bougainville und La Condamine für Frankreich machten. In den Epen schlägt sich aber auch der Dialog zwischen dem europäischen Zivilisierten und dem erleuchteten, ehrwürdigen Wilden nieder, für den La Hontan mit

seinen Dialogues curieux schon 1704 ein wirkungsvolles rhetorisches Modell
geliefert hatte. Themen und Motive der aufklärerischen Utopie fließen in
die französischen Columbus-Epen ein. Wenn auch europäische Sichtweisen durch
Gegenüberstellungen von Alter und Neuer Welt gelegentlich relativiert
werden, so ist dennoch das Epos nicht das Ausdrucksmittel für ein verständ-
nisvolles Bild des Fremden. Im Gegenteil: die französischen Columbus-Epen
bestätigen bei vergleichender Betrachtung des zivilisatorischen Prozesses
die Überlegenheit der Europäer mit der Begeisterung für die Wissenschaft
und den Glauben an den Fortschritt. Sie beanspruchen Christophorus Columbus
in einer ebenso kühnen wie anachronistischen Übertragung als Hoffnungsträger
der aufgeklärten Zeit.

Anmerkungen
1. William Calin, A muse for heroes. Nine centuries of the epic in France.
   Toronto 1983, S.277-297. Über Voltaire: Eckart Richter, Zum Problem des
   französischen Epos im 18.Jahrhundert, in: Beiträge zur französischen Aufklärung und zur spanischen Literatur. Festgabe für Werner Krauss. Hrsg.
   Werner Bahner, Berlin 1971, S.315-336. Für die frühere Entwicklung David
   Marshall, The historical epic in France 1500-1700, London 1973.

2. Jacques Vier, Histoire de la littérature française XVIIIe siècle, Paris
   1970, t.2, Les genres littéraires et l'éventail des Sciences humaines,
   p.644-649, widmet dem Epos nur knapp fünf Seiten von über 1000. Zur
   Diskussion um die epische Theorie vgl. Siegbert Himmelsbach, L'épopée
   ou la "case vide". La réflexion poétologique sur l'épopée nationale en
   France, Tübingen 1988.

3. zitiert nach Oeuvres. Ed. Paul Lacroix, Paris 1825, p. XXVI-XXIX.

4. Daniel-Henri Pageaux, Colomb et le problème de la découverte de l'Amérique
   dans la France des Lumières, in: L'Amérique espagnole à l'époque des
   Lumières. Tradition, innovation, représentations, Paris 1987, p.319-326,
   sowie ders., L'Espagne devant la conscience française au XVIIIe siècle,
   Thèse Paris, Sorbonne Nouvelle 1975. Ferner Moses M.Nagy, Christopher
   Columbus in the eighteenth and early nineteenth century French Literature,
   in Claudel Studies 15 (1988), n°2, 4-13.

5. Grace Gill-Mark, Une femme de lettres au XVIIIe siècle, Anne-Marie Du
   Bocage, Paris 1927. Bibliothèque de la Revue de Littérature comparée, 41.
   Jean Torlais, Christophe Colomb et sa poétesse, in: Miroir Histoire
   n°56 (1954), 281-287.

6. A.Bartlett Giamatti, The earthly paradise and the Renaissance epic,
   Princeton 1966. Jean Gillet, Le Paradis perdu dans la littérature
   française de Voltaire à Chateaubriand, Paris 1975, p.199-204 La
   Colombiade. Zusammen mit einem Traktat über die epische Dichtung kam
   Louis Racines Übersetzung von Paradise Lost 1755 heraus (Le Paradis perdu).

7. Correspondance littéraire, philosophique et critique par Grimm, Diderot, Meister, etc. Ed.Maurice Tourneux, t.3, Paris 1878, 361 "combien la carcasse du poême épique moderne est ridicule". Voltaire's Correspondance. Ed.Theodore Besterman, vol.30, Genf 1958, p.238, Brief vom 30.10.1756: "Ce second chant surtout nous paraît un effort et un chef d'oeuvre d'art".

8. Die Colombiade, oder: Der in die neue Welt übergebrachte Glaube, ein Heldengedicht prosaisch übersetzt, Glogau 1762. Zur italienischen Fassung vgl. Edoardo Tortarolo, L'introduzione alla "Colombiade", in: Ideologia e scienza nell'opera di Paolo Frisi (1728-1784). A cura di Gennaro Barbarisi, Franco Angeli, Milano 1987, 239-254.

9. Tù spieghera,Colombo à un novo Polo/Lontane sì de fortunate antenne, Ch'à pena seguirà con gli occhi il uolo/La Fama, c'ha mille occhi e mille penne,/Canti ella Alcida, e Bacco, e di te solo/Basti a i posteri tuoi, ch'alquanto accenne,/che quel poco darà lunga memoria/Di Poema dignissima, e d'Historia.
Torquato Tasso, Giervsalemme Liberta. Poema heroico, Ferrara 1585, 399.

10. Text in Oeuvres complètes, Paris 1964, t.2, 815-41, Anm.1834-37.

Columbus für Kinder
Anmerkungen zu Campes Columbus-Buch

Joachim Schultz

Vorbemerkung

"Mutlos sind sie alle, nur ihn allein treibt es vorwärts".[1] So heißt es von Columbus und seinen Matrosen in der 1955 erstmals erschienenen und seitdem immer wieder aufgelegten Anthologie Die Großen der Welt, in der für jugendliche Leser berühmte Männer und Frauen der Weltgeschichte vorgestellt werden. Columbus ist eine dieser Persönlichkeiten, aber die Art und Weise, wie er hier präsentiert wird - voller Mut und Unternehmergeist gegenüber seinen kleingläubigen Zeitgenossen - hat eine lange Tradition in zahlreichen Kinder- und Jugendbüchern, die bis zu Joachim Heinrich Campes Columbus-Buch[2] zurückverfolgt werden kann. 'Kolumbus als Held der Kinder- und Jugendliteratur (KJL)': eine solche Gesamtdarstellung gibt es bisher nicht, auch im Lexikon der Kinder- und Jugendliteratur[3] fehlt das Stichwort Columbus; auch in dem im ersten Band enthaltenen Artikel Campe, Joachim Heinrich taucht der Name Columbus nicht auf. Eine solche Gesamtdarstellung kann im folgenden nicht geleistet werden, Gegenstand ist nur Campes Columbus-Buch, und zwar mit folgenden Schwerpunkten:

1. Campes Columbus-Buch und die KJL der Aufklärung
2. Textanalyse
2.1 Absichten und Quellen
2.2 Columbus als vorbildlicher Held (im Vergleich zu Cortez und Pizarro)
2.3 Weiber, Schiffsvolk, Wilde und Kinder
3. Campes Columbusbild im Vergleich zu Raynals Histoire des deux Indes.

1. Campes Columbus-Buch und die Kinder- und Jugendliteratur der Aufklärung

Die Forschung zur KJL ist in den letzten Jahren weit vorangetrieben worden. Im allgemeinen ist man sich einig, daß mit der europäischen Aufklärung von einem "wirklichen Beginn"[4] der KJL gesprochen werden kann, wohl wissend, daß es bereits vorher Literatur für Kinder und Jugendliche gegeben hat. Dabei steht Campes Columbus-Buch gewissermaßen am Ende dieser Entstehungsgeschichte, die folgendermaßen skizziert werden kann:

Aufklärungspädagogen wie Basedow, Sulzer und Campe wendeten sich zunächst gegen die bis in die zweite Hälfte des 18.Jahrhunderts für Kinder hauptsächlich verfaßte Traktatliteratur. Nicht auf rationalem Wege sollte die Tugend gelehrt werden, sondern durch Exempla. "Das Exempel überzeugt nicht diskursiv, löst dafür aber eine affektive Identifikation und Nachahmungsbegierde aus und führt zu einer bleibenden Verinnerlichung von Tugend."[5] Man bevorzugte 'erdichtete Erzählungen',[6] Vorbildern aus der Geschichte stand man eher skeptisch gegenüber, denn im Leben historischer Persönlichkeiten war oft mit Untugenden zu rechnen. Dann aber machte sich Rousseaus Einfluß bemerkbar. In seinen, hauptsächlich im Emile vorgetragenen Erziehungsprinzipien hatte außer dem Robinson Literatur keinen Platz. Ewers spricht von einer "Legitimationskrise am Beginn der philantropischen Kinderliteratur", zugleich aber auch von dem Paradox, daß "der Emile mit seinem strengen Verdikt gegen die Kinderliteratur im deutschen Bereich umgekehrt zu einer bedeutenden Anregung für die Entwicklung der Kinder- und Jugendliteratur geworden ist".[7] Insbesondere Campe nahm sich zwar einerseits Rousseaus Verdikt zu Herzen, entwickelte aber andererseits für seine Kinder- und Jugendliteratur den Dialog, der es ermöglichte, die Kinder aktiv an der Rezeption zu beteiligen. Außerdem trat er nun noch mehr dafür ein, kleine Kinder möglichst lange mit Literatur zu verschonen, diese erst im jugendlichen Alter einzusetzen. Besonders geeignet erschienen ihm für dieses Alter Abenteuer- und Reisebeschreibungen, für die sein Robinson (1779) das bekannteste Beispiel werden sollte. 1782 folgte dann sein Columbus-Buch, in dessen Einleitung er ausführlich seine Absichten mit diesem Buch erläutert. Allgemein schreibt er dort über die Funktion der Reisebeschreibungen, Rousseaus Verdikt ist dabei ziemlich deutlich zu erkennen.

> Denn wenn irgend etwas recht eigentlich dazu geschikt ist,
> in einem jungen Kopfe aufzuräumen, seine Welt- und Menschenkentniß auf eine leichte und angenehme Weise zu erweitern,
> den Hang zu romanhaften Aussichten ins Leben und zu arkadischen
> Träumereien, zu welchen so viel andere Modebücher ihn einladen,
> zu schwächen, ihm frühzeitig einen heilsamen Ekkel gegen das
> faselnde, schöngeisterische, empfindelnde, Leib und Seele nach und nach
> entnervende Geschwäz der besagten Modebücher und hingegen eine
> wünschenswürdigen Geschmak an ernsthaften und nüzlichen Unterhaltungen einzuflössen: so sind es gewiß solche Reisebeschreibungen, bei deren Verfertigung man sowohl in Ansehung
> der Sachen, als auch des Vortrages, dieses jugendliche Alter
> einzig und allein unverrückt im Gesicht gehabt hätte. (S.58)[8]

2. Textanalyse

2.1 Absichten und Quellen

Die Einleitung trägt den Titel <u>Von der Absicht dieses Buchs</u> (S.3-12), und Campe führt zunächst darin aus, daß das Columbus-Buch einen festen Platz in seinem Programm der KJL habe: zuerst habe er die kleine <u>Kinderbibliothek</u> veröffentlicht, dann den <u>Robinson</u> und nun den <u>Kolumbus</u>, der wiederum auf die beiden folgenden Bände über Cortes und Pizarro[9] vorbereiten solle. Die Leser des <u>Kolumbus</u> sollten auch die vorangegangenen Werke gelesen haben, denn "wo der <u>jüngere Robinson</u> in dieser Mittheilung und Entwickelung aufhörte, da fängt <u>Kolumbus</u> wieder an" (S.4). Diese "Abstuffung" (S.3) ist zuerst auch stilistisch zu verstehen.

> Auch der Ton der Erzählung ist aus dieser Ursache in dem
> Letztern [<u>Columbus</u>] um einige Noten höher gestimmt worden,
> als er es in dem Vorhergehenden sein durfte. (S.4)

Campe wendet sich an ältere Kinder, so daß auch die wieder benutzte Dialogform anders aussieht: die "Zwischengespräche" sind weniger als im <u>Robinson</u>, was Campe folgendermaßen begründet:

> Ich wurde bei der mündlichen Erzählung in dem Kreise meiner
> Pflegekinder, wovon diese geschriebene abermals eine getreue
> Nachbildung ist, dismal seltener unterbrochen, weil den
> Kindern seltener etwas aufstieß, welches einer Erklärung
> für sie bedurfte. (S.7)

Des weiteren kann man Campes "Abstuffung" auch im pädagogischen Sinn verstehen: Bisher sei er dem Grundsatz gefolgt, fehlerhafte Seiten der Menschheit den Kindern nicht aufzudecken, nun könne man ihm den Vorwurf machen, er sei in diesem Buch davon abgewichen, weil er eine Geschichte darin erzähle, "die an Beispielen von Ungerechtigkeiten, Schurkereien, und Unmenschlichkeiten so ergiebig ist" (S.7f.). Campe rechtfertigt sich damit, daß er nun für ältere Kinder geschrieben habe, denen man nach und nach "die herschenden Thorheiten und Laster der Menschen aufdecken müsse" (S.8). Außerdem muß man hier auch die Aufgabe des Columbus-Buches in Campes Programm berücksichtigen. Columbus soll auf Cortes und Pizarro vorbereiten, von denen weitaus mehr Schurkereien zu berichten sind; im Columbus muß man also behutsam damit anfangen.

Columbus selbst können allerdings keine Schurkereien nachgesagt werden,
wohl eher den Menschen, mit denen er zu tun hatte. Ihnen steht Columbus als
reiner Held gegenüber, was schon in der die Einleitung abschließenden grundsätzlichen Absichtserklärung zum Ausdruck kommt. Hauptabsicht sei es gewesen

> nicht blos den Verstand meiner jungen Leser durch nüzliche und
> angenehme Kenntnisse aufzuklären, sondern vornehmlich auch ihre
> Herzen zu einer innigen Gottesverehrung, zu jeder schönen
> geselligen Tugend, zu einem wider alle Mühseeligkeiten und
> Drangsale des menschlichen Lebens sich männlich stemmenden Muthe,
> und zu einer regen Begierde nach gemeinnützigen und menschen-
> freundlichen Thaten zu erwärmen.

Die hier geweckte Erwartung ist klar: Columbus ist einer, der sich mit männ-
lichem Mut gegen alle Mühseligkeiten und Drangsale stemmt und sich durch
gemeinnützige und menschenfreundliche Taten einen Namen macht. Historische
Genauigkeit wird dadurch zweitrangig, so ist zu verstehen, daß Campe die
von ihm benutzten Quellen nur am Rande erwähnt. Er habe wohlüberlegt "bald
aus dieser, bald aus jener geschöpft" (S.6), sie seien aber allgemein bekannt, und er brauche sie darum nicht im einzelnen "anzuzeigen". Als einzigen
Titel nennt er "Robertsons Geschichte von Amerika",[10] deren Verfasser
"neuerlich die Quellen dieser Geschichte mit englischem Scharfblick und mit
deutscher Aemsigkeit ausgegraben hat" (S.6). Auf die nationalen Typologien
sei nur nebenbei aufmerksam gemacht, ähnliche Muster tauchen im Buch immer
wieder auf. Campe stellt sich jedoch über Robertson, denn er habe "auch bei
diesem noch eine und die andere Unrichtigkeit in Kleinigkeiten zu berichtigen
Gelegenheit gehabt" (S.6).

2.2 Columbus, Held und Vorbild

Das gesamte Buch besteht aus achtzehn 'Erzählungen', wie Campe seine Kapitel
nennt, und zwei Erzählungen im Anhang. Der Vater erzählt im Dialog mit den
Kindern, zu denen sich auch die Mutter gesellt, das Leben des Columbus mit
all seinen Reisen nach Amerika bis zu seinem Tod. Am Anfang wird die Verbindung zu Robinson hergestellt: "es soll ebenso eyne Geschichte sein, als
die von Robinson" (S.4), doch dann wird Robinson nicht mehr erwähnt,
Columbus wird aber gleich anschließend als historische Persönlichkeit
eingeführt, allerdings als Rätsel an die Kinder:

> Ich wil euch von einem der merkwürdigsten Männer erzählen,
> die je gelebt haben; von einem Manne, der eine der wichtigsten
> Entdeckungen gemacht, die je gemacht worden sind; von einem
> Manne, dem wir viele Bequemlichkeiten des Lebens, auch viele
> Kenntnisse verdanken, die wir, ohne ihn, nicht haben würden,
> mit einem Worte, von - nun, von wem meint ihr wohl? (S.5)

Die Kinder erraten es nicht, sie nennen Peter Henlein, dann den Erfinder des Spinnrads, schließlich Mumme, 'der die Braunschweigische Mumme zu brauen erfand'. Der Vater muß es ihnen sagen und präsentiert sich so von Anfang an einerseits als auktorialer Erzähler, andrerseits als der einzige, der dem Columbus ebenbürtig ist. Columbus ist ein Vorbild wie der Vater, womit sich Reiner Wilds These bestätigt, daß in dieser frühen KJL die Vernunft der Väter verbreitet wird:

> Der Vater arrangiert und kontrolliert die Erziehung, er bestimmt
> damit die Erziehungsziele und die erzieherischen Maßnahmen; den
> Kindern wird in der Stellung im Erziehungsprozeß die väterlich-
> männliche Dominanz als eine gleichsam naturwüchsige und damit
> wiederum selbstverständliche Gegebenheit vorgestellt[...].[11]

Dies wird im Columbus-Buch besonders deutlich an der Stelle, wo eines der Kinder, Hans, in einem Rollenspiel den Vater vertreten darf, um die Längen- und Breitengrade zu erklären. "Merket auf", beginnt der Junge, und die Mutter meint etwas spöttisch dazu: "Das fängt ja pathetisch genug an". Hans aber erwidert: "Ja Mutter, ich bin nun auch Vater; da muß ich mich wohl ein Bischen in die Brust werfen" (S.46).

Für den Vater ist es aber ganz selbstverständlich, daß der Junge sich so gebärdet, er lernt so seine Rolle als Mann und späterer Vater, und dazu wird ihm und den anderen Jungen Columbus als Vorbild geschildert. Dies wird gleich zu Beginn im einführenden Bericht des Vaters über Columbus' Herkunft und Kindheit deutlich. Über seine Herkunft wisse man nicht viel, er habe vor dreihundert Jahren in Genua gelebt und schon früh eine Neigung zum Seewesen verspürt. Dann wird er ganz gezielt den männlichen Kindern als Vorbild präsentiert:

> In der That zeigt er auch schon als Knabe die hofnungsvollsten
> Anlagen zu allen den großen Eigenschaften, die zu einem ge-
> schickten Seemann, so wie zu einem braven Mann überhaupt,
> erfordert werden. Er war beherzt und munter; liebte nicht
> die träge Ruhe und weibische Gemächlichkeit; verschmähte

> frühzeitig alle Lekkereien, die zwar den Gaumen kizeln,
> aber auch die Gesundheit schwächen; er war ein Feind
> vom Müßiggehn und von allen läppischen Possen, die auf
> gar nichts Nützliches abzielen; und seine liebste Beschäfti-
> gung war, etwas zu lernen, wodurch er seinen Nebenmenschen
> künftig einmal nüzlich werden könte. (S.7)

Die Eigenschaften, mit denen Columbus hier vorgestellt wird (beherzt, munter, mäßig, fleißig, altruistisch), gelten zwar für alle Kinder als vorbildhaft, doch wenn von 'weibischer Gemächlichkeit' die Rede ist, zeigt sich zum ersten Mal ein misogyner Zug, der immer wieder auftaucht (darauf wird noch zurückzukommen sein). Die bereits an dieser Stelle genannten Charaktereigenschaften des Columbus werden im gesamten Buch ständig wiederholt und durch ähnliche Eigenschaften verstärkt. Hier einige Beispiele:

> Er brannte vor Begierde, "etwas zu leisten, was noch kein
> anderer vor ihm geleistet hätte". (S.8)

> "Edle und erhabene Seelen - merkt euch dis, ihr Kinder! -
> lassen sich von dem Wege, der zu irgendeinem preiswürdigen
> Ziele führt, durch keine auch noch so große Schwierigkeiten
> abschrekken." (S.26)

> Columbus war "wie ein Fels im Meer" und zeichnete sich
> durch "kaltblütige, unbewegliche Standhaftigkeit" und
> "Ruhe des Geistes" aus. (S.38)

> "Unerschrokkenheit" (S.109)

> "Der wirklich große Mann - merkt euch, Kinder, diese Wahrheit!
> ist kein Praler." (S.194) Hier geht es um Columbus im Vergleich
> mit Amerigo Vespucci, der mit seinen Entdeckungen geprahlt,
> während Columbus sich bescheiden zurückgehalten habe; dadurch
> sei aber der neue Kontinent nach Vespucci genannt worden, und
> Columbus sei gewissermaßen leer ausgegangen.

> Als Columbus später zu Unrecht verurteilt wird, tut er nichts
> dagegen, sondern akzeptiert 'in stiller Würde und Gelassen-
> heit' das Urteil (S.208). Hier kommt eindeutig die Obriakeits-
> hörigkeit dieser aufgeklärten Pädagogen zum Vorschein; auch
> die Obrigkeit ist wie ein Vater, dem man gehorchen muß.

Columbus ist insgesamt "der edle Mann" (S.217), dem die Kinder nacheifern sollen; der Vater legt ihnen ans Herz, wie Columbus im "ganzen Leben recht und edel [zu] handeln" (S.229). Nur so könne man wie Columbus mit der göttlichen Gerechtigkeit rechnen (S.223) und ein aufrechtes Leben führen. Columbus zeigt sich so als der ideale Held dieser aufgeklärten Pädagogen, der auch gegen den Aberglauben zu Felde zieht. Als das Steuer der Pinta kurz nach dem ersten Aufbruch bricht, deutet die Mannschaft dies als schlechtes Vorzeichen, Columbus aber hält eine überzeugende Rede gegen den Aberglauben.

Columbus kann im Grunde keine Fehler machen. Zwar sagt der Vater an einer
Stelle, als er von Grausamkeiten gegenüber den Indianern erzählen muß: "Und
hier ist es also, wo ich unsern menschenfreundlichen Kolumbus zum erstenmal
verkenne" (S.164), doch diese Grausamkeiten sind eigentlich nicht auf Columbus'
Schuld zurückzuführen. Zum einen wird immer wieder seine sich verstärkende
Krankheit - die Gliedergicht (S.178) - mildernd ins Feld geführt, zum andern
werden die Grausamkeiten und Ungerechtigkeiten den falschen und verräterischen
Gouverneuren und anderen Anführern angelastet.

Columbus ist und bleibt schuldlos, während den beiden Helden der folgenden
Bücher - Cortes und Pizarro - stufenweise mehr Fehlerhaftigkeit angelastet
wird. Dies paßt genau zu Campes Abstufungsplan: im Columbus-Buch ist der
Held fehlerfrei, aber die andern machen Fehler und laden Schuld auf sich.
So bereitet Campe auf Cortes und Pizarro vor, die nicht mehr als reine Helden
gelten können. Cortes wird zwar am Anfang ähnlich wie Columbus eingeführt:

> Es häuften sich Gefahr auf Gefahr, und Beschwerlichkeit auf
> Beschwerlichkeit: aber der mutige und starke Jüngling,
> dessen körperliche und geistige Kräfte nicht durch Trägheit,
> Weichlichkeit und schändliche Ausschweifungen geschwächt
> waren, spottete ihrer. Zu arbeiten, war ihm Lust; zu wachen,
> zu hungern und zu dursten, eine Kleinigkeit; zu sterben, wenn
> es seyn müßte, eine gleichgültige Sache. Und was vermögen alle
> Widerwärtigkeiten des Lebens über einen solchen Geist, der in
> einem solchen Körper wohnt.[12]

Doch wenige Seiten danach führt der Vater aus, daß Cortes im Gegensatz zu
Columbus gewissermaßen bereits durch die 'Erbsünde' der Konquistadoren
belastet war.

> Konrad. O fi! so mag ich den Kortes auch nicht leiden; ich
> dachte, er wäre ein so guter Mann gewesen!
> Vater. Das war er in mancher Betrachtung auch wirklich, und
> doch zugleich ein Räuber, aber ohne es zu wissen.[13]

Diese Einschätzung erklärt der Vater anschließend folgendermaßen: Cortes
sei, wie viele seiner Zeitgenossen, von dem 'abscheulichen Aberglauben'
geblendet gewesen, die heidnischen Indianer dürften, ja müßten sogar verfolgt, beraubt und unterjocht werden. So habe er den Überfall auf das
mexikanische Aztekenreich "als Gott wohlgefällige That" gerechtfertigt.
Allerdings sei dies ohne besseres Wissen geschehen. Pizarro dagegen wird
von Anfang an negativ eingeführt:

> Vater. Aber ach! Kinder - ich muß es euch nur zum voraus sagen,
> damit ihr euch in eurer Erwartung nicht betrogen findet - mein
> Held ist diesmal kein Mann, den ihr werdet lieb gewinnen können./
> [...]/ Zwar wird er euch durch seine unerhörte Standhaftigkeit,
> durch seine unermüdliche Geduld im Leiden, und durch seinen Löwen-
> muth, den nichts erschüttern konnte, mehr als einmal in Erstaunen
> sezen: aber was sind diese erhabenen Eigenschaften, wenn sie nicht
> von wahrer Rechtschaffenheit, von reiner Güte des Herzens und von
> thätiger Menschenliebe begleitet werden? Ein Messer in der Hand
> eines Rasenden, der es nicht dazu braucht, dem Dürftigen sein
> Brod zu schneiden, sondern sich und andere damit zu verwunden.[14]

Dies mag genügen, um im Vergleich wieder auf Columbus zurückzukommen. Campe hat seine drei Helden in der Tat 'abgestuft'. Pizarro ist von vornherein ein Übeltäter, Cortes ist es auch, aber ohne besseres Wissen, Columbus aber die all die gepriesenen männlich-väterlichen Tugenden und darüber hinaus das, was Pizarro abgeht: wahre Rechtschaffenheit, reine Güte des Herzens und tätige Menschenliebe. Er handelt in der Tat Gott wohlgefällig, so daß der Vater sogar seine Heiligkeit andeuten kann:

> Kolumbus[...]wird jezt ohne Zweifel Gott preisen, daß er ihn
> durch ein kurzes Leiden zum Genusse einer ewigen Glückselig-
> keit vorbereitet habe. (S.201)[15]

2.3 Weiber, Schiffsvolk, Wilde und Kinder

Columbus ist für Campe also das absolute Vorbild, er inkarniert das, was sich Campe unter einem aufgeklärten, väterlich-männlichen Menschen vorstellte. Dies ist er auch in seinem Verhältnis zu seinen Mitmenschen, wobei man immer sehen muß, daß sich der erzählende Vater allein Columbus ebenbürtig hält. Seine Zuhörer - die Kinder und die Mutter - müssen sich immer wieder fragen, ob sie auch bereit sind, dem Vorbild des Columbus zu folgen.

Die Mutter kommt dabei am schlechtesten weg, beziehungsweise für sie stellt sich diese Frage gar nicht. Bezeichnend ist, daß die Mutter nicht zugegen ist, als der Vater mit seiner Erzählung anfängt, sie muß erst geholt werden. Bezeichnend sind des weiteren die Stellen, an denen sich die Mutter in die Erzählung oder in das Gespräch einschaltet, was nicht allzuoft geschieht. Sie wagt es zunächst zu fragen, ob denn Columbus seine Frau auf seine Reisen mitgenommen habe (S.16). Natürlich nicht, vermeldet der Vater. Später fragt die Mutter, ob denn den Kindern die Indianer gefallen (S.99), eine von Affektion getragene Frage, die dem Vater nie eingefallen wäre. Dann lädt sie ein zum 'amerikanischen' Essen mit Schokoladensuppe und Kartoffeln (S.107),

was gewissermaßen auch von der hehren Pädagogik ablenkt, vom Vater aber
wohlwollend geduldet wird. An anderer Stelle drängt sie zum Fortgang der
Handlung (S.116), wodurch sie zeigt, daß ihr die Geschichte wichtiger ist
als die pädagogischen Inhalte. Daß sie das Pathos des Vaters leicht kritisiert, allerdings nur gegenüber dem Knaben, der den Vater imitiert, wurde
bereits erwähnt. An anderer Stelle wagt sie es sogar, die Vernunft des
Columbus in Frage zu stellen (S.164), als es zu grausamen Übergriffen
gegenüber den Indianern kommt. Der Vater gibt ihr wohlwollend recht
("Hast Recht - Liebe."), doch wie beschrieben entschuldigt er das Verhalten
Columbus'.

Dies alles widerspricht mehr oder weniger dem Charakter des Columbus, dem
ja gleich zu Beginn bescheinigt wird, daß er die "weibische Gemächlichkeit"
(S.7) ablehne. An anderer Stelle wird von der "weibischen Kleinmütigkeit"
des 'Schiffsvolks' gesprochen (S.38). Die Matrosen fürchten sich bei jeder
Kleinigkeit, während Columbus mit der größten "Ruhe des Geistes" (S.38)
den Gefahren trotzt. Das einfache Volk ist abergläubisch, kleinmütig, aber
auch voller Bewunderung für die Stärke des Columbus, beim Ruf "Land in
Sicht!" fallen die Matrosen vor Columbus auf die Knie (S.74f.). So steht
das "Schiffsvolk" auf einer Stufe mit den Frauen, aber auch mit den Wilden,
die auch sprachlich - mit dem Begriff "das indianische Volk" (S.78) - in
die Nähe des Schiffsvolkes gestellt werden. Die Mutter wiederum ist, wie
bereits bemerkt, voller Zuneigung für diese Wilden, und die Kinder rufen
auf ihre Frage ("Wie gefallen euch diese Indianer?"): "O scharmant! Die
guten Menschen!" (S.99).

So kommen wir zum patriarchalischen Kolonialismus, den Campe in seinem
Columbus-Buch zum Ausdruck bringt. Einerseits beklagt er an mehreren Stellen
die Art und Weise, wie die Spanier die Indianer behandelt haben:

> Ach, hätten die armen Geschöpfe gewust, was für Folgen das
> alles für sie haben würde; sie würden mit Heulen und Weh-
> klagen die Luft erfüllt, oder ihr schuldloses Blut zur
> Abwehrung dieser Fremdlinge verspritzt haben, die sie jezt
> mit bewundernder Ehrfurcht betrachteten! (S.78)
>
> Die Unglücklichen! Sie wusten nicht [als sie beim Bau
> eines Forts mitwirkten], daß sie selbst die Ketten
> schmieden halfen, mit denen sie einst gefesselt werden
> sollten! (S.103)

Der Vater erwähnt sogar das Buch von Las Casas (S.295) und berichtet, daß innerhalb von fünfzehn Jahren die Zahl der Indianer durch die "Methoden" der Spanier von einer Million auf sechzigtausend zurückgegangen sei (S.291). Der Völkermord wird erwähnt, aber andererseits steht die Leistung des Columbus über allem, so daß für die "unglücklichen Indianer" nur ein mitleidiges Bedauern bleibt. Columbus wird, wie bereits erwähnt, für die Grausamkeiten keine Schuld gegeben, von ihm wird sogar berichtet, er habe dazu ermahnt, die gute Meinung der Indianer zu erhalten und die Landessprache zu erlernen (S.104). Letztlich aber steht die missionarisch-zivilisatorische Leistung im Vordergrund, die "fromme menschenfreundliche Absicht, die Erkentniß des wahren Gottes unter den von ihm [Columbus] entdeckten Wilden zu verbreiten" (S.112).

Allgemein gesprochen: die Wilden werden von Columbus zur Erkenntnis geführt. Das stellt sie auf eine Stufe mit den Kindern, die vom Vater zur Erkenntnis geführt werden. Die Hierarchie ist also wohl geordnet:

Gott

Columbus   Vater

Frauen - das einfache Volk - Kinder - Wilde

Über allem steht Gott, der wohlgefällig die Taten des Columbus betrachtet. Columbus ist wie ein Vater zum Schiffsvolk und zu den Wilden, der Vater ist es zu den Kindern und auch zu seiner Frau. Aus der unteren Stufe haben eigentlich nur die männlichen Kinder die Möglichkeit aufzusteigen, indem sie sich Columbus oder den Vater zum Vorbild nehmen. Den Mädchen wird implizit die Frauenrolle nahegelegt, die einfachen Menschen brauchen ihr Leben lang die Autorität.

3. Campes Columbusbild im Vergleich zu Raynals Histoire des deux Indes

Abschließend wollen wir noch einmal auf Campes Quellen zurückkommen. Wie schon gesagt, macht er darüber keine genauen Angaben, es ist aber höchst unwahrscheinlich, daß der spätere Frankreichreisende die von Abbé Raynal in Zusammenarbeit mit Denis Diderot geschriebene Histoire des deux Indes nicht gekannt hat. Die erste Ausgabe dieses Buches erschien 1770 in Amsterdam, und bis 1789 gab es danach dreißig verschiedene Auflagen und mindestens vierzig illegale Nachdrucke.[16] In Deutschland gab es zwischen 1744 und 1788

drei Gesamtübersetzungen und verschiedene Teilausgaben. Der gewissenhafte
Campe muß sich hier informiert haben, und so ist es von Interesse,Raynals
und Diderots Angaben zu Columbus denen Campes gegenüberzustellen.

In der allgemeinen Charakteristik des Entdeckers findet man eine grundsätzliche Übereinstimmung: auch bei Raynal erscheint Columbus als hervorragender und einzigartiger Mann. Da heißt es zum Beispiel zu seinen Verhandlungen in Spanien:

> Seine standhafte, erhabene, mutige Seele, seine Klugheit
> und Geschicklichkeit machten endlich, daß er über alle
> Hindernisse siegte.[17]

Und zu seinem Tod schreiben Raynal und Diderot:

> Ob er gleich nur neunundfünfzig Jahre alt war, so waren
> doch seine Leibeskräfte sehr geschwächt. Hingegen hatten
> seine Seelenkräfte von ihrer Stärke nichts verloren. /
> Das war das Ende dieses seltenen Mannes, der Europa in
> Erstaunen dadurch gesetzt hatte, daß er einen vierten Teil
> zur Welt oder vielmehr eine Hälfte zu diesem so lange verheerten und so wenig bekannten Erdball hinzufügte.[18]

Columbus wird zwar ansonsten auch hier nicht als alleiniger Übeltäter
beschrieben, aber alle seine Entdeckungsfahrten werden von vornherein
in den Rahmen kolonialistischer Zerstörung gestellt. Da liest man gleich
zu Columbus' erster Ankunft in der Neuen Welt:

> Niemand in Europa war fähig zu denken, es könne eine
> Ungerechtigkeit dabei sein, sich eines Landes zu bemächtigen,
> das nicht von Christen bewohnt wäre.[19]

Die Spanier werden explizit als "Zerstörer" bezeichnet, und Columbus wird
keineswegs ausgenommen:

> Man weiß nicht viel von ihrer Religion, an der sie eben
> nicht festhielten, und es hat den Anschein,als hätten
> ihre Zerstörer sie in diesem Punkt, so wie in vielen
> anderen, verleumdet.[20]

Bei Campe tauchen solche Bemerkungen, wenn überhaupt, dann nur am Rande auf;
zu Columbus fast gar nicht, dann aber zu Cortes und Pizarro. Er wollte in
Columbus eine fast makellose Gestalt schaffen, eine historische Vaterfigur,
um ihn seinen jugendlichen Lesern als Vorbild zu präsentieren. Negative
Aspekte, soweit sie überhaupt auftauchen, sind in seinem genannten 'Vorbereitungskonzept' zu sehen: damit wollte er nach und nach auf die dunklen Seiten
der Entdeckungsgeschichte vorbereiten. Sein Columbusbild wird so gut wie
nicht durch Kolonialismuskritik getrübt.

Anmerkungen

1. Georg Popp. Die Großen der Welt. Künstler und Wissenschaftler, die jeder kennen sollte. Würzburg. 1963. 15.Auflage. Arena Verlag, S.19.

2. Benutzt wird hier die folgende Ausgabe: Kolumbus oder die Entdekkung von Westindien, ein angenehmes und nüzliches Lesebuch für Kinder und junge Leute von J.H.Campe. Tübingen. Bey Wilh.Heinr.Schramm und Joh.Friedr. Balz. 1782. Es handelt sich um den ersten Band von Campes dreibändigem Werk Die Entdekkung Amerikas, das mit einem Buch über Cortes (1782) und einem über Pizarro (1788) fortgesetzt wurde.

3. Klaus Doderer (Hrsg.). Lexikon der Kinder- und Jugendliteratur. Personen-, Länder- und Sachartikel zu Geschichte und Gegenwart der Kinder- und Jugendliteratur. In drei Bänden (A-Z) und einem Ergänzungs- und Registerband. Weinheim und Basel. Beltz Verlag. 1984 (Paperback-Ausgabe).

4. Hans-Heino Ewers. Einleitung zu Kinder- und Jugendliteratur der Aufklärung. Eine Textsammlung. Stuttgart 1980. Reclam N.9992., S.8. Außer dieser umfangreichen Einleitung verdanke ich der folgenden Monographie wichtige Hinweise: Reiner Wild. Die Vernunft der Väter. Zur Psychographie von Bürgerlichkeit und Aufklärung in Deutschland. Stuttgart. Metzler 1987 (= Germanistische Abhandlungen Band 61). Es handelt sich jedoch nur um allgemeine Hinweise zur KJL der Aufklärung. Ewers hat zwar einige Seiten aus Campes Columbus-Buch in seine Textsammlung aufgenommen (S.324-328), Wild erwähnt zweimal Campes dreibändiges Werk Die Entdeckung Amerikas (S.218 und 366), doch beide Autoren gehen nicht auf die Gestalt des Kolumbus ein. Einen knappen Hinweis zum Inhalt von Campes Kolumbus-Buch findet man in: Th.Brüggemann / H.-H. Ewers. Handbuch zur Kinder- und Jugendliteratur. 1750-1800. Stuttgart 1982. Metzler. Sp. 1305.

5. Ewers, a.a.O. (Anm.4), S.23.

6. So Sulzer in seinem Versuch von der Erziehung und Unterweisung der Kinder (1748, zweite Auflage); vgl.Ewers, a.a.O.(Anm.4), S.24.

7. Ewers, a.a.O. (Anm.4), S.33 und 32

8. Seitenangaben beziehen sich im folgenden immer, wenn nicht anders vermerkt, auf die in Anm.2 genannte, hier benutzte Ausgabe. Hinzuweisen ist darauf, daß nach der Einleitung, in der nur die Doppelseiten gezählt werden, die Seitenzählung neu beginnt.

9. Die Namen werden in der Ortographie Campes wiedergegeben; auch in den Zitaten wird Campes Ortographie beibehalten.

10. Vermutlich handelt es sich um William Robertsons History of America, die 1777 in London erschienen ist. Die dreibändige deutsche Übersetzung erschien ab 1789 in Leipzig, Campe muß also die Originalausgabe benutzt haben.

11. Wild, a.a.O. (Anm.4), S.238.

12. Campe. Die Entdekkung von Amerika... Zweiter Teil (vgl.Anm.2), S.28.

13. Ebd., S.37.

14. Campe. Die Entdekkung von Amerika... Dritter Teil. 1788 (vgl. Anm.2), S.51.

15. Die Heiligsprechung des Kolumbus - ein Thema, das Alejo Carpentier in seinem Roman El arpa y la sombra behandelt hat. Vgl. Titus Heydenreich: "El Arpa y La Sombra" (1979): Alejo Carpentiers Roman vor dem Hintergrund der Columbus-Wertungen seit den Jahrhundertfeiern von 1892." in: Wolfgang Bader. János Riesz (Hrsg.). Literatur und Kolonialismus I. Die Verarbeitung der kolonialen Expansion in der europäischen Literatur. Frankfurt am Main, Lang. 1983., S.291-321.

16. Diese und die folgenden Angaben zu Raynals Buch entnehme ich der von Hans-Jürgen Lüsebrink betreuten deutschen Neuauflage: Guillaume Raynal und Denis Diderot. Die Geschichte der beiden Indien. Nördlingen. Greno 1988. Vgl. hier insbesondere Lüsebrinks Nachwort S.329-344.

17. A.a.O. (siehe Anm.16), S.98.

18. Ebd., S.110.

19. Ebd., S.98.

20. Ebd., S.101.

Christophe Colomb et la Découverte de l'Amérique sur l'horizon du Siècle des Lumières

Hans Jürgen Lüsebrink

I. La Découverte de l'Amérique - dialectique d'un débat

Le Siècle des Lumières, notamment le XVIIIe siècle français, se caractérise entre autre par sa fascination pour les questionnements fondamentaux. Sonder les fondements du savoir, interroger la légitimité des sociétés et des gouvernements, redéfinir le sens des concepts et questionner le fonctionnement du langage - ces gestes hardis et foncièrement critiques s'inscrivaient dans un élan de réflexion collective, souvent d'une étonnante radicalité.

La Découverte de l'Amérique, l'expansion outre-mer et le personnage de Christophe Colomb firent partie, comme si cela allait de soi, de cet immense réexamen des fondements de la pensée, des savoirs hérités et du langage propre au XVIIIe siècle. "Qu'est-ce que le Nouveau Monde?" demanda ainsi par exemple un Catéchisme des Colonies paru en 1791, pour donner lui-même, dans un catéchisme laïcisé calqué sur le modèle religieux, la réponse suivante: "C'est cette partie du globe terrestre qui fut découverte, il y a trois cent ans, par Christophe Colomb. Les Européens s'en rendirent maîtres, en détruisant presque tous les naturels."[1] Vingt ans avant la parution de ce catéchisme, l'Abbé Guillaume-Thomas Raynal, aidé par une équipe de collaborateurs où figuraient e.a. Diderot, Naigeon et Pémeja,[2] avait présenté, dans les trois éditions consécutives de sa volumineuse Histoire philosophique et politique des établissemens et du commerce des Européens dans les deux Indes (1770), un inventaire à la fois encyclopédique et critique de l'expansion européenne outre-mer. L'inventaire patient des contrées découvertes et colonisées se double ici d'une vigilance constamment critique qui remet en question les fondements mêmes de l'entreprise et la légitimité de toute colonisation. L'ouvrage débouche, dans le neuvième volume de l'édition définitive de 1780/83, sur un bilan intitulé "Réflexions sur le bien et le mal que la Découverte du Nouveau-Monde a fait à l'Europe". Le lecteur s'y voit placé dans la position de l'arbitre critique et du juge responsable considérant l'histoire des découvertes non pas comme un objet muséal, à admirer et à commémorer, mais comme un horizon de réflexion incitant à prendre position:

> "Depuis les audacieuses tentatives de Colomb et de Gama,
> il s'est établi dans nos contrées un fanatisme jusqu'alors
> inconnu: celui des découvertes. On a parcouru et l'on
> continue à parcourir tous les climats vers l'un et vers
> l'autre pôle, pour y trouver quelques continens à envahir,
> quelques isles à ravager, quelques peuples à dépouiller,
> à subjuguer, à massacrer.[...] Arrêtons-nous ici, et plaçons-
> nous au tems où l'Amérique et l'Inde étoient inconnues. Je
> m'adresse au plus cruel des Européens et je lui dis: Il
> existe des régions qui fourniront de riches métaux, des
> vêtemens agréables, des mets délicieux. Mais lis cette
> histoire, et vois à quel prix la découverte t'en est promise.
> Veux-tu, ne veux-tu pas qu'elle se fasse?"[3]

La même radicalité de questionnement se retrouve dans un concours académique organisé en 1782 par l'Académie des Sciences, Belles-Lettres et Arts de Lyon et dont l'Abbé Raynal avait fourni les fonds - un prix de 1200 livres.[4] Le concours, qui allait se prolonger jusqu'en 1790 sans que le prix fût en définitive attribué, reçut près d'une cinquantaine de mémoires (dont plusieurs furent publiés à l'instigation de leurs auteurs) et eut un écho considérable dans la presse et l'opinion publique des années 80 du XVIIIe siècle en France. La question soulevée par l'Académie, sur la proposition de l'Abbé Raynal, constitue une interrogation foncièrement dialectique de l'événement de la découverte de l'Amérique et donne une première matrice à son traitement. Elle fut formulée comme suit et publiée telle quelle dans la plupart des journaux et gazettes de la République des Lettres, du Journal de Lyon jusqu'au prestigieux Mercure de France:

> "La découverte de l'Amérique a-t-elle été utile ou
> nuisible au genre humain?
> S'il en résulte des biens, quels sont les moyens de
> les conserver et de les accroître?
> S'il en résulte des maux, quels sont les moyens d'y
> remédier?"[5]

La quasi-totalité des mémoires envoyés au concours (près d'une cinquantaine) dont près de la moitié sont conservés, adopta cette perspective d'interrogation dialectique en accordant néanmoins nettement plus d'espace aux conséquences négatives de la découverte de l'Amérique. "Indignés des excès qui ont flétri la plus belle découverte des Européens", constata ainsi le rapport final de l'Académie qui résuma en 1791 les positions des mémoires reçus, "nos Orateurs ont décidé, pour la plupart, qu'elle avoit été plus funeste qu'utile."[6] Adoptant un style souvent pathétique, très proche de celui employé par Raynal et son collaborateur Diderot dans l'Histoire des deux Indes, les mémoires participant au con-

cours présentent d'abord un inventaire critique des "effets funestes" du
grand événement de 1492: Dépopulation de l'Amérique (évalué par Mandrillon
à 12 millions),[7] mais aussi de l'Espagne et du Portugal; mouvement infla-
tionniste et diminution du pouvoir d'achat parmi les couches inférieures
des sociétés colonisatrices; émergence de maladies inconnues des deux
côtés de l'Océan (notamment la syphilis en Europe); et renforcement des
régimes absolutistes favorisés, dans leur développement, par l'or des
colonies et le système esclavagiste. Deux conséquences sont particulièrement soulignées et apparaissent comme de véritables stigmata de la découverte de l'Amérique: d'une part la "fureur de l'or",[8] la "soif insatiable des richesses",[9] "l'insatiable cupidité des Européens",[10] qui
auraient profondément perverti à la fois la découverte de l'Amérique et
les sociétés du Vieux Continent; et d'autre part l'esclavage et la traite
des nègres qui auraient foncièrement mis en cause les principes mêmes de
la liberté naturelle et de l'égalité fondamentale de tous les hommes.

> "L'esclavage", écrit par exemple l'Abbé Genty dans son
> mémoire, "qui règne en Amérique, devient une source in-
> tarissable de corruption et de désordres. Il fournit à
> la dépravation des moeurs une foule de ministres, d'instru-
> mens et de victimes. Dirai-je que l'homme libre abuse avec
> indignité de la femme esclave et qu'il en fait impunément
> l'objet de ses penchans les plus déréglés?[...] Voyez la
> Guinée déserte et désolée, l'Amérique souillée de crimes,
> l'humanité foulée aux pieds de toutes parts, la justice
> méconnue, les bonnes moeurs profanées, la nature avilie."[11]

L'esclavage et la soif de richesses, phénomènes autour desquels se focalisent
les "effets funestes" de la découverte du Nouveau-Monde, se trouvent fréquemment évoqués et décrits à travers les métaphores 'dynamiques' de
"plaie", de "source" et de "fléau" qui impliquent un mouvement d'expansion
et d'infiltration venant affecter rapidement tout le corps social. "Vaine-
ment chercheroit-on à réparer la perte que l'espèce humaine a faite dans
les deux mondes depuis la découverte de l'Amérique", écrit par exemple
l'auteur d'un des mémoires les plus virulents du concours, resté manuscrit,
qui employa précisément la métaphore de la "plaie saignante", "cette plaie
qui saignera toujours est incurable et sans remède. Contentons-nous d'en
gémir, et n'accusons néanmoins que l'ignorance et les moeurs à demi barbares où cette découverte a eu lieu, laissant au temps, ce grand maître
en toutes choses, à réparer s'il est possible, ou du moins à couvrir cette
longue calamité."[12]

Second volet du questionnement du concours, les b i e n f a i t s de la découverte de l'Amérique sont articulés autour d'un des concepts-clés de la pensée des Lumières, le terme de "Progrès". La découverte de l'Amérique aurait, tel est l'inventaire dressé avec plus ou moins d'exhaustivité par tous les auteurs relevés, entraîné l'essor des arts et des sciences, de l'industrie et du commerce, propulsé les "bienfaits" de la Civilisation de l'Europe au-delà des océans et surtout contribué au progrès des connaissances humaines: "nous devons", nota Mandrillon dans son mémoire, "sur-tout à l'Amérique nos progrès dans la géographie, la construction des vaisseaux, la navigation, l'astronomie et l'histoire naturelle."[13] Nombre de mémoires, tout en étant extrêmement critiques à l'égard de la découverte et du déroulement de la conquête, présentent l'imaginaire d'une colonisation aux pouvoirs tellurgiques, transformant les "déserts" en "Cités" et la "nature brutte et sauvage" en terre de civilisation,[14] anticipant ainsi un des grands topoi du discours colonial du XIXe siècle. Sont également fréquentes les allusions à l'Amérique "terre d'asyle" et "pays de liberté", berceau de la "Patrie des Franklin, des Washington, des Hancock, des Adams"[15] ayant donné refuge aux persécutés de tous bords, religieux et politiques, des victimes de Guerres de Religion jusqu'aux Philosophes des Lumières.

Dialectique dans sa formulation même, le concours lyonnais sur les conséquences de la découverte de l'Amérique suscita, dans nombre de mémoires, des logiques d'argumentation parfois abruptes, aux transitions brusques et déroutantes. L'auteur du manuscrit côté numéro 9 au concours embrasse ainsi, dans une phrase elliptique, les deux facettes de la question en débouchant non pas sur une synthèse, mais sur un conditionnel hypothétique: "sans doute", écrit l'auteur, avant de terminer son mémoire par une longue apostrophe adressée aux "Peuples des Lumières, peuples philosophes", les incitant à "mettre la philosphie" et les "lumières ... en pratique":

> "La découverte du nouveau monde a été nuisible au genre humain: mais elle pourrait être pour lui une source d'avantages si les Européens, au lieu de lui donner des fers, eussent trafiqué ses richesses par un commerce juste et avoué par l'humanité: au lieu d'abrutir ses habitans par l'esclavage le plus barbare, ils eussent éclairé leur ignorance et porté le flambeau des sciences et de la philosophie dans les ténèbres épaisses qui les environnaient."[16]

Dans d'autres mémoires, les brusques transitions soustendent une philosophie de l'histoire précise, notamment l'axiome de la 'liberté renaissante de la plus cruelle oppression': "Si Colomb nous fit un funeste présent", telle est par exemple la conclusion d'un mémoire resté anonyme, "la liberté renaît dans cet hémisphère que notre tyrannie opprima."[17]

II. Christophe Colomb - sémantique d'un 'héros du genre humain'

La figure de Christophe Colomb resta, au sein de ce débat controversé autour de la Découverte de l'Amérique qui agita l'opinion de la République des Lettres des années 80 du XVIIIe siècle, étonnament intangible. Aux côtés de Las Casas, à qui certains auteurs donnent néanmoins la responsabilité de la traite des esclaves, Christophe Colomb constitue le seul personnage indiscutablement positif, tandis que Cortès, Pizarro, voire Vespucci et Almagro se trouvent pourvus de qualificatifs généralement très négatifs.[18] Colomb, par contre, se voit investi de toutes les qualités du "grand homme" méritant l'éloge de ses concitoyens et les récompenses de la patrie: courage, hardiesse, humanité, générosité, "éloquence du commandement",[19] probité du caractère et vertu. Mandrillon le caractérise comme une "âme grande et forte, l'esprit fécond en ressources, le coeur à l'épreuve de tous les dangers."[20] Loin d'être ternie par les suites de la découverte de l'Amérique, sa mémoire paraît au contraire embellie par l'éclat de sa gloire et l'ombre de la persécution endurée de la part des Rois Catholiques. Christophe Colomb se voit attribuer, dans nombre de textes, une place de premier rang au Panthéon - encore imaginaire - des G r a n d s H o m m e s de l'ère moderne que "la nature, avare de ces génies créateurs n'offre que très rarement à l'univers pour opérer ces révolutions qui l'étonnent et l'instruisent."[21] Les qualificatifs d'"immortalité", de "sage" et d'"illustre", les attributs des lauriers et de la couronne qui lui sont prêtés et, enfin, la mise en parallèle avec les grands hommes de l'Antiquité (e.a. Alexandre le Grand) soustendent le rêve d'un héros des deux mondes qui traverse l'ensemble des mémoires relatifs au concours lyonnais sur la Découverte de l'Amérique. Mandrillon a recours, dans ses Recherches Philosophiques sur l'Amérique Septentrionale, aux registres rhétoriques de l'éloge académique en insérant dans ses réflexions une apostrophe pathétique adressée à Christophe Colomb qu'il place, dans son introduction,[21] loin devant le conquérant du Mexique, Cortez:

> "Grand homme! Si des demeures célestes où tes vertus
> et ton courage ont dû te placer, tu daignes agréer mon
> foible hommage; COLOMB, la justice que je te rends sera
> pour moi un des devoirs les plus doux![...]. Quand la
> découverte de l'Amérique seroit un mal pour l'Europe,
> nous ne devrions pas moins respecter la mémoire de
> Colomb, parce qu'il n'a jamais terni sa gloire par des
> actions indignes d'un grand homme; loin de lui en im-
> puter la cause, nous n'en devons accuser que notre
> imprudence et méchanceté."[22]

Le "Portrait de Christophe Colomb", joint en annexe à la seconde édition des Recherches Philosophiques de Mandrillon, complète ce tableau élogieux par toute une série de qualificatifs et de traits physionomiques inspirés des Eloges de la rhétorique des Anciens: "taille haute et bien propor- tionnée","visage long", "le nez aquilin", les "yeux bleus et vifs", "l'âme grande et forte", "l'esprit fécond en ressources", "le coeur à l'épreuve de tous les dangers". Ou encore: "Il parloit peu et avec gravité. Il étoit sobre, modeste dans son habillement, plein de zèle pour le bien public et pour la religion. Il avait une piété solide, une probité sans reproche, et l'esprit orné par les sciences."[23] Si la religiosité de Christophe Colomb ne joue qu'un rôle tout à fait accessoire, de même que son projet d'évangélisation des Indiens, qui se trouve aussi bien souligné dans son propre Journal que dans la littérature religieuse du XIXe siècle visant à sa sanctification,[24] sa Panthéonisation imaginaire à la fin du XVIIIe siècle se fonda sur le triple rôle constitutif du "Grand homme" rêvé par les Lumières: "sage législateur", "illustre navigateur" et "génie créa- teur".[25] "L'Antiquité", telle fut la conclusion sur laquelle déboucha le Portrait de Christophe Colomb par Mandrillon, "eût mis COLOMB au rang de ses demi-dieux et l'encens auroit fumé sur les autels qu'elle lui auroit érigés."[26]

En définitive, et paradoxalement, l'idéalisation de Christophe Colomb répondit à un profond désir de laïciser l'hagiographie collective et de réécrire l'histoire. La découverte de l'Amérique, événement aux suites funestes, se trouva ainsi doublement rachetée: par une logique du progrès unissant le passé à l'avenir,où les événements de 1492 constituèrent, avec l'invention quasi contemporaine de l'imprimerie par Gutenberg, la seconde grande étape sur la voie du progrès scientifique et social; et par la figure de l'"immortel Colomb, seul avec son génie",[27] comme l'écrit l'avocat Carle dans son mémoire envoyé au concours de Lyon. Trahi par ses proches, persécuté et mis en prison par les détenteurs du pouvoir public de son époque, héros et martyr, à la fois homme d'action et de savoir,

Christophe Colomb devint ainsi, aux côtés de Gutenberg et de Las Casas,[28] pour le Siècle des Lumières finissant une des grandes figures d'identification laïques de l'aube de l'ère moderne, susceptible d'expier ses crimes et ses forfaits. L'imaginaire d'un saint laïque qui mériterait, à l'exemple des héros de l'antiquité, lauriers, autels et statues,[29] hante ainsi paradoxalement ces textes en même temps si radicalement critiques envers les conséquences de l'exploit de Colomb. Après avoir stigmatisé le "droit abusif de la conquête", "la féodalité barbare" que celle-ci avait créée, et l'esclavage apparu dans son sillage, un des auteurs participant au concours de Lyon dessine ainsi la vision d'un Christophe Colomb monté au ciel et expiant les fautes de l'humanité souffrante:

> "Aussi l'ombre du grand Colomb a-t-elle quitté ces
> coupables contrées où elle a longtemps pleuré sur
> la gloire, et détesté son immortalité: elle plane
> maintenant sur vos têtes innocentes, avant de
> s'élever vers le ciel, où elle a droit enfin
> d'attendre une couronne."[30]

III. Vues olympiennes - de la fiction à la philosophie de l'histoire

Joseph-Henri Mandrillon, dans une note insérée dans ses Recherches Philosophiques sur la découverte de l'Amérique, se croit curieusement obligé d'affirmer comme suit la v é r i t é de son tableau historique - comme si son écriture avait pu susciter des soupçons à cet égard au lecteur attentif:

> "Les faits que je viens de présenter ne sont point
> d'imagination, l'histoire les constate. Qui les révoquera
> en doute? Qui oserait les justifier? Les fastes du monde
> ne parlent d'aucun siècle plus célèbre que celui de
> Colomb, et plus funeste en même-temps par la soif immodé-
> rée des richesses. Que les noms de Colomb et de Gama sont
> grands dans l'histoire! Ils rappellent les deux plus
> belles entreprises dont l'esprit humain puisse se glorifier."[31]

L'argumentation qui se présente comme délibérément subjective et partiale, malgré sa volonté de vérité, nous confronte d'emblée avec une signification inhabituelle des termes d'"imagination" et d'"histoire": au lieu d'exclure le pathos, la prise de position subjective ou l'incitation à l'identification avec des personnes du passé (comme notamment Christophe Colomb), la conception de l'h i s t o i r e esquissée par Mandrillon

semble au contraire les inclure. Des éléments du discours fictionnel - tels
l'apostrophe, le dialogue et la mise en scène d'un narrateur-commentateur -
émaillent en effet l'ensemble du texte de Mandrillon, de même que les
autres mémoires participant au concours sur la Découverte de l'Amérique.

Le narrateur, loin de rester discret et effacé, prend en effet souvent
la pose d'un observateur olympien survolant de son regard les continents
et les siècles. Le poète Saint-Lambert qui a consacré une partie des notes
accompagnant Les Saisons à la découverte de l'Amérique en s'inspirant
directement de la question posée par l'Académie de Lyon, fournit une
illustration particulièrement parlante de cette mise en scène du narrateur.
Dans la note 168 du texte qui se réfère aux vers des Saisons évoquant les
voyageurs qui entraînent le poète "sur leurs pas" et lui font comparer les
loix et les moeurs des deux mondes, Saint-Lambert parcourt en l'espace de
six pages in-octavo les continents d'Asie et d'Amérique. "Je voudrois faire
une question", écrit-il en guise d'introduction à ce parcours qui suit
somme toute le même cheminement géographique que l'Histoire des deux Indes
de Raynal, mais en utilisant un autre procédé de narration: "La découverte
de l'Amérique et celle du passage aux Indes par le Cap de Bonne-Espérance,
ont-elles servi au bonheur de l'espèce humaine? Il faut d'abord interroger
un Américain, mais dans quelle contrée irai-je le prendre?"[32] Suit une
série abondante et rapide de résumés d'entretiens imaginaires où tour-à-
tour un Péruvien, un Mexicain et un habitant de Panama sont interrogés
et donnent leurs points de vue sur les événements de 1492 et leurs conséquences pour le continent américain. L'habitant de Panama par exemple, au
lieu de répondre verbalement aux questions posées, versa des larmes, "en
se rappellant le bonheur des anciens Tlascaltèques et en me montrant ses
fers."[33] Le Péruvien établit le "parallèle de la tyrannie de ses maîtres
modernes et de ce gouvernement sublime, sous lequel on ne connaissoit ni
l'esprit de propriété, ni le mensonge; dont la bienveillance et l'esprit
de communauté étoient les ressorts, et dont on voit une foible image au
Paraguai." Quant aux Antilles, enfin, le narrateur rapporte qu'il aurait
cherché en vain "quelque rejeton de cette race si douce, si bienfaisante
et si heureuse qui habite ces isles; je n'en trouve plus: les restes de
cette race on été mis en pièces sur les étaux des Bouchers, pour servir
de nourriture aux chiens de leurs Conquérants."[34]

A l'exemple de l'Histoire des Deux Indes de Raynal[35] ou des commentaires
accompagnant Les Saisons de Saint-Lambert, les textes écrits dans le

sillage du concours de Lyon ont fréquemment recours à l'appel au lecteur, et notamment à l'<u>apostrophe</u> adressée aux puissants: au "souverains",[36] au "Roi des Français" qui se voit tutoyé dans un des mémoires manuscrits du concours, comme dans la célèbre apostrophe à Louis XVI contenue dans l'oeuvre de Raynal due, en effet, à la plume de Diderot;[37] à Washington qualifié de "Libérateur du Nouveau Monde";[38] aux "Peuples de l'Europe";[39] et à Guillaume-Thomas Raynal, fondateur et inspirateur du concours, à qui l'avocat Carle rend un hommage éloquent dans l'introduction de son discours.[40]

Christophe Colomb lui-même sert d'interlocuteur fictif dans certaines apostrophes, comme celle du manuscrit côté numéro 9 aux Archives de l'Académie de Lyon qui est le seul mémoire du concours à accuser directement l'auteur de la découverte du Nouveau-Monde en invoquant sa responsabilité:

> "O Colomb! c'est vous qui êtes la cause d'une dégradation aussi humiliante pour l'humanité. C'est vous qui avez ouvert ce vaste champ à la cupidité Européenne, au despotisme, au meurtre, au carnage. Sans vous, l'Amérique ignorée jouiroit encore aujourd'hui paisiblement de ses possessions: sans vous, nous aurions quelques plaisirs de moins; il est vrai; mais les mines du Pérou n'auroient pas englouti tant de millions d'hommes; mais les peuples de la Guinée seroient encore libres et ne seroient point condamnés à périr dans les rudes travaux de nos plantations. L'Europe elle-même ne seroit pas le jouet de tant de tempêtes: ne nous flattons pas: la découverte de l'Amérique a été aussi funeste pour nous, et la foudre en écrasant le nouveau monde a fait rejaillir ses éclats jusque sur l'ancien."[41]

Les interventions du narrateur, souvent empreintes d'un pathos rhétorique qui semble imiter la pose de l'Orateur parlant du haut d'une tribune, renvoient à une philosophie de l'histoire reposant sur plusieurs axes. D'abord sur la perspective d'un réformisme éclairé sur lequel semblent miser les apostrophes adressées aux puissants du monde: à Louis XVI, aux Souverains de l'Europe, puis à l'Assemblée Nationale. L'abolition de l'esclavage et de la traite des nègres, dans certains mémoires également l'abandon pur et simple de toutes les colonies dont la possession est ici considérée comme fondamentalement opposée au droit naturel,[42] se trouvent au centre de cette perspective historique fondée sur la capacité des sociétés de se réformer grâce à la volonté de leurs gouvernements et aux lumières de leurs sujets éclairés. Dans cette perspective 'réformiste' les "effets funestes" de la découverte de l'Amérique - notamment l'esclavage - ne paraissent être que des fléaux lointains dont l'abolition n'affecterait que très indirectement les métropoles elles-mêmes.

Mais généralement, le long détour par la géographie et l'histoire ramène le narrateur avec insistance vers les contradictions de sa propre société, la France de l'Ancien Régime; la réflexion sur les prodiges de Christophe Colomb et les conséquences de la découverte de l'Amérique pose ainsi, avec acuité, les problèmes fondamentaux du bonheur, de la justice et de la légitimité du pouvoir. "Chefs augustes des nombreux états de l'Europe", s'exclame par exemple l'auteur resté anonyme d'un mémoire envoyé au concours de Lyon et imprimé en 1790 à Besançon,

> "puissez-vous préférer la gloire de rendre vos sujets heureux, à la honte de dominer sur des contrées usurpées et des coeurs ulcérés! Vous qui ne régnez sur vos peuples que pour établir parmi eux l'empire de la justice et du bonheur! vous qui êtes les pères de ces grandes familles qui vous ont confié le soin sacré de leur facilité, jetez un regard attendri sur les malheurs de vos sujets."[43]

Une troisième perspective historique, fréquemment évoquée, met en parallèle l'Amérique précolombienne où partout - le Mexique et le Pérou exceptés - la "Nature humaine s'étoit maintenue dans sa liberté originelle",[44] et la Révolution Américaine, événement d'un genre radicalement nouveau et annonciateur d'une nouvelle ère de liberté et d'égalité.[45] L'année 1492 n'aurait constitué, dans cette perspective, que l'ouverture d'une grande parenthèse de l'histoire dont les contradictions auraient débouché sur sa propre mise en cause, symbolisée par la Révolution Américaine. "La liberté renaît dans cette hémisphère que notre tyrannie opprima"[46] - cette conclusion d'un des mémoires envoyés au concours sur la découverte de l'Amérique de l'Académie de Lyon résume de manière concise une logique de l'histoire qui place la Révolution Américaine à l'aube des bouleversements futurs du globe.

Le retour vers les événements de 1492 et leurs suites débouche ainsi sur une vision souvent délibérément prophétique. "Les Colonies imiteront un exemple récent", peut-on lire par exemple dans le mémoire imprimé de l'avocat Carle,"et brisant avec violence les liens qui les enchaînent à leurs Métropoles, elles s'affranchiront de la domination de l'Europe."[47] Mandrillon décrit les nouveaux Etats-Unis de l'Amérique comme un "espace immense où la liberté paroît avoir établi son empire"[48] et prophétise que "ce seront les colonies indépendantes qui auront la gloire de civiliser le reste de l'Amérique".[49] Le rapport des membres de l'Académie de Lyon sur les résultats du concours invoqua enfin, en 1791, non seulement "l'espoir" d'une "régénération prochaine et universelle",[50] mais également la vision d'une Amérique qui allait "repeupler", "civiliser" et "affranchir" le continent entier. Compensation des maux et des "effets funestes" de la Découverte de l'Amérique, la Révolution Américaine témoignerait ainsi d'une justice inhérente au cours de l'histoire:

> "Celles qui sauront profiter de ce grand exemple", peut-on lire dans le <u>Coup d'oeil sur les quatre concours qui ont eu lieu à l'Académie de Lyon, sur la découverte de l'Amérique</u>, "n'oublieront jamais ce qu'elles doivent à l'Amérique, où s'est déployé l'étendard de la liberté pour tout l'Univers; et lorsqu'on leur demandera ce qu'a produit la découverte de ce Continent, elles répondront, qu'elle fut bien cruelle dans le début, et que, pendant près de deux siècles, elle n'avoit compensé de très-grands maux que par de foibles avantages: mais qu'ayant adouci, humanisé et éclairé les Nations par d'heureuses expériences, qu'on ne pouvoit faire ailleurs, elle avoit montré à toutes le vrai chemin de la liberté; que la liberté civile, préférable à la liberté sauvage, avoit jeté de profondes racines dans le Nord de l'Amérique; qu'elle avoit étendu ses branches sur l'Europe, et qu'elles couvriroient peu à peu toutes les parties de la terre."[51]

La liberté originelle retrouvée dans la liberté civile acquise par les anciennes colonies anglaises devenues indépendantes; la révolution des sociétés civiles du globe partant de la Révolution-phare de l'Amérique; les "très-grands maux" de la Découverte de 1492 enfin compensés par la promesse d'une "régéneration prochaine et universelle"[52] - cette logique de l'histoire et de son devenir place les deux événements de 1492 et de 1776 au centre d'une nouvelle philosophie politique qui caractérise l'aboutissement de la pensée des Lumières.

IV. L'histoire au conditionnel

L'imaginaire d'un cours de l'histoire où l'Amérique serait restée non-découverte, inaperçue - par le hasard ou la volonté des protagonistes - du reste du monde, traverse comme une obsession ces réflexions sur l'utilité et les effets funestes des événements de 1492. L'auteur du mémoire publié à Besançon est certain, pour sa part, de pouvoir affirmer que les lumières des sciences et de la philosophie auraient rencontré moins d'obstacles <u>sans</u> la découverte de l'Amérique et la "soif de l'or" suscitée parmi les habitants des deux mondes.[53] Il va de par là radicalement à l'encontre d'un courant de pensée des Lumières qui considère l'exploit de Christophe Colomb comme un des grands moteurs du progrès des arts et des sciences à l'époque moderne. Mandrillon constate pour sa part que "l'Amérique se seroit tôt ou tard civilisée sans le secours de l'Europe"[54] et remet ainsi en question une des formes de légitimation majeures de la colonisation du Nouveau-Monde. Le manuscrit côté numéro 12 parmi les dossiers du concours de Lyon qui adopte d'emblée la thèse que la découverte de l'Amérique "a été nuisible au genre humain"[55] avance ensuite qu'"il eut fallu que Christophe Colomb et Améric Vespuc eussent été précédés ou accompagnés par Descartes et Fénelon, Newton, Leibniz, Montesquieu"[56] et esquisse l'utopie d'une Amérique colonisée avec l'appui des Philosophes des Lumières:

> "Les Philosophes", peut-on lire dans les conclusions de ce mémoire, au cours d'un enchaînement de phrases mises au conditionnel, "que je suppose à la suite de Christophe Colomb auroient respecté les gouvernemens qu'ils auroient trouvé établis. Ils auroient souhaité d'en corriger les imperfections, mais leur zèle eut été accompagné de prudence et de charité.[...] On n'auroit pas vu les Evêques chargés d'instruire l'Indien élever à grands frais et à ses dépens de somptueux Palais.[...] On n'aurait pas vu des Missionnaires ne réunir des sauvages et ne les façonner à la culture que pour disposer tyranniquement des richesses qu'ils feroient naître et s'en servir pour troubler le monde entier par leurs intrigues.[...] En comparant notre conduite à celle que nous aurions du tenir; que de reproches n'a-t-on pas à nous faire. Hâtons-nous de réparer les torts."[57]

Le critique du journal L'Année Littéraire rendant compte du livre de l'Abbé Genty sur L'Influence de la Découverte de l'Amérique sur le bonheur du Genre-Humain (1788) évoque la même vision d'un cours radicalement différent de l'histoire "si les Aventuriers qui ont fait cette découverte eussent été des Philosophes, des Sages, des hommes vertueux et sensibles épris de l'amour de l'Humanité, et non pas des brigands affamés et altérés de sang."[58] L'auteur resté anonyme du manuscrit côté numéro 13 au concours de Lyon imagine Christophe Colomb philosophe, traitant les Indiens sur un pied d'égalité, les considérant comme frères et leur tenant ce discours aux accents cosmopolites. S'y fait jour l'utopie d'une découverte non-violente et d'une colonisation basée sur l'idée d'échange:

"Mais plutôt pourquoi l'Européen abordant en Amérique, au lieu
de détruire par le glaive l'habitant de cet hémisphère en lui
présentant le caducée, ne lui tint-il point ce discours?
"Sectateurs d'un Dieu de Charité, à travers les flots et les
tempêtes, nous venons des extrémités de l'univers, pour te
faire croire à ce Dieu, surtout pour t'engager à le servir:
moins novices que toi dans les arts, plus habiles à cultiver
la terre, nous venons te présenter les fruits de notre expérience, plus versés dans les sciences, dans les beaux-arts et
dans les lettres, nous t'apportons les ouvrages de ces hommes
admirables qui se sont immortalisés par leur génie. Nous
t'apportons le trésor de nos climats, une foule d'animaux
propres à notre hémisphère apprivoisés par nous, élevés à
nous servir, à nous tenir lieu d'esclaves. Ami, reçois tous
ces dons et fais nous part à leur tour de ceux dont la nature
enrichit ta patrie. Enfans du même sexe, habitans du même globe,
sujets aux mêmes besoins, sensibles aux mêmes plaisirs, vivons
ensemble comme des frères et loin de hâter par de sanglans
démêlés l'instant fatal où nous cesserons d'être, communiquons-
nous les bienfaits de la nature particuliers à nos hémisphères,
et cachons ainsi sous quelques fleurs les chaînes de la nécessité."
O Colomb! si tel eût été ton langage, si Cortez, Pizarre et les
Européens qui les aidèrent dans leurs brigandages, n'eussent
jamais par leurs actions démenti ce discours, ton arrivée en
Amérique eut servi d'Eve à ses habitans."[59]

L'auteur du mémoire publié à Besançon en 1790 imagine enfin non pas la
prise de parole d'un Colomb philosophe, mais celle des "infortunés Américains"
réduits au silence par les conquérants et qui auraient adressé un discours
virulemment accusateur aux envahisseurs, "si la crainte n'eût pas étouffé
leurs plaintes."[60] L'imaginaire d'un cours différent de l'histoire, d'une
colonisation heureuse et d'une conquête pacifique, aboutit ainsi, dans ces
réflexions greffées sur la découverte de l'Amérique, à la fiction d'une
prise de parole violente des V a i n c u s eux-mêmes qui affirment - tels
le Tahitien imaginé par Denis Diderot dans son Supplément au *Voyage de
Bougainville* (1772) ou le Huron Adario dans les *Dialogues avec un Sauvage*
(1702) du Baron de La Hontan - leur dignité et leur innocence.

Le scénario de la découverte se transforme ici en scène de tribunal où le
conquérant européen se voit violemment attaqué, sans recevoir à son tour
le droit à la réplique:

"La tranquillité et le bonheur régnoient dans nos paisibles
foyers. Nos possessions nous paroissoient assurées pour
jamais. Le sentiment de haine nous étoit inconnu. Le doux
lien de l'amitié nous unissoit à nos compatriotes. La ten-
dresse de nos épouses nous consoloit des maux inséparables
de la vie. La vertu de nos filles achevait de les adoucir,
et vous êtes venus répandre la frayeur et le carnage parmi
nous. Vous avez enlevé nos biens; vous avez massacré nos

compatriotes; vous avez ravi l'honneur de leurs épouses, celui des nôtres et de nos filles. Pour obtenir votre bienveillance, pour obtenir votre amitié nous vous avons comblés de présens, et vous vous êtes efforcés d'ensevelir dans le tombeau tous les témoins de votre ingratitude. Vous qui nous paroissiez des dieux, vous êtes les plus injustes et les plus barbares des hommes. Altérés de la soif de notre or; altérés de la soif de notre sang, quel droit aviez-vous sur nos biens? quel droit aviez-vous sur la vie de nos concitoyens? quelles offenses aviez-vous essuyées de nous pour nous rendre les victimes de tant de forfaits? Les principes de votre religion seroient peut-être capables de nous donner de la fermeté dans nos disgrâces, si votre conduite, opposée à vos maximes, ne vous présentoit comme des imposteurs. Pendant que vous annonciez une loi de douceur et de paix, la cruauté et la barbarie signaloient toutes vos actions."[61]

L'événement de la découverte de l'Amérique s'avère ainsi un événement-catalyseur pour la phase radicale de la pensée des Lumières, celle des années 70 et 80 du XVIIIe siècle, inaugurée par l'oeuvre du dernier Diderot et les ouvrages de Raynal et de Mably.[62] Sur un événement historique à première vue lointain et clos, se trouvent en effet focalisés des concepts-clés des Lumières comme "Révolution", "Liberté", "Luxe", "Oppression", "Esclavage" et "Bonheur". Leur projection sur l'histoire du Nouveau-Monde mène à une vision globale de l'histoire, résolument laïcisée et liant l'avenir aux logiques du passé. Se dessine également, dans ces mémoires suscités par le concours de l'Académie de Lyon sur la découverte de l'Amérique, un désir fervent de faire table rase du passé et d'imaginer un cours de l'histoire de l'humanité heureux et utopique où les événements de 1492 ne se seraient pas produits ou se seraient déroulés d'une manière radicalement différente. Et on trouve enfin, dans ces textes souvent dûs à des auteurs obscurs ou inconnus, une sensibilité nouvelle et politique, pour les V a i n c u s   d e   l' H i s t o i r e et leurs prises de parole manquées, oubliées ou refoulées - et généralement non-écrites. Au-delà du P a t h o s   qui les caractérise et de la conceptualité qui les soustend - et dont l'analyse donne à lire un outillage mental et culturel très différent du nôtre -, ces mémoires se situent ainsi à l'aube d'une vision radicalement neuve de la découverte de l'Amérique: par la portée de leurs critiques; par leur vision d'une Amérique future indépendante et libre, gérée par les Américains eux-mêmes; et par leur volonté de prêter attention - et ne serait-ce, d'abord, qu'avec les instruments d'une fiction idéalisante - aux désirs, aux paroles et aux accusations des v i c t i m e s de 1492 et de leurs héritiers.

Notes

La présente étude est fondée en grande partie sur l'analyse de manuscrits et d'imprimés conservés aux Archives de l'Académie des Sciences, Belles-Lettres et Arts de Lyon. Je tiens à remercier les membres de l'Académie pour la permission accordée pour les consulter et Madame la Secrétaire de l'Académie pour son aide précieuse lors des dépouillements des dossiers pendant mon séjour à Lyon en septembre 1989.

1. Catéchisme des Colonies, pour servir à l'instruction des habitants de la France. Par M.***. Paris, 1791, 8°, 56 p., ici p.3.

2. Voir sur ce sujet "Le livre qui fait naître des Brutus ... "Zur Verhüllung und sukzessiven Aufdeckung der Autorschaft Diderots an der Histoire des Indes. Dans: Titus HEYDENREICH/Franz Josef HAUSMANN/Hinrich HUDDE (éds.): Denis Diderot, 1713-1784. Zeit-Werk-Wirkung. Zehn Beiträge. Erlangen, 1984 (Erlanger Forschungen, Reihe A, Geisteswissenschaften T.34), p.107-126 (avec des indications bibliographiques supplémentaires).

3. Guillaume-Thomas RAYNAL: Histoire philosophique et politique des établissements et du commerce des Européens dans les Deux Indes. Neuchâtel et Genève, Libraires Associés, 1783, t.IX, p.308,310.

4. Journal Encyclopédique, 1783, p.376. Archives de l'Académie de Lyon, Registre manuscrit de l'Académie des Sciences, Belles-Lettres et Arts de Lyon, année 1782/83, date du 9 juillet 1783, f°107 (imprimé, 4 pages).

5. Voir ibid., f°107 les notes suivantes sur les résultats du premier concours qui allait être remis au programme à trois reprises, jusqu'en 1790/91: "ce concours a été nombreux; seize Mémoires ont été admis; quelques-uns annoncent, de la part des Auteurs, un travail proportionné à l'étendue du sujet; mais plus il intéresse l'humanité, plus il exige le mérite dans ses développements, et en général, aucun Mémoire n'a paru suffisamment remplir les vues indiquées dans le programme et les trois grandes questions qu'il présente. Cependant le sujet est trop beau et trop important, pour ne pas espérer qu'en donnant encore du temps aux Auteurs, il ne fasse éclore quelqu'ouvrage plus satisfaisant"; ainsi que le rapport final des membres de l'Académie sur le concours:(Anon.): Coup d'oeil sur les quatre concours qui ont eu lieu en l'Académie des Sciences, Belles-Lettres et Arts de Lyon, pour le Prix offert par M.l'Abbé Raynal sur la découverte de l'Amérique. Lyon, Aux frais de l'Académie, 1791, p.7 qui parle "d'environ cinquante Discours ou Mémoires". Voir sur le déroulement du concours également: Anatole FEUGÈRE: Un concours académique à Lyon au XVIIIe siècle. Dans: Lyon, janvier 1921, p.13-14; et Henry MECHOULAN: La Découverte de l'Amérique a-t-elle été utile ou nuisible au genre humain? Réflexions sur le concours de Lyon 1783-1789. Dans: Cuadernos Salmatinos de Filosofia (Salamanca), 1988, p.119-152.

6. (Anon.), Coup d'oeil, p.13.

7. Joseph-Henri MANDRILLON: Recherches Philosophiques sur la découverte du Nouveau-Monde. Dans: Mandrillon, Le Spectateur Américain, ou Remarques générales sur l'Amérique Septentrionale et sur la République des treize Etats-Unis; suivi de Recherches Philosophiques sur la découverte du Nouveau-Monde. Amsterdam, et se trouve à Bruxelles, chez De La Haye, 1785, p.422-488, ici p.448: "On évalue à douze millions le nombre des Indiens massacrés dans le vaste continent du Nouveau-Monde".

8. (Anon.): Discours sur cette question, proposée par l'Académie de Lyon: "La découverte de l'Amérique a-t-elle été utile ou nuisible au genre humain [...] ". Besançon, Impr. de Simard, 1790, 8°, 33 p., ici p.15.

9. Ibid., p.15.

10. MANDRILLON, Spectateur Américain (cf. note 7), introduction, p.VII.

11. Abbé Louis GENTY: L'influence de la découverte de l'Amérique sur le bonheur du genre humain. Paris, 1787, 8°, 354 p., p.184.

12. Archives de l'Académie de Lyon, Recueil Manuscr. 236 ("Mémoires du concours sur la découverte de l'Amérique"), mémoire n°1 (1788), in-f°, 23 p., manuscr., devise "Si le mal vous aigrit que le bienfait vous touche", ici f°63.

13. MANDRILLON, Recherches Philosophiques, p.463.

14. Archives de l'Académie (cf. note 12), mém. n°1, f°62: "Ce n'est plus nature brutte et sauvage, c'est pour ainsi dire une nouvelle terre sortie de nos mains".

15. (Anon.): Discours sur les avantages ou les désavantages qui résultent, pour l'Europe, de la découverte de l'Amérique. Objet du prix proposé par M.l'Abbé RAYNAL. Par M.P.***, Vice-Consul, à E***. Londres, et se trouve à Paris, chez Prault, 1787, p.68.

16. Archives de l'Académie de Lyon, Recueil manuscr. 236, mém. n°9 (1789), in-f°, 36 p., devise "Discite Justinian ... ", ici f°218, f°220.

17. Archives de l'Académie de Lyon, Recueil Manuscr. 236, mém. n°8 (1789), in-f°, 19 p., devise "Quamquam ... VIRG.", ici f°237.

18. Voir par exemple (Anon.), Discours cur cette question ... (Besançon, 1790) (cf. note 8), p.7-8: "Suivons à regret dans cette partie du globe les traces sanglantes des Européens. Déjà l'on voit les Espagnols sous Cortez se répandre comme un torrent dans le Mexique, assiéger et emporter sa capitale.[...] . A ces horreurs succèdent de plus grandes horreurs. Des brigands du même nom, sous Pizarre, couverts de fer et armés de la foudre, parcourent le Pérou avec le projet secret de l'envahir et de le dévaster."

19. MANDRILLON, Spectateur Américain, p.492.

20. Ibid., p.492.

21. Ibid., p.432.

22. Ibid., p.492.

23. Ibid., p.491-492.

24. Voir sur ce point, avec des indications bibliographiques supplémentaires: Titus HEYDENREICH: "El arpa y la sombra" (1979): Alejo Carpentiers Roman vor dem Hintergrund der Kolumbus-Wertungen seit den Jahrhundertfeiern von 1892. Dans: Wolfgang BADER/János RIESZ (éd.): Literatur und Kolonialismus I. Frankfurt/M., Peter Lang, 1983, p.291-322.

25. Voir successivement MANDRILLON, Recherches Philosophiques, p.434,435,432.

26. Ibid., p.492.

27. M.CARLE: Discours sur la question proposée par M.l'Abbé Raynal[...]. Paris, 1790, 8°, 32 p., ici p.5. Le terme "immortel" est également employé par le mémoire n°1 (cf. ci-dessus note 14), f°60, le mémoire 11, f°249, le mémoire n°13, f°123 et le Coup d'oeil (cf.note 5), p.15.

28. Las Casas est mentionné dans la plupart des écrits analysés, e.a. dans CARLE, Discours, p.24; GENTY, l'influence, p.184; dans les mémoires n°7, f°186 ("vertueux Las Casas"), n°11, f°251 ("généreux défenseur des Américains"), n°13, f°127 (cf. Archives de l'Académie de Lyon, Recueil manuscr.236) ainsi que le compte-rendu du livre de Genty dans: Mercure de France, juin 1788, p.57-65, ici p.62 ("Le vertueux Las Casas ne déploroit pas plus pathétiquement le sort des malheureux Indiens").

29. Voir successivement: (Anon.): Discours sur les avantages (cf.note 15),p. "le laurier qui croît sur sa tombe". MANDRILLON, Recherches Philosophiques. p.440: "Colomb qui méritoit des statues". Ibid., p.492.

30. MANDRILLON, Recherches Philosophiques, p.66.

31. Ibid., p.472, note 1.

32. Jean-François de SAINT-LAMBERT: Les Saisons. Poème. Ed.augmentée. Paris, Pissot, 1785, p.196-197.

33. Ibid., p.197.

34. Ibid., p.197.

35. Voir sur ce sujet Michel DELON: L'appel au lecteur dans l'Histoire des deux Indes. Dans: Hans-Jürgen LÜSEBRINK/Manfred TIETZ (éd.s): Lectures et réception de l'Histoire des Deux Indes de G.-T.Raynal au XVIIIe siècle, en Europe et Outre-Mer. Actes du colloque de Wolfenbüttel. Oxford, Studies on Voltaire and the 18th Century, 1991.

36. Voir par exemple: (Anon.) Discours sur cette question (cf. note 8),p.25: "O Souverains de l'Europe! que ne marchez-vous sur les pas d'un principe dont les vertus sont gravées dans le coeur de tous les Français, d'un prince vainqueur d'un peuple dont Louis XVI, le plus aimé des Rois, est le libérateur!"

37. Voir Denis DIDEROT: A Louis XVI. Dans: DIDEROT, Mélanges et morceaux divers. Contributions à l'Histoire des deux Indes. A cura di Gianluigi GOGGI. Siena, Rettorato dell'Università, 1977, t.II, p.5-12. Cf. l'apostrophe à Louis XVI dans: Archives de l'Académie de Lyon, Recueil manuscr., mém.n°12 (1789), 8°, 22 p., devise "Je ne suis ni Marchand, ni Financier!", ici f°119: "Roi des François, tu l'as vu et gémissant des maux qu'ils attiroient sur ton peuple, tu as résolu de les faire cesser. Puisse la Nation assemblée t'indiquer les moyens de réparer les torts que nous avons en Amérique et si les isles défrichées par les Français désirent de rester au nombre de nos Provinces, sachons leur faire aimer ton empire. [...]. Tu voudras y abolir l'esclavage des Nègres et je t'en supplie du fond de mon coeur."

38. Archives de l'Académie de Lyon, Recueil manuscr.236, mém.n°7 (s.d.), 4°, 22 p., devise "Que les deux continens soient deux peuples de frères", ici f°196.

39. Archives de l'Académie de Lyon, Recueil manuscr.236, mém. n°3 (1789), 8°, 8 p., f°78: "Les Européens se sont emparés de ces terres inarmées, ils en ont massacré les habitans, ces peuples sauvages les ont massacrés à leur tour, quand ils ont pu le faire.[...] Peuples de l'Europe, vous avez [...] fait marcher partout devant vous, le fer et la flamme, vous vous êtes emparés par la force des terrains que ces peuples habitoient, de quel droit l'avez-vous fait? Ces peuples n'ont-ils pas, comme vous, reçu de la nature, le droit imprescriptible d'habiter, et de vivre sur les terres, sur lesquelles ils sont nés?"

40. CARLE, Discours (cf. note 27), p.7: "Ô toi, dont l'éloquence nous a transmis tout ce qui est possible de dire et de penser sur la découverte du Nouveau Monde, viens animer ma foible voix! C'est au feu divin de tes écrits brûlans que je veux enflammer mon peu de génie; et je ne serai pas mécontent moi-même, si dans ce premier essai de mes forces on retrouve le disciple éclairé du maître dont je me montre l'admirateur".

41. Archives de l'Académie de Lyon, Recueil manuscr.236, mém. n°9 (1789), f°211-212.

42. Par exemple dans: (Anon.): Discours sur cette question (Besançon, 1790) (cf.note 8), p.31: "déterminer l'Europe à renoncer au mensonge de ses possessions et de ses commerces dans l'Amérique et les Indes Orientales."

43. Ibid., 32-33.

44. (Anon.): Coup d'oeil, p.16

45. MANDRILLON, Spectateur Américain, p.137: "Les siècles antérieurs ne présentent aucun événement qui ait du rapport à la révolution américaine. [...]Ainsi afin d'établir encore plus mon assertion que la révolution américaine n'a rien de commun avec toutes celles qui l'ont précédées, j'ajouterai que non-seulement on ne voit ailleurs ni la même origine, ni le même objet, ni les mêmes conséquences, mais encore ni les mêmes hommes;[...]."

46. Archives de l'Académie de Lyon, Recueil manuscr.236, mém. n°8 (1789), in-f°, 19 p., f°237.

47. CARLE, Discours (cf. note 27), p.30.

48. MANDRILLON, Recherches Philosophiques, p.XI.

49. Ibid., p.476.

50. (Anon.) : Coup d'oeil, p.39.

51. Ibid., p.33-34.

52. Ibid., p.39.

53. (Anon.): Discours (cf. note 8), p.19: "Si l'Amérique, si ses objets de luxe, si ceux des Indes orientales nous eussent été inconnus pour jamais, les sciences et la philosophie, qui commençoient, près de l'époque de la découverte du nouveau monde, à éclairer l'Italie de leur flambeau, l'eussent porté successivement dans toutes les parties de l'Europe. Sa lumière n'eût point trouvé l'obstacle élevé depuis par la soif de l'or. Elle se fût insensiblement répandue parmi nous, et eût par-tout épuré les moeurs. Elles se sont polies, en se dépravant, sous l'empire de l'intérêt; elles se fussent adoucies, sans se corrompre, sous le règne de la philosophie."

54. MANDRILLON, Recherches Philosophiques, p.450.

55. Archives de l'Académie de Lyon, Recueil manuscr.236, mém. n°12 (1789), devise "Je ne suis ni Marchand, ni Financier, ni Prêtre", 8°, 22 p., ici f°109.

56. Ibid., f°110.

57. Ibid., f°117.

58. L'Année Littéraire, n°30 (29 juillet 1788), p.241-284, ici p.244.

59. Archives de l'Académie de Lyon, Recueil manuscr.236, mém. n°13 (1789). devise "Le désir de faire le bien", 4°, 67 p., ici f°138. Le passage cité est introduit par l'apostrophe suivante adressée à Christophe Colomb qui esquisse l'utopie d'un C.Colomb confronté aux suites de son exploit: "Ô Colomb! si de la dernière demeure, où ta grande âme repose, tu peux entendre ma voix, dis-nous si quand tu déployas tes voiles, et sortis du port pour découvrir le nouvel hémisphère, la prévoyance éternelle t'ouvrant l'immuable palais des destins, t'eut dévoilé les suites fatales de ton voyage. Dis-nous, ô Colomb! si malgré la gloire qui t'attendoit dans le nouveau-monde pour t'y couronner de sa main immortelle, tu ne serais pas à l'instant rentré dans le port, ou si du moins tu n'aurais pas ailleurs dirigé ta course."

60. (Anon.): Discours sur cette question (Besançon, 1790) (cf.note 8), p.10.

61. Ibid., p.10-11.

62. Voir cette périodisation les réflexions judicieuses de Michel DELON: L'idée d'énergie au tournant des Lumières (1770-1820). Paris, Presses Universitaires de France, 1988, p.23-33.

Der lange Weg des Columbus in die "Historia del Nuevo Mundo" von Juan Bautista Muñoz (1793)

Manfred Tietz

I

Das historiographische Interesse der Spanier an Amerika, an der "conquista" und damit an der Gestalt von Christoph Columbus war mit dem ausgehenden 17.Jahrhundert weitgehend erloschen. Selbst das Amt des "cronista de Indias" erlag der völligen Auszehrung: die beiden letzten Amtsinhaber Miguel Herrero Ezpeleta und Fray Martín Sarmiento haben während ihrer offiziellen Amtszeit (1736-1750 und 1750-1755) nichts mehr über Amerika geschrieben; 1755 wurde das Amt gestrichen.[1]

Der spanische Leser des 18.Jahrhunderts hatte allerdings durchaus noch die Möglichkeit, sich über die spanischen Eroberungen in Amerika zu informieren: die Historia de la conquista de México, die einer der früheren "cronistas de Indias", Antonio Solís y Ribadeneira (1610-1686), 1684 erstmals veröffentlicht hatte, wurde im Laufe des 18.Jahrhunderts mindestens 20mal aufgelegt, war also ein ausgesprochener Bestseller der spanischen Aufklärung. Das Werk des Priesters und Spaniers Solís ist allerdings nicht nur aus einer doppelten triumphalistischen und apologetischen Perspektive geschrieben, das Cortés zum uneigennützigen Nationalhelden und mildtätigen Missionar stilisiert; mit seiner Zentrierung auf die Ereignisse in Mexiko hat es vielmehr auch die Frühphase der "conquista" und damit die Gestalt des Columbus völlig ausgeblendet. Wichtiger ist jedoch ein anderes Faktum. In der Beschäftigung mit Amerika hatte sich im Spanien des 18.Jahrhunderts ein vollständiger Paradigmawechsel vollzogen. An die Stelle der glorifizierenden Repetition vor allem der Frühgeschichte der "conquista" und der Debatte um deren Rechtfertigung aus der angeblich selbstlosen Christianisierung der Indios durch die Spanier war bei den innovativen, häufig in Regierungsauftrag oder -verantwortung handelnden Autoren des 18.Jahrhunderts eine außerordentlich kritische Beschäftigung mit der zeitgenössischen Situation des spanischen Amerika getreten. Im Vordergrund dieser neuen, strikt gegenwartsbezogenen Auseinandersetzung mit Amerika stehen nicht mehr theologische oder apologetisch-juristische, sondern ganz vorrangig ökonomische Fragen, insbesondere das Problem, wie die daniederliegende Wirtschaft der Metropole und der spanischen "Kolonien" saniert, miteinander verzahnt und auf Expansionskurs gebracht werden können, statt sich weiterhin wie bisher wechselseitig zu ruinieren.

Diesen neuen Ansatz illustriert geradezu modellhaft eine programmatische Schrift, die der "secretario de Hacienda" José del Campillo (1692-1742), kurz vor seinem Tod verfaßte. Der Ausgangspunkt seines Nuevo sistema de gobierno económico para la América (das erst 1789 in Madrid veröffentlicht wurde)[2] ist die von keinerlei historisch-apologetischen Rücksichtnahmen abgeschwächte Feststellung:

> Enfermas estan de muerte América y España; aquella, porque ésta no le da documentos; y ésta, porque aquella no le tributa tesoros (Exordio I, p.15).

Campillo gibt dann eine scharfsinnige Analyse der wirtschaftlichen Lage Amerikas sowie eine vorbehaltlose Kritik am Versagen der dortigen spanischen Führungseliten (der Beamten, aber auch des Klerus), denen vorgehalten wird, daß sie habgierig und kurzsichtig nur auf ihren eigenen Vorteil bedacht sind, sich pflichtwidrig nicht um die Indios kümmern, ohne deren - im Sinne eines liberalen Merkantilismus konzipiertes - Wohlergehen weder die Wirtschaft Spaniens noch die Amerikas prosperieren kann.

Das Werk von Campillo ist jedoch nur ein Beispiel für das in Wirklichkeit sehr umfassende und höchst kritische Schrifttum spanischer Autoren zum zeitgenössischen Amerika, dem vor allem eines gemeinsam ist: das Ausblenden der historischen Perspektive. Die Entdeckungsgeschichte, die Gestalt des Columbus und die "conquista" selbst sind für diese Autoren eine längst erledigte Angelegenheit, die sie nicht einmal mehr erwähnen. Ganz anders verhält es sich diesbezüglich mit der Historia del Nuevo Mundo von Muñoz. Sie ist in der uns erhaltenen Form ganz wesentlich eine Geschichte der ersten drei Entdeckungsfahrten des Columbus. Gerade weil in den einführenden Abschnitten dieses Beitrags das weitreichende Schweigen der spanischen Autoren des 18.Jahrhunderts zur Geschichte Amerikas hervorgehoben wurde, ist jetzt zunächst zu erklären, weshalb seinerzeit in den 90er Jahren plötzlich ein "Columbus-Buch" geschrieben und veröffentlicht wurde. Ohne die Kenntnis der Vorgeschichte der Historia ist deren Darstellung und Bewertung der Gestalt von Columbus durch Muñoz nicht wirklich zu verstehen.

II

Die Historia del Nuevo Mundo von Juan Bautista Muñoz (1745-1799) vollzieht, wie einführend dargelegt, eine Wende in der spanischen Beschäftigung mit Amerika und konzentriert das Interesse wieder auf die Entdeckungsgeschichte und die Frühphase der "conquista". Doch ist diese Wende weder das Ergebnis eines persönlichen wissenschaftlichen Interesses von Muñoz, noch ist sie allein aus dem zeitgenössischen spanischen Kontext erklärbar. Sein apodiktisch als La Historia del Nuevo Mundo, als Die Geschichte der Neuen Welt, bezeichnetes Werk ist eine Auftragsarbeit, zu der sich der Verfasser in seiner Widmung an Karl IV. offen bekennt:

> Señor,
> Vuestro augusto Padre [sc. Karl III.] me mandó escribir la historia del Nuevo Mundo: obra importantísima para el gobierno, para la instruccion comun, para el esplendor de la nacion, para luz y desengaño general de la república literaria.[3]

In der Tat war ihm, dem jungen, verheißungsvollen Professor von Karl III., am 17.Juni 1774 der Auftrag erteilt worden, eine, bzw. die schlechthinnige Geschichte der Neuen Welt zu schreiben.[4] Dazu war ihm bereits 1770 der Titel eines "Cosmógrafo Mayor de Indias" verliehen worden. Der König hatte ihn bewußt nicht in die alte, in apologetisch-spanienzentristischer Ineffizienz erstarrte Tradition der "cronistas de Indias" eingesetzt, sondern seine Funktion weiter fassen lassen als die eines Kosmographen, dessen Aufgabengebiet umfassender und methodischer, an der Mathematik orientierter und im Ansatz moderner ist als das des herkömmlichen Chronisten. Bezeichnend für die mit der Wahl von Muñoz verbundenen Absichten ist die Tatsache, daß dieser - anders als etwa Solís - kein Kleriker war, sondern Philosophie-Professor an der seinerzeit offensten, dem Geist der Aufklärung im Bereich der Geisteswissenschaften geneigtesten und der klerikalen Scholastik am entgegengesetztesten spanischen Universität, der von Valencia, war.

Muñoz sollte die Geschichte der Neuen Welt aus einer modernen, vom Geist der - in Maßen akzeptierten aufklärerischen - Philosophie getragenen Perspektive schreiben und damit vor allem zwei ausländischen Autoren entgegentreten, deren historische Darstellung der spanischen "conquista", bzw. viel umfassender der europäischen Kolonialreiche insgesamt, im damaligen Europa und - trotz ihres Verbots durch die Inquisition - auch in Spanien großen Erfolg hatte. Es handelt sich zum einen um ein Werk des Schotten und presbyterianischen

Geistlichen William Robertson, der 1762 bis 1792 Rektor der Universität
Edinburgh war. Seine mehrbändige, recht unpolemische History of America
erschien zuerst 1777. Das zweite Werk ist die weit polemischere, einer
antikirchlichen und antispanischen Aufklärung verbundene Histoire politique
et philosophique de l'établissement des Européens dans les deux Indes, die
zunächst 1770 anonym in 7 Bänden, schließlich 1789 in einer dritten, defini-
tiven Ausgabe in 10 Bänden unter dem Namen ihres Hauptautors, des Ex-Jesuiten
Guillaume Thomas Raynal (1711-1791) erschienen war.[5] Die beiden viel gelesenen
Werke (die Histoire erlangte trotz ihres großen Umfangs bis zum Jahrhundert-
ende rund 30 Auflagen) faszinierten ihr Publikum, weil sie - Robertson allerdings weniger als Raynal - einer neuen, von Montesquieu und Voltaire initi-
ierten Geschichtsschreibung folgten, die nicht mehr eine chronologisch an-
geordnete Ereignisgeschichte in den Vordergrund stellte, sondern breite
Panoramen entwarf, in denen Zusammenhänge, Ursachen und Folgen im Sinne
einer aufgeklärten, nicht mehr theologisch zentrierten Sicht der Menschheitsgeschichte herausgestellt wurden. Diese Werke wollten den Leser nicht mehr erbauen, sondern Kritik üben an historischen Fehlentwicklungen (ganz besonders
an der europäischen Kolonialgeschichte und ihrer religiösen Legitimation aus
dem Missionsgedanken); zugleich wollten sie aber auch die großen 'Licht-
gestalten der Weltgeschichte', die Schöpfer des Fortschritts feiern.[6]
Beide Werke, so läßt sich stark vereinfachend feststellen, vermitteln ein
negatives Bild von Spanien und von der Entstehung des spanischen Kolonialreichs in Amerika: das Denken Spaniens sei beherrscht von religiösem Fanatismus, seine Anwesenheit in Amerika ist eine Abfolge unmenschlicher Grausamkeiten, die zur Ausrottung weiter Teile der Indio-Bevölkerung geführt haben;
außerdem sei Spanien aufgrund der Tendenz zu Indolenz und Obskurantismus in
seinem Nationalcharakter nicht in der Lage, seine überseeischen Gebiete ver-
nünftig, d.h. mit Gewinn zu verwalten.

Es verwundert gewiß nicht, daß die erste spanische Reaktion, wie üblich, die
der Unterdrückung der beiden Werke durch die Inquisition war, zumindest für
das heimische Publikum. Darüberhinaus wollte die spanische Seite dieser
Sicht ihrer Geschichte jedoch mit einer eigenen, wie sie meinte angemesseneren
Darstellung des historischen Geschehens entgegentreten. Doch bei diesem Versuch wurde schon bald deutlich, daß man den beiden nach den damals modernsten
historiographischen Methoden und rhetorisch geschickt aufgearbeiteten
"Geschichten" nichts Gleichwertiges oder Besseres entgegenzusetzen hatte:
die beiden verbreitetsten spanischen Geschichten der "conquista", die fakten-
reichen Décadas o Historia General de los Hechos de los Castellanos en las

Islas y Tierra firme del Mar Océano (4 Bde, 1601-1615) von Antonio Herrera y Tordesilla (1549-1625) und die Historia de México von Solís, waren nach überholten, weitgehend unkritischen, Spanien und die "conquistadores" lobpreisenden Kriterien geschrieben; sie lieferten kein hinreichendes Beweismaterial, um die - im Sinne der Aufklärung - schlüssigen Thesen von Robertson und Raynal zu widerlegen.

Der Versuch, diese beiden modernen Werke dem spanischen Publikum zumindest in einer von den ärgsten Vorwürfen gegen Spanien gereinigten Fassung darzubieten, scheiterte in beiden Fällen. Das Vorhaben der "Real Academia de la Historia", Robertsons History offiziell zu übersetzen, ist über das Planungsstadium nicht hinausgekommen. Weiter gebracht hat es dagegen der Versuch, Raynals Histoire ins Spanische zu übertragen und weniger spanienfeindlich zu formulieren. Doch auch dieser Versuch scheiterte nach der Übertragung der ersten 5 Bücher - just in dem Moment, wo Raynal mit der Behandlung des spanischen Kolonialreichs einsetzt. Der sich unter dem durchschaubaren Übersetzerpseudonym Malo de Luque verbergende Duque de Almodóvar (1727-1794) war im übrigen ein bedeutender spanischer Aufklärer, Botschafter seines Landes u.a. in London und Mitglied der "Real Academia de la Historia", in der er intensiv mit der Beurteilung des Werks von Muñoz befaßt war.[7]

Unabhängig von diesen beiden dann letztlich nicht realisierten Versuchen, die Geschichte der spanischen "conquista" wirklich neu zu schreiben, hatte die spanische Führungselite um Karl III. erkannt, daß es nur einen Weg gab, um die spanienfeindlichen Thesen der in Europa so erfolgreichen Autoren Robertson und Raynal zu widerlegen: der Rekurs auf die Quellen, auf die spanischen Dokumente aus der Zeit der "conquista", deren Wahrheitsgehalt außer Zweifel stände und die, so war man überzeugt, Spaniens Rolle in Amerika in viel positiverem Licht erscheinen lassen würde. Aus diesen Dokumenten sollte Muñoz, der Philosoph und Nicht-Fachhistoriker, im Auftrag des Königs die Geschichte der Neuen Welt noch einmal ganz neu, unparteiisch und objektiv schreiben, um so - wie man z.T. nicht zu Unrecht überzeugt war - Spanien von allen ausländischen Anklagen freizusprechen.

Doch es stellten sich hier - zumindest in diesem Umfang nicht erwartete - überraschende Schwierigkeiten ein: das gesamte Material der Dokumente zur "conquista", angefangen von den Briefen des Columbus über die gesamte staatliche Korrespondenz mit den "conquistadores" und später mit den Vizekönigen, befand sich keineswegs, wie man angenommen hatte, an ein oder zwei Stellen archiviert (in den einschlägigen Madrider Ministerien oder im seit Philipp II.

existierenden Staatsarchiv in Simancas); es war vielmehr über ganz Spanien
und Portugal zerstreut und allenthalben in einem ungeordneten, der unmittelbaren Auswertung unzugänglichen Zustand. So ermächtigte Karl III. zwar Muñoz,
die einzelnen Archive aufzusuchen und zu benutzen (ein Privileg, das, wie
Robertson beklagt, damals keinem ausländischen Interessenten gewährt wurde),
doch begann damit erst seine eigentliche Arbeit: in mühseliger und kostenaufwendiger Arbeit kopierten er und seine Gehilfen in wirklich jahrelangem
Bemühen ein ungeheures Quellen- und Datenmaterial in 95 Bänden, auf dem
er dann fußend - gesundheitlich bereits angeschlagen, von ideologischen
Gegnern in den Machtzirkeln bei Hof bedrängt und von Teilen der "Real
Academia de la Historia" aufs kleinlichste behindert - die beiden ersten
Bände seiner Historia redigierte. Von den beiden Bänden ist nur der erste
erschienen; das Manuskript des 2.Bandes ist wohl in den Wirren der "Guerra de
la Independencia" verlorengegangen.

Dieser erste Band nun behandelt auf rund 350 Seiten, denen noch ein allgemeiner Prolog vorangestellt ist, die Frühphase der Entdeckungsgeschichte
Amerikas, genauer gesagt die ersten drei Fahrten des Columbus, bis zum
Jahr 1500.[8]

III

Da die Historia del Nuevo Mundo unzweifelhaft eine Replik auf Robertson und
Raynal ist, ist es unumgänglich, zunächst kurz zu skizzieren, wie diese beiden Autoren die Gestalt des Christoph Columbus gesehen haben, wie sie seine
Leistung als Seemann und Entdecker beurteilten und ob sie ihm eine entscheidende (Mit-)Schuld an den ungeheuerlichen Begleitumständen der spanischen
Kolonialisierung gaben. Danach soll überprüft werden, inwiefern Muñoz
das Columbus-Bild von Robertson und Raynal teilt oder ob er es im Sinne
seiner spanienfreundlicheren, wenn auch um Objektivität bemühten Sicht
modifiziert hat.

Den wesentlichen Zugang zur Darstellung des Columbus bei Robertson eröffnet
ein Seitenhieb, den der entschiedenste spanische Gegner von Robertson und
Raynal, der vom "espíritu nacional" und nicht vom internationalistischen
"espíritu filosófico" erfüllte Juan Nuix y Perpiñá,[9] 1782 gegen die History
of America austeilt: deren eigentlicher Held sei, so stellt der Ex-Jesuit
sauertöpfisch fest, der Ausländer Columbus und nicht, wie er es wohl gerne
gesehen hätte, die Spanier Cortés oder Pizarro.[10] Nicht einverstanden ist

Nuix auch damit, daß Robertson Columbus von den Unmenschlichkeiten und
Barbareien der ersten Stunde der "conquista" freispricht und die Spanier
als die eigentlich Schuldigen ansieht.

Robertson[11] zeichnet in der Tat ein ausgesprochen positives Bild von
Columbus. Demgegenüber erscheinen die ihn begleitenden Spanier, ja überhaupt alle Spanier, in einem häufig negativen Licht. Das kluge, selbstlose,
letztlich ganz im Dienst der Wissenschaft und des menschlichen Fortschritts
stehende Verhalten, das Columbus während der Entdeckungsreise und der frühen
Phase der "conquista" unter Beweis stellt, wird kontrastiert mit dem abergläubisch-kleinmütigen, dann habgierigen, grausamen und undankbaren Verhalten
nicht nur der spanischen Schiffsbesatzungen, sondern auch der Katholischen
Könige, die Columbus nur durch die Hoffnung auf materiellen Gewinn zur
Unterstützung seines epochemachenden Werks gewinnen kann.

In Buch 2 seiner History geht Robertson ausführlicher auf die Geschichte
und Leistungen von Columbus ein, wobei er sich u.a. auf die Vita von
Fernando Colón, auf das Bordbuch und auf Herrera stützt. Für ihn ist
Columbus ein genialer, von seiner Mission enthusiastisch erfüllter Mann,
der sich im Dienst einer großen Idee weiß und der sich auch von dem Desinteresse des - ganz mit der Eroberung von Granada beschäftigten - Königspaars Ferdinand und Isabella nicht entmutigen läßt:

> [...] happily for mankind that superiority of genius, which
> is capable of forming great and uncommon designs, is usually
> accompanied with an ardent enthusiasm, which can neither be
> cooled by delays, nor damped by desappointment. Columbus was
> of this sanguine temper (50).

Mit dem Hinweis auf den schlechten Zustand der drei ihm zur Verfügung gestellten Schiffe hebt Robertson den "the courage as well as enterprising
genius of Columbus" hervor (56), betont zugleich seine tiefe (positiv gemeinte, weil Selbstlosigkeit bezeugende) Religiösität ("[he] was deeply
impressed with sentiments of religion", 56) und seine Missionsabsichten
("[...] one great object was to extend the knowledge of Christian faith", 56).
Angesichts der Ängstlichkeit der spanischen Matrosen, die bei der Abfahrt
von Gomera in Tränen ausbrechen, bestätigt Robertson Columbus fast prophetische Führungsqualitäten. Die Täuschung der spanischen Schiffsbesatzungen
durch die absichtlich falsche, d.h. zu geringe Angabe der zurückgelegten
Seemeilen, ist für ihn der kluge und notwendige Schachzug eines 'Übermenschen':

> [...] he joined to the ardent and inventive genius of a
> projector, virtues of another species, which are rarely
> united with them. He possessed a thorough knowledge of
> mankind, an insinuating address, a patient perseverance
> in executing any plan, the perfect government of his own
> passions, and the talent of acquiring an ascendant over
> those of other man. All these qualities, which formed him
> for command, were accompanied with that superior knowledge
> of his profession, which begets confidence in time of
> difficulty and danger (58).

So - und nicht etwa durch Hilfe der Pinzones, wie dies neuerdings Juan Manzano glaubhaft gemacht hat[12] - vermag er mühelos die Meuterer auf seinem Schiff in die Schranken zu weisen und ihnen, sobald dann Land in Sicht kommt, großmütig zu verzeihen.

Robertson gesteht Columbus das uneingeschränkte Entdeckerrecht zu: "Columbus was the first European who set foot in the New World which he had discovered" (63). Auch im Umgang mit den Indios ist Columbus für Robertson vorbildlich, selbst dort, wo dieser versucht, sie mit dem Vorführen der spanischen (Feuer-)Waffen zu beeindrucken (71). Nur in einem Punkt übt Robertson an Columbus im Zusammenhang mit der ersten Entdeckungsreise eine - leichte - Kritik: an seinem - der Evidenz widersprechenden - Festhalten an der Auffassung, tatsächlich in Indien gelandet zu sein.

Auch die zweite Entdeckungsfahrt ändert nichts an dem grundsätzlich positiven Bild von Columbus, versucht dieser doch, die Indios ausschließlich mit friedlichen Mitteln zu gewinnen. Wenn er trotzdem einen Krieg gegen sie führt, sie besteuert und sogar Gefangene versklavt, so wird dargestellt, daß dieser Krieg letztlich von den Spaniern provoziert worden war und daß Columbus ihn lediglich als eine Art Präventivkrieg führte, um Schlimmeres zu verhüten und um sich an der ihm übertragenen Macht halten zu können, die ihm (als irrational handelnd dargestellte) Feinde am Hof in Spanien streitig machen. Wie der Sevillaner Erzdiakon versuchen sie ständig, die großen Leistungen von Columbus mit dem sie selbst disqualifizierenden Hinweis auf die hohen Kosten und den geringen Nutzen der "conquista" herabzusetzen. Nur diese Zwänge, so Robertson, erkläre, warum Columbus "from the mildness and humanity with which he uniformly treated that unhappy people" (89) abweicht. Nach seiner Deutung trifft Columbus auch keine ursächliche Schuld an der wirtschaftlichen Ausbeutung und an der 'Vernichtung der Indios durch Arbeit' (90). Columbus selbst ist ein 'buen vasallo', der sofort bereit ist, sich bei Hof wegen der Anklage der Strenge und Grausamkeit zu rechtfertigen. Robertson hebt erneut "the humanity which distinguishes his character" (92) hervor, wenn er

Columbus sich für die Indios als Mitmenschen einsetzen läßt, die die spanischen Seeleute in einer Notlage als überflüssige Esser über Bord werfen wollen. Sein bescheidenes, aber selbstbewußtes Auftreten bei Hof erweist ihn als "a man conscious not only of integrity, but of having performed great services" (92), an dem alle Vorwürfe seiner Neider abprallen, so daß ihm schließlich das beeindruckte Königspaar eine dritte, die erste systematische Entdeckungsfahrt finanziert.

Tadel, wenn auch nur maßvoller, wird Columbus allerdings nochmals zuteil, weil er in Anbetracht der fehlenden Ausreisewilligen dafür votiert hatte, verurteilte Kriminelle zur Besiedlung nach Amerika zu schaffen. Doch letztlich wird Columbus auch hier wieder als Opfer der Spanier dargestellt, hier speziell als das Opfer eines als typisch spanisch bezeichneten "spirit of procrastination" (94) sowie der höfischen Intrigen, v.a. derer Fonsecas.

Die alle seine Zeitgenossen überragende Persönlichkeit von Columbus hebt Robertson noch einmal im Zusammenhang mit der Entdeckung von Trinidad (1.8.1498) hervor, wo der Genuese sicher erkennt, daß sich vor der Insel ein großes Festland befinden muß. So wird denn auch seine Bedeutung nicht nur für die faktische, sondern auch für die wissenschaftliche Entdeckung Amerikas in einer - recht eigenwilligen - These vertreten:

> Thus Columbus had the glory not only of discovering to mankind the existence of a New World, but made considerable progress towards a perfect knowledge of it; and was the first man who conducted the Spaniards to that vast continent which has been the chief seat of their empire, and the source of theire treasures in this quarter of the globe" (96).

Dieses positive Urteil gewinnt noch an Bedeutung, wenn man bedenkt, daß Robertson die Entdeckungsreisen des 15.Jahrhunderts als die größten Leistungen in der ganzen bisherigen Menschheitsgeschichte überhaupt bezeichnet (101f.). Wiederum sind es aber die Spanier, die sich dieser Größe und der Bedeutung von Columbus als nicht würdig erweisen. Dies wird ausführlich an der Meuterei von Roldán belegt. Die Spanier verleumden Columbus und seine Brüder als hergelaufene Ausländer, als "Genovese adventurers", die angeblich ein "independent dominion in the country"(97) errichten wollten, während die so viel getadelte Strenge von Columbus lediglich darauf abzielt, die Spanier davon abzuhalten, über die wehrlosen Indios herzufallen. In Fortsetzung dieser positiven Sicht spricht Robertson Columbus auch - im übrigen gestützt auf Herrera - von dem Vorwurf frei, er habe aus egoistischen Gründen das für die Indios so verhängnisvolle System der

"repartimientos" geschaffen. Dessen Einführung wird wiederum als eine
Kompromißformel erklärt, auf die sich Columbus gegen seinen Willen einlassen mußte, um die meuternden und habgierigen Spanier zu beruhigen und
um seiner - deren Exzesse mäßigenden - Autorität nicht gänzlich verlustig
zu gehen (99). Das gleiche Schema wird verwandt, um nicht Columbus die
Schuld an der weiteren negativen Entwicklung auf den neuentdeckten Inseln,
die 'der Ehre Spaniens und dem Glück von Columbus' entgegenlief (100), anzulasten. Sie wird vor allem Roldán und dem von ihm fehlinformierten, voreingenommenen und nur auf materielle Vorteile bedachten spanischen Hof angelastet. So wird denn Columbus auch um die eigentlichen Früchte seiner übermenschlichen Leistungen gebracht: Da er seine Entdeckungsfahrten nicht systematisch fortsetzen kann, gelangen die Portugiesen 1499 als erste nach Indien
und dann nach Brasilien; schließlich kann sogar Amerigo Vespucci behaupten,
er habe als erster das amerikanische Festland betreten; in einem "act of
injustice" sollte dann er und nicht Columbus dem neuen Kontinent seinen
Namen verleihen (103). Eine besondere Schuld spricht Robertson bei alledem
dem spanischen Hof zu, insbesondere dem "cold interested mind of Ferdinand"
(106) sowie Francisco de Bovadilla, der den verdienten Columbus vom ersten
Moment an wie einen Kriminellen behandelt (107). Columbus aber weiß um
seinen Wert und wahrt in allen Widrigkeiten seine Größe: "Columbus, though
deeply affected with the ingratitude and injustice of Ferdinand and Isabel,
did not hesitate a moment about his own conduct" (107). Er schweigt und
übersteht "with dignity" (107) die Schande, in Ketten nach Spanien gebracht
zu werden. Zwar kann er sich vor dem Königspaar rechtfertigen, doch setzt
ihn dieses nicht wieder in seine früheren Rechte ein, was ihn zutiefst verbittert und veranlaßt festzulegen, daß die Ketten, in denen er nach Spanien
gebracht wurde, mit ihm beerdigt werden sollen (109f.). Nach seiner 4. Amerikafahrt (1502-04) wird er schließlich mit seinen Forderungen gegenüber seinen
Beleidigern von dem undankbaren Ferdinand nur noch als lästig empfunden. Er
hält Columbus hin und hofft auf seinen baldigen Tod (121): "Disgusted with
the ingratitude of a monarch whom he had served with such fidelity and
success, exhausted with the fatigues and hardships which he endured, and
broken with the informities which these brought upon him" stirbt Columbus
"with a composure of mind suitable to the magnanimity which distinguished
his character, and with sentiments of piety becoming that supreme respect
for religion, which he manifested in every occurence of his life" (121).
Das Columbus-Bild von Robertson läßt sich jetzt folgendermaßen zusammenfassen: Columbus war ein großer wissenschaftlicher Kopf, ein Genie, das

seiner Zeit weit voraus war, der, zugleich voller unermüdlicher Tatkraft, eine der größten Leistungen der Menschheitsgeschichte vollbracht hat. Er war aber auch ein uneigennütziger, zutiefst menschlicher und religiöser Mann, der sich nur den Fortschritt des Menschengeschlechts, nicht aber persönliche Bereicherung zum Ziel gesetzt hatte. Wenn er dennoch selbst um die Erkenntnis seiner eigentlichen Leistung, d.h. die Einsicht, daß er einen neuen Kontinent entdeckt hat, betrogen wurde, und wenn sich seine besten und humanitären Zielsetzungen ins Gegenteil verkehrten, so trifft die Schuld dafür ausschließlich die Spanier, besonders ihren neidischen, intrigierenden Hof und hier wiederum König Ferdinand, dem es ausschließlich um materielle Interessen ging. Von den im Zusammenhang mit der "conquista" begangenen Ungeheuerlichkeiten, dem Genozid in der Neuen Welt, spricht Robertson Columbus frei. Auch sie sind für ihn ausschließlich das Werk der Spanier, wenngleich Robertson nicht dazu tendiert, die Indios zu idealisieren und wie de Pauw oder Raynal als hilflose, den modernen Waffen der Spanier hilflos ausgelieferte Kinder zu sehen. Für Robertson ist Columbus - in einer durchaus dem Denken der Aufklärung verbundenen Sicht - zweifelsohne einer jener 'großen Männer', die den Fortschritt der Menschheit wirklich gefördert haben, die sich im Wissen um ihre Mission auch nicht von Thronen beirren lassen und die doch scheitern müssen, weil die Mitwelt, die Plebs ebenso wie die Höfe, ihre Größe nicht zu fassen vermag. Trotz der durchaus auf einer umfänglicheren Dokumentation basierenden Arbeitsweise sind bei Robertson gewisse Stilisierungen nicht zu verkennen: dem fast makellosen 'großen Mann' Columbus wird eine stark negativ gezeichnete Umwelt, ein recht düsteres Spanien, entgegengestellt. Diese scharfe Kontrastierung mag auch auf einem grundsätzlichen Dilemma im Denken Robertsons beruhen: als Aufklärer konnte und wollte er die Entdeckungsgeschichte nur positiv sehen, als entscheidenden Schritt der Menschheit auf dem Weg zur Erkenntnis und zur Herrschaft über die gesamte Welt. Als kritischer, nicht-spanischer Historiker sah er aber auch die vielen negativen Begleitumstände der Entdeckung, der "conquista", des "encuentro". Da es seinen humanitären Grundauffassungen widersprach, das gesamte Spektrum des Geschehens als die beiden Seiten ein und derselben Medaille zu sehen, entschied er sich zu einer manichäischen Trennung: alles Positive wird - wenn auch nicht vorbehaltlos enkomiastisch - Columbus zugeschrieben, das Negative dagegen den Spaniern, wenngleich Robertson zuzugestehen ist, daß er dies recht unpolemisch und ohne Emotionalisierung der Leser tut.

IV

Ähnlich positiv wie bei Robertson - bis hin zu Analogien in den Formulierungen, die aber auch auf gemeinsamen Quellen beruhen können - ist auch das Columbus-Bild bei Raynal, der den Entdecker Amerikas in den Kapiteln 3-7 des 6.Buches seiner Histoire (III, 336-360)ausführlicher behandelt.[13] Auch hier wird Columbus als wahrhaft großer Mann dargestellt, der seiner Zeit voraus war:

> C'étoit un homme obscur, plus avancé que son siècle dans la connaissance de l'astronomie & de la navigation (qui) proposa à l'Espagne heureuse au-dedans de s'agrandir au dehors. Christophe Colomb sentoit comme par instinct qu'il devoit y avoir un autre continent, & que c'est à lui de le découvrir. Les Antipodes, que la raison même traitoit de chimère, & superstition d'erreur & d'impiété, étoient aux yeux de cet homme de génie une vérité incontestable. Plein de cette idée, l'une des plus grandes qui soient entrées dans l'esprit humain, il proposa à Gênes sa patrie, de mettre sous ses loix un autre hémisphère. Méprisé par cette petite république, par le Portugal où il vivoit, & par l'Angleterre même, qu'il devoit trouver disposée à toutes les entreprises maritimes, il porta ses vues & ses projets à Isabelle (336).

Doch ließ er sich auch von deren anfänglichem Desinteresse nicht entmutigen:

> Colomb ne fut pas rebuté par les difficultés. Il avoit, comme tous ceux qui forment des projets extraordinaires, cet enthousiasme qui les roidit contre les jugements de l'ignorance, les dédains de l'orgueil, les petitesses de l'avarice, les delais de la paresse. Son âme ferme, éclairée, courageuse, sa prudence, son adresse, le firent enfin triompher de tous les obstacles (336f.).

Auch für Raynal ist Columbus ein "homme extraordinaire" (336), "l'auteur de la plus grande découverte qui eût jamais été faite" (360), ein "homme singulier qui avoit étonné l'Europe" (362), "dont le nom doit être placé à côté des plus grands noms" (362). Als seine hervorragendsten Eigenschaften werden seine "humanité" und seine "lumières" hervorgehoben (363), die er zu einer Zeit besaß, wo nach Raynal ganz Europa in tiefster Barbarei, Unwissenheit und religiösem Fanatismus versunken war. Anders als bei Robertson wird jedoch in der Histoire die Religiösität von Columbus nicht erwähnt (so denn auch nicht seine Verbindung zu dem Kloster von La Rábida). Doch genauso wie bei Robertson wird auch bei Raynal eine Miturheberschaft von Columbus beim System der "repartimientos" nicht in Abrede gestellt, das ausdrücklich als "affreux système" verurteilt wird (364). Auch an den sonstigen Grausamkeiten der "conquista" wird ihm keine Schuld angelastet.

Deutlicher, zumindest deutlicher ausgesprochen als bei Robertson, wird für
Raynal der Lebens- und Leidensweg des Columbus zum Symbol für das Schicksal
des Aufklärers in einer Zeit, die er als die düsterste Phase der europäischen Geschichte ansieht. Trotz bester Absichten kann sich daher Columbus
bestimmten Verstrickungen nicht entziehen, will er nicht zum Märtyrer werden: Dies gilt für die ungerechte Besteuerung der Indios ebenso wie für die
Einführung der "repartimientos". Das Schicksal des Columbus ist für Raynal
aber zugleich auch eine Vorwegnahme des Schicksals der Indios. Das Glück
dieser als unschuldige Naturwesen gezeichneten Menschen (345-350) wird von
der europäischen Religion und Politik zerstört (364), als deren typischer
Repräsentant der Columbus-Gegner Bovadilla erscheint, "le plus avide, le
plus injuste, le plus féroce de tous ceux qui étoient passés en Amérique",
der sich nicht schämt, Columbus in Ketten nach Spanien bringen zu lassen,
wo ihm, der "déplorable victime", selbst vom König keine Gerechtigkeit
widerfährt.

Auch sprachlich eindeutiger noch und viel polemischer als bei Robertson ist
in der Histoire die Stilisierung der Gestalt des Columbus vollzogen: er ist
der Licht- und Fortschrittsträger, ein ins 15.Jahrhundert verschlagener Aufklärer und humanitärer Geist, den das katholische Spanien zerstört. Im bewußt überzogen gezeichneten Spannungsfeld zwischen bösen, fanatischen
Spaniern und unschuldigen, selbstlosen Indios ergreift er selbstverständlich
deren Partei und muß diesen humanitären Einsatz mit Verfolgung und der Zerstörung seines Lebensziels bezahlen.

Robertson und Raynal, so ließe sich zusammenfassen, stimmen in der grundsätzlich positiven Deutung der Gestalt des Columbus überein. Aber wenn es
das vorrangige Ziel der History ist, über das historische Geschehen zu informieren, auch wenn sie im Sinne einer moralisierenden Geschichtsbetrachtung vor Schuldzuweisungen nicht zurückschreckt, so will Raynals Histoire
einen Schritt weiter gehen: Hier werden die Fakten so angeordnet und sprachlich so rhetorisiert, daß sie Opfer und Henker im historischen Prozeß deutlicher erkennen und den Leser gegen die Unterdrücker Partei ergreifen
lassen. Hebt Robertson eher die Größe des Columbus hervor, so unterstreicht
Raynal eher die Schande, die Spanien und das damalige Europa auf sich lud,
daß dieser Mann verarmt und vergessen sterben mußte. Was Raynal im Zusammenhang mit dem Geschick der Indios sagte, gilt auch für das Schicksal von
Columbus, so wie er ihn seinen Lesern stilisiert darstellt:

> il faut que je m'arrête un moment. Mes yeux se remplissent
> de larmes, & je ne vois plus ce que j'écris (366).

Vor dem Hintergrund dieser beiden unterschiedlich polemischen und dem offiziellen Spanien gegenüber kritischen Sicht der Frühphase der Entdeckung Amerikas und der damit verbundenen Gestalt des Columbus hat Muñoz nun sein Bild eben dieses Geschehens gezeichnet, wobei er im Prolog beteuert, er habe trotz des offiziellen Auftrags von seiten des Königs völlig frei schreiben können. Sein Werk versteht sich daher nicht als 'gekaufte Apologetik', sondern als die erste wirklich objektive Darstellung der Entdeckung und der "conquista".

In eben diesem Prolog legt Muñoz ausführlich dar, worin er den Vorzug seiner <u>Historia</u> sieht: sie sei weitgehend anhand von Archivmaterialien geschrieben, die vor dem Verfasser kaum jemand benutzen konnte. Überdies habe er gegenüber den bereits vorliegenden Darstellungen das Prinzip einer "duda universal" im Sinne Descartes', dessen Namen er aber nicht nennt, walten lassen. Von anderen Autoren übernommen habe er nur, was vor seinen zweifelsfrei echten Materialien bestehen könne. Seine gedruckten Quellen sind weitgehend mit denen von Robertson identisch: so zog er u.a. das Bordbuch heran, die Columbus-Vita aus der Feder von Fernando Colón, Pedro Mártir, Lucio Marineo Sículo, Gonzalo Fernández de Oviedo, Francisco López de Gómara, Bartolomé de las Casas o Casaus, Juan Ginés de Sepúlveda, Juan de Castellanos, Gerónimo Benzoni sowie den "príncipe de los historiadores de América", Antonio de Herrera, von dem er im Prolog sagt, "su obra es y será siempre de grande uso para los que hayan de escribir en materia de Indias". All diesen Autoren gegenüber nimmt Muñoz jedoch in Anspruch, sich erstmalig und viel umfassender als sie alle auf das zeitgenössische Quellenmaterial zu stützen. So fordert er gegen Ende seines etwa dreißigseitigen, getrennt paginierten Prologs seine große 'Objektivität' ein, vermag aber seine apologetischen Zielsetzungen nicht ganz zu verbergen:

> He escrito la verdad pura, como dicen, según un leal saber
> y entender, y he dicho todas las verdades de importancia
> sin callar alguna por respetos del mundo.[...] Deje el
> delicado oficio como hiciera yo, quien por cualquier causa
> no haya de egercerlo con libertad. Pero esta libertad tiene
> sus leyes prescritas por la prudencia y en buen gusto, por
> la honestidad y utilidad pública, por la caridad, en una
> palabra por la razon y la religion (!).

Im Kontext dieser Grundsatzerklärungen betont Muñoz (wohl mit Stoßrichtung gegen Raynal), daß er dem Stilideal der Kürze folgen und alle Ironie vermeiden will. Er wolle außerdem, so erklärt er programmatisch, keine Deutung und Wertung der Entdeckungsfahrten von Columbus geben, sondern eine strikt chronologische Beschreibung der Fakten, allerdings ohne "citas, disputas y continuaciones", sondern eher im Stile der "antiguos clásicos. Así conviene al comun de las gentes." Den als Beweismaterial gemeinten "apéndice de pruebas e ilustraciones históricas" hat er vor seinem überraschenden Tod nicht mehr fertiggstellt, ebensowenig wie die "buena colección de documentos y escritos inéditos", die den Text der Historia als Quellenband begleiten sollten.

Es stellt sich nun die Frage, wie Muñoz mit dem Columbus-Bild bei Robertson und Raynal umgegangen ist, denn schließlich war seine Historia als Replik auf deren Darstellungen der spanischen Entdeckungs- und Kolonialgeschichte konzipiert. Sicher wäre es möglich gewesen, bestimmte, auch dokumentarisch belegte Züge im Charakter von Columbus - eine Tendenz zur Strenge, zu einsamen Entschlüssen, eine gewisse Starrköpfigkeit - stärker herauszustellen und sie zumindest für einen Teil der negativen Entwicklungen in der frühen Phase der Kolonialisierung Amerikas zumindest mitverantwortlich zu machen und so die von Robertson, besonders aber von Raynal stark beschuldigten Spanier zu entlasten. Es stellt sich natürlich auch die Frage, wie er mit dem negativen Spanienbild der beiden Autoren umgegangen ist. Hier hat er sich, um dies zunächst vorwegzunehmen, sicher häufig nicht zu Unrecht, immer wieder darum bemüht, anhand des ihm zum Teil erstmalig zugänglichen dokumentarischen Materials Differenzierungen im 'spanischen Lager' vorzunehmen und dort Namen oder Gruppen zu nennen, wo besonders Raynal, gegen den er implizit immer wieder anargumentiert, ohne ihn je explizit zu nennen, von den Spaniern schlechthin spricht, als habe es - außer im Fall von Las Casas - im zeitgenössischen Spanien keine abweichenden Meinungen zu dem damals als höchst komplex erfahrenen Phänomen der "conquista", der Indios und ihrer Besteuerung oder der Missionierung gegeben. Muñoz ist in allen diesen Punkten bemüht, ein möglichst breites, minuziös ausgeführtes Panorama zu entwerfen. Dies wird dem historischen Ablauf sicher gerechter als die Verallgemeinerungen eines Raynal; es bringt aber die Gefahr mit sich, daß der Verfasser über der Darstellung der Fakten deren Analyse und Deutung aus den Augen verliert - gerade dies aber war das Anliegen der neuen 'philosophischen Geschichtsbetrachtung' von Robertson und Raynal. Nicht gänzlich unbegründet hat der

Muñoz-Übersetzer und Kenner des amerikanistischen Schrifttums der Zeit genau dies seinem Autor vorgeworfen und den Text der Vorlage gelegentlich gekürzt.[14]

Dennoch lassen sich hinter der - natürlich auch hier nur scheinbar gänzlich objektiven - Faktendarstellung Wertungen und Akzentuierungen entdecken. Was das Columbus-Bild angeht, so ist festzustellen, daß dies in vielem mit der positiven Beschreibung des Genuesen bei Robertson und Raynal übereinstimmt. Muñoz setzt sich von Raynal in einer eher grundsätzlichen Frage ab. Anders als in der Histoire wird von ihm ähnlich wie bei Robertson die Entdeckung Amerikas als ein grundsätzlich positives, für Europa und Amerika vorteilhaftes Geschehen gesehen, das tatsächlich dem Vorteil aller Beteiligten, den Europäern und den Indios, gedient hat - eine im 18.Jahrhundert vielerorts heftig umstrittene Auffassung. So ist für Muñoz die Christianisierung der Indios weiterhin eine hinreichende Rechtfertigung der "conquista"; auch an dem - von Raynal durchaus in Frage gestellten - Kulturgefälle zwischen Europa und Amerika besteht für Muñoz kein Zweifel. Für ihn befindet sich Europa, besonders aber Spanien, zum Zeitpunkt des Beginns der Entdeckungsreisen in einer Phase der Aufklärung (so verwendet er wiederholt den Begriff der "luces"); die Indios dagegen sind in seiner Sicht keineswegs die unschuldigen "bons sauvages" Rousseauscher Prägung, sondern lasterhafte (10ff.), unwissende (83ff.), durchaus gefährliche und zum Teil verschlagene Gegner, die den Spaniern keineswegs hilflos ausgeliefert sind (306ff.), wie dies de Pauw und in seiner Nachfolge Raynal behauptet hatten.

Doch wie Robertson und Raynal sieht Muñoz trotz allem in der Entdeckung Amerikas eine Großtat Europas, "el espectáculo más grande que se ha visto en las edades pasadas" (5), eine Tat, die konzeptionell und faktisch von Columbus verwirklicht wurde. Wie die beiden Autoren läßt auch Muñoz von vornherein keinen Zweifel an seiner grundsätzlich höchst positiven Bewertung von Columbus. Bereits einleitend bezeichnet er ihn als "inmortal Colón" (21), als "hombre extraordinario" (42) mit einer "ilimitada curiosidad" (43), als einen wissenschaftlich weit über das Maß der Zeit hinausgehend interessierten und informierten Mann, dem er höchstes Lob zollt:

> [...] quien habiéndose instruido en las ciencias y artes que
> contribuyen á ilustrar (!) y perfeccionar la náutica, adquerido
> por experiencia propia noticia de todos los mares conocidos,
> comunicado con los sábios de todos los países, y reconocido
> quantos libros pudo haber, especialmente de historia, filosofía
> y cosmografía, levantó sus pensamientos sobre la esfera comun,

> y debió por consiguiente experimentar las contradicciones
> y obstáculos que se oponen ordinariamente á los que se
> desvian de los caminos trillados. Por fortuna correpondian
> en Colón la magnanimidad y la constancia á lo elevado de su
> entendimiento.[...] Aquel sábio piloto, muy superior al
> famoso conductor de los argonautas griegos, pasa osadamente
> los límites de la antigua navegación: muéstrase el vasto
> océano casi al doble espacio que lo hacia la opinion general,
> y descubre en su seno nuevos mundos, segun la expresion del
> vaticinio de Séneca, que acaban de verificar otros Colones (4f.).

Muñoz hebt außerdem den - im Sinne des aufgeklärten Patriotismus - außerordentlich positiv gemeinten "virtuoso amor à la patria" von Columbus hervor (54) sowie - anders als Raynal - seine aufrichtige Religiösität, aufgrund derer Columbus sich als Instrument in der Hand Gottes erkannte "para la obra de mayor honra que jamas hubiese parecido en la christiandad" (145). So wird denn auch als ein eigentliches Ziel die Absicht "(de) promover los aumentos de la verdadera religión" (145) bezeichnet, eine Deutung, die sicher nicht nur Robertson und Raynal als apologetische Schutzbehauptung eines Spaniers zurückgewiesen hätten. Die Gegner des Columbus, auch die wissenschaftlichen, werden in der Historia als "idiotas" (58) bezeichnet, als "ignorante vulgo" (59) und "sofistas orgullosos" (59) - Abqualifikationen, hinter denen die Zeitgenossen leicht eine - aus Furcht vor der Inquisition nicht deutlicher formulierte - Attacke auf die systemgläubige Scholastik sehen können, in deren Ideen eine Neue Welt keinen Platz hatte. In diesem Sinne - und wohl auch in deutlicher Polemik gegen den aufklärungsfeindlichen Klerus seiner eigenen Zeit - wird Muñoz nicht müde, Columbus als überlegene Intelligenz zu feiern, die ihrer Zeit weit voraus war. Muñoz, der in Spanien zu der Gruppe der gemäßigten, aber doch eindeutigen Aufklärern gehörte, bezeichnet Columbus mit auffallender Häufigkeit - und ohne jeden Zug von Ironie - als "filósofo", im Sinne des französischen "philosophe" und Aufklärers ("nuestro navegante filósofo", 289; "nuestro filósofo", 301; "filósofo mayor", 302). Mit dieser ganz direkten Filiation zwischen Columbus und dem 18.Jahrhundert geht die Historia über Robertson und Raynal hinaus, spiegelt damit letztlich aber nur einen Topos im Denken der spanischen Aufklärer wider, die in der Regierungszeit der "Reyes Católicos" ihre unmittelbaren Wurzeln sahen, von denen sie durch die "Austrias", die Phase der Retheologisierung und Rescholastisierung des spanischen Denkens im Barock, weitgehend abgeschnitten wurden.

Wie die "philosophes" zeichnet sich auch Columbus durch wahre Humanität aus. Als Beleg führt auch Muñoz jene Episode an, in der Columbus, obwohl selbst bedrängt, sich für die Indios als Mitmenschen einsetzt, die die Schiffsbesatzungen als unnötige Esser über Bord werfen wollen (250f.). Wie hier stimmt er auch mit Robertson dahingehend überein, daß Columbus keine persönliche Schuld an der Einrichtung des höchst inhumanen Systems des "repartimientos" trifft (275; 330ff.), handelt er doch, wie Muñoz mit einer erschlagenden Materialfülle zu belegen versucht, völlig unter dem Zwang der meuternden Spanier. Columbus hat sich, so zeigt die Historia immer wieder, ganz wie ein aufgeklärter Herrscher um das Gemeinwohl, um die "prosperidad" sowohl der Spanier als auch der Indios in der Neuen Welt bemüht (195), wobei alle seine Anstrengungen darauf abzielten, den Frieden zwischen den beiden Gruppen zu wahren (204).

Als negative Eigenschaft von Columbus wird auch bei Muñoz hervorgehoben, daß er aufgrund einer allzu starken Einbildungskraft (imaginación) und eines gewissen (wohl noch von der Scholastik geprägten) Systemglaubens (217; 301f.) dazu tendiert, seine Vorstellungen an die Stelle evidenter Realitäten zu setzen ("Colón poseído de sus imaginaciones", 93; "continuaba [...] levantando la fábrica de sus ideas", 108; "con los colores propios de su imaginación viva y acalorada", 148). So glaubt er denn auch, die Goldminen Salomons oder das alttestamentliche Goldland Ophir entdeckt zu haben (246; 254) und beharrt darauf, die von ihm ganz richtig vermutete "tierra firme" sei die Küste Asiens (297).

Muñoz nimmt jedoch Columbus entschieden vor dem Vorwurf in Schutz, er sei hochmütig (53), gehe mit allzu großer Strenge (207) oder einer "inexorable dureza" gegen die Spanier vor (208), Verhaltensweisen, die deren Meutereien gerechtfertigt hätten; er versichert vielmehr, daß Columbus als "sabio descubridor" (222) ausgesprochen selbstlos nur im Dienst der Wissenschaft (302f.), Gottes und der Monarchie (219) gehandelt habe.

Anders als Robertson und Raynal stellt nun Muñoz dieser höchst positiven Gestalt des Columbus kein insgesamt finsteres Spanien gegenüber, das bis hin zu seinen Königen dem ausländischen "descubridor" die Erfolge neidet, ihn schließlich in die empörendsten Demütigungen treibt und ihm die Früchte seiner Mühen stiehlt. In deutlich apologetischer, doch keineswegs plumper Weise differenziert Muñoz zwischen 'guten Spaniern', die Columbus unterstützen, und 'bösen Spaniern', die ihm nicht nur feindlich gesonnen waren, sondern auch das von ihm angestrebte friedliche Zusammenleben der Europäer

und Indios aufs schändlichste hintertrieben haben. Hier kommt Muñoz seine
Kenntnis der historischen Fakten zustatten, die weit über das hinausgeht,
worüber Robertson oder Raynal verfügten. Im Gegensatz zu diesen beiden
Autoren legt er ausführlich dar, daß die Katholischen Könige die Fahrten
des Columbus ohne Eigennutz gefördert haben nur mit dem "santo propósito
de adquirir las nuevas tierras en aumento de la christiandad" (160); daß
die viel verspottete "Schenkungsbulle" Alexander VI. keine Manipulation
zwischen dem spanischen Papst und dem spanischen Staat war, sondern seinerzeit allgemein verbreiteten Auffassungen entsprach (158f.); daß das Königspaar immer wieder auf eine menschliche Behandlung der Indios drängte (164; 244); daß sie vor allem aber - ebenso wie der spanische Adel - die Verdienste von Columbus anerkannten, ihm allerlei Ehren zukommen ließen (165), seinem Rat folgten (226ff.), stets "el miramiento debido al descubridor" bewahrten (239) und daß schließlich Ferdinand persönlich, der anders als bei Robertson und Raynal ausdrücklich als "justo rey" bezeichnet wird (149), entschieden den Plänen entgegentrat, Columbus zu ermorden. Ganz im Sinne des aufgeklärten Despotismus konstruiert Muñoz hier das Paar vom vollkommenen Herrscher und dem nicht weniger vollkommenen Untertan. Wenn dennoch zwischen den beiden Größen "Unstimmigkeiten" entstanden sind, so ist das weder die Schuld des einen noch des anderen oder gar des ganzen Systems, sondern die der schlechten Ratgeber am Hof und einzelner konkret zu benennender böser Untertanen.
Ganz nach diesem - eventuell gar nicht einmal völlig unrealistischen -
Schema erklärt auch Muñoz das "Scheitern" des Columbus. Meuterer in der
Neuen Welt, allen voran Roldán, so wird wieder faktenreich und etwas ermüdend dargelegt, zwangen Columbus zu Maßnahmen der Unterdrückung und der Ausbeutung gegenüber den Indios, die er ohne diesen Zwang nie ergriffen hätte. Andererseits bringen ihn verleumderische und inkompetente Höflinge wie Juan Aguado, der Bischof von Badajoz mit seinem "odio mortal contra el almirante" (83) und besonders Ojeda bei den - dadurch getäuschten, selbst aber keineswegs böswilligen - Herrschern in Verruf. Ihr ständiger Hinweis auf die Kosten des Unternehmens ist es auch, der ihn zwingt, unablässig nach Gold zu suchen, um dem spanischen Königspaar wenigstens eine Aussicht auf den wirtschaftlichen Erfolg der von ihm finanzierten Entdeckungsreisen zu bieten. Ein möglicherweise doch vorhandenes Streben des Columbus nach persönlicher Bereicherung wird dabei von Muñoz nicht einmal der Erwähnung für wert befunden.

Auf den letzten Seiten seiner Historia del Nuevo Mundo zeigt Muñoz dann einen
von den gegen ihn gerichteten Intrigen zutiefst betroffenen Columbus, besessen
von "ideas melancólicas, casi a punto de desesperar" (340). Daraus
rettet ihn allerdings eine (wohl gottgesandte) Vision, die ihm den künftigen
Goldreichtum Amerikas offenbart, eine Vision, die zusammenfällt mit der Nachricht
von der tatsächlichen Entdeckung reicher Edelmetallminen. Mit diesem
Schatz, so hofft Columbus, kann er seine ursprünglichen humanitären Ziele
erreichen, beziehungsweise geschehenes Unrecht wiedergutmachen: Befriedung
der Indios, Sicherstellung der Missionierung, Abschaffung der höchst ungerechten
Besteuerung der Indios. Mit dem 'Paukenschlag' dieser Vision, die
Columbus gleichsam auf dem Gipfel des Glücks zeigt, läßt Muñoz das erste
Buch seiner Geschichte der Neuen Welt schließen, jedoch nicht ohne rhetorisch
geschickt auf das weitere Geschehen vorauszudeuten:

> Pero ¡quan fallidas son las cuentas de los mortales! [...]
> y quando pensaba ser llegado el momento de descansar y
> gozar el premio merecido, entonces vino el golpe fatal
> que acibaró todos los días de su vida" (342).

In diesen Schlußworten der Historia scheint sich das Bild eines 'tragischen
Columbus' anzudeuten, der einem ungerechten Schicksal erlegen ist. Ob Muñoz
seine Columbus-Gestalt in dieser Richtung weiter stilisieren wollte, läßt
sich heutzutage nicht mehr belegen, da der 2.Band der Historia nie erschienen
und das bereits fertiggestellte Manuskript verlorengegangen ist. Ein solcher
'tragischer Columbus' wäre den Intentionen von Muñoz allerdings sicher entgegengekommen:
dort wo Robertson und Raynal, wenn auch mit unterschiedlicher
Härte, die Ursache für das armselige Ende des Columbus eindeutig benannt und
aus dem historisch gesehen wenig ehrenvollen Verhalten der Spanier und ihres
Herrscherpaares erklärt haben, hätte er ein aller menschlicher Verantwortung
entzogenes 'Schicksal' anklagen können. Dies wäre seinem trotz aller Objektivitätsbeteuerungen
eindeutig zutage tretenden apologetischen Grundanliegen
sehr zustatten gekommen.

V

Dem Werk von Muñoz und seinem Bild von Columbus ist weder in Spanien noch im Ausland ein großer Erfolg zuteil geworden. Für Spanien gilt sicher, daß die lange vorbereitete und endlich 1793 erschienene Historia einfach ihren historischen Moment versäumt hat. Zwischenzeitlich waren seit dem Erscheinen der dritten Auflage der Histoire im Jahre 1780 in Spanien und im restlichen Europa andere Repliken auf Robertson und Raynal erschienen, die wie die Reflexiones imparciales von Nuix i Perpiñá mit ihrem maßlos apologetischen Tenor dem arg lädierten Selbstwertgefühl der Spanier mehr schmeichelten. Zu spät kam das damals europaweit lange sehnsüchtig erwartete Werk im übrigen auch außerhalb Spaniens. Nach dem Ausbruch der Französischen Revolution besetzten die Werke Robertson und Raynal nicht weiterhin die dominierenden Themen der zeitgenössischen intellektuellen Diskussion. Das maßvoll abwägende, darüberhinaus im Grunde in vielem der Kritik von Robertson und Raynal zumindest implizit zustimmende Buch von Muñoz vermochte in dieser Situation erst recht nicht das Interesse für ein lange vor der Revolution so heiß umstrittenes Thema in den 90er Jahren des 18.Jahrhunderts neu zu entfachen. Schließlich aber waren die Korrekturen, die Muñoz aufgrund der von ihm so umfangreich erschlossenen Dokumente am damals sozusagen offiziellen Columbus-Bild anbrachte, nicht groß und radikal genug, um eine erneute Diskussion über seine Rolle in der Geschichte der überseeischen Entdeckungen auszulösen.[15]

Anmerkungen

1. Zu diesem hier nur angedeuteten Komplex vgl. die folgenden beiden Aufsätze: Gonzalo Zaragoza und Ricardo García Cárcel, "La polémica sobre la conquista española de América. Algunos testimonios", in: Homenaje a Noël Salomon. Ilustración Española e Independencia de América. Hg. A.Gil Novales. Barcelona 1979, 374-379; Giovanni Stiffoni, "Historiografía y política en los historiadores de Indias de la primera mitad del siglo XVIII", Nueva Revista de Filología Hispánica 33, 1984, 133-156.

2. Madrid: Benito Cano 1789.

3. Madrid: Viuda de Ibarra 1793.

4. Eine kritische neue Biographie von Muñoz steht noch aus. Faktenreich und durchaus nützlich für die hier berührten Fragen sind die beiden folgenden Aufsätze von Antonio Ballesteros Beretta, "Juan Bautista Muñoz: la creación del Archivo de Indias", in: Revista de Indias II, 1941, 5-37; "Juan Bautista Muñoz. La Historia del Nuevo Mundo", in: ibid. III, 1942, 589-660. Diese beiden Artikel sind teilweise wieder abgedruckt als Einleitung zu den drei Bänden des von der Real Academia de la Historia herausgegebenen Catálogo de la colección de Don Juan Bautista Muñoz. Madrid 1954-56. Zur geistesgeschichtlichen Situierung von Muñoz vgl. die Ausführungen bei José Antonio Abellán: Historia crítica del pensamiento español. III Madrid 1981, 781ff.

5. Muñoz besaß die History of America in der dreibändigen Ausgabe, London 1780 und Raynals Histoire philosophique in einer zehnbändigen Ausgabe, Genf 1781. Antonio Muro Orejón: "Juan Bautista Muñoz. Las fuentes bibliográficas de la Historia del Nuevo Mundo", in: Anuario de Estudios Americanos X, 265-337.

6. Zu Raynal und seiner Rezeption in Europa existiert zwischenzeitlich eine umfänglichere Literatur. Hier sei verwiesen auf den von Hans-Jürgen Lüsebrink und Manfred Tietz herausgegebenen Band Lectures de Raynal. L'Histoire des Deux Indes en Europe et en Amérique au XVIIIe siècle, der Ende 1991 in der Reihe der Studies on Voltaire erscheint.

7. Vgl. den Beitrag von Manfred Tietz in dem in Anm.6 genannten Band sowie id., "Diderot und das Spanien der Aufklärung", in: Denis Diderot. 1713-1784. Zeit-Werk-Wirkung [...], hg.v. Titus Heydenreich. Erlangen 1984, 127-150.

8. Der ursprüngliche, viel weiter gefaßte Plan von Muñoz, der die Sitten-, Kultur- und Literaturgeschichte der Epoche ausführlich miteinbeziehen wollte, ist in zwei ausführlichen Skizzen erhalten, die bei Ballesteros Beretta abgedruckt sind: Revista de Indias III, 1942, 655-660.

9. Das Werk mit dem Titel Reflexiones imparciales sobre la humanidad de los españoles en las Indias contra los pretendidos filósofos y políticos. Para ilustrar las historias de MM: Raynal y Robertson.[...] wurde 1944 von C.Pérez Bustamente neu herausgegeben in der Colección Cisneros (Madrid: Atlas 1944), hier I, 20.

10. Reflexiones imparciales I, 62.

11. Die History of America wird im folgenden zitiert nach der dreibändigen Ausgabe von Leipzig 1786. Alle Zitate finden sich im 1.Band.

12. Colón y su secreto. El predescubrimiento. Madrid ²1982.

13. Der Raynal-Text wird zitiert nach folgender Ausgabe: Histoire philosophique et politique des établissements et du commerce des Européens dans les deux Indes. Genève 1780. Alle Zitate finden sich in Band III.

14. Der Übersetzer der 1795 in Weimar erschienenen deutschen Ausgabe von Muñoz ist Mathias-Christian Sprengel. Zu seiner umfassenden Beschäftigung mit der Entdeckungsgeschichte vgl. u.a. die Biographie universelle, t.43, 1825, 352-354. Im Vorwort seiner Übersetzung sagt Sprengel, er habe dort im Text von Muñoz Kürzungen vorgenommen, "Wo er zu gedehnt und schleppend ward", immer "wenn mir sein Detail von den herrschenden Winden, der Witterung, der paradiesischen Schönheit des neuen Landes, oder welches Schiff zuerst oder zuletzt diese oder jene Landspitze umschiffte, zu ermüdend schien" (XII).

15. Welche neuen Fragestellungen die jüngere Columbus-Forschung eröffnet hat, in der das bereits zitierte Werk von Juan Manzano eine nicht geringe Rolle spielt, referiert der Forschungsbericht von Juan Gil "Historiografía española sobre el descubrimiento y descubrimientos", in Revista de Indias 49, 1989, 778-816. Weder hat diese neuere Literatur Muñoz ausführlicher zur Kenntnis genommen, noch hat Muñoz selbst in entscheidenderem Maß wesentliche Fragestellungen eben dieser Literatur vorweggenommen.

A Columbus for Young Ladies. The Discoverer of the New World in Susanna Rowson's Didactic Novel "Reuben and Rachel"

Arno Löffler

Ever since the sixteenth century the figure and the achievements of Christopher Columbus have been literary topics. The discoverer of America has been depicted from different perspectives and with varying sympathies, - as a devout missionary and a noble benefactor of mankind, as an unwavering idealist and an original genius, but also, stripped of his heroic and romantic aura, as an adventurer, an exploiter, and a Don Quijote.[1]

The story of the successes and failures of Columbus has fascinated and inspired authors in Italy and Spain, in France and Germany, as well as in North and South America. In England, however, the situation is different: Although the name of Columbus has often been used synonymously and allusively for an explorer and discoverer since the sixteenth century,[2] the personality and the deeds of the great Genoese have hardly ever been dealt with in fictional literature. The reason for this indifference towards Columbus - particularly in the three centuries following the discovery of America - can only be a matter of speculation: It might be attributed to the fact that he was a Roman Catholic who appeared unsuited to serve as an example in Protestant England. It could be seen as a consequence of other national resentments, the English having to admit to themselves that they had failed to recognize the importance of Columbus' project in time and, thus, had missed the historic opportunity to take possession of the new continent earlier than the other European nations. But one might also surmise that Columbus remained almost unnoticed in English literature because he was of no significance for the discovery and colonization of North America, where the English were involved.

Given this background, it is of some interest that an Anglo-American authoress, Susanna Rowson, makes Columbus a figure in her novel Reuben and Rachel; or, Tales of Old Times, which was published in Boston in 1798.[3] In it, Mrs. Rowson shows herself to be a writer deeply rooted in British culture and literature of the eighteenth century, but also fervently dedicated to the values and ideals of the young United States.

Reuben and Rachel is a fictitious family chronicle interwoven with elements of British and American history. The story, which covers more than 250 years, begins with Columbus' discovery of America. However, it depicts the great explorer not primarily as a public figure, but as a private individual and the ancestor of an old family, the Dudleys:

> The book is generally concerned with the American experience and the making of the American character, although the greater part of the story takes place in Europe. The first volume traces the genealogy of the twins, Reuben and Rachel Dudley, who are to function as representative eighteenth-century American settlers. They are given a distinguished, if highly fantastic, family tree, commencing with Christopher Columbus, whose discoveries in the New World, with various inaccuracies, are elaborately presented. ... The next portion of the novel concerns Columbus's grand-daughter, the Lady Isabelle Arundel, widow of a Protestant English nobleman beheaded during the persecutions of the reign of Bloody Mary in the middle of the sixteenth century, and herself the protectress of the child of the martyred Jane Grey. From the Court of Spain to the Court of Tudor England, we are given a fairly accurate picture of late Renaissance history, combined with a romantic tale of the courtship and marriage of Isabelle's daughter, young Columbia Arundel, and the gallant Protestant hero, Sir Egbert Gorges.[4]

Susanna Rowson has been characterized as an "early American novelist"[5] by several American critics. Others, though, have noted that "the claim for her Americanness is problematic."[6] Indeed, neither her themes nor her literary techniques are primarily "American". Mrs. Rowson is well acquainted with the English literature of the eighteenth century, and she writes "strictly in the English tradition established by Samuel Richardson, Fanny Burney, and others,"[7] as illustrated not only by her best and most successful novel, Charlotte Temple, but also by Reuben and Rachel.

Susanna Rowson was born in Portsmouth, England, in 1762.[8] Her mother died at her birth. Shortly afterwards her father, Lieutenant William Haswell of the British Navy, was stationed in Massachusetts as a Royal Customs Collector. Having remarried and settled down, in 1766 he returned to England to fetch his daughter. In 1775, as a consequence of the American War of Independence, Haswell's property was confiscated, and for some time he and his family were interned. Three years later, after an exchange of prisoners, the Haswells were back in England, living, at first, possibly in Hull, later in the vicinity of London. About 1780 Susanna found employment as a governess with the family of the Duchess of Devonshire. She wrote, during the following years, stories and poems, and in 1786 published her first novel, Victoria, dedicated to her patroness, the Duchess. In the same year she married William Rowson, a hardware merchant and trumpeter in the Royal Horse Guards. Soon after the publication of Charlotte. A Tale of Truth, in 1792 her husband failed his business, and together with his wife and his younger sister turned to the stage to make a living, however with little success. At the end of 1793 the Rowsons were engaged by an American theatre manager, and in the following years appeared on the stage in Annapolis, Philadelphia, Baltimore and Boston, mostly in minor parts, with Susanna also trying to make use of her writing skill by composing dramas and farces for her company. Finally, in 1797, Susanna Rowson opened up a "Young Ladies' Academy" in Boston and found in it an ideal occupation which satisfied her until her death in 1824. - In his Memoir of Mrs. Rowson Elias Nason in 1870 described the beginning of her new career as a headmistress:

> On leaving the stage in the spring of 1797, Mrs. Rowson ... began a school in Federal Street, and with but a single pupil ... continued it for one whole term. She was known in Boston only as a novel writer, as an actress - how could children be confided to her care?
> But the light cannot be hid; her motto was tant que je puis, and persevering steadily, she came before the close of the scholastic year to number one hundred pupils on her daily roll; ... Her head, and heart and hand were given to her school; and yet redeeming rigidly her time, she suffered not the ink to dry upon her graceful pen. In 1798, the birthday of Washington, who was then expected to assume again the command of our armies, was celebrated with great éclat throughout the country. The patriotic address before the troops at Baltimore had given Mrs. Rowson some renown as a poet, ... At this time Reuben and Rachel ... was passing through the press. It ... was written with the design of awakening a deeper interest in the study of history which the author had pursued with great delight, and of showing that not only evil itself, but the very appearance of evil is to be avoided.[9]

In recent criticism Reuben and Rachel has been called a "highly involved historical romance"[10] or defined as a narrative which "combin[es] the traditions of historical, or at least pseudo-historical, fiction and domestic romance",[11] and which is characterized by its "simplicity and sensationalism"[12] as well as by its heavy sentimentality and "tearful didacticism".[13]

In Reuben and Rachel Susanna Rowson indirectly describes herself as an optimistic adherent of the "Enlightenment":[14] She is convinced that man is an animal rationale capable of improving himself consciously and reaching a high moral and intellectual standard. In the "Preface" to her novel she informs her readers that she wants to give them entertaining moral instructions, to implant in them a patriotic way of thinking and feeling, and, above all, to rouse in them an interest in "universal history":

> When I first started the idea of writing "Tales of Old Times,"
> it was with a fervent wish to awaken in the minds of my young
> readers, a curiosity that might lead them to the attentive per-
> usal of history in general, but more especially the history of
> their native country. It has ever been my opinion, that when in-
> struction is blended with amusement, the youthful mind receives
> and retains it almost involuntarily.(III)

Apparently she feels certain that the central human values and ideals have already been realized by the great heroic figures of history. To her, history is a reservoir of exemplary people; to relate their lives, consequently, is "to implant piety and virtue" (IV) in mankind, and, in particular, in the young girls attending her school.

Her opinions on the study of history are presented in more detail in her "Outline of Universal History", where, in accordance with the orthodox view of history as <u>magistra vitae</u>,[15] she emphasizes that one of the historian's foremost tasks is to describe past examples of human greatness and virtue so as to furnish his readers with standards for their own lives and, thus, to exert moral and intellectual influence upon them:

> The study of history extends our knowledge, without it, we are
> liable to form false estimates of life, our ideas become either
> romantically wild, or illiberally contracted; but the study of
> history leads us from ourselves and the objects immediately sur-
> rounding us, to the contemplation of all that is <u>great and
> praise-worthy</u> in former ages. ...
> <u>History is a school of morality</u>; it condemns vice, throws off
> the mask from false virtues, exposes popular errors and preju-
> dices, dispels the delusive charms of riches, power, and
> grandeur, which are so apt to dazzle the imagination; and proves
> by example, which is ever more efficacious than precept, that
> nothing is great and commendable but honour and probity. It con-
> firms this great truth, that virtue alone is man's real good,
> and alone capable of rendering him <u>great and praise-worthy</u>.[16]

For Susanna Rowson history is "the faithful depository and true evidence of past events".[17] This strict position may, however, be softened or even abandoned when historical events are dealt with and historical figures are depicted in fictional literature, which - unlike historiography - is governed by the creative power of phantasy. That "visionary" faculty enables the writer to present historical persons and events graphically to the "mental eye", and to imprint them on the reader's imagination. This attitude is demonstrated clearly in the poem prefixed to <u>Reuben and Rachel</u> on the title-page. "Poesy" there appears as an allegorical figure

> Bidding the tranced fancy fly
> O'er oceans vast from shore to shore;

> Raising bright visions to the mental eye,
> Of ages long since past, and days of yore.

It is, therefore, not surprising that Mrs. Rowson conspicuously deviates from historical facts in her novel. She gives way to her poetical fancy, and, with its aid, interprets and modifies historical facts and figures, primarily, it seems, to reveal those moral and social values more clearly which she wants to impart to her young readers.

Nevertheless, she protests her truthfulness in the presentation of historical figures and facts in a manner similar to Daniel Defoe's at the beginning of the century,[18] and while doing so, presumably takes into account the strong reservations her contemporaries felt about fictional literature:

> Fiction in the United States in the late eighteenth century was highly suspect. American readers had inherited the Puritan bias against fanciful writing, whether it be prose or poetry, as a ruse employed by the Devil to lure readers into frivolous or depraved thoughts. Since fiction was thought to distract men from God's truth, it often met with considerable resistance.[19]

Susanna Rowson wrote a novel that would impress her young and inexperienced female readers as a real chronicle, a "Tale of Truth", and that would have the moral influence of an authentic piece of historiography, or would even surpass it in effect by virtue of its clear and unadulterated examples of what was "great and praise-worthy in former ages".[20]

We are uncertain as to the sources from which Susanna Rowson drew her knowledge of Columbus: As her narration is inaccurate and false in several historical details and, in addition, intermingles with many fictitious elements, it is difficult to risk a guess. Nor do other works by her allude to, or mention, the sources she might have used. From her essay on the "Rise and Progress of Navigation" we may, however, conclude that she must have had detailed knowledge of Christopher Columbus and the discovery of America at her disposal. In that work of the year 1811 she portrays the Genoese as an "elevated genius"[21] and as a "bold and courageous"[22] hero; she shows him as a paragon of human greatness, and thus reaffirms Columbus' image in Reuben and Rachel:

> In very early life he made great progress in geometry, cosmography, and astronomy; attached to a maritime life when a boy, at the age of fourteen years he was proficient both in the theory and practice of navigation. By the experience which he acquired during a variety of voyages which he made, Columbus became one of the most expert navigators in Europe. Naturally of an inquisitive turn and capable of deep reflections, he conceived it reasonable to suppose that the continents of Europe, Asia and

Africa, as far as they were known at that time, formed but a
small portion of the terraqueous globe; that on the other side
of the vast ocean, which stretched to the westward, another continent existed to balance those already known in the eastern
hemisphere; he repaired to Genoa and entreated the republic to
employ him on a voyage of discovery; but they treated his ideas
as chimerical, and refused him any assistance.
But this rejection did not damp his ardent spirit. He made his
next overture to John, king of Portugal; but with the same ill
success. Mortified but not disheartened, he laid his plan before
Ferdinand and Isabella then reigning sovereigns of Spain; but
Ferdinand appeared so cold and languid that Columbus formed the
resolution of visiting England and applying to Henry VII to
equip a fleet for the projected expedition.[23]

Of course, one cannot say for certain that Susanna Rowson had a full command of these historical details when she composed Reuben and Rachel. One may, nevertheless, assume that, as a conscientious teacher, she would not have started writing her novel without having first acquired a thorough knowledge of her subject. She must have had easy access to such knowledge, for instance through William Robertson's History of America, published in Boston only twenty-one years earlier, in 1777. In view of this situation it becomes quite obvious that Mrs. Rowson set no great store by an accurate account of Columbus' life and deeds in Reuben and Rachel. Rather she intended to draw a private, moral and intellectual portrait of the great Genoese, in which his historic achievements primarily figure as an exciting background and give the didactic work the aura of authenticity and closeness to life.

In the "Preface" Susanna Rowson states programmatically: "For my own sex only I presume to write." As "the generality of books intended for children are written for boys," she chooses girls "from five years old to ten or twelve" as her audience. Her words show her to be a self-assured advocate of the concerns of her own sex, which she believes to be neglected and undervalued in a society dominated by men. Consequently, at the beginning of her novel she describes a small group of women who embody her ideal of womanhood. The portrait of Columbus given afterwards shows the discoverer of America as the perfect male counterpart of these virtuous women, and as an outstanding male example to young girls.

The story opens melodramatically about the middle of the sixteenth century. The scene is in Austenbury Castle, a half dilapidated country seat, "romantically placed on the borders of Wales,"(1) quite in accordance with the Gothic taste of the time. Austenbury Castle is the residence of the "lovely and amiable"(1) Lady Isabelle, a daughter of Columbus' son Ferdinando and of

Orrabella, a Peruvian princess. After the execution of her "valuable and beloved"(1) husband, Sir Thomas Arundel,[24] Isabelle withdrew from the influences of the hostile and alien English society to the "solitude"(12) of her castle in order to devote herself to bringing up her daughter Columbia. Further members of the small community of women are Columbia's playmate, Mina, "the daughter of a peasant in the neighbourhood of London"(2), and Cora, an old Indian servant, who knew Columbus personally and is still able to remember many important details of his arrival in Peru.[25] Mrs. Rowson here describes a group of women who - regardless of the inequality of their age, education and social background - respect and love each other. Of course, the author's attention is directed, above all, towards Lady Isabelle, who is depicted as a paragon of "enlightened" womanhood, differing from other females in her intellectual independence and moral discernment, her warmheartedness and perfect breeding. As an "accomplished woman" she stands out in strong relief against that eighteenth-century "mode [of female education] which stressed manners rather than morals, and superficial accomplishments rather than virtuous behaviour."[26] Moreover, she is an excellent teacher to her daughter:

> Isabelle was a native of Spain, of noble parentage, expanded heart, superior sense, and highly finished education. The beauty and elegance of her person, though striking, were but secondary objects of the esteem and admiration she was sure to excite wherever she was seen or known. ...
> It was ever the care of Isabelle to impress on the mind of her daughter a proper sense of a wise, benignant, overruling Power; to whom she was indebted for her being, and to whom she was accountable for her words and actions; but this was done more by example than by precept.(1;4)[27]

It is, therefore, natural that the moral example of the famous and heroic "great ancestor Columbus"(10) is of prime importance in the moral education of her daughter Columbia, whose name not only indicates her connection with Columbus but also with America, since Columbus himself called the newly discovered world "Columbia"(20).

One day the young girl finds her mother in a state of melancholy and sentimental pensiveness. Recalling Columbus' fatal story, Isabelle laments that true human greatness can hardly subsist in the corrupt world of modern civilization:

> "Oh, sublime and too daring spirit," she continued whilst her raised eyes glistened with the tear of extorted remembrance, "why wert thou endowed with qualities, which served but to stir up in the breasts of thine enemies the malignant fiend Envy. Why! whilst thou wert labouring to benefit and _enlighten_ posterity, wert thou sealing thy own ruin!"(10 f.)[28]

In the solitary "retreat"(14)[29] of Austenbury Castle, at a distance from the influences of society, she can live in a state of ease and virtue, at peace with herself and the members of her small household. When she notices that Columbia begins to take an interest in the history of her own family, she cannot but welcome her curiosity; for she feels certain that knowledge of the history of her family will evoke in Columbia a strong rejection of vice and also make her appreciate the true values of humanity and the advantages of a secluded life:

> Listen with attention, my dear child, and learn that content builds her dwelling in solitude, and peace spreads her pinions over the cottage of the humble; whilst the paths of ambition are strewed with thorns, and the dwellings of the great are the habitations of misery.(12)

Cora begins to tell the story of Columbus, but she soon stops short, as Columbia discovers a letter in a drawer, dated October 1490, written by Columbus to his wife; it is a farewell letter, penned shortly before Columbus' attempt to win the King of Portugal's support for his plans:

> I am parted from you, <u>my adored Beatina</u>; but painful as the parting is, I feel it is for our future advantage. I am convinced, <u>my beloved wife</u>, that there are worlds beyond the narrow bounds which our natural philosophers at present describe. I have studied such, <u>my lovely friend</u>, and am almost certain, that were I supplied with vessels, men, provisions, and every thing necessary, I should make discoveries that would occasion my name to be revered in after ages; and those who blamed <u>my lovely Beatina</u> for giving herself to her Columbus, shall say, "You did right, Beatina; Columbus has an enterprising spirit that will carve out a fortune, even from a barren waste." For is not the ocean a barren waste? and yet even from that do I mean to carve out for <u>my soul's idol</u> an empire, where she shall reign queen over all, as she does over my heart.
> Why, why, <u>my best beloved</u>, are you not endowed with strength of frame, that your friendship might increase my fortitude in danger, and share the glorious triumph of unexpected success? Yet why should I wish you to lose the sweet feminine softness which first won, and still holds captive my heart?(13)[30]

The real Columbus had married Felipa Perestrello e Moniz in 1479; by this marriage he had a son, who was born in 1479 or 1480, but who died soon after. In 1486 he became entangled with Beatriz Enriquez de Harana, a young Cordoban woman, who was to be the mother of his son Ferdinando. Undoubtedly, Beatina, in <u>Reuben and Rachel</u>, is modelled on Beatriz, whom Columbus never married. While Columbus' mistress, Beatriz, was descended from an impoverished noble family, Beatina is the child "of an ancient and wealthy marquis".(14)

For the sake of pedagogical effect Susanna Rowson smoothes out the historical facts: It seems important to her that her Columbus is legally married to Beatina and that Beatina is the offspring of a reputable and prosperous family. Columbus is delineated as a sentimental lover, a devoted husband, and a polite gentleman distinguished both by his moral integrity and his social respectability. On closer examination it becomes evident that Columbus and Beatina are described as ideal embodiments of masculinity and femininity, of husband and wife.

In her novel, Susanna Rowson adopts an attitude to the standards of contemporary bourgeois society which is anything but negative. Accordingly, Beatina serves to illustrate and propagate her traditional concept of the role of women in marriage:

> ... 'tis our pride
> In all domestic matters to preside;
> ...
> While man abroad for happiness may roam,
> 'Tis ours to make a paradise at home.[31]

Beatina's central traits are her "feminine softness"(13) and her physical weakness; they make it necessary for her to find support in a man's strength. Beatina is depicted as the loving friend and companion of her husband, "in whom [he] can confide, to whom he can communicate his very soul, and open his breast and most inward thoughts."[32] She is the keeper of "the blessed sanctuary of domestic love and joy."[33] By means of her virtue and her beauty she exerts an almost magical influence upon him "that actuates all [his] endeavours."(14)

While his wife lives "in a safe retreat"(14), Columbus himself has to encounter the adventures and struggles of a public life. He is the man of reason who "with solid judgment and a superior vigour ... combine[s] ideas, ... discriminate[s], and examine[s] a subject to the bottom."[34] And he is the man of action whose aim it is to achieve success and to win fame, and all this for the sake of his wife: "I will leave you, my love, in a state of honour and opulence, or my scheme shall be totally abandoned."(14)

Columbus is portrayed as a successful projector and entrepreneur, as a model of the "persevering spirit [that] must in time conquer."(14) In this he resembles Robinson Crusoe; like Defoe's hero he is driven by an irresistible desire for action and profit. His belief in himself, his spirit of enterprise, his desire for success and fame lead him like Robinson to leave home. Rowson's Columbus wants "to carve a fortune"(13) and "to be revered in after ages."(13) It is, therefore, consistent that the search for gold strongly should motivate his actions. But there are also some striking differences between the two literary relatives: Robinson is a religious man, an enlightened Puritan. Religious thinking and feeling, on the other hand, are alien to Rowson's Columbus: He never prays to God, nor does he ever feel obliged to fulfil the task of a missionary in the newly discovered continent. Columbus places confidence in his own "genius"(15), which he himself calls "enterprising and sanguine"(15); he is confident that his "perseverance" will stand the test and prevail against all the "received prejudices"(15); he believes in his own "success"(15,16,21) and, self-assuredly, characterizes himself as a paragon of "greatness"(16), defining greatness by implication as the sum of all the gifts and abilities he calls his own. Thus, he is a prototype of the bourgeois self-made man, and he represents that "undaunted spirit"(17) which is the basis of capitalist striving for gain.

All these traits are in complete conformity with the conventional views of the role of man in society, not only at the time before and about 1800, but also fifty years later, as can be seen from John Ruskin's famous statement, in which he defines the role of man:

> The man's power is active, progressive, defensive. He is eminently the doer, the creator, the discoverer, the defender. His intellect is for speculation and invention; his energy for adventure, for war, and for conquest, wherever war is just, wherever conquest necessary. ... The man, in his rough work in open world, must encounter all peril and trial; - to him, therefore, must be the failure, the offence, the inevitable error: often he must be wounded, or subdued, often misled; and <u>always</u> hardened.[35]

Columbus' first letter is followed by others which allow Mrs. Rowson to give some historical information which is important with regard to the discovery of America and to the biography of Columbus. In one of these letters Columbus tells his wife about his efforts to win the support of King Henry VII of England for his plans:

> I had, previous to my quitting you, found means to lay my plans before the British throne; but I fear they were treated as the project of a visionary; for though my brother undertook the charge, I have received no answer.(15)[36]

At long last, in a letter of May 1492, he is able to report success in his attempts to find a patron for his project: Queen Isabella of Spain promised to provide money for his voyage of discovery. In Columbus' eyes it is a remarkable and significant fact that it is a woman who enables him to realize his ingenious plans; confirmed in his view of the female sex he writes to Beatina: "It is to a woman I owe the means of making the great attempt."(16) - It is quite obvious that Susanna Rowson inserts Columbus' account of Isabella's commitment with well-considered didactic intention; for it opens up a further possibility for her to specify her own conventional views of the contrasting roles of men and women.

Columbus' male negotiating partners react "with ... unmeaning professions, [with] ... hypocrisy and stupidity, [or] ... with cold, almost contemptuous silence"(16) to his explanations and solicitations, whereas "the royal Isabelle" shows "affability and encouraging sweetness" and "expresses a prophetic assurance of success"(16) from the very beginning. Male empiricism and scepticism prove to be incapable of recognizing Columbus' genius and the import of his vision, whereas female intuition perceives it spontaneously. Isabella's enthusiastic and unwavering belief in Columbus not only breaks the resistance of the men around her, but gives new courage to the despondent and disappointed Genoese himself.

When, later on, Queen Isabelle is made to believe that the great seafarer has lost his life in a storm while sailing back from America, she informs Beatina about his death, adding to her letter a manuscript in Columbus' hand which contains the description of his discovery of America.

> The enclosed was brought to our court this morning by a sea captain, who, whilst yet far from the Spanish coast, saw something floating on the waves; and feeling an awakened curiosity prompt him, went a little out of his course to take it up. It was a cask painted white. On opening it, they found this sad testimony of our fatal loss, inclosed in a cake of wax, and surrounded by a quantity of cork, in order, as is imagined, to facilitate its swimming.(18)[37]

The fictitious farewell letter enables Susanna Rowson not only to describe Columbus' landing in, and taking possession of, America, it also allows her to demonstrate, indirectly, the explorer's moral integrity, his sense of duty, and his loving care for his wife and his son:

> Ferdinando is now fifteen. When he attains the age of manhood, let him pursue the path I have marked out, and finish what his father but began; and should his searches meet with the success my spirit prophesies, let the new world be called <u>Columbia</u>. It will unite the name of Beatina with Columbus, perpetuating her loved name with mine.(20)

Having informed Columbia how Columbus' first voyage was successfully concluded, Cora begins her account of his voyage to Peru, during which he was accompanied by his son, Ferdinando. The discoverer's fame is now augmented by material profit; for the explorer can now dedicate himself thoroughly to the task of

> collecting ingots of pure gold, bars of silver, with pearls, diamonds and coral, forming the most wealthy cargo ever borne into a Spanish port.(24)

The expedition to Peru is, however, crowned not only with material profit and social prestige; it is also successful because Ferdinando falls in love with the beautiful, virtuous, and rich Peruvian princess Orrabella and takes her home to Spain as his wife. Their first encounter is related with theatrical pathos; it is a scene that fits perfectly into the tradition of the love stories of romance literature:

> Orrabella, struck with the majestic yet conciliating mien of Columbus, perhaps more with the personal beauty and elegant deportment of Ferdinando, who advanced at his right hand, pressed forward to meet them; and with a countenance at once expressive of wonder, admiration and timidity, her right arm extended seemed a barrier to prevent their approaching her parents and sisters, whilst laying her left hand on her breast she knelt to the ground, raising her fine eyes in token of supplication. (23 f.)

The daughter of the Peruvian King Orrozombo is described not as a primitive or exotic being, but as a noble and courageous young woman, who is struck by the foreigners' majestic appearance and who receives them with prudent reserve. It appears that Susanna Rowson here deliberately diminishes the cultural and racial differences between the Peruvians and the Europeans.[38] This attitude is founded on her belief that "all men are created equal", that they are rational and educable beings capable of perfecting themselves and of living up to their high intellectual and moral standards. Ferdinando is, therefore, bound to fall in love with this young woman whose intellectual excellence a European education will be able to enhance and to refine:

> [Ferdinando] soon instructed her in the Spanish tongue. ... He found her possessed of strong powers of mind, quick perception, ready wit; in short, an understanding capable of the highest improvement.(24)

It is not only Orrabella's personality which can serve as a model for Susanna Rowson's pupils, the ideal of marriage embodied by the relationship between Ferdinando and Orrabella can too: Ferdinando, quite obviously, takes Orrabella in marriage not only for her personal virtues but also as a member of the Peruvian nobility and as a rich heiress. In this situation Columbus himself reveals both his mercantilist mind and his political perspective. Orrozombo, too, by no means a naive observer, pragmatically calculates the private advantages and political consequences of this marriage:

> Columbus looked forward to the union as a mean of insuring wealth and power to his posterity, and Orrozombo imagined, by resigning his daughter to this young stranger, he secured to himself a powerful friend and ally in Columbus. ... Upon their marriage, Orrozombo gave up part of his territories to Columbus, as a portion for his daughter; and a colony was begun, where every thing was regulated according to the Spanish form of government.(24)

For Susanna Rowson "nobility" is, primarily, a matter of the "heart" (21) and of the "spirit"(26). Nevertheless, she seems to believe that true "nobility" is to be found, above all, among the high ranks of society, i.e. among the members of the aristocracy. Thus, Columbus' wife, Beatina, reflects the author's opinion when she writes a hortative letter to her granddaughter, in which she emphatically reminds her of her royal descent and propagates, among other values, traditional aristocratic standards, i.e. "honour" and "courage". It is interesting to see that in her admonitions she does not mention that Columbus himself had been a bourgeois seaman. This suggests her view that Columbus had raised himself to the rank of an aristocrat and viceroy by his moral and social virtues as well as by his heroical deeds:

> Isabelle, remember the royal race from whence you sprang, and do not disgrace it by an ignoble alliance. It is not wealth, it is not titles, I would have you seek! no, my child; seek courage, honour, good sense, and polished manners. These constitute true nobility; it was these so eminently distinguished the great Columbus; made him the delight of our sex, the envy of his own.(39 f.)

Although material possessions are passed off here as a subordinate factor, Mrs. Rowson seems to consider wealth an indicator of social rank, of respectability and reputation. Columbus himself, obviously, is of the same opinion: Not only his attitude to the Peruvian King Orrozombo, but also his esteem of that "reverend Indian [in Hispaniola], ... whose possessions were extensive and valuable"(29) reveal this.

Admittedly, Columbus is not dazzled by riches, and always bears in mind the moral and social qualities of men. In America he meets natives who at first might appear to be "savages"(43) but who, on closer examination, prove "superior in every virtue"(43) to the civilized Europeans. While Columbus has to be on his guard against the malice and the intrigues of the Spaniards who have come to America with and after him, he can deal with the natives openly and amicably, for they are good, honest, and hospitable in a natural and unaffected way. In his letter to Ferdinando he calls the "reverend" Indian landowner his "worthy friend"(30), and then goes on to characterize him more specifically as a man unspoiled by civilization:

> I had cultivated a friendship with [him], when first the settlement was formed; and both myself and followers experienced from him the kindness and attention which <u>nature unadulterated by art</u>, is ever ready to offer to the friendless, or the stranger. His dwelling was at our service; he supplied us plentifully with goat's milk, the flesh of deer, dried maize, and other comforts of life.(29)[39]

Like Orrabella, Bruna, his daughter, possesses a lively intelligence, a pure heart and a strong sense of honour. Oppressed by the Spanish seducer, Diego, shocked at the grave wrong done to her father and the dishonour that is his lot, "this Indian heroine"(30) sees no other way to save her honour and to escape from sexual disgrace than to commit suicide.

Only with some reservations can the concept of the "noble savage" be applied to Orrabella and to Orrozombo, as well as to Bruna and to her father. For their position in their own society is similar to that of aristocrats and wealthy citizens in the eighteenth century; they are distinguished by their civilized behaviour, their moral attitude and their intelligence:

> Inherent in the concept [of the "noble savage"] is an implied contrast to the "ignoble civilized man," who is criticized by comparing his characteristics (of being urban, sophisticated, power- and money-hungry) to those of the "noble savage". The concept is only viable as a theme or motif as long as the people described as "noble savages" are considered to be "wild," that is outside the borders of the civilized "human community."[40]

It is obvious, on the other hand, that there are certain similarities between the original inhabitants of America in Susanna Rowson's novel and the "noble savage", as a type. The natives are good, gentle, and peace-loving; they possess a natural, unaffected nobility. "Unfettered by corruption, passions, letters, and laws, they exemplify true humanity, to which the Europeans, caught up in the pursuit of riches and power, can no longer aspire."[41] Thus, the natives present a stark contrast to the corrupt Spanish adventurers, who are motivated by "avarice, ambition, luxury, lawless passion."(47) The Europeans not only threaten, exploit, and tyrannize the innocent and defenceless Indians, they treat even Columbus with "ingratitude and perfidy"(25): They accuse him of having infringed the laws, and send him back to Spain as a prisoner, broken-down and in fetters.

What matters to Susanna Rowson is not so much the faithful account of the adventurous discovery of America, or an accurate description of the historic Columbus, who during his voyages had proved that he was a good seaman and admiral but who had failed as a colonizer and governor of the newly discovered lands. Rather, Columbus is to appear as a "faultless"(III) example, whose untainted virtue stimulates others to imitate him. For didactic reasons, Susanna Rowson depicts her hero not as a "round" but as a "flat" character, and likewise his opponents, who are described as villains through and through, without any admixture of goodness and moral responsibility. This black-and-white contrast structures the simple course of events: In the end, the wicked are punished. Columbus, however, is given justice, is reappointed to his offices and duties, and even raised to the rank of a viceroy. In a letter to his mother, Ferdinando proudly and pathetically describes his father's victory over his enemies: "Columbus, the great, the enterprising Columbus, is restored to all his dignity, and even fresh honours are heaped upon him."(35)

At the moment of Columbus' liberation from his fetters, the simple morale of the narration becomes impressively clear: Although sometimes vice and wickedness seem to predominate in the world, goodness and honesty are victorious in the end. After his rehabilitation Columbus himself suggests this morale in a solemn speech:

> "Pardon me, gracious sire," said [Columbus], placing his foot on the chains as one of the guards attempted to remove them; "these fetters are mine. I purchased them with fatigue and danger, went through many perils by sea and land to obtain them, nor will I lightly part with them. Wherever I go, they shall go with me; I will contemplate them every day, lest prosperity should should make me forget, on what a frail tenure I hold my happiness.(37 f.)[42]

In Susanna Rowson's view Columbus is a paragon of human greatness and virtue, but also an example of "the dangers of human greatness".(8) This theme of greatness was, by no means, new in literature. In her narration Mrs. Rowson rather modifies, expands, and popularizes a literary topos that had already been dealt with by such moralists as Montaigne and Bacon, Cowley and LaRochefoucauld, Addison and Fielding. Susanna Rowson characterizes Columbus not only as an original genius and as a hero, who "labour[s] to benefit and enlighten posterity"(10 f.), but also as a gentleman, as a loving husband and as a citizen who executes his difficult tasks duteously and successfully and who, thus, can serve the young ladies of her academy as a model for husbands and citizens. Describing Columbus and his adventures allows Mrs. Rowson to unfold some aspects of her bourgeois world-view, to propagate some of the accepted social and moral norms and to reinforce her vision of the relationship between man and woman, of the family and of society as a whole. Susanna Rowson's Columbus is certainly not among the great figures of literature; he is, nevertheless, a fascinating figure who is of some importance in the light of contemporary conceptions of education, but also when we bear in mind that it was at the end of the eighteenth century that the historical novel as such came into being.

NOTES

I am grateful to Prof. Dr. Rainer Schöwerling, Paderborn, for having pointed out to me the existence of the Columbus figure in Susanna Rowson's novel Reuben and Rachel.

1. For more detailed information, see Elisabeth Frenzel, Stoffe der Weltliteratur. Ein Lexikon dichtungsgeschichtlicher Längsschnitte, 2. Auflage (Stuttgart, 1963), S. 366-70.

2. It was applied in this sense to the astronomers Tycho Brahe (1546-1601) and Galileo Galilei (1564-1642), but also to the philosopher and physicist Sir Isaac Newton (1642-1727). (Cf. Brewer's Dict. of Phrase and Fable) - In a more general sense the name of Columbus became a cipher in the imagery of exploration and discovery, which can be observed in some seventeenth-century love poems, as for instance in John Cleveland's "Fuscara, or the Bee Errant", or Abraham Cowley's "The Prophet"; a further example of the metaphorical use of Columbus' name is to be found in John Evelyn's dedicatory poem prefacing Thomas Creech's translation of Lucretius. [For detailed information, see Gustav H. Blanke, Amerika im englischen Schrifttum des 16. und 17. Jahrhunderts (Bochum-Langendreer, 1962), p. 161 ff.] Two major poems on Columbus were written during the nineteenth century, Samuel Rogers' "The Voyage of Columbus" (1810) and Alfred Lord Tennyson's "Columbus" (1880).

3. Subsequent quotations from Reuben and Rachel are from this edition.

4. Ellen B. Brandt, Susanna Haswell Rowson: A Critical Biography, unpubl. diss. (Chicago, 1975), p. 221.

5. See Wendy Martin, "Profile: Susanna Rowson, Early American Novelist," Women's Studies, 2 (1974), 1-10.

6. Kenneth Dauber, "American Culture as Genre," *Criticism*, 22 (1980), 106.

7. Clara M. and Rudolf Kirk, "Introduction"; in Susanna Rowson, *Charlotte Temple. A Tale of Truth*, ed. by Clara M. and Rudolf Kirk (New York, 1964), p. 12.

8. I owe the details of the following description of Susanna Rowson's life to the corresponding articles in *The Dictionary of National Biography* and *The Dictionary of American Biography*.

9. *A Memoir of Mrs. S. Rowson, with ... illustrative extracts from her writings in prose and poetry* (Albany, NY, 1870), pp. 92-94.

10. Martin, p. 5.

11. Brandt, p. 220.

12. Martin, p. 5.

13. Kirk, p. 11.

14. See *Reuben and Rachel*, p. 48, where she critically alludes to the "unenlightened Peruvians", or p. 10, where Columbus is praised as a "too daring spirit, ... labouring to benefit and enlighten posterity."

15. For a discussion of the *locus classicus*, see Reinhart Koselleck, "Historia Magistra Vitae," *Natur und Geschichte. Festschrift für Karl Löwith*, hg. Hermann Braun und Alfred Riedel (Stuttgart, 1967), 196 ff.

16. "Outline of Universal History," *A Present for Young Ladies; containing Poems, Dialogues, Addresses, &c.* (Boston, 1811), pp. 52-54; italics mine. - For an exemplary eighteenth-century definition of "greatness", see Henry Fieldings poem "Of True Greatness" [*Miscellanies by Henry Fielding, Esq.*, ed. by Henry Knight Miller, vol. I, (Oxford, 1972), pp. 19-35].

17. "Outline," p. 52.

18. For Defoe's views, see the prefaces to *Robinson Crusoe* and *Moll Flanders*.

19. Martin, p. 3. - See also Clara and Rudolf Kirk, who similarly argue that "at that period in America's cultural evolution what could be more delightful than a 'true' story." (p. 19)

20. "Outline," p. 52. - For other references to "great(ness)" in *Reuben and Rachel*, see pp. 8, 11, 12, 16, 18, 23, 35, 40, 41, 47.

21. "Rise and Progress of Navigation," *A Present for Young Ladies*, p. 130.

22. "Rise and Progress of Navigation," p. 132.

23. "Rise and Progress of Navigation," p. 130 f.

24. Lady Isabelle is a fictitious character, whereas her husband is apparently modelled on Sir Thomas Arundell of Lanherne, who was executed for his part in Somerset's conspiracy in 1552. [See *DNB*, II.148]

25. The historical Christopher Columbus, of course, never travelled to Peru.

26. Marian L. Fowler, "The Feminist Bias of Pride and Prejudice," Dalhousie Review, 57 (1977), p. 48. For a short study of the principles of female education at the end of the eighteenth century, see also Joyce Hemlow, "Fanny Burney and the Courtesy Books," Publications of the Modern Language Association, 65 (1950), pp. 732-61.

27. In the eighteenth century teaching by example was a widespread didactic principle, which, for instance, Sarah Fielding (1710-68) propagated in her famous novel for children, The Governess, or, Little Female Academy (1749). Possibly, Susanna Rowson became acquainted with this educational method through the works of Anna Laetitia Barbauld (1743-1825), whose "Lessons" [Lessons for Children] are mentioned as "the best productions of the kind, I ever met with" in the "Preface" to Reuben and Rachel.

28. Italics mine.

29. For the theme of the retreat in seventeenth- and eighteenth-century English literature, see Gert Stratmann, Englische Aristokratie und klassizistische Dichtung. Eine literatursoziologische Studie (Nürnberg, 1965), pp. 156-71.

30. Italics mine.

31. "Rights of Women," Miscellaneous Poems (Boston, 1804), p. 99 f.

32. Eugenia, The Female Advocate (London, 1700), p. 20; quoted from Alice Browne, The Eighteenth Century Feminist Mind (Brighton, 1987), p. 49.

33. William Fordyce, The Character and Conduct of the Female Sex (London, 1776), p. 85; quoted from Alice Browne, The Eighteenth Century Feminist Mind, p. 49.

34. John Bennett, Letters to a Young Lady, 2nd edn, 2 vols (London, 1795), vol. 1, pp. 168-69; quoted from Alice Browne, The Eighteenth Century Feminist Mind, p. 123 f.

35. "Sesame and Lilies," The Works of John Ruskin, ed. by E.T.Cook and A. Wedderburn (London, 1905), vol. XVIII, p. 121 f.

36. In his History of America (1777) William Robertson mentions the mission of Columbus' brother Bartholomew: "He ... laid before the king the proposals with which he had been entrusted by his brother; and notwithstanding Henry's excessive caution and parsimony, which rendered him averse to new or extensive undertakings, he received Columbus's overtures with more approbation than any monarch to whom they had hitherto been presented." [The Works of William Robertson, ed. by Dugald Steward (Edinburgh, 1831), vol. II, p. 24]

37. Susanna Rowson here makes use of a spectacular historical detail, which Columbus himself alludes to in his diary (see entry of Feb. 14, 1493), and which is also mentioned by Robertson. Of course, the authentic report has never been found.

38. In this context it appears significant that although Isabelle has Indian blood in her veins, she is portrayed as a white European woman.

39. Italics mine.

40. Horst S. and Ingrid Daemmrich, Themes and Motifs in Western Literature. A Handbook (Tübingen, 1987), p. 196 f.

41. Daemmrich, p. 198.

42. Susanna Rowson's Columbus is vested with great authority. As an example of greatness and humanity he works for the benefit of men until his death. It is an open question whether Mrs. Rowson knew that the real discoverer of the new world died impoverished and forgotten. In any case, the description of the pitiable and miserable death of Columbus would have been an offence against the didactic conception of her novel.

Entdecker über Entdecker:
Alexander von Humboldt, Cristóbal Colón und die Wiederentdeckung Amerikas

Ottmar Ette

Der Sockel am Denkmal Alexander von Humboldts vor der Humboldt-Universität zu Berlin trägt - auffällig allein schon deshalb, weil die entsprechende Stelle am benachbarten Denkmal seines Bruders Wilhelm leer blieb - eine Aufschrift in spanischer Sprache: "Al Segundo Descubridor de Cuba / La Universidad de La Habana 1939."[1] Dieser schlichte Spruch, der einem des Spanischen mächtigen Passanten vielleicht als wenig geschmackvoll oder gar als contradictio in adjecto erscheinen könnte - welcher "Entdecker" ist schon gerne der zweite? Läßt sich derselbe Gegenstand etwa zweimal entdecken? -, ist nicht nur eines von vielen Zeugnissen für die Verehrung Alexanders in Lateinamerika, sondern bezeugt auch eindrücklich, mit welchem Beinamen man den Naturforscher in den von ihm besuchten Gebieten im 20.Jahrhundert zu benennen pflegt.

W e r begann w o und w a n n damit, Alexander von Humboldt mit diesem ehrenvollen Beinamen zu belegen? Dies sind Fragen, deren Wichtigkeit für die Humboldt-Forschung sicherlich begrenzt ist und deren sichere Beantwortung darüber hinaus heute wohl kaum mehr möglich sein dürfte. Doch immerhin soviel: Indem die kubanische Gesandtschaft Humboldt als den "zweiten Entdecker" feierte, griff sie auf eine Formel zurück, die auf der Karibikinsel längst Fortüne gemacht hatte; dort scheint bereits José de la Luz y Caballero (1800-1862), der Humboldt später in Berlin besuchte, als erster den "Baron" als "zweiten Columbus" bezeichnet zu haben. Freilich verwendete der renommierte kubanische Literat und Philosoph einen Ehrentitel,[2] der in Europa schon bald nach Alexanders Rückkehr aufgekommen zu sein scheint[3] und so sehr Anklang fand, daß man in europäischen Veröffentlichungen jener Zeit auf eine Vielzahl von Belegen stößt.[4] Die Benennung des Forschungsreisenden als "zweiter Entdecker" bzw. "zweiter Columbus" war bald schon eine liebgewonnene Gewohnheit. Und noch für unsere heutige Zeit gilt, daß in der reichen, Alexander von Humboldt gewidmeten Literatur die Mehrzahl der Autoren kaum dem Reiz widerstehen kann, zumindest einmal die Parallele zum Admiral der Katholischen Könige zu ziehen.[5]

Ist also - so läßt sich folgern - Alexander von Humboldts Name im kollektiven Bewußtsein, in populären wie wissenschaftlichen Schriften weltweit seit langer Zeit mit dem des illustren Entdeckers der Karibik verknüpft,[6] so scheint es gewiß sinnvoller, nicht mehr nach dem Wann und Wo, sondern vielmehr nach dem Warum dieser Verknüpfung zu fragen und dabei über die häufig angeführten und allzu simplen Verweise auf die offensichtlichen Kreuzungspunkte bestimmter Reiseabschnitte oder die scheinbare Analogie zwischen einer "geographischen" und einer "wissenschaftlichen" Entdeckung Amerikas hinauszugehen. Dazu soll, als eine[7] Möglichkeit der Beantwortung dieser Frage, untersucht werden, welches Columbus-Bild Alexander von Humboldt selbst in seinen Schriften entwarf und wie es sich im Laufe seines langen schriftstellerischen Lebens entwickelte. Die ausführliche Befragung von Humboldts Texten wird daher zunächst im Zentrum der folgenden Ausführungen stehen. Sie soll nicht zuletzt versuchen, die Starrheit des Gemeinplatzes im heute so verbreiteten Sprechen vom "zweiten Entdecker" wieder aufzulösen und dieser Formel ihre in Humboldts Schriften verborgene Lebendigkeit zurückzugeben.

Die Entstehung des Columbus-Bilds

Angesichts der Popularität des Columbus-Vergleichs erstaunt es schon, daß man bei kritischer Sichtung der Sekundärliteratur, zumal in Europa, nur auf wenige Arbeiten zu Humboldts Bild von Cristóbal Colón stößt.[8] Als zu simpel, zu eindimensional scheint diese Sichtweise eingeschätzt, als zu schwierig (wenn nicht unmöglich) aber auch ein Vergleich mit dem "wirklichen" Columbus erachtet worden zu sein.[9]

Nun soll und kann es nicht Ziel des vorliegenden Beitrags sein, Humboldts Bild mit "der historischen Wahrheit" des Christoph Columbus zu vergleichen bzw. dieses Bild vor dem Hintergrund heutiger Interpretationen und des heutigen Forschungsstandes zu be- oder gar zu verurteilen. Ein solches Unterfangen bliebe ebenso idealistisch wie anachronistisch und wäre zudem Humboldt gegenüber ungerecht. Ausgangspunkt sollte vielmehr die Frage sein, in welcher Weise Alexander die ihm zum damaligen Zeitpunkt zur Verfügung stehenden historischen und literarischen Zeugnisse berücksichtigte und aufarbeitete. Und dabei müßte auch ein bislang vernachlässigter Aspekt an Gewicht gewinnen: die Frage nämlich, inwieweit sich (in seinen Texten) sein Columbus-Bild seit der Rückkehr von der Amerika-Reise im Jahre 1804 während der langen Jahrzehnte der Niederschrift der einzelnen Teile seines unvollendet gebliebenen amerikanischen Reisewerks[10] veränderte.

Im Jahre 1808 berichtete Humboldt zum ersten Male einem breiteren deutschen Publikum ausführlicher von seiner Reise in einem Werk, das kaum einmal Hinweise auf die Figur des Columbus enthielt. Denn seine <u>Ansichten der Natur</u>,[11] die er gegenüber Freunden gerne als sein "Lieblingswerk" und als "ein rein auf deutsche Gefühlsweise berechnetes Buch" bezeichnete,[12] wurden erst in späteren, im übrigen sehr populären Ausgaben mit Hinweisen auf den "Weltentdecker" angereichert.[13]

Als erster narrativer (und nicht vorwiegend naturwissenschaftliche Fragestellungen erörternder) Teil des eigentlichen Reisewerkes erschien dann 1811 Humboldts berühmter <u>Essai politique sur le Royaume de la Nouvelle-Espagne</u>.[14] Diese dem heutigen Mexiko gewidmete Arbeit, die just zu Beginn der Unabhängigkeitsbewegungen erschien und auch aus diesem Grunde auf großes Interesse bei einem internationalen Publikum stieß, erwähnte die Fahrten des Columbus und seine Berichte[15] nur selten. Diese dienen Humbolt fast ausschließlich als Belegmaterial für bestimmte historische Details aus der Zeit der frühen <u>Conquista</u>, mithin als geschichtliche Dokumente für die eigene wissenschaftliche Arbeit,[16] so daß von einem eigentlichen Columbus-Bild noch nicht gesprochen werden kann. Nur zwei Belege aus dem 8.Kapitel des 3.Buches weisen auf eine gewisse Wertung der Figur des Entdeckers: So nennt Humboldt den Seefahrer in einem Atemzug mit dem Eroberer Cortés und führt deren in Spanisch-Amerika verbreitete Beinamen "El Marqués" bzw. "El Almirante" als Beweise an für "le respect et l'admiration qui se sont conservés pour la mémoire de <u>ces grands hommes</u>";[17] wenig später allerdings vermag er seine Verwunderung darüber nicht zu verbergen, daß weder dem einen noch dem anderen bislang ein Denkmal in den spanischen Kolonien errichtet worden sei:

> Qu'on traverse l'Amérique espagnole depuis Buenos-Ayres jusqu'à Monterey, depuis la Trinité et Porto Rico jusqu'à Panama et Veragua, et nulle part on ne rencontrera un monument national que la reconnoissance publique ait élevé à la gloire de Christophe Colomb et de Hernan Cortez![18]

Dieser für den jungen Europäer zunächst charakteristischen positiven Einschätzung stand bei den amerikanischen Kreolen freilich eine völlig andere Sichtweise dieser beiden historischen Gestalten gegenüber.[19] Kam diese auch in dem von Humboldt beobachteten Phänomenen zum Ausdruck, so war sie dem preussischen Naturforscher - wie anders wäre sonst sein Erstaunen zu erklären - zum damaligen Zeitpunkt gleichwohl noch fremd.[20]

Blieb im <u>Essai politique</u> über Neu-Spanien, ein Gebiet also, das erst nach dem Tode des Columbus von den Truppen Cortês' erobert worden war und das der Seefahrer folglich nicht betreten hatte, der Entdecker noch gleichsam in den Fußnoten verborgen, so änderte sich dies mit dem Erscheinen des eigentlichen narrativen Kernstücks des <u>Corpus Americanum</u>:[21] denn in der <u>Relation historique</u>[22] nimmt Christoph Columbus, wenn auch nicht auf den ersten Blick erkennbar, bereits eine wichtige Stellung ein.

Sein erstes Auftauchen erfolgt gleich im ersten Kapitel des Reiseberichts und überdies an einer bedeutsamen Stelle. In seinem ersten, kurz nach dem Verlassen des europäischen Festlands einsetzenden scheinbaren Exkurs[23] über Meeresströmungen bringt Humboldt die beiden Kontinente miteinander in Verbindung und führt auch bereits als Prototyp des europäischen Entdeckers Christoph Columbus ein:

> Dans un temps où l'art de la navigation étoit encore
> peu avancé, le <u>Gulfstream</u> a fourni au génie de Christophe
> Colomb des indices certains de l'existence des terres
> orientales.[24]

Es ist das "génie" des "navigateur génois",[25] welches erstmals die Zeichen der Natur zu deuten und damit beide "Welten" miteinander in Beziehung zu setzen weiß. Nur wenige Seiten später bringt Alexander sich selbst, wenn auch indirekt, mit der Entdeckung Amerikas in Verbindung. Die ersten Lichter, welche die Reisenden von ihrem Schiff, der <u>Pizarro</u>, aus auf den Kanaren erblicken, kommentiert er mit den folgenden Worten:

> Nous nous étions occupés, pendant toute la route, à lire
> les anciens voyages des Espagnols, et ces lumières mou-
> vantes nous rappeloient celles que Pedro Gutierrez, page
> de la reine Isabelle, vit à l'île de Guanahani, dans la
> nuit mémorable de la découverte du nouveau monde."[26]

Die Erwähnung einer solchen Lektüre ist bei dem preussischen Geographen und Literaten keineswegs, wie es vielleicht scheinen könnte, ein isoliertes Phänomen von zweitrangiger Bedeutung. Humboldt setzte dieses Mittel mehrfach überaus bewußt in seinen Werken ein, um durch die Herstellung (wie wir heute sagen würden) intertextueller Verbindungen seinem Text - und damit seinen Lesern - zusätzliche Bedeutungsebenen zu erschließen.[27] Vermittels dieses gewiß nicht "unschuldigen" Kunstgriffs gelang es Humboldt hier, bereits zu Beginn der <u>Relation historique</u> seine Reise in einen Zusammenhang mit der Entdeckungsfahrt des Columbus zu bringen.

Immer wieder taucht der Name des Admirals im ersten Band der Relation historique auf, wenn auch nun an weniger bedeutsamen Stellen. Humboldts Verweise auf den Entdecker zur Absicherung[28] bestimmter historischer Ereignisse oder Fakten gewähren uns (wie bereits im Essai politique sur le Royaume de la Nouvelle-Espagne) Einblick in die dem preussischen Gelehrten bekannten Dokumente. Eine besondere Rolle spielen hierbei Verweise auf zahlreiche spanische Chroniken des 16. und frühen 17.Jahrhunderts (wie die häufig zitierte von Antonio de Herrera) sowie auf den ersten Teil der offiziellen spanischen Historia del Nuevo Mundo von Juan Bautista Muñoz, den Humboldt noch vor seiner Abreise 1799 in der spanischen Hauptstadt kennengelernt hatte und dem er viel verdankte.[29] Mehr und mehr taucht aber auch die Biographie des Admirals aus der Feder seines Sohnes Hernando Colón auf: sie wird für Humboldt neben den Chroniken anderer Autoren zu einer der wichtigsten Quellen, auf die er immer wieder, zunächst auch mit großem Vertrauen, rekurriert.[30]

Humboldts durchweg positives Bild des Entdeckers der Neuen Welt ("où la civilisation n'a pénétré que depuis Christophe Colomb")[31] und seiner Qualitäten als Beobachter der Natur wird auch nicht durch Colóns Vorstellung von der Birnenform[32] der Erde, jene "hypothèse bizarre que ce grand homme s'étoit faite sur l'irrégularité de la courbure de la terre",[33] getrübt. Zwar räumt er in einer eigens angefügten Endnote des 3.Buches gewisse Zweifel ein ("Tout ceci n'est pas fait pour nous donner une idée favorable des connoissances astronomiques de Christophe Colomb");[34] doch zieht er diese zur Entlastung des "großen Mannes" wieder zurück, indem er die Gründe jener fehlerhaften Beobachtungen der Krankheit Columbus', der Unwissenheit seiner Steuermänner oder aber Darstellungsfehlern seines Sohnes zuschreibt.[35] Diese positive Darstellung hält er gerade auch gegenüber der berühmten Stelle in Columbus Lettera rarissima aufrecht, in welcher der Admiral über die machtvolle, ja seelenrettende Kraft des Goldes nachsinnt. Er entschärft gleichsam diese Stelle, indem er im Anschluß an das ausführliche Zitat - sowohl im italienischen "Original"[36] als auch in eigener französischer Übersetzung - nicht nur die Verantwortung für derartige Vorstellungen dem zeitgeschichtlichen Kontext zuweist, sondern seine Überraschung angesichts der sonstigen Untadeligkeit des Admirals der Katholischen Könige kundtut:

> Ces mots, d'une candeur si naïve, portent l'empreinte du siècle où vivoit Colomb; mais on est surpris de voir l'éloge le plus

> pompeux des richesses sortir de la plume d'un homme
> dont toute la vie a été marquée par un noble
> désintéressement.[37]

Dieses Columbus-Bild wird im zweiten Band der Relation historique nicht weiter vervollständigt, werden dort die einmal mehr der Sammlung Orbis Novus des Simon Grynaeus entnommenen Berichte des Admirals doch nur hin und wieder einmal als Dokumente für bestimmte Phänomene, Beobachtungen oder historische Vorgänge benutzt.[38] Anders jedoch im dritten und letzten Band des Reiseberichts: hier kommt Columbus wieder eine wichtige, ja bestimmende Rolle zu.

Zwei Gründe scheinen mir hierfür ausschlaggebend zu sein. Zum einen kehrte die Reiseroute Bonplands und Humboldts nach der Flußfahrt auf dem Orinoco gleichsam zu den Spuren des Columbus[39] zurück, und zum anderen konnte der sich selbst häufiger als "historien" bezeichnende Alexander nun auf erstmals veröffentlichte Dokumente des Seefahrers zurückgreifen. Beschäftigen wir uns zunächst mit dem ersten Punkt.

Kurz vor Beginn des 28.Kapitels, das später in Parallele zum Neu-Spanien-Essay separat als Essai politique sur l'île de Cuba herausgegeben wurde,[40] in unmittelbarer Nähe zur Insel Kuba, verspürt der junge Naturforscher "une délicieuse odeur aromatique".[41] Diese Stelle leitet eine ganze Reihe impliziter wie expliziter Anspielungen auf Columbus ein.[42] Humboldt spielt hier meiner Ansicht nach deutlich auf die uns heute bekannte Stelle im Bordbuch von Columbus' erster Reise an, als der künftige Admiral am 19.Oktober 1492 von den Bermudas nach Kuba segelte und sich die Nähe einer Insel durch "el olor tan bueno y suave de flores o árboles de la tierra, que era la cosa más dulce del mundo" ankündigte.[43] Diese versteckte literarische Reminiszenz - die selbstverständlich auch auf bestimmte Attribute des locus amoenus verweist - wird anhand mehrerer Passagen manifest, als Humboldt die, wie er betont, von Columbus selbst so getauften[44] "Jardines de la Reina", eine vor der kubanischen Südküste liegende Gruppe von Inselchen, kreuzt. Dabei ruft er nicht nur die seit den Zeiten des Admirals verschwundene Bevölkerung dieses Raumes in Erinnerung,[45] sondern betont vor allem die besondere Bedeutung des gegenwärtigen Abschnitts seiner Reiseroute:

> Ces lieux ont un charme qui manque à la majeure partie du
> Nouveau-Monde; ils offrent des souvenirs liés aux plus grands
> noms de la monarchie espagnole, à ceux de Christophe Colomb
> et de Hernand Cortès.[46]

Aufschlußreich ist an dieser Stelle nicht nur, daß Humboldt erneut Columbus in einem Atemzug mit Cortés nennt,[47] sondern daß er den Genuß seiner Reise durch die Erinnerung an die Geschichte verdoppelt sieht - ein Vorgang, den er in seinem Reisebericht auf der literarischen Ebene durch die Herstellung intertextueller Beziehungen nachzuahmen sucht. Auch im weiteren Verlauf seiner Reise greift er immer wieder auf dieses Verfahren und die "Erinnerung" an Christoph Columbus zurück.[48]

Im dritten Band der Relation historique finden sich aber auch die (soweit ich sehe) ersten Hinweise auf negative Elemente im Columbus-Bild des Preussen. In seiner Verteidigung der Kariben etwa weist er dem Entdecker einen gewichtigen Teil der Schuld am Massaker an diesem Volk zu und wendet sich auch gegen eine zu gefühlsbetonte positive Sichtweise des Admirals, wie sie im 18.Jahrhundert entstanden sei.[49] Zu den Gründen für die neuen Akzente in seinem Columbus-Bild zählt sicherlich die umfassende wissenschaftliche Quellenarbeit, die Humboldt während der Niederschrift seiner Relation historique leistete und deren Ergebnisse er in die Endredaktion seines Werkes aufnahm.

Ein eindeutiges Indiz für den bereits erwähnten Charakter eines work in progress ist die Tatsache, daß Humboldt beispielsweise auf Seite 473 des 3.Bandes die Tatsache bedauerte, daß das spanische Original der sog. Lettera rarissima noch nicht aufgefunden worden sei, um wenige Seiten später die Auffindung und Publikation dieses Originals durch Navarrete bekanntzugeben.[50] Neben der Aufarbeitung anderer Dokumente zum Leben des Columbus war es gerade diese in der Tat erst "soeben" erfolgte Publikation von Fernández de Navarrete,[51] welche der Erforschung der spanischen Entdeckungsreisen eine neue Grundlage gab und Humboldt zu wiederholter Beschäftigung mit dem Admiral anregte. Denn im letzten Teil der Relation historique[52] häufen sich nochmals die Hinweise auf Columbus, insbesondere auf die Vorstellungswelt des Entdeckers und die literarischen Bezugspunkte seiner geographischen "Träumereien".[53]

Alexander von Humboldt hatte - wie gezeigt werden konnte - bereits vor seiner Reise damit begonnen, sich mit der Geschichte der Entdeckung und Eroberung des amerikanischen Kontinents zu beschäftigen. Er setzte dies, denken wir an seinen Hinweis auf die Lektüre "alter spanischer Reiseberichte", auch während seiner Reise fort und intensivierte seine Auseinandersetzung mit Berichten und Chroniken seit der Eroberung während längerer Aufenthalte an Bibliotheken und Archiven in Übersee, insbesondere in jenen

Neu-Spaniens. Dort gaben ihm die kolonialspanischen Behörden die unschätzbare Gelegenheit, neben vielen anderen, z.T. geheimen Dokumenten auch manche Chroniken, die damals noch nicht im Druck vorlagen,[54] in Manuskriptform in den kolonialspanischen Archiven einzusehen.

Die im Verlauf der Arbeit an der Relation historique (und vor allem in deren letztem Band) zu beobachtenden Ausweitung des Quellenmaterials zur Conquista im allgemeinen und zu Columbus im besonderen stand in enger Verbindung mit einer wissenschaftlichen Unternehmung Humboldts, welche seine jahrzehntelange Sammeltätigkeit und Auswertung von teilweise unzugänglichem Quellenmaterial krönen sollte: einer Publikation nämlich, die sich speziell den Fragen der Entdeckungsgeschichte Amerikas widmete. Diese im übrigen wie die Reisebeschreibung niemals abgeschlossene Arbeit war, ihrem allgemeinen Titel zum Trotz,[55] in so starkem Maße an der historischen Bedeutung des Christoph Columbus orientiert, daß eine Übersetzung, die wohl aus Anlaß der Vierhundertjahrfeier des Entdeckers 1892 in Spanien erschien, ohne Scheu unter der Bezeichnung Cristóbal Colón y el Descubrimiento de América publiziert werden konnte.[56] Aufgrund ihrer zentralen Bedeutung für das Columbus-Bild Alexanders wird es daher notwendig sein, die nunmehr entstehende Komplexität dieses Bildes in einer genauen Arbeit am Text nachzuvollziehen.

Das "Examen critique" des Columbus

Folgte die Relation historique, zumindest hierin ihren gattungsmäßigen Vorbildern gehorchend, noch grob einer Anordnung, die sich am "roten Faden" des geographischen Reiseverlaufs orientierte, so änderte sich dies mit dem Examen critique de l'histoire de la géographie du nouveau continent. In dieser gleichfalls zum amerikanischen Reisewerk gehörenden Untersuchung bot Humboldt seinen Lesern ein Ordnungsschema an, das auch die späteren Publikationen des Naturforschers prägen sollte.

Denn Humboldts umfangreiche "Kritische Untersuchung" war, so gliederungslos ihre Anordnung auch scheinen mochte,[57] unverkennbar am Leitprinzip der Geschichte orientiert.[58] Sie lag deutlich jenseits jener von Foucault konstatierten epistemologischen "Diskontinuität" an der Wende zum 19.Jahrhundert, nach welcher d i e Geschichte zum "Entstehungsort des Empirischen" und zum "Unumgänglichen" des Denkens geworden war.[59] Dabei folgte Humboldt den Grundprinzipien historisch-kritischer Quellenforschung, wie sie im deutschsprachigen Raum die "Historische Schule" entwickelte,[60] ebenso wie den kategorischen Forderungen seines Bruders Wilhelm an das Selbstverständnis künftiger Geschichtsschreibung:

> Der Geschichtsschreiber, der dieses Namens würdig ist, muß jede Begebenheit als Teil eines Ganzen oder, was dasselbe ist, an jeder die Form der Geschichte überhaupt darstellen.[61]

Nicht um eine Reihung oder Summe singulärer Geschichten war es Alexander von Humboldt in diesem Werk zu tun. Vielmehr sollten seine über einen Zeitraum von 30 Jahren[62] unternommenen "geschichtlichen Untersuchungen" - wie er schon im ersten Satz seiner Einleitung betonte - eingebettet sein in "den entscheidenden Charakter einer unabänderlichen Bewegung nach einem vorgesteckten Ziele",[63] oder mit anderen Worten: in e i n e Universalgeschichte der Menschheit. Denn nur innerhalb eines Prozesses von weltgeschichtlichen Dimensionen schienen ihm die Vorbedingungen wie Auswirkungen jenes "Jahrhundert des Columbus"[64] entwickelt und dargestellt werden zu können.[65]

Schon an der zuletzt genannten Formulierung wird ein weiteres Mal die überragende Bedeutung erkennbar, die Alexander innerhalb dieser Geschichte des menschlichen Fortschritts der Figur des Columbus zuerkannte. Keinesfalls zufällig oder belanglos scheint mir in diesem Zusammenhang die Tatsache zu sein, daß Humboldts erste namentliche Nennung des Admirals in der Einleitung bereits eine Verbindung zu seiner eigenen Reise herstellte,[66] ein Vorgehen, das wir schon in der <u>Relation historique</u> hatten beobachten können. Doch hierzu später mehr.

Humboldts Ziel war es, eine geschichtlich entfernte Epoche aus dem Studium ihrer Quellen und Dokumente und damit gleichsam aus sich selbst heraus zu begreifen und darzustellen, ein Unterfangen, dessen (hermeneutische) Problematik, soweit er sie sah, er dem Leser keineswegs verbarg.[67] Von dieser methodologischen Grundlage aus ging der "Geschichtsschreiber Amerikas", wie sich Alexander des öfteren selbst bezeichnete, seine historisch-quellenkritischen Untersuchungen an.[68]

Dabei beleuchtete er zum einen kritisch die Schriften des Admirals selbst.[69] Er machte seine Leser nicht nur darauf aufmerksam, daß das sog. Tagebuch des Columbus lediglich "in einem Auszuge, geschrieben von der Hand des Bischofs von Chiapa, Bartolomé de las Casas", überliefert sei,[70] sondern meldete auch gewisse Zweifel gegenüber der Authentizität des Textes an,[71] wobei er textkritischer als viele seiner Nachfolger auf manche relevanten stilistischen Unterschiede innerhalb des Tagebuchs verweisen konnte.[72] Auch gegenüber der Humboldt-Biographie des Hernando Colón, die ja ebenfalls Textpassagen des Admirals enthielt, machte sich unverkennbar eine zunehmende kritische Distanzierung bemerkbar.[73]

Wesentlich wichtiger noch aber war zum anderen die Unterwerfung der "Quellen" des Admirals[74] einer "gesunden historischen Kritik" [saine critique].[75] Diesem "examen critique" schickte Humboldt freilich den wichtigen Hinweis voraus, daß das "Verdienst des Columbus[...] nicht im Geringsten geschmälert" würde, "wenn man an jenen Zusammenhang von Meinungen und Vermuthungen erinnert, welchen man von den Kosmographen des Alterthums an bis zum Schlusse des funfzehnten Jahrhunderts, trotz der angeblich allgemeinen Finsterniß, die das ganze Mittelalter bedeckt haben soll, wahrnimmt."[76] Dies im Auge zu behalten ist insoweit wichtig, als gerade die quellenkritischen Studien dem preussischen Gelehrten die Herkunft mancher Vorstellung des von ihm Porträtierten aufzudecken bzw. nachzuweisen erlaubten, die aus der Optik des 19.Jahrhunderts zunächst bizarr anmuten mußte.

Zweifelsohne stellten diese ausführlichen, hervorragend recherchierten Untersuchungen die gesamte Columbus-Forschung auf eine neue Grundlage.[77] Eine völlige Veränderung des Columbus-Bildes Alexander von Humboldts bewirkten sie gleichwohl nicht. Wohl vertieften und nuancierten die Aufdeckung (bzw. Präzisierung) von Colóns Vertrauen zu den "so äußerst mittelmäßigen Compilationen" des Pierre d'Ailly,[78] seiner "Träumereien", die "nur der Wiederschein einer falschen Gelehrsamkeit" seien,[79] seiner Befangenheit im "Träumen systematischer Geographie",[80] seiner Unerfahrenheit "in den ersten geometrischen Grundbegriffen",[81] seines "Mangel[s] an mathematischen Vorkenntnissen" gepaart mit einer "Verirrung der Einbildungskraft"[82] Humboldts nun erheblich komplexeres Bild des Columbus gegenüber seinen früheren Publikationen in wesentlichen Zügen; doch vermochten sie ebensowenig seine immer wieder geäußerte Bewunderung für die "ausgedehnten wissenschaftlichen Kenntnisse",[83] für die Fähigkeiten als "Beobachter der Natur",[84] für "die bewunderungswürdige Folgerichtigkeit seines Denkvermögens",[85] für "die entschiedene Willenskraft des genuesischen Seefahrers"[86] sowie für "die Großartigkeit der Ansichten und den Scharfsinn bei den naturwissenschaftlichen Beobachtungen"[87] grundsätzlich in Frage zu stellen, wie die Einsicht in die häufige Beschäftigung des Admirals "mit seinem Ruhm und mit seinen Geldinteressen"[88] oder gar die schockierende Feststellung, daß der "wahrhaft schauderhafte Vorschlag, einen Sklavenhandel einzurichten", auf

Columbus zurückgehe, Humboldts Überzeugung von den außergewöhnlichen
menschlichen Qualitäten des Entdeckers Abbruch tat. Konstatierte Humboldt
auch "ein Gemenge von mystischer Theologie und kosmographischer Gelehrsamkeit"[89] sowie eine frappierende Leichtigkeit, "mit welcher er den theologischen Mysticismus den Bedürfnissen einer verderbten Gesellschaft und den
Forderungen [des] Hofes anpaßte",[90] so ließ er keinen Zweifel daran, daß
all dies "in der glühenden Seele dieses außerordentlichen Mannes eine
höhere, mehr geläuterte Bedeutung erlangte, und in das Gebiet eines geheimnisvollen Spiritualismus hinaufgezogen ward."[91] Die "Seelengröße [grandeur]
und Erhabenheit [élévation]"[92] des Seefahrers, wie sie weniger in den Auszügen von Las Casas oder in der Biographie seines Sohnes, als vor allem in
seinen Briefen zum Ausdruck komme,[93] war für Humboldt, allen Widersprüchen
zum Trotz, nicht hinterfragbar, schrieb er doch die negativen Aspekte gerne
dem Charakter des 15.Jahrhundert und damit dem historischen Kontext zu.[94]

Alexander von Humboldt betonte immer wieder sein Ziel, dem Leser alle
Dokumente zu präsentieren, welche diesen "zu einem unpartheilichen Urtheil"
zu führen und "jene große geschichtliche Gestalt unter ihren wahren Zügen
als einen Mann des funfzehnten Jahrhunderts darzustellen"[95] erlaubten.
Humboldts intellektuelle Redlichkeit, seine "Ehrfurcht vor der Wahrheit",[96]
stehen außer Zweifel. Doch gehorchte sein Verfahren, mit Hilfe einer möglichst umfangreichen Aufarbeitung und Präsentation von Originaldokumenten
ein möglichst "wahres Bild" zu entwerfen, zweifellos jener - wie wir heute
wissen - Fiktion, welche auch die "Historische Schule" zu verbreiten half.
Denn sein Bild des Columbus nahm, nicht zuletzt unter dem Einfluß der
Lektüre Washington Irvings, gerade in dieser umfangreichen Untersuchung
Elemente einer romantischen Heroisierung mit auf, wie sie immer wieder, u.a.
in der folgenden Passage über das Ende des großen Mannes, zum Ausdruck
kommen:

> Dies ist der Schluß jenes großen und traurigen Dramas eines
> ohne Aufhören bewegten, von Täuschungen aller Art erfüllten
> Lebens, welches unermeßlichen Ruhm darbot und kein häusliches
> Glück gewährte.[97]

Die epochale Bedeutung des Admirals für die Menschheitsgeschichte war in
den Augen Humboldts evident. Als Individuum war der Genuese - an diesem
Geburtsort zweifelte Humboldt ebensowenig wie Fernández de Navarrete[98] -
für ihn die alle und alles überragende Gestalt "seiner" Epoche.[99] Gleichzeitig stellte er Christoph Columbus als den Prototyp des Entdeckers

schlechthin dar.[100] Eine zusätzliche Dimension gewinnt gerade der letztgenannte Aspekt allein schon dadurch, daß Humboldt zum damaligen Zeitpunkt selbstverständlich um seinen Beinamen als "zweiter Entdecker" längst wußte.[101]

Von großer Wichtigkeit scheint mir in diesem Zusammenhang die wiederholte Diskussion des Begriffs der "Entdeckung" im Examen critique zu sein. Humboldt vergleicht zunächst einmal die "geographischen Entdeckungen" mit jenen "auf dem Gebiet der Naturkunde", von denen erst dann eine Wirkung ausgehe, "wenn Entdeckungen auf Entdeckungen folgen und in Verbindung mit einander treten."[102] Das Zusammenspiel von (scheinbarer) Zufälligkeit und historischer Notwendigkeit[103] oder, anders gewendet, das Zusammentreffen von großen Individuen (Entdeckern) mit über lange Zeit vorbereiteten geschichtlichen Prozessen[104] (de longue durée, wie wir heute sagen würden) erst ermögliche welthistorische Entwicklungen, die freilich auch ohne die "großen Männer", dann allerdings wesentlich langsamer, abgelaufen wären. Das herausragende Individuum - der Entdecker - läßt sich mithin im Sinne Humboldts als Beschleuniger eines geschichtlich notwendigen (und als unabänderlich gedeuteten) Prozesses verstehen, der - so wissen wir heute - zu Humboldts Zeit in der Tat deutlich an Geschwindigkeit gewonnen hatte.[105]

Als klassisches Beispiel eines fehlenden Zusammenspiels zwischen Individuum und historischem Augenblick galt Humboldt die Entdeckung Amerikas durch die Skandinavier. Dabei wandte er sich entschieden gegen die Ansicht des Geographen Abraham Ortelius (der bereits 1570 die skandinavischen Vorstösse gegen den Genuesen ins Feld führte), Columbus' Verdienst hätte allein darin bestanden, die Neue mit der Alten Welt in eine dauernde Handelsverbindung treten zu lassen.[106] Die längst nachgewiesene Tatsache einer früheren Entdeckung bedeutete ihm keinesfalls, daß Columbus seines Anspruchs auf den Titel (und den Ruhm) eines Entdeckers verlustig gegangen wäre.[107] Denn das Auffinden von Inseln allein war für den Naturforscher kein ausreichender Tatbestand, um als "Entdeckung" charakterisiert werden zu können.[108]

In seinen Augen bestand Colóns größtes Verdienst darin, "nach einem fest beschlossenen Plan, nicht als ein Abenteurer, welcher sich nach Gutdünken dem Zufall überläßt",[109] vorgegangen zu sein. Sein Erfolg sei daher "eine Eroberung durch Nachdenken [une conquête de la réflexion]".[110] Wie schon beim Vergleich zwischen geographischen Entdeckungen und jenen auf dem Gebiet der Naturkunde ergeben sich, denkt man nur an die zielstrebige Vorbereitung von Humboldts Amerikareise, auch hier überdeutliche Berührungs-

punkte zwischen Vorhaben und Verdiensten von Columbus und Humboldt. Die
Entkleidung des Begriffs der "Entdeckung" von allem strikt Geographischen,
seine Bestimmung als Folge einer zielgerichteten intellektuellen Tätigkeit
sowie der wiederholte Hinweis auf eine essentielle Verbundenheit jeder wirklichen Entdeckung mit dem allgemeinen Fortschritt der Menschen "befreien"
die Entdeckung Amerikas wie auch ihren Protagonisten von jeglichem partikulären, zeitgebundenen Moment. Nur so kann Columbus' Tat zum Paradigma der
Entdeckung, der Genuese selbst zum Prototypen des Entdeckers avancieren.
Und vor allem auf dieser Ebene siedelt Humboldt, ebenso häufig wie versteckt,
die Parallelen zwischen seinem eigenen Werk und dem des Columbus an.

Denn wie es kein Zufall war, daß die erste Namensnennung des Entdeckers mit
Humboldts eigener Reise gekoppelt wurde, so war auch die Formulierung keine
zufällige, daß "Columbus Entdeckungen die erste Grundlage zu einer physischen
Geographie [géographie physique] gelegt"[111] hätten: es ging hier um eben jene
géographie physique, die Humboldt schon auf der ersten Seite des Examen
critique als Ziel und als Leitgedanken seiner Arbeit definierte.[112]

Alexander selbst ließ an anderer Stelle keinen Zweifel daran, daß seine Bewunderung für Columbus' "großartige Ansichten in der physischen Geographie"
der "Gesammtrichtung meiner eigenen Studien"[113] entsprang. Und Formulierungen, in denen der Tegeler Naturforscher vom Streben des Entdeckers sprach,
nicht nur "vereinzelte Thatsachen zu sammeln", sondern "sie mit einander in
Verbindung zu setzen",[114] könnten ebensogut für das eigene Bestreben des
Preussen gelten, ja sind letztlich auch auf das eigene Werk gemünzt. Hier lag
zweifellos eine ganz bewußte Annäherung der Anliegen und Ziele zwischen
beiden "Entdeckern" vor. Humboldt schätzte vor allem das an Columbus, was
er selbst verkörperte. Dies beruhte nicht allein auf einer persönlichen
Identifikation, die in ihrer Entwicklung selbst auf der intratextuellen
Ebene nachweisbar ist;[115] sie machte den Genuesen auch zu einem entscheidenden Meilenstein in der Geschichte jener Wissenschaft, die Humboldt selbst
bevorzugt betrieb. Waren in früheren Veröffentlichungen Beobachtungen des
Seefahrers nur als vereinzelte Dokumente angeführt worden, so wies Humboldt
nun diesen Beobachtungen einen (privilegierten) Ort in einer Wissenschaftsgeschichte zu. Columbus' Platz innerhalb einer Geschichte der Entdeckungen
wurde somit ergänzt durch seinen Ort innerhalb einer Entwicklungsgeschichte
von Humboldts Leitwissenschaft, der physischen Geographie (unter Einschluß
des Menschen) bzw. "Physik der Welt" [Physique du Monde].[116]

Die im Grunde unüberbrückbaren Widersprüche in Humboldts Columbus-Bild, sein Versuch, die einander widerstrebenden Beobachtungen, allen neuen Ergebnissen seiner Quellenarbeit zum Trotz, immer wieder zugunsten des Seefahrers aufzulösen, erfahren erst auf einer "höheren" Ebene ihre Berechtigung. Doch scheinen sie weder a l l e i n mit der unbestreitbaren persönlichen Identifikation Humboldts mit Columbus noch mit der Rolle, die nach seiner Ansicht der Genuese innerhalb einer streng linear verlaufenden Geschichte der Menschheit spielte, in Zusammenhang zu stehen. Denn zwischen beiden Polen, zwischen der welthistorischen Bedeutung des Colón und seiner Funktion als Prototyp und Identifikationsmuster, ist eine Ebene angesiedelt, auf der beides miteinander verschmilzt. Sie drängt die zu keinem Zeitpunkt von Humboldt geleugneten negativen Aspekte in Denken und Charakter des Entdeckers entschieden in den Hintergrund. Auf dieser Zwischenebene ist die Bedeutung Cristóbal Colóns innerhalb einer Geschichte der Wissenschaft angesiedelt, innerhalb dessen, was Humboldt in seinem Kosmos dann mehr oder minder unverändert in einen größeren historischen Zusammenhang integrieren und als die "Hauptmomente" einer "Geschichte der physischen Weltanschauung" bezeichnen wird.

Columbus im "Kosmos"

Die Kraftlinien von Humboldts ebenso umfassend dokumentiertem wie neuartigem Entwurf eines Bildes von Christoph Columbus im Examen critique finden Eingang in das sogenannte "Alterswerk" des preussischen Gelehrten. Im zweiten Teil des zweiten Bandes, der zwischen Oktober 1845 und Oktober 1847 entstand,[117] entwickelt Humboldt seine "Geschichte der physischen Weltanschauung", die er als die "Geschichte der Erkenntniß eines Naturganzen, die Darstellung des Strebens der Menschheit [,] das Zusammenwirken der Kräfte in dem Erd- und Himmelsraume zu begreifen"[118] definiert. Angesichts der Ausdifferenzierung des zeitgenössischen Wissenschaftssystems betont er zwar den Unterschied seines Werkes gegenüber einer Geschichte einzelner naturwissenschaftlicher Teildisziplinen,[119] greift aber Vorwürfen von Vertretern dieses neuen arbeitsteiligen Systems vor:

> Die ahnende Phantasie, die allbelebende Thätigkeit des Geistes, welche in Plato, in Columbus, in Kepler gewirkt hat, darf nicht angeklagt werden, als habe sie in dem Gebiet der Wissenschaft nichts geschaffen, als müsse sie nothwendig ihrem Wesen nach von der Ergründung des Wirklichen abziehen.[120]

Damit betont Humboldt Colóns Zugehörigkeit (zumindest) zu einer (préhistoire der) Wissenschaftsgeschichte, die er auf den sich anschließenden

Seiten von der Antike bis in die "neueste Zeit" entwickelt und in einer für
uns heute verblüffend linearen und gleichzeitig implizit europazentrischen
Weise als eine mit der Weltgeschichte gekoppelte Geschichte des Fortschritts
e r z ä h l t. Innerhalb dieser Geschichte kommt dem 15.Jahrhundert,[121] und
dort wiederum Christoph Columbus, eine herausragende Stellung zu. Seine Fähigkeit, Erscheinungen der Außenwelt klar zu erfassen und miteinander zu kombi-
nieren,[122] seine Beobachtungen des Erdmagnetismus,[123] aber auch seine frühen
Warnungen vor einer großflächigen Abholzung der Wälder[124] dienen Humboldt
als erste Belege für das Auftauchen von Fragestellungen, "die uns noch heute
beschäftigen."[125]

Greift der preussische Naturforscher in diesem Kapitel des Kosmos auch unverkennbar auf die Ergebnisse des Examen critique zurück, so finden doch
in einigen Punkten gewisse Umbewertungen statt. Die für unsere Fragestellung
zweifellos wichtigste Veränderung betrifft das Verständnis des Entdeckungsbegriffs, will Humboldt doch nun die "unbestreitbar erste Entdeckung von
Amerika" durch die "Normänner" von der "Wiederauffindung desselben Kontinents in seinen tropischen Theilen streng geschieden" wissen.[126] Freilich
wird im weiteren Verlauf der Ausführungen Humboldts rasch klar, daß es sich
hierbei keinesfalls um eine grundlegende Veränderung seiner Einschätzung
des zugrundeliegenden historischen Prozesses handelt.[127] Vielmehr wird die
fundamentale Differenz zwischen beiden historischen Ereignissen nun noch
stärker auf der Ebene einer "Geschichte der physischen Weltanschauung" und
damit innerhalb der Vorgeschichte von Humboldts eigener Disziplin angesiedelt. Hinzugekommen ist eine semantisch besonders aussagekräftige Variierung
des Entdeckungsbegriffs, wie sie der "wissenschaftliche Entdecker Amerikas"
zum Abschluß dieser (eher impliziten) Begriffsklärung formuliert:

> Ganz verschieden von der ersten Entdeckung des Neuen Continents
> im 11ten Jahrhundert ist durch ihre weltgeschichtliche [sic!]
> Folgen, durch ihren Einfluß auf die Erweiterung physischer
> Weltanschauung die Wiederauffindung dieses Continents durch
> Christoph Columbus, die Entdeckung der Tropenländer von
> Amerika geworden.[128]

Anhand der mehrfachen Gegenüberstellung beider historischer Ereignisse buch-
stabiert Humboldt - anders würde es sich hier um nicht mehr als um Wieder-
holungen handeln - mit seinem Leser eine semantische Ausweitung des Begriffs
der "Entdeckung" so lange durch, bis dieser schließlich mit dem Begriff der
"Wiederauffindung" verschmilzt. Auf diese Weise gelingt es ihm, den Schöpfer
"eines nach wissenschaftlichen Combinationen entworfenen Planes"[129] zu
einem (wie er bereits im ersten Band formulierte) "Wieder-Entdecker der

Neuen Welt"[130] werden zu lassen, ohne ihm den Entdeckerruhm auch nur im geringsten streitig zu machen.[131] Im Gegenteil - erscheint doch die "Wiederentdeckung" der Neuen Welt geradezu als eine Entdeckung höherer Art.[132]

Dieses semantische Verfahren des den Zeitgenossen längst als "Wiederentdecker Amerikas" bekannten Forschungsreisenden scheint mir keineswegs harmlos zu sein. Denn mit der Verleihung des "eigenen" Beinamens an Columbus werden die Reisen und Verdienste der beiden "Wiederentdecker", soweit dies innerhalb einer unilinearen Geschichte des menschlichen Fortschritts möglich ist,[133] deckungsgleich: Setzt Humboldts Reise - dies machen mehrere Hinweise in seinen Werken deutlich - doch dort an, wo Colóns Beobachtungen aufgehört hatten, schien es Alexander doch eine "Eigenthümlichkeit wichtiger Entdeckungen, daß sie zugleich den Kreis der Eroberungen und die Aussicht in das Gebiet, das noch zu erobern übrig bleibt, erweitern."[134]

Die Verschmelzung beider Reisen auf der Textebene[135] mag eine Stelle aus dem ersten Teil des zweiten Bandes, dem wir uns nun zum Abschluß zuwenden, verdeutlichen. Dort spricht Humboldt von der Fahrt des Genuesen "längs den Küsten von Cuba, zwischen den lucayischen Inseln und den, auch von mir besuchten Jardinillos" und erwähnt Colóns Beobachtungen "im undurchdringliche[n] Dickicht der Wälder, "in denen man kaum unterscheiden kann, welche Blüthen und Blätter jedem Stamme zugehören'."[136] W e r s p r i c h t in diesem ganz im Gegensatz zur sonstigen Gewohnheit Humboldts unverorteten Zitat, in diesem "Dickicht", in dem die "Blätter" nur schwer eindeutig einem bestimmten "Stamm" zugeordnet werden können? Ist es Cristóbal, ist es Alexander? Entstammt diese Passage Dokumenten des Columbus über seine zweite oder vierte Reise? Oder der Abschrift des Tagebuches von Las Casas? Entstammt sie der Biographie seines Sohnes Hernando? Oder könnten wir sie im Bericht von Humboldts Reise, in der Relation historique, finden?[137] Alle Antworten, ebenso intertextuelle wie intratextuelle Vermutungen scheinen gleich wahrscheinlich: eine längere Suche machte in der Tat überall ähnliche Formulierungen ausfindig. Wer spricht also? Das "Dickicht" selbst? Gewiß, ein wenig. Wenn auch dem unverorteten Zitat eine Beschreibung aus den Ansichten der Natur[138] am nächsten kommt, so läßt sich doch nicht übersehen, wie sehr Humboldt in solchen Passagen geradezu eine Fusion seines Textes mit dem des Colón erzeugt.

Bereits im Examen critique - vereinzelt sogar noch früher - hatte ein neuer Zug das Bild des Columbus bereichert. Noch handelte es sich nur um eine

Reihe von Skizzen, die erst im Kosmos ihre eigentliche Ausführung erhalten
sollten. Sie galten einem "literarischen Columbus". Gewiß war dieser
"literarische Columbus" - wie wir sehen werden - nicht von anderen, deutlich vorherrschenden Aspekten im Columbus-Bild Humboldts zu trennen. Doch
legte der Naturforscher und Literat hier die Grundlagen für eine Deutung,
die es ihm wie im Falle der wissenschaftsgeschichtlichen Verortung erlauben
sollte, eine direkte Beziehung zwischen seinem eigenen Werk und dem Werk
des Seefahrers herzustellen.

Nach Humboldts Ansicht "zog sich, wie bei allen durch herrliche Entdeckungen
oder gewagte Unternehmungen ausgezeichneten Männern, ein poetischer Faden
durch sein Leben", dem auf der Ebene des Schreibens eine "Erhabenheit des
Stils [élévations de style]" und die zuweilen sichtbaren "dichterischen
Anlagen [dispositions poétiques]" des Columbus entsprachen.[139] Dabei trete
die "so oft hervorgehobene Verbindung [la liaison si long-temps signalée]
zwischen dem Charakter und dem Stil am entschiedensten hervor".[140] Noch ging
es Humboldt nicht um das, "was man ziemlich unbestimmt den litterarischen
Werth [le mérite littéraire] eines Schriftstellers nennt", sondern um eine
"ernstere Sache von geschichtlicher Bedeutung": er zielte auf "den Stil als
Ausdruck des Charakters, als Spiegelbild des inneren Menschen [reflet de
l'intérieur de l'homme]",[141] und suchte darin zunächst eine Zugangsmöglich-
keit mehr zum Wesen des genuesischen Seefahrers.

Der Naturforscher griff hier, gerade für seine Leser- bzw. Zuhörerschaft
in Frankreich unüberhörbar,[142] auf jene Verbindung von Charakter und Stil
zurück, die Buffon in einer folgenreichen Formulierung seines Discours sur
le style von 1753 hergestellt hatte. Alexander legte hierbei Buffons
"le style est l'homme même" in einem doppelten Sinne aus: zum einen als
Ausdruck einer "Kompetenz des Beobachtens", zum anderen als Manifestation
eines (großen) Individuums.[143]

Dieses Verständnis stellte er im zweiten Band seines Kosmos einmal mehr in
einen größeren Zusammenhang. Dort nämlich entwickelt er im Kapitel "Anre-
gungsmittel zum Naturstudium" (neben einer Behandlung von Landschafts-
malerei und Kultur exotischer Pflanzen) eine Geschichte der "ästhetische[n]
Behandlung der Naturscenen", ein, wie er hinzufügt, "sehr moderner Zweig
der Litteratur".[144] Setzt Humboldt in dieser Darstellung, die von der Natur-
beschreibung bei den Griechen bis zu Rousseau, Buffon, Bernardin de Saint-
Pierre, Chateaubriand und Goethe reicht, mit dem Ende des 18.Jahrhunderts

auch den Beginn dieser "Moderne" an,[145] so wirft er doch den "Blick zurück
in die Zeit der großen Entdeckungen, welche jene moderne Stimmung vorbereiteten": Und genau hier siedelt er die Naturschilderungen des Columbus
an.[146]

Seine wiederholten Auseinandersetzungen mit "dem Tagebuche eines litterarisch ganz ungebildeten Seemannes"[147] schienen ihm zur Genüge den hohen
literarischen Wert der Schriften des Entdeckers bewiesen zu haben, die er
über die Naturschilderungen eines Boccaccio, Sannazaro oder Jorge de
Montemayor stellte.[148] Für Humboldt fußte dieser Wert auf der Verbindung
von Charakter und Stil einerseits sowie auf der Begabung zu einem tiefen
Naturgefühl, also der (ganz romantischen) Spannung zwischen Individuum und
Natur / Landschaft, andererseits. Columbus erhielt damit im Kosmos nicht
nur eine Sonderstellung innerhalb der Universalgeschichte wie der Wissenschaftsgeschichte zugesprochen;[149] er wurde nun zusätzlich in dieser Literaturgeschichte der Naturschilderungen als ein wichtiger Vorläufer der Moderne
angesprochen, nahm damit also auch innerhalb der Literarhistorie einen
wichtigen Platz ein. Da Humboldt seinen Kosmos ohne Zweifel in der Verlängerung bzw. im Schnittpunkt der von ihm ausgezogenen literarischen Entwicklungslinien situierte,[150] verknüpfte der preussische Schriftsteller
einmal mehr, nun freilich auf der Ebene der Literatur, sein Werk mit dem
seines Vorläufers Columbus. Die Modernität[151] dieser "literarischen"
Deutung des Genuesen, so wenig sie von Humboldt selbst in der Folge auch
ausgeführt werden konnte, ist verblüffend. Denn seine Deutung des "Wieder-Entdeckers" eröffnete wichtige Ausblicke auf einen "literarischen Columbus",
der erst im Verlauf der letzten Jahrzehnte verstärkt ins Blickfeld einer
Literaturwissenschaft, die ihren Literaturbegriff erweiterte, geraten ist.

* * *

Die Untersuchung der Entwicklung von Humboldts Columbus-Bild hat damit
gezeigt, daß dieses Bild im amerikanischen Reisewerk nicht von Anfang an
als solches vorhanden war, sondern daß es sich erst im Verlauf von Jahrzehnten einer intensiveren Beschäftigung mit der Entdeckungsgeschichte
ausgebildet hat.[152] Diente Humboldt der Verweis auf Columbus in einer
ersten Phase überwiegend als Beleg für bestimmte historische bzw. natur-
historische Fakten, so wurde der Entdecker später zunehmend als wichtiger,
ja zentraler Faktor innerhalb einer Geschichte der Menschheit bzw. der
wissenschaftlichen Erkenntnis dargestellt, eine Entwicklung, die ihn
schließlich innerhalb literargeschichtlicher Vorgänge zu einem Vorläufer
der Moderne werden ließ.[153] Diese schrittweise Entwicklung im Verein mit
einer kontinuierlichen, stets auf dem neuesten Stand der Forschung befindlichen Ausweitung der Dokumentationsbasis beruhte freilich von Anfang an
auf einer positiven Einschätzung, deren einzelne Elemente Humboldt sukzessiv
in universal-, wissenschafts- und literarhistorische Prozesse integrierte.
Nur durch eine genaue Textanalyse war es möglich, zum einen die wachsende
Identifikation Alexanders mit Columbus und zum anderen seine verstärkten
Bemühungen nachzuweisen, nicht nur den Verlauf seiner eigenen Reise,
sondern auch sein Handeln, Denken und Schreiben überhaupt in eine Beziehung
mit dem "genuesischen Seefahrer" und dessen "Eroberung durch Nachdenken" zu
bringen. Die Intentionalität dieser Annäherung scheint mir außer Frage zu
stehen. Denn so konnte der von seinen Zeitgenossen als "Wiederentdecker
Amerikas" apostrophierte Humboldt es wagen, seinerseits Columbus als einen
"Wiederentdecker" zu feiern - ein Prozeß, dessen Geschichte freilich zeigte,
daß es hierbei um weit mehr als um die kreative Anverwandlung eines Ehren-
titels ging.

Anmerkungen

1. Der Gedenkspruch scheint von der Gesandtschaft Kubas noch kurz vor ihrem Verlassen Berlins zu Beginn des 2.Weltkriegs angebracht worden zu sein; vgl. Meyer-Abich, Adolf: "Zur Einführung." In: Humboldt, Alexander von: Vom Orinoko zum Amazonas. Reise in die Äquinoktial-Gegenden des neuen Kontinents. Wiesbaden: Brockhaus 1958, p.11. Es wäre zu vermuten, daß die hommage an den preussischen Forscher in Zusammenhang mit einer Reihe von Ehrungen des kubanischen Nationalhelden Martí stand, mit Hilfe derer man in der zweiten Hälfte der 30er Jahre in Hitler-Deutschland versuchte, das geostrategisch wichtige Kuba enger an sich zu binden; vgl. hierzu die im Druck befindliche Arbeit des Verfs.José Martí. Teil I: Apostel, Dichter, Revolutionär. Eine Geschichte seiner Rezeption, u.a. Kap.4.7.

2. Estuardo Núñez nennt den peruanischen Lyriker Manuel Nicolás Corpancho, der in einer Ansprache als Botschafter seines Landes in Mexiko diesen Beinamen als erster verwendet haben soll; vgl. Núñez, Estuardo: Alejandro de Humboldt. Enrique Meiggs. Lima: Editorial Universitaria 1966, p.68. Da Corpancho erst 1860 nach Mexiko ging, trifft diese Behauptung des peruanischen Wissenschaftlers nicht einmal für Lateinamerika zu. In diesem Zusammenhang sei darauf verwiesen, daß schon Simón Bolívar, der Humboldt 1804 in den Pariser Salons persönlich kennenlernte, diesen als den "wahren Entdecker Südamerikas" feierte; vgl. hierzu Scurla, Herbert: Alexander von Humboldt. Sein Leben und Wirken. Berlin: Verlag der Nation 1985, p.191.

3. Vgl. Ortiz, Fernando: "Introducción Biobibliográfica." In: Humboldt, Alejandro de: Ensayo Político sobre la Isla de Cuba. La Habana: Publicaciones del Archivo Nacional de Cuba 1960, p.7; sowie - neben vielen anderen Hinweisen - die Biographie von Scurla, Herbert: Alexander von Humboldt. Sein Leben und Wirken, op.cit., p.7.

4. Als ein kurioses Beispiel sei hier nur eine 1830 in Österreich erschienene Bearbeitung von Humboldts Reisebericht durch einen evangelischen Prediger aufgeführt. Dort wird als Humboldts größtes Verdienst genannt, "der Menschheit Amerika zum zweiten Male entdeckt zu haben" (Bd.1, p.7). Gefühlvoll werden die Eindrücke des preussischen Reisenden bei seiner Ankunft auf dem amerikanischen Kontinent geschildert, als "dieser zweite Columbus, der Amerika nochmals entdecken sollte, das erste Zeichen der neuen Welt betrachtete" (Bd.1, p.135). Des Freiherrn Alexander von Humboldt und Aimé Bonplands Reise in die Aequinoctial-Gegenden des neuen Continents, für die reifere Jugend zur belehrenden Unterhaltung bearbeitet von G.A.Wimmer, evangelischem Prediger in Oberschüzen. 4 Bde. Wien: Gedruckt und im Verlag bei Carl Gerold 1830. Als der Geograph Carl Ritter 1844, zum 45jährigen Jubiläum des Reisebeginns, von einer "wissenschaftliche[n] Wiederentdeckung der neuen Welt, die mit ihm für die europäische Culturwelt das Festland betrat", sprach, griff er mithin auf eine Vorstellung zurück, die längst zum Allgemeingut geworden war (zitiert nach Beck, Hanno: Alexander von Humboldts Amerikanische Reise. Stuttgart: Edition Erdmann 1985, p.303). Weitere Hinweise finden sich u.a. in Ortiz, Fernando: "Introducción Biobibliográfica", op.cit., p.72. Ähnliche Formulierungen gingen in fast alle Biographien, die Humboldts Bild besonders nach seinem Tode prägten, ein; vgl. etwa die frühe, zuerst 1850 erschienene Biographie von Klencke, Hermann:

Alexander von Humboldt. Ein biographisches Denkmal. Dritte gänzlich umgearbeitete Auflage. Leipzig: Otto Spamer 1859, wo manche biographische Parallele zwischen dem "geographischen Entdecker Amerikas" Columbus und dem "wissenschaftlichen Entdecker" Humboldt gezogen wurde (u.a. pp.82f. u.409).

5. Dies wird allein an den variationsreichen Titeln vieler Publikationen deutlich: vgl. z.B. Bayo, Armando: "Humboldt, segundo descubridor de Cuba." In: Universidad de la Habana (La Habana) XXXIII, 194 (1969), pp.3-12; Giraldo Jaramillo, Gabriel: "Humboldt y el descubrimiento estético de América." In: El Farol (Caracas) 181 (marzo-abril 1959); oder im deutschsprachigen Raum u.a. Banse, Ewald: Alexander von Humboldt. Erschließer einer neuen Welt. Stuttgart: Wissenschaftliche Verlagsgesellschaft 1953; Meyer-Abich, Adolf: "Alexander von Humboldt, der wissenschaftliche Entdecker der amerikanischen Tropen". In: Deutsche Gemeinschaft in Lima (Hg.): Alexander von Humboldt, dem wissenschaftlichen Entdecker Amerikas. Lima: Colegio Humboldt 1959, pp.5-12. Eine vor kurzem veröffentlichte Zusammenstellung von Teilen des Reiseberichts und der Reisetagebücher trägt den Titel Humboldt, Alexander von: Die Wiederentdeckung der Neuen Welt. Herausgegeben und eingeleitet von Paul Kanut Schäfer. Berlin(Ost): Verlag der Nation 1989.

6. In einer ebenso witzigen wie treffenden Bemerkung wies Fernando Ortiz darauf hin, daß der Name des "zweiten Kolumbus", wäre er denn in der iberischen Welt geboren, Alejandro de Humboldt y Colón gelautet hätte; vgl. Ortiz, Fernando: "Introducción", op. cit., p.72. Der kubanische Ethnologe (und lange Zeit passionierte Strafrechtler, der nicht umhin kam (ibid.,pp.49f.), auf Humboldts Einfluß zugunsten der Einrichtung des ersten Lehrstuhls für Strafrecht an der Berliner Universität aufmerksam zu machen), spielte hier auf Alexanders Mutter an, die bekanntlich einer Hugenottenfamilie entstammte und eine geborene Colomb war.

7. Eine andere Möglichkeit wäre eine diskursanalytische Untersuchung zu Parellelen zwischen Colón und Humboldt, die beide (im Sinne Foucaults), wenn auch zu verschiedenen Zeiten, als "Diskursbegründer" eines neuen Sprechens über die Neue Welt verstanden werden können. Eine solche Untersuchung würde den Rahmen des vorliegenden Beitrags sprengen und muß daher hier noch unterbleiben.

8. Mit dieser Fragestellung haben sich beschäftigt O'Gorman, Edmundo: La idea del descubrimiento de América. Historia de esa interpretación y crítica de sus fundamentos. México: Centro de Estudios filosóficos 1951; Minguet, Charles: Alexandre de Humboldt, historien et géographe de l'Amérique espagnole 1799-1804. Paris: François Maspéro 1969; sowie, wenn auch aus anderer Perspektive, Pratt, Mary Louise: "Humboldt y la reinvención de América." In: Nuevo Texto Crítico (Stanford) 1 (1987), pp.35-53. Schade ist, daß Cedric Hentschel nur in wenigen Worten - die in der folgenden Arbeit entfaltet werden sollen - auf Humboldts "Würdigung" des Columbus "in dreifacher Gestalt - als Persönlichkeit, Entdecker und Schriftsteller" hingewiesen hat; Vgl. Hentschel, Cedric: "Zur Synthese von Literatur und Naturwissenschaft bei Alexander von Humboldt." In: Pfeiffer, Heinrich (Hg.): Alexander von Humboldt. Werk und Weltgeltung. München: Piper 1969, p.65.

9. Vgl. etwa Minguet, Charles: Alexandre de Humboldt, op.cit., p.590, der zum einen ein solches Unterfangen, hätte es nicht die "kuriose Entstellung" O'Gormans gegeben, als "de peu d'intérêt" qualifiziert, und zum anderen darauf hinweist, daß Columbus keinesfalls "un personnage définitivement installé dans l'histoire" sei. Ein fundierter Vergleich mit der "geschichtlichen Wahrheit" stünde daher von vornherein auf unsicherem Fundament.

10. Die bisherigen Arbeiten beschränkten sich im wesentlichen auf eine mehr oder minder knappe Untersuchung von Humboldts Examen critique und seines Kosmos. Die ausführliche Interpretation O'Gormans begnügte sich sogar auf wenige Seiten des Kosmos, da der mexikanische Historiker und Philosoph weder die Existenz früherer Schriften zur Kenntnis nahm, noch im Examen critique mehr als ein erstes "Gerüst" für Humboldts Columbus-Bild erblicken konnte.

11. Humboldt, Alexander von: Ansichten der Natur. Stuttgart-Tübingen: Cotta 1808.

12. Vgl. hierzu Borch, Rudolf: Alexander von Humboldt. Sein Leben in Selbstzeugnissen, Briefen und Berichten. Verlag des Druckhauses Tempelhof 1948, pp.185f.

13. Darauf wird im folgenden noch kurz zurückzukommen sein.

14. 2 Bde. mit Atlas. Paris: Schoell 1811; neben dieser sog. "großen Ausgabe" erschien im selben Jahr beim selben Verleger eine fünfbändige Ausgabe im Oktavformat, die sog. "kleine Ausgabe", nach der ich hier zitiere. Die gleichfalls fünfbändige deutsche Ausgabe erschien in Tübingen bei Cotta im übrigen zwischen 1809 und 1814.

15. Von Interesse ist hierbei, daß Humboldt Columbus entweder nach der Sammlung von Reiseberichten des Grynaeus aus dem Jahre 1555 (!) zitiert oder auf die Berichte spanischer Chronisten wie López de Gómara zurückgreift; vgl. Essai politique sur le Royaume de la Nouvelle-Espagne, op.cit., Bd.3, pp.21 bzw. 132.

16. So z.B. im 9.Kapitel des 4.Buches, wo es mehrfach um botanische Fragen bzw. um die Nutzpflanzen der Indianer zur Zeit der spanischen Eroberung geht. Auf die Textgrundlagen Humboldts und insbesondere auf seine Aufarbeitung von Quellenmaterial zur Conquista in Neu-Spanien wird wiederholt zurückzukommen sein.

17. Essai politique, op.cit., Bd.2, p.107 (Fußnote 1, Hervorhebung von mir).

18. ibid., Bd.2, p.147.

19. Ich habe auf diesen Gegensatz hingewiesen in einem derzeit im Druck befindlichen Beitrag unter dem Titel "Der Blick auf das Andere. Eine kontrastive Lektüre der Reisen Alexander von Humboldts und Fray Servando Teresa de Miers", der von Brigitte Schlieben-Lange herausgegeben 1991 im Nodus-Verlag (Münster) erscheinen wird.

20. Humboldt ließ seiner Beobachtung, recht ungewöhnlich für den immer um die Deutung größerer Zusammenhänge bemühten Forscher, daher auch keinerlei Erklärung folgen. Der heute so bekannte Lichtenberg-Aphorismus ("Der Tag, an dem der Indio Columbus entdeckte, war ein schlechter Tag für den Indio") wäre Alexander, all seiner Kritik an Conquista und Sklaverei zum Trotz, wohl kaum in den Sinn gekommen.

21. Der erste Band dieser Relation historique erschien 1814, ein zweiter Band folgte 1819, und ein letzter Band dieses Fragment gebliebenen Reiseberichts kam laut Titelblatt 1825 heraus, enthielt aber u.a. statistische Angaben aus dem Jahre 1829, so daß Humboldts Arbeit an diesem Band 1825 sicherlich noch nicht abgeschlossen war. Auf ihren Charakter eines work in progress wird noch zurückzukommen sein. Aufgrund ihrer langen Entstehungszeit, welche den Prozeß der Independencia gleichsam begleitete, scheint es mir im Sinne einer historischen Entwicklung von Humboldts Columbus-Bild geboten, die relevanten Stellen aus den jeweiligen Bänden dieses Reiseberichts nicht unterschiedslos, d.h. unabhängig von ihrer Entstehungszeit, zu untersuchen. Bisherige Arbeiten zum Reisebericht nahmen auf diesen Aspekt jedoch kaum einmal textkritisch Bezug.

22. Ich zitiere nach der aus Anlaß des 200.Geburtstags Alexander von Humboldts erschienenen Relation historique du Voyage aux Régions équinoxiales du Nouveau Continent fait en 1799, 1800, 1801, 1802, 1803, et 1804 par Al. de Humboldt et A.Bonpland. Rédigé par Alexandre de Humboldt. Neudruck des 1814-1825 in Paris erschienenen vollständigen Originals, besorgt, eingeleitet und um ein Register vermehrt von Hanno Beck, 3 Bde. Stuttgart: Brockhaus 1970.

23. Die Wichtigkeit dieser Passage für das gesamte Reisewerk kann hier nicht herausgearbeitet werden; es sei deshalb verwiesen auf das Nachwort des Verfs. "Der Blick auf die Neue Welt." In: Humboldt, Alexander von: Reise in die Neue Welt. Bd.2. Frankfurt: Insel Verlag 1991, pp.1562-1595.

24. Relation historique, op.cit., Bd.1, p.71.

25. ibid.

26. ibid., Bd.1, p.82.

27. Als eines unter vielen Beispielen sei Humboldts Lesevergnügen bei Bernardin de Saint-Pierres Tropenroman Paul et Virginie erwähnt. Diese exotisierende, die umgebende Natur gleichsam vorperspektivierende Lektüre eines europäischen Romans im Angesicht der tropischen Landschaften Südamerikas erlaubt uns heute nicht nur Rückschlüsse etwa auf Alexanders ästhetische Präferenzen, sondern gab den zeitgenössischen Lesern auch gleichzeitig eine Art Leseanweisung des Humboldtschen Textes. Bezüglich der literarischen Tradierungsmechanismen siehe das bereits erwähnte Nachwort des Verfs. "Der Blick auf die Neue Welt", sowie Hudde, Hinrich: "Naturschilderung bei den Rousseau-Nachfolgern." In: Neues Handbuch der Literaturwissenschaft. Bd.15: Europäische Romantik II. Herausgegeben von Klaus Heitmann. Wiesbaden: Athenaion 1982, pp.135-152.

28. vgl. Relation historique, op.cit., u.a. pp.297f, 470, 498 u.506.

29. Vgl. Beck, Hanno: Alexander von Humboldt. Bd.2: Vom Reisewerk zum "Kosmos" 1804-1859. Wiesbaden: Franz Steiner Verlag 1961, p.179. Humboldt dankte Muñoz in seinem Vorwort zum Examen critique für die Einsicht in "kostbare Materialien", welche der spanische Historiker "auf Befehl König Karl's des IV. in den Archiven von Simancas, Sevilla und Torre do Tombo gesammelt hatte"; ich zitiere nach der insgesamt recht zuverlässigen deutschen Übersetzung des Werkes: Kritische Untersuchungen über die historische Entwickelung der geographischen Kenntnisse von der Neuen Welt und die Fortschritte der nautischen Astronomie in dem 15ten und 16ten Jahrhundert. Aus dem Französischen übersetzt von Jul.Ludw.Ideler.

3 Bde.; hier Bd.1, Berlin: Nicolai 1836, p.10. Welches waren diese "matériaux précieux" ? Zeigte Muñoz dem Preussen etwa die damals bereits wieder aufgefundene Abschrift des Las Casas von Colóns Tagebuch der ersten Reise? Wohl kaum. Humboldt selbst, sonst keineswegs zurückhaltend in derlei Äußerungen, erwähnte die Existenz einer solchen Abschrift vor 1825 nicht, sein Kenntnisstand vor 1825 spricht überdies eindeutig dagegen. Der offizielle Auftrag von Muñoz bestand, dies darf hier nicht vergessen werden, in der Widerlegung der ausländischen Werke von William Robertson und vor allem des Abbé Raynal, dessen vielbändige polemische, spanienfeindliche Publikation bei den Zeitgenossen auf ein enormes Interesse stieß und eine große Wirkung entfaltete; vgl.hierzu u.a. Lüsebrink, Hans-Jürgen: "L'Histoire des Deux Indes et ses 'extraits'. Un mode de dispersion textuelle au XVIIIe siècle." In: Littérature (Paris) 69 (février 1988), pp.28-41.

30. "Cette Vie rédigée, postérieurement à l'année 1537, d'après les notes autographes de Christophe Colomb, est le monument le plus précieux de l'histoire de ses découvertes." Relation historique, op.cit., Bd.1, p.470. Humboldt weiß wohl um die Tatsache, daß es sich hierbei um eine Übersetzung handelte, doch hält er den Text, welchen er wiederum nach einer bekannten Sammlung, der Churchill's Collection, zitiert (im "Mexiko-Essay" wie auch später im Examen critique benutzte er allerdings eine madrilenische Ausgabe aus dem Jahre 1749), für historisch durchaus glaubwürdig. Zweifel an der Aufrichtigkeit des Sohnes, der ja ein großes Interesse an einer positiven Darstellung des Admirals haben mußte, sind bei Humboldt zu diesem Zeitpunkt noch nicht auszumachen. Doch darf nicht vergessen werden, daß Hernandos Werk Zitate aus den Reisetagebüchern seines Vaters enthielt, deren erhöhte Bedeutung zum damaligen Zeitpunkt allein aus der Tatsache erhellt, daß während Humboldts Redaktion des ersten Bandes das Bordbuch von Columbus' erster Reise in der Version von Las Casas noch nicht publiziert war. Auch dies mag belegen, daß Humboldt Colóns "Diario" noch nicht kannte.

31. Relation historique, op.cit., p.461.

32. Oder genauer noch jene Form, die Colón umständlich im Bericht von seiner dritten Fahrt zu beschreiben suchte: "fallé que no era redondo en la forma qu'escriven, salvo que es de la forma de una pera que sea toda muy redonda, salvo allí donde tiene el peçón que allí tiene más alto, o como quien tiene una pelota muy redonda y en un lugar d'ella fuesse como una teta de muger allí puesta"; vgl. Colón, Cristóbal: Los cuatro viajes. Testamento. Edición de Consuelo Varela. Madrid: Alianza Editorial 1986, p.238. Humboldt kam auch später immer wieder auf diese Stelle zurück.

33. Relation historique, op.cit., Bd.1, p.498.

34. ibid. Bd.1, p.507.

35. ibid.

36. Humboldt zitierte nach einer 1810 in Bassano gedruckten Ausgabe der Lettera rarissima, des neben einer allerdings erst 1842-44 erschienenen dreibändigen Ausgabe der Documentos inéditos von Fernández de Navarrete im übrigen einzigen Textes von Christoph Columbus, den man in seiner umfangreichen Privatbibliothek nach seinem Tode nachweisen konnte; vgl. hierzu die in vielerlei Hinsicht aufschlußreiche Publikation The Humboldt Library. A Catalogue of the Library of Alexander von Humboldt. With a

bibliographical and biographical memoir by Henry Stevens GMB FSA etc. London: Henry Stevens - American Agency 1863; unveränderter fotomechanischer Nachdruck der Originalausgabe, Leipzig: Zentral-Antiquariat 1967, pp.144 u.512. Humboldt scheint, darauf weisen seine Notizen hin, diese Ausgabe antiquarisch erstanden zu haben. Er empfahl diesen Text später, im 3.Band der Relation historique, erneut als Dokument für all jene "qui veulent étudier le caractère de cet homme extraordinaire" und schätzte selbst vor allem die Schilderung der nächtlichen Vision des Columbus, die sein Brief an die Katholischen Könige enthält (Bd.3, p.473). Gewisse romantische Züge im Columbus-Bild Alexanders werden hier zum ersten Mal deutlich erkennbar.

37. ibid. Bd.1, p.618.

38. Vgl. u.a. ibid., Bd.2, pp.375, 487 oder 702.

39. Humboldt schrieb vor seiner Amerika-Reise, wenn auch in anderem Zusammenhang, einmal, er "liebe es, den Spuren eines großen Mannes zu folgen"; vgl. hierzu Beck, Hanno: Alexander von Humboldts Amerikanische Reise, op.cit., p.58. Er stand in bezug auf Columbus damit keineswegs allein: auch sein literarisches Vorbild Chateaubriand scheint sich bei seiner so ganz anderen Amerikafahrt als "neuer Columbus" gesehen zu haben; vgl. hierzu Hudde, Hinrich: "Naturschilderung bei den Rousseau-Nachfolgern", op.cit., p.143.

40. Humboldt, Alexandre de: Essai politique sur l'île de Cuba. Avec une carte et un supplément qui renferme des considérations sur la population, la richesse territoriale et le commerce de l'archipel des Antilles et de Colombia. 2 Bde. Paris: Gide Fils, J.Renouard 1826 (Oktav-Ausgabe).

41. Relation historique, op.cit., Bd.3, p.330.

42. Auch in anderen Werken finden sich z.T. nicht oder erst im weiteren Textverlauf aufgelöste Anspielungen auf den Entdecker. Vgl. beispielsweise zu Beginn des Essays "Über die Wasserfälle des Orinoco" den Blick auf die Mündung des Orinoco vom Meer aus - eine Perspektive, wie sie Humboldt nicht kennen konnte, wohl aber dem "kühnen Weltentdecker Colon" bekannt war, dessen Mutmaßungen Alexander erst auf der folgenden Seite aufführt; Ansichten der Natur. 3.verb.u.verm.Auflage. Stuttgart-Tübingen: Cotta 1849, Bd.1, pp.254 bzw.255. Hier schreibt Humboldt den Namen des Entdeckers einmal in seiner spanischen Form; ansonsten griff er auf die jeweils national verbreiteten Namensgebungen zurück, also "Columbus" in deutschen und "Colomb" - wenn auch widerstrebend; störte ihn hier die offensichtliche Parallele zum Namen der eigenen Mutter? - in französischen Texten.

43. Vgl. Colón, Cristóbal: Diario de a bordo. Edición de Luis Arranz. Madrid: historia 16 1985, p.102. Diese Äußerungen waren Humboldt aus der Lektüre spanischer Chroniken, aber auch aus dem 56.Kapitel der Biographie Hernando Colóns vertraut. Die Faktizität des Beschriebenen soll hier keineswegs in Zweifel gezogen werden. Vergleichen wir die Relation historique mit ihrem "pré-texte" (also Alexanders Reisetagebuch), so findet sich, daß Humboldt tatsächlich in seinem "Bordbuch", allerdings auf dem Weg per Schiff von Batabanó nach Trinidad, notierte: "und der Wind wehte uns die lieblichsten Honiggerüche zu. Keine Insel so duftreich als Cuba. Wenn man zwischen Cabo Catoche und Cabo S[an] Antonio

durchgeht, riecht man das letztere oft in einer Entfernung, wo man es nicht sieht." Humboldt, Alexander von: Reise auf dem Rio Magdalena, durch die Anden und Mexiko. Teil I: Texte. Aus seinen Reisetagebüchern zusammengestellt und erläutert durch Margot Faak. Mit einer einleitenden Studie von Kurt-R.Biermann. Berlin(Ost): Akademie-Verlag 1986, pp.44f. Die veränderte Plazierung dieses Dufterlebnisses in der Relation historique, nämlich nun vor der Ankunft auf Kuba, scheint mir vorwiegend literarischen (d.h. intertextuellen) Motiven zu entspringen, die für unsere Fragestellung zweifelsohne von Bedeutung sind.

44. Vgl. Relation historique, op.cit., Bd.3, p.466.

45. ibid., Bd.3, p.468; erfolgte an dieser Stelle keinerlei Hinweis auf die Gründe dieses Verschwindens, so ist Humboldts Reisetagebuch deutlicher: "Kein Licht, kein Mensch an der Küste. Alle, alle Bewohner haben die Europäer ausgerottet! War das Land, diese Küste vor 1492 ebenso einsam? Ich zweifle." Humboldt, Alexander von: Reise auf dem Rio Magdalena, durch die Anden und Mexico, op.cit. p.45. Auf die überaus interessanten intratextuellen Relationen zwischen Reisetagebuch und Relation historique kann an dieser Stelle nicht weiter eingegangen werden.

46. Relation historique, op.cit., Bd.3, p.473.

47. Er tut dies auch, wie bereits im Essai politique sur le Royaume de la Nouvelle-Espagne, in bezug auf ein nie erstelltes Denkmal in Havanna für Columbus, dessen sterbliche Überreste im übrigen im selben Jahr wie jene des Hernán Cortés eine neue Ruhestätte gefunden hätten: "on a vu donner de nouveau la sépulture, à une même époque, à la fin du dix-huitième siècle, aux deux plus grands hommes qui ont illustré la conquête de l'Amérique." Relation historique, op.cit., Bd.3, p.350 (Hervorhebung von mir); Humboldt macht an dieser Stelle bereits deutlich, daß für ihn Entdeckung und Eroberung keine völlig voneinander zu scheidenden Vorgänge sind.

48. "Un heureux hasard m'a fait voir, pendant le cours de mes voyages, les deux extrémités de la Terre-Ferme, la côte montagneuse et verdoyante de Paria, où Christophe Colomb, dans son exaltation poétique, plaçoit le berceau du genre humain, et les côtes basses et humides, qui s'étendent de l'embouchure du Sinù vers le Golfe de Darien. (ibid., Bd.3, p.539).

49. "La première idée de sévir contre cette nation, et de la priver de sa liberté et de ses droits naturels, est due à Christophe Colomb, qui, partageant les opinions du 15e siècle, n'étoit pas toujours aussi humain que, par haine contre ses détracteurs, on l'a dit au 18e." (ibid., Bd.3, p.17).

50. "Ces mots sont tirés de la Lettera rarissima de Colomb, dont j'ai fait mention plus haut (Tom.III, p.473), et dont l'original espagnol vient d'être retrouvé et publié par le savant M.Navarrete, dans sa Coleccion de Viages, Tom.I, p.299." (ibid., Bd.3, p.540).

51. Die von Martín Fernández de Navarrete aufgefundenen Dokumente erschienen zwischen 1825 und 1837; das Bordbuch der ersten Reise des Columbus in der Abschrift Las Casas' wurde im ersten, 1825 publizierten Band vorgelegt, in demselben Jahre also, welches laut Titelblatt das Erscheinungsjahr des 3.Bandes von Humboldts Relation historique ist. 1828 lag Colóns Bordbuch in einer Übersetzung bereits Humboldts französischen Lesern vor. Die Entdeckung des Textes selbst in der Bibliothek des Duque del Infantado wahr wohl bereits wesentlich früher, gegen Ende des 18.Jahrhunderts, erfolgt; vgl. Seco Serrano, Carlos: "Introducción. Vida y obra de Martín Fernández de Navarrete." In: Fernández de Navarrete, Martín: Colección de viajes y descubrimientos que hicieron por mar los españoles desde fines del siglo XV. Bd.1, Madrid: Ediciones Atlas (B.A.E., Bd.75) 1954, pp.V-XLV, sowie Zamora, Margarita:"'Todas son palabras formales del Almirante': Las Casas y el 'Diario' de Colón." In: Hispanic Review 57 (winter 1989), p.28. Die erwähnte Berichtigung Humboldts wirft zum einen ein Licht auf die bislang nirgends untersuchte und sicherlich auch überaus schwer zu rekonstruierende Redaktionsweise des Bandes: erkennbar ist, daß die Seite 473 offensichtlich schon gedruckt war, als Humboldt seine korrigierende Fußnote auf S.540 niederschrieb. Zum anderen belegt sie auch, wie gewissenhaft der Preusse neue Publikationen zu konsultieren und in sein Werk kritisch (und manchmal auch selbstkritisch) einzubringen pflegte. Vgl. hierzu auch die Hinweise Humboldts in seiner Einleitung zum Examen critique de l'histoire de la géographie du nouveau continent.

52. Genauer noch: nach der ersten Erwähnung von Navarretes Abdruck des, wie Humboldt textkritisch bemerkt, "Journal que Colomb a tenu pendant son premier voyage, et dont Bartholomé de las Casas nous a laissé une copie abrégée" (Relation historique, op.cit., Bd.3, p.537).

53. So spricht Humboldt nun von Colóns "imagination remplie de ces récits ["de Benjamin de Tudela, de Rubriquis, de Marco Polo et de Mandeville"] und erwähnt die berühmt gewordene Szene, in der Columbus seine Mannschaft schwören ließ, es handle sich bei der Südküste Kubas um die Küste des indischen bzw. asiatischen Festlands. Der Grund hierfür schien Humboldt eindeutig: "La description des trésors du Catay et de Cipango, de la ville céleste de Quinsay et de la province de Mango, qui avoit enflammé ses désirs dans son jeune âge, le poursuivirent comme des fantômes jusqu'au déclin de ses jours." (ibid., Bd.3, p.539). Im Anschluß an diese Passage über Colóns Jugendlektüre kommt er im übrigen auf die Konquistadoren, "la fleur des héros castillans" (ibid., Bd.3, p.540) zu sprechen, als deren ersten er, noch vor Pizarro, Balboa nennt. Von autobiographischer Bedeutung ist dies insoweit, als Humboldt hier implizit eine Figur seiner Jugendträume namhaft macht, die er in den Ansichten der Natur ("Das Hochland von Caxamarca, der alten Residenzstadt des Inca Atahuallpa. Erster Anblick der Südsee vom Rücken der Andeskette") seinem deutschen Publikum "verriet": "In die Sehnsucht nach dem Anblick der Südsee vom hohen Rücken der Andeskette mischte sich das Interesse, mit welchem der Knabe schon auf die Erzählung von der kühnen Expedition des Vasco Núñez de Balboa gelauscht: des glücklichen Mannes, der, von Franz Pizarro gefolgt, der erste unter den Europäern, von den Höhen von Quarequa auf der Landenge von Panama, den östlichen Theil der Südsee erblickte." Humboldt, Alexander von: Ansichten der Natur, op.cit.,

Bd.2, p.363. Ein intratextueller, zwischen den verschiedenen Werken
Humboldts vorgenommener Vergleich vermag hier also ein weiteres Mal
nicht nur die Bedeutung der Lektüre, sondern vor allem die deutlichen,
wenn auch auf den ersten Blick nicht sichtbaren Beziehungen herauszuarbeiten, die an vielen Stellen des Reiseberichts zwischen dem "primer"
und dem "segundo descubridor de América" (hier zwischen den Jugend-
träumen von Columbus und Humboldt) bestehen. Zu Alexanders eigener
Kindheitslektüre von Colóns Entdeckungen und diesbezüglichen Identifi-
kationsprozessen, die anhand der Textgenese deutlich werden, vgl.Anm.
115 dieses Beitrags.
54. Vgl. hierzu Ortega y Medina, Juan A.: "Estudio preliminar." In:Humboldt,
Alejandro de: Ensayo Político sobre el Reino de la Nueva España. México:
Editorial Porrúa 1984 [¹1965], pp.XLIIff. Trotz der polemischen Vor-
eingenommenheit des mexikanischen Herausgebers gegenüber Humboldt im
angeführten Vorwort ist diese Ausgabe sehr hilfreich, enthält sie doch
beispielsweise eine Auflistung der Schriften, die Humboldt in seinem
"Mexiko-Essay" benutzt hat (pp.CXXII-CXLII). Zu den von Humboldt in
Mexiko konsultierten Werken zählen u.a. das Original von Hernán Cortés'
Testament, ein Auszug aus dem Bordbuch Malaspinas, eine Chrónica histórica de la provincia de Mechoacán, das 1524 begonnene Libro del Cabildo
der Stadt Mexiko, Briefe von Túpac Amaru, eine Vielzahl geographischer
Karten sowie Manuskripte von Sahagún, Motolinía, Andrés de Olmos,
Fernando de Alva Ixtlilxóchitl, Tadeo de Niza und vieles andere mehr.
Es wäre wünschenswert, daß auch für andere Werke Humboldts derartige
Bibliographien der angeführten Publikationen und Manuskripte erstellt
werden könnten.

55. Die mehrbändige"große"Ausgabe dieses Werkes,das weit mehr als eine "Analyse"des
1814 erschienenen Atlas géographique et physique du Nouveau Continent
darstellte, war zwischen 1814 und 1834 erschienen. Aufgrund der zwischenzeitlich von Fernández de Navarrete publizierten (bereits mehrfach erwähnten) grundlegenden Dokumente ist jedoch die zwischen 1836 und 1839
erschienene französische Quartausgabe von wesentlich größerem Interesse
für unsere Fragestellung. Humboldt konnte hier beispielsweise auch noch die
1837 von Navarrete veröffentlichten Texte berücksichtigen. Allein aus
Gründen der sprachlichen Darstellung bzw. Lesbarkeit zitiere ich nicht
nach dieser französischen Ausgabe, sondern nach ihrer bereits angeführten deutschen Übersetzung, die Humboldt bekannt war und deren Qualität
ich bei den zitierten Passagen anhand des Originals überprüft habe. In
gewissen Fällen semantischer Unschärfe gebe ich in Klammern kursiv die
französische Ausdrucksweise Humboldts an.

56. Vgl. Humboldt, Alejandro de: Cristóbal Colón y el Descubrimiento de
América. Historia de la Geografía del Nuevo Continente y de los progresos
de la astronomía náutica en los siglos XV y XVI. Obra escrita en francés
por Alejandro de Humboldt, traducida al castellano por D.Luis Navarro y
Calvo. Madrid: Librería de la Viuda de Hernando 1892; diese Ausgabe war
recht erfolgreich, so daß ihr 1914 und 1926 in Madrid sowie 1946 in
Buenos Aires weitere Auflagen folgten. Die Übersetzung brach freilich
ohne erklärenden Hinweis im 4.Band der zitierten französischen Oktav-
Ausgabe ab und verzichtete auf den größten Teil des 4. sowie den gesamten 5.Band von Humboldts Werk, Teile, die zwar vor allem Amerigo Vespucci

gewidmet waren, dennoch aber für Alexanders Columbus-Bild wichtige Aussagen enthalten. Eine Arbeit des Verfs. über die recht kuriose Geschichte der Übersetzungen Humboldts, die seine Rezeption nicht nur in Deutschland entscheidend prägten, befindet sich in Vorbereitung. Rezeptionsgeschichtlich ist es nicht uninteressant, daß der Herausgeber der Schriften von Fernández de Navarrete diese Übersetzung (bezeichnend für die überragende Rolle des Columbus in diesem Werk) als "notable biografía del Almirante" bezeichnete"; vgl. Seco Serrano, Carlos: "Introducción", op.cit., p.L. Um eine Biographie war es Humboldt allerdings in keinster Weise zu tun.

57. Bereits Humboldts Freund Arago kritisierte die Form des ihm gewidmeten Werkes recht drastisch: "Humboldt, tu ne sais pas comment se compose un livre; tu écris sans fin; mais ce n'est pas là un livre, c'est un portrait sans cadres." Vgl. Löwenberg, Julius: Alexander von Humboldt. Bibliographische Uebersicht seiner Werke, Schriften und zerstreuten Abhandlungen." In: Bruhns, Karl (Hg.): Alexander von Humboldt. Eine wissenschaftliche Biographie. Neudruck der Ausgabe 1872. Bd.3. Osnabrück: Otto Zeller Verlag 1969, p.506.

58. Nur aus dieser Perspektive, dem scheinbaren Fehlen pertinenter Kriterien der Anordnung, wird meiner Ansicht nach erklärbar, warum Mary Louise Pratt ("Humboldt y la reinvención de América", op.cit., p.41) in ihrer "historischen" Darstellung in bezug auf die Relation historique von einer "Enthistorisierung" Amerikas sprechen konnte.

59. Foucault, Michel: Die Ordnung der Dinge. Eine Archäologie der Humanwissenschaften. Frankfurt: Suhrkamp 1974, pp.269-271.

60. Bereits Dove wies darauf hin, daß Humboldt im Examen critique die "drei Pflichten, wie sie Ranke gleichzeitig seiner eben aufblühenden Schule ans Herz legte", nämlich "Kritik, Präcision, Penetration", berücksichtigt habe; vgl. Dove, Alfred: "Alexander von Humboldt auf der Höhe seiner Jahre (Berlin 1827-59)." In: Bruhns, Karl (Hg.): Alexander von Humboldt, op.cit., Bd.2, pp.253f. Nicht zuletzt einer historisch orientierten Philologie kam im Examen critique neben der Geschichtswissenschaft eine Sonderstellung als Leitwissenschaft zu, erblickte Humboldt das Modell für seine "Zergliederungsmethode" [esprit d'analyse] doch in der "Philologie, namentlich im Studium der hellenischen Alterthumskunde" (Kritische Untersuchungen, op.cit., Bd.2, p.310; zum Zusammenhang zwischen "historischer Kritik" und "Zergliederung" im selben Band p.421). Vgl. hierzu auch Foucault, Michel: Die Ordnung der Dinge, op.cit., p.344.

61. Aus Wilhelm von Humboldts Rede von 1821 vor der Berliner Akademie der Wissenschaften "Über die Aufgabe des Geschichtsschreibers", hier zitiert nach Koselleck, Reinhart: "Historia Magistra Vitae. Über die Auflösung des Topos im Horizont neuzeitlich bewegter Geschichte." In (ders.): Vergangene Zukunft. Zur Semantik geschichtlicher Zeiten. Frankfurt: Suhrkamp 1979, p.54. Vgl. hiermit u.a. die folgende Stelle aus den Kritischen Untersuchungen: "Die Anhäufung vereinzelt dastehender Thatsachen würde eine ermüdende Trockenheit herbeiführen, wollte man sich nicht bestreben, durch Nachforschung in den Thatsachen zu irgend einem allgemeinen Ergebniß in Bezug auf die Fortschritte der Intelligenz, und zu einer höheren Ansicht über den Gang der Civilisation zu gelangen." (op.cit., Bd.1, p.309; vgl. auch Bd.2, p.156)

62. Vgl. Humboldts Einleitung in Bd.1, p.7. Selbst die in den 30er Jahren publizierte Ausgabe des Examen critique zeigt deutliche Spuren der verschiedenen Arbeitsphasen Humboldts, ist also ebenso wie die Relation historique ein work in progress; vgl. u.a. Bd.1, p.412, sowie Bd.3, p.152. Dieser wichtige Aspekt ist in der bisherigen Forschung wohl übersehen worden; Humboldt selbst machte daraus - z.B. anläßlich der Untersuchung von Vespuccis Reisen - keinen Hehl: "Meine eigenen Ueberzeugungen haben sich erst im Verlaufe der geraumen Zeit festgestellt, die zum Druck dieser kritischen Untersuchungen über die historische Entwickelung der geographischen Kenntnisse von der Neuen Welt erforderlich war. Mein Werk selbst verräth Spuren des Zweifels, in welchem ich mich früher über die Identität der ersten und zweiten Reise des Florentiner Seefahrers befand." (ibid., Bd.3, p.128). Wie die Relation historique hat auch das Examen critique die eigene Entstehungsgeschichte in sich aufgenommen. Eine textkritische bzw. genetische Analyse, die im Zusammenhang des hier behandelten Themas nicht zu leisten ist, ist längst überfällig und dringend erforderlich.

63. ibid., Bd.1, pp.7 bzw. 5.

64. ibid., Bd.1, p.13.

65. Dabei berücksichtigte Humboldt trotz seiner Absicht im übrigen kaum einmal die "ökonomischen Voraussetzungen der großen Entdeckungen", wie dies in einer Biographie aus der DDR behauptet wurde; vgl. Scurla, Herbert: Alexander von Humboldt, op.cit., p.279. Die in seinem Sinne übergreifenden weltgeschichtlichen Zusammenhänge wird Alexander allerdings erst in seinem Kosmos ausführlich entwickeln.

66. So leitete er den Hinweis auf seine Bekanntschaft mit Juan Bautista Muñoz in Madrid ein mit der Erwähnung seiner "Abreise nach der Küste von Paria, dem ersten Landpunkte, welchen Columbus gesehen"; vgl. ibid., Bd.1, p.10.

67. "Mitten unter den Ideen, welche das neunzehnte Jahrhundert beherrschen, bei dem wunderbaren Aufschwunge einer Civilisation, welche unaufhaltsam vorwärts schreitet, und gewissermaßen nur in der Gegenwart und für die nahe und nächste Zukunft lebt, hat man Mühe, eine für das Menschengeschlecht ruhmwürdige Epoche zu begreifen, in der man sich, nachdem man große Dinge geleistet hatte, gefiel, die Augen rückwärts zu werfen und geduldig nachzuforschen, ob alle diese Dinge nicht Erfüllungen alter Vorhersagen wären. Es gehört zur Pflicht des Geschichtsforschers, ein jedes Jahrhundert nach dem eigenthümlichen Charakter und den unterscheidenden Merkmalen seiner intellektuellen Entwicklung zu erforschen, und ich werde keinen Augenblick die Anstrengungen bedauern, welche mir meine mühsamen Bestrebungen verursacht haben, die Richtung der Gedanken des Columbus und seiner Zeitgenossen zu verfolgen, selbst wenn diese Forschungen mit einiger Geringschätzung von denjenigen aufgenommen werden sollten, welche bei einem entgegengesetzten Systeme beharren." (ibid., Bd.1, p.174). Ich habe diese für das gesamte Werk grundlegende Stelle nicht nur aufgrund ihrer methodologischen Bedeutung ausführlich zitiert, sondern auch, um anhand dieser Passage des Humboldtschen Werkes selbst die mentalitätsgeschichtlich wie geschichtsphilosophisch veränderten Grundlagen einer Zeit herauszuarbeiten, für welche - wie Reinhart Koselleck formulierte - die "Historia" nicht mehr "Magistra Vitae", sondern Ausgangspunkt einer offen (und unaufhaltsamen) Bewegung in die Zukunft geworden ist.

68. Nach den Arbeiten von Muñoz und Navarrete stand ihm für seine wissenschaftliche Untersuchung eine Textgrundlage zur Verfügung, die unserem heutigen Kenntnisstand der Schriften des Columbus schon recht nahe kam. Auf "literarischem" Gebiet lag ihm, im übrigen ebenso auf den Arbeiten der beiden Spanier beruhend, darüber hinaus die Columbus-Biographie von Washington Irving aus dem Jahre 1828 vor, die Humboldt schon im Vorwort dankbar erwähnte und deren Vorbildlichkeit er im weiteren Verlauf seines Werkes gerne hervorhob. Sie prägte zweifellos sein Columbus-Bild nicht unwesentlich mit.

69. Eine Aufstellung der "Schriften des Christoph Columbus" fügte Humboldt als Anmerkung E dem ersten Band bei; vgl. ibid., pp. 524ff.

70. ibid., Bd.1, p.531.

71. Vgl. ibid., Bd.1, p.533: "Casas fügt in diesen Fällen hinzu: 'Dies sind die Worte des Admirals'; aber man fühlt sich unangenehm berührt [on voit avec peine], wenn er bald darauf von dem Admiral wieder in der dritten Person zu reden anfängt."

72. Vgl. ibid., Bd.1, p.534: "Diejenigen, welche sich durch wiederholte Lesung der langweiligen Werke des Casas an seinen farbelosen Stil gewöhnt haben, werden übrigens die wegen ihrer Lebensfrische bezaubernden Stellen leicht herauserkennen, wo Worte des Admirals mit bloßer Umänderung der ersten Person in die dritte beibehalten worden sind, z.B. das Tagebuch vom 14., 25. und 27.November 1492."

73. Vgl. u.a. ibid., Bd.2, pp.62, 100 u.474.

74. Vgl. ibid., Bd.1, pp.97-191 sowie die Anmerkung F "Ueber die Bücher, welche Christoph Columbus anführt" (pp.538ff.).

75. ibid., Bd.1, p.310. Die Ergänzung des akademischen Übersetzers (historischen Kritik) ist aufschlußreich.

76. ibid., Bd.1, p.69.

77. Eine Vielzahl von Humboldts Ergebnissen sind heute noch gültig, wenn durch die Auffindung neuer Dokumente gewisse Folgerungen auch relativiert oder gänzlich aufgegeben werden müssen. Hierzu zählt, um ein Beispiel zu nennen, Humboldts im Examen critique wie später im Kosmos nachhaltig geäußerter Zweifel an der Behauptung Fernández de Navarretes und Washington Irvings, Columbus habe Marco Polos Reisebericht gekannt; vgl. ibid., Bd.1, p.72 u.541 etc. Wir wissen heute nicht nur, daß Marco Polos Werk sehr wohl, und zwar 1497, in die Hände des Admirals gelangte, wir besitzen sogar die Randnotizen seiner Lektüre: vgl. El libro de Marco Polo anotado por Cristóbal Colón. El libro de Marco Polo versión de Rodrigo de Santaella. Edición, introducción y notas de Juan Gil. Madrid: Alianza Editorial 1987. Auch die auf Hernando Colóns Biographie zurückgehende und von Humboldt übernommene These, Columbus habe in Pavia studiert (Kritische Untersuchungen, op.cit., Bd.1, pp.92f.), entspricht dem heutigen Forschungsstand nicht mehr. Noch heute überzeugend ist jedoch seine Abgrenzung der Ideen des Columbus gegenüber den kosmographischen Vorstellungen Dantes (ibid., u.a. Bd.2, pp.92-94); vgl.hierzu neuerdings Hausmann, Frank-Rutger: "Dantes Kosmographie - Jerusalem als Nabel der Welt." In: Deutsches Dante Jahrbuch 63 (1988), pp.7-46.

78. Kritische Untersuchungen, op.cit., Bd.1, p.82.

79. ibid., Bd.2, p.81. An dieser Stelle korrigierte Humboldt auch seine früheren wesentlich positiveren Einschätzungen. Aufschlußreich ist in diesem Zusammenhang, welch großen Einfluß Humboldt einmal mehr der Lektüre auf das Sehen bei Columbus einräumte: "Die lebhafte Phantasie des Admirals ließ ihn alles dasjenige mit eigenen Augen erblicken, was ihm sein Gedächtniß an Erinnerungen aus seiner anhaltenden und mannigfaltigen Lektüre vorführte." (ibid., Bd.1, p.540). Einen grundsätzlichen Unterschied zu "Neueren Reisenden" konnte Humboldt in diesem Phänomen im übrigen nicht erkennen (ibid., Bd.2, p.465). Auch er selbst war hiervon nicht ausgenommen...

80. ibid., Bd.2, p.141.

81. ibid., Bd.2, pp.12f.

82. ibid., Bd.2, p.76. Vgl. auch Bd.3, p.160, wo Humboldt von den "flatternden Truggebilden einer glühenden Einbildungskraft" spricht.

83. ibid., Bd.1, p.541; vgl. auch Bd.2, p.10,die in ähnlicher Formulierung vorgetragene Hervorhebung von Columbus' "Ausdehnung und Mannigfaltigkeit wissenschaftlicher Kenntnisse, welche, ohne gerade immer genau oder von ihm aus den ersten Quellen geschöpft zu sein, darum nicht minder unser Erstaunen erregen".

84. ibid., Bd.2, p.14.

85. ibid., Bd.2, p.157.

86. ibid., Bd.2, p.158.

87. ibid., Bd.2, p.103 [la grandeur des vues et la sagacité d'observations physiques].

88. ibid., Bd.2, p.11.

89. ibid., Bd.1, p.107.

90. ibid., Bd.2, p.173. Hierzu zählte Humboldt insbesondere den Versuch des Columbus, seine Ziele mit Hilfe eines "doppelten religiösen Beweggrund[s]", der Bekehrung der "Inder" und der Eroberung des Heiligen Grabes, "zu adeln" (ibid., Bd.2, p.175). Der Glaube des Columbus als Motor und Mittel des Admirals beschäftigte Humboldt immer wieder: "Es war gewissermaßen ein Glaube des praktischen Lebens, auf wunderliche Weise verbunden mit allen weltlichen Interessen des Jahrhunderts, dem Ehrgeiz und der Habsucht der Hofleute sich anschmiegend: ein Glaube, welcher im Nothfall, unter dem Vorwande eines religiösen Zweckes, die Anwendung der List und das Uebermaß despotischer Gewaltthätigkeit rechtfertigte." (ibid., Bd.2, p.182).Deutlich wird hier der Glaube des Entdeckers und auch sein Sendungsbewußtsein mit den späteren blutigen Ereignissen der Conquista verbunden, welche ihrerseits wiederum an die historische Entwicklung Spaniens, die Reconquista bzw. die unmenschliche "Achtserklärung zweier ganzer Völker, der Mauren und Juden" (ibid., Bd.2, p.183),rückgebunden werden. Gerade vor diesem Hintergrund scheint es verständlich, daß Humboldt im Examen critique, wie zuvor im Essai politique über Neu-Spanien, Columbus und Cortés häufig gemeinsam nennt; vgl.etwa die für diesen Zusammenhang wichtige Stelle in Bd.1, p.317.

91. ibid., Bd.1, p.107. Obwohl es eine solche Äußerung nahelegen könnte, war Humboldts Columbus-Bild gänzlich einer Mystifizierung entgegengesetzt, wie sie sich um die Mitte des 19.Jahrhunderts in Frankreich entwickelte und in der Eröffnung eines Kanonisierungsverfahrens gipfelte; vgl. hierzu Heydenreich, Titus: "'El arpa y la sombra'(1979): Alejo Carpentiers Roman vor dem Hintergrund der Columbus-Wertungen seit den Jahrhundertfeiern von 1892." In: Bader, Wolfgang/Riesz, János (Hg.): Literatur und Kolonialismus I. Die Verarbeitung der kolonialen Expansion in der europäischen Literatur. Frankfurt (Bayreuther Beiträge, Bd.4) 1983, pp.294f. Einen Kommentar aus seiner jüdischen Sicht gibt hierzu Wiesenthal, Simon: Segel der Hoffnung. Die geheime Mission des Christoph Columbus. Gerlingen: Bleicher 1984, pp.124f. Äußerungen zu dieser Columbus-Mystifizierung, die man etwa in den Briefen Humboldts erwarten dürfte, sind mir nicht bekannt.

92. Kritische Untersuchungen, op.cit., Bd.2, p.164. Vgl. hierzu auch im selben Band p.241: "Am glänzendsten bethätigte sich die Erhabenheit der Gesinnung und der Adel des Charakters, welche Columbus auszeichneten, durch jene Mischung von Kraft und Güte, die wir bei ihm ununterbrochen bis an das Ende seines Lebens wahrnehmen [...]".

93. Vgl. ibid., Bd.2, pp.158-164. Auch hier zeigte sich Humboldt ein weiteres Mal besonders beeindruckt von den nächtlichen Visionen, die Columbus in der sog. Lettera rarissima schilderte.

94. Letztlich zog Humboldt als erklärendes Moment immer wieder den historischen Kontext heran, nicht ohne sich dabei selbst in Widersprüche zu verwickeln. Vgl. hierzu etwa die Erläuterung der Indianergesetzgebung der Katholischen Könige, die er mit der Härte und Unnachgiebigkeit des Columbus kontrastierte; letztere sei freilich durch ein nicht näher erläutertes "unglückliches Zusammentreffen von Verhältnissen" ausgelöst worden, deren sich der Admiral nicht bewußt geworden sei (ibid., Bd.2, p.189). Seltener ist Columbus für Humboldt auch in manchen positiven Aspekten Ausdruck seines Jahrhunderts oder - wie es der Preusse metaphorisch formulierte - ein Reflex, "einem Spiegel gleich, [der] Alles zurückstrahlt, was das Mittelalter Erhabenes und Bizarres neben einander hervorgebracht hat" (ibid., Bd.1, p.108).

95. ibid., Bd.2, p.290.

96. ibid., Bd.3, p.127.

97. ibid., Bd.2, p.167; vgl. hierzu auch pp.294f.

98. ibid., Bd.2, pp.250-258 sowie 281.

99. Vgl. ibid., Bd.3, p.126: "Die Majestät großer Erinnerungen scheint sich in dem Namen des Columbus zu concentriren. Die Eigenthümlichkeit [originalité] seiner kraftvollen Auffassungsgabe, der Umfang seiner Kenntnisse, die Fruchtbarkeit seines Geistes [génie], der Muth, mit welchem er einer langen Reihenfolge bitterer Mißgeschicke entgegen trat, sind es, welche den Admiral hoch über alle seine Zeitgenossen erhoben haben." Humboldt siedelte Columbus realhistorisch wie ideengeschichtlich am "Beginn einer neuen Zeitrechnung", zwischen Mittelalter und den "neuen Zeiten", an (ibid., Bd.2, p.5).

100. Vgl. u.a. ibid., Bd.2, p.5; dies hatte sich bereits in der Relation historique (s.o.) angedeutet.

101. Ein durchaus wohlmeinender Biograph des Preussen ging so weit, Humboldts "Vorliebe" für die Entdeckungsgeschichte Amerikas und speziell für den Genuesen damit zu begründen, daß er "doch selbst (im Gegensatze zu Kolumbus, dem geographischen Entdecker der amerikanischen Tropenländer) der wissenschaftliche Entdecker jener Länder genannt" worden sei; vgl. Klencke, Hermann: Alexander von Humboldt, op.cit., p.409.

102. Kritische Untersuchungen, op.cit.,Be.1, p.240

103. ibid., Bd.1, p.309.

104. ibid., Bd.1, p.311; vgl. auch p.309: "Was die Bewegung und den Erfolg vorbereitet, gehört der Verkettung von Ideen und der Verbindung geringfügiger Ereignisse an, welche eine gleichzeitige und gemeinschaftliche Wirkung ausüben".

105. Vgl. hierzu das zitierte Vorwort des Verfs. zur neuen Ausgabe des Reiseberichts. Gemeint ist jener geschichtlicher Prozeß, welcher längst zu einem "Uebergewicht" der "Völker des Westens [peuples de l'occident]" geführt hatte: "Die Ereignisse, welche einem kurzen Zeitraum von sechs Jahren (1492-1498) angehören, haben gewissermaßen die Vertheilung der Gewalt über die Erdoberfläche bedingt." (ibid., Bd.2, p.301; vgl. hierzu im selben Band pp.4f. bzw. zu den Rückwirkungen der Entdeckungen speziell auf Europa pp.109ff.). Aus einem Brief Alexanders vom 17.5.1837 an Varnhagen von Ense, zu einem Zeitpunkt, als Humboldt bereits am ersten Band des Kosmos arbeitete und gleichzeitig, neben vielem anderen, die fünfbändige Ausgabe seines Examen critique abschloß, stammt eine noch wesentlich schärfere Formulierung. Sie bringt gegenüber dem Berliner Freund Humboldts Einschätzung des welthistorischen Prozesses zu jenem Zeitpunkt auf den Punkt: "Seit der großen Epoche von Columbus und Gama, seitdem ein Theil, eine Seite des Planeten, der andern kund ward, hat das bewegliche Element, das Meer, gleichsam die Allgegenwart einer Gattung der Civilisation (der westeuropäischen) möglich gemacht. Von allen Konturen des Starren aus dringen andre Sitte, andrer Glaube, anderes Lebensbedürfniß auch in die ungegliedertsten Ländermassen ein. Die Südsee-Inseln sind ja schon protestantische Kirchspiele; eine schwimmende Batterie, ein einziges Kriegsschiff verändert das Schicksal von Chili..." Briefe von Alexander von Humboldt an Varnhagen von Ense aus den Jahren 1827 bis 1858. Leipzig: Brockhaus 1860, p.41.

106. Kritische Untersuchungen, op.cit., Bd.1, p.371.

107. Auf das zeitweilige Verblassen von Columbus' Ruhm, das "wegwerfende Vergessen eines so großen Mannes" (ibid., Bd.2, p.304), machte der Naturforscher übrigens mehrfach aufmerksam; vgl. zu den Gründen u.a. ibid., Bd.1, p.531. Humboldt hielt dieses Vergessen für eine große historische Ungerechtigkeit, die allerdings nichts mit zu Unrecht behaupteten Machenschaften Vespuccis zu tun habe.

108. Vgl. etwa die Diskussion des Begriffs in bezug auf die "Entdeckung" der Azoren durch die Portugiesen, die eigentlich eine "erste Landung" gewesen sei; vgl. ibid., Bd.1, p.407. An anderer Stelle sprach er von "Entdeckung, oder besser mehrmalige[r] Auffindung der Azoren [découvertes, ou plutôt retrouvées plusieurs fois]"(ibid.,Bd.1,p.430).Hinsichtlich der Entdeckung des (nord)amerikanischen Festlandes durch Cabot, welche vor Columbus dritter Reise stattgefunden hatte, war die Sachlage freilich eine andere; doch schloß sich Humboldt hier der Meinung Voltaires zu Vespuccis Verdienst an, daß allein Columbus der Ruhm zustünde "d'avoir doublé les oeuvres de la création" (vgl. ibid., Bd.2, pp.315-317 u. 455 sowie Bd.3, p.129).

109. ibid., Bd.2,pp.6f.

110. ibid., Bd.2, p.7.

111. ibid., Bd.1, p.91.

112. ibid., Bd.1, p.27; vgl. hierzu besonders Beck, Hanno: "Die Geographie Alexander von Humboldts." In: Hein, Wolfgang-Hagen (Hg.): Alexander von Humboldt. Leben und Werk. Frankfurt a.M.: Weisbecker Verlag 1985, pp.221-238.

113. Kritische Untersuchungen, op.cit., Bd.2, p.8.

114. ibid., Bd.2, p.17.

115. Über das bereits Gesagte hinaus soll anhand eines kurzen Ausschnitts auf der Textebene gezeigt werden, in welcher Weise ein solcher Identifikationsprozeß die Literarizität des Geschriebenen (und in diesem Falle auch von "Wahrheit" und Genauigkeit der Schilderung) aufscheinen läßt. Als Beispiel mag uns eine bereits zitierte Passage der Relation historique (Bd.1, p.82) dienen, die Humboldt zumindest zweifach veränderte. Denn die im ersten Band der Reisebeschreibung an so bedeutsamer Stelle auftauchenden "lumières mouvantes [...] que Pedro Gutierrez [...] vit à l'île de Guanahani" erscheinen im Examen critique nun als die "beweglichen Lichter, welche der Admiral dem Pedro Guttierez in dem Dunkel der Nacht zeigte [lumières mouvantes que l'amiral montra à Pedro Guttierez dans l'obscurité de la nuit]" (Kritische Untersuchungen, op. cit., Bd.2, p.117). Hier ist nicht allein Columbus plötzlich als Protagonist, als "eigentlicher" Ent-decker an die Stelle des Pagen getreten - vergleichbar geradezu mit der Art und Weise, wie der Genuese sich unrechtmäßig in den Besitz des Geldes bringen konnte, das die Katholischen Könige jenem versprochen hatten, der als erster Land entdecken würde (dies war natürlich auch die - Humboldt bekannte - Version, die Hernando Colón im 22.Kapitel seiner Biographie schilderte); die gesamte Passage erscheint nun nicht länger als Frucht einer Lektüre während Humboldts Oberfahrt nach Amerika, sondern weckt die "freundlichsten Erinnerungen der Kindheit" an die "erste Lesung der Entdeckung von Guanahani", welche so mächtig "unsere Einbildungskraft" angeregt habe (Bd.2,pp.117f.; Hervorhebung von mir). Der intratextuelle Vergleich, die konstatierte Nähe der Formulierungen bei gleichzeitig entscheidender Differenz weisen hier meiner Ansicht nach eindeutig auf den Prozeß einer ré-écriture, dem auf biographischer Ebene nur eine verstärkte Identifikation des Autors mit der Gestalt des Columbus, auf intertextueller Ebene allein ein bewußt verstärkter Hinweis auf Parallelen zur Entdeckungsfahrt des Genuesen zugrunde liegen kann.

116. Vgl. hierzu ibid., Bd.2, pp.20 sowie 156f.

117. Vgl. zur Entstehungsgeschichte des Kosmos u.a. Engelmann, Gerhard: "Alexander von Humboldt über seine Arbeit am 'Kosmos'." In: Alexander von Humboldt. Eigene und neue Wertungen der Reisen, Arbeit und Gedankenwelt. Wiesbaden: Franz Steiner Verlag 1970, pp.23-48 hier p.35.

118. Ich zitiere nach der Erstausgabe; Humboldt, Alexander von: Kosmos. Entwurf einer physischen Weltbeschreibung. 5 Bde. Stuttgart u. Tübingen: Cotta 1845-1862, hier Bd.2, pp.134ff.

119. ibid., Bd.2, p.136.

120. ibid., Bd.2, p.138.

121. ibid., Bd.2, p.266: "Das funfzehnte Jahrhundert gehört zu den seltenen Zeitepochen, in denen alle Geistesbestrebungen einen bestimmten und gemeinsamen Charakter andeuten, die unabänderliche Bewegung nach einem vorgesteckten Ziele offenbaren." Diese Formulierungen belegen im übrigen zweifelsfrei die Kontinuität von Humboldts (historischem) Denken, greifen sie doch auf eine bereits angeführte Passage in der deutschen Übersetzung des Examen critique zurück, deren Gedanke nun im Kosmos entfaltet wird.

122. ibid., Bd.2, p.302.

123. ibid., Bd.2, pp.317ff.

124. Vgl. ibid., Bd.2, p.322 sowie die Anmerkung Humboldts (p.483), die sich in unsere Zeit der ungezügelten Vernichtung der Regenwälder verlängern ließe: "Diese Warnung ist drei und ein halbes Jahrhundert fast unbeachtet geblieben."

125. ibid., Bd.2, p.298; in die Aktualität dieser Fragen schließt Humboldt selbstverständlich auch Überlegungen der spanischen Chronisten insgesamt ein.

126. ibid., Bd.2, p.269 (Hervorhebung von mir).

127. Er betonte vielleicht noch deutlicher als im Examen critique, daß "diese erste Entdeckung von Amerika" im Gegensatz zum "Wiederauffinden desselben Continents durch Columbus" "nichts großes und bleibendes zur Erweiterung der physischen Weltanschauung" habe beitragen können (ibid., Bd.2,p.275).

128. ibid., Bd.2, p.277.

129. ibid.

130. ibid., Bd.1, p.188.

131. Dem tut auch die bereits im Examen critique herausgearbeitete Tatsache keinen Abbruch, daß Columbus zu keinem Zeitpunkt zu der Ansicht gekommen war, einen anderen Teil der Welt als Asien entdeckt zu haben.

132. Die Fehleinschätzung des Humboldtschen Entdeckungsbegriffs bei O'Gorman (als Bezeichnung für ein "rein physisches" Auffinden) beruhte möglicherweise auf der Tatsache, daß sich der mexikanische Philosoph wohl "nur" der französischen und spanischen Übersetzung des Kosmos bediente; sie entstand aber sicherlich auch aus einer fehlenden Untersuchung der historischen Entwicklung von Humboldts Columbus-Bild. Vgl. O'Gorman, Edmundo: La idea del descubrimiento de América. Historia de esa interpretación y crítica de sus fundamentos, op.cit., p.292.

133. "Unserem tiefer forschenden und in Ideenreichthum fortgeschrittenen Zeitalter ist ein Ersatz geworden" für die Überraschung und Faszination in der Zeit der Entdeckungen und Eroberungen: "ein Ersatz, freilich nicht für den großen Haufen, sondern lange noch für die kleine Zahl der mit dem Zustand der Wissenschaften vertrauten Physiker." (<u>Kosmos</u>, op.cit., Bd.2, pp.310f.). Wie die Entdecker unbekannter Welten des 15.Jahrhunderts sind auch die Entdecker jener anderen "Wunderwelt, an deren Eingang wir kaum gelangt sind" (<u>ibid</u>.), eine nur kleine Gruppe von Menschen, eine Elite: auch wenn <u>Humboldt</u> immer wieder die (demokratische) Verpflichtung des Wissenschaftlers zur möglichst breiten Vermittlung seines Wissens betonte.

134. <u>ibid</u>., Bd.2, p.337.

135. Dieser Aspekt scheint mir wesentlich wichtiger als die von O'Gorman brilliant vorgetragene, aber letztlich unbelegte und auch zu simple Behauptung, Alexanders Columbus sei "un romántico científico a semejanza de Alejandro von Humboldt, su creador"; vgl. O'Gorman, Edmundo: <u>La idea del descubrimiento de América</u>, op.cit., p.295.

136. <u>ibid</u>., Bd.1, p.56.

137. Oder auch in seinen Briefen: vgl. etwa das Schreiben Alexanders an seinen Bruder Wilhelm aus Cumaná vom 16.7.1799. Sehr nahe kommt auch das Columbus-Zitat Humboldts in seinen <u>Kritischen Untersuchungen</u>, op.cit., Bd.2, p.16.

138. Vgl. die Passage aus Humboldts "Ideen zu einer Physiognomik der Gewächse" in seinen <u>Ansichten der Natur</u>, op.cit., Bd.2, p.38: "Bei dieser Fülle von Blüthen und Blättern, bei diesem üppigen Wuchse und der Verwirrung rankender Gewächse wird es oft dem Naturforscher schwer, zu erkennen, <u>welchem Stamme Blüthen und Blätter zugehören</u>." (Hervorhebung von mir).

139. <u>Kritische Untersuchungen</u>, op.cit., Bd.1, p.542; vgl. auch Bd.2,pp.160f.

140. <u>ibid</u>., Bd.2, p.167; vgl. hierzu die folgende "Analyse" in Bd.3, p.159: "Die Sprache des Columbus zeigt in viel höherem Grade die Gewohnheitssitte eines alten Seefahrers; sie ist ungebildet, ernst und fest, aber bisweilen doch belebt durch jene plötzlichen Anflüge von Begeisterung, welche der Anblick großer Naturscenen in einer exotischen Natur hervorruft."

141. <u>ibid</u>., Bd.2, p.168.

142. Für sie schienen diese Passagen auch kalkuliert gewesen zu sein, schrieb Humboldt doch mit unverhohlener Befriedigung in einem Brief an Varnhagen vom 3.Juni 1839 unter Bezugnahme auf eine solche Stelle: "Es war der Gegenstand einer Lektüre bei Chateaubriand und Madame Récamier, und gefiel, wie der Ausbruch des Gefühls gefällt zwischen den öden Steppen minutiöser Erudition." <u>Briefe von Alexander von Humboldt an Varnhagen von Ense</u>, op.cit., p.57.

143. Humboldt griff auch auf bestimmte stilistisch elegante Ausdrücke Buffons explizit zurück; vgl. <u>Kritische Untersuchungen</u>, op.cit., Bd.2, p.156.Nur die erste der beiden angeführten Deutungsmöglichkeiten wäre nach Gumbrechts Analyse die "richtige", entspräche also den Intentionen Buffons; die zweite jedoch war die schon bei Humboldts Zeitgenossen wesentlich verbreitetere

Deutung, die (im Sinne eines kreativen Mißverständnisses) fraglos in die Richtung der Romantik wies; vgl. zu Buffons Stilbegriff Gumbrecht, Hans Ulrich: "Schwindende Stabilität der Wirklichkeit. Eine Geschichte des Stilbegriffs." In: ders. u. K.Ludwig Pfeiffer (Hg.'): Stil. Geschichten und Funktionen eines kulturwissenschaftlichen Diskurselements. Frankfurt a.M.: Suhrkamp 1986, pp.726-788, hier p.756. Freilich ist die Verbindung zu Goethes Stilbegriff ebenso evident.

144. Kosmos, op.cit., Bd.2, p.4.
145. ibid., Bd.2, p.55. Hier ist in erster Linie Bernardin de Saint-Pierre gemeint.
146. ibid.
147. ibid.; die Quellenstudien des Admirals scheinen hier vergessen.
148. ibid., Bd.2, p.58.
149. Wie sehr Foucaults epistemologische Analyse des Übergangs von der Klassik zur Moderne gerade auf das Werk von Humboldt angewendet werden kann, braucht an dieser Stelle nicht mehr betont zu werden. Seinem Kosmos lag zweifellos als Leitgedanke schlechthin zugrunde: "Das Sein wird in seinem Umfang und inneren Sein vollständig erst als ein Gewordenes erkannt." (ibid., Bd.1, p.64). Dabei zeichnete den Kosmos schon von seiner Konzeption her im Vergleich zu den anderen Publikationen ein höheres "Schweben über den Dingen", eine erhöhte Beobachterperspektive aus, welche sich um eine Bestimmung der großen Entwicklungslinien innerhalb einer Geschichte der Menschheit bemühte. Die Entdeckungsgeschichte erscheint daher in diesem Werk in einem wesentlich weiteren Kontext als noch im Examen critique.
150. Dabei begriff er seine Darstellung aber keinesfalls, wie O'Gorman mehrfach fälschlich behauptete, als eine "visión divina y absoluta"; vgl. O'Gorman, Edmundo: La idea del descubrimiento de América, op.cit., p.271.
151. Dies betrifft in gewisser Weise selbst den Begriff des "Modernen" bei Humboldt, versteht er diesen Ausdruck doch im Gefolge der deutschen Geschichtsphilosophie eindeutig als einen Epochenbegriff. Der zum Zeitpunkt der Abfassung des Kosmos (2.Band) in Frankreich erkennbare Bedeutungswandel hin zum Transitorischen ist dem damals 78jährigen gleichwohl fremd; vgl. zum angesprochenen Bedeutungswandel Gumbrecht, Hans Ulrich: "Modern, Modernität, Moderne." In: Geschichtliche Grundbegriffe. Historisches Lexikon zur politisch-sozialen Sprache in Deutschland. Hrsg.von Otto Brunner, Werner Conze, Reinhart Koselleck, Bd.4, Stuttgart: Klett-Cotta 1978, pp.93-131.
152. Dies läßt sich auch anhand der Ausgaben von Humboldts Ansichten der Natur nachvollziehen. Die von ihm häufig praktizierte Trennung in einen fortlaufenden Text und einen umfangreichen Anmerkungsapparat, der die Lektüre nicht behindern sollte, erlaubte ihm nämlich, eine Reihe von Forschungsergebnissen seines Examen critique zu Columbus nachträglich in die 1849 erschienene dritte Ausgabe seiner Ansichten zu integrieren.

In den Anmerkungen zu den einzelnen Aufsätzen "Über die Steppen und Wüsten", "Über die Wasserfälle des Orinoco bei Atures und Maypures", "Ideen zu einer Physiognomik der Gewächse" und "Das Hochland von Caxamarca" finden wir die überwiegende Mehrzahl der Verweise auf Columbus in diesem Werk. Sie stammen aus den 40er Jahren, aus der Zeit also, zu der Humboldt an den ersten beiden Bänden seines Kosmos arbeitete.

153. Die Komplexität dieser Entwicklung von Alexanders Columbus-Bild, ja selbst eine Entwicklung überhaupt, ist in den bisherigen Arbeiten nicht erkannt worden. Minguet beispielsweise resümierte das Ergebnis seiner Untersuchung recht simpel: "Colomb (i.e. le Colomb de Humboldt) n'était donc ni un héros sans tache, ni un aventurier pur et simple. C'était tout simplement un homme de son temps, doté de grandes qualités, mais aussi de faiblesses bien humaines." Minguet, Charles: Alexandre de Humboldt, op.cit., p.593. Das Fehlen einer präzisen, nicht nur an einer "Faktizität" des von Humboldt Behaupteten ausgerichteten Textlektüre ließ den französischen Historiker daneben auch die auf der Textebene beobachtbaren Identifikationsprozesse zu keinem Zeitpunkt erkennen.

Die Entdeckung Amerikas und der Triumph des Kompaß in Népomucène Louis Lemerciers "Cristophe Colomb". Comédie shakespearienne (1809)

Volker Kapp

Népomucène Louis Lemercier (1771-1840) gehört zu den Minores, denen die Literaturgeschichtsschreibung nur deswegen Beachtung schenkt, weil sie irgendwann einmal ein Werk geschrieben haben, das sich als Baustein in die Konstruktion einer literarischen Epoche einfügen läßt. In seinem Fall ist es das Theaterstück Christophe Colomb, dessen Uraufführung am 7.März 1809 im Théâtre de l'Odéon von Paris ein Skandal war. Die Gründe hierfür und der Verlauf des Geschehens werden von der Sekundärliteratur ganz unterschiedlich beurteilt.

In der Biographie de Népomucène Lemercier von M. de Pongerville, der wie Lemercier Mitglied der Académie Française war, wird die Inszenierung zum Auslöser der Auseinandersetzungen erklärt:

> La nouveauté de la mise en scène souleva des orages au parterre; cependant ce drame, dont le style est facile et le dénouement trop prévu, n'offrait d'extraordinaire qu'une intrigue commencée en Espagne, continuée sur l'Océan dans l'intérieur d'un vaisseau, et dénouée aux rivages de l'Amérique.[1]

Lemerciers erster Biograph versteht die Aufregung über dieses Stück nicht, das in der Tat nichts Kühnes an sich hat, wenn man einmal von der Durchbrechung der Regel von der Einheit des Ortes und der Zeit absieht. Deshalb meint er, die Inszenierung habe für Unmut gesorgt. Leider gibt es dafür kein Zeugnis, so daß wir bei der verbreiteten Meinung bleiben müssen, dramaturgische Konzepte hätten damals die Gemüter erregt, obwohl für uns heute im Rückblick unbegreiflich ist, was für die Zeitgenossen an diesem Drama bedeutsam gewesen sein soll.

Der Christophe Colomb ist bereits nach der zweiten Vorstellung verboten worden. Bis dahin gab es heftige Auseinandersetzungen, die Dellac, der Verfasser des Artikels über Lemercier in Michauds Biographie universelle et moderne, schildert:

> [...] représentée à l'Odéon[...] en présence des baïonettes
> qui soutenaient la pièce contre un parterre de jeunes gens,
> lesquels, dans leur ferveur toute classique, ne voulaient
> pas des innovations dramatiques de Lemercier. Il y eut
> des scènes sanglantes, des arrestations; et, après une
> seconde représentation, la pièce fut défendue.[2]

Wo literarische Fehden Blut fließen lassen, muß es um wichtige Entscheidungen gehen;[3] in diesem Fall wäre, so behauptet der Autor, die konservative Jugend zugunsten der traditionellen klassischen Einheiten auf die Barrikaden gegangen.

Vielleicht war dieser Skandal von Lemercier sogar inszeniert, sicher war er ihm willkommen. Dafür spricht eine Fußnote von Dellac, demzufolge die Prügelei dem Autor mehr genützt hat als sein Stück:

> L'auteur de cet article, alors étudiant en droit, assistait
> à cette représentation, et il peut attester que le nom de
> Lemercier, devenu populaire parmi la jeuneusse, ne l'était
> pas du tout à cette époque. (ebd.).

Wenn ein Stück zum Widerspruch reizt und seinen Autor mit einem Schlag bekannt macht, dann liegt ein Propagandaeffekt vor, an dem im vorliegenden Fall Lemercier nicht ganz unschuldig sein kann, denn er hat am Tag vor der Première eine Presseerklärung veröffentlicht, in der er sich für seine Verstöße gegen die klassische Dramaturgie entschuldigt und die Aufmerksamkeit auf den Bau des Stückes lenkt. Diese Strategie war vielleicht ein Auslöser für die Proteste bei der Uraufführung, und sie erwies sich als günstig für die Lenkung der Rezeption, denn diese Notiz wurde auch in die Buchausgabe aufgenomen. So trug sie dazu bei, daß Lemercier von der Literaturgeschichtsschreibung unter die Vorläufer der romantischen Bewegung eingereiht worden ist.[4] Man muß sich aber fragen, was dieses Drama mit der Romantik gemeinsam hat?

Man ist versucht, als Antwort Stendhals Defintion der romantischen Tragödie zu zitieren:

> C'est la tragédie en prose qui dure plusieurs mois et
> se passe en des lieux divers.[5]

Lemerciers <u>Christophe Colomb</u> dauert in der Tat mehrere Monate, ist jedoch in Versen. Die Gemeinsamkeiten mit Stendhal dürften daher mehr zufälliger Natur und Lemerciers Dramaturgie somit anders zu erklären sein. Doch bevor ich diese These erläutere, muß noch eine andere Komponente genannt werden, die auf die Romantik vorausweist.

Lemercier zeigt sich in seinem Cours analytique de littérature (1810) offen
für die europäische Literatur.[6] Deshalb hat sich die Sekundärliteratur bei
Christophe Colomb auf den Untertitel "comédie shakespearienne" konzentriert
und viel darüber gerätselt, was er besagen soll. Anstatt den Spekulationen
eine weitere hinzuzufügen, sei hier Lemercier selbst zitiert. Die Buchausgabe bei Didot Jeune trägt diese Bezeichnung wohlgemerkt nicht auf dem
Titelblatt, wo das Stück als "comédie historique en trois actes et vers"
bezeichnet wird. Nur in der bereits erwähnten "Note publiée la veille du
jour de la première représentation de Christoph Colomb", die dem Text
vorausgeschickt ist,[7] findet man diese Gattungsbezeichnung mit dem ent-
schuldigenden Zusatz, der Dramatiker habe sein Stück nicht so betitelt
"pour affecter d'introduire un genre étranger sur la scêne, mais seulement pour annoncer aux spectateurs que son ouvrage sort de la règle des
trois unités" (S.5). Diese häufig zitierte Selbstinterpretation trägt wenig
zur Klärung der Begriffe bei, denn sie sagt weder etwas über das Adjektiv
"shakespearienne" noch über die Gattungsbezeichnung "comédie" oder die un-
klassische Einteilung in drei Akte aus.[8] Hier muß die Forschung ansetzen
und sich fragen, warum Lemercier eine solche Freiheit im Umgang mit Gattungskonventionen besessen hat.

Sieht man die Auflösung der Gattungskonventionen als ein Merkmal der
Romantik an, dann gehört Lemercier mit seiner Dichtungspraxis in die Vor-
geschichte der romantischen Bewegung. Der Begriff der "Comédie" bekommt bei
ihm einen völlig unklassischen Sinn, denn nicht nur sein Christophe Colomb
ist als "comédie historique en trois actes", sondern auch sein satirisches
Epos La Panhypocrisiade ou le Spectacle du seizième siècle (1819) als
"Comédie épique" mit dem klassischen Gattungssystem nicht zu vereinbaren.
Was hat den Dichter zur Wahl dieser Form veranlaßt?

Man könnte wiederum in der Optik romantischer Dichtungstheorie auf die
Dante-Rezeption verweisen, die der Widmungsbrief von La Panhypocrisiade
suggeriert. Dort verweist Lemercier auf sein Epos Atlantiade, das einem
andern Geist verpflichtet ist:

> J'avais dérobé avec tant de plaisir, au poète que je vole
> encore, l'idée d'une théogonie nouvelle, dont je fis agir
> les divinités qui figurèrent les phénomènes de la nature
> dévoilée par nos sciences dans mon Atlantiade, que je n'ai

> pu résister à l'envie de commettre ce nouveau larcin. Tu
> trouveras ici quelques-uns des mêmes dieux qu'il a créés,
> d'après son système newtonien. Il les introduit dans cet
> autre ouvrage hardi qu'il a qualifié du titre de comédie
> épique.[9]

Die Fiktion, nur ein gefundenes Manuskript herauszugeben, und die Widmung an Dante werden hier durch die massiven Hinweise auf das eigene Schaffen ausgeglichen. Lemercier möchte den Eindruck erwecken, er habe die Wirklichkeit fest im Griff und könne wie Dante eine universale Dichtung schaffen. Sein Epos ist jedoch keine 'göttliche', sondern eine 'epische' Komödie, die mit Bezug auf die moderne Wissenschaft das Werk neu in Angriff nimmt, das der Florentiner mit Berufung auf Gott geschaffen hat.

Die Theorie einer Dichtung auf der Grundlage wissenschaftlichen Denkens bildet die eigentliche Basis für die Themen- und Gattungswahl. Dies beweisen Lemerciers "Réflexions générales sur l'invention", die er ein Jahr vor Christophe Colomb veröffentlicht hat. Dort nennt er Descartes den Vater einer vorurteilsfreien wissenschaftlichen Dichtung und bekämpft des Vorurteil, Wissenschaft sei unpoetisch:

> [...]l'observation des phénomènes naturels est la source
> intarissable où l'esprit doit puiser.[...] une raison
> élevée est la base du merveilleux réel,[...] les visions
> que se figure un cerveau vide sont moins frappantes que
> les vérités éternelles que se peint une tête bien
> remplie.[10]

Ob der Dichter seine Vorstellung von der "comédie" aus Dante bezieht, ist für das Epos ebenso fraglich wie für Christophe Colomb. Sicher ist lediglich, daß das "newtonsche System" einer wissenschaftlichen Konzepten verpflichteten Dichtung für beide Werke ausschlaggebend war. Während der Anspruch, die Geheimnisse der Welt durch eine universale Dichtung zu enthüllen, zur Epenkonzeption der Romantik paßt,[11] weist dieses System mehr nach rückwärts auf die Lehrdichtung der Aufklärung. Lemercier bleibt der klassischen Literaturkonzeption verpflichtet und müßte in der Terminologie der romantischen Bewegung als Klassizist bezeichnet werden, denn er hat prinzipiell, so erklärt er selbst, an der überkommenen Dramaturgie festgehalten.[12] Wie kommt er dann dazu, sich in diesem Stück über sie hinwegzusetzen? Er ist wahrscheinlich auf dem Umweg über die Thematik zur Durchbrechung der Regeln des klassischen Theaters gekommen. Und so sind wir endlich bei der Gestalt des Columbus, die er mit einer für die klassische Dramaturgie befremdlichen Argumentation für die beste Entschuldigung seines freien Umgangs mit Gattungskonventionen hält:

> L'auteur se flatte qu'on excusera une licence qu'il lui
> était impossible de ne pas prendre dans le sujet qu'il
> a choisi, espérant intéresser par la représentation
> d'un personnage tel que Christoph Colomb, dont la décou-
> verte fut une si grande époque dans les annales du monde.
> Cette particularité d'un événement et d'un caractère ne
> peut faire exemple. (S.5)

Die Gestalt des Columbus und dessen Leistung sprengen alle Regeln. Deshalb verdient der Entdecker Amerikas die Ehre, auf der Bühne dargestellt zu werden, selbst wenn dadurch die Regeln der Dramaturgie verletzt werden müssen. Die Vordergründigkeit dieser Überlegung wird offenkundig, sobald man sich bewußt macht, daß für das klassische Theater der Tragödienheld durch seine einmalige Größe zur exemplarischen Figur wurde. Warum übersieht Lemercier diese elementare Regel? Spielt hier vielleicht der Genie-Kult uneingestanden mit? Das ist nicht unwahrscheinlich, sofern man das Genie als das historische Pendant zu den Allegorien deutet, die ansonsten in Lemerciers Epos vorherrschen. Wenn dem so ist, dann bleibt immer noch zu klären, warum der Dramatiker nicht die geschichtlichen Episoden auswählte, die sich mit den ansonsten von ihm akzeptierten Prinzipien der klassischen Dramaturgie vereinbaren lassen? Die Antwort auf diese Frage läßt sich durch die Analyse der Handlung gewinnen. Der erste Akt spielt im Hafen von Pinos nahe bei Granada und thematisiert die Hindernisse, die Columbus überwinden mußte, bis er zu seiner Entdeckungsfahrt aufbrechen konnte. Zunächst kommt seine Frau zu Wort, die ihn in I,1 kurzerhand für verrückt erklärt. Sie schaltet den Priester Salvador und den Arzt Pharmacos ein, die durch ihren Namen zu allegorischen Gestalten werden und in der 2.Szene in der Optik ihrer jeweiligen Disziplin Columbus von seinem Vorhaben abbringen wollen. Dieser hört ihnen zunächst gar nicht zu und rechnet in einem Selbstgespräch die geringen Kosten seines Unternehmens im Vergleich zum Aufwand von Kriegen durch. Erst als ihn der Arzt wegen seiner Geistesabwesenheit und seines Gestikulierens beim Selbstgespräch für geistesgestört erklärt, bricht er in schallendes Gelächter aus und wirft ihm seine Befangenheit in Vorurteilen vor.

Für Lemercier ist Columbus also der echte Wissenschaftler, den die Engstirnigkeit der andern hindert, der Menschheit durch seine Erkenntnisse zu nutzen. Der Konflikt zwischen ihm und seiner Umgebung wird im Stück in Anlehnung an das aus der Aufklärung bekannte Muster des Kampfes gegen Vorurteile präsentiert:

> O le plus grand des maux pour un mortel qui pense!
> De tout ce qu'il pressent il a pleine évidence;
> Mais la conviction n'en saurait arriver,
> Si tout lui ferme accès à le pouvoir prouver,
> Et sous l'oeil et le doigt s'il ne met pas les choses,
> On croit de les nier avoir cent graves causes. (S.20)

Die Entdeckung Amerikas wird hier als die experimentelle Erprobung einer kühnen Einsicht verstanden und damit dem naturwissenschaftlichen Modell der Welterkenntnis angepaßt. Die Zeitgenossen sind rückständig und geistig träge, weil sie eine neue Theorie mit der Forderung nach materiellen Beweisen ablehnen und mit ihren Machtpositionen das Erfüllen dieser Forderung verhindern. Dem Genie ist manches einsichtig, was den andern so lange verschlossen bleibt, bis sie materielle Zeugnisse für die Richtigkeit seiner Vorstellungen in Händen haben. Hierin unterscheidet sich nach Lemercier der Entdecker in nichts vom Naturwissenschaftler.

Eine Bestätigung dieser Interpretation des Stückes erhält man durch Materialien, die der Autor selbst im Anhang zur Textausgabe von Christophe Colomb veröffentlicht hat. Es handelt sich um das Fragment eines Gedichts aus Lemerciers Nouvelle Théogonie, ou Essais poétiques sur la philosophie newtonienne, einen Text, in dem Algarottis Newtonianismo per le dame (1736), ohne erwähnt zu werden, fröhliche Urstände feiert und Columbus zum Vorkämpfer des naturwissenschaftlichen Weltbildes erhoben wird. Dieser Gedanke muß dem Autor sehr am Herzen gelegen haben, denn dieselben Verse hat er in den vierzehnten Gesang seines Epos La Panhypocrisiade ou le Spectacle infernal du seizième siècle (1819) integriert.

Dort sagt Columbus einer allegorischen Gottheit, die Magnégine heißt, über sich selbst:

> Tentons plus que n'ont fait les héros les plus grands,
> La science aux yeux d'aigle a ses prompts conquérants,
> Qui de ceux de la guerre, environnés d'alarmes,
> Surpassent les exploits, sans tumultes, et sans armes.
> Ouvrons, ô Magnégine! ô ma divinité!
> Ces mers dont on n'osa fendre l'immensité.[13]

Der hochgemute Anspruch des Columbus, mehr als die größten Helden zu wagen, erinnert an Lemerciers eigene Begründung für die Verletzung der Regeln des klassischen Theaters. Damit bestätigt sich die These, daß der Dramatiker Rückschlüsse von der thematischen auf die formale Ebene vollzieht.

Es wird weiterhin deutlich, in welchem Sinne Columbus zu einem Vorkämpfer des wissenschaftlichen Fortschritts stilisiert wird. Er ist der Vollender

der kopernikanischen Revolution, weil er experimentell durch seine Seereise nach Amerika nachweist, daß die Erde tatsächlich rund ist. Auf diesem Hintergrund wird verständlich, warum sich ein großer Teil des Dialogs zwischen Columbus, dem Priester Salvador und dem Arzt Pharmacos in I, 3 um die Frage dreht, ob die Erde rund und die Kugel zu umschiffen ist.

Noch prononcierter tritt Lemerciers Zielsetzung hervor, wenn sich im zweiten Akt das ganze Unternehmen auf eine einfache technische Frage reduziert:

> Répondez-moi, seigneur, que mille autres esprits
> De ces chimères-là ne seront pas épris,
> Et que, réalisant leur apparence folle,
> Quelqu'un n'en croira pas la foi de sa boussolle
> Pour tenter le chemin que je veux vous ouvrir,
> A ce grand continent possible à découvrir? (S.39)

Die Entdeckung Amerikas ist ein Sieg der Technik. Columbus glaubt dem Kompaß, während alle andern irgendwelchen Wahnvorstellungen nachhängen. Wer unbeirrt dem Magnetismus vertraut und somit aus der Verbindlichkeit naturwissenschaftlicher Gesetze praktische Konsequenzen zieht, der kann wie Columbus ganz neue Welten entdecken. Dies ist die Moral des <u>Christophe Colomb</u>. Das Verlangen, astronomische Theorien auf die Bühne zu bringen, den Kompaß als technisches Wunderinstrument zu verherrlichen und den Entdecker Amerikas zu einem Helden des wissenschaftlichen und technischen Fortschritts zu machen, bringt die Schwierigkeit mit sich, wie ein solcher Stoff in dramatische Handlung umzusetzen ist. Lemercier glaubt eine Lösung in der Darstellung der Umstände gefunden zu haben, die mit der Vorbereitung und Durchführung des Unternehmens verbunden waren. Im ersten Akt werden deshalb die von der Ehefrau des Columbus ausgehenden, im zweiten die von den Politikern kommenden und im dritten die von der Mannschaft aufgebauten Hindernisse vorgeführt. Diese Anlage der Handlung ist schuld an der Durchbrechung der Einheit von Raum und Zeit.

Der Befund des bisherigen Analyse ist wiederum zwiespältig, wenn es darum geht, Lemercier in die Vorgeschichte der romantischen Bewegung einzuordnen. Das Ambivalente kommt dabei weniger von der offensichtlichen Verwurzelung des Autors im Denken der Aufklärung als von dem Zweifel, ob im <u>Christophe Colomb</u> wirklich ein Wille zur Neuerung zu erkennen ist. Man muß sich mit andern Worten fragen, ob die Konstellation, daß ein genialer Einzelner

einer unverständigen Masse gegenübersteht, ausschlaggebend für die
Struktur des Dramas ist, was immerhin auf die romantische Anthropologie
vorausdeuten würde. Manche Elemente der Handlung im zweiten Akt passen
in dieses Schema.

Der zweite Akt spielt in einem Saal des königlichen Palastes von Granada
und hat neben dem Entdecker Amerikas die Königin Isabella zum Helden. Ihr
raten die Politiker, den aufdringlichen Abenteurer abzuweisen, während
Isabella von der ersten Begegnung mit ihm so beeindruckt ist, daß sie ihn
ein weiteres Mal empfängt. Dies ist für den Dramatiker die Gelegenheit,
um ein Porträt des Columbus aus königlichem Munde zu skizzieren:

> Ce Colomb m'avait plu dès la première vue.
> Son air pensif, absent même de la cohue,
> Son maintient sans contrainte et le ton de sa voix,
> Prouvant qu'il songeait peut qu'il était chez des rois,
> Son oubli de flatter, quoique soigneux de plaire,
> Qui dans toutes les cours rend extraordinaire,
> Et sur ses grands desseins son accent véhément
> N'annonçaient rien d'un homme et qui joue et qui ment. (S.35)

Das Enkomium der Königin paßt zum Verhalten, das im ersten Akt als
Zeichen für den Irrsinn des Columbus angesehen wurde. Er wirkt geistes-
abwesend, weil er ständig seinen hohen Gedanken nachhängt. Was für den
Arzt ein Mangel ist, hält die Königin für eine Tugend, zumal Columbus
sich wie ein weltfremder Denker bei Hof atypisch, nämlich nicht wie ein
Schmeichler verhält. Er tritt dort überdies selbstsicher auf und spricht
mit missionarischem Eifer. Das überzeugt einen königlichen Geist und soll,
so denkt wohl Lemercier, auch den Zuschauer beeindrucken.

In II, 2 hält Columbus vor der Königin eine flammende Rede, die der
Dramatiker erneut zur Darstellung des Ideals eines selbstlosen, ganz von
seiner Aufgabe erfüllten, wissenschaftlich denkenden Menschen benutzt.
Columbus verspricht, der Menschheit rein um der Sache willen eine ganze
Hemisphäre zu erwerben:

> Ce projet-là vaut bien, si la raison l'appuie,
> Que je souffre en tout lieu les malheurs que j'essuie,
> Et que, sans me lasser des soins que j'ai perdus,
> J'emploie à l'accomplir mes efforts assidus.
> Ce désir est ma vie [...]
> Mon coeur n'est envieux ni des rangs, ni des biens,
> Je ne veux qu'un navire! heureux si je l'obtiens,
> De prouver aux mortels bornés sur cette terre,
> Qu'ils peuvent s'agrandir sur un autre hémisphère; (S.38)

Während im ersten Akt Theorien zur Debatte standen, wird jetzt im zweiten die Aufmerksamkeit auf ethische Konzepte konzentriert. Wissenschaftsethik wird nun in allgemein menschliche Fragen übersetzt, denn die überragende Einmaligkeit von Columbus äußert sich nicht nur auf intellektueller, sondern auch auf moralischer Ebene. Er handelt besser als die andern, weil er mehr weiß. Daraus leitet sich sein Sendungsbewußtsein ab. Er kann sich ereifern, weil er ganz im Dienste der Menschheit aufgeht.

Am Ende der Szene legt Lemercier der Königin die Worte in den Mund, die seine Intention in dieser Szene umreißen:

> Ah! tant de dévouement force ma confiance!
> Vous surmontez, Colomb, ma résistance. (S.42)

Das hohe Ethos des Entdeckers ebnet letztlich alle Wege, weil es bei hochgemuten Personen die Zustimmung findet, die ihm die Kleinkarierten verweigern.

Der Rest des zweiten Aktes ist mit der Darstellung des Erfolgs von Columbus ausgefüllt, dessen Ethos nur noch an zwei Stellen besonders hervortritt: 1. in der Beziehung zu seinem Sohn, den er als treusorgender Vater vor der Abreise verheiraten und als Trost für seine Frau zurücklassen will, wohingegen sich dieser edelmütig zur Teilnahme am Unternehmen des Vaters aufdrängt. 2. in seiner Reaktion auf familiäre Probleme seiner künftigen Gefährten. Beides ist von Lemercier frei erfunden, der alles Wesentliche in einer Art Ansprache von Columbus an seine engsten Mitarbeiter zusammenfaßt, die dramentechnisch wie ein Monolog behandelt ist. An zentraler Stelle sagt er in der siebten Szene:

> Mes amis, je vous donne exemple de courage:
> Chacun de vous aura ce bruit dans son ménage;
> Mais partons; et de vous que je sois imité.
> Notre vieux continent, connu, riche, habité,
> Je l'abandonnerais, m'en fît-on un royaume,
> Pour l'autre qui nous semble encore un fantôme.
> Ferme donc! soyez prêts dans neuf jours révolus,
> Et que bientôt notre oeil voie un monde de plus. (S.55)

Der Mut des Entdeckers von Amerika wird hier vor dem Hintergrund bürgerlicher Wertvorstellungen gepriesen. Columbus ist zwar ein erhabener Geist, der über allem steht, aber er vergißt doch nicht vor lauter Sendungsbebußtsein seine Pflichten als Familienvater. Seine Frau hat eine erbärmliche Rolle zu spielen, denn sie begreift ihren unvergleichlichen Ehemann nicht. Aber dieser stellt dennoch seine Besonderheit dadurch unter Beweis, daß er sich auch ihr gegenüber fürsorgend verhält. Diese Seite des Stücks ist dem bürgerlichem Drama der Spätaufklärung mehr verwandt als dem romantischen Theater und gibt Aufschluß über das intendierte Publikum. Lemercier denkt an einen bürgerlichen Zuschauer, dem er den Pioniergeist des Columbus nahebringen will, das er aber gleichzeitig damit beruhigen möchte, daß Genialität und Unternehmergeist keine Störung der öffentlichen Ordnung bedeuten. Diese bürgerliche Komponente paßt besser zur klassizistischen als zur romantischen Ästhetik. Die Analyse des zweiten Aktes widerlegt somit die Tendenz der Literaturgeschichtsschreibung, Lemerciers Christophe Colomb in die Vorgeschichte der romantischen Bewegung einzuordnen. Die Zusammenhänge mit der Romantik sind rein äußerlich, so daß man dieses Drama ebenso gut dazu benutzen könnte, die fundamentalen Unterschiede zwischen der von der Aufklärung herkommenden Dramaturgie des frühen 19.Jahrhunderts und dem romantischen Theater sichtbar zu machen.

Die Durchbrechung der Regeln des klassischen Theaters ist in Christophe Colomb weniger mit dem Willen zur literarischen Innovation als mit der Ungeschicklichkeit des Dramatikers zu erklären. Auch wenn die Grenze zwischen Innovation und Unvermögen fließend sein mag, lassen die eklatanten Mängel des letzten Aktes die Folgerung zu, daß Lemercier der selbstgestellten Aufgabe nicht gewachsen war.

Der dritte Akt spielt auf dem Schiff des Columbus in der Nacht, bevor die ersten sicheren Zeichen für die Nähe des gesuchten Kontinents auftreten. Die Mannschaft ist erschöpft und meutert, alle führenden Männer sind gegen Columbus, der unerbittlich bleibt, weil er in der Härte die einzige Möglichkeit des Handelns sieht. Obwohl er selbst nicht mehr weiß als die andern, hat er sein Wort dafür gegeben, daß innerhalb von drei Tagen Land in Sicht ist, und will andernfalls Selbstmord begehen. Wie motiviert der Dramatiker dieses Verhalten des Admirals?

Alle Widrigkeiten können das Selbstvertrauen des Columbus nicht erschüttern, weil er höchstens daran zweifelt, daß er mit ihnen fertig werden kann, nicht jedoch daran, daß er recht hat.

Lemercier läßt ihn in III, 3 die Situation durch einen langen Monolog schildern:

> [...] Oui dans l'autre [hémisphère] est sans doute une terre
> Plus au sud, plus au nord, que sais-je?[...]Mais par-là
> (Avec véhémence.)
> D'autres, si ce n'est moi, reconnaîtront cela.
> Alors, en me pleurant, vous me rendrez justice,
> Aveugles compagnons, qui jurez mon supplice! (S.60)

Die Gefährten können Columbus daran hindern, sein Unternehmen erfolgreich zu beenden, aber die Geschichte wird ihm schon noch recht geben, weil dann eben andere nach ihm zum Ziel gelangen werden. Doch woher bezieht er seine Gewißheit, nicht einem Hirngespinst zu erliegen?

Auch in dieser Gefahr für sein Leben kommen bei Columbus nicht die geringsten Selbstzweifel auf. Lemercier denkt, ihm in der Wissenschaft so viel Halt geben zu können, daß psychologische Probleme unerheblich werden, die vom Wissen um die Grenzen des Menschen herrühren. Die bevorstehende Entdeckung bereitet er durch Signale vor, deren Bedeutung nur Columbus richtig erkannt und interpretiert hat, deren Aussagekraft er seinen aufgebrachten Gefährten jedoch nicht klar machen kann, weil ihm das letzte Glied des experimentellen Beweises für die Nähe des gesuchten Kontinents fehlt.

Im höchsten dramatischen Augenblick spricht Columbus erneut von seinem unerschütterlichen Glauben an die von der Naturwissenschaft erkannten Gesetze. Bemerkenswert ist dabei, daß Lemercier nun die Problematik in der Realität verankern möchte, indem er die Naturgesetze gegen ein chaotisches Element ausspielt, das der Ozean repräsentiert. Die Lösung dieses Dilemmas liefert wiederum die technische Errungenschaft des Kompaß, dem Columbus blind vertraut:

> Quel homme eût plus à vaincre arrêté dans un plan?
> Seul devant la nature, et contre l'Océan,
> L'une me dit: Poursuis; et l'autre en ma carrière
> Me dit: Recule, et vois mon immense barrière.
> O ma chère compagne et les jours et les nuits,
> Ma boussole! c'est toi qui seule me conduis[...]
> Instruis-moi, réponds-moi, me restes-tu constante?
> Quel écart![...] cèdes-tu toi-même à la tourmente?
> De ta direction pourquoi tant décliner!
> En tes balancemens, vas-tu m'abandonner?
> Non![...] vers ton pôle-nord tu reviens plus fidèle. (S.60)

Der Kompaß gibt ihm letzte Sicherheit. Ihn spricht er an und ihm gestaltet er sich gleich. Er steht als technische Erfindung auf seiten der Naturgesetze, die Columbus mit der Natur identifiziert und gegen den Ozean ausspielt, den er als feindliches Element besiegen möchte. Lemercier plädiert

hiermit für den technischen Fortschritt, der die chaotischen Kräfte der
Natur im Namen der technisch genutzten Naturordnung überwindet. Diese
Aussage des dritten präzisiert die des ersten Aktes.

Lemercier möchte im dritten Akt eine Art Synthese der beiden vorausgehenden
vollziehen. Deshalb greift er neben der Verteidigung wissenschaftlichen
Denkens, das die Thematik des ersten Aktes war, das Ethos des Entdeckers
als zweites Thema auf. Im Gespräch mit dem Priester Salvador demonstriert
Columbus diesem gegenüber seine moralische Überlegenheit, ohne daß die nahe-
liegende Möglichkeit zur Religionskritik im Sinne der Aufklärung genutzt
würde.

Trotz seines Wissenschaftsoptimismus propagiert Columbus in seinem Dialog
mit dem Priester primär bürgerlich-konservative Standpunkte, die sich
gleichzeitig in seiner Selbstdeutung als vorbildlicher Ehemann und Familienvater bekunden:

> Qui sur cet Océan, qui sur la caravelle,
> Souhaite plus que moi qu'un succès nous rappelle?
> La plupart de mes gens, soldats et mariniers,
> Sont ou garçons, ou veufs, forçats, banqueroutiers:
> Ils manquent de famille et de biens sur la terre:
> Vous-même dans votre ordre étant célibataire,
> Vous ne risquez que vous, avec vous tout finit;
> Mais dans le continent d'où l'honneur me bannit,
> Moi, père, bon mari, je sens que me réclame
> L'amour de deux enfants et d'une tendre femme;
> De plus, j'ai pour fardeau ma gloire d'amiral:
> Tout m'est donc plus qu'à vous, ou propice ou fatal. (S.64)

Lemercier glaubt tatsächlich, man könne die familiären Bande für die Darstellung des Selbstverständnisses von Columbus benutzen. Ja, er geht noch
einen Schritt weiter, um ihn seinem bürgerlichen Publikum nahezubringen:
er macht aus dem an der Entdeckungsreise teilnehmenden Sohn des Columbus
einen blinden Passagier, der in der Krisensituation plötzlich aus einem
der Schiffe auftaucht und dramaturgisch in den Vordergrund gerückt wird.

Als er im Gesandten eines der begleitenden Schiffe seinen Sohn Diego
erkennt, kommt der Columbus dieses Theaterstücks erstmals aus der Fassung:

> Colomb - C'est toi qui viens dans mon vaisseau!
> Quoi faire? à mes tourmens joindre un tourment nouveau?
> Les bontés de la reine et ma voix paternelle,
> Ta famille, les droits d'une épouse nouvelle,
> A ta témérité n'ont opposé nul frein.
> Diégo - Mon père me veut-il repousser de son sein?
> Colomb - Ma tendresse, Diégo, condamne ton audace?
> Mais il n'en est plus temps: viens, mon fils, et m'embrasse! (S.66)

Diese Begegnung zielt darauf ab, beim Publikum Rührung über ein solches Vater-Sohn-Verhältnis zu erzeugen. Dieser Affekt ist notwendig, um die mangelnde dramatische Substanz der Fabel auszugleichen, denn jeder Zuschauer wußte, daß nun das glückliche Ende der Expedition bevorstand. Lemercier war in der schwierigen Lage, einen allen bekannten Vorgang, der durch die Art der literarischen Verarbeitung überdies völlig undramatisch wurde, bühnenwirksam machen zu müssen. Deshalb spinnt er zunächst die Intrige zwischen Vater und Sohn aus und nutzt sie dann, um Columbus durch seinen Sohn über das Komplott seiner Mannschaft zu informieren. Das Gewicht dieser Gestalt im dritten Akt zeigt sich darin, daß Diego Kommentator der offenen Meuterei und Morddrohung seiner Gefährten, der glücklichen Nachricht über die bevorstehende Landung auf dem neuen Kontinent und sogar noch der Partner ist, der Columbus die Gelegenheit für das Schlußwort des Stückes liefert. Die Bedeutung familiärer Bande wird somit durch die Handlungsstruktur unterstrichen, in der die wissenschaftliche Thematik völlig in den Hintergrund gerät.

Diese Wendung ins rührselige private Sittenbild ist nicht das einzige, was man Lemercier ankreiden kann. Der Schluß ist der schwächste Teil dieses ohnehin mittelmäßigen Stücks. Der Dramatiker sucht seine Einfallslosigkeit durch eine Anhäufung von unerwarteten Peripetien und markanten Aussprüchen zu kaschieren. Denkwürdig soll nach seiner Meinung wohl sein, was Columbus zur Entdeckung von Amerika zu sagen hat:

> Nouveau monde, aux humains je l'avais annoncé:
> Te voilà donc atteint! (S.77)

Die Prolepse kommt hier durch Reimzwang zustande und vermag nicht das Einfache ins Erhabene zu steigern. Leider kommt es noch schlimmer. Als das Schiff des Columbus kentert, weil der Steuermann einen Augenblick seinen Posten verlassen hat, läßt er sich von seinem Sohn das Bordbuch bringen und berichtet, was er hineinschreibt:

> [...]J'écris
> Où j'aperçus un monde, à quel banc je péris. (S.81)

Platter kann die rhetorische Figur der Opposition kaum eingesetzt werden. Obwohl beim Kentern der sonst so unerschütterliche Columbus zum zweiten Mal innerhalb kurzer Zeit aus der Fassung gerät, wird diese Episode nicht weiter ausgesponnen. Sie hat nur die Funktion, ein weiteres Spannungsmoment in die Handlung einzubringen und ist genausowenig ins Geschehen

integriert wie die nächste Peripetie mit der endgültigen Wendung zum
Guten.

Alles kommt weniger schlimm, als es den Anschein hat, und so kann die
siebzehnte Szene mit einer Selbstdeutung des Columbus das Stück beenden.
Der Entdecker Amerikas konstatiert befriedigt seinen Sieg über alle Widerstände, empfiehlt sich Gott an und prophezeit sein künftiges Unglück:

> Peut-être de ma gloire, au retour poursuivie,
> Naîtra l'ingratitude; et peut-être l'envie,
> Pour tout prix, chez nos rois me forgera des fers:
> Les cours ont, je le sais, plus d'écueils que les mers:
> Mais quand, par un prodige aussi grand que le nôtre,
> J'étonne un hémisphère en ni découvrant l'autre,
> Il n'est aucun pouvoir qui parvienne à m'ôter
> L'honneur que l'univers m'aura vu mériter; (S.83)

Dieser Ausblick sollte vielleicht ursprünglich die dramentechnische
Funktion haben, auf die beiden nächsten Akte vorauszuweisen, in denen dann
das tragische Schicksal des Titelhelden vorgeführt worden wäre. Vielleicht
wäre dann die Bezeichnung "comédie shakespearienne" mehr gerechtfertigt
gewesen als bei der vorliegenden Fassung des Dramas. Sicher hat diese
Passage auch die Aufgabe, ein zentrales Anliegen des Dramatikers vorzu-
tragen. Er möchte nämlich aus Columbus eine tragische Figur der Weltgeschichte machen, dessen Größe im Überwinden der Hindernisse besteht, die
kleine Geister seiner kühnen Unternehmung entgegenstellen, und dessen
Tragik dadurch zustande kommt, daß andere die Früchte seines Erfolgs ernten.
Diese tragische Dimension fehlt jedoch im Stück. Sie beschäftigt den
Dichter in seinen Versen über Columbus.

Der schlimmste Gegenspieler von Columbus ist in den Augen von Lemercier
Americo Vespucci. Auf ihn spielen die oben zitierten Verse an, gegen ihn
richtet sich das Dichtungsfragment, das in La Panhypocrisiade eingegangen
ist. Im Epos erkennt man diese Stoßrichtung noch besser als im Fragment,
weil dort einleitend Magnénime zu Chrysophis sagt:

> Ce faux lustre, succès d'une perfide ruse,
> De Vespuce à jamais est l'avilissement,
> Et des faits de Colomb l'éternel monument.
> Jamais nul des larcins qu'on put faire au génie
> N'appauvrit le trésor de sa gloire infinie:
> Les siècles, qui des prix sont les dispensateurs,
> Trompent les voeux jaloux de ses imitateurs. (S.340)

Das im Anhang zu Christophe Colomb abgedruckte Fragment begann mit dem
Vers "Jamais nul les larcins...". Es wird durch die einleitenden Verse
noch klarer zur Polemik gegen Vespucci, der für Lemercier ein platter
Nachahmer, ja ein Usurpator ist, und von der unparteiischen Geschichte
entlarvt wird. Die Schmähung Vespuccis ist dem Enkomium von Columbus untergeordnet. Der eine ist "une âme intéressée" (S.340) und sucht bei seinen
Entdeckungsfahrten nur "Gold" (ebd.), der andere erstrebt hingegen "le nom
de demi-dieu, révélateur d'un monde" (ebd.).

Der abrupte Schluß des Christophe Colomb und das Dichtungsfragment, das in
der Buchausgabe veröffentlicht und dann in La Panhypocrisiade integriert
wurde, lassen nun auch weitere Mutmaßungen über die ungewöhnliche Verwendung der Gattungsbezeichnung "comédie" für das Drama zu. Es ist wahrscheinlich, daß Lemercier sein Bühnenfragment als Komödie bezeichnet hat, weil
er in der dreiaktigen Version die tragische Dimension der Geschichte nicht
dargestellt hat. Diese Gattungsbezeichnung ließe sich auch insofern mit der
klassischen Dramaturgie vereinbaren, als im Stück persönliche und private
Probleme des Columbus im Vordergrund stehen. Sie ist dann ein weiteres
Argument, um die Berechtigung einer literarhistorischen Einordnung in die
Vorgeschichte der Romantik zu bezweifeln.

Lemerciers Christophe Colomb ist nicht nur dramentechnisch, sondern auch
ideologisch ein Werk des Übergangs. Columbus hat es dem Dichter angetan,
der ihn zum wissenschaftlichen Genie verklärt und diese Entrückung in
die Sphäre des Einmaligen durch eine Stilisierung zum vorbildlichen
Familienvater ausgleicht. Der Protagonist ist zu angepaßt, um wissenschaftliches gegen religiöses Denken auszuspielen oder um die Leiden
des Genies lustvoll auskosten zu können. Deshalb paßt er weder zur Aufklärung noch zur Romantik, sondern nur zu jener bürgerlichen Literatur,
die von den Romantikern als biederer Klassizismus verhöhnt wurde und als
konservative Variante der Mentalität charakterisiert werden kann, die
Flaubert im Apotheker Homais von Madame Bovary karikiert hat.

Anmerkungen

1. Marseille 1859, S.11.
2. Nouvelle édition, Paris-Leipzig, s.d., Bd.24, S.71.
3. F.Chaffiol-Debillemont hat gleich die richtige Assoziation parat: "En 1809, Christophe Colomb, donna lieu, en plein Odéon, à des manifestations orageuses, auprès desquelles la bataille d'Hernani pâlit singulièrement" (Népomucène Lemercier, in: La Revue des deux Mondes (1968), S.56). Andere Literaturgeschichten berichten von drastischen Strafen: "300 étudiants furent envoyés à l'armée pour avoir interrompu la représentation" (Histoire de la littérature française, sous la direction de Jacques Roger, Paris 1970, Bd.II, S.1106).
4. Vgl. Eric Partridge, Notes sur les débuts de la controverse classico-romantique, in: Revue de littérature comparée 9 (1929), S.356f.; Jules Gueux, Le théâtre et la société française de 1815 à 1848, Lausanne 1900, S.14-19; René Bray, Chronologie du romantisme, Paris 1963, S.4-7; Eric Partridge, The French Romantics' Knowledge of English Literature(1820-1848), New York 1968, S.26f., 54f.; Michèle H.Jones, Le théâtre national en France de 1800 à 1830, Paris 1975, S.60f.
5. Racine et Shakespeare, Paris 1965, S.105.
6. Vgl. Guy Michaud - Paul van Tieghem, Le romantisme, Paris 1952, S.27.
7. Paris 1809, S.5-7. Ich zitiere den Text nach dem Microfiche, der 1975 in Paris bei Hachette und der Bibliothèque nationale herausgekommen ist.
8. Es ist keine dramaturgische Lösung, wenn die Einteilung in drei Akte in einer "Note" am Schluß des Buches mit der Angst gerechtfertigt wird, die Rückkehr des Columbus nach Spanien dramatisch nicht überzeugend darstellen zu können: "J'ai cru [...] devoir m'arrêter au but où je me suis borné, prévoyant trop bien que les obstacles qu'on oppose à tous mes essais s'augmenteraient de plus en plus si je prolongeais la carrière de mon héros[...]" (S.85). Lemercier dachte offenbar an ein weiteres Columbus-Stück: "Il m'a paru plus prudent de réserver les éléments qui me restent pour en composer deux autres actes à part, qui viendront naturellement se joindre aux trois premiers, et former une suite qui accomplira mon ouvrage" (S.85).
9. Paris 1819, S.VII. Ich benutze das Exemplar der Seminarbibliothek des Instituts für Romanistik der Universität Erlangen-Nürnberg.
10. Essais poétiques sur la théorie newtonienne tirés de l'Atlandiade, poème inédit, Paris 1808, S.1.
11. Vgl. Léon Cellier, L'épopée romantique, Paris 1954.
12. "[...] l'auteur s'affranchit cette fois des règles reçues; règles qu'il a strictement observées dans toutes les pièces qu'il a faites pour le Théâtre Français; règles dont les chefs-d'oeuvres des maîtres de l'art dramatique ont consacré l'excellence, et qu'on accuse faussement rétrécir la carrière du génie. Quelle nation peut opposer à la nôtre des modèles qui égalent en perfection Cinna, Athalie et Tartuffe"(S.6).
13. La Panhypocrisiade, S.341.

"Messo di Dio, campion di Cristo" - Columbus als italienischer Nationalheld in B. Bellinis "La Colombiade" (1826) und L. Costas "Cristoforo Colombo" (1846)

Hans-Günter Funke

> [...] e di te solo
> basti a i posteri tuoi ch'alquanto accenne
> chè quel poco darà lunga memoria
> di poema dignissima e d'istoria.-
>
> Tasso, Gerusalemme liberata, XV, 31

Im 19.Jahrhundert wurde das Columbusbild Italiens vor allem durch die Kampagne für die Heiligsprechung des Amerika-Entdeckers geprägt. Diese begann 1856 hoffnungsvoll mit der von Papst Pius IX. in Auftrag gegebenen und bald ins Italienische übersetzten Columbus-Biographie des Franzosen Comte Roselly de Lorgues, der bis ans Ende des Jahrhunderts durch panegyrische Schriften, öffentliche Appelle und Unterschriftensammlungen in unermüdlichem Enthusiasmus zahlreiche Katholiken, vor allem auch aus den Reihen des hohen Klerus, für das Ziel einer Kanonisation des Columbus hatte gewinnen können.[1] Die Kampagne scheiterte endgültig um das Jahr 1892, weil die These, der große Genuese habe die christlichen Tugenden in einem heroischen Grade verkörpert und sei daher kanonisierungswürdig, den Ergebnissen der historischen Forschungen, die vor allem im Hinblick auf die vierte Centenarfeier initiiert worden waren, nicht standhielt und damit die Hoffnung auf die Eröffnung eines Seligsprechungsverfahrens durch die Ritenkongregation der Kurie aussichtslos geworden war.[2]

An dem literarischen und publizistischen Streit, der die Kampagne begleitete, hatten sich auch italienische Autoren und kirchliche Würdenträger an führender Stelle beteiligt. Als Befürworter der erstrebten Kanonisation engagierten sich der Roselly-Übersetzer Conte Tullio Dandolo, der streitbare Cavaliere Giuseppe Baldi, der Historiker des Franziskanerordens Pater Marcellino da Civezza, ja selbst die Päpste Pius IX. und Leo XIII. scheinen für den Gedanken einer Heiligsprechung des frommen Amerika-Entdeckers aufgeschlossen gewesen zu sein.[3] Als Gegner der Kanonisation waren vor allem der Historiker und Columbus-Biograph Abbate Sanguineti, vormals Professor in Rom, und Monsignore Magnosco, Erzbischof von Genua, hervorgetreten.

Während die literarische Gestaltung des Kolumbusstoffes seit der "Wende von 1892" in wachsendem Maße von der bis heute dominanten Tendenz zur "Demontage" des einst heroisierten Entdeckers bestimmt wird,[4] scheint die glorifizierende Tendenz der Columbusdarstellung in der italienischen Literatur der ersten Hälfte des 19.Jahrhunderts noch ungebrochen. Als repräsentativ sind hier vor allem drei Werke anzuführen: die neoklassizistischen Epen "La Colombiade" (1826) von Bernardo Bellini und "Cristoforo Colombo" (1846) von Lorenzo Costa sowie das historische Drama "Cristoforo Colombo" von Giuseppe Gherardi (1830).[5] Aus heutiger Sicht wird man diesen Texten, die nur noch selten rezipiert werden, wohl kaum den Rang ästhetisch überzeugend gestalteter Sprachkunstwerke zuerkennen wollen, doch markieren sie zweifellos wichtige Stufen in der Geschichte des Columbus-Stoffes, weil sie neue Merkmale ausgebildet und spätere Entwicklungen zum Teil vorweggenommen haben. So ist in Bellinis "Colombiade" die Heiligsprechung des Columbus, die doch erst in der zweiten Hälfte des 19.Jahrhunderts die italienische Öffentlichkeit bewegen sollte, gleichsam schon mit literarischen Mitteln vollzogen worden. Costas ambivalenter "Cristoforo Colombo" hingegen ließe sich als "Heros mit schlechtem Gewissen" charakterisieren, werden doch in diesem Epos - im Kontext einer durchaus heroisierenden Darstellung - auch die kolonialistische Ausbeutung Amerikas wie die Versklavung und Vernichtung seiner Ureinwohner als Folgen der Entdeckertat des Columbus "prophezeit" und damit bereits grundlegende Argumente der späteren Columbus-"Demontage" formuliert. Die folgende Untersuchung ist daher stoff- und funktionsgeschichtlich orientiert und verfolgt das Ziel, das Columbusbild der Epen von Bellini und Costa in seinen epochenspezifischen Zügen zu analysieren, seine ideologische Funktion im historischen Kontext zu bestimmen, endlich Übereinstimmungen und Unterschiede in den Auffassungen beider Autoren herauszuarbeiten.

1. Columbus als Missionar, Kreuzfahrer, "Heiliger": hagiographische Glorifizierung in Bellinis "La Colombiade " (1826)

Bernardo Bellini (1792-1876) war ein sozialer Aufsteiger,[6] der sich vom Verwaltungsangestellten zum Gymnasialprofessor für die klassischen Sprachen emporarbeitete, ein mittelmäßiger Autor von neoklassizistischer, antiromantischer Tendenz, der Übersetzungen griechischer Klassiker, Gelegenheitsdichtungen, Kompilationen, Epen und Lehrgedichte veröffentlichte, ein politischer Opportunist, der zunächst die Haltung eines "austriacante" zeigte und erst in den 1840er Jahren auf eine antiösterreichisch-piemontesische Linie einschwenkte. Seit 1811 arbeitete er als Angestellter der Präfektur von Como, um sein Jurastudium in Pavia zu finanzieren, das er mit der laurea abschloß. Seine eigentliche Neigung galt der griechischen Literatur: Seit 1812 trat er mit Übersetzungen griechischer Epik und Lyrik hervor, deren mittelmäßige Qualität ihm den Spott Leopardis einbrachte. 1814 ging er nach Mailand, fand dort Zugang zum literarischen Milieu und zeigte in Polemiken über aktuelle Fragen der Sprache und Literatur eine konservative, pro-österreichische Position, die ihn von den patriotisch-liberalen Anhängern der entstehenden romantischen Bewegung Italiens trennte.[7] Mit dem Polizeikommissar Conte Trussardo Caleppio gründete Bellini die Zeitschrift "L'Attaccabrighe, ossia classicoromanticomachia", die als klassizistisches Gegenorgan zum "Conciliatore", der Zeitschrift der romantischen Autoren um Silvio Pellico, konzipiert war und während ihres kurzlebigen Erscheinens von November 1818 bis März 1819 die italienischen Romantiker als Staatsfeinde, d.h. als Feinde Österreichs, denunzierte. Die Berufung als Gymnasialprofessor für lateinische Philologie und Universalgeschichte[8] führte Bellini nach Cremona, wo er 1820 mit dem Buchhändler L. De Micheli einen Verlag gründete, in dem er sein Epos "La Colombiade" veröffentlichte.

Nachdem Bellini als Dichter vergeblich um die Gunst der österreichischen Kaiser, Franz' I. wie Ferdinands I., geworben hatte, ging er zwischen 1842 und 1844 nach Turin, an den Hof Karl Alberts von Sardinien-Piemont und engagierte sich seither in seinen Schriften für die Politik des Hauses Savoyen: Nach der piemontesischen Niederlage von Novara im Jahre 1849 ging Bellini nach Paris, bei seiner Rückkehr 1852 wurde er Gymnasialprofessor für Rhetorik in Cagliari, 1865 schließlich veröffentlichte er das Epos "L'Inferno della tirannide", in dem er, sich an Dantes "Commedia" inspirierend, die Leiden Italiens unter dem Joch der Österreicher poetisch zu beschwören suchte.

Gegenstand seiner "Colombiade" ist die Entdeckungsfahrt des Columbus, "le divine imprese del più grande Italiano".[9] Bellini verbindet seinen kulturellen Nationalstolz als Italiener mit einem politischen Bekenntnis zu Österreich, das er in die Form der gattungstypischen Panegyrik kleidet.[10] Schon zu Beginn des ersten Canto feiert er den österreichischen Kaiser Franz I. (1804-1835) als den Garanten eines neuen Goldenen Zeitalters für Italien und erbittet das kaiserliche Wohlwollen für sein Epos (I,4):

> Tu, FRANCESCO magnanimo, che a noi
> I prischi tempi d'innocenza or doni,
> Chiaro il fulgore degli auspicii tuoi
> Deh mi rivolgi dal miglior de' troni.

Im Text der "Colombiade" beruft sich Bellini auf die epische Tradition der Antike und des Cinquecento und nennt als poetische Vorbilder Homer und Tasso.[11] Seine neoklassizistische Poetik kennzeichnet er in einem Preislied auf die "Poesia", das eine Sängerin während des Besuchs des Columbus bei Beatrice, der Königin der Kanarischen Inseln, der Hofgesellschaft vorträgt (IX, 8-62). Der Gegensatz von Romantik und Neoklassizismus wird darin dargestellt als Kampf zwischen einem widerwärtigen "mostro" aus dem Norden und den "spirti divini" Italiens, den Kithara-Sängern in der Nachfolge Homers (IX, 40-46). Das "Ungeheuer Romantik" wird erlegt und auf dem Altar Homers als Brandopfer dargebracht. In der letzten Oktave wendet sich die Sängerin direkt an Columbus und preist diesem den kühnen Dichter, der seine Entdeckertat, allen Anfechtungen der plebejischen Romantiker trotzend, im Vertrauen auf die Ewigkeit des Nachruhms - so die bescheidene Selbsteinschätzung Bellinis! - im erhabenen Stil der neoklassizistischen Epik besingen werde (IX, 58):

> E s'alcuno pur sorga audace ingeno [!] ,
> Che a te, Ligure Eroe, sacri il tuo tema,
> Fugga il lezzo del mostro: ei solo indegno
> Farà d'eterni lauri il suo poema.
> Ei resista ai ribelli, ei solo il regno
> D'eternità s'aspetti all'ora estrema.
> Che s'ei pur vive inonorato e in pianto,
> Sprezzi il reo vulgo, e scriva: ecco il suo vanto.[12]

Die literarische Verarbeitung des historischen Stoffs in der "Colombiade" zeigt die christlich-glorifizierende Tendenz, die das Columbusbild Bellinis durchgängig bestimmt. Aus der historischen Vita des Cristoforo Colombo wählt der Autor als den hierfür geeignetsten Ausschnitt die erste Reise, von Palos bis Haïti.[13] Kindheit und Jugend des Entdeckers werden - als Ekphrasis eines Bildfrieses in der Beatrice-Episode (VIII, 95-110) - als "Rückblende" in die Erzählung der Reise eingebettet. Wichtige Abschnitte der Biographie, vor allem aber deren negative Episoden, fehlen: die Rückkehr von der ersten Reise, die Konflikte und Mißerfolge der zweiten bis vierten Reise, die Kriege gegen die Kariben, die Rebellionen der spanischen Soldaten und Kolonisten, die Rückkehr in Ketten, die Amtsenthebung als Vizekönig, der Kampf um die Rehabilitation, der Tod in Armut und Vergessenheit, die Fehleinschätzung der Entdeckung Amerikas als Entdeckung der Ostküste Asiens.[14] So verleiht Bellini seinem Epos die Struktur einer aufsteigenden Linie, einer Reise vom Ausgangshafen bis zum Ziel, deren gleichförmiger Vollzug durch die Ränke Satans nur verzögert, nicht aber verhindert werden kann. Die historische Biographie unterliegt in der epischen Reduktion einer hagiographischen Stilisierung: als von Gott berufener Apostel und Glaubensstreiter führt Columbus seinen Auftrag gegen alle Widerstände des Teufels bis zum guten Ende, er entdeckt die ihm verheißene Neue Welt, missioniert auf Haïti die sanftmütigen Tainos, unterwirft, einem Kreuzfahrer gleich, die grausamen Stämme der Kannibalen und Menschenopferer, die einem Sonnenkult huldigen, und beginnt die christliche Friedensherrschaft der Spanier im Zeichen der Fahne Christi. Das Epos schließt mit den Versen (XXIV, 143):

> Alza il divin vessillo; il ciel s'abbella,
> Di più fulgidi lampi il Sol s'indora:
> E rimbomban di pace in suon giocondo
> Gli armoniosi cardini del Mondo.

Der christlichen Glorifizierung seines Helden läßt Bellini wichtige historische Fakten zum Opfer fallen: sein Columbus war weder mit Felipa Moniz Perestrello verheiratet noch in freier Liebesgemeinschaft mit Beatriz Enriquez Arana verbunden, daher hat er auch keine Söhne, weder den legitimen Don Diego (geb. 1480 oder 1481) noch den illegitimen Don Fernando (geb. 15.Aug.1488); sein Columbus sucht nicht Asien, sondern den ihm von Gottes Engel verheißenen neuen Erdteil Amerika; er landet nicht auf der kleinen Koralleninsel Guanahani (San Salvador, Watlings Island) des Bahamas-Archipels, sondern gleich auf der großen, reichen Insel Haïti (Hispaniola). Mehrere zentrale Episoden des Epos sind reine Fiktion und dienen allein der Heroisierung des Entdeckers, so zum Beispiel der Kampf mit dem Teufelsspuk auf der "isola deserta", der die Flotte lange bei den Kanarischen Inseln festhält (III, 85 - XII, 144), die Zwischenlandung zur Wasseraufnahme auf einer unbekannten Felseninsel, auf der Columbus die zweite Engelsvision erlebt (XV, 26-100), der Kreuzzug gegen die kannibalischen Stämme Haïtis, deren bösartige Kaziken als "Satelliten Satans" (XXIII, 179) von Columbus in blutiger Schlacht im Zweikampf erschlagen werden (XXIV, 61-64; 137-141).

Die "Colombiade" besteht aus 24 canti, die ungleich viele Oktaven umfassen. Jeweils 6 canti bilden einen der vier Bände. Im Handlungsverlauf lassen sich drei Hauptabschnitte unterscheiden:
1. die Reise von Palos bis zu den Kanarischen Inseln und die Verzögerung der Weiterfahrt durch den Zauber Satans (Vol.I u. II; d.h. canti I-XII),

2. die <u>Fortsetzung der Reise von den Kanarischen Inseln bis zur Landung auf
Haïti</u> mit neuen Hindernissen Satans (Vol.III, d.h. <u>canti</u> XIII-XVIII) und
3. der <u>Aufenthalt auf Haïti</u> mit der Missionierung der guten und der Unterwerfung der bösen Indianervölker (Vol.IV, d.h. <u>canti</u> XIX-XXIV). Dieser raumzeitlich lineare Ablauf der Handlung wird strukturiert durch die grundlegende Opposition von Gott und Satan sowie deren Vertretern, von Columbus
als dem Gesandten Gottes und von den Dämonen und Verrätern im Dienste des
Teufels, außerdem durch wiederholte Vorausdeutungen auf das gute Ende in
Träumen und Visionen des gottesfürchtigen Entdeckers. Spannung entspringt
vor allem aus dem agonalen Grundcharakter der Situation des Columbus, der
in ständigem Kampf gegen die verschiedenartigsten Widerstände - gegen eigene
Schwäche (die Versuchung der Liebe), Gefahren der Seefahrt (Stürme, Kalmen,
Wassermangel, Seeungeheuer), Versagen der Mannschaft (Furcht, Verrat, Brandstiftung, Meuterei), Dämonenzauber (der verzauberte Wald hindert die Schiffsreparatur, das Trugbild einer Insel gefährdet das Schiff Pelindos), feindliche Kannibalen -, Widerstände, die alle letztlich als Ränke Satans zu
deuten sind, dem verheißenen Sieg entgegengeht. Zwei Drittel des Textes
gelten der Darstellung der gefahrvollen Reise, ein Drittel dem Aufenthalt
in Amerika. Die Landung auf Haïti markiert einen Einschnitt, dem ein Wandel
im Charakter des Protagonisten entspricht: War Columbus während der Seefahrt
der standhafte, aber überwiegend passive Erdulder der Intrigen des Teufels,
so wird er nun zum aktiv handelnden Missionar und Kreuzfahrer.

Die Haupthandlung, die sich an der historischen Columbusbiographie orientiert, wird von zahlreichen Nebenhandlungen und Episoden fiktiven Charakters
begleitet, Erlebnissen und Lebensbeichten von Nebenpersonen, die häufig
nicht einmal die Funktion einer Spiegelung, Parallele oder Opposition im
Verhältnis zur Haupthandlung erfüllen und dem Leser höchstens die lange
Dauer der Reise wie ihrer schier endlos erscheinenden Verzögerungen suggerieren könnten. Obwohl Bellini sich in dem bereits angeführten "Poesia"-
Preislied zur klassizistischen Poetik bekennt, die bevorzugte Thematik der
romantischen Dichter - <u>macerie putride, atri cadaveri, sepolcri</u> (IX, 41) -
verurteilt und der Romantik vorwirft, das klassische Postulat von der Nachahmung der schönen Natur zu pervertieren (IX, 43 "Alla bella natura empio
fa guerra"), verstößt er doch selbst immer wieder gegen eben diesen Grundsatz und malt in den episodenreichen Nebenhandlungen in aller Breite Greuelszenen von Verbrechen aus, die romantischen Schauerromanen entstammen
könnten und teilweise sadistische Züge tragen: blutrünstige Gemetzel, Mord,

Vergewaltigung, Folterung mit Strick und Feuer, Kannibalismus, Grabschändung, ja Nekrophagie.[15]

Die Auswahl der biographischen Fakten und die "Korrektur" der Biographie durch fiktive Erlebnisse und Erfahrungen verraten die Intention Bellinis, seinen Columbus als Gesandten Gottes zu heroisieren, ja ihm die Züge eines "Heiligen" zu verleihen. Aus heutiger Sicht erscheint diese hagiographische Tendenz fast als eine "poetische" Vorwegnahme der in der zweiten Hälfte des 19.Jahrhunderts tatsächlich erstrebten, aber versagten Kanonisation. Während dem historischen Columbus vor allem wegen seines Konkubinats mit Beatriz Enriquez Arana und wegen seiner Teilnahme an der Versklavung und Vernichtung der Indianer der schon für die Seligsprechung erforderliche heroische Tugendgrad nicht zuerkannt werden konnte, hätte Bellinis Columbus den strengen Maßstäben der Ritenkongregation entsprochen, hat er doch, nach dem Willen seines Autors, ein heiligmäßiges Leben geführt, alle christlichen Tugenden in einem heroischen Grade besessen, den Ränken und Versuchungen des Satans widerstanden, ja mit Gottes Hilfe Wundertaten vollbracht.

Noch bevor Columbus Gehör bei dem spanischen Königspaar findet, wird er in einer Vision (I, 15-29) von einem Engel Gottes zum Entdecker des neuen Erdteils und zum Apostel und Kulturstifter seiner heidnischen Naturvölker berufen und mit einem flammenden Kreuzzeichen gesegnet:

> Vanne, dischiudi a lor l'eletta strada,
> In città li radduci, e tu gli addestra.
> [...]
> Greggia è di Dio, sebben vile e proterva,
> Che all'ovil della Grazia egli conserva. (I, 25)

> Così gridava: e col magnete in seno
> Una fiammea tracciògli ardente croce,
> [...](I, 26)

Auf den verschiedenen Etappen seiner Reise wird diese Berufung dreimal durch Traum oder Visionen bekräftigt, Columbus wird auf wunderbare Weise über Amerika, seine Topographie wie seine zukünftige Entdeckungs- und Kolonialgeschichte informiert. Kurz vor Erreichen der Kanarischen Inseln erscheint ihm im Traum die göttliche "Speranza" (III, 5-84), mahnt ihn, seine irdische Liebe zur _caritas_ zu läutern, zeigt ihm, in einer Luftreise im "Wolkenwagen", Planeten und Kontinente, endlich die ferne Neue Welt (III, 79 "A occidente il non pria veduto lido") und ermutigt ihn:

> E face, a' tuoi desir quindi ognor fia,
> Dio, l'Onor, la Virtute, e la Speranza. (III, 81)

Als Columbus auf dem Weg von den Kanarischen Inseln nach Amerika zum Wasserholen auf der unbekannten Felseninsel landet, hat er eine zweite Vision seines Engels (XV, 46-100). Dieser offenbart ihm Gottes Macht über die Natur, warnt ihn vor der Goldgier, verrät ihm das Naturgeheimnis von der Abweichung der Magnetnadel (XV, 59-61) und weist ihm den neuen Kurs an, den er nach Westen steuern soll, um die Neue Welt zu finden, der er den Frieden bringen soll. Endlich, nach der Landung in Amerika, erscheint ihm als "veglio raggiante" der Heilige Evangelist Johannes (XX, 5-78). Als Bote Gottes erklärt ihm dieser - aus der Vogelperspektive seines Adlers! - die Topographie des neuen Erdteils von der Magellan-Straße bis Kanada, gleichsam in einer prophetischen Vorschau auf die zukünftige Entdeckungsgeschichte Amerikas. Er warnt ihn vor der "rea sete dell'ôr" (XX, 66), der korrumpierenden Goldgier der menschenverachtenden Konquistadoren vom Schlage eines Cortez oder Pizarro, die der Rache Gottes verfallen würden (XX, 63-70). Er bekräftigt den Missionsauftrag des Columbus, die Völker Amerikas von der Erbsünde zu befreien, und haucht ihm für diese Aufgabe den Heiligen Geist ein - damit werden für Columbus der Taufbefehl Christi und das Pfingstwunder der Ausgießung des heiligen Geistes wiederholt (XX, 73-75):[16]

> Tu il gran Verbo di Dio spandi, e trasforma
> In pie turbe i selvaggi; e ama in tra loro:
> Ama di pura carità la torma
> Degli erranti, e a lor porgi almo ristoro.
> Per te riviva in lor di vita il raggio.
> Ah! del paterno error cessi l'oltraggio.
>
> E come a noi che messi un dí prepose
> Cristo del ver nelle più estranee sponde,
> E le tarde a snodar lingue e ritrose
> Nel dianzi ignoto suon rendea faconde,
> Per queste che in te soffio aure pietose
> (E alita in lui) che mormoran gioconde,
> Alta virtù cospargo entro il tuo labbro,
> Sicch' altrui di salvezza aprasi ei fabbro.
>
> Chè quel poter, che in me diffuse il divo
> Fuoco del Divo Spirto, oggi tu avrai.
> L'Indico udratti abitator giulivo,
> E l'aspro suon tu di sue note udrai.

So wird Columbus zum "Kämpfer Christi" erhoben: "campion di Cristo" redet ihn die göttliche "Speranza" an (III, 9), "campion benedetto" nennt ihn der Heilige Evangelist Johannes (XX, 10), Satan fürchtet ihn als den "propagatore del poter di Cristo" (XVII, 36). Columbus bezeichnet sich selbst als den "Messo di Dio" (XVIII, 50), als "ministro di Dio" (XIX, 48) und begreift sich und seine Gefährten als "martiri di virtù" im Kampf gegen die Verbündeten des Satans (XXIV, 69).

Gehorsam übernimmt Columbus den Auftrag, den ihm die Boten Gottes übermittelt haben. Er setzt seiner Expedition das Ziel, die heidnischen Völker Amerikas zu missionieren und damit vom Joch der Erbsünde zu befreien. Unmittelbar nach der Landung in der Neuen Welt legt er seinen Reisegefährten die Motive ihres Handelns noch einmal dar und appelliert an alle, unter seinem Befehl an der "opera santa" mitzuwirken (XIX, 43-48). Nicht Ruhmsucht (fama fallace), Herrschsucht (desir di tirannia crudele) und Goldgier (la negra dell'ôr cura tenace) motivierten ihr Tun, sondern der Missionsauftrag, der aus christlicher Carità ausgeführt werde (XIX, 46):

> Ma de' nostri desir segno possente
> Fu il tor la nebbia della colpa antica,
> Onde l'ignoto a noi suolo innocente,
> Orbo di vital luce, anco s'implica,/[...].

So wie Columbus diesen Appell an die christliche Nächstenliebe seiner Mannschaft mit der Androhung der Todesstrafe für ruchlose Frevler verbindet (XIX, 48), so schließen sein Auftrag und sein Selbstverständnis, Friedensstifter für die Völker Amerikas zu sein, sehr wohl auch die Entschlossenheit ein, gegen Verstockte Gewalt anzuwenden (I, 27-29) und die "Satelliten Satans" (XXIII, 179) - renitente heidnische Indianervölker und ihre bösartigen Kaziken - durch einen gerechten Krieg zum Heil zu zwingen oder als Feinde Gottes zu vernichten (XXIII, 168-183). Die Verachtung von Ruhm und Gold, die Columbus nach der Landung in Amerika propagiert, hat er während der Seefahrt nicht so konsequent durchgehalten, zumindest hat er die psychologische Strategie verfolgt, die Angst seiner Mannschaft vor dem endlosen Ozean durch die Aussicht auf Ruhm und Gewinn zu dämpfen (II, 60-61). Doch haben hier wohl, nach Bellinis Auffassung, die späteren Warnungen der Boten Gottes Columbus' Sinneswandel bewirkt (XV, 55-57 der Engel; XX, 66 Ev.Johannes).

Der Satan sieht in Columbus den verhaßten "propagatore del poter di Cristo" (XVII, 36) und versucht mit allen Mitteln, die Expedition des Genuesen scheitern zu lassen, um damit die Christianisierung Amerikas zu verhindern. In der Hölle in Ketten gefangen (I, 79-80), schickt er seine Dämonen aus - Allegorien der menschlichen Laster: Livore, Insania (I, 83-89), Delirio, insano Amore, Disdegno, Vendetta, Lascivia (XXII, 88-102) -, die Columbus während der ganzen Reise Hindernisse in den Weg legen. Sie führen ihn durch die Verlockungen der Liebe in Versuchung, säen Zwietracht in der Mannschaft,

stacheln Verräter an, die zur Meuterei hetzen, verzaubern den Wald auf der
"isola deserta", um die notwendige Schiffsreperatur zu vereiteln, behindern
die Weiterreise durch Stürme, Kalmen, Seeungeheuer, Durst und Krankheit,
endlich treiben sie die Kannibalen Haïtis zum Krieg gegen Columbus.

Goldgier, Machtstreben, vor allem aber das Verlangen nach irdischer Liebeslust motivieren zu Pflichtvergessenheit, Meuterei und Verrat. Die egoistische
sinnliche Liebe (amore) tritt in Opposition zur altruistischen, vergeistigten Nächstenliebe (carità), aus welcher der Impuls zur Missionierung der
Indianer, ihrer Erlösung von der Erbsünde, erwächst. So ist es nur konsequent, wenn der Satan versucht, Columbus in irdische Liebesbande zu verstricken, indem er, kurz vor der Abreise aus Palos, Lavira, die maurische
Jugendliebe des Admirals - eine Erfindung Bellinis! -, an Bord führt (II, 1).
Vor allem die sechs Gesänge des ersten Buches erzählen die Geschichte des
Läuterungsprozesses, durch den Columbus und Lavira ihre Liebe überwinden
und zur carità sublimieren. Lavira wird schließlich getauft (II, 99-103),
weiht sich Maria (VI, 67-77) und wird gleichsam zu einer "Schutzheiligen"
der Expedition (VII, 1-5), deren Seele, unmittelbar nach ihrem Opfertod,
von Maria in den Himmel geholt wird (XVI, 61-66). Columbus erkennt in
seiner neu entflammten Liebe zu Lavira die Ursache für die Macht Satans,
die Reise aufzuhalten, will daher zunächst Lavira heiraten, akzeptiert dann
aber deren Keuschheitsgelübde und kann endlich auch seine Liebe überwinden
(VI, 54-87):

> Ma in generoso spirito non mai
> Ragion, virtute al senso vil soggiacque./[...]
> Ei gli ardor del sen fervido riscosse,
> E in pura di virtute onda gelosse. (VI, 85)

Damit ist die Absicht des Satans gescheitert, carità hat amore verdrängt,
Columbus hat die Freiheit zurückgewonnen, sein Missionswerk zu vollenden.

Columbus bleibt stets von der subjektiven Gewißheit durchdrungen, daß er
von Gott berufen wurde und von Gott geleitet und geschützt wird. So sagt
er der noch widerstrebenden Lavira (II, 33):

> Ai conquisti, ai trïonfi io m'incammino,
> E le vittrici ho meco ali di Dio.

In Bitt- und Dankgebeten wendet er sich immer wieder an Gott und Christus.
Seine Reden an die Schiffsmannschaft haben den Charakter von Predigten und
moralischen Appellen. Und in der Tat wird Columbus in allen Phasen seines
Unternehmens äußerst wirksam gegen die Ränke des Satans unterstützt durch

Gott, Christus, Maria, die Engel, endlich durch Lavira, welche die Funktion
einer durch Fürbitte zwischen Columbus und Maria vermittelnden Schutzheiligen
gewinnt (XVII, 8-9): Engelsvisionen bekräftigen Columbus' Berufung, ein Engel
segnet die Flotte vor dem Auslaufen aus Palos (I, 48-50), Marias Fürbitte bei
Christus ermöglicht die Überwindung des Teufelsspuks auf den Kanarischen
Inseln (VIII, 19-24), als "Eroina di Maria" entzaubert Lavira den Wald, der
das Holz für die Schiffsreparatur liefert (XII, 70-144). Die Engel erscheinen als Boten Gottes und greifen wiederholt aktiv in die Kämpfe gegen die
Dämonen ein, bei der Meuterei rettet ein Engel Columbus vor einer Kanonen-
kugel (XVIII, 30-35). Alle Aufrührer, die sich gegen den Admiral erheben,
werden von Gottes Rache getroffen: Bovana wird von einem Cherub enthauptet
(III, 100), Alonso Pinzón wird geblendet und zum Selbstmord getrieben (VIII,
40-46), ein Blitz verbrennt Rivoa (XVIII, 110) und ein Kanonenschuß Potuisse
(XVIII, 39), Ovando wird durch eine Mine in die Luft gesprengt (XXIV, 142f.),
die bösen Kaziken Atzeca und Giacuste werden von Columbus getötet (XXIV,
61-64 u. 137-141).

Durch das ganze Epos Bellinis ist ein Prozeß der fortschreitenden Heiligung
des Columbus zu beobachten: Er wird durch Gottes Engel berufen (I, 15-26)
und durch ein Flammenzeichen geweiht (I, 26), er wird zum "Campion di Cristo
eletto in fra gli eletti" erhoben (III, 9), er wird von der irdischen Liebe
(amore) gereinigt und zur Nächstenliebe (carità) geläutert (II-VI), er ver-
zeiht einem Verräter, wie der Erlöser dies getan hat (VII, 72f.), er erfährt
Gottes Wunder (z.B. II, 99-102; III, 94-99) und darf selbst Wunder wirken
(XVIII, 48-53), er trägt zeitweise einen Nimbus ums Haupt (XVIII, 53; XX,
80), er empfängt den Heiligen Geist vom Evangelisten Johannes (XX, 74f.),
er katechisiert und tauft die guten Indianer (XXI-XXII), er zieht unter der
Fahne Christi gegen die Kannibalen (XXIII, 168-183 u. XXIV) und fällt deren
bösartige Kaziken als Söhne Satans wie Sankt Georg den Drachen (XXIV, 64 u.
137-141). Mit der Missionierung der friedfertigen Stämme und der Unterwerfung
der Kannibalen und menschenopfernden Sonnenanbeter hat Columbus den Auftrag
Gottes erfüllt.

Bellini zeigt die Wunderkraft seines Columbus in der berühmten Episode der
Meuterei auf der "Santa Maria", drei Tage vor Erreichen Amerikas.[17] Zunächst
bezwingt Columbus die Meuterer allein mit der Kraft seines Blickes (XVIII,
47 "[...] il prode fulminò col guardo"), dann bedroht er alle Verräter der
"santa impresa" mit der Rache Gottes und beweist die ihm von Gott verliehene
Macht durch ein Wunderzeichen. Auf seinen Befehl hin verdunkelt sich die

Sonne blutrot und läßt Blutstropfen auf die Verbrecher spritzen:

> Ed oh poter supremo! in fosca e tetra
> Caligine il diurno astro s'avvolse:/[...] (XVIII, 51)
> Gli uscian da' crini irti e di foco incesi
> Sprazzi di sangue, e un puzzo acerbo e grave. (XVIII, 52)

Vier Engel breiten ihre Flügel schützend über Columbus, den ein Nimbus umschließt:

> Stender vedeansi sopra il Duce l'ali
> Quattro Angeli, e vibrar, d'acerba mischia
> In aspetto, le ombrose aste fatali.
> D'intorno ferve, aggirasi, e si mischia
> Sonante un nembo di fulminei strali:/[...] . (XVIII, 53)

Der historische Columbus entwirft im Bordbuch der ersten Reise ein idyllisches Bild der friedfertigen, hilfsbereiten Indianer (Tainos), die er auf den Bahamas, Kuba und Haïti angetroffen hat, erwägt aber auch schon, zumindest vorübergehend, die Möglichkeit, die waffentechnisch weit Unterlegenen zu versklaven.[18] Erst die Berichte über die zweite Reise enthalten ausführlichere Beschreibungen der kriegerischen, rituelle Anthropophagie treibenden Kariben auf den Kleinen Antillen und schildern die blutige Unterwerfung, Versklavung und beginnende Ausrottung der Tainos auf den Großen Antillen, vor allem auf Haïti.[19] Bellini verändert die historische Realität: Er beschränkt die Handlung auf Haïti und teilt die Indianer in gute, nach dem Vorbild der Tainos, und böse, nach dem Vorbild der Kariben wie auch der Mayas und Azteken, wie sie z.B. in Cortez' Berichten über die Eroberung Mexikos dargestellt werden.[20] So wird Bellinis Columbus zum Kreuzfahrer und Befreier, der die bösen Kaziken als Diener Satans (XXII, 178f.), als ruchlose Feinde Gottes, vernichtet, um die sanftmütigen Tainos, deren friedliebende Herrschaft er als Bild des Goldenen Zeitalters preist (XXII, 67-71), von der Bedrohung durch die gefährlichen Nachbarn zu befreien, ja die Kariben selbst von der tyrannischen Herrschaft ihrer Kaziken, von Anthropophagie und blutrünstigen Menschenopfern ihres Sonnenkultes zu erlösen und für das Christentum zu gewinnen (XXII, 178 u.174). Nach dem Grundsatz des Alten Testaments "S'un membro agli altri sia membri omicida,/Nell'inferno baratro ei si recida." (XXII, 180) werden die feindlichen Völker unterworfen, ihre Kaziken erschlagen. Das negative Indianerbild (Kariben) und das edle Ziel der Christianisierung rechtfertigen den Krieg, der ja nur die Epoche des Friedens und der Freiheit unter der Fahne Christi vorbereitet (XXIV, 143).

Bellinis Columbus besitzt alle christlichen Tugenden. Die göttlichen Tugenden

Glaube, Liebe, Hoffnung preist er seinen Männern als Voraussetzung für die
Erfüllung ihres Missionsauftrags (XIII, 17):

> Di fè, di speme e caritade armati
> Venite alla vittoria, o avventurati.

Er besitzt auch die natürlichen Kardinaltugenden. Er ist besonnen in allen
Gefahren, gerecht bei der Bestrafung der Aufrührer, tapfer im Kampf mit
Naturgewalten wie im Kriege gegen die Kannibalen. Mäßigkeit und Armut finden
Ausdruck in seinem Verzicht auf Gold und Herrschaft. Er ist demütig, wenn
er eigene Fehler eingesteht und um Verzeihung bittet. Endlich besitzt er
die Tugend der Keuschheit, hat er doch nie eine Frau berührt. Mit Lavira
verband ihn nur eine unschuldige Jugendliebe:

> Ella a Colombo, a lei Colombo amante
> Fu con brame innocenti, oneste voglie,/[...] . (II, 12)

Seither sind beide keine neue Bindung eingegangen:

> Più nol vid'ella, e vergine vivea;
> Altra fiamma ei non ebbe, e il mar scorrea. (II, 14)

Hier tilgt Bellini einen gravierenden moralischen Makel des historischen
Columbus, durch den die Kanonisationskampagne letztlich gescheitert ist.
Bellinis Columbusbild wird durch die konsequente Tendenz zur hagio-graphischen
Heroisierung geprägt. Sein Columbus besitzt zweifellos den heroischen
Tugendgrad, der als Voraussetzung für Seligsprechung und Kanonisation des
historischen Amerika-Entdeckers erforderlich gewesen wäre.

2. Columbus als Apostel und "Kolonialist": ambivalente Heroisierung
   in Costas "Cristoforo Colombo" (1846)

Zwanzig Jahre nach der "Colombiade" Bellinis erschien der "Cristoforo
Colombo" Costas, der das Werk seines Vorgängers zweifellos gekannt hat.
Lorenzo Costa (1798-1861) entstammte einer begüterten adligen Familie aus
La Spezia.[21] Nach dem Besuch des klassischen Gymnasiums in Lucca und einem
Jura-Studium in Genua, das er mit der laurea abschloß, lebte er seit den
1830er Jahren in Genua als wohlhabender Patrizier, Dichter und Privatgelehrter
und besuchte den Intellektuellenzirkel von Wissenschaftlern und
Schriftstellern, die der Mäzen Marchese Giacomo Di Negro um sich sammelte.
Seit 1825 war Costa, der die lateinische Sprache vorzüglich beherrschte,
mit lateinischen Gelegenheitsgedichten hervorgetreten und hatte, noch in

den 1820er Jahren, nach dem Vorbild Vergils das Projekt eines lateinischen Epos in Hexametern über den Genueser Nationalhelden Andrea Doria entworfen, aber schließlich doch nicht realisiert. Eine Lobrede, von Pietro Giordani im Juli 1837 in Di Negros Villa anläßlich der Aufstellung einer Columbus-Büste auf den großen Entdecker gehalten, hat Costa wahrscheinlich dazu angeregt, ein italienisches Epos über Columbus zu schreiben. Etwa zehn Jahre hat Costa daran gearbeitet, erste Proben bereits 1843 und 1844 veröffentlicht, bevor das Werk 1846 in einer kostspieligen Ausgabe in Genua erschien, 1858 in einer preiswerten Ausgabe in Turin, die der Autor durchgesehen, im Text aber nicht verändert hatte.[22] Das Epos ist dem "Corpo decurionale" der Stadt Genua gewidmet, der Stadtverordnetenversammlung, der Costa selbst als "decurione" von 1846-1848 angehört hat.

Costas wichtigste Informationsquelle war die 1828 in italienischer Übersetzung erschienene "Storia della vita e dei viaggi di C. Colombo" des Amerikaners Washington Irving, dessen Columbusbild heroisierende Züge trägt.[23] Obwohl Costa als neoklassizistischer Dichter wiederholt gegen die Romantik Stellung genommen hatte, zeigen Inhalt und Stil seines "Cristoforo Colombo" auch romantische Züge.[24] Dem Epos war bei der Kritik kein Erfolg beschieden, wie Costa dies richtig vorausgesehen hatte: "I classici mi accuseranno di romanticismo, i romantici mi avranno in dispetto siccome classico e io ne avrò la beffa e il danno."[25]

Costas "Cristoforo Colombo" erschien in einer Zeit, in der die patriotisch-nationalen Ideale des Risorgimento das öffentliche Leben beeinflußten: in Genua wurde im September 1846 mit einer Festveranstaltung die Grundsteinlegung für ein Columbus-Denkmal vollzogen, zu dessen Finanzierung auch Costa beigetragen hatte; am 8.September 1847 feierten die Genuesen mit einer großen Kundgebung die Reformpolitik Karl Alberts von Sardinien-Piemont und von Papst Pius IX. Costa, der schon seit seiner Studienzeit patriotisch-liberale Ideen vertreten und sich in seiner politischen Lyrik für die Einheit und Unabhängigkeit Italiens unter der Führung Piemonts engagiert hatte,[26] wurde von der Polizei vorgeladen und wegen seiner Teilnahme an der Kundgebung getadelt. Erst in den späteren Gedichten Costas ist die Wende zu einer konservativeren Haltung zu beobachten.

Als Gegenstand seines Epos hat Costa einen wesentlich größeren Ausschnitt aus der Biographie des historischen Columbus gewählt als sein Vorgänger Bellini: die Vorgeschichte der Entdeckungsreise - Kindheit und Jugend, frühe Seefahrten, Heirat in Portugal, Entwicklung des Projekts der Westfahrt, Abweisung in Genua und Salamanca, Aufenthalt im Kloster La Rábida, Granada -, die erste Reise von Palos bis nach Amerika mit den Stationen Guanahaní, Haÿti und Kuba, endlich die Rückreise und die triumphale Aufnahme am spanischen Hof in Barcelona. Auch Costa schließt also mit dem Erfolg seines Helden, verzichtet auf die Darstellung der zweiten bis vierten Reise, der Mißerfolge und Demütigungen, die Columbus bis zu seinem Tode erleben mußte.

Der Vergleich von Costas Columbusbild mit dem Bellinis läßt eine veränderte Auffassung erkennen. Auch für Costa ist Columbus der von Gott beauftragte, glaubensstarke Apostel Amerikas, doch wird das bei Bellini dominante metaphysische Element stark reduziert, die religiösen Auffassungen des Erzählers zeigen "naturwissenschaftlich" anmutende Züge,[27] die Tendenz zur hagiographischen Glorifizierung wird deutlich zurückgenommen: Costas Columbus ist nicht mehr der Kreuzfahrer, Wundertäter und "Heilige", sondern nähert sich sehr viel mehr dem Vorbild des historischen Entdeckers, den wir aus dem Bordbuch der ersten Reise kennen. Er wird zwar als großer Italiener heroisiert, aber nicht einseitig panegyrisch verherrlicht, sondern in seiner Ambivalenz als Apostel und "Kolonialist" im Dienste der spanischen Krone dargestellt, der eine Mitschuld trägt an der Versklavung und Vernichtung der Indianer, die der Gold- und Machtgier der Spanier später zum Opfer gefallen sind.

Costas "Cristoforo Colombo" gliedert sich in acht Bücher, die eine ungleiche Zahl von Abschnitten (sc. zwischen 9 und 25) ungleicher Länge (sc. 8 bis 85 Verse) aus ungereimten Elfsilblern (endecasillabi sciolti) umfassen. Die Haupthandlung läßt drei Abschnitte erkennen: 1) die Vorgeschichte der Reise (libri I-II), 2) die erste Reise des Columbus von Palos nach Amerika und zurück nach Palos (libri III-VI), 3) den Triumph des Columbus in Spanien (libri VII-VIII). Vorgeschichte und Triumph rahmen den zentralen Abschnitt der Amerikareise, die in gleicher struktureller Anordnung wiederum drei Abschnitte umfaßt: die Seereise bis zur Landung auf Guanahaní, (libro III), den Aufenthalt bei den rohen Wilden auf Guanahaní, der von der Diego-Azema-Tedisio-Episode ausgefüllt wird (libri IV-VI, 201-214) - der tragischen Liebesromanze des Columbussohnes Diego[28] mit Azema, der Enkelin des Genuesen Tedisio Doria, der Ende des 13.Jahrhunderts vom Sturm auf die Bahamas verschlagen wurde -, endlich den Aufenthalt bei den sanftmütigen Indianern (Tainos) auf Haiti, das utopische Idyll eines friedlichen, glücklichen Zusammenlebens von Spaniern und Indianern, und die Rückreise nach Palos (libro VI, S.214-218 bzw. 219-236).

Der raum-zeitlich lineare Ablauf der ersten Reise schließt sich zu einer
Kreisstruktur (Palos-Amerika-Palos). Die Opposition zwischen Columbus und
den Dienern Satans, welche die explizite Grundstruktur von Bellinis
"Colombiade" bildet, hat Costa reduziert auf den Gegensatz zwischen
Columbus und dem Aufrührer Alfonso bzw. zwischen Columbus und den vom
Teufel besessenen Wilden auf Guanahanî. Trotz der größeren Nähe zur Biographie des historischen Columbus ergibt die Verknüpfung der Haupthandlung
der Reise mit rein fiktiven Episoden eine Verstärkung des romanesken Aspekts
und eine Gewichtsverlagerung zu Lasten der Entdeckertat und des Missionsauftrags des Columbus, der in der strukturell so eindeutig zentralen Diego-
Azema-Tedisio-Episode fast ganz in den Hintergrund gedrängt wird. Gehört
die an die historische Überlieferung anknüpfende Episode der Meuterei
Alfonsos auf der "Santa Maria" (III, 112-122) noch eindeutig zur Columbus-
geschichte, so bewirken die von Costa erfundenen Episoden - die Auffindung
Tedisios und Azemas (der Nachfahren jenes 1291 verschollenen Tedisio Doria),
die Liebe Diegos zu Azema, deren Ermordung durch den ruchlosen Rivalen
Alfonso und endlich dessen Hinrichtung als Mörder und Gotteslästerer
(IV, 134 - VI, 214) - inhaltlich wie strukturell eine Abwertung des Prota-
gonisten Columbus. Offenbar im Hinblick auf diese überraschenden Innova-
tionen seines Columbusbildes hat Costa sein Werk in der "Dedica" mit der
Formel "alcune probabili fantasie mescolate a un'illustre verità" gekenn-
zeichnet.[29] Manche anderen Episoden besitzen lediglich den "tour de force"-
Charakter rein dekorativer Digressionen, so die bei den Zeitgenossen be-
rühmte Beschreibung des Dampfschiffes (VI, 228-234) als der zukünftigen
Alternative zum windabhängigen Segler des Entdeckers, die ausführliche
Beschreibung des spanischen Tanzes (VII, 266-268), der Columbus auf der
Fahrt von Palos nach Barcelona vorgeführt wird, endlich, als überraschende
Abschlußepisode des Epos, der Stierkampf (VIII, 298-309), in dem der
Columbussohn Diego den hinterhältigen Torero Sancio, einen Bruder des
ruchlosen Alfonso, besiegt und beschämt.

Zu der positiven Voraussage des guten Endes der ersten Reise durch die
Engelsvision des Columbus (II, 82-86) treten in Costas Epos auch negative
Vorausdeutungen "prophetischen" Charakters, die über das Ende der im Text
erzählten Handlung hinausweisen und im Vergleich zu Bellinis "Colombiade"
innovatorischen Charakter besitzen, weil sie die Schuldfrage des Columbus
im Hinblick auf die Exzesse des späteren Kolonialismus in Amerika thematisieren und damit den Ansatz zu der seit 1892 einsetzenden Columbus-"Demontage" in sich tragen: Columbus' feierliche Verkündung des Missionsprogramms

bei der Landung auf Guanahaní schlägt plötzlich um in eine "vision di sangue" der zukünftigen kolonialistischen Gewalttaten gegen die Indianer (III, 125-129, dort 128f.), welche die Strafe Gottes zur Folge haben würden; der greise Tedisio verdammt die Goldgier der Spanier, welche die "fraterna pietade" mit den Indianern zerstöre (IV, 162-166, dort 163), die Wilden von Guanahaní schließlich verfluchen Columbus, weil Goldgier, nicht Missionseifer seine Seefahrt motiviert habe, und prophezeien für sich selbst Sklaverei und Tod, für Columbus Gefangenschaft, Demütigungen und den unbeweinten Tod in der Fremde, endlich den postumen Ruhmesverlust zugunsten Amerigo Vespuccis (V, 184-187).

Auch Costas Columbus ist der von Gott berufene Apostel der Neuen Welt, der "gran messo di Dio" (I, 30), der "Campion di Cristo" (II, 79), der "Apostolo fatale" (II, 85), der "messagier della luce e de la diva carità" (I, 55). Schon die Eltern hatten in einer prophetischen Eingebung den Vornamen "Cristoforo" gewählt, der als sprechender Name den Missionsauftrag zum Ausdruck bringt und sich mit der symbolischen Bedeutung des Familiennamens "Colombo" zu einer sinnträchtigen Einheit verbindet (I, 31):

> E al suo battesmo lo chiamâr qual era
> CRISTOFORO COLOMBO, affettuosa
> Colomba eletta e portator di Cristo.

Der Dichter übernimmt hier eine alte Tradition, denn schon der Entdecker selbst unterzeichnete Briefe mit der Namensvariante "Christo ferens" und Don Fernando, sein illegitimer Sohn und erster Biograph, hat diese Namenssymbolik weiterentwickelt.[30] Costas Columbus wächst in dem Bewußtsein heran, für die Mission fremder Völker jenseits der Meere berufen zu sein (I, 31f.), bis eine Engelsvision ihm sein Ziel nennt (II, 82-86). Von der Höhe der Felsen Terceras zeigt Gottes Engel ihm das ferne Amerika, Sonnenkult, Menschenopfer und Anthropophagie seiner unerlösten Völker und beruft ihn zu deren Apostel (II, 85f.):

> [...] ecco d'Adamo
> La postera progenie a cui non scese
> Stilla finor dell'ineffabil vena
> Che zampillò sul Golgota, e si spande
> Quinci pel regno universal di Cristo
> Apostolo fatale entro i deserti
> Squallidi e bruni che Satan dissecca
> Di mortifero soffio, alza la voce,
> Chiama le stirpi avvelenate all'onda
> Dell'eterno lavacro, il degno uffizio
> Or t'è commesso, e il compirai,[...]

Seither ist Columbus von seinem Missionsauftrag durchdrungen. Die "opra sublime" der Christianisierung der Neuen Welt ist Motiv und Ziel seiner Reise, nicht Ruhmsucht oder Goldgier, wie er wiederholt betont: vor den Meuterern auf der "Santa Maria" (III; 115), bei der Landung auf Guanahaní (III, 126f.), seiner Erwiderung auf den Fluch der Indianer (V, 187), nach der Rückkehr vor den Königen von Spanien (VIII, 277f.). Selbst gegen alle Hindernisse der Hölle will er den Missionsauftrag zuendeführen, und er ist bereit, die "Dornenkrone Christi" zu tragen (V, 187). Doch bleiben für den epischen Columbus, wie für sein historisches Vorbild, die drei Motive der Entdeckungsreise - la religione, l'oro, la fama - letztlich untrennbar verbunden. Als sein Schiff auf der Rückkehr nach Europa im Sturm zu sinken droht, fürchtet Columbus das "perder fama" mehr als den Tod und versucht, seinen Nachruhm durch eine Flaschenpost zu sichern.[31] Das hindert ihn nicht, vor dem spanischen Königspaar zu behaupten,

> Chè mi guidava amor, non la mendace
> Fama terrena, amor de' miei fratelli
> Schiavi alla reità [...] . (VIII, 277f.).

Auch sein Verhalten zu Gold und Gewinn ist ambivalent: Den Vorwurf der Goldgier, den der Schamane ihm entgegenschleudert, weist er als Lüge zurück (V, 185), doch befriedigt er die "brama dell'aver" seiner königlichen Auftraggeber, indem er ihnen bei seiner Rückkehr alle Reichtümer Amerikas vorführt, Edelmetalle, Naturprodukte, ethnologische Kuriositäten und mitgeführte Indianer (VIII, 280-291). Den Widerspruch von Christianisierung und Kolonialismus versucht Costas Columbus aufzulösen, indem er die von ihm begründete spanische Herrschaft über Amerika als Garantie gegen die Herrschaft des Satans begreift und das wilde Geheul der mitgeführten Eingeborenen als Bitte um Schutz deutet (VIII, 278):

> E il làbaro innalzai sopra le vostre
> Bandiere, o prenci, nelle false rive
> Il cattolico regno inaugurando
> Fra i sudditi d'inferno. O voi, cessate
> la mala signoria; [...]
> [...] e ginocchioni
> Con visibile istanza e con sospiri
> Vi chiedono mercè questi ch'io trassi
> Dal miserabil gregge e che vi guido,
> Selvatico drappel, ma non indegno
> Che v'incuori pietà la sua miseria.

Zieht Bellinis Columbus, von Gott geleitet, gleich auf Haïti gegen die
"Satelliten Satans", so klärt Costas Heros, von der Hand des Ewigen in
das neue Ophir ("Ofir eletto") geführt, die Finanzierung eines Kreuzzuges
nach Palästina (VIII, 218):

> Armi ed armati adunerò da tutte
> Parti d'Europa; ingombreremo i campi
> Di Palestina; pugneremo, e il sasso
> Dove il Figlio dell'Uom dormì tre giorni
> Fia tolto all'infedele Arabo cane.[32]

Drei Merkmale der Columbusdarstellung Costas sind besonders interessant, weil
sie das traditionelle Bild des Entdeckers verändern: die schon erwähnte
Tendenz des Autors, das metaphysische Element der Heroisierung zu reduzieren,
die Abwertung der Tat des Columbus durch die Fiktion eines früheren Amerika-
entdeckers, schließlich die Thematisierung der Frage einer Mitschuld des
Columbus an der kolonialistischen Ausbeutung und teilweisen Vernichtung
der Indianer.

Auf Guanahanî begegnet Columbus in Tedisio Doria und seiner Tochter Azema
christlichen, Italienisch sprechenden Nachfahren des (historischen!) Genuesen
Tedisio Doria, der 1291 bei einer gemeinsamen Seeunternehmung mit den Brüdern
Vivaldi verschollen und (in der Fiktion Costas) nach Amerika verschlagen
worden war (IV, 146-152). Der greise Vater Azemas hat in seiner Jugend die
Nordküste Südamerikas von Guyana bis zur Mündung des Orinoko und bis nach
Parime aus eigener Anschauung kennengelernt (IV, 159-166) - also Gebiete,
die der historische Columbus zum Teil erst auf seiner dritten und vierten
Reise entdeckt hat.[33] Damit aber überträgt Costa seinem Columbus die undank-
bare Rolle, mit seiner Entdeckungsreise lediglich die Entdeckung eines Vor-
gängers zu wiederholen und publik zu machen. Offenbar hat der Autor diese
Fiktion nicht als abträglich für den Ruhm seines Protagonisten angesehen,
vergleicht er diesen als Seefahrer und Heerführer doch mit Odysseus, Jason,
Scipio und Napoleon[34] und füllt zwei der acht Bücher seines Epos mit der
Beschreibung der triumphalen Rückkehr und Ehrung des großen Genuesen.

Während Bellini im Sinne seiner hagiographischen Glorifizierung der Kolumbus-
gestalt den Entdecker in der kompromißlosen Haltung des selbstlosen Missio-
nars vorteilhaft gegen die habgierigen Konquistadoren Cortez und Pizarro abhebt (Bellini XX, 63-73), hat Costa den für die Stoffgeschichte zukunft-
weisenden Gedanken einer Mitschuld des Columbus an den Verbrechen der Kolonialgeschichte Amerikas in seinem Epos thematisiert. Von Gott inspiriert
(III, 125), appelliert Costas Columbus bei der Landung auf Guanahanî an die

Indianer, durch die Taufe die Wirkung der Erbsünde abzuwaschen, und er entwirft ein hoffnungsvolles Bild von der Brüderlichkeit der Frieden und Freiheit stiftenden Europäer, als er, in einer plötzlichen Wendung, die künftigen Verbrechen der Konquistadoren und Gottes Strafe für Spanien voraussagt (III, 125 "La fatidica lingua egli disciolse"):

> Venite, e quando nel divin lavacro
> Si faranno le vostre anime chiare
> Sovra il candor de' gigli e della neve,
> Sovvengavi di noi che dall' opposte
> Piaggie volando apportatori eletti
> Di pace e libertà primi giungemmo
> All'esultanza del fraterno abbraccio.
> Fraterno?.. Ahi quale vision di sangue
> Nella mente mi piove! Ahi che nel nome
> Dell'Agnel mansueto han due crudeli
> Tinta in rosso la terra, [...] . (III, 127f.)

Zwar wird auch hier noch zwischen Columbus und den nachfolgenden Konquistadoren ein Unterschied gesehen, doch der unvermittelte Umschlag verleiht diesem Textabschnitt einen anklagenden Charakter von neuer Qualität.

In der Warnung des alten Tedisio, der sein ganzes Leben bei den Indianern verbracht hat, an den Columbussohn Diego wird dasselbe Thema wieder aufgegriffen und der Gedanke der Pervertierung des Missionsauftrags durch das Gewinnstreben nach Gold in aller Schärfe formuliert (IV, 163):

> Non fraterna pietade al periglioso
> Varco de' mari ti sospinse, e vieni
> Con gli altri tuoi, come ladron per fame
> D'oro e d'argento! Ahi! d'intelletto offesi,
> Non v'accorgete voi che siam figliuoli
> Tutti d'Adamo, e a radunar sortiti
> Il novero de' giusti, in cui l'imbelle
> Sempre non giaccia, e non sormonti il forte?

Nur durch den Hinweis, das Gold sollte der Finanzierung eines Kreuzzuges dienen, kann Diego den greisen Tedisio von den lauteren Absichten seines Vaters überzeugen. Schließlich wird der Vorwurf der Goldgier und des Verrats am Missionsauftrag von dem Schamanen der Indianer von Guanahaní direkt gegen Columbus erhoben (V, 185):

> Non t'infinger, ladron, chè la malnata
> Libidine dell'oro e non lo zelo
> Per Lui che nacque di virgineo parto,
> Questo della natura ultimo sito
> Abbella agli occhi tuoi.[...]

Der Indianer verwirft die christliche Religion der Fremden und sagt dem eigenen Volk Krieg und Versklavung voraus:

> [...] e s'avvicina
> La rea stagion che in perfide battaglie
> Verrà di schiavitù posta ad insegna
> Contra libere genti. E scorran fiumi
> Dalle piaghe infinite, e queste lande
> Imporpori la morte [...].(V, 185)

Für Columbus aber, "artefice d'inganni", prophezeit der Schamane Amtsenthebung, Kerker, den Tod in der Fremde und den Verlust des Nachruhms als Entdecker der Neuen Welt, die den Namen eines anderen tragen werde (V, 186):

> [...] A che vil fine
> Senza fama cadrai nudo ed inerme
> In tenebroso carcere,[...] .
> [...] altri verrà con vele audaci
> Dopo il tuo corso, e d'Ocean le porte
> Fia che tutte disserri, e che da Lui
> Quest'ampio occidentale orbe si chiami.

Weil Costa die Indianer von Guanahaní als "satanica masnada" (V, 183) kennzeichnet und sein Columbus dem Schamanen als einem "menzognero Satana" (V, 187) widerspricht, ja die Indianer durch die bloße Gewalt seines Wortes in die Flucht schlägt, gewinnt diese "Voraussage" des tatsächlichen Endes des historischen Columbus im Kontext des Epos kein ausschlaggebendes Gewicht, zumal Costa sein Werk ja mit der triumphalen Heimkehr des Entdeckers von der ersten Reise schließen läßt.

So bleibt Costas Columbusbild ambivalent. Bei der Heroisierung seines Protagonisten als Apostel Amerikas verzichtet der Autor weitgehend auf die metaphysische Komponente hagiographischer Stilisierung, und er verbindet sie, in den prophetischen Worten des Columbus, seines Vorgängers Tedisio Doria wie des Schamanen, mit Ansätzen zu einer kritischen Thematisierung der Schuldfrage, in der die Columbus-Kritik des 20.Jahrhunderts bereits im Kern angelegt zu sein scheint. Costas Columbusdarstellung erscheint dem heutigen Leser daher aktueller als die Bellinis.

Im Zeitalter des Risorgimento, als die geistige Elite Italiens die Einheit und Unabhängigkeit eines italienischen Nationalstaats erstrebte, gewann neben dem direkten Handeln der Carbonari und Revolutionäre, der Politiker und Fürsten vor allem auch die Besinnung auf die historische und kulturelle Größe Italiens in den belletristischen, historiographischen und politischen Werken der zeitgenössischen Schriftsteller eine wichtige meinungsbildende Funktion. Es lag daher nahe, auf der Suche nach Leitbildern auch Cristoforo Colombo die Funktion eines italienischen Nationalhelden zuzuweisen. Die Gestalt des Columbus war für eine solche politische Funktionalisierung besonders geeignet: seine Entdeckertat stellte ein epochebildendes welthistorisches Ereignis dar; der relativ unpolitische Charakter des Genuesen und die Betonung der religiösen und zivilisatorischen Bedeutung der Christianisierung der Neuen Welt boten die Möglichkeit,den Entdecker als großen Italiener zu glorifizieren, ohne mit der Zensur der reaktionären italienischen Staaten in Konflikt zu geraten; Columbus' Tat im Dienste Spaniens und die politische Zersplitterung Italiens, die gegen Ende des 15.Jahrhunderts in die Hegemonialkriege zwischen Habsburg-Spanien und Frankreich führte, erlaubten die implizite oder gar explizite Bezugnahme auf die politische Zerrissenheit und die österreichische Fremdherrschaft im Italien des 19.Jahrhunderts.

Bellini und Costa sahen in Columbus einen italienischen Nationalhelden, für Bellini ist er "il più grande Italiano" (I, Dedica), Costa nennt sein Epos "l'italo canto" (I, 23), beide erblicken sein hohes Verdienst in der Christianisierung Amerikas. Beiden betonen die Liebe des Genuesen zu Italien wie zu seiner Heimatstadt (Bellini IV, 30; Costa VIII, 292) und zeigen seine Enttäuschung darüber, die Entdeckungsfahrt für Spanien statt mit einer Flotte Genuas ausführen zu müssen (Bellini I, 34, 38; Costa I, 48f.). Die unterschiedliche Ausprägung des italienischen Nationalstolzes beider Autoren ist sicherlich auch aus ihrer ungleichen Situation in den Jahren 1826 bzw. 1846 abzuleiten. Bellini, Gymnasialprofessor in Cremona und Bürger des zu Österreich gehörenden Königreichs Lombardo-Venetien, schrieb seine "Colombiade" in dem Jahrzehnt innenpolitischen Friedens zwischen den Carbonari-Aufständen von 1820/21 und den Revolutionen der Jahre 1830/31. So mag sich sein Lobgesang (I, 3) auf die Friedenspolitik Kaiser Franz' I. erklären - die zu langjähriger Haft auf dem Spielberg verurteilten italienischen Patrioten um Silvio Pellico fielen für Bellini offenbar nicht ins Gewicht, hatte er diese doch schon im "Attaccabrighe" als Staatsfeinde Österreichs angeprangert. So beschränkt sich Bellinis Nationalstolz auf die kulturellen Leistungen der großen Italiener: Neben seinem Titelhelden Columbus preist er Italiens Dichter, Dante wie die mehr oder weniger bedeutenden Autoren des "neoclassicismo", und Italiens Wissenschaftler, wie Galilei, Volta oder Tommasini.[35] Für Bellinis Columbus rühmt sich Italien zu recht, "La dolce invidia dell'Europa" zu sein (XIV, 30). Costa hingegen, der materiell unabhängige, wohlhabende Aristokrat, Wahlbürger Genuas und Staatsbürger des Königreichs Sardinien-Piemont, zeigt seinen Nationalstolz als Italiener sowohl in seinem Kulturbewußtsein als auch in seinem politischen Engagement für die Ideale des Risorgimento, "l'unione e l'independenza italiana".[36] Diese Position Costas hat auch in seinem Epos Ausdruck gefunden. So beklagt er die politische Zerrissenheit der "povera Italia" des späten 16. Jahrhunderts (IV, 155), die der des 19.Jahrhunderts entspricht. Er läßt Diego Colombo voraussagen, daß Italien dereinst durch das Haus der Fürsten von Savoyen Rettung finden werde: "[...] da lei sola/Avrà l'umile Italia un dî salute" (IV, 158). Schließlich macht Costa seinen Columbus zum Propheten für den Aufstieg Italiens zum geachteten europäischen Nationalstaat (VIII, 297):

> Ultima a tanto memorabile regno
> Verrà l'Italia,[...]
> Ma più saggia, più forte e radiosa
> Il matronal contegno infra l'amiche
> Nazioni vedrem questa elevarsi
> Primonata sorella[...].

Die literarische Heroisierung des Columbus in den Epen von Bellini und Costa erfüllte, wenn auch auf ungleiche Weise, eine ideologische Funktion, indem sie die politischen Überzeugungen der Autoren spiegelte und, möglicherweise, zur Bewußtseinsbildung des zeitgenössischen Publikums der Epoche des Risorgimento beigetragen hat.

Anmerkungen
1. Vgl. H.Vignaud, "L'ancienne et la nouvelle campagne pour la canonisation de "Christophe Colomb", in: Journal de la Soc. des Américanistes, 6 (1909), 17-44, dort S.18f. Roselly de Lorgues, Christophe Colomb, Histoire de sa vie et de ses voyages, 2 Bde., Paris 1856; M.André, "Christophe Colomb et l'Église", in: Cahiers d'Occident, 4 (1927), 123-136.

2. Vgl. Vignaud, a.a.O., 35f.; zum kirchenrechtlichen Verfahren vgl. M.Buchberger, Lexikon für Theologie und Kirche, Freiburg i.Br., 2.Aufl., 1957-65, Bd. IX (1964), 643-644 Art. "Seligsprechung" (M.Eckardt) und Bd.V (1960), 142-144 Art. "Heiligsprechung" (R.Klauser).

3. Vgl. Vignaud, a.a.O., 19 Dondolo, 21f. Baldi, 22 u. n. 1 P.Marcellino da Civezza, 22 Pius IX., Leo XIII, 23f. Sanguineti, 24 Monsignore Magnosco.

4. Vgl. z.B. zur Kolumbus-"Demontage" in Romanen karibischer Autoren T.Heydenreich, "'EL ARPA Y LA SOMBRA' (1979): Alejo Carpentiers Roman vor dem Hintergrund der Columbus-Wertungen seit den Jahrhundertfeiern von 1892", in: W.Bader, J.Riesz (Hrsg.), Literatur und Kolonialismus I, Die Verarbeitung der kolonialen Expansion in der europäischen Literatur, Frankfurt/M., Bern, 1983 (Bayreuther Beiträge zur Literaturwissenschaft, 4), S.291-321; ders. "Kolumbus aus karibischer Sicht: García Márquez - Carpentier - Brival", in: W.Binder (Hrsg.), Entwicklungen im karibischen Raum 1960-1985, Erlangen 1985 (Erlanger Forschungen,Reihe A Geisteswissenschaften,37),S.9-23.

5. B.Bellini, La Colombiade, poema eroico, 4 Bde., Cremona, De Micheli e Bellini, 1826; L.Costa, Cristoforo Colombo, libri VIII, Genova, Ponthenier, 1846; G.Gherardi d'Arezzo, Cristoforo Colombo, dramma storico, Firenze, Magheri, 1830. Zum Columbusbild in der italienischen Literatur vgl. C.Steiner, Cristoforo Colombo nella poesia epica italiana, Voghera 1891; C. De Lollis, Cristoforo Colombo nella leggenda e nella storia, Milano 1892 (Firenze 1969); L.C. Massini, C. Colombo e l'epica italiana dal'400 al '900, Genova 1939; F. Della Corte, "Christophe Colomb à travers la littérature italienne", in: Columbeis (Università di Genova, Facoltà di lettere), 3 (1988), 65-70.

6. Vgl.L.Capitani, Art. "BELLINI, Bernardo", in Dizionario biografico degli Italiani, Bd.7, Roma 1965, S.692f.

7. Vgl. G. Mazzoni, L'Ottocento, Vol. primo, Ottava ristampa della 2^a ed. riveduta e corretta, con supplemento bibliografico (1938-1964) a cura di Aldo Vallone, Milano 1964 (Storia letteraria d'Italia, Vallardi), S.190f.

8. Auf der Titelseite seiner Colombiade bezeichnet Bellini sich als "professore di filologia latina e di storia universale nell' I.R. Liceo di Cremona", L.Capitani, a.a.O., S.692, spricht hingegen von "la cattedra di eloquenza latina e letteratura greca nel locale liceo".

9. Bellini, La Colombiade, Cremona 1826, Bd.I, unpag. Widmungsbrief "Al chiarissimo ed onoratissimo signor conte Folchino Schizzi". Zitate aus der Colombiade werden im folgenden durch Angabe von canto (= röm. Zahl) und Oktave (= arabische Zahl) lokalisiert.

10. Außer dem folgenden Zitat (I, 4-5) vgl. auch Colombiade III, 63-66 und XV, 95-99.

11. Colombiade IX, 44-46 Homer; I, 2 u. XXII, 114 Tasso.

12. Vgl. Colombiade VIII, 112-113 Beatrice, die Königin der Kanarischen Inseln, stellt Columbus die postume Verherrlichung "coi carmi" in Aussicht. Bellini bezieht dabei (VIII, 113) die Verse Tassos (Gerusalemme liberata, XV, 31), die Columbus dem Lobpreis späterer Dichter empfehlen, auf sich und seine Colombiade: "E forse altrui [= Bellini] gli allori tuoi fian tema/ Degnissimo di storia e di poema".

13. Zur Biographie des Columbus vgl. besonders S.E.Morison, Admiral of the Ocean Sea, A Life of Christopher Columbus, Boston 1942, ich zitiere die deutsche Übersetzung von Ch.v. Cossel u. Dr.H.Koch: Admiral des Weltmeeres, Das Leben des Christoph Columbus, Bremen-Horn 1948; P.E.Taviani, Cristoforo Colombo, la genesi della grande scoperta, 2 Bde., Novara 1974; M.Mahn-Lot, Art. "COLOMBO (Colom, Colomo, Colón), CRISTOFORO", in: Dizionario biografico degli Italiani, Bd.27, Roma 1982, 168-183; J.Heers,Christophe Colomb, Paris 1981.

14. Vgl. Morison, Admiral, 318ff.

15. Colombiade; Gemetzel XXIV, 61-67; Mord V, 63-66, XVIII, 88-109; Vergewaltigung VIII, 28-39; XVIII, 88-109; Folter XII, 21-35; Kannibalismus XXII, 160-170, XXIII, 57-68; Grabschändung XXIII, 138-142; Nekrophagie VII, 57-65.

16. NT, Taufbefehl: Matth. 28, 18-20; Mark. 16, 15-16; Ausgießung des heiligen Geistes/ Apostelgeschichte 2, 1-6.

17. Vgl. Morison, Admiral, 212ff., Meuterei am 10.Oktober 1492.

18. Vgl. C.Colón, Textos y documentos completos, Relaciones de viajes, cartas y memoriales, Edición, prólogo y notas de Consuelo Varela, Madrid, 2.Aufl., 1984, S.15-138, dort 32f. 14.Okt.1492, S.33: "[...] esta gente es muy símplice en armas, como verán Vuestras Altezas de siete que yo hize tomar para le llevar y deprender nuestra fabla y bolvellos, salvo que Vuestras Altezas cuando mandaren puédenlos todos llevar a Castilla o tenellos en la misma isla captivos, porque con cincuenta hombres los terná(n) todos sojuzgados, y les hará(n) hazer todo lo que quisiere(n)."

19. Vgl. Morison, Admiral, 379ff.

20. H.Cortés, Relaciones de Hernán Cortés a Carlos V sobre la invasión de Anáhuac, Aclaraciones y rectificaciones por la profesora Eulalia Guzmán, México 1958.

21. Zu Costa vgl. Maria Dell'Isola, "Lorenzo Costa et son poème: 'Cristoforo Colombo'", in: Etudes italiennes, avril-juin 1933, 114-125, juillet-septembre 1933, 220-240; P.Petroni, Art. "COSTA, Lorenzo", in: Dizionario biografico degli Italiani, Bd.30, Roma 1984, S.222-225; Fulvia Natta, "Il poema colombiano di Lorenzo Costa", in: Columbeis 3 (1988), 95-115.

22. F.Natta, a.a.O., 97; zur Erstausgabe vgl. oben Anm.5. Ich zitiere nach der 2.Ausgabe: Lorenzo Costa, Cristoforo Colombo, Libri VIII, Seconda edizione riveduta dall'autore, Torino, Unione Tipografico-Editrice, 1858 (Nuova biblioteca popolare, 167); Zitate werden im folgenden durch Angabe des libro (= römische Zahl) und der Seite (= arabische Zahl) lokalisiert.

23. M. Dell'Isola, a.a.O., 231-238, hat Irvings Columbus-Biographie als Quelle Costas nachgewiesen; vgl. Washington Irging, The Life and Voyages of Christopher Columbus, Edited by John Harmon McElroy, Boston 1981.

24. Das gilt v.a. für die Diego-Azema-Episode (IV-V), dort v.a. V, 172-175 das keusche Blumenlager, 167f. Diego trinkt das Blut der tödlich verwundeten Azema, 197f. Azemas edles Sterben erinnert an den Tod von Chateaubriands Atala.

25. Zitiert nach Petroni, a.a.O., 223. Zur zeitgenössischen Kritik vgl. F.Natta, a.a.O., 111-114; Mazzoni, L'Ottocento, 379-382, dort 380ff.

26. Petroni, a.a.O., S.223f.; F.Natta, a.a.O., 99f.; vgl. Cristoforo Colombo, IV, 158, die Voraussage, daß das Haus Savoia dereinst das Heil Italiens bewirken werden: "[...] e da lei sola/ Avrà l'umile Italia un dì salute".

27. Vgl. z.B. I, 23ff. u. VIII, 292 Schöpfung; II, 73 Columbus in Salamanca beruft sich auf die rationale Erkenntnis; II, 81-86 im Kloster La Rabida führt Columbus zuerst die empirischen Beweismittel für die Westroute nach Asien auf, dann erst beruft er sich auf die Engelsvision.

28. Diego, der legitime Sohn des Columbus, wurde 1480 oder 1481 geboren und hat erst an der 2.Reise, die am 25.Sept.1493 in Cádiz begann, teilgenommen.

29. L.Costa, Cristoforo Colombo, S.12.

30. Vgl. z.B. C.Colón, Textos y documentos, S.138f., No.IV, 4. Jan.1493; S.146f., No.VI, 20.Febr.1493: "Xpo FERENS". Vgl. Don Fernando Colombo, La vita e i viaggi di Cristoforo Colombo, a cura di R.Caddeo, Milano 1945, 21-23 Cap.I, dort 22f.

31. Costa, Cristoforo Colombo, VI, 221f., vgl. Morison, Admiral. 316f. Es handelt sich um die berühmte "Carta a Luis de Santangel" vom 15.Febr. 1493; vgl. C.Colón, Textos y documentos, S.139-146, No.V.

32. Der Gedanke, mit dem Gold Amerikas einen Kreuzzug nach Palästina zu führen, wird auch von Diego Colombo (IV, 164) und Tedisio Doria (IV, 165) ausgesprochen.

33. Vgl. C.Colón, Textos y documentos, Kartenanhang nach S.381, dort die Karte "Viajes de Colón".

34. Costa, Cristoforo Colombo, S.21 Odysseus, VII, 237 Jason, VII, 268f. Scipio, VII, 254 Napoleon.

35. Bellini, Colombiade, IX, 44-46 Dante; IX, 45-58 Neoklassizisten; III, 28 Galileo; XV, 70-72 Volta; XIII, 78 Tommasini.

36. P.Petroni, a.a.O., 223.

Christophe Colomb, Léon Bloy et l'écriture de l'histoire

Giovanni Dotoli

> Non seulement je ne suis pas un historien, mais j'ignore l'histoire. Il faut voir en moi une sorte de rêveur, de visionnaire, si vous voulez, mais rien d'autre.[1]

> Cet Homme unique [Christophe Colomb] est si grand que plus on s'en approche et plus il paraît inaccessible.[2]

Léon Bloy et Christophe Colomb.

Léon Bloy, le célèbre écrivain catholique français, ne débute dans le monde littéraire que très tard, à 38 ans, par un livre sur Christophe Colomb, Le Révélateur du Globe. Christophe Colomb et sa béatification future. C'est le comte Roselly de Lorgues qui lui inspire cet ouvrage. Léon Bloy fait sa connaissance en 1879, chez Jules Barbey d'Aurevilly, son maître absolu à l'époque. Roselly de Lorgues s'est fourré dans la tête l'idée de la béatification de Christophe Colomb. Depuis une vingtaine d'années, il lutte pour cette cause, comme nous le prouvent les nombreux ouvrages qu'il lui a consacrés: Le Christ devant le Siècle (1835), Las Croix dans les Deux Mondes ou la Clef de la connaissance (1844), Christophe Colomb. Histoire de sa Vie et de ses Voyages (1856), écrit sur l'ordre du Pape Pie IX, L'Ambassadeur de Dieu et le pape Pie IX (1874), Satan contre Christophe Colomb ou la Prétendue chute du Serviteur de Dieu (1876), Histoire Posthume de Christophe Colomb (1885). Pour toutes ces recherches, le Pape Pie IX le nomme postulateur de la cause de béatification de Colomb. Le comte cherche des propagandistes, et Léon Bloy,

> enthousiasmé par le sujet [et] indigné par l'énormité de l'injustice dont le Révélateur du Globe est la victime quadricentenaire,[3]

483

tombe bien à propos. Il écrit quatre longs articles, dont les trois premiers paraissent dans la Revue du monde catholique ("De la béatification de Christophe Colomb", 15 et 30 mars 1879; "Obstacles à l'introduction de la cause", 15 juillet 1879); Léon Bloy livre son quatrième article le 10 août, mais il n'est pas accepté. A la même époque, Bloy pense recueillir ces quatre textes dans une brochure, mais son projet n'aboutit pas. En 1882, il dédie trois autres articles à Christophe Colomb (Paris-Journal, 17 juin 1882; Le Foyer illustré, 2 juillet et 15 octobre 1882). Tous ces articles, corrigés et développés, font la matière du Révélateur du Globe.

Pourquoi notre écrivain a-t-il accepté de lutter pour la cause de Roselly de Lorgues? Selon moi, il y aurait au moins trois raisons fondamentales:

1. Il connaît l'article de Jules Barbey d'Aurevilly, paru le 12 novembre 1856 dans Le Pays (repris dans Historiens politiques et littéraires en 1861), où l'auteur des Diaboliques fait l'éloge de l'histoire de la vie de Christophe Colomb par Roselly de Lorgues, citée ci-dessus, en insistant sur la mélancolie du grand navigateur; entre autres, il écrit:

> Il y a dans ce livre, écrit à moitié du XIXe siècle, l'application formelle d'une philosophie de l'histoire contraire à toutes les philosophies rationalistes qui gouvernent, comme elles peuvent, l'histoire de ce temps. Il y a l'introduction vaillante du mysticisme chrétien dans l'histoire, en vue d'expliquer des faits trop grands pour être naturels. Avec les tendances du XIXe siècle et le despotisme tracassier de sa raison, ceci est une audace.

2. En 1879, Léon Bloy a déjà fixé sa symbolique de l'histoire, comme nous le prouvent les lettres de cette période et aussi Le Révélateur du Globe, auquel il travaille avec enthousiasme déjà à la fin de l'année 1879 (même s'il n'a pas encore des idées bien claires sur le livre, qu'il abandonne pendant plus de deux ans).

3. Le personnage de Christophe Colomb, dans sa symbolique, résume merveilleusement les idées de Léon Bloy sur l'écriture de l'histoire.

A partir d'août 1882, Léon Bloy se dédie au Révélateur du Globe, dont le titre aurait dû être La Béatification de Christophe Colomb (Le Chat Noir, 7 septembre 1883, p.140). Le livre est prêt en juin 1883. Il paraît le 1er février 1884, à compte d'auteur, à Paris, chez A.Sauton, tiré à 2000 exemplaires, avec une préface exceptionnelle de Jules Barbey d'Aurevilly. Du 26 janvier au 29 mars 1884, Le Chat Noir publie cinq fois cette réclame:[4]

> Vient de paraître chez Sauton, 41, rue du Bac:
> LE REVELATEUR DU GLOBE
> <u>CHRISTOPHE COLOMB</u>
> et sa béatification future
>
> C'est l'oeuvre du terrible satiriste catholique, du véhément contempteur de toutes nos idées modernes, du dernier moyen-âgiste égaré dans notre époque de chemin de fer,
> LEON BLOY
> qui a donné là sa mesure, dans une apothéose merveilleuse de toutes les choses disparues et oubliées, que, de par une volonté de fer, il rappelle d'un néant qu'il croît provisoire.
> Le grand et cher Maître
> J.BARBEY D'AUREVILLY
> a fait pour ce livre, d'une exaltation évangélique, une préface que nous regrettons de ne pouvoir insérer intégralement ici.

Voici la structure du livre: Préface, par Jules Barbey d'Aurevilly; Première partie: Exposé et historique de la cause; Seconde partie: Le Serviteur de Dieu; Troisième partie: Obstacles à l'instruction de la cause; Appendices.

Le sujet peut être résumé en quelques mots: pour hâter la béatification de Christophe Colomb, Léon Bloy le présente comme un homme supérieur dont la vocation est de précipiter la réconciliation de l'humanité avec le Christ. Figure rédemptrice, il donne le Salut à la moitié de la Terre, mystérieusement lointaine de la Vérité depuis quinze siècles.

Rome ne semble prêter aucune attention au livre de Léon Bloy; le public non plus...

Léon Bloy revient au personnage de Christophe Colomb en 1890, dans un second livre intitulé <u>Christophe Colomb devant les taureaux</u> (Paris, A. Savine). La table des matières en est la suivante: Notification préalable aux spadassins du silence; I. <u>Circenses!</u>; II. Un orphelinat de parricides; III. Le pandemonium des imbéciles; IV. Haceldama; V. L'héritier inutile; VI. Le vestibule de Caïphe; VII. Le solitaire; Appendices. Ce petit livre est surtout un pamphlet contre le duc de Veragua, descendant de Christophe Colomb, éleveur de taureaux en Andalousie, lequel venait de mourir. Son tort est celui d'avoir embrassé une profession dégradante, de favoriser ouvertement les recherches sur Christophe Colomb du juif américain

Henry Harisse (qui dans les archives de la famille vient de découvrir le
côté des passions humaines du grand navigateur), et de ne pas bien défendre la mémoire de son illustre ancêtre.[5] En outre, Léon Bloy s'en prend
à l'Académie Royale d'Histoire de Madrid, qui a condamné le livre de
Roselly de Lorgues, Histoire Posthume de Christophe Colomb (1885). Il est
inutile d'ajouter que ce livre non plus n'a aucun succès. De plus,
Christophe Colomb n'est pas béatifié; et il ne le sera jamais.

Mais Léon Bloy n'abandonne pas son projet. Le 4 octobre de la même année
1890, il lance une Lettre enyclique en latin à tous les évêques du monde
(faute d'argent, il ne l'envoie qu'aux évêques français, belges, canadiens,
néerlandais, et à ceux de langue espagnole en Europe comme en Amérique),
en leur annonçant la parution de son second livre sur Christophe Colomb
et en leur demandant d'adhérer à la cause exceptionnelle de la béatification, contre les manoeuvres de la franc-maçonnerie, pour pousser la Sacrée
Congrégation des Rites à résoudre positivement le problème avant le
quatrième centenaire de la découverte de l'Amérique (1892).[6]

Le personnage de Christophe Colomb restera dans l'âme de Léon Bloy
jusqu'à sa mort, en 1917, par ce qu'il constitue, comme nous le verrons,
un axe capital de son écriture de l'histoire. Mais notre écrivain n'estimera
plus Roselly de Lorgues, coupable de ne pas avoir versé à la Sacrée Congrégation la somme nécessaire pour obtenir la béatification de son personnage
historique.[7] Toutefois, pour Léon Bloy, Christophe Colomb est par nécessité
un saint. Le 20 mai 1892, anniversaire de la mort du navigateur, il écrit
dans son Journal: "Anniversaire de la mort de Saint Christophe Colomb".[8]

On se demandera pourquoi nous nous intéressons à ces livres de Léon Bloy,
apparemment indigestes, mal composés (surtout Le Révélateur du Globe),
verbeux, parfois aveugles dans leur obsession démonstrative. D'ailleurs
Léon Bloy lui-même est convaincu de l'insuccès de ses textes colombiens,
comme il l'écrit dans la "Notification préalable aux spadassins du
silence" précédant Christophe Colomb devant les taureaux:[9]

> Ce nouveau livre qui serait mon dernier soupir littéraire,
> si le voeu d'un assez grand nombre de mes contemporains
> était exaucé, s'annonça, dès l'incubation, comme devant
> procurer à son auteur l'enviable réconfort du plus par-
> fait insuccès.
> Il suffit, pour s'en convaincre, de considérer que j'apporte
> une oeuvre qui sera généralement estimée, - par les connaisseurs -
> à l'égal d'une assommante réitération du Révélateur du Globe,
> tombé, depuis six ans, dans le plus honorable oubli.

Parmi les quelques éloges se distinguent ceux de Huysmans, pour <u>Le Révélateur du Globe</u>:

> Ah! mon pauvre ami, le haut et triste livre que vous avez fait avec votre Christophe Colomb! J'ai passé mon dimanche avec lui;[10]

et de Paul Valéry, pour <u>Christophe Colomb devant les taureaux</u>:[11]

> Léon Bloy a su tantôt réveiller quelque douleur dans l'ennemi, n'ayant brandi le fer que rouge, et frappant inattendu... Merci d'un tel livre à L. Bloy. L'éclat secret des textes saints illumine toutes les pages de cet admirable pamphlétaire. C'est l'imprécation immense de celui qui ne détourne pas la tête, et qui maudit en général en foule, toute voix mauvaise par qui le grand silence et la contemplation, où devrait mourir toute la terre, est interrompu.

Notre intérêt est centré sur plusieurs éléments: déjà, dans <u>Le Révélateur du Globe</u>, Léon Bloy écrit dans un style rutilant qui est et sera toujours sa meilleure qualité d'écrivain; ces livres ne sont pas des histoires de Christophe Colomb, mais des textes très originaux sur lui et sur l'histoire; toute la pensée religieuse de Léon Bloy est déjà bien formée, comme le reconnaît Jules Barbey d'Aurevilly dans sa préface au <u>Révélateur du Globe</u> (à ne pas oublier que <u>Le Désespéré</u>, le grand roman de Léon Bloy, paraît en janvier 1887. Il le commence à la fin de 1884, peu après l'époque où il termine <u>Le Révélateur du Globe</u>); enfin, la cause de béatification de Christophe Colomb n'est qu'un prétexte.

J'ai voulu suivre à la lettre le magnifique conseil de Barbey d'Aurevilly pour <u>Le Révélateur du Globe</u>, valable aussi pour <u>Christophe Colomb devant les taureaux</u>:

> <u>Prends et lis</u> (...) ce livre débordant d'une beauté continue et qu'il faut prendre, pour le juger, dans la vaste plénitude de son unité.[12]

J'ai lu et relu, et je crois avoir redécouvert les immenses profondeurs du <u>Révélateur du Globe</u>, "oeuvre de douleur et de misère",[13] et de la plaquette <u>Christophe Colomb devant les taureaux</u>, grand message colombien à l'humanité du XXe siècle et des siècles à venir.

Si les manuels d'histoire ne citent l'année 1492 que pour nous rappeler qu'"<u>un pilote génois</u> qui cherchait on ne sait quoi, découvrit, <u>par hasard</u>, l'Amérique", Léon Bloy nous dit qu'il s'agit du "plus énorme événement de l'histoire".[14] Depuis quatre cents ans, la "vérité" sur Christophe Colomb attend.[15]

> Et maintenant, si on pense qu'il soit inopportun et sans
> actualité de parler de Christophe Colomb, je demande ce
> qui peut passer pour actuel et opportun, puisque voilà
> tout à l'heure quatre cents ans que ce cadavre gigantesque
> est étendu sur l'horrible dalle glacée de la <u>morgue</u> de
> Castille, sans qu'aucune justice humaine ait pu découvrir
> encore le vrai <u>nom</u> de ses assassins.

Les assassins ont soigneusement mis de côté l'aspect divin de l'aventure colombienne. L'injustice humaine à l'égard de Christophe Colomb est flagrante et absolue. Le silence règne sur la signification de ses voyages vers l'Amérique. Pour ne pas le béatifier, la "simoniaque" Sacrée Congrégation des Rites objecte "l'ancienneté de la Cause, les quatre siècles écoulés"... Elle pourrait canoniser l'athée Garibaldi, mais jamais Christophe Colomb![16] Si, comme l'avait compris Pie IX, l'Eglise savait encore que derrière la découverte de l'Amérique se cache l'"accomplissement imminent du règne de Dieu parmi les hommes"![17]

<u>Christophe Colomb signe de Dieu.</u>

Pour Léon Bloy l'histoire tout entière est l'histoire de Dieu. L'oeuvre de notre écrivain, à la recherche de l'absolu, dans "le grand miroir aux énigmes" de l'univers et de tout être, visible et invisible, constitue une tentative constante de pénétration des signes de Dieu. Tout signe est un brin du dessein providentiel. Et l'histoire humaine, des rois aux esclaves, apparaît comme symbolique, entièrement en face

> d'une Providence qui gouverne ce monde par des moyens naturels
> en vue de résultats perpétuellement surnaturels.[18] Tous les
> actes humains, de quelque nature qu'ils soient, concourent
> à la syntaxe infinie d'un livre insoupçonné et plein de mystères,
> qu'on pourrait nommer les <u>Paralipomènes</u> de l'Evangile.[19]

L'histoire est préfigurative, organisée, depuis la venue du Christ sur la Terre jusqu'à la fin des temps. Le passé s'organise sur la prophétie de la Révélation: l'histoire marche inexorablement vers l'accomplissement du plan de Dieu; elle est la réalisation de Sa Vérité. Le 23 novembre 1886, Léon Bloy écrit à Mme L'Huillier:

> Je suis persuadé que Dieu est derrière le moindre des événements
> de ce monde et qu'ainsi <u>tout est pour le mieux</u>, alors même que
> tout semble aller aussi mal que possible.[20]

Chaque symbole est <u>révélateur</u> d'un symbolisme universel. Dieu, nous dit

Léon Bloy, se sert de l'histoire pour s'incarner dans le temps. C'est
une véritable théologie de l'histoire, imitation perpétuelle de la vie
du Christ.

Si nous <u>traduisons</u> l'histoire, nous découvrons les lignes de Dieu, le texte
qu'Il dicte aux hommes. Réitération sempiternelle, l'histoire est une imbrication absolue du temps, qui est le temps de Dieu. Image de Dieu, elle ne
peut qu'être infaillible. <u>Tous ses personnages</u> sont des signes de la
Volonté de Dieu:

> Cela pour toute la terre et pour tous les siècles. Identité
> du pain de César et du pain de l'esclave.[21] Ce qu'on nomme
> le Génie serait simplement cette Volonté divine incarnée,
> si j'ose le dire,

dit Léon Bloy,

> devenue visible et tangible dans un instrument humain porté
> à son plus haut degré de force et de précision, mais incapable, comme un compas, de dépasser son extrême circonférence.

Les hommes sont des signes de l'Invisible.

> De toute éternité Dieu sait qu'à une certaine minute connue
> de Lui seul, tel ou tel homme accomplira <u>librement</u> un acte
> nécessaire (...).
> Il y a, sans doute, les bons et les méchants, et la Croix
> du Rédempteur est toujours là; mais les uns et les autres
> font strictement ce qui est prévu et ne peuvent pas faire
> autre chose, ne naissant et ne subsistant que pour surcharger le Texte mystérieux, en multipliant à l'infini
> les figures et les caractères symboliques. Napoléon est
> le plus visible de ces caractères indéchiffrables, la
> plus haute de ces figures, et c'est pour cela qu'il a
> tant étonné le monde.[22]

Dans cette conception s'insère le personnage de Christophe Colomb,

> - la mystérieuse <u>Colombe portant le Christ</u>! - manifestement
> chargé de rendre possible, par l'oblation perpétuelle et
> <u>universelle</u> du saint Sacrifice, la plus profondément obscure
> des prophéties de l'Ancien Testament.[23]

Christophe Colomb était appelé depuis toujours à porter la Croix dans le
Nouveau Monde, "Abraham voyageur à la recherche de sa postérité inconnue",
"doux apôtre du Verbe";[24] depuis six mille ans, il est le sixième homme
de la Providence portant la voix mystérieuse de la parole de Dieu, après
Noé, Abraham, Moïse, saint Jean Baptiste est saint Pierre.

> [L]e plus extraordinaire de tous les insensés de la Croix
> et le plus unique de tous les extravagants divins.
> Disciple de saint Paul et des deux saint Jean, il poussa

la folie de la Croix jusqu'à déconcerter les plus
oraculaires aliénistes de l'hagiographie.[25]

Pour Léon Bloy, Christophe Colomb agit par décret providentiel; homme de Dieu, il accomplit les opérations de la "céleste mathématique".[26] Même dans son nom, il y a une "vocation miraculeuse".[27] Dieu fait les grands hommes de ses projets à la taille de leur destinée...

> Ce Messager de la plus immense Nouvelle que le monde ait
> entendue depuis la descente des langues de feu sur les Douze
> premiers Evêques de la chrétienté; ce Navigateur quasi
> épiscopal lui-même, choisi de Dieu pour évangéliser, à lui
> seul, un monde aussi vaste que celui dont les compagnons du
> Rédempteur s'étaient partagé la conquête,[28]

cet homme unique ne pense absolument pas au "progrès" de la civilisation, ainsi qu'on le croit dans tous les manuels d'histoire. En plongeant dans les gouffres de la Nature, il est une sorte de substitut de Dieu. Sa personne est nécessaire: il concentre "une multitude d'analogies, d'annonces et de souvenirs".[29] Prophète de l'avenir, mais du passé aussi (il annonce... saint Christophe, dont la vie est semblable à la sienne, et son passage de la mer), Christophe Colomb est un apôtre du Seigneur, chargé d'accomplir les prédictions des prophètes. Il donne à l'Eglise ses véritables dimensions: celles du dessein éternel de l'histoire humaine.

Ainsi, d'après Léon Bloy, la vie réelle de Christophe Colomb n'a aucune importance.

"Christophore", "image de l'Esprit-Saint", "Messager du Salut découvrant la Terre Nouvelle",[30] "doux apôtre du Verbe",[31]

il est le révélateur de la Création:

> Le Messager de l'Evangile, par une mystérieuse rétroaction
> providentielle, semble se rattacher à l'ancienne Loi, et
> c'est surtout à Moïse qu'il fait penser. Il révèle la
> Création, il partage le monde entre les rois de la terre,
> il parle à Dieu dans la tempête; et les résultats de sa
> prière sont le patrimoine du genre humain.[32]

Et Léon Bloy d'observer avec force:

> Parmi les destinées que le monde juge exceptionnelles, y
> en eut-il jamais une seule qu'on pourrait comparer à
> celle-là?[33]

Christophe Colomb ou Léon Bloy.

Albert Béguin a bien raison: "Léon Bloy est un historien-né".[34] L'histoire est pour lui un domaine de prédilection. Elle constitue son essence, comme le comprend dès 1873 un homme qu'il vénère, Blanc de Saint-Bonnet:

> Je crois que l'histoire offrirait l'occasion de se développer et de se mettre en vue aux dons spéciaux que vous avez reçus.[35]

Léon Bloy lit et approdonfit l'histoire comme les Saintes Ecritures. C'est qu'elle

> contient le principe et, peut-être, l'espérance de sa propre purification, au lieu que la littérature est une tempête maudite de basses et monstrueuses rébellions.[36]

Ainsi l'histoire ne peut qu'être la grande ambition de Léon Bloy, parce qu'elle développe le plan de Dieu. Le 20 janvier 1907, dans son <u>Journal</u>,[37] Léon Bloy écrit:

> Passé trente ans, les êtres profonds ne peuvent plus lire que l'histoire,

zone plurielle à l'infini condensant toutes les autres formes d'écriture. L'existence tout entière de Léon Bloy est dans ce système. Sa vie est une tentative dramatique d'en trouver la clef, parce qu'il sent profondément le mystère de la personne humaine (la nôtre et la sienne), et celui de l'histoire. Dans les livres de Léon Bloy, nous pouvons suivre une véritable histoire de l'humanité. Historien du symbole contre les historiens scientifiques, interprète de son époque à la lumière du mystère de l'histoire, il peut affirmer avec clarté:

> Les plus grands livres écrits par des hommes sont des livres d'histoire. On les nomme des Saints Livres et ils furent écrits par des thaumaturges.[38]

Léon Bloy lui-même se met au centre de son système historique. Il parvient même à voir une coïncidence entre certains moments de sa vie et des événements catastrophiques de son époque, qu'il voit en tant que signes des intentions divines et de la venue du Paraclet. Prophète de son époque et de la nôtre, il se fait le parrain de l'humanité. En dédiant son <u>Ame de Napoléon</u>, un texte "historique", à sa fille Véronique, il écrit:

> Je n'ai pas vu d'autre moyen de considérer cet homme extraordinaire que de <u>lui supposer mon âme</u>.[39]

C'est que nous sommes tous
> vraiment des ressemblances de Dieu et tout ce qui s'est
> accompli dans les siècles a laissé en nous son empreinte. Le
> dernier soupir de chaque homme est un vent violent qui
> ouvre ce livre où tout est écrit.[40]

Ainsi Léon Bloy ne peut que s'identifier au personnage de Christophe Colomb, comme il le fait aussi à ses autres personnages historiques préférés (Jeanne d'Arc, Louis XVII, Marie-Antoinette, Napoléon): correspondance d'âmes liées par le mystère de la Communion des Saints, nous le verrons ci-après. Le navigateur génois devient l'image de la vie de notre écrivain, ainsi que le centre de l'histoire de Dieu: vision romantique de l'histoire qui, au contraire de Lamartine, Michelet et Renan, place le personnage choisi dans l'immense texture du plan de Dieu. Nouvel apôtre du Seigneur, Christophe Colomb apparaît à Léon Bloy comme le révélateur de la Vérité. Aussi bien que lui incompris, trahi, vaincu, symbole de la destinée temporelle de toute entreprise mystique, où le grand espoir se mêle toujours à la grande douleur. Voici comment Léon Bloy s'identifie avec clarté à Christophe Colomb:

> Ici, je vais me cogner, tout de suite, au front de taureau
> d'une Liberté ombrageuse, impénétrable, totalement incomprise
> de la multitude qui l'adore et mal définie des docteurs
> chrétiens qu'elle épouvante. Je suis en partance, comme
> Colomb, pour l'exploration de la Mer ténébreuse, avec la
> certitude de l'existence d'un monde à découvrir et la
> crainte de révolter à moitié chemin, cinquante passions
> imbéciles.[41]
> Après cela [l'insuccès de ses livres sur Christophe Colomb
> et son intérêt pour sa béatification], comment s'étonner
> de mon destin? C'est une chose étrange, mais incontestable,
> qu'il est extrêmement dangereux de s'occuper avec amour du
> Christophore, et le discernement de cette figure colossale
> de l'Esprit de Dieu, portant le Christ et porté lui-même
> "sur les eaux" est la plus efficace et la plus avant-courrière
> dégustation des amertumes de la mort.[42]
> Ma destiné est si singulière, je suis si en dehors de la voie
> commune que cela m'arrive assez fréquemment. J'ai eu des amis
> passionnés, me donnant des preuves d'un dévouement héroïque,
> mais séparés de moi corporellement par des obstacles invincibles et qui sont morts sans que je les aie vus. Dieu ne
> voudra peut-être pas qu'il en soit ainsi, de vous à moi. Vous
> savez par Termier, qui fut mon excitateur, l'oeuvre que j'ai
> entreprise et qui ne sera certainement pas ce que quelques-uns
> pourraient prévoir. Pour tout dire en peu de mots, je vais à
> la Salette comme Christophe Colomb à la découverte du Nouveau-
> Monde, avec peu de vivres et un équipage dont je ne suis pas
> très-sûr, mais dans la plénière et constante volonté de périr
> parmi les tourments, si cela est nécessaire ou seulement profi-
> table. Notre Seigneur et sa Mère savent exactement le compte
> des âmes qui prieront pour moi.[43]

Non seulement l'aventure mystique de Léon Bloy est semblable à celle de Christophe Colomb, mais son rapport avec le monde de la critique aussi. Voici ce qu'il écrit le 7 janvier 1889, dans le Gil Blas ("L'Anniversaire des carcans"):[44]

> On les dénombre sans courbature, ceux qui s'intéressèrent à la majesté spirituelle d'un artiste ou d'un inventeur. Depuis Christophe Colomb abandonné par son chien de prince et mourant dans l'indigence et l'obscurité, jusqu'au plus grand des poètes contemporains inaperçu des sportulaires attitrés du second Empire, c'est une loi presque absolue que ce qui représente l'honneur de la tête humaine soit considéré comme un excrément séditieux par ces Jupiters d'abattoir.

Léon Bloy et Christophe Colomb, christophores tous les deux, âmes choisies par Dieu pour donner au monde les signes de la Vérité divine, endurent la même misère et la même fermeture des hommes. Mais aucun scandale: tout est écrit dans le plan de Dieu, que leurs âmes exceptionnelles sont appelées à dévoiler, dans la Mer ténébreuse de l'Univers.

Le symbole de la douleur.

> La douleur - observe Marie-Claire Bancquart - sert de fil conducteur à Bloy dans son étude de l'histoire. C'est elle en effet qui nous fait coïncider avec les projets de Dieu sur le monde, pour peu que nous l'acceptions librement.[45]

En tant que représentation de la douleur, l'histoire est une agonie prolongée dans le temps: ses thèmes principaux sont la misère et l'espoir. Par conséquent, son interprétation est réservée à ceux qui souffrent le plus, à ceux qui pénètrent le mystère du Corps Mystique du Christ en agonie continuelle. Voilà pourquoi Léon Bloy, investi d'une mission particulière, se sent en devoir de faire l'exégèse de l'histoire: c'est parce qu'il est l'homme de la Douleur. Les accusations des critiques à propos d'une misère qu'il aurait pu éviter sont hors du problème. Les expériences de la misère, et donc de la douleur, sont nécessaires à sa symbolique. Le 6 mars 1917, quelques mois avant de mourir, il écrit dans son Journal:

> Je n'ai pas subi la misère, je l'ai épousée par amour, ayant pu choisir une autre compagne.[46]

La jeunesse de Léon Bloy a été très tourmentée et pleine de cauchemars. Il est entré dans la littérature après une profonde expérience de douleur, qui l'a amené au seuil du désespoir. Il a embrassé la vie spirituelle par la porte de la douleur, qui sera toujours grande ouverte devant lui. De fait, il restera aussi l'homme de la douleur et de la métaphysique après sa conversion. La Communion des Saints et le mystère de l'identité personnelle lui feront demander à Dieu des tourments pour sauver ses amis Jules Barbey d'Aurevilly, Georges Landry, Victor Lalotte, Paul Bourget, Joris-Karl Huysmans - parce qu'il croit que plus on est tourmenté, plus on est proche de Dieu, avec de plus nombreuses probabilités d'être exaucé. Et Dieu l'a bien exaucé! Il suffit d'ouvrir une page quelconque de son Journal pour lire les cris les plus terribles contre une misère atroce. Chez Léon Bloy, la douleur n'est pas une attitude romantique, mais la prise de conscience d'un mystère insondable. Albert Béguin observe que Léon Bloy n'a jamais vécu avec joie le jour de Pâques, c'est à dire le jour du triomphe de Dieu.

>Pâques. J'ai froid jusqu'au centre de l'âme,

écrit-il le 14 avril 1895 dans son Journal,

> et je suis aussi près que possible du désespoir. Le dimanche de Pâques m'est ordinairement douloureux, quelquefois terrible. Impossible de cacher ma détresse, qui s'exprime à peu près ainsi: - Je ne parviens pas à sentir la joie de la Résurrection, parce que la Résurrection, pour moi, n'arrive jamais. Je vois toujours Jésus en agonie, Jésus en croix, et je ne peux le voir autrement.[47]

Il faut expliquer encore cela à la lumière de la doctrine du Corps Mystique. L'histoire de Léon Bloy, la sienne et celle de ses personnages, ne peut être qu'une histoire de la douleur. Logique des Ecritures, la douleur constitue l'essence de la vie et de la pensée de Léon Bloy.

> Grâce à elle, nous jouons notre rôle dans l'immense drame de la Rédemption qui s'est ouvert avec le Christ; nous sommes à notre tour des Rédempteurs, désignés par l'Esprit-Saint.[48]

C'est bien la douleur qui donne à la marche de l'histoire un sens positif, à partir de la crucifixion du Christ. Le roman de la terre s'organise autour de la souffrance, de ce que Léon Bloy appelle la symbolique des larmes, causées par le renvoi continuel de la Fin des Temps et de l'avènement du Paraclet et aussi par l'indigne comportement des hommes, qui refusent de collaborer avec le Christ à la Rédemption par la souffrance et la pauvreté. L'échec du Père (rédemption manquée par la venue du Christ, et action de Satan non annulée), et l'échec du Fils depuis vingt siècles (Il n'a pas libéré l'homme définitivement), nécessitent une troisième intervention, de la part du Saint Esprit. Cette angoisse de l'attente chez Bloy devient cosmique, en face de la constatation de sa solitude. Ainsi, la nécéssité d'une histoire en ruine, précipitée vers une marche catastrophique, se fait de plus en plus angoissante chez Léon Bloy. Série d'avortements, dit-il,

> [l]'histoire est pour moi comme une ruine où j'aurais vécu de la vie la plus intense avant qu'elle ne devint une ruine. Sensation douloureuse et paradisiaque d'avoir mis son coeur dans des choses très anciennes qui paraissent ne plus exister.[49]

Léon Bloy donne à l'histoire le rythme de la catastrophe, de l'apocalypse. Son témoignage de douleur, sa vision à travers le miroir aux énigmes des signes, lui donnent le droit de témoigner, de se poser comme un symbole. Histoire de ruines, histoire d'abominations, histoire de cris d'agonie que poussent les âmes comme la sienne, en déchirant le voile des apparences pour pénétrer le sens de l'abîme. Bloy se sent toujours à la veille du Déluge, parce que les hommes doivent payer le péché de la Chute, dans un monde où nous sommes tous "les <u>instruments</u> de Dieu".[50]

Christophe Colomb, à ses yeux, est l'un des grands symboles de la Douleur dans la trame de l'histoire. Il a accepté de souffrir. En sortant du cercle fermé de l'histoire, comme ses "confrères" sainte Jeanne d'Arc, Napoléon, Louis XVII, Marie-Antoinette et Mélanie, il est apparemment un être incompréhensible. Représentant du destin temporel de toute entreprise humaine, il continue à la fois le plan de Dieu, la marche de la douleur dans l'histoire, la symbolique de la solitude, le sens profond de la misère et l'avènement du Christ. Rédempteur du monde par la souffrance, comme Léon Bloy il est lâché, humilié, détesté. L'Espagne et l'Europe, l'Eglise, les historiens, et les critiques le mettent de côté (conspiration du silence, qui frappe Léon Bloy lui aussi), ou le maltraitent. L'autre partie du monde révélée par Christophe Colomb, au lieu de devenir le domaine de Jésus-Christ, se transforme rapidement en réservoir d'or et de richesses matérielles. Pour ce "grand Méconnu", pour cette grande et incomparable destinée,

> la sainteté probable est comme un cri au fond des consciences et qui déborde, par l'inouïe singularité de sa vocation, toutes les catégories prévues dans les augustes décrets d'Urbain VIII et de Benoît XIV.[51]

Et Bloy de s'écrier avec force, emporté par sa vision cosmique de la texture de la douleur et comparant "saint" Christophe Colomb à saint Paul:[52]

> Qui a souffert plus de travaux, plus de blessures, plus de
> prison, plus de dangers de mort, plus de flagellation, plus
> de lapidation, et plus de naufrages? et cela quatre siècles
> encore après qu'il a cessé d'exister parmi les hommes. A
> l'exemple du prédicateur de la Folie sainte, Christophe
> Colomb a été souvent en voyage, en danger sur les rivières,
> en danger des voleurs, en danger de sa nation, en danger des
> Gentils, en danger dans les villes, en danger dans les déserts,
> en danger sur la mer, en danger parmi les faux frères; dans
> les peines, dans les travaux, dans les veilles, dans la faim,
> dans la soif, dans les jeûnes, dans le froid, dans la nudité,
> et, par-dessus toutes ces choses extérieures, il est encore
> assiégé tous les jours par les soucis de toutes les églises.
> Je sais bien que ce que je dis là va paraître insupportable-
> ment extravagant et que je m'expose à l'accusation d'exagérer.
>
> Ah! l'exagération, ce mot des lâches et des niais, que les
> hommes jetteront perpétuellement à la figure de quiconque
> aura l'audace de leur parler avec fermeté de quoi que ce soit!
> Les gens de coeur doivent le connaître ce mot d'une si
> abjecte puissance de négation. Le nolumus hunc regnare ne
> s'adresse pas seulement à Notre-Seigneur Jésus Christ,
> mais à tous les fronts couronnés d'épines et surtout à
> ceux-là qui saignent le plus. Et quel homme fut plus couronné
> d'épines, plus roulé dans le buisson ardent de l'apostolat
> que Christophe Colomb qui donna la moitié du Globe à la
> sainte Eglise et qui, trois cent cinquante ans après sa
> mort, n'avait pas encore trouvé la moitié d'un écrivain
> catholique pour raconter cette largesse!

Christophe Colomb concentre les attributs des héros historiques de Léon Bloy. Au lieu de l'aider à donner le Salut aux nouveaux citoyens d'Amérique, on a envoyé là-bas escrocs, parjures, faussaires, voleurs, proxénètes et assassins. Lui-même, la "douce Colombe", il est accusé de crimes. Dépossédé et exproprié de sa mission, il assiste en silence (le silence des héros) à la destruction de son oeuvre. Souffrant et dénué, Christophe Colomb est

> l'indigent Lazare, plein des ulcères que lui on faits l'ingrati-
> tude et la calomnie, et si lamentable, que les chiens eux-mêmes
> en auraient pitié.[52]

Il faudrait citer le chapitre tout entier "Le solitaire", de <u>Christophe Colomb devant les taureaux</u>, pour comprendre l'interprétation bloyenne de Christophe Colomb. Dans sa lumineuse solitude, il avance vers nous, hommes du XXe et du XXIe siècles, pour nous donner le message profond de la douleur (la longue citation qui suit s'impose):[54]

> Et maintenant, ma pauvre âme, console-toi. Nous ne parlerons
> plus de ces misérables, nous ne les verrons plus, ces funèbres
> idiots qui t'affligent et, s'il se peut, nous les oublierons à
> jamais.

Regarde plutôt ce pauvre géant, ce douloureux Christophore que l'obscurité n'a pu dévorer et qui nous apparaît au-delà d'un continent de ténèbres, dans une solitude si lumineuse!
Il s'avance, comme autrefois, sur les flots qui n'ont pas la permission de l'engloutir et dont la paix est devenue si divine qu'on les prendrait pour une natte immense de rayons sous les pieds de ce voyageur.
C'est toujours le Sauveur qu'il porte et c'est toujours aux nations privées d'espérance qu'il le porte, mais aujourd'hui, c'est au-devant du soleil qu'il marche!(...)

Il revient donc sur ses pas et c'est à la vieille Europe, exterminatrice de ses enfants spirituels, qu'il rapporte désormais la Foi, l'Espérance et la Charité.
Il sait mieux que personne, le doux et sublime Apôtre, que son aspect d'Ancêtre plein de funérailles est précisément ce qu'il faut pour changer le coeur des apostates sociétés chrétiennes. Il sait aussi, d'un savoir de Bienheureux, qu'en ce crépuscule du monde, il est nécessaire que les figures anciennes dont sa Personne était le substrat, soient vérifiées enfin dans leur accomplissement absolu. Car il vérifie vraiment cette <u>colombe</u> qui rapporte, vers le soir, au batelier de l'<u>Arche</u> symbolique, le verdoyant olivier de la rémission du Déluge.
Les catholiques élevés comprennent fort bien que l'Homme inouï qui paracheva l'Oeuvre des Sept jours, doit être aussi le fomentateur de la réconciliation et de l'unité, et que l'oecuménique apothéose qu'on lui prépare est avant-courrière de la définitive réunion du troupeau du Christ.
C'est l'explication telle quelle de la solitude incomparable du Porte-Christ, à laquelle aucun isolement humain ne ressembla, depuis l'isolement ineffable du Verbe fait chair.
Solitude infinie dans les trois ordres théologiques: de Prédestination, de Grâce et de Gloire: solitude effrayante dans l'ordre intellectuel, dans le domaine scientifique, dans la nécropole toujours agrandie des préoccupations de la terre. Solitude victorieuse des promiscuités de l'histoire, des analogies, des parallèles et des assimilations de la poésie.
On dirait vraiment, si cela peut être balbutié sans une apparence du blasphème, qu'il n'y a plus aujourd'hui que la Troisième Personne divine, dont saint Paul a raconté les "gémissements inénarrables", à qui la solitaire Colombe de l'Océan puisse être paraboliquement confrontée!
A ce point de vue, Christophe Colomb sera le Protecteur céleste des épouvantables infortunés qui ne savent quel saint invoquer et qui s'offrent à tous les démons, en attendant que leur Mère désolée se souvienne de le mettre sur ses autels.
Il sera le Saint unique, l'Impétrateur, supplié avec des genoux sanglants, de tous ceux-là qu'on pourrait croire engendrés dans les abîmes de la damnation, de ces maudits, de ces exécrés de l'univers, de ces lépreux affamés par l'épouvante et conspués même par les lys, en d'intolérables déserts!

> Christophe Colomb, pour tout dire, sera le Patron des gens
> de génie, des solitaires intelligences que le monde abhorre
> invariablement, jusqu'au jour posthume où l'infâme sottise
> aperçoit enfin leur grandeur.
> Les hommes ecxeptionnels réclament aujourd'hui de la sainte
> Eglise un Intercesseur d'exception.
> Le commun des fidèles a toujours quelque martyr, quelque con-
> fesseur, quelque vierge à invoquer. Les rois et les cordonniers
> ont leurs avocats dans le ciel, et les avocats eux-mêmes ont
> aussi le leur, qu'il ne faudrait pas confondre avec un <u>larron</u>,
> fait observer naïvement le Bréviaire.
> Mais les poètes ou les hauts penseurs qui débordent l'intellectua-
> lité de leur siècle, n'ont absolument personne qui leur appartienne
> là-haut, qui leur appartienne en propre et qui s'intéresse per-
> sonnellement à leur effroyable destin.
> Lorsqu'un de ces malheureux, - mille fois assuré de recéler dans
> son âme et dans son cerveau ce qui doit, un jour, brûler les
> coeurs et saturer les esprits, aussitôt après qu'on l'aura
> fourré sous la terre, - se voit errant dans les ténèbres glacées,
> mangé de famine et de désespoir, inaperçu des sages bourreaux
> pour lesquels il souffre et crucifié à chaque heure par son
> idéal; ce lui serait un fameux secours, n'est-ce pas? de se
> souvenir que Celui d'entre les hommes qui a le plus enduré
> cette agonie, l'appelle tout bas, amoureusement, du fond de
> quelque sanctuaire prochain où il écoute avec bonté les
> suppliciés qui l'implorent!
> Les êtres profonds savent que cela n'est pas l'illusion d'une
> rhétorique banale, mais le besoin le plus impérieux de ces
> aventuriers du sublime.

Seul, pauvre, dans son immense et incompréhensible humilité, Christophe Colomb est pour Bloy le Samaritain de l'Evangile. Au fond, pour Léon Bloy et Christophe Colomb, nous pouvons dire la même chose, en face de leur solitude:

> Christophe Colomb (Léon Bloy) ne serait sans doute pas aussi
> sublime si on ne l'avait pas tant renié. Autour d'un front
> de martyr, il n'y a rien d'aussi beau que le nimbe d'une
> obscurité assez profonde pour que Dieu seul ait le pouvoir
> de la dissiper.[55]

Derrière leur solitude se cache celle de l'homme de notre époque (et de tous les temps), partant vers le mystère parmi les plus grands dangers. La solitude de Léon Bloy-Christophe Colomb est celle de la solidarité des âmes.

A la fin de sa vie, Léon Bloy-Christophe Colomb écrit, en parlant des rapports entre les vivants et l'âme du Purgatoire:[56]

> Mais regarde... il y a entre nous et toi le grand Chaos de
> la Mort. Tu nous es devenu inimaginable et participant de
> la Solitude inimaginable. Nous ne pouvons que tordre nos
> coeurs en priant pour toi. Si tu n'as pas été absolument un

> disciple, si tu n'a pas tout vendu et tout quitté, nous
> savons que tu es là où mille ans sont comme un jour et
> qu'un unique regard des Yeux de ton Juge peut avoir la
> rapidité de la foudre ou l'inexprimable durée de tous les
> siècles. Car nous ne devinons rien, sinon que tu es inconce-
> vablement seul et que si l'un de nous pouvait aller jusqu'à
> toi, il ne parviendrait pas à te reconnaître. Mais cela
> encore, il nous est impossible de le comprendre.

C'est une prière de ce type que probablement Christophe Colomb a adressée à Dieu pendant les derniers jours de sa vie sur cette terre.

L'âme de Christophe Colomb.

Léon Bloy est l'annonciateur du Corps Mystique. En effet, toute sa conception de l'histoire se fonde sur la doctrine du Corps Mystique de Jésus-Christ, comme l'ont expliqué Pierre Emmanuel, en 1944, el Albert Béguin, en 1948.[57] A travers les différences, Léon Bloy voit toujours ce qui est immuable. Pour lui, les événements sont la traduction exacte du seul événement qui mérite d'être enregistré: l'Incarnation. Le langage de l'histoire est le même que celui que nous trouvons dans les deux Testaments. Tout est représentation du Dieu qui S'est fait homme, et qui verse Son sang sur la Croix. Le drame de la vie du Christ est répété, développé une seconde fois dans la durée du temps, qui est déjà mort une première fois sur la Croix. Tout cela est possible parce que Léon Bloy accepte en profondeur la doctrine du Corps Mystique. Rien n'est intelligible après la mort du Christ, si l'on ne croit pas que, nous tous, nous sommes les membres et le corps réel du Christ qui souffrira jusqu'à la fin des temps. C'est bien de cette doctrine que se dégagent la conception du temps, le mystère de la Communion des Saints et le problème terrible de la liberté humaine.

Comme le prouve Albert Béguin,[58] la doctrine du Corps Mystique supprime premièrement le temps continu après le drame de la Crucifixion, parce que l'histoire du Christ-Homme et l'histoire de son Corps Mystique, qui embrasse la totalité du temps, s'accomplissent dans le même instant que l'éternité:[59]

> L'histoire est comme un songe puisqu'elle est bâtie sur le
> temps qui est une illusion souvent douloureuse et toujours
> insaisissable, mais certainement une illusion qu'il est
> impossible de fixer. Chacune des parcelles infinitésimes
> dont l'ensemble constitue ce que nous appelons la durée,
> se précipite au gouffre du passé avec une rapidité foudroyante,
> et l'histoire n'est autre chose que ce fourmillement d'éclairs
> enregistré dans des pupilles de tortues.

> A mesure que l'histoire se déroule, elle devient aussitôt
> le secret de Dieu, et l'authenticité, même la plus forte,
> aux yeux du penseur, n'est qu'une opinion <u>probable</u>.[60]

Deuxièmement, cette conception entraîne le mystère de la Communion des Saints, un des pivots de la pensée bloyenne. Comme l'histoire n'est que l'histoire de la Révélation, et que nous sommes tous les membres du Corps Mystique continuellement crucifié, il s'ensuit que nous souffrons tous de la même douleur, la douleur universelle. La douleur du monde, celle de tout individu de l'histoire, est la douleur même de l'agonie de Jésus et de Sa passion. Le mystère de la Communion des Saints entraîne le mystère de l'identité personnelle. Si tout est simultané, si tout est éternel, nous sommes individuellement identiques. Pour Léon Bloy, la Communion des Saints est "le concert de toutes les âmes depuis la création du monde".[61]

Troisièmement, voilà que se pose le problème terrible de la liberté humaine, qui pour Léon Bloy n'est pas un problème secondaire, fondamentalement lié comme il l'est au mystère de la Communion des Saints. Si toute âme dépend essentiellement des autres (dont elle est responsable), si sa douleur est la douleur universelle, si enfin l'histoire est l'oeuvre de Dieu, comment concilier la liberté de l'homme avec cette identité personnelle? Ne risque-t-on pas de tomber dans un déterminisme absolu? La tentation de désespérer, de se sentir perdu dans les bras de Satan, a été grand chez Bloy. Mais il réussit à résoudre le problème, d'une façon toute naturelle à sa conception. Le conflit ne peut être qu'apparent, parce qu'en effet il n'existe pas de problème: il y a un accord parfait entre la liberté divine et la liberté humaine. Depuis toujours, Dieu sait que l'action libre de tel individu sera un "acte nécessaire". Mais il ne s'agit pas là de déterminisme! Léon Bloy n'est absolument pas janséniste. Il s'agit plutôt d'un mystère, d'autant plus qu'il est insondable et inintelligible: la puissance divine et la liberté humaine sont substantiellement <u>la même chose</u>. C'est pour cela que l'on peut regarder l'histoire à la fois des points de vue humain et divin.

Dans la trame de l'éternité, le long de la simultanéité des événements, dans la conséquence absence totale du hasard, l'histoire devient une histoire d'âmes, d'identité personnelles; l'âme de Christophe Colomb y joue un rôle capital dans le grand dessein de Dieu. Figure très visible de la géographie de la Communion des Saints, Christophe Colomb accomplit librement un acte <u>nécessaire</u>: il fait connaître la parole de Dieu à l'autre moitié du monde, qui vivait sans le Verbe depuis toujours.

Les actes, les voyages, la Croix de Christophe Colomb sont les symboles fragmentaires de l'histoire de l'éternité. Le grand navigateur ouvre la nuit de l'univers, il en déchire le hasard; en suivant la volonté de Dieu, son âme, représentative de toutes les âmes du Corps Mystique (et donc de la nôtre, aussi), sent l'iniquité des temps modernes, pressent la prochaine Venue.

Un jour, dit Bloy, Dieu _appelle_ Christophe Colomb à chasser Satan du Nouveau Monde:[62]

> Un jour, enfin, le Seigneur appela un homme, comme il avait appelé Jean pour préparer ses voies, et il l'investit, pour un temps, de sa puissance, afin qu'il pût mettre décidément un terme à ce semblant d'éternité douloureuse par laquelle Satan, surnommé le signe de Dieu, avait essayé de se signer lui-même dans une sacrilège contrefaçon de son propre royaume.
> Cet homme qu'Isaïe semble avoir en vue toutes les fois qu'il parle aux îles lointaines et aux peuples des extrémités de la terre, c'est Christophe Colomb, "le plus doux des hommes", comme l'Esprit-Saint le dit de Moïse. Le titre de Grand Amiral, sous lequel il fut tant calomnié pendant sa vie, n'a plus de sens pour une génération qui ne connaît pas l'histoire. La foule ne sait de lui que son nom très mystérieux et ... rien de plus, sinon qu'il a fait la Terre une fois plus grande et que les hommes l'ont assassiné de chagrin dans l'obscurité. Quant à sa mission providentielle et unique qui le range dans la demi-douzaine d'hommes exceptionnellement prodigieux sur lesquels la Sagesse divine a compté, qui donc y penserait, dans ce siècle ennemi de la grandeur, si l'Eglise, toujours pleine de mémoire et toujours grande, n'y pensait pas?...

Et cet ordre inclut tout naturellement ce qui va suivre, la douleur et la souffrance de Christophe Colomb. Rien n'est fortuit pour Léon Bloy.

Et si un homme quelconque est appelé à l'histoire,

il lui suffit d'étendre les mains pour rencontrer ses instruments, pour trouver sa vie.

> Mais si cet homme est de la taille de Christophe Colomb, il n'est pas même nécessaire qu'il fasse un geste. C'est un foyer de gravitation pour la multitude des âmes qui correspondent à sa destinée et qui sont mystérieusement _orbitées_ par lui comme une glorieuse constellation de satellites spirituels![63]

L'âme de Christophe Colomb est pilotée par le Seigneur vers cet enfer de la terre, vivant dans le silence de Dieu: "La Découverte de l'Amérique est une véritable descente aux enfers".[64] Dans un monde inexploré, "le sublime Christophe Colomb"[65] entreprend la recherche du Paradis perdu, ce Jardin des Voluptés situé probablement, selon Léon Bloy, dans l'Atlantide évanouie.

On comprend pourquoi la thèse de Raymond Barbeau, d'après qui toutes les figures de l'histoire de Bloy, et donc Colomb lui aussi, incarneraient non pas le Paraclet mais l'Archange déchu, Lucifer, est entièrement à repousser, et avec force.[66] Pour comprendre Léon Bloy, il faut toujours partir de ses messages moraux, du sens des mystères qu'il voudrait nous déchiffrer. Ses livres sur Christophe Colomb n'échappent pas à ce passage obligatoire. L'aventure humaine du navigateur génois a, à sa base, un fond immense de mystère religieux, de profondeur biblique. Léon Bloy y pénètre

>dans les entrailles de la réalité divine.[67]

Il a écrit, nous dit Jules Barbey d'Aurevilly,

> de l'histoire sacrée, comme aurait pu la concevoir et l'écrire le génie même de Pascal, s'il avait pensé à regarder dans la vie de Christophe Colomb.[68]

Dans cette histoire sacrée les époques prennent pour Bloy un autre sens, une marche et une division différentes, où Colomb a encore une fois un rôle fondamental. Il n'y a plus d'époques historiques, mais des âges successifs et harmoniques qui, je le répète, sont la simple traduction du même fait unique, éternel et toujours actuel: l'Incarnation. Les époques privilégiées de Léon Bloy sont la période de la décadence byzantine, le Moyen Age occidental, le XVIe, le XVIIIe, le XIXe et le XXe siècles. L'époque la plus étendue et la plus liée à sa vision est notre Moyen Age, ouvert par sainte Clotilde et fermé par Christophe Colomb:[69]

> Les mille ans du Moyen Age ont été la durée du grand deuil chrétien, de votre patronne sainte Clotilde à Christophe Colomb, qui emporta l'enthousiasme de la charité dans son cercueil, - car il n'y a que les Saints ou les antagonistes des Saints capables de délimiter l'histoire.

Pour Bloy, Colomb

> résume en lui toutes les pensées et toute la ferveur militante du Moyen Age qui finit historiquement à lui, et dont la majestueuse porte de bronze se referme sur son cercueil.[70]

"L'abjecte modernité"[71] a la permission d'apparaître seulement après le Christophore. Et c'est le tour de l'ignominie du XVIe siècle, de la canaille du XVIIIe siècle avec la crapulerie finale de la Révolution, de la société décrépite des bourgeois du XIXe, de la dégradation totale et de la folie du XXe, dans l'attente du Paraclet, annoncée par la Croix de Christophe Colomb plantée aux Amériques.

Ecriture de l'histoire.

Léon Bloy découvre dans l'histoire une écriture par coïncidence. Il trouve des coïncidences entre l'histoire de France et les offices du Missel romain, Napoléon, Christophe Colomb et le Christ. Le jour de la naissance de Marie-Antoinette (le Jour des morts), le moment de la mort de Zola (avant qu'il ait pu rédiger son quatrième "Evangile"), la guerre angloboer, la guerre de 1914, la victoire de la Marne (la veille de la Nativité de Marie), la première communion de sa fille (le jour de l'éruption du Mont Pelé, à la Martinique), ne sont que des coïncidences du texte insondable de l'histoire, et non pas des moments du hasard. Léon Bloy écrit à Louis Montchal, le 27 septembre 1884:

> L'homme qui ne comprend pas ou plutôt qui ne voit pas l'importance métaphysique, morale, esthétique, historique, politique ou scientifique du Signe, est infiniment au-dessous de la bête, laquelle a du moins le mérite d'accomplir sa loi.[72]

L'oeuvre de Léon Bloy est une interrogation continue sur l'histoire, dans son existence de damné aussi bien que dans son esprit d'enfance, de foi et de simplicité. Bloy dégage de l'histoire universelle un ensemble symbolique, il cherche l'architecture des événements, gifle

> son siècle pour obtenir d'en être écouté.[73]

L'histoire est "un cryptogramme", dont Léon Bloy lit les lignes et pénètre les combinaisons, combinaisons

> innombrables comme la poussière, compliquées à l'infini, tramées, tressées, imbriquées, repliées les unes dans les autres, entrelacées et embrouillées à toutes les profondeurs.[74]

Sur notre planète maudite s'accomplit le sens de la logique des Ecritures nous annonçant "l'épouvantable dérision du Progrès",[75] parce que tout est fixé sur le moment unique de la Croix; et la découverte de l'Amérique aussi, par l'homme providentiel Christophe Colomb, dont la vie tout entière est une confirmation de la centralité de l'histoire par rapport à Dieu.

L'histoire pour Bloy est une forêt de signes, un concert de voix d'âmes, où Christophe Colomb constitue un des symboles douloureux des écrasés. Notre écrivain, voyant et contemplatif, donne à ce genre une écriture poétique où le souvenir compte plus que l'événement, l'évocation dépasse le fait réel, le coeur et l'imagination analysent les images du temps, fixe et ouvert sur une immense table. Dans la forêt des symboles, l'historien comme le poète ne voit que quelques éclairs, des brins infinitésimaux de l'histoire éternelle.[76] Cette histoire morale, "probable", par éclairs, dont les sources ne peuvent être d'abord que les Saintes Ecritures, place au centre de son déroulement Christophe Colomb, couronné par les autres personnages privilégiés de Léon Bloy. Sa statue s'élève au-dessus des siècles, pour nous crier doucement à l'oreille le Verbe de la Croix.

L'historien véritable aura donc une tâche impossible. Contemporain des grandes époques et des hommes choisis par Dieu pour réaliser son plan, il est "un chroniqueur exhaustif de simultanéités",[77] un thaumaturge, un découvreur d'âmes ressuscitant les morts, et un vociférateur de l'avenir. Bloy voit Colomb habillé de ce vademecum de l'historien, qu'il présente hautement dans Christophe Colomb devant les taureaux:[78]

> Les chrétiens qui savent ce que c'est que l'homme on le droit d'exiger beaucoup de leurs historiens.
> Ils doivent se souvenir que ce monde n'est qu'une figure qui passe et qu'il n'y a de vraiment intéressant que ce qui demeure au fond du creuset du temps, c'est-à-dire l'Ame humaine et l'immobile canevas du plan divin.
> Raconter qu'Annibal enjambait les Alpes n'est qu'une affaire de palette, mais ce vainqueur avait une âme et le Dieu des vainqueurs avait ses desseins, et voilà précisément les deux choses qu'il importe surtout de connaître!
> Les plus grands livres écrits par des hommes sont des livres d'histoire. On les nomme des Saints Livres et ils furent écrits par des thaumaturges.
> A soixante atmosphères au-dessous d'eux, les historiens dont l'inspiration est ou paraît être seulement humaine, doivent, eux aussi, se manifester comme des thaumaturges en une manière. Il faut absolument qu'ils ressuscitent les morts et qu'ils les fassent marcher devant eux et devant nous. Ils doivent rallumer les lampes éteintes dans les catacombes du Passé où ils nous font descendre.
> Pour accomplir un tel prodige, l'intuition de l'esprit n'est pas assez, il faut surtout l'intuition du coeur.
> Il faut aimer ce que l'on raconte et l'aimer éperdûment. Il faut vibrer et retentir à toutes ces rumeurs lointaines des trépassés.
> Il faut les généreuses colères, les compassions déchirantes, les pluies de larmes, les allégresses et les vociférations de l'amour.
> Il faut se coucher comme le Prophète sur l'enfant mort, poitrine contre poitrine, bouche contre bouche, et lui insuffler sa propre vie.
> Alors, seulement, l'érudition corpusculaire adorée des bibliographes, a la permission d'apparaître. Jusque-là, les documents et les pièces écrites ne sont que les bandelettes égyptiennes qui enfoncent un peu plus les décédés dans la mort.
> Si cela est vrai pour de pauvres grands hommes comme César ou Napoléon, par exemple, que sera-ce pour un Saint?

L'historien par excellence, capable d'appliquer ces directives, est bien
Léon Bloy lui-même, lui aussi choisi par Dieu pour pénétrer l'histoire de
Christophe Colomb: l'interprétation de l'histoire est réservée aux hommes
qui souffrent, historiens prophètes, missionnaires, réveilleurs de dormants.
Nous comprenons pourquoi Léon Bloy condamne avec force les méthodes positivistes dans l'histoire, refusant toute interprétation colombienne par la
"science" des documents, chère à Taine et à Michelet. La thèse de Bloy
apparaît aux historiens de son époque comme sortie du temps des Croisades;
ils ne comprennent rien à la chaîne mystique des événements. Léon Bloy,
comme Anatole France, Maurice Barrès, Charles Péguy, dénonce l'illusion
de la "vérité historique"; au nom de l'idéal, il fait de l'histoire une
question morale, contre l'érudition, l'énumération des événements, les
thèses de l'Ecole des Chartes. Le document historique n'est qu'un matériau,
il n'a en soi aucune valeur: ce n'est pas la recherche dans les archives
qui peut nous dévoiler le message profond de Christophe Colomb. Conducteur
d'âmes, Bloy ne peut que suivre l'intimité de l'écriture de l'histoire.

Voici encore, à ce propos, un texte tiré du <u>Révélateur du Globe</u>:[79]

> La Critique historique est une pythonisse sans trépied qui
> accommode ses oracles au goût du jour. Sa naïve aînée, la
> grande Histoire, a tellement disparu derrière l'enflure
> de cette grenouille pédante et artificieuse et les âmes
> sont devenues si lâches pour la vérité que le Génie lui-
> même, avec ses cataractes de lumière, ne pourrait peut-
> être plus lui restituer sa vraie place. Le Document, ce
> monstre aux mille langues nourri dans la poussière des
> Archives d'Etat et des chancelleries, s'en élance avec
> fureur pour dévorer toute conception généreuse ou originale
> qui s'aventure au seuil de ces antres profonds. Il ne s'agit
> guère aujourd'hui de ressaisir l'irrévocable Passé, de con-
> traindre ce fantôme à revenir sur ses pas, et de lui redonner
> pour un instant l'étincelle miraculeuse de la vie. D'ailleurs,
> une science énorme ne serait pas ce qu'il faut pour accomplir
> un tel prodige. Non certes! mais il faudrait absolument ce que
> n'enseigne aucune école: le désir enthousiaste de la vérité
> appuyé sur le pressentiment d'un plan divin. L'Histoire, alors,
> cesserait d'être la "Bagatelle fascinante" de l'incrédulité
> pour redevenir ce qu'elle fut dans les Saints Livres: la transcen-
> dante <u>information</u> du Symbolisme providentiel.

Christophe Colomb se montre intégralement à notre coeur uniquement si l'on
introduit le sentiment dans l'histoire, par l'<u>intuition</u> de son projet
providentiel. Les bibliographes, ennemis acharnés de la vision en histoire,
n'ont aucune chance de comprendre le navigateur. Et toutefois,

> [o]n en vit sortir des tombeaux mal gardés où ils trompaient
> leur famine en rongeant les os des morts;

et [n]aturellement, l'histoire catholique de Christophe Colomb ne devait pas échapper à des chacals aussi attentifs.[80]

Les dates, les circonstances, les événements précis de la vie de Colomb n'ont, du reste, presque aucune importance:[81]

> Quelque documenté que puisse être un historien, le fait qu'il a devant lui, l'ayant si péniblement ramené, comme une épave, du fond des ténèbres, il sait bien qu'<u>il ne le voit pas</u>. Sa forme essentielle, divine, lui échappe nécessairement. On a des preuves certaines, indiscutables, d'un grand nombre d'événements historiques à des époques bien déterminées; mais ces preuves, au fond, n'ont pas d'autre consistance que la <u>nécessité</u> absolue de ces événements et de ces époques. Il <u>FALLAIT</u> cela et pas autre chose. Critérium unique.

L'existence de Christophe Colomb ne doit pas être réduite en formules. Son angoisse et sa douleur sont les mêmes que celles du Christ sur la Croix. Et le Christ est, par essence, en dehors de toute formule.

La structure des textes historiques de Léon Bloy échappera par conséquent à toute loi, à toute norme du genre: <u>Le Révélateur du Globe</u> comme <u>Christophe Colomb devant les taureaux</u> le confirment pleinement. Bloy à chaque page s'évade, développe des thèmes éloignés du sujet principal, annonce des passages de livres à venir (ou jamais écrits), s'élance contre son époque, se plaint de la grande déroute de ses contemporains. Les détails sont absents, la narration procède par sauts, les raisonnements sont mis de côté. "Rien qui ressemble", dit Marie-Claire Bancquart, "à une allure rectiligne du récit, mais des constructions concentriques".[82]

Pour une histoire exceptionnelle, celle de Christophe Colomb, cryptogramme de la grande histoire éternelle, il faut une langue exceptionnelle, faite de mots qui soient l'image réelle du Verbe divin. L'écriture du <u>Révélateur du Globe</u> et de <u>Christophe Colomb devant les taureaux</u> s'inspire de la dramatique de la Vérité. L'architecture éblouissante des phrases est le signe de l'ordre incommensurable de l'aventure de Colomb. Bloy force l'expression pour forcer la porte de l'invisible, par laquelle il verra clairement les signes du grand navigateur. Epithètes délirantes, antithèses, cris et exagérations seront les images de l'exclamation de la joie devant la vérité colombienne - enfin découverte.

<u>Léon Bloy interprète de Christophe Colomb en 1992</u>.

Barbey d'Aurevilly conclut sa préface au <u>Révélateur du Globe</u> par ces interrogations:[83]

> Les hommes de ce temps liront-ils ce livre, trop pesant pour
> leurs faibles mains et leurs faibles esprits?... Seulement,
> s'ils en commencent la lecture et qu'ils se retournent de
> cette lecture vers les livres de cette époque de puéril et
> sot bibelotage, auront-ils la sensation de l'amincissement
> universel qui veut nous faire disparaître dans le néant,
> ce paradis des imbéciles? ... Et c'est toujours au moins
> cela pour le compte et la gloire de la vérité.

La même question est naturellement valable pour Christophe Colomb devant les taureaux, non seulement il y a cent ans, mais aussi et surtout de nos jours. L'oeuvre de la douce Colombe bloyenne se continue-t-elle à notre époque de grands progrès technologiques, de guerre et de destruction de la terre par les conquêtes de la science elle-même? Sommes-nous préparés pour découvrir la symbolique d'ouvrages tels que ceux de Léon Bloy sur Christophe Colomb? Ou bien n'y a-t-il que Paul Claudel et ses disciples, outre les quelques fervents lecteurs du Mendiant ingrat, qui soient capables de les lire et de les comprendre?[84]

Je crois qu'Albert Béguin a bien raison:[85]

> A la relire aujourd'hui, l'oeuvre de Léon Bloy paraît, dans
> la moindre de ses lignes, écrite en vue de notre temps [...].
> Ce que nous commençons à peine à deviner, laborieusement,
> depuis que s'écroule sur nous l'édifice de nos pauvres
> sécurités, Bloy l'avait compris sans avoir besoin pour cela
> de ruines manifestes. Dans son étonnante solitude, cet homme
> des premiers siècles croyants, apparu à l'âge du Commerce et
> de l'Industrie, voyait d'avance s'ouvrir les abîmes au moment
> même où tout le monde s'imaginait que notre espèce touchait à
> l'apaisement définitif, à l'équilibre sur terre, à la fin des
> ténèbres et de désordres séculaires. Pendant quarante ans, de
> 1877 à 1917, avec une férocité que l'on prit à tort pour quelque
> excès romantique, Bloy ne cessa de proclamer, et de souhaiter,
> la prochaine débâcle du monde moderne [...].
> Pour Bloy, ce triomphe de la cécité heureuse était un objet de
> désolation et de colère. Il fut l'un des premiers à discerner
> dans cette assurance même les signes annonciateurs du déchaîne-
> ment apocalyptique.

Les textes de León Bloy sur l'histoire et sur Christophe Colomb ne sont nullement "réactionnaires", mais ils sont "engagés". Prophète des temps futurs et de la prochaine venue du Paraclet, qui portera la fin de la douleur universelle dans son immense "catastrophe", il croit à la fin de l'irréparable et de l'irrémédiable.

Bloy annonce les catastrophes de notre époque dans Le Révélateur du Globe, et aussi dans Christophe Colomb devant les taureaux. Autour de 1884-1890, il y parle comme on parlera vers 1940-1950, et encore dans nos jours de crise mondiale. Ainsi ses livres historiques sont-ils la partie la plus proche de notre temps apocalyptique. La méditation bloyenne sur l'histoire, son annonce continue des drames de notre temps nous touchent profondément; le message historique de León Bloy est bouleversant. Seul contre son époque de pseudo-certitudes, il lance le message de l'histoire aux hommes vivant dans les sécurités de la science et de l'honnêteté bourgeoise, heureux d'avoir gagné la paix dans l'oubli de Dieu - et du sens de l'écriture de l'histoire. Et Colomb, grâce à l'actualité de Bloy, regagne une place capitale non seulement comme découvreur de l'Amérique, mais aussi comme messager du Christ, "auteur" à l'origine de nouvelles mentalités et de nouveaux rapports spirituels.

A l'heure où la science devient une idole, León Bloy rappelle et proclame le droit du surnaturel et la parenté substantielle des hommes. Il renonce à la science dès qu'il s'aperçoit qu'elle a un message de mort, conduisant à Hiroshima, aux fusées nucléaires et aux armes chimiques.

Notre époque apparaît à Bloy en décomposition, comme l'époque de Colomb. Les menaces de l'avenir se lisent dans le silence des yeux de celui-ci, dans son angoisse et dans sa certitude silencieuse de ne pouvoir rien faire pour arrêter la marche de l'histoire. León Bloy et Christophe Colomb, ou León Bloy-Christophe Colomb, annoncent la colère de Dieu contre les désastres de notre époque. Pour bien lire Le Révélateur du Globe et Christophe Colomb devant les taureaux, il faut se placer comme Bloy (et comme Colomb lui-même) hors du cercle relatif du quotidien, dans la tentative de comprendre leur message d'amour et de douleur, à travers leurs larmes:

> - Le secret de Bloy - dit Jacques Maritain,
> c'est une extraordinaire dilection pour les âmes, un amour
> qu'auraient seuls pu comprendre ces tendres hommes du
> moyen-âge, qui étaient doux comme il est doux et qui aimaient
> les Larmes comme il les aime.[86]

L'actualité des livres de León Bloy sur Christophe Colomb ne consiste pas uniquement dans l'aspect providentiel de ses lectures. Ils nous obligent à réfléchir sur le plan contingent aussi, à l'occasion du cinquième anniversaire de la découverte de l'Amérique.

Voici ce qu'écrit León Bloy dans Christophe Colomb devant les taureaux, en 1890, deux ans avant le quatrième centenaire:[87]

> Dans deux ans, le 12 octobre 1892, les marines du monde entier
> pavoiseront leurs navires dans les deux hémisphères et chan-
> teront le lever du jour comme il ne fut jamais chanté.
> L'angelus des tonnerres passera d'un monde à l'autre sur la
> houle des océans et s'enfoncera dans les continents profonds
> sur la croupe des immenses fleuves, pour s'en aller mourir
> sur les lacs rêveurs qui frissonneront de ce bruit des hommes
> dans leurs solitudes.
> L'énorme monde américain sera secoué, du nord au sud, par
> l'unanime commotion des coeurs qui sentiront partout en ce
> jour le désarroi merveilleux des grandes allégresses publiques
> et les plus indignes n'échapperont pas à cette immersion
> d'enthousiasme qui recommencera le déluge.
> Du Pacifique à l'Atlantique et de la Terre-de-Feu jusqu'à la
> baie d'Hudson, l'ivresse humaine percera les forêts, chevauchera
> les montagnes, franchira les golfes et les estuaires. Les races
> les plus hostiles oublieront un instant de se maudire ou de s'en-
> tre-dévorer.
> Cette Amérique étrange et presque infinie qu'on croirait avoir
> été engendrée, comme un enfant, de la volonté d'un seul homme,
> trouvera, pendant la durée d'une rotation de la terre assez
> d'unité pour crier la gloire de l'incomparable mortel qui l'a
> tirée du néant.
> Ce quatrième centenaire de la nativité du Nouveau-Monde s'annonce,
> en effet, comme devant être partout une solemnité sans pareille.

Mais à côté de manifestations gigantesques, d'expositions, de monuments, de congrès, de fêtes, d'énormes bruits et d'applaudissements, aucune référence au Christophore et à la profondeur mystique de l'aventure colombienne. Le quatrième centenaire, dit Leon Bloy, est "une mascarade universelle".[88]

En 1892, le 14 mai, il écrit dans son Journal:[89]

> Ennui et dégoût à la vue de ce public de putains et de sal-
> timbanques. Mascarade immense dans le monde entier. Le
> Centenaire tant annoncé pourrait-il être autre chose? Le
> Pape, qui, seul, aurait le pouvoir de changer le caractère
> de ces manifestations, ne fera rien, c'est trop évident.
> Le Christophore est trop l'image de l'Esprit-Saint, et je
> sais combien l'Eglise moderne est diligente pour écarter
> la Troisième Personne divine.
> Je suis le seul Français, après le comte Roselly de Lorgues,
> ayant parlé honorablement pour Christophe Colomb de qui tout
> les journaux vont parler. Naturellement, je ne serai pas cité.

Derrière ces exagérations conscientes de Léon Bloy se cache son amertume en face de programmes uniquement "païens". Au fond, à son époque, et à la nôtre aussi, le rapport avec les peuples des Nouveaux Mondes se pose exactement tel qu'à l'époque de Christophe Colomb et qu'à celle de Léon Bloy. Le racisme n'est pas mort (au contraire...); au fond de notre âme, nous, les Européens, nous ne parvenons pas à comprendre le relativisme géographique; nous sommes responsables d'avoir taché de sang toute colonisation, toujours caractérisée par le pillage et la destruction des autres cultures. Cela est arrivé tout juste pour le manque absolu d'accueil au message de Christophe Colomb-León Bloy. Libérées de ses cris apocalyptiques, les observations de Léon Bloy dans le fameux chapitre du Sang du Pauvre, "Jésus-Christ aux Colonies", sont valables surtout de nos jours:[90]

> On lui changea son oeuvre dès le premier jour. On fit des ténèbres avec sa lumière et quelles ténèbres! On se soûla du sang de ses innombrables fils et ce qui restait de ce sang, ce dont les chacals du pillage et les chiens du vomissement ne voulaient plus, on le recueillit dans le creux des mains, dans des pelles de mineurs, dans des écopes de bateliers, dans les coupes de la débauche, dans les deux plateaux de la justice prostituée, dans les calices mêmes des saints autels et on l'en éclaboussa de la tête aux pieds! On contraignit cette Colombe amoureuse à piétiner, ainsi qu'un corbeau, dans le pourrissoir des assassinés. L'orgie des avares et des sanguinaires enveloppa la montagne de son sourcilleux esprit comme d'un tourbillon de tempêtes, et ce fut la solitude la plus inouïe sur cet amoncellement de douleurs!

En 1992, comme à l'occasion de tout autre centenaire des plus grands événements de l'histoire, il ne faudra pas facilement mettre de côté le message colombien de Léon Bloy.

Notes

1. Léon Bloy au comte Jean de la Laurencie, 31 août 1913, in Lettres de Léon Bloy à Frédéric Brou et Jean de la Laurencie, Paris, Bloud et Gay, 1927, pp.62-63.

2. Léon Bloy, Christophe Colomb devant les taureaux, in Oeuvres, éditées par Joseph Bollery et Jacques Petit, Paris, Mercure de France, 1964-1975, 15 vol., désignés ci-après sous le sigle O.C.: t.I, p.335. Le Révélateur du Globe et Christophe Colomb devant les taureaux sont contenus tous deux dans ce t.I.

3. Joseph Bollery, Léon Bloy, t.I, Origines, jeunesse et formation. 1846-1882, Paris, Albin Michel, 1947, p.395.

4. Pour tout élément concernant la naissance et la publication du Révélateur du Globe, cf. l'article très important de Michel Arveiller, à qui on doit un grand retour de Léon Bloy de nos jours, "Inédits de Léon Bloy. Envois et dédicaces (II). Le Révélateur du Globe. Christophe Colomb et sa béatification future", in Bulletin de la Société des

études bloyennes, n° 9, juillet 1990, pp.8-31 (Paris, Nizet). Pour ce paragraphe, je m'inspire parfois de cet article. Voir aussi l'introduction de Jacques Petit à O.C., t.I, pp.7-16.

5. Christophe Colomb devant les taureaux, O.C., t.I, pp.264-266.

6. Au mois de mai 1892.

7. Voici ce qu'écrit Léon Bloy dans son Journal le 7 janvier 1898 et le 19 octobre 1901 (Mon Journal, O.C., t.XI, pp.238-39, et Quatre ans de captivité, O.C. t.XII, pp.74-75):

> J'apprends indirectement la mort du nonagénaire Roselly de Lorgues, postulateur de la cause de Christophe Colomb auprès de la simoniaque Congrégation des Rites. J'ai fait pour ce défunt d'énormes et difficiles travaux restés sans salaire. Il laisse,dit-on, sa fortune, à un filleul imbécile et méprisé de lui, mais déjà riche, ce qui est sans réplique. On ne doit jamais rien laisser aux pauvres. Je croyais avoir enterré depuis longtemps ce vieillard.
> Relu ensemble l'Histoire de Christophe Colomb, par Roselly de Lorgues, livre tant étudié, autrefois. Rebutés, dégoûtés d'abord par l'odieux poncif de l'écrivain, la beauté de cette Vie exceptionnelle nous saisit bientôt et, tout de suite, nous pouvons croire qu'un ange est entré chez nous tant notre émotion est merveilleuse! Cela me rappelle les impressions extraordinaires de ma première lecture, il y a vingt-sept ans. Miracle d'un livre, absolument médiocre par la forme, néanmoins tout-puissant sur l'âme.

Au mois de mai 1892, Léon Bloy est sur le point d'aller en Amérique du Sud pour une série de conférences dédiées à Christophe Colomb, mais ce projet meurt à cause de la "rosserie merveilleuse d'un Colombien milliardaire ou prétendu tel", Urdañeta, qui aurait dû le financer (Le Mendiant ingrat. O.C. t.XI, p.26, 8 mai 1892; cf. les lettres de Léon Bloy à Henry Cayssac du 24 avril au 8 mai 1892, in Cahiers Léon Bloy, IV, 2, novembre-décembre 1927, et IV, 3, janvier-février 1928).

8. Le Mendiant ingrat, 20 mai 1892, O.C., t.XI, p.28. C'est Léon Bloy lui-même qui souligne.

9. Christophe Colomb devant les taureaux, O.C. t.I, p.257.

10. Huysmans à Bloy, "Dimanche soir" (22 juin 1884), in Joseph Bollery, Léon Bloy, t.II, Ses débuts littéraires du "Chat noir" au "Mendiant ingrat". 1882-1892, Paris, Albin Michel, 1949, p.93. Cf. Michel Arveiller, art.cit. p.21.

11. Paul Valéry, in Chimère, mars 1892, pp.153-154. Dans son article "Paul Valéry lecteur de Léon Bloy", in The Romanic review, octobre 1959, pp.191-194, Marcel Muller nous apprend que le jeune Paul Valéry a été un admirateur éperdu de Léon Bloy. Le critique explique cet amour de Paul Valéry pour Léon Bloy par le fait qu'à cette époque (il est âgé de 21 ans), il est encore attaché à la religion - quoique, peut-être, seulement en esthète. En fait, par la suite, ses jugements seront contraires à Léon Bloy, malgré une certaine admiration.

12. Le Révélateur du Globe, préface, O.C. t.I p.25
13. Léon Bloy, dédicace du Révélateur du Globe à Louise Read (Cahiers Léon Bloy, VII, 1, septembre-octobre 1930, p.7; Michel Arveiller, art.cit. pp.16-17).
14. Le Révélateur du Globe, O.C. t.I p.30.
15. Ibid. pp.86-87.
16. Léon Bloy, Le Vieux de la montagne, 13 mai 1909, O.C., t.XIII, p.98 et 22 juin 1908, ibid. pp.53-54.
17. Le Révélateur du Globe, O.C. t.I. p.57.
18. Ibid. p.89.
19. Le Désespéré, ch. XXXIV, O.C. t.III, pp.131-132.
20. Léon Bloy à Henriette L'Huillier, 23 novembre 1886, in Lettres aux Montchal, Paris, Typographie François Bernouard, t.II, 1947, p.264.
21. L'Ame de Napoléon, O.C. t.V. p.273.
22. Ibid, pp.273-274.
23. Le Révélateur du Globe, O.C. t.I, p.32.
24. Ibid. p.75 et 77.
25. Ibid. p.90.
26. Ibid. p.102.
27. Eod. loc.
28. Ibid. pp.147-148.
29. Marie-Claire Bancquart, Les Ecrivains et l'histoire, d'après Maurice Barrès, Léon Bloy, Anatole France, Charles Péguy, Paris A.-G.Nizet, 1966, p.195.
30. Le Mendiant ingrat, 14 mai 1892, O.C. t.XI, p.27.
31. Le Révélateur du Globe, O.C. t.I, p.77.
32. Ibid. p.89.
33. Ibid. p.76.
34. Albert Béguin, Léon Bloy l'Impatient. Fribourg, LUF-W.Egloff, 1944,p.155.
35. Antoine Blanc de Saint-Bonnet à Léon Bloy, 3 ou 4 avril 1873, in Cahiers Léon Bloy, VIII, 3-4, janvier-avril 1932, pp.73 sq.
36. Jacques Vier, Léon Bloy ou le pont sur l'abîme, Paris, Téqui, 1986,p.261.
37. L'Invendable, 20 janvier 1907, O.C. t.XII, p.335.
38. Christophe Colomb devant les taureaux, O.C. t.I, pp.309-310.
39. In Cahiers Léon Bloy, VI, 3, janvier-février 1930, p.97.
40. Constantinople et Byzance, O.C. t.V, p.233.
41. Le Désespéré, ch. XXXIV, O.C. t.III, pp.132-133.
42. Le Mendiant ingrat, 20 août 1892, O.C. t.XI, p.179, n.1.
43. L'Invendable, 5 février 1907, [lettre à Gabriel Chanove], O.C. t.XII, p.337.

44. Repris dans Belluaires et porchers, O.C. t.II, pp.203-204.
45. Marie-Claire Bancquart, Les Ecrivains et l'histoire [...], op.cit.p.179.
46. La Porte des Humbles, 6 mars 1917, lettre à Alfred Loeuwer, O.C., t.XIV, p.289.
47. Le Mendiant ingrat, 14 avril 1895, O.C. t.XI, p.159.
48. Marie-Claire Bancquart, loc.cit.
49. Constantinople et Byzance, O.C. t.V. p.249.
50. Léon Bloy à Henry de Groux, 1er février 1897, in Joseph Bollery, Léon Bloy, t.III, Sa maturité, sa mort, du "Mendiant Ingrat" à "La Porte des Humbles". 1892-1917, Paris, Albin Michel, 1954, p.246.
51. Le Révélateur du Globe, O.C. t.I, p.76.
52. Ibid. pp.90-91.
53. Christophe Colomb devant les taureaux, O.C. t.I, pp.306-307.
54. Ibid. pp.328-330.
55. Le Révélateur du Globe, O.C. t.I, p.92.
56. Méditations d'un solitaire en 1916, O.C. t.IX, p.230.
57. Cf. l'article de Pierre Emmanuel dans l'hommage collectif à Léon Bloy des Cahiers du Rhône, n° XI, Léon Bloy. Pour le vingt-sixième anniversaire de sa mort, Neuchâtel, éditions de la Baconnière, 1944, "L'Annonciateur du Corps mystique", pp.49-55; Albert Béguin, Léon Bloy, mystique de la douleur. Avec la Correspondance inédite de Bloy et Villiers de l'Isle-Adam, Paris, Labergerie, 1948, pp.33-55, "L'exégèse de l'histoire".
58. Albert Béguin, ibid. pp.39-49.
59. Aussi, Léon Bloy a-t-il pu écrire dans Jeanne d'Arc et l'Allemange (O.C. t.IX, pp.178-179): "Le temps est une imposture de l'Ennemi du genre humain que désespère la pérennité des âmes. Nous sommes toujours au XVe siècle, comme au Xe, comme à l'heure centrale de l'Immolation du Calvaire, comme avant la venue du Christ. Nous sommes réellement dans chacun des plis du tablier multicolore de l'antique Histoire".
60. Jeanne d'Arc et l'Allemagne, O.C. t.IX, p.207.
61. Méditations d'un solitaire en 1916, O.C. t.IX, p.240.
62. Le Révélateur du Globe, O.C. t.I, p.43.
63. Ibid. p.45.
64. Ibid. p.136.
65. Exégèse des Lieux Communs, nouvelle série, O.C. t.VIII, p.303.
66. Cf. Raymond Barbeau. Un prophète luciférien. Léon Bloy, Paris, Aubier, éditions Montaigne, 1957, passim et surtout pp.113-127 ("Les damnés sauvés par le Paraclet-Satan").
67. Jules Barbey d'Aurevilly, préface au Révélateur du Globe, O.C.t.I,p.24.
68. Ibid. p.25.
69. La Femme pauvre, O.C. t.VII, p.118.

70. Le Révélateur du Globe, O.C. t.I, p.130.
71. La Femme pauvre, O.C. t.VII, p.123.
72. Léon Bloy à Louis Montchal, Lettres aux Montchal, ed.cit. t.I, 1947, p.21.
73. Le Désespéré, O.C. t.III, p.133.
74. Ibid. p.134.
75. Ibid. p.137.
76. Cf. Jeanne d'Arc et l'Allemagne, O.C. t.IX, p.207.
77. Jacques Vier, Léon Bloy [...], op.cit. p.235.
78. Christophe Colomb devant les taureaux, O.C. t.I, pp.309-310. Le même passage, avec de légères variantes, se trouvait déjà dans Le Révélateur du Globe, O.C. t.I, p.176.
79. Le Révélateur du Globe, O.C. t.I, p.83.
80. Christophe Colomb devant les taureaux, O.C. t.I, p.298.
81. Jeanne d'Arc et l'Allemagne, O.C. t.IX, pp.207-208.
82. Marie-Claire Bancquart, Les Ecrivains et l'histoire [...], op.cit.p.208.
83. Le Révélateur du Globe, préface, O.C. t.I, pp.25-26.
84. Les livres de Léon Bloy sur Christophe Colomb ont beaucoup influencé Paul Claudel, surtout dans Le Livre de Christophe Colomb (O.C. de Paul Claudel, t.XIV, Paris, Gallimard, 1958, pp.9-72).
85. Albert Béguin, introduction à Léon Bloy. Textes choisis, Fribourg, LUG-Egloff, 1943, pp.9-10.
86. Article de Jacques Maritain intitulé "Le Secret de Léon Bloy", que Léon Bloy reproduit dans son Journal (Le Pèlerin de l'Absolu, O.C. t.XIII, pp.327-329). Cet article est tiré du numéro spécial des Marches de Provence dédié à Léon Bloy (I, 8, octobre 1912, pp.80-82); la citation se trouve p.80. Je rétablis l'orthographe du texte original.
87. Christophe Colomb devant les taureaux, O.C. t.I,pp.282-284. Dans Le Révélateur du Globe, il avait déjà écrit (ibid. p.72): "Voici venir le quatrième centenaire de la Découverte. Dans un siècle athée et néanmoins aussi livré que le nôtre aux apothéoses et aux simulacres, il est raisonnable de conjecturer qu'un extraordinaire effort sera tenté pour éteindre l'auréole naissante de l'apôtre sous un déluge de dithyrambes philantrophiques et révolutionnaires".
88. Le mendiant ingrat, 20 août 1895, O.C. t.XI, p.179, n.1.
89. Ibid. 14 mai 1892, p.27.
90. Le Sang du Pauvre, ch.XII, O.C. t.IX, p.118.

Lateinamerika-Studien
Band 30 / II

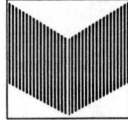

Lateinamerika-Studien

Herausgegeben von

Titus Heydenreich   Hermann Kellenbenz †
Gustav Siebenmann   Hanns-Albert Steger
Franz Tichy

Schriftleitung: Titus Heydenreich

Band 30 / II

Columbus zwischen zwei Welten

Historische und literarische Wertungen
aus fünf Jahrhunderten

II

Herausgegeben von Titus Heydenreich

Vervuert Verlag · Frankfurt am Main · 1992

Anschrift der Schriftleitung:

Universität Erlangen-Nürnberg
Zentralinstitut (06)
Sektion Lateinamerika
Bismarckstr. 1
D-8520 Erlangen

Gedruckt mit Unterstützung
der Universität Erlangen-Nürnberg

Die Deutsche Bibliothek - CIP-Einheitsaufnahme

Columbus zwischen zwei Welten: historische und literarische
Wertungen aus fünf Jahrhunderten / hrsg. von Titus Heydenreich. -
Frankfurt am Main : Vervuert , 1992
  (Lateinamerika-Studien ; 30, 2 Bde.)
  ISBN 3-89354-730-4
NE: Heydenreich, Titus [Hrsg.]; GT;

© by the Editors 1992
Alle Rechte vorbehalten
Druck: difo druck, 8600 Bamberg
Printed in Germany

Inhalt

Band I

Vorwort XI

Amerika 1992 - Rettung durch Wiederentdeckung?
Thesen und Themen im Roman "Cristóbal Nonato" (1987)
von Carlos Fuentes
Marga Graf 1

Colón, intertextual: "Il diario del viaggio" (1990), de Giorgio Bertone
Elio Gioanola 21

"Die columbinische Wende". Anmerkungen zum Bordbuch und zu den Briefen
Manfred Henningsen 27

El supuesto origen judío de Cristóbal Colón: una reevaluación
Günter Böhm 47

The Semiotics of Inhumanity: Tzvetan Todorov's
"La Conquête de l'Amérique. La question de l'autre"
Anthony Stephens 83

Die Columbusvita im "Psalterium Octaplum" des Agostino Giustiniani (Genua 1516)
Hartmut Bobzin 97

Von "neüwen Inseln" und "canibales"
Zur Columbus- und Anghiera-Rezeption bei Sebastian Münster
Sabine Wagner 107

"garriebat philomena". Die erste Columbus-Reise und ihre narrative Tradierung in Deutschland bis zum Jahr 1600
Wolfgang Neuber 125

Lorenzo Gambara di Brescia: "De navigatione Christophori Columbi Libri IV".
Das erste neulateinische Columbus-Epos
Heinz Hofmann 143

Columbus, die Alte und die Neue Welt in lateinischer Literatur
Die Entdeckung Amerikas bei Caspar Barlaeus (1584-1648) als einemRepräsentanten der neulateinischen Kunstprosa
Karl August Neuhausen 211

Johann Christian Alois Mickl (Abt Quirinus): "Plus Ultra".
Das letzte neulateinische Columbus-Epos
Heinz Hofmann 233

"La famosa comedia de El Mundo Nuevo descubierto por Cristóbal Colón" von Lope de Vega
Jahrhundertbilanz als Puppenspieltheater
Monika Walter 277

Heilsgeschichte und Aufklärung
Johann Jakob Bodmers "Colombona"
Wynfried Kriegleder 295

Columbus als "Apostel und Eroberer"
im französischen Epos des 18. Jahrhunderts
Dietrich Briesemeister 307

Columbus für Kinder
Anmerkungen zu Campes Columbus-Buch
Joachim Schultz 325

Christophe Colomb et la Découverte de l'Amérique sur l'horizon du Siècle des Lumières
Hans-Jürgen Lüsebrink 339

Der lange Weg des Columbus in die "Historia del Nuevo Mundo" von Juan Bautista Muñoz (1793)
Manfred Tietz 357

A Columbus for Young Ladies. The Discoverer of the New World in Susanna Rowson's Didactic Novel "Reuben and Rachel"
Arno Löffler 381

Entdecker über Entdecker: Alexander von Humboldt, Cristóbal Colón
und die Wiederentdeckung Amerikas
Ottmar Ette 401

Die Entdeckung Amerikas und der Triumph des Kompaß in Népomucène
Louis Lemerciers "Christophe Colomb. Comédie shakespearienne" (1809)
Volker Kapp 441

"Messo di Dio, campion di Cristo" - Columbus als italienischer Nationalheld
in B. Bellinis "La Colombiade" (1826) und L. Costas
"Cristoforo Colombo" (1846)
Hans-Günter Funke 457

Christophe Colomb, Léon Bloy et l'écriture de l'histoire
Giovanni Dotoli 483

Band II

"Where Freedom shall her generous plans pursue":
Columbus in der Literatur der Vereinigten Staaten von Amerika vor 1850
Helmbrecht Breinig 515

Kolumbus in der Literatur der Vereinigten Staaten von Amerika seit Melville:
Genealogie und Verdrängung
Hans-Joachim Lang 545

Las contradicciones en el discurso independentista de Eugenio María
de Hostos: Una aproximación a "La Peregrinación de Bayoán" (1863)
Andrea Pagni 579

Columbus als Heiliger Held des Historismus: Bernabé Demarías
"Colón. Poema Histórico" (Argentinien 1887)
Ein Beitrag zur Gattungsgeschichte des Epos in Lateinamerika.
Thomas Bremer 593

Columbus und Victor Hugo bei Rubén Darío
Harald Wentzlaff-Eggebert 627

Columbus in Rom. Der Sonettzyklus "La Scoperta de l'America (1894)
von Cesare Pascarella
Titus Heydenreich 649

Ein dänischer Columbus-Mythos. Johannes V. Jensen und die längste Reise
Bernd Henningsen 669

"Christophe Colomb"
Stationen einer Zusammenarbeit zwischen Paul Claudel und Darius Milhaud
Thomas Daniel Schlee 697

Der sinnreiche Seefahrer, oder:
"den vorgebildeten Don Quichote in Columbus sehen, das hieß: ihn sehen"
Zu Jakob Wassermanns biographischem Roman
Gérard Laudin 707

Columbus, Americanism and the End of the Weimar Republic
Wassermann's Columbus novel an Walter Hasenclever's
and Kurt Tucholsky's Columbus play
Franz Futterknecht 725

Cristóbal Colón o el valor de la Historia. Blasco Ibáñez crítico de
la "leyenda romántica"
Friedrich Wolfzettel 743

Amerika oder Die Macht der Poesie: "Christophe Colomb",
ein dramatisches Feenmärchen von Michel de Ghelderode
Heinz Klüppelholz 757

"...la poesía ha inventado nuevos continentes. Colón y España
descubren el mejor": Alfonso Reyes y su imagen de Cristóbal Colón
Ludwig Schrader 779

El interés por la persona de Cristóbal Colón
en la Polonia de los siglos XIX y XX
Janusz Tazbir 793

Der polnische "Kolumbus" als Kollektivum.
("Kolumbowie rocznik 20" von Roman Bratny)
Ulrich Steltner 809

"Les Indes" d'Édouard Glissant:
du rêve avorté à l'alchimie d'un monde nouveau
Carminella Biondi 825

Columbus in Quebec
Réjean Ducharme, "La fille de Christophe Colomb" (1969)
Hanspeter Plocher 833

"Une folle aventure": "Christophe Colomb" de Charles Bertin
Peter-Eckhard Knabe 847

Colón y la modernidad:
"Colón, versos de arte menor por un varón ilustre", de Alberto Miralles
Jochen Heymann 861

Columbus aus marxistischer Sicht: Über Anna Seghers' Erzählung
"Das Versteck" (1980), mit einer Nachbemerkung zu Peter Hacks'
Geschichtsdrama "Eröffnung des indischen Zeitalters" (1954)
Günter Blamberger 881

Cristóbal Colón el Invisible o "El arpa y la sombra" de Alejo Carpentier
Hermann Herlinghaus 895

Roland Brival, "Le sang du roucou" -
Zum Problem eines dekolonisierenden Diskurses im Roman
Volker Roloff 911

"Anacaona" de Jean Métellus (1985): la parole et la croix
Patrizia Oppici 933

"¿Y ahora, qué será de nosotros sin los bárbaros?"
Lectura de "1492" de Homero Aridjis
Susana Zanetti 943

Cantando la historia:
"Los perros del paraíso" de Abel Posse
Roland Spiller 957

Namenindex 987

Adressen 1005

"Where Freedom shall her generous plans pursue":
Columbus in der Literatur der Vereinigten Staaten von Amerika vor 1850[1]

Helmbrecht Breinig

Die krasse Auseinanderentwicklung des iberischen und des anglophonen Teils der Neuen Welt war zu Beginn des 19.Jahrhunderts ein allseits bekanntes Faktum. In seinen Vorlesungen über die Philosophie der Geschichte nennt Hegel in den 1820er Jahren als Grundunterschiede erstens die Religion und zweitens die Tatsache, daß "Südamerika erobert, Nordamerika aber kolonisiert worden" sei:

> In Nordamerika sehen wir das Gedeihen sowohl durch ein Zunehmen von Industrie und Bevölkerung, durch bürgerliche Ordnung und eine feste Freiheit[...]. Dagegen beruhen in Südamerika die Republiken nur auf militärischer Gewalt[...]. Von den protestantischen Religion ging das Zutrauen der Individuen gegeneinander aus, das Vertrauen auf ihre Gesinnung, denn in der protestantischen Kirche sind die religiösen Werke das ganze Leben[...]. Dagegen kann bei den Katholiken die Grundlage eines solchen Zutrauens nicht stattfinden, denn in weltlichen Angelegenheiten herrscht nur die Gewalt und freiwillige Unterworfenheit[...].[2]

Hegel hat zwar auch für "Amerika" (d.h. die Vereinigten Staaten) einige kritische Bemerkungen übrig; so hält er dessen Bürgern einen Hang zu Eigennutz, Partikularismus und religiöser Beliebigkeit vor. Doch findet er es letzlich müßig, das Land mit den Nationen Europas zu vergleichen, da es ein noch unfertiges Staatsgebilde sei, das (der offenen Siedlungsgrenze wegen) noch keine richtig ausgebildeten sozialen Strukturen besitze. "Amerika ist somit das Land der Zukunft, in welchem sich in vor uns liegenden Zeiten, etwa im Streite von Nord- und Südamerika, die weltgeschichtliche Wichtigkeit offenbaren soll[...].[3] Für den geschichtlichen Rückblick sei die Neue Welt freilich bislang unergiebig, weshalb sich der Philosoph im Rest seines Werkes der historischen Entwicklung der Alten Welt zuwendet.

Mit vielen von Hegels Ausführungen hätten sich seine Zeitgenossen in den Vereinigten Staaten einverstanden erklären können, doch die angebliche Geschichtslosigkeit Amerikas war für viele Intellektuelle der ersten Jahrzehnte seit der Unabhängigkeit ein kaum zu akzeptierendes Manko - woher, wenn nicht aus der gemeinsamen Vergangenheit, war nationale Identität zu gewinnen? Bei den meisten Autoren des späten 18. und frühen 19.Jahrhunderts ist das Bemühen unverkennbar, die Möglichkeit einer geschichtsphilosophischen Suspendierung der Neuen Welt, wie sie etwa Hegel vornahm, erst gar nicht zuzulassen und die Idee von der Geschichtsferne Amerikas als Produkt eurozentrischer Borniertheit zu entlarven, indem man von amerikanischer Vergangenheit erzählte und amerikanische Zukunft ausmalte. Da die indianische Bevölkerung entweder (wie bei Hegel) als außerhalb der eigentlichen Geschichte stehend oder als Repräsentantin einer fremden, dem Untergang geweihten (oder tunlichst zu weihenden) Tradition erachtet wurde, lag der Rückgriff auf den Beginn der postindianischen Vergangenheit Amerikas nahe, also auf Columbus und die Entdeckungs- und Eroberungsperiode, wenn man sich ein möglichst dickes Polster historischer Identität zulegen wollte, ohne allzu viel Europäisches in Anspruch nehmen zu müssen.

Das Hegelsche Dreieck von Europa,"Südamerika" und "Nordamerika" ließ drei Zuordnungen und damit Sichtweisen von Columbus zu, wozu sich die bei Hegel allenfalls andeutungsweise erkennbare, weniger in die Vergangenheit als in die Zukunft weisende panamerikanische und schließlich eine definitiv erst in künftige Phasen der Selbstentfaltung des objektiven Geistes gehörende universalistische gesellten. Die nordamerikanischen Autoren, die die Gestalt des Entdeckungsreisenden für Literatur und Historiographie funktionalisierten, wählten aus diesen Sichtweisen aus und lieferten insofern aufschlußreiche Belege für das Ringen ihres Landes um Selbstdefinition. Columbus wurde dabei zum Hauptakteur oder zum Hauptzeugen gerade der nordamerikanischen Geschichte ernannt. Er, der doch primär in den Kontext der europäischen und sodann der lateinamerikanischen Geschichte gehört, wurde diesen Kontexten mit der Begründung entzogen, erst in Nordamerika habe seine Tat wahre Früchte getragen, erst dort werde sich der Gang der Welthistorie vollenden, der durch diese Tat eine entscheidende Wende genommen habe. Immer wieder gilt er, im Kontrast zu seinen spanisch-lateinamerikanischen Zeitgenossen und Nachfolgern, als verantwortlich für die von Hegel genannten Kennzeichen nordamerikanischer Entwicklung: Freiheit, Individualismus, (agrarische) Kolonisierung und Industrialisierung.

I

Freilich fing es für den Genueser nicht sehr vielversprechend an. Als Cotton Mather 200 Jahre nach der ersten Columbus-Reise an seiner religiösen Geschichte Neuenglands, den Magnalia Christi Americana (1702), schrieb, sah er die Öffnung Amerikas im Kontext von zwei anderen weltbewegenden Vorgängen um die Wende vom 15. zum 16.Jahrhundert, nämlich der "Resurrection of Literature"[4] (womit wohl primär die neuen Möglichkeiten des Buchdrucks gemeint waren) und der Reformation. Da seine Geschichte Heilsgeschichte aus puritanischer und (neu-)englischer Sicht ist, bleiben für Columbus nur einige Zeilen, dann schwenkt der Blick auf Nordamerika, auf die in englischem Auftrag durchgeführten Entdeckungsfahrten der Cabos und auf die Koloniengründung. Wo die Grundeinstellung herrscht, "the over-ruling Providence of the great God is to be acknowledged, as well in the Concealing of America for so long a time, as in the Discovering of it, when the fulness of Time was come for the Discovery",[5] da zählt der Entdecker nur wenig. Ohnedies: "If this New World were not found out first by the English; yet in those regards that are of all the greatest, it seems to be found out more for them than any other."[6] Columbus wird zwar die Ehre der Entdeckung zugestanden, aber als Repräsentant der katholisch-europäischen und, in Ansätzen, der lateinamerikanischen Welt verfügt er in Mathers Text über keine erkennbare Einsicht darein, daß er zur bevorstehenden Errichtung des Gottesreichs auf Erden beigetragen hatte; Columbus' eigenes, katholisches Sendungsbewußtsein wird nicht einmal angedeutet. Bei aller Distanz zum England der religiösen Repression ist Mathers Sicht nicht nordamerikanisch, sondern anglo-amerikanisch, und vor allem natürlich puritanisch - und in diesem Kontext findet Columbus keinen Platz. Eine panamerikanische Perspektive war für Mather denkbar, aber nur dann, wenn damit ein puritanisches Gesamtamerika gemeint war - für entsprechende Bemühungen war er sogar bereit, Spanisch zu lernen.[7]

Ein Dreivierteljahrhundert später, in der Zeit der amerikanischen Revolution, sah alles ganz anders aus. Nun bestand Bedarf nicht mehr an religiösen, sondern an weltlichen Helden und Führern, nun ging es auch darum, der säkularen Geschichte eine teleologische Richtung zuzusprechen. Wenn man gewohnt ist, das 19.Jahrhundert als die Epoche des größten Fortschrittsoptimismus zu sehen, so wird man überrascht sein, wieviele poetische Zukunftsvisionen bereits in den entstehenden oder gerade entstandenen USA seit den 1770er Jahren produziert wurden. Der englische Philosoph und Bischof George Berkeley hatte schon 1726 in seinem Gedicht "On the Prospect of Planting Arts and Learning in America" das kommende Goldene Zeitalter jenseits des Atlantik prophezeit, den krönenden fünften Akt des Menschheitsdramas dort plaziert und mit der Zeile "Westward the course of empire takes its way" nicht nur Millionen zukünftiger Amerikaner ein weltliches Glaubensbekenntnis, sondern auch zahlreichen Historikern der künftigen Vereinigten Staaten eine Formel für den Gang der Weltgeschichte geliefert, die dem eigenen Land die Vollendung aller altweltlichen Menschheitsträume zuweist. Nicht erst die späteren Vertreter der Manifest Destiny-Idee und des US-amerikanischen Führungsanspruchs, sondern bereits die nationaleuphorischen Dichter des späten 18.Jahrhunderts leiteten aus solchen Vorstellungen eine Sendung "Amerikas" für die restliche Welt ab.

Columbus wurden dabei unterschiedliche Funktionen zugesprochen. In dem angeblich bereits 1770 entstandenen Rollengedicht "Columbus to Ferdinand" des jugendlichen Philip Freneau fordert der Genueser die Unterstützung des spanischen Königs mit Hinweis auf die Vernunft, die erwarten lasse, der Weltenschöpfer habe die westlichen Teile der Welt nicht ungenutzt gelassen, d.h. nur mit Ozean bedeckt. "Reason shall steer, and shall disarm the gale",[8] endet das Gedicht - Columbus sieht sich als Inkarnation der theoretischen wie der praktischen Vernunft. Ein Jahr später verfaßte Freneau zusammen mit seinem Princetoner Klassenkameraden Hugh Henry Brackenridge zur Graduierungsfeier das lange Dialog-Gedicht "The Rising Glory of America". Hier ist Columbus der konventionelle, freilich nur kurz erwähnte Held:

> [...] thro' various toils,
> Famine and death, the hero made his way,
> Thro' oceans bellowing with eternal storms.[9]

Die Überwindung physischer Hindernisse stellt den Entdeckungsreisenden in die epische Tradition seit Homer und Vergil - und genau dies, ein richtiges Epos mit dem Thema Amerika, plante Freneau damals, wie eine Reihe seiner Zeitgenossen auch. Das Potential des Themas konnte in einem commencement poem von wenigen hundert Zeilen nicht ausgeschöpft werden, und man fragt sich, welches Bild von Columbus in einem breiter ausgeführten Werk wohl entstanden wäre. Doch mag nicht nur der knappe Raum Grund dafür sein, daß der Admiral mit einigen Zeilen abgespeist wird und daß sich der Dichterblick wie bei Cotton Mather lieber der Erforschung und weißen Besiedelung im Norden zuwendet. In "The Rising Glory of America" wird das britische Nordamerika als Ort der Freiheit, des auf Ackerbau und Handel gegründeten Wohlstands und einer einigermaßen humanen Politik gegenüber den (nicht besonders freundlich geschilderten) Indianern gezeichnet - all dies, ganz wie fünfzig Jahre später bei Hegel, im ausdrücklichen Gegensatz zur spanischen Tradition der Eroberung und Ausbeutung oder Vernichtung in den südlicheren Teilen des Doppelkontinents. Damit stellte sich erstmals die Frage, wie die Gestalt des Wiederentdeckers für die eigene Tradition in Anspruch genommen werden konnte, ohne den historischen Tatsachen allzu große Gewalt anzutun.

Die zeitgenössischen nordamerikanischen Poeten waren zu solcher Gewaltanwendung durchaus bereit, doch Freneau, der wahrscheinlich begabteste Lyriker unter ihnen und gemeinhin als einer der Hauptvertreter eines aufgeklärten Progressivismus in seinem Lande angesehen, läßt in einigen Texten aus der Zeit vor dem eigentlichen Ausbruch des Unabhängigkeitskampfes Zweifel erkennen, die das ganze Unternehmen der Staatsgründung auf amerikanischem Boden in Fragen stellen.

Da ist das angeblich 1772 geschriebene Gedicht "Discovery", das ein verheerendes Bild der europäischen Expansion zeichnet. In einer generell als höchst unvollkommen geschilderten Menschheit spielen die Europäer eine besonders schlechte Rolle, weil sie aus Habsucht, Machtgier oder religiöser Anmaßung den Rest der Welt ihrem Willen unterwerfen - finstere Aussichten für jedes noch nicht kolonisierte irdische Paradies, schlechte Aussichten aber auch für jene Teile Amerikas, die am Ende von "The Rising Glory" als mutmaßlicher Ort eines neuen Gartens Eden genannt werden, denn "Howe'er the groves, howe'er the gardens bloom,/A Monarch and a priest is still their doom!"[10]

Da ist aber vor allem jenes lange, aus 18 "Bildern" bestehende Gedicht "The Pictures of Columbus, the Genuese", das 1774 entstanden sein soll. Es ist nicht nur einer der ersten ausführlicheren Texte der nordamerikanischen Literatur, die sich mit Columbus beschäftigen, es ist auch einer der bemerkenswertesten. Der zweiundzwanzigjährige Freneau beweist darin nämlich nicht nur beträchtliches Geschick im Handhaben verschiedener Vers- und Strophenformen, die sich der jeweiligen Tonlage und den jeweiligen Sprechern anpassen, sondern zeichnet eine Version des Columbusstoffs, die alles andere als schmeichelhaft für den Protagonisten ist.[11]

Der Bilderbogen folgt einem in der Columbusliteratur nicht selten angewandten Schema, nämlich der Konzentration auf signifikante Situationen und Szenen. Er beginnt mit Columbus als Kartenzeichner, der allein schon durch die großen leeren Flächen auf dem von ihm verfertigten Globus[12] auf die Idee gestoßen wird, die Natur würde diesen Raum nicht ungenutzt gelassen haben. Das Argument ist dasselbe wie in "Columbus to Ferdinand", nur wird der Allmächtige hier durch die Schöpfungsinstanz Natur ersetzt - Freneau ist ein Stück weiter auf dem Weg zum Rationalismus. Columbus freilich ist nicht nur Rationalist: Als Anleihe bei den elisabethanischen Dramatikern läßt Freneau ihn eine Hexe und Wahrsagerin besuchen, über deren Schlangenköpfe und Krötensuppe sich der Genueser zwar verächtlich äußert, deren futurologischen Instrumentariums er sich jedoch nur allzu gerne bedient. So absurd die Szene in "Picture II" ist (Freneau ersetzte die Hexe in späteren Ausgaben denn auch durch eine warnende innere Stimme) und so krude sie Geschmackstendenzen der Vorromantik aufgreift, so nachdrücklich verweist sie doch auch und durchaus berechtigt auf Columbus' Gespaltenheit zwischen rational-wissenschaftlichen Argumenten und spätmittelalterlichem Aber- und Wunderglauben.

Was die Hexe zu prophezeien hat, sollte genug sein, Columbus zurückzuhalten: Nicht nur sagt sie ihm den Undank Spaniens voraus, sondern auch das Unglück der Indianer. Der Held läßt sich jedoch weder hiervon abhalten noch von ihrer Unterstellung, er handele aus Habgier oder Grausamkeit (was ihn zum ersten Conquistador machen würde), sondern läßt (in "Picture III") sein Schicksal bis zur Landung im magischen Spiegel Revue passieren. Bezeichnenderweise allegorisiert er sich selbst als "Perseverance". Noch bemerkenswerter freilich ist das von ihm gezeichnete (und später von der Königin durch Wort und Tat bestätigte) Bild seiner Gönnerin Isabella von Kastilien als einer eitlen, prunksüchtigen Frau. Isabella, die in fast der gesamten fiktionalen wie historiographischen Columbusliteratur die Rolle der edlen Landesfürstin und Förderin des Entdeckungsreisenden innehat, wirft hier, als Negativfigur, ein schiefes Licht auch auf diesen selbst. Und wenn er (in "Picture VI") die Unterstützung der Königin nicht etwa durch einen Appell an ihre Frömmigkeit gewinnt, sondern sie geradezu verführt, indem er ihr Perlen und Edelsteine für ihre Schönheit verspricht und sie auf ihre Chance hinweist, als Frau den Fehler Evas wettzumachen und ein neues Paradies zu eröffnen (wofür die munteren, aus paarweise gereimten Vierhebern bestehenden vierzeiligen Strophen den passenden Ton anschlagen), so erweist er sich als ebenso berechnend wie bei der Überredung der Seeleute vor und während der Reise. Obgleich er seine Mannschaft im stillen als "worthless scum" betrachtet, versucht er sie für sich zu gewinnen, indem er sie als "'my equals,/Men of true worth and native dignity'"[13] anredet. Seine negativen Züge unterstreicht auch eine andere Textstelle. Als einer der Matro-

sen einen Eingeborenen seines Goldschmucks wegen erschlägt, ist Columbus
entsetzt, bereut seine Entdeckung und hofft doch gleich darauf, daß man
anderwärts "without murder" zu Gold gelangen möge.[14]

Freneaus Columbus besitzt die Erfolgsbesessenheit, Berechnung und Arroganz eines Shakespeareschen Bühnenkönigs, doch auch seine Größe. Sein
Appell an König Ferdinand, das "sublime event"[15] der Entdeckung nicht
verstreichen zu lassen, ist keine bloße Rhetorik, sondern folgt wirklicher
Weitsicht. Seine Begeisterung über das neue Paradies ohne monarchische
Tyrannei ist echt, seine Verzweiflungsrede über die Wankelmütigkeit des
Glücks, als er nach der dritten Reise in Ketten nach Spanien zurückkehrt
("Picture XVII"), hat die Züge eines Shakespeareschen vanitas-Monologs.
Und in seinen Worten im Angesicht des Todes - "The winds blow high: one
other world remains;/Once more without a guide I find the way"[16] - gewinnt
selbst Freneaus Sprache Format. Erst in der vorletzten Strophe jedoch
gerät Columbus in die Rolle des Gründervaters einer neuen, freiheitlichen
Zivilisation, jene Rolle, in der ihn Freneaus amerikanische Zeitgenossen
am liebsten sahen:

> Yet, in this joyless gloom while I repose,
> Some comfort will attend my pensive shade,
> When memory paints, and golden fancy shows
> My toils rewarded, and my woes repaid;
> When empires rise where lonely forests grew,
> Where Freedom shall her generous plans pursue.[17]

Aus dem Inhalt der beiden letzten Zeilen, der Vision des Sterbenden,
sollte Joel Barlow das Programm für ein episches Gedicht von Buchlänge
entwickeln.

Freneaus Columbus ist ein Mensch auf der Schwelle zwischen zwei Epochen,
zwischen mittelalterlicher Bigotterie und Aberglauben einerseits und neuzeitlicher Rationalität und Wissenschaftlichkeit andererseits, zwischen
der alten tyrannischen Ordnung Europas und der Chance eines amerikanischen
Neubeginns. Zugleich ist er eine charakterlich tief gespaltene Gestalt,
Besessener und Visionär, ein Mann, der ständig zwischen der Amoralität
des goldhungrigen und berechnenden Eroberers und der Moralität dessen,
der in Amerika und seinen Bewohnern Unschuld und eine naturrechtlich begründete Freiheit zu erkennen und zu würdigen weiß, hin und her pendelt. Wie
in seinen Indianergedichten und in seinen Essays des fiktiven Indianers
Tomo Cheeki (1795) erweist Freneau sich auch hier als Kulturkritiker;
stärker als in späteren Jahren dabei zugleich als Exponent einer "retrospektiven Mentalität",[18] als emphatischer Verteidiger eines vergangenen

oder exotischen idealen Naturzustands. Seine Abscheu vor den Folgen der
conquista liiert ihn mit Las Casas. Sein Columbus jedoch ist zugleich Motor,
Werkzeug und Opfer eines primär Europa zuzuordnenden historischen Prozesses,
dessen prospektive, amerikanisch-utopische Variante zu erkennen und als
realisierbar anzuerkennen dem Dichter auch später noch schwerfallen sollte.

II

In den Columbusdarstellungen des jungen Freneau finden sich Elemente aus
den verschiedensten Schulen und Tendenzen; Klassizismus, progressivistischer
Rationalismus, Jeffersonsches Demokratieverständnis, die skeptisch-pragma-
tische Common-Sense - Philosophie, vager Rousseauismus und der vorromantische
Hang zu den Nachtseiten des Lebens geben sich ein Stelldichein. Solche Posi-
tionsunsicherheit ist nicht untypisch für die Epoche insgesamt, zumal die
leichte Phasenverschiebung der amerikanischen gegenüber der europäischen
intellektuellen Entwicklung oft zu einer Überlagerung des eigentlich aufeinander Folgenden führte. Die Gestalt des Columbus wurde dabei zur Inkarnation unterschiedlichster Tendenzen, unter denen der Sieg erst noch ausge-
fochten werden mußte. Die geforderte Vereindeutigung leistete Joel Barlow,
und zwar auf eine Weise, die der gesamtkulturellen Entwicklung zuwider-
zulaufen schien. Daß er sein Visionsgedicht in heroic couplets von 1786,
The Vision of Columbus, zu einem noch klassizistischeren Quasi-Epos,
The Columbiad (1807), ausbaute, brachte ihm den Spott der inzwischen
längst romantischen Pfaden folgenden Rezensenten beiderseits des Atlantik
ein. Doch der formale Konservatismus Barlows wird ausgeglichen durch eine
der radikalsten Fortschrittskonzeptionen in der Literatur der jungen
Republik. Seinem Columbus wird der Schritt von der retrospektiven zur pro-
spektiven Sichtweise auf eine Weise zuteil, die über die "fancy" von
Freneaus Protagonisten weit hinausgeht.

Der Aufschwung der Historiographie im 18.Jahrhundert brachte mit der
History of America (1777) des Schotten William Robertson auch eine
englischsprachige Neudarstellung der Entdeckungsreisen. Wie seinen Kollegen
Gibbon und Hume ging es Robertson immer wieder um den Aufstieg und Nieder-
gang der Reiche und die Frage ihrer Regierungsform.[19] Die didaktische
Funktion der Geschichtsschreibung war dabei für ihn ebenso wenig strittig
wie für die anderen Historiker der Zeit. Entscheidend für die Columbus-
Bewertung war jedoch, ob man die Menschheit als sich in ihren Wesenszügen

überall und zu allen Zeiten gleich ansah und folglich ein zyklisches Geschichtsmodell vertrat (so etwa David Hume in An Inquiry Concerning Human Understanding),oder ob man das Beispielmaterial der Geschichte zum Beleg für Aufklärung, Fortschritt und Emanzipation ernannte - Robertsons Columbus erhält eine solche Funktion.

Barlow, der Robertsons Werk schon 1779 las, hatte damit nicht nur historische Information zur Hand, die ihn in eine wesentlich bessere Lage versetzte als seine Vorgänger, er hatte auch ein lineargeschichtliches Modell, das seiner Absicht entgegenkam, ein nationalliterarisches episches Gedicht zu schreiben. Die Nähe der Historiographie zur literarischen Kunst, speziell zum Epos, wurde damals von vielen Theoretikern ebenso vorausgesetzt wie die Nützlichkeit, Geschichte in Form von Biographien zu schreiben, weil das Besondere im Allgemeinen instruktiver und unterhaltsamer sei.[20] Bemerkenswert ist jedoch, wie wenig Barlow tatsächlich an einem Columbus-Epos interessiert war, und dies wiederum hat wohl auch mit der Gestalt des Seefahrers zu tun.

Barlow relegiert die Biographie in beiden Fassungen in die Einleitung. Dort legt er relativ knapp, im wesentlichen seinen Vorlagen folgend und wie diese krass idealisierend, die wesentlichsten Elemente von Leben und Charakter des Columbus dar:

> This extraordinary man[...] appears to have united in his character every trait, and to have possessed every talant [sic], requisite to form und execute the greatest enterprizes. He was early educated in all the useful sciences that were taught in that day[...] . He had now been a number of years in the service of the Portuguese, and had acquired all the experience that their voyages and discoveries could afford. His courage and perseverance had been put to the severest test, and the exercise of every amiable and heroic virtue rendered him universally known and respected[...].
>
> Such was the situation of Columbus, when he formed[...] a plan, which, in its operation and consequences, unfolded to the view of mankind one half of the globe, diffused wealth and dignity over the other, and extended commerce and civilization through the whole.[21]

Diese ideale Bewertung von Person und Leistung wird im folgenden nur noch dadurch ergänzt, daß Barlow Columbus' Verhalten gegenüber den Indianern als untadelig hinstellt (alle Schuld liegt bei den Begleitern und Nachfolgern) und seine Größe im Leiden hervorhebt.

Doch weder seine ritterliche Idealität noch seine Taten und sein Unglück
verhelfen Columbus bei Barlow zum Status des epischen Helden. Nicht seine
Taten werden besungen, sondern der Dichter sendet dem im spanischen Kerker
Sterbenden[22] einen Engel, der ihn durch eine Vision der künftigen Entwicklung tröstet - der gesamte Text ist somit ein gewaltiges Stück poetischer
Gerechtigkeit. Zudem vermittelt Barlow Columbus die Einsicht, zu der er
realiter nie bereit gewesen war, daß er nämlich nicht einen Teil Asiens,
sondern einen neuen Kontinent entdeckt hatte. Trost und Einsicht dienen
freilich ebenso wie die einleitende Biographie des Titelhelden der Steuerung
der Lesersympathie, und zwar allenfalls vordergründig zugunsten von Columbus.
Barlow bedient sich der Biographie zur Vertiefung des von ihm ohne Einschränkung übernommenen Columbus-Mythos, wie er von Columbus' Sohn Fernando,
von Peter Martyr, Las Casas und anderen begründet worden war. Er benutzt die
dort so übermäßig betonte Opferrolle des Admirals jedoch primär zur Einstimmung der Leser gegen diejenigen, die Columbus verfolgen und seine Entdeckung ausbeuten: König und Adel, Kirche und rückschrittliche Institutionen. Im Vorwort zu The Columbiad wird Barlow explizit:

> [...] the fictitious object of the action[...] is to sooth
> and satisfy the desponding mind of Columbus[...]. But the
> real object of the poem[...] is to inculcate the love of
> rational liberty, and to discountenance the deleterious
> passion for violence and war; to show that on the basis
> of the republican principle all good morals, as well as
> good government and hopes of permanent peace, must be
> founded[...].[23]

Als Opfer von Unterdrückung kann Columbus der Freiheitsidee dienstbar gemacht werden, als wissenschaftlicher Rationalist dem Siegeszug der Aufklärung, als Gegner von Gewalt dem Barlowschen Pazifismus, der das Lob
nur des Verteidigungskampfes zuläßt.

In der Einleitung zu The Vision of Columbus rechtfertigt Barlow seinen
Gebrauch der Form des Visionsgedichts statt des richtigen Epos damit, daß
er die Folgen der Entdeckung und vor allem die patriotische Geschichte Nordamerikas interessanter gefunden habe als die Entdeckungsreise selbst: der ja
auch in der Aeneis und in Miltons Paradise Lost vorhandene, den jeweiligen
Protagonisten tröstende Visionsteil verselbständigt sich. Mit dieser Entscheidung befand sich Barlow im Einklang mit einer ganzen Schule zeitgenössischer Poeten prophetischer Amerika-Gedichte.[24] Auch war er nicht allein
mit dem Verfahren, die Vorgeschichte des Höhepunktereignisses, nämlich der
nordamerikanischen Revolution, miteinzubringen, um den geradezu notwendigen

Gang der Weltgeschichte in Richtung ihrer Erfüllung auf amerikanischem Boden zu demonstrieren. Ungewöhnlich war nur, daß er die Rolle des Visionärs nicht einem Zeitgenossen zuwies, sondern durch die Rückverlegung ins Jahr 1506 den Visionsteil über Gebühr verlängerte. Grund dafür war jedoch nicht der Wunsch, die Gestalt des Columbus aufzuwerten, sondern umgekehrt die Absicht, dem Visionsinhalt durch seine Anbindung an die bekannte, zugleich historische und mythische Gestalt mehr Gewicht zu verleihen. Auch die Verstärkung der epischen Elemente in The Columbiad kommt nicht der Titelfigur zugute, sondern dem politisch-historischen Thema. Ja, man mag sich fragen, ob der epos-typische Titel sich primär auf Columbus bezieht und nicht viel eher auf "Columbia", wie die Vereinigten Staaten in zahlreichen Texten der Zeit poetisch benannt wurden.[25] Denn der epische Einstieg dieser Fassung -

> I sing the Mariner who first unfurl'd
> An eastern banner o'er the western world,
> And taught mankind where future empires lay
> In these fair confines of descending day[...].[26]

- täuscht eine durchgängige Zentralrolle des Columbus nur vor, während der Musenanruf die wahren Gegenstände benennt, die Freiheit und das Vaterland:

> Almighty Freedom! give my venturous song
> The force, the charm that to thy voice belong;
> Tis thine to shape my course, to light my way,
> To nerve my country with the patriot lay,
> To teach all men where all their interest lies,
> How rulers may be just and nations wise:
> Strong in thy strength I bend no suppliant knee,
> Invoke no miracle, no Muse but thee.[27]

Wer sich eher an Ishmaels "great democratic God" in Moby-Dick erinnert fühlt als an Vergil, ist auf dem richtigen Weg.

Die neun Bücher der Vision degradieren Columbus zum passiven Beobachter, der sich nur dadurch auszeichnet, daß es ihm als Vorläufer aufgeklärten Denkens gegeben ist, gelegentlich jene Fragen nach dem Sinn der Menschheitsgeschichte zu stellen, die den Engel zu Erklärungen darüber herausfordern, wie letztlich doch alles zum besten geregelt sei oder sich auf dem Weg der Perfektion befinde, mögen die Rückschläge auch noch so groß sein. Dabei kommt Kolumbus gelegentlich ins Grübeln, ob er nicht selbst einer jener Rückschläge sei, doch werden ihm (und hierin bewährt sich das affirmative Columbusbild der Einleitung) nicht die Negativfolgen seines Tuns angerechnet, also besonders die Indianervernichtung, sondern letztlich nur sein Beitrag zum Fortschritt insgesamt, der sich in bewährter

Manier als translatio imperii in Richtung Nordamerika darstellt. Aus der
von Barlow angelegten amerikanischen und speziell nordamerikanischen
Perspektive ist Columbus nicht mehr als ein Dominostein auf dem Weg zum
Millenium. Was ihm zum Zivilisationsgründer fehlt, kann man aus den beiden
Manco Capac gewidmeten Büchern II und III ablesen. In Barlows Darstellung
vollbringt der Gründer des Inkareiches die größte zivilisatorische Leistung
der Menschheitsgeschichte, als er die wilden Stämme Perus zur Annahme einer
wohltätigen Religion und Staatsform veranlaßt, die in offensichtlichem,
typologischem Vorverweisungsbezug zu den Formen der Religionsausübung und
staatlichen Organisation der Vereinigten Staaten stehen: an die Stelle des
Sonnenkultes tritt die Aufklärung,[28] an jene der wohltätigen Monarchie die
Demokratie. Beide Zivilisationen basieren auf einer agrarisch orientierten
Gesellschaft. Nicht von ungefähr kommen die Manco-Capac-Bücher von allen
Teilen des Werkes am ehesten einem Helden-Epos nahe.

Die weiteren Bücher der Vision behandeln in mehreren Anläufen die Geschichte
speziell als Geschichte Amerikas, wobei sich der Blickwinkel später auf den
Osten Nordamerikas verengt. Geschildert werden die Reformation als Voraussetzung der nordamerikanischen Entwicklung und als Kontrast zum Katholizismus,
der als mitschuldig an der Vernichtung der großen Indianerreiche gezeichnet
wird, sodann die englische Kolonisierung, die Kolonialkriege und der Unabhängigkeitskampf. Dann wendet sich Barlow in den drei letzten Büchern dem
gegenwärtigen und zukünftigen Fortschritt Amerikas und der Menschheit insgesamt zu. Handel und Wirtschaft, Bildungseinrichtungen, die Künste, Technik
und Wissenschaft sind Träger dieser Entwicklung. Für die Zukunft prophezeit der Engel die wichtigsten Kanalbauten der kommenden 150 Jahre (Suez-
und Panamakanal werden ebenso ausdrücklich genannt wie der Rhein-[Main]-
Donau-Kanal!) - nirgends wird die Umfunktionalisierung der Gestalt des
Columbus deutlicher als hier, wo sich der große Seefahrer als imaginativer
Binnenschiffer wiederfindet. Wichtiger noch als die diversen technisch-
naturwissenschaftlichen Fortschritte, also etwa medizinische Entdeckungen,
zu denen sich in The Columbiad noch solche der Chemie gesellen, dazu
Maschinen zur Wetterkontrolle und zur Ausnützung der Erdwärme, Untersee-
und Luftfahrzeuge, agrartechnische Entwicklungen usw., ist jedoch die Neugestaltung internationaler Zusammenarbeit bis hin zur Etablierung einer
erdumspannnenden Konföderation mit gemeinsamer Sprache, gemeinsamen politischen Institutionen und der Garantie ewigen Friedens. Man kann von
Barlows prognostischen Fähigkeiten im naturwissenschaftlich-technischen
und zum Teil auch im sozialen und politischen Bereich nur beeindruckt sein.

Daß seine Fortschrittseuphorie in The Columbiad einheitlicher und insofern überzeugender wirkt als in der Erstfassung, liegt daran, daß er sich in der Zwischenzeit konsequent einem allenfalls deistischen Rationalismus zugewandt hatte, was ihn veranlaßte, den Engel durch den Genius der westlichen Hemisphäre zu ersetzen, alle Anspielungen auf Gottes Rolle im Weltenplan zu eliminieren und dafür Hinweise auf die menschlichen Fähigkeiten, insbesondere die Vernunft, einzufügen. Auch seine Absage an alle monarchistischen oder feudalen Gesellschaftsordnungen ist nun radikaler und durchgängiger.[29]

Der Geist der Freiheit, der im 4.Buch den "new man"[30] formt, findet bei Columbus zwar begeisterte Zustimmung, doch ist der Admiral für die demokratische Wende der Historie selbst nicht mehr verantwortlich als viele andere Kulturhelden auch, die in den beiden Fassungen auftauchen: Manco Capac und Kopernikus, Luther und Raleigh, Penn und Washington usw. Die Negersklaverei wird in den Büchern IV und VIII beklagt, aber nicht etwa als Folge von Columbus' Entdeckung geschildert oder gar mit seiner eigenen fatalen Versklavung der ersten Indianer in Verbindung gebracht; andererseits hat er auch nichts mit der Sklavenbefreiung zu tun. Selbst was als ein Reinwaschen der Titelfigur erscheinen könnte, dient in erster Linie der Reduzierung ihrer Geschichtsmächtigkeit zugunsten eines Geistes der Geschichte, der durchaus zu der Hegelschen Variante in Bezug zu setzen ist.

Barlows Columbus wird auf diese Weise in drei deutlich getrennte Figuren aufgeteilt: den idealisierten quasi-mythischen Columbus der biographischen Einleitung, den Columbus als expliziten, sympathetischen Rezipienten der Freiheits- und Fortschritts-Botschaft des Engels/Genius und schließlich den welthistorischen Columbus des jeweiligen Hauptteils, der sich als ein relativ bescheidenes Instrument des unaufhaltsamen und vorgezeichneten geschichtlichen Progresses erweist. Nirgends nimmt er die Rolle ein, die man vom Titelhelden eines Gedichts von epischem Format erwarten sollte. Der Wechsel der Blickrichtung von Süd- nach Nordamerika und schließlich der Übergang zur universalistischen Gesamtsicht entspricht der Funktionalisierung der Gestalt des Entdeckungsreisenden.

III

Barlows Werk war bereits ein Fossil, als es 1807 in seiner expandierten
Form erschien. Formal wirkte es wie ein mediokres Oberbleibsel aus der Zeit
des Klassizismus, inhaltlich hob es sich in seiner progressivistischen Gesamtaussage, die den Patriotismus durch ihren universalistischen Anspruch
überhöhte und letztlich überwand, von den bereits sehr viel handfester nationalistischen Proklamationen der Zeit um den britisch-amerikanischen Krieg
von 1812-15 ab, vom unverblümten Expansionismus und beginnenden Manifest
Destiny-Denken, wenngleich viele Passagen für diese Tendenzen argumentativ
genutzt werden konnten. Weder mit dem kulturkritischen Columbusbild Freneaus
noch mit der didaktisch instrumentalisierten Figur bei Barlow konnte das
frühe 19.Jahrhundert viel anfangen. Die amerikanische Romantik brachte eine
allmähliche Abkehr von der Dienstbarmachung der Literatur für die öffentliche Moral und das praktische Leben, wie sie die Nachfolger der schottischen
Common Sense-Philosophen noch immer forderten. Sie brachte höhere ästhetische Ansprüche, sie brachte aber auch ein verändertes Geschichtsbewußtsein, das die früheren Epochen und ihre herausragenden Gestalten nun in
ihrer spezifischen Eigenart zu begreifen versuchte. Um Columbus als romantischen Einzelgänger sollte sich Washington Irving verdient machen, um die
Epoche und ihre expansionistische Tendenz vor allem William H.Prescott.

Das Columbusbild in der ersten Hälfte des Jahrhunderts ist fast durchweg
idealisierend. Die amerikanische Columbuslyrik der Zeit, zumal jene in den
beliebten gift books und Jahrbüchern, ist nahezu unerträglich, entweder
melodramatisch oder heroisierend wie in J.W.Millers "Columbus. His Last
Embarkment from the New World, a Captive"[31] oder sentimental wie in Lydia
H.Sigourneys "Columbus Before the University of Salamanca".[32] Aber solche
Simplifizierung wurde durch die Experten sanktioniert. 1825 schrieb Caleb
Cushing, zusammen mit seiner Frau Carolyn einer der besten damaligen Kenner
der iberischen Welt, über Columbus:

> We, in common with the whole human race, are under infinite
> obligations to him for giving an extension to the efforts
> of commercial enterprise, of which no past ages could have
> formed any conception; of opening to mankind a boundless
> field for the exertion of industry, skill, intelligence,
> the cultivation of science, literature, and the arts, and
> the acquisition of riches and all its consequent advantages; for giving that impulse to colonisation, by reason
> whereof so many enlightened millions have sprung up to inhabit the soil he discovered; in fine, for enlarging the
> bounds of civilisation and improvement, by adding another
> world to their empire.[33]

Diese bemerkenswert offen kapitalistische und expansionistische Columbussicht, die für die indianischen und schwarzen Opfer der europäischen Erschließung der Neuen Welt kein Wort übrig hat, will Cushing besonders seinen Landsleuten nahelegen, da ihre Republik und ihre individuelle Freiheit Columbus zu verdanken seien. In seinen Bemerkungen, die zum Teil wie die Fortschreibung Barlowscher Ideen ins 19.Jahrhundert wirken, zeichnet sich bereits ab, was wir inzwischen als die 'Dialektik der Aufklärung' zu sehen gelernt haben.

Doch diese (wirtschafts-)historische Interpretation verbindet sich mit einem Charakterporträt, das sich im Grade der Idealisierung hinter keiner noch so seichten gift book-Darstellung zu verstecken braucht:

> He was remarkably abstemious, uniform and regular in his habits, singularly devout, and distinguished for his scrupulous observance of all the rights of the Catholic faith. His character is visible in his achievements. The dignity and independence of his feelings, his ardent enthusiasm, his invincible resolution, the enterprising cast of his temper, his perseverance amid the frowns of fortune, his fortitude under suffering, and his modest yet manly carriage in prosperity, his courage in withstanding, and spirit of conciliation in forgiving his enemies, and his faithful devotion to the interests of his sovereign, - these are leading traits of his character, not loosely inferred from partial observation, but gathered from the crowded incidents of a life passed in the world's eye. For he was not one, concerning whom posterity can err. On the contrary, he was of the number of those men[...] whose acts stand forth in high relief on the page of history, and who seem, as it were, singled out by destiny to impart a new direction, and communicate an extraordinary impulse to the age in which they arise upon earth.[34]

Dieses mit dem Hinweis auf die weltgeschichtliche Sendung gekrönte Idealbild überbietet noch dasjenige Barlows und wird mit dem Anspruch der Unfehlbarkeit vorgetragen, obwohl Cushings Gegenstand neues, in Italien erschienenes Columbus-Material ist, der Schluß auf die Veränderlichkeit des Columbusbildes aufgrund der Quellenlage sich also aufdrängen müßte. Statt dessen wird eine vorgegebene, in die nationale Ideologie passende Vorstellung so präsentiert, als würde sie nun auch noch durch die Erkenntnisse der modernen Geschichtswissenschaft gestützt. Von solcher Apodiktik sollte sich die amerikanische Columbusbetrachtung jahrzehntelang nicht erholen.

Als Washington Irving sich 1826 entschloß, die ihm in Madrid zugänglichen, von Martín Teodoro Fernández de Navarrete gesammelte Quellen zu Columbus nicht einfach, wie zunächst geplant, zu übersetzen, sondern auf der Basis dieses und anderen dort verfügbaren Materials eine eigene Columbusbiographie zu schreiben, geschah dies nicht mit dem Ziel, das von Cushing und anderen zementierte Monument des Admirals in Frage zu stellen. Irvings <u>The Life and Voyages of Christopher Columbus</u> (1828) blieb zwar bis gegen Ende des Jahrhunderts die Standardbiographie, erreichte diese Stellung aber nicht dadurch, daß es die gesamte vorherige Columbusliteratur entwertete, sondern dadurch, daß es diese übertraf: einerseits an literarischer Qualität, andererseits an Detailfülle, historischer Genauigkeit und Abgewogenheit der Aussagen - Texteigenschaften, die durch die Verwendung einer größeren Zahl von Quellen erst ermöglicht wurden. Die affirmativ-defensive Funktion der Biographie wird gelegentlich explizit genannt:

> There is a certain meddlesome spirit which, in the garb of learned research, goes prying about the traces of history, casting down its monuments, and marring and mutilating its fairest trophies. Care should be taken to vindicate great names from such pernicious erudition. It defeats one of the most salutary purposes of history, that of furnishing examples of what human genius and laudable enterprize may accomplish.[35]

Der neoklassische Hinweis auf die didaktische Funktion der Geschichtsschreibung ist freilich nicht ganz ernstzunehmen. Irvings Motive bei seinem Unternehmen waren vielfältig, aber viel eher seiner eigenen Epoche, der Romantik, verpflichtet. Zu seiner aufrichtigen Bewunderung für Columbus gesellte sich die Absicht, durch die Behandlung dieses Themas die Entstehung einer eigenständigen amerikanischen Nationalliteratur zu fördern, denjenigen, die sein langes Verweilen in Europa kritisierten, den Wind aus den Segeln zu nehmen und schließlich durch das Abfassen eines seriösen historisch-biographischen Werkes seine Reputation als Verfasser von Kurzprosa substantiell zu erweitern und sich damit selbst ein Stück Monumentalität zu erwerben: "The success of the hist[ory] of Columb[us]... gives me hopes that I have executed something which may have greater duration than I anticipate for my works of mere imagination",[36] schreibt er in sein Tagebuch.

Damit wird deutlich, daß Irving sich hier einen Erfolg primär als Schriftsteller erhoffte, nicht als Geschichtswissenschaftler. Die Gestalt des Columbus sollte ihm die Verbindung von Faktographie und Dichtung ermöglichen, ohne daß dabei die Gefahr des völligen Wirklichkeitsverlustes im

Reich der Imagination bestand, wie er sie in den "works of mere imagination" gegeben sah und in Erzählungen wie "The Legend of Sleepy Hollow" thematisiert hatte.[37] Irving, der sich der romantischen Feier der Phantasie nie völlig anschließen mochte, fand in Columbus einen romantischen Helden, der dennoch auch für die pragmatischen, der common sense-Idee verpflichteten Amerikaner der jungen Republik attraktiv war.

An der Literarizität der Gestalt besteht von Anfang an kein Zweifel:

> It is the object of the following work, to relate the deeds and fortunes of the mariner who first had the judgement to divine, and the intrepidity to brave the mysteries of this perilous deep; and who, by his hardy genius, his inflexible constancy, and his heroic courage, brought the ends of the earth into communication with each other. The narrative of his troubled life is the link which connects the history of the old world with that of the new.[38]

Die rhetorisch aufgeladene Sprache und das intertextuelle Echo von Barlows Columbiad ("I sing the Mariner who first unfurl'd...") machen es unübersehbar, daß Irving hier die epische Tradition für sich in Anspruch nimmt. Noch deutlicher wird das literarische Anliegen, wenn Irving an einer späteren Stelle über seine Darstellungsweise äußert:

> [...] to feel these voyages properly, we must in a manner, divest ourselves occasionally of the information we possess relative to the countries visited; we must transport ourselves to the time, and identify ourselves with Columbus, thus fearlessly launching into the seas, where as yet a civilized sail had never been unfurled. We must accompany him, step by step, in his cautious, but bold advances along the bays and channels of an unknown coast, ignorant of the dangers which might lurk around or which might await him in the interminable region of mystery that still kept breaking upon his view. We must, as it were, consult with him as to each new reach of land, and line of promontory, faintly emerging from the ocean, and stretching along the distant horizon[...]. In this way we may enjoy in imagination the delight of exploring unknown lands, where new wonders and beauties break upon us at every step; and we may ultimately be able, as it were from our own familiar acquaintance, to form an opinion of the character of this extraordinary man, and of the nature of his enterprizes.[39]

Indem er sich und seiner Leserschaft Einfühlungsvermögen und Imagination als historiographisches Rüstzeug verschreibt, erstellt Irving eine Analogie zwischen dem Vorgang der Entdeckungsreise und jenem der historisch-biographischen Darstellung. Zwar wird er nicht müde, Columbus' vielfältige praktische und theoretische Kompetenz zu betonen, mit der er die Reise vorbereitete und durchführte, aber daneben und oft genug davor schiebt sich

das Bild des Helden als eines Menschen mit großer poetischer Phantasie.
Die in Columbus' Aufzeichnungen hinlänglich dokumentierte Freude des Entdeckungsfahrers an der Natur und am von ihm als paradiesisch empfundenen Leben der Eingeborenen gibt Irving das Ausgangsmaterial zu eindrucksvollen Schilderungen tropischer Landschaften, Pflanzen und Tiere sowie der idyllischen Idealkommunen der Indianer. Columbus, der romantische Reisende, mag zwar, wie es heißt, gelegentlich von seiner Imagination zu übergroßer Euphorie verleitet werden, aber insgesamt bleibt die Distanzierung des Autors von seinem Protagonisten in diesen Passagen so gering, daß die Leserinnen und Leser die in späteren Teilen des Buches angestimmte ubi sunt-Klage über die Zerstörung dieses irdischen Paradieses weniger mit der Entdeckung und Kolonisierung nach der Vorstellung des Columbus als mit der wieder und wieder gebrandmarkten Kolonialpolitik seiner Untergebenen und Widersacher in den neuentdeckten Gebieten sowie am spanischen Hof assoziieren werden.

Die imaginative Seite des Admirals hat etwas Quijoteskes, wenn er darauf beharrt, die Früchte seiner Entdeckungen vor allem in den Dienst eines neuen Kreuzzugs zu stellen. Stärker als seine Vorgänger arbeitet der Autor die religiös-visionären Züge wie auch die Bücherglaubigkeit des Genuesers heraus, die ihm die Gewißheit gab, das Ostasien Marco Polos wiederzufinden. Aber für Irving, der in seinen zahlreichen Schriften zur spanisch-maurischen Vergangenheit stets die romantisch-legendären Motive der Kämpfe zwischen Christen und Muslimen betonen sollte - Mut und Opferbereitschaft einzelner Helden, Liebe und Verlust, das Eingreifen übernatürlicher Mächte -, waren diese Züge seines Protagonisten reizvoll, stellten sie ihn doch in eine Reihe mit jenen Gestalten der mittelalterlichen Sagentradition, die noch in ein geschlossenes, gleichsam mythisches Weltbild eingebettet waren. Columbus' Donquichotterie ist insofern kein "flaw of potentially tragic proportions", wie Hedges meint,[40] sondern ein Teil seiner romantischen Attraktivität. Und die Ambivalenz, die Hazlett in Irvings Columbus-Porträt entdeckt,[41] reduziert sich weitgehend auf die ungewöhnliche Koppelung von pragmatischer Effizienz und poetischer Imagination, denn die Problematik der welthistorischen Bewertung eines Vorgangs, der Entdeckung und Genozid verband, wird durch den von Irving verwendeten "double standard"[42] von Columbus' Schultern genommen: Wie Hazlett ausführt, sind die finsteren Seiten des Vorgangs den Lesern zwar präsent, aber stets die Schuld der anderen Eroberer. Columbus' Kreuzzugshoffnung ist Teil seiner Religiosität und Beleg für die Uneigennützigkeit seines Unternehmens. Irvings Kritik

an der Kreuzzugsdoktrin, wonach die christlichen Fürsten das Recht hatten,
"to invade, ravage and seize upon the territories of all infidel nations,
under the plea of defeating the enemies of Christ",[43] einer Doktrin, die
ja in ihrer Fortschreibung auch die Eroberung Amerikas legitimierte, betrifft dagegen nicht den Entdecker selbst, sondern nur seine Gegner.

Der Streit darüber, ob Irving als Historiker versagt habe, weil er die Fülle
des ihm zur Verfügung stehenden Quellenmaterials kaum wirklich auszunutzen
vermochte,[44] oder ob er nicht doch durch seine gewissenhafte Arbeit ein
Werk von bleibendem Wert geschaffen habe,[45] ist müßig. Nicht um Geschichtsschreibung ging es dem Autor, sondern um die Biographie eines außergewöhnlichen Menschen, der kraft seiner einmaligen Eigenschaften die Weltgeschichte veränderte. Gewiß, Irving deutet den Kontext des Entdeckungszeitalters an, auch das zeitliche Zusammentreffen von Columbus' erster
Reise mit der Eroberung Granadas und der Judenvertreibung aus Spanien,
Ereignissen, in denen sich die neue spanische Machtpolitik und der eurozentrisch-imperialistische Anspruch gegenüber dem Fremden dokumentierten.
Aber in keinem Fall verfolgt er diese Fäden weiter. Das Herausarbeiten
weltgeschichtlicher Strukturen steht ihm nicht im Sinn; vielmehr läßt er
in begrenztem Rahmen ästhetisch interessante Bilder des damaligen Spanien
und der exotischen Karibik vor unseren Augen entstehen. Die Einzelgestalten,
die er vor uns paradieren läßt, ergeben in ihrer Summe den spanischen
Nationalcharakter der conquista-Periode aus angloamerikanischer Sicht - sie
sind stolz, ritterlich, abenteuerlustig, bigott, ränkesüchtig, habgierig,
wirtschaftspolitisch ignorant. In ästhetisch-literarische Muster werden
auch die Hauptfiguren eingepaßt: die edle, gütige Königin, der macht- und
geldhungrige König; Pinzón, der durch einen einzigen Fehler (seinen ehrgeizigen Wunsch, selbst der Hauptentdecker zu sein) zur tragischen Figur
wird; Schurken wie Fonseca und Bobadilla; die edlen und die unedlen Wilden.
Alle diese Positionen waren durch die Columbus-Überlieferung vorgezeichnet,
aber Irving vermochte sie eindringlicher auszumalen als seine Vorgänger.
Entscheidend blieb jedoch die Zentralfigur, die sich in keine der Kategorien einordnen ließ und gerade durch die Kombination ihrer Eigenschaften
einmalig wurde: eine realhistorische Gestalt, die dennoch durch ihre recht
unklare Herkunft und Jugend den Helden der episch-mythischen Tradition
gleicht und durch die späteren biographischen Texte zusätzliche legendäre
Züge gewonnen hat; ein poetischer Phantast und pragmatischer Realist (kein
Rationalist wie beim aufklärerischen Freneau); ein Mann aus dem Volk mit
elitärem Anspruch, der Reichtum und Macht nicht um ihrer selbst willen,

sondern als gerechten Lohn für eine große Tat beansprucht (und insofern
zwar nicht gerade ein Vorbild für den amerikanischen common man, wohl aber
für das Handelsbürgertum, das die ersten Wirtschaftsimperien zu errichten
begann[46]); ein Mensch von mittelalterlicher religiöser Inbrunst und neu-
zeitlichem zivilisatorischem Anspruch; die Verkörperung des größten Erfolges
wie der bittersten Demütigung, erregbar und geduldig, machtbewußt und großmütig. Sein einziger unverzeihlicher Fehler ist für Irving die Versklavung
der Indianer, die mit dem (altweltlichen) Zeitgeist erklärt, aber nicht
entschuldigt wird - auch dies letztlich eher ein ästhetischer Gewinn,
erhält das Porträt doch dadurch die effektvollen tiefen Schatten, ohne
daß der Charakter insgesamt anders bewertet werden müßte.

Es wird von hierher auch deutlich, was Irving unter der von ihm bean-
spruchten Ausgewogenheit des Urteils versteht - es geht gerade um diese
Vereinigung des Gegensätzlichen in einer komplexen, aber insgesamt auf
mehrfache Weise positiven Gestalt, eine Balance, die nicht gefährdet werden
darf. Irving wird daher nicht müde, allzu Negatives hinwegzuerklären,
falscher Überlieferung anzulasten. Selbst die späten Briefe des Admirals,
die den Forschern unseres Jahrhunderts als Belege zunehmender psychischer
Gestörtheit gelten, sind für Irving Ausdruck gesteigerter imaginativer
Fähigkeiten:

> He is not to be measured by the same standard with ordinary
> men in ordinary circumstances. It is difficult for the mind
> to realize his situation, and to conceive the exaltations of
> spirit to which he must have been subject. The artless manner
> in which, in his letters to the sovereigns, he mingles up the
> rhapsodies and dreams of his imagination, with simple facts,
> and sound practical observations, pouring them forth with a
> kind of scriptural solemnity and poetry of language, is one
> of the most striking illustrations of a character richly
> compounded of extraordinary and apparently contradictory
> elements.[47]

An solchen Stellen wird deutlich, daß Columbus für Irving in seiner einzigartigen Mischung von Eigenschaften eine singuläre Gestalt ist, ein literarischer "original character" im Sinne der Ausführungen Herman Melvilles:

> [...]the original character[...] is like a revolving Drummond
> light, raying away from itself all round it - everything is
> lit by it, everything starts up to it (mark how it is with
> Hamlet), so that, in certain minds, there follows upon the
> adequate conception of such a character, an effect, in its
> way, akin to that which in Genesis attends upon the be-
> ginning of things.[48]

Doch Columbus ist nicht nur ein literarischer Originalcharakter, sondern
auch ein realhistorisches Originalgenie im romantischen und im pragmatischen Sinne: er ist der Mann einer weltbewegenden Idee und er hat die
Fähigkeit, diese Idee zu realisieren. Trotz seiner späteren Leidensge-
schichte ist er in ungewöhnlichem Maße Subjekt und nicht Objekt der Geschichte.
Columbus' Leben wie seine Persönlichkeit wird als Einheit von Gedanke und Tat
geschildert - für eine Darstellung seiner inneren Entwicklung bleibt da ebensowenig Raum wie für sein Privatleben, etwa Ehe und Liebesaffären. Wenn
einerseits Hedges' Aussage gilt, Irving habe Columbus enthistorisiert,[49]
so gilt doch auch umgekehrt, daß er in dieser Gestalt die Historie als
ästhetischen Bereich erfahrbar macht - Columbus ist ihm das herausragende
Beispiel der Einheit von Kunst und Leben, ein Beispiel, das amerikanischen
Erfindergeist ebenso anspornen konnte wie amerikanische Literaturproduktion.

IV

Irving war sich wohl bewußt, daß die Gestalt des Seefahrers nicht nur
romantisches, sondern auch nationales Interesse beanspruchen konnte: "[...]
the subject was of so interesting and national a kind, that I could not
willingly abandon it".[50] Er sah diesen Anspruch jedoch als befriedigt an,
wenn es ihm gelang, die Gestalt, die am Anfang der amerikanischen Geschichte
seit der Kontaktnahme zu stehen hatte, als zugleich historische und literarische Figur zu gestalten. Überdies demonstrierte er damit den Schriftstellern seines Landes, daß man auch ohne die Fülle historischer Sujets,
über die die europäischen Völker verfügten, auf der Basis nationaler oder
regionaler Vergangenheit anspruchsvolle Literatur schaffen konnte. Die
Konzentrierung auf die einmalige Gestalt des Genuesers ließ andere Interessenschwerpunkte der Romantik eher in den Hintergrund treten: die Epoche, der
Columbus und die Entdeckungsreisen zugehörten, und den Aspekt (US-amerika-
nischer) nationaler Größe und Sendung. Seine Zeitgenossen Prescott und
Cooper nahmen sich dieser Punkte an.

Der Historiker William H. Prescott ging davon aus, daß Irving das Leben des
Admirals in unnachahmlicher Weise erzählt hatte und reduzierte dessen Reisen
in seiner <u>History of the Reign of Ferdinand and Isabella</u> (1838) zu einer
Episode in der Geschichte der Entdeckungen und des imperialen Aufstiegs
Spaniens. Auch für Prescott ist Columbus der romantische Einzelgänger und
Held,[51] aber wichtiger sind für ihn der zeitgeschichtlich-strukturelle

Kontext, Wesen und Haupttendenzen der Epoche. Vor allem durch die Folgeschriften A History of the Conquest of Mexico (1843) und A History of the Conquest of Peru (1847) kommt dabei viel stärker der Konflikt zweier Welten, der europäisch-spanischen und der amerikanisch-indianischen, in den Blick, damit aber auch wieder der Gedanke an den zivilisatorischen Fortschritt, dem Irving allenfalls ein gelegentliches Lippenbekenntnis widmete. Für Prescott wie für die anderen großen Historiker seines Landes im 19.Jahrhundert ist die nationale wie die gesamtamerikanische Geschichte Beleg des Manifest Destiny der weißen (Nord-)Amerikaner, die Entwicklung zu freiheitlichen und technisch-zivilisatorisch fortgeschrittenen Gesellschaften voran und zu einem krönenden Abschluß zu bringen, auch wenn der unvermeidliche Untergang der indianischen Reiche Anlaß für Bedauern und nostalgische Reflexionen sein mag.[52]

Mit dieser Einstellung befindet sich Prescott in der Nachbarschaft des Romanciers James Fenimore Cooper, der in The Wept of Wish-Ton-Wish (1829) eine der Nebenfiguren sagen läßt:

> "This continent was created with a design. The fact is apparent by its riches, its climate, its magnitude, its facilities of navigation, and chiefly in that it hath been left undiscovered until the advanced condition of society hath given opportunity and encouragement to men of a certain degree of merit to adventure in its behalf."[53]

Freilich beschäftigte sich Cooper zeitlebens auch mit den negativen Seiten der Eroberung. In seinem Columbus-Roman Mercedes of Castile (1840) deuten sich die schlimmen Folgen von Columbus' erster Reise in der unglücklichen Liebe der Indianerin Ozema zum Protagonisten Luis an, einer jener aussichtslosen, unweigerlich zum Tode führenden Zuneigungen eines Mitglieds der 'unzivilisierten' Gruppe zu einem Weißen, wie sie in der Literatur des 18. und 19. Jahrhunderts nicht selten thematisiert wurden. Dies war aber auch Coopers einziger Versuch, in seinem Roman die welthistorische Problematik des transatlantischen Kontakts anzudeuten. Sein Bild des Admirals ist im übrigen idealisierend wie bei seinen Zeitgenossen, doch bleibt es fragmentarisch, da der Autor in der Nachfolge des Scottschen Geschichtsromans Columbus in die Gruppe der großen, aber für die Romanhandlung erst im zweiten Glied stehenden historischen Figuren plaziert, während als Hauptfiguren erfundene Gestalten von geringerer 'historischer' Bedeutung agieren.

Daß Cooper der Aufforderung seines Verlegers Bentley nicht widerstand, seine
historischen und seine nautischen Kenntnisse am Columbus-Stoff zu erproben,
rächte sich bitter - der Roman ist einer der schwächsten seiner Karriere.
Irving hatte bei der Darstellung von Columbus' triumphaler erster Rückkehr
geklagt: "Well would it be for the honour of human nature, could history,
like romance, close with the consummation of the hero's wishes; we should
then leave Columbus in the full fruition of great and well merited
prosperity".[54] Cooper nahm sich diesen Stoßseufzer zu Herzen. Er beschränkte
sich auf die erste Reise und zementierte die Prosperität wenn schon nicht
des Admirals, dessen Vita zu bekannt für drastische Änderungen war, so doch
der jugendlichen Hauptfiguren Luis und Mercedes, indem er deren Liebes-
glück von Luis' Teilnahme an Columbus' Unternehmen abhängig und damit un-
vermeidlich machte. Die trivial-sentimentalen Handlungselemente verweisen
vor auf Tourgées Out of the Sunset Sea, doch leider fehlt Coopers Roman
die innere Spannung, die bei Tourgée durch die kritische Darstellung des
Genuesers entsteht.[55]

Cooper, dem Sohn eines Großgrundbesitzers, fiel es leichter als seinen
Landsleuten, Columbus' elitären Habitus als berechtigt und für den Umgang
mit seiner Mannschaft notwendig zu verteidigen. Auch sonst bemüht er sich
darum, die Gestalt des Admirals noch eindrucksvoller zu gestalten. Da er
den erzählerischen Triumph von Irvings biographischer Bearbeitung des
Columbus-Stoffes nicht übertreffen zu können glaubte, versuchte er, seine
Darstellung der Figur des Entdeckungsreisenden durch jenes Strukturelement
zu bereichern, das ihm eher als allen Vorgängern zur Verfügung stand: erfundene, charakterisierende Dialoge und Polyloge.[56] So ist die Unterhaltung
zwischen Columbus und seinen verläßlichsten Anhängern unter den Matrosen
in Kapitel 14 in Scotts Manier nach dem Vorbild Shakespearescher Szenen
zwischen Herrscher, Narr und anderen Untergebenen wiedergegeben - Columbus
wird damit in eine gesellschaftlich und literarisch herausragende Ahnen-
reihe gestellt.[57] Wichtiger noch im Kontext des nationalen Sendungsanspruchs
ist es, daß Cooper Columbus' Gerechtigkeitsempfinden mit jenem Washingtons
gleichsetzt.[58]

Wie die weißen Amerikaner der Mitte des 19.Jahrhunderts mit den Reisen des
Columbus, deren welthistorischen Folgen und auch mit ihrem eigenen Unbehagen daran umgehen konnten, demonstriert freilich am besten Coopers später
utopischer Roman The Crater (1847). Hier ist die unbewohnte Pazifikinsel,
die der schiffbrüchige Protagonist Mark Woolston entdeckt, offenkundig eine

Gabe des Himmels. Mark wird ihr gerecht, indem er diese Neue Welt besiedelt und kolonisiert und in ein Staatswesen nach dem Vorbild der Vereinigten Staaten verwandelt, mit starker Betonung der gesellschaftlichen Ansprüche des Privateigentums. Er erweist sich damit als idealer Kolonisator im angloamerikanischen, sich von lateinamerikanischer Ausbeutung distanzierenden Selbstverständnis. Der bei allen Euro-Amerikanern verbreitete Verdrängungsvorgang, die Schuld am Untergang der Ureinwohner diesen selbst zuzuweisen, manifestiert sich in diesem Cooper-Text in gesteigerter Form. Eingeborene der benachbarten Inseln begehren den Besitz der Weißen und planen, deren Land zu kolonisieren und "a new empire"[59] zu gründen. Sie errichten eine tyrannische Herrschaft und versklaven gefangene weiße Seeleute. Diese 'Wilden' nennt Cooper abwechselnd "Kannakas" und, mit einer entlarvenden Fehlleistung, "Indians". Der Vorgang der weißen Übersee-Expansion und Landnahme wird hier gefeiert und zugleich von jedem Makel befreit, der den Unternehmungen des Columbus und seiner Nachfolger noch anhaftete. Daß Marks Gemeinwesen schließlich an der politischen Unvernunft massendemokratisch orientierter Siedler zugrundegeht, unterstreicht nur die Idealität des ursprünglichen Unterfangens. Mit anderen Worten: Mark Wollston wird jene Errungenschaft zugestanden, die dem Kolonisator Columbus wegen der Fehler seiner Umgebung, aber auch wegen seiner eigenen Befangenheit in bestimmten europäischen Vorstellungsmustern etwa hinsichtlich der Berechtigung von Sklaverei und erzwungener Bekehrung verwehrt blieb.[60]

V

Ein kurzer Ausblick über die hier behandelte Epoche hinaus läßt mehrere Tendenzen erkennen. Zunächst ist davon auszugehen, daß die Columbusforschung seit der Mitte des 19.Jahrhunderts eine Menge weiterer Erkenntnisse gesammelt hat. Dennoch ist das literarisch-biographische Columbusbild in Nordamerika vielfach weiterhin von bestimmten Mustern geprägt geblieben, wie sie schon von den Dichtern der Revolutionszeit und den romantischen Erzählern und Historiographen geprägt oder vertieft worden waren. In den Ansprachen und Veröffentlichungen zur Vierhundertjahrfeier wurde das Bild oft sogar noch weiter vereinfacht, wie es auch in dem bekanntesten Columbus-Gedicht des 19.Jahrhunderts geschieht, Joaquin Millers "Columbus" (1896), wo die Gestalt des Genuesers auf den als Refrain wiederholten Durchhaltebefehl "'Sail on! sail on! and on!'"[61] reduziert wird. Die Vor-

stellung vom heroischen Individuum in welthistorischer Mission bestimmt
noch die bekannteste englischsprachige Columbus-Biographie des 20.Jahrhunderts, Samuel Eliot Morisons Admiral of the Ocean Sea (1942):

> He was Man alone with God against human stupidity and
> depravity, against greedy conquistadors, cowardly
> seamen, even against nature and the sea.
> Always with God, though; in that his biographers were
> right; for God is with men who for a good cause put
> their trust in Him.[62]

Und ähnlich erscheint Columbus auch noch in Foster Provosts Gedichtzyklus
Columbus: Dream and Act. A Tragic Suite (1986). Gewisse menschliche Fehler
und vor allem die fatalen Folgen der Kontaktnahme mit den Ureinwohnern
werden konzediert, aber sie vermögen die Größe des Seefahrers nicht entscheidend zu verringern.

In solchen Darstellungen wird nicht in Frage gestellt, daß die Entdeckungsfahrten für den Gang der Weltgeschichte insgesamt eine überwältigend positive Entwicklung in Gang gesetzt haben. Was bei Irving nur einmal angedeutet wird: "[he] brought the ends of the earth into communication with each other",[63] wird bei Walt Whitman spätromantisch-transzendentalistisch überhöht. In "Passage to India" (1871) stellt der Dichter die Columbus-Reisen in den Kontext der verkehrstechnischen Errungenschaften der eigenen Zeit, die die Prophezeiungen eines Joel Barlow in die Tat umzusetzen begonnen hatte. Doch der Kommunikation stiftende Transport von Information, Passagieren oder Waren ist für Whitman nur Teil einer wiederhergestellten pantheistischen Seeleneinheit der Welt, die der neue Gottessohn, der Universaldichter zu vollenden berufen ist: "Nature and Man shall be disjoin'd and diffused no more,/The true son of God shall absolutely fuse them".[64] Nirgends in der Literatur der Vereinigten Staaten wird Columbus in einen weihevolleren und zugleich universaleren Rahmen gestellt.

Doch schon Whitmans literarische und intellektuelle Zeitgenossen meldeten Dissens an; bei Melville, Twain und anderen gerät das nordamerikanische Columbusbild ins Wanken, und Skepsis hinsichtlich des amerikanischen Selbstbildes als Endpunkt des postkolumbianischen Fortschritts macht sich breit.[65] Das Jahrhundert endete mit der verheerendsten Kritik an Columbus' Persönlichkeit, die sich denken läßt. Für Cesare Lombroso war Columbus ein Psychopath, grausam, unaufrichtig, habgierig und trotz einiger genialer Intuitionen im Grunde unoriginell.[66] Wichtiger aber ist die Kritik an den Konsequenzen der Entdeckungsfahrten, wie sie vor allem in unserer eigenen

Epoche formuliert worden ist. Tzvetan Todorov sieht in der Begegnung der Alten und der Neuen Welt nicht einen Sieg, sondern ein Scheitern von Kommunikation.[67] Und Alfred W.Crosbys Fazit aus seinen großangelegten Bemühungen, die Kontaktgeschichte auf neue Weise universalistisch, nämlich nicht mehr (europäisch bzw. euro-amerikanisch) ethnozentrisch zu betrachten, lautet schlicht "the greatest tragedy in the history of the human species"[68] und eine der größten in der Geschichte der Lebewesen auf diesem Planeten. Es kann nicht überraschen, daß Freneaus kritische Columbusdarstellung weitaus radikalere und authentischere Nachfolger in der Literatur derjenigen findet, die noch immer die Betroffenen sind. Das Gedicht "History Lesson" der kanadischen Indianerin Jeannette C.Armstrong beginnt:

> Out of the belly of Christopher's ship
> a mob bursts
> Running in all directions
> Pulling furs off animals
> Shooting buffalo
> Shooting each other
> left and right
>
> [...]
>
> Pioneers and traders
> bring gifts
> Smallpox, Seagrams
> and Rice Krispies
>
> Civilization has reached
> the promised land.

Und es endet mit der Umkehrung der teleologischen Sicht, die so viele gerade der frühen nordamerikanischen Columbusdarstellungen bestimmt hatte:

> Somewhere among the remains
> of skinless animals
> is the termination
> to a long journey
> and unholy search
> for the power
> glimpsed in a garden
> forever closed
> forever lost.[69]

Anmerkungen

1. Für wertvolle bibliographische Hilfe bei der Vorbereitung dieses Aufsatzes danke ich Frau Dr.Susanne Opfermann.
2. Georg Wilhelm Friedrich Hegel, Werke (Frankfurt/M., 1970), Bd.12, S.111f.
3. Ebd., S.114.
4. Magnalia Christi Americana, hg. Kenneth B.Murdock u. Elizabeth W.Miller (Cambridge, Mass. und London, 1977), S.118.
5. Ebd., S.117.
6. Ebd., S.119.
7. Vgl. Stanley T.Williams, The Spanish Background of American Literature (New Haven, 1955), I, 16-19.
8. The Poems of Philip Freneau: Poet of the American Revolution, hg. Fred L.Pattee, Bd.I (Princeton, 1902), S.48. Pattee benennt als Quelle für die frühe Datierung des Gedichts die Ausgabe von 1786. Vgl.ebd., S.46, Anm. Die im folgenden angeführten frühen Datierungen weiterer Texte Freneaus gehen ebenfalls auf entsprechende, von Pattee zitierte Hinweise in den ersten Ausgaben zurück.
9. Text der Erstausgabe von 1772, von Pattee im Anmerkungsteil zitiert, ebd., S.52.
10. Ebd., S.88.
11. Daß Stanley T.Williams (l.c., I, S.41) und Lewis Leary (That Rascal Freneau [1941, Nachdr. New York, 1964], S.47) in diesem Gedicht ein nur positives Columbus-Bild entdecken, belegt die Dominanz des Columbus-Mythos selbst im 20.Jahrhundert, der sich der Dichter auf bemerkenswerte Weise entzogen hatte.
12. Eines von etlichen Beispielen für Freneaus großzügigen Umgang mit historischen Tatsachen.
13. "Picture XIII", The Poems of Philip Freneau, S.112 und 114.
14. "Picture XIV", ebd., S.118.
15. "Picture IV", ebd., S.98.
16. "Picture XVIII", ebd., S.121.
17. Ebd., S.122.
18. Vgl. Klaus P.Hansen, Die retrospektive Mentalität: Europäische Kulturkritik und amerikanische Kultur (Tübingen, 1984).
19. Robertsons Rolle für die amerikanischen Kolumbusdarstellungen beschreibt Alice P.Kenney, "America Discovers Columbus: Biography as Epic, Drama, History", Biography, 4 (1981), 45-65.
20. Zu beiden Aspekten siehe Thomas R.Preston, "Historiography as Art in Eighteenth-Century England", Texas Studies in Literature and Language, 11(1969), 1209-21. Barlows lineares Geschichtskonzept betont John Griffith, "The Columbiad and Greenfield Hill: History, Poetry, and Ideology in the Late Eighteenth Century", Early American Literature, 10(1975), 235-50.

21. The Works of Joel Barlow, hg. William K.Bottorff und Arthur L.Ford (Gainesville, Fla., 1970), II, 109.

22. Eine historische Ungenauigkeit, die Barlow mit poetischen Notwendigkeiten rechtfertigt.

23. Works, II, 381f.

24. Vgl. die Aufstellung von John McWilliams in der Columbia Literary History of the United States, hg. Emory Elliott et al., (New York, 1988), S.160f.

25. So hielt es schon Richard Snowden in seinem anonym veröffentlichten Erzählgedicht The Columbiad: or, a Poem on the American War in Thirteen Cantos (Philadelphia, 1795), in dem die um ihre Unabhängigkeit kämpfenden Amerikaner als Bürger von "Columbia" bezeichnet werden.

26. Works, II, 413.

27. Ebd., S.414.

28. Vgl. hierzu besonders Robert D.Richardson, Jr., "The Enlightenment View of Myth and Joel Barlow's Vision of Columbus", Early American Literature, 13 (1978), 34-44, hier S.41.

29. Arthur L.Ford hat darauf hingewiesen, daß bereits die 5.Auflage von The Vision of Columbus (1793) Barlows veränderte politische und weltanschauliche Auffassungen spiegelt. Vgl. Joel Barlow (New York, 1971), S.68-74. Daß auch Barlows eigene Fortschrittlichkeit Grenzen hat, läßt sich daran erkennen, daß er seinen ursprünglichen Plan, die Diskriminierung der Frauen zu thematisieren und deren Emanzipation zum Bestandteil des universalen Fortschritts zu erklären, bereits in der ersten Fassung fallen ließ. Vgl. Ford, l.c., S.47.- Helen Loschky hat nachgewiesen, daß es eine Einflußkette von The Vision of Columbus über Richard Snowdens The Columbiad: or, a Poem on the American War (1795) und The Columbiad, an Epic Poem on the Discovery of America and the West Indies by Columbus (1798) des Engländers James L.Moore bis zu Barlows eigener Columbiad gibt, doch die hier für entscheidend erachteten inhaltlichen Elemente des letzten Textes stammen alle von Barlow selbst.

30. Works, II, 550.

31. The Legendary (Boston, 1828), S.240-243.

32. The Token, hg. Nathaniel Parker Willis (Boston, 1929), S.99-101.

33. North American Review, 21 (1825), 398.

34. Ebd., S.420.

35. Washington Irving, The Life and Voyages of Christopher Columbus, hg. John H. McElroy, The Complete Works of Washington Irving, Bd. XI (Boston, 1981), S.31.

36. C.L.Penney, Hg., Washington Irving Diary, Spain 1828-1829 (New York, 1926), S.90.

37. Vgl. H.Breinig, Irvings Kurzprosa: Kunst und Kunstproblematik im erzählerischen und essayistischen Werk (Bern u. Frankfurt/M., 1972), und, mit Blick auf Irvings historiographische Werke, ders., "'The sober page of history': Irvings kürzere historisch-biographische Schriften zwischen Faktographie und Dichtung", Amerikastudien/American Studies, 2o(1975), 7-28.

38. Columbus, S.10
39. Ebd., S.239
40. William L.Hedges, Washington Irving: An American Study, 1802-1832 (Baltimore, 1965), S.245.
41. John D.Hazlett,"Literary Nationalism and Ambivalence in Washington Irving's The Life and Voyages of Christopher Columbus", American Literature, 55 (1983), 560-75.
42. Ebd., S.567.
43. Columbus, S.167.
44. S.T.Williams, The Spanish Background of American Literature, II, 39ff.
45. John Harmon Mc.Elroy, "The Integrity of Irving's Columbus", American Literature, 50 (1978), 1-16.
46. Es ist kein Zufall, daß Irving später die Geschichte der Pelzhandelsgründung Astoria des ersten (deutsch-)amerikanischen Großkapitalisten Johann Jacob Astor schrieb.
47. Columbus, S.493.
48. The Confidence-Man: His Masquerade, The Writings of Herman Melville, The Northwestern-Newberry Edition, Bd. X, hg. Harrison Hayford et al. (Evanston u. Chicago, 1984), S.239.
49. Washington Irving, S.250.
50. Columbus, S.3.
51. Vgl. Kenney, "America Discovers Columbus", S.52f.
52. Vgl. Richard C.Vitzthum, "The Historian as Literary Artist in 19th Century America", in: Geschichte und Fiktion: Amerikanische Prosa im 19.Jahrhundert, hg. Alfred Weber und Hartmut Grandel (Göttingen, 1972), S.109-31.
53. The Wept of Wish-Ton-Wish: A Tale, Coopers Novels, Darley Edition (New York, 1860), S.253. Die Stelle wird zitiert von Donald G.Hall in "Cooper, Prescott and the Conquest of Indian America", American Transcendental Quarterly, Bd.8, Nr.30 (1976), 7-12, hier S.9. Hall bespricht auch weitere Parallelen im Werk der beiden Autoren.
54. Columbus, S.166.
55. Vgl. Hans-Joachim Lang, "Kolumbus in der Literatur der Vereinigten Staaten von Amerika (seit Melville): Genealogie und Verdrängung", im vorliegenden Band.
56. Vgl. Robert D.Madison, "Cooper's Columbus", in George A.Test, Hg., James Fenimore Cooper: His Country and His Art (No.5): Papers from the 1984 Conference at State University of New York College - Oneonta & Cooperstown (Oneonta, 1985), S.75-85.
57. Mercedes of Castile or The Voyage to Cathay, Coopers Novels, Darley Edition (New York, 1861), S.237ff.
58. Ebd., S.283.

59. The Crater, or Vulcan's Peak, hg. Thomas Philbrick (Cambridge, Mass., 1962), S.268.

60. Zu Coopers expansionistischem Denken vgl. H.Breinig, "'Turn your mind on the ways of the inner country': Cooper and the Question of Westward Expansion", in: Wolfgang Binder, Hg., Westward Expansion in America (1803-1860) (Erlangen, 1987), S.47-64.

61. Joaquin Miller's Poems, Bd. I (San Francisco, 1909), 151-52.

62. Admiral of the Ocean Sea: A Life of Christopher Columbus (Boston, 1983), S.47.

63. Columbus, S.10.

64. Leaves of Grass: A Textual Variorum of the Printed Poems, hg. S.Bradley et al. (New York, 1980), III, 568.

65. Vgl. den Beitrag von Hans-Joachim Lang in diesem Band.

66. "Was Columbus Morally Irresponsible?", Forum, 27 (1899), 537-50.

67. Die Eroberung Amerikas: Das Problem des Anderen. Aus dem Französischen von Wilfried Böhringer (Frankfurt/M., 1985).

68. The Columbian Voyages, the Columbian Exchange, and Their Historians (Washington, DC, 1987), S.25. Vgl. auch Crosby, The Columbian Exchange: Biological and Cultural Consequences of 1492 (Westport, Conn., 1972); ders., "Reassessing 1492", American Quarterly, 41 (1989), 661-69.

69. In: Heather Hodgson, Hg., Seventh Generation: Contemporary Native Writing (Penticton, B.C., 1989), S.54f.

Kolumbus in der Literatur der Vereinigten Staaten von Amerika seit Melville: Genealogie und Verdrängung

Hans Joachim Lang

> To yon far regions of descending day,
> Thy swelling pinions led the untrodden way,
> And taught mankind adventurous deeds to dare,
> To trace new seas and peaceful empires rear;
> Joel Barlow.[1]

Ein modernes Buch wie Tzvetan Todorovs Die Eroberung Amerikas. Das Problem des Anderen bestätigt eine alte Epochengrenze: "Wir alle sind direkte Nachkommen Colóns, mit ihm beginnt unsere Genealogie - sofern das Wort Beginn überhaupt einen Sinn hat."[2] Da sich gegen die Formel "Kein Columbus, keine USA" auf den ersten Blick wenig einwenden läßt, die Bewohner der Vereinigten Staaten also in besonderer Weise dem 'Entdecker' Amerikas 'genealogisch' verpflichtet sein müßten, überrascht die Dürftigkeit der Thematisierungen und selbst der Columbusmotive in der Hochliteratur des Landes, die übrigens von einer noch größeren Interesselosigkeit der Forschung an den wenigen Motiven begleitet wird.[3] Ein zweiter und ein dritter Blick machen die Vernachlässigung verständlicher.

Für die dichterische Einbildungskraft kann die Größe der Ereignisse ebensooft Hinderung wie Förderung bedeuten. Daniel Aaron hat seinem Werk über die literarische Behandlung des amerikanischen Bürgerkriegs den provozierenden Titel The Unwritten War gegeben.[4] Doch macht der Vergleich deutlich, wie dicht die literarische Landkarte des Bürgerkriegs besetzt ist. Europäische Vulgärvorstellungen von der "Geschichtslosigkeit" der Nordamerikaner helfen wenig. Das älteste Gemeinwesen der Welt von Bedeutung könnte sich Geschichtslosigkeit im radikalen Sinn kaum leisten; der mit der Revolution, der Verfassung und - vor allem im Süden - mit dem "Krieg zwischen den Staaten" getriebene Kult spricht auch dagegen. Etwas anderes ist die Qualität der erinnerten und gedeuteten Geschichte. Wo Rückblick zugleich Ausblick ist und Zukunft die Vergangenheit nobilitiert, läßt sich auch mit ihren Untaten leben. Geschichtsbetrachtung steigert sich oft zur 'civil religion' genannten nationalen Frömmigkeit. Wenn diese selbst infragegestellt wird, nimmt die Vergangenheit die Farbe dieser Kritik an.[5] Eine Antwort auf die Frage nach der Vernachlässigung des Columbus ist damit noch nicht erreicht.

In einem Einwanderungsland kann man, auch in bürgerlichen Schichten, Interesse für Familiengeschichte - Genealogie im unmetaphorischen Sinn - voraussetzen. Jeder Auswanderer ist ein kleiner Columbus; der Einwand, der komme ja in ein bereits 'entdecktes' Land ist ein relativer. Columbus selbst erwartete ja nicht, einen unbekannten Kontinent zu finden, sondern den wenig bekannten, aber gewußten Osten, auf westlichem Wege. Nur in Mark Twains A Burlesque Biography fallen die Reise des Columbus mit der Einwanderung des Vorfahren, Genealogie im wörtlichen mit dem metaphorischen Sinn, zusammen. Aus seinem Pseudonym einen Familiennamen machend, berichtet er von "the illustrious John Morgan Twain": "He came over to this country with Columbus in 1492 as a passenger."[6]

Es wird heute allgemein akzeptiert, daß Wikinger lange vor Columbus nordamerikanischen Boden betraten; Verdienste englischer Seeleute aus Bristol werden immer wieder vorgetragen.[7] Auch ein von Edward G. Bourne vertretener Gesichtspunkt läßt sich kaum leugnen, die Behauptung

> that if Christopher Columbus had never lived, the New World
> would have been discovered within a few years of the time
> of its actual discovery, as an inevitable sequel of the
> activities of Prince Henry the Navigator in promoting geographical exploration.[8]

Historische Rekonstruktion relativiert die Tat des Columbus und rückt zugleich den Kontext des Jahres 1492 in das Blickfeld. Washington Irving sagte vom Vertrag des Columbus mit den Katholischen Majestäten, er sei

> in a manner signed with the same pen that had subscribed
> the capitulation of the Moorish capital; and his first
> expedition may almost be said to have departed from
> beneath the walls of Granada.[9]

W.H.Prescott hat das Bild aufgenommen und erweitert:

> While the Spanish sovereigns were detained before Granada,
> they published their memorable and most disastrous edict
> against the Jews; inscribing it, as it were, with the
> same pen which drew up the glorious capitulation of
> Granada and the treaty with Columbus.[10]

Die im aufklärerischen und humanitären Kontext entstandene Literatur der USA übernahm mit dem Columbusthema - soweit sie es übernahm - die Bürde banger Fragen nach dem Schicksal der Mauren, der Juden, der 'Indianer' und der Negersklaven.

Subtilere Probleme ergeben sich aus der Kategorie 'Entdeckung', die Edmundo O'Gorman an einem ebenso simplen wie eindrucksvollen Beispiel analytisch behandelt hat. Ein Archivangestellter findet einen Papyrus, kann ihn aber nicht einordnen. Er legt ihn einem Gelehrten vor, der ihn als eine noch nicht bekannte Schrift des Aristoteles identifiziert. Wer ist der 'Entdecker'? Kann man etwas entdecken, ohne vorher ein Konzept des Entdeckten gehabt zu haben? Oder, wenn wir diesen Gesichtspunkt vernachlässigen, bleibt immer noch die Frage, wer wen entdeckt hat. Lichtenbergs Bemerkung, der Eingeborene, der Columbus entdeckte, habe eine böse Entdeckung gemacht, führt den Ethnozentrismus europäischer Columbus-Kulte ad absurdum.[11] Todorov hat dem Problem "Colón als Hermeneut" ein faszinierendes Kapitel gewidmet, wobei er übrigens implizit O'Gorman widerspricht: Columbus habe

> sehr gezielt das [ge]sucht, was wir heute Südamerika nennen[...]:Aus Gründen der Symmetrie muß es auf dem Erdball vier Kontinente geben[...]man braucht also den vierten Kontinent nur noch dort zu entdecken, nein, zu finden, wo sein angestammter Platz ist.

Wenn sich das so abgespielt hat, dann war unser aller Stammvater Columbus ein sehr mittelalterlicher Mensch, weil die 'finalistische' Interpretation

> nicht unbedingt weniger effizient ist als die empirische Interpretation: Die anderen Seefahrer wagten es einfach nicht, Colóns Reise zu unternehmen, weil sie nicht über die Gewißheit verfügten.[12]

Der literarischen Phantasie bleibt viel Raum. Es gibt kein authentisches Porträt des Columbus; sein Leben bis zu seinem Auftauchen in Portugal ist schwach dokumentiert. Biographie und Roman gehen, bis in unser Jahrhundert hinein, vielfache Verbindungen ein. Aber wer Columbus sagt, sagt zugleich viel mehr; symbolische Verwendung liegt nahe. Eine providentielle Auffassung der Geschichte hat es da nicht schwer; Barlows "Vision" war nicht absurd, solange das Genre im Fortschrittsglauben wurzelte.[13] Anders als Todorov machte Barlow den 'Entdecker' jedoch zu einem modernen Menschen:

> To corroborate the theory which he had formed of the existence of a western continent, his observant mind[...] had observed several facts[...]. He determined therefore to bring his favourite theory to the test of actual experiment.[14]

Barlows Vision von westlichen "peaceful empires" (cf. das Motto dieses Abschnitts) stieß sich mit einer historisch-geographischen Tatsache:

> No peace beyond the line

war die Maxime für die unfriedlichen Zustände in

> the boundless area west of the longitude of the outermost of the Azores and south of the Tropic of Cancer.

Dort galten Verträge unter europäischen Nationen nichts.[15] Carl und Roberta
Bridenbaugh handeln zwar vom 17.Jahrhundert und Barlows Vision wurde 1787
publiziert, doch waren die Jahre von 1789 bis 1815 nicht geeignet, der
Vision Nahrung zu geben. Columbuskult und Einsicht in die Zustände seiner
und so gut wie jeder späteren Zeit traten in eine Spannung, die beim Leser
Zustimmung voraussetzte für eine allzu saubere Aufteilung von Charakter und
Zeitläufen, von edlem Helden und späteren bösen Konquistadoren:

> Well would it have been for Spain had those who followed
> in the track of Columbus possessed his sound policy and
> liberal views. The New World, in such cases, would have
> been settled by pacific colonists, and civilized by en-
> lightened legislators; instead of being overrun by desperate
> adventurers, and desolated by avaricous conquerors.[16]

Unter diesen Umständen war es eine fragwürdige literarische Strategie, die
Konquistadoren mit dem "spirit of chivalry" in Verbindung zu bringen, der
nach der Eroberung von Granada seiner Sphäre beraubt war.[17] Prescott ist
Irving auf diesem Wege gefolgt, wobei sich der tadellose Charakter der
Königlichen Frau Isabella zum Gentleman aus Genua (nicht der Herkunft nach,
aber umso besser!) gesellt.[18] Daß sich diese romantischen Interpretationen
vor den Erfahrungen von Melville und Mark Twain nicht bewahren konnten,
kann nicht überraschen. Die Abnahme des Interesses an Columbus erklärt sich
also einmal durch die bereits erfolgte Ausbeutung des Themas, zum anderen
durch seine inhärenten Schwierigkeiten. Wo Columbusthemen und -motive wiederaufgenommen werden, betreiben die Autoren vorwiegend einen Abbau der von
Barlow bis Irving, Prescott und Cooper dargestellten Ideale und Erwartungen.

I

> Oh, reader, list! I've chartless
> voyaged. With compass and the lead,
> we had not found these Mardian Isles.
> [...] Hug the shore, naught new is seen;
> and "Land ho!" at last was sung, when
> a new world was sought.[19]

Kein Autor war geeigneter als Melville, die von Barlow begonnene, von Irving,
Prescott und Cooper fortgeführte Columbus-Verehrung zu modifizieren. Nur er
hatte die persönliche Erfahrung der durch Zivilisationseinflüsse gefährdeten
Kultur eines - wie man es damals sah - 'Naturvolks'. Nur er wiederholte,
einige tausend Meilen weiter westwärts, den doppelten _frisson_ der sexuellen

Freizügigkeit einerseits, der Furcht vor Kannibalismus anderseits. Die
literarischen Zeugnisse dieser Begegnung sind freilich vielfach gebrochen.
Schon die beiden ersten Südseebücher, Typee. A Peep at Polynesian Life
(1846) und Omoo. A Narrative of Adventures in the South Seas (1847), zumal
das erste, waren Konglomerate von Erinnerung, Fabulierlust, literarischen
Quellen und nachhelfender wissenschaftlicher Lektüre, weil vier Wochen bei
den Typees ihm kaum eine umrißhafte Vorstellung ihrer Kultur vermittelt
haben können. Romantische Erfindungen - die schöne Fayaway, das Kanufahren
auf einem See,[20] - verbürgten Erfolg, aber der Gedanke, als Mann, der bei
den Kannibalen gewesen war, in die Literaturgeschichte einzugehen, war
Melville zuwider. So kam es zu Mardi, and a Voyage Thither (1849), einem
allzulangen, bewußt hochgestochenen Werk philosophischer 'romance', mehr
der Weltliteratur verpflichtet als der Seefahrt.[21]

So setzt sich Melville, obwohl Columbus-Motive in Mardi von Anfang an zu
finden sind,[22] nicht vom kühnen Geist des Columbus ab, aber von allen Ergebnissen seiner Fahrten, die im Machtpolitischen verharren:

> But this new world here sought, is stranger far than his,
> who stretched his vans from Palos. It is the world of
> mind; wherein the wanderer may gaze round, with more
> of wonder than Balboa's band roving through the golden
> Aztec glades.[23]

Melville schrieb in einer Zeit amerikanischer Expansion; gerade deshalb
artikulierte er seinen Widerstand. Um diese Zeit wurde der Planet Neptun
entdeckt, eine Tat, die der Astronom John P. Nichol in New Yorker Vorlesungen
mit der des Columbus verglich.[24] Melville ergänzte die Richtungssymbolik
seines Werks - West, Ost, Süd, Nord haben vielfältige Bedeutungen - um
Höhen- und Tiefenmetaphern.[25] Der Kreis wurde ihm zum Symbol nicht der
Vollkommenheit, sondern der Vergeblichkeit; der Kreis und die Tiefe ergaben
den alles verschlingenden Wirbel, den Untergang, am eindrucksvollsten am
Ende von Moby-Dick. Wie im Werk von Edgar Allan Poe sind 'discovery' und
'destruction' eng miteinander verbunden.[26]

Columbus blieb an der Oberfläche, wie es im 68. Kapitel ("Brit") von Moby-
Dick heißt:

> But though[...] we know the sea to be an everlasting
> terra incognita, so that Columbus sailed over number-
> less unknown worlds to discover his one superficial
> western one; though[...] the most terrific of all
> mortal disasters have immemoriably and indiscriminately
> befallen tens and hundreds of thousand of those who have

> gone upon the waters;[...] nevertheless, by the
> continual repetition of these very impressions,
> man has lost that sense of the full awfulness of
> the sea which aboriginally belongs to it.[27]

Insofern bleiben auch alle Versuche, Columbus als Willensmenschen auf die Schöpfung der Figur des Kapitäns Ahab zu beziehen, gleichfalls an der Oberfläche; die Kunstfigur Ahab ist zu sehr auf 'seinen' Wal und seine Jagd bezogen, als daß sie sich der historischen 'Parallele' liehe.[28]

Zur Tiefe des Weltraums und des Meeres kommt, bereits in Mardi, die Tiefe der Zeit (Kap.75, "Time and Temples"); Modernes läßt Melville unbeeindruckt. Er glaubt nicht an Barlows neue moralische Welten; im satirischen 89.Kapitel von Moby-Dick wird anhand einer zum Walfang gehörenden Rechtsfrage ("Fast-Fish and Loose-Fish") das Unternehmen des Columbus in die Machtpolitik eingeordnet:

> What was America in 1492 but a Loose-Fish, in which Columbus
> struck the Spanish standard by way of waifing it for his
> royal master and mistress? What was Poland to the Czar?
> What Greece to the Turk? What India to England? What at
> last will Mexico be to the United States? All Loose-Fish.[29]

Dieser Einschätzung - nicht so sehr der Persönlichkeit des Columbus als der Voraussetzungen und Folgen seiner Taten - ist Melville treu geblieben, so daß ein zeitlicher Vorgriff auf die Zeit nach dem Bürgerkrieg erlaubt ist. Das philosophische Gedicht Clarel. A Poem and Pilgrimage in the Holy Land (1876) ähnelt strukturell Mardi insofern, als sich der Leser an die etwas magere Rahmenhandlung halten kann oder an die Fülle des Stoffs, die auf viele Figuren verteilte wortreiche Debatte über Gott, Mensch und Welt. Zeigte der Rahmen von Mardi am Ende den obstinaten Helden wie er, verfolgt von seinen Furien, "over an endless sea" entschwindet, verliert sich der Titelheld des Gedichts, seiner geliebten Ruth beraubt, lediglich im Gedränge der Stadt Jerusalem. Das Gedicht hat freilich noch einen Epilog, der dem Prinzip Hoffnung frönt. Der Dichter hat ein aufmunterndes Wort für Clarel bereit:

> Then keep thy heart, though yet but ill-resigned -
> Clarel, thy heart, the issues there but mind;
> [...]
> Emerge thou mayst from the last whelming sea,
> And prove that death but routs life into victory.[30]

Durch den - unverdienten - Mißerfolg seiner Battle-Pieces and Aspects of the War (1866) dem literarischen Leben endgültig entfremdet und enttäuscht

von der kulturellen Entwicklung seiner Heimat nach dem Bürgerkrieg, lieh
Melville einem verbitterten Südstaatler, Ungar, rhetorische Überzeugungs-
kraft in der Debatte des Teils IV, Canto XXI, "Ungar and Rolfe".

> Dead level of rank common-place:
> An Anglo-Saxon China, see,
> May on your vast plains shame the race
> In the Dark Ages of Democracy.[31]

Rolfe, Vine und Clarel sind beeindruckt und haben "some misgivings of
their own":

> They felt how far beyond the scope
> Of elder Europe's saddest thought
> Might be the New World's sudden brought
> In youth to share old age's pains -
> To feel the arrest of hope's advance,
> And squandered last inheritance;
> And cry - "To Terminus build fanes!
> Columbus ended earth's romance:
> No New World to mankind remains![32]

Der Gedanke, Amerika sei der Welt beste und letzte Hoffnung, ist hier noch
lebendig; insofern könnte man einen Widerspruch zu früheren Äußerungen
Melvilles über Columbus sehen. Doch ist, wie zumindest der Rahmen suggeriert,
trotz des angehängten, aber aus dem Vorangegangenen kaum folgenden Epilogs,
Melvilles Pessimismus in Clarel tiefer als in Mardi. Erlösung erscheint als
möglich, aber zugleich mehr als Grenzbegriff denn als begründete Hoffnung
aufgrund der Offenbarung. Stoische Bewährung ist alles, was man aus Clarel
nach Hause tragen kann. Teil III, Canto XIX, führt unter dem Titel
"The Masque" eine Figur vor, die in der Tat auf Christus wartet -
Cartaphilus, der "Ewige Jude".[33] Er steht für die sündige und die leidende
Menschheit; "Bismillah" und "Dies irae, dies illa!" hört man als Abgesang.[34]
Columbus' 'Entdeckung' hat der Welt nichts Entscheidendes hinzusetzen
können. Das ethische Dilemma bleibt, wie es Melville in den letzten Zeilen
seines Gedichts "Fragments of a Lost Gnostic Poem of the 12th Century" dar-
stellte und in unserem Jahrhundert von dem Theologen Reinhold Niebuhr in
The Children of Light and Children of Darkness (1944) noch einmal ausgearbeitet wurde:

> Indolence is heaven's ally here,
> And energy the child of hell:
> The Good Man pouring from his pitcher clear,
> But brims the poisoned well.[35]

Die bisher angeführten Beispiele zeigen, wie Melville Columbus in seine
Reflexionen einschließt, aber eine künstlerisch überzeugende Verwendung

des Motivs ist nicht unter ihnen. Diese finden wir in der Erzählung
Benito Cereno (1856), wo sie unter einem dreifachen historischen Aspekt
betrachtet werden muß: die Zeit des Columbus, die Zeit der Handlung (1799,
also gleichzeitig mit der Aufstandsbewegung auf Haiti) und die Zeit der Abfassung, wenige Jahre vor Ausbruch des Bürgerkriegs. Da mit dem Titelhelden
die Leiden eines Sklavenhalters thematisiert werden und in der Figur des
Babo das Böse, ja sogar scheinbar das unmotiviert Böse (Coleridges Interpretation von Shakespeares Iago!) ins Spiel gebracht wird, hat die Erzählung
die politisch entgegengesetztesten Interpretationen erfahren.[36] Hier interessiert lediglich, in welcher Weise Columbus eingeführt wird.

Als 1928 von Harold H.Scudder die Quelle für Melvilles Benito Cereno entdeckt wurde, zeigte sich erneut die Schlüpfrigkeit der Kategorie 'Entdeckung'.
Als Scudder meinte, Melville habe die Quelle nur ein bißchen umgeschrieben,
hatte er noch keinen Begriff von der Komplexität der Erzählung. Tatsächlich
hat Melville nicht nur die Motive und die Charaktere verändert, sondern aus
Farb-, Ding- und Namensymbolen eine 'neue Welt' aufgebaut. In der Quelle
fehlt all das:

> [...] there is no skeleton, no sternpiece carved
> with the arms of Spain, no shaving scene, no flag
> used as an apron, none of the pictures, no chained
> Atufal. All the symbolic and psychological complications of Benito Cereno are Melville's creations.[37]

Die dreiteilig aufgebaute Erzählung läßt den Leser die Dinge zunächst mit
den Augen eines gutmütigen, aber naiven amerikanischen Kapitäns, Amaso Delano
sehen, der das Übel, in diesem Fall die Tatsache, daß es sich bei der San
Dominick nicht um ein in Seenot geratenes Schiff handelt, sondern eins, in
dem meuternde Sklaven die Herrschaft übernommen haben, nicht sieht. Er kann
die Zeichen nicht deuten:

> But the principal relic of faded grandeur was the ample
> oval of the shield-like stern-piece, intricately carved
> with the arms of Castile and Leon, medallioned about by
> groups of mythological or symbolical devices; uppermost
> and central of which was a dark satyr in a mask, holding
> his foot on the prostrate neck of a writhing figure, likewise masked.
> Whether the ship had a figure-head, or only a plain beak,
> was not quite certain, owing to canvass wrapped about that
> part either to protect it while undergoing a re-furbishing,
> or else decently to hide its decay. Rudely painted or
> chalked, as in a sailor freak, along the forward side of
> a sort of pedestal below the canvas, was the sentence,
> "Seguid vuestro jefe", (follow your leader)[...].[38]

Erst der zweite Teil, Gerichtsakten über den Fall (aber natürlich von
Melville für seine Zwecke umgeschriebene!), löst das symbolische Rätsel.
Der Titelheld gibt zu Protokoll

> [...] that[...] the negro Babo showed him a skeleton, which
> had been substituted for the ship's proper figure-head, the
> image of Christopher Colon, the discoverer of the New World;
> that the negro Babo asked him whose skeleton that was, and
> whether, from its whiteness, he should not think it a white's;
> that, upon his covering his face, the negro Babo, coming close,
> said words to this effect: "Keep faith with the blacks from
> here to Senegal, or you shall in spirit, as now in body,
> follow your leader", pointing to the prow;[...][39]

Der arme Benito Cereno - eine Studie in Furcht[40]- ist nicht in der Lage, den
Schwarzen in ihrem Sinne dienlich zu sein, geschweige sich dem historischen
Regreß zu stellen, der mit Babos Worten gegeben ist: der Kapitän wird am
Ende seinem Freunde Aranda in den Tod folgen und beide dem Columbus in seinem Versagen in der Frage der Sklaverei. Wieder ist der Kreis(lauf) des
Übels undurchbrochen; Brook Thomas spricht mit Recht von "the deep historical
roots of the cycle of repression, rebellion, and repression enacted on board
the San Dominick." Die neue Herrschaft der US-Amerikaner löst die alte der
Spanier ab, aber was ist gewonnen?

> Although Delano seems to break the cycle of repression,
> he actually perpetuates it, although in a new form.[41]

Da Imperialismus und Sklaverei alt waren bei der Entdeckung Amerikas, markiert Columbus nur dann einen neuen Beginn, wenn er seine historische
Chance wahrnimmt, auf beides zu verzichten. Dies war bekanntlich nicht
der Fall.

II

> 'Christopher Colombo - pleasant name -
> is - is he dead?'

Der Ausgang des Bürgerkriegs bescherte den USA eine Region, die eine 'unamerikanische' Erfahrung, nämlich Niederlage und Demütigung, gemacht hatte.
Kulturpessimismus und Fortschrittsfeindlichkeit - Melvilles Ungar hatte
viele Nachfolger - hatten im Süden eine Heimat gefunden, wie anderseits
auch die Romantik der "lost cause". Im siegreichen Norden erhielten die
optimistisch-progressiven Tendenzen umso größeren Auftrieb. Mit der Abschaffung der Sklaverei schien das größte Problem der USA gelöst; der

Krieg, tragisch wie er war, hatte ökonomische Kräfte mobilisiert und Energien freigesetzt, die sich nun dem Westen zuwenden konnten. Doch verlief die kulturelle Entwicklung, trotz Goldrauschromantik, wie von Bret Harte um 1870 ausgebeutet, eher von West nach Ost als umgekehrt. W.D.Howells trieb es aus dem Mittelwesten nach Neu-England, später New York, Henry James aus diesen Regionen nach Europa; Mark Twains westliche Jahre fanden ihre Fortsetzung im Staate New York, in Connecticut und in Europa. Es ist kaum verwunderlich, daß Columbusmotive noch dürftiger wurden als vor dem Bürgerkrieg, nur muß noch einmal darauf hingewiesen werden, daß nur von der Hochliteratur die Rede ist. Columbus in der 'popular culture' wäre ein viel ergiebigeres Thema.

Allein die zahllosen nach Columbus genannten Städte, Vereine, Institutionen und Firmen hielten den Namen eines der berühmtesten Männer der Geschichte lebendig. Selbst Henry James in seinen 'internationalen' Romanen arbeitete mit der Namenssymbolik von Christopher Newman (The American, 1877) und Prinz Amerigo (The Golden Bowl, 1904). Gedichte über Columbus muß es 1892 in Fülle gegeben haben, nachdem schon die verschiedenen Ausgaben von Washington Irvings Biographie Erzählungen und Gedichte inspiriert hatten,

> to furnish a painless approach to a great and complex subject,

wie S.T.Williams trocken bemerkt.[42] Auch die Bühne tat das ihre; Steele MacKaye,

> for his great pageant drama The World Finder, conceived for the Chicago World's Fair in 1893, which was to have represented on the grand scale high spots in the history of America, beginning with Columbus's voyage of discovery, [...] invented wagon stages moving on railroad track, wave and wind machines, equivalents for the sun and the moon, and other devices for imitating lighting effects.[43]

In der Zeit nach 1865 ist ein älterer und ein neuerer Ton zu unterscheiden, für den Walt Whitman und Mark Twain Beispiele abgeben. Transzendentaler Optimismus und selbst Barlows Trostmotiv waren bei Whitman noch lebendig. Für Prayer of Columbus stützte sich Whitman auf Irvings Kapitel "Observations on the Character of Columbus" und notierte sich Passagen wörtlich.[44] Passage to India (1871) feiert die Kommunikationsleistungen der Gegenwart, die Eisenbahnverbindungen über den Kontinent und den Suez-Kanal:

> (Ah Genoese thy dream! thy dream!
> Centuries after thou art laid in thy grave,
> The shore thou foundest verified thy dream.)[45]

Columbus ist, wie bei Barlow, Ingenieur der Weltgeschichte. Prayer of Columbus (1874) beginnt mit einem gottesfürchtigen Mann, aber seine Hoffnungen sind moderne:

> Transplanted there may rise to stature, knowledge worthy Thee,
> Haply the swords I know may there indeed be turn'd to reaping-tools,
> Haply the lifeless cross I know, Europe's dead cross, may bud and blossom there.[46]

Anders als Walt Whitman hatte Mark Twain, wie vorher Melville, Erfahrungen mit dem 'Course of Empire'. Seine Jugend am Mississippi, seine Jahre als Journalist an der 'mining frontier' Nevadas, in San Francisco und auf Hawaii hatten ihm unliebenswürdige Seiten des Vorgangs nahegebracht. Mark Twains Haltung zum Fortschritt war nicht negativ, aber ambivalent. In Life on the Mississippi (1883) wird im Kapitel XL, "Castles and Culture", der verderbliche Einfluß von Sir Walter Scott und seiner das Rittertum preisenden Romane auf den amerikanischen Süden behauptet; die Reise den Mississippi aufwärts in den wirtschaftlich blühenden Norden liest sich zunächst wie ein Hohelied des Fortschritts. Doch folgt im Kapitel LX, "Speculations and Conclusions", eine Passage, die sich wie eine Parodie von Frederick Jackson Turners ein Jahrzehnt später gehaltener Rede über "The Significance of the Frontier in American History" liest:

> How solemn and beautiful is the thought that the earliest
> pioneer of civilization, the van-leader of civilization,
> is never the steamboat, never the railroad, never the newspaper, never the Sabbath school, never the missionary - but
> always whisky! Such is the case. Look history over; you will
> see. The missionary comes after the whisky - I mean he arrives
> after the whisky has arrived; next comes the poor immigrant,
> with ax and hoe and rifle; next, the trader; next, the
> miscellaneous rush; next the gambler, the desperado, the
> highwayman, and all their kindred in sin of both sexes;
> and next, the smart chap who has bought up an old grant
> that covers all the land; this brings the lawyer tribe;
> the vigilance committee brings the undertaker. All these
> interests bring the newspaper; the newspaper starts up
> politics and a railroad; all hands turn to and build a
> church and a jail - and behold! civilization is established
> forever in the land. But whisky, you see, was the vanleader
> in this beneficent work. It always is. It was like a
> foreigner - and excusable in a foreigner - to be ignorant
> of this great truth, and wander off into astronomy to
> borrow a symbol. But if he had been conversant with the
> facts, he would have said:
> Westward the Jug of Empire takes its way.[47]

Wie Henry Nash Smith in Mark Twain: The Development of a Writer gezeigt hat, finden sich bei Mark Twain "Two Ways of Viewing the World", denn die Werte der realistischen 'vernacular' Charaktere dominieren nicht völlig; so sehr er sich über die offiziöse Kultur der "gentility" lustig macht, ist er doch der Verehrung fähig. Selbst in Innocents Abroad (1869) wird die Sphinx von der Ironie ausgespart: sie ist

> the type of an attribute of man - of a faculty of his heart and brain. It was MEMORY - RETROSPECTION - wrought into visible, tangible form.[48]

Umso bezeichnender ist, daß Columbus nicht zu den von der Ironie unerreichbaren Figuren gehört. Zwar wird auch er gefeiert als Beispiel für "the noblest delight", nämlich "discovery"; er gehört zu den Männern, die wirklich gelebt haben.[49] Aber wenn die Verehrung eingeklagt wird, verweigern sich ihr die amerikanischen Touristen, gleich ob es sich um Columbus handelt oder um Michelangelo.

> I used to worship the mighty genius of Michael Angelo[...] But I do not want Michael Angelo for breakfast - for luncheon - for dinner - for tea - for supper - for between meals. I like a change, occasionally.[50]

Es beginnt ein Spiel mit den italienischen Fremdenführern, die auf dem Forum und angesichts des ägyptischen Obelisken gefragt werden, ob dies Werke von Michelangelo seien. Die Ciceroni, "those necessary nuisances", werden systematisch zur Verzweiflung gebracht. Die Chronologie, ihr stolzes geistiges Kapital, wird abgeschafft. Die krönende Frage, die einen europäischen Verdacht gegen die Nordamerikaner, sie seien an Geschichte uninteressiert (Henry Fords berühmter Ausspruch lag noch in der Zukunft), ernstnimmt, lautete:

> "Is - is he dead?"
> That conquers the serenest of them.[51]

Das mit Columbus getriebene Spiel ist wert, zitiert zu werden:

> The guides in Genoa are delighted to secure an American party, because Americans so much wonder, and deal so much in sentiment and emotion before any relic of Columbus. Our guide there fidgeted about as if he had swallowed a spring mattress. He was full of animation - full of impatience. He said: "Come wis me, genteelmen!- come! I show you ze letter-writing by Christopher Colombo! - write it himself! - write it wis his own hand! - come!" He took us to the municipal palace. After much impressive fumbling of keys and opening of locks, the stained and aged document was spread before us. The guide's eyes

sparkled. He danced about us and tapped the parchment
with his finger: "What I tell you, genteelmen! Is it
not so? See! handwriting Christopher Colombo! - write
it himself!"
We looked indifferent - unconcerned. The doctor examined
the document very deliberately, during a painful pause.
Then he said, without any show of interest:
"Ah - Ferguson - what - what did you say was the name
of the party who wrote this?"
"Christopher Colombo! ze great Christopher Colombo!"
Another deliberate examination.
"Ah - did he write it himself, or - or how?"
"He write it himself! - Christopher Colombo! he's own
handwriting, write by himself!"
Then the doctor laid the document down and said:
"Why, I have seen boys in America only fourteen years
old that could write better than that."
"But zis is ze great Christo -"
"I don't care who it is! It's the worst writing I ever
saw. Now your mustn't think you can impose on us because
we are strangers. We are not fools, by a good deal. If
you have got any specimens of penmanship of real merit,
trot them out! - and if you haven't, drive on!"
We drove on. The guide was considerably shaken up, but
he made one more venture. He had something which he
thought would overcome us. He said:
"Ah, genteelmen, you come wis me! I show you beautiful,
oh, magnificent bust Christopher Colombo! - splendid,
grand, magnificent!"
He brought us before the beautiful bust - for it was
beautiful - and sprang back and struck an attitude:
"Ah, look, genteelmen! - beautiful, grand, - bust
Christopher Colombo! - beautiful bust, beautiful pedestal!"
The doctor put up his eyeglass - procured for such occasions:
"Ah - what did you say this gentleman's name was?"
"Christopher Colombo! - ze great Christopher Colombo!"
"Christopher Colombo - the great Christopher Colombo. Well,
what did he do?"
"Discover America! - discover America, oh, ze devil!"
"Discover America. No - that statement will hardly wash.
We are just from America ourselves. We heard nothing about
it. Christopher Colombo - pleasant name - is - is he dead?"
"Oh, corpo di Baccho! - three hundred year!" "What did he
die of?"
"I do not know! - I cannot tell."
"Smallpox, think?"
"I do not know, genteelmen! - I do not know what he die of!"
"Measles, likely?"
"Maybe - maybe - I do not know - I think he die of somethings."
"Parents living?"
"Im-posseeble!"
"Ah - which is the bust and which is the pedestal?"
"Santa Maria! - zis ze bust! - zis ze pedestal!"
"Ah, I see, I see - happy combination - very happy combination,
indeed. Is - is this the first time this gentleman was ever
on a bust?"
That joke was lost on the foreigner - guides cannot master the
subtleties of the American joke."52

Wenn Mark Twain in seiner mit Charles Dudley Warner verfaßten Satire auf
die amerikanischen Gründerjahre nach dem Bürgerkrieg, The Gilded Age (1873),
einer unsoliden Firma den Namen "Columbus River Slackwater Navigation
Company" gibt,[53] dann trifft das Columbus nicht, aber die Sache wird
ernst, wenn er sich einer Episode der Entdeckungsreisen bedient, "how
Columbus, or Cortez, or one of those people, played an eclipse as a saving
trump once, on some savages[...]".[54] A Connecticut Yankee in King Arthur's
Court (1889) beginnt und wurde konzipiert als anti-romantische, anti-
chevalreske Satire im Sinne von "Castles and Culture". Doch in dem Moment,
in dem sich Mark Twain klar macht, was die Begegnung einer technisch überlegenen Kultur mit einer von deren Standpunkt aus als kindlich einzustufen-
den für letztere bedeutet, wendet sich die Behandlung ins Grausige. Die
imaginäre Identifizierung verdirbt das Fortschrittskonzept so gründlich,
daß man mit diesem die Chronologie aufhebenden Roman die Wende zum Alters-
pessimismus Mark Twains ansetzen kann. Die Ausbeutung der Unwissenheit der
Eingeborenen durch Columbus wird im Roman dadurch variiert, daß die Täuschung
einem guten Zweck dient, der Rettung eines zum Scheiterhaufen Verurteilten.
Aber die modernen Waffen haben ihre eigenen Schrecken; das Blutbad unter den
Camelotern bringt die Satire zum Schweigen. In Ursula Brumms Resümee:

> Mit der komisch gemeinten Ausgangssituation des fortschritt--
> besessenen und besserungswütigen Yankees im "unterentwickel-
> ten" 6.Jahrhundert waren Elemente gegeben, die sich in den
> Händen von Mark Twain nach einer eigenen, vom Autor ursprüng-
> lich kaum intendierten Logik und mit einer düster zukunfts-
> trächtigen Symbolik entwickelten. Dieser Waffen produzieren-
> de Mensch der Moderne mit seinem demokratischen Bekehrungs-
> fanatismus kann die historisch-spezifische Komplexität einer
> fremden Kultur nicht verstehen, sondern nur verachten oder
> bestenfalls lächerlich machen[...]. Als sich diese fremde
> Welt[...] seinem radikalen Zivilisationsdiktat entzieht,
> kann er sie nur noch vernichten.[55]

III

> But for the parsimony of King Henry VII;
> the glory of having found the New World
> and the advantage of its inestimable
> treasures would have belonged to England
> rather than to Spain.[56]

Zu den vom Jahr 1892 inspirierten Romanen gehört Out of the Sunset Sea (1893) von Mark Twains Zeitgenossen Albion Winegar Tourgée (1838-1905).[57] Er war durch den Roman A Fool's Errand (1879) berühmt geworden, von dem so gut wie alle Werke ausgingen, die sich mit der Periode der "Reconstruction" des amerikanischen Südens (1865-1877) befaßten.

Romantische Handlungselemente mischten sich mit politischer Diskussion, ohne sich überzeugend zu verbinden. Selbst ein "carpet-bagger" - Schimpfname für die in den besiegten Süden einziehenden Glücksritter aus dem Norden - machte Tourgée, just in dem Jahr, in dem Henry James die "missing items of high civilization" in den USA einklagte,[58] eine literarische Entdeckung: den geschlagenen Süden als Stoff. In einem späteren Aufsatz erwies sich Tourgée als Prophet William Faulkners.[59] Kein Autor, nicht einmal George Washington Cable, hat sich für die Rechte der Schwarzen so vorbehaltlos eingesetzt wie Tourgée. Für ihn warf die Sklaverei einen langen historischen Schatten:

> Every freedman's life is colored by this shadow. The farther
> he gets away from slavery, the more bitter and terrible will
> be his memory of it. The wrong that was done to his forebears
> is a continuing and self-magnifying evil [...]. It is the sole
> inheritance the bondman left his issue, and it must grow
> heavier rather than lighter until the very suggestion of
> inequality has disappeared - if indeed such a time shall
> ever come.[60]

Aus seinem politischen Realismus zog Tournée freilich, zu seinem Schaden, literarische Konsequenzen ganz anderer Art.

> Pathos lies at the bottom of all enduring fiction.
> Agony is the key of immortality.[...] The 'realists'
> profess to be truth-tellers, but are in fact the
> worst of falsifiers, since they tell only the
> weakest and meanest part of the grand truth which
> makes up the continued story of every life.[61]

Anders als der Südstaatler Mark Twain brachte der Mann aus dem unromantischen Ohio für Ritterromantik Verständnis auf:

> Scott's loving faith in a chivalry which perhaps never
> existed, not only made his work imperishable, but in-
> spires with healthful aspiration every reader of his
> shining pages.[62]

Sein Held in <u>Out of the Sunset Sea</u> ist nicht gerade ein "carpet-bagger", aber doch ein Abenteurer aus dem Norden (England) im romantischen Süden (Spanien zur Zeit der Reconquista). Arthur Lake (<u>alias</u> Tallerte de Laches, Juan de Sevilla und andere Namen) erzählt seine Geschichte selbst, mehr als 50 Jahre später. Die Haupthandlung interessiert hier nur mit einem Doppelmotiv: Lakes Liebe zu einer Eingeborenen von Hispaniola und sein Goldrausch. Von seinem adligen und kriegerischen Vater als jüngster Sohn für die Kirche bestimmt, aber zum Soldaten 'geboren', nimmt er an der Eroberung von Granada teil, gerät in Konflikt mit der Inquisition, erlebt die Ausweisung der Juden aus Spanien mit und ist dabei, wenn Columbus die Bucht von Palos verläßt (womit die Handlung einsetzt). In der für den romantischen Abenteuerroman typischen Manier wendet sich (fast) alles zum Guten: die Verfolgung in Spanien war nur zu seinem Schutz inszeniert worden; nach dem Tod der älteren Brüder wird Arthur Erbe und Träger des Titels; die Aussöhnung mit dem Vater gelingt. Er ist ein großer Liebhaber und darf, als Teil einer dreifachen Romanendzeithochzeit, Xerifa, die christliche Tochter eines muselmanischen Edelmanns, heimführen. Die Ausbeutung chevalresker Motive, vom Ende der Rosenkriege in England über Granada bis Hispaniola ist konsequent, aber das Motiv der verlassenen Geliebten markiert einen Unterschied. Während sich die englische Jugendfreundin mit einem Kapitän zu trösten weiß, bleibt die Indianerin allein auf Hispaniola zurück, wo Arthur auch dem Goldrausch verfällt, dem sich kein Weißer entziehen kann außer einem "Fray Mentiroso" genannten ehemaligen Priester, der die Bekehrung der Indianer als einziger ernstnimmt und mehr als der Held Sprachrohr für Tourgées aufgeklärte Ansichten ist.

Die romantischen Szenen auf Hispaniola erinnern stark an Melville (dessen Südseeromane um 1892 neue Auflagen erlebten); die allegorische Darstellung von Wollust und Goldrausch könnte aus <u>Mardi</u> stammen, mit Anklängen an Wagners <u>Rheingold</u>. Der Autor bezieht seinen Helden in die Verurteilung der Europäer ein, aber der bleibt, wie es sich für den Abenteuerroman gehört, im Grunde ein guter Kerl. Umso überraschender kommt die Destruktion des Charakters des Columbus, und das zur 400-Jahr-Feier der Entdeckung! Er ist ein Mann, der niemandem traut und dem man deshalb auch nicht traut; ein schlechter Menschenkenner und unfähiger Kolonisator. Er ist selbstsüchtig ("self-love, the most sensitive spot in his nature");[63] das Unternehmen ist strikt materialistisch und die so oft mit Columbus zusammen idealisierte Königin hält es nicht anders:

> It was gold to fill her empty treasure-chests and precious stones with which to outshine her sister of Portugal, the good Queen wanted - not new realms and naked peoples![64]

Des Admirals Einbildungskraft ist mittelalterlich; Tourgée nimmt seine prophetische Ader ernst. Sie ist auch orientalisch;[65] was nicht ausschließt, daß er ein guter Seefahrer ist.[66] Nur: sein Bruder Bartolomeo war

> as good a navigator and a better cosmographer than he, and withal a better, if not a greater man.[67]

Hochverrat am Columbusbild der älteren amerikanischen Tradition begeht Tourgée, wenn er eine Ehrenrettung für Martín Alonzo Pinzón unternimmt, der, weit davon entfernt, ein Verräter zu sein, stirbt, weil man an seiner Ehre gezweifelt hat.[68] Auch er ist im Grunde der bessere Mensch und Kapitän.

Für Arthur Hobson Quinn ist der Roman "as absurd as a total misconception of the character of Columbus could make it",[69] doch dürfen wir die Funktion dieses zugegebenermaßen unrunden Charakterporträts nicht übersehen. Es ist die Rede von "Italian cunning" und davon, daß Italien "has ever been accounted the very wickedest part of the earth."[70] Tourgée bedient sich, trotz seines Namens, anti-lateinischer und pro-angelsächsischer Klischees, hier der unendlich oft wiederholten Darstellung des Italieners als Machiavellisten. Auch die Spanier kommen als "the most subservient to authority of any people" nicht gut weg.[71] Englische Seeleute werden insistierend gelobt und nur die Sparsamkeit Heinrichs des Siebenten hat die Entdeckung Amerikas durch die Engländer verhindert. Tourgée bedient sich der biographischen Spekulation - oder des Gerüchts -, Columbus habe von einer vorgängigen Entdeckung profitiert:

> In no other way can I account for his unquestioning confidence in finding land within seven hundred and fifty leagues of the Canaries, and his confusion and indecision as regards all that lay beyond.[72]

Der Tenor ist das Bedauern, daß es die Katholischen Majestäten waren, die sich der Gebrüder Columbus bedienten, oder daß Cabot einige Jahre zu spät dran war. Eine Korrektur der Geschichte kommt ebenfalls zu spät, aber es wird mit ihr gespielt.

Wir brauchen den Erzähler in erster Person nicht unbedingt sehr ernst zu
nehmen; Tourgée begibt sich durch die Perspektive der Möglichkeit analy-
tischer Behandlung des Columbusproblems aus der Sicht von 1892. Wieder
finden literarische Behandlung und die Einsichten des Politikers und
Kritikers nicht zueinander. Eine weitere Schwäche ist der Dialog, für den
der Autor pseudoarchaische Sprache bemüht, von der ein einziges Beispiel
genug sein dürfte:

> "The Mistress desireth thou wouldst make excuse for her", said
> the maid courtesying to her master as the Captain went out.
> "She be with the young lass who is sore bested at the thought
> of being left alone with strangers."[73]

IV

'He's descended from Christopher Columbus.'

Wie erwähnt, läßt sich jede weiße amerikanische Familie auf einen oder
mehrere Einwanderer zurückverfolgen, die dem Columbus auf ihre andere Art
gefolgt waren. Eine weitere Möglichkeit der Identifizierung ergab sich
durch das gefundene Land selbst; der "sense of place", der schon Henry
James ausgezeichnet hatte, war durch D.H.Lawrence und seine anregenden
Studies in Classic American Literature (1923) modern geworden. Das Motiv
ist natürlich sehr alt; schon Emerson hatte in seiner Ansprache "The Young
American" (1844) Columbus, Amerika und zeitgenössische Kulturkritik miteinander verbunden:

> Columbus alleged as a reason for seeking a continent in the
> West, that the harmony of nature required a great tract of
> land in the western hemisphere, to balance the known extent
> of land in the eastern; and it now appears that we must
> estimate the native values of this broad region to redress
> the balance of our own judgments, and appreciate the
> advantages opened to the human race in this country, which
> is our fortunate home. The land is the appointed remedy
> for whatever is false and fantastic in our culture.[74]

Das Land erscheint als anvertraute Gabe; anderseits läßt sich fromm
mystifiziertes Land auch dämonisieren. Alan Holder hat dargestellt, wie
William Carlos Williams in In the American Grain (1925), einem 'pageant'
amerikanischer Geschichte bis zum Bürgerkrieg, den Beginn seines historischen Bilderbogens nicht mit dem erfolgreichen Leif Erickson markierte,

sondern dem bitteren Eric the Red: "Thus, the first personage to greet us in Williams' recreation of the American past is one isolated and embittered, defiant, but hopelessly so."[75] Im gleichen Stil wird Columbus abgehandelt, nicht als Mann des Erfolgs sondern als Amerikas "first victim" (Williams' Worte). Seit Van Wyck Brooks die "usable past" proklamiert hat, die Ansicht, daß es bei der Betrachtung der Vergangenheit weniger auf diese ankommt als auf uns selbst,[76] erhielt Kulturkritik, die sich der Vergangenheit flott "bemächtigte", auch noch ein gutes Gewissen. Das ist, wie unsere Beispiele aus dem 19.Jahrhundert gezeigt haben, nichts geradezu Neues, aber im 20. scheint die Kulturkritik, sofern sie sich den Ursprüngen zeitgenössischer malaise zuwandte, mit besonders wenig fundierten historischen Kenntnissen ausgekommen zu sein, wiewohl das historische Wissen immens zugenommen hatte. Die 1920er Jahre waren in der westlichen Welt ein Jahrzehnt phantasievoller, oft schlicht romanhafter Biographien, von denen Columbus sein Teil abbekommen hat.

Auf der Suche nach Columbusmotiven, die in der Hochliteratur nicht mit Händen zu greifen sind, richtet sich unsere Aufmerksamkeit auf John Dos Passos (1896-1970). Er war, im Vergleich mit seinen Zeitgenossen, auch dem Hemingway afrikanischer Safaris, der weitestgereiste Romancier, und seine ihm in dieser Hinsicht vergleichbaren Vorgänger Melville und Mark Twain hatten sich ja mehrfach für Columbus interessiert. Seine portugiesische Herkunft - sein Vater, John Roderigo Dos Passos, war Sohn eines armen Einwanderers aus Madeira - würde a priori auf ein großes Interesse an Seefahrt und Entdeckung schließen lassen, aber das ist nicht der Fall. Zum Verständnis des folgenden ist zu bemerken, daß sich die Portugiesen der Inseln nicht des besten Rufes erfreuten. Melville schrieb eine Skizze "The 'Gees'" (= Portuguese), die, wie auch immer von ihm selbst verstanden und gemeint, wenig Zweifel am Ruf der 'Gees' bei amerikanischen Seeleuten läßt.[77] Es geht um eine Strafkolonie von Fogo, eine der Kapverdischen Inseln, von deren Einwohnern es heißt: "Like the negro, the 'Gee' has a peculiar savor but a different one - a sort of wild, marine, gamy savor, as in the sea-bird called haglet. Like venison, the flesh is firm but lean."[78] Und in Mark Twains The Innocents Abroad heißt es im Kapitel VI über die Azoren: "The community is eminently Portuguese - that is to say, it is slow, poor, shiftless, sleepy, and lazy."[79]

Bevor er von seinem Vater 1912 legitimiert wurde, wuchs Dos Passos -
"a hotel childhood" in sein Ausdruck - als Jack Madison auf, dessen Mutter
viel auf Reisen war und deren Beziehung zu Dos Passos, Sr., als Staats-
geheimnis behandelt wurde. Als sein Vater 1917 dem noch nicht Volljährigen
nicht erlaubte, als Freiwilliger nach Frankreich zu gehen, spendierte er
ihm eine Spanienreise, die in Rosinante to the Road Again (1922) literarisch aufgearbeitet wurde. Der Junior interessierte sich einerseits für
zeitgenössische spanische Literatur und Kunst, anderseits für ein Spanien
im europäischen Abseits. Der spanische Individualismus war Ergebnis "of a
history whose fundamentals lie in isolated village communities - pueblos,
as the Spanish call them - over the changeless face of which[...] events
spring and mature and die,[...] "[80] Spanien als ehemaliges Weltreich und
(immer noch) Kolonialreich, das noch während der Kindheit des Autors einen
Krieg mit den USA geführt hatte, kommt ebensowenig in den Blick wie Palos.
Die Stereotype des "changeless Iberian mind" zeigt den Verlust an, der
seit Melvilles Zeiten im historischen Bewußtsein eingetreten war.

Dos Passos mythologisierte sich in Rosinante to the Road Again als
Telemachus (er nannte seine Mutter Penelope); Odyssee ist ein oft auf seine
Karriere angewandter Ausdruck.[81] Spanien aber sollte ein zweitesmal in
seinem Leben eine Rolle spielen, und nun eine entscheidendere. Als 1936
der Bürgerkrieg ausbrach, war Dos Passos gerade dabei, durch offenherzige
Darstellungen der Rolle kommunistischer Funktionäre seine privilegierte
Stellung als Liebling der amerikanischen 'stalinistischen' Kritik zu ver-
lieren; der bis dahin eher unpolitische Freund Hemingway nahm sie ein.[82]
Mit diesem kam es zum Streit, als Dos Passos seinen Freund und Übersetzer
José Robles verloren hatte: er wurde liquidiert, ohne daß über seine Ver-
brechen Näheres zu erfahren gewesen wäre. Die Erfahrung wurde für Dos
Passos traumatisch; seine seit Anfang der 1930er Jahre zu beobachtende
Rückwendung zum Heimatland fand 1937 Ausdruck im programmatischen Artikel
"Farewell to Europe."[83] Für eine Wiederentdeckung amerikanischer Werte war
er bestens vorbereitet, denn seine prep school pflegte die Tradition von
Plymouth Rock und sein väterliches Anwesen befand sich im geschichts-
trächtigsten County Virginias, Westmoreland.[84]

Trotz oder wegen seines portugiesischen Namens bewegte sich Dos Passos,
viel intensiver als Tourgée, auf eine angelsächsische Ideologie zu, wie
sie sein Vater vor allem in The Anglo-Saxon Century and the Unification
of the English Speaking People (1903) vertreten hatte.[85] So wie er unver-

änderliche spanische Wesenszüge angenommen hatte, so vertraute er auf eine
unveränderliche freiheitliche Tradition der 'Angelsachsen': "After all the
characteristic institutions of the Anglo-Saxon nations survived feudalism
and Tudor absolutism[...] and there's no reason why they shouldn't survive
monopoly capitalism[...] "[86] So überrascht nicht, daß seine Rekonstruktion
der amerikanischen Geschichte ohne Columbus auskommt. Die USA entspringen
bei ihm nicht einer kolonialen Situation, sondern, ein wenig wie die Athena
aus dem Haupt des Zeus, dem Liberalismus und der Aufklärung. Kronzeugen
dieser freiheitlichen Entwicklung in The Ground We Stand On (1941) werden
ihm Roger Williams und Joel Barlow. Des letzteren Vision of Columbus
(umgearbeitet zu The Columbiad, 1807) wird erwähnt, aber nicht näher
betrachtet. Bei Dos Passos haben die Angelsachsen Nordamerika entdeckt
und gemacht - eine historisch vertretbare, aber eingeschränkte Sicht.
Die zunehmend positive Wertung seiner Heimat brachte Dos Passos in die
Gefahr, der Van Wyck Brooks der amerikanischen Historiographie zu werden,
ein ironisches Schicksal.[87]

Um eine unbewußte Verdrängung der Columbusfigur handelt es sich bei Dos
Passos nicht. Einer seiner schwächsten Romane, mit starken 'romance'-
Elementen, Chosen Country (1951) führt nämlich Columbusmotive ein. Der
Roman ist eine apologia pro vita sua; das subjektive Element, das Dos Passos
in U.S.A. rein impressionistisch in den "Camera Eyes"-Abschnitten einge-
grenzt hatte, kommt, zum Schaden des Romans, zu seinem Recht. Er dramati-
siert sich als Jay Pignatelli, good guy, während eine Hemingway-Figur,
George Elbert Warner, als bad guy entworfen wird. Beide bemühen sich um
Lulie Harrington, im Leben Katy Smith, die Dos Passos' Frau wurde und
die er 1947, mit dem Automobil gegen das Sonnenlicht steuernd, auf einen
Lastwagen setzte und tötete. Hemingway war bitter, des Ereignisses wegen
und noch mehr wegen des Romans.[88] Dos Passos selbst hatte bei dem Unfall
ein Augenlicht verloren; er wurde für Hemingway zum "one-eyed Portuguese
bastard."[89]

Pignatelli ist so entworfen, daß er faktisch ist, was Dos Passos nur metaphorisch war: Anwalt der Benachteiligten. Er verteidigt Vater und Sohn
Sabatini (eine Abwandlung von Sacco und Vanzetti). Sein Spitzname ist Don
Modesto und seine Familie kommt aus Genua. Er wird mit Dante in Verbindung
gebracht, eine Verbesserung hinsichtlich der bekannten portugiesischen
Assoziationen.[90] Seine geliebte Lulie steht symbolisch für das Land, den
amerikanischen Mittelwesten, das 'Herz' der USA. Jay wird mit dem Ozean

assoziiert. Seine Braut bemerkt ironisch: "'He's descended from
Christopher Columbus'",[91] aber da es ein stehender Zug harmloser 'romances'
ist, eine Heldin einzuführen, die 'arch' ist, reicht ihre Ironie nicht
weit. Die Symbolik ist kitschig-ernst. Jay und Lulie heiraten im schönen
Neu-England - wo eine Familie Brooks ihnen zur Seite steht! Das letzte
Kapitel trägt den Titel "O My America My New Found Land". Hochzeit und
Vaterland klingen zusammen; die sprachlichen Klischees, die bei den
früheren Figuren von Dos Passos satirische Funktion hatten, sind jetzt
Träger erhabener Gedanken. Die letzte Szene erinnert an die Buntsteindrucke,
über die sich Mark Twain lustig gemacht hatte, bzw. an deren bewegte Fortsetzung, den Hollywood-Farbfilm.

> The waves breathed in the cove. "Husband", she said. "Wife",
> he said. The words made them bashful. They clung together
> against their bashfulness. "Today we begin", he said, "to
> make[...]" "This wilderness our home", she said. The risen
> sun over the ocean shone in their faces.[92]

Wo die Wildnis Heim wird, haben die Wilden ihr Heimatrecht verloren.[93]
Daß es Dos Passos ernst war mit dieser Domestizierung der Kolumbusmotive,
ergibt sich aus dem nachgelassenen Roman Century's Ebb (1975), in dem Jay
Pignatelli mit einer Emily schläft und morgens aufwacht "into a new world".
Auf dem Frühstückstisch steht "a seal of the city of Genoa", so daß der
Heirat nichts mehr im Wege steht.[94]

Nach dieser Degradierung des Columbus zum Statussymbol ist es nur in der
Ordnung, wenn er sich selbst zu Wort meldet. Dies geschieht in The Memoirs
of Christopher Columbus, with Stephen Marlowe (1987). Durch Angabe der
weiteren Bücher von Columbus einerseits ("Also by Christopher Columbus[...]")
und Marlowe anderseits wird die Fiktion einer Kollaboration aufrechterhalten, nur der Schutzumschlag - zum Schutze des vielleicht nicht chronologiebewußten Verbrauchers - hat die Genrebezeichnung "A Novel". Die Widmung
des Romans lautet, mit präpositionaler Differenzierung, "To Petenera and
for Ann". Petenera ist des Columbus ultraromantische Geliebte, wie er auch
eine kurze heftige Liebesaffäre mit Isolde hat. Man könnte sich in die Welt
Tourgées zurückversetzt fühlen, aber Marlowe behandelt den Stoff 'postmodernistisch'. Columbus ist zugleich ein Mann seiner und unserer Zeit,
so daß er Gelegenheit hat, sich über seine Biographen lustig zu machen und
überhaupt voller Anspielungen auf das 20.Jahrhundert ist, wie er auch - die
Erklärungen dafür wirken etwas gequält - in der "englischen Fassung" seiner
Memoiren den saloppen Stil der amerikanischen Umgangssprache pflegt, sehr

zum Vergnügen des Lesers, besonders wenn dieser von Tourgée und dem späten
Dos Passos herkommt.

Marlowe hat zwei Motti gewählt, die das Verhältnis von Geschichte und Fiktion
beschreiben. Das erste stammt von Samuel Eliot Morison, der, selbst Admiral,
sich als Seefahrer dem Seefahrer zuwendet, dem "Columbus of action, the
Discoverer who held the key to the future in his hand. I am content to
leave his 'psychology', his 'motivation' and all that to others." Die 'postmodernistische' Auferstehung des Columbus macht solche Abstraktion der
Geschichtsschreibung nicht nur suspekt, sondern lächerlich. Das zweite Motto,
von C.V.Wedgwood, fängt das hermeneutische Dilemma ein:

> History is lived forward but it is written in restrospect.
> We know the end before we consider the beginning and we
> can never wholly recapture what it was to know the beginning only."

Marlowes Columbus verfügt über beide Perspektiven; eine Freiheit und Überlegenheit, von der der Autor ebenso witzigen wie naturgemäß prinzipienlosen
Gebrauch macht: es ist alles erlaubt.

Mühsame Hypothese, wie etwa die von Salvador de Madariaga behauptete jüdische
Herkunft des Columbus, wird zur schönen Gewißheit. Seine Eltern entfliehen
der Inquisition mit Mühe und das Kind kommt auf dem Wege nach Genua zur Welt.
Die historisch-konkrete Fülle des Jahres 1492 wird romantisch ausgebeutet,
aber auch die der Jahre davor und danach. Columbus ist Vorkoster des Rodrigo
Borgia, begegnet Martin Behaim und Waldseemüller persönlich, nimmt an einem
Auto da Fe teil, hat ein erotisch gefärbtes Verhältnis zu seiner Königin
und eine Menge anderer Abenteuer. Die in Tourgées Roman etwas irritierende
Dichotomie von romantisch-jungem Helden Arthur und historischem Helden
Columbus ist aufgehoben; Columbus selbst ist jetzt der junge Mann, dem
die Dinge zustoßen. Alle mittelalterlichen Züge, auch die des Leidens,
werden - soweit der Stoff das aushält - heruntergespielt. Die literarische
Genealogie dieses Columbus, seine Sensibilität, ist natürlich modern; er
erinnert an Fieldings Tom Jones, an Byrons Don Juan und im Ton an
Huckleberry Finn. Dieser ist auf 'debunking' abgestellt:

> But wait - this is a historic moment.
> Am I prepared for it? As I take that first step ashore,
> do I say something deathless and profoundly appropriate,
> casting my words like a challenge down the corridors of
> history to intrepid explorers as yet unborn? Do I perhaps say, as I plant the royal banner on the beach,
> 'One small step for a Christian, one giant step for
> Christendom', thus beating Neil Armstrong by almost
> 500 years?

> No, there are no half-billion T.V. viewers around the
> world to watch me, no periodical has purchased the
> serial rights to my adventures for a king's ransom,
> no publisher has advanced an even greater fortune for
> <u>Columbus's Journal</u> (socalled), no mission control
> exists to monitor my every move. Only the citizens
> of Palos, and a few score people at that Peripatetic
> Royal Court visiting God-knows-where in Spain right
> now, even suspect we have crossed the vastness of the
> Ocean Sea to this small and lovely tropical island,
> part of the Indian archipelago, I am convinced, with
> fabled gold-roofed Cipango just over the horizon.
> So I do not utter wisdom for the ages.
> What I do say, uneasily and with reason, as I nudge
> Peralonso Niño, is: 'There's someone in the woods
> over there.'[95]

Die Tendenz ist, wie bei Memoiren nicht anders zu erwarten, apologetisch.
Er verteidigt sich witzig gegen seine Biographen, die ihm Versagen als Vize-
könig vorwerfen - Madariaga,

> a Spanish man of letters who fled his country at a time
> of troubles and wound up an Hon. Fellow of Exeter College,
> Oxford

und Morison:

> this Admiral blames my undeniable inadequacies as Viceroy
> and Governor on the fact that I was a sailor, same as
> him[...] This tells us something about the Admiral In
> His Own Right, perhaps, but not much about me, which
> isn't surprising since we've met him before and know
> he's not interested in 'psychology, motivation and all
> that'".

Die Diskrepanz der Erklärungsmuster -

> Heredity, claims the Hon. Fellow. Jewish ancestry.
> Environment, insists the Admiral In His Own Right.
> The nautical life. Do they try to resolve this
> Darwinian difference of opinion? Never. They are
> too busy excoriating each other.[96]

läßt Raum für 'authentische' Erklärungen, die jedoch über den Verdacht, alles
sei Schicksal und unabänderlich, kaum hinauskommen. "'<u>No one is to
blame</u>'".[97] ist das Fazit, das Guanacagí zieht, das Opfer der Invasion.

Der sehr menschliche Columbus wird historischer Tragik beraubt, wie sie in
der romantischen Geschichtsschreibung so gern beschworen wurde. Er lehnt
das ab; es bleibt nur gekränkte Eitelkeit wegen der Namensgebung für den
neuen Kontinent:

> A lot has been made of my return to Spain in irons, and
> more written about it than anything but my First Voyage.
> How are the mighty fallen: it's too tempting a subject
> to resist. I resent none of this excessive recounting
> of the low ebb - at least professionally - of my life.
> With one exception.
> Why did a latter-day novelist in John Cabot's part of the
> New or an Other World, a Nobel prizewinner, have to end his
> longest and most famous novel like this?
> 'Columbus too thought he was a flop, probably, when they
> sent him back in chains. Which didn't prove there was no
> America.' Sure I thought I was a flop. Who wouldn't? But
> using the Vespucci eponym is really rubbing it in.[98]

Marlowes Columbus ist psychologisch jung: "Not that I'm old. Who's old? I ask myself. Not me. I'll know it when I'm old."[99] Er hat überhaupt kein Alter im gewöhnlichen Sinn und darf keins haben, denn er wird vom Autor mit Cartaphilus identifiziert, dem Ewigen Juden.[100] Nur ist die mit dieser Figur nahegelegte Verzweiflung, wie sie etwa bei Melville zum Ausdruck kam, getilgt; es bleibt Hoffnung - Utopia. Gerade der sterbende Columbus entdeckt zwar keine Neue, aber eine andere Welt:

> How to explain? I can't say Utopia, for Thomas More won't
> coin the word for another thirteen years (Fernando will
> correspond with his fellow-humanist not long before the
> latter's execution at the hands of the nice King Henry
> the Eighth). But Utopia is what I'm trying to express.[101]

Die humanitäre Gewissensfrage wird nicht ausgespart, aber in sehr allgemeiner Form beantwortet. Es geschieht - irgendwie:

> Enemy dead? Enemy blood? Have I written those words?
> How did it all happen?
> I had a dream once in a Julian decade off time's map,
> long ago when I was young and full of grief, and this
> dream sent us to these islands where the natives raised
> no hand against us but revered us as gods from their very
> Heaven, and now we have brought them death.
> Enemy? We are the enemy.[102]

Columbus fühlt persönliche Schuld, aber die mythischen Gleichungen - die mit dem Ewigen Juden ist nur eine - entpersonalisieren sie zugleich. Columbus steigt mit einem Bruder Virgil in die Hölle; Odysseus und Moses werden erwähnt;[103] die Menschheitsgeschichte ist immer zugleich gegenwärtig, wie seit T.S.Eliot, James Joyce und Thornton Wilder üblich geworden. Diese Entpersonalisierung ist nur konsequent, denn sie war durch die Enthistorisierung bereits gegeben. Dem Leser bleibt die Frage, ob er nur amüsiert sein darf? Sie beantwortet sich aus dem Kontext, in dem die Columbusfigur in der amerikanischen Literatur der letzten 100 Jahre steht.

V

> October 12, The Discovery. It was wonderful
> to find America, but it would have been more
> wonderful to miss it.
> - Pudd'nhead Wilson's Calendar.[104]

Der angesichts der Bedeutung der historischen Vorgänge geringe Ertrag literarischer Bemühungen um den Columbusstoff ist nicht verwunderlich, wenn wir davon ausgehen, daß gleichsam die gesamte Zukunft des Kontinents, besonders seiner nördlichen Hälfte, mitgeschleppt wird. Die Heroisierung des 'Entdeckers' war, ganz abgesehen von seiner Leistung, für die frühen Historiker wie Irving und Prescott so gut wie eine Selbstverständlichkeit; das amerikanische Publikum und die Kritik waren nicht sehr tolerant, wenn es um wichtige Teile der 'civil religion' ging. Problematisierung setzte schon vor Melville ein, wie Helmbrecht Breinig an Freneau gezeigt hat, aber sie dominierte nicht.[105] Es bedurfte der Krisen in den USA selbst und auch in Europa - 1848/49 -, um der Skepsis eine größere Chance zu geben. Zwei auseinanderstrebende Tendenzen lösen den historischen Kern auf: Mythisierung auf der einen Seite, Privatisierung auf der andern. Wanderer wie Odysseus und der Ewige Jude attachieren sich dem Stoff und suggerieren, daß es auf dieser Welt, wo auch immer wir uns geographisch befinden, kein bleibendes Zuhause gibt. Privatisierung hat stattgefunden, wenn sich Saul Bellows Titelheld Augie March am Ende seines Lebensberichts mit Columbus vergleicht; wie Arnold L.Goldsmith gezeigt hat, ist jedoch "A Curse on Columbus" für die jüdisch-amerikanische Literatur charakteristischer.[106] Auch dieses Motiv ist freilich nicht ungebrochen, denn die Erfolgsstory der jüdischen Einwanderer in die USA widerspricht der Verfluchung des Entdeckers und macht sie zur Privatsache.

Columbus als Motiv wurde Opfer des amerikanischen Humors. Mark Twain, der sich auf seiner Weltreise nicht nur im Sinne des Pittoresken für exotische Völker interessiert hatte, benutzte in <u>Following the Equator. A Journey Round the World</u> die Gelegenheit, indische Schüler, die ihre Lektionen in einer Fremdsprache lernen müssen, zu verteidigen. "I have by me <u>English as She Is Taught</u> - a collection of examinations made in the public schools of Brooklyn by one of the teachers, Miss Caroline B. Le Row". Die Exzerpte "On History" sind so gut komponiert, daß der Verdacht besteht, es möchte sich nicht um wörtliche Zitate handeln, aber selbst dieser Befund würde nichts ändern an einem Umstand, der sich aus anderen Quellen erhärten läßt: Columbus ist nicht vergessen, aber das Bewußtsein von ihm ist ein wenig getrübt.

> Christopher Columbus was called the father of his Country. Queen Isabella of Spain sold her watch and chain and other millinery so that Columbus could discover America.
> [...]
> Captain John Smith has been styled the father of his country. His life was saved by his daughter Pocahontas.
> [...]
> Washington died in Spain almost broken-hearted. His remains were taken to the cathedral in Havana.[107]

Wer wie Columbus in die Rolle eines der Gründerväter der Vereinigten Staaten von Amerika gerät, muß es sich gefallen lassen, wenn er in einer Art heruntergekommener Typologie mit anderen Gründervätern verwechselt wird und als ein Heros endet, der weder je erfuhr, was er entdeckt noch was er begründet hat.

Anmerkungen

1. Joel Barlow. The Vision of Columbus: A Poem in Nine Books. London: Dilly and Stockdale, 1787. Book Nine, p.243.

2. Tzvetan Todorov. Die Eroberung Amerikas. Das Problem des Anderen. Aus dem Französischen von Wilfried Böhringer (es N.F.213). Frankfurt/M: Suhrkamp, 1988, S.13.

3. Elisabeth Frenzel. Stoffe der Weltliteratur. Ein Lexikon dichtungsgeschichtlicher Längsschnitte. (KTA 300) Stuttgart: Kröner, 1962, s.v. Kolumbus, nennt rund 70 Werke, jedoch nur drei aus den USA: Barlow, Irving, Cooper. Ernst E.Leisy,The American Historical Novel. Norman:Univ. of Oklahoma Press, 1950, behandelt keinen Columbusroman und nennt unter "Additional Historical Novels" p.222 nur Mary Johnston, 1492 (1922).

4. Daniel Aaron. The Unwritten War. American Writers and the Civil War. (GB 442) New York: Oxford Univ.Press, 1975, äußert den Verdacht: "The 'emotional resistance', blurring literary insight, I suspect, has been race". (p. xviii).

5. Die Bezeichnung "civil religion" wurde von Robert N.Bellah geprägt. Nutzen und Problematik des Terminus wird erörtert in Russell E.Richey and Donald G.Jones, eds., American Civil Religion. (Harper Forum Books). New Work: Harper and Row, 1974.

6. Mark Twain, "A Burlesque Biography", in: The 30.000 $ Bequest and Other Stories. Stormfield Edition Vol.24, New York: Harper, 1929, p.256.

7. Cf. K.R.Andrews, N.P.Canny and P.E.H.Hair, eds., The Westward Enterprise. English Activities in Ireland, the Atlantic, and America 1480-1650. Detroit: Wayne State Univ.Press, 1979, Preface, über die Forschungen von David Beers Quinn, dem die Sammlung gewidmet ist: "He has become widely recognized internationally as one of the leading authorities on the discovery of America, particularly since the publication of the brilliantly judicious 'argument for the English discovery of America' in 1961." p.ix.

8. Edward Gaylord Bourne. Spain in America, 1450-1580. (J. and J.Harper Editions). New York: Harper and Row, 1968 (^{1}1904), p.75.

9. W.Irving. The Life and Voyages of Christopher Columbus; To Which Are Added Those of His Companions. Author's Revised Edition. (The Works of Washington Irving. New Ed., Rev.Vol.,V). New York: G.P.Putnam, 1857, p. xiii.

10. William H.Prescott, History of the Reign of Ferdinand and Isabella, the Catholic, of Spain. A New Edition. London: G.Routledge, 1858, Vol.I,p.366.

11. Edmundo O'Gorman. The Invention of America: An Inquiry into the Historical Nature of the New World and the Meaning of Its History. Bloomington: Indiana Univ.Press, 1961, p.44 macht sich über des Columbusbiographen Samuel Eliot Morisons Bemerkung "[...] those October days in 1492 when the New World gracefully yielded her virginity to the conquering Castilians" wie folgt lustig: "What does this metaphysical rape really imply save the idea that, fully constituted in its being, the American continent had always been there patiently waiting throughout the centuries to reveal itself to the first man who, as in a fairy tale, would come to touch it?"

12. Todorov (Anm.2), S.32.

13. John McWilliams, "Poetry in the Early Republic", in: Emory Elliott, ed., Columbia Literary History of the United States. New York: Columbia Univ.Press, 1988, p.159f: "The crisis of America's self-definition led patriotic poets to cherish one particular poetic subgenre - an oratorical prophecy[...]".

14. Barlow (Anm.1), p.6.

15. Carl and Roberta Bridenbaugh. No Peace Beyond the Line. The English in the Caribbean, 1624-1690. New York: Oxford Univ.Press, 1972, p.3.

16. W.Irving (Anm.9), Vol.IV, p.488.

17. W.Irving (Anm.9), Vol.V, pp. xii-xiii.

18. Cf. David Levin. History as Romantic Art. Bancroft, Prescott, Motley, and Parkman.(A Harbinger Book). New York: Harcourt, Brace, and World, 1963, p.56f.: "The conventionality of Prescott's fair Isabella serves a further purpose than the depiction of a virtuous woman. It epitomizes the representative[...]Isabella's character is the pervading principle of his three-volume work, and Prescott makes it clear that 'attachment' to her was a pervading principle because it revealed the character of the Spanish people. Throughout his histories the Spanish character appears as romantically religious and chivalrous."

19. H.Melville, Mardi and a Voyage Thither. (The Writings of Herman Melville. The Northwestern-Newberry Edition Vol.3). Evanston and Chicago: Northwestern Univ.Press and The Newberry Library, 1970, p.556. Merrell R.Davis nahm diese Passage als Motto für sein Buch Melville's Mardi. A Chartless Voyage. New Haven: Yale Univ.Press, 1952 (Yale Studies in English 119), um darzutun, wie "planlos" das Buch entstanden ist. Dagegen Edwin M.Eigner. The Metaphysical Novel in England and America. Dickens, Bulwer, Melville and Hawthorne. Berkeley: Univ. of California Press, 1978, Kap.I: "A Charted Voyage: Visions and Revisions", der mit Recht auf den Unterschied von Figuren- und Autorenaussage hinweist und für ein einheitlichen Entwurf (als Gattungseigenschaft der 'metaphysical novel') eintritt. Columbus spielt bei beiden Autoren keine Rolle bis auf die knappe Bemerkung von Davis: "Like the voyage of Columbus and the tour of the astronomers through the Milky Way, moreover, Melville's voyage was chartless". (p.69-70)

20. Charles Roberts Anderson. Melville in the South Seas. New York: Dover, 1966 (revised), spricht von "a high-handed disregard for truth when he wrote his piquant episode of canoeing with Fayaway, who had been granted a special dispensation by the priests as a result of Melville's eloquent persuasion". (p.168) Kanus waren für Frauen tabu.

21. Am.1(?) Juni 1851 schrieb Melville an Hawthorne: "Until I was twenty-five, I had no development at all. From my twenty-fifth year I date my life". The Letters of Herman Melville, ed. Merrell R.Davis and William H.Gilman. New Haven: Yale Univ.Press, 1960, p.130.

22. Der Westen als die Dimension des Abenteuers und der Empfang als Halbgott durch die Eingeborenen sind die offensichtlichsten. David H.Bowman and Ruth L.Bohan haben in "Herman Melville's Mardi, and a Voyage Thither: An Annotated Checklist of Criticism.", Resources for American Literary Scholarship 3 (Spring 1973), 27-72, 364 Artikel beschrieben, ohne auf Kolumbus Bezug nehmen zu müssen.

23. Mardi (Anm.19), p.557.

24. Davis (Anm.19), p.69.

25. Im Kapitel 39 findet eine Umkostümierung statt: "[...] I had very strikingly improved my costume; making it free, flowing, and eastern" (Mardi, p.127). Melville vereinnahmte damit die orientalischen Motive, die ja mit den ursprünglichen Absichten des Columbus und seiner Inspiration durch Marco Polo harmonierten: Cf. Dorothee Metlitzky Finkelstein, Melville's Orienda. New Haven: Yale Univ.Press, 1961.

26. E.A. Poes Erzählung "MS. Found in a Bottle" enthält konzentriert die Motive "discovery", "destruction" und den alles verschlingenden Wirbel.

27. Moby Dick; or, The Whale. (Northwestern-Newberry Edition Vol.6). Evanston and Chicago: Northwestern Univ.Press and The Newberry Library, 1988, p.273.

28. Immerhin ähneln zwei Episoden der Jagd Ahabs Zügen des Columbus. Er erweist sich als "Lord of the level loadstone" im Kapitel 124 "The Needle", was an eine Krise der ersten Reise des Columbus erinnert. Auch besteht Ahab darauf, als erster Moby Dick zu sichten, so wie Columbus die Ehre für sich beanspruchte, als erster Land gesehen zu haben. Die

ausführlichsten Kommentare schweigen sich über diese Motivähnlichkeiten aus: Luther S.Mansfield und Howard P.Vincents Moby-Dick-Ausgabe, New York: Hendricks House, 1952, und Harold Beavers Ausgabe, Harmondsworth, Middlesex: Penguin English Library, 1976 (zuerst 1972).

29. Moby-Dick (Anm.27), 398.
30. Walter E.Bezanson, ed., Clarel. A Poem and Pilgrimage in the Holy Land. New York/ Hendricks House, 1973 (^{1}1960), p.523.
31. Clarel (Anm.30), p.483.
32. Clarel (Anm.30), p.484.
33. Cf. Bernard Rosenthal. "Herman Melville's Wandering Jews". In: Emory Elliott, ed., Puritan Influences in American Literature. Urbana: Univ. of Illinois Press, 1979, pp.167-192.
34. Clarel (Anm.30), p.354.
35. Howard P.Vincent, ed., Collected Poems of Herman Melville. Chicago: Packard (Hendricks House), w.y. (c1947), p.234.
36. Cf. Hans-Joachim Lang. "Der Schatten von Melville's 'Benito Cereno': Überlegungen zur literarischen Kritik." In: Martin Christadler/Günter H.Lenz, eds., Amerikastudien - Theorie, Geschichte, interpretatorische Praxis. (Amerikastudien Sonderheft) Stuttgart: Metzler, 1977, pp.272-87.
37. Joyce Adler. "Melville's Benito Cereno: Slavery and Violence in the Americas". Science and Society 38 (1972), pp.19-48.
38. "Benito Cereno" zitiert nach The Piazza Tales and Other Prose Pieces. (Northwestern-Newberry Edition Vol.9). Evanston and Chicago, 1987, p.49.
39. "Benito Cereno" (Anm.38), p.107.
40. Hans-Joachim Lang. "Poe in Melville's 'Benito Cereno'". In: Sencer Tonguç, ed., English Studies Today. Fifth Series. Istanbul: 1973, 405-29.
41. Brook Thomas. Cross-examinations of law and literature. Cooper, Hawthorne, Stowe, and Melville. Cambridge: Cambridge Univ.Press 1988 (^{1}1987), p.106, p.107.
42. Stanley T.Williams. The Life of Washington Irving. New York: Oxford Unvi.Press, 1935, Vol.II, p.304.
43. Barnard Hewitt. "The Stage". In: A.N.J. den Hollander/Sigmund Skard, eds., American Civilisation: An Introduction. London: Longmans, 1968, p.352.
44. Harold W.Blodgett and Sculley Bradley, eds., Leaves of Grass. Comprehensive Reader's Edition. New York: New York Univ.Press,1965 (The Collected Writings of Walt Whitman). p.423, n.22.
45. Leaves of Grass (Anm.44), p.414.
46. Leaves of Grass (Anm.44), p.422-23.
47. Mark Twain, Life on the Mississippi. (Stormfield Edition). New York: Harper, 1929. Vol.21, p.490-91.

48. Henry Nash Smith. Mark Twain. The Development of a Writer. Cambridge, MA: Harvard Univ.Press, 1962, p.27-28.

49. The Innocents Abroad or The New Pilgrim's Progress. (Stormfield Edition). New York: Harper, 1929, Vol.1, 274-75.

50. The Innocents Abroad (Anm.49), p.299-300.

51. The Innocents Abroad (Anm.49), p.307.

52. The Innocents Abroad (Anm.49), pp.303-06.

53. The Gilded Age. (Stormfield Edition). New York: Harper, 1929, Vol.5, p.272. Zum biographischen Hintergrund: Bryant Morley French. Mark Twain and The Gilded Age. The Book That Named an Era. Dallas/ Southern Methodist Univ.Press, 1965, p.160.

54. A Connecticut Yankee in King Arthur's Court. (Stormfield Edition). New York: Harper, 1929, Vol.14, p.39).

55. Ursula Brumm. "Pilgerfahrten in die Vergangenheit". In: Geschichte und Wildnis in der amerikanischen Literatur. (Grundlagen der Anglistik und Amerikanistik 11). Berlin: Erich Schmidt, 1980, S.179-80.

56. Albion W.Tourgée. Out of the Sunset Sea. New York: Merrill and Baker, 1893, p.63.

57. Zur Entstehungs- und Publikationsgeschichte des Romans Otto H.Olsen. Carpetbagger's Crusade. The Life of Albion Winegar Tourgée. Baltimore: Johns Hopkins University Press, 1965, pp.279-80.

58. H.James, Hawthorne. (English Men of Letters). London: Macmillan, 1883 (^{1}1879), pp.43-44.

59. A.W.Tourgée. "The South as a Field for Fiction". Forum 6 (December 1888), pp.404-13.

60. A.W.Tourgée. "The South...", p.410.

61. A.W.Tourgée. "The South...", p.411.

62. A.W.Tourgée, "The South...", p.413.

63. Out of the Sunset Sea (Anm.56), p.19.

64. Out of the Sunset Sea (Anm.56), p.116.

65. Out of the Sunset Sea (Anm.56), p.234, p.115.

66. Out of the Sunset Sea (Anm.56), p.114.

67. Out of the Sunset Sea (Anm.56), p.110.

68. Out of the Sunset Sea (Anm.56), p.354.

69. Arthur H.Quinn, American Fiction. An Historical and Critical Survey. (Students' Edition). New York: Appleton-Century-Crofts, 1936, p.352.

70. Out of the Sunset Sea (Anm.56), p.300, p.399.

71. Out of the Sunset Sea (Anm.56), p.344.

72. Out of the Sunset Sea (Anm.56), pp.117-18.

73. Out of the Sunset Sea (Anm.56), p.443.

74. R.W.Emerson. "The Young American". In: Miscellanies; Embracing Nature, Addresses, and Lectures. Boston: Ticknor and Fields, 1865, pp.353-54.

75. Alan Holder. "In the American Grain: William Carlos Williams on the American Past". American Quarterly 199 (Fall 1967), 499-515, Zitat 501. Über Columbus, 502.

76. Van Wyck Brooks. "On Creating a Usable Past". In: Claire Sprague, ed., Van Wyck Brooks. The Early Years. A Selection from His Works. 1907-1921 (Harper Torchbooks). New York: Harper, 1968, pp.219-26.

77. Cf. Carolyn L.Karcher. Slavery, Race, and Violence in Melville's America. Baton Rouge: Louisiana State Univ.Press, 1980, Kap.5, "A Stranger Need Have a Sharp Eye to Know a 'Gee': A Riposte to Scientific Racism", pp.160-85.

78. The Piazza Tales and Other Prose Pieces (Anm.39), pp.347-48.

79. The Innocents Abroad (Anm.49), p.39.

80. John Dos Passos. Rosinante to the Road Again. New York: George H.Doran, 1922, p.53.

81. Townsend Ludington. John Dos Passos. A Twentieth Century Odyssey. New York: E.P.Dutton, 1980, p. xvii.

82. Herbert Solow. "Substitution, At Left Tackle: Hemingway for Dos Passos. Between 1926 and 1936". Partisan Review 6 (April 1938), pp.62-64.

83. John Dos Passos. "Farewell to Europe!" Common Sense 6 (July 1937), pp.9-11. Die Identifizierung mit einem englischen Amerika vor der Emigration seines Großvaters kommt deutlich im letzten Satz heraus: "America has got to be in a better position to work out the problem: individual liberty vs. bureaucratic industrial organization than any other part of the world. If we don't it means the end of everything we have ever wanted since the first hard winter at Plymouth".

84. Ludington (Anm.81), p.23, pp.34ff.

85. Melvin Landsberg. "John R.Dos Passos: His Influence on the Novelist's Early Political Development". American Quarterly 16 (Fall 1974), pp.473-85.

86. John Dos Passos, Brief an Edmund Wilson vom 23.Dezember 1934. Er fügt hinzu: "It would be funny if I ended up an Anglo Saxon chauvinist - Did you ever read my father's Anglo Saxon Century? We are now getting to the age when papa's shoes yawn wide." Zit. nach The Fourteenth Chronicle. Letters and Diaries of John Dos Passos. Ed. T.Ludington. Boston: Gambit, 1973, 459-60.

87. An Edmund Wilson schrieb Dos Passos am 6.Februar 1937: "I've been trying to read The Flowering of New England. I've rarely read a book I disliked so much - there's a kind of female enthusiasm in it I find disgusting. What the devil is it about?" The Fourteenth Chronicle (Anm.86), p.505.

88. Hemingway an Charles Scribner, 18.September 1947: "Katy Dos Passos was an old girl of mine, had known her since she was 8 years old, and Dos drove her into a parked truck and killed her last Sat."(richtig: Freitag) Selected Letters, 1917-1961, ed. Carlos Baker. New York: Scribner, 1981, p.628. Am 31.Mai 1948 schrieb Hemingway an Marion Smith: "When Katy was killed I felt so god-damned awful I couldn't write Bill anything. But he knows that I loved Katy almost as much as Bill and Dos did. As much as anybody could without being her brother or her husband". (Sel.Letters, 635). Über den Roman und die wahren Begebenheiten, aus Hemingways Sicht, cf. Selected Letters, 775-76 und 793 ("The last book, Chosen Country made me sick to read").

89. Der Ausdruck fällt im Kontext der Aufregung über Chosen Country (vgl. Anm.88). "Ernest wrote Bill Smith that the Finca Vigía supported a pack of fierce dogs and cats trained to attack one-eyed Portuguese bastards who wrote lies about their friends." Carlos Baker, Ernest Hemingway. A Life Story. New York: Scribner, 1969, p.495. Einen guten Überblick gibt Donald Pizer in "The Hemingway - Dos Passos Relationship" Journal of Modern Literature 13 (March 1986), pp.111-28.

90. Dos Passos selbst schreibt in Brazil on the Move. Garden City, N.Y.: Doubleday, 1963, p.2: "The Portuguese have had, and continue to have, a bad press".

91. Chosen Country. Boston: Houghton Mifflin, 1952, p.478.

92. Chosen Country (Anm.91), p.485.

93. Schon John R.Dos Passos. Sr., hatte in der Einleitung zu The Anglo-Saxon Century and the Unification of the English-Speaking People (Singular!), New York: G.P. Putnam, 1903, die blauäugige Ansicht vertreten: "[...] power lodged in the proper hands hurts no one". (p.xi) Er feierte die Entdeckung Amerikas als "the sublimest fact of them all, after the introduction of Christianity" (p.81) in der Geschichte der Angelsachsen. Das Schicksal der Eingeborenen betrachtete er nicht anders als die ersten Siedler. "While with heartfelt sympathy we deplore the sufferings and extinction of the earlier possessors of the soil, do we not clearly see that it affords a conspicuous instance of that Providence which shapes our ends, rough hew them how we will?" (p.83)

94. Dos Passos, Century's Ebb. The Thirteenth Chronicle. Boston: Gambit, 1975, p.462.

95. Stephen Marlowe, The Memoirs of Christopher Columbus, with Stephen Marlowe. New York: Scribner, 1987, p.199.

96. The Memoirs (Anm.95), p.317, p.318.

97. The Memoirs (Anm.95), p.438.

98. The Memoirs (Anm.95), p.480.

99. The Memoirs (Anm.95), p.530.

100. The Memoirs (Anm.95), p.450, pp.568-69.

101. The Memoirs (Anm.95), p.531; cf. p.534 und p.538

102. The Memoirs (Anm.95), p.356.

103. The Memoirs (Anm.95), p.401. Zur Gestalt des Odysseus - nicht als Heimkehrer, sondern als Reisender, der in das unbekannte Südmeer vorstößt und sich dem Irdischen Paradies nähert - Julius Wilhelm. "Die Gestalt des Odysseus in Dantes Göttlicher Komödie". Deutsches Dante-Jahrbuch 38 (1960), pp.75-93.

104. Mark Twain. Pudd'nhead Wilson (Stormfield Edition). New York: Harper, 1929, Vol.16, p.201.

105. Helmbrecht Breinig: "Where Freedom shall her generous plans pursue": Columbus in der Literatur der Vereinigten Staaten von Amerika vor 1850. Im vorliegenden Band, S. 515ff.

106. Arnold L.Goldsmith. "'A Curse on Columbus': Twentieth-Century Jewish-American Fiction and the Theme of Disillusionment". Studies in American-Jewish Literature 5 (Winter 1979), pp.47-55.

107. Mark Twain. Following the Equator. A Journey Round the World.(Stormfield Edition Vol.21), New York: Harper, 1929, p.283.

Las contradicciones en el discurso independentista de Eugenio María de Hostos: Una aproximación a "La Peregrinación de Bayoán" (1863)

Andrea Pagni

I

Cuando Eugenio María de Hostos escribió La Peregrinación de Bayoán, en 1863, tenía 24 años y vivía en Madrid. A España había llegado en 1852 para completar su educación, y salvo algún viaje a Puerto Rico, donde había nacido en 1839, y la estancia de algunos meses en la isla en 1862, había pasado sus años de formación escolar secundaria y universitaria en España, donde residiría hasta 1869.[1]

La Peregrinación de Bayoán, su primera publicación, es la única novela que escribió; y a pesar del juicio negativo que en años posteriores le mereciera la literatura de ficción y en particular la novela,[2] volvió a publicar la suya en 1873 en Santiago de Chile.

En el prólogo a esta segunda edición señala Hostos que al aparecer en 1863, La Peregrinación de Bayoán fue ignorada en España y prohibida por el gobierno en las Antillas, a donde su autor la había enviado para difundirla.[3] Cuba, Puerto Rico y Santo Domingo seguían siendo en esos momentos colonias españolas, y la novela de Hostos tenía un innegable "fondo político y social al servicio de una encubierta propaganda"[4] en contra del gobierno colonial español en las tres islas del Caribe.

Bayoán, cuyo nombre recuerda al "primer indígena de Borinquen que dudó de la inmortalidad de los españoles"(p.35), protagonista y autor ficticio del diario de viajes que constituye la mayor parte de la novela, viaja desde Puerto Rico a España, donde ya había vivido antes - la analogía con la experiencia de viajes de Hostos es evidente -, para abogar por los derechos antillanos ante el gobierno español por propia iniciativa. El diario se inicia a bordo y la fecha - 12 de octubre - es tan significativa como el nombre del protagonista.

En el prólogo a la segunda edición, Hostos formula la intención que había guiado su escritura:

Quería que Bayoán, personificación de la duda activa, se
presentara como juez de España colonial en las Antillas,
y la condenara; que se presentara como intérprete del
deseo de las Antillas en España, y lo expresara con la
claridad más transparente: "las Antillas estarán con
España, si hay derechos para ellas; contra España, si
continúa la época de dominación."(p.16)

La nave en que viaja Bayoán realiza una travesía que, en sentido inverso, recuerda la de Colón: recala en la "indiana Haití" (p.38), desde donde Bayoán contempla la comarca de Higüey, "albergue de los sencillos habitantes de la isla, en la feroz persecución de los que tan indulgentemente llama la historia valientes invasores" (p.39); pasa por San Nicolás, "el primer punto en que fondeó Colón" (p.53) en la Isla Tortuga;[5] por Jaragua, "la comarca feliz, la del amor, la de torrentes misteriosos, la de playas risueñas, la patria de la infeliz Anacaona" (p.54).[6] En Cuba, Bayoán hace una larga escala para visitar a su amigo Guarionex - "nombre del cacique más poderoso de Haití cuando la descubrió Colón" (p.35).[7] Durante esa estancia Bayoán se enamora de la hija de Guarionex, Marién - "nombre indígena de la comarca más bella de Cuba. Hoy se llama Mariel" (p.35). Esta nueva situación le crea al protagonista un conflicto entre el amor, que lo induce a permanecer en América, y el deber, que lo lleva a España:

> ¿Qué es cumplir con tu deber? [se pregunta Bayoán] ¿Partir
> para Europa, y entregarte allí a tu presuntuoso anhelo de
> verdad y de justicia, porque te crees llamado a procla-
> marlas, y hacer con ellas feliz a la humanidad, glorioso
> tu nombre, el de tu patria? ¿Es tu deber abandonarlo todo
> por buscar una luz que a ti te quemará y a nadie enseñará
> un camino nuevo? (p.99)

Finalmente la conciencia del deber triunfa y Bayoán decide continuar su viaje, su "peregrinación", posponiendo su felicidad personal. La nave pasa cerca de Guanahaní, la primera isla a la que llegó Colón:

> Si está habitada, yo me tapo los ojos para no saberlo;
> no quiero ver lo que he visto en todas partes: nada de
> lo que había, ni virtudes sencillas, ni bondad, ni vicios
> sin embozo; todo lo que no había: virtudes aparentes, em-
> bozada maldad, civilización de vicios. (p.131s.)

Pero en lugar de tomar rumbo hacia Europa, la nave se ve obligada a regresar a Puerto Rico. Allí Bayoán se reencuentra con Guarionex y su familia, dispuestos a acompañarlo a España a raíz de la enfermedad de Marién, provocada por el alejamiento de Bayoán.

Llegan primero a Cádiz, donde no se les permite el desembarco, que se produce
finalmente en Alicante, en cuyas cercanías permanece Marién con su familia,
mientras que Bayoán sigue rumbo a la capital española, decidido a cumplir con
la misión que él mismo se ha impuesto: "Gloria, justicia, verdad, yo llegaré
a vosotras...!" (p.249).

Tras estas palabras se interrumpe el diario de viajes, para dar lugar,
siguiendo una conocida tradición literaria, a las palabras del editor -
Eugenio María de Hostos -, amigo del protagonista, quien desde su perspectiva
explica el carácter y la empresa de Bayoán, completa el relato y justifica la
publicación de las páginas que le ha confiado el amigo:

> Su viaje por las Antillas hizo reflexionar a Bayoán; recordó
> el pasado de América, vio lo que es hoy, quiso ver lo que
> será, y maldijo las iniquidades de la historia, deploró la
> ceguedad de los gobiernos, se quejó de la desgracia de su
> patria y esperó en su porvenir. Yo espero como él, y espero
> más que en nada, en la juventud de mi país. Para ella arreba-
> to a la oscuridad las meditaciones de mi pobre amigo. Ahora,
> cumpla la juventud con su deber. (p.264)

El estado de salud de Marién, acosada ahora por la nostalgia de América, se
agrava; Bayoán regresa de Madrid para casarse con ella, pero es demasiado
tarde. El editor inserta todavía algunos pasajes del diario, en los que
Bayoán relata la agonía de Marién. La descripción, por parte del editor,
del momento de su muerte y del regreso del fracasado peregrino a América
cierran el texto. Bayoán no ha logrado encontrar en Madrid un espacio para
su acción política, y ha perdido a Marién. Su tarea seguirá en América:

> América es mi patria; está sufriendo, y tal vez su dolor calme
> los míos... Si puedo encontrar allí lo que en vano he buscado
> en Europa; si en una de esas repúblicas hay una lugar para un
> hombre que ama el bien, después de recorrerlas todas, después
> de estudiar sus necesidades presentes, y evocar su porvenir,
> me fijaré en la que más reposo me prometa... Si en ninguna lo
> encuentro, seguiré peregrinando... (p.320)

He creído necesario un breve resumen argumental, dada la escasa difusión
de la novela que, tras las dos ediciones de 1863 y 1873, solamente volvió a
ser publicada en las Obras Completas de 1939 y en la edición facsimilar de
las mismas en 1969. A diferencia de la Moral Social (1888) y del Tratado de
Sociología (1904), que hacen de Hostos uno de los fundadores de la sociología iberoamericana,[8] a La Peregrinación de Bayoán no se le ha dedicado
mucha atención,[9] dando decidida prioridad en la investigación al discurso
científico. Hostos por su parte consideraba que la literatura de ficción,

en especial la novela, "vicia [...] la percepción de la realidad",[10] mientras que la ciencia constituía para él "el esfuerzo sistematizado en la indagación de la verdad".[11] El interés prioritario de la crítica por los textos teóricos de Hostos, coincide pues con la valoración que le merecieran a su autor. Sin embargo, una lectura atenta de La Peregrinación de Bayoán puede poner al descubierto aspectos del pensamiento de Hostos que informan también su discurso científico, pero que, escamoteados por el mismo, no han sido objeto todavía de una lectura crítica.

II

El discurso conceptual científico se basa en un proceso de abstracción que permite la construcción de sistemas, y que conlleva necesariamente una simplificación en su tendencia a representar, como en el caso del discurso sociológico de Hostos, una visión del mundo a través de un determinado sistema de valores, definiéndola como representación adecuada de la "realidad" o de la "verdad", la cual - según Hostos - escaparía a o sería pervertida en el discurso de la ficción. Pero tal reducción sólo es posible en la medida en que el discurso conceptual utiliza el lenguaje como si fuera un medio transparente de representación, sin cuestionar en absoluto su función referencial.[12]

El discurso ficcional, en cambio, relativiza la función referencial mediante el empleo intensificado de procedimientos que subrayan el carácter connotativo del lenguaje, y pone de manifiesto abiertamente la estructura dialógica[13] o polilógica del mundo lingüístico. En los textos de ficción, las ideologías y los intereses colectivos que el idioma necesariamente articula por ser una estructura de carácter sociocultural, son revelados a través de isotopías heterogéneas o alotopías,[14] que el discurso científico tiende a evitar, en la medida en que reduce los elementos semánticos heterónomos a un denominador común, a fin de dar una representación homogénea y coherente de lo que denomina "lo real".

Siendo la semántica la base ideológica del texto,[15] puesto que en ese nivel del discurso se manifiestan los diferentes puntos de vista e intereses colectivos, resulta el nivel de acceso más evidente para un estudio de la complejidad ideológica articulada en el texto.

Frente al postulado hostosiano de la existencia de la verdad, a la que es
posible acceder a través del discurso científico, y de la perversión de la
realidad en el discurso de la novela, propongo una lectura de La Peregrinación de Bayoán a partir del análisis de ciertas isotopías que estructuran
el texto: las que están vinculadas con la figura de Colón y la conquista de
América; tal lectura tiende a dar cuenta de las contradicciones y conflictos
en el pensamiento de Eugenio María de Hostos, que sus textos científicos
procuran escamotear.

Cuando Hostos redacta su novela, el problema político derivado del dominio
colonial español sobre Cuba, Puerto Rico y Santo Domingo ha entrado en una
fase crítica: En 1861 Santana, presidente de Santo Domingo, acuerda con
España la anexión de la isla a la corona, siendo asesinados los principales
dirigentes liberales. Desde Puerto Rico, donde la persecución de disidentes
ha sido intensificada, el gobierno español envía tropas en apoyo de Santana, para
sofocar el levantamiento de quienes intentan recuperar la independencia. El
portorriqueño Betances, que años antes había fundado en Puerto Rico la
sociedad abolicionista, conspira ahora en favor de Santo Domingo.

Es justamente en esos momentos, en 1862 y a raíz de la muerte de su madre,
que Hostos vuelve a Puerto Rico. Después de algunos meses regresa a España
con la idea de escribir una novela de denuncia acerca de la situación
política en las tres islas del Caribe.

Si todo lenguaje es expresión de ideologías, si cada ideología organiza su
propio lenguaje,[16] no es difícil inferir que en aquellos momentos coexistían
en el universo sociolingüístico de Puerto Rico por lo menos y a grandes
rasgos dos grandes lenguajes: el de los colonizadores y el de los colonizados. La Peregrinación de Bayoán sería un intento de articular la visión
del mundo en el lenguaje de los colonizados. Ello no presupone que dicho
lenguaje sea uno y homogéneo, puesto que los proyectos de liberación en
América Latina habían ido manifestando a lo largo del siglo XIX diferencias
fundamentales: El discurso de Domingo F. Sarmiento, por ejemplo, construído
sobre la oposición de civilización y barbarie, tiene poco en común con el
discurso acerca de la América mestiza, de José Martí, ambos contemporáneos
de Hostos.

Punto de partida de la presente lectura de La Peregrinación de Bayoán es la
organización del campo semántico vinculado a la colonización española de
América, que constituye una isotopía claramente definida:

- la conquista fue una "feroz persecución" (p.39) de "sacrílegos",
  "ociosos verdugos" (p.40), "monstruos" guiados por la "codicia"
  y el "cruel valor" (p.52);

- la España actual, "pobre [...]cruel [...] débil" (p.168) "purga
  hoy su pasada pequeñez" (p.42); Madrid es "metrópoli de los vicios
  de España", "impura cortesana" (p.245); los españoles que detentan
  el poder en Puerto Rico son "defensores fríos [...] patriotas de
  ordenanza" (p.145), instrumentos de una "política miope" (p.166);

- esa imagen de España se hace extensiva a Europa: "La tristeza me
  agobia al corazón al pensar en el sarcástico progreso, en los
  irrisorios beneficios que trajo a estos países la cultura de
  Europa" (p.60);

- y Europa es el mundo de las ciudades, caracterizadas por "costumbres
  depravadas [...] vicios [...] apariencias de progreso, el lujo, la
  ostentación y la opulencia" (p.61) y habitadas por "hombres sin
  carácter [...]perversos", por "pueblos sin costumbres" (p.164s.).

La oposición que estructura esta isotopía, contrapone al conjunto España-
Europa-ciudad el conjunto Antillas-América-campo:

- frente a los crueles conquistadores, los "sencillos habitantes"
  (p.39; 43): Los "hermosos hijos" de las islas que vivían en
  "feliz ignorancia" y "perpetua paz" (p.54) fueron "vencidos por
  la astucia y la injusticia" (p.40) y murieron "combatiendo hasta
  el último momento por la sagrada independencia de la patria" (p.51);

- cuando llegó Colón, el paisaje antillano era un "oasis tranquilo"
  (p.130), en que dominaban "la frondosidad de los bosques, la
  limpidez del ambiente, la claridad de los ríos, la variedad de
  las aves, la melodía de sus trinos, el grandioso atrevimiento
  de estos cabos, la pasmosa profundidad de estas bahías" (p.67);

- a pesar de las ciudades, enclaves europeos en América, el campo
  sigue siendo lo auténticamente americano: "Cuando estoy en el
  campo, creo estar en mi patria: voy a las ciudades y me falta.
  En el campo los jíbaros me traen a la memoria las costumbres
  sencillas del pasado, las virtudes sin pompa, la hospitalidad
  que aún no ha logrado matar la desconfianza, la buena fe que no
  ha logrado la codicia sofocar" (p.164); el campo es "aire puro"
  (p.43), "campiñas deliciosas [...] sanidad de las plantas [...]
  cielo transparente, limpio, inmaculado" (p.61).

La dicotomía campo/ciudad propuesta en La Peregrinación de Bayoán aparece
a primera vista como contracara de la misma dicotomía en Facundo. Civilización y Barbarie, de Domingo F.Sarmiento, para quien las ciudades - argentinas en este caso - son, en un sentido positivo, centros de civilización
europea en medio del desierto americano:

> allí están los talleres de las artes, las tiendas del
> comercio, las escuelas y colegios, los juzgados, todo
> lo que caracteriza, en fin, a los pueblos cultos [...]
> El desierto las circunda a más o menos distancia: las
> cerca, las oprime; la naturaleza salvaje las reduce a

unos estrechos oasis de civilización, enclavados en un llano inculto, de centenares de millas cuadradas, apenas interrumpido por una que otra villa de consideración.[17]

Pero hay que tener en cuenta que la ciudad de que habla Sarmiento no es, como para Hostos, el espacio desde donde el gobierno colonial ejerce la opresión política, sino el espacio de ejercicio del poder político una vez consolidada la independencia respecto de España. El campo, que para Hostos es el espacio a donde la opresión aún no ha llegado, es en cambio para Sarmiento el espacio que se resiste al ejercicio de un gobierno legítimo americano.

La cuestión que se plantea en la comparación con Sarmiento, es pues cómo ve Hostos el futuro de las Antillas una vez lograda la independencia respecto de España. La lectura de una segunda isotopía en La Peregrinación de Bayoán permite esbozar una respuesta. Esta nueva isotopía está centrada en la figura de Cristóbal Colón y el descubrimiento de América: Para Bayoán, Colón fue un "visionario inmenso" (p.53), un "sublime peregrino" (p.130), un "venerable genio" (p.41), un "semidiós" (p.132) que, guiado por su intuición salió en busca de la verdad, la encontró - "la fé del genio arrebató este mundo a las tinieblas" (p.44) - y la reveló a los hombres, que le devolvieron a cambio "ingratitud" e "injusticia" (p.41). Su recompensa: una "vida dolorosa", un "largo martirio" (p.131). La "crueldad" de Colón habría consistido en revelar la existencia de América "a los ojos de Europa" (p.41). En boca de Colón pone Bayoán estas palabras:

> Es natural - dijiste - que los hombres me atormenten; les he revelado una verdad: es natural que me persigan; he hecho un bien: es natural que me encadenen... Si hubiera cadenas para el alma, mi alma sería la encadenada. Hay momentos en que creo que la injusticia de los hombres es la revelación de la justicia eterna: he sido cruel con ese mundo que mi espíritu vió tras de los mares: lo he entregado a hombres que no me han imitado, que no han sentido al verlo otro deseo, que el deseo de arrancarle sus tesoros, y he sido castigado: la ingratitud ha sido mi castigo. (p.42)

Si lo positivo de la empresa del descubrimiento es para Bayoán el hecho de que Colón "arrebató este mundo a las tinieblas" (p.44), ¿cómo se conjuga esta afirmación con la imagen paradisíaca de la América precolombina en la primera isotopía presentada? ¿Cómo se conjuga la imagen positiva de Colón y del descubrimiento con la imagen negativa de la conquista, de España y de Europa?

Hay a lo largo del texto un lexema mediador que conecta ambas isotopías, porque Hostos lo utiliza asignándole connotaciones aparentemente opuestas: se trata del lexema 'civilización' (y otros que pertenecen al mismo campo semántico: 'progreso', 'cultura' etc.). Si por un lado Bayoán reniega del "sarcástico progreso" y de "los irrisorios beneficios que trajo a estos países la cultura de Europa" (p.60), si critica las "virtudes aparentes" de la vida urbana, la "embozada maldad, civilización de vicios, egoísmo, es decir sociedad; codicia, es decir comercio, agricultura, industria; felonía, es decir leyes sociales" (p.132); si interpela patéticamente a la ciudad diciéndole: "Tú eres la civilización: me causas asco" (p.63), por otro lado señala también que "América es el lugar predestinado de una civilización futura" (p.89): "la civilización sentará en América sus reales, y el mundo entero andará con paso firme" (p.168). En boca de un pasajero, ex-combatiente en las guerras de independencia, pone Hostos las siguientes palabras: "tengo la convicción segura de que los pueblos mejor preparados para una civilización grandiosa son los pueblos de América, y me lastima el estado en que los veo".(p.189)

El descubrimiento habría sido, entonces, la empresa que abriera el camino de las "tinieblas" a la "civilización".Si de esas tinieblas nada se especifica, algo más se dice respecto de la civilización futura. Bayoán, convencido todavía de la posibilidad de un gobierno español favorable a las Antillas, se pregunta:

> ¿Hay un hombre en España, capaz de enajenarse con la hermosura de estos suelos, capaz de apasionarse por el fuego de estas imaginaciones, capaz de hacer fructíferos a aquéllos, fructíferas a éstas; capaz de la justicia, capaz de la equidad; que ansíe la grandeza de estos pueblos, que, su padre, procure su ventura? Yo amaré a ese hombre: las islas lo amarán: es digno de dirigir un pueblo joven. A su amparo crecerán las virtudes; la ciencia nacerá; las artes escondidas en estas cabezas poderosas volarán; el comercio dejará de ser mezquino; la agricultura acabará la obra de Dios; la industria se admirará de encontrar un lugar en donde no lo espera (p.167).[18]

En rigor, esa civilización futura que Bayoán anhela, no parece diferir mucho de la que Sarmiento propicia, de la que ve, en sus comienzos, realizada en las ciudades de América: ciencias, artes, comercio, agricultura, industria - a imagen y semejanza del modelo europeo. La población indígena, en la que reside para Bayoán la esencia de lo americano, no aparece sin embargo en sus reflexiones sobre la futura civilización de América. La América futura de Hostos difiere de la América mestiza que anhela Martí.[19]

Señalé más arriba, que 'civilización' es un lexema mediador, que conecta, en La Peregrinación de Bayoán, las dos isotopías analizadas, porque se lo emplea con dos connotaciones opuestas: es por un lado efecto negativo de la conquista y colonización, y por otro ideal de la América futura. Se opone a la "independencia", la "paz" y la "sencillez" en que vivían los habitantes de las islas y de toda América antes de la llegada de los españoles, pero se opone también a las "tinieblas" en que esos mismo habitantes vivían antes de que los descubriera Colón, y a la opresión que padecen las Antillas a causa del dominio colonial. Esta contradicción es eludida parcialmente en la medida en que, para Bayoán, el proceso civilizatorio emprendido por Colón con el descubrimiento, es malogrado por los conquistadores y colonizadores:

> Cuando Colón, en su segundo viaje, llegó a esta parte que costea mi barco, traía ya el remordimiento de su genio, el disgusto de ver profanado el mundo que él adivinó, la pesadumbre de haberlo arrancado de su feliz ignorancia de otros mundos y otros hombres, de su perpetua paz.
> ¡Pobre Colón! Soñó, sufrió porque soñaba, realizó su sueño, y al decir a los hombres: - mirad, no me he engañado! - los hombres convirtieron su sueño venturoso en pesadilla. (p.54)

La contradicción es eludida al manifestarse como oposición corporizada en dos actantes: un sujeto - Colón - y un anti-sujeto - los conquistadores y colonizadores.[20]

La misma contradicción caracteriza a Bayoán. Llama la atención la analogía entre el protagonista y Colón:

- Ambos son "peregrinos". Colón es para Bayón "aquel sublime peregrino" (p.130). La diferencia entre un peregrino y un viajero, la marca Bayoán al decir de sí mismo: "empujado por mi amor a la verdad, por la larga indignación que me ha costado penetrar en las profundidades de la Historia [...]peregrinaré, no viajaré".(p.44)
- El peregrino es, pues, "un buscador de verdad".[21] Así define también Bayoán a Colón, cuya misión habría consistido en "revelar a los hombres la verdad" (p.41);
- pero tanto Bayoán como Colón fracasan: Bayoán no consigue hacer prevalecer la verdad y obtener justicia; la empresa de Colón desemboca en la injusticia y la opresión de la conquista (p.42).
- Abogar por la independencia de las Antillas en España es como abogar por la redondez de la tierra: "¿Para qué necesito convencer a Europa de que América merece ser feliz [se pregunta Bayoán], si Europa no me oirá, o me tendrá por loco?" (p.89). Ni Colón ni Bayoán logran hacer prevalecer la verdad genialmente intuída, y cosechan solamente el "sarcasmo del mundo" (p.131).

Esta evidente analogía no deja de sorprender, si se tiene en cuenta que el nombre de Bayoán, "intérprete del deseo de las Antillas" (p.16), es el del primer indio borinqueño que "dudó de la inmortalidad del español."[22] También aquí la identificación es explícita: "lo que ellos [los primitivos habitantes de Higüey] con sus armas, haré yo con mi voz".(p.51)

La misión de Bayoán aparece a un tiempo identificada con al empresa colombina y con la lucha de los indios americanos contra la conquista. También en este caso la contradicción se elude mediante la convicción de que el proyecto de Colón es positivo y su concreción en la conquista, negativa.

Aun así quedaría pendiente la contradicción en la imagen de América anterior al descubrimiento: espacio envuelto en "tinieblas" y paraíso de paz y felicidad. Solamente un pasaje de la novela parece indicar que la contradicción implicada en el doble sentido con que se emplea el lexema 'civilización' no es una cuestión nominal, sino la explicitación de la paradoja sobre la que se basa todo proceso civilizatorio:

> Y a una reunión de hombres llaman pomposamente civilización
> los que, más fuertes, consiguen destruir a los más débiles!
> Y escriben la historia a su placer y dicen: Nosotros,
> ingleses, civilizamos a la India; nosotros, españoles,
> llevamos el progreso al Nuevo Mundo; nosotros, romanos,
> impulsamos a la humanidad a su perfeccionamiento! Y hay
> en esta impostura de la historia una verdad aterradora,
> porque mientras que Inglaterra y España y Roma antigua
> encadenan y martirizan y aniquilan al mundo de Roma, al
> Nuevo y al más viejo, la humanidad progresa, el comercio
> se explaya, la industria rompe sus esposas, las artes se
> lanzan a su espacio, las ciencias utilizan hasta el rayo,
> la inteligencia engrandece la materia.(p.68)

La opresión sería la otra cara del progreso. La connotación positiva y la negativa en el lexema 'civilización' serían complementarias. A nivel sintáctico, esa relación está marcada por la conjunción "mientras que", que tiene sobre todo valor temporal y marca la sincronía de 'civilización' y 'opresión'. Pero "mientras que" tiene también leve valor concesivo: a pesar de la opresión, hay civilización. Bayoán no llega a formular la relación causal que cien años más tarde enunciarán y denunciarán los teorizadores de la dependencia, para quienes hay civilización y progreso en una parte del mundo porque hay opresión en otra. Implícita queda en el texto de Hostos la pregunta acerca de quiénes serán los oprimidos por la anhelada civilización futura de América. La ausencia, en las reflexiones acerca del futuro americano en la novela, de toda referencia al lugar que en él ocuparían las culturas indígenas, puede resultar esclarecedora en tal sentido.

El nexo necesario propuesto en el párrafo citado, entre el proceso civilizatorio - connotado positivamente - y la opresión de los "débiles" - que integraría el campo semántico de 'civilización' en su connotación negativa-, no define sin embargo la estructura semántica de La Peregrinación de Bayoán, organizada sobre la base de la contradicción analizada, que sólo es eludida parcialmente mediante la interpretación de la conquista como perversión del descubrimiento de América.

Esa contradicción es la forma que asume en el texto una conflictiva posición ideológica que pretende la independencia respecto de Europa y al mismo tiempo la integración en la "humanidad" mediante la asunción de modelos de civilización europeos, sin preguntarse por el precio de tal integración.

Esta afirmación podría ser considerada como una extrapolación, un anacronismo que intenta medir con categorías de fines del siglo XX el discurso independentista de Eugenio María de Hostos, si no fuera porque están los textos de Martí para confirmar que dicha contradicción ya había sido observada, analizada y criticada por un contemporáneo, también antillano, de Hostos. Con la falta de claras referencias al lugar que ocuparían en la futura civilización de América las culturas autóctonas se corresponde tal vez la ausencia casi completa en los escritos de Hostos, de explícitas referencias al pensamiento y a la acción de José Martí, si bien ambos combatieron en la misma época por la independencia de las Antillas respecto de España.

La positiva valoración de la figura de Cristóbal Colón y el paralelo desprecio y odio hacia la conquista y la colonia, es otra expresión de la ambigua postura ideológica de Eugenio María de Hostos.

NOTAS

1. Cf. la "Cronología" redactada por Manuel Maldonado-Denis en: Eugenio María de Hostos, Moral Social. Sociología. Caracas (Biblioteca Ayacucho) 1982, p.335-473.

2. Cf. Eugenio María de Hostos, Obras Completas. La Habana (Edición Comercial) 1939, vol.XVI: Tratado de moral, cap.xxxiii: "La moral y la literatura - La novela".

3. Cf. ibid., vol.VIII: La Peregrinación de Bayoán, p.5-32. Todas las citas cuya paginación se da entre paréntesis en el texto, pertenecen a esta edición.

4. Pedreira, Antonio: "Hostos político". En: América y Hostos. La Habana (Edición Comercial) 1939, p.159.

5. Cf. Colón, Cristóbal, <u>Textos y documentos completos</u>. Prólogo y notas de Consuelo Varela. Madrid (Alianza Editorial) ²1984, p.74: "Pareçíale que entre el cabo del Elefante del de Cinquin avía una grandíssima entrada, y algunos de los marineros dezían que era apartamiento de isla; a aquella puso por nombre la isla de la Tortuga. [...] A oras de bísperas, entró en el puerto dicho, y púsole nombre Puerto de San Nicolao".

6. Ibid., p.63s.; cf. nota 85.

7. Ibid., p.102s.; cf.nota 131 con el comentario de Las Casas: "Guarionex era el rey grande de aquella Vega Real."

8. Cf. el "Prólogo" de Manuel Maldonado-Denis en: Hostos, Eugenio María de, <u>Moral Social. Sociología</u>. Caracas (Biblioteca Ayacucho) 1982, p.XVII-XXXIV.

9. Entre los pocos trabajos existentes cabe mencionar el artículo de Colon Zayas, Eliseo R.: "La escritura ante la formación de la conciencia nacional: La Peregrinación de Bayoán, de Eugenio María de Hostos", <u>Revista Iberoamericana</u> 140 (1987), p.627-634 y la tesis doctoral de Waltzer, Hildreth Naomi, "The Inner Pilgrimage of Eugenio María de Hostos. As seen through Bayoán", Diss. Abstracts International, 1977, p.5866 A - 5867 A, a la que no he tenido acceso.

10. <u>Obras Completas</u>, vol.XVI: <u>Tratado de moral</u>, cap.xxxiii: "La moral y la literatura: la novela", p.260s.

11. Ibid., cap. xxxi: "La moral y la ciencia", p.247.

12. Para el marco teórico de este trabajo cf. Zima, Peter V.: <u>Textsoziologie. Eine kritische Einführung</u>. Stuttgart (Metzler) 1980.

13. Cf. Bachtin, Michail, "Das Wort im Roman" en: M.B., <u>Die Ästhetik des Wortes</u>, Frankfurt/M. (Suhrkamp) 1979, p.154-300.

14. Cf. para las definiciones de 'isotopía' y 'alotopía': Greimas, Algidras, J. y J.Courtes, <u>sémiotique. dictionnaire raisonné de la théorie du langage</u>. tomo 1 Paris (Hachette) 1979, p.197: la isotopía es definida como "l'itérativité, le long d'une chaîne syntagmatique, de classèmes qui assurent au discours-énoncé son homogénéité." En el tomo 2, Paris (Hachette) 1986, p.12 se define la alotopía: "Sur l'axe syntagmatique, récurrence de sémèmes qui s'excluent mutuellement par au moins un de leurs sèmes, soit qu'ils appartiennent à des classes sémantiques incompatibles, soit qu'une disjonction exclusive les oppose au sein d'une même classe."

15. Cf. Zima, Peter V., <u>Ideologie und Theorie. Eine Diskurskritik</u>. Tübingen (Franke) 1989, p.227.

16. Cf. Bachtin, Michail, op.cit.

17. Sarmiento, Domingo F., <u>Facundo</u>. Caracas (Biblioteca Ayacucho) 1977, p.29.

18. La posición aquí esbozada le mereció a Hostos la crítica de sus contemporáneos revolucionarios. Cf. sus "Recuerdos de Betances" en las <u>Obras Completas</u>, vol.XIV: <u>Hombres e Ideas</u>, p.69ss. Los rasgos de ese "padre" capaz de ejercer su tutela sobre las islas del Caribe coinciden con los que según Hostos caracterizan a Colón. Cf. por ejemplo en <u>La Peregrinación de Bayoán</u>: "veo su cándida admiración, su expansiva alegría aumentándose

con la frondosidad de los bosques",(p.67); Colón es un "hombre que[...] sufre para hacer feliz" (p.131). Años más tarde, cuando la posición de Hostos respecto de España se había endurecido, y ya no creía en la posibilidad de una tutela española benéfica como la esboza todavía en La Peregrinación de Bayoán (p.167), Hostos sigue manteniendo la misma imagen positiva de Colón: En las diversas conferencias que pronunciara con motivo del cuarto centenario del descubrimiento de América, reunidas en el vol.X de las Obras Completas: La cuna de América, Colón es calificado de "bienhechor entre los bienhechores de la humanidad" (p.102), "el bueno entre los buenos" (p.103), "segundo creador del Continente" (p.105), "alma generosa" (p.113), "gran mártir de la ingratitud humana" (p.156), "Santo de la Humanidad" (p.165).

19. Cf. Lamore, Jean, José Marti et l'Amérique. Tome I: Pour une Amérique unie et métisse. Paris (Editions L'Harmattan) 1986.

20. 'Sujeto' y 'anti-sujeto' están usados en el sentido que le dan A.J. Greimas y J.Courtes en sémiotique. dictonnaire raisonné de la théorie du langage, tome 2. Paris (Hachette) 1986, p.215s. y 13ss. respectivamente.

21. Obras Completas, vol.X: La cuna de América, p.64s.

22. Cf. Obras Completas, vol.IX: Temas Cubanos, p.88s.: "él [Bayoán] dudó de inmortalidad del español. Seguro del alzamiento que anhelaba, si conseguía probar que eran mortales como ellos sus tiranos, esperó tranquilamente la ocasión de la prueba. Supo que un español joven, Salcedo, debía pasar por Yagüeca, su comarca, a la del vecino cacique Mayagoex y apostó a la orilla del Guaorabo, que el español había de vadear, a unos cuantos de los suyos. Les ordenó que al pasar Salcedo se ofrecieran a llevarlo en hombros y que al llegar al medio del río, lo arrojaran en él. Fue obedecido, y cuando Bayoán, tres días después, fue a contemplar el muerto, aún estaban los suyos temiendo que resucitara el muerto. Bayoán no creía en milagros (que hubiera sido creer en españoles) y se sonrió y se alejó".

Columbus als Heiliger Held des Historismus: Bernabé Demarías "Colón. Poema Histórico" (Argentinien 1887)
Ein Beitrag zur Gattungsgeschichte des Epos in Lateinamerika. (Mit einem ungedruckten Brief des Autors und einer Beilage zu den geschichtsepischen Versuchen des 20. Jahrhunderts)

Thomas Bremer

1. "Despues de Cristo el primer hombre que descuella en la humanidad"

Der Band, um den es im folgenden geht, ist ein echter Brocken, und das gleich in mehrfacher Hinsicht. Solides Quartformat, 32 x 23cm groß mit fast 900 Seiten an gedrucktem Text, davon 680 Seiten Dichtung und über 200 eng und zweispaltig gedruckte Seiten zugehöriger Notas; das Ganze - zumindest in der Ausgabe, die der Autor 1901 dem Diplomaten und Literaten Ernesto Quesada schenkte und die heute im Ibero-Amerikanischen Institut in Berlin aufbewahrt wird - eingebunden in einen stabilen Halblerdereinband und gut drei Kilo schwer: Das ist schließlich nicht wenig. Und das Innere entspricht dem äußeren Eindruck: Grob gerechnet 25.000 Verse umfaßt Bernabé Demarías 'poema histórico' Colón, angefertigt, wie der Autor in seinem Widmungsbrief an Quesada versichert, in "más de un cuarto de siglo de trabajo diario" - fast ein halber Raummeter Columbus-Verse also, sozusagen...

Sie zu lesen - das sei gleich zu Beginn eingestanden - ist nicht immer nur ein Vergnügen. Aber davon abgesehen, daß der Text nach unserem heutigen Literaturverständnis nicht zu 'retten' ist, und abgesehen auch von sich geradezu zwangsläufig einstellenden melancholischen Überlegungen über Sinn und Unsinn literarischen Ehrgeizes, wenn man den (weiter hinten erstmals gedruckten) Widmungsbrief an Quesada in Gänze liest: Was Demarías Text für eine nähere Beschäftigung lohnend macht, ist über seinen unbestreitbaren (und rekordverdächtigen) Kuriositätenwert hinaus vor allem die Tatsache, wie sehr er für einen bestimmten historischen Moment signifikativ ist, und weiter, daß er Anlaß bietet zu einigen grundsätzlicheren Überlegungen, insbesondere zum Zusammenhang von Gattungsgeschichte und

Gesellschaftsgeschichte in Lateinamerika.

Zwei dieser Überlegungen seien kurz angedeutet:

1) Inhaltlich ist Demarías Text interessant als Dokument einer völlig unkritischen, christlich-hagiographischen Columbus-Verehrung, die problemlos so weit geht, in Columbus eine nahezu gottähnliche Figur zu sehen und die sich, gerade auch in ihrem national getönten Historismus, nahtlos in die Bemühungen europäischer Kreise integriert, seine Heiligsprechung zu erreichen. - Wie argumentiert unter diesen Umständen ein Text; wie muß er in seinem Darstellungsschwerpunkt angelegt sein, um als literarischer Text Geschichte so zu transportieren, daß er für einen lateinamerikanischen Leser, der doch sozusagen eher zu den 'Entdeckten' gehört, identitätsstiftend wirken kann - und dies noch nicht einmal achtzig Jahre nach der Proklamation der Unabhängigkeit von eben dem europäischen Mutterland?

2) Warum geschieht der Versuch, dies zu erreichen, gerade in einem 25.000 Verse umfassenden heroischen Epos? Anders gefragt: Lassen sich anhand von Demarías Text Beobachtungen dazu gewinnen, wie in Lateinamerika die Gesetze von Gattungshierarchie, Umstrukturierung und 'Tod' literarischer Gattungen funktionieren, und wie sieht das heute aus?

Angesichts so gut wie gar keiner Vorarbeiten werden sich diese Fragen nicht vollständig beantworten lassen. Doch gibt Demarías Columbus-Epos zumindest die Möglichkeit, einer Antwort näherzukommen.

2. Publikationsgeschichte und Autorenbiographie.

Das Bemerkenswerteste des Textes ist zunächst: die Form.
Erschienen ist Demarías neunhundertseitiger Text, wie bereits erwähnt, als Epos, und zwar - im Jahr 1887 - als ein gleichsam länderübergreifendes Projekt der ganzen Südspitze Lateinamerikas: nämlich in vier Verlagsorten gleichzeitig, bei Espasa bzw. bei den Filialen von Cuspinera, Teix y Comp.[a] nicht nur in Buenos Aires, sondern auch in Montevideo, Santiago de Chile und Valparaíso. Und erschienen ist Colón auf eine auf den ersten Blick gar nicht erkennbare Art und Weise (die aber auch erklärt, weshalb der Text so unbekannt und die existierenden Exemplare höchst selten sind): nämlich in Fortsetzungen, "por entregas", die in gewissen zeitlichen Abständen den Käufern zugestellt wurden - sozusagen als Epos zum Sammeln. Der Einband, der naturgemäß erst nach dem Erscheinen sämtlicher Folgen angefertigt wurde, läßt diese Art der Veröffentlichung nur nicht mehr erkennen; ledig-

lich eine nota am Ende des Textes, die von den beteiligten Verlagen eingerückt wurde, geht darauf ein.[1]

Ungewöhnlich ist aber auch die Biographie des Autors. Bernabé Demaría ist nämlich (soweit überhaupt) keineswegs als Dichter und Schriftsteller bekannt geworden, sondern als Maler bzw. als Politiker. Geboren 1824 und gestorben 1910, deckt er sozusagen das ganze Jahrhundert der argentinischen Modernität ab; mütterlicherseits war er weitläufig mit San Martín verwandt; väterlicherseits stammt er aus einer italienisch-spanischen Familie. Unter Rosas lebte Demaría zunächst - wie die Mehrzahl der politischen Opposition - in Montevideo; dann ging er nach Spanien, wo er Schüler des bekannten romantischen Malers Antonio María Esquivel wurde, in der Folge (in Sevilla und Granada) auch mehrere seiner Bilder ausstellen konnte und erst nach Rosas' Sturz wieder nach Argentinien zurückkehrte. Die Zeitung El Nacional berichtet in ihrer Ausgabe vom 27.Juni 1854 unter der Überschrift "Un artista del país":

> Llega a esta capital un joven artista quien regresa de Europa donde estudió en Madrid durante seis años con Antonio de Esquivel y con Mr.Thenot. Escribió allí el trabajo 'Modo de expresar en el rostro las diferentes pasiones del hombre'. En España realizó una serie descriptiva de costumbres, especialmente andaluzas.[2]

Mit diesem Stichwort - "serie descriptiva de costumbres" - wird in der Tat der Schwerpunkt seines malerischen Wirkens deutlich. Demaría gehört zu realistisch-kostumbristischen Schule Argentiniens;[3] bekannt wurden vor allem einige Bilder, in denen er sich historisierend-portraitistisch mit Rosas und anderen Themen der jüngstvergangenen argentinischen Geschichte auseinandersetzte (u.a. "La tentación de Rosas por Urquiza!", 1853/54). Hinzu kommt die Behandlung kostumbristischer Themen im engeren Sinne: einige Gaucho-Studien existieren von Demaría, Gruppenbilder von Bauern und Soldaten, sowie das - in der Literatur zur Entwicklungsgeschichte der argentinischen Malerei gelegentlich abgebildete - Werk "La cazadora" (ca. 1859), die großformatige und repräsentative Darstellung einer jungen Frau zu Pferde.[4] Insgesamt handelt es sich um Gemälde aus dem ländlichen, nicht dem städtischen Bereich; deutlich von der europäischen Romantik - auch im Sinne eines französisch-spanischen Exotismus - beeinflußt, mit klarer Linienführung und deutlicher Differenzierung von Vorder-(Hauptperson) und Hintergrund (Dekoration).

Biographisch verlief Demarías Entwicklung nach der Rückkehr aus Spanien
im wesentlichen linear und ohne spektakuläre Einschnitte. Nachdem eine
von ihm gegründete und als eine Art Privatschule geleitete 'Academia de
Dibujo' nach anfänglichen Erfolgen wegen Schülermangels wieder geschlossen
werden mußte, arbeitete er zeitweilig außer als Maler auch als Journalist
im sich nach dem Ende der Rosas-Herrschaft rapide entwickelnden argentinischen Pressewesen ('La Reforma Pacífica'; zusammen mit Nicolás Calvo)
und wurde 1876 in den argentinischen Senat gewählt. Dort befaßte er sich
vor allem mit Fragen der Kunst- und Kulturpolitik: die Anregung und die
Vorarbeiten zur Gründung des Museo de Bellas Artes in Buenos Aires sind
sein Verdienst; an diesem Gedanken der Notwendigkeit eines nationalen
Kunstmuseums hielt er - trotz politischer Fehlschläge - fest und setzte
ihn gegen alle Widerstände durch.

Seine Produktivität als Maler beeinträchtigten diese Aktivitäten offenbar
nicht. Die Enciclopedia del arte en América spricht von allein 400 Werken,
die sich im Besitz des Museo Histórico Nacional in Buenos Aires befinden
sollen und zitiert José León Pagano mit einigen Sätzen aus dessen Erinnerungen an Demaría:

> Aún lo veo, allá, en su enorme taller del barrio sur. Era
> la planta baja de un antiguo solar, cuyos muros estaban
> literalmente cubiertos de cuadros, grandes unos, pequeños
> los más, centenares, casi apiñados, el testimonio de una
> labor ingente, sobrellevada con vigor sostenido.[5]

Erst dann, nach mehreren Anläufen und einer Anzahl kleinerer Publikationen,
kam Demaría spät und im Alter zur Veröffentlichung seiner epischen Texte -
insgesamt also die Karriere eines sowohl unter künstlerischem als auch
unter gesellschaftlich-politischem Gesichtspunkt keineswegs unwichtigen,
wenn auch von der Nachwelt weitgehend vergessenen Autors und Malers;
gerade in seiner Mischung aus Malerei, Dichtung, Publizistik und Politik
kennzeichnend für eine bestimmte Phase des ausgehenden lateinamerikanischen
(nicht nur des argentinischen) 19.Jahrhunderts: eben als Künstler und
Intellektueller, der innerhalb des gesellschaftlichen Modernisierungs-
prozesses geradezu zwangsläufig auch zum Politiker wurde und in diesen
'Mischfunktionen' für die intellektuelle Geschichte Lateinamerikas symptomatisch ist. "Era un buen orador, erudito y convincente. Hábil en la
polémica, luchaba con pasión", heißt es in der biographischen Rückschau;
dann einschränkend: "aunque no fue un artista de mérito, supo interpretar
escenas criollas", und erklärend: "ejecutando numerosos cuadros pequeños,

los que donó al Museo Histórico Nacional"; abschließend und summa summarum also: "Fue siempre un ciudadano ejemplar y exponente de nuestra sociedad", wie das Nuevo Diccionario Biografico Argentino formulierte[6] - in unseren Kontext gewendet: wie sieht hier das Columbus-Bild aus?

Zu Canto XIII (1492)

3. Die Columbus-Darstellung in Demarías Epos Colón

Die Antwort hierauf ist in inhaltlicher Hinsicht überraschend einfach. Demarías Columbus-Bild ist, knapp zusammengefaßt, heroisierend-panegyrisch; es ist ganz historistisch, völlig unkritisch und deutlich geprägt vom Gedanken eines sozusagen 'christlichen Übermenschentums'. Seiner Interpretation zufolge war Columbus nicht nur kein gewöhnlicher Mensch (nicht umsonst heißt es von ihm, er sei "despues de Cristo el primer hombre que descuella en la humanidad"; ähnlich mehrfach an anderen Stellen), sondern als Person ebenso gottgesandt, wie auch die Eroberung Lateinamerikas insgesamt unter dem Gesichtspunkt der missionierenden Ausbreitung des Christentums auf einen unmittelbaren göttlichen Ratschluß zurückzuführen ist; in der Tradition der Columbus-Deutungen entspricht Demarías Konzeption eher dem post-tridentinischen Interpretationsmodell des 17.Jahrhunderts mit seinem Zentralgedanken des missionarischen 'Christusbringers', als einer historischen Problematisierung, wie man sie für das ausgehende 19.Jahrhundert, angesichts wachsenden nationalen Selbstbewußtseins und nur achtzig Jahre nach den lateinamerikanischen Loslösungskämpfen von Spanien, möglicherweise erwartet hätte.

Einige Textbeispiele mögen dies zeigen.

Demarías erster Gesang beginnt mit einer Schilderung von Columbus Äußerem:

> Un hombre alto y majestuoso,
> y de palabra elocuente ...
> de mirada inteligente
> y de noble rostro hermoso,
> aunque de traje indigente:
>
> El porte de un hombre tal,
> - y que llaman porte regio,
> por su talento marcial, -
> era el del varón egregio,
> que hizo su nombre inmortal[...].

Der eher unscheinbare Auftritt - zwar groß und majestätisch von Figur, doch staubbedeckt und unscheinbar gekleidet - gibt, analog zu zahlreichen medievalen und postmedievalen Heiligenviten, die Folie dafür ab, daß die folgende Handlung umso glänzender wird; das hagiographische Moment (niemand erkennt, daß es sich bei dem humilden Protagonisten um einen 'ganz Großen' der Menschheitsgeschichte handelt; im Gegenteil, stets ist er ungerecht verfolgt worden, doch trägt er dieses Schicksal in Demut) ist schon hier, bei seinem ersten Auftritt innerhalb des Textes, unverkennbar:

Y cansado caminaba
de polvo y sudor cubierto;
y de la mano llevaba
al hijo que idolatraba,
de sed y hambre medio muerto.

De Portugal perseguido ...
de Italia desatendido,
y sin pan en tierra extraña,
así entró Colón á España ...
como si fuera un bandido!

Es fällt auf, daß Demarías Epos nicht etwa - wie zahlreiche andere Texte - mit der G e b u r t des Cristoforo Colombo beginnt (und diese dann, etwa mit aus der Natur entlehnten heilsgeschichtlich signifikativen Symbolmomenten wie dem Auftreten eines Kometen, einem Gewitter usw. im Blick auf künftige Entwicklungen 'auflädt'), sondern mit seinem Aufenthalt in Spanien und der Jahresangabe 1485 einsetzt, zu einem Zeitpunkt also, als Columbus bereits in den Dreißigern ist. Unter dem Gesichtspunkt der narrativen Ökonomie hat dies den Vorzug, die leidige Frage nach dem Geburtsort und der Jugend - auf deren Umstrittenheit Demaría übrigens in einer langen Anmerkung zum Ersten Gesang hinweist[7] - umgehen und in zunächst relativ großen zeitlichen Sprüngen auf die historischen Höhepunkte zusteuern zu können.

Der zweite Gesang deckt dementsprechend sogar die Jahre 1486 bis 1492 und damit die gesamte Vorbereitungsphase der Ersten Reise ab, bevor Demaría dann sozusagen die Verhältnisse umkehrt, die erzählte Zeit pro Gesang wesentlich verkleinert (ein 'Trick', der sich bereits im antiken Epos, bei Homer und Vergil, findet und die Schilderung von Details "in epischer Breite" erlaubt) und so beispielsweise den Ereignissen des einzigen Jahres 1492 insgesamt sogar 14 Cantos (III bis XVI) widmet.

Die Verteilung der Handlung in Bezug auf Erzählzeit und erzählte Zeit mag die folgende Tabelle zeigen; formal gliedert sich Demarías Gedicht in eine Invocación, hundert Cantos und einen Epílogo:

Canto	Anzahl	Jahr
Invocación		
I	1	1485
II	1	1486-1492
III-XVI	14	1492
XVII-XXXII	16	1493
XXXIII-XLIII	11	1494
XLIV-XLVIII	5	1495
XLIX-LII	4	1496
LIII-LV	3	1497

Zu Canto XXXIV (1494)

```
LVI-LIX          4     1498
LX-LXII          3     1499
LXIII-LXX        8     1500
LXXI             1     1501
LXXII-LXXVII     6     1502
LXXVIII-LXXXV    8     1503
LXXXVI-XCVI     11     1504
XCVII-XCVIII     2     1505/06
XCIX-C           2     1506
Epílogo
```

Die 'eigentliche' Handlung setzt dann bei Demaría mit der Abreise aus Spanien ein.

Unter den Tränen sowohl der Seeleute als auch ihrer zurückbleibenden Frauen und Kinder beginnt das Abenteuer unter Columbus' entschlossener Leitung (wobei diese Entschlossenheit gegenüber dem kleinmütigen "pueblo en desolación" wiederum durch seine unmittelbare 'Nähe zu Gott' motiviert und legitimiert wird); die Reise beginnt,

> porque él tan sólo veía,
> como inspirado por Dios,
> lo que todo el mundo, ciego,
> sin su divina intuición,
> no pudo ver ni entender,
> y él tan sólo comprendió! [...]
>
> Y aquellas pobres mujeres
> de un pueblo en desolación,
> lanzaron, desesperadas,
> maldiciones á COLON
> al ver ya partir las naves,
> y darles su último adiós,
> en un viernes, tres de Agosto
> de la era del Señor,
> año mil y cuatro cientos,
> y el pico noventa y dos,
> y como á una media hora
> antes de salir el sol.

Diese unmittelbare 'Nähe zu Gott' ist es auch, die ihn gegenüber anderen, potentiell ebenfalls als exemplarisch anzusehenden historischen Personen auszeichnet; wie an zahlreichen anderen Stellen des Textes auch, wird Columbus in einer direkt an die Schilderung des Aufbruchs anschließenden historischen Reflexion mit ihnen in Vergleich gesetzt:

> ¡Así partió aquel coloso,
> más grande que Napoleón,
> y César, y emperadores,
> que la antigüedad cantó:
> así las playas de España
> aquel coloso dejó,
> entre los gritos y el llanto
> de un pueblo en desolación[...][8]

Nur zwei weitere Momente der Reise seien aus der langen Darstellung Demarías noch zitiert, nämlich die Ankunft in Amerika und Columbus' Tod.

Auch der Moment, in dem Amerika endlich in Sicht kommt, wird mit Hilfe des Gegensatzpaares: voraussehender, gottesgewisser Columbus <u>versus</u> zweifelnde, kleinmütige Mannschaft ausführlich vorbereitet. Columbus ist es, der - im vierten Gesang - die Zeichen des sich langsam nähernden Festlandes zu deuten versteht und sie sozusagen als guter Vater und "con aire severo y majestuoso, /al par que convincente y cariñoso" der zunächst noch unwilligen Besatzung erklärt ("como signos de tierra precursores,/ que de terrores llenos,/ medrosos escuchaban los cobardes"), bis dann bald darauf in der Tat der große Augenblick kommt:

> Y el <u>día veinticinco de Septiembre</u>,
> yendo siempre la <u>Pinta</u> á la vanguardia,
> y <u>al descender el sol</u>, entre el celaje,
>   mudábase la guardia,
> mirando de natura aquel paisaje,
> cuando Martín Pinzón, con forme pecho,
>   grito, desde la popa:
> "¡Tierra! ¡Tierra! ... dad fe de mi derecho
> á la renta ofrecida por la reina,
> que yo soy el primero que la he visto!"
>   Y á las jarcias, audaces y ligeros
> treparon, en montón, los marineros;
>   y el dichoso Almirante
> el <u>Gloria in excelsis</u> entonando,
> un unánime grito de alegría
> fué por los tres bajales resonando,
> que la anhelada tierra se veía;[...][9]

Der eigentliche Akt der Ankunft, der <u>Moment der Landung</u>, der in der literarischen Gestaltung von Columbus und der Entdeckung zumeist breit ausgemalt wird und, als der entscheidende Moment des ersten Kulturkontakts, auch analytisch höchst interessant ist (wer sieht wen zuerst? wer grüßt wen; wer sagt was?), verläuft bei Demaría eher unspektakulär: Zwar hat sich das Wetter auf die Ankömmlinge eingestellt ("con toda su hermosura tropical,/ en aquella apacible isla salubre,/ copia del paraíso terrenal"), zwar ist die Natur zur

Begrüßung versammelt ("verdosos bosques y fragantes flores / pajaros de mil clases y colores [...] brindaban virginales sus amores / á toda la recién llegada gente"), doch beschränkt sich Columbus darauf, als Zeichen seiner Würde den scharlachroten Umhang anzulegen, dreimal die Erde zu küssen und die spanische Fahne zu setzen. In der literarischen Umsetzung geschieht dies auffallend unprätentiös; übrigens bleibt der Gesang, der sich mit dem 12.Oktober befaßt, auch im Rahmen des gesamten Epos mit noch nicht einmal drei Druckseiten auffallend kurz. Zu einem Dialog mit den am Strand versammelten Eingeborenen kommt es nicht, sie bleiben vielmehr rein passive Zuschauer: "los inocentes indios se agolpaban / á contemplar las naves españolas" - weiter kommen sie nicht in den Blick.[10]

Der letzte, einhundertste Gesang von Demarías Epos gibt demgegenüber Gelegenheit, mit Columbus' Todesszene eine abschließende Wertung seines Lebens in der Rückschau zu verbinden.

Der Akzent liegt hier auf der <u>Undankbarkeit</u> des spanischen Hofes und der Welt insgesamt; während sich König, Königin und Höflinge ihren Vergnügungen und eigenen Interessen widmen ("Y así la corte, la nobleza y plebe / de intrigas ocupándose y de chismes, / trataban de medrar los ambiciosos",) stirbt Columbus unbeachtet und in seiner Bedeutung nicht gewürdigt: "sin que á nadie importase ni supiese / que el gran COLON de pena se moría" -

> Desvió sus ojos del ingrato mundo
> de Dios el elegido, y preparóse
> de su misión á darle estrecha cuenta[...]
>
> **Sin esperanza ya en la ciencia humana,**
> que hallábase su pecho destrozado,
> llegábanse á su lecho, á cada instante,
> sus amigos é hijos, doloridos,
> á recibir <u>sus últimas palabras</u>,
> a contemplar <u>los últimos momentos</u>
> de ese hombre colosal, que en su cabeza
> atesoraba el genio y las virtudes
> de los más grandes hombres de los siglos,
> y las dotes de cien generaciones[...].
>
> ¡Bendito por los siglos de los siglos,
> sea siempre, entre todos los mortales,
> el nombre de COLON, sobre la tierra!

4. Die Gattungsproblematik des Epos in Frankreich und Lateinamerika

Bevor wir versuchen wollen, Demarías Text, zumindest in groben Zügen, innerhalb des argentinischen "champ littéraire / idéologique" (Bourdieu) um 1880/90, und das heißt vor allem: innerhalb der Auseinandersetzung zwischen Liberalismus und Katholizismus zu situieren, soll zunächst die Frage nach der Gattungsproblematik im Mittelpunkt unserer Überlegungen stehen. Anders gefragt: Warum verfaßt ein Autor seine Apologie des Columbus und der Eroberung Amerikas in den achtziger Jahren des 19.Jahrhunderts (noch in den achtziger Jahren des 19.Jahrhunderts) gerade als Epos, also in jener literarischen Form, für die die Klage über ihr Scheitern, ihre Unzweckmäßigkeit und den ennui, den sie beim Leser hervorrufe, bereits seit dem 17.Jahrhundert - zumindest in der französischen und italienischen Literatur - zum festen Topos der Gattungsdiskussion gehört?

Für die lateinamerikanische Literatur ist diese Frage umso interessanter, als es offensichtlich keinerlei Sekundärliteratur gibt, die sich über die Interpretation von Einzelwerken hinaus kritisch mit der Gattung Epos in Lateinamerika auseinandersetzt. Zwar gibt es zahlreiche Einzelstudien, die sich mit 'epischen Elementen', etwa bei Neruda oder Ernesto Cardenal befassen, doch existieren - außer zum Sonderfall des Martín Fierro und der Gaucho-Literatur - praktisch keine Studien zur Entwicklungsgeschichte des Versepos nach der Renaissance.[11] Das ist umso erstaunlicher, als andererseits - wie noch zu zeigen sein wird - in den lateinamerikanischen Literaturen auffallenderweise bis heute großangelegt Vers-Epen erscheinen - wenn auch, und darin sozusagen 'gattungstypisch', als eher marginalisierte Genera ohne großen literarischen Erfolg.

Es kann hier nicht darum gehen, erneut die Diskussion um den Zusammenhang von Gattungsentwicklung und Gesellschaftsentwicklung (von Boris Eichenbaum über Lukács zu Erich Köhler u.a.) in ihrer Breite aufzurollen. Doch ist es in unserem Zusammenhang nützlich, einen Blick auf die poetologischen Diskussionen um das Epos in Frankreich zu werfen, zumal in den letzten Jahren zwei Studien diese Debatte im Kontext von Mentalitätsgeschichte, der Revision ästhetischer Kanonbildungsprozesse und der Rekonstruktion historisch 'abgedrängter' Formen literarischer Kommunikation erneut aufgegriffen und kritisch analysiert haben. Die dort angestellten Überlegungen lassen sich nämlich zumindest zu einem Teil auch als Fragestellung für die lateinamerikanische Entwicklung und für Demarías Columbus-Epos fruchtbar machen.[12]

In seiner Auseinandersetzung mit der Gattungsentwicklung im französischen
Spätabsolutismus geht Reinhard Krüger gerade von dem Zwiespalt aus, daß
einerseits die epischen Autoren des 17.Jahrhunderts zwar durchgängig einge-
stehen, daß auch das jeweils neueste veröffentlichte Epos nicht jener großen
Wurf war, den man sich erhofft hatte, daß dies andererseits jedoch keineswegs zum Abbruch der Versuche führte, dessenungeachtet doch noch ein nationales französisches Versepos zu verfassen.[13] Zu stark bleibt der theoretische Anspruch bestehen, im Rahmen der Antikerezeption an jene literarische
Gattung anzuknüpfen, die hierarchisch unzweifelhaft 'die höchste' ist, als
daß sich nicht immer wieder Autoren für einen neuen Anlauf gefunden hätten,
auch wenn die jeweiligen Ergebnisse schon der Einschätzung der Zeitgenossen
zufolge in der Diskrepanz zwischen den heroischen Gattungsvorgaben und den
von einer ganz anderen lebensweltlichen Erfahrung geprägten Lesererwartungen
kläglich versagten, ja versagen m u ß t e n und die ganze Gattungsentwicklung, "a posteriori betrachtet, nichts als ein Debakel" war.[14]

Zum Zentralproblem der poetologischen Diskussion um das Versepos wird in
diesem Zusammenhang die literarische Umsetzung des Wunderbaren (merveilleux).
Im Blick auf diese besonders umstrittene Kategorie interpretiert Krüger die
Verschiebungen im ästhetischen Begriffsverständnis historisch als Wandlung
zunächst hin zu einem christlich motivierten, 'wahrscheinlichen' merveilleux als dem Eingriff der christlichen Mächte in den Lauf der Welt,
bis in der Folge auch dessen Akzeptanz durch die Entwicklung des weltlichen
Denkens deutlich vermindert wurde und sich von religiösen Konnotationen
emanzipiert. Folgt man seiner Argumentation, die 'Heroismus' ausdrücklich
als nicht überzeitliche, sondern als sozial gebundene Kategorie auffaßt, so
läßt sich die Krise des Epos im 17.Jahrhundert in sozialer Hinsicht verstehen als Ergebnis der Auflösung der Figur des autonomen Aristokraten und
seiner kriegerischen Heldentaten, für die im absolutistischen Herrschafts-
system kein Platz mehr ist und deren literarische Darstellung deswegen auch
auf ein zunehmend skeptischeres Publikum stößt: 'Zwischen Wunder und Wahrscheinlichkeit' bleibt nicht viel Handlungsspielraum in einer Gesellschaft,
in der das Erbe feudaler Strukturen gerade aufgehoben werden soll in der
Konzentration auf eine zentralistische Königsmacht.

Siegbert Himmelsbachs Überlegungen schließen hier zeitlich wie thematisch in
gewisser Weise an. Auch er korreliert Gattungsentwicklung und Gesellschafts-
system im Blick auf das heroische Versepos und führt dessen "pénible
existence à l'époque moderne" auf die 'nicht-epische' Einstellung der

Leser, d.h. die "attitudes mentales du public" zurück.[15] Doch ist eine seiner erstaunlichsten Feststellungen, daß sich die Bemühungen um das Epos - soweit es nationale und historische Themen betrifft -, zeitlich gar nicht auf das 16. oder 17., sondern vielmehr auf das 19.Jahrhundert konzentrieren. Der Höhepunkt der epischen Produktion mit historischem Themenschwerpunkt liegt in Frankreich erst zwischen 1800 und 1850.[16] Himmelsbach setzt dieses Ergebnis in Beziehung zu den (vor allem auch militärischen) Erfahrungen der Revolution und der napoleonischen Kriege und ziziert unter anderem den Epiker Parseval, der findet, gerade jene Epoche - die der Wende zum 19.Jahrhundert - sei die weit heroischere und damit auch 'epos-geeignetere' als diejenige Bossuets oder Corneilles, weil doch erst das (noch kommende) 19.Jahrhundert dasjenige sei, "qui semble être celui des prodiges".[17] Zum Höhepunkt der nationalepischen Produktion in Frankreich kommt es also zum selben Zeitpunkt, an dem ein Teil der Literaten (z.B. Quinet, Nodier, Gautier) dem Epos gegenüber skeptisch bleiben bzw. die Gattung verloren geben, und zwar thematisch zum einen zentriert auf Napoleon und, dichtgefolgt in der Anzahl, auf Jeanne d'Arc, die "superchampionne de l'épopée" (Himmelsbach).[18]

Die sich aus diesem Exkurs ergebenden Befunde sind auch in ihrer Übertragung auf Argentinien und unser Columbus-Epos höchst aufschlußreich.

Das betrifft zum einen die Gattungsreflexion.

Zu den überraschendsten Resultaten des Vergleichs gehört nämlich die Erkenntnis, daß die Krise des Epos, an der sich die französischen Autoren seit dem Spätabsolutismus in immer neuen Anläufen argumentativ abarbeiten und deren Reflexion, wie wir gesehen haben, von den Realisierungsbemühungen nicht zu trennen ist, bei Demaría gar nicht thematisiert wird. Auch bei Demaría ist der Anspruch auf ein nationales Repräsentationskunstwerk eindeutig. Am pathetischsten weist darauf bereits die Widmung des Textes hin.[19] Doch bleibt dabei die literarische Gattungswahl erstaunlich unreflektiert und wird im Vorwort zu Colón zunächst eher autobiographisch motiviert. Hervorgegangen aus dem eher naiv und zufällig unternommenen Versuch, die bewundernde Beschäftigung mit der Biographie Columbus' in einen literarischen Text umzusetzen, wählt Demaría die Form des panegyrischen Gedichts, "[que] escribí, en algunos días, que salí al campo" und setzt diese Bemühungen ebenso 'zufällig' im größeren Rahmen des Versepos fort; ja, er legt ausdrücklich Wert auf eine geradezu unbewußt erfolgte Entstehungsgeschichte des Textes, dessen Kunstcharakter er eher herunterspielt.[20]

Doch hindern ihn diese Überlegungen keineswegs, ästhetisch an die epischen Bemühungen der unterschiedlichsten europäischen Vorbilder und "mejores bardos" zu erinnern (von Goethe über Milton, Espronceda, Racine, Dante und Tasso bis zu Camões), in deren Traditionsfolge er sich selbst zumindest implizit situiert. Die Bemühung um ein nationales argentinisches (beziehungsweise gesamtlateinamerikanisches) Epos wird sozusagen doppelgleisig mit einem Defizit begründet und zugleich mit dem allgemeinen Fortschritt der Kultur in Lateinamerika verknüpft. So bemängelt er einerseits, daß bisher über die Entdeckungsgeschichte des Kontinents nur wenig von Lateinamerikanern selbst geschrieben worden sei ("de la grandiosa epopeya ô primitiva historia de la conquista del mundo de Colón, nada, ô casi nada se ha escrito por sud-americanos"), und andererseits, daß der Zustand der Künste der Gradmesser des erreichten Zivilisationsstandes einer Nation sei ("el mayor ô menor adelanto literario y artîstico de una nación [es] el infalible barómetro del estado de su más ô menos civilización y progreso"; VIII).

Im Grunde wiederholt dies lediglich die Argumentationsfigur des französischen 17.Jahrhunderts, die die Existenz eines nationalen Heldengedichtes in der Folge Homers und Vergils als den Beweis endgültig erlangter literarischer Selbständigkeit und Größe versteht. Es reproduziert, wie in Frankreich, aber auch den Paradigmenwechsel innerhalb der Gattung Epos vom ritterlich-aristokratischen Helden- zum Historien-Epos.

Was bei Demaría, ohne es näher zu thematisieren, gefordert wird, ist das historische Epos mit einem historisch verbürgten Helden; analog zur Gattungsentwicklung in Frankreich, wo sich die Bemühungen um das Epos thematisch von den Abenteuern des individuellen aristokratischen Ritters weg und zu Themen der nationalen und kollektiv bedeutsamen Geschichtserfahrung hin verlagern und in dieser Form der Gattung im 19.Jahrhundert zu einem neuen Aufschwung verhelfen, sind auch bei Demaría sowohl das Moment des Heroischen als auch das des Wunderbaren eindeutig an die Historie gebunden. Nur in der Historie kann das individuelle Heldentum noch glaubwürdig legitimiert werden, nachdem sich die Anbindung an den individuellen Heroismus ritterlicher Prägung allen Anläufen zum Trotz als unhaltbar erwiesen hat; hier ist die Ausnahmesituation noch erhalten, die sonst im "schon zu organisierter Verfassung herausgebildeten Staatszustand" nicht mehr gegeben ist und damit in der Entheroisierung der sozialen Praxis Hegel zufolge bekanntlich die Epenproduktion verhindert.[21]

Wie aber wird dann - unter der Bedingung der Nachprüfbarkeit historischer
Fakten - 'heroische Größe' literarisch codierbar? Und, gleichsam als andere
Seite derselben Medaille: Wenn der Gegenstand der literarischen Bemühung
darin besteht, die Handlungen eines außergewöhnlichen Helden zu schildern,
der sozusagen per definitionem die alltägliche Lebenspraxis des 'normalen'
Lesers transzendiert, wie kann dann diese Außergewöhnlichkeit nachvollziehbar und imaginierbar gemacht, kurz: wie die Brücke zum Rezipientenalltag
geschlagen werden? Wie wird Heroismus literarisch glaubhaft in einer un-
heroischen Welt?

Aus dieser Perspektive stellt sich die Frage nach der Darstellung des
Historischen bei Demaria noch einmal neu.

5. Noch einmal: zur Darstellung von Columbus und der Literarisierung von
   Geschichte bei Demaria

Die in der Differenzierung ästhetischer Kategorien äußerst hellhörigen
Autoren der Renaissance hatten die mit der ersten Frage verbundene Problematik sofort erkannt; bei einem 'richtigen' historischen Epos (also nicht
bei einem, das den historischen Hintergrund nur als Folie für eine im
Prinzip gleichgebliebene Handlung nimmt, wie etwa bei den Kreuzfahrts- oder
Christianisierungs-Epen) werde die 'Wahrscheinlichkeit' (vray-semblance)
nämlich durch 'Wahrheit' (vérité) ersetzt, und daher müsse man Epos und
Geschichte eigentlich trennen; zumindest - so eine überraschende Lösung
1584 - müsse man dann schon erlauben, "un peu de faux parmy le vrai" zu
mischen.[22] Und daß die ungenügende Beglaubigung des Heroischen und des
Wunderbaren, also die fehlende Vermittlung zwischen dem Dargestellten und
der Leseerfahrung, einer der Hauptgründe für die Erfolgslosigkeit der
Gattung war, ist als Argument ebenfalls bereits früh belegt.

Demarias Versuch, diese Schwierigkeit zu lösen, läßt sich demgegenüber als
Doppelstrategie beschreiben: nämlich im Grundsatz, zum einen gerade nicht
"ein bißchen Falsches" in die Darstellung zu mischen, um damit eine größere
Plastizität des Heroischen zu erreichen, sondern im Gegenteil sich streng
an den Ergebnissen historischer Forschung zu orientieren; und zum anderen,
die Ereignisse - wie in der Epentradition vor der Säkularisierung - erneut
an die Religion anzubinden und so das Wunderbare des historischen Gelingens
aufzulösen als Eingriff göttlicher Mächte in das Weltgeschehen.

In dieser Konzeption funktioniert die Überhöhung des historischen Individuums - die bei Demaría eine hemmungslose Idealisierung ist - im wesentlichen über den Gegensatz des 'allein gegen alle'. Columbus ist die ideale Figur, die heroisch über Zeit und Raum verfügt, ja mehr noch: Sein entscheidendes Charakteristikum als Held liegt gerade darin, daß er in der Entdeckung Lateinamerikas sogar neue Räume erschließt. Darin ist er allen anderen bekannten historischen Helden überlegen - größer als Cäsar, Napoleon oder die Kaiser der Antike;

- Er ist größer aber auch als (beispielsweise) Las Casas:

  no sacó á una tribu ó á un pueblo de la esclavitud, sino que libertó á toda la desconocida mitad del universo, de la ignorancia y de la idolatría (S. VII);

- mit seinen Kenntnissen verblüfft er alle:

  Como sabio y elocuente orador, y erudito en ciencias cosmográficas y conociemientos teológicos, sorprende Colón al entonces eminentísimo Consejo de Salamanca, y á todas las notabilidades científicas, que á él concurrieron[...],

- und dies ebenso als Politiker:

  Como hombre político, vemos conducirse á Colón, en la Peninsula y en América, con admirable prudencia, previsión y sagacidad, en medio de las palaciegas intrigas de sus detractores y envidiosos, y salir siempre airosas la verdad y honradez de su conducta;

- wie etwa auch als Seemann:

  como marino, los más aventajados de su tiempo, reconocieron la superioridad de Colón (alle S. Xf.);

- charakterfest und zielbewußt ist er:

  Obsérvase la energía y firmeza de carácter de Colón, al notarse, que casi estuvo para fracasar su empresa, por no ceder ni un ápice, en las proposiciones hechas á los Católicos Reyes, á los cuales parecieron exorbitantes (S.XI).

- und insgesamt (wie in einem sich über eine halbe Quartseite punktlos erstreckenden Satz aufgezeigt wird:) perfekt und modellhaft:

  De todos los eximios varones que han existido, paréceme Colón la organización moral, más armónicamente completa y perfecta, que ha honrado é iluminado á sus semejantes, trazándoles el inmortal camino de la virtud, la gloria y el martirio; tenía la brillante irradiación del hercúleo genio, que acomete imposibles y realiza las más increibles y estupendas empresas: la excelsa y profunda inspiración, previsión y sensibilidad de los grandes pensadores, legisladores y poetas[...] (S.X).

Im Vorwort seines Textes hat Demaría alle sonst über den Text verstreuten Überbietungsmetaphern zugunsten von Columbus noch einmal versammelt; Columbus ist sozusagen der Held per se.

Doch ist Demarías Konzeption dabei, wie gesagt, keineswegs unhistorisch. Vielmehr verwendet er allen Ehrgeiz darauf, e x a k t zu sein und die im literarischen Text berichteten Details in den notas anhand der neuesten zu seiner Zeit verfügbaren Sekundärliteratur zu belegen und überprüfbar zu machen. Letztlich beruht seine Darstellung auf der Grundannahme, daß es die 'Großen Männer' sind, die die Weltgeschichte bewegen und daß, um die entscheidenden historischen Entwicklungsmomente zu beschreiben, die Orientierung an der Biographie solch übergroßer Individuen ausreicht; entsprechend kommen Dinge wie der soziale Hintergrund, der Kontrast divergierender Kulturen, ja sogar andere Personen als Columbus nicht oder nur insoweit in den Blick, als sie für Demarías personenzentrierte Geschichtsauffassung funktional sind.

Die Herkunft dieser Konzeption nimmt, wie sich unschwer erkennen läßt, die entsprechenden Überlegungen Carlyles auf und erweitert dessen Typologie der "Capitains", zu denen er sowohl Odin ("der Held als Gott"), als auch Dante, Shakespeare ("der Held als Dichter"), Luther, Rousseau und Napoleon und Cromwell ("der Held als Herrscher") zählt, gleichsam um eine neue Kategorie, sozusagen "der Held als Entdecker". Daß Demaría (im englischen Original oder in französischer oder italienischer Übersetzung) On Heroes, Hero-Worship, and The Heroic in History ([1]1841) gekannt hat, ist offensichtlich und an vielen Stellen nachzuweisen, auch wenn die spanische Übersetzung des Textes offenbar erstmals erst 1893 (übrigens mit einem Vorwort von Clarín) erschienen ist.[23]

Was Demaría jedoch zusätzlich auszeichnet, ist die religiöse Dimension seiner Columbus-Deutung wie seines Geschichtsverständnisses. In seiner Sicht können alle Phasen der Entdeckungs- und Eroberungsgeschichte Lateinamerikas nur in Übereinstimmung mit einem göttlichen Willen Wirklichkeit werden. Das Wunderbare ruht in der christlichen Glaubenszuversicht; erst aus ihr heraus kann die Entschiedenheit, mit der Columbus seine Vorstellungen gegen die zweifelnde Umwelt durchsetzt ('allein gegen alle'; vgl. die Szenen am Hof: gegen die Ignoranz der Höflinge, bei der Abfahrt: gegen die Tränen der Familien, auf hoher See: gegen die Skepsis und latente Meuterei der Seeleute) erfolgreich werden. Das Wunderbare liegt aber nicht darin, daß Columbus ein rein 'ausführendes Werkzeug' Gottes wäre, das dessen heilsgeschichtlichen Plan nur verwirklicht. Diese Interpretation würde dem Helden im nachaufklärerischen Zeitalter den Charakter als exemplum nehmen, und diese didaktische Intention ist bei Demaría ohne weiteres vorhanden. Vielmehr ist es jene Mischung von zupackender Entschlossenheit, rationalem

Handeln und unbedingter religiöser Zuversicht, die den Erfolg verbürgt - bei
durchschnittlichen Menschen allerdings nicht gegeben ist und ihnen daher
exemplarisch vorgelebt und dargestellt werden muß.

Natürlich steht Demaría mit dieser Interpretation nicht alleine; vielmehr
gehört sie zu einer - nicht unbedingt zahlenmäßig sehr großen, doch zeitweilig äußerst einflußreichen - Strömung der konservativ-katholischen
Columbus-Interpretation seit der Mitte des 19.Jahrhunderts. Nicht zufällig
nennt Demaría als Hauptquellen, denen er - nicht in Detailfragen, aber in
den großen Zügen der historischen Interpretation - seine Anregungen verdankt,
neben der großen 'romantischen' Columbus-Darstellung Washington Irvings
([1]1828; in spanischer Übersetzung erstmals 1833-34 und bereits 1854 in
dritter Auflage erschienen) immer wieder den französischen Historiographen
Antoine-François-Félix Roselly de Lorgues. Roselly de Lorgues ist es bekanntlich, der bereits seit den fünfziger Jahren des 19.Jahrhunderts in
immer neuen Anläufen versucht hat, die Heiligsprechung Columbus' beim Papst
zu erwirken;[24] ein Nachklang davon findet sich innerhalb der lateinamerikanischen Literatur noch in Alejo Carpentiers Roman El arpa y la sombra (1979),
wo Columbus - als Schatten - unbemerkt einer (fiktiven) Abschlußsitzung der
Ritenkongregation im ihn betreffenden Beatifikationsverfahren beiwohnt.[25]

Schon im Vorfeld der Vierhundertjahrfeier von 1892 führten diese Bemühungen
- zumindest in Europa - zu einer breiten Diskussion um die historische Rolle
von Columbus; unterstützt wurden die Bestrebungen unter anderem von Léon
Bloy (Révélateur du globe: Christophe Colombe et sa béatification future,
1884) und, mit einer dreiteiligen Sammlung von Dokumenten und Unterstützer-
briefen, für die Roselly Vor- bzw. Nachworte verfaßte, von dem Italiener
Giuseppe Baldi, der im Untertitel des ersten Bandes seiner "raccolta di
documenti" (La glorificazione del genio cristiano, 1879) vom "imcomparabile
servo di Dio Cristoforo Colombo" spricht.

Im Kontext dieser Debatte ist es zu sehen, wenn Demaría mehrfach von der
"vida santa" des Columbus spricht (weniger heilige Biographieelemente wie
das Konkubinat mit Beatriz de Osorio auch prompt ausspart), in seiner Darstellung des Entdeckers immer wieder gängige Topoi populärer Christusdar-
stellungen, ins Weltliche gewendet, anklingen läßt und ihm Columbus insgesamt zu demjenigen wird, "[que] paréceme el ser de la humanidad, que más
aproximase à la perfectabilidad y grandeza de su Creador". Im Umkreis der
Bemühungen, Columbus zur Heiligsprechung zu verhelfen und Leo XIII. ent-

sprechende Argumente an die Hand zu geben, ist in Lateinamerika Demaría
der vermutlich wichtigste Repräsentant und Co-Propagandist.

Allerdings: eine solche Deutung kann kaum unumstritten bleiben. Vielmehr
ist es gerade die katholisch-christliche Interpretation der Entdeckungsgeschichte, wie sie Demaría vornimmt, die im Kontext der argentinischen
Geschichte der Zeit erheblichen politischen Sprengstoff enthält.

6. Demarías Columbus-Darstellung und der argentinische 'Kirchenkampf' um 1880.

Bezogen auf Spanien und den "IV Centenario" von 1892 hat Salvador Bernabeu
Albert vier große Richtungen der Columbus-Interpretation unterschieden, die
untereinander in Streit lagen: die sogenannte 'mystische', die 'idealistische'
und die 'pejorative' Schule, die er alle zusammen der Obergruppe der
'Leyendas Colombinas' zuordnet, und eine 'Escuela realista', die er ihnen
insgesamt gegenüberstellt.[26]

Es kann hier nicht darum gehen, diese Unterscheidungskriterien im Blick auf
ihre Stichhaltigkeit zu diskutieren oder zu überprüfen, ob und inwiefern
Bernabeus Analysen auf die Situation in Lateinamerika übertragbar sind.
Doch steckt hinter ihnen die zentrale Beobachtung, daß es bei dieser Debatte
nicht nur um divergierende Interpretations- und Bewertungsmöglichkeiten
einer bestimmten Person und historischer Prozesse geht, sondern daß Columbus
und die Feiern des IV Centenario gleichsam eine Projektionsfläche liefern,
auf der sich die Diskussion von politisch-sozialen Grundsatzüberlegungen
abspielt, die vom Anlaß der Debatte letztlich völlig unabhängig sind. Im
Falle der Feierlichkeiten in Spanien - zu denen aus Lateinamerika u.a. auch
Rubén Darío, Ricardo Palma und Zorilla de San Martín eingeladen worden
waren[27] - hat diese Konflikte der Literaturkritiker José Yxart y Moragas
wie folgt zusammengefaßt (und hörbar klingt dabei noch eine fast ungläubige
Verwunderung angesichts der nicht bestreitbaren Fakten durch):

> ha llegado a ser más interesante que el mismo hecho histórico
> que se celebra y discute, <u>el modo y forma de celebrarlo</u>[...]
> mostrando al desnudo el pensamiento y estado de la sociedad
> actual con ocasión, mejor dicho, <u>con pretexto</u> del Centenario.
> <u>Entre tantos hechos como podrían citarse</u>, indicaré aquí un
> sólo, innegable, ocurrido en todas partes con los mismos
> caracteres: <u>la profunda, la radical división entre los hombres
> en el modo de apreciar el valor del descubrimiento y la persona
> del descubridor.</u>[28]

Das ist in Argentinien in dieser Schärfe nicht der Fall. Doch wird Demarías Columbus-Epos auch hier, und zwar gerade wegen der Akzentuierung christlicher Antriebsmomente, zur Stellungnahme in einer anderen ideologisch-politischen Debatte nationalen Ausmaßes, nämlich dem argentinischen 'Kirchenkampf' nach 1880.

Denn ähnlich wie in Spanien zum Zeitpunkt des IV Centenario eine 'neutrale' Äußerung in Bezug auf Columbus nicht mehr möglich war, weil sie unweigerlich in das Konfliktfeld eines national getönten Diskurses um die kulturellen Verdienste Spaniens in Lateinamerika geriet, so war in Argentinien nach 1880 (und bis mindestens 1900) keine neutrale Äußerung im Blick auf die katholische Kirche möglich. Gerade zur Zeit der Entstehung und Publikation des Demaría'schen Epos spitzt sich nämlich der Konflikt zwischen einer liberal-laizistischen und einer religiös bestimmten Staatsauffassung in Argentinien immer weiter zu und führt 1884 sogar zum schärfsten Mittel im innerstaatlichen Umgang unterhalb der Kriegsebene, nämlich zum offiziellen Abbruch der diplomatischen Beziehungen zum Vatikan. Erst im Jahr 1900, während der zweiten Präsidentschaft Roca, werden sie nach langen Verhandlungen wieder aufgenommen; innerhalb jener Entwicklung, die Enrique Dussel in seiner Kirchengeschichte Lateinamerikas im Blick auf den gesamten Kontinent die Epoche der "Agonie der kolonialen Christenheit" genannt hat, ist damit der Bruch zwischen Staat und Kirche in Argentinien in sehr kurzer Zeit, dafür aber auch auf besonders spektakuläre Weise vollzogen worden.[29]

Vorhergegangen war diesem dramatischen Schlußpunkt der Entwicklung eine ganze Reihe von Auseinandersetzungen, die sich vor allem an drei großen Streitpunkten entzündeten: an der Frage nach der Abschaffung der religiösen Unterweisung an öffentlichen Schulen bzw. der Einführung der staatlichen Schule, an der Einführung der zivilen Eheschließung und an der Säkularisierung der Friedhöfe. Innerhalb der ganzen "Generación de '80", jener Gruppe vor allem von Politikern und Intellektuellen, die im alten Konflikt von Zivilisation und Barbarei die Modernisierung Argentiniens über den konsequenten Anschluß des Landes an Europa vorantreiben wollten, hatte es stets eine starke Religionsskepsis gegeben; die konsequente Trennung von Staat und Kirche, im allgemeinen als Hindernis des gesellschaftlichen Fortschritts bewertet, war - analog zur Diskussion um die Gesetzesinitiativen Jules Ferrys in Frankreich - stets einer der Programmpunkte der Liberalen gewesen.

Daß es auch zu gewalttätigen Aktionen gekommen war - so 1880 zur Ermordung des aus Córdoba stammenden Priesters Tomás Pérez auf offener Straße in Buenos Aires und im selben Jahr sogar zur Steinigung eines Bischofs, nämlich jenes von Paraná durch Studenten des Colegio Nacional de Concepción del Uruguay -, hatte die Fronten zusätzlich verhärtet, zeigt aber auch die Erbitterung, mit der die Auseinandersetzung geführt wurde. Die katholische Kirche versuchte hingegen aus Verärgerung über einzelne prolaizistische Artikel, massiv in die argentinische Presselandschaft einzugreifen. Die Lektüre der Zeitungen "El Progreso" und "La Carcajada", kurz darauf auch von "El Interior" wurde für Gläubige feierlich untersagt; stattdessen wurden im Zuge des Kampfes gegen den politischen Liberalismus 1882 zwei eigene katholische Zeitungen gegründet, nämlich "La Unión", die sich bis 1889 halten konnte, und "La Voz de la Iglesia". Als zusätzlich der Kapitular von Córdoba den Gläubigen den Besuch der staatlichen Schulen verbot und der Nuntius den Konflikt durch diplomatische Proteste verschärfte, wurde der erstere unter Berufung auf das Patronatsrecht von der Regierung abgesetzt und der Nuntius zur persona non grata erklärt und ausgewiesen.

Wie stark sich dieser Konflikt zwischen dezidert laizistischen und prokatholischen Positionen aber auch innerhalb der argentinischen Gesellschaft durch alle Schichten zog, läßt sich erkennen, wenn man die Rede auf der spektakulären Abschlußkundgebung des Ersten Kongresses der "Asociación Nacional de católicos argentinos" liest, die 1884 als eine partei-ähnliche Organisation der katholischen Opposition gegründet worden war; inmitten anderer Angriffe auf die Regierung und die Programmatik des Liberalismus heißt es da unter anderem:

> He estudiado, señores, la política de mi país, falsa en
> sus impulsos iniciales, y he seguido[...], con repugnancia
> y zozobra, su descomposición gradual y rápida, entre
> elecciones fraudulentas, rivalidades de oligarquías[...]
> y explotaciones bastardas. No queda institución que no
> esté falseada y la Constitución es una colosal mentira
> y una simple irrisión.[30]

Der Autor dieses Textes ist nicht irgendwer - es handelt sich um José Manuel Estrada, immerhin einen der berühmtesten Verfassungsrechtler der Zeit und Professor in Córdoba; im Gefolge des Streits um den Apostolischen Nuntius, mit dem er sich solidarisiert hatte, wurde er übrigens ebenso seines Amtes enthoben wie der zuständige Staatsanwalt von Córdoba, der sich entgegen der Anordnung der Zentralregierung weigerte, ihm den Prozeß zu machen.

Man sieht, wie Demarías Columbus-Text, auch wenn er scheinbar nur historisch argumentiert und keine direkte Stellungnahme - etwa zu diesen spektakulären Vorgängen - enthält, eine aktuell politische Komponente besitzt.

Der Vatikan mußte die politische Entwicklung mit sehr ambivalenten Gefühlen verfolgen. Einerseits natürlich darauf bedacht, den Einfluß der Lehre beispielsweise auch in den Schulen und die Verfügung über die Friedhöfe zu erhalten, war er auf der anderen Seite sehr stark an der Ausweitung und Normalisierung seiner Beziehungen zu den ehemaligen spanischen Kolonien und nunmehr unabhängigen Staaten und nicht an einer Konfrontation interessiert; Pius IX. - der übrigens in seiner Jugend selbst in Lateinamerika gewesen war -[31] hatte nicht nur in Rom das Colegio Pio Latino-Americano gegründet, sondern auch zahlreiche Konkordate geschlossen; Ernesto Quesada, der Widmungsträger von Demarías Text, unternahm gerade 1884 einen erneuten Anlauf, dies auch mit Argentinien zu vermitteln - angesichts der Ereignisse gerade zu diesem Zeitpunkt ein natürlich scheiterndes Unternehmen.

Demaría hingegen brauchte in dieser Hinsicht keine Kompromisse zu schließen: er konnte mit literarischen Mitteln das fortsetzen, das er auch zuvor als Politiker schon angestrebt hatte. Mit den großen Linien der vatikanischen Columbus-Interpretation befand er sich, auch wenn die Initiative zur Kanonisierung scheiterte, ohnehin in Übereinstimmung. Leo XIII. schrieb deren sozusagen offizielle Form im Juli 1892 endgültig fest; im Sendschreiben "Quarto abeunde saeculo" ("De Christophoro Columbo"), erlassen, um die Bedeutung Lateinamerikas für die Katholische Kirche deutlich zu machen, heißt es:

> Nimirum Columbus noster est; quandoquidem si paulisper spectetur qua potissimum causa consilium cepit telebrosum mare conquirere, et qua ratione consilium conatus est exequi, dubitari non potest, plurimum in re suscipienda perficiendaque potuisse fidem catholicam, ita ut non parum hoc etiam nomine universum hominum genus debeat Ecclesiae.[32]

7. Schlußbemerkung

Der Zusammenhang von Geschichte und Literatur, das heißt: die literarische Gestaltung historischen Geschehens ebenso wie umgekehrt, die Rolle von Fiktionalität in der Historiographie, gehört zweifellos - vor allem nach den Thesen des Historikers Hayden White und seiner Schule - zu den in den letzten Jahren in den Geisteswissenschaften am stärksten diskutierten

Theorieüberlegungen überhaupt.[33] Das betrifft nicht nur die Übersetzung
von "facts into fiction" allgemein, sondern gerade auch die verschiedenen
Formen der metahistory im europäischen 19.Jahrhundert,[34] und es hat das
Sensorium gerade auch für solche Texte mit historischem Themenschwerpunkt
geschärft, die sonst wegen ästhetischer Marginalität unter ausschließlich
literaturwissenschaftlichem Gesichtspunkt eher unbeachtet geblieben wären.

Zwangsläufig muß im Epos, stärker noch als z.b. im historischen R o m a n,
der immerhin explikative Abschweifungen zuläßt, die Darstellung von
Geschichte den Regeln einer narrativen Historik folgen: chronologisch
vorgehend, anschaulich statt begrifflich und dabei auf das Beschreibbare,
nicht auf auf das Analysierbare konzentriert - "antistruktur- und anti-
prozeßgeschichtlich, antianalytisch, antitheoretisch und antireflexiv",
wie Jürgen Kocka dieses Vorgehen in anderem Zusammenhang aus historio-
graphischer Sicht genannt hat.[35] Die Darstellung historischer Verhältnisse
wird hier wie in den Bemühungen des europäischen Historismus zur Legitima-
tionsfigur, die die Größe nationaler Vergangenheit und Gegenwart beglaubigt.[36]

Es bleibt aber auch die Frage, welche sozialen Bedürfnisse gerade die eher
abgedrängten, literarhistorisch vernachlässigten Gattungen einmal befriedigt haben und in Folge welcher gesellschaftlicher Wandlungen ihr Sinnverlust
zur Ausgrenzung aus der als relevant empfundenen Literaturproduktion geführt
hat.

Im Blick auf das Epos in Lateinamerika läßt sich spekulieren, daß es sich
hier um eine spezifisch anti-moderne, traditionalistische Gattung handelt,
die sich aus der (bei Demaría und anderen gerade auch religiös motivierten)
Opposition gegen die Verhältnisse eines nationalen 'Modernisierungspro-
jektes' querstellt; eine Vermutung, die deutlich gestärkt wird, betrachtet
man die Beispiele der Gattungsentwicklung im zeitlichen Umkreis von und
nach Demarias Text.

Daß das Epos als Gattung in Lateinamerika länger überlebt hat als in den
europäischen Literaturen, hängt aber auch damit zusammen, daß sich hier
ein literarischer Markt erst später entwickelt. In seiner Skizze eines
Forschungsprogramms zur sozialen Differenzierung bürgerlicher und aristokratischer Literaturformen hat Ulrich Schulz-Buschhaus zu Recht auf die elementare Tatsache verwiesen, daß das entscheidende formale Distinktiv der hohen
Gattungen Epos und Tragödie, nämlich der Vers, "einen marktunabhängigen,
möglichst auch nicht professionalisierten Autor" verlangt, "dem die auf

Grund komplizierter Formprätentionen eventuell gering bleibende Quantität seiner Werke keinen existentiellen Nachteil eintragen durfte".[37] Das ist in Argentinien (und nicht nur dort) bis zur Jahrhundertwende nahezu durchgängig gegeben; bekanntlich hat David Viñas den in der Zeit gebräuchlichen Ausdruck "gentleman-escritor" zur Kennzeichnung dieser nicht von einem literarischen Markt abhängigen Autoren reaktiviert. Doch ist das Erstaunliche, daß ungeachtet aller Klagen von Autoren epischer Großprojekte über die schlechten Publikationsbedingungen (langer Zeitraum zwischen Entstehung und Veröffentlichung, Druck nur auf Veranlassung staatlicher Stellen oder mit privater Subvention, wenige Käufer), sich die Gattung des historisch orientierten Versepos in Lateinamerika bis heute gehalten hat. Demarías Columbus-Interpretation ist da nur e i n Beispiel.

Anmerkungen

1. Hier heißt es u.a.: "Habiéndonos manifestado el autor de esta obra, que hemos publicado por entregas en Sud-América[...] que ha encontrado algunas erratas,[...] nos previene que nos mandará un ejemplar corregido[...] por si tenemos que hacer una segunda edición" (Bernabé Demaría, Colón. Poema histórico, Buenos Aires/Montevideo/Santiago de Chile/Valparaíso 1887, S.680 [Hervorhebung hinzugefügt]). Das Exemplar des Ibero-Amerikanischen Instituts Berlin (Sign.: 4° III ba 63) enthält ensprechend dieser Ankündigung eine ganze Anzahl handschriftlicher Korrekturen des Autors sowie gelegentliche Ergänzungen; im folgenden werden sie stillschweigend nach diesem Exemplar mitzitiert.

2. Zit. nach Stichwort "Demaría, Bernabé" in Enciclopedia del arte en América, Bd.3, Buenos Aires 1969 (ohne Seitenzahl); das neuere Werk: Vicente Gesualdo/Aldo Biglione/Rodolfo Santos, Diccionario de artistas plásticas en la Argentina, Buenos Aires 1988, S.277-279 druckt den Text - unverändert, doch ohne die bibliographischen Hinweise - lediglich noch einmal ab. Eine frühere biographische Notiz findet sich u.a. im Diccionario Histórico Argentino, Buenos Aires 1954, Bd.3, S.62f.

3. Vgl. zum kunsthistorischen Kontext u.a. Enciclopedia, op.cit., Bd.1, S.49ff. ("Argentina: El arte en los siglos XIX y XX"), mit Abbildung "La cazadora".

4. Vgl. Anm.3; die Abbildung (beide Male schwarz-weiß) ebenso in Diccionario, op.cit.

5. Enciclopedia, op.cit., Bd.3 bzw. Diccionario, op.cit., S.277.

6. Vicente Osvaldo Cutolo, Nuevo Diccionario Biográfico Argentino 1750-1930, Buenos Aires 1969, Bd.2, S.518.

7. Op.cit., S.680ff.; übrigens ist die Beschreibung von Columbus' Äußerem unverkennbar die - lediglich in Versform gebrachte - Paraphrase einer entsprechenden Stelle bei Cantú.

8. Ebd., S.22f.; Hervorhebungen original.

9. Ebd., S.31; Hervorhebungen original.

10. Fünfter Gesang; S.41-43.

11. So beschäftigt sich innerhalb der deutschsprachigen Literaturwissenschaft Leo Pollmanns Studie Das Epos in den romanischen Literaturen, Stuttgart 1966 zwar mit den epischen Projekten des französischen 19.Jahrhunderts (Lamartine, Hugo) und rechnet noch Saint-John Perse dazu (ebd., S.141ff.), behandelt aus dem iberischen Bereich jedoch keine jüngeren Beispiele als die Lusiaden (Portugal 1572) und die Araucana (Spanien/Chile, 1569-1589); in der Festschrift für Dieter Kremers (Susanne Knaller, Edith Mara [Hrsg.], Das Epos in der Romania, Tübingen 1986), werden zwar u.a. auch Martín Fierro und das Werk Nerudas behandelt, doch gehen die Beiträge kaum über die aus der internationalen Sekundärliteratur bereits bekannten Positionen hinaus.- Einer der höchst seltenen Beiträge, die sich mit dem Thema überhaupt befassen, ist Eugenia Neves' kurze Miszelle "Concepto de civilización y barbarie en la poesía épica" (in Atenea 45. 1968, No.421/22, S.51-56), die jedoch völlig im Allgemeinen und wissenschaftlich unergiebig bleibt; ein Beitrag, der sich übergreifend mit Geschichte und Erscheinungsformen des Epos in Lateinamerika im 19. und 20.Jahrhundert befassen würde, ist mir nicht bekannt.

12. Reinhard Krüger, Zwischen Wunder und Wahrscheinlichkeit: die Krise des französischen Versepos im 17.Jahrhundert, Marburg 1986 (Marburger Romanistische Beiträge, 1); Siegbert Himmelsbach, L'épopée ou la 'case vide': La réflexion poétologique sur l'épopée nationale en France, Tübingen 1988 (mimesis, 3); v.a. bei Himmelsbach weitere umfassende Literaturnachweise. Beide Autoren (Krüger, S.1ff.; Himmelsbach, S.XIf., S.130ff.) beziehen sich übrigens auffälligerweise in ihrem Erkenntnisansatz ausdrücklich auf die Theoriebildung der histoire des mentalités.

13. Vgl. u.a. S.2 und S.13ff. ("Zum Widerspruch von Literaturgeschichte und poetischer Praxis"); sowie (neben anderen) auch Jenö Németh's Überblick mit dem bezeichnenden Titel "La raison d'être d'un genre 'avorté'. La théorie du poème heroïque sous l'Ancien Régime", in Acta Romanica 3 (1976), S.87-153.

14. Krüger, op.cit., S.1.

15. Himmelsbach, op.cit., S.IX; vgl. auch ebd., S.179ff.

16. Vgl. v.a. die Tabelle ebd., S.74 mit der dazugehörigen Auswertung.

17. Ebd., S.43; das Zitat stammt aus dem Jahr 1806.

18. Vgl. die entsprechende Auswertung S.76ff.; auf Jeanne d'Arc stützt sich auch die Handlung des (bisher ?) letzten von Himmelsbach registrierten Versepos (1926).

19. Sie lautet: "A la República Argentina / Amada patria mía, así como el buen hijo tiene, ante todo, el sagrado deber de tributar el fruto de sus afanes á la madre, que dióle la existencia; así yo, complacido, te dedico, hayáis ó no para mí sido la mejor de las madres, este postrer trabajo de mis ya agotadas fuerzas".

20. Vgl. die entsprechende Begründung im Vorwort, die die Entstehung des Textes vor allem auf Demarías Schlafschwierigkeiten zurückführt: "tengo siempre la costumbre de leer largas horas, en la noche, para acortar las pesadas y fatigosas del insomnio[...] y no pudiendo reconciliar el sueño, recordaba por dónde iba de mi leyenda, y como si fuera ciego, y ya habituado á ello, seguía mentalmente componiendo versos que al siguiente día escribía[...] Es la impremeditada exclamación de asombro, que lanza la criatura[...] cuando admira y contempla algo que le fascina y encanta" (S. XIII; Hervorhebung zugefügt).

21. Vgl. die grundsätzlichen Überlegungen zu den "Gattungsunterschieden der Poesie" bzw. zu den Charakteristika und der Entwicklungsgeschichte des Epos, auf die hier nicht näher eingegangen werden kann (ihre Rezeption in Lateinamerika zu untersuchen, wäre ein Desiderat); Hegel, Ästhetik (ed. Friedrich Bassenge), Berlin/Weimar ³1976, Bd.2, S.402ff., Zitat S.414.

22. So Jean de Boyssières; vgl. Himmelsbach, op.cit., S.131f.

23. Thomas Carlyle, Los Héroes, el culto de los héroes y lo heroico en la Historia (Übersetzung: Julián G.Orbón), Madrid: Fernández y Lasanta 1893; die Übersetzung steht sicherlich auch mit der Debatte um den 'historischen Helden' Columbus in Zusammenhang, wie sie (s.u.) nach 1892 in Spanien massiv ausgebrochen war.

24. Vgl. Rosellys Werke Christophe Colomb, histoire de sa vie et de ses voyages, Paris 1856 [²1859; 1862; 1877; "Grande Edition" 1879; "Edition populaire" 1886; 1887; 1892]; L'Ambassadeur de Dieu [= Columbus] et le Pape Pie IX, 1874; Histoire posthume de Christophe Colomb, 1885.- Roselly, 1805-1898, von Napoleon III. mit dem Titel "de Lorgues", von Pius IX. mit dem eines Fürsten geadelt, erhielt im Februar 1893 vom spanischen König sogar den Auftrag, beim Papst als postulator causae aufzutreten; zur Biographie, vgl. das entsprechende Stichwort in der Grande Encyclopédie, Paris 1885ff., Bd.28, S.943f. und in Georges Grente (Hrsg.), Dictionnaire des lettres françaises: Le XIXème siècle, Paris 1972, Bd.2, S.343 (Joseph Bollery).

25. Vgl. hierzu und dem folgenden grundlegend Titus Heydenreich, "'El arpa y la sombra' (1979): Alejo Carpentiers Roman vor dem Hintergrund der Columbus-Wertungen seit den Jahrhundertfeiern von 1892", in Wolfgang Bader/János Riesz (Hrsg.), Literatur und Kolonialismus I, Frankfurt/Bern 1983, S.291-321; der neuere Beitrag: Barbara Schuchard, "Auctor Ludens. Zu Maskerade und Demaskierung des Kolumbus bei Alejo Carpentier", in Christian Wentzlaff-Eggebert (Hrsg.), Realität und Mythos in der lateinamerikanischen Literatur, Köln-Wien 1989, S.339-371 geht auf die Kanonisierungsversuche nicht näher ein, sondern hat andere Interessenschwerpunkte. S. ferner den Beitrag von Hermann Herlinghaus in diesem Bande.

26. Salvador Bernabeu Albert, 1892: El IV Centenario del descubrimiento de América en España, Madrid 1987 (Tierra nueva e cielo nuevo, 20), S.112ff.- Vgl. auch ders., "El IV Centenario del descubrimiento de América en la coyuntura finisecular (1880-1893)", in Revista de Indias 44 (1984), No.174, S.345-366.

27. Vgl. Bernabeu Albert (1987), S.61; dort auch Hinweise auf weitere Literatur, insbesondere zum Aufenthalt Darios.

28. Conferencias leídas en el Ateneo de Barcelona sobre el Estado de la Cultura Española y particularmente la catalana en el siglo XV, Barcelona 1893, S.10f. (aus der Einleitung des Vortragszyklus; Hervorhebungen hinzugefügt). Yxart war zu diesem Zeitpunkt Präsident des Ateneo; übrigens ist er auch eine der zentralen Figuren der "Renaixença" der katalanischen Literatur im ausgehenden 19.Jahrhundert.

29. Enrique Dussel, Die Geschichte der Kirche in Lateinamerika [Historia de la Iglesia en América Latina, dt.; 1971], Mainz 1988, S.122ff., v.a. S.159ff.- Erstaunlicherweise haben diese Ereignisse nur relativ selten den entsprechenden historiographischen Niederschlag gefunden; vgl. jedoch Hans-Jürgen Prien, Die Geschichte des Christentums in Lateinamerika, Göttingen 1978, v.a. S.578ff.; Juan Carlos Zuretti, Historia eclesiástica argentina, Buenos Aires 1945, sowie Aldo Büntig, "La Iglesia argentina en las diversas etapas del proyecto neocolonial", in Héctor Borrat/A.B., El imperio y las iglesias, Buenos Aires 1973, S.69-115. Innerhalb der mehrbändigen, umfassend angelegten Historia General de la Iglesia en América Latina (HGIAL) ist ein Band IX zur Region Cono Sur angekündigt, aber noch nicht erschienen.

30. Hier zitiert nach dem entsprechenden Kurzkapitel in Diego Abad de Santillán, Historia argentina, Bd.3, Buenos Aires 1965, S.346-348; Zitat S.346.

31. Vgl. Heydenreich, op.cit., S.295 mit Nachweisen Anm.13.

32. "Epistola Sanctissimi Domini Nostri [...] De Christophoro Columbo", in ASS 25 (1892/93), Fasc. 1 [= 289], S.3-7, Zitat S.4.

33. So die spektakuläre, der Historiographie zugeschriebenen Funktion in Hayden White, The Tropics of discourse. Essays in Cultural Criticism, Baltimore 1978 (deutsch als: Auch Klio dichtet oder die Fiktion des Faktischen. Studien zur Tropologie des historischen Diskurses, Stuttgart 1986).

34. Vgl. ders., Metahistory: The Historical Imagination in Nineteenth-Century Europe, Baltimore 1973.

35. Jürgen Kocka, "Bemerkungen im Anschluß an das Referat von Dietrich Harth" [über Historik und Poetik im 19.Jahrhundert] in Hartmut Eggert (Hrsg.), Geschichte als Literatur: Formen und Grenzen der Repräsentation von Vergangenheit [FS Eberhard Lämmert], Stuttgart 1990, S.27.

36. In diesem Sinne ist auch aufschlußreich, daß die Epen-Produktion offenbar signifikant einhergeht mit anderen Formen politischer oder religiöser Verehrung ihrer Helden; bei Columbus ist dies deutlich der Fall im Umkreis der Kanonisierungsdebatte; für Frankreich lassen sich die Napoleon- und Jeanne d'Arc-Epen korrelieren mit der Überführung ins Pantheon bzw. ebenfalls den Kanonisierungsbemühungen (vgl.Himmelsbach, op.cit., Schaubild S.76 und dazugehörige Auswertung).

37. Ulrich Schulz-Buschhaus, "Formen aristokratischer und bürgerlicher Literatur", in Kölner Zeitschrift für Soziologie und Sozialpsychologie 31(1979), S.507-526 [Sonderheft Kultursoziologie]; Zitat S.511.

Annex 1

Eingebunden in das Exemplar von Colón, das die Bibliothek des Ibero-Amerikanischen Instituts, Berlin, besitzt, befindet sich der folgende, hier erstmals gedruckte Widmungsbrief des Bandes an Ernesto Quesada. Der Abdruck erfolgt mit freundlicher Zustimmung des Direktors der Bibliothek, Herrn Prof.Dr. Dietrich Briesemeister.

Buenos Aires Enero 17 de 1901.

Señor doctor don Ernesto Quesada.

Muy grato me es remitir a usted, - como débil ofrenda al distinguido hombre de letras y rectísimo fiscal civil. - este tomo, referete á la historia del Descubrimiento de América, teniendo inéditos otros tres, de iguales dimensiones y formas literarias, que son, La Conquista del Perú, La Conquista de México, y el Descubrimiento del Océano Pacífico, por Vasco Nuñez de Baltoa: es decir, todos los grandes sucesos del descubrimiento del nuevo hemisferio.

En tan minucioso estudio y narracion he empleado mas de un carto de siglo de trabajo diario; y hoy, que cumplo setenta y siete años, y que ya véome próximo al sepulcro, paréceme un ensueño todo lo que he tenido que investigar, estudiar, comentar y narrar, para dar cima á mi propósito, alentado por una inquebrantable voluntud. Y moriré satisfecho de mí mismo; porque en el estrecho sendero de mi vida, he logrado poner mi grano de arena.... en la que quizá no haya en vano intentado trazar mi pobre nombre para el porvenir, como el cumplimiento del sagrado deber, impuesto á toda la Humanidad.

Dispense usted á este pobre viejo, que le dé tal explicacion, como discúlpase al que va á morir, que revele, cual vago recuerdo, ó como un ¡ay! de la agonía, ciertas reminiscencias, que se agolpan á su mente y que murmura al fin, al desprenderse para siempre de su ya deshecho ropaje.

Bernabé Demaria.

Annex 2
Materialien zum heroisch-historischen Epos in Lateinamerika (20.Jahrhundert)

Zu den erstaunlichsten Phänomenen der Gattungsgeschichte des Epos in Lateinamerika gehört die Tatsache, daß das Versepos, insbesondere mit historisch-nationalem Themenschwerpunkt, keineswegs 'abgestorben', sondern - wenn auch zumeist ohne großen Publikums- wie Presseerfolg - als 'Gattung am Rande der Literatur' durchaus noch aktiv ist. Einige Beispiele mögen dies (auch im Blick auf eine künftige Gattungsgeschichte) zeigen.

Eine erste Gruppe von Texten liegt dabei zeitlich zwischen ca. 1890 und 1910.

In Uruguay ist Tabaré, das berühmte Epos von Juan Zorilla de San Martín, das - wenn so etwas überhaupt existiert, als das 'Nationalepos' anzusprechen wäre - etwa zeitgleich zu den Texten Demarías entstanden und 1888, also ein Jahr vor Colón, erstveröffentlicht worden (in Paris).- Unter deutlichem Tabaré-Einfluß folgt in Bolivien 1896 Celicha. Páginas del Gran Chaco Boliviano von Daniel Campos (1896); beides eher kostumbristische Texte.- Ebenfalls noch in diesen zeitlichen Umkreis gehört aber auch das lange Versepos La Zaragozaida. Poema épico en doce cantos von Francisco Granados Maldonado (Mexico); veröffentlicht 1904, wenn auch bereits 1867 geschrieben. In der langen, in ihren Peripetien gelegentlich nahezu unverständlich wirren Einleitung des Textes diskutiert der Autor v.a. die kritischen Einwände gegen das Epos als Gattung, findet sie aber insgesamt nicht stichhaltig; sein Text - "grande por el asunto que aunque yo no haya podido desempeñar, me quedará la gloria de la iniciativa" - bemüht sich um eine (historisch möglichst genaue) Schilderung der Belagerung von Puebla de Zaragoza durch die Franzosen (1862/1863), also einen erst wenige Jahre zurückliegenden und vom Autor miterlebten Stoff.

In Bolivien wurde das große Versepos Boliviada. Poema épico von Guillermo C.Loaiza (1870-1924) mit der Goldmedaille "en un concurso Sucre 1909" prämiiert und anschließend (Sucre 1911) gedruckt; ein Nachdruck datiert von 1975 in La Paz. Entstanden ist der Text als "Homenaje al Primer Centenario del día inicial de la Independencia Hispano-Americana".

Das Versepos La inquietud humana von Francisco A.Sicardi (Argentinien), erschienen 1912, knüpft in dreizehn cantos (= zwei Bänden) an die französischen humanitär-visionären Epiker des 19.Jahrhunderts (Lamartine, Hugo) an und entwirft eine Art Panorama der weltgeschichtlichen Entwicklung.

Das Epos Anahuac von Manuel A.Chavez (Mexico; Themenschwerpunkt Nationalgeschichte) ist dem Kolophon zufolge bereits seit 1908 (und mit Unterbrechungen bis 1938) entstanden; ein erster Teil wurde 1916 und 1917 auf spanisch in Norwegen (!) veröffentlicht. Die komplette Fassung erschien México 1945.

Seit den dreißiger Jahren läßt die Epen-Produktion deutlich nach.

Für Peru ist Sinfonia de la basilica. La epopeya de Santa Rosa de Lima von Ricardo Walter Stubbs nachzuweisen (Lima 1958). Der Text, 308 Seiten lang und laut Kolophon "el más extenso Poemario que se publica en el mundo en homenaje a Santa Rosa de Lima" - versucht in sieben Rapsodias, die Handlung mit der Nennung zahlreicher, auch und vor allem zeitgenössischer Personen und Organisationen (vom Banco Comercial bis zur Firma Wing On Chong & Co.) zu verbinden, die - im offensichtlichen Blick auf künftige Käufer des Textes - in zwei Registern auch ausdrücklich und mit Angabe der entsprechenden Textstelle nachgewiesen werden.

Auffällig ist die Häufung von z.T. enorm umfangreichen Versepen gerade in
den letzten Jahren.
Die meisten Beispiele stammen hier wiederum aus Mexico.
Auf den Chroniken der Eroberung Mexicos basiert Guillermo López de Laras
México: epopeya del alba (México: "Editorial Patria" 1969). Die insgesamt
167 Gedichte sind in 19 Groß-Cantos organisiert; zu 498 Seiten Text kommen
noch 170 Seiten Anmerkungen, Nachweise und Anhänge hinzu.- Mit deutlich
politischer Absicht veröffentlicht José Carrillo seinen Canto secular a Cuba
(México 1974). In 13 'Cantares' (274 Seiten Text; laut Kolophon 3000 Exemplare Auflage) besingt der Text die Ereignisse der Revolution Fidel Castros;
es ist "una expresión de amor militante" und zugleich "un poema épico (en el
estricto sentido de la palabra) compuesto en muy diversos metros y combina-
ciones poéticos".

Im Jahr 1975 wird in Mexico die Epopeya de México von Eduardo Achach
Centurión gedruckt; angeblich in 10.000 "albums de lujo numerados". Der Text,
um dessen Publikation sich der Autor über Jahrzehnte bemüht hat, enthält
neben "Comentarios" (beiläufigen und aufmunternden Gesprächsfetzen mehr oder
weniger prominenter Literaten, die das Werk unverbindlich loben) im Apéndice
auch Briefe mehrerer mexicanischer Präsidenten, von Lázaro Cárdenas bis zu
Luis Echeverría, die die Edition des Werkes - ebenfalls unverbindlich -
begrüßen würden; außerdem über 40 epígrafes und verschiedene frases célebres.
Das Kolophon des Textes sagt u.a.: "EPOPEYA DE MEXICO, es un poema histórico-
lírico, de exaltación a la Patria, un canto a los Héroes, a los valores de
nuestra nacionalidad, con reflexiones políticas y filosóficas. Declaración
de amor a México, con expresiones que son gratas al oído y a la imaginación."

Im Jahr 1977 erscheint, ebenfalls in Mexico ("Editorial Tradición") und "con
licencia eclesiástica", La trilogía mexicana. Poema épico, von Gadel Mozáb,
dessen Identität aber noch innerhalb des Bandes als die des Jesuitenpaters
Rafael Ramírez Torres, S.J. gelüftet wird. Der Text umfaßt 859 Seiten und
wird in 1000 Exemplaren gedruckt; "La acción se desarrolla durante la noche
del 28 al 29 de septiembre del año 1926". Und weiter heißt es in den "adver-
tencias necesarias": "Quiso Gadel cantar en el presente poema la triple
acción que, como en todas las naciones, se ha desarrollado en México: la
Obra de la Gracia, la Obra del Malo y la del libre Albedrío". Dabei geht es
aber auch um politische Fragen: in zahlreichen Abschweifungen und Kommentaren
wird das "Malo" identifiziert; es hängt einerseits mit dem protestantischen
Staat im Norden, den USA, zusammen (erhebliche Teile des Epos beschäftigen
sich mit dem Verhältnis USA-Mexico im 19.Jahrhundert), aber auch wesentlich
mit den Freimaurern, die dort angeblich im Geheimen das alleinige Sagen haben.

Der jüngste epische Text ist in Mexico für 1989 nachzuweisen: Emilio Rojas,
La simple historia de un cualquiera no siempre es cualquier historia; im
Editorial Expresión y Tiempo in angeblich zehntausend Exemplaren erschienen
("¡El libro del año!", heißt es auf dem Umschlag). Hier handelt es sich laut
Vorwort um ein "cantar épico moderno": "Ernesto, el protagonista, es una
bandera en la lucha de clases. [...] Es la lucha cotidiana por la sobre-
vivencia de una familia venida de la provincia a la capital, que se impulsa
al cambio ante la urbe que le exige uñas y dientes para poder sobrevivir."

Drei Versepen mit national-historischem Themenschwerpunkt lassen sich in
den letzten zwanzig Jahren für Honduras, Bolivien und Argentinien nachweisen.- In sieben Gesängen (62 Seiten) behandelt Joaquín Espada Bolivia y
el Mar. Epopeya de la Guerra Injusta (Cochabamba 1967).- Marcos R.Paz

thematisiert in Viltipoco (Buenos Aires 1982) in 17 "Cantos de métrica variable" den Kampf der Eingeborenen der Senke von Humahuaca gegen die Spanier; im Mittelpunkt der Handlung steht Viltipoco, der Sohn des Kaziken Juan Calchaqui. Der Text regte seine Umsetzung in ein Ballett sowie mehrere Ölgemälde und Kleinplastiken an, die im Anhang abgebildet werden.- Der kürzeste der Epentexte ist Morazón von Medardo Mejía (1907-1981), 1988 von der Secretaría de Cultura y Turismo von Honduras ediert. Er besteht aus nur 24 Seiten, allerdings mit dem Anspruch "de exaltar y esclarecer la vida extraordinaria y la obra transformadora de quien es nuestro héroe nacional y el centroamericanismo más grande de todos los tiempo".

Das auf seine Art zweifellos beeindruckendste Versepos ist Parusía von José Rumazo (Ecuador). Es ist in vier schweren Bänden mit insgesamt knapp dreitausend Seiten Text in Quito erschienen (1: "Vertido del tiempo final", 1974,724 S.; 2: "Imperio del abismo", 1975, 769 S.; 3: "Glorioso advenimiento", 1976, 768 S.; 4:"Juicio y creación transfigurada", 1977, 800 S.). Der Text ist eine epische Umsetzung der Apokalypse und thematisiert dabei auch biblisch-eschatologisches Gedankengut vom Turmbau zu Babel über die Ankunft des Antichrist bis zum Jüngsten Gericht. In seiner (sehr umfangreichen, die Gattungsproblematik des Epos mitreflektierenden) Einleitung besteht der Autor darauf, sein Text sei "un intento de renovación de la epopeya, género literario ahogado actualmente por la novela, por las exigencias devoradoras de la actividad contemporánea, por el cine, la radio, la televisión[...]. Por otra parte la magnitud y cambios sorpresivos de los sucesos de estos últimos años producen a veces cierto casancio en la imaginación que se rinde"; hier sei der Ort, wo das Epos als Gattung seinen Platz finde. Entstanden in "soledad permanente", richtet sich die Absicht des Textes vor allem auf die (religiöse) Meditation des Lesers, weshalb spektakuläre Aktionen, aber auch breite Schilderungen etwa von Landschaften ausdrücklich unterbleiben: "las verdades escatológicas son deslumbrantes y sólo permiten un temeroso, lejano y respetuoso acercamiento a lo supremo" (XXXII). Insgesamt wird man für die letzten einhundert Jahre wohl von einem Textcorpus von 30 bis 40 'großen' Versepen im klassischen Gattungsverständnis für die Literaturen Lateinamerikas ausgehen müßen - bishin in die unmittelbare Gegenwart.

Columbus und Victor Hugo bei Rubén Darío

Harald Wentzlaff-Eggebert

I

Im Jahr 1892 wird Rubén Darío zum Mitglied der offiziellen Delegation Nicaraguas ernannt, die nach Spanien reisen und an den Gedenkfeiern anläßlich des 400.Jahrestages der Entdeckung Amerikas teilnehmen soll. Er verfaßt die Ode "A Colón", die er vor ausgewähltem Publikum in Madrid vorträgt[1] und noch im selben Jahr in der von der "Junta del Centenario" gebilligten Guía Colombina in Madrid veröffentlicht.[2] Der Text fällt deutlich aus dem Rahmen der übrigen - die Entdeckung durchweg glorifizierenden - Gedichte:

A COLON

1 ¡Desgraciado Almirante! Tu pobre América,
tu india virgen y hermosa de sangre cálida,
la perla de tus sueños, es una histérica
de convulsivos nervios y frente pálida.

2 Un desastroso espíritu posee tu tierra:
donde la tribu unida blandió sus mazas,
hoy se enciende entre hermanos perpetua guerra,
se hieren y destrozan las mismas razas.

3 Al ídolo de piedra reemplaza ahora
el ídolo de carne que se entroniza,
y cada día alumbra la blanca aurora
en los campos fraternos sangre y ceniza.

4 Desdeñando a los reyes, nos dimos leyes
al son de los cañones y los clarines,
y hoy al favor siniestro de negros beyes
fraternizan los Judas con los Caínes.

5 Bebiendo la esparcida savia francesa
con nuestra boca indígena semi-española
día a día cantamos la Marsellesa
para acabar danzando la Carmañola.

6 Las ambiciones pérfidas no tienen diques,
soñadas libertades yacen deshechas.
¡Eso no hicieron nunca nuestros Caciques,
a quienes las montañas daban las flechas!

7 Ellos eran soberbios, leales y francos,
ceñidas las cabezas de raras plumas;
¡ojalá hubieran sido los hombres blancos
como los Atahualpas y Moctezumas!

8   Cuando en vientres de América cayó semilla
    de la raza de hierro que fué de España,
    mezcló su fuerza heroica la gran Castilla
    con la fuerza del indio de la montaña.

9   ¡Pluguiera a Dios las aguas antes intactas
    no reflejaran nunca las blancas velas;
    ni vieran las estrellas estupefactas
    arribar a la orilla tus carabelas!

10 Libres como las águilas, vieran los montes
    pasar los aborígenes por los boscajes,
    persiguiendo los pumas y los bisontes
    con el dardo certero de sus carcajes.

11 Que más valiera el jefe rudo y bizarro
    que el soldado que en fango sus glorias finca,
    que ha hecho gemir al Zipa bajo su carro
    o temblar las heladas momias del Inca.

12 La cruz que nos llevaste padece mengua;
    y tras encanalladas revoluciones,
    la canalla escritora mancha la lengua
    que escribieron Cervantes y Calderones.

13 Cristo va por las calles flaco y enclenque,
    Barrabás tiene esclavos y charreteras,
    y las tierras de Chibcha, Cuzco y Palenque
    han visto engalonadas a las panteras.

14 Duelos, espantos, guerras, fiebre constante
    en nuestra senda ha puesto la suerte triste:
    ¡Cristóforo Colombo, pobre Almirante,
    ruega a Dios por el mundo que descubriste!

Insbesondere die Strophen 1, 9 und 14 lassen Columbus und seine Tat in einem unerwarteten Licht erscheinen. Columbus wird als "unglücklicher Admiral" apostrophiert, dessen "armes Amerika" heute nervenkrank sei; die Karavellen wären besser nicht in Amerika gelandet; Kummer, Schrecken, Kriege und ständiges Fieber seien das "traurige Los" der Neuen Welt, für die Columbus Gottes Beistand erbitten möge.

Solche Töne sind im Gedenkjahr 1892 unüblich. Üblich sind Veröffentlichungen mit Titeln wie <u>Apoteosis de Colón. Escritores colombianos muertos. Su tributo en la universal conmemoración</u>,[3] deren Einleitung unter dem Datum des 12.Oktober 1892 folgendermaßen lautet:

> Fecha grandiosa de los cuatro últimos siglos. El orbe la
> conmemora hoy en homenaje al héroe, al sabio, al benefactor,
> "al que sintió primero y realizó después una obra sin pre-
> cedente en los Anales del mundo."

> ¿Cómo contribuir para que nada falte en esa sublime
> apoteosis?
> En nuestro anhelo de que todo concurra á la glorificación
> sin ejemplo, hemos querido evocar, por decirlo así, el
> espíritu de los escritores colombianos que escribieron
> y cantaron á Colón y que han pasado á la eternidad.
> Concurrid[...] doctor Lucas Fernández Piedrahita, que
> aspirasteis á que el nombre de América se cambiase por
> el de Colona ó Columbina en honor á su famoso descu-
> bridor;[...] Seguid, doctor[...] ; continuad, doctores
> [...] , historiadores que tratasteis de la vida y hechos
> de Colón; avanzad, doctores[...] , que, en páginas que
> se inmortalizarán, cantasteis al gran Almirante; con-
> currid[...].
> ¡Perdonad que os llame y os invite á que concurráis en
> espíritu á la universal apoteosis!
> Permitid á este colombiano que en vuestro nombre y re-
> presentación coloque una guirnalda sobre la piedra que
> debe servir de pedestal al bronce que reproducirá la
> corporal forma del héroe, del santo, del sabio, del
> inmortal Cristóbal Colón.

Üblich sind also Ausdrücke wie "fecha grandiosa", "obra sin precedente en los Anales del mundo", "sublime apoteosis", "glorificación sin ejemplo" oder gar der Wunsch, die Neue Welt zu Ehren ihres Entdeckers in "Colona" oder "Columbina" umzutaufen. Üblich sind Beinamen für Columbus wie "héroe", "sabio", "benefactor", "santo" und "inmortal". Üblich ist es, Columbus ein Denkmal zu setzen, ganz im Sinne der vorausgegangenen Bestrebungen, ihn selig und später heilig sprechen zu lassen.[4]

Solche Glorifizierungen fehlen in der Ode "A Colón", sind Darío aber dennoch keineswegs fremd. In seinem - ebenfalls 1892 entstandenen - Gedicht "Mensajero sublime" springen sie dem Leser förmlich ins Auge.[5]

MENSAJERO SUBLIME

```
 1   Bajo un límpido azur, cuyo rayo
     flordelisan los astros de fuego,
     como un dios en su carro marino
     que arrastraran cuadrigas del viento;
 5   fué Colón, el Mesías del indio,
     que llegó al misterioso hemisferio
     a elevar el pendón de Castilla
     del gran sol en el cálido reino,
     y a llevar la palabra de Cristo
10   con la insignia de brazos abiertos.
```

Hier wird Columbus als das gefeiert, was er für Darío immer war: Der von Gott erwählte Held, der im Zeichen des Katholizismus die Verschmelzung der ruhmreichen Kriegernation Kastilien mit der unzivilisierten, aber edlen indianischen Rasse initiiert und damit den Grundstein für die "Hispanidad"

gelegt hat.[6] Mit "Mesías del indio" (Zeile 5), "elevar el pendón de
Castilla /[...] en el cálido reino"(Zeile 7/8) und vor allem mit "llevar
la palabra de Cristo/con la insignia de brazos abiertos" (Zeile 9/10),
also der Umdeutung der ausgestreckten Arme des Gekreuzigten in eine zur
Verbrüderung der weißen Eroberer mit der indianischen Urbevölkerung ein-
ladende Geste, wird dieses Columbus-Bild sprachlich ebenso eindeutig wie
anspruchsvoll umgesetzt.

Das Ideal der "Hispanidad" mit seinen drei Merkmalen "lo hispánico, lo
católico, y lo indígena"[7] wird in anderen Gedichten Daríos als auch für die
Gegenwart verbindlich präsentiert. In der Ode "A Roosevelt" aus dem Jahre
1904 wird Hispanoamerika im Gegensatz zu den USA als "la América ingenua
que tiene sangre indígena,/que aún reza a Jesucristo y aún habla en español"
bestimmt. Und für dieses andere Amerika, speziell seine spanische Komponente, steht nach wie vor Columbus als rein positive Symbolfigur ein:[8]

    la América del grande Moctezuma, del Inca,
    la América fragante de Cristóbal Colón,
    la América católica, la América española
    [...].[9]

Für das Verständnis der Ode "A Colón" ist es wichtig, daß Darío Columbus
weder hier noch sonst für den derzeit wenig idealen Zustand der Hispania
verantwortlich macht. Wenn also gleich zu Beginn von Amerika als "la perla
de tus sueños" die Rede ist, so ist das schwerlich ironisch gemeint, und
auch ein Satz wie "soñadas libertades yacen deshechas" (Strophe 6) richtet
sich kaum gegen den, der von diesen Freiheiten träumt, sondern gegen die,
die verhindert haben, daß seine Träume Wirklichkeit geworden sind. Entsprechend wird auch in "Al Rey Oscar" - einem Gedicht, das Darío als Dank-
adresse an den König von Schweden richtet, der 1899 kurz spanischen Boden
betreten hatte, und in dem er summarisch aufzählt, weshalb Spanien gerühmt
zu werden verdient - der 'Träumer' Columbus genannt:

    por las lanzas que fueron una vasta floresta
    de gloria y que pasaron Pirineos y Andes;
    por Lepanto y Otumba; por el Perú, por Flandes;
    por Isabel que cree, por Cristóbal que sueña
    y Velázquez que pinta y Cortés que domeña;
    [...].[10]

Columbus' Fähigkeit, eine die Menschheitsgeschichte in neue Bahnen lenkende Tat träumen zu können, wird also gerade als seine hervorstechendste Qualität gerühmt und in einem Atemzug mit der Gläubigkeit von Isabel la Católica und der Kunst von Velázquez angesprochen.

Fast noch wichtiger als die positiv zu sehende Figur des Columbus ist für das angemessene Verständnis von "A Colón" die Tatsache, daß dieses Gedicht sich im Grunde gar nicht mit seiner Person befaßt, sondern mit der Frage, was in den auf die Entdeckung folgenden 400 Jahren aus seinen Träumen und Idealen geworden ist. Schon die Formulierung der Überschrift signalisiert, daß Columbus nicht unbedingt selbst Gegenstand des Gedichts sein muß, sondern daß er zunächst nur der Angesprochene ist, dessen Apostrophierung die eigentliche Aussage umrahmt und so die Aufmerksamkeit für das dichterische Anliegen erhöht. Genau genommen wird Columbus eine Klage vorgetragen. Der Sprecher klagt ihm sein Leid, aber er klagt ihn nicht an. Und wenn er die traurige Bilanz der gegenwärtigen Situation Lateinamerikas gerade ihm vorträgt, so offensichtlich deshalb, weil Columbus einerseits so große Hoffnungen in seine Entdeckung gesetzt hat und anderseits - auch ohne Heiligsprechung - als eine Art Schutzpatron der "Hispanidad" gilt.[11] Die beiden letzten Zeilen des Gedichts signalisieren das auch dadurch, daß sie ganz ähnlich formuliert sind wie die in der Katholischen Kirche üblichen Anrufungen der Heiligen als Fürsprecher:

¡Cristóforo Colombo, pobre Almirante,
ruega a Dios por el mundo que descubriste!

Dabei ist auch die Tatsache von Bedeutung, daß hier die italienische Form seines Namens verwendet wird: Im Vornamen klingt so seine Leistung als "Mesías del indio" an, während im Nachnamen an die Taube als eines der wichtigsten christlichen Symbole erinnert wird.

Columbus wird also nicht angeklagt, sondern er wird um Hilfe angerufen und zugleich bedauert, weil 'sein' Amerika sich jetzt in einem so erbärmlichen Zustand befindet. Dieses Bedauern steckt bereits in dem das Gedicht eröffnenden Anruf "Desgraciado Almirante", den Fastenrath durchaus angemessen mit "O Admiral, welch Unglück ist Dir geschehen!" übersetzt. Und dieses Bedauern wird in der Schlußbitte mit "pobre Almirante" wieder aufgenommen, wobei es sich zum Mitleid für den kühnen Seefahrer verstärkt, dessen Träume von seinen Nachfahren zunichte gemacht werden.

Dazwischen werden Columbus Einzelheiten über die Situation Amerikas berichtet. Und zwar aus der Sicht der Betroffenen, die sich vertraulich an den wenden, dem das Schicksal 'seines' Amerika am Herzen liegen muß. Dafür stehen im Text die Possessivpronomen "tu", "tus" (Strophe 1, 2 und 9) und "nuestra", "nuestros" (Strophe 5, 6 und 14) ebenso ein wie das Personalpronomen "nos" (Strophe 4 und 12) und die Verbformen der 2.Person Singular (Strophe 12 und 14), der 1.Person Plural (Strophe 4 und 5) sowie des abschließenden Imperativ (Strophe 14). In diesem persönlichen Rahmen wird berichtet, daß Amerika - das mit einem unschuldigen Indio-Mädchen gleichgesetzt wird - inzwischen geisteskrank ist, wobei ihr Leiden offensichtlich daher rührt, daß es ihr nicht gelungen ist, eine gefestigte Identität auszubilden (Strophe 1). Sie sei von einem 'unheilvollen Geist', dem ständig neu entfachten Bruderkrieg besessen. Diese verhängnisvolle Entwicklung wird aber keineswegs Columbus selbst angelastet, sondern auf die späteren historischen Umwälzungen bezogen: Auf den Personenkult im Sinne diktatorischer Herrschaft (Strophe 3); auf die blutige Ablösung der Vize-Könige durch demokratische Verfassungen, was zur 'Verbrüderung' von Verrätern und Mördern geführt habe (Strophe 4); auf den - somit negativen - Einfluß der Französischen Revolution mit ständigen Umsturzversuchen und Exekutionen (Strophe 5). Niedrigste Gesinnungen hätten nicht nur den Traum von der Freiheit zerstört, sondern die Machthaber moralisch noch weit unter das Niveau der ehemaligen indianischen Herrscher zurückfallen lassen (Strophe 6 und 7). Am Ende von Strophe 7 erreicht das Gedicht einen ersten Höhepunkt mit dem Ausruf:

¡Ojalá hubieran sido los hombres blancos
como los Atahualpas y Moctezumas!

Zu Beginn der zweiten Gedichthälfte mit Strophe 8 werden dann jedoch - unter Wiederaufnahme der Gleichsetzung Amerikas mit einem Indio-Mädchen - unerwartet die überaus günstigen Voraussetzungen für eine große Zukunft Amerikas angesprochen:

Cuando en vientres de América cayó semilla
de la raza de hierro que fué de España,
mezcló su fuerza heroica la gran Castilla
con la fuerza del indio de la montaña.

Diese Strophe ist ein weiterer Beleg dafür, daß Columbus kein Vorwurf gemacht werden soll, sondern daß im Gegenteil die durch die Eroberung vorprogrammierte Rassenmischung als durchaus vielversprechend eingestuft wird.

Darío hält diese historische Chance offensichtlich noch keineswegs für endgültig vertan und auch die gegenwärtige Misere nicht für unüberwindbar. Noch 1905 beschwört er in der "Salutación del optimista" eine große Zukunft für die "Hispanidad":

> Ínclitas razas ubérrimas, sangre de Hispania fecunda,
> espíritus fraternos, luminosas almas, ¡salve!
> [...]
> Unanse, brillen, secúndense, tantos vigores dispersos;
> formen todos un solo haz de energía ecuménica.
> Sangre de Hispania fecunda, sólidas, ínclitas razas,
> muestren los dones pretéritos que fueron antaño su triunfo.
> Vuelva el antiguo entusiasmo, vuelva el espíritu ardiente
> que regará lenguas de fuego en esa epifanía.
> [...]
> Un continente y otro renovando las viejas prosapias,
> en espíritu unidos, en espíritu y ansias y lengua,
> ven llegar el momento en que habrán de cantar nuevos himnos.
> [...][12]

Von solchem Optimismus ist dann allerdings im weiteren Verlauf von "A Colón" nichts mehr zu spüren. Schon Strophe 9 enthält den Aufschrei, daß es besser gewesen wäre, Gott hätte die Karavellen nie ans Ufer der Neuen Welt gelangen lassen. Dieser Aufschrei des notleidenden Amerika wäre aber als Vorwurf gegen Columbus schon deshalb mißverstanden, weil Columbus als 'Cristóforo' - wie auch in dieser Strophe deutlich gesagt wird - im Auftrag Gottes gehandelt hat.

Die Strophen 10-11 evozieren dann noch einmal nostalgisch das freie und wilde Leben der Ureinwohner, das es ohne die Unterdrückungspolitik der Eroberer noch immer geben könnte. Komplementär dazu prangern die Strophen 12 und 13 die mangelhafte Umsetzung der christlichen Botschaft und den Verlust der durch Cervantes und Calderón repräsentierten Sprachkultur an, sowie als Folge davon die Herrschaft von Willkür und Gewalt auch in den Zentren der indianischen Hochkulturen.

Die letzte Strophe subsumiert dann die vom Schicksal auferlegten derzeitigen Plagen unter die Begriffskette "duelos, espantos, guerras, fiebre constante", bevor als letzte Hoffnung - in dieser auch für ihn enttäuschenden Situation - Columbus als Fürsprecher angerufen wird.

Insgesamt betrachtet fällt Daríos Ode "A Colón" also nicht deshalb aus dem Rahmen der Columbus-Panegyrik des Jubiläumsjahres 1892, weil sie eine Columbus-Schelte enthielte, sondern deshalb, weil sie als zu diesem Anlaß verfaßtes Gedicht erstens kaum von Columbus handelt, zweitens nicht pan-

egyrisch ist, und drittens eine bittere Bilanz des gegenwärtigen Zustands
der Neuen Welt zieht.

Dabei darf jedoch nicht vergessen werden, daß das Jahr 1892 für Darío auch
Anlaß war, Columbus in "Mensajero sublime" als Botschafter des Christentums
zu preisen. In "A Colón" nutzt er jedoch die auf Lateinamerika gerichtete
Aufmerksamkeit der Öffentlichkeit aus, um in aller Deutlichkeit zu sagen,
daß das Vermächtnis des Columbus, aus der Vermischung von spanischem und
indianischem Blut eine Neue Welt zu schaffen, die diesen Namen verdient,
bislang nicht eingelöst wurde.

II

Ist damit nicht das Wesentliche zu Daríos beiden Columbus-Gedichten gesagt?
Genügt nicht die Erkenntnis, daß Darío einerseits in "Mensajero sublime"
die historische Bedeutung und den ideologischen Anspruch der Entdeckung
Amerikas würdigt, andererseits aber hellsichtiger und mutiger als seine
Dichterkollegen die Finger in die offenen Wunden Lateinamerikas legt?
Kann man sich nicht - was ganz allgemein seine Art der Stellungnahme zu
politischen und sozialen Fragen anbelangt - mit dem folgenden Fazit zufrieden geben, das Keith Ellis nach einem sorgfältigen kritischen Forschungsbericht ziehen zu können glaubt?

> Rubén Daríos explicit and implicit views on socio-political
> questions have varied. His expression of contempt for one
> side of an issue could easily be followed by his praise for
> another aspect of that same side; and his interventions in
> issues were sometimes as surprising as were his withdrawals
> at other times.[13]

Wenn ich dennoch noch bei diesen Texten verweile, so ganz einfach deshalb,
weil es sich um Gedichte handelt, bisher aber ausschließlich von ihrem
gedanklichen Gehalt und von Daríos weltanschaulichen Positionen die Rede
war. Die Aussage oder 'Botschaft' eines Gedichts kann aber grundsätzlich
nicht mit seinem gedanklichen Gehalt gleichgesetzt werden. Ein Gedicht
stellt eine unlösliche Verbindung von Gehalt und Gestalt dar, wobei die
Art, wie sich beides verbindet, von dem den Text tragenden dichterischen
Selbstverständnis abhängt. Deshalb wird es im folgenden um eine historisch
angemessene Bestimmung von Daríos poetologischen Prämissen gehen. Die bisherige Betrachtung hat gezeigt, daß der gedankliche Gehalt von "A Colón"

dem von "Mensajero sublime" nicht direkt widerspricht, und Ellis hat zu Recht auf die oft überraschenden Perspektivenwechsel bei Darío hingewiesen. Eine genauere Erklärung für diese Perspektivenwechsel steht jedoch noch aus und erscheint um so dringlicher, als davon eben keineswegs nur die Columbus-Gedichte betroffen sind.

Um Mißverständnissen vorzubeugen: Im Denken von Darío gab es allem Anschein nach durchaus politisch-weltanschauliche Konstanten, wie etwa das Ideal der "Hispanidad" oder auch die Columbus-Verehrung. Ebenso hat Darío im Laufe seines Lebens offensichtlich mehrere Positionswechsel vollzogen. Beides hat sich mit Sicherheit in seinen Gedichten niedergeschlagen.

Nicht weniger fest steht auf der anderen Seite, daß Gedichte wie "Mensajero sublime" und "A Colón" spezifisch poetische Texte sind. So gesehen ist es bereits bemerkenswert, daß Daríos poetologische Prämissen es ihm erlaubten, aktuelle und brisante Themen auch als Dichter aufzugreifen und entsprechend zu gestalten. Weitere Beispiele sind "A Roosevelt" (1904) und "Salutación al Aguila" (1906), deren immer wieder diskutierte Widersprüchlichkeit[14] sich zum guten Teil, wie ich zeigen möchte, aus den Besonderheiten des poetischen Diskurses erklärt, dem sie zugeordnet werden müssen.

Soweit ich sehe, sind bei Darío zumindest drei verschiedene Diskurse zu unterscheiden, wobei der im engeren Sinn 'modernistische' Diskurs, mit dem er meist mehr oder weniger ausschließlich identifiziert wird, von unserer Fragestellung am wenigsten berührt wird. Zumindest dann nicht, wenn man - wie allgemein üblich - das wesentliche Merkmal des Modernismus darin sieht, daß statt auf Auseinandersetzung mit Wirklichkeit eher darauf Wert gelegt wird, inneres Erleben in symbolisch überhöhte, ästhetisch vollkommene, sprachlich-klangliche Kunstgebilde umzusetzen.[15]

Daneben bedient sich Darío aber auch einer ganz anders gearteten Schreibweise, die man grob als 'journalistischen' Diskurs etikettieren könnte. Diesem Diskurs sind seine Texte verpflichtet, in denen er als Korrespondent verschiedener Zeitungen detailliert und kritisch über aktuelle Ereignisse berichtet.[16]

Gewissermaßen zwischen diesen beiden extrem verschiedenen Diskursen ist ein dritter angesiedelt, den man als 'visionär-pathetischen' Diskurs bezeichnen könnte. Er teilt mit dem 'journalistischen' Diskurs den Bezug zum aktuellen Zeitgeschehen und hat mit dem 'modernistischen' einen Teil der poetischen Verfahren gemeinsam.[17] Obwohl ihn mit dem 'modernistischen' Diskurs auch noch die extrem hohe Bewertung von Dichtung und Dichter verbindet, ergibt sich das auffälligste distinktive Merkmal des 'visionär-pathetischen' Diskurses doch aus einer anderen Vorstellung von der Funktion des eigenen Tuns. In deutlicher Anlehnung an Victor Hugo versteht sich der Dichter hier als 'vates', der das Wesen der Dinge und die großen Zusammenhänge sieht und sich berufen fühlt, die ihnen innewohnende Bedeutung anderen mit allem ihm zu Gebote stehenden Mitteln so eindringlich wie möglich spürbar werden zu lassen.[18] Pedro Salinas hat - soweit ich sehe als einziger - darauf aufmerksam gemacht, daß Darío sowohl Victor Hugo als auch der Poetik des "l'art pour l'art" verpflichtet war, und sich beider Schreibweisen nebeneinander bediente:

> En un breve espacio del siglo XIX, que Rubén Darío tenía recorrido en su imaginación y conocido palmo a palmo, se le presentan dos concepciones del poeta, nacidas en dos escuelas, mejor dicho, en un hombre - aunque él solo era todo una escuela, Víctor Hugo - y una escuela, la del arte por el arte.
> [...]
> Rubén conocía lo mismo la plataforma del vate que la oficina del aurífice. Tentado por la primera lanza su voz a los millones de hispanos de dos mundos; y seducido por la exquisitez de la segunda pule y redondea estrofas para los pocos.[19]

Trotz mancher Überschneidungen zwischen diesen drei Diskursen lassen sich die hier in Frage stehenden Gedichte doch klar dem an Hugo orientierten Diskurs zuordnen. Entsprechend haben die Schwierigkeiten der Forschung, in den weltanschaulich-politischen Stellungnahmen Daríos eine klare Linie zu entdecken, ganz konkret damit zu tun, daß man unterschiedslos Texte des 'journalistischen' und solche des 'visionär-pathetischen' Diskurses miteinander verglich, ohne deren jeweils spezifische Gesetzmäßigkeiten zu beachten.[20] Dabei deutet Darío selbst an, daß er durchaus zwischen dem Anspruch verschiedener Diskurse zu unterscheiden weiß. In seiner Besprechung von Manuel Ugartes - vor dem "peligro yanqui" warnenden - Buch El porvenir de América latina heißt es:

> El grito de alarma se había dado ya líricamente: Vargas Vila, entre otros, había lanzado terribles clamores; José Martí, más de una vez había dicho cosas bellas y proféticas sobre el acecho de los hombres del Norte. Yo mismo, hace ya bastante tiempo, lancé a Mr.Roosevelt, el fuerte cazador, un trompetazo, por otra parte, inofensivo. Pero ésas son cosas de poetas.[21]

Gemeint ist hier natürlich die Ode "A Roosevelt", wobei man sich von dem
in der Rückbesinnung leicht distanziert-ironischen Ton nicht darüber hinwegtäuschen lassen sollte, wie ernst Darío sein Amt als Dichter-Seher nahm.
Andererseits rührt natürlich seine spätere Distanz genau daher, daß es im
Rahmen der von Victor Hugo geprägten Schreibweise weniger um die differenzierte als um die pathetisch zugespitzte Präsentation einer politisch-weltanschaulichen Stellungnahme geht.

Doch worauf stützt sich eigentlich die Behauptung, daß Rubén Darío, der
modernistische Dichter par excellence, in einem Teil seines Werkes so stark
von Victor Hugo beeinflußt war? Ist wirklich neben dem Einfluß von Symbolismus und Parnasse ein ebenso prägender Einfluß der - in Frankreich von
Symbolismus und Parnasse 'überwundenen' - Dichtungsauffassung Hugos denkbar?
Die Antwort ist im wesentlichen bereits 1966 von Salvador Aguado-Andreut
gegeben worden, der sein etwas in Vergessenheit geratenes Darío-Buch mit
einem Kapitel "Víctor Hugo y Rubén Darío" einleitet.[22] Dort wird der Nachweis geführt, daß Hugos Einfluß auf Rubén Darío größer war als der jedes
anderen Dichters: Auf ihn bezieht Darío sich immer wieder, ihn bezeichnet
er mehrfach als sein Vorbild, während er anderen - meist französischen -
Autoren nur sporadisch seine Reverenz erweist.

Die Begegnung mit Hugos Werk findet bereits 1882 statt, sein Einfluß ist
bis 1896 besonders auffällig, läßt sich aber auch später noch deutlich nachweisen.[23] Zudem gibt es für Daríos Hugo-Verehrung einen von Aguado-Andreut
nicht berücksichtigten eindrucksvollen Beleg: Daríos Bericht von den Vorbereitungen, die in Paris für die Feiern zum hundertsten Geburtstag Hugos
getroffen werden. Der Bericht erschien in La Nación (Buenos Aires) am
27.12.1901 und ist überschrieben: "El Dios Hugo y la América Latina".[24]
Darío apostrophiert Hugo darin als "rey de los orfeos franceses" und sieht
in der offiziellen Ehrung nichts weniger als "la consagración del dios".
Die Feierlichkeiten beim Begräbnis Hugos erscheinen ihm rückblickend als
"funerales[...] casi sacrocesáreos, con el Arco del Triunfo por túmulo",
und er vermerkt ausdrücklich, daß er die damalige außergewöhnliche Würdigung
des "vate" durch die gesamte zivilisierte Welt für gerechtfertigt hält:

> Fue majestuoso, fue hermoso. Fue merecido. Moría el Hugo de
> los gigantes y el Hugo de los niños; el Hugo de los pueblos
> y el Hugo de la lira; muchos Hugos y un solo poeta, colosal,
> estupendo, genial, Genio: el que faltaba en la lista aquella
> de un capítulo de su Shakespeare. Porque, hay que reconocerlo,

> si hay quien no lo reconozca: ha habido a su rededor árboles
> robustos, jardines, colinas, preciosos y misteriosos valles,
> nobles eminencias. Montaña, sólo él. Su obra es cósmica,
> pánica.[...]
> No ha vuelto a verse después de Hugo, un espíritu de poder
> tan universal.

Abschließend macht Darío dann noch Vorschläge, wie Hugo von Seiten Lateinamerikas geehrt werden könnte. Diese Vorschläge reichen von einer Zusammenstellung der Erinnerungen bedeutender Zeitgenossen, die ihn persönlich gekannt haben, über die Publikationen der schon bestehenden spanischen Übersetzungen - von denen einige von Darío selbst stammen sollen[25] - und ein Homenaje, in dem alle gegenwärtigen großen Dichter, Künstler und Denker Amerikas Hugo ihre Reverenz erweisen könnten, bis hin zu folgender Idee speziell für Nicaragua:

> La centroamericana Nicaragua podía hacer otra cosa: enviar
> dignamente un trozo de piedra bruta, o de lava, del gran
> Momotombo, "colosse chauve et nu", a quien cantó su parcial
> leyenda en su Leyenda secular.

Hugo hatte nämlich in der ersten Ausgabe von La Légende des siècles (1859) unter dem Titel "Les raisons du Momotombo" ein Gedicht über den sagenumwobenen Vulkan am Ufer des Managua-Sees veröffentlicht, auf das Darío zudem später mit seinem Gedicht "Momotombo" antworten wird.[26] In diesem Gedicht, dem er die - bereits teilweise zitierte - Zeile Hugos "O vieux Momotombo, colosse chauve et nu ..." als Motto voranstellt, nimmt er dann noch dreimal auf den nach wie vor bewunderten Franzosen Bezug. In der vorletzten Strophe in der Form, daß er Columbus und Hugo mit dem Vulkan auf eine Stufe stellt:

> Tu voz escuchó un día Cristóforo Colombo;
> Hugo cantó tu gesta legendaria. Los dos
> fueron, como tú, enormes, Momotombo,
> montañas habitadas por el fuego de Diós.[27]

Wenn es für die Konstanz von Daríos Verehrung für Victor Hugo noch eines weiteren Beleges bedürfte, so wäre darauf zu verweisen, daß sich auch Daríos 1909 veröffentlichte umfangreichste und anspruchsvollste literaturgeschichtliche Arbeit mit ihm befaßt: "El castellano de Víctor Hugo" ist eine Artikelserie überschrieben, in der er das Leben und das gesamte Werk Hugos auf seine Spanischkenntnisse, auf Spanien- und auf Hispanoamerikabezüge hin untersucht und zu dem Schluß kommt: "De todas maneras, el Gran Francés fue también un Gran Español."[28]

Worin liegt nun aber das Spezifische des dichterischen Selbstverständnisses Hugos, das bei allen - keinesfalls zu vernachlässigenden - Unterschieden dazu berechtigt, für einen Teil von Daríos Lyrik von einem an Hugo orientierten 'visionär-pathetischen' Diskurs zu sprechen. Es liegt in dem, was man als 'Sendungsbewußtsein' zu bezeichnen pflegt. Victor Hugo sah seine Aufgabe stets darin, den Menschen in der konkreten historischen Situation, in der sie lebten, den Weg zu weisen. Er fühlte sich im politischen und sozialen Bereich als Prophet und Autorität. Ein Anspruch, der - aus heutiger Sicht - seiner dichterischen Aussagekraft ebenso abträglich war, wie umgekehrt sein poetischer Anspruch der Konkretheit seiner politisch-sozialen Aussagen.

Bei Darío ist dieser auf die Lebenswelt bezogene visionäre Anspruch ebenfalls spürbar, wenn auch in abgemilderter Form. Ihm fehlt eine sein ganzes Schreiben prägende Leitidee wie der - auch im Vorwort von 1859 zu La Légende des siècles betonte - Gedanke des unaufhaltsamen Fortschritts der Menschheit in Richtung auf einen endzeitlichen Glückszustand.[29] Andererseits maßt er sich im politisch-sozialen Bereich auch nicht im selben Maß Autorität an wie Hugo. Er sieht seine Aufgabe eher darin, Grundpositionen der aktuellen politisch-sozialen Diskussion poetisch zu gestalten, wobei das Dichterische über die politisch-engagierte Botschaft jeweils sehr schnell die Oberhand behält, wie Aguado-Andreut zu Recht betont:

> Si bien Darío obra algunas pocas veces a lo político o a lo filosófico-social, los datos políticos de que se vale - fuertes en su grito de comienzo - se ahogan velozmente en el mar inmenso y exuberante de lo poético. Un olvido (o mejor aún, una firme conciencia del oficio de poeta) le conduce por sendas ajenas de la que había constituido la materia primitiva del poema[...].[30]

Bei Darío lebt einerseits die romantische Vorstellung vom begnadeten Dichter fort, der sich als Seher eigentlich nicht in die Niederungen der Tagespolitik begibt, andererseits aber fühlt er sich bei entsprechenden Anlässen doch verpflichtet, seine Sicht der Dinge zu Gehör zu bringen. Während Hugo jedoch glaubte, mit seiner Dichtung den Lauf der Geschichte beeinflussen zu können, ist davon bei Darío nichts mehr zu spüren:

> La poesía no puede alterar o impulsar los destinos interiores y callados de la Historia, dejaría de ser poesía para convertirse en elocuencia. En última instancia la poesía adivina, vislumbra, atraviesa el tiempo, penetra hasta lo misterioso, pero poéticamente y nada más que poéticamente.
> [...]

> La consecuencia de todo ello es que los hábitos
> para con la poesía no coinciden con los hábitos
> destinados para otros fines o con otros designios.
> Las verdades de un poeta no se pueden pesar con la
> balanza de la lógica ni de la vida práctica y útil.[31]

Damit hat Aguado-Andreut die Dichtungsauffassung Daríos gegenüber der lebenspraktischen Rede als kategorial anderen Diskurs definiert. Sein Begriff der "hábitos" zielt zudem auf wesentliche Aspekte dessen, was man heute mit dem Diskurs-Begriff zu fassen versucht. Eher noch stärker als für Hugo meint für Darío somit auch weltanschaulich geprägte Dichtung einen dominant poetischen Zugriff auf die Wirklichkeit, der Zusammenhänge erahnt und Verborgenes aufdeckt.

Für die angemessene Einschätzung der Columbus-Gedichte Daríos bedeutet dies folgendes: Im Rahmen des 'visionär-pathetischen' Diskurses fühlt Darío sich zunächst berufen, den tieferen Sinn der Entdeckungsfahrt von 1492 für die Menschheit auszuloten, und präsentiert Columbus entsprechend als "mensajero sublime" und "Mesías del indio", der unter der Führung Spaniens eine unvorstellbare Ausdehnung des christlichen Friedensreiches ermöglicht. Sein Selbstverständnis als Dichter-Seher erlaubt es ihm dabei, nur diesen einen Aspekt zu behandeln. Die vielfältigen anderen Aspekte blendet er ebenso aus wie die Folgen der Entdeckung. Stattdessen überhöht er den Augenblick der Entdeckung selbst: Eingebettet in die hyperbolische Evokation einer dem Unternehmen offensichtlich wohlgesonnenen Natur wird Columbus zunächst - nicht minder hyperbolisch - mit einer heidnischen Gottheit verglichen, bevor in bildhafter Rede die eigentliche Aussage gemacht wird. Der 'visionär-pathetische' Diskurs erlaubt ihm also außer der Ausblendung aller konkreten Zusammenhänge zugunsten des einen von ihm relevant gesetzten Aspekts auch die Überhöhung dieses Aspektes mit allen ihm zu Gebote stehenden Mitteln: Beispielsweise dadurch, daß Columbus, der als "Mesías del indio" gepriesene Gesandte Jesu, im Sinne traditioneller Rhetorik[32] mit einem heidnischen Meeresgott verglichen wird.

Dasselbe dichterische Selbstverständnis ist auch in "A Colón" wirksam. Denn wenn ein visionärer Dichter im Jahr 1892 an die Situation Lateinamerikas denkt, und die Jubiläumsfeierlichkeiten Anlaß zum Vergleich mit dem Jahr 1492 bieten, dann kann es ihm durchaus auch als würdige Aufgabe erscheinen, die gegenwärtigen Mißstände zum ausschließlichen Gegenstand eines Gedichts zu machen und dabei den tieferen Sinn der historischen Tat des Columbus genauso auszublenden wie er in "Mensajero sublime" alle anderen Aspekte

der Entdeckung ausgeblendet hatte. Wieder fühlt er sich gedrängt, die
Wirkung seiner Aussage mit allen ihm zur Verfügung stehenden Mitteln zu
steigern. So wie "Mensajero sublime" ganz aus der Perspektive des Augenblicks
der Ankunft und des europäischen Entdeckers geschrieben ist, so "A Colón"
ganz aus der Perspektive der Gegenwart des Jubiläumsjahres und der jetzigen
Bewohner Amerikas. Auf die Zeit der Entdeckung wird nur kontrastiv als
Zeit eines - hypothetischen - naturverbundenen, moralisch intakten Lebens
der 'Eingeborenen' Bezug genommen.

Bestand "Mensajero sublime" nur aus einem Satz, so ist "A Colón" ein langes
strophisches Gedicht. Trotz seiner Länge zeichnet sich aber auch dieses
Gedicht nicht durch eine differenzierte Darstellung, sondern durch geballte
Schwarz-Weiß-Malerei aus: Auf der einen Seite das rein negativ gefärbte
Bild des kolonialen und unabhängigen Amerika, auf der anderen Seite das rein
positiv gefärbte Bild der Zustände zum Zeitpunkt der Entdeckung:

> Mira Darío a toda la América española y doquiera ve guerras
> intestinas, tiranías de hierro, con tiranos panteras, revo-
> luciones de la chusma, ultrajes al idioma, mengua del amor
> a Dios.
> [...]
> Se refugia, románticamente, en el sueño de la sociedad
> idílica precolombiana, en la América del <u>bon sauvage</u>,
> horra de toda perfidia, edad de oro de unos salvajes
> imaginarios que eran "soberbios, leales y francos",
> proclamando la superioridad de aquellos Caciques que
> él no conoció - y por eso le sonríen desde su pasado
> ilusorio - sobre estos tiranuelos que conoce bien, y
> justamente le repugnan.³³

Offensichtlich sieht Darío es in "A Colón" als seine dichterische Mission
an, den gegenwärtigen Zustand als völlige Pervertierung der 1492 durchaus
legitimen Hoffnung auf eine 'Neue Welt' mit neuen Menschen erscheinen zu
lassen.

Dazu dient ihm natürlich vor allem die das Gedicht umrahmende Apostrophe
des Columbus. Dazu dient ihm sodann die Metapher von Amerika als dem
schönen, heißblütigen Indio-Mädchen, das sich in ein bleiches, hysterisches
Nervenbündel verwandelt hat (Strophe 1); dazu dient ihm die Beschwörung
eines bösen Geistes und die übertreibende Gegenüberstellung des früher
"vereinten" Volkes der Eingeborenen und des später "ununterbrochenen"
Bruderkriegs (Strophe 2); dazu dient ihm der Kontrast zwischen den "steiner-
nen" Götzen damals und den späteren selbsternannten menschlichen Götzen,
sowie das Bild der Morgenröte, die (statt erwachendem Leben) "Blut und
Asche" bescheint (Strophe 3); dazu dient ihm der Kontrast zwischen (gerech-

ten) Königen damals und den das Verbrechen begünstigenden Staatsdienern
später (Strophe 4); zwischen anfänglicher indianisch-spanischer Symbiose
damals und ihrer Zerstörung durch das Übergreifen der kriegerisch-mörderischen Französischen Revolution (Strophe 5); zwischen dem alle Freiheiten
mit Füßen tretenden persönlichen Machtstreben heute und der natürlichen
Autorität der indianischen Kaziken (Strophe 6); zwischen dem Stolz, der
Rechtschaffenheit und dem Großmut eines Atahualpa und Moctezuma und dem
späteren Verhalten der Weißen (Strophe 7); dazu dient ihm die Erinnerung
an die ursprüngliche (und zu großen Hoffnungen berechtigende)Verbindung
von kriegerischer kastilischer und natürlicher indianischer Stärke (Strophe
8) ebenso wie der verzweifelte Aufschrei, warum Gott die Entdeckung zugelassen habe (Strophe 9) oder die Evokation der Eingeborenen, die ihre Waffen
nur für die Jagd gebrauchen (Strophe 10); dazu dient ihm der Kontrast
zwischen dem rohen, aber edelmütigen indianischen Stammeshäuptling und dem
als Unterdrücker und Frevler gezeichneten spanischen Soldaten (Strophe 11);
dazu dient ihm in Strophe 12 die Feststellung der Beschmutzung von christlichem Glauben und kastilischer Sprache (als den wertvollsten spanischen
Hinterlassenschaften); dazu dient ihm die metaphorische Übertragung des
Kontrasts zwischen einem schwächlich-kränklichen Christus und einem zu
militärischer Macht gelangten Barraba auf die gegenwärtigen Verhältnisse
in den Hochburgen alter indianischer Kultur (Strophe 13); und dazu dient
ihm schließlich die resümierende Aufzählung der Übel, die das Schicksal für
Lateinamerika bereit gehalten hat, sowie die darauf fußende flehentliche
Anrufung des Entdeckers Columbus (Strophe 14).

Das Gedicht präsentiert sich somit deutlich als Negativkatalog von Merkmalen
des gegenwärtigen Amerika. Dem entspricht der reihende Aufbau aus Einzelstrophen oder kleinen Strophengruppen, die um zwei Assoziationszentren
kreisen.[34] Ein gedanklicher Aufbau ist hingegen kaum wahrnehmbar. Er wird
fast völlig der hyperbolisch-antithetischen Ausgestaltung der einzelnen
Merkmale geopfert, die den Kontrast zwischen der zur Idylle stilisierten
Situation von 1492 und dem Zustand des Verfalls in der Gegenwart verstärken
sollen. Damit orientiert sich die Ode "A Colón" deutlich an Hugos 'visionärpathetischem' Diskurs. Allerdings wird bezeichnenderweise nicht wie bei Hugo
der Anspruch erhoben, der Menschheit im Rahmen eines teleologischen Geschichtsbildes den Weg zu weisen, sondern die Lösung der Probleme Gott überlassen.

Dem 'visionär-pathetischen' Diskurs sind auch die anderen politisch-weltanschaulichen Gedichte Daríos zuzurechnen. In "A Roosevelt" (1904) schlägt

sich dies besonders in der Souveränität des Jonglierens mit den großen
Namen aus Mythologie, Religion, Geschichte und Kunst nieder, die den Gegensatz zwischen den USA und Lateinamerika überhöhen sollen. Aufgeboten werden:
Die Bibel, Walt Whitman, Washington und Nimrod, Tolstoi, Alexander der
Große und Nebukadnezar, Victor Hugo und General Grant, Herkules und Mammon,
aber auch Jesus Christus, Nezahualcoyotl, Bacchus, Platon, Montezuma, das
Inka-Geschlecht, Cuauhtemoc und - Columbus. Hinzu kommt die kühne Identifikation des Präsidenten Roosevelt mit den USA und die plakativ-antithe-
tische Kennzeichnung der beiden Amerikas. Der Dichter-Seher Darío schreibt
hier wie der Journalist Darío nie schreiben würde. Das schließt nicht aus,
daß dem Gedicht - ein Jahr nach dem Panama-Vertrag - die Überzeugung oder
Befürchtung zugrundeliegt, die USA wollten nach Lateinamerika einmarschieren
und es sich einverleiben.[35]

Dennoch darf man grundsätzlich keine Deckungsgleichheit zwischen Positionen
verlangen, die im 'visionär-pathetischen' Diskurs einerseits und im
'journalistischen' Diskurs andererseits vertreten werden. Tut man es, dann
muß nicht nur unverständlich bleiben, wie Darío im selben Jahr "Mensajero
sublime" und "A Colón", sondern auch, wie er zwei Jahre nach "A Roosevelt"
die "Salutación al Aguila" verfassen konnte: Ein Gedicht, das von tiefer
Bewunderung für die Leistungen und die Stärke der USA durchdrungen ist, die
spezifische Identität Lateinamerikas hingegen nur ganz bescheiden ins Spiel
bringt. Verständlich wird dieses Gedicht erst dann, wenn man wie Salinas
das dichterische Selbstverständnis Daríos in die Interpretation mit einbe-
zieht:

> Lo que no hay en estos versos es cerrazón política, estrechez
> humana, como no la había en nada de Darío. El pudo escribir
> un poema arrancado de una experiencia política, pero era un
> poema; por tanto llamado a sostener la esencia de esa realidad
> lírica a la mayor altura posible, desprendida de lo doctrinario,
> abierta a muchos posibles caminos, vista en lontananzas que se
> escapan a la política de montana.[36]

Ein Ereignis wie die Dritte Panamerikanische Konferenz, zu deren Teilnahme
der Präsident der USA die weite Reise nach Rio de Janeiro auf sich nahm,
erlaubt es dem Dichter im Rahmen des 'visionär-pathetischen' Diskurses,
diesen Besuch aus der Position des geehrten Gastgebers heraus mit einer
Hymne auf den Wappenvogel der USA zu würdigen und ausschließlich diesen
Aspekt mit allen ihm zu Gebote stehenden Mitteln auszugestalten. Im Rahmen
des 'visionär-pathetischen' Diskurses durfte und mußte der Dichter-Seher

sich von der Bedeutung der historischen Stunde zu einer verabsolutierenden Perspektive beflügeln lassen und sich über eigene und fremde sachliche Einwände hinwegsetzen.

Anders als Hugo schreibt Darío nicht aus der Überzeugung heraus, seine Stimme im Sinne des sich erfüllenden Weltenplans erheben zu müssen. Er sieht seine Mission nicht darin, Führer Hispanoamerikas auf dem von Columbus vorgegebenen Weg zu sein. Er fühlt sich als Dichter-Seher eher punktuell zur Ausdeutung einzelner zeitgeschichtlicher Anlässe berufen. Das erlaubt es ihm, Columbus einerseits als Gesandten Gottes zu preisen, andererseits aber seinen Namen mit einer Klage über die fortschreitende Selbstzerstörung Hispanoamerikas zu verknüpfen, die sich zwar in ihrer Zugehörigkeit zum 'visionär-pathetischen' Diskurs überlebt hat, deren Anlaß aber fortbesteht und heute nach zeitgemäßerer poetischer Gestaltung und endgültiger politischer Lösung verlangt.

Anmerkungen

1. Vgl. Antonio Oliver Belmás: Este otro Rubén Darío. Madrid: Aguilar ²1968, S.429.

2. Vgl. Johannes Fastenrath: Christoph Columbus. Studien zur spanischen vierten Centenarfeier der Entdeckung Americas. Dresden und Leipzig: Carl Reissner 1895, S.463. Fastenrath, der umfassend über alle Feiern und Veröffentlichungen des Gedenkjahres zu informieren versucht, gibt eine Übersetzung der Strophen 1, 2, 3, 6, 7, 9, 10, 12 und 14. (S.463-464). Fastenraths über 600 Seiten starkes, seltenes Buch ist eine Fundgrube für die Erforschung der 400-Jahr-Feiern. - Später hat Darío "A Colón" in seine 1907 erschienene Gedichtsammlung El canto errante aufgenommen. In der Ausgabe der Poesías completas (Ed. Alfonso Méndez Plancarte / Antonio Oliver Belmás). Madrid: Aguilar ¹¹1975, nach der im folgenden die Dichtung Daríos zitiert wird, findet sich der Text auf S.703-704.

3. Anthologie von Vers- und Prosatexten über Columbus, herausgegeben von Ignacio Borda, Bogotá 1892. Diese wie auch Fastenraths Publikation hat mir freundlicherweise Titus Heydenreich zur Verfügung gestellt.

4. Vgl. dazu Titus Heydenreich: "El arpa y la sombra (1979): Alejo Carpentiers Roman vor dem Hintergrund der Columbus-Wertungen seit den Jahrhundertfeiern von 1892", in: Wolfgang Bader /János Riesz (Hg.): Literatur und Kolonialismus I. Die Verarbeitung der kolonialen Expansion in der europäischen Literatur. Frankfurt a.M./Bern: Peter Lang (Bayreuther Beiträge zur Literaturwissenschaft 4), S.291-321, hier S.291-296. Heydenreich behandelt auf S.298-301 auch die beiden Columbus-Gedichte Daríos und betont dabei "ihren komplementären oder dialektischen Charakter" (S.298).

5. Nach Fastenrath, op.cit., S.478, erschien dieser Text am 12.Oktober in
   der Festnummer der Ilustración Española y Americana. In den Poesías
   completas wird er auf S.952 abgedruckt, und auf S.1209 das Erscheinen
   der Festnummer auf den 30.11.1892 datiert. "Mensajero sublime" wurde
   von Darío selbst nicht in einer seiner Gedichtsammlungen publiziert.
   Fastenrath, S.478-479, bietet eine deutsche Übersetzung.

6. Vgl. Francisco Gutiérrez Lasanta: Rubén Darío. El Poeta de la Hispanidad.
   Zaragoza: Talleres Editoriales "El Noticiero", 1962. Gutiérrez Lasanta
   hat sich selbst ganz diesem Ideal verschrieben. In der "Introducción"
   heißt es: "La Hispanidad es el conjunto de pueblos caracterizados por
   vínculos de sangre, religión, lengua y costumbres, con glorias y figuras
   comunes, homogéneas, propias. Hoy vamos a comprobarlo vinculando a esa
   gran galería de hispanistas ilustres, una figura americana, nicaragüense,
   segoviana, que es un vate, un cantor, un poeta, el Poeta de Hispanoamérica, el poeta de España, el Poeta de la Hispanidad."(S.8) Vgl. auch
   Edelberto Torres: "Introducción a la poesía social de Rubén Darío", in:
   Ernesto Mejía Sánchez (Hg.): Estudios sobre Rubén Darío. México: Fondo
   de Cultura Económica 1968, S.585-595, hier S.587-591.

7. Vgl. Edgardo Buitrago: "Consideraciones polémicas acerca de la vigencia
   y actualidad de Rubén Darío", in: Ernesto Mejía Sánchez (Hg.), op.cit.,
   S.596-625, hier S.622.

8. Vgl. dazu Joaquín de Entrambasaguas: "Colón en la poesía de Rubén Darío",
   in: Studi Colombiani, Band III. Genua 1952, S.171-180 (= Akten des
   V Centenario della nascita di Cristoforo Colombo - Convegno Internazionale
   di Studi Colombiani, Genua 1951. Hg.: Comitato Cittadino per le Celebra-
   zioni Colombiane). - Ein zusätzlicher, von Entrambasaguas nicht beachte-
   ter Beleg findet sich in dem Gedicht "A la República Dominicana" aus dem
   Jahr 1910, abgedruckt in Poesías completas, S.1053-1054.

9. "A Roosevelt" ist 1905 in Cantos de vida y esperanza erschienen; Poesías
   completas, S.639-641; Zitat S.640.

10. Veröffentlicht in Cantos de vida y esperanza (1905); Poesías completas,
    S.633-634.

11. Entrambasaguas, S.174, sieht in dem Gedicht eine "desesperada plegaria
    a esa divinidad hispánica, no sólo española, que Cristóbal Colón repre-
    senta para Rubén Darío".

12. Poesías completas, S.631-632. Das Gedicht wurde 1905 in den Cantos de
    vida y esperanza veröffentlicht. Antonio Oliver Belmás: "La 'Salutación
    del optimista' - Su nacimiento y simbolismo", in: A.O.B.: Ultima vez con
    Rubén Darío. Literatura hispanoamericana y española (Ensayos). Madrid:
    Centro Iberoamericano de Cooperación, S.399-409, interpretiert es ganz
    im Sinne des nach 1898 verstärkt auflebenden Ideals der "Hispanidad".

13. Keith Ellis: Critical Approaches to Rubén Darío. Toronto/Buffalo: Uni-
    versity of Toronto Press, 1974, Kapitel II: "Socio-Political Considera-
    tions", S.25-45, Zitat S.44.

14. Vgl. dazu zuletzt Titus Heydenreich: "Nord-Süd Pressionen der Jahrhundertwende in zwei Gedichten von Rubén Darío: "A Roosevelt" (1904) und "Salutación al Aguila" (1906)", in: Helmbrecht Breinig (Hg.): Interamerikanische Beziehungen. Einfluss - Transfer - Interkulturalität. Ein Erlanger Kolloquium. Frankfurt a.M.: Vervuert, 1990, S.157-175.

15. Vgl. das folgende Bekenntnis Daríos zum Ideal des "l'art pour l'art": "Yo creo que no es otro el objeto, la atmósfera, el alimento, la vida de la poesía que el culto de la eterna y divina belleza; que los filósofos se ocupen del misterio de la vida y de todas las profundidades de lo incognoscible, que los señores políticos se entiendan con la suerte de los pueblos y arreglen esas complicadísimas máquinas que se llaman gobiernos; que los señores militares degüellen, defiendan o conquisten. Perfectamente. Tú, luminoso y rubio dios, has enseñado a tus elegidos estos asuntos en verdad interesantes: que las rosas son lindas, que los diamantes, el oro, el mármol, y la seda son preciosos; y que nada hay igual en este mundo a la ventana en donde la mujer amada, Sol, Amalia, Estela, Florinda, meditabunda y tierna, contempla en una hora tranquila un vuelo de palomas bajo el cielo azul. En conclusión, el poeta no debe sino tener, como único objeto, la ascensión a su inmortal sublime paraíso: el Arte." (Zitiert bei Edelberto Torres, op.cit., S.585-586). Als Interpretation eines diesem Diskurs zuzuordnenden Gedichts vgl.Verf.: "Rubén Darío: 'Leda'", in: Manfred Tietz (Hg.): Die Spanische Lyrik der Moderne. Frankfurt a.M.: Vervuert, 1990, S.80-96.

16. Vgl. dazu vor allem: Pedro Luis Barcia (Hg.): Escritos dispersos de Rubén Darío (Recogidos de periódicos de Buenos Aires). 2 Bde. La Plata: Universidad Nacional de La Plata, 1968 und 1977.

17. Heydenreich, op.cit. (1983), S.299, weist auf modernistische Elemente in der Sprachgebung von "Mensajero sublime" hin. - Es wäre zu fragen, inwieweit sich beim 'modernistischen' bzw. 'visionär-pathetischen' Diskurs Affinitäten zu bestimmten lyrischen Gattungen feststellen lassen.

18. "Gegenstand der Oden Hugos ist seit den zwanziger Jahren die providentielle und später teleologische Geschichtsphilosophie, in rekurrente Bilder gefaßt." (Winfried Engler: "Die romantische Lyrik", in: Dieter Janik (Hg): Die französische Lyrik. Darmstadt: Wissenschaftliche Buchgesellschaft, 1987, S.342-380, hier S.362-363). Ganz besonders ist an den epischen Gedichtzyklus La Légende des siècles (1859-1883) zu denken. Dort schreibt Hugo im Vorwort von 1859 zu den auf die Vergangenheit bezogenen Gedichten: '[ils] sont de la réalité historique condensée ou de la réalité historique devinée" und er bezeichnet das ganze Unternehmen als "une tentative vers l'idéal". Insgesamt ist für Hugo eine - nicht immer stimmige - gedankliche Kühnheit und Sprachgewalt kennzeichnend, die man mit Jean Passeron auf die Formel bringen kann: "La pensée reste parfois brumeuse, mais c'est une poésie étonnante par la vigueur du verbe et la sonorité du chant". (Vorwort zu Victor Hugo: Derniers recueils lyriques. La fin de Satan.Dieu. Extraits. Paris: Larousse (Classiques Larousse) 1953, S.7).

19. Pedro Salinas: La poesía de Rubén Darío. Ensayo sobre el tema y los temas del poeta. (1948). Buenos Aires: Losada 1978, S.272 und 274. Zur "elocuencia visionaria huguesca" vgl. auch S.220.

20. Vgl. etwa Carlos Martín: América en Rubén Darío. Aproximación al concepto de la literatura hispanoamericana. Madrid: Gredos, 1972; Edelberto Torres, op.cit., bes. S.593 und 595; Pablo Antonio Cuadra: "Introducción al pensamiento vivo de Rubén Darío", in: Mejía Sánchez (Hg.), op.cit., S.553-565, bes. S.555; José Santos Rivera (Hg.): Rubén Darío y su tiempo. Managua: Ministerio de educación, 1980; Jorge Eduardo Arellano: Rubén Darío antiimperialista", in: Casa de las Américas 23, Heft 133 (La Habana 1982), S.104-108.

21. "Manuel Ugarte", in: Rubén Darío: Obras completas. 5 Bde. Madrid: Afrodisio Aguado, 1950-1953, Bd.I, S.1005-1006, Zitat S.1005.

22. Salvador Aguado-Andreut: Por el mundo poético de Rubén Darío. San Carlos, Guatemala: Universidad de San Carlos, 1966, S.23-58. Schon Erwin K.Mapes: L'Influence française dans l'oeuvre de Rubén Darío. Paris: Honoré Champion, 1925, spricht Hugos Wirkung auf Darío an.

23. Vgl. Aguado-Andreut, op.cit., S.25-30.

24. Abgedruckt bei Barcia (Hg.), op.cit., Bd.II, S.116-120.

25. Vgl. Julio Caillet-Bois: "Rubén Darío: Apuntes para una bibliografía de sus obras malogradas", in: Mejía Sánchez (Hg.), op.cit., S.483-491, hier S.484.

26. Veröffentlicht 1907 in El canto errante; Poesías completas, S.705-707.

27. Poesías completas, S.706-707.

28. Die Untersuchung erschien als Artikelserie in La Nación (Buenos Aires) vom 21.Juli bis 10.August 1909. Sie ist abgedruckt bei Barcia (Hg.), op.cit., Bd.I, S.108-147.

29. Vgl. dazu Verf.: Zwischen kosmischer Offenbarung und Wortoper. Das romantische Drama Victor Hugos. Erlangen: Universitätsbund Erlangen-Nürnberg, 1984, S.14-18.

30. Aguado-Andreut, op.cit., S.35. Als Beispiel führt er die Ode "A Roosevelt" an, die er auf S.88ff. näher bespricht.

31. Ibid., S.56.

32. Vgl. dazu Heydenreich, op.cit.(1983), S.299.

33. Salinas, op.cit., S.229-230.

34. Bezogen auf "Momotombo" - vgl. Anm.26 - schreibt Salinas auf S.225: "Pero lo cantado es un prodigio de la naturaleza, un centro de asociacion de emociones de Darío[...]".

35. Der im Vorwort zu Cantos de vida y esperanza geäußerten Meinung: "Mañana podremos ser yanquis (y es lo más probable)" entsprechen in "A Roosevelt" die Zeilen: "eres el futuro invasor / de la América ingenua[...]" (Poesías completas, S.626 und 640). Ganz in diesem Sinne

hatte Darío schon 1902 für La Nación einen Artikel mit der Überschrift "La invasión anglosajona - Centro América yanqui" verfaßt (Abgedruckt bei Barcia (Hg.): op.cit., Bd.II, S.130-134). Vgl. Heydenreich, op.cit. (1990), S.157ff und 166. Keith Ellis hat in seinem Aufsatz: "Un análisis estructural del poema 'A Roosevelt'", in Cuadernos Hispanoamericanos 212-213 (August-September 1967), S.523-528, eine sehr kluge und differenzierte Interpretation dieses Gedichts vorgelegt. Er arbeitet nicht nur den "tono predicador del poema" (S.524) heraus, sondern verweist auch auf den Mangel an Logik, der darin besteht, daß Cuauhtemoc mit seinem berühmten Ausspruch:"yo no estoy en un lecho de rosas" zitiert wird, der sich in Wahrheit auf die Folterung durch die spanischen Eroberer bezieht, daß aber gleichzeitig die 'Hispanidad' beschworen und nur die USA als (zukünftiger) Eroberer angesprochen werden. Zusammenfassend spricht Ellis dann vom "sacrificio de la fuerza lógica de los argumentos políticos a la acumulación coherente de imágenes que representan lo ideal[...]. (S.528).

36. Salinas, op.cit., S.239-240.

Columbus in Rom. Der Sonettzyklus "La Scoperta de l'America" (1894) von Cesare Pascarella

Titus Heydenreich

Am 12.Oktober 1942, also mitten im Zweiten Weltkrieg, strahlte der amerikanische Sender Columbia Broadcasting System (C.B.S.) einen Text aus, dessen Titel - Admiral of the Ocean Sea - eindeutig Bezug nahm auf die kurz zuvor erschienene Monographie von Samuel Eliot Morison.[1] Zu jenem Zeitpunkt kämpften die Staaten der Karibik und Zentralamerikas sowie Mexiko und Brasilien (letztere seit Sommer desselben Jahres) bereits an der Seite der Vereinigten Staaten, während Chile und Argentinien einen Kriegseintritt noch scheuten. Jetzt, anläßlich des Columbus Day, beschwor der Sender - in allen Sprachen des Kontinents! - den Entdecker Amerikas als Leitfigur jener dringend geforderten gesamtamerikanischen Solidarität, ja Identität für einen gemeinsamen Kampf gegen die machtbesessenen Diktatoren der Achse. Autor und Sprecher des Aufrufs war kein Geringerer denn Orson Welles.[2]

Wenige Wochen später, nämlich am 3.Dezember 1942, veröffentlichte ein Literat namens Giuseppe Flechia im italienischen Vicenza ein Gedichtbändchen unter folgendem Titel: A scuverta de l'America. 50 sonetti romaneschi di Cesare Pascarella tradotti in genovese. Bedenkenswert ist in unserem Zusammenhang Flechias Widmung:

A
GENOVA
MADRE DI CRISTOFORO COLOMBO
MARTORIATA
DALLE BOMBE ANGLO-AMERICANE
NEL
QUATTROCENTOCINQUANTESIMO ANNUALE
DELLA SCOPERTA DELL'AMERICA
(1492-1942).[3]

Für aufwendige Feiern fehlten zu jenem Zeitpunkt weltweit Geld und Muße. Dennoch blieb eine politische Nutzung der 450.Wiederkehr der Entdeckung Amerikas

nicht aus. Beide Blöcke im Weltkrieg fanden Anlässe zu Identitäts-, Kampf-
und Durchhalteappellen unter Berufung auf den genuesischen Seemann, der
einst den Weg über den Atlantik gewagt hatte. Zwei tragische Beispiele
somit dafür, wie aus aktuellem Anlaß die Autorität einer historischen
Figur bemüht, gebraucht, mißbraucht werden kann. Hinzu kommt, daß Flechias
regimetreue literarische Kampfesleistung in der Übersetzung eines gleichfalls dialektalen Werks bestand: zweifellos im Vertrauen auf die Tatsache,
daß das Werk unbeschadet seiner sprachlichen Regionalität in ganz Italien
seit der Erstveröffentlichung im fernen 1894 populär, im vielschichtigen,
vor allem guten Sinne des Wortes populär geblieben war.

Cesare Pascarella, der 1858 in Rom geborene und 1940 ebendort gestorbene
Mundartdichter, hatte mit der Niederschrift seines Sonettzyklus La Scoperta
de l'America etwa 1886 begonnen,[4] nicht ohne Blick auf den bevorstehenden
"Quarto Centenario", dessen Vorbereitung in Italien und Spanien zu jenem
Zeitpunkt schon auf vollen Touren lief. Spanien hatte Pascarella im selben
Jahr 1886 bereist und u.a. in Barcelona die Grundsteinlegung des Columbus-
Denkmals miterlebt. 1899 brach der zeitlebens weltreiselustige Caput mundi-
Bürger zu einem sechsmonatigem Aufenthalt in Uruguay und Argentinien auf.
Erste Zwischenstation war, am 11.8., die katalanische Hauptstadt. Im Tage-
buch notierte er:

> Il monumento a Cristobal Colon, del qual monumento nel 1886,
> appena arrivati qui, ancor verdi per la notte tempestosa pas-
> sata nel Golfo di Lione, con le valigie in mano, assistemmo
> alla posa della prima pietra, ora è compiuto! Quanto è brutto!
> Guardando tutte quelle statue che sono sul basamento che regge
> la colonna in cima alla quale sta Colombo indicando col brac-
> cio teso, e l'indice più teso del braccio, la via che conduce
> in America, sentivo risuonarmi ancora agli orecchi la grave
> ondeggiante eloquenza dell'Alcalde di Barcellona il quale
> appena sbarcammo a terra venne a darci il benvenuto![5]

In Montevideo, Buenos Aires und anderenorts feierten patriotische Emigranten
Pascarella ("Voi siete popolare!") vor allem als Dichter und mitreißenden
Rezitator der Columbus-Sonette, die in legalen und imitierten ("falsifi-
cazioni") Ausgaben längst auch in der Neuen Welt kursierten.

Ersten Ruhm hatte sich Pascarella 1886 durch Villa Gloria erworben. Villa
Gloria, gleichfalls bereits ein Zyklus von (hier: fünfundzwanzig) Sonetten,
vollzog aus der Sicht eines fiktiven Augen- und Waffenzeugen den mißglückten
Rom-Einbruch (1866) der risorgimentalen Kämpfergruppe um die Gebrüder
Cairoli. Ein Werk, das Pascarella - dank dem Thema, aber auch der gewählten

romanesken Sprache - erstmals bekannt und beliebt gemacht hatte, in Rom sowie überall dort, wo Italiener lebten, denen die Einheit Italiens und die Erhebung der "befreiten" Urbs zur Hauptstadt (1870) am Herzen gelegen hatten.

Roms erster und bis heute unüberbotener Mundartdichter war - unter den Pontifikaten Leos XIII., Gregors XVI. und Pius' IX. - Giuseppe Gioachino Belli (1791-1863). Gedruckt wurden Bellis über zweitausend Sonette nach und nach erst posthum. Pascarella erwarb nachweislich die erste größere, nämlich sechsbändige, sittlichkeitshalber aber immer noch nicht vollständige Ausgabe von Luigi Morandi (Città di Castello 1886-1889).[6] Bellis ungewaschenes Mundwerk fasziniert den Leser (und Sprechplattenhörer) bis heute - und die bis heute blühende romaneske Dichtung kann und will nicht umhin, Belli als unüberbietbaren Ahnherren zu verehren. Inhaltlich, thematisch freilich hatte der nach außen hin unauffällig-korrekte, nur für die Schublade wütende Kirchenstaat-Beamte die Sieben Hügel nicht verlassen. Und in seiner Nachfolge begnügten sich zahlreiche, vor und nach dem Zusammenbruch des päpstlichen Potere Temporale schreibende, heute zum Teil vergessene "romanisti" der Generationen um Pascarella mit regionalistischen, folkoristischen, freilich zunehmend bißlosen Produkten. Pascarella war im postrisorgimentalen Rom der erste, der - unter dem Eindruck des postrisorgimentalen Großlyrikers (und Bologneser Großordinarius') Giosué Carducci - die Sprache Roms für außerrömische Sujets einsetzte. Gewiß: Auch Villa Gloria kreiste um Rom, aber um ein Rom, das für die gesamtitalienische Sache, als endgültige, einzig denkbare Hauptstadt der auf volle Einheit bedachten Nation gewonnen werden sollte, somit "ben diversa dalla Roma pretaiola, puttanesca e plebea del Belli".[7]

In den auf Villa Gloria folgenden Werken griff Pascarella thematisch noch weiter aus: La Scoperta de l'America wendet sich einem großen, zudem nicht mehr in der Zeitgeschichte angesiedelten Vorgang zu. Storia Nostra wiederum, unter dem Eindruck des Erfolgs von La Scoperta de l'America in Angriff genommen, war ein auf etwa 350 Sonette angelegter Nachvollzug der gesamten Geschichte Italiens, von der Gründung Roms bis zur Etablierung des Nationalstaats in des Autors Gegenwart - ein Unterfangen, das die imaginative Kapazität und die ab 1911 rapide schwindenden Kräfte des Dichters freilich überstieg und nur als Torso, ein jedoch immerhin 268 Sonette umfassender gewaltiger Torso posthum (1941) erschien.[8]

Die fünfzig Sonette von La Scoperta de l'America umgreifen zeitlich die Vorphasen und Durchführung der ersten Ozeanüberquerung. Der Reiz des Werks liegt freilich wesentlich darin, daß die vierhundert Jahre zurückliegende Großtat mit der Gegenwart des Schreibenden verknüpft, mehr noch: in dessen Gegenwart förmlich hineingezogen wird. Nicht nur, daß eine Vielzahl von gegenwartsbezogenen, im Folgenden noch zu entschlüsselnden Anspielungen den "eigentlichen" Anlaß von Pascarellas Schreiben enthüllt: Wichtig und wesentlich ist abermals die Berichtsperspektive. Hatte Pascarella in Villa Gloria, wie erwähnt, einen Zeugen, einen (fiktiven) Mitkämpfer aus der Erinnerung berichten lassen, so wird nunmehr - wie später erneut in Storia Nostra - für die Vorgänge von 1492/1493 als Berichterstatter wiederum ein Mann der Gegenwart vorgeschoben. Dieser Berichterstatter ist zwangsläufig kein Augenzeuge. Er ist aber auch kein gelehrter Historiker, sondern ein nicht-intellektueller Mann aus dem Volke, ein popolano des Trastevere-Viertels. In der Kneipe von den Seinen umringt und von diesen hin und wieder unterbrochen oder zum Weitererzählen angespornt, schildert er die weit zurückliegenden Vorgänge so gut - und so farbig! - er kann ... Eine Schilderung, die nichts trivialisiert - wie etwa Jürgen von Mangers Maria Stuart-Theaterabend aus Ruhrkumpel-Sicht -, sondern bei aller vereinfachenden Popularisierung der Hergänge Begeisterung, Ergriffenheit, nicht zuletzt patriotischen Stolz zum Ausdruck bringt. So bereits in der einleitenden rhetorischen Inszenierung der berühmten Anekdote (Sonett I):

    Ma che dichi? Ma leva mano, leva!
    Ma prima assai che lui l'avesse trovo,
    Ma sai da quanto tempo lo sapeva,
    Che ar monno c'era pure er monno novo!

    E siccome la gente ce rideva,
    Lui sai che fece un giorno? Prese un ovo,
    E lì in presenza a chi non ce credeva,
    Je fece, dice: - Adesso ve lo provo. -

    E lì, davanti a tutti, zitto zitto,
    Prese quell'ovo e, senza comprimenti,
    Pàffete! je lo fece regge' dritto.

    Eh, ner vedé' quell'ovo dritto in piede,
    Pure li più contrarî più scontenti,
    Eh, sammarco! ce cominciorno a crede'.

Von wohlkalkulierter Komik ist bereits die Struktur des Zyklus: Fast ein Dutzend Sonette werden für die zeitraubende Antichambriererei vor Höflingen, Gelehrten, Königen eingesetzt ... und ganze drei Verse genügen zur

Skizzierung des endlich möglichen Aufbruchs (Son.XII, 11-14):

> E lui, sortito appena da Palazzo,
> Prese l'omini, sciòrse le catene,
> E agnede in arto mare come un razzo.

Zwölf weitere Sonette (XII bis XXIII) "dauert" die Überfahrt samt etlichen der aus Bordbuch und Historiographie vertrauten retardierenden Momente: Stürme, Flaute, die enervierende Ausschau, der Matrosenaufstand, das Paktieren und Weitersegeln, zuletzt der erlösende Aufschrei (Son.XXIII):

> Ma lui, capischi, lui la pensò fina!
> Lui s'era fatto già l'esperimenti,
> E dar modo ch'agiveno li venti,
> Lui capì che la terra era vicina;
>
> Percui, lui fece: intanto se cammina;
> Be', dunque, dice, fàmoli contenti,
> Ché tanto qui se tratta de momenti.
> Defatti, come venne la matina,
>
> Terra... Terra!... Percristo!... E tutti quanti
> Rideveno, piagneveno, zompaveno...
> Terra... Terra!... Percristo!... Avanti... Avanti!
>
> E lì, a li gran pericoli passati
> Chi ce pensava piú? S'abbraccicaveno,
> Se baciaveno... E c'ereno arrivati!

Die optische Greifbarkeit des Ziels dient, im Zentrum des Zyklus, zum Innehalten, zur Einblendung eines Dialogs zwischen dem Erzähler und seiner bis dahin gebannten Zuhörerschaft (Son.XXIV und XXV, 1):

> - Oh! mo che graziaddio semo arrivati,
> Ah Bracioletta! portece da beve'.
> Dì un po' quanti n'avevi già portati?
> Sette... e tre? Fanno dieci. Ah, Nino, beve.
>
> Bevéte, sora Pia, questo è Frascati;
> Come viè' se ne va. Ch'è roba greve?
> Dunque... Dunque dov'erimo restati?
> - Che gnente ce voressivo ribeve'?
>
> - Oh, mo nun comincià' che nun hai voja.
> Domani? Ma de che?! Daje stasera,
> Te possino ammazzatte, sei 'n gran boja!
>
> Eh, già, si tu facevi l'avocato,
> Sai quanti ne finiveno in galera;
> Dunque, sbrighete, su, fatte escì' er fiato.
>
> Dunque, come finì? - Finì benone.
> [...]

Abermals ein Sonett-Dutzend (XXV-XXXVIII) verwendet Pascarella auf seines popolano Skizzierung der Landung, der Begegnung mit den Indios, der Landschaftsschilderung. Hier der schon im Bordbuch festgehaltene und von Chronisten, Dichtern und bildenden Künstlern vielfach nachgestaltete Augenblick der Erstbegegnung im Blick des trasteverino (Son.XXIX):

> - E quelli? - Quelli? Je successe questa
> Che mentre, lì, frammezzo ar villutello
> Così arto, p'entrà' ne la foresta
> Rompeveno li rami cór cortello,
>
> Veddero un fregno buffo co' la testa
> Dipinta come fosse un giocarello,
> Vestito mezzo ignudo, co' 'na cresta
> Tutta formata de penne d'ucello.
>
> Se fermorno. Se fecero coraggio:
> - Ah quell'omo! - je fecero, - chi sête? -
> - Eh, - fece, - chi ho da esse'? So' un servaggio.
>
> E voi antri quaggiú chi ve ce manna? -
> - Ah, - je dissero, - voi lo saperete
> Quanno vedremo er re che ve commanna. -

Die vierte und letzte Sonettgruppe (XXXIX-L) füllt Pascarella mit der Rückreise, mit des Berichtenden Empörung über späteren Undank sowie abschließend mit der laudatio des Entdeckers. Die laudatio gipfelt in der Feststellung: "Cristoforo Colombo era italiano" (XLVII, 14) - analog zu so vielen anderen, die Großes leisteten (Son. XLVIII):

> E l'italiano è stato sempre quello!
> E si viè' 'n forestiere da lontano,
> Sibbé' ch'ha visto tutto er monno sano,
> Si arriva qui s'ha da cavà er cappello.
>
> Qui Tasso, Metastasio, Raffaello,
> Fontan de Trevi, er Pincio, er Laterano,
> La Rotonna, San Pietro in Vaticano,
> Michelangelo, er Dante, Machiavello...
>
> Ma poi nun serve mo che t'incomincio
> A dilli tutti: tu si te l'aggusti
> Tutti 'st'òmini qui, vattene ar Pincio.
>
> E lì, mica hai da fa' tanti misteri:
> Ché quelli busti, prima d'esse' busti,
> So' stati tutti quanti òmini veri.

Sowohl hier als auch aus vorausgehenden Anlässen erweist sich, daß
Pascarella nicht ausschließlich Handlung schildern, sondern Handlung
gelegentlich zu Betrachtungen, Schlußfolgerungen nutzen läßt. Schlußfolgerungen aus der Sicht des popolano von 1886/1894 und daher verknüpft
mit damals aktuellen Themen, Problemen, Forderungen. "Ar Pincio" (v.11):
Entlang den Parkalleen des Pincio-Hügels hatte Mazzini 1849, im Verlauf
der kurzlebigen Römischen Republik, die Büsten großer Italiener aufstellen
lassen, die sich seit 1870 kontinuierlich vermehrten. Der Rom-Führer von
Gsell-Fels kommt in der Auflage von 1883 auf 126 Stück, darunter - Nr.29 -
Columbus ...[9] Im romanesken Poemchen "Li busti ar Pincio. Confidenze d'un
guardiano" wird Luigi (Giggi) Pizzirani (1870-1946), einer der noch vorzu-
stellenden Pascarella-Gegner, den im Untertitel genannten Wächter die
ephemeren Kritzeleien ephemerer Liebespaare auf Dantes Nase, auf Tassos
Schnurrbart und Parinis Hals beklagen lassen.[10] Nun, der Columbus-Büste
erging es 1892 noch schlimmer, wurde sie doch zum Zankobjekt für papst-
treue Klerikale und freimaurerische Nationale. Im Juli des Jahres hatte
Leo XIII. in einem Sendschreiben an den iberischen und italienischen
Episkopat die seit Jahrzehnten laufende Kampagne für eine Heiligsprechung
des Entdeckers endgültig abgeblockt, aber doch die apostolischen Meriten
mit einem nicht minder dezidierten "Columbus noster est" honoriert.[11]
"Anticolombiani" nannten sich, pour cause, in jenen Jahren "i più spinti
anticlericali", erfahren wir von Spadolini, der auch an den peinlichen,
von den Chronisten der Zeit festgehaltenen Pincio-Vorfall erinnert:

> Quando una delegazione del circolo cattolico della capitale
> "La Romanina" volle portare una corona sul monumento di
> Colombo al Pincio con la dedica di "Roma cattolica", lo
> sdegno dell'anticlericalismo fu tale che la cerimonia non
> poté essere neppure portata a termine, i partecipanti fu-
> rono presi a sassate, insultati, percossi, dileggiati, i
> loro vessilli strappati e derisi e a pagare le spese del
> tutto provvide la statua del navigatore, assalita, gettata
> a terra, spezzata. Nuova prova, commentò l'Unione cattolica
> romana, della sistematica volontà di impedire ai cattolici
> l'esercizio dei più elementari diritti civili e perfino la
> manifestazione pacifica e pubblica della fede[...].[12]

Mit anderen Worten: wer im Erscheinungsjahr von La Scoperta de l'America
auf das dortige Sonett 48 stieß, konnte, ja mußte sich an die genannte
Rauferei zwischen den Anhängern der "due Rome" bzw. der "due Italie" just
zu Füßen des großen Landeskindes erinnern.

Ähnliches gilt für die antiklerikale Tirade in Sonett IX, über deren Doppelbödigkeit, so oft und gern sie auch zitiert wird, man heute leicht hinwegliest. Geschichtsimmanenter Anlaß ist die Hinhaltetaktik, der sich Columbus in Spanien höfischer- und geistlicherseits ausgesetzt sah. Denn "secondo me" - so der trasteverino im vorausgehenden Sonett VIII -

> [...]ne li segreti
> De quer complotto lì, ma manco a dilla,
> C'era sotto la mano de li preti.

Es folgt, mit direkter Apostrophierung der Zuhörerschaft im Wirtshaus, die generalisierende vituperatio:

> Ché méttetelo in testa, che er pretaccio
> È stato sempre lui, sempre lo stesso.
> Er prete? è stato sempre quell'omaccio
> Nimico de la patria e der progresso.
>
> E in quelli tempi lì, si un poveraccio
> Se fosse, Dio ne scampi, compromesso,
> Lo schiaffaveno sotto catenaccio,
> E quer ch'era successo era successo.
>
> E si poi j'inventavi un'invenzione,
> Te daveno per forza la tortura
> Ner tribunale de l'Inquisizione.
>
> E 'na vorta lì dentro, sarv'ognuno,
> La potevi tenè' più che sicura
> De fa' la fine de Giordano Bruno.

Unnötig, die Deckungsgleichheit der Ansichten Pascarellas und seines popolano zu betonen. Wer hier - in der Urbs, in der Hauptstadt des jungen Regno d'Italia - die Summe klerikaler Opposition gegen "patria" und "progresso" ziehen will, denkt nicht nur an die - historisch in dieser Verallgemeinerung ohnehin unzutreffenden - Vorbehalte, die Columbus in Spanien, namentlich in Salamanca zu spüren bekam. Er denkt vielmehr zugleich an kirchliche, ja kirchenstaatliche Fortschrittsfeindlichkeit jungen und jüngsten Datums, etwa unter Gregor XVI., dem vorletzten (1831-1846) Papst des "Potere Temporale", aber auch noch unter Pius IX. (1846-1878), dessen Tod zur Entstehungszeit unseres Sonettzyklus' nur ein Dutzend Jahre zurücklag, und dessen Unversöhnlichkeit dem Antagonismus zwischen den orthodoxen Anhängern des "Gefangenen im Vatikan" und den Nationalisten Jahr für Jahr neue Nahrung gab. Von Pascarella nicht unwillkürlich gewählt ist das Opfer einstiger Inquisitionsverfolgung Giordano Bruno, der 1600 in Rom auf dem Campo de' Fiori lebendig verbrannt worden war. Die politischen

Umwälzungen seit den 40er Jahren hatten auch das Interesse an der Persönlichkeit des - geistlichen! - Naturwissenschaftlers und Philosophen wiederbelebt. 1891, also während Pascarella an seinen Sonetten schrieb, kam die 1879 von Francesco Fiorentino iniziierte und staatlich subventionierte Bruno-Ausgabe zu ihrem Abschluß.[13] Gleichzeitig erblühte auf italienischem Boden eine denkbar üppige, wissenschaftliche wie popularisierende Bruno-Literatur.[14] Und nicht genug, daß der Philosoph aus Nola gleich dem Seemann aus Genua auf dem Pincio eine Büste erhalten hatte:[15] Um 1887 reifte der Plan, auf dem Platz der einstigen Verbrennung ein Denkmal zu errichten. Nach anfänglichen administrativen Hemmnissen war es am 11.Juni 1889 soweit: Die Enthüllung der vom (freimaurerischen) Bildhauer Ettore Ferrari geschaffenen Statue schwoll - durch zwanzigtausend Anwesende, durch passionierte Festreden - zu einer nationalen, schon seit Jahren international (Ernest Renan, Victor Hugo...) gestützten Demonstration gegen weltanschauliche und politische Fortschrittsfeindlichkeit an; ein Redner begrüßte die Statue als "prima pietra miliare che segna il cammino della nuova Roma".[16] Entsprechend herb war die Reaktion der Kurie und des Papstes; Leo XIII. trug sich sogar vorübergehend mit dem Gedanken, Rom zu verlassen.

"Io non sono 'anti' a niente" - wird Pascarella Jahrzehnte später Leonetta Cecchi, der Ehefrau seines Freundes und bald darauf Herausgebers Emilio Cecchi (1884-1966) versichern. Und weiter:

> non lo sono stato ai massoni, non lo sono stato ai socialisti, non lo sono ai fascisti; sono stato soltanto anticlericale, perché sono italiano in un senso antico e profondo; e lavorando, come ho fatto, alla storia d'Italia, ho dovuto, non per odio, ma per dovere professionale, mettermi contro i preti. Loro non accettano niente al di sopra di loro, e di qui è sorta l'eterna lotta fra Impero e Chiesa, fino a Cavour. Del resto, dal loro punto di vista, hanno ragione: se il Papa rappresenta Iddio, bisogna per forza sia al di sopra di tutto e di tutti.[17]

Antiklerikal im Sinne seines Autors ist somit auch der popolano aus La Scoperta de l'America zu einem Zeitpunkt, da sich die ersten "società operaie" nach dem Risorgimento-Märtyrern Monti und Tognetti (1868 in Rom guillotiniert) oder eben Giordano Bruno benannten.[18] Entsprechend notierte Antonio Gramsci, zu dessen Büchern, die er in qualvoller faschistischer Einzelhaft erbeten und erhalten hatte, auch Pascarellas Zyklus zählte:

> Si potrebbe[...] studiare non solo la Scoperta ma anche gli altri componimenti del Pascarella da questo punto di vista, cioè di come il popolino romano aveva assimilato ed esprimeva la cultura liberale-democratica sviluppatasi in Italia durante il Risorgimento. È inutile ricordare

> come a Roma questa assimilazione ed espressione abbia
> dei caratteri peculiari, non solo per la vivacità del
> popolo romano, ma specialmente perchè la cultura
> liberale-democratica aveva specialmente un contenuto
> anticlericale e a Roma, per la vicinanza del Vaticano
> e per tutta la tradizione passata, questa cultura non
> poteva non avere un'espressione tipica.[19]

Der Ton, in dem Columbus - eher vorschlagend, fordernd denn bittend - mit dem König von Spanien umgeht, zwingt die Vermutung auf, daß der Genuese - und der römische Kneipenchronist mit ihm - das gekrönte Haupt nicht ganz für voll nimmt. Letzterer wiederum wirkt auf uns, als sei er, mitunter argumentativ in die Enge getrieben, um Erklärungen und Rechtfertigungen bemüht - als handle es sich nicht um den Frühabsolutisten aus Aragón sondern um den zeitgenössischen Konstitutionsmonarchen aus dem Hause Savoyen. So besonders in Sonett VI:

> Basta, dunque, pe' fa' breve er discorso,
> - Va be',- je fece er re, - quer che ho promesso
> Lo mantengo; ma, - dice, - ve confesso,
> Che io nun ce vorrebbe avé' rimorso;
>
> Per cui, 'st'affare qui ha da fa' er suo córso:
> Perch'io, si governassi da me stesso,
> Che c'entra? ve direbbe: annate adesso ... -
> - Ma allora, - fece lui - co' chi ho discorso?
>
> Ma voi chi sête? Er re o un particolare? -
> - Per esse' re so' re, non c'è quistione;
> Ma mica posso fa' quer che me pare.
>
> Vôr di' che voi portate li registri
> De le spese, l'esatta relazione,
> Che ve farò parlà' co' li ministri.[20]

Man kann sogar so weit gehen, zu unterstellen, daß die Einflechtung von Zeitbezügen in die Handlungsschilderung, ja die Hereinnahme des Vergangenen in die Gegenwart kraft der gegenwartsbedingten, interpretierenden Schilderung des popolano eine ausgewogene Wertung des Entdeckers und seiner Tat bewußt preisgibt. Das eurozentrische Selbstgefühl, das Bewußtsein bzw. Vorurteil kultureller Überlegenheit, die den Stil der Centenarfeiern von 1892 weltweit (auch in Übersee) kennzeichnen, begegnen auch in La Scoperta de l'America: ohne Abstriche, ja sogar befrachtet mit topischen, zum Teil hypertrophen oder eklektischen Exotismen. Belege wie aus Son.X, 7f. ("l'eliofante,/che sarebbe er Purcin de la Minerva"), Son.XL, 9f. ("Servaggi incatenati, pappagalli,/Scimmie africane, lioni, liofanti"), Son.XXX, 2 ("dar re, ch'era un surtano") ließen sich häufen. In der oben schon zitierten Erstbegegnung bezeichnet sich der apostrophierte Ureinwohner sogar selber als "servaggio" (Son.XXXIX, 11). Diese "servaggi" frönen einerseits dem Kannibalismus (Son.XXVIII, 11), andererseits entsprechen sie der schon von Petrus Martyr Anglerius beschworenen Topik des Goldenen Zeitalters: Wir erfahren von unkompliziertem Liebesleben (Son.XXXVIIff.), sozialer Gleichheit (Son.XXXIV), Friedfertigkeit (ebd.), Genügsamkeit bzw. mangeldem Sensorium für die Bedeutung des Goldes (Son. XXXII) u.dgl. In ihrer Einfalt wissen sie nicht einmal, in welchem Land sie leben (nämlich in Amerika: Son.XXX), während Columbus sehr wohl den Anfang an die Ermittlung des "monno novo" (Son.I, 4), das im übrigen vor Reichtum strotzende Amerika (Son.XL u.ö.) im Sinn hat. "La Scoperta dell'America"-schreibt Antonio Gramsci - "mostra come le nozioni, diffuse dai manuali scolastici e dalle 'Università popolari', su Cristoforo Colombo e su tutta una serie di opinioni scientifiche, possano essere bizarramente assimilate."[21]

Die genannten Trivialisierungen und Eklektizismen bewegen sich, wie gesagt, im Rahmen des um 1892 Üblichen. Sie einem einzelnen Literaten (oder Künstler) anzulasten, wäre ungerecht. Originalität erstrebte Pascarella auf einer anderen Ebene: durch sein Bemühen, Geschichte - mit welchen Akzentuierungen auch immer - populär, volksgemäß, dem Volk akzeptabel zu machen. Dies geschieht zum einen durch die Wahl der Erzählperspektive und die Personen des Erzählenden, zum anderen durch die Definition von Geschichte schlechthin durch eben diesen Erzählenden. Thomas Carlyle und Historiker nach ihm verstanden Geschichte als Abfolge einzelner, von einigen wenigen, heroischen Individuen vollzogener Großtaten. Ein historischer Großtäter bleibt Columbus auch in La Scoperta de l'America - aber einer von der humanen Sorte. Durch sein - wie der popolano ihn sieht - gewitztes, selbstsicheres, mit dem König fast auf der Du-per-du-Ebene umgehendes Verhalten entfacht er in der römischen Kneipe patriotischen Stolz, aber auch komplexfreie, "klassenlose" Sympathie. Im bekannten, immer wieder zitierten Sonett V rühmt der popolano Geschichte zunächst als Abfolge realer Ereignisse, als "er naturale/Di li fatti di tutte le persone" (v.7f.) im Gegensatz zu den "Erfindungen" in den "anderen Büchern" (v.4 und 1). Sodann sieht und rühmt er die großen Einzeltaten, etwa die Entdeckung Amerikas durch Columbus, aber er wertet zugleich als Bestandteil von Geschichte den äußerlich unbedeutenden eigenen und seiner Freunde Alltag (vv.9-11):

> Vedi noi? Mo noi stiamo a fa' bardoria:
> Nun ce se pensa e stamo all'osteria;
> ma invece stamo tutti ne la storia.

Was Brechts lesender Arbeiter fragen wird, begegnet hier als selbstbewußte Feststellung: Geschichte besteht nicht nur aus großen Machern, sondern auch aus kleinen Miterlebenden. Einen Schritt weiter wird der Dichter von La Scoperta de l'America gehen, wenn er durch den popolano von Storia Nostra die aufklärerische, bewußtseinsbildende Wirkung dieses Miterlebens großer historischer Vorgänge artikulieren läßt (Son.CIII-CV):

> Me pij un pezzo de merluzzo a mollo,
> Che tutto er santo giorno stava a sede
> Davanti a la piluccia sur treppiede,
> Che caso mai je ce voleva er bollo
>
> P'annà' da Papagiulio a Pontemollo;
> Che tutto in un momento je succede
> Che se trova sordato, dritto in piede
> Cor fuciletto in mano e er sacco in collo,
>
> Davanti a quello che se lo stracina
> Da le rene bollente der deserto
> Fino a li ghiacci de la Beresina;
>
> Si ce rimane, be' va be', ce resta;
> Ma si ritorna a casa, pôi sta' certo
> Che ce torna co' quarche cosa in testa.
>
>
> Quarche cosa per cui se trovò messo
> Co' l'occhi de la mente in quelo stato,
> Che quanno che je fosse capitato
> Un fatto che je rimaneva impresso,
>
> Si prima lo guardava cor riflesso
> Der vetro de l'occhiali der curato,
> Adesso invece s'era abituato
> A guardallo co' l'occhi de se stesso.
>
> E si prima che lui se ne fosse ito,
> Bastava 'na chiamata in parrocchietta
> Perché t'avesse subito ubbidito,
>
> Adesso invece ch'era rivenuto,
> Si volevi che lui te desse retta,
> Te ce voleva er guanto de velluto.

> Perché se dice presto l'ignoranza;
> Ma quello, stracinato Dio sa dove,
> Aveva visto e inteso cose nove,
> E n'aveva capito l'importanza.
>
> Percui, si adesso lo volevi smove'
> Co' le chiacchiere, quello in circostanza
> Te portava davanti l'uguajanza
> Co' li princípi de l'ottantanove;
>
> E si mai te faceva maravija,
> Te ce poteva puro mette' accanto
> Li Diritti dell'Omo e la Bastija.
>
> Tutta roba che lui s'era imparata
> Dall'antra gente in mezzo a tutto quanto
> Quer ferreffoco de la Grand'Armata.

Der Aufwertung des einfachen Mannes aus dem Volke zum Geschichte reflektierenden Mitgestalter oder Berichterstatter von Geschichte entspricht - formal - der Stellenwert der hierfür verwendeten Sprache. Es ist der Dialekt, die "volkseigene" Mundart, vom Dichter Pascarella nicht ins Hochitalienische gegossen, sondern lediglich metrisch zu einer Reihe von Sonetten geformt. Giuseppe Gioachino Belli hatte wie kein anderer vor und nach ihm die poetische Sprengkraft des ach so vulgären heimischen vernacolo unter Beweis gestellt. Von Belli wird andererseits gern die haßliebend abwertende Ansicht zitiert, "il parlare romanesco" sei kein "dialetto e neppure un vernacolo della lingua italiana, ma unicamente una sua corruzione o, diciam meglio, una sua storpiatura[...]". Zur Thematik und Sprache seiner eigenen Verse beteuert er:

> Io qui ritraggo le idee di una plebe ignorante, comunque in
> gran parte concettosa ed arguta, e le ritraggo, dirò, col
> soccorso di un idiotismo continuo, di una favella tutta
> guasta e corrotta, di una lingua infine non italiana e
> neppure romana ma romanesca.[22]

Ein selbstkritischer Kahlschlag des gealterten päpstlichen Beamten - vielleicht auch eine vorauseilend apologetische Geste gegenüber der Zensurbehörde, der er zwischenzeitlich selber angehörte. Um so deutlicher springt uns der Kontrast zur Wertung und Funktionalisierbarkeit des romanesco vor Augen, die Pascarella 1895 in einem Gespräch mit Ugo Ojetti zu Papier gab:

> La lingua parlata del popolano romanesco non è un dialetto
> nel senso in che si chiamano dialetti i linguaggi del popolo
> di Milano, di Venezia e di Napoli. Esso è la lingua italiana
> pronunciata differentemente. E aggiungi a queste differenze
> puramente foniche una grande superiorità della nostra lingua
> dialettale su quella italiana. Essa è piú propia perché è piú

concreta, perché non è stata per secoli da sublimi menti
adoperata a speculazioni metafisiche e ogni parola dà
immediatamente l'idea della cosa da essa figurata senza
che altre rappresentazioni vengano a indebolirne la sicurezza.[23]

Dem romanesco wird somit nichts Geringeres bescheinigt denn Gleichrangigkeit, ja Austauschbarkeit mit dem Hochitalienischen, darüber hinaus sogar eine konkretere, unkompliziertere, weil von den semantischen Nuancierungsmühlen der Dichter und Denker vieler Jahrhunderte verschonte Aussagekraft.

Eine Entprovinzialisierung und Nobilitierung des romanesco somit, denen - historisch - die Anbindung Roms an die Geschichte und Kultur(en) Gesamtitaliens seit 1870 entsprach. Bezeichnend war denn auch die ambivalente Reaktion der Öffentlichkeit auf La Scoperta de l'America: mißgünstig-abfällig seitens der thematisch im Regionalen verharrenden Poeten wie Giggi Zannazzo, Giggi Pizzirani, Francesco Sabatini;[24] reißender Absatz der zahlreichen Auflagen (und Raubdrucke im Zeitungsformat, an Roms wie Mailands Straßenecken von den strilloni feilgeboten);[25] Autorenlesungen vor begeisterten Hörern in Mailand, Bologna (wo Carducci die Einführungsworte sprach) und weiteren Städten der Lombardei und im Veneto. In Triest, 1895 noch Teil der Italia irredenta, konnte Pascarella seinen Text nur mit Zensurauflagen lesen. Daraufhin markierte er die auferlegten Lakunen durch Kunstpausen, die das Publikum mit "ancor più frenetici applausi che non le sue parole" füllte.[26]

Zu den von Habsburgs Behörden beanstandeten Stellen gehörten mutmaßlich die abschließenden Enkomien auf Columbus' Herkunft (Son.XLVII-L) im besonderen und, generell, die risorgimental selbstbewußte "affermazione di un primato nazionale, fondato su una tradizione ben precisa, valida per tutti e per sempre".[27]

Was im Klima des Irredentismo Anklang fand, konnte mutatis mutandis auch dem Faschismus billig sein. "Mi diceva una volta il Pascarella" - so Bizzarri, ohne nähere Angaben - "che in una versione in dialetto genovese della Scoperta, l'aggettivo italiano del verso "Cristoforo Colombo era italiano" era stato tradotto con genovese".[28] Vieles spricht dafür, daß es sich um die - insgesamt recht freie - Nachdichtung A scoverta de l'America von Aldo Acquarone (Genua 1898 - nach 1952) handelt, die 1938, also noch zu Pascarellas Lebzeiten, in Genua erschienen war.[29] Die eingangs erwähnte Übersetzung von Giuseppe Flechia hingegen läßt zwar den bewußten Vers einigermaßen unverändert (Son.XLVII, 14: "e a dixe che Culumbu l'éa italian"). Im Sonett L hingegen lesen wir, als Vers 7, ein vom Original abweichendes "perché u l'éa ün Zeneise cumme nuî".[30] Wie überhaupt, bei näherem Hinsehen, auch der des Genuesischen Unkundige Texteingriffe und vor allem Texterläuterungen wahrnimmt, die nicht durchgehend wie im eben zitierten Fall harmlos patriotischer[31] sondern handfest ideologischer Natur sind. Schlicht starker Tobak ist, zur oben zitierten Priester-vituperatio in Sonett VIII und vor allem IX, Flechias beschwichtigende Fußnote, die Pascarellas Intentionen in ihr Gegenteil umdeutete und auf diese Weise dem politischen Diktat der Conciliazione (1929) zwischen Mussolini und Pius XI. entsprach:

> Qui e nel sonetto seguente (appena occorre avvertirlo) si ha una finissima satira contro l'anticlericalismo ventisettembrino che sotto gli auspici della massoneria deliziò la vita politica italiana dal 1870 alla prima Guerra mondiale.[32]

"Prima Guerra mondiale", weil Flechia bereits in den Jahren der "seconda" schreibt. Zwischenzeitlich freilich hatte König Viktor Emanuel III. auf Mussolinis Geheiß ein Dekret erlassen, an das Flechia in seiner Prefazione von 1942 zustimmend erinnert:

> Com'è noto, in seguito ad un voto da parte degli Italiani d'oltre Oceano che hanno vivo nel cuore il pensiero nostalgico dell'Italia madre, con R.D. del 25 luglio 1925, il 12 ottobre, anniversario della scoperta dell'America, venne dichiarato solennità civile. Era infatti deplorevole che mentre in tutta l'America e nella Spagna il giorno di Colombo era considerato come festa legale, nessun significato si desse alla data gloriosa in Italia, che ha il vanto di aver dato i natali al grande navigatore.

Anschließend unterstreicht er die "italianità" des Entdeckers und weist energisch die anderslautenden Thesen spanischer und französischer Biographen zurück. Zuletzt kommt Flechia auf den Real Decreto zurück, und zwar mit Tönen, die hinreichend deutlich das politisch-militärische Programm des Kriegsjahres 1942 einbeziehen:

> Ben fece dunque il Governo di Benito Mussolini a proclamare solennità civile italiana la data della scoperta dell'America. Il patrimonio ideale della Patria deve essere difeso, ad ogni costo, con tutte le forze, come il suo territorio, da ogni usurpazione straniera.[33]

Derlei Sätze sind die politische Antithese zum eingangs erwähnten Appell des Amerikaners Orson Welles an die Amerikaner. In beiden Fällen schallt uns die Sprache der militanten kulturellen Revierabschottung entgegen, in beiden Fällen anläßlich des 12.Oktober.

Zum selben Zeitpunkt gab es Autoren, die allen Konflikten zum Trotz die Chance des kulturellen Brückenbaus ahnten. Im März 1941 hatte Elio Vittorini seine Anthologie Americana herausgebracht. Die faschistischen Behörden konfiszierten den Band, weil ihnen Vittorinis "note" zu den ausgewählten Texten mißfielen. Die Zweitauflage von 1942 wurde geduldet, nicht zuletzt dank dem nun von Emilio Cecchi, dem "critico caro al regime"[34] verfaßten Vorwort. Cecchi, selber Verfasser eines Reiseberichts über die Vereinigten Staaten (America amara, [1]1940), sollte, wie erwähnt, bald nach dem Krieg auch als Editor von Pascarellas Oeuvre signieren. Zur genannten Zweitauflage Vittorinis schrieb Giaime Pintor (1919-1943), der die deutsche Kultur kannte und liebte und in einem deutschen Minenfeld den Tod fand, im Frühjahr 1943 eine Rezension, die ihrerseits die ideologischen Fronten im Weltkonflikt, aber auch die Aussichten auf dessen Überwindung beim Namen nannte:

> [...] In questa lotta contro gli idoli [l'America] può riconoscere la sua missione: nella lotta contro i gentili che continuamente riproducono il loro errore e oppongono all'uomo un'ortodossia o un rito, una macchina politica o dottrinale.
> [...] Nelle nostre parole[...] molto sarà ingenuo e inesatto [...]. Ma poco importa: perché, anche se il Continente non esistesse, le nostre parole non perderebbero il loro significato. Questa America non ha bisogno di Colombo, essa è scoperta dentro di noi, è la terra a cui si tende con la stessa speranza e la stessa fiducia dei primi emigranti e di chiunque sia deciso a difendere a prezzo di fatiche e di errori la dignità della condizione umana.[35]

Anmerkungen

1. Samuel Eliot Morison: Christopher Columbus. Admiral of the Ocean Sea, Boston 1942 [dt. Admiral des Weltmeeres. Das Leben des Christoph Columbus. Übersetzt von Charlotte von Cassel und Dr.Hans Koch, Bremen-Horn 1948].

2. Vgl. insgesamt Marco Salotti:"Admiral of the Ocean Sea. La radio di Orson Welles alla scoperta dell'America", in: Columbeis I, 1986 [Università di Genova. Facoltà di Lettere], S.207ff., bes. S.214ff.

3. Giuseppe Flechia: A scuverta de l'America. 50 sonetti romaneschi di Cesare Pascarella tradotti in genovese, Vicenza 1942-XXI [Kolophon:] Finito di stampare il 3 dicembre 1942-XXI[...]. Über die Person Flechias war bisher nichts zu ermitteln.

4. Vgl.auch zum Folgenden, u.a. Edoardo Bizzarri: Vita di Cesare Pascarella, Bologna 1941, S.85; Fabrizio Sarazani: Vita di Cesare Pascarella, Roma 1957, S.79; Ettore Paratore:"L'influsso belliano ne 'La Scoperta de l'America' di Pascarella", in: E.P.; Spigolature romane e romanesche, Roma o.J. [1967], S.307ff., hier S.323; Lino Delli Colli:"Cesare Pascarella", in: Gaetano Mariani/Mario Petrucciani: Letteratura italiana contemporanea, Roma 1979, Bd.I, S.379ff., hier S.379; Thomas Bremer: Art."Cesare Pascarella", in: Kindlers Neues Literatur-Lexikon, Bd.12, München 1991,S.989ff., hier S.990; Salvador Bernabeu Albert:1892: El IV Centenario del descubrimiento de América en España, Madrid 1987 (Consejo Superior de Investigaciones Científicas. Centro de Estudios Históricos. Departamento de Historia de América. Colección Tierra Nueva y Cielo Nuevo, Bd.20).

5. Cesare Pascarella: Taccuini. A cura dell'Accademia dei Lincei. Con una prefazione di Emilio Cecchi, Milano 1961 (I Classici Contemporanei Italiani), S.165. Zum Folgenden ebd. S.201, 274, 251, 254, 259, 263.

6. Vgl. Paratore (oben Anm.4), S.320.

7. Bizzarri (oben Anm.4), S.92.

8. Vgl. die maßgebliche, im Folgenden auch hier verwendete Ausg. Cesare Pascarella: I sonetti. Storia nostra. Le prose. A cura dell'Accademia dei Lincei. Prefazione di Emilio Cecchi. Con 16 disegni dell'autore, Milano 1974,[¹1955](I Classici Contemporanei Italiani); S.89ff.: La Scoperta de l'America.

9. Th.Gsell-Fels: Rom und die Campagna, von Dr.[...], Leipzig ³1883 (Meyers Reiseführer), Sp.667-671, hier 670. Zur Aufstellung der Büsten: Roma e dintorni, Milano 1977 (Guida d'Italia del TCI, Bd.16), S.273.

10. Giggi Pizzirani: Quo vadise? e nuove poesie, Roma 1921 (erw.Aufl.von ¹1907), S.43.ff.

11. Leos Brieftext in span.Übs. bei Bernabeu Albert (oben Anm.4) S.169ff.

12. Giovanni Spadolini: L'opposizione cattolica da Porta Pia al '98, Milano 1976 (Oscar Studio Mondadori, Bd.37) [¹1972], S.240f.- Schon Emma Perodi (1850-1918) hatte notiert: "In quell'anno ricorreva il quarto centenario della scoperta dell'America e una squadra italiana era andata a Cadice per unirsi alle feste che si facevano in onore di Colombo, e a Genova se ne preparavano altre sontuose. La commemorazione della scoperta del continente americano cagionò a Roma disordini, perché le società cattoliche, riunite a piazza Ricci, vollero portare un labaro marrone su cui stava scritto: "Roma cattolica a Cristoforo Colombo" per ornare il busto del grande navigatore, che vedesi al Pincio.
La processione fu accolta a fischi alla Chiesa Nuova e a Sant'Eustachio. Passando per Ripetta, dalla casa ove abitava l'avv. Ranzi, furono gettate sui dimostranti due bandiere tricolori. Essi salirono di corsa al Pincio, ma trovarono già il busto di Colombo avvolto con bandiere nazionali. Ne nacque una colluttazione e il busto rotolò per terra. Intanto la banda del municipio, che aveva accompagnato la processione, vedendo la mala parata, prese a sonare l'inno di Garibaldi. Le guardie e i carabinieri sedarono il tumulto, ma la sera, a piazza Colonna, vi fu una contro-dimostrazione, e si fecero alcuni arresti di anarchici." Emma Perodi: Roma italiana 1870-1895. A cura di Bruno Brizzi, Roma 1980, S.762f.- Vgl. auch Rosanna Pavoni: Colombo, immagini di un volto sconosciuto, Genova 1990, S.172.

13. Opera latine conscripta publicis sumptibus edita, 3 Bde., Napoli-Firenze 1879-1891. Bruno hatte im ersten der fünf Dialoge von La cena delle ceneri (1584) auch Columbus als nautischen Pionier gerühmt. Vgl. Vf.: Tadel und Lob der Seefahrt. Das Nachleben eines antiken Themas in den romanischen Literaturen, Heidelberg 1970 (Studien zum Fortwirken der Antike, Bd.5), S.170ff.

14. Einige Titel als Beispiel: David Levi: Giordano Bruno o la religione del pensiero. L'uomo, l'apostolo e il martire, Torino 1887; Giacinto Stiavelli: Vita di Giordano Bruno narrata al popolo, Roma 1888; Giovanni Bovio: L'Etica da Dante a Bruno. Discorso pronunciato dalla Cattedra Dantesca nell'Università di Roma il giorno 11 giugno 1889. Aggiuntevi le parole per l'inaugurazione del monumento a Giordano Bruno, Roma 1889.- Es gab auch Gegenstimmen, die die Verfolgung eines Unschuldigen negierten: T.Desdovits: La légende tragique de G.Bruno. Comment elle a été formée, son origine suspecte, son invraisemblance, Paris 1885. Vgl. Adriano Prosperi: L'Inquisizione romana e la morte dell'eretico, in: Titus Heydenreich/Peter Blumenthal (Hrsg.): Glaubensprozesse - Prozesse des Glaubens? Religiöse Minderheiten zwischen Toleranz und Inquisition, Tübingen 1989 (Erlanger Romanistische Dokumente und Arbeiten, Bd.1), S.43ff., hier S.51f. sowie, auch zum Folgenden, Karl J.Rivinius:"Der Giordano-Bruno-Skandal von 1888/1889. Eine Episode im Konflikt zwischen Vatikan und italienischer Regierung um die Wiederherstellung der weltlichen Macht der Päpste", in: Historisches Jahrbuch 107, 1987, S.389ff. [aus fundamentalistischer Sicht, wie schon im Titel angedeutet]; Emma Perodi a.a.O. (oben Anm.12) S.660ff. mit Photo neben S.592: Denkmal-Enthüllung am 9.6.1889; Giovanni Spadolini: Le due Rome. Chiesa e Stato fra '800 e '900, Firenze 1973, S.335ff.

15. Gsell-Fels (oben Anm.9), Sp.670.

16. So "l'avv. Basso, rappresentante il Comitato universitario": s.Emma Perodi S.661. Zur Reaktion Leos XIII. ebd. S.663.

17. Zitat bei Sarazani S.90. Vgl. ebd. S.75: "L'anticlericalismo di Pascarella, come un peccato mortale [sc. nach Ansicht einiger zeitgen. Rezensenten]. Ma è l'anticlericalismo di Pasquino che non sfiora la religione. Sta nella politica del tempo".- Tiraden gegen mitreisende Geistliche auch im Südamerika-Tagebuch von 1899: Taccuini (oben Anm.5) S.167f., 175ff., 180, 198, 220ff.

18. Paratore (oben Anm.4) S.328f.

19. Antonio Gramsci: Quaderni del carcere. Edizione critica dell'Istituto Gramsci, a cura di Valentino Gerratana, 4 Bde., Torino 1975, Bd.3, S.1667f. (aus Quaderno 14).Frdl. Hinweis von Dr.Thomas Bremer (Gießen).

20. Vgl. auch E.Bizzarri S.87: "[...] è difficile trovare, del costituzionalismo e della burocrazia, una satira più gustosa di quella contenuta nei primi sonetti del poema."

21. Gramsci a.a.O. (oben Anm.19) Bd.3, S.2312 (aus Quaderno 27); als Hinweis bei Bremer (oben Anm.4), S.990.

22. So Belli im berühmten Brief an den Principe Gabrielli vom 15.1.1861, in dem er das Ansinnen einer romanesco-Übersetzung des Matthäus-Evangeliums ausschlug. Text u.a. in G.G.B.: Lettere - Giornali - Zibaldone, a cura di Giovanni Orioli. Introduzione di Carlo Muscetta, Torino 1962, S.377f.

23. Aus Ugo Ojetti: Alla scoperta dei letterati, Firenze 1946 - zitiert bei
    Gaetano Mariani, Art."Cesare Pascarella"in: Dizionario critico della
    letteratura italiana, diretto da Vittore Branca [...], Bd.2, Torino
    1974, S.778.

24. In der von Zanazzo gegründeten Zs. Il Rugantino fortlaufende "Interpretationen" von P.s Scoperta-Sonetten (Ausgaben 10., 13., 17., 20., 24.,
    27.Mai, 6., 21.Juni 1894), die allerdings bei Son.XXXVIII stecken
    blieben; ebendort Sonette von Pizzirani, darunter, am 20.Mai 1894,
    "L'ovo de Colombo". Ferner kritische Artikel von Sabatini: vgl. Paratore
    S.315 und 322, Bizzarri S.96f.

25. Sarazani S.79; Bizzarri S.92 (zum Folgenden ebd. S.93ff.).

26. Bizzarri S.94. Ebd. S.162 sowie bei Raffaella Bertazzoli: Il mito
    italiano di Paul Heyse. Studi e documenti, Verona 1987 (Università di
    Verona. Facoltà di Economia e Commercio. Corso di Laurea in Lingue e
    Letterature Straniere. Istituto di Filologia-Linguistica e Letteratura)
    S.246f., 258, 270ff. u.ö. über Paul Heyses Reaktionen auf La Scoperta de
    l'America. Heyse hatte in Deutsche Rundschau 81, 1894, S.33ff. eine
    Übersetzung von Villa Gloria publiziert (wiederaufgenommen in P.H.:
    Italienische Dichter seit der Mitte des 18.Jahrhunderts. Übersetzungen
    und Studien, 5 Bde., Berlin 1889ff., Bd.5 (1905): Lyriker und Volksgesang. Deutsch von[...]. Neue Folge, S.316ff.). Aus dem neuen Zyklus,
    dessen Brisanz er nicht erkannte (oder nicht erkennen wollte?) präsentierte er lediglich 17 Sonette, mit kurzer Einführung und Zwischentexte,
    noch dazu erst 1907: P.H.:"Cesare Pascarella. Die Entdeckung Amerikas
    (La scoperta de l'America.)", in: Deutsche Rundschau Bd.132, 1907,
    S.342ff. Wiederabdruck (mit kurzer Einführung von Carlo Fasola) in:
    Rivista Mensile di Letteratura Tedesca, Anno I, N.8, Ottobre 1907,
    S.339ff.- Für die Ermittlung und Beschaffung des bislang unzureichend
    bibliographierten Textes danke ich Herrn Adrian La Salvia, M.A.- Heyses
    Versuch, Pascarellas Dichtung einzudeutschen, fand unseres Wissens bislang keine Nachfolger.

27. Rosa Maria Monastra:"La "scuola" carducciana", in: Rosario Contarino e
    Rosa Maria Monastra: Carducci e il tramonto del classicismo, Bari 1975
    (Letteratura Italiana Laterza, Bd.53), S.168 (aus § 94: L'epica seriocomica di C.P.).

28. Bizzarri S.112.

29. Uns leider nicht zugänglich. Vgl. Dario G.Martini: Cristoforo Colombo
    tra ragione e fantasia. Prefazione di Paolo Emilio Taviani. Presentazione di Gaetano Ferro, Genova 1986, S.369f. mit S.628.

30. Flechia a.a.O. S.62.

31. So etwa in Son.XLVIII, ein von Rom und den Pincio-Büsten (vgl.Zitat
    oben S.   ) fast völlig enthobener Exempel-Katalog:
       Gh'è Dante, gh'è Mazzini, Raffaellu,
       gh'è Zena, gh'è Büsalla, gh'è Milan,
       gh'è Camuggi, gh'è Nervi, gh'è Pavian,
       gh'è Carducci, D'Annunzio, Pirandellu.

32. Ebd. S.20. Die folgenden Zitate ebd. S.7 und 10.- Für die ungebrochene
    Rezeption (und vor allem nunmehr ohne politischen Mißbrauch) von P.s
    Zyklus sprechen u.a. die Tb-Ausgabe C.P.: La scoperta de l'America e
    altri sonetti, Milano 1951 (Biblioteca Moderna Mondadori. Nuova Serie,
    Bd.246), später übernommen in die Reihe Oscar Mondadori, Bd.196 (^{6}1983)
    sowie vor allem der bibliophile Quartband C.P.: La scoperta de l'America.
    Illustrata da Adriano Zannino. Prefazione di Libero Bigiaretti. Milano,
    Mondadori 1976.

33. Aus der Feder des Marinehistorikers Camillo Manfroni stammt ein Bändchen,
    das anläßlich des bewußten Decreto erschien: C.M.: Cristoforo Colombo
    (Cenni biografici). Il grande genovese e la modernissima critica
    (Commemorazione colombiana), Roma 1925 (Pubblicazioni dell'Istituto
    Cristoforo Colombo, Bd.18). Es ist gleichfalls der "Città di Genova"
    gewidmet, anläßlich der erstmaligen Begehung der dekretierten
    "solennità civile" (S.5).

34. Per conoscere Vittorini, a cura di Giovanna Gronda, Milano 1979
    (Oscar Mondadori. Per conoscere, Bd.2), S.42.

35. Giaime Pintor: Il sangue d'Europa (1939-1943). A cura di Valentino
    Gerratana, Torino 1975 [^{1}1950] (Nuova Universale Einaudi. Nuova serie,
    Bd.3), S.149ff.: "La lotta contro gli idoli.Americana", hier S.158f.-
    Vgl. insgesamt Thomas Stauder:"Giaime Pintor. Vom bürgerlichen Intellek-
    tuellen zum Widerstandskämpfer",in: Zibaldone 8, 1989, S.40ff.

Ein dänischer Columbus-Mythos, Johannes V. Jensen und die längste Reise

Bernd Henningsen

Vorbemerkungen

Der Roman Christofer Columbus des dänischen Nobelpreisträgers von 1944, Johannes Vilhelm Jensen (1873-1950), 1921 erschienen und bereits ein Jahr später ins Deutsche übersetzt, nimmt nicht nur einen zentralen, nämlich letzten Platz ein im sechsbändigen Evolutionszyklus "Die lange Reise" (Den lange Rejse, 1908-22), der von der Zivilisationsgeschichte der Menschheit handelt, sondern er legt zugleich die geistig-ideologischen Grundüberzeugungen des Autors offen. Sie zu ertragen, fällt heute nicht wegen der Distanz zu seiner Zeit leichter, sondern gelingt nur deshalb - wenn man sich denn auf ihn einläßt -, weil Jensen einer der sprachmächtigsten und -innovativsten seiner Dichter-Generation war. Man schüttelt den Kopf über die Monomanie des Dichter-Monumentes Jensen, und ist zugleich immer noch fasziniert über seine sprachlichen Energien und sein assoziatives Potential - allerdings, dies ist meine persönliche Leseerfahrung, hat diese Faszination stark abnehmende Tendenz.

Der Nobelausschuß begründete seine Preis-Entscheidung seinerzeit mit der "außergewöhnliche[n] Kraft und Fruchtbarkeit seiner Dichterphantasie, die vereint sind mit einer umfassenden Intellektualität und einem kühnen, kreativen Stil". Heute würde man eher seinem jüngeren Dichterkollegen Hans Scherfig zustimmen, der sich 1951 - aus der entgegengesetzten politisch-ideologischen Position - in einem brillanten Essay mit der eben angedeuteten, ewigen Ausrede auseinandersetzte, daß Jensen als Denker abgeirrt, aber als Stilist unübertroffen sei; Scherfig hielt fest, daß Jensen "nicht stark als Denker gewesen ist. Aber er hat die Fähigkeit gehabt, zu s a g e n, was er nicht durchdenken konnte. Der Gedanke ist verschwunden in der Schönheit der Sprache."[1] Zu fragen aber sei, "wozu der Dichter in all den Jahren die Sprache gebraucht hat."[2]

Es ist kein Zufall, daß einem zu Johannes V. Jensen immer Knut Hamsun als Parallele einfällt, selbst wenn er, wie jener, kein Nazi wurde; Werk und Wirkung, Stil und Absicht, Leben und Denken gleichen sich frappierend - auch da, wo sie sich in Details diametral gegenüberstehen. Der jüngere

Jensen verehrte den Norweger,[3] beide zählen zu den "Zauberern" und
"Sprachkünstlern". Hamsun selbst nannte Jensen einen "sprachlichen Wundertäter".[4] Hamsun und Jensen, aber auch Selma Lagerlöf in Schweden und Martin
Andersen Nexø in Dänemark sind die Dichter des neuen Jahrhunderts, deren
Avantgardismus zu vergleichen ist, insofern sie die Erzähltechnik verändern, die Literatur mit Psychologie, aber auch Politik und Gesellschaft
erweitern; sie geben der Literatur eine gesellschaftliche Dimension, vor
allem aber eine regionale - Jensen schreibt als und über Jütländer, Hamsun
mit der nordnorwegischen Perspektive, die Lagerlöf mit der Värmlands und
Dalarnas, Nexø als Arbeiterdichter.

Wegen dieses zeit- und stilgeschichtlichen Kontextes und wegen der
Rezeptionsgeschichte scheint es geboten, den heute in Deutschland[5]
noch kaum geläufigen Autor in seinem werkgeschichtlichen Zusammenhang
vorzustellen. Damit sind zugleich Verstehensschneisen für den Columbus-
Roman geschlagen.

1. Werk und Dichter[6]

Johannes V.Jensen - Sohn eines überzeugten Spiritisten und Tierarztes -
war der erfolgreichste Vertreter jenes dänisch-skandinavischen "Neurealis-
mus", der, auf der Brandes-Schule des "modernen Durchbruchs" bauend, in
der nüchternen Tatsachendarstellung zu neuen Formen und Inhalten der Literatur gelangte.[7] Es ist dabei kein Widerspruch, daß der Erfolg Jensens auf
einer Art Heimatdichtung gründete und noch gründet, die allerdings aus der
Perspektive von unten die eigene Provinzregion zum selbstbewußt-selbstver-
ständlichen Ausgangspunkt einer literarischen Expansion nahm: die Provinz
als Weltersatz.

Der unerschütterliche Glaube an die Naturbeherrschung durch Mensch und
Technik, an die Maschine und die Segnungen der Industrialisierung macht
Jensen zum herausragenden Repräsentanten des neuen Zeitgeistes. Seine
nordische Herrenmenschenattitüde - und nicht etwa die des Übermenschen -,
die jede schlappe Dekadenz verurteilt, erinnert schon in manchem an
Hamsun. Seinen Dichterkollegen Herman Bang (1857-1912), ewig Verfolgter
der dänischen Spießbürger bei allfälligen Homosexuellenskandalen, fertigte
er 1906 kaltschnäuzig und erbarmungslos in einem Artikel ab, der in die
dänische Zeitungsgeschichte einging und der einer öffentlichen Hinrichtung
gleichkam ("[...]ein sehr bekannter Verfasser, der übrigens, außer daß
er abnorm ist, auch noch ein gewisses Talent hat").[8]

Nachdem er das Medizinstudium aufgegeben hat, schreibt der junge Autor
eine Zeit Schauergeschichten für ein wöchentliches Familienjournal -
das Talent zu diesem Genre ist auch seinem späteren Werk anzumerken - und
debütiert schließlich 1896 bzw. 1898 mit den zwei Romanen Danskere ("Die
Dänen") und Einar Elkaer, die beide um das in der dänischen Literatur
häufig bearbeitete Thema der Reflexionskrankheit kreisen, um Schwermut,
Lebensuntüchtigkeit und Irresein; von beiden Werken distanzierte er sich
später. Doch bereits 1898 erscheint der erste Band der Erzählungen
Himmerlandsfolk ("Himmerlandgeschichten"), von der 1904 die 2. und 1910
die 3.Sammlung folgen. Es ist dies Heimatdichtung im besten Sinne des
Wortes: nüchterne, realistische Erzählungen vom gegenwärtigen und vergangenen Leben in seiner Geburtsregion, dem nordjütischen "Himmerland"
(die Volksetymologie leitet die Bezeichnung von den Kimbern ab), von
Sagen und Überlieferungen, von Typen und Landschaften - die Themen tauchen
im Umfeld des Columbus-Romans wieder auf. Mit diesem alles andere denn
erbaulichen oder gar unkritischen Stoff hat er sich unter die dänischen
Erfolgsautoren geschrieben - bis heute.

Sowohl mit den Himmerlandgeschichten als auch mit seiner Lyrik, die -
stark an Walt Whitman orientiert - bahnbrechend für die dänische Literatur
werden sollte, findet Jensen zu einem neuen Stil, der aus der Wahrnehmung
der unmittelbaren Realität, aus der Konfrontation mit "Tatsachen" eine
Art beherrschte Unmittelbarkeit darstellt. Klar, einfach und sachlich
drückt er sich meist nur in Hauptsätzen aus, wobei die wortkarge Sprache
immer bildhaft und assoziationsreich bleibt. Auch die vereinfachte Syntax
bestätigt seinen Ruf als glänzender Stilist und erklärt darüber hinaus,
weshalb so viele Nachgeborene bis in die fünfziger und sechziger Jahre
hinein ihn zum Vorbild nahmen.

1901 erscheint Den gotiske Renaissance ("Die gotische Renaissance"),
gleichsam die Jensensche Programmschrift des neuen Maschinenzeitalters;
darin sind die Erfahrungen und Berichte des Journalisten versammelt
(Jensen bereiste 1896 Amerika, 1898 war er als Reporter in Spanien und
1900 auf der Pariser Weltausstellung). Das Gotische steht hier als Symbol
für die Angelsachsen, für die Nordeuropäer und die Germanen, für Lebens-
kraft, das pragmatische Zugreifen, die Entscheidungsfreude, den Willen:
das starke Ich setzt er ins Zentrum einer gnadenlosen Philosophie der
Stärke (die allerdings nicht mit Seelenlosigkeit gleichgesetzt werden
darf): Hier liegt der ideologische Grund, weshalb Columbus nur ein blonder

und blauäugiger Nordeuropäer sein konnte - die Welt als Provinzersatz.
Nur vordergründig steht der gleichzeitig entstandene und wohl meistgelesene
Roman zu dieser Apotheose der Willenskraft in Kontrast: Kongens Fald
("Des Königs Fall", 1900). Es mischt sich darin die zeitgenössische Dekadenz und Untergangsstimmung um die Jahrhundertwende mit der bluttriefenden
Lebensgeschichte (das Stockholmer Blutbad, 1520) des dänischen Königs
Christian II. (1513-23), dessen endliches Scheitern in der mangelnden
Entschlußkraft gesehen wird. Entrückt werden diese beiden Zeit- und Realitätsmotive (das Buch ist insofern nur bedingt historischer Roman) durch
einen vom Schicksal (der Held Mikkel Thogersen verursacht tragisch den Tod
des illegitimen Glückskindes Axel) und von mythischen Visionen (der Homunkulus des Zacharias) gebrochenen Handlungsstrang, der symbolträchtig in
den drei Jahreszeiten Frühling, Sommer und Winter seine Fixpunkte hat.

Eine Reihe von Erzählungen, Novellen und kleineren Romanen der folgenden
Zeit verarbeitet die Eindrücke einer Weltreise, die Jensen vom Frühjahr
1902 bis zum Sommer 1903 unternahm: Süd- und Ostasien, Amerika werden zu
literarischen Schauplätzen, ohne daß er sich von der Geistes- und Religionswelt des Ostens sonderlich beeindruckt zeigt.(Auch in der Familiengründung
kurz nach der Rückkehr wird kein biographischer oder gar intellektueller
Bruch manifest). Es offenbaren sich eher, selbst noch in der nun gesammelten Lyrik (Digte, "Gedichte") von 1906, Kontinuität und Stetigkeit; darin
steht das programmatische Gedicht "Auf dem Bahnhof von Memphis" (Paa
Memphis Station), aber auch drei Übersetzungen von Whitman-Gedichten -
und ein langes Poem über Columbus. Mit diesem schmalen Bändchen wird
Jensen definitiv unter die Unsterblichen gerechnet.

Mit der bereits erwähnten Den lange Rejse entstand eine Jensen-Mythologie
von der Erschaffung und der Geschichte der Menschheit in sechs Einzelromanen; sie ist die literarisch eindeutigste Verarbeitung des Darwinismus und reicht von der Urzeit (Den tabte Land - "Das verlorene Land")
mit Christofer Columbus bis zum Ausgang des Mittelalters und bis zu Darwin.
Der Zyklus plakatiert den Fortschrittsglauben literarisch überhöht, verwoben in historische "Tatsachen", in Evolutionsmythen und Ideologeme der
Zeit; gotische Rasse und nordischer Geist bewähren sich im darwinistischen
Auslesekampf, gemäß ihrer natürlichen Anlage: The survival of the fittest.

Vor diesem Hintergrund einer darwinistischen Evolutionsphilosophie hat er
dann noch eine Reihe von essayistischen Schriften verfaßt, die eher

der zeitgebundenen Herrenmenschen-Ideologie verhaftet sind, als daß sie - was des Autors Anliegen war - noch vor der Geschichte oder gar der Wissenschaft bestehen könnten. Sie sind nicht mehr als anthropologische oder philosophische Studien zu lesen, sondern selbst schon zu jener Gattung gehörig, die Jensen unter dem Begriff "Mythe" faßte, zu einer Art essayistischer Novelle.

Hierzu zählen bereits die journalistischen Berichte vom Anfang des Jahrhunderts, die sich jeweils auf einen Sinneseindruck gründen und mit anderen zu einem Bild verschmelzen, Visionen und Halluzinationen nicht ausgeschlossen. Mit den "Mythen" soll "in einem Moment ein Grundverhältnis in Natur und Geschichte erhellt", sollen "Zeit und Raum überbrückt" werden - diese Technik ist für den Columbus-Roman und den Gesamtzyklus Der langen Reise von besonderer Bedeutung. Es erschienen insgesamt zehn Bände solcher "Mythen".

Zum Habitus des reserviert-souveränen, ja steifen Jensen gehörten, wie bei kaum einem anderen dänischen Schriftsteller, die Reisen in und um die Welt: seine Prosa, aber auch seine Lyrik verdankt viel dieser Reiselust. Zum äußeren Erfolg gehörte bereits 1929 die (Lorbeer-)Krönung im Dom zu Lund/Schweden, die 100 Jahre zuvor mit der Salbung Adam Oehlenschlägers, seinem großen Vorbild, zum nordischen Dichterkönig erstmals praktiziert worden war.

Noch 1935 legt Jensen seine Bearbeitung des Faust-Stoffes vor: Dr.Renaults Fristelser ("Dr.Renaults Versuchungen"); der Pakt im Höllenfeuer zwischen dem altersschwachen Dr.Renault und dem mephistophelischen Herrn Asbest dreht sich jedoch nicht um die Verweildauer im schönsten Augenblick; Angelpunkt der Wette ist das Dennoch, der Überlebenswille trotz Schwäche, Anfechtung und Not - Hiob hat seine Spuren gesetzt.

Jensen war der Dichter, der Stilist der Gegensätze: Gut und Böse, Schwarz und Weiß (Hautfarbe!), Ordnung und Chaos, Alt und Neu, Phantasie und Wirklichkeit, der Einzelne und die Masse; er schreibt nicht, um zu versöhnen, es gibt bei ihm keine Synthese, sondern im Zeichen des Optimismus siegt der Stärkere, der Schwächere muß untergehen - ob es jetzt der Homosexuelle ist, der Prolet oder die mindere Rasse. Sein Realismus ist prinzipieller Natur, nicht die Dialektik, sondern der gnostische Dualismus zieht sich durch seine Schriftstellerei.

Jensen war kein politischer Parteigänger in seiner Zeit, aber man kann ihm den Vorwurf des Rassismus und Imperialismus[9] nicht ersparen. Und dies,

obwohl er angesichts der historischen Ereignisse weit hinter dem rassistischen Standard seiner Zeitgenossen zurückblieb, obwohl er kein Antisemit war, und obwohl ferner der "Fortschritt" der Geschichte in s ei ne r Zeit, an den er glaubte, ihn hat pessimistischer werden lassen.
Schlimm genug bleiben seine borniterten Auslassungen über die Schwarzen, die "Neger", insbesonders die weiblichen. Liest man seine Schriften zur Evolution, selbst die aus dem Jahr 1941, dann ist man verwundert über den schlichten Geist, der hier am Werk war, über die Naivität, die aus seinen Beobachtungen - um mehr handelt es sich nicht - spricht, wenn er sich etwa über Rasse und Klasse ausläßt, über die Peinlichkeiten seiner Schlußfolgerungen; dahinter steckt, worauf Hans Scherfig verwies, die deutsche idealistische Naturphilosophie, deren von Jensen übernommene "geniale" Methode die intuitiv unmittelbare Anschauung ist, der Analogie-Schluß. Scherfig urteilte über Jensen als politischen Menschen ein Jahr nach dessen Tod und sechs Jahre nach dem Ende der deutschen Diktatur:

> Mit seiner Rassentheorie weist Johannes V.Jensen hinüber auf
> die letzte Epoche des Kapitalismus: den Faschismus oder den
> Nationalsozialismus. Er entging [sc dem Schicksal], Nazi zu
> werden wie Knut Hamsun, vielleicht aufgrund von Mangel an
> Konsequenz, vielleicht weil die Deutschen so unhöflich ins
> Land kamen. Aber er hatte alle Voraussetzungen in sich, das
> ganze Register, die nordische Rasse, die arische Rasse[...]
> Gute Feen hielten ihre Hand über Johannes V.Jensen und
> ließen ihn an den Verbrechen des Nazismus nicht teilhaben,
> als die Deutschen im Land waren. Es muß Feen gegeben haben,
> es muß übernatürliche Kräfte gegeben haben. Wenn es natürlich und evolutionär zugegangen wäre, dann hätte er dem
> großen norwegischen Dichter Gesellschaft geleistet.[10]

2. "Die lange Reise"

Der Zyklus von der großen Reise erscheint in nicht-chronologischer Folge über 14 lange Jahre, von 1908 bis 1922; in sechs Bänden wird das Werden des Menschen erzählt, die letzte Eiszeit, endend mit der Entdeckung der Neuen Welt durch Columbus und mit Ausblick auf den Darwin des 19.Jahrhunderts, ja das Schlußkapitel des Columbus-Romans endet in einer revelatorischen Mystifikation, der Verklärung der Mutter Gottes - eine protestantische Apotheose der Katholizität. Wenn man so will, bewegt sich der Zyklus auf der raum-zeitlichen Dimension vom Unendlichen kommend ins Unendliche fortschreitend. Der Titel ist die Metapher für den Fortschritt des Menschengeschlechts; nicht zu überlesen aber ist, daß der Erste Weltkrieg Jensens

Fortschrittsglauben und seinen Optimismus in die Zukunft der Menschheit
arg erschüttert hat (1923, 145).

Den Anspruch, ein wissenschaftliches Werk in literarischer Form zu schreiben,
gibt Jensen nicht auf; es gelingt ihm jedoch nicht, diesen Anspruch einzulösen. Vielmehr haben wir es bei der "langen Reise" mit einem romantischspekulativen Unternehmen[11] zu tun, ja der Autor entpuppt sich als idealistischer Romantiker größten Stils und von der unheimlichen Art. Wie wenig
einem allerdings gängige ideengeschichtliche Klischees und Zuweisungen bei
der Einordnung der kruden Jensenschen Philosophie helfen, mag die Tatsache
belegen, daß dem Rassenbiologen Jensen ausgerechnet Nietzsche, der Zitiergrund der Herrenmenschen-Ideologen, als Gegenpol zu Darwin steht, der
"programmatische Teil" seiner Verfasserschaft "beginnt als Reaktion gegen
Nietzsche und sein ganzes Wesen."(1923, 125)

So mühsam und so kompliziert die Entstehung, so uneinheitlich sind die
jeweilige Struktur, Untergliederung und Länge der Romane; der Erzählverlauf, auch die literarische Qualität und die kompositorische wie stilistische
Stringenz sind ganz unterschiedlich. Nimmt der Autor sich auf der einen
Seite die Zeit, ausführlich und detailreich Stimmungen, Landschaften und
Begebenheiten zu beschreiben, so geht er auf der anderen mit einer arroganten und ungeduldigen Hast im Handlungsstrang weiter, die eher auf seine
Unlust am Thema denn auf die nötige Straffung des Stoffes zurückzuführen
ist. Immerhin hat dies auch zur Folge, daß das gewaltige Material vom
historischen Fortschritt in relativ schmalen Bänden Platz gefunden hat -
wie überhaupt Jensens Romane von bemerkenswerter Kürze sind.[12]

Die komplizierte Erscheinungsweise, die Uneinheitlichkeit von Struktur und
Stil liefern den Beleg dafür, daß Jensen, wie er selber einräumt, ursprünglich keinen zusammenhängenden Plan von einem Zyklus hatte (1923, 71).[13]
Die Romane sind 1938 von Aage Marcus in der "richtigen" Reihenfolge, als
Zyklus, autorisiert herausgegeben worden, dabei wurden die einzelnen Teile
gestrafft; allein der Columbus-Roman wurde um ca. 100 Seiten abgespeckt -
aus historisch-politischen Gründen nicht die uninteressantesten. 1923 gibt
Jensen eine "Nachschrift" zum Zyklus heraus, die den "Grundplan" des Werkes
und seiner Philosophie enthält (Aestetik og Udvikling).

a) Urzeit

"Das verlorene Land" (Det tabte Land), der erste Roman des Zyklus, 1919 erschienen, paraphrasiert den biblischen Genesis-Mythos und die Geschichte vom verlorenen Paradies - den Anfang der Menschheit also - mit literarischen Mitteln, aber nach den Maßstäben nüchterner moderner Wissenschaft - bis hin zu Anklängen an die Freudsche Hordentheorie ("Totem und Tabu" erschien 1912/13, aber von Freud hielt er überhaupt nichts:[14] Menschen und Tiere beginnen ihren unterschiedlichen Evolutionsweg; Fyr (= Feuer), der Held des Romans und das erste, mit praktischer Intelligenz ausgestattete Lebewesen, holt von Gunung Api, dem Vulkan, das Feuer und erhält damit Macht über die Kreaturen, wird zum Prometheus: "Und Fyr herrschte nicht mit Gewalt und roher Strafe, es ging von selbst Macht aus seiner Herrlichkeit hervor, alle beugten sich gutwillig ihm und seinem Feuer."(1977, I/69) Sein Stamm, die unintelligente Urhorde, opfert ihn aber schließlich dem Vulkan zu dessen Beruhigung, verzehrt den Urvater und verehrt ihn hinfort als Gott. Er erschien ihnen jeden Morgen, so die Überlieferung unter den Waldmenschen, als Sonne am Firmament - blendend aber wohltuend und wärmend. Und seine alte Mutter Ve, die - längst vergessen - bei seinen Todesschreien aus ihrer Höhle gekrochen war, zieht als Mond mit bleichen Zügen über den Himmel hinter ihm her, "manchmal ist sie ganz, manchmal halb, sie gibt Teile ihres Herzens für ihn; wenn die Nächte dunkel sind, hat sie alles fortgegeben und ist in Sorgen untergegangen, aber wenn sie ganz am Himmel strahlt, dann geht es ihm gut. / Alle Frauen rufen Ve an; wechselnd wie deren Herz sind ihre Sinne. Sie gehen in Stücke, da sie geben; aber jeden Monat ist ihr Wesen wieder heil." (1977, I/81) Die männliche Vorstellung von der Weiblichkeit, eingebettet in einen kosmologischen Symbolismus, erzählt im neusachlichen Stil der modernen Aufklärung und Rationalität, so fesselt Jensen die Leser und blendet sie zugleich.

b) Eiszeit und Menschwerdung

Der zweite Roman "Der Gletscher" (Braeen), der bereits 1908 erschien, erzählt in dramatischem Zeitraffer die Evolutionsgeschichte von Natur und Kreatur vom Ausbruch der Eiszeit in Skandinavien bis zu ihrem Ende in der Spanne weniger Generationen. Dreng (=Junge), ein Nachkomme Fyrs und genau wie dieser später als Gottheit verehrt - er trägt Züge des germanischen Odin -, widersteht den sich auftürmenden Eismassen, während sein Stamm gen Süden zieht; er besitzt das Feuer, verliert es aber und überlebt dennoch im Kampf gegen Kälte, Hunger und Dunkelheit. Dreng stellt sich dem Darwinschen "struggle for life", nimmt den Kampf auf, wird gestählt im Gegendruck und wächst dadurch - der Brudermord, das "Unsagbare" ist Bestandteil dieses Durchsetzungskampfes. Die südwärts ziehenden Genossen bleiben primitiv und kulturlos. Weil Dreng den Kampf und den Norden wählt, wird er der Begründer der nordischen Rasse.[15] Weil er die Herausforderung der Naturgewalten annimmt, weil er Triebe zu sublimieren versteht, wird er zum "ersten Menschen" schlechthin, und - indem er Oberlebenstechniken entwickelt - trägt zum Fortschritt des Menschengeschlechts bei: The survival of the fittest. Die Oberlebenstechniken und das Erfinden und Entdecken von Lebensgewohnheiten, die wir heute als Kulturgewohnheiten betrachten, werden mit geradezu biblischer Paradigmatik und Unbedingtheit "erfunden":

> In Pausen, in denen Dreng nicht die Unsicherheit des Lebens ganz nahe fühlte, gab er sich manchmal hin, seine Person zu überprüfen, und fand, daß seine Haut voll war von Fladen von Schmutz und Ungeziefer und getrocknetem Blut von all den Tieren, die er geschlachtet hatte; er kratzte einige der Krusten ab, die er verzehrte, und so kam die Reinlichkeit in die Welt (1977, I/112)

In der Begegnung mit einem anderen Wesen kommt Dreng, der Menschenfresser, zu einer Art Urerfahrung: Er

> näherte sich seiner Beute[...] Da sah er, daß es eine Frau war. Sie lag auf den Knien mit dem Gesicht im Sand, harrend auf ihr Schicksal. Sie gab nicht einen Laut von sich, als er sie umdrehte und ihre Augen sich begegneten. Jeder Gedanke an Mord erstarb ihm. Sie sollte gewißlich leben. / Das Entsetzen, in seiner Gewalt zu sein, wich aus ihrem Blick, als sie merkte, daß sie leben sollte, und auch sie entblößte alle ihre Zähne gegenüber den seinen, wie um zu beißen - aber keiner von ihnen biß. Und das war das erste Lächeln. / Sie folgten einander. Sie wurden eins auf dem Gletscher, das einzige Menschenpaar im Norden. / Die Sonne brach durch die Wolken und sah, daß es niemanden außer ihnen gab[...] so entstand die Monogamie. (1977, I/123)

Es braucht kaum hinzugefügt werden, daß, nachdem sie Kinder bekommen hatten, die "erste kleine Gesellschaft auf der Erde entstanden" war. (I/125) - Und es braucht auch kaum hinzugefügt werden, daß die Geschlechterrollen "natürlich" seit Menschheitsbeginn zugeteilt waren: die Männer für den Kampf und die Fortentwicklung der Zivilisation, die Frauen für den Haushalt und den Stumpfsinn des Dienens.

Hvidbjørn (= Eisbär), Drengs Nachkomme und die zweite Titelfigur des Romans
ist in seiner "brutalen Maskulinität"[16] eine Verdoppelung Drengs. Auch er
übersteht im Einzelkampf gegen die Naturgewalten und feindlichen Menschen-
horden, gründet einen eigenen Stamm, verfeinert die Zivilisation - und wird
schließlich als Rächer für seine ermordete Frau, für seine ermordeten
Kinder zum Urbild des germanischen Gottes Thor.

c) Fernweh und Heimweh

Eher ein Dementi der wissenschaftlichen Exploration und analytischen Darstellung der Evolution in literarischer Form ist der 1919 als Nummer drei
in der Reihe erschienene Roman "Norne-Gast" (Norne-Gaest): Auf der einen
Seite wird der Leser mit einem Bruch im Erzählstil konfrontiert, insofern
als der Autor ihn über lange Strecken nicht mehr als Beobachter in die
Handlung hineinstellt, sondern als von oben herab mit großer Geste referiert
wird, wie Menschen waren und wie die Natur aussah, bevor sie besiedelt
wurde. Auf der anderen Seite sind die Grenzen von Raum und Zeit gesprengt,
durchfährt und durchlebt der Leser mit Norne-Gast, der der nordischen
Mythologie entnommen ist, die Spanne von der Steinzeit bis zum Ende der
Völkerwanderung; er durchmißt Europa, Asien und Afrika im Drange, sein
Fernweh zu befriedigen u n d sein Heimweh zu stillen. Norne-Gast, eine
Art nordischer Ahasverus und erster Sänger und Liedermacher der Erde, der
nicht nur in diesem Roman auftretend auf der Suche nach dem Totenreich ist,
wird erst erlöst und kann sterben, nachdem er vom norwegischen König Olav
Tryggvason (995-1000) getauft worden ist.

Auch in diesem Roman wird die Entwicklungsgeschichte einer Person von der
Geburt bis zu seinem Ende mit den schwächer ausdifferenzierten Beipersonen
erzählt, den Kindern, Frauen, Müttern; Väter, Brüder, Söhne und Kampfesge-
nossen erscheinen bei Jensen seltsam blaß. Der Grund hier, wie in den
anderen Romanen, beruht nicht nur in der Jensenschen Erzähltechnik, bzw.
seinem Unvermögen, sondern vor allem in seiner dualistischen Philosophie,
die den einzelnen gegen die Massen stellt.

d) Völkerwanderung

In "Der Zug der Kimbern" (Cimbrernes Tog), 1922 erschienen, kommt Jensen
wieder zurück auf die "natürliche" Raum-Zeit-Dimension, nicht ohne allerdings auf das Element des Phantastischen in der Figur des immer präsenten

Weltenwanderers Norne-Gast zu verzichten; er schildert in diesem vierten
Teil des Zyklus' die Wanderung seines heimatlichen Stammes, der Himmer-
länder, von Jütland nach Südeuropa und Afrika - die Invasion ins Römische
Reich. In der Komprimierung der Völkerwanderung auf die Zeit praktisch
einer Generation findet nun die Arisierung des südlichen Europa statt,
nicht ohne (bluttriefende) Rückschläge und nicht ohne herzerweichende,
sentimentale Beziehungsdramen. Henrik Wivel kommt zu dem Schluß, daß dieser
Teil des Zyklus' "langweiligen nordischen Chauvinismus" darstelle und folglich mit dem im "unerträglichen Pfadfinder-Geist" geschriebenen nächsten
Roman zu den schwächsten Partien des Unternehmens gehört.[17]

e) Flegeljahre des Nordens

"Das Schiff" (Skibet) von 1912 hat dann die Wikingerzeit zum Inhalt, in
Jensens Terminologie und Geschichtsverständnis "die Flegeljahre" des
Nordens (1923, 95). War in den früheren Romanen häufig die Bibel Motiv-
geber, so ist es in diesem die Homersche Odyssee, eine Odyssee nach
Wikingerart allerdings. Brandschatzend und mordend zieht eine Horde
Jugendlicher über Europas und Nordafrikas Küsten, die Einnahme Roms miß-
lingt, der Rückzug zum Norden wird zu einem Desaster, die Mehrheit über-
lebt einen Gibraltar-Sturm nicht - doch die Zurückkehrenden gründen eine
Stadt, Kopenhagen.

Bewegung ist ein vorherrschendes Motiv in allen Romanen: Beginn der Zyklus
mit dem Auszug aus dem (nordischen) Paradies, so wird auch in den folgenden
Romanen durch Räume und Zeiten gewandert - leidend die Menschen und Tiere,
aber auch triumphierend über die Unbilden der Natur. Die Bewegung symboli-
siert den Fortschritt, nie gibt es ein Aufgeben oder einen unumkehrbaren
Rückschlag; die Natur wird immer besser beherrscht, die Menschen praktischer
und intelligenter. Die Bewegung, das Erklimmen der Fortschrittskurve trägt
in sich aber immer auch die Sehnsucht nach dem Ziel, dem Endpunkt von
Geschichte und Heilserwartung. Diese "nordische Sehnsucht", wie sie im
"Zug der Kimbern" beschrieben wird (1977, II/187), wird nicht befriedigt
oder aufgelöst, die lange Reise hat kein erlösendes Ziel, kein Ende; ja es
bleibt überhaupt dunkel, w a s denn nun des Sehnens Grund ist, die Vorstellung vom "Paradies" kann hier nicht befriedigen. Vor allem der nicht
sterben könnende Norne-Gast steht für diese Unrast, wird zum Versuchsobjekt
der raum-zeitlosen Fortschrittsevolution - sein Leiden an der Unendlichkeit
seines Schicksals.

f) Columbus und Darwin

In den kurzen Atempausen der Handlung wird auf die Sehnsucht immer wieder eingegangen und damit auch auf den Gesamtzusammenhang des Zyklus' verwiesen, in gewisser Weise "Columbus" vorbereitet: so heißt es beispielsweise im zweiten Roman:

> Es war eine der Nächte in jener Übergangszeit,
> als in Nordeuropa das tropische Klima der Vorzeit in die
> Eiszeit überging. Aber die Erinnerung an die Wärme blieb
> zurück im Herzen der Menschen, seitdem sie sich von ihrer
> nördlichen Heimat aus über die Erde ausgebreitet haben,
> die unauslöschliche Sage vom Garten des Paradieses. Im
> Norden durchlebte die Menschheit ihre Kindheit, und die
> Erinnerung daran, die war so tief so schmerzensreich,
> das war das verlorene Land. (1977, I/94)

Diese Auflösung, ja Erlösung von der Sehnsucht bringt, wie angedeutet, in der religiösen Sternenfahrt und dem Hymnus an die Mutter mit dem Kind ("Ave Stella") der letzte Roman mit seinem blauäugigen und rothaarigen Titelhelden aus dem hohen Norden. "Christofer Columbus", 1921 erschienen - der Kosmos als Mutterschoß und aller Geschichte Ziel. Man hat diesen Schluß durch die früheren Romane geahnt, die Widersprüchlichkeit des <u>wissenschaftlichen</u> Unternehmens der "langen Reise" wird durch ihn nur bestätigt.

Die Evolutionsphilosophie, die Jensen in den Romanzyklus hineingearbeitet hat, hat ihn immer wieder beschäftigt; eine ganze Reihe von Schriften gibt davon Zeugnis: "Einführung in unser Zeitalter" (1915), "Evolution und Moral" (1925), "Die Verwandlung der Tiere" (1927), "Stadien des Geistes" (1928), "Das Bleibende" (1934) und "Unsere Entstehung" (1941). Und bereits 1923 erscheint die schmale Schrift "Ästhetik und Entwicklung" (<u>Aestetik og Udvikling</u>), die den nicht ganz zutreffenden Untertitel "Nachschrift zu 'Die lange Reise'" trägt (auch literarische Beiträge sind enthalten). Mit ihr liefert er selbst die haarsträubenden Beweise für seine Entwicklungstheorien, aber auch die Vorschriften darüber, wie er den Zyklus gelesen haben wollte - ganz offensichtlich hat sich ein Großteil seiner Kritiker daran gehalten. Er hat in diese Philosophie eine große Leseerfahrung eingebracht, eine wissenschaftliche Leseerfahrung - Genetik, Anthropologie, Psychologie, Biologie gaben den Hintergrund für seine literarische Produktion und sind zugleich der zeitgebundene Beleg für sein Scheitern als "wissenschaftlicher" Dichter, der er sein wollte.[18]

Seine liebenswerten Narreteien im Umgang mit Vorzeit und Evolution manifestieren sich u.a. auch in seiner lebenslangen Beschäftigung mit dem

Mammut, einem "komplexen Symbol, das über Stärke und Libido hinaus für das Introvertierte steht":[19] 1920 mauerte er eigenhändig ein überdimensionales Exemplar, das gegen den jütischen Horizont einen gewaltigen Eindruck gemacht haben soll; das imponierende Bauwerk erlitt jedoch Frostschäden und verfiel. Wenige Jahre später, zur Sonnenwende, sprengte er es in die Luft.

3. Columbus, Sohn des Nordens

a) Voraussetzungen

Der Columbus-Roman wurde in eineinhalb Monaten geschrieben. Jensen nahm die stolze Summe von 24.000 Kronen für die erste Ausgabe ein.[20] Der Erstausgabe von 1921 ist ein Vorwort vorangestellt, betitelt "Die Voraussetzungen" (Forudsaetningerne); darin legt Jensen in durchaus prosaischer Form die wissenschaftliche Grundlage seines Epos offen. Was im weiteren Roman folgt, ist auf diesen wenigen Seiten komprimiert zusammengefaßt. Dabei ist vorweg festzuhalten, was Jensen n i c h t interessierte und was im Roman auch keine Rolle spielt, obwohl er es sehr gut kannte und obwohl er das Lebensgefühl seiner Bewohner einschätzen konnte: Amerika. Der neue Kontinent wird das Projekt des Columbus, der nach Indien wollte; und so ist es mit dem Roman: Nicht das tatsächliche Ziel spielt die Rolle, sondern der Weg dahin, d.h. die Innenwelt des Titelhelden. Amerika, das war im Plan der Evolution "natürlich" das Land der unbegrenzten Möglichkeiten für Industrie und Handel; aber aus dem oben Gesagten ging bereits hervor, daß der neue Kontinent lediglich eine Fortsetzung der nordischen Welt darstellte, "man zögert zu sagen, ein nordjütisches Expansions- und Zivilisationsgebiet"[21] - a n s i c h also von nur geringem Interesse.

> Nach dem, was man weiß, war Columbus von nordischer Art
> (af nordisk Type), hellhaarig und sommersprossig, mit blauen
> Augen[...]Die Völkerwanderung hatte die Stammväter von vergessenen Stränden entlang der Ostseeküste quer durch die
> Lande der alten Welt und alle unruhigen Jahrhunderte des
> Mittelalters geführt bis ans Mittelmeer - jetzt sollte
> Columbus sie weiter führen. (1921, 7)

Diese Linie war im eiszeitlichen "Gletscher"-Roman bereits angelegt, wo es von der Mehrheit des Stammes geheißen hatte, daß sie südwärts gezogen war,

und sich in fernen Tropenlanden verteilt hatte, wo man
nie wieder nach ihnen fragte[...] , bis ein Nachkomme
von Dreng, Columbus, einen Zweig der Familie auf den
westindischen Inseln fand. Noch später traf ein Abkömmling von Dreng, Darwin, sie in ihrem entlegendsten Winkel,
so wie sie begonnen und geendet hatten, in Feuerland.(1977, I/175f.)

Doch nicht allein die Genetik, historisch und sozialdarwinistisch verkleidet, bestimmt die Mission des Christoph Columbus, auch durch seinen
Namen ist er vorbelastet und ihm der Weg vorgezeichnet:

> Alle Welt hieß Christopher, aber Columbus empfand sich,
> als er auf dem Höhepunkt seiner Verantwortung stand,
> bewußt als Fortsetzer der Taten des Christus-Trägers.
> Daher gehört die Legende über den heiligen Christophorus,
> in natürlicher Auslegung, das Christentum primitiv be-
> griffen, mit zu den Voraussetzungen, die Columbus gebil-
> det haben, sie enthalten den Geschmack der Rasse. (1921, 8)

Allerdings geht Jensen nicht platt genetisch vor, sondern weiß um die
historischen Bewußtseinsablagerungen (selbst der Begriff "Bewußtsein"
kommt bei ihm vor); dabei zielt er dann in seiner Widersprüchlichkeit weit
übers Ziel hinaus und landet bei einer neuerlichen Spekulation, diesmal
dem biogenetischen Erinnerungsvermögen der Generationen, gewonnen aus dem
Analogieschluß angesichts tierischen Verhaltens gegenüber menschlicher
Erinnerung. Die biogenetische Erinnerung - beim Tier der Instinkt, beim
Menschen das erlernte Sozialverhalten - zieht sich wie ein roter Faden
durch den Zyklus und wird auch auf Columbus angewendet.

Sein Ausgangspunkt bei der Charakter- und Wesensbeschreibung seines Titelhelden ist die Gemengelage psychologisch-historischer Traditionslinien in
materiellem und immateriellem Verstand:

> Tiefliegende nordische Instinkte kreuzen sich und werden
> dominiert von Oberflächenströmungen von der Welt, die
> sein Bewußtsein gebildet haben, die Welt der Südländer,
> die lokale Prägung, die Prägung der Zeit, er benimmt sich
> mal als Italiener, mal als Spanier, zu jeder Zeit aber
> als Christ, eine innere illusorische Welt steht zwischen
> ihm und der Natur, die er noch anschaut mit dem voreinge-
> nommenen Blick seiner Zeit, mehrere Wirklichkeiten inein-
> ander, genau wie der Himmel seiner Zeit, und alle zusam-
> men ziemlich unabhängig von der Erfahrung, in Überein-
> stimmung mit der imago mundi seiner Zeit - und doch geht
> Columbus quer durch alle eingebildeten Wirklichkeiten
> hindurch und kommt heraus mit einer neuen. (1921, 10)

Die Mission des Christopher Columbus ist der Transport des mit dem nordischen Heidentum vermengten Christentums von der Alten in die Neue Welt -

in der Jensenschen Version, angelehnt an die Christopherus-Sage: Die
Schulterung der Allmutter über den großen Teich. Nicht umsonst trägt
die Karavelle Columbus' den Namen "Santa Maria".

Die geschichtsspekulativen Voraussetzungen, die bei Jensen im Gewande von
Wissenschaft daherkommen und ja auch durchaus der zeitgenössischen imago
mundi entsprechen, lassen der Vielfalt keinen Raum. Der zivilisatorische
Urknall hat sozusagen in Europa stattgefunden, genauer: in Nordeuropa. Von
hier aus hat sich die Menschheit und die Zivilisation über den Erdball verbreitet, selbst das Christentum ist ohne seine jüdisch-hellenistischen
Wurzeln denkbar geworden. Die eurozentrische Monomanie des großen Stilisten
hat in Columbus seinen Protagonisten gefunden, das Ariertum steht im
Dienste von Evolution und Fortschritt:

> Wo er steht, trägt er eine Brücke, die weit entfernte
> Welten und Epochen zusammenfügt. Er setzt die Trennung
> zwischen Illusion und Wirklichkeit[...] . Columbus voll-
> endet die nordische Wanderung und macht gleichzeitig
> das Christentum als terrestrischen Traum möglich. (1921, 14f.)

Columbus wird zum Angelpunkt zwischen Vergangenem und Zukünftigem, er wird
zum entscheidenden Vollender der Europäisierung/Arisierung der Welt -
aber er scheitert.

b) Nach Indien

Es wurde schon darauf hingewiesen, daß es einen Gesamtplan für den Zyklus
nicht gab, dieser vielmehr post festum entwickelt und mit der Ausgabe von
1938 realisiert wurde, welche insbesondere den Columbus-Roman veränderte.
Gegenüber der Erstausgabe entfielen die "Voraussetzungen"; der erste Teil,
"Die Kathedrale" (Katedralen), wurde abgesondert und steht in der Gesamtausgabe wie ein eigener 40seitiger Roman; der zweite Teil, "Die Karavelle"
(Karavellen), wurde um vier Unterkapitel, ca. 100 Seiten gekürzt; allein
der dritte Teil, "Der Todes-Segler" (Dødssejleren), blieb unverändert.

Der erste Teil des Romans, "Die Kathedrale", erzählt in fünf knappen Unterkapiteln die erd- und zivilisationszeitliche Vorgeschichte des Columbus,
sozusagen die historiogenetische Grundbedingung seiner Entdeckungsreise,
die symbol- und metapherreiche Auslegung des ewigen nordischen Dranges
nach Süden. "Unter Ygdrasil" beginnt in der Eisenzeit mit dem Mythos vom
geheiligten Wald als Stätte des häuslichen Glücks für den namenlosen Jäger,
die Mutter (= Madonna) und das Kind. "Der Fährmann" (Faergemanden) hat die

Sage vom heiligen Christopherus zum Inhalt - "er war von oben aus dem
Gotischen" -, die Geschichte von der Wanderung des Christentums vom Süden
in den Norden,(Christopherus schultert das Christuskind und trägt es nach
Norden) der Begegnung mit dem nordischen Frauenkultus. Christopherus, der
sich zum Jäger gesellt, wird zum Fährmann der Völkerwanderung: "Die Flut
stieg und das Volk zog ab[...], er half dem halben Norden über die Flut,
dem einen Zug von Bauern nach dem anderen auf ihrer Reise von Norden nach
Süden." (1977, II/263) Schließlich löst sich der mythische Erlösungsdrang,
der sich sehnsuchtsvoll ausgedrückt hatte in der Erfahrung des mächtigen
Waldes, des langen und schlanken Schiffes ("Die Langobarden", Langobarderne),
im Bau der Kathedrale ("Unsere Frau", Vor Frue), errichtet an jener Stelle,
an der Christopherus das Christuskind über das Wasser trug: am Øresund, wo
heute Kopenhagen liegt.

> Das Waldhaus des Jägers und seine Ygdrasilbilder, sein
> Herz, die mächtige Ausweitung der Erinnerung, sind auf-
> gegangen in der Kirche; das Schiff, das so viele sehnende
> Männer nach Süden getragen hat, ist darin aufgegangen;
> Christopherus' Riesenmauer über allen menschlichen Zielen
> und seine Treue sind darin aufgegangen. Er selbst steht
> am Portal der Kirche, in Stein für die Ewigkeit, mit dem
> Kind auf den Schultern und einem Baum in der Hand, tröstend
> über die Tiefe watend; der alte Fährmann ist ja der beson-
> dere Schutzpatron der Flußstadt. (1977, II/278f.)

Ein dänischer Kritiker, der Teil-Passagen des Romans eine große Bedeutung
zumißt, apostrophiert die geschilderte Völkerwanderungsbewegung als lango-
bardischen Karnevalsumzug, mokiert sich über süßlich-fade Mythen- und
Naturschilderungen, sowie Blut-und-Boden-nahe Auslassungen von Jungvolk-
Umtrieben - aber insgesamt sei das Kapitel über das widerspruchsvolle
Wesen der Kirche "bewundernswert": "Es ist [...] unglaublich verführend
und kann einen jeden ganz katholisch im Kopf machen."[22]

Der mittlere Teil des Romans, "Die Karavelle", hat auf ca. 50 Seiten die
Columbus-Reise nach Indien vom 3.August bis zum 12.Oktober 1492, auf der
Amerika wiederentdeckt wurde, zum Inhalt. Viel mehr als die anderen Romane
des Zyklus ist der Christofer Columbus ein psychologischer Roman, in dem
sich der Autor Zeit nimmt, auf Personenbeschreibungen, auf Naturschilderungen, auf die i n n e r e n Verfassungen, die Stimmungen und Gemüts-
reaktionen der Titelfigur, aber auch der Mannschaft und der Beipersonen
einzugehen - die ä u ß e r e Handlung der Schiffsreise gäbe wohl auch
wenig her für einen Romanschriftsteller. Das Bild, das Jensen von Columbus

auf der ersten Seite zeichnet, entfaltet sich auf den folgenden nach der hier angelegten Struktur: Im Inneren der St. Georgs-Kirche von Palos in Südspanien verbringt der Expeditions-"Führer selbst" die Nacht;

> Stunden hindurch liegt er auf den Knien vor dem Bild der heiligen Jungfrau, seine gewaltig großen, behaarten Skipperhände gefaltet, ein Bild selbst von heiliger Ruhe und Insichgekehrtheit, stumm, mit unbeweglichen Zügen, übernächtigt, versunken in Gebet und Betrachtung. Der Schein der Wachskerzen fällt auf den großen Kopf mit der rotgrauen Mähne und den blauen seltsamen Augen unter Augenbrauen, die sich ganz weiß gegen die flammende hochrote Haut abzeichnen, wettergebräunt von einem Leben unter offenem Himmel, das Wetter selbst; die außergewöhnlich große und starke Gestalt ruht in sich selbst, Stärke in der Ruhe; ist der Mann ein Abenteurer, dann jedenfalls nicht von der windigen Art [...] / Was der Admiral fühlt, was sich in seiner Seel bewegt, steht nicht zu lesen in seinem Angesicht. (1977, II/289f.)

Noch in anderer Weise legt das erste Unterkapitel dieses Teiles - mit der Überschrift "Santa Maria" eigentlich dem Expeditionsschiff gewidmet - die Basis zur späteren Auflösung der nordischen Sehnsuchtssaga; denn "Santa Maria" - die Kirchenszene legt es nahe - hebt ab auf die Mutter Gottes. Insofern ist die Sequenz mit dem geheimnisvollen Hausierer Babuin (eine Wandlungsgestalt von Norne-Gast) in der Sekunde, in der Columbus die Karavelle besteigt, mit symbolischen Versatzstücken angereichert. Die lange Rede Babuins endet:

> Ja. Lebwohl! Und auf Wiedersehen! wie gesagt. Euer Hochwohlgeboren geht nach Süden und ich nach Norden, obwohl es eigentlich umgekehrt sein sollte. Aber vielleicht treffen wir uns trotzdem[...] . Er kam ganz nahe, legte die Hand über den Mund und flüsterte: Ja, jetzt reisen wir jeder in unsere Himmelsrichtung[...] , <u>aber die Erde ist rund!</u> (1977, II/296)

Weil die Erde rund ist, konnte das Columbus-Projekt geplant werden, die Suche nach dem Weg nach Indien als lukratives Geschäftsunternehmen allerhöchste Beachtung und finanzielle Unterstützung finden; die intellektuelle und zivilisatorische Expedition mußte aber bereits an ihrem Anfang die Rückkehr an den Ursprung bedeuten - denn, so die Botschaft Babuins, die Erde ist rund! Leitmotivisch zieht sich dieser Satz durch das Buch.

Die Herrschaft Columbus' an Bord der "Santa Maria" gründet sich nicht allein auf seine imposante Gestalt, maßgeblicher ist sein Habitus:

> Die ersten Tage hörte man nicht viele Worte vom Admiral,
> an Bord der <u>Santa Maria</u>, er ging mit geschlossenem Mund
> auf dem Achterkastell und mit dunkler Stirn[...], und
> die Mannschaft sieht, wie der Admiral seinen Gang auf
> die Kommandobrücke beschleunigt, wo er hin und her rennt
> wie ein Löwe, sie sehen, wie er anschwillt im Gesicht
> und noch röter wird[...], und sie schlagen die Augen
> nieder, vertiefen sich beflissen in die eine oder andere
> Arbeit. (1977, II/298)

Der große Schweiger und dennoch Tatmensch Columbus, der nie schläft (II,304), der immer präsent ist, wenn auch nicht immer körperlich-materiell, schöpft seine Autorität aus seiner Unnahbarkeit, seiner Überheblichkeit und seinen tollen Ideen; im Grunde aber wird er von der Bevölkerung und der Mannschaft mit seinem Plan nicht ernstgenommen, nur die Protektion höheren Ortes läßt sie angstvoll ihn ertragen.

> Es war die Beobachtung [sc. daß die Erde rund ist] und
> das innere überzeugte Schauen, was Columbus die Idee zu
> einer Weltumseglung gegeben hatte.

Doch hiermit ist nicht nur der Admiral gemeint. Jensen selber scheint durch die Worte hindurch, s e i n e Sehnsucht, s e i n e Art, Welt und Wissenschaft zu deuten: "In den klaren Sternennächten, in denen Columbus eins war mit dem Universum, da kann er s e h e n, daß er Recht hat." (1977, II/306f.)

"Auf dem Ozean" (<u>Paa Oceanet</u>) und "Im Passat" (<u>I Passaten</u>), den nächsten Unterkapiteln, gibt es Raum für allerhand Beobachtungen und Feststellungen, die jedoch nicht in jedem Falle neu für den Leser der früheren Romane sind. Immer wieder kommt Jensen auf die historische Bedeutung des Unternehmens zurück, verweist auf große (sich ankündigende) Parallelereignisse: Luther ist neun, Kopernikus 19 Jahre alt (II/309). Es scheint eine Art Achsenzeit zu sein, in der die Neue Welt entdeckt wird; und es ist auch höchste Zeit, d a ß sie entdeckt wird, denn Europa, das alte, liegt darnieder, ausgeblutet, kraftlos - allerdings wird der Widerspruch zum originär Jensenschen Eurozentrismus in dieser Hinsicht nicht aufgelöst oder erklärt.

Und immer wieder wird die Bedeutung der nordischen Abkunft herausgestellt, wobei nicht allein Columbus von nordischer Abstammung war, auch seine Gerätschaften hatten ihre genetische Herkunft:

> Die plumpe, halb wie eine Festung gebaute Karavelle, welches
> ein Wort ist, das von Krabbe kommt, war aus den gleichen
> Elementen zusammengesetzt, die es auch unter Deck gab. Im
> Kern war sie ein Wikingerschiff, mit einem Mittelmast und
> einem großen Rahsegel[...]; als Fahrzeug stammte sie sicher-

> lich von den Normannenflotten ab, die ins Mittelmeer
> gedrängt waren und in der Schiffahrt ihre Spuren
> hinterlassen hatten, Genua, Venedig, - die Gondeln! -
> auch Spanien[...] Gotisch waren die Schnitzereien
> überall im Holz. Unter Deck hatte sie das Mittelalter
> und das Mittelmeer geladen, einen Führer von nordischer
> Abstammung, einen Seher, Wanderer und Fährmann, und eine
> Mannschaft mit vielgemischtem Erbe und der dunklen Glut
> im Blut, die die Mittelmeerländer von allen ihre Küsten
> und Zeiten zusammengebracht hatten." (1977, II/308)

Die Ankunft in Amerika am 12.Oktober 1492, das er nicht, wie geplant, wagte, nach der Jungfrau Maria zu benennen und stattdessen den Namen Salvador gab - dies auch die Überschrift des letzten Unterkapitels dieses Teiles - vollendet die höchst notwendige Evolutionsfahrt der Menschheit und bereitet den nächsten Schritt auf der Fortschrittsskala vor:

> Die Zeit war jetzt so gereift, daß zwei Welten sich hier
> treffen sollten, mit allem, was in ihnen war, ineinander-
> brennen und sich gegenseitig umprägen; Heerscharen werden
> losgelassen, und die Seelen werden nicht mehr das sein,
> was sie waren, deshalb schlugen die Herzen in jedermanns
> Brust; all dieses konnten sie nicht sehen, aber es war in
> ihren Adern als große Not, Jubel und Feier die ganze lange,
> schlaflose, erwartungsvolle Nacht. (1977, II/340)

Doch Columbus war nur der Fährmann:

> Landnahme und Eroberung sollten von anderen übernommen
> werden, das Thema wurde ohne ihn erweitert. Selbst ver-
> folgte er noch eine kurze Zeit die Ziele der Sterblichen,
> aber von dem Augenblick an, da er Licht in der Nacht ge-
> sehen und die Brücke über den Atlantik geschlagen hatte,
> da ging sein Wesen über in die Zeit. (II/346)

c) Darwin und die Erlösung

Mit diesen Sätzen könnte der "wissenschaftliche" Teil des Columbus-Romans zu Ende gehen. Bei Jensen hingegen gehört zur intuitiven Betrachtung der Weltgeschichte die Spekulation, und so setzt der dritte Teil, "Der Todes-Segler" (Dødssejleren), an Columbus' Krankenbett fort mit knappen Hinweisen auf die folgenden zwei Atlantiküberquerungen und mit der Erinnerung an den Teil seines Lebens, als er mit seiner bildschönen Frau Philippa (deren Name auch die Überschrift zum Unterkapitel hergibt) und ihrem Sohn Diego die kurzen Momente des Glücks nicht hat wahrnehmen können.

Der Admiral ist fast blind, gänzlich steif und fiebert vor sich hin. Er erinnert sich an seine letzten Reisen, auf denen er sich dem Paradies ganz nahe geglaubt hatte, er erinnert sich an seine Mühen und Plagen, an die Dummheit seiner Oberen und die Borniertheit seiner Untergebenen; vor allem aber erinnert er sich an seine Familie:

> Und so kommt es ihm in seiner letzten Stunde, endlich wird
> er sehend, als kein Licht von außen mehr Eindruck auf seine
> Augen machte, in einer inneren klaren Welt begriff er, daß
> die glückliche Insel, nach der er auf der Jagd gewesen war,
> auf der w a r er gewesen, die Insel der Jugend, damals,
> als seine Kinder klein gewesen waren. (1977, II/352)

Und in der Erinnerung an dieses Glück stirbt Christoph Columbus seinen Jensenschen Tod.

Mit diesem Fakt ist der Roman aber immer noch nicht zu Ende, denn der Held des gesamten Zyklus' ist noch nicht aufgetreten, dies geschieht erst im folgenden Unterkapitel unter der Überschrift "Südlich des Südens" (Sønden for Syd), das partiell - sieht man von der Mythenerzählung ab - einen knappen Essay über Charles Darwin darstellt. Der 23jährige Zoologe Darwin befindet sich im Winter 1832/33 auf der englischen Brigg "Beagle" bei Feuerland; 24 Tage wird vergebens der Versuch unternommen, um das Kap Horn herum in den Pazifik zu gelangen, man mußte die von Magellan 300 Jahre vorher befahrene Passage nehmen. Für Jensen ist Darwin an dieser Stelle wichtig, weil er endlich

> die intellektuelle Konsequenz der Entdeckungsreisen von
> Columbus bis Cook zieht. Bevor die Menschheit Kenntnis
> vom primitiven Menschen hatte, hatte sie sich selbst
> von innen gesehen, in seelenvoller Beleuchtung, Gottes
> Bild, jetzt wird sie genötigt, sich selbst von außen
> zu sehen, im Lichte ihrer Entstehung; Darwin machte
> den Schritt zurück. Er wurde deswegen gehaßt wie der,
> der mit der Hand eines Missetäters den Menschen von
> seiner Höhe herunterzog, in Wirklichkeit war es eine
> tiefe Menschenfreundlichkeit, die seinem Denken Richtung
> gab, er zog den verachteten 'Wilden' herauf an die Brust
> der Zivilisation als der ferne Verwandte, der zwischen
> dem weißen Mann und dem Tier steht. (1977, I/354f.)

Die Begegnung zwischen Darwin und dem "Wilden" fand auf Feuerland statt, und damit wurde dort der Grundstein zur Evolutionstheorie gelegt.

Zu Columbus findet an diesem Ort jedoch nicht nur die intellektuelle Konsequenz-Begegnung statt, auch die mythische ereignet sich hier in Sturm, Nebel und Dunkelheit am Kap:

In einem solchen Zustand von Seelen-Ebbe geschah es,
Halblicht drinnen und draußen, daß die kleine Gesellschaft an Bord der Beagle den fliegenden Holländer traf.

Zwar gibt es von dieser Begegnung keine Aufzeichnungen - über so etwas
spricht man nicht -, sie hat aber gleichwohl stattgefunden, der "große Mann"
auf dem Achterdeck mit dem "großen weißen Haupt", Columbus, wurde sehr wohl
gesehen. (1977, II/356f.) Und warum fand diese Begegnung statt?

> Den Todes-Segler zu treffen, soll Erlösung bedeuten, das
> ereignete sich hier nicht im buchstäblichen Sinne; aber
> es bedeutete, daß die Schicksalsstunde geschlagen hatte
> für die ganze Grundanschauung des Lebens, auf der die
> Seelen zuhause in Europa bauten.[...] Aber die Santa
> Maria setzte ihre Geisterfahrt südlich um Kap Horn fort,
> um das Kap der Guten Hoffnung, die Meere rund, die Welt
> rund, hinein in alle Straßen, unter allen Inseln, wie
> sie es soll, solange das Sehnen dauert, das in ihrer Zeit
> sie ausrüstete für ihre Fahrt nach dem verlorenen Land (II/358)

Columbus/der fliegende Holländer ist ein Abkömmling von Norne-Gast und des
heiligen Christopherus, sein Schicksal ist das Nicht-Sterben-Können; allein
die Erkenntnis, was er selbst war, gibt die Erlösung, dann legt sich
der Sturm, und "der Skipper sieht mit geblendetem Auge seine Sonnenhöhe,
endlich die richtige." Und aus dem alten Schoner unter ihm wird eine
fruchtbare Insel. (II/360)

> Aber jetzt geschieht das größte Wunder, die Gallionsfigur
> der Santa Maria, die Mutter Gottes mit dem Kind, wird
> lebendig und setzt sich ins Gras unter die aufgesprunge-
> nen Bäume, die junge Mutter mit ihrem Erstgeborenen im
> Arm, das Leben wieder von vorne, unter offenem Himmel,
> das Frühjahr, der Wald, Kindheit!

Die lange Reise um die runde Erde, die als ein Aufstieg zur Zivilisation
begonnen hatte, endet in einer unendlichen Vision, für die Europa univer-
sell geworden ist:

> Ja das Leben wieder von vorne in Gestalt einer jungen
> Neusiedlermutter, die am ersten warmen Tag vor das Block-
> haus tritt und ihren Säugling sonnt und mit ihrem lichten,
> offenen Haar in der Sonne sitzt; Axtschläge aus dem nahen
> Wald kommen an ihr Ohr, der Starke, der Zimmerer, der Ur-
> barmacher und Jäger zugleich: die Familie von vorne an
> einem öden Ort, Kanada, tief drinnen in Minnesota oder
> Dakota, wo die Bauern aus dem Norden ihren Weg wieder-
> finden und ihre Jahreszeiten, und wo die harten Winter
> ihre Seelen im Gleichgewicht halten[...]/ So ist eine
> alte Welt umgesiedelt und neu geworden. Das Schiff hat

sich zu Feldern verwandelt und in einen Wald. Von allem
ist geworden, was es zu Anfang war: die Matrosen wurden
zu Regenwürmern und haben sich in die Erde beeilt./ Aber
der große, weiße Skipper ist noch weißer geworden, hebt
sich von der Erde und löst sich auf zu einer frischen
Brise oder Nebel, der vom Strand kommt und unter die
Bäume treibt, bis er in der Sonne zu nichts wird; und
dort, wo er gestanden hatte, bleibt nur ein kleiner
Haufen Staub zurück und etwas altes, verwelktes Laub
vom vorigen Jahr./ Die lange Reise hat ein Ende. (II/361)

d) Christentum und Müttertum

Bereits in den "Voraussetzungen" hatte es geheißen, daß Columbus seine
Gefühle aus einem "frühen Eindruck der Gotik" erhalten habe - früh meint
in diesem Zusammenhang die historische Erfahrung durch seine Vorväter,
Gotik ist die überlieferte Metapher für das Nordische,

> das ist die Form, worunter das nordische Volk sich mit
> dem Christentum eingelegt hat. (1921, 8) Wesentlich ist
> in diesem Zusammenhang die Auseinandersetzung mit der
> Jungfrau Maria, der "heidnisch-christliche Mythos von
> Gottes Mutter." Er ist in seinem Wesen rein nordisch,
> von ihrem biblischen Ursprung hat die heilige Jungfrau
> nur den Namen behalten[...] Ein altes, schönes Ver-
> hältnis der Hingebung an die Frau machte er [sc. der
> Heide] zum Mittelpunkt seiner Religion, seinen Wald
> und sein Schiff dichtet er um zu einer Kathedrale
> ihr zur Ehre. Columbus war ein Kind der Gotik, will
> man die Entstehung seines Wesens suchen, muß man die
> jener [sc. Gotik], suchen, muß zurückgehen zur Jugend
> des Geschlechts, zum Urbild vom Mythos von der Mutter
> Gottes, dem Herzen der Gotik, (1921, 9)

Dieses Herz der Gotik wird auf den letzten beiden Seiten des Columbus-
Romans, im Unterkapitel "Ave Stella" gefunden. Es bringt zusammen die
besondere Jensensche Vorstellung von nordischer Mütterreligion, universalem
Christentum und seiner persönlichen, psychologischen Neurose.[23]

> In der Stunde zwischen Nacht und Morgen[...] steht da
> ein Wesen am Himmel, gebeugt über die Welt und schaut,
> eine Frau, geformt von Licht im Licht, fast unsicht-
> bar[...]. Aber das kosmische Wesen, das sich über der
> Erde zeigt wie eine Frau für die, die sie sehen können,
> das ist das Leben, der Stamm des Lebens diesseits des
> Äthers, woher die Keime zur Erde gekommen sind, das
> wahre Leben, der Ursprung der Liebe, wovon wir nichts
> anderes wissen als das, was wir in einer Sehnsucht
> wissen[...]Ave Stella! (1977, II/362f.)

Jensen, der einen deutlichen Widerwillen offenbarte gegen systematisches Denken,[24] widerruft im Grunde mit seiner kosmogonischen Sphärenphilosophie im Schlußkapitel die bisher propagierte Überzeugung vom materialistisch-technologischen Szientismus, vom Fortschritt der Menschheit durch wissenschaftlichen Wandel und kaufmännische Tatkraft.[25]

4. Ein Autor scheitert an sich selbst

Christofer Columbus ist noch stärker als die übrigen Romane durchsetzt mit Frauen- und Müttersymbolen: die dunkle Kathedrale, das Schiff, der Wald, Ygdrasils Esche, Santa Maria, bis hin zu Bildern mit ganz offensichtlich geschlechts- und organspezifischer Grundtönung. Was vorher - diffus oder geordnet, literarisch gelungen oder mißraten - in vielfältiger Weise angelegt war, das mündet mit "Ave Stella" in eine heidnisch-mythisch-katholische Schlußapotheose vom Heil in der Mutter. Das Ziel der Sehnsucht und damit ihre Auflösung - also das Ziel der Reise - ist manifest im Weiblichen.

In der Rückkehr zu dem, was er verlassen hat, findet der Held das, wonach er sich gesehnt hatte, das Paradies:

> im Mutterschoß, der glücklichen Insel der Jugend, der Hingabe an die Frau und das Kind[...]. Hier ist Ursprünglichkeit, die existentielle und erotische Harmonie.[26]

Hier ist aber auch Wiederkehr des Ursprungs; nicht nur die Erde ist rund, auch die Existenz des Mannes kehrt zu ihrem Ursprung im Schoß zurück: das Ende ist der Anfang. Das heißt aber auch, das Äußere ist das Innere, Expansion ist Rückzug, die Todesminute ist die Glücksminute.

Auf der Symbolebene, die bei Jensen mehrschichtig ist und eher undeutlich als stringent, muß er zurück in den Schoß der Allmutter und liefert mit jedem neuen Sprachbild den Nachweis für das wissenschaftliche und literarische Mißlingen dieser längsten Reise. Eine jede Interpretation, ob nun literatur- oder sonstwie wissenschaftlich, wird zwangsläufig in die psychoanalytische Richtung gedrängt, wenn nicht gar in die vulgär-psychologische. Es sei denn, man übersieht geflissentlich die Symbole, ihre Hintergründe und elementaren Widersprüche im Gesamtwerk des Autors,[27] dessen eigentliche Weltanschauung der wissenschaftliche Materialismus ist; Gegenstand der Analyse wird dann nicht der Romanzyklus, sondern die Person des Autors selber, seine Neurosen. Insofern sind die Romane eine Fundgrube für jeden halbwegs geschulten Populärpsychologen, und es verraten die Symbole, Bilder und "wissenschaftlichen" Beweise mehr über ihn selbst, als daß sie literarische Interessen wecken. Jensen legt unbewußt seine Psyche bloß und stört damit die Aneignung des Textes, das literarische Unternehmen wird verdunkelt - vielleicht reagiert er, der er selber im Austeilen nicht zimperlich war, auch deshalb so ausfallend und teutonisch auf Kritik.[28] In der Ablehnung Freuds noch liefert er eine Bestätigung der psychoanalytischen Theorie.

Gemessen an dem Anspruch, ein wissenschaftliches Unternehmen zu sein, muß daher diese literarische Aufarbeitung der Darwinschen Evolution als gescheitert betrachtet werden, selbst dann noch, wenn dieser letzte Romanteil ein "Meisterwerk" sei, weil es mit "aufrichtiger Einführung und Innerlichkeit" geschrieben ist.[29] Insofern bleibt Helge Rode, der das Schaffen des Autors immer kritisch begleitet hatte, nur zuzustimmen, wenn er beim Tod Jensens festhält, daß der Zyklus "eine Orgie von Unwissenheit und Naivität darstellt[...], billiger Darwinismus als Grundlage für einen populärwissenschaftlichen Film."[30] Kann nicht nur aus wissenschaftlichen, sondern auch aus politischen Gründen nicht viel übrigbleiben von der Jensenschen Literarisierung des rassistisch-biologistischen Evolutionsgedankens, so steht die Frage nach den Leistungen des Sprachmeisters Jensen und ihrer Bewertung im Raum; die ist jedoch von Hans Scherfig mit seiner - gerne überhörten - fast klassischen Antwort bereits erledigt, daß es nämlich auch darauf ankommt, was man mit Sprache macht.

Anmerkungen

Jensensche Werkzitate sind im Text mit dem Jahr des Erscheinens und der Seitenangabe der benutzten Ausgabe nachgewiesen. Alle Übersetzungen aus dem Dänischen sind von mir.

1. Hans Scherfig: Den liberalistiske natur-filosofi (1951). In: Ders.: Holberg og andre forfattere. Kopenhagen 1973, S.81f.

2. Ebenda, S.70.

3. Vgl. Harry Andersen: Studier i Johannes V.Jensens fortfatterskab. Kopenhagen 1972, S.22; ders.: Afhandlinger om Johannes V.Jensen. Struer 1982, S.243-274 (= "Knut Hamsun og JVJ"). 1923 schreibt JVJ: "Hier soll an Hamsun erinnert werden, das große, bewunderte Vorbild[...]

Von niemandem habe ich stärkere Eindrücke über nordische Offenbarung, nordisches funkelndes Genie erhalten als von ihm[...]. Keinen anderen Mann habe ich geliebt wie Hamsun, mein reichstes Erlebnis war, ihn getroffen zu haben." 1923, S.159ff.

4. Zit. n.Andersen, 1982, S.243.

5. In der etwa 400 Titel umfassenden, jüngsten Bibliographie von Jørgensen werden zu Jensen (sieht man von den wenigen Literaturgeschichten ab) von deutschen Autoren, bzw. in deutscher Sprache nur erwähnt der englischsprachige Beitrag von A.Heitmann (1985), der deutschsprachige, polnischen Ursprungs von M.Krysztofiak (1987) und eine Dissertation von 1937 (G.Schwarzenberger). Aage Jørgensen: Litteratur om Johannes V.Jensen. En bibliografi. In: Bo Elbrønd-Bek, Aage Jørgensen (Hrsg.): Jordens elsker. Synspunkter på Johannes V.Jensen. Kopenhagen 1989, S.239-265.

6. Dieser Abschnitt (1) erschien zuerst in Gertraude Wilhelm (Hrsg.): Die Nobelpreisträger. Ein Panorama der Weltliteratur im 20.Jahrhundert. Düsseldorf 1983, S.174-178 (stellenweise verändert, JVJ spreche ich heute nicht mehr vom Vorwurf des Rassismus frei).

7. In bezug auf Biographie und Werk stütze ich mich weitgehend auf F.J.Billeskov Jansen: Symbolisme og nyrealisme. In: P.H.Traustedt (Hrsg.): Dansk Litteratur Historie Bd.3, Kopenhagen 1971, S.335-581, bes.471-491; verwiesen sei darüber hinaus auf Leif Nedergaard: Johannes V.Jensen. Liv og forfatterskab. Kopenhagen 1968 (der Protagonist wird penetrant nur mit seinen beiden Vornamen angeredet, kein Wort der Kritik zugelassen); maßgeblich ist auch die umfangreiche, aber unvollendete Studie von Oluf Friis: Den unge Johannes V.Jensen 1873-1902. 2 Bde. Kopenhagen 1974: neueren Datums, aber unkritisch ist die Darstellung von Sven H.Rossel: Johannes V.Jensen. Boston 1984.

8. Zit. n. Hakon Stangerup: Det moderne gennembrud. In: P.H.Traustedt (Hrsg.): Dansk Litteratur Historie Bd.3, Kopenhagen 1971, S.267; vgl. auch Jørgen Elbek: Johannes V.Jensen. Viby (1966) 1987, S.90.

9. Ausführlich setzt sich mit dem Imperialismus-Thema auseinander: Bent Haugaard Jeppesen: Johannes V.Jensen og den hvide mands byrde. Eksotisme og imperialisme. Kopenhagen 1984; siehe auch ders.: Den aeldre Johannes V.Jensen og hans mentale geografi. In: Ole Høiris (Hrsg.): Dansk mental geografi. Danskernes syn på verden - og på sig selv. Aarhus 1989,S.35-49.

10. Scherfig, a.a.O., S.80f.

11. Harry Andersen: Afhandlinger om Johannes V.Jensen. Struer 1982, S.9.

12. Der sechsbändige Zyklus von der langen Reise umfaßt in der letzten Ausgabe nur 687 S., der erste Roman ganze 82 S.

13. Vgl. auch Harry Andersen: Afhandlinger om Johannes V.Jensen. Struer 1982, S.184 und S.189.

14. Vgl. Scherfig, a.a.O., S.81. Eine psychologische Analyse von Werk und Person liefert Henrik Wivel: Den titaniske eros. Drifts- og karakterfortolkning i Johannes V.Jensens forfatterskab. Kopenhagen 1982.

15. Wivel, a.a.O., S.101.

16. Ebenda., S.119.

17. Wivel, a.a.O., S.123.

18. Siehe zu diesen Schriften Jeppesen, 1989, a.a.O.
19. Bo Elbrønd-Bek. Aage Jørgensen (Hrsg.): Jordens elsker. Synspunkter på Johannes V.Jensen. Kopenhagen 1989, S.107.
20. Nedergaard, a.a.O., S.315.
21. Jeppesen, a.a.O., S.13.
22. Ebenda, a.a.O., S.181. Den Hinweis auf den Katholizismus im Zusammenhang mit dem Columbus-Roman bringt Jensen selber, vgl. Nedergaard, a.a.O., S.315.
23. Vgl. Wivel, a.a.O., passim.
24. Aage Schiøttz-Christensen: Om sammenhaengen i Johannes V.Jensens forfatterskab. Kopenhagen (1955) 1969, S.10.
25. Es ist Schiøttz-Christensens Verdienst, auf diesen Widerspruch aufmerksam gemacht zu haben, er kann dann auch folgerichtig die JVJ-Rezeption treffend kategorisieren: "Im Verhältnis zum Widerspruch bilden die Kritiker drei Gruppen: a) diejenigen, die davon nicht geniert werden, b) diejenigen, die davon geniert werden und ihn dem Dichter vorhalten, und c) diejenigen, die ihn psychologisch zu erklären versuchen und ihn damit aufheben." Ebenda, S.11. Dies trifft auch heute noch die Literaturlage.
26. Ebenda, S.124.
27. Dies ist das Thema von Schiøttz-Christensen.
28. Vgl. die Beispiele bei Nedergaard, a.a.O., S.329ff.
29. Wivel, a.a.O., S.123.
30. Zit. n.Wivel, a.a.O., S.110.

Literatur

Johannes V.Jensen: Digte. Kopenhagen 1906.

--: Skrifter. 8 Bde. Kopenhagen 1916.

--: Christofer Columbus. Kopenhagen 1921.

--: Aestetik og Udvikling. Efterskrift til "Den lange Rejse". Kopenhagen 1923.

--: Skrifter. 5 Bde. Kopenhagen 1925.

--: Den lange Rejse. (Red. von Aage Marcus) 2 Bde. Kopenhagen (1938, 1956), 1977.

Harry Andersen: Studier i Johannes V.Jensens forfatterskab. Kopenhagen 1972.

--: Afhandlinger om Johannes V.Jensen. Struer 1982.

Jørgen Elbek: Johannes V.Jensen. Viby (1966) 1987.

Bo Elbrønd-Bek. Aage Jørgensen (Hrsg.): Jordens elsker. Synspunkter på Johannes V.Jensen. Kopenhagen 1989.

F.J.Billeskov Jansen: Symbolisme og nyrealisme. In: P.H. Traustedt (Hrsg.):
Dansk Litteratur Historie Bd.2. Kopenhagen 1971, S.335-581.

Bent Haugaard Jeppesen: Johannes V.Jensen og den hvide mands byrde. Eksotisme
og imperialisme. Kopenhagen 1984.

--: Den aeldre Johannes V.Jensen og hans mentale geografi. In: Ole Høiris
(Hrsg.): Dansk mental geografi. Danskernes syn på verden - og på sig
selv. Aarhus 1989, S.35-49.

Leif Nedergaard: Johannes V.Jensen. Liv og forfatterskab. Kopenhagen 1968.

Erik A.Nielsen: Ideologihistorie III. Modernismen i dansk lyrik 1870-1970.
Kopenhagen 1976.

Sven H.Rossel: Johannes V.Jensen. Boston 1984.

Hans Scherfig: Den liberalistiske natur-filosofi (1951). In: Ders.: Holberg
og andre forfattere. Kopenhagen 1973, S.70-82.

Aage Schiøttz-Christensen: Om sammenhaengen i Johannes V.Jensens
forfatterskab. Kopenhagen (1955) 1969.

Hakon Stangerup: Det moderne gennembrud. In: P.H.Traustedt (Hrsg.): Dansk
Litteratur Historie Bd.3, Kopenhagen 1971, S.9-332.

Henrik Wivel: Den titaniske eros. Drifts- og karakterfortolkning i Johannes
V.Jensens forfatterskab. Kopenhagen 1982.

CHRISTOPHE COLOMB
Stationen einer Zusammenarbeit zwischen Paul Claudel und Darius Milhaud

Thomas Daniel Schlee

Darius Milhaud lernte Paul Claudel über Vermittlung von Francis Jammes im Jahre 1912 kennen. Milhaud schreibt über die erste Begegnung in seiner Pariser Wohnung :[1]

"L'entente avec Claudel fut immédiate, la confiance totale. Pas de temps perdu! Je lui chantai les 'Poèmes de la Connaissance de l'Est' que j'avais essayé de traduire par une musique aussi robuste que possible. 'Vous êtes un mâle!' s'écria-t-il et il me parla aussitôt de 'L'Orestie' qu'il avait commencé à traduire en Chine (...)."

In den Jahren 1913 bis 1922 entstanden sodann "Agamemnon", "Les Choëphores" und "Les Euménides", aber auch die Erstfassung der Bühnenmusik zu "Protée" als frühe Zeugnisse einer ebenso fruchtbaren wie bedeutungsvollen Zusammenarbeit, die durch die in diplomatischem Dienst gemeinsam in Rio de Janeiro verbrachte Zeit (Februar 1917 bis November 1918) noch vertieft wurde. So stellt das 1918 in Brasilien geschriebene Ballett "L'homme et son désir" den - noch heute in seiner Wirkung faszinierenden - Versuch dar, sowohl in szenischer wie in musikalischer Hinsicht mehrere Schichten deutlich voneinander abgegrenzten "Materials" gleichzeitig ablaufen zu lassen. Der in diesem Werk differenzierte, also gebrochene Zeitbegriff, die Lösung von "einfacher Kontinuität" wird, um andere Aspekte bereichert, bei der Darstellung des im Zentrum dieses Artikels stehenden Werkes wiederkehren.

Aus dem Verzeichnis der gemeinsamen Werke von Claudel und Milhaud seien weiters genannt: "L'Annonce faite à Marie" (Bühnenmusik, 1932), "La Sagesse" (1935), die Chorkompositionen "Cantate de la Paix" (1937) und "Cantate de la Guerre" (1940) sowie, nach dem Tode des Dichters im Jahre 1955 entstanden, die Kantate "Invocation à l'Ange Raphaël" (1962), die "Cantate de Psaumes" (1967) und "Saint Louis, roi de France" (opéra-oratorio, 1970).

Am 29.März 1927 erhielt Paul Claudel - soeben zum Botschafter Frankreichs in den Vereinigten Staaten von Amerika ernannt - ein Telegramm des katalanischen Malers José Maria Sert,[2] in dem er vom Vorschlag Max Reinhardts in Kenntnis gesetzt wurde, für New York ein "drame mimique avec choeurs" für ein breites Publikum zu entwerfen. Die Musik hätte von Richard Strauss komponiert werden sollen. Jacqueline de Labriolle[3] weist darauf hin, daß Claudel selbst in verschiedenen Quellen nicht übereinstimmend darüber berichtet, von wem die Idee, Christoph Kolumbus zur zentralen Gestalt des Szenariums zu machen, stammt. In seinem Brief vom 2.August 1927[4] an Milhaud schreibt Claudel:[5]

> "On m'a suggéré comme sujet l'histoire de Christophe Colomb
> ce qui ne m'a nullement enthousiasmé. Pendant plusieurs
> semaines j'ai traîné ce projet avec dégoût, malgré les
> insistances de Sert. Finalement j'ai vu Reinhardt à qui
> j'ai exposé mes idées sans beaucoup de conviction.[6] Lui
> aussi a insisté et je suis parti pour Brangues. Mais alors
> est survenu un coup de théâtre. Une des idées qui m'étaient
> venues dans la conversation a pris feu, j'ai vu mon chemin
> tout à coup et j'ai écrit dans l'enthousiasme non pas le
> scénario comme je le croyais, mais la pièce presque toute
> entière."[7]

In den 1954 formulierten "Mémoires Improvisés" spricht Claudel hingegen von Christoph Kolumbus als einer Gestalt, die ihn zum Zeitpunkt der Entstehung des zuletzt "Le Livre de Christophe Colomb"[8] betitelten Textes bereits "seit längerem verfolgt habe" und für die er sich - dies könnte daraus geschlossen werden - demnach selbst entschieden hätte.

Darius Milhaud berichtet schließlich in seiner im Jänner 1943 in der Maison française der Columbia University (USA) gehaltenen, unveröffentlichten Vorlesung "Autour de ma musique de théâtre" vom folgenden Hergang:

> "Le premier projet avait été une demande du peintre José
> Maria Sert, qui voulait que Claudel écrive un petit scénario
> très bref sur Christophe Colomb, pour faire un divertissement
> destiné à être joué à la cour d'Alphonse XIII d'Espagne, avec
> musique de Manuel de Falla. Claudel refusa de traiter un aussi
> grand sujet en quelques lignes. Sert en parla alors au metteur
> en scène Reinhardt, pour un spectacle ou un film à réaliser
> aux Etats-Unis avec Richard Strauss. Claudel préféra un sujet
> de ce genre, mais il voulait ma collaboration, étant donné
> notre grande habitude de travail commun."[9]

Zugunsten des Christoph-Kolumbus-Projektes - das Claudel eindeutig als auf zwei souveränen Ausdrucksformen (Wort und Musik) aufgebautes musikdramatisches Werk sah[10] - unterbrach Milhaud seine Arbeit an der dann erst 1930 fertiggestellten Oper "Maximilien". In seinem Artikel "Mes deux partitions pour Christophe Colomb"[11] steht zu lesen:

> "J'étais sur le point de commencer la composition d'un autre
> opéra, mais je ressentis l'appel du drame claudélien avec
> une si pressante urgence que j'abandonnai tout travail pour
> me consacrer uniquement à 'Christophe Colomb'."

Mit der Niederschrift des Particells begann Milhaud in Paris im Februar 1928.
Der erste Akt war (als Particell) bereits am 21.März beendet. Jeremy Drake[12]
datiert die Arbeit am zweiten Akt mit Juli/August desselben Jahres, als
Milhaud sich im Landhaus seiner Familie, L'Enclos bei Aix-en-Provence, aufhielt. Der zweite Akt wurde jedenfalls am 20.August 1928 beendet, der
"Entr'acte" im September und die der (gesprochenen) Szene der "Controverse"
unterlegte Musik im Jänner oder Februar 1929 ergänzt. Die Instrumentation
entstand in Paris zwischen dem 4.April und dem 6.Juni 1929.

Inzwischen hatte Milhaud die Opernfassung des "Christophe Colomb" seinem
Wiener Verleger Emil Hertzka, Gründer der Universal Edition, übergeben,
zumal Reinhardt das Projekt (zeitweise etwa auch für die Salzburger Festspiele) weiter in Schwebe hielt, ohne jedoch eine fixe Zusage zu machen.
Im Juli 1929 vereinbarte Milhaud daraufhin mit dem Direktor der Staatsoper
unter den Linden die Einstudierung des "Christophe Colomb" noch für die
kommende Saison. Nach - wie der Komponist in seiner Autobiographie vermerkt[13] - hundert Chor- und fünfundzwanzig Orchesterproben fand die Uraufführung schließlich am 5.Mai 1930 in Berlin unter der Stabführung von
Erich Kleiber statt.

Trotz des großen Erfolges der Produktion schien jedoch - aus verschiedenen
Gründen freilich - das Werk keinen der beiden Autoren völlig zu befriedigen.
Claudel, wiewohl er sich über den stilistischen Reichtum der Partitur wiederholt begeistert zeigte, äußerte ein gewisses Unbehagen angesichts der allzu
präsenten Musik[14] - ein alter Vorwurf des vermeintlich zum Librettisten
degradierten Dichters (der gerade hier erstaunt, da Milhaud sich in der
Erstfassung des Werkes doch außerordentlich strikt an Wort und Ablauf der
Claudelschen Vorlage gehalten und sich über weite Strecken ja sogar auf
die bloße Rhythmisierung des gesprochenen Wortes beschränkt hatte). Milhauds
Zweifel rührten seinerseits von der musikdramatischen Gesamtwirkung des
Werkes her, die er offensichtlich bereits bei der Uraufführung des
"Christophe Colomb" als sich vor dem Publikum (und sich selbst) nicht
ausreichend bewährt habend einschätzte. So schrieb Milhaud am 9.Mai 1930
an Claudel:[15]

> "Nous avons entre les deux représentations[16] fait quelques
> petites coupures indispensables dans la 2e partie qui est
> un peu monotone par rapport à la 1re si dramatique et si
> variée."

Jeremy Drake verweist diesbezüglich[17] auf die Divergenz zwischen dem
vornehmlich konkreten Inhalt des ersten Aktes und dem abstrakteren

des zweiten Aktes, der ein Abflauen der Konzentration beim Publikum zur
Folge hätte (Milhaud selbst charakterisiert die beiden Akte wie folgt:[18]
"la première partie, épique et visuelle, la seconde, intérieure,
mystique et abstraite").

Es ist bemerkenswert, daß Milhaud diesen Umstand zunächst durch Kürzungen
des ohnehin nur etwa ein Drittel der insgesamt 26 (respektive, mit dem
"Entr'acte": 27) Szenen umfassenden zweiten Aktes zu korrigieren suchte.[19]
An eine Überhöhung und (musikalische) "Stärkung" des zweiten Aktes (wenn
es einer solchen überhaupt bedürfte, was immerhin auch heute noch offen
bleiben mag) durch eine großzügigere Loslösung der Musik von Ablauf und
"Rhythmus" des Textes (also durch eine Neukomposition) hat Milhaud jedenfalls nie gedacht. Seine Vertonungen bleiben ja stets sehr eng am Text,
ja: am Wort und unterscheiden sich darin wesentlich von herkömmlichen
Vertonungsverfahren, in welchen der Text auf musikalische Proportionen
(und also Formen) gestreckt zu werden pflegt, bzw. gepflegt wurde. Demgegenüber bleibt Milhaud - zumindest, was die Singstimmenführung betrifft -
seiner direkten Attitüde im Wort-Ton-Verhältnis treu; dies führt zu einem
neuen Tonfall unromantischer (doch keineswegs unlyrischer) Knappheit, die
in den drei "Opéras-minute" aus dem Jahre 1927 ihre konsequenteste Ausgestaltung findet.[20]

Zu zwei neuen Fassungen des "Christophe Colomb" kam es nach dem Zweiten
Weltkrieg: Als "Livre", also als "drame", erfolgte die erste Aufführung
der Produktion durch die Compagnie Renaud-Barrault mit der neu geschrie-
benen Bühnenmusik von Milhaud am 21.Mai 1953 in Bordeaux. Dirigent war
Pierre Boulez. Milhaud kommentiert seinen neuerlichen, 1952 entstandenen
Beitrag zu Claudels Text mit den folgenden Worten:[21]

"(...) Il est terriblement difficile, après avoir écrit un
vaste opéra sur un texte incomparable, de s'astreindre à
composer une partition réduite, avec des moyens réduits,
destinée à illustrer une certaine mise en scène (...). Cette
partition qui comprend près d'une heure de musique n'utilise
aucun élément de 'Christophe Colomb' opéra, car je m'étais
fait une règle d'écrire une musique absolument nouvelle, de
manière à éviter qu'elle parût être une réduction, un
amoindrissement de l'oeuvre lyrique. Néanmoins, je dois
signaler une toute petite exception: Claudel se souvenait
d'un mouvement de tierces dans la phrase musicale qui
accompagne 'La colombe au-dessus de la mer'.[22] Il me fit
demander par Jean-Louis Barrault de l'utiliser. Ma nouvelle
partition était déjà presque terminée, mais je pus surajouter
en contrepoint en divers endroits (donc sur un fond de musique
complètement différente) la citation souhaitée par mon illustre
collaborateur."

Während "Le Livre de Christophe Colomb" als Stück mit Milhauds neuer Bühnenmusik in der Folge (und nicht nur durch die Compagnie Renaud-Barrault bzw. in französischer Sprache) häufig aufgeführt wurde, waren (auch die konzertanten) Produktionen der ursprünglichen, musikdramatischen Fassung rarer geblieben. Den Komponisten beschäftigte indes weiterhin die Frage nach dem seiner Meinung nach problematischen Wirkungsgefälle der beiden Akte der Oper. Beim Verlassen einer Aufführung der Version für das Theater in Paris im Jahre 1955[23] formulierte die Gattin Milhauds einen überraschenden Vorschlag:[24]

> "Madeleine pensa qu'on pourra peut-être intervertir les deux actes, le rôle de l'Explicateur permettant de comprendre le déroulement du drame. Je proposai à Claudel de commencer l'opéra par les déceptions de Christophe Colomb, l'immense injustice dont il est victime après la découverte de l'Amérique, et de la terminer par le débarquement de Christophe Colomb dans le Nouveau Monde au son du Te Deum. Claudel me dit aussitôt:' 'Christophe Colomb' est vôtre! Faites-en ce que vous voulez!'
> Au cours du Festival International 1956, on donna cette nouvelle version, sous la direction de Manuel Rosenthal.[25] Claudel n'était malheureusement plus des nôtres! Mais sa famille et mes amis constatèrent, avec nous, que ce changement améliorait immensément le déroulement de l'oeuvre. C'est sous cette forme que mon opéra Christophe Colomb sera joué désormais."[26]

Für die Umstellung der Akte waren einige textliche Korrekturen vonnöten; einige ebenfalls erfolgte Striche sind in der Arbeit von Jeremy Drake angeführt.[27]

Voraussetzung für einen solch schwerwiegenden Eingriff in das dramaturgische Konzept von Claudel ist die Beschaffenheit des Materials, das umgeformt wird. Es ist - bereits bei Claudel - insofern "labil", als sich mittels der (damals sehr modernen!) Vermischung von Medien (etwa durch den simultanen Gebrauch von Theater und Film) und durch mehrfache Spaltungen von Personen in deren "Aspekte" entgegengesetzte zeitliche "Perspektiven" ergeben,[28] die den Diskurs aufnehmen. Geschichtliches wird somit lebendiger, dynamischer Deutung unterzogen. Der "Prozeß" wird (zumindest momentan) durchbrochen. Das alte Prinzip der Oper, den Fortgang der Handlung dem musikalisch "minderen" Rezitativ, die Kontemplation, das Gefühl, eben das dem zeitlichen Ablauf eher Entrückte aber der musikalisch hochstehenden "Nummer" (etwa der Arie also) zuzuordnen, wird hier noch weiter diversifiziert. Die Nuancierung vom gesprochenen Wort bis hin zur Melodie (die für Milhaud natürlich war wie das Atmen) umfaßt folgende Stufen:

- freigesprochener Text
- rhythmisierter Text
  (ohne und mit rhythmischer Schicht im Schlagwerk)
- rhythmisierter Text
  mit orchestraler Schicht[29]
- gesungener Text

$\left[\begin{array}{l}\text{- Vokalisen: Gesang ohne Text, quasi instrumental}\\\text{gehandhabt}\end{array}\right]$

Das Grundelement der kompositorischen Arbeit Milhauds war stets der Rhythmus.[30] Rhythmus, Akzente und - bis zu einem gewissen Grade - auch das Tempo des Ablaufes erscheinen von Claudel (in der rhetorischen Kraft seiner Sprache) vorgegeben. So notierte Milhaud - seiner auch bei anderen Werken geübten Gewohnheit folgend - zunächst nur die dem Text "nächsten" rhythmischen Themen und Kontrapunkte; diese verbanden sich in seiner Vorstellung (wo vorgesehen) untrennbar mit melodischen Einfällen. Es zeigt sich nun aber, daß der ursprünglich zweite Akt weitergehend "vertont" ist und der bloß rhythmisierten Sprache weniger Raum läßt als der ursprünglich erste. Dies wiederum entspricht den verschiedenartigen, doch komplementären inhaltlich-dramatischen Eigenschaften der beiden Teile des "Livre". Der Anteil an Musik, also an Erhöhung des Materials, durchläuft bei Milhaud ursprünglich also eben jene Entwicklung wie der Inhalt der Szenen bei Claudel: vom Konkreten zum Geistigen, vom Elementaren zum Gebundenen.[31] Dieser daher auch im Musikalischen versenkte Auftrag, die "Sendung" des Werkes - die, allem Spiel mit rhetorischer Distanzierung zum Trotz, von Claudel im Sinne engagierten christlichen Bewußtseins selbstverständlich intendiert ist[32] - wird durch die Umstellung der Akte in der Neufassung ihres Sinnes beraubt.[33] Was im Detail gewollt ist, nämlich die Überlagerung von "jetzt", "davor" und "danach" und was seine Entsprechung in der polytonal und polyrhythmisch gesteigerten Polyphonie Milhauds findet, ist, in der Anordnung des Ganzen, wohl geordnet und gerichtet.

Gott schreibt - wenn der kühne Vergleich gestattet ist - nun, in der zweiten Fassung also, auf krummen Linien <u>nicht</u> mehr gerade...

Anmerkungen

1. 5, rue Gaillard, heute Rue Paul Escudier (Paris 9^e).
   in: Darius Milhaud, "Ma vie heureuse" (Paris 1987), S.41

2. Widmungsträger von Claudels "Le Soulier de Satin"

3. Jacqueline de Labriolle, "Les 'Christophe Colomb' de Paul Claudel" (Paris 1972). Dieses Buch stellt die literarischen Aspekte des Werkes mit außerordentlich detailreicher Kenntnis der Quellen dar.

4. abgefaßt in dem von Claudel im Jahre 1927 erworbenen Schloß Brangues (Isère).

5. in: Cahiers Paul Claudel Nr.3 (Correspondance Paul Claudel - Darius Milhaud) (Paris 1961), S.78; in der Folge: CPC

6. Diese Begegnung fand am 23.Juli 1927 in Paris statt. Siehe Labriolle, a.a.O., S.228.

7. siehe Labriolle, a.a.O., S.39ff.

8. Die Reinschrift entstand Ende August des Jahres 1927 auf der Überfahrt Claudels von Frankreich nach Amerika. Geringfügige Abweichungen des Textes in den diversen Editionen (von der Ausgabe in der Revue "Commerce"/ Paris 1929 bis zum zweiten Band der Pléiade-Ausgabe/Paris 1965) sind ebenfalls von Jacqueline de Labriolle angeführt (a.a.O., S.57ff.)

9. siehe die korrespondierende Textstelle in Milhauds "Ma vie heureuse",S.172.

10. siehe den Brief Claudels an Milhaud vom 10.November 1927 (in: CPC,S.84): "Il s'agit d'un drame et non d'un oratorio. C'est bien différent. Il faut absolument une action qui d'un grand coup de reins ou d'épaule démarre et déchaîne les éléments refrénés et toujours frémissants du choeur, il faut ce dialogue de la grêle voix humaine qui parle et de l'élément musical qui tantôt l'écoute et tantôt la submerge."

11. in: "Cahiers de la Compagnie M.Renaud, Jean-Louis Barrault", première année, premier cahier ("Paul Claudel et Christophe Colomb")(Paris 1953), S.42ff; in der Folge CRB

12. in: Jeremy Drake, "The Operas of Darius Milhaud" (New York/London 1989), S.246f. und S.409.

13. siehe Darius Milhaud, "Ma vie heureuse, S.173.

14. siehe Paul Claudel, "Mémoires Improvisés", S.326. Siehe auch J.de Labriolle, a.a.O., S.69.

15. in: CPC, S.139.

16. also zwischen der Uraufführung und der zweiten Aufführung am 8.Mai

17. siehe Jeremy Drake, a.a.O., S.249ff.

18. siehe Darius Milhaud, "Ma vie heureuse", S.253

19. Jacqueline de Labriolle (a.a.O., S.54) weist darauf hin, daß die beiden Szenen "Christophe Colomb tient le mât" und "La Conscience de Christophe Colomb" von Claudel ursprünglich als eine einzige Szene konzipiert waren, aber getrennt wurden, um die Proportionen zwischen erstem und zweitem Akt harmonischer zu gestalten.

20. Es handelt sich hierbei um die Kurzopern "L'Enlèvement d'Europe" op.94, "L'Abandon d'Ariane" op.98 sowie um "La Délivrance de Thésée" op.99, alle auf Texte von Henri Hoppenot geschrieben. Die erste Anregung zur Komposition solcher"Opernextrakte"gab Paul Hindemith.

21. in: CRB, S.42ff.

22. Hinsichtlich der Stellung Claudels zu Milhauds ursprünglicher Opernvertonung kommt diesem Umstand eine von Ironie nicht freie Bedeutung zu: Zunächst handelt es sich bei diesem Terzmotiv um die einfachste "thematische" Gestalt des Werkes - und gerade an diesem Topos (siehe Luciano Berios "Sinfonia"!) hängt der Dichter, dem Milhauds ohnehin "sachliche" Vertonungstechnik bereits zu opernhaft geraten war; andererseits ist eben diese Szene ("La Colombe au-dessus de la mer") - von der ersten Textskizze an präsent - bei Claudel auf den bloßen Titel beschränkt, es fehlt sogar jegliche Regieanweisung. Claudels Wunsch trifft somit - unbewußt wohl - auf den vielleicht abstrakt-selbständigsten Moment der Musik Milhauds in bezug auf die Textvorlage.

23. Jeremy Drake (a.a.O., S.252) hält auch 1954 für denkbar. In seiner Autobiographie präzisiert Milhaud das Datum nicht. Ausschlaggebend für die Entscheidung mag aber auch die neuerliche Aufführung und daher Erfahrung mit der ersten Fassung gewesen sein, die Milhaud selbst 1954 in Rom dirigiert hatte.

24. in: Darius Milhaud, "Ma vie heureuse", S.254

25. Bei dieser - neuerdings auch auf CD dokumentierten - konzertanten Aufführung vom 2.Juni 1956 im Théâtre des Champs Elysées in Paris wurde, gegen den Willen von Milhaud (wie Madeleine Milhaud dem Verfasser gegenüber in einem Gespräch am 20.November 1989 in Paris versicherte), die Claudel ihres Inhaltes wegen von Jacques Soustelle (in: CRB, S.93ff.) als unnötig respektlos vorgeworfene Szene "Les dieux barattent la mer" gestrichen. Sie fehlt ebenso im Klavierauszug der Neufassung, den die Universal Edition als Leihmaterial bereitstellt (nicht aber in der Orchesterpartitur!).
Es ist nicht davon auszugehen, daß Milhaud im Laufe der Jahre Zweifel an der etwas derben (aber als "Intermezzo" theatralisch sehr wirkungsvollen, im vielfältigen dramaturgischen Aufbau des "Livre" durchaus nicht fremdartigen) Komik der Szene Anstoß genommen hätte, zumal er dem Bühnengeschehen eine stark abstrakte musikalische Schicht unterlegte: Der Mittelteil der Szene ist nicht nur fugiert, sondern in der zweiten Hälfte rückläufig, also streng symmetrisch, angeordnet. Das "abstrakte" Spiel der Musik kontrapunktiert also in jeder Hinsicht das "Rüpelspiel" der Götter. Jeremy Drake (a.a.O., S.260) vertritt demgegenüber die Ansicht, Milhaud habe zu einer strengen Konstruktion Zuflucht genommen, um eine Identifikation von Text und Musik zu vermeiden.

26. Die erste szenische Produktion der Neufassung fand im September 1968 in Graz statt. Aus dem "Entr'acte" der ersten Fassung wurde die Ouverture. Das gewichtige "Ainsi soit-il" des Chores, das programmatisch den "Processionnal" (die ursprünglich erste Szene) beschließt, fehlt nach der Umstellung der beiden Teile.

27. siehe Jeremy Drake, a.a.O., S.410f.

28. Das Prinzip der Spaltung bzw. der Verdopplung oder Vervielfachung von Personen ist ein von Claudel mehrfach geübter Kunstgriff. Siehe u.a. "L'Homme et son désir" und "Sous le rempart d'Athènes", ein Stück, zu dem sich Milhaud in seinem Brief an Claudel vom 28.Oktober 1927 (in: CPC, S.81) wie folgt äußerte: "L'idée des doubles personnages est magnifique et d'un effet si noble". Vgl. auch J. de Labriolle, a.a.O., S.83

29. In Milhauds wunderbarer "Cantate de l'Enfant et de la Mère" op.185 (nach Texten von Maurice Carême, komponiert 1938) gesellt sich der rhythmisierten Rezitation über weite Strecken eine analog rhythmisierte melodische Schicht hinzu, eine Technik, die einem weiteren Grad der Nuancierung gleichkommt.

30. Gérald Antoine zitiert in seinem Buch "Paul Claudel ou l'Enfer du génie" (Paris 1988) eine charakteristische Äußerung Claudels (S.246f.): "En dehors de la religion qui absorbe mes facultés passives, je suis plus apte à donner qu'à recevoir et la musique dérange l'ordre de mes idées et de mes sentiments d'une manière qui m'est pénible. C'est pourquoi j'aime la musique de Milhaud où domine l'élément rythmique plutôt que sentimental."

31. Symmetrien des musikalischen Materials zwischen zweimal zwei Szenen ("Irruption des Colombes" / "La Cour d'Isabelle la Catholique" und "Processionnal" / "Le Redempteur") verbinden nur in letztgenannten Fall eine größere Spanne im Szenenablauf. Keine der Symmetrien verbindet jedoch die beiden Akte miteinander. Während der ursprünglich erste Akt zweimal "in sich geschlossen" erscheint, bleibt der musikalische Formplan des anderen, abstrakteren Aktes "offener", was auch heißen kann: "gegen das Ende hin offen"...

32. siehe die Quellen zu Claudels Text, dargestellt in: J.de Labriolle, a.a.O., S.25ff.

33. Das "Christophe Colomb" in der ersten Fassung abschließende "Alleluia" kann als Jubel der Erfüllung, der Erlösung gedeutet werden. Sein Platz am <u>Ende</u> des Werkes ist also sinnhaft. Hinzu kommt eine notwendige Anmerkung zur Interpretation: Madeleine Milhaud bestätigte dem Verfasser gegenüber (siehe Fußnote 25), daß die Tempi der Aufnahme durch Manuel Rosenthal bisweilen zu schnell sind. Die Finalwirkung des "Alleluia" könnte demnach bei zurückgenommenem Tempo stärker sein.
N.B. Für den ersten Akt der ursprünglichen Fassung existieren authentische Metronomangaben des Komponisten, nicht aber für den zweiten.

Der sinnreiche Seefahrer, oder: "den vorgebildeten Don Quichote in Columbus sehen, das hieß: ihn sehen" Zu Jakob Wassermanns biographischem Roman

Gérard Laudin

Neben Thomas Mann und Hermann Hesse zählt Jakob Wassermann (1873-1934) zu den erfolgreichsten Schriftstellern der zwanziger Jahre unseres Jahrhunderts. Seine Romane sind wie Recherchen konstruiert, die nach der Technik der allmählichen Entschleierung nur langsam die Vorgeschichte des Helden und seine verborgenen Gefühle offenbaren. Seine Romanbiographie Christoph Columbus. Der Don Quichote des Ozeans, 1929 erschienen,[1] zu der er während eines Aufenthaltes in Amerika die Anregung erhielt, basiert auf einer identischen Technik und unterscheidet sich etwa von Der Fall Maurizius (1928), wo eine alltägliche Geschichte erzählt wird, nur dadurch, daß das Thema aus der Menschheitsgeschichte stammt. Ansonsten ist die Romanbiographie auf vielschichtige Weise in die geistigen Strömungen seiner Zeit eingebettet: thematisch mit den Entsprechungen zwischen der Eroberung Amerikas und zeitgenössischeren Ereignissen, literaturgeschichtlich mit der Verbindung zum Motiv des Goldes, und auch epistemologisch: wie schreibt man die Lebensgeschichte eines Helden, dessen Leben zum großen Teil unbekannt ist?

Es geht Wassermann zunächst nicht nur darum, die Größe der Entdeckung, die in engem Zusammenhang mit dem Entdecker selbst steht, darzustellen. Er entheorisiert Columbus vielmehr. Der thematische Bezug zu den großen Entdeckungen und Erfindungen des frühen 20.Jahrhunderts ist durchgängig gegeben. Stefan Zweig, dessen Magellan sich als eine Art Fortsetzung zum Christoph Columbus von Wassermann versteht und hier auch vergleichend herangezogen wird, betont, daß allein unsere Zeit, die das Flugzeug erfunden hat, in der Lage ist, intuitiv das zu verstehen, was die Entdeckungen der "conquistadores" für die Menschen des 15.Jahrhunderts bedeuten konnten.[2] Diesen aktuellen Bezug sieht auch Wassermann. Ausführlich geht er auf die schrecklichen Folgen der Besiedlung Zentralamerikas ein. Schon Ende des 15.Jahrhunderts herrschen auf der Antilleninsel Española, der spanischen Kolonie Santo Domingo, die bereits durch Columbus besiedelt wurde, schlimme Zustände: Horden von Abenteurern und Kriminellen aus ganz Europa, Menschen, die ihren Schulden entfliehen wollten, ruinierte "hidalgos", die heimlich aus Spanien geflohen waren, glaubten dort ihr Glück zu machen (184-5). Doch als sie das ersehnte Gold nicht fanden, nahmen sie an den Indios, die sie verdächtigten, es vor ihnen verborgen zu halten, blutige Rache, und verübten Greueltaten,

die, so Wassermann, an die "corridas" ihres Heimatlandes erinnerten (141-144).
Das sind für Wassermann keinesfalls Ereignisse aus ferner Vergangenheit;
Ähnliches hat sich durchaus auch in Kalifornien und in Alaska im 19. und am
Anfang des 20.Jahrunderts zugetragen. Wassermann stellt damit, und das mehr
als andere vor ihm, einen Bezug zwischen der Person des Columbus und dem
Motiv des Goldes her. Als 1848 in Kalifornien Gold entdeckt wurde, regte das
ab der Mitte des Jahrhunderts zahlreiche literarische Texte an und bewirkte
eine Erneuerung des Motivs des Goldes in der Literatur. Die erzählende
Literatur hat die Figur des Geizhalses teilweise ihrer komischen Züge entledigt und stattdessen die tragischen überbetont. Zu den Geizhälsen und
Spekulanten gesellen sich, zuerst in den amerikanischen Sagas wie 1909 in
Jack Londons Martin Eden, Abenteurer und Goldsucher, die - Spielerfiguren
gleich - im Goldrausch entweder sich selbst oder ihre Umwelt zugrunderichten. Mit L'Or, merveilleuse histoire du Général J.A.Suter von Blaise
Cendrars (1924), wiederaufgenommen in "Die Entdeckung Eldorados" von Stefan
Zweig (Sternstunden der Menschhheit, 1927), gelangt das Thema zu einer
dialektischen Dimension von tragischer Dichte, wie man es in B.Francks Drama
Der General und das Gold (1932) oder Wassermanns Novelle Das Gold von
Caxamalca (1928) über die Eroberung des Inka-Reichs durch Pizarro wieder
antrifft.

Bei seiner Untersuchung über die Person des Columbus nimmt Wassermann in
seiner Biographie an den Positivismusdebatten in der Geschichtsschreibung
teil, denn ein trockener Historismus hatte im 19.Jahrhundert auch literarische Texte um den Columbus-Stoff durchdrungen. Dieser Beitrag des Historismus wird bei Wassermann jedoch ergänzt durch Erkenntnisse, die von den
Forschungen der Mythologen und möglicherweise auch von der Entdeckung
Trojas durch Schliemann herrühren, daß nämlich jede Sage einen wahren
Hintergrund habe, daß nichts reine Erfindung sei, sondern Umformung tatsächlicher historischer Vorgänge.

Bei Wassermann ist das Bemühen um historische Authentizität stets spürbar;
er legt ein sorgfältiges Quellenstudium zugrunde und vermeidet selbst im
fiktionalen Text entstellende Intepretationen. Da, wo die Quellen versagen,
greift er sichtbar zu Hypothesen, die er von belegten Fakten unterscheidet,
indem er sie als solche angibt, oder durch stilistische Signale nach dem
Muster: "ich sehe ihn, wie..." (28) kenntlich macht. Die Dokumente werden
einer sorgfältigen Kritik unterworfen, bei der die Wahrscheinlichkeit im
Vordergrund steht. Dies geschieht auf drei Ebenen: der der Psychologie -
d.h. was man vom Charakter des Columbus durch seine eigenen Schriften er-

fährt -, der der historischen Fakten - d.h. was man z.B. von den Intrigen
am spanischen Hof weiß, und der der Geistesgeschichte.

Wassermann stützt sich auf eine innere psychologische Logik, aber noch weit
mehr auf den "Geist" der Epoche, vornehmlich wenn es sich darum handelt, den
Anteil der bewußten Ausschmückungen zu untersuchen. Das Verhältnis zur Wahrheit ändert sich durchaus von einer Epoche zur anderen; im 15.Jahrhundert
ist es jedoch vornehmlich an den Bezug des Menschen zu Gott geknüpft. Wo
zwischen "pure[r] Aufschneiderei", die zum Teil durchaus absichtlich ist
(17), und einem mittelalterlichen Realitätsverständnis muß man die Erzählungen
des Columbus, wie übrigens auch die des Marco Polo, ansiedeln? So unterstellt
Wassermann Columbus eine vollständige, sicherlich zeitbedingte Unfähigkeit,
zwischen wahr und falsch zu unterscheiden (30). Liegt hier etwa der Schlüssel
dazu vor, warum Columbus nirgendwo auf den Anstoß, den er von Toscanelli zu
seiner Fahrt gefunden hat, eingeht?

> Hier wirft sich die Frage auf, inwieweit die Menschen verschiedener Epochen fähig sind, Wirklichkeit zu erfassen.
> Dieses Vermögen ist im fünfzehnten Jahrhundert ein vollständig anderes als im zwanzigsten. Es gibt eine Faktentreue, die den kindlichen Zeiten abgeht, der Begriff der
> Wahrheit ist so unscharf wie die Verpflichtung zur Wahrheit unverbindlich[...] . Solange die Menschheit von der
> Natur und vom Leben Wunder verlangt, nicht Gott nur im
> Wunder geglaubt wird, fühlen sich diejenigen, die tiefer
> in unerforschtes Wesen dringen, beinahe gezwungen, Wunder
> zu berichten, um sich zu legitimieren. Und berichten sie
> sie, so werden sie ihnen auch schon zugeschrieben, der
> Schwindler wird zum Hexenmeister, ohne daß er's recht
> bemerkt (18-19).

Ein weiterer Anspekt tritt hinzu: Wassermann verweigert sich einer heldischen
Mythifizierung, wie sie durch Columbus selbst, angeregt durch seinen Sohn
Fernando Colón und durch Las Casas (27) vorgenommen wurde. In der Tat hat
Columbus selbst hierzu den Grundstein gelegt, indem er sich etwa über sein
Leben vor der Ankunft in Portugal (27), seine Aktivitäten vor seinen Reisen
ausschweigt oder falsche Angaben macht. Wahrscheinlich wird sein Leben hart
gewesen sein. Mit 40 muß er sich nach einer Karriere als kleiner Beamter
und Herumtreiber (36), als ein Versager gefühlt haben (28). Bitterkeit und
wohl auch Neid gegenüber jüngeren und erfolgreichen Seefahrern (28-29)
spricht aus einigen Abschnitten seiner Autobiographie (22).

Wassermann stellt eine ganze Reihe von Einzelheiten in Frage, die im ganzen
einzig den Sinn einer Heroisierung haben. So ist zum Beispiel eine Meuterei
an Bord wenig wahrscheinlich: Columbus hätte mit Sicherheit von ihrer Niederschlagung berichtet, allein um seine Autorität als Admiral herausstreichen

zu können (70-71). Ferner verbrachte er seine letzten Lebensjahre auch
nicht, wie er sich unaufhörlich beklagt, im Elend, sondern er lebte bescheiden, weil es seinem Naturell entsprach (197). Die ideologischen Voraussetzungen der "offiziellen" Columbus-Biographen werden so sichtbar, die
einerseits Mitleid für den "conquistador" erwecken, und andererseits das
spanische Herrscherpaar entlasten wollen. So wird er z.b. nach einer richtigen Klageschrift, die er an die Amme des Infanten richtete, zwar rehabilitiert, aber eben doch nicht so idyllisch, wie man es bei seinen Biographen
nachlesen kann (160). Es werden aber auch von Wassermann recht biedermeierliche Hypothesen zurückgewiesen, wie die eines deutschen Kompilators des
19.Jahrhunderts, der erklärt, wie durch die Heirat mit Doña Felipa Muñiz
de Perestrello die Papiere seines verstorbenen Schwiegervaters in seine
Hände gelangten. Es nimmt also nicht Wunder, daß die Biographen, die in
Columbus nur den Helden sehen, auch seine Haltung, Toscanellis Einfluß zu
verschweigen, entschuldigen. Wassermann hingegen will vielmehr seiner
Columbus-Figur ihren "tragischen Glanz und ihre ergreifende Problematik"(35)
wiedergeben.

Als Columbus sich bei den Franziskanern vorstellt, glaubt man, Don Quichote
vor sich zu haben: "Ich nenne mich Cristóbal Colón, bin ein Seefahrer aus
Genua und muß betteln, weil die Könige die Reiche, die ich ihnen anbiete,
nicht annehmen wollen" (37-38).

Der Untertitel von Wassermanns Buch, Der Don Quichote des Ozeans, verweist
im Gegensatz zu anderen Darstellungen, in denen Columbus als ein Inbegriff
menschlichen Abenteurergeistes erscheint, auf einen weniger schmeichelhaften Vergleich für den Helden. Neben einigen Charakterschwächen, wie das
Verleugnen Toscanellis, aber auch die Undankbarkeit gegenüber dem erfahrenen
Kapitän Martín Alonso Pinzón, der ihm immerhin eine Karavelle zur Verfügung
stellte (59), betont Wassermann immer wieder die dogmatische Haltung eines
gläubigen Katholiken ohne Geistesfreiheit (53-54).

Für Lope de Vega und die ersten Biographen, aber auch noch für Bodmer, galt
Columbus als Helfer und Werkzeug Gottes, als ein von Gott geleiteter Mensch
und Missionar, der das Christentum zum Sieg gegen das Heidentum führte.
Gegen Ende des 19.Jahrhunderts vertreten u.a. Karl Kösting (Columbus, 1863)
oder R.P. L'Hermite (Colomb dans les fers, 1892) diese Sicht und noch bei
F.J.Weinrich (Columbus, 1923) ist sein Sturz eine Strafe Gottes. Wassermann
hingegen säkularisiert diese Deutung. Aus dem "Gottesbotengedanken" wird

bei ihm ein "Gottesbotenwahn": Der Größenwahn des Columbus findet letztendlich in der Krönung zum Vize-König bei seiner Ankunft auf Guanahani Befriedigung, die seinen "donquichotischen" Traum Wirklichkeit werden läßt (74). Die entheroisierende Interpretation findet sich auch bei E.Lucka in Inbrunst und Düsternis (1927), K.Tucholsky und W.Hasenclever (Christoph Kolumbus oder die Entdeckung Amerikas, 1932) lassen ihn Königin Isabel verführen.

Sicherlich erwähnt Lope de Vega auch die Brutalität und religiöse Heuchelei der Spanier gegenüber den Indios, und auch deutsche Autoren des 19.Jahrhunderts wie Ludwig August Frankl (Epos Cristoforo Colombo, 1836) oder Hermann Schmid (Columbus, 1857) drücken mehrmals den Gedanken einer Schuld des Entdeckers an der Frühgeschichte Zentralamerikas aus, dennoch blieb bei ihnen das Columbus-Bild der Tradition seiner ersten Biographen verhaftet. Columbus ist hier auch der ungelehrte Idealist, der während der Prüfung seines Vorhabens durch die als recht beschränkt erscheinenden Theologen in Salamanca zum Kämpfer gegen die Orthodoxie als eine Art naiver Vorläufer des Galilei hochstilisiert wird. Bei Wassermann dagegen, auch wenn das Bild dieser gelehrten Gegner nicht besonders vorteilhaft ist, erscheint Columbus dennoch als Verteidiger überholter mittelalterlicher Theorien, die die Entdeckung der neuen Welt eher rein zufällig ermöglichen werden.

Die Demontage des Helden Columbus ist bei Wassermann sehr viel durchschlagender als die einfache Identifikation mit Don Quichote, der glaubt, den Inhalt der Ritterromane in die Wirklichkeit umsetzen zu können. Hier steht Wassermann ganz in der Tradition der Rezeption des Don-Quichote-Stoffes im 17. und 18.Jahrhundert, wie er etwa als Narr im deutschen und französichen Lustspiel erscheint.[3] Vom Antihelden des Cervantes bleibt nur der Kämpfer gegen Windmühlen und der gefoppte Aufschneider, aber nicht der Sittenkritiker und Bekämpfer des Unrechts.

Wie sich Don Quichote als "Vorbild der Ritterschaft und Heilsbringer der Menschheit" (22) versteht, so hält sich auch Columbus für auserwählt von Gott, die nötigen Kenntnisse zur Verwirklichung seines Unterfangens empfangen zu haben (22-23). Er hat ein klares "Bewußtsein seiner Übermenschlichkeit" (22), das ihn erhaben über die Angriffe seiner Kritiker und Feinde macht, da er sich von Gott geführt glaubt (22).

In seinen anmaßenden Forderungen ist Columbus dem Don Quichote ebenfalls vergleichbar. So als er nach dem Fall von Granada und dem Ende der "Reconquista" endlich Geld für seine erste Reise erhält und sich das Versprechen einhandelt, Vize-König der noch zu entdeckenden Gebiete zu werden und 10% der möglichen neuen Einnahmen für sich zu behalten (49-50). Don Quichote gleich, verwechselt er seine Vorstellungen mit der Realität (128-129). Nachdem er das nötige Geld erhalten hat, sieht er die neuen Reiche schon erobert und ihm untertan. Die Reichtümer, die er noch gar nicht besitzt, verteilt er bereits oder legt sie etwa an, um das Heilige Grab zu befreien (46). Dieser tiefe Glaube an sein Auserwähltsein, so Wassermann, hatte ihm sicher eine fast übernatürliche Ausstrahlungskraft verliehen, die er durchaus gegenüber der Königin Isabel und seinen Richtern (55) zu nutzen wußte. Sein enigmatischer Charakter hatte sicher auch eine fast magische Wirkung auf die Mannschaft (71).

Während seiner Reise beschreibt sich Columbus als heimatloser Ritter, der nichts besitzt (169). Doch er trägt wie Don Quichote auch komische, ja groteske Züge, die in seinen Schwächen offenbar werden. Wassermann spricht ihm jede Kenntnis der menschlichen Seele ab. Er besitzt keine Autorität (87), ist äußerst unglücklich in der Wahl seiner Untergebenen, und er wird belogen und betrogen.

Seine Begeisterung für das Gold ist einer donquichotesken Zwangsvorstellung vergleichbar (82-83), wirkt wie ein Rachefeldzug gegen die Armut seiner Vergangenheit, wie auch gegen die, die ihn für einen Narren gehalten haben. Habgier ist also nicht sein einziges Motiv (81). Wenn er von Indios das Gold verlangt, das sie nicht besitzen, so geschieht dies vorrangig darum, weil er beweisen muß, daß seine Vermutung richtig war, er also eine Bestätigung braucht, "daß er nicht der sterile Phantast gewesen, als den ihn seine Gegner verhöhnen" (83). Wenn es ihm daher gelingt, ihnen Säcke voll Gold vor die Füße zu schütten, müssen sie "gestehen, daß er ein überlegener Geist ist, ein Mann, dem sie bitteres Unrecht zugefügt haben" (83). Er könnte so seine Widersacher demütigen, soziale Anerkennung finden und seine Gegner, die ihn für verrückt hielten, Lüge strafen (84).

Wie Don Quichote ist er in Rede und Schrift "unüberwindlich" (169). Die "Ekrasitgewalt seiner Manifeste" trägt donquichoteske Züge. Oder noch mehr: "Eine donquichotischere Vergewaltigung der Wirklichkeit ist nicht denkbar" als in der Episode, in der Columbus durch einen Notar die Wahrheit seiner Deutung von dem, was er entdeckt hat, aufzeichnen läßt, etwa dergestalt: Kuba ist der indische Kontinent, denjenigen, die das Gegenteil behaupten, würde die Zunge herausgeschnitten (131). Er erweist sich auch in seinen Paralogismen als Meister scholastischer Logik. Als er auf Kuba eine Goldmine entdeckt, schließt er daraus, daß es nur dort gewesen sein kann, wo

König Salomon das Gold, das er zum Bau des Tempels von Jerusalem benötigte, gefunden hat. Was er entdeckt hat, kann demnach nur Indien sein (132). Als er ferner Tierra de Gracia (Venezuela) entdeckt, verliert er sich in einem unglaublichen Galimathias, um zu erklären, daß es sich um eine Insel handle, denn das Irdische Paradies könne sich nur auf einer Insel befinden (139). Er erweist sich als zunehmend unfähig, klare Beobachtungen vorzunehmen (140). Er wird immer weltfremder, setzt seinem Gegner Roldan keinen Widerstand entgegen, denn "sein Geist [war] aufs angelegentlichste mit den genauen Plänen zum Aufbau des Tempels von Jerusalem beschäftigt" (151).

Columbus bleibt fest seinen Meinungen verhaftet, sein gänzlich unwissenschaftliches Vorgehen verstärkt sich im Laufe der Jahre.[4] Noch 1494 sucht er weiter die indische Küste östlich der Inseln, ohne daß ihm auch nur ein Moment die Idee kommt, daß es sich um einen anderen Kontinent als Indien handeln könne. Kuba ist und bleibt für ihn Asien (129). Als er gegen Ende seines Lebens die Neuigkeiten der Seefahrer vernimmt: Vasco da Gama entdeckt die Südost-Route, Amerigo Vespucci einen riesigen Kontinent, der keineswegs Asien sein kann, überzeugt ihn all das nicht, und er will vielmehr selbst in See stechen, um die Durchfahrt von den Karibischen Inseln nach Indien zu finden (164).

Letztendlich ist das ganze Unternehmen des Columbus für Wassermann nichts anderes als das eines Mystikers, der nicht durch die Wissenschaft, sondern durch seinen Willen die Vorhersagung des Propheten Jesaias (21) zu erfüllen sucht. Ansonsten bleibt er ein Ignorant, "ein Dilettant in nautischen Künsten, seine Unwissenheit in der Erdkunde erregt den Spott der Fachleute" (21). Er stützt sich wahllos auf Gelehrte seiner Zeit wie auf Texte der Antike, poetische Texte wie die Medea Senecas erhalten für ihn prophetischen Charakter (23). Er prüft nichts auf seine Vertrauenswürdigkeit hin (23). Doch dieses Durcheinander im Kopf macht auch seine Stärke aus, denn: "Erkenntnis macht feig" (24). Dies nützt ihm auch an Bord, nachdem es ihm ermöglichte, dank seiner "Haltung eines unbeugsamen Fanatikers" mit visionärem Blick (44) die orthodoxen Theologen in Salamanca zu "überzeugen" (41-43). Ihren Argumenten setzt er die Gewißheiten eines Mystikers oder eines "Erleuchteten [...] , eines Monomanen und Wortsklaven" (43) entgegen, wenn er die geheimnisvollen Worte aus dem Buch Jesaia oder Hiob zitiert. "Für ihn haben die Stammväter der Menschheit gesprochen, für ihn die Patriarchen" (44), in Salamanca spielt er die Patriarchen gegen das Evangelium aus.

Dieses Gefühl, ein Auserwählter zu sein, verstärkt sich noch gegen Ende seines Lebens. So schreibt er an die Amme des Infanten: "Gott machte mich zum Boten des neuen Himmels und der neuen Erde, er zeigte mir, wo ich sie finden soll" (155). Er wird zum "zürnenden Gott", der sich darüber beschwert, wie er betrogen wurde: Diese echte Anklage ist gegen die gerichtet, die das Geld, das er, Columbus gesammelt hatte, zweckentfremden, und auch gegen Bobadilla, der seinen Platz eingenommen und sich wie ein Pirat aufgeführt hatte (156-157).

Was er macht, erscheint ihm nie als Zufall, sondern als Zeichen des unmittelbaren Eingreifens Gottes (54). In der Tat geschah es auch einige Male, daß der Zufall ihn in dieser Auffassung bestätigte. Der Orkan, in den man ihn auf der Rückreise nach Spanien, zweifellos in der Hoffnung, daß er darin umkomme, hat segeln lassen, erweist sich jedoch für seine Feinde Bobadilla und Roldan als fatal, ihm selbst erschien er aber "wie ein Akt göttlicher Nemesis" (169). Columbus war davon überzeugt, daß der Himmel zu seinen Gunsten eingeschritten war:

> Der Himmel selbst hatte eingegriffen, ihn zu rächen und seine Widersacher zu verderben. Es war so recht die Nahrung für seinen Auserwähltheits- und Gottesbotenwahn. Im Leben mancher Menschen ereignet sich sonderbarerweise von außen her sehr oft das, was zu ihrem inneren Wesen stimmt, als ob es wirklich in den Sternen stünde. (170)

Wassermann und Zweig, ersterer vielleicht spürbarer, fühlen sich vor Gestalten wie Columbus und Magellan durch die in ihnen immanente Dialektik eines Namenlosen, der zum Helden geworden, eines heroischen Außenseiters, der heruntergekommen ist, angezogen. Wassermann schreibt über Columbus: "der Kern seines Wesens ist Unrast. Er ist ewig auf der Flucht, bis zu seinem Tode" (37). Zweig geht auch ausführlich auf den Abenteurer Francisco Serrão ein, der als freiwilliger Robinson und "erste[r] Kulturflüchtling" (Z 55-56) sein Leben auf den Sundainseln beschließt.

Die Unternehmungen eines Columbus und eines Magellan lesen sich wie Epen des individuellen Willens, von heroischen Kämpfen einsamer Menschen, von Kämpfen gegen alle.[5] Doch während die Hindernisse, die Magellan überwinden muß, äußere sind, so liegen sie bei Columbus im Inneren: Er mußte eine Rolle spielen, die Qualitäten forderte, die er nicht hatte (127); er besitzt keine Autorität, er hat die Zornausbrüche eines Schwachen. "In der Welt der Vorstellung" (128) lebend, sieht er sich, wieder an Land, Problemen gegenübergestellt, die ihn überfordern.

Die Schicksale des Columbus und des Magellan sind nicht ohne Ähnlichkeiten, die bis hin zu gewissen Details gehen. Beide wandten sich an das spanische Königspaar, nachdem ihnen Portugal die Unterstützung verweigert hatte. Sie mußten beide für Vorhaben kämpfen, deren Durchführung längst überfällig war; beide verloren viel Zeit durch Ausübung untergeordneter Tätigkeiten, wurden gedemütigt, wurden diffamiert. Beide stürzten sich in gigantische, fast übermenschliche Unternehmungen, mit denen es ihnen schließlich gelang, Interesse zu erwecken. Der Maßlosigkeit des Columbus entspricht übrigens die des spanischen Hofes, der schließlich doch allen Forderungen des Columbus nachkommt, wohl um "sich vor dem Vorwurf oder Selbstvorwurf eines Versäumnisses zu schützen" (59):

> Sonderbares Traum- und Luftgeschäft, ohne Beispiel in der Geschichte, bei dem beide Vertragsparteien mit dem gleichen amtlichen Ernst Wechsel auf die Zukunft ausstellen ohne die mindeste Gewähr der Einlösung.(59)

Beide sind Außenseiter, Ausgestoßene, Randgestalten der Gesellschaft. Der Portugiese Magellan im Dienste der spanischen Krone, der zu "den Heimatlosen, den Stellungslosen, den Verschmähten und Verachteten" (Z 100) gehört, wird Befehlshaber der Flotte. Columbus erfährt nach der Rückkehr von seiner ersten Reise durch den Triumphzug von Sevilla nach Barcelona die Bestätigung. Er wird geadelt, erhält ein Familienwappen, der Hof erkennt ihn schließlich als Vize-König Indiens an (95), bevor er dann erneut Opfer derjenigen wird, die am Hofe gegen ihn intrigieren, teils um ihn "seiner" Insel zu berauben (147-150).

Beide sind Gestalten von tragischer Dimension. Magellan wird getötet, ehe er beweisen kann, daß die Erde rund ist, Columbus erfährt nicht die Anerkennung, die er glaubt, verdient zu haben. "Aber es gehört zum tragischen Schicksal der Vorläufer [Zweig meint hier Heinrich den Seefahrer], daß sie selbst an der Schwelle sterben, ohne selbst das gelobte Land zu schauen" (Z 25). Zu guter Letzt sind ihre Expeditionen zum Teil Fehlschläge, denn sie haben eines der erhofften Ziele verfehlt: Sie haben nicht zum Reichtum Spaniens beigetragen. Die "ertragreichen" Unternehmen werden die von Cortés und Pizarro sein.

Tragisch ist auch, daß die, die sich Magellan widersetzten, Ruhm und Geld ernten (Z 278). Karl V. verkaufte die Molukken an Portugal zurück; die von Magellan entdeckte Route blieb unbefahren (Z 278). Wirtschaftlich blieb seine Reise ohne Folgen. Nach 1500 überschlugen sich die Ereignisse durch die portugiesische und englische Konkurrenz in der Eroberung der Kolonialreiche, so daß viele andere Seeleute das tun konnten, was Columbus geleistet hatte und man seiner nicht mehr bedurfte, zumal als Vize-König. Gegen Ende seines Lebens war Columbus ein gebrochener Mann, der von allen Rechenschaft wegen der Ungerechtigkeit, die ihm widerfahren war, forderte: Er erhält nicht seinen Anteil an Gold, usw. (196). Dieser Größenwahnsinnige lebte nicht in der Armut, wie er vorgibt, sondern krankt an dem "klägliche[n] Zusammenbruch seiner maßlosen Erwartungen" (198). Seine Lebensumstände waren einer Person, für die er sich hielt, unwürdig.

Columbus gehört wie Magellan zu den letzten großen Entdeckern, deren Ausgangshypothese auf falschen Kenntnissen beruht. Für Columbus ist es die Karte des Toscanelli, während Magellan die Amazonasmündung für den paso zum Pazifik gehalten hat (Z 80). Zweifellos hat Columbus das Tor zur Moderne aufgeschlossen, bleibt aber selbst in seiner Religiosität und Dogmatik ein Mensch des Mittelalters (64). In diesem Sinne unterscheidet sich sein Unternehmen, das gänzlich auf Hypothesen und Aberglauben basierte, von vergleichbaren Entdeckungen der Neuzeit, die von gesicherten wissenschaftlichen Kenntnissen ausgingen, wie die Durchquerung Afrikas, die Erforschung des Südpols, der Flug ins Polargebiet oder über den Atlantik. Hätte Columbus keinen Erfolg gehabt, würde er heute sicherlich als Scharlatan gelten. Er war ein Überzeugungsmensch, und damit das Gegenteil eines Beobachters. Wenn er unerklärliche Kompaßschwankungen beobachtet, so zieht er daraus auch für seine Zeit schon vollkommen falsche Schlüsse (67). Nach der Entdeckung Kubas verfolgt er unerschütterlich seinen Weg nach Süden, denn nach dem Glauben seiner Zeit finden sich nur dort die Reichtümer der Erde (149-151). Als Leser der Berichte des Marco Polo bleibt Columbus einer vollständig mittelalterlichen Vorstellungswelt verhaftet und gehört zu den Abenteurern, die im 13. und 14.Jahrhundert aus wirtschaftlichen Gründen, aber auch aus "Romantik" (13) auf Erkundungsreise gingen. Diese Interpretation ist von der heutigen Forschung bestätigt worden: "un homme de structure intellectuelle plus moderne[...] , et possédant les données cosmographiques les plus avancées qui existaient à la fin du 15e siècle, aurait jugé la traversée de l'Europe à l'Asie trop longue et trop dangereuse; un esprit totalement médiéval l'aurait jugée trop pleine de périls pour d'autres raisons. C'est précisément parce que Colomb combinait en lui un penseur encore médiéval et un intrépide aventurier des temps nouveaux qu'il put être l'homme nécessaire".[6]

Der wesentliche Beitrag des Columbus zur Menschheitsgeschichte besteht darin, durch die Entdeckung der neuen Welt die Kosmographie der Griechen und Römer umgestoßen zu haben. Dies hat Magellan fortgesetzt, indem er zeigte, daß die Erde rund ist, wobei er die Kugelform der Erde, wie sie Eratosthenes berechnet hatte und wie sie von der Mehrheit der Gelehrten am Ende des 15.Jahrhunderts anerkannt war, bewies. Beide haben letztlich den bereits gegen Mitte des Jahrhunderts angeschlagenen Überzeugungen den Dolchstoß versetzt. Schon 1431 bis 53 hatte man die äquatorialen Meere entdeckt, wo das Wasser kocht, wie man früher glaubte. So entstehen neue Kenntnisse, aber auch neue wunderbare Geschichten, denen Columbus mit Aufmerksamkeit lauschte (24) -, Geschichten von fabelhaften Inseln, wie die der Insel Ima, von der der schottische Abt Brandan erzählt (25).

Die Neue Welt ist im 15.Jahrhundert kein geographischer sondern ein religiöser Begriff, von Aberglauben durchdrungen und von Angst durchsetzt. Sie ist ein Zeichen eines "längst prophezeite[n] Untergang[s] der Welt" (11) und hat mithin magische Dimensionen. Die Beständigkeit dieser Ängste wird noch in den Schwierigkeiten deutlich, auf die Columbus beim Anheuern der Mannschaft trifft: Trotz des hohen, schon vor der Reise ausgezahlten Soldes findet er nur Tagediebe, Halunken und lebenslänglich Verurteilte. Hieraus mag sich auch die magische Anziehungskraft des Wortes "Gold" erklären, wie ja auch die Magie des Goldes und der Edelsteine die Erzählungen des Marco Polo bei den Venezianern glaubwürdig gemacht hat (14).

Indem er den Horizont der Europäer erweitert, bewirkt Columbus eine "Revolution der Phantasie", wie sie Wassermann für seine Zeit vergleichbar mit einem Besuch auf dem Mars sieht (11). Columbus und Magellan haben die Erschütterung der Vorstellungskraft der Europäer vollendet. Ausgelöst wurde sie durch die Reiseberichte des Marco Polo, deren Wirkung im Mittelalter nur vergleichbar mit der des Aristoteles war (13): das Gold von Zipangu (Japan), "die Frauenzimmer[...] so verführerisch" (17), Erzählungen, die die Phantasie der Europäer bis zur Zeit Columbus' hinein beeindruckt haben. "Der sonderbare donquichotische Irrtum seines Lebens" findet hierin seine Quelle (17). Ihre Entdeckungen verliehen dem Mythos von Atlantis, der ja bereits bei Platon als dem "Generationengedächtnis" (12) zugehörig gesehen wurde, eine neue Gestalt. Die Existenz eines Kontinents, der nicht von der Oberfläche der Erde verschwunden, sondern aus den Gedächtnissen gelöscht war, hört nun auf, eine dichterische Träumerei zu sein, um eine Wahrheit zu werden.

Die Tragik der Einzelschicksale und die wissenschaftliche Bedeutung der Entdeckungen ließen Humanisten wie Wassermann und Zweig jedoch andere Aspekte nicht vergessen.

Gehört die Entdeckung des Columbus zu den großen Ereignissen der Menscheitsgeschichte? Vielleicht, aber außer dem Streit zwischen Spanien und Portugal um die Verteilung der Welt und wahrscheinlich auch außer der Enteignung der spanischen Juden, um die zweite Reise zu finanzieren (102), stand sie doch am Anfang einer großen Tragödie der Menschheit, "eine[r] ununterbrochene[n] Kette von Unrecht, Obervorteilung, Diebstahl, Gewalttat und Mord" (114). Die Ureinwohner wurden wie Vieh behandelt (114), wurden ausgerottet oder als Sklaven nach Europa oder Kuba verkauft. Um 1520 hat keiner von ihnen überlebt (74). Um die Besatzung der dritten Reise sicherzustellen, wurden die Gefängnistore geöffnet: und von diesen Leuten wurde dann eine Bekehrung der Indios erwartet (137).

Wassermann entwickelt die bereits in Texten des 19.Jahrhunderts nachweisbare Kritik erheblich weiter: die Arroganz und die Brutalität der Kolonisten, die Hypokrisie der Inquisition und ein siegreicher Ethnozentrismus, für den Columbus selbst ein Beispiel abgibt; daß er das Recht hat, die Insel in Besitz zu nehmen, ist in seinen Augen und in denen seiner Biographen eine Selbstverständlichkeit. Die Frage, ob die Insel jemandem gehöre, wie z.B. diesen "Einheimischen" (73), stellt sich erst gar nicht.

Die Dialektik des "guten Wilden" ist bereits in den ersten Jahren, die der Entdeckung folgten, gegenwärtig und prägt die Haltung des Columbus gegenüber den Indios. Er beschreibt ihre körperliche Schönheit, ihre Nacktheit, ihren Sanftmut, der sicherlich eine Bekehrung erleichtern wird (75-76), aber seine latente Mißachtung scheint wiederholt durch (79). Er sieht sie auch durch den Schleier seiner Träume: Seine Gedanken sind einzig auf ihr Gold gerichtet, ohne daß ihm etwa ihre vollkommene Armut auffällt (80). So zeigt sich bei ihm eine vollständige Blindheit, die seiner Zeit eigen war (80-81): Columbus ist unfähig, in den Indios etwas anderes zu sehen, als ein Abbild seines eigenen Universums, in deren bekannte Schemata er sie hineinzwängt (89). Er versteht von diesen Menschen nichts, hält ihre Neugierde für Sympathie, ihre Rituale der Gastfreundschaft für Unterwerfungsgesten (91). Wassermann sieht bei Columbus einen wahren Verstellungszwang (89). Der Ethnozentrismus des ganzen 15.Jahrhunderts (89-90) kennt noch nicht die Begeisterung des 18. für das Natürliche.

Ausführlich geht Wassermann auf die Gewalttätigkeit der Eroberer ein. Für ihn gibt es gar keinen Zweifel, daß die Männer, die Columbus während der ersten Reise auf Española zurückgelassen hatte, ermordet wurden, weil sie versucht hatten, die Indios zu versklaven und Gold zu fordern (112). Verachtung der Indios und europäische Anmaßung ließen später Antonio de Ojeda den Indios auf spanisch eine Proklamation vorlesen, in einer Sprache also, die sie gar nicht verstanden, in der er ihnen erklärte, daß sie sich in allem den Spaniern zu unterwerfen hätten (113). Bobadilla, der Nachfolger und der Gegner des Columbus, benahm sich "wie ein Schuft" (163).

Die Inquisition wird auf der Insel durch spanische Priester und Mönche vertreten, die mit Fanatismus die Bekehrung vorantreiben, nicht unschuldig an der Ausrottung der Indios sind, aber auch die spanischen Vorgesetzten terrorisieren. So wagt es Bartolomé Colón aus Angst vor der Inquisition nicht, sich den fanatischen Mönchen zu widersetzen. Als die Indios eine Kirche niederbrennen, vermutlich aus Rache für erlittenes Unrecht, erlaubt Bartolomé den Missionaren, ein Ketzergericht zu veranstalten, bei dem Eingeborenen auf spanisch der Prozeß gemacht wird und sie schließlich verbrannt werden (145).

Die Diskrepanz zwischen Diskurs und Wirklichkeit, sowie zwischen dem Anspruch des Christentums der Folterer und ihrer Haltung gegenüber den Indios, die nach Las Casas brutal und "infernalisch grausam" (189) ist, ist allgegenwärtig. Diese Inkohärenz in der Haltung gegenüber den Indios sieht Wassermann selbst bei Las Casas durchschimmern. Ist es doch Las Casas, der aus Abscheu gegen die Behandlung der Indios Karl V. vorschlägt, daß man "neue Arbeitskräfte" aus Afrika einführen solle: "Es ist eigen mit den Menschfreunden, selbst wenn einer von so brüderlichem Geist beseelt ist wie der Priester Las Casas"(192).

Columbus selbst entgeht nicht dieser Diskrepanz, die vor allem verdeutlicht, daß das Ergebnis auch die Mittel, die nur den persönlichen und nationalen Interessen unterstellt sind, heiligt, obwohl man sie eigentlich ablehnt: "der Admiral war ohne Zweifel ein Finanztalent. Er verstand zu rechnen, und seine schätzbare Sorge ist es, wie er die Kolonie für das Mutterland rentabel machen kann" (120). Obwohl er auch früher Sympathie für die Indios gezeigt hat, besteht Columbus doch gegen den Willen der Königin selbst darauf, daß sie in die Sklaverei geführt werden sollen (118-122). Er versichert, um ihre Versklavung zu begründen, daß sie "unschuldig-verworfene Wesen" (119) sind und daß die, die er nach Spanien sendet, Mörder und Verbrecher sind.

Seine Haltung verhärtet sich zunehmend, und Wassermann nennt ihn einen
"Wüterich", der Bluthunde auf die Indios hetzt (126), für ihn ein groß-
artiges Beispiel "echt europäische[r] Heuchelei: kommerzielle Absichten,
umwickelt mit windigen Redensarten von Humanität und Fortschritt" (119).
Oder allgemeiner: Es gibt bei ihm etwas Chaotisches, das er mit all den
Entdeckern teilt, die ihm folgen werden, und mit denen er diese Menschen-
verachtung gemein hat (141). Wassermann zeigt sich in dieser ideologischen
Kritik sehr viel kohärenter als Zweig. Zweifellos bestätigen beide in bezug
auf eine hereographische und hereologische Konzeption, daß der schöpferische
Mensch anderen Gesetzen als den üblichen untersteht (Z 82); er kann und er
darf nicht nach den Kriterien der einfachen Menschheit beurteilt werden
(155). Trotz seines Humanitarismus erklärt Zweig jedoch (in einer wenig
geglückten Formulierung), daß der größte Weltentdecker Magellan von einem
"lächerlichen Menscheninsekt getötet" wurde (Z 238).

Das Schicksal kann unter zwei sich ergänzenden Aspekten analysiert werden.
Entweder man legt den Akzent, wie es Zweig in Die Sternstunden der Menschheit
tut, auf die bedeutungsvollen Augenblicke, an denen das Schicksal eines
Individuums oder einer ganzen Nation plötzlich, oft wegen einer Kleinigkeit, einen ganz anderen Weg einschlägt. Oder aber man zeigt auf, wie
Wassermann oder Zweig in Magellan, daß z.B. das Schicksal des Columbus
nicht plötzlich an einem Tag sich erfüllt, sondern vielmehr im Verborgenen,
wie die meisten "Dramen" der Weltgeschichte auch, sich langsam entfaltet.
Nur aus der Retrospektive glaubt man, einschneidende Augenblicke festmachen
zu können (29).

Solche Augenblicke im Lebenslauf des Columbus registriert Wassermann ebenfalls: "Im bedrängtesten Moment, dicht vor dem Abgrund, greift das Schicksal
zum erstenmal günstig entscheidend ein, indem es Columbus die Verbindung
mit dem [..] Florentiner Toscanelli ermöglicht" (29). Oder ein späteres
Ereignis, als er an das Tor der Franziskaner klopft, wohin "die Vorsehung
zwei ungewöhnliche Männer in das entlegene Kloster versetzt [hat]" (37).
Schicksalhaft ist bei beiden Vorgängen, daß sie auf Irrtümern beruhen: Es
war Toscanellis Rechenfehler, "der das ganze Leben und die ganze Ideen-
struktur des Columbus beeinflußte[...] Es unterliegt kaum einem Zweifel,
daß diese Stunde sein Schicksal gebar" (30-31).

Eine ähnliche Sicht des Schicksals besteht sowohl bei Wassermann als auch
bei Zweig in der Auffassung von Geschichte, in der der Akzent auf das
individuelle Heldentum von Menschen gelegt wird, die Zwischenglieder in
der geschichtlichen Entwicklung sind. Analogien ergeben sich hier zu den
Romanen von Malraux und dessen episch-heroischem Verständnis historischer
Abläufe von weltgeschichtlicher Dimension. Dieser Dialektik des Schicksals
entspricht die Dialektik im Menschlichen, angelegt zwischen dem Außerordentlichen und dem Alltäglichen, besonders sichtbar in dem Goldrausch, dem die
einfachen Begleiter des Columbus erliegen:

> Es gibt Erschütterungen, unter denen die Bösen aufhören
> böse zu sein, die Schwächlinge nicht mehr schwach[...],
> da bricht die elementare Triebnatur hervor, die alles
> Eigenschaftliche und auf den Zweck Gerichtete über-
> schwemmt und verbrennt. (75)

Die Nachwelt erinnert sich oft nur an die großen Momente eines Lebens,
"blickt um der Vereinfachung der Optik willen am liebsten auf die dramatischen, die pittoresken Augenblicke ihrer Helden" (Z 101). Unsere Einbildungskraft verführt uns bei der Betrachtung eines Ausnahmeschicksals
wie das des Columbus (10) dazu, auf sein Leben das zu projizieren, was seine
Erfüllung war, "eine unsterbliche Figur mit den Eigenschaften auszustatten,
die erst von ihren Wirkungen herkommen" (9). Während die Zeitgenossen oft
den Ausnahmecharakter einer Person kaum oder überhaupt nicht wahrnehmen,
so verfallen andererseits Historiographie und Nachwelt in den Fehler einer
Vereinfachung, die eben auf der Retrospektive beruht, und Komplexität wie
Widersprüche des Charakters weniger scharf sieht (52).

Um den Mangel der retrospektiven Methode auszugleichen, will Wassermann sie
durch eine induktive ersetzen, indem er auf die Ereignisse selbst zurückgreift (127), was nicht heißt, daß sein Vorgehen trotz der wissenschaftlichen
Ansprüche rein positivistisch wird. Einerseits waren die Irrtümer, die in
den Meinungen der Zeitgenossen deutlich werden, nicht zu vermeiden, ja vielmehr ist es überhaupt gar nicht wünschenswert, daß sie hätten vermieden
werden sollen : Die Irrtümer beinhalten "ein zeugendes Element", das einen
Mythos schafft und diesen immer erneut mit Leben ausfüllt. Wassermann sieht
hierin einen "über die Wirklichkeit triumphierende[n] Idealismus" (9). Der
Irrtum ist demnach mythenbildend, somit sinntragend.

Was die Gestalt des Christoph Columbus betrifft, so bietet sich Mystifizierung geradezu an, da in ihr vieles rätselhaft und zweideutig ist: "Alles
ist umstritten, der Charakter, die Leistung, der Werdegang, die Lebens-

ereignisse und die Geburt" (10). Schon zu Lebzeiten ist er eine literarische Figur: "Sein Lebenslauf hat manche Ähnlichkeit mit einer mittelalterlichen Legende" (10). Wie Don Quichote hat er kein Vorleben (27). Er hat es vielmehr verstanden, aus sich heraus die Elemente zu liefern, die den Mythos ausmachen. In seiner Autobiographie finden sich signifikanterweise daher keine Hinweise auf rein menschliche Fähigkeiten, die zum Erfolg hätten beitragen können (29). Es sind demzufolge also die Ungereimtheiten selbst, die den Weg zu einer literarischen Biographie eröffnen. Da, wo die Quellen versagen, füllt Wassermann die Lücken der Geschichte. Er läßt seiner Phantasie freien Lauf, bemüht sich jedoch um die Rekonstruktion des Lebens anhand wahrscheinlicher Hypothesen, die er als solche jedoch immer deutlich macht. Das Leben des Columbus liest sich wie ein Roman von epischer Dimension. Das Leben selbst hat ihn bereits zu einer Art literarischer Figur gemacht, vergleichbar einem Shakespeareschen Helden:

> Fast wie der geniale Einfall eines Dichters wirkt es
> (Shakespeare hat etwas Ähnliches in der Gegenüberstellung
> von Hamlet und Horatio verkörpert[...]), daß Columbus,
> als er seinen Bruder Bartolomé auf die zweite Reise mitnahm[...] einen Mann zur Folie und zum Widerspiel neben
> sich setzte, der ihn in gewissem Sinne ergänzte[...] . (128)

Bartolomé Colon, ein brutaler Mensch von unbeugsamem Willen, spielt einen Gegenpart, der verdeutlicht, wie Columbus selbst hätte handeln sollen (128). So finden sich in der Lebensgeschichte des Entdeckers oft Gegenparteien, die in ihrer Konstellation in der Tat an die Struktur eines Dramas denken lassen. Hinzu kommen die Antagonismen, die im Charakter des Columbus selbst angelegt sind: Er trägt auch Züge des Sancho Pansa in sich, ist ein "angepaßter Philister" (126).

Im Untertitel der Romanbiographie, "Der Don Quichote des Ozeans", spricht Wassermann auf den ersten Blick zunächst nur einen einfachen Vergleich aus, demzufolge beide, die historische Person Columbus und der Romanheld des Cervantes, dem Irrtum - das, was der Spanier "ingenioso", die deutsche Übersetzung von 1800 "sinnreich" nennt - verfallen sind.[7] Die Ähnlichkeit geht für Wassermann jedoch noch sehr viel weiter, da er "die Empfindung nicht loszuwerden vermag, Cervantes müsse bei der Konzeption seines unsterblichen Junkers von diesem realen Vorbild beeinflußt worden sein" (51). "Den vorgebildeten Don Quichote in Columbus sehen, das hieß: ihn sehen" (52). Weiter kann man vermuten, daß ein zweideutiges und lästiges Volk von Abenteurern, Deserteuren, Schiffbrüchigen, Unzufriedenen aus allen Ständen, ruinierten kleinen Hidalgos, entlaufenen Mönchen, gewerbsmäßigen Schmarotzern sich an

seine Fersen heftete - ein Volk, das ihm schmeichelte und sich über ihn
lustig machte und bei Cervantes "individuenhaft und typenbildend in der
Sancho-Pansa-Figur gloriose Gestaltung gefunden hat" (46). Die Wahrscheinlichkeit dieser Analogisierung beruht in Wassermanns Auffassung, daß in den
Legenden und Mythen, von Columbus bis Robinson, nichts reine Erfindung ist,
sondern alles einen wahren Ursprung hat, der nur verfremdet und verformt
worden ist. Columbus' vierte und letzte Reise, zu der er mit vier seeuntüchtigen Karavellen aufbrach, wird gemeinhin als Paradigma für "Abenteuerlichkeit" gesehen; für Wassermann liest sie sich als "ein Stammerlebnis, ein
Wurzelmotiv, aus dem vielerlei Dichtung, Sage und freilich auch unreines
Fabelgespinst entstanden ist" (167).

Anmerkungen

1. Jakob Wassermann (1873-1934), Christoph Columbus. Der Don Quichote des Ozeans. Eine Biographie, 1929. Zitiert wird nach dem Fischer Taschenbuch Nr.680 (1980). Die Schreibung der Eigennamen folgt der des Autors.

2. Stefan Zweig, Magellan. Der Mann und seine Tat (1938). Zitiert wird das Fischer Taschenbuch Nr.1280 (1983).- Dieser Text ist gemeint, wenn nach einem Zitat der Seitenzahl ein Z vorangestellt ist - Hier Z 27.

3. E.Frenzel, Stoffe der Weltliteratur, Stuttgart, ^{3}1983, Art. "Don Quijote", S.168.

4. Nach Michel Lequenne - Vorwort zu: Christophe Colomb, La découverte de l'Amérique. Bd.1: "Journal de bord", Paris 1984, S.7-27 - habe Columbus gewußt, daß er einen neuen Kontinent entdecken könnte, sei aber gezwungen worden, die Bedeutung seines Vorhabens wie dann auch die Entdeckung selbst zu verschleiern.

5. Wassermann 103; Z 101, 280. Der Magellan von Stephan Zweig enthält einen direkten Bezug zu Wassermann (Z 102), wie auch die Verwendung des Begriffs 'Donquichoterie'. Er wird aber anders als bei Wassermann benutzt, um die koloniale Expansion Portugals zu charakterisieren, die in keinem Verhältnis zu dem kleinen Staat steht, der nicht mächtig genug ist, ein solches Weltreich zu verwalten (Z 29). Die Donquichoterie meint hier das absolute Mißverhältnis, die Eroberung der Welt.

6. Michel Lequenne, a.a.O., S.23.

7. Die Donquichoterie wird bisweilen zu einem hermeneutischen Schlüssel: auf die Frage, ob Columbus kehrtzumachen beabsichtigt hätte, antwortet Wassermann entschieden mit "nein"; denn "Don Quichote läßt sich steinigen, verhöhnen, er verzichtet auf Schlaf und Nahrung, er gibt sich preis, gibt sich auf, aber er kehrt nicht um" (70). Er wird von seinen Weg zu dem Gold von Zipangu nicht abweichen.

Columbus, Americanism and the End of the Weimar Republic
Wassermann's Columbus novel and Walter Hasenclever's and Kurt Tucholsky's Columbus play

Franz Futterknecht

Although Walter Hasenclever's and Kurt Tucholsky's comedy Christoph Columbus or the Discovery of America[1] is considered one of the minor works of the two distinguished authors, it has drawn a considerable amount of attention.[2] From the first performance of the comedy at the Leipzig Theater in 1932 until today literary critics have failed to agree whether the play is predominantly a witty, success-oriented piece of entertainment with a few satirical allusions on the moral, economic, and political collapse of the Weimar Republic, or a biting satire castigating the immoral complicity that reigned in the ruling class, the conservative political establishment, the bureaucracy, the churches and the right-wing parties in the final phase of the Weimar Republic.[3]

A more differentiated approach is offered by the Romanist Titus Heydenreich.[4] Without denying the elements of socio-political satire, he places the comedy in the context of the European-wide revival of the old Columbus cult, a renaissance that started at the centennial celebrations of the discovery of America at the turn of the 20th century and included the attempt by the Catholic church to beatify the great explorer. Heydenreich leaves no doubt about the very concrete political interests surrounding these initiatives and discusses the different - glorifying or critical - literary treatments of Columbus' life and deeds as strategic movements within the ideological struggles in each country and any particular age. As far as Hasenclever's and Tucholsky's play in particular is concerned, Heydenreich suggests that it could be seen as a literary response to Paul Claudel's play Le Livre de Christoph Colombe.[5] Based on Columbus' interpretation of his own character in his later years, the French poet attributes to his Columbus figure christological and soteriological functions; the discovery of the New World is, according to Claudel's dramatic setting, an essential event for the salvation of modern mankind; the New World is presented as God's new sanctuary; the Spanish Queen departs at the end of the play with Columbus to this new home of human salvation.

Since Claudel's play was performed with remarkable success in Berlin in 1930, Heydenreich's suggestion that there could be some revealing relationship between Claudel's and Hasenclever's/Tucholsky's play is at first glance as obvious as it is intriguing. Reading Claudel in the context of the prevailing ideological trends of the Weimar Republic, it seems to me that the geometaphysical ideas of the French author could be understood as an attempt to provide transcendent dignity to the so-called Americanism that had become wide-spread in the Weimar Republic from the time the influx of American credit and dollars almost miraculously saved the devastated German economy in 1923 and paved the way for the 'Roaring Twenties'. Americanism in this decade meant the very fashionable, seemingly objective and enlightened acceptance of 'modern times' in forms and features represented by American society, specifically in the technological progress of its industrial production, in its advanced capitalist entrepreneurship, and in its growing consumerism as a substitution for ideological orientation and cultural values. Helmut Lethen[6] has shown that this new mentality was one of the basic ingredients of "Neue Sachlichkeit" (New Sobriety, as John Willet calls it), the most representative literary movement of the Twenties - Tucholsky is considered one of its most prominent practitioners -, in spite of the constant uneasiness and ambivalent attitude of the "neu-sachlich" authors towards this all inclusive and most advanced form of capitalist society. It is, therefore, not far-fetched to assume that, in their own play, Hasenclever and Tucholsky, were, in fact, reacting to this poetic sanctification of the New World after the blatant fiasco of American-style capitalism after the Wall Street crash of 1929. There is, however, - to my knowledge - no document proving that Tucholsky or Hasenclever had seen Claudel's play in Berlin or anywhere else. Moreover, Claudel is classified by Tucholsky as one of the contemporary authors whom he respected and ignored at the same time, simply because he could not understand his work.[7] There is, however, evidence of another literary connection which does provide further insight into Hasenclever's and Tucholsky's Columbus. With the literary estate of Hasenclever, the Archive of German Literature in Marbach acquired the novel Christoph Columbus, the Don Quichote of the Ocean,[8] containing a wealth of marked passages and comments in the margins in Hasenclever's writing, by Jakob Wassermann, one of the most productive and acclaimed novelists of the first half of this century. While his Christoph Columbus never reached the fame of The Case of Maurizius or Christian Wahnschaffe, it is a key novel in the treatment of Columbus in modern German literature.

The importance of Wassermann's novel für Hasenclever's and Tucholsky's play
is twofold: firstly, Wassermann provided the essence of the historical knowledge about Columbus and its epoch that entered into the play and, secondly,
the conceptional differences between the two literary works can be characterized tentatively as the difference between a tragic and a comical version
of the same plot.

Before presenting Wassermann's specific view of Columbus and his time, it must
be mentioned that his novel was published in 1929 as a historical biography,
at the time a very popular literary genre, championed particularly by Emil
Ludwig. The popularity of this genre was partially due to the fact that it
acted as a surrogate for one of the main public functions of scientific historiography (badly compromised in the Weimar Republic by the staunch conserva-
tism of its representatives), in that it provided contemporary readers with
fundamental understanding of their own historical situation by mirroring it
through earlier historical examples.[9]

As indicated in the title, Wassermann portrays his Columbus after the model
of Cervantes' immortal hero, Don Quichote, suggesting that Cervantes
modelled the hero of his novel on the historical figure of Christoph
Columbus. (CC, 61) Columbus' historical importance is seen in his having
initiated the project to explore the Western passage to India, which then led
unintentionally to the discovery of the New World. This discovery inadvertent-
ly triggered a chain of events that opened a new chapter in the history of
mankind: the modern age.

Columbus is, in Wassermann's novel, not just one of the audacious seafarers
of the 15th century, but a rather complex character. (CC, 62) Of low extrac-
tion - the Jewish author does not contradict the rumour that Columbus could
have been of Jewish origin and implies that a great part of Columbus'
myterious behavior can be explained as his effort to disguise this, in
the public mind, shameful fact (CC, 148) - Wassermann's Columbus is driven
by the desire to secure his social status by performing a feat that, in itself, would bring humankind back to the paradise they had lost. Since the
public imagination of the late 15th century was captured by the exotic tales
of travellers like Marco Polo and Portuguese seafarers, and since a wide-
spread rumour, supported by some occult scientists, claimed the existence
of a Western passage to India, Columbus became obsessed with the idea of
discovering this Western passage and developed his great visions of trans-
forming the Spanish kingdom into a universal Catholic empire and of re-
shaping the old world physically and spiritually. In the scheme of Wassermann's psychogram of Columbus, he was neither a great scientist nor a

practical thinker, but a visionary. The psychological foundations of the
prophetic output of Columbus' mind were - according to Wassermann - the
perpetual sorrows of his tormented soul which produced an equally constant
flow of ideas of salvation. This vivid imagination enabled Columbus to
distill all utopian and therapeutic aspects of the European literary,
religious, and philosophical heritage into a new utopia of universal salvation through the discovery of the "New World". In Columbus' high-flying
plans, his discovery would not merely give the old world a new, i.e. round
shape and to Spain a shorter access to the lucrative markets of India, but,
he was convinced, the "New World" would be a true 'Eldorado' inundating
humanity with an endless supply of gold, ending all misery on earth. In
addition to this, the exploration of the New World would lead, according
to Columbus, to the rediscovery of the lost Garden of Eden, giving back to
humankind the state of eternal youth and happiness. It was self-evident
for Columbus that God had chosen him as His agent to christianize the globe
and to found the Kingdom of God on earth.

Thus, in Columbus' mind, the practical idea of finding a short passage to
India was inextricably intertwined with spiritual meaning and aspirations
centered around his goal of regaining humankind's original state: to be
an image of God. In this respect, Wassermann's portrait of Columbus confirms the Romantic fragment: "The revolutionary desire to realize the
Kingdom of God is the elastic point of progressive learning and the beginning of modern history. That which has no relation to the Kingdom of
God is historically only of secondary importance."[10]

It is common knowledge that Columbus' fantasies coincided historically
with the unification of Spain under Isabella of Castille and Ferdinand
of Aragon as well as with the liberation of the Spanish homeland from
foreign and pagan rulers. In keeping with this, Wassermann relates at
length Columbus' countless attempts to find the ear and interest of the
Royal Houses on the Iberian peninsula for his plans, how his flamboyant
rhetoric gained him, after many painful failures, the attention of some
influential personalities at the Spanish Court and, finally, the graceful
inclination of the somewhat romantic Queen Isabella who took a personal
and even tender interest in this fervent man.

After the last obstacles of financing the expedition were overcome and
the Crown had accepted Columbus' incredible demands for power, the three
ships set sail. The journey, however, did not mark the beginning of a

triumphant phase in the life of Columbus, but rather the beginning of a
tragic decline in his fortunes. The reason for the new catastrophic development lay with his companions and the crew. Unable to hire regular sailors
for his voyage, Columbus had to accept former criminals in his crew. In
addition to this, he had to cooperate with men who saw his project as
nothing but a promising business venture which they were determined to
exploit at all costs. While Columbus, described by Wassermann as a man with
no leadership qualities, was following the phantoms of his dreams which he
took for reality, these businessmen and the criminals took the whole enterprise into their own hands. They did not perceive themselves as discoverers
or explorers, but as conquerors. The First Encounter, which begins as a
nightmare for the native population, soon escalates into a holocaust. While
Columbus never ceased to be struck by how closely the behaviour of the
natives resembled the descriptions of humankind in its state of innocence,
his fellow Spaniards created hell on earth for the natives, diabolically
tailoring their Christianity to fit their economic goals.[11]

Faced with this new situation, Columbus increasingly lost his sense of
reality. Although exposed to the shocking results of his discovery, he shut
out their reality and clung to his lofty dreams for the betterment of human
condition. The grandiose reception by the Royal couple after his first return from the "New World" assured him of the rightness of his thoughts and
acts and gave him hope that his intentions could still be realized. These
illusions, however, dissolved rapidly during the second journey, which he
ended in chains. The half-hearted rehabilitation which he later obtained gave
him back his honour, but not his power. With the ascension to the throne
of the new king, Columbus finally lost all support at court, which backed
officially the murderous bloodshed of the 'conquistadores'. Columbus, however, held on to his dreams until the end of his life, refusing to accept
any new 'facts', and wrote a book describing the original goals of his
venture in a highly allegorical, often hermetic style. In other words,
he finishes up as a poet. (CC, 190)

The fruit of his adventures, America, became the prey of a merciless group
of desperados in search of gold, and in later centuries for profit at any
cost. The discovery of America, at its very moment of birth, had been
branded with the mark of the infernal victory of business over culture.
Ever since, there have been two forms of culture - a critical one with
emancipatory goals, and an affirmative one serving as the ideological means

of sanctifying all the atrocities, genocide, and bloodshed committed out of greed. Wassermann makes it clear that Columbus' defeat will repeat itself through the history of European culture; the absolute dominance of economic matters, however, became the organizing principle of the American mind, offering no space or place for the autonomy of other realms such as culture and religion. The discovery of America has, therefore, the symbolic value of the ultimate surrender of culture and its complete perversion into open ideology. As far as Europe is concerned, that means that it has lost a considerable part of its cultural credibility through the handling of the discovery of America and has to accept the consequences: like most ill-bred children, white America has become not only a cultural embarrassment for Europe, but, up to and including the present day, its constant fatal threat.

Reading Wassermann's novel in this perspective, its punchline seems to be that the tragic life and death of Columbus is a parabel of the history of modern culture: beginning with the aspiration to a complete emancipation of humankind, the project fell victim to the effects of the equally unfettered economic dynamism embodied in America. In other words, the novel can be read as a parabel for the devastating danger of full-blown American capitalism destroying German bourgeois society and its humanistic tradition.

This, however, is by no means the full message of the novel. Wassermann does not simply lament the loss of the great human achievements of the Classical and Romantic periods. Familiar with Freud's psychoanalytical theory, Wassermann sees these cultural achievements in the light of the very critical Freudian view that divorces them from all relation to truth. In the novel Columbus' thought processes are described in such a way that it is clear that they function according to the laws of daydreaming, as they are stated in the Interpretation of Dreams - the laws of dream work. Their goal is the imaginary fulfilment of suppressed and unfulfillable desires. In Columbus' mind, his longing to search for a Western passage to India had the function of triggering his dreams. In associations, both free and fantastic, Columbus linked his expedition - as mentioned above - with images of personal greatness and glorious visions of human salvation. To support and feed his fantasies, he arbitrarily drew on the most extravagant traditions of wishful thinking that had been produced by religious prophets, poets, and scientists. The motive behind these hallucinatory mental processes was the unspoken desire to be someone, to be released from his constant fear that he would be humiliated. Thus, the embarrassing message of Wassermann's novel is that Columbus, the founding father of modern cultural history, is, strictly speaking, a neurotic who - engulfed in sorrows and pains - sought refuge in a dream world and became a prisoner of his own fantasies because he was unable to bear reality.

Therefore, in a very concrete sense, the encounter between Columbus and the unscrupulous businessmen is the encounter between dream and reality, illusion and truth, foolishness and pragmatism. To add to this stultification, Wassermann makes it quite clear that under the leadership of Columbus the agony and the slavery of the natives would not have simply ended. In Georg Büchner's play Woyzeck, Woyzeck, the servant, is not enticed by his master's idea of a future heaven because he is convinced that even there he would be relegated to making thunder.[12] This presents quite an accurate picture of the natives' fate in Columbus' vision of recreating Paradise. The novel leaves no doubt that Columbus, for the creation and maintenance of his paradise, would need a large number of servants to dig for the gold that he, too, was determined to find. And although the exploitation of the natives by Columbus would have had a more "human face", Wassermann leaves the question open as to whether this naive humanistic attitude would have made any real difference. In the novel, Columbus' friend Las Casas, in searching for a human solution to the horrendous genocide of the island natives, proposes ... finding other victims: African slaves.

It is Columbus' selective perception, blind naivety and the discrepancy between his high-minded motives and the atrocities to which he is unintentionally an accessory that give the discoverer of America his don quichotesque stature. His embarrassing downfall can be read as a parabel of the humiliating disintegration of European cultural pretentions, the illusion of which has been revealed by history. What defines the tragic greatness of Columbus in Wassermann's novel is the demonstration that, in the absence of any higher, however illusionary, perception of humankind, the world becomes a place of perverted culture, unhindered brutality, and systematic exploitation, briefly that hell which the citizens of Brecht's American town "Mahagonny" claim to experience as their every day life.[13] Compared with this, Columbus attains the dignity of a saint. Thus, in the last sentence of his novel Wassermann can greet his hero as a "brotherly spirit".

It is obvious that Wassermann's novel attempts to redeem Columbus and what he stands for in the form of a tragic, i.e. aesthetic exculpation. It is my hypothesis that Hasenclever and Tucholsky were inspired precisely by this attempt to write a literary refutation of the Wassermann novel in their comical version of the Columbus story. To understand their intentions fully, one has to keep in mind that, although there are only three or perhaps four years between the conceptualization of the two literary works, there were fundamental economic, political, and cultural changes in Germany during these years. The Wall Street crash at the end of October 1929 and the resultant world economic crisis caused an almost fatal blow to the German economy which depended heavily on American credit. In 1930, the German State was practically bankrupt and the cabinet of Chancellor Brüning had issued severe and highly unpopular decrees to cut the State's expenses, measures that hurt most of the middle class and the poor. In 1930, the extremist political parties, especially Hitler's recently refounded National Socialist Party had achieved landslide victories in elections all over Germany. Hitler's political program was both anti-communist and romantically anti-capitalist and offered an anti-modern and extremely racist cultural ideology, loaded with resentment and a visionary outlook for a glorious future for the Germans. But Hitler was by no means the only visionary around 1930 who dazzled the public mind. Germany was suddenly full of prophetic, right-wing armchair politicans who knew all the causes of human misery and - at the expense of 'others' - safe solutions to them. It is wellknown that Tucholsky fought against this ideological morass with all his satirical talents in the <u>Weltbühne</u> and in the other newspapers and magazines in which he published; it is also known that he never took these primitive political myths of the petit bourgeois seriously. Like the other distinguished contributors to the <u>Weltbühne</u> he was convinced that the Nazis were - however unintentionally - nothing but the last auxiliary troops of capitalism. This understanding of German Fascism was confirmed by the close cooperation between Hitler, Hugenberg and the leading German capitalists from 1931 onwards and led to a widespread and devastatingly wrong expectation that the Nazi leaders and their followers would fall victim to the capitalists as soon as they had accomplished their task of keeping down the rising threat of communism.[14]

It is this scenario which one has to keep in mind in order to be able to understand Hasenclever's and Tucholsky's comedy. Its time-coordinates are essentially different from the ones in the novel: Wassermann recounts a series of events that took place in the 15th and early 16th centuries, the final effects of which appeared in the epoch the novel was written. The plot of Hasenclever and Tucholsky's play refers directly to the contemporary socio-political development and predicts its outcome. This is so clear that no interpreter has ever overlooked it, although in the published version the authors left out the most direct allusions to the contemporary political scene that the manuscripts contain.

Hasenclever and Tucholsky begin their comedy with a prologue which sets - like a good overture - the tone of the drama and serves, furthermore, no other purpose than that of a bridge between Wassermann's historical novel and the play, indicating thereby the conceptional differences. The prologue consists of a history lesson in which an enthusiastic teacher attempts in vain to convey to his students the greatness of Columbus as the discoverer of America - just as Wassermann intended. The smart answers of a student reveal, however, in a witty way the purely venturous aspect of the enterprise: he speaks of the 'Opening', instead of the Discovery of America.(CK, 7) To another student who guesses in vain the date of Columbus' journey, the teacher angrily replies that Emil Ludwig will never write his biography (CK, 7), an indirect, but equally clear allusion to Wassermann's bibliographical portrait of Columbus. When the history teacher finally is ready to begin his lecture on Columbus' great deed, he is interrupted by the falling curtain. The play begins by telling, from the very first scene, a very different story.

When the curtain rises again Luis de Santangel, the Spanish Chancellor, and Antonio de Quintanilla, the treasurer of the Court, are conversing about the catastrophic financial situation of the Spanish state due to a war that Spain is still trying to win. The analysis of the Spanish financial affairs reveals exact parallels to the German state in the early Thirties. However, the two distinguished-looking statesmen turn the topic of their conversation into a laughing matter by interspersing risque bedroom stories and jokes about the latest news from the Court. This form of presentation continues throughout the play and provoked critics to condemn the play as a misrepresentation of social reality for two reasons - namely, the cheap laughs such techniques engender a) distract from the gravity of the dangers inherent in the political situation in the early Thirties and b) minimize the critical effects of the satirical punches in favour of pure entertainment. I believe

that these critical comments are based on much stronger arguments than
those which defend these literary techniques as efficient strategies for
raising political awareness, in the tradition of Shaw or Brecht. I shall
later discuss the question as to whether this comedy can be understood as
an important act of protest against the political decline of the Weimar
Republic or be condemned as mere commercial theater by two authors that
have given up any artistic and political ambition.

Suffice to say at this point that, in order to understand the humour of
this play, one has to keep in mind Hasenclever's and Tucholsky's assessment
of the public mind and the political situation in the late Twenties and
early Thirties. Both saw the necessity for radical social change, both
believed that the ruling class and the political establishment were in part
too brazen and corrupt, in part too ignorant and incompetent to initiate
any reasonable changes. Both had experienced the way in which the people
with reasonable political concepts were unable to influence the public
mind and, therefore, were politically useless, and they were convinced
that the people who - with dubious methods and the support of the state -
had gained access to the public mind, had unrealistic und ill-conceived
ideas about social change that would only be exploited by the ruling
classes and, therefore, would not change anything. Tucholsky's reaction
to this analysis was - as is well-known - to lapse into a stony silence
shortly after <u>Christoph Columbus</u> was finished, a silence he kept until
his mysterious death in 1935. Whatever can be said about this political
position, it deserves respect, for it was taken at a time when nobody
could foresee the atrocities of the Third Reich.

In view of this attitude of the two authors, it is justifiable to read
their comedy, especially as far as Tucholsky is concerned, as a farewell
play, one not written with the hope or the intention of influencing the
infatuated public, but rather as an attempt to present one last time, and
in an aesthetically adequate way, their view of the situation and its
perspective for the future.

Back to the play itself: the Columbus of the comedy has basically the same
characteristics as in Wassermann's novel, but lacks all the historical
details that are drawn so faithfully in the novel. Columbus is officially
introduced as a protegee of Queen Isabella, a figure who, both in her role
as an intrigante and in her extravagant behavior resembles Chancellor von
Papen. Papen's influence on Hindenburg was crucial in convincing the aging

President, whose growing political incompetence made him an easy target for political caricatures, to nominate Hitler for President. In their play Tucholsky and Hasenclever portray Hindenburg in the figure of the senile king. It is made clear that Columbus owes his appearance at the court only to the protection of the Queen; nobody else takes him seriously. Quintanilla calls him an adventurer of the worst kind (CK, 12) and Santangel refers to him as simply a morose crook (CK, 12) and treats him as a persecuted criminal. In vain Columbus tries to gain respectability by introducing himself as the son of (the non-existent) Count Colombo, as the author of several memoranda concerning his projects, and as God's chosen agent. The latter reflects the irrationalistic political vocabulary of the Thirties. Hitler in particular continually told his listeners that he had absolute certainty about his mission and the word 'providence' became one of the key words in his speeches.

As is the case throughout the play, the conversation between Columbus, Quintanilla, and Santangel contains more allusions to the contemporary German political scene than can be overlooked. For example, Santangel asks Columbus if he is a Jew, as he refers constantly to God. Columbus answers: "I am a faithful Catholic, Mr....Luis Santangel." Santangel replies: "There you go! So am I!" (CK, 14) The reader of Wassermann's novel knows that Santangel was a baptized Jew and, of course, he knows from Wassermann that Columbus could have been of Jewish descent. At the same time, the informed spectator knows that there were politicians in the Weimar Republic of dubious ancestry, ancestry that they were trying to conceal - mainly a certain Adolf Hitler whose grandmother had an illegitimate child, Hitler's father, after she had worked as a servant in a Jewish home.

The meaning of almost all statements in the comedy is kept deliberately open: confronted with the Inquisition, Columbus calls his project a divine inspiration and states that "The world is on the brink of a new, great discovery. One can reach the East via the West." (CK, 15) East and West are both geographical and political terms, and again, there was indeed a party in the Weimar Republic that claimed to have alternative ways of achieving a socialist society without giving up the principles of private property and capital, namely the National Socialist Workers' Party of Germany. In the discussion before the Holy Inquisition, scientific, cultural and economic arguments (mostly pseudo-arguments) and insults are exchanged without leading to a final decision on Columbus' case. To please the Church

and the rich, Columbus cleverly suggests that the discovery of the new
continent would include the Christianization of the pagans and an immense
amount of gold that would pay the state deficit. (CK, 18) We cannot forget
at this point that, in My struggle, Hitler declared his political program
a crusade against materialist and atheist communism, and a crusade to gain
all land east of Germany as an economically exploitable space for the
Germans.

Columbus, however, continues to be rejected by the economic, political,
and cultural establishment until the Queen supports him and, immediately,
everybody changes sides. Having now received this official blessing,
Columbus puts forward his extremely high political and economic demands.
Since the political and economic establishment, represented by Santangel,
Quintanilla, the Marquise Moya and Vendrino, has no choice at that moment,
it accepts Columbus' proposals pro forma, but later destroys the contract
that was signed with Columbus and behind his back develops its own strategy.
In short: on the advice of the capitalist Vendrino, a figure familiar to
Tucholsky readers as Mr.Wendriner, Columbus' project is turned into a
business venture of gigantic imperialist dimensions set up in a way that
its risks will be carried by everybody and its profits will be shared by
the rich alone. From this moment on, Vendrino dominates the play to such
an extent that some critics proposed calling it: "Vendrino discovers
America".[15] This turn of events corresponds exactly with the theory of
German Fascism developed by leftist and Communist intellectuals in the
Thirties.

In the short second act, the preparation for the great departure is shown.
It is organized by Vendrino who unscrupulously lowers the cost of the enterprise by cutting the profits of small business and by making sure that the
equipment of the people on the lower deck is of worse quality than that of
the people on the upper deck. Columbus has already lost control over his
enterprise and depends on Vendrino's intervention to be able to get his
journey started.

The third act pictures the last day of the crossing of the Atlantic and the
discovery of land. Columbus' calculations have been proven all wrong. He
spends day and night in his cabin, withdrawn from reality, recalculating
the incalculable. The stage is divided into an upper and a lower deck. The
crew is in a rebellious mood because of the length of the crossing and the
miserable food. The officers have already introduced forms of censorship:

the sailors are not allowed to sing certain songs. The crew's planned revolt, however, is ridiculed because the crew consist of criminals, idiots, cowards or opportunists who have elected the most ignorant as their speaker (a literary critic from the GDR has criticized this as a false presentation of the revolutionary proletariat and its leaders in the Weimar Republic, which is certainly true from the point of view of orthodox Communism.[16]) However, not only the crew rises against Columbus, the length of the journey strains even the nerves of the officers and people on the upper deck. Columbus is saved by a miracle: his servant sights land through the little outhouse window - just when Vendrino has given the order to sail back.

The first encounter with the natives - the topic of the fourth act - turns into a complete and mutual stultification of Columbus, Western culture and capitalist society on the one hand and the natives on the other. At first the natives in the comedy seem to live according to the ideals of Classical and Romantic humanism: their life is a joyful game and their general attitude is that of the sheer affirmation of life itself, not of the affirmation of abstract values. The play stresses especially the mindlessness of the capitalist and imperialist principles, openly advocated by Vendrino, and the unnatural inhibitions of Europeans, seen in Columbus' confrontation with the overtures of Anacoana, the native seductress. However, the natives of the play are by no means just children of nature. Their culture was achieved through reforms introduced by their ancestors. The result of these reforms was not only the ending of all war and exploitation and perpetual bliss, but - in a satirical contrast - a specific form of infantilisation: indifferent toward all public affairs to the point that they insist on continuing their game in the face of the menacing conquest. The natives are shown as cigar-smokers and bridge-players whose main interest is in the result of golf tournaments; in other words, they act according to the stereotypical idea of the American in the mind of an intellectual European. Even Anacoana, who is historically as misrepresented in the play as the whole First Encounter, looks very much like a sex-obsessed Hollywood starlet.

The main function of this act, in my opinion, is to show through the configuration of Columbus, the dreamer, Vendrino, the capitalist and imperialist, and the child-like natives, the components and the ingredients of what, in the eyes of European intellectuals, Americans consist.

The fifth act presents the return of the expedition and its disappointing results: None of the grandiose expectations is fulfilled, neither from a human nor an economic perspective. The ships are not laden with gold, but with ... potatoes. Clever Vendrino, however, manages to justify the atrocious genocide he has caused and, at once, turns the economic disappointment into big business: with the support of the Court, i.e. the state, potato pancakes become a hot-selling item. Columbus, however, has been already politically outmanoeuvred by the devious businessman and has lost all the power that the political and economic establishment had agreed to grant him.

Thus the contemporary political and social prognosis of the leftist intellectuals comes true, at least in the play. We know now that the movement that brought the Weimar Republic to its end was, in its political shrewdness and its brutality, greatly underestimated by the left.

In the last act an impoverished and almost forgotten Columbus meets with some of the former crew members in a shabby pub in Sevilla. They are joined by Amerigo Vespucci who tries to explain to Columbus the true dimension of his discovery. Columbus, however, refuses to give up his original ideas in spite of the evidence. The play ends with a visionary speech by Columbus predicting that the new world he had discovered would be the future "paradise of the world". (CK, 94) During his speech, jazz music becomes louder and louder; a picture of Manhattan's Times Square projected onto the walls turns the stage into Broadway with its skyscrapers and colourful advertisements: the Mecca of Capitalism and Americanism.

The satirical message of this last picture is clear. It ridicules all utopian thinking and declares as the historical winner what conservative bourgeois thinkers, right-wing and left-wing intellectuals, as well as politicians, intended to avoid: Americanism in its purest and worst form. In this respect, Hasenclever and Tucholsky's prognosis has proven to be correct. This is not only true of the Federal Republic of Germany, the Western successor of the Third Reich and the most faithful imitator of the American way of life. Today, one is tempted to add to this picture the Golden Arches of MacDonald's illuminating Red Square in Moscow. This looks, indeed, like the final confirmation of Hasenclever and Tucholsky's rather ambivalent view that history strides ahead on the side of the worst - which is after all not that bad - and no attempt to stop this advancement will be successful. With this in mind, it is obvious that none of the positions taken by any of the figures in the play makes any sense; the comedy thereby reaffirms Tucholsky's consistently negative and ambivalent stand, for which Walter Benjamin had already reproached him.[17]

I shall not readdress this often discussed topic, but, rather, draw attention to the consequences of this position as far the dramatic techniques are concerned. The sequence of witty, but nonsensical utterances which form the comedy has irritated literary critics. The meaningless conversations in the play reminded them of the equally meaningless exchanges in the trivial 'Konversationsstück'[18] whose figures carry on an entertaining conversation without having anything to say. I am not convinced that this classification of Hasenclever's and Tucholsky's Columbus does it justice. I would rather introduce into the aesthetic discussion about Columbus Canetti's term of the "acoustic mask" to describe Hasenclever's and Tucholsky's dramatic procedure. As explained in an interview with Manfred Durzak,[19] Canetti understands by this term not only the mere phonetic aspect of a speech act, but all its components minus its semantic meaning, i.e. everything that belongs to an individual or collective habit of speaking that enables a clear identification of a speaker and reveals his personality and intentions, independent of the content of his utterances. To clarify the revealing power of voices and noises, Canetti mentions - certainly not unintentionally - a record containing a sequence of identifiable animal voices and noises which express a recognisable and highly dramatic scene in the African prairie: a lion hunting a zebra, the death of the zebra, the arrival of the vultures and hyenas, ending with the cackling of a hyena.[20] Canetti assures us that listening to this record was of crucial importance for his concept of the "acoustic mask" in his own dramatic procedures and underlines the relevance of this term for modern drama in general.

It is, indeed, obvious that this procedure forms a highly suitable means of aesthetic expression for authors who see themselves in a historical situation in which - simultaneously - highly dramatic changes take place and, because of a combination of universal corruption and blatant ignorance, the contents of public discourse have reached a degree of absurdity that is beyond any conceivable level of reasonable criticism. This post-hermeneutical situation has indeed the dimension of an animal kingdom - that is, it resembles an environment in which the meaning of an utterance is insignificant and all that really counts is understanding the significance of 'voices' and 'noises', the dangers and the events that they signify. In a dramatic attempt to mimic this situation, the goal of the dramatist cannot be to present realistically the contents of contemporary ideological positions, since they are all equally meaningless and of no interest, but rather to present the "acoustic masks" of the relevant classes, interest groups and political coalitions with all the dangers and the possible outcomes of the situation in which they are engaged.

I consider that Hasenclever and Tucholsky have accomplished this in their Columbus play in an impressive way. Each figure and each group in the play has a clearly recognisable "acoustic mask" and - independent of what the individual figure says - it becomes very clear what kind of different menace they represent. In the elegant nonchalant utterances of the rich one recognises their merciless arrogance and their greed; in the stutter and in the endless repetitions in the speeches of the poor their helpless anger; in the hollow and elusive rhetoric of Columbus the empty promises. In other words, one can distinguish the predators, their prey, the lame ducks and the vultures by their voices and noises. This form of critical detection can obviously be as enlightening as an explicit political criticism.

FOOTNOTES

1. For this study I used Peter Moses-Krause's German edition of the play: Christoph Kolumbus oder die Entdeckung Amerikas. Berlin: Das Arsenal, 1985. The translations of all German quotations are mine; the reference (CK) relates to Tucholsky's and Hasenclever's play in its German edition. All the research for this article was done in the Tucholsky Archive of the Central Literary Archive in Marbach/West Germany; I would like to thank Mrs.Antje Bonitz, the director of the Tucholsky Archive, for her friendly and extremely efficient cooperation.

2. The major handicap for any scholarly examination of the play was certainly the fact that it was almost unavailable until 1985. Although Tucholsky is usually named as initiator and spiritual father of this play, it was not included in the ten volumes of Tucholsky's collected works. Raddatz, Tucholsky's editor, has been criticized for this seemingly arbitrary omission, but it may well be that he had good reasons for it.
The Tucholsky Archive in Marbach holds two folders containing 237 manuscript pages of the play, 172 pages of them drafted in Hasenclever's handwriting, whereas only roughly 50 typewritten pages are Tucholsky's contributions. The examination of these papers confirms the common understanding that the idea and basic concept of the play originated from Tucholsky; on the other hand, however, the extent of Hasenclever's share of the manuscript and the fact that it is these parts and not Tucholsky's outlines of the

same scenes that appear almost regularly in the published version, strongly suggest that Hasenclever's authorship of the final text and even his intellectual contributions were probably more substantial than previously believed.
Thus, the separate publication of the play in 1985 was perhaps the fairest way of acknowledging its dual authorship.

3. The Tucholsky Archive in Marbach probably holds the most complete documentation of the reception of the comedy after its presentation in Leipzig (1932), in Dortmund (1960), in Rostock (1961), and of the TV adaption of the comedy by Helmut Käutner, presented by the Hessische Rundfunk on September 7, 1969. Of particular interest were the observations and comments of the following critics: Kurt Pintus: "Leipzig entdeckt 'Kolumbus'. Walter Hasenclever und Peter Panter: 'Christoph Kolumbus oder die Entdeckung Amerikas'." 8 Uhr-Abendblatt Nr.226, September 26, 1932; André Müller: "Weimarer Republik - Historisch verfremdet. 'Christoph Kolumbus oder die Entdeckung Amerikas' von Kurt Tucholsky und Walter Hasenclever in Dortmund." Theater der Zeit XV.Jg., Nr.3(1960), pp. 91-94; Werner Tamms: "Beziehungsvoller Bilderbogen. Über Kurt Tucholsky und seinen 'Christoph Kolumbus'." Programmheft der Städtischen Bühnen Dortmund. Spielzeit 1959/60; Horst Enders: "Satire der Gegenwart im historischen Gewand". Dialog. Blätter des Volkstheaters Rostock. 66.Spielzeit 1960/61. Heft 25. Helmut Mörchen argues in his article "Kurt Tucholsky als Theater- und Filmautor" (Wirkendes Wort.2(1981), pp.61-73) that Tucholsky, whom he sees as the main author, always consciously employed entertainment as a political weapon. Thus Mörchen interprets the play primarily as a political attack against "nationalism, colonialism, militarism and submissiveness" (p.65), whereas Ania Wilder in her excellent study of the comedies of Walter Hasenclever (Die Komödien Walter Hasenclevers. Ein Beitrag zur Literatur der Zwanziger Jahre. Frankfurt/Main, Bern, New York: Peter Lang, 1983) discusses the Columbus play as one of Hasenclever's late literary outpourings, representing the artistic and intellectual demise of the author in the Thirties.

4. cf. Heydenreich, Titus: "'El arpa y la sombra'(1979): Alejo Carpentiers Roman vor dem Hintergrund der Columbus-Wertungen seit den Jahrhundertfeiern von 1892." Wolfgang Bader/Janos Riesz (ed.): Literatur und Kolonialismus I. Die Verarbeitung der kolonialen Expansion in der europäischen Literatur. Frankfurt/Bern: Peter Lang, 1983 (Bayreuther Beiträge zur Literaturwissenschaft, Band 4), pp.291-321.

5. Heydenreich, p.305.

6. cf. Lethen: Helmut, Neue Sachlichkeit. 1924-1932. Studien zur Literatur des "weißen Sozialismus". Stuttgart: Metzlersche Verlagsbuchhandlung, 1970, especially the chapter: "Amerikanismus. Genesis und Funktion einer intellektuellen Mode", p.19ff.

7. cf. Tucholsky: Kurt. "Die Aussortierten". Weltbühne 31, 13.Januar 1931,p.476.

8. The full German title is: Christoph Columbus, der Don Quichote des Ozeans. Ein Porträt, quoted in the text as (CC). Hasenclever's edition was published in 1929 by the Fischer Verlag in Berlin.

9. cf. Lethen, Helmut, p.100.

10. cf. Schlegel, Friedrich: Kritische Schriften. München: Hanser, 1970, p.50.

11. cf. especially the chapters "Murderous Reality" and "Indian Inferno". In its description of the genocide of the native population Wassermann's novel brings to light the aspects of the discovery of America that have drawn most attention from contemporary historians and Indian activists in the discussions centering on the centennial celebrations in 1992.

12. cf. Büchner, Georg: "Woyzeck", Sämtliche Werke. Gütersloh: Mohn Verlag 1963, p.183.

13. cf. Brecht, Bert: "Aufstieg und Fall der Stadt Mahagonny". Gesammelte Werke 2. Stücke 2. Frankfurt: Suhrkamp, 1967, p.560 (werkausgabe edition suhrkamp).

14. cf. Tucholsky, Mary and Friedrich Lambart: Kurt Tucholsky und Deutschlands Marsch ins Dritte Reich. Berlin: Fröhlich & Kaufmann 1983.

15. cf. Müller, Andr., p.92; or Mörchen, Helmut, p.63.

16. cf. Müller, Andr., p.94.

17. cf. Benjamin, Walter: "Linke Melancholie". Angelus Novus, Frankfurt/M: Suhrkamp, 1966, p.458; and Anthony Phelan: "'Left-wing melancholia': Kurt Tucholsky's humanism", The Weimar Dilemma: Intellectuals in the Weimar Republic. Anthony Phelan, ed., Manchester: Manchester University Press, 1985, p.110-131.

18. cf. Wilder, Ania, p.20.

19. cf. Canetti, Elias/Manfred Durzak: "Akustische Maske und Maskensprung. Materialien zu einer Theorie des Dramas. Ein Gespräch". Zu Elias Canetti. Manfred Durzak, ed., Stuttgart: Klett, 1983 (Literaturwissenschaft - Gesellschaftswissenschaft; 63: LWG-Interpretationen), pp.17-30.

20. cf. Durzak, Manfred (ed.), p.22.

21. After Hasenclever's and Tucholsky's Columbus was banned by the Nazis, Jura Soyfar, a young militant Austrian writer wrote a revision of the Columbus play in 1935, the year of Tucholsky's death, with the title Broadway Melodie 1492 (published in: Jura Soyfar: Das Gesamtwerk, Wien-München-Zürich: Europaverlag 1980, pp.648-724). Soyfar, whose career as a writer was strongly affiliated to the Socialist movement in Austria and who was to die in 1938 as victim of Nazi terror in Buchenwald concentration camp, leaves a considerable part of Hasenclever's and Tucholsky's text unaltered. All of his changes and additions, however, serve two goals: to attack the censorship of the Austrian cultural establishment and to make more explicit the anti-fascist criticism of his version. Interestingly enough,in spite of the directness of Soyfar's criticism and in spite of many other qualities, his play has by no means the critical incisiveness of Hasenclever's and Tucholsky's Columbus. I admit, however, that for a reader or critic who insists that a literary work has to be organized by a positive, substantial and meaningful idea Hasenclever's and Tucholsky's comedy may cause some kind of frustration.

Cristóbal Colón o el valor de la Historia.
Blasco Ibáñez crítico de la "leyenda romántica"*

Friedrich Wolfzettel

La última novela de Vicente Blasco Ibáñez, En busca del gran Kan, publicada en Valencia un año después de la muerte del autor en 1928, no ha recibido sino escasísima atención por parte de la crítica.[1] Y es seguro que Alberto Sánchez tiene razón al decir que "la última novela española no puede envanecerse de poder sustituir con ventaja a sus congéneres del primer cuarto de siglo, o de las postrimerías del anterior".[2] Sin embargo, en este caso particular es todavía igualmente verdad que "en nuestros días falta un estudio completo, rigurosamente sereno y objetivo que [...] nos delimite los valores estéticos de su obra."[3] De todos modos un interés limitado y hasta cierta modernidad parecen ser el resultado implícito del paralelo establecido recientemente por Antonio Ferres[4] entre el Colón del autor naturalista y el de El arpa y la sombra de Alejo Carpentier. En ambos autores destaca el crítico una tendencia marcada de presentarnos al descubrido como a "un hombre de carne y hueso"[5] en el sentido unamuniano y de desmitificar la "leyenda romántica". "El misterio de Colón" del que habla Blasco Ibáñez en el epílogo de su novela no es sino el que envuelve el origen del personaje y deja de ser el del carácter: "Fué simplemente un hombre extraordinario dotado de gran imaginación y firmísima voluntad."[6] Juicio que no excluye la calificación de "fanático charlatán" (1398).

Resumemos, pues, la tesis principal. Según el autor valenciano, habría sido Colón una personalidad extraordinaria y mezquina a la vez, un hombre contradictorio y sumamente egoísta "con alma de poeta y avaricias de mercader" (1398). Consiguió imponer su visión a los otros porque era un monomaníaco dotado de un carácter "imaginativo" cuya fuerza de voluntad - sea dicho entre paréntesis - denota cierto parentesco con los héroes darwinianos de la tradición naturalista.[7] Sería particularmente significativa la última escena donde está descrito el encuentro solemne del almirante con los Reyes Católicos en la corte de Barcelona. A pesar del aspecto poco brillante, más bien pintoresco que rico, del cortejo, el protagonista desempeña el papel de un mago que hace ver a la asistencia lo que ve el mismo con los ojos de la imaginación, convenciéndose a sí mismo, una vez más, de su propia misión:

"Lloró Colón sugestionado por sus propias palabras, sintiéndose en aquel momento un enviado de Dios."(1388) Pero los rasgos sobresalientes de su carácter serían el orgullo y la vanidad y, sobretodo, la incapacidad fundamental para ver la realidad de las cosas y aprender de ella. Colón como un héroe de lo imaginario que rechaza esa verdad del hombre que es la base de la doctrina naturalista y de su anhelo de veracidad.[8] Hasta el final de su vida cree Colón haber hallado el reino del gran Kan descrito por un Marco Polo y un Mandeville, muchos años después de desaparecer ese reino:

> Colón quería ir a las Indias, a la costa oriental asiática, y estas tierras de un mundo nuevo, ignorado por todos, salían a su encuentro por obra de la casualidad o de la suerte, sin que el Almirante las buscase. Era un hallazgo o invención como se decía entonces; no un descubrimiento."(1392)

Falsificador sistemático de los cálculos durante el viaje y constructor de un mito, se parece este Colón a un héroe romántico en el sentido negativo de la palabra.

Su antitipo positivo es su antiguo amigo, el converso Gabriel de Acosta, humanista erudito, médico desinteresado y científico escéptico el que, con su gusto urbano por el lujo y su búsqueda discreta de la verdad, parece que represente al autor mismo y su actitud crítica frente a la imaginación desenfrenada del héroe de la acción. Bajo tales premisas sería posible interpretar la novela como una "mise en abyme" de la concepción naturalista del novelar, reflejando el personaje, aparentemente secundario, el paradigma importantísimo del "auteur médecin" formulado, por primera vez, por la generación de Flaubert y de los hermanos Goncourt. Siendo el descubrimiento de América la historia de una equivocación, el personaje principal llega a ser el representante de una ilusión que, a la luz de las consecuencias problemáticas de este descubrimiento, afecta también a la significación de la Historia misma o al menos de la historia española. La desvaloración del mito romántico por medio de un héroe fundamentalmente deficiente se situaría, pues, en el ámbito de las discusiones acerca del 'problema de España'[9] en el centro del cual está el del Don Quijote. Este contexto denota una proximidad curiosa del viejo naturalista a los autores de la generación del '98, proximidad que está aún por descubrir y de la que no vamos a hablar aquí. Nos contentaremos, por el contrario, con destacar algunos aspectos estructurales y temáticos vinculados con el tema abiertamente formulado de la quijotería de Colón.

No lo haremos sin dar un rodeo por la tradición romántica española, en
contra de la que parece que ha sido implícitamente escrita la novela
histórica de Blasco Ibáñez, y esto ya en el sentido literal, simbolizando
el género novelesco un avance decisivo respecto al 'poeticismo' romántico.
El punto de partida, sin embargo, de la revaloración crítica se sitúa ya a
fin del siglo, antes y después de las discusiones suscitadas por el
Centenario[10] que marca a la vez el apogeo de dicha tradición. Tomemos como
ejemplo el gran poema épico Colón (1853) de Ramón de Campoamor Y Camposorio.
Esta obra ambiciosa, si no completamente lograda, resume un paradigma que
tienen en común las obras muy diversas de Martínez de la Rosa, del duque de Rivas, de
Ventura García Escobar o de Gaspar Nuñez de Arce.[11] Es decir, que sirven
para dar expresión a un patriotismo que, después de finalizar las guerras
de independencia en América Latina, no puede ser sino nostálgico o idealista.
Es esta última solución la que prevalece en el poema de Campoamor. Más allá
de la historia concreta del desmembramiento del antiguo reino hispánico se
hace de Colón el protagonista de la hispanidad y de su función civilizadora.
El héroe es justamente el que, al conectar las partes aisladas del hemisferio, consigue crear un mundo completo. Se diría un mito estabilizador y
utópico a la vez, el que sirve para dar al país marginado en el concierto
de los grandes poderes europeos la conciencia de su dignidad y, además de
tal función ideológica inmediata, sugiere la validez de la Historia. Por
eso, lo que cuenta no son los rasgos particulares de la vida y del carácter
del "gran hombre" celebrado en los poemas del duque de Rivas,[12] sino que se
trata, a través de la revaloración de España, de dar un sentido a la
Historia común.

De esta suerte, Colón se hace el representante de una misión providencial
que realza, con la grandeza de su país, la misión más general de Europa.
El canto final decimosexto, titulado "Juicio del Mundo", nos da una vista
de conjunto, que se refiere al mundo actual; se interpreta la empresa de
Colón como la primera etapa de una apertura hacia el mundo entero. El mar
se hace el símbolo de esta comunicación mundial, es decir, del auge de la
colonización:

> El mundo actual se anule envejecido.
> Del mar, petrificadas las corrientes,
> Brotarán los futuros continentes.[13]

Bajo el mando de las tres virtudes teologales, el "redentor del mundo"
(II,20), tal como un nuevo Alejandro (I,6), logra reunir el mundo separado;
cumple así la voluntad de Dios que hace suya. En contra de los obstáculos
que recuerdan obviamente el modelo tassiano: las apariciones satánicas en
las cercanías del volcán Teide (IV,12), las "sombras del infierno" del
canto VII, la resistencia del equipaje en el canto XIII, guían a la Fe, a
la Esperanza y Caridad al triunfo final que significa la derrota de la
Idolatría, la Ignorancia y la Invidia. Es el triunfo del desarollo histórico dotado de una dignidad religiosa y es el triunfo del Yo moderno, puesto
que: el yo es un Dios de limitada esencia: Dios es un yo de esencia ilimitada. (X,24). Lo heróico se parece lo divino bajo una concepción dinámica y
personal de la Historia. El parentesco de esta idea con parecidas doctrinas
del romanticismo alemán así como con el concepto de "hero worship" en la
historiografía de un Carlyle,[14] salta a la vista. Desde los comienzos míticos -
Colón es aquí el descendiente de la isla de Atlántida, algo como un Colón II
que se refiere a un Colón pasado (X,9) - traza el autor el cuadro optimista
de una continuidad: La luna que en los siglos relucía/ Ser la luna de España
parecía. (IX,1).
Pero esta visión conciliadora y romántica implica al mismo tiempo el venci-
miento del romanticismo negativo y "mal de siècle". En este sentido la concepción histórica positiva del autor que, según Angel Valbuena Prat, "fue
el eco, en verso, de toda una sociedad",[15] ya puede ser llamada postromán-
tica. Lo indica la biografía misma del héroe cuyas etapas son desarolladas
sucesivamente a partir del canto V. Justamente, Colón ha sido lo que se
llama un "héroe romántico", "huésped eterno de la adversa estrella" (V,3),
llevando una "vida malhadada" (V,29), y su amor con Beatriz Enríquez ha
sido el caso típico de un gran amor frustrado (canto VI). Al hacer el autor
de su héroe un "Caza-sueños" (V,26) que "siempre ha sido de los hados" la
víctima inocente y que nació de padres pobres y "desventurados" (V,4),
quiere obviamente poner en relieve la verdadera función del providencialismo
histórico: la de conciliar los suenos con la vida activa y la conciencia infeliz con el optimismo de la conquista: Ya voy del mar por el triunfal camino/
Batiendo en retirada a mi destino. (V,44).
El "redentor" de todo un mundo se hace también el redentor de sí mismo así
como la tradición negativa anterior. La leyenda romántica basada en la
noción de legitimidad de una Historia providencial presupone la redención

del Romanticismo problemático. Es preciso no perder de vista este nexo al
interpretar el rechazo de esta "leyenda" y la desvaloración de esta suerte
de Historia en la obra de Blasco Ibáñez.

Pero además de tal conexión bastante abstracta entre los dos autores tienen
en común un tema especial, estrechamente vinculado a la temática sobresaliente
del papel del individuo y de su posición histórica: el de los amantes que
acompañan al descubridor y cuyo amor está protegido, por decirlo así, por
este último. En cierto sentido, pues, se diría que el amor viene a proporcio-
nar la clave del mensaje ideológico de las dos obras. En el Colón de
Campoamor, el tema ha sido elaborado en términos sumamente románticos.
Záida, una huérfana, y su primer amor, Rodrigo de Triana, se han refugiado
en la nave, por aborrecimiento de la heroína a su prometido don Mendo. Esta
clásica constelación triangular, sin embargo, se complica con el hecho de
que otro pasajero, don Nuño, adora en secreto a Záida hasta la muerte
trágica de éste a finales del poema. El tema de la pasión y de los celos se
encuentra así conectado con el de la Historia y de todos modos tendrá el
autor que evitar un conflicto ideológico. Una vez más, se trata, por consiguiente, de confirmar y de redimir la tradición romántica. Al parecer,
a este fin sirve el resumen bastante curioso de historias de amor emblemáti-
cas en el canto XII: la de los amantes de Teruel, la de don Alvaro de Luna,
la de Macías, la de Abelardo y Heloísa etc. Hé aquí toda una serie de casos
'románticos' que plantea el problema de la función narrativa del asunto. La
respuesta parece se encuentra en la función adoptada por Colón de sabio y
médico de las penas de amor. Es decir que, sin contestar a cierta legitimidad del amor, va a subordinar la pasión a la tarea histórica del equipaje:
"Sin gloria es el amor sombra ilusoria." (XI, 8) Los amantes románticos
fracasaron justamente porque no lograron conciliar estos dos objetos de la
vida y carecían de la meta providencial. Por eso debe el infeliz protagonista, don Nuño, caerse de la cofa de la nave y morirse del beso piadoso de
la heroína, mientras que los amantes consiguen vivir con arreglo a la gran
empresa. El epos cristiano se sobrepone al drama romántico. El nuevo mundo
feliz está garantizado, a costa de unos seres marginados, por la Historia
triunfante.

Al adoptar la fórmula básica de su predecesor postromántico, Blasco Ibáñez
confiere aún más importancia al tema secundario del amor, ligado, en este
caso al tema naturalista del amor de jóvenes y del descubrimiento del amor.[16]
Son evidentes, por ejemplo, ciertas analogías con la novela 'valenciana'

Cañas y barro, cuyos aspectos negativos y sombríos han sido, no por casualidad, eliminados en la última obra. Al comparar En busca del gran Kan con el Colón de Campoamor se nota, por un lado, la valoración de la acción 'privada' frente a los acontecimientos históricos y, por otro lado, la conexión más estrecha de los dos asuntos. Si Colón funciona una vez más como el que ayuda y salva a los jóvenes amantes, no dejan por eso estos últimos de representar una perspectiva correctiva que, de modo implícito, contribuye a hacer ver al héroe Colón en sus aspectos ambiguos. Una condición de este efecto es, paradójicamente, el no participar los amantes en la acción misma. Después de encontrar a Colón, van a acompañarlo en su viaje, aun quedando al margen de la Historia, ya que se tratara de ilustrar una dicotomía fundamental entre las dos esferas. El viaje de descubrimiento de América será para ellos otro viaje de 'descubrimiento' de sí mismos, de la sexualidad y de la Naturaleza. Y este descubrimiento antropológico que nada tiene que ver con el sentido histórico, está, además, conectado, en el plano de la acción dramática, al tema opuesto del disfraz y del miedo al descubrimiento del sexo. Porque no como amantes, sino como dos grumetes se asocian los jóvenes a la empresa de Colón. Sólo así puede Lucero, la hija del judío Isaac Cohen de Granada, evitar la miseria de los judíos expulsados. Antes de entregarse a tal vida, ha preferido irse con su amigo de la infancia, Fernando, hijo de la viuda de un escudero. Es fácil ver el simbolismo del asunto cuyos rasgos superficialmente románticos realzan en verdad la función problemática de la Historia. Los dos hijos se quedan virtualmente huérfanos de las dos grandes fuerzas históricas del medioevo español y de la reconquista, mientras que los comienzos de la nueva edad están caracterizados por el paralelismo lúgubre de la expulsión de los judíos y del descubrimiento del Nuevo Mundo. El autor va en seguida a subrayar este paralelo en la escena de la partida de la flota que tropieza con "la flota de la expulsión" (1300). Así, Colón no será el que continúe triunfalmente la obra de la reconquista, como lo hace ver, por ejemplo, Washington Irving en su famoso libro del 1828, The Life and Voyages of Christopher Columbus. Tampoco será el que totalice y complete un mundo hasta la fecha incompleto. Representa, al contrario, la hendidura y la escisión que están en la base de su propio triunfo, el nexo entre el rechazo de la habilidad financiaria de los judíos y la "busca de nuevas tierras y mágicas riquezas" (1300), es decir, entre la riqueza concreta y la riqueza ilusoria. Eso es el 'pecado original' que subvierte los valores y obliga a los jóvenes a disfrazarse y a negar su identidad. En otros términos, es la Historia misma la que obliga al disfraz y a la mentira, especialmente con respecto al sexo que es la verdad misma de la Naturaleza. La recuperación de esta verdad en la naturaleza paradisíaca del Nuevo Mundo constituirá por consiguiente un punto culminante de esta historia vinculada con la Historia viciada desde el principio.

Claro está que, en dicho contexto, el tema de la rivalidad amorosa, que tampoco hace falta en esta novela, tiene que desempeñar un papel muy diverso del triángulo patético de Campoamor. No es el amor el que explica el espionaje y las agresiones del rival Pedro Gutiérrez, sino la mera codicia sexual. Él recela del sexo verdadero de Lucero y sigue espiando a los amantes hasta ser matado, en legítima defensa, por Fernando a quién ha acechado dos veces. Pero no nos interesa sino la función ideológica de este bribón de novela popular. Ahora bien, como ya lo veremos, Gutiérrez es algo como el perturbador encarnado en los momentos idílicos de paz y sosiego, sea en la nave misma o sea, más tarde, en las escenas que se desarrollan en la selva virgen. La significación de él se sitúa, pues, en el oponerse a la inocencia: representa el aspecto diabólico de la Civilización. Más allá, su brutalidad, su codicia y su sed de venganza prefiguran obviamente el carácter colectivo de la empresa de Colón caracterizada por la incapacidad total de comprender el mensaje simbólico del nuevo mundo descubierto. Y en este sentido casi tipológico parece ser igualmente la expresión de ciertos rasgos sombríos de su jefe, "siempre ávido de ganancias" (1321), receloso y poco apacible, quien "se había hecho antipático a los más expertos marineros" (1311). Pero es posible ir más lejos en el interpretar la constelación simbólica de los personajes. Porque el doble positivo de Colón es Martín Alonso, un marinero experto sin el cual el plan del protagonista hubiera fracasado. De él dice el autor que "sentía un ansia curiosa de conocer los secretos de la Naturaleza" (1283). Martín Alonso representa, pues, esa misma curiosidad desinteresada que caracteriza también al médico y físico Gabriel de Acosta de cuya función antitética respecto a Colón hablamos al principio. Diríamos que los dos personajes positivos, el marinero y el físico, denotan respectivamente el lado práctico y el lado teórico de una idéntica visión del mundo arraigada en el concepto doble de la Naturaleza como ambiente y fuente de vida y como objeto da la curiosidad científica. Con lo que, desde los jóvenes hasta Martín Alonso y Gabriel de Acosta, hace el autor destacar el tema secreto de la búsqueda de una inocencia que no está al alcance de él que busqua al Gran Kan.

A la curiosidad desinteresada de la Naturaleza se le opone el desprecio de la Naturaleza. Por lo que se refiere a Colón, la entrevista de este último con Acosta en el capítulo sexto de la primera parte señala una línea de demarcación entre los dos paradigmas, subrayando la estructura novelesca la frontera simbólica al hacer de la primera parte una retrospectiva de la vida anterior de Colón. Se trata de la diferencia entre ese Colón en cierta manera 'pre-histórico' y el Colón histórico con su papel de "futuro almirante" (1274) a finales del capítulo sexto. Por supuesto, no puede ser absoluta la diferencia, puesto que ya en el capítulo tercero Acosta nota la "ligereza pueril" (1239) del "vagabundo enigmático" (1244). Pero de una manera general se podría decir que la mudanza definitiva es debida a la irrupción de lo histórico: viaje al convento de La Rábida, ayuda del padre Juan Pérez confesor de la reina Isabel, aprobación del rey; en este momento Colón "parecía otro hombre" (1270). Lo es epecialmente en su actitud frente a Beatriz. Al contrario de la interpretación romántica no se trata de frustación trágica, sino de la ingratitud y de la incomprensión del protagonista respecto a los valores humanos representados por la amante. Beatriz encarna la verdad de su amor total que, hasta cierto punto, le procura a Colón la "felicidad presente" de "la varonil satisfacción" (1259). El amor de la mujer es "como si llevase dentro de ella toda la alegría de la vida" (1254); su "carne dura y primaveril" (1255) constituye, por decirlo con la célebre fórmula de Stendhal, "une promesse de bonheur". A "las ilusiones del visionario" (1256) se les opone la sensualidad plena y presente la que, por un rato, triunfa sobre las normas éticas de la época y la sed de gloria del héroe. Pero en el momento decisivo de la prueba, este último no está a la altura de la situación y su comportamiento escandaloso con Beatriz demuestra la insuficiencia del visionario bajo el aspecto de los valores eternos de la vida humana. Se olvida de Beatriz "semejante a la luz de un faro fijo" (1274) y procura "alejar suavemente este cuerpo tentador" (1272). Toda la segunda parte titulada "El señor Martín Alonso" no sirve sino para confirmar este resultado. No consigue Colón armonizar su vida anterior con su estado actual ni siquiera llega a convencer los marineros y a reunir y organizar un equipaje. No van conjuntos la vida y la visión.

Con lo que hay que ver la verdadera originalidad del autor. En oposición a sus predecesores ha hecho de la ilusión geográfica de Colón la clave de una interpretación extremadamente homogénea basada en el paradigma temático: Vida-Naturaleza vs. ilusión-Historia. En este sentido tenemos que tomar en

serio el título de la obra. Ir en busca del Gran Kan, es decir, de las
ilusiones, equivale a desaprovechar la ocasión de encontrar algo diverso
de la civilización corrupta y dividida de donde viene el descubridor.
Porque, justamente, en esa busca de gloria y de riqueza no parece nada
original y, como lo hace notar el autor, hasta su curiosidad es parte de
un clima de curiosidad general, de suerte que la obra de Colón es "obra
siempre de la colectividad, de la masa popular, de la verdadera nación
española" (1291). Sorprende, una vez más, la proximidad al modo de pensar
de los autores del '98 y especialmente a la noción unamuniana de "intra-
historia". Pero Blasco Ibáñez renuncia en gran parte a desarrollar los
aspectos positivos de esta idea de la colectividad. Aprovecha el argumento
para hacer ver lo poco fundada que es la concepción de "un ser providencial,
poseedor de un secreto" (1284) y lo convencional que parece la visión del
héroe. En vez de lo original y lo 'nuevo' del Nuevo Mundo, "la inocencia son-
riente de lo que acaba de nacer" (1322), cree haber descubierto lo ya conocido. Lo que descubre es un "paraíso pobre" (eso es el título de la tercera
parte), el paraíso de una "Humanidad antes del pecado original" (1328) el
que proporcionaría la ocasión inaudita de comprobar, tal vez de revisar
los valores de la civilización europea. Pero Colón, aunque admire la belleza
de los indígenas, tiene sólo la idea de "remediar la falta de oro cazando
a los naturales como esclavos" (1326). Y la desnudez no es, para él, el
símbolo de inocencia y de falta de disfraz, sino de pobreza. En la contri-
bución histórica ya mencionada al inicio, Alberto Sánchez ha puesto de relieve la manera de que el autor aprovechó las investigaciones antropológicas
de Francisco Maldonado de Guevara[17] para subrayar el malentendido fundamental que se sitúa, como se diría hoy, en el plano semiótico. Sin embargo, lo
que interesa al autor no es el problema de los códices divergentes investi-
gados recientemente por Tzvetan Todorov,[18] es simplemente la incapacidad de
los representantes de la Civilización de comprender lo 'nuevo' de ese
paraíso 'pobre'.

He aquí la significación antitética de los amantes y del ya mencionado tema
de la iniciación sexual cuyo erotismo discreto fue desaprobado por un
crítico americano contemporáneo.[19] Como lo indican los episodios refiriéndose
a Beatriz Enríquez, lo erótico hace parte del paradigma de la Vida y de la
temática de la desnudez opuesta a la del disfraz de la Civilización. Al des-
cubrirse los amantes el uno al otro, llegan a descubrir la esencia misma de
esa "Naturaleza juvenil y esplendorosa" (1339) cuya inocencia corresponde a

la inocencia natural de este joven amor. Descubren lo que no consigue descubrir Colón, y no por casualidad se encuentran los dos episodios decisivos intercalados entre los capítulos 1, 3 y 5 de la tercera parte donde se trata de la sed de dominación de Colón. Para el héroe, "último hombre célebre de la Edad Media" (1356) quien, como un alquimista, busca "el oro artificial", la "edad de oro" no puede significar más que el punto culminante de la Historia, siendo el oro "el símbolo de la mayor victoria, porque representaba la más alta potencialidad del poder, la dominación sobre todos los hombres como jamás han podido conseguirla los mayores conquistadores de la Historia". (1336) Mientras Colón ve todo según las pautas tradicionales, los dos amantes avanzan en este nuevo mundo "de sorpresa en sorpresa" (1339), repitiendo "los primeros gestos de Adán y Eva" (1337) con "la inocente tranquilidad" de "las leyes naturales" (1344). Al paradigma masculino de la conquista se le opone el paradigma femenino de "la suavidad maternal" (1357) de la Naturaleza.

En suma, es la búsqueda de la inocencia perdida. En la selva virgen, las descripciones de la misma, nos recuerdan la naturaleza mágica de la Huerta valenciana en las primeras novelas del autor. Los amantes se deshacen "por primera vez del abandono" y de "la suciedad en que vivía su juventud hacía muchas semanas" (1342). Al descubrir la desnudez, recobran la memoria de los "remotísimos ascendientes anteriores a la Historia" (1343) y admiran "esta vida de la Naturaleza como un estado perfecto" (1343). Deliberadamente acumula el autor las alusiones al Edén de la Biblia, hablando de un "jardín inmenso" y hasta de "un árbol enormísimo, destacado de la selva, que había crecido solo" (1343). Es obvio que este árbol representa también un recuerdo intertextual del "magnífico castaño" a comienzos de La Madre Naturaleza de Emilia Pardo Bazán así como el árbol que protege a los amantes en La Faute de l'abbé Mouret de Emilio Zola. Sin embargo, en las dos obras citadas el símbolo de las fuerzas genesíacas guarda cierta ambigüedad, mientras, al contrario, se hace aquí la imagen de una totalidad plena, de "la infinita libertad de un mundo nuevo" (1343):

> Se besaron, se besaron, se besaron en la infinita libertad
> de un mundo nuevo. Sus besos ya no eran rápidos y tímidos,
> sin continuidad y en perpetua alarma, como los que habían
> cambiado en las posadas de España, llenas de gente, o en
> el alcázar de popa de la nao. Estaban solos en un jardín
> inmenso, separados del resto del mundo por muros que no
> podían ver, pero que indudablemente existían. Una de estas
> cercas insaltables era el Océano que tenían enfrente, y

a sus espaldas la selva, antigua como el mundo ¿Quién
podía sorprenderlos? No les bastaba ya la caricia en
el rostro, que era lo que mutuamente habían conocido.
Sus bocas se posesionaban de otras partes de su cuerpo
que habían vivido ocultas hasta entonces por los ropajes
de la civilización. Los dos eran uno, agitándose sobre
el lecho de hierba con la inocente tranquilidad de las
hermosas bestiecillas, que cumplen las leyes naturales
sin conocer remordimiento ni vergüenza. (1343s.)

La perturbación viene de afuera, por el "deseo carnal" (1344) de Pedro Gutiérrez que ensucia la "paradisíaca desnudez" (1343) de los jovenes unidos a la Naturaleza, igual que la codicia de Colón destruye la "eterna juventud" (1343) de esta civilización 'natural'. Se podría acusar al autor de aceptar ingenuamente el mito de los orígenes que remonta a comienzos del siglo XVIII.[20] Pero lo que quiere decir el autor con este mito de la Ilustración parece ser algo cercano a lo que dice ya Montaigne en su famoso ensayo Des coches (Essais, III, 6): "Nostre monde vient d'en trouver un autre" y este descubrimiento ofreció la ocasión de dar otro rumbo al desarrollo de la Historia occidental y de instaurar "une fraternele societé et intelligence". Sin embargo: "C'estoit un monde enfant; si ne l'avons nous pas foité et soubmis à nostre discipline par l'avantage de nostre valeur et forces naturelles, ny ne l'avons practiqué par nostre justice et bonté, ny subjugué par nostre magnanimité."[21] La crítica moral del gran humanista se aparece a la del escritor naturalista en deplorar la oportunidad perdida. Y en ambos casos, la conciencia de la crisis de la época contemporánea constituye el fondo de una interrogación acerca de la legitimidad de la Historia.

*Le agradezco al señor Germán Olarieta (Universidad de Frankfurt) su amable ayuda para la corrección del texto español.

1. Notemos tan solo, entre los pocos estudios válidos, los de James Q.Swain, <u>Vicente Blasco Ibáñez. General Study</u>, Knoxville 1959, y de León Roca, <u>Blasco Ibáñez</u>, Valencia, Prometeo 1967. Una tesis doctoral alemana no considera las novelas post-valencianas sino bajo el aspecto del plagio: Roger Edel, <u>V.Blasco Ibáñez in seinem Verhältnis zu einigen neueren französischen Romanschriftstellern</u>, Münster 1935.

2. A.Sánchez, "Curiosa fuente de un pasaje de Blasco Ibáñez", <u>Revista valenciana de filología</u> I, 1(1951), páginas 73-88, aquí página 74.

3. Ibidem, página 73.

4. A. Ferres, "Colón, personaje novelesco", Cuadernos hispano-americanos 437 (nov. 1986), páginas 45-64. Considera Ferres el espacio intertextual de la leyenda y de las teorías acerca de la vida de Colón. Carpentier tiene en común con Blasco Ibañez la tendencia desmitificadora; escribe su novela El arpa y la sombra en contra de la interpretación religiosa de Paul Claudel como el autor naturalista escribe su obra contra la leyenda romántica y especialmente el providencialismo del conde Rossely de Lorgues.

5. Ibidem, página 45.

6. En busca del Gran Kan (Cristobal Colón), Obras completas, t. III, Madrid, Aguilar 1967, página 1398. Todas las citas según esta edición.

7. Cf. bajo este aspecto, Jeremy T.Medina, The Valencian Novels of Vicente Ibañez (Albatros Ediciones Hispanófila, 32), Valencia 1984, páginas 22 s., así como la tésis doctoral todavía útil de Annedörte Greiner Vicente Blasco Ibañez. Der spanische Zola?, Jena 1932.

8. El concepto de verdad está en el centro del manifiesto de la 'escuela' naturalista en España, La cuestión palpitante (1883) de Emilia Pardo Bazán.

9. Véase Bernhard Schmidt, Spanien im Urteil spanischer Autoren, Berlín Schmidt Verlag 1975.

10. Una descripción entusiasta y una reseña crítica muy útil es el libro híbrido del hispanófilo Johannes Fastenrath, Christoph Columbus. Studien zur spanischen vierten Centenarfeier der Entdeckung Amerikas, Dresden y Leipzig, Carl Reissner 1895. Para una excelente bibliografía véase ahora Salvador Albert Bernabeu, 1892: El IV Centenario del descubrimiento de América en España: coyuntura y conmemoraciones, Madrid, Consejo Superior de Investigaciones Científicas 1987.

11. Cf. Wiliam Flint, The Figure of Christopher Columbus in French, Italian and Spanish Drama. Diss. University of North Carolina 1957. Por una vista de conjunto de la tradición romántica europea, véase el estudio de C. Oyuela, Colón y la poesía, Anales de la Academia de Filosofía y Letras de la Universidad de Buenos Aires, IV, Buenos Aires 1915. Pese a su crítica del providencialismo romántico, el autor se sitúa aún en esa misma tradición: "La acción de Colón resulta así en los poemas, y también en algunas historias, como sobrenatural o milagrosa, y perdiendo toda luz y todo sabor de realidad, queda envuelta en las nieblas de lo puramente fantástico. Esperemos el día en que un gran poeta, libre del espíritu de pasiones bastardas y preocupaciones vulgares, alce a Colón, en el campo del poema narrativo, un momento digno de su gloria."página 48. Por cierto no será Blasco Ibañez el que cumpla este deseo.
Es preciso añadir que para el crítico, el poema heroico de Campoamor "es quizá la más débil y defectuosa" de las obras de este autor, "decididamente mala en su conjunto", páginas 12 y 14. Desgraciadamente, falta aún el estudio completo. El libro reciente de Susanna Regazzoni, Cristoforo Colombo nella letteratura spagnola dell'ottocento.Storie da vedere - storie da leggere (Studi di letterature iberiche e americane,11), Milano, Cisalpino-Goliardica 1988, es utilísimo para una vista comparativa de la producción dramática, pero extrañamente incoherente en lo que concierne a la novela.

12. En el romance del 1837 no cabe duda acerca de la misión divina de Colón que se parece "á un inspirado, á un profeta,/ á un ángel" (v. 1189-90) y en el que la Reina ve "con una sola mirada" "de la inspiración celeste/ los divinos resplandores" (v. 1161-64). (Romances II, Clásicos castellanos, Madrid 1912).

13. Ramón de Campoamor, Colón, Obras escogidas, t. III (Colección de autores españoles, XLVI), Leipzig, Brockhaus 1886, I, 48. Todas las citas según esta edición.

14. El gran libro de Thomas Carlyle, On Heroes, Hero-worship and the Heroic in History, salió a la luz en 1841. Cf. Thomas Fasbender, Thomas Carlyle. Idealistische Geschichtssicht und visionäres Heldenideal, Würzburg Königshausen und Neumann 1989.

15. A. Valbuena Prat, Historia de la literatura española, t. III, Barcelona, Editorial Gustavo Gili, quinta ed. 1957, página 283.

16. Pensamos, por ejemplo, en las novelas de Emilio Zola, La Fortune des Rougon, (1871) y La Faute de l'abbé Mouret (1875), así como en La Madre Naturaleza (1887) de Emilia Pardo Bazán y el idilio entre Tonet y Neleta en Canas y barro (1902) de Blasco Ibañez.- Cf. Winfried Engler, Idyllen bei Zola und Vailland, Zeitschrift für französische Sprache und Literatur 72 (1962), páginas 147-154.

17. Se trata de una serie de conferencias en la Universidad de Valladolid durante el mes de mayo de 1924. El joven universitario envió el libro, El primer contacto de blancos y gentes de color en América. Estudio sobre el Diario del primer viaje de Colón (Universidad de Valladolid, Publicaciones de la Sección de Estudios Americanistas, Serie 1ª., núm. V) al célebre autor que se lo agradeció en una carta del 16 de marzo de 1926.

18. Tzvetan Todorov, La Conquête de l'Amérique. La question de l'autre, Paris, Editions du Seuil 1982.

19. En su reseña de la novela destaca Guy Blandin Colburn "a few erotic passages" y "a coarse tone which renders the book hardly suitable reading for younger students" (en Hispania XII, 4 1929, páginas 533-534.

20. Véase el artículo de Hans Robert Jauss, "Mythen des Anfangs. Die geheime Sehnsucht der Aufklärung", Macht des Mythos - Ohnmacht der Vernunft, ed. por Peter Kemper, Frankfurt, Fischer Taschenbuch Verlag 1989, páginas 53-77.

21. Les essais de Michel Montaigne, ed. por Pierre Villey, reed. bajo la la dirección de V.-L.Saulnier, Paris, Presse Universitaire de Farance 1965, páginas 908-911.

Amerika oder Die Macht der Poesie:
"Christophe Colomb", ein dramatisches Feenmärchen von Michel de Ghelderode

Heinz Klüppelholz

> "Still lag das Land. Es lebte noch im morgendlichen Traum, wie es ihn so viele Jahrhunderte hindurch geträumt hatte, in gesegneter Unwissenheit. Noch ahnte es nicht, was dieser schicksalsschwere Morgen bedeutete, der ein für allemal der Zeit des Friedens in den Gärten seiner Seele ein Ende bereitete. Die Karavellen näherten sich der Küste. Wellenbrecher, Schaum, seltsame Baumstämme, der Flügelschlag von erschreckten Vögeln... Halb noch zwischen Schlaf und Traum, so gab die Insel sich allmählich den Eindringlingen preis. Ein Papagei schrie; und nun eilte eine Handvoll nackter Menschen leichtfüßig zum Strand hinab. Bei dem unfaßbaren Anblick der Segel blieben sie erschrocken stehen. Der Traum der Insel hatte sich für immer verflüchtigt. Ein Zeitalter war zu Ende gegangen."[1]

I

Der voraufgehende Textausschnitt stellt eine ideale Voraussetzung dar, um dem historischen Aufeinanderprall zweier Welten durch die Entdeckung Amerikas vor dem geistigen Auge des <u>Lesers</u> Leben zu verleihen. Die Gedanken schweifen dabei vom Text in eine ungenaue Ferne ab, deren Bild allerdings von exotischen Phantasien überlagert wird. Dem <u>Betrachter</u> eines Bühnengeschehens würde da viel weniger Imaginationsleistung abverlangt, erhielte er doch gewisse Einzelheiten sichtbar vorgesetzt, die seiner Vorstellungskraft nicht einmal mehr freien Raum ließen. Es liegt demnach offen zutage, daß sich die Darstellung eines historischen Ereignisses nur dann ohne größere Aussageverluste aus einem epischen in einen dramatischen Kontext überführen läßt, wenn die gattungsspezifische Rezeption Beachtung findet. Bedingt durch die äußeren Einschränkungen eines Bühnenstückes wie die für die Akteure durchführbare Spieldauer und das für die Zuschauer zumutbare Konzentrationsvermögen bedeutet die <u>Dramatisierung</u> stets die Vereinfachung eines vorgegebenen Stoffes. Die Folgen lassen sich umreißen als Beschränkung des <u>Geschehens</u> auf wenige Charaktere, auf eine einfache Intrige, die noch Realitätsnähe zu

vermitteln vermag.² Ohne größere Probleme vollzieht sich die Überführung von
Epik in Dramatik dort, wo reine Handlung umgesetzt wird; mit größeren Problemen indes ist dort zu rechnen, wo reine Beschreibungen und Darstellungen von
Empfindungen vermittelt werden, die sich konzeptgemäß in eine Vielzahl von
Einzelaussagen aufspalten. So fängt das Schauspiel die epischen Darstellungsqualitäten zusätzlich zum dramatischen Text mit Geräusch, Kostüm, Dekor,
Beleuchtung auf. Auch wenn die Wirkung all solcher Einzelelemente schwer abzuschätzen sein mag, erhält der Zuschauer zumindest im Gegenzug affektive
Beteiligung am Geschehen auf der Bühne. Erst das rechte Zusammenspiel aller
Einzeleindrücke vermittelt ihm die Aussage des Stücks, und gerade eben jene
Vielzahl von Unabwägbarkeiten bedingt eine gewisse Unsicherheit in der Auslegung. Dramatische Autoren wissen um jene Schwierigkeit; gerade deshalb
versuchen sie, durch Bündelung bestimmter bühnentechnischer Mittel eine
gewisse Vereindeutigung herbeizuführen.³ Wenn aber bei dem die Geschichtsvorlage bearbeitenden Schriftsteller bereits eine Gewichtung durch gezielte
Auswahl und gezielte Auslassung vorliegt, ist es ihm doch gegeben, die einzelnen Bilder dergestalt gegeneinander zu verkanten, daß die Vorstellungskraft des Zuschauers über das bloß Dargestellte hinaus bemüht wird.⁴ Erst
eine solche Art der Verkettung entschädigt den Betrachter für den relativ
geringen Imaginationsaufwand, zu dem ihn ein vorführbares Geschehen im Vergleich zum erlesbaren Geschehen verpflichtet. Dafür flieht sein durch dieses
Medium unterforderter Intellekt in eine Produktion jener "images mentales",
die mit Mitteln der Fiktion Erfahrungen durchspielt, die eine Alltagswelt
nun einmal nicht zu vermitteln imstande ist.⁵ In welchem Maße Michel de
Ghelderode diese Umformungsmechanismen nutzt, um seiner Sicht des kolumbinischen Seeabenteurers Ausdruck zu verleihen, wird die nachfolgende Erörterung zu ergründen haben.

II

Der Columbus-Stoff hatte über die Jahrhunderte hinweg Anlaß für zahlreiche
Bearbeitungen durch die Literatur geliefert. Bald erhob die Mythifizierung
den Protagonisten zu einem gottgeführten Entdecker, der zumeist dem
Christentum zum Sieg über das Heidentum verhalf, bald weckte er spätaufklärerisches Interesse für die Naturvölker, das die Brutalität der Spanier
gegenüber den Eingeborenen deutlicher zutage brachte, bald gar wurde er als
Genie gefeiert, dessen Sturz schließlich als die Strafe Gottes Umdeutung
erfuhr. Gemeinhin wird das Leben des Entdeckers in Form einer Reise darge-

stellt, die sich zumeist als Bildfolge der stets gleichen Höhepunkte aus seinem Leben gestaltet.[6] Der belgische Schriftsteller Michel de Ghelderode, dessen Erzählungen und Theaterstücke von düsteren Diesseits- und Jenseitsvisionen aus einem Flandern sowie einem Spanien des 16.Jahrhunderts geprägt sind,[7] weicht in seinem Christophe Colomb von 1929 sowohl von den zuvor grob umrissenen Literaturbearbeitungen des historischen Stoffes als auch von den erkennbaren poetologischen Leitlinien seiner sonstigen Werke erheblich ab. Indem der Autor seinem Theaterstück den Untertitel "Féerie dramatique en trois tableaux" beigibt,[8] stellt er die Entdeckertat seines Protagonisten sogleich außerhalb jeglicher Historiographie und versetzt sie in den Bannbereich der Magie. Das historische Ereignis wird mithin auf die Ebene eines Zufalls heruntergezogen, der eher dämonischen denn menschlichen Kräften zu gehorchen scheint. Das Epitheton "dramatique", das weitgehende Zielgerichtetheit impliziert, paßt sich indes nur schlecht in eine Gattung ein, die naturgemäß auf kausale Mittel der Handlungsführung verzichtet. Ein tragisches Ende ist zwar vorhersehbar, wandelt sich aber im gegebenen Augenblick dergestalt, daß der moderne Columbus in die Ewigkeit eingeht, um dort ein Leben in friedvoller Distanz zu der von ihm getanen Entdeckung weiterzuführen.

Im ersten Akt tritt Columbus beileibe nicht als tatendurstiger Entdecker auf, wie ihn die Geschichte kennt; denn es ist ihm vor allem an naturwissenschaftlicher Erkenntnis gelegen. Dem Publikum wird dieser einstmalige Held auf seinem neumodischen Koffer sitzend und Seifenblasen produzierend vorgestellt: um ihn herum laden Plakate zu Streitgesprächen über die mögliche Kugelform der Erde ein; seine Überlegungen schweben kugelförmig zum Himmel.[9] Es fällt bereits an dieser Stelle ins Auge, welche verschiedenen Bühnenmittel der Autor zu einer historisch verfremdenden und damit literarisch vereindeutigenden Bündelung aufwendet, um die Besonderheit seiner Columbus-Figur herauszustreichen. Nichts mehr von der mit Missionierung der Heiden verbrämten Gier nach Reichtum und Macht, die man der historischen Unternehmung anlasten muß. Dafür glaubt sich Ghelderodes Hauptperson an einen "monde perdu", einen in Vergessenheit geratenen Teil der Welt zu erinnern.[10] Der Belgier spielt damit auf eine Vorstellung an, die die Alte Welt seit Beginn des Christentums beschäftigt: die Vorstellung vom verlorenen Paradies, das gewissen Weissagungen zufolge in einer unbekannten Gegend weiterbestehen soll.[11] In der Nachfolge dieses Mythos glaubt der historische Columbus, in der üppigen Vegetation Amerikas und der offensichtlichen Glückseligkeit seiner Bewohner jenen versunkenen Garten Eden für die Menschheit wiederentdeckt zu haben.[12]

Auf der Bühne begegnet dem Protagonisten nun gerade ein Schlafwandler, der
ihm von der Kugelform der Erde berichtet.

"Ils savent, mais ils savent dans leurs rêves, et
s'éveillent ignorants."[13]

Wenn Colomb in diesem Zusammenhang auf die Gleichstellung von Traumzustand
mit Wissen und Wachzustand mit Nichtwissen hinweist, stellt er sich auf eine
Stufe mit jenem "somnambule", beabsichtigt er selbst doch nichts anderes,
als sich seiner Intuition von versunkener Kenntnis bewußt hinzugeben. Zweifelsohne bemüht hier Ghelderode surrealistisches Erbe; denn auch er versucht mit
jener Gleichsetzung, eine "Realität", über einer von bloßer Ratio verwalteten
Welt zu erfassen.[14] Die Suche nach dem physikalischen Beweis gerät mithin zur
Suche nach dem verlorenen Paradies.

So verschwommen die Umrisse dieses Vorhabens für den künftigen Entdecker auch
sein mögen, die Reaktionen der Bevölkerung auf das zu erwartende Ereignis
werden im Detail geschildert. Ein Reporter, der Columbus in seinen Überlegungen
unterbricht, da er dumpf die Tragweite von dessen Unternehmen erahnt, sowie
sein Klassenkamerad, der nur fünf Franken in dessen Unternehmen investiert,
da er um dessen Schwächen in Geographie weiß, betrachten ihn beide[15] auf
ihre Art als Phantasten, dessen geistige Ausgeburten vorläufig nicht widerlegt werden können. Diesem Prinzip des Zweifels steht das des Abwartens zur
Seite, das in einem Operettenminister, der mit diplomatischer Umsicht ans
Werk geht, und in einem Jahrmarktsastronomen, der wissenschaftliche Vorsicht
an den Tag legt, greifbare Darstellung erfährt.[16] Letzterer bittet den künftigen Entdecker, ihm als erstem Bericht zu erstatten, damit er noch recht-
zeitig seine spezifische "These" verbreiten könne, die dann "Bestätigung"
erfahre. Ghelderode ironisiert damit all jene kritischen Zeitgenossen des
historischen Columbus, die trotz ihrer Unsicherheit zum Ausgang der Reise
auf etwaigen Ruhm setzen und sich ihren etwaigen Anteil daran auf keinen
Fall entgehen lassen wollen. Die Ironie des Theaterstücks trifft vorrangig
die "gelehrten Gesellschaften", die sicherheitshalber derart entgegengesetzte geometrische Figuren wie die Kugel- oder die Würfelform für die
Gestalt der Erde diskutieren. Ihr illustres Mitglied, das bedeutsamerweise
als "astronome de foire" auftritt, übertrifft noch die theoretischen Vor-
sichtsmaßnahmen seiner werten Fachkollegen, indem es um Informationen aus
erster Hand nach erfolgte Entdeckung buhlt. Die Gegenüberstellung von
Theorie und Praxis entartet an dieser Stelle nicht zum bloßen Spiel; denn
der belgische Autor nimmt hier wiederum Bezug auf die kolumbinische Legende,

die den "unwissenden" Italiener den "gelehrten" Spaniern gegenüberzustellen
pflegt, um dessen Triumph mit umso mehr Gepränge feiern zu können.[17]

Doch zurück zu Ghelderode: Die bloße Vermutung zu äußern, es gebe ein
irdisches Paradies, das lediglich wiederzuentdecken sei, birgt im <u>Christophe
Colomb</u> Gefahren für die innere Sicherheit des Königreichs, da solch vermeintliche Hirngespinste im Vergleich mit gegenwärtigen Lebensumständen nicht
gerade schmeichelhafte Rückschlüsse zutage fördern. Hatte der historische
Vorfahr um die Mittel für seine Entdeckungsfahrt am spanischen Hofe betteln
müssen, erhält sein literarischer Nachfahr ein Schiff vom Souverän zum
Geschenk. Nicht ohne Hintergedanken, wie sich alsbald herausstellt; denn
der König kann sich auf diese Art eines Abweichlers entledigen, den er sonst
aus den eben beschriebenen Gründen innerer Sicherheit einkerkern lassen
müßte.[18] Dabei läßt der Monarch keine Zweifel an seinen Herrschaftsprinzipien, wenn er aus dem noch zu entdeckenden Garten Eden "une colonie bien
administrée" zu machen gedenkt und schließlich freimütig eingesteht: "mon
royaume n'est pas l'Eden".[19] Er beneidet gar den Entdecker um seine Freiheit
und gibt damit indirekt zu, daß in seinem Reich für den Monarchen nicht gut
leben ist. Die Person des Königs vervollständigt die Skala möglicher Reaktionen auf das bevorstehende Ereignis um die Kategorie der <u>Heuchelei</u>, die mit
vermeintlicher Großzügigkeit etwaige Unruhestifter elegant des Landes verweist. Die Fahrt des Protagonisten ins Ungewisse erhält mit dieser Erkenntnis
eine gesellschaftskritische Komponente, erlaubt sie ihm doch die "Flucht" in
das Paradies. Ghelderode steuert mit der bisher eingerichteten Figurenkonstellation geschickt die Sympathienahme für seinen als Phantasten ausgewiesenen Columbus, gehorchen doch alle anderen Personen nur höchst eigennützigen Beweggründen. Einzig und allein der "homme-foule", ein spätes Überbleibsel des kommentierenden, warnenden und bemitleidenden antiken Chors,[20]
steht dem ganzen Geschehen mit Unwissenheit gegenüber, gibt also die Reaktionen des gemeinen Volkes wieder. Besonders im Lichte der in des Entdeckers
Heimat üblichen Herrschaftsprinzipien dürfte eine vom Anblick jedweden
Schauspiels im Taumel versetzte breite Masse besonders kritisches Gewicht
erhalten, zumal dem Betrachter hier die Auswirkungen einer verdummenden
Machtpolitik konkret vor Augen geführt werden. Glaubte sich das Publikum im
Saal bisher mit der Masse des Volkes auf der Bühne identisch, wird an dieser
Stelle Ghelderodesche Technik sinnfällig, den Betrachter seine bisherigen
Ansichten revidieren zu lassen. Spätestens vom Auftritt dieser personifizierten Volksmasse an läuft die Erkenntnis <u>zweiwegig</u>. Doch auf dieses Vorgehen wird noch zurückzukommen sein.

Den zweiten Akt nutzt Ghelderode, um noch weit deutlichere Kontraste zur voraufgehenden, eher deskriptiven denn dramatischen Darstellung aufzubauen, die erst aus dem Vergleich durch das Publikum ihre wahre Bedeutung erlangt. Hatte der künftige Entdecker einen gewissen "ennui" zum Grund seines Aufbruchs erklärt[21] und die gesamte Mannschaft mit hypnotischen Mitteln in Schlaf versetzt,[22] um eine Entdeckung erst gar nicht stattfinden zu lassen, gibt er sogleich Befehl zur Umkehr, als "Amerika" dann wider alles Erwarten doch entdeckt wird.[23] An dieser Stelle erfahren bisherige Anachronismen wie die "Koffer", die "Seifenblasen", der "Reporter", der "Operettenminister" dadurch letzte Steigerung, daß buntgeschmückte Indianer das Schiff stürmen, wenngleich Columbus jedwede Entdeckung kategorisch ablehnt. Offensichtlich hebt Ghelderode die Zufälligkeit solcher Unternehmungen wie die Entdeckung Amerikas hervor, nicht zuletzt durch die völlige Umkehrung der historischen Situation. Der belgische Autor läßt seinen Columbus nicht auf unbekannte

Jan Sadeler d. Ä.: "America"
(Staatl. Graph. Sammlung München)

Wilde treffen, wie im Oktober 1492 geschehen, sondern auf den Aztekenherrscher
Montezuma, dem der spanische Konquistador Cortés erst 1519 auf dem mexikanischen Festland begegnen sollte.[24] Damit zeigt er unmißverständlich an, daß
sein Protagonist nichts mehr mit der historischen Entdeckergestalt gemein
hat. Seinem "ungebildeten" Seefahrer tritt dessen "gebildeter" Untertan entgegen, der "französisch" spricht, der ihn den geographischen Terminus
"Südamerika" lehrt, der ihn als "neuerlichen" Entdecker feiert, der den Namen
"Christophe Colomb" bereits im voraus kennt.[25] Einige Jahrhunderte später
wird demnach auf der Bühne all jenen als primitiv erachteten Völkern die
Bedeutung zugewiesen, die ihnen auf Grund ihres tatsächlichen Einflusses
auf ein sich fortschrittlich wähnendes, aber in Mythen gefangenes Europa
zusteht. Erst heute beginnt man jenen wissensmäßigen Zuwachs zu begreifen,
den die Entdeckung der Neuen Welt auf die Alte Welt immer noch erbringt.[26]
Ghelderode macht Schluß mit der Vorstellung von der vermeintlichen Ungebildetheit der karibischen Völker, auf die der historische Columbus aber tatsächlich
gestoßen war. Der Autor unterstreicht dies deutlich; denn er läßt Montezuma
auf die nicht gestellte Frage nach dem geographischen Standort antworten,
sie befänden sich in "Südamerika". Anachronistischerweise verwendet er aber
damit einen Begriff, der auch nach offizieller Einführung durch die spanische
Krone im Jahre 1507 noch lange nicht die bis dahin gültige "Indien"-Bezeichnung ablöst.[27] Bedenkt man dabei, daß die meisten, zudem ungebildeten
conquistadores erhebliche Schwierigkeiten hatten, die neue Realität rein
sprachlich zu erfassen,[28] zeigt sich in Montezumas Belehrung der Vorrang
des zyklischen, heidnischen Denkens vor dem linearen, christlichen Denken.
Das Christentum hatte die alte Vorstellung von einem Glücksrad, dessen stete
Drehungen das Diesseits des Menschen abwechselnd mit Tiefen und Höhen versieht, durch eine wenn auch nur im Jenseits erfahrbare Erlösung ersetzt. Mit
dem durch Columbus eingeleiteten Kontakt zwischen diesen beiden intellektuell unterschiedlichen Systemen wird ein Widerstreit eingeleitet, der heute
noch lateinamerikanischen Denkmustern zugrunde liegt. Wenn Ghelderode also
der Erkenntnisfähigkeit archaisch geltender Völker den Vorrang vor dem europäischen Mittelalter einräumt, tut er dies nicht ohne Hintergedanken; denn
die seit Montaigne ins Wanken geratenen Begriffe von Kultur und Barbarei[29]
werden in dieser Bühnenbegegnung völlig auf den Kopf gestellt. Montezuma
stellt fest:

> "Vous venez nous civiliser, c'est dans l'ordre. Ce
> sera vite accompli, je veux dire que nous serons
> exterminés. Quelle importance? C'est écrit dans nos
> plus vieilles pierres. Nous célébrons en vous les
> exécutants du Destin. Nous dansons notre mort parmi
> nos pyramides désuètes et nos soleils dédorés.
> Périssent nos plumes et nos sagesses millénaires."[30]

Obschon der mexikanische Herrscher um die mit der absehbaren Auslöschung seines Volkes einhergehende Zerstörung uralter Weisheiten und architektonischer Großtaten weiß, nimmt er diesen Vorgang als schicksalsgegeben hin. Damit verrät er eben jene Größe, an der es dem europäischen König mangelt. Einer jahrtausendealten, neuweltlichen Kultur vermag ein sich auch noch so fortschrittlich gebärdender, altweltlicher Kontinent nichts entgegenzustellen. Mithin ergibt sich für Montezuma die Konsequenz, seinen Besucher als "cher barbare" zu titulieren[30] und damit auf Columbus' Begrüßung an seine Gastgeber als "Messieurs les Sauvages" zurückzugreifen.[31] Ghelderode nimmt mit diesem Chiasmus von Barbarei-Europäern und Zivilisation-Wilden den Zuschauer in die Pflicht der Partizipation, läßt er doch auf die Verführung zum Vorurteil die Überraschung durch die Lösung folgen. Mit Erstaunen muß das Publikum in der Tat feststellen, daß die Völker Amerikas auf einer höheren Kulturstufe als die Völker Europas anzusiedeln sind. Der belgische Autor liefert mit solcher Didaktik dem Betrachter eine zusätzliche "Entdeckung" im Bereich eigener Erkenntnisfähigkeit. Kurzum: er lehrt ihn kartesianische Vorurteilslosigkeit, die ihm bereits einige Jahrhunderte zuvor gut zu Gesicht gestanden hätte.

Die Aufwertung kolonialer Kritik würde völlig in den Rahmen der literarischen Conquista-Aufarbeitungen passen, würde sie nicht zugleich eine religiöse Gemeinschaft angreifen und damit vor allem deutliche Rückschlüsse auf die Verhältnisse in Columbus' Heimatland nahelegen. Ghelderode geht dabei dergestalt vor, daß er durch die Juxtaposition faktischer Kontraste die Kritik des Betrachters provoziert. So läßt er in der Rückschau im "Premier tableau" keine einzige, historisch immerhin begründbare Attacke gegen kirchliche Interessen an der Entdeckung erscheinen, im "Deuxième tableau" hingegen häufen sich konkrete Angriffe gegen die Jesuiten. Zur Erinnerung: Am Anfang des zweiten Akts fallen Columbus zunächst wieder Mönche ein, die sich wohl in den Weiten des Ozeans verloren und unbekannte Landstriche entdeckt hatten, die sie für das biblische Paradies hielten.[33] Die allgemeine Feststellung, diese Kenntnis sei wohl offiziell verschwiegen worden, leitet sodann zur Warnung seines Schutzengels Azuret über, die Jesuiten hätten es auf zukünftige

Entdeckungen abgesehen.[34] Die Tatsache, daß die Kirche die mündigen Menschen daran hindert, den Garten Eden selbst zu finden, um sie besser verdummen zu können, wird von einem Boten des Himmels sogar bestätigt, der damit jeden Zweifel an der Diskrepanz zwischen himmlischem Anspruch und irdischer Wirklichkeit ausräumt. An dieser Stelle wird die "Societas Jesu" erstmals wörtlich erwähnt. Der Entdecker durchläuft hier eine Entwicklung, die ihn zu der gleichen Erkenntnis wie Montezuma befähigt; denn er bestätigt dessen Wissen um die "Konsequenzen" jesuitischer Missionierung.[35] Daß Ghelderode nun seiner Kritik an den Kirchenleuten, den seiner Meinung nach viel zu sehr an einer unkirchlichen Gängelung der Gläubigen gelegen sei, freien Lauf läßt, hat seinen Ursprung in unchristlichen Erfahrungen des Schriftstellers selbst, wie nahezu jeder Biograph zu berichten weiß.[36]

Zu Beginn des dritten Aktes bewahrheiten sich dann auch die schwärzesten Befürchtungen zur Macht der Kirche in Columbus' Heimat; denn der wiederum von dem in den Dingen der Welt unerfahrenen "homme-foule" beklatschte Entdecker wird gleich nach seiner Rückkehr ins Gefängnis geführt. Nach den wahren Gründen dieser Schutzhaft befragt, gesteht der König schließlich ein, er tue dies lediglich den Jesuiten zu Gefallen.[37] Unwillkürlich wird der Betrachter an Columbus' Anspielungen zu den Mönchen, die Warnung seines Schutzengels, das Gespräch mit Montezuma erinnert; er wird sich nun der wahren Macht bewußt, die der Orden in der Heimat des Seefahrers ausübt, gehorcht ihm doch gar ein gestandener Monarch. Die Aufforderung, durch Vergleich Rückschlüsse aus der einen Hemisphäre auf die andere zu übertragen, gehört zwar zum festen Bestand der literarischen Conquista-Aufarbeitungen,[38] zumal das Aufeinandertreffen zweier in sich grundverschiedener Welten die Zivilisationskritik fördert, doch bedient sich Ghelderode lieber der scheinbar von einem Zufall ausgelösten Suche nach einem "savoir ancien", um sein Publikum der mächtigen Kulturenteignungen zu gemahnen, die im Laufe der Geschichte an all jenen als primitiv geltenden Völkern der Karibik verübt worden sind. Erst im "Troisième tableau" wird die vermeintlich im Königreich vorherrschende Ruhe aus dem "Premier tableau" hinterfragbar. Vermittels einer nahegelegten Analogie von Personen und Taten leitet der Autor eine kognitive Interaktion ein, die den Zuschauer durch rückwärtigen Vergleich zu erneutem Umdenken auffordert. Zugleich wird die Aufmerksamkeit des Betrachters um ein Vielfaches gesteigert, da er nicht nur das gegenwärtig ablaufende Geschehen zu begreifen, sondern auch dessen Aussagewert an dem bereits abgelaufenen Geschehen zu ermitteln hat. Solchermaßen angediente

Retrospektive fördert indes gleichermaßen Prospektive; denn es ist angesichts jesuitischer Machtfülle abzusehen, daß das Leben des großen Entdeckers in ernsthafte Gefahr gerät. Das Ausschalten des Unsicherheitsfaktors, den seine "découverte" in sich birgt, wird ebenfalls in der unterschiedlichen Besetzung des Abschieds- und Begrüßungskomitees sinnfällig. Lediglich der unbedeutende "homme-foule" sowie der in das Geschehen eingeweihte König mit seinem Minister wagen nochmals aufzutreten. Alle anderen fehlen, die öffentlich die Ergebnisse kolumbinischer Suche verbreiten könnten. In diesem Zusammenhang erhält dann auch das eingangs angedeutete Problem der Kugelgestalt der Erde seinen Sinn. Ineins mit dem Wissen um die Existenz eines irdischen Paradieses würde das Volk in die Lage versetzt, jenen Garten Eden selbst zu erreichen. Die bewußte Auslassung von Charakteren in der Gruppe, die den erfolgreich zurückkehrenden Columbus begrüßt, bewirkt in der hier angeprangerten jesuitischen Manier, daß bisherige Mutmaßungen nicht in Wissen überführt werden können. Durchaus historienkonform stellt der Theaterautor die unheilige Allianz zwischen Kirche und Staat dar, die in gegenseitiger Absprache Volksverdummung betreiben. Dabei darf der Souverän noch eher auf die Sympathien des Publikums zählen, teilt er doch zugegebenermaßen das "Fernweh" dieses Abweichlers Columbus bis zu einem gewissen Grade, während die Kirche nur als dunkle Kraft handelt, die jedweden Staat beherrschen könnte.

Nachdem der König seinem illustren Untertan anvertraut hat, seine Krone besitze das gleiche Gewicht wie dessen Ketten, scheint Columbus sich zu einer erneuten Reise zu rüsten. Sein Kommentar:
"[...] le plus beau voyage, je vais le faire.
Il suffira de clore les paupières."[39]

Damit erweist er sich als zunächst weitaus ungebundener als sein mächtiger Gesprächspartner. Ghelderode leitet hier eine Analogie des Reisens ein. Das Schließen der Augen reicht wohl aus, um sich auf eine innere Reise zu begeben. Umgekehrt hatte das kolumbinische Seeabenteuer zur Entdeckung einer neuen Realität selbst in der eigenen Heimat geführt. Die bloße Aussicht also, das eigene Ich zu bereisen, dürfte demnach einen ähnlichen Erfolg versprechen. Die allegorische Erkundungsfahrt befreit dabei nicht nur von einer bedrükkenden Wirklichkeit, sondern erweitert eben jene Wirklichkeit um einen neuen Erfahrungsbereich. Während seiner Wanderungen im Land der Träume wird der Seefahrer von einem "poète" nach seinen überseeischen Erfahrungen befragt. Dem Betrachter, der Columbus' Kontakte mit den Eingeborenen in Gänze miterlebt hat, liefert der Entdecker einen Interpretationsansatz, indem er behauptet, er habe jenseits des Ozeans wahre Dichter kennengelernt. Er führt über sie aus:

> "Des poètes qui ne sont ni des fonctionnaires, ni des maquereaux. Ils ont infiniment de culture et de tact. Ils savent les plus anciennes fables de la terre. Quant aux astres, ils sont leur souci et le motif de leurs chants. Ces poètes vivent dans la solitude et n'ont pas de nom et se font obéir des bêtes. Ils sont chastes, n'écrivent point et jamais ne révèlent au vulgaire le secret de leurs extases."[40]

Metaphorisch bedeutet folglich eine Reise von der Alten in die Neue Welt eine Rückkehr zu den eigenen Ursprüngen, die ein übertriebenes Streben nach Zivilisation verdeckt hat. Europa hat sich den Zeichen der Natur entfremdet, Amerika indes vermittelt die tatsächliche Weltsicht. Erst die als archaisch geltenden Kulturen sind demnach in der Lage, den als hochstehend geltenden Kulturen den Blick auf das wahre Sein der Dinge zu eröffnen. Signifikanterweise fällt diese Aufgabe aber den Poeten zu, die sich als im Auftrag des Volkes stehende Seher begreifen und die sich Schamanen gleich in der zumeist künstlich herbeigeführten Euphorie über den Realitätsdruck hinwegzusetzen vermögen.[41] Die seit der Frühaufklärung vertretene Auffassung von der steten Vervollkommnung des Menschen wird hier vom Ruf der Spätaufklärung nach einer Rückbesinnung auf die Natur abgelöst. Dies meint, intellektuelle Progression kann nach Ghelderode nur mit zivilisatorischer Regression einhergehen. Eingedenk der von ihm selbst umrissenen Aufgabe des Sehers, die dem wahren Poeten zufällt, nutzt der Autor das Konzept der verschiedenen "Tableaux", um den Betrachter in die Partizipation zu drängen. Unter dem Einfluß bildkünstlerischer Eindrücke[42] stellt jeder seiner als einzelne Bühnengemälde aufgefaßte Akte nacheinander den ein Königreich in Unruhe versetzenden Phantasten, dessen Neuentdeckung einer eigentlich altbekannten Realität, dessen Tod als Befreiung von menschlicher Engstirnigkeit dar. Nebeneinandergestellt fördern erst die vom Mittelbild des Triptychons an eingeleiteten Vereindeutigungen rückwärts wie auch vorwärts gerichtete Analogieschlüsse. Mit solchem Vorgehen aber erhebt Ghelderode sein Bühnengeschehen über das des Jahrmarkttheaters, aus dem es seine Ursprünge schöpft. Allerdings erfordert seine Art der "féerie" mehr Aufmerksamkeit, als sie ein stets wechselndes Publikum aufbringen kann; denn es werden zwar in sich geschlossene Bilder dargeboten, doch erhalten diese erst in der Gesamtschau ihre volle Bedeutung.

Damit aber nicht genug. Als die "mort amirale", das personalisierte Lebensende, Columbus schließlich zum Grabesgang auffordert, folgt dieser leichten Herzens:

> "C'est d'un pied léger que je te quitte, ô monde antique, et ta sphère désuète où tout est cendreux, puéril et pervers... Je vais voyager, sans retour cette fois, parmi les bulles lumineuses que Dieu souffla un jour qui fut le premier."[43]

Der Tod bedeutet für den Entdecker zunächst eine wohltuende Befreiung von der Enge menschlichen Denkens und Handelns. Dabei darf nicht übersehen werden, daß die Alte Welt eben diese negativen Attribute auf sich vereinigt, während die Neue Welt als Raum für kontrastierende Imagination nur noch positive Attribute erhalten kann. Die Jesuiten geben da das beste Beispiel ab; denn obschon sie Europa beherrschen, treten sie dort als Machtfaktor nicht in Erscheinung. Daß dies nicht bloße Mutmaßung ist, belegt wiederum sichtbar Columbus' Einkerkerung. Wenn der Tod auch eine Befreiung von durch die Menschen verhängte Strafen bedeutet, wird er doch nur in seinen konkreten Konsequenzen gezeigt, zumal der Seefahrer in die Ewigkeit eingehen darf. Der Tod erbarmt sich damit gegenüber dem Menschen und belohnt ihn für vollführte Taten. Damit ist Ghelderode bei einem seiner Lieblingsthemen angelangt: dem Hang zum Tod als Teil des Lebens, auf den es sich in natürlicher Besinnung vorzubereiten gilt.[44] Als Colomb am Ende des Stücks auf seine letzte Reise zwischen den "bulles lumineuses" anspielt, die Gott im Schöpfungsakt hervorgebracht hatte, schließt er den Kreis zum Anfang des Stücks, an er selbst "bulles de savon" produziert hatte. Göttliche und menschliche Tat verschmelzen mithin zu einer letzten Einheit, die greifbare Wirklichkeit wird. Dies heißt, daß der Seefahrer auf der Bühne mit dem Regisseur des großen Welttheaters auf eine Stufe gerät. Doch wie steht es mit Columbus' "Schöpfung"? Von einer Menge umgeben, die lautstark den vierhundertsten Geburtstag seiner Entdeckung feiert, nimmt der Protagonist auf einem öffentlichen Platz in den Vereinigten Staaten die Figur einer Statue an, die gerade enthüllt wird. Seine Person gilt nichts mehr, nur noch die Idee, die er gar nicht in die Tat umsetzen wollte. Ghelderode spielt an dieser Stelle auf den tatsächlichen Vorfahren des Helden an, dem die Tragweite seiner Handlung niemals bewußt geworden war,[45] versetzt doch ein vorbeiziehender Amerikaner die "Statue" mit der Bemerkung in Tränen, daß man vielleicht eines Tages Columbus' Nichtexistenz beweisen werde.[46] Bedenkt man, daß die Entdeckung einer wie auch immer gearteten Neuen Welt in diesem

Theaterstück als <u>poetischer Akt</u> aufgefaßt wird, den jeder Betrachter an
Stelle eines Seefahrers nachvollziehen kann, dessen wahre Identität mehr als
fraglich erscheint, reicht es aus, einfach die Augen zu schließen und diese
Reise in unbekannte Gegenden zu unternehmen. Die bloße <u>Macht der Poesie</u> vermag
dies. Columbus hingegen darf durch seine Rückbesinnung auf versunkenes
Wissen seine eigene Nachwirkung aus der Ewigkeit betrachten. Die Belohnung
für solche Rückschau wird dem Betrachter zwar direkt vor Augen geführt.
Allein den Weg dorthin muß er selbst suchen.

III

Eine zusammenfassende Ergebnisschau steht an, bei der einige Längsschnitte
den Blick auf die Bearbeitung des Columbus-Stoffes, auf die Bühnentechnik
als Aussageförderung, auf die Partizipation des Publikums konzentrieren
werden. Was die Geschichte wie auch die Legende um den großen Entdecker
anbetrifft, macht Ghelderode nur wenig Gebrauch von der dort herrschenden
Detailfülle und Episodenreihung. Dabei bezieht er sich auf die allernotwendigsten
Einzelheiten, die eine Wahl des Titels <u>Christophe Colomb</u> gerade
nocht rechtfertigen: die Namensgleichheit, die Suche nach dem verlorenen
Paradies, die Entdeckung der Neuen Welt, der Sieg des Ungelehrten über die
Gelehrten. Mehr nicht; im Untertitel allenfalls der Hinweis auf eine magisch
herbeigeführte Tragik. So steht dann im Mittelpunkt des Geschehens auch ein
Phantast, der sich einem Schlafwandler gleich seiner Erinnerung an ein
"savoir ancien" hingibt, um über das allgemein übliche Maß hinausgehende
Erkenntnis zu erlangen.[47] Dieser <u>kognitive Aspekt</u> wird sich durch das ganze
Stück hindurchziehen, und er ist derart angelegt, daß der erkenntnishafte
Zuwachs des stets mitdenkenden Zuschauers vielfache Steigerung erfährt. Hatte
das Publikum zunächst einen relativ bescheidenen und uneigennützigen Columbus
gegen den Hintergrund des Zweifelns, Abwartens sowie Heuchelns im Bezug auf
die möglichen Entdeckungsergebnisse abzusetzen, wird es sich von den Äußerungen
des in den Dingen der Welt unerfahrenen "homme-foule" an bewußt, daß das
<u>Ausmaß</u> der Erkenntnis unterschiedlich zu sein vermag, zumal ihm nun die Identifikation
mit dem bewußt verdummten Volk in Columbus' Heimatland verstellt ist.
Alle bis dahin in Szene gesetzten Anachronismen erfahren letzte Steigerung in
Colombs Begegnung mit dem mexikanischen Herrscher Montezuma. Nicht genug,
daß Ghelderode das historische Ereignis auf den Kopf stellt, indem er die
<u>Eingeborenen</u> den Seefahrer entdecken läßt. Er stattet den zukünftigen

Jan Sadeler d. Ä.: "Europa"
(Staatl. Graph. Sammlung München)

"Untertan" Montézuma überdies mit einer Würde und Bildung aus, die weit über die des europäischen Königs und seines Admirals hinausreichen. Da wird nicht nur die längst fällige Umwertung der Begriffe "Zivilisation" und "Barbarei" vorgenommen, sondern vor allem der Sieg des neuweltlich zyklischen Denkens über das altweltlich lineare Denken gefeiert. Der belgische Autor wird die Qualitäten dieser Zirkularität noch anderweit der Erkenntnis dienlich machen. Vorläufig aber führt er dem Zuschauer das übliche Bild der "sauvages" vor, lockt ihn also in das Vorurteil, um ihm sodann jene hochgebildeten Wesen vorzustellen, durch deren Auftreten er schließlich den Abbau eben jener aufgebauten Vorurteile betreibt. Mit der durch die Handlungsführung aufgezwungenen Teilhabe an einer Erkenntis, die Columbus auf der Bühne in gleicher Manier erlangt, wird die Lektion versöhnlicher, die der Betrachter in kartesianischem Methodenzweifel zu durchlaufen hat, erliegt doch immerhin ein großer Entdecker der gleichen Fehlmeinung.

Eben solche Vorurteilslosigkeit ist gefordert, wenn der Autor in einer Art steigender Zirkularität die Kirche in den sie hier vertretenden Jesuiten angreift. Von bloßen Anspielungen zu verschwiegenem Mönchswissen über deutlichere Warnungen durch den Schutzengel bis hin zu den absehbaren Greueltaten jesuitischer Missionierung bereitet Ghelderode in steter Wiederaufnahme des Themas Columbus' schließliche Einkerkerung in Europa auf Betreiben eben jenes Ordens vor. Nirgends als an diesem Schlußpunkt der Entwicklung bricht deutlicher die Diskrepanz zwischen himmlischem Anspruch und irdischer Wirklichkeit auf; denn die Entdeckung des verlorenen Paradieses, die den Seefahrer in den Rang eines von Gott Auserwählten erhebt, muß vor dem Volk geheimgehalten werden. Zu sehr ist Kirche und Staat an ihren nicht gerade von Toleranz geprägten "Herrschaftsprinzipien" gelegen. Die Tatsache, daß dieses Wissen in Form der sich steigernden Reprise erworben werden kann, unterstreicht erneut den Vorrang eines zirkulären Denkens, das gerade kirchliche Stellen gern als primitiv abzuwerten suchen. Die Kritik am "Christentum" läßt sich also erst in ihrer gesamten Tragweite mit solchen als "unchristlich" ausgewiesenen Mitteln erfahren. Mit solcher Gedankenführung aber erreicht Ghelderode den Gipfel ironischer Darstellung. So wird der Betrachter erneut angehalten,

über ein Europa nachzudenken, dessen vermeintliche Ruhe nur ideal die
unsichtbaren Auswirkungen jesuitischer Machtpolitik kaschiert. Für
Columbus zumindest kommt diese Einsicht zu spät.

Dem Triptychon vergleichbar zerfällt das Theaterstück in drei "Tableaux",
deren Mittelbild Interpretationsansätze zum Verständnis der umgebenden
Seitenflügel liefert. Durch die Analogie der Bilder wird eine kognitive
Interaktion in Gang gesetzt, die den Zuschauer befähigt, die in der
Retrospektive gewonnenen Erkenntnisse für die Prospektive fruchtbar zu
machen. Das Ende des Entdeckers wird zwar vorhersehbar, erfährt indes
aus Gründen der Spannungsführung eine Abänderung. Ohne Abänderungen vorhersehbar ist jedoch, daß die wissenschaftlichen Ergebnisse der "Expedition" auf Betreiben der Jesuiten nicht in allgemeine Erkenntnis umgesetzt
werden dürfen. Bis dahin ging es um die unheilige Allianz zwischen Kirche
und Staat, die lieber in trautem Einvernehmen einen mittelalterlichen
"obscurantisme" weiterpflegen denn die Zeichen der Zeit nutzen wollte. Allein
Columbus vermag sich diesem Verdummungsprozeß zu entziehen, wenn er sich
durch Schließen der Augen auf eine erneute Reise begibt. Da er aber
während dieser Traumfahrt von einem "poête" nach seinen amerikanischen
Erfahrungen befragt wird, entwickelt sich eine Analogie des Reisens,
die demjenigen einen der Entdeckung einer "neuen" Welt vergleichbaren
Erfolg verspricht, der Bereitschaft zur Erkundung des eigenen Ichs zeigt,
wie überhaupt das kolumbinische Unternehmen im Christophe Colomb ein unerwartetes Ergebnis gezeigt hatte: die Erkenntnis, daß erst die Entdeckung einer Neuen Welt den Blick auf das wahre Sein der Alten Welt
freistellt. Ghelderode spricht hierbei die gesellschaftliche Aufgabe des
Dichters an, die ihm zufolge darin besteht, durch Rückbesinnung auf alte
Kenntnisse neue Sichtweisen ins rechte Licht zu setzen. Unüberhörbar gilt
seine Warnung, daß die intellektuelle Progression nur einer zivilisatorischen Regression entspricht. Durch das negative Beispiel fordert
er dazu auf, diesen Vorgang umzukehren. Doch auch ein positives Beispiel
wird geliefert; denn die von den Jesuiten herbeigewünschte Vernichtung
des wissenden Seefahrers wird im letzten Augenblick in das ewige Leben
abgewandelt. Der hierbei vermittelnde Tod tritt nicht als Zerstörer,
sondern als Bewahrer auf, der Colomb mit dieser Geste die Belohnung
für seine Großtat liefert, läßt er ihn doch bei der vierten Jahrhundert-

feier der Entdeckung Amerikas am allgemeinen Freudentaumel einer tanzenden Menge teilhaben. Wenn dabei allerdings in Frage gestellt wird, ob "dieser Columbus" überhaupt gelebt habe, schließt sich der Kreis zur historischen Vorlage, zumal der genuesische Seefahrer sich der Tragweite seiner Entdeckung wohl niemals bewußt war.

Von den verfügbaren Bühnenmitteln her arbeitet Ghelderode das Geschehen derart auf, daß im Vergleich zur Historie eine Vereinfachung im Stoff stattfindet, die sich auf die Verwendung weniger Hauptfiguren und eine mehr als übersichtliche Fabel beschränkt. Dafür kann eine <u>Aktualisierung</u> vorgenommen werden, die den Betrachter seine eigene Haltung zu den Nachwirkungen der <u>Conquista</u> zu überdenken veranlaßt. Dazu bedarf es lediglich der Hingabe an die Macht der Poesie. Konsequenterweise kritisiert der belgische Autor niemals offen; vielmehr verkantet er Einzelheiten so geschickt gegeneinander, daß ihre bloße <u>Kontrastwirkung</u> einfach Kritik freisetzen muß.[48] Als Vermittler dient ihm dabei das Publikum, dessen <u>Partizipation</u> Ghelderode nicht dem Zufall überläßt; denn der Betrachter erhält zunächst Bestätigung für ein gängiges <u>Vorurteil</u>, das sodann völligen Abbau erfährt. Sogar <u>Leerstellen</u> werden insofern genutzt, als die Sensibilisierung für die jeweiligen Zustände im eigenen Land durch den Vergleich mit der Scheinruhe in Columbus' Heimat über das bloße Theaterstück hinausweist. Insgesamt gesehen liegt Michel de Ghelderodes Darstellungsabsicht im <u>Christophe Colomb</u> darin, die Auswirkungen der kolumbinischen Unternehmung auf den Gedankenaustausch zwischen Alter und Neuer Welt und dessen erkenntnistheoretischen Wert dem modernen Betrachter bewußt zu machen. Dabei ist ihm die Figur des Entdeckers bloßer Vorwand; die Form der "féerie dramatique" indes beschert ihm den idealen Rahmen für die vermeintlichen Phantastereien seines Protagonisten.[49]

Anmerkungen

1. Salvador de MADARIAGA. Kolumbus. Entdecker neuer Welten (München, 1966), p.266.

2. In Kürze referiert nach dem Eintrag "Dramatisierung" im Metzler Literatur Lexikon, hg.von Günther und Irmgard SCHWEIKLE (Stuttgart, 1984).

3. Die hier geäußerten Gedanken finden sich bereits in Vfs.Beitrag "Sulla, Cinna und das Libretto: Zur Oper Sylla von Friedrich II." in Fridericianische Miniaturen 1, hg. von Jürgen ZIECHMANN (Bremen, 1988), pp.131-146 (Text), pp.225-226 (Anmerkungen), hier: pp.131-133. Allerdings betreffen sie dort vorrangig das Textheft im Musiktheater.

4. Eingedenk der Entwürfe eines Jean COCTEAU in Kino und Poesie. Notizen. Ausgewählt und übersetzt von Klaus EDER (Frankfurt am Main, 1983), p. 124: "Der Kinematograph erfordert eine Syntax. Diese Syntax erhält man durch die Verkettung und den Konflikt der Bilder untereinander."

5. Zu diesem Ergebnis kommt Monika REIF. Film und Text. Zum Problem von Wahrnehmung und Vorstellung in Film und Literatur (Tübingen, 1984), p.175, durch die Gegenüberstellung der Rezeptionsvorgänge bei "Lesen" und "Zuschauen".

6. Nach Elisabeth FRENZEL. Stoffe der Weltliteratur (Stuttgart, ^{4}1976), pp.416-421 ("Kolumbus") in Schwerpunkte gefaßt.

7. Cf.Raymond TROUSSON. "Le théâtre" in Littérature française de Belgique, hg. von Robert FRICKX und Jean MUNO (Sherbrooke, 1979), pp.70-71, der das vielschichtige Schaffen Ghelderodes auf diesen thematischen Nenner zu bringen sucht.

8. Es wird im folgenden unter Verweis auf den Titel des Theaterstücks zitiert nach der Ausgabe Michel de GHELDERODE. Théâtre, 5 vol. (Paris, 1952-1957), t.II, pp.151-184.

9. Cf. ibid., p.155.

10. Cf. ibid., pp.155-156.

11. Über diese Vorstellung gibt Mircea ELIADE. Mythes, rêves et mystères (Paris, 1957), pp.40-43, hinreichende Auskunft.

12. Das "Bordbuch" liegt veröffentlicht vor als Diario de Colón. Libro de la Primera Navegación y Descubrimiento de las Indias, hg. von Carlos SANZ, 2 vol. (Madrid, 1962).

13. Cf. Christophe Colomb, p.159.

14. Soweit die Definition von "Surrealismus" in dem bereits zuvor erwähnten Metzler Literatur Lexikon.

Anmerkungen II

15. Cf. Christophe Colomb, pp.156-158.
16. Cf. ibid., pp.159-161.
17. Gerhard PRAUSE unternimmt es in seinem Buch Niemand hat Kolumbus ausgelacht (Düsseldorf/Wien, 1966), die Historie von den zahlreichen Legenden um den berühmten Entdecker zu trennen (ibid., pp.41-74)
18. Cf. Christophe Colomb, p.161.
19. Cf. ibid., p.162.
20. Cf. Michel AUTRAND, "Le personnage collectif dans le théâtre de Michel de Ghelderode" in Michel de Ghelderode et le théâtre contemporain, hg. von Roland BEYEN, Michel OTTEN, Gianni NICOLETTI, Venanzio AMOROSO (Bruxelles, 1980), pp.301-315.
21. Cf. Christophe Colomb, p.161.
22. Cf. ibid., pp.165-172.
23. Cf. ibid., p.172.
24. Über die aufklärerische Darstellungsweise, mit der Friedrich II. die denkwürdige Begegnung zwischen Cortês und Montezuma in einem seiner Opernlibretti wiedergibt, will Vfs. Beitrag "Die Eroberung Mexikos aus preußischer Sicht: Zum Libretto der Oper Montezuma von Friedrich dem Großen" in Oper als Text. Romanistische Beiträge zur Libretto-Forschung, hg. von Albert GIER (Heidelberg, 1986), pp.65-94, unterrichten.
25. Cf. Christophe Colomb, pp.173-174.
26. Eine Übersicht über den Forschungsstand liefern die beiden folgenden Werke: First Images of America: The Impact of the New World on the Old, 2 vol., hg. von Fredi CHIAPPELLI (Berkeley/Los Angeles/London, 1976); Mythen der Neuen Welt. Zur Entdeckungsgeschichte Lateinamerikas. Hg. von Karl-Heinz KOHL (Berlin, 1982).
27. Über diese Thematik berichtet Klaus MEYER-MINNEMANN einleitend in seinem Aufsatz "Lateinamerikanische Literatur - Dependenz und Emanzipation" in Iberoamericana, Heft 28/29, 10.Jg. (Frankfurt am Main, 1986), pp.3-17, hier: p.4.
28. Die verschiedenen Stadien dieser Akkulturation vollzieht Edward F.TUTTLE unter dem Titel "Borrowing Versus Semantic Shift: New World Nomenclature in European Languages" als Beitrag im ersten Band des von CHIAPPELLI herausgegebenen Sammelwerks (ibid., pp.595-611).
29. Man denke hier an die bekannten Ausführungen "Des cannibales" in den Essais des Michel de MONTAIGNE (Buch I, Kap.31).
30. Cf. Christophe Colomb, p.174.
31. Cf. ibid.
32. Cf. ibid., p.173.
33. Cf. ibid., p.167.
34. Cf. ibid., p.171.

Anmerkungen III

35. Cf. ibid., p.175. Es stellt sich die Frage, ob Ghelderode in diesem Zusammenhang an die "Reducciones" denkt, die der Orden im 17. und 18.Jahrhundert in Paraguay unterhielt. Hinreichende Informationen zu diesem Experiment liefern die Lateinamerika-Studien, Bd.14 (München 1984).

36. Beispielsweise Roland BEYEN. Michel de Ghelderode ou la hantise du masque (Bruxelles, ³1980), p.473.

37. Cf. Christophe Colomb, p.180.

38. Der kubanische Schriftsteller Alejo Carpentier tut dies formvollendet in einer seiner Erzählungen, die Vf. unter diesem Gesichtspunkt untersucht hat: "Die fragwürdige Überwindung des Mittelalters durch die Conquista: Zu Alejo Carpentiers El Camino de Santiago" in Iberoamericana, Heft 33, 12.Jg. (Frankfurt am Main, 1988), pp.21-40.

39. Christophe Colomb, p.180.

40. Ibid., p.181.

41. Mit solchen Entwicklungen beschäftigt sich Ernst TOPITSCH. Erkenntnis und Illusion. Grundstrukturen unserer Weltauffassung (Hamburg, 1979), pp.65-74, im Detail.

42. Vom Autor in den Entretiens d'Ostende, hg. von Roger IGLÉSIAS und Alain TRUTAT (Paris, 1956), pp.61-62, ausdrücklich eingestanden.

43. Christophe Colomb, p.182.

44. Jean FRANCIS. "Le folklore, source d'inspiration de Ghelderode" in Michel de Ghelderode, dramaturge et conteur. Hg. von Raymond TROUSSON (Bruxelles, 1983), pp.119-128, hier: p.128.

45. Nachzulesen bei Marianne MAHN-LOT. La découverte de l'Amérique (Paris, 1970), p.59.

46. Cf. Christophe Colomb, pp.183-184.

47. Trotz gewisser Ähnlichkeiten liegt keine thematische Verwandtschaft mit Paul CLAUDELS Le Livre de Christophe Colomb (1929) vor; denn dort soll vor allem Columbus' "Passion und Verklärung" nachvollzogen werden, wie Titus HEYDENREICH in seiner Interpretation "Paul Claudel: Le Livre de Christophe Colomb", in: Das moderne französische Drama, hg. von Walter PABST (Berlin, 1971), pp.114-130, hier: p.123, überzeugend darlegt.

48. Mit vergleichbaren Mitteln versucht der belgische Autor Charles BERTIN, den schwankenden Auffassungen zur Reise bei Admiral und Mannschaft in seinem Christophe Colomb([Buch:]Bruxelles, 1966) durch den steten Wechsel von "scènes dramatiques" (Kajüte) und "scènes poétiques" (Brücke) Ausdruck zu verleihen (cf. ibid., p.11 ["Liminaire"]).

Anmerkungen IV

49. Ein modernes Hörspiel, der Christopher Columbus des Italieners Maurizio SCHMIDT (Produktion: Schweizer Rundfunk DRS, Studio Zürich 1987) bietet da ein mit Modernismen durchsetztes, spielerisch freches Phantasiegebilde an, in dem der durch seine Vorstellungen von einem westlichen Seeweg nach Indien zum Jugendidol gewordene Held zunächst vor dem akademischen Dünkel der Herren des Patentamtes zurückzustecken hat, sodann durch die Liebesdienste seines ehemaligen Religionslehrers bei Königin Isabella Karavellen und durch die Übertragung seiner Anrechte auf die Ausbeutung der neu zu entdeckenden Territorien auf König Ferdinand Reisepässe erhält, schließlich dem in eine Meuterei umschlagenden Unmut der Mannschaft durch das Auflaufen des Schiffes auf Land mit knapper Not entkommt. Die Geschichte endet bewußt im Augenblick freudvoller Entdeckung. (Sendung: Westdeutscher Rundfunk Köln, 1.Hörfunkprogramm, 15.Oktober 1987).

Illustrationen

Die in den voraufgehenden Beitrag eingefügten Abbildungen geben Kupferstiche von Jan SADELER dem ÄLTEREN (1550-1600) aus der Bildfolge "Die vier Kontinente" wieder, die hier mit Erlaubnis der Staatlichen Graphischen Sammlung München (Inv.-Nr.41231 ["Europa"], 41232 ["America"]) abgedruckt werden.

"...la poesía ha inventado nuevos continentes.
Colón y España descubren el mejor":
Alfonso Reyes y su imagen de Cristóbal Colón

Ludwig Schrader

I.

La figura monumental de Cristóbal Colón aparece con frecuencia en la obra del gran crítico, ensayista y poeta mexicano Alfonso Reyes (1889-1959). No es exagerado decir que Colón es citado o aludido por Reyes prácticamente a cada paso y en contextos muy diferentes.

Por un lado, se trata de los fundamentos y aspectos de los viajes del almirante fantástico-literarios. Así, por ejemplo, Reyes subraya, citando a Otto Silbermann, que Colón "debió su descubrimiento a la creencia en la realidad de la Atlántida" (XXI, pág.143; 1932).[1] Reyes relaciona a Colón con el pensamiento utópico:

> [...] la literatura utópica que desde entonces se vino elaborando y que la Edad Media enriqueció con su admirable aptitud para lo fabuloso, cuenta entre los antecedentes o estímulos espirituales de la grande empresa de Colón (IX, pág.275; 1943),

y no tiene problemas en aprobar el juicio un tanto exagerado de Valery Larbaud, juicio que traduce con estas palabras:

> A decir verdad, los hechos relatados en la Eneida son de corto alcance, en comparación con la Conquista de América, pero el tono épico los magnifica. Y la igualdad poética es completa entre Colón, el Adelantado, Ojeda, Balboa, Cortés, etc., y Eneas; así como lo es entre los caciques del Lacio y los de la Hispaniola o los emperadores del México y del Perú (XI, págs.178 sig.; 1937; texto de Larbaud de 1931).

De este modo, Colón adquiere algo así como una significación metonímica que permite otras comparaciones. La "famosa expedición terrestre" de Alejandro Magno es "sólo comparable en importancia a los viajes [...] del propio Cristóbal Colón" (XVIII, pág.71; 1948). Schliemann es comparado con Colón ya que él tampoco "supo que había encontrado algo mejor de lo que buscaba" (XVIII, pág.274; s.a.). Reyes enumera a "Simbad, Marco Polo y Colón", "hombres estrafalarios, monstruos de felicidad o de horror" (XVIII, pág.317; 1958). No es de extrañar que aparezca también Cervantes entre los grandes creadores y aventureros comparados con Colón:[2]

¡Cómo tendría el pobre [Cervantes] la cabeza! Sin duda
como la tenía Colón con la Imago Mundi del Cardenal
Aliaco y otros libros ejusdem farinae, no menos
quiméricos y embusteros. Y sin ellos, ni Colón se
hubiera lanzado a la locura que lo llevó al descubrimiento de las Indias Occidentales (VI, pág.383; 1947).

Por otro lado, Alfonso Reyes no pasa por alto lo "histórico". No cabe duda que lo que más le interesa es ese aspecto fantástico, o mejor dicho, la fusión de lo fantástico, lo literario, con la realidad; más abajo volveremos a este tema. Pero hay que constatar que naturalmente, el gran erudito compone su imagen de Cristóbal Colón en pleno conocimiento de los contextos históricos, aludiendo a ellos con permanencia e incluyendo lo que hoy llamaríamos la "recepción" por parte de la posterioridad. Reyes habla, pues, de problemas biográficos (VII, pág.452; 1918), de "la inacabable disputa entre España y la República Dominicana sobre los restos de Colón" (XVI, pág.260; s.a.); habla de

la teoría de la redondez de la tierra, que [...] partía
de autoridades muy antiguas aunque por muchos siglos
quedó olvidada (XI, pág.301; 1943),

o, por ejemplo, de la caña de azúcar llevada por Colón a las Indias Occidentales en 1493 (XI, pág.213; 1937). Reyes reflexiona sobre lo problemáticos que son juicios posteriores:

Muy fácil juzgar de las cosas a posteriori. Y es error
a que son muy dados esos historiadores que aconsejan a
Colón o a Cortés, a Hidalgo o a Juárez, lo que debieron
haber hecho en sus días, en vista de lo acontecido
después (XVII, pág.271; 1944),

y discurre, desde el mismo nivel de reflexión, en otra problemática semejante (que es, en principio, la suya propia): la de la selección, voluntaria o involuntaria, de rasgos que sirvan para crear un retrato de Colón con arreglo a uno u otro clisé. El ejemplo es Pedro Mártir de Angleria:

[...] sólo se doblega cuando [las noticias] parecen
escudarse a sus ojos en la semejanza con los mitos
clásicos: reminiscencias de la hesiódica Edad de Oro,
isla de mujeres amazonas, galerías de heroínas a lo
Tito Livio, Colón en actitud de estatua romana
(XII, pág.312; 1948).

II.

"Colón en actitud de estatua romana": vamos a analizar más detalladamente en qué actitud nos lo presenta Alfonso Reyes mismo. No seguiremos reuniendo citas más o menos aisladas, sino trataremos de interpretar un sólo texto relativamente coherente dedicado exclusivamente a Colón y el descubrimiento: El presagio de América, publicado en 1942 como parte primera de Última Tule. La fórmula "relativamente coherente" quiere decir que estas 50 páginas están compuestas de varios ensayos publicados entre 1920 y 1940 (XI, pág.11, nota).

Manuel Olguín cita esta obra entre las creaciones de la "cuarta [y última] etapa" de Alfonso Reyes: la que empieza con el "Regreso definitivo a México (1939)". No nos convence mucho lo de las etapas, ya que se trata de obras en parte bastante anteriores, pero es interesante que Olguín considere Última Tule junto con Tentativas y orientaciones como obra en que "cristaliza la filosofía social y de la cultura que Reyes había venido elaborando en el curso de su obra ensayística". Añade Olguín:

> La filosofía social de Alfonso Reyes es esencialmente una filosofía de la cultura orientada hacia Hispanoamérica. [...] esta filosofía aspira ante todo a encontrar la fórmula capaz de elevar a Hispanoamérica a un plano cultural universal, pero sin abandonar los valores humanos fundamentales de su tradición hispánica y latina.[3]

Recientemente, James Willis Robb confirma el juicio de Olguín en un artículo dedicado a la biografía exterior e interior de Alfonso Reyes. También Robb menciona Última Tule y Tentativas y orientaciones en relación con la "americanería andante" de Reyes que aquí "se concreta en un constante examen del sentido y del sitio de América dentro de la cultura universal". Pero, hablando de El presagio de América, añade algo importante cuando subraya el carácter "mixto" de los textos en prosa de Alfonso Reyes:

> Como en su Visión de Anáhuac, se funden [en El presagio de América] la documentación histórica y la interpretación en la visión poética de un ensayista a la vez artista y filósofo.[4]

He aquí lo esencial: "filosofía" sí, pero no en forma "académica", sistemática, cerrada, sino más bien, para emplear una expresión de Octavio Paz, en forma de "estímulo":

En un mundo de retóricos elocuentes o de reconcentrados
silenciosos, Reyes nos advierte de los peligros y de las
responsabilidades del lenguaje. Se le acusa de no habernos
dado una filosofía o una orientación. Aparte de que quienes
lo acusan olvidan buena parte de sus escritos, destinados a
esclarecer muchas situaciones que la historia de América nos
plantea, me parece que la importancia de Reyes reside sobre
todo en que leerlo es una lección de claridad y transparencia.
Al enseñarnos a decir, nos enseña a pensar. De ahí la importancia de sus reflexiones sobre la inteligencia americana y
sobre las responsabilidades del intelectual y del escritor
de nuestro tiempo.[5]

"Claridad y transparencia" - tal fórmula es sin duda valedera para El presagio de América. Ya hemos aludido al hecho de que esta obra consista, en realidad, de textos diferentes en cuanto a sus primeras publicaciones, pero seguimos a Olguín, a Robb - y ¡al mismo Alfonso Reyes! - considerándola texto homogéneo. Es homogéneo en su estructura de tipo ensayístico que no sólo no excluye, sino permite la repetición. Esta misma estructura permite sobre todo un gran dinamismo del pensamiento que toca al menos cuatro niveles temáticos - sin que estos últimos se repartan con exactitud entre los 21 capítulos de que se compone El presagio de América en las Obras completas. Hay que añadir un quinto nivel, ya aludido arriba: el de la reflexión del texto sobre sí mismo, nivel que, como se sabe, aparece de forma bastante pronunciada ya en los Essais de Montaigne. En Reyes, lo encontramos, por ejemplo, en estas palabras del principio:

> Las páginas que aquí recojo adolecen seguramente de algunas
> deficiencias de información, a la luz de investigaciones
> posteriores, y ni siquiera aprovechan todos los datos dispo-
> nibles en el día en que fueron escritas. Pero ni tenía objeto
> entretenerse en la reiteración de datos que transformara en
> investigación erudita lo que sólo pretende ser una sugestión
> sobre el sentido de los hechos, ni tenía objeto absorber las
> nuevas noticias si, como creo, la tesis principal se mantiene
> (XI, pág.12; el subrayado es nuestro).

Es muy clara la distancia que subraya Alfonso Reyes, distancia entre la erudición y la "sugestión" hermenéutica que él quiere ofrecer; no se pueden reducir las observaciones que acabamos de citar a un puro tópico de "modestia afectada".

En lo que sigue no traspasaremos los límites indicados: nos interesa la "sugestión", la interpretación que esboza Reyes, no nos interesa la posibilidad de corregir "datos".

III.

Hemos hablado de cuatro temas. El primero - y principal, a nuestro parecer - lo podemos titular América, invención de los poetas (cf. XI, pág.14; cf. también, pág.232; 1939). Reyes no pasa por alto otros motivos y factores que finalmente llevaron al "descubrimiento", pero insiste en que "lo fabuloso" (XI, pág.13 y nota) desempeñó un papel importantísmo tanto para Colón como para otros "descubridores", anteriores o posteriores a él. Esboza una historia del "'Plus Ultra' que vence a las Columnas de Hércules", idea que "florece en la portentosa Atlántida de Platón" y que luego

> se enriquece por toda la Edad Media con las leyendas utópicas: la Isla de San Balandrán o de los Pájaros - primera hipótesis de la Isla de los Pingüinos -, la de las Siete Ciudades, la Antilia o Ante-Isla y el Brasil - nombres éstos que después recogerá la geografía -;[...] y es embarcada al paso en la nave de los poetas renacentistas, para depositar finalmente sus acarreos de verdad y de fábula en manos de Cristóbal Colón, cuando éste, hacia 1482, abre las páginas de la Imago Mundi (XI, pág.13; el subrayado es nuestro).

La "fértil Atlántida",[6] descrita por "Platón, vuelto aquí poeta", interesa a Alfonso Reyes también en lo que sigue; según Reyes

> [e]l relato de Platón influye sobre los exploradores y cosmógrafos del siglo XV, ayudado de las antiguas ideas sobre la configuración terrestre, puestas al día por los humanistas. [...]
> Entre tanto, América, solicitada ya por todos los rumbos, comienza [...] , antes de ser un hecho comprobado, a ser un presentimiento a la vez científico y poético (XI, pág.28 sig.; el subrayado es nuestro).

"Acarreos de verdad y de fábula", "presentimiento a la vez científico y poético": se ve claramente cómo las líneas temáticas pueden enlazarse. Ya hemos dicho que Reyes no deniega la importancia de factores otros que "lo fabuloso", pero no deja de insistir en este motivo. Habla, por ejemplo, también de los aspectos técnicos y prácticos de la gran empresa y de las relaciones difíciles entre Colón y los Pinzones. Es característico que lo haga en forma de una Epístola a los Pinzones - el sólo título, sin duda alusión al Arte poético de Horacio - Ad Pisones -, indica la supuesta calidad "literaria" de los viajes de Colón. Dice Reyes en su "epístula":

783

Colón era el Almirante; Martín Alonso [Pinzón] el ecónomo. Aquél era el jefe; éste, el técnico. Semejante dualidad, en que late ya la discordia, fue, sin embargo, lo que hizo posible el Descubrimiento: <u>la chispa del sueño había caído sobre el grano de pólvora de la realidad</u> (XI, pág.49 sig.).

Hemos subrayado una de las metáforas - a veces un tanto atrevidas - de Alfonso Reyes, metáforas que tanto contribuyen a lo que él mismo llama, refiriéndose a ciertas descripciones de América, "encanto literario" (XI, pág.57). Citemos también esta "pointe", que termina las observaciones de Reyes acerca del carácter "visionario" de Colón:

> atrevámonos a decir que el descubrimiento de América fue el resultado de algunos errores científicos y algunos aciertos poéticos (XI, pág.44).

No es de extrañar que Reyes trate también de la influencia que ejercieron las "invenciones de los poetas" sobre los textos de Colón mismo, acentuando esta influencia más que la crítica contemporánea:[7]

> Pudo, por ejemplo, habernos dejado alguna impresión verdadera de la naturaleza y la vida americanas. Pero no: la fábula se interpone, y el deseo de encontrar acá la verificación de sus prejuicios mitológicos nos priva de alguna descripción comparable a su vivacísima descripción de las tempestades marítimas. [...]

> [...] Colón, durante los tres meses que dura su recorrido por las Antillas, duda - entre aquellos árboles y aquellos hombres desnudos - si habrá encontrado el Edén bíblico, si más adelante quedarán los países de inmensas riquezas que Marco Polo le tiene prometidos... (XI, pág.43).

IV.

La mención de Marco Polo nos lleva al segundo tema que nos parece ser de interés en El presagio de América: Reyes trata detenidamente de viajeros y "descubridores" anteriores a Colón: "los Colones desconocidos", "los Colones involuntarios" (XI, pág.17 sig.). No sólo la "Atlántida, resucitada por los humanistas, trabajó por América" (XI, pág.17), sino que muy probablemente hubo contactos tempranos:

> ¿Quién nos dice que, entre los europeos que visitaron el Asia, algunos no hayan escuchado relatos capaces de levantar la duda sobre la existencia de otros mundos probables? Por otra parte, se ha pretendido que los mismos viajeros atlánticos conocían de tiempo atrás el paso del istmo de Panamá y aun el Cabo de

Hornos; o que los viajeros del Pacífico poseían itinerarios
fijos y bien establecidos para abordar los puertos naturales
del litoral americano (XI, pág.18).

Alega el "secreto comercial" (ibid.) para explicar el que hayan quedado desconocidas ciertas rutas hacia América: "estos viejos marinos y pilotos navegaban como mercaderes [...], y les importaba [...] el secreto de sus posibles medros, de suerte que preferían ocultar lo que sabían o lo que sospechaban" (XI, pág.41). Por vaga que sea toda hipótesis de esta índole, Reyes discute estas teorías a la vez con escepticismo (¿pudo realmente haber "contaminaciones entre la leyenda bíblica y la mitología autóctona"? [XI, pág.19]) y con simpatía; discute con gran simpatía, naturalmente, el descubrimiento involuntario de "Vinlandia" por el hijo de Erik el Rojo (XI, pág.23).

No enumeramos los detalles para pasar rápidamente a lo que dice Reyes acerca del humanismo italiano y su eventual influencia en Colón. Después de tratar de las "supersticiones corrientes" a las que los humanistas todavía "pagaban tributo" (XI, pág.25), se dedica a los aspectos más o menos "científicos" del humanismo:

> Lo importante es que los viajeros no humanistas por profesión
> parecían moverse bajo las instrucciones expresas de los humanistas; ejecutaban, en efecto, lo que escribían los otros, y
> venían así a constituir un verdadero humanismo militante
> (XI, pág.29).

Esto significaba, en principio, una limitación a los conocimientos tradicionales, limitación que empezó a rebasar uno de los personajes más interesantes del siglo XV, a saber, Ciriaco d'Ancona,

> quien, bajo las atracciones del humanismo, dejó de ser
> mercader para convertirse en erudito, y anduvo juntando
> documentos por Italia, Grecia, el Egeo y el Asia Menor.
> Sus viajes tienen singular importancia, porque marcan
> el primer impulso, vago todavía, por romper el ciclo
> de la geografía clásica, al cual la gente humanística
> se venía manteniendo fiel (ibid.).

He aquí, implícitamente, el tercer tema que atraviesa las páginas de
El presagio de América: la madurez del tiempo que permitió la "resolución de la mitología en historia" (XI, pág.11 sig.). Insiste Reyes en lo que podríamos llamar kairós, momento particularmente propicio:

> De Italia, cuyo genio mercantil casi había alcanzado las
> elegancias de su poesía [-¡primacía, en cualquier contexto, de lo literario!-], salen de tiempo en tiempo
> cartógrafos más o menos improvisados, para ponerse al
> servicio de las dos coronas, y hasta al de Inglaterra,

que por muy poco perdió la ocasión del descubrimiento americano. Y en aquel <u>ambiente cargado de posibilidades, donde todo comenzaba a parecer factible</u>, se destaca de pronto la figura de Colón, asistido por los Pinzones, los Dioscuros del Nuevo Mundo, a quienes la hazaña debe más de lo que suele decirse.

Cristóbal Colón no es un hombre aislado, caído providencialmente del cielo con un Continente inédito en la cabeza (XI, pág.16).

La fórmula que subrayamos aparece otra vez, ligeramente variada, en un contexto no menos "mixto" que el que acabamos de citar. Reyes habla, más abajo, de la posible inspiración de Luigi Pulci en el mapa de Toscanelli (en cuanto a los antípodas), luego del "imperativo económico que todos conocen: la necesidad de buscar una salida marítima para el comercio de Oriente", todo lo cual se resume en "este ambiente, cargado ya de todos los elementos necesarios" (XI, pág.30).

V.

¿Cómo aparece Colón en todos estos contextos (es el cuarto de los temas que tratamos de distinguir)? Cabe repetir que Reyes no tiene la intención de ofrecernos un retrato compuesto sistemáticamente. Lo que sí emprende, es la distinción entre la "leyenda" y la "historia" de Colón. Y al igual que en los demás campos temáticos - es difícil separarlos del con que tenemos que ver ahora, ya que allí de Colón también es cuestión - nos encontramos ante una "mezcla" de ideas profundas y originales por un lado y de procedimientos asociativos, poéticos por otro.

Reyes se mete a luchar contra la "leyenda":

En torno al recuerdo del Genovés crece una <u>vegetación inculta y profusa</u>. Para llegar hasta Cristóbal Colón hay que abrirse paso por entre malezas. No parece sino que Colón se esforzara por echarse fuera de la historia, o que la magnitud de la hazaña sofocara el conocimiento en el grado mismo que suscita la admiración. <u>En vano procura la historia imponer sus conmensuraciones exactas</u>. Cien veces deshecha, la leyenda vuelve a recobrarse, como la ruda aplastada por los pies (XI, pág.31; los subrayados son nuestros).

Reconociendo plenamente que la leyenda, "hija armoniosa de la mente" (ibid.), tiene sus propias leyes, y haciendo constar "los resultados más paradójicos" que esta leyenda ofrece, Reyes se resiste enérgicamente a que se ensalce a Colón de manera exagerada:

> En la transfiguración legendaria de Colón hay un aspecto desapacible. El mismo entusiasmo que deifica al Almirante decreta la infamia para todos sus compañeros (XI, pág.44).

Bajo la rúbrica "La historia de Colón", Reyes esboza una breve biografía del "descubridor", biografía más bien escéptica. Colón es "hijo de una modesta familia de tejedores en que nunca hubo navegantes"; sólo después de su matrimonio con la hija del navegante Perestrello "empezó a codearse con gente marinera y a sentirse marinero él mismo"(XI, pág.33 sig.). Hemos dicho más arriba que no es el propósito de estas letras corregir datos históricos; pero en cuanto al momento en que Colón "se sintió marinero", cabe admitir una excepción. Reyes acentúa muy poco que cuando Colón se casó en Portugal - hacia 1478 o 1479 -, ya había sido "marinero" desde años.[9] Sin duda, a Reyes le interesa menos la experiencia profesional que podía tener Colón cuando llegó a Portugal que la "visión" relativamente tardía del futuro Almirante. "¿Historia?" - en los párrafos así titulados Reyes expone que lo que buscaba Colón era

> la Antilia de las narraciones fabulosas, <u>aunque se guardaba bien de nombrarla</u> para no ahuyentar a la gente o por no entregar su secreto
> (XI, pág.34; el subrayado es nuestro).

Partiendo de lo que pasó, según el <u>Diario</u> de Colón, el 6 de octubre de 1492 - discusión entre Colón y Martín Alonso Pinzón sobre el rumbo, mención de la isla de Cipango -, Reyes expone "objetivamente y sin juzgarla" (ibid.), la hipótesis ya citada en parte: Colón buscaba la Antilia, Martín Alonso el Cipango (el Japón).[10] Esta hipótesis, probable pero no comprobable ya que Colón "se guardaba bien" de nombrar la Antilia, permite a Reyes "forjar, con ayuda de testimonios fehacientes [¿los cuáles?] y algo de artificio" (XI, pág.35) un diálogo entre Colón y Pinzón sobre los dos puntos de destino. Este diálogo sirve de nuevo para subrayar "lo fabuloso", para confrontar fantasía y realismo. Dice el capitán Pinzón, por ejemplo, defendiendo su experiencia práctica:

> [...] ni llego a Portugal, ni me caso con la hija de
> Perestrello, ni me vuelven el juicio, según vos decís,
> aquellas historias y aquellos papeles. Mas os consta,
> si bien aparento mayor erudición ante esos doctores
> que se pagan tanto de citas y escolios, que he escu-
> driñado con ahinco algunas sumas de la sabiduría, las
> cuales bien valen por muchos libros (XI, pág.37).

El 24 de octubre, Colón identifica a Cuba con "la isla de Cipango, de que se cuentan cosas maravillosas y en las esperas [esferas] que yo vi y en las pinturas de mapamundos es ella en esta comarca".[11] Para Reyes el descubrimiento" es más: es "como un duelo trascendental entre el Japón y Haití, el Cipango y la Antilia, donde la Antilia se disfraza de Cipango para mejor triunfar" (XI, pág.35).

Claro está que con este triunfo del país que al final no existe, nos hemos alejado de nuevo de la "historia". Aun donde emplea esta palabra, Reyes no es historiador. A pesar de ello, es probable que los historiadores acepten, en principio, esta conclusión a que llega Reyes, conclusión expresada parcialmente en términos que vienen de la historia literaria; dice de Colón:

> A primera vista, uno de esos italianos cosmopolitas
> y emprendedores [...], medio poetas y medio brujos,
> confusos y batalladores, [...], a la vez mezquinos
> y sublimes. A última vista, y considerado por el
> saldo, es el Héroe, romántico animal del destino.
> Junto a este Héroe hay varios Discretos, que se en-
> cargan de reducir y precisar las audacias del inspi-
> rado, de insertar en la realidad práctica la esteri-
> lidad esencial del espíritu (XI, pág.46).

VI.

Esta conclusión, si es lícito el término, no se encuentra al final de El presagio de América. Reyes habla, a continuación, de otros aspectos que nos limitaremos tan sólo a mencionar. Entre ellos encontramos las relaciones y una comparación entre Colón y Vespucci, encontramos el "bautismo", más o menos casual, de América, y encontramos algo así como una visión de América, primero de su papel utópico, en el pasado, su papel de "campo donde realizar una justicia más igual, una libertad mejor entendida [etc.]"[12] (XI, pág.58), y luego, con la mirada dirigida hacia el presente y el porvenir, de su significación como

el teatro para todos los intentos de la felicidad
humana, para todas las aventuras del bien. Y hoy,
ante los desastres del Antiguo Mundo, América cobra
el valor de una esperanza (XI, pág.61).

Todo ello merecería su comentario. Leyendo estas últimas líneas a medio siglo de ser impresas por vez primera, es casi imposible que no sintamos amargura. - Pero para terminar, planteamos brevemente otro problema, a saber ¿cómo puede explicarse esa prioridad de lo literario, "fabuloso" etc. que tantas veces hemos encontrado en el ensayo de Reyes? ¿Cómo explicar, por ejemplo, que los aspectos económicos del "descubrimiento" no tengan importancia?

Naturalmente cabe acordarse de que Reyes no fue sólo crítico, sino "creador de la palabra viva, poeta y artista de la prosa".[13] Cuando Reyes considera a Colón como "el Héroe", se trata en primer lugar de una alusión a Gracián, pero al mismo tiempo hay que tener en cuenta el importante papel que desempeñan, en la obra de Reyes en general, las "figuras simbólicas humanas" o "héroes simbólicos", estudiados por Robb: "cazador, acróbata, nadador, jinete, conquistador". Dice Robb, refiriéndose implícitamente a El presagio de América:

> el conquistador también es otra encarnación estética
> del poeta Alfonso Reyes y de su actitud ante los
> tesoros y las maravillas descubiertas o reveladas
> por un genio poético de la calidad de Góngora.
>
> Estas potencialidades del tipo del conquistador-
> descubridor para inspirar símbolos se relacionan
> claramente con el interés de Alfonso Reyes por
> varios verdaderos descubridores [...]: Colón, los
> hermanos Pinzón [etc.].[14]

Estas observaciones merecen todo nuestro interés porque no se limitan a las imágenes como tales, al estilo, a Alfonso Reyes poeta, sino nos llevan hacia Reyes teórico de la literatura. En efecto, Robb se refiere, poco después del pasaje que acabamos de citar, a El deslinde y a la siguiente frase decisiva de esta obra decisiva, más o menos contemporánea de El presagio de América:

> Y es así, la literatura, el camino real para la conquista
> del mundo por el hombre (XV, pág.190; 1944).

No pretendemos proponer nada inédito al llamar la atención sobre tal importancia primordial que atribuye Reyes a la literatura. La crítica ha insistido con bastante frecuencia sobre esta actitud, incluyendo otras obras teóricas como las Cuestiones estéticas (I; 1911). Se subraya que la actitud de Reyes está estrechamente relacionada con el antipositivismo del Ateneo de la Juventud, grupo que ya antes de adoptar este nombre en 1909 "se orienta hacia la revisión y crítica de los valores intelectuales. Señala los errores del régimen imperante y transforma el concepto de educación en México".[15] Sin extendernos sobre otros aspectos de la cuestión - en particular: la posición "exacta" de Reyes frente a o dentro de la "modernidad" literaria general -, tratamos, para terminar, de un sólo punto interesante en El presagio de América y en textos de Reyes dedicados a la teoría literaria: es la historia, son los "datos".

Hemos observados que al fin y al cabo, en El presagio de América la historia desaparece ante la creación imaginativa. En El deslinde leemos sobre la novela histórica:

> La historia es resurrección del pasado. La vitalización que adquiere la historia en la presentación literaria es tan intensa, que aun logra predominar sobre anacronismos, errores y caprichos. La literatura de asunto histórico puede acertar con una verdad humana más profunda que los inventarios y calendarios históricos (XV, pág.116; el subrayado es nuestro).

Y, naturalmente, sigue lo que uno esperaba:

> Y éste es el momento de recordar la tesis aristotélica respecto a la primacía filosófica de la literatura (ibid.).

A pesar de cierta reserva en cuanto a la fecundidad de la novela histórica, la idea es clara. Por curioso que pueda parecer, aquí corrobora Aristóteles una idea central de la "modernidad" (por lo demás, poco aristotélica): la de la autonomía de la "poesía":

> Hace mucho que la poesía ha inventado nuevos continentes. Colón y España descubren el mejor: se produce América (XI, pág.232; 1939).

Notas

1. Citamos por la conocida edición de las Obras completas de Alfonso Reyes, México, D.F., Fondo de Cultura Económica, 1955 sigs. Las cifras romanas indican el volumen; también indicamos la fecha que lleva un texto en dicha edición. - La señora Beate Sonntag-Krum, Düsseldorf, tuvo la amabilidad de revisar el texto de este artículo.

2. Cf. también la interesante y sorprendente gama Vinci - Galileo - Colón - Darwin - Cook (XVII, pág.425; 1942).

3. Manuel Olguín, Alfonso Reyes, ensayista. - Vida y pensamiento -, México, D.F.,Andrea, ^{3}1956 (Colección Studium. 11), pág.108 sig.; la "cuarta etapa" es tratada a partir de la pág.83.- Cf. también María del Carmen Millán, "La generación del Ateneo y el ensayo mexicano", en: Nueva Revista de Filología Hispánica 15 (1961), pág.634, donde la autora se pronuncia contra la hipótesis de diferencias esenciales entre trabajos de Reyes más tempranos y otros más tardíos.

4. James Willis Robb, "Alfonso Reyes en busca de la unidad (constancia y evolución)", en: Revista Iberoamericana LV, 148-149 (1989), Número especial dedicado a Alfonso Reyes y la literatura mexicana del siglo XX, págs.827 y 831.

5. Octavio Paz, El laberinto de la soledad, México, D.F., Fondo de Cultura Económica, 2ª edición, revisada y aumentada, 6ª reimpresión 1970, pág.145 sig.; el subrayado es nuestro.

6. Sobre Atlántida cf. Edwin S. Ramage (ed.), Atlantis. Fact or Fiction?, Bloomington, Indiana University Press, 1978; hemos utilizado la edición alemana: Atlantis. Mythos, Rätsel, Wirklichkeit?, traducción de Hansheinz Werner, Frankfurt (Main), Umschau Verlag,1979; el carácter puramente mítico-poético del reino descrito por Platón es subrayado en las contribuciones de S.Casey Fredericks y J.Rufus Fears.

7. Nos referimos a Antonio Carreño, "Naufragios, de Alvar Núñez Cabeza de Vaca: Una retórica de la crónica colonial", en: Revista Iberoamericana LIII, 140 (1987), págs.499-516; sobre Colón cf. págs.499-502. - Cf., por otra parte, lo que dice de la proyección de los mitos europeos sobre América Jean-Pierre Sánchez, "Le mythe: un élément primordial de l'expansion européenne dans le Nouveau Monde", en: Françoise Zmantar (ed.), Centres et périphéries. Actes du XXIe congrès de la Société des Hispanistes français, Clermont-Ferrand 1985, Université de Clermont II, Département d'études hispaniques, 1987, págs.17-42.

8. Ciriaco d'Ancona es interesante, entre otros aspectos, por el culto poético que rendía a Mercurio, dios de los comerciantes y viajeros; cf. Karl August Neuhausen - Erich Trapp, "Sprachliche und sachliche Bemerkungen zu einer neuen Ausgabe des Cyriacus von Ancona", en: Humanistica Lovaniensia 32 (1983), págs.45-74, y 33 (1984), págs.22-70; K.A.Neuhausen, "Cyriacus und die Nereiden. Ein Auftritt des Chores der antiken Meernymphen in der Renaissance", en: Rheinisches Museum für Philologie 127 (1984), págs.174-192; K.A.Neuhausen, "De Cyriaci Anconitani quibusdam ad Mercurium deum precationibus", en: Res Publica Litterarum. Studies in the Classical Tradition 10 (1987),págs.243-250.

9. Cf. por ejemplo, la biografía bien documentada de Rudolf K. Goldschmit-Jentner, Christoph Columbus. Der Mensch. Die Tat. Die Wirkung, Hamburg Christian Wegner Verlag, 1949, págs.35 y 48 sig.

10. Las dos islas son mencionadas en la carta de Toscanelli al canónigo lisbonense Fernan Martins del 25 de junio de 1474; hacia 1480, Toscanelli mandó una copia a Colón, cf. Goldschmit-Jentner, loc.cit., págs.67 sigs.

11. Cristóbal Colón, Textos y documentos completos. Edición, prólogo y notas de Consuelo Varela, Madrid, Alianza Editorial, ^{2}1984, pág.44.

12. América, utopía de Europa: esta idea "parece ser típica para los Ateneístas" según Karlheinrich Biermann, "'Indigenismo' und 'Mestizaje'. Zur Theorie der Ateneistas im Kontext der Mexikanischen Revolution (Reyes, Vasconcelos, Ramos)", en: Karl Hölz (ed.), Literarische Vermittlungen/ Geschichte und Identität in der mexikanischen Literatur. Akten des Kolloquiums Trier, 5. bis 7. Juni 1987, Tübingen, Niemeyer, 1988 (Beihefte zur Iberoromania.6), pág.156.

13. James Willis Robb, "Una imagen en la prosa ensayística de Alfonso Reyes", en: Nueva Revista de Filología Hispánica 15 (1961), pág.637.

14. James Willis Robb, El estilo de Alfonso Reyes. Imagen y estructura, México - Buenos Aires, Fondo de Cultura Económica, 1965, págs.25 y 32 sig.

15. María del Carmen Millán, loc.cit., pág.628. Cf. Angel Luis Morales, "Teoría literaria y literatura en Alfonso Reyes", en: Revista Iberoamericana XXXI, 59 (1965), págs. 89-94; Alfredo A. Roggiano, "La idea de poesía en Alfonso Reyes", ibid., págs.109-115; Karlheinrich Biermann, loc.cit.; Roberto Hozven, "Sobre la inteligencia americana de Alfonso Reyes", en: Revista Iberoamericana LV, 148-149 (1989 - cf. más arriba, nota 4), págs. 803-817.

El interés por la persona de Cristóbal Colón en la Polonia de los siglos XIX y XX

Janusz Tazbir

En uno de mis escritos anteriores, dedicado a las opiniones de los antiguos polacos sobre Colón, he destacado que en la República nobiliaria este personaje atraía menos atención que en los países situados en las rutas de los grandes descubrimientos. El aumento cuantitativo y cualitativo de conocimientos sobre el Gran Genovés que se produjo a fines del siglo XIX en Polonia estuvo relacionado, de forma obvia, con el crecimiento del interés por América en cuanto tal. No obstante, fue en particular el desarrollo territorial y económico de los Estados Unidos de América del Norte el que indujo a escribir con cada vez más frecuencia sobre el descubridor del nuevo continente. Ni en 1592, ni en 1692 ni tan siquiera en 1792 nadie soñó con la conmemoración de los sucesivos aniversarios de la travesía realizada por Cristóbal Colón. Aunque con el paso de los siglos la gente empezó a darse cuenta de las múltiples consecuencias del descubrimiento de América para el continente europeo, se lo percibía más como un proceso largo, y no un acontecimiento relacionado con una fecha concreta.[1] En cambio, el año de 1892 dio pie a un sinnúmero de publicaciones relacionadas con dicha efemérides, también en el territorio polaco (principalmente en aquellas partes de Polonia ocupadas por Austria y Rusia).

El interés por el Descubridor de las "Indias Occidentales" estuvo también relacionado, en cierta medida, con el aumento del número de campesinos polacos que emigraban a Norteamérica y a Brasil a finales del siglo XIX. No es casual que gran parte de las biografías divulgadas estuvieran destinadas al lector sencillo a quien, aprovechando la ocasión, se le amonestaba que una vez que cruzara el océano, al modo de Colón, no se olvidara de la patria que era adónde debía mandar las remesas americanas. En un grado mayor aún se contaba con el joven lector, intención que atestiguan los propios títulos de aquellos libritos o de las series editoriales.[2] Aprovechando el interés por viajar y por las tierras exóticas, propio de la gente joven, se intentaba extender, mediante relatos sobre las aventuras del excelente Navegante, tales rasgos personales como el valor, la fuerza de la voluntad o la pasión descubridora. De ahí que sea gratuito buscar palabras de crítica hacia Colón en los libros de ficción o de divulgación de la ciencia destinados a jóvenes lectores. Los únicos libros en los que se acusaba a Colón de codicia, inexorabilidad o participación en el exterminio de los habitantes indígenas de América (todavía volveremos a todos estos cargos) eran obras para el lector adulto.

En lo que a los datos concretos sobre la persona de Colón se refiere, los polacos sólo tenían acceso a éstos mediante libros extranjeros, leídos en original, o en una traducción más o menos exacta al polaco. Así, los adultos podían recurrir a The History of America de W.Robertson, traducida al polaco en 1789 bajo el título de Historia odkrycia Ameryki przez Kolumba (Historia del descubrimiento de América por Colón). Para los niños se editó una traducción de la obra de H.Campe, Columbus oder die Entdeckung von Westindien ... (Estraburgo 1794), que en Polonia obtuvo el título de Odkrycie Ameryki (El descubrimiento de América, Wroclaw 1809).

Mientras el libro de Robertson tuvo que esperar casi 12 años para publicarse en polaco, el en toda Europa famoso libro de Washington Irving sobre Colón se vio traducido al polaco en un plazo brevísimo. El original inglés fue publicado en Londres en 1828 (en cuatro volúmenes); ese mismo año fragmentos de este libro los empezó a editar la revista bisemanal "Kolumb" (Colón).[3] Una traducción más completa de la biografía escrita por Irving que ofrecía una imagen romántica y bastante idealizada de Colón la debemos a Franciszek Chlewaski (Warszawa 1843). Ese mismo año un profesor de geografía, Jan Nepomucen Leszczyński, publicó una disertación sobre Colón; se trataba de una compilación de obras extranjeras (principalmente de F.Förster, A.Humboldt y del ya mencionado Irving) lo que el propio autor reconocía lealmente en el título de su libro.[4] Una biografía de Colón con fuertes elementos de ficción literaria, escrita por F.J.Cooper (Krzysztof Kolumb, Varsovia 1853) la tradujo al polaco L.Jenike.

En lo que respecta a otras publicaciones de carácter divulgador,[5] merece una mayor atención la disertación de Stanislaw Krzemiński (Krzysztof Kolumb, Przypomnienie życia i zaslug, Warszawa 1893), un trabajo substantivo, saturado de informaciones y serio. A ese mismo autor le debemos un amplio artículo, casi un folleto sobre Colón en la Gran Enciclopedia Universal Ilustrada.[6] Según se desprende de una vasta bibliografía dada a conocer al final del artículo, Krzemiński se basó en una amplia literatura concerniente al tema. En sus opiniones influyó particularmente la monografía de J.Winsor, crítica con Colón, Christopher Columbus (1891), obra que el autor polaco contrastó con la romántica biografía escrita por Irving. Krzemiński reprochaba al descubridor de América muchas cosas. Si bien reconoce que a

Colón no se le debía acusar de todas las violaciones perpetradas por los conquistadores, no se puede "sin atentar a la verdad, no advertir en él nada más que la avidez del oro y el prurito de elevarse por encima de los demás". Le acusa de codicia, nepotismo, crueldad para con los indígenas. Colón sentó "la base de una despreciable esclavitud que culminó con la extinción de todos los indios de las Antillas". Su religiosidad era una bigotería somera. El Genovés no tuvo el talante de descubrir del Nuevo Mundo. Tuvo méritos, sobre todo, ante España. Con razón al continente que había descubierto Colón, América, no se le puso su nombre dado que "en realidad la descubrieron otros".

Independientemente de la "leyenda negra" de Colón de la que se hace eco Krzemiński, debe reconocerse que su obra constituye el primer intento de trazar una biografía científica del Descubridor. En ella se ofrecieron informaciones sobre la progenitura y los recuerdos del Genovés, los retratos así como las peripecias del féretro con sus restos mortales. La obra concluía con una observación pesimista de que en lo que a los estudios de la vida de este navegante se refiere "nosotros, los polacos, aparte de haber traducido un resumen del libro de Irving no hemos hecho nada". En Polonia Colón, de hecho, no fue objeto de ninguna monografía más amplia hasta quinientos años después de su viaje, revelando ésta, además, un carácter semi-científico de divulgación (J.Cepik, Krzysztof Kolumb, Katowice 1981).

Algo parecido ocurrió con la publicación de sus escritos. El año 1892 se vio conmemorado con la edición de la carta en latín a Rafael de Santís (del 29 de abril de 1493) en la que Colón describía "el reciente descubrimiento de las Indias del Ganges". El incunable que se halla entre los documentos que albergan las bibliotecas polacas, fue editado, de forma independiente y en traducciones harto distintas, por Z.Celichowski y por J.Sobczyński (en la "Revista Católica", 1892). El original fue reimpreso en 1927. De esta manera quiso agradecerse a EE.UU. por la concesión de créditos a Polonia. Las respectivas negociaciones las llevó, por la parte polaca, el destacado economista Adam Krzyżanowski. A él también fue dedicado este impreso destinado a los bibliófilos. Este hecho viene a confirmar que el interés por Colón tuvo como origen el creciente poderío político y económico de los Estados Unidos de América del Norte. Tan sólo en 1965 se publicó en Polonia "la vida" de Cristóbal Colón, obra escrita por su hija Hernán.[7] Siete años más tarde se publicaría, también por vez primera, la traducción polaca de los diarios de las cuatro expediciones del gran navegante que en su anexo incluía, entre otros, algunas de sus cartas así como el testamento del Almirante.[8]

Entre los trabajos originales polacos se pueden mencionar los estudios sobre el conocimiento de su persona en la República nobiliaria polaca.[9] Una breve mención la merecen las discusiones suscitadas en torno a uno de los legendarios antecesores de Colón. Si es cierto que sobre él mismo "se escribió toda una biblioteca",[10] bien es verdad también que varios de sus estantes los llenarían los libros dedicados a los otros supuestos descubridores del Nuevo Mundo. Un lugar en la cabecera de esta lista corresponde a los escandinavos; con la mayor frecuencia y mayores dosis de probabilidad se escribe sobre los vikingos. Desde la época de Joachim Lelewel entre los "competidores" del Gran Genovés se solía enumerar a Jan de Kolno. Según el historiador polaco el mencionado Scolnus provenía de la localidad de Kolno en Mazovia (centro de Polonia), si bien algunos señalaban Kolno de Pomerania como más probable. Scolnus sería el jefe de la expedición noruega que alcanzaría las costas americanas en 1476. Esta leyenda fue rebatida, parece que de forma definitiva, por Bolesław Olszewicz, quien calificó el origen polaco del Navegante, llamado más bien "Scolvus", de "dudoso", mientras consideró como "absolutamente infundado el que se le atribuyera el descubrimiento de América antes de Colón."[11] Entre los investigadores contemporáneos polacos, algunos (K.Ślaski) comparten plenamente la opinión de Olszewicz, mientras otros (J.Pertek, W.Słabczyński) decinan tomar una posición definitiva, considerando toda la cuestión como "no esclarecida y abierta" por falta de fuentes seguras.[12]

En algunas ciudades polacas (principalmente en Pomerania) hay calles que llevan el nombre de Jan de Kolno. El supuesto antecesor de Colón se convirtió en el protagonista de varias novelas y de una serie de obras de teatro. No obstante, sería gratuito buscar el historial de Jan de Kolno en el Diccionario Biográfico Polaco en el que están incluídos todos los viajeros polacos de mayor relevancia. La existencia de Jan de Kolno tampoco la tomaron en cuenta K.Kwaśniewski y L.Trzeciakowski, redactores del compendio: Polacos en la historia y la cultura de la Europa Occidental. Diccionario Biográfico (Poznań 1981). Dicho personaje, fruto más bien de la fantasía literaria y los complejos de los emigrantes y no de las fuentes históricas, carece pues del derecho a existir en el universo de la "ciencia seria". Aun si por algún milagro pudiera probarse que Jan de Kolno vivió realmente y de hecho puso su pie polaco en la tierra americana, esto no hubiese significado nada más que de tantas otras hipótesis que atribuyen el descubrimiento de América a antecesores del Gran Genovés: no podrá haber ninguna fuente que cambie el hecho primordial de que fue Colón la persona gracias a la cual pudo establecerse un contacto permamente y cada vez más estrecho con el continente occidental.

El balance que había arrojado dicho contacto fue objeto de reflexiones ya en la época de la Ilustración; la polémica desatada a mediados del siglo XVIII la presentó Antonello Gerbi. Su precioso libro[13] tiene, sin embargo, el defecto de no recoger las opiniones provenientes de la Europa central y oriental. De las consideraciones de los científicos polacos se podría, al fin y al cabo, hacer caso omiso ya que en su mayor parte no eran más que un eco de la literatura francesa. Merece la pena detenerse más sobre las alusiones a Colón hechas por los representantes más destacados del romanticismo polaco del siglo XIX. Mientras sus insignes antecesores Jan Kochanowski, Wacław Potocki, Jan Andrzej Morsztyn y Zbigniew Morsztyn no se habían referido nunca a la vida del descubridor, Adam Mickiewicz le dedicó un poema medio cómico Kartofla ("la patata"), escrito en el período juvenil de la vida del artista (1819) dejado sin terminar, por otra parte, en el Canto primero.[14]

El argumento del poema se desenvuelve en dos dimensiones: en la tierra y en el cielo. En el más allá se produce una ferviente discusión para decidir si a la flota de Colón debe permitirse descubrir América. Además de las divinidades antiguas en la disputa toman parte también unos santos católicos. Santiago se pronuncia a favor del éxito de la expedición, señalando los provechos misioneros para la Iglesia y la esperada afluencia del oro. San Estanislao de Kostka es uno de los adversarios decididos del descubrimiento que costará la sangre y las lágrimas humanas. Una discusión similar tiene lugar a bordo de las naves de la flota colombina. Los marineros, agotados por la travesía que dura ya varias semanas, desean matar al almirante y volver a la patria. Sobre las dos plataformas, tanto la terrenal como la divina, el peso decisivo para la victoria de Colón lo acaba teniendo la patata. En los cielos y ante San Miguel Arcángel Santiago arroja la patata explicando a sus opositores que esta planta, descubierta en el Nuevo Mundo, salvará del hambre a los habitantes de Europa. Esta "fruta-rechoncha, blanda y suave", es tirada por Santiago sobre la cubierta de la nave justo cuando Colón, rodeado por los amotinados, "tiene la espada puesta sobre el pecho". La aparición de la patata logra convencer a los marinos que la tierra está ya cercana.

El Poema "Kartofla", de tono semi cómico, fue una de las voces en la arriba
aludida discusión sobre el balance de las ganancias y las pérdidas origina-
das por el descubrimiento de América. La necesidad de ayudar a Colón la
apoya el ángel Rafael argumentando que ésta será una tierra de la libertad
y la igualdad que florecerá cuando Europa caiga en ruinas:

> Por dónde estaban Parises, Londres y Vilnas,
> Entonces sobre el Nuevo Mundo resplandecerá la
> estrella de las libertades,
> La virtud y la ciencia serán uno de sus rayos.

Según demostró W.Wientraub unos pensamientos parecidos los encontramos en
los poemas contemporáneos de "Kartofla", de Shelley (The Revolt of Islam)
y de Byron (Ode on Venice).[15] Para entonces el joven polaco no podía haber
conocido estas dos obras. Así, de forma independiente, "jóvenes poetas de
los dos extremos de Europa, en Inglaterra y en Polonia, expresaron su pro-
testa por la Europa de la Santa Alianza, haciendo una apoteosis de la libre
América ... ".[16] Mickiewicz, sin embargo, iba más allá que sus colegas
ingleses que se limitaban a oponer las libertades americanas al despotismo
europeo. Para él América no era solamente un poderoso foco de la libertad
desde el cual "el incedio de la revolución" se propagaría a nuestro continente. Según el poeta polaco América:

> Doblegará a sus pies a los tiranos obsoletos
> Y de su chispa libertaria se declararán nuevos
> fuegos en Europa.

Mientras en "Kartofla" Colón no es plenamente consciente de sus propios
méritos, en Księgi narodu polskiego i pielgrzymstwa polskiego (Libros de la
nación y la peregrinación de polacas) Colón aparece como el último caballero
de la libertad, plenamente consciente de su misión:

> "ese hombre descubrió América que se convirtió luego
> en la tierra de la libertad, en la tierra sagrada.
> Este hombre se llamaba Cristóbal Colón y fue el
> último cruzado de Europa y el último en emprender
> una obra no en su propio nombre, sino en nombre de
> Dios".[17]

En la cuenta del gran descubridor Mickiewicz anota también la aparición de
la patata en el Viejo Mundo, "planta cuya proveniencia americana estaba en

fresca memoria de las gentes."[18] Fue precisamente en tiempos de la juventud temprana del poeta cuando al patata se convirtió en el alimento básico de los pobres que paliaba la plaga del hambre que aquejaba también al campo polaco.

El elogio de la patata era igualmente frecuente como la crítica del oro que había llegado Europa a consecuencia del descubrimiento de América por Colón. En las publicaciones destinadas a la juventud y los campesinos, o sea lectores en los que se debía y se podía influir, se recordaba a menudo que el oro no dio beneficios a los propios españoles. Estos, poseyendo demasiados metales, "no querían trabajar, holgazaneaban y caían en vicios". Con la expedición de Colón, mientras, se beneficiaron otros pueblos cuyos representantes habían ido allende el océano en busca de trabajo y dinero.[19] La descripción de la suerte de Colón se entrelazaba no sólo con el elogio del vigor y la tenacidad, sino también con la crítica de la fiebre del oro, o sea de la codicia.

El motivo de la ingratitud humana qu envenenó los últimos años de la vida del almirante hacía su aparición también en las obras renacentistas dedicadas a Colón. Este elemento está presente en la mayoría de las biografías publicadas en los siglos XIX y XX, empezando por el mencionado libro de J.H.Campe de 1809. Dicho motivo lo inmortalizó el insigne poeta Cyprian Kamil Norwid, quien situó al almirante al lado de tales hombres como Sócrates, Dante, Kościuszko o Napoleón, que experimentaron el martirio en vida y desasosiego tras la muerte. El poeta escribía:

> Colón, ¿qué habrás hecho a Europa?
> Para que te caven la tumba en tres sitios distintos
> Habiéndote encadenado primero.[20]

Eran dos los episodios de la vida del Navegante los que centraban la atención también de los poetas y dramaturgos polacos. Aparte del propio viaje se trataba del ya aludido encarcelamiento: he aquí un hombre benemérito no sólo para España, sino para toda la humanidad encadenado y metido en la mazmorra. A diferencia de las letras occidentales, sólo un escritor polaco (Wacław Szymanowski) dedicó un drama a este tema; el drama, por otra parte, nunca fue escenificado. A juzgar por los fragmentos[21] publicados no se trató de la mayor pérdida sufrida por nuestro teatro. Con las cadenas puestas y tumbado sobre la paja Colón dialoga con el Espíritu de la Nueva Tierra; Szymanowski recurre a un motivo muy típico para sus obras: el la envidia humana que persigue al Navegante. Es espíritu de América reprocha al descubridor no sólo haber dado al comienzo exterminio de los indios, sino también haber contribuido inconscientemente a las desgracias que afectarían a España a causa del oro americano. Se puede decir que las bellas letras ofrecían una imagen más idealizada de Colón que aquella que se puede encontrar en los trabajos de divulgación de la ciencia. Había, sin embargo, excepciones. Sería difícil interpretar como un elogio los versos de Juliusz Słowacki, el más insigne, al lado de Mickiewicz, representante del romanticismo polaco quien recuerda que en los antiguos mapas las zonas desconocidas por los europeos estaban señalizadas por la mano cerrada en puño.

> Tan sólo el genovés penetró con su mente
> En el misterio de esta mano y de sus dedos endurecidos
> Rompió el mundo de las arboledas, oro brillantes y
> culebras
> El crimen europeo llenó las selvas,
> Bajo las espadas de los Corteses caían los incas.[22]

La admiración por el gran Navegante alterna, indudablemente, con la reflexión de que los efectos de sus descubrimientos resultaron ser lóbregos para los habitantes indígenas de América.

En la sonada, en su época, novela de Aleksander Tyszyński <u>Amerykanka w Polsce</u> (Petersburg 1857) (Americana en Polonia) uno de los protagonistas indios pronuncia un apasionado monólogo en el que pone el signo de igualdad entre el gran navegante y los crueles conquistadores:

> "¡Ay, los enemigos! [...] seguía gritando enloquecidamente, como si estuviera medio poseso, nosotros si conocemos la historia del martirio de nuestras generaciones ... !¡Te recordamos Cristóbal Colón, primero de los tiranos y verdugo ... te recordamos Hernan Cortés y a ti Francisco Pizarro!".

Si todos estos indios hubiesen muerto habiendo sobrevivido una sola mano temblorosa "¡esta sola mano aun seguiría buscando a los descendientes de Colón!".

A la hora de contestar el polaco, de viaje por América, no intenta defender a Colón; sólo recuerda que no proviene de Francia, Inglaterra o de la Península Ibérica.

> "Cuando por vez primera Colón, y luego miles de otros vertían sobre si mismos vuestra sangre, nosotros escuchábamos con indignación las severas nuevas y derramábamos lágrimas sobre vuestra descentura."[23]

Resulta difícil creer, sin embargo, que Tyszyński, un crítico literario, estudias la polémica sobre las confesiones que tuvo lugar en Polonia en los siglos XVI y XVII, en la que realmente había una aguda crítica de la crueldad de los conquistadores y del exterminio de los indios.[24] Esta condena no sólo se podía encontrar en las publicaciones protestantes, o sea adversas a los éxitos misioneros de la Iglesia católica, sino también en los textos de los católicos, enemigos de la propagación de la religión por la fuerza.

Todos ellos criticaban duramente a los conquistadores, empero hablaban con respeto sobre Colón y sobre sus méritos no sólo para con España, sino para toda Europa. Ese mismo Tyszyński, quien ponía en la boca de los indios tantas críticas del descubridor de América, en el segundo tomo de su Americana escribió sobre Colón con sumo respeto. Allí podemos también encontrar un amplio relato de sus esfuerzos por organizar una expedición en cuyo curso Colón, sin hacer caso de las mofas, envidia y críticas persiguió su meta con una firmeza férrea. El valor no le abandonó tampoco en el curso de la travesía, si bien sus compañeros se habían sumido en la desesperación "y empezaron a oírse gritos de que había que echar a Colón al mar y volver al país". Alcanzó su meta porque "sentía una inspiración superior [...], porque le había sido dada la fe y ninguna de las trabas que tuvo que salvar pudo disminuirla o debilitarla".[25]

La ligazón entre el descubrimiento de América por Colón con el comienzo del exterminio de sus habitantes indígenas era, sin embargo, un motivo más bien raro de la biografía del Navegante. No todos iban tan lejos para justificar, indirectamente, los malos tratos que sufrían los indios, como lo hizo, entre otros, Finkel quien escribió que quedaron pocos porque "no querían trabajar y por ello iban muriendo poco a poco".[27] La mayoría echaba la culpa a los miembros de sus expediciones cuyas fechorías Colón trataría temperar gratuitamente. Tales opiniones las expresarían también en nuestro siglo algunos escritores vinculados a la izquierda tal como le reflejan una novela de Wanda Wasilewska, un poema de Lucjan Szenwald o un libro de Tadeusz Peiper sobre Colón. Este último defiende al Descubridor del cargo de la avidez al tiempo que señala que sus móviles eran idealistas (deseo conocer el mayor número posible de países).[28] Esta opinión la compartía también Bolesław Oleszewicz quien declaró en el congreso colombino de Génova (1952) que Colón gozaba del reconocimiento hasta de aquellos que evaluaban severamente la expansión colonial y el colonialismo contemporáneo.[29] Otra opinión sólo la expresó Alija Dukanović que acusó a Colón de tratar cruel e inexorablemente a los indígenas, afirmando que no se podía prácticamente decir nada en defensa del descubridor. Colón no podía exculparse de los "semejantes crímenes" con el hecho de que estuviese acompañado por personas que podrían in-

fluir mal en sus actos. "Ante los crímenes cometidos con el consentimineto
de Colón, algunos actos humanitarios respecto a los indígenas no tenían
ninguna importancia". Su mayor tragedia, entonces, era no tanto la ingratitud con la que se le pagó (veánse "las cadenas de Bobadilla"), sino el hecho
de que "resultara cobarde al acceder que las fuerzas, nada idealistas, con
tanta celeridad y agilidad aprovecharan su noble sueño."[30]

Desde el siglo XVI Colón era, permanentemente, comparado con alguien. Su
hijo, Don Hernán, aludiendo a su nombre de pila, comparaba al Descubridor
con San Cristóbal, ya que éste llevó a Cristo a los indígenas. Les ofreció
la paloma que "llevó por encima de las aguas del océano el ramito de olivo
y los aceites frescos", para unir a los pueblos cristianos con la Iglesia.
En 1816 en "Dziennik Wileński" (Diario de Vilna) fue publicada una disertación, traducida del Francés, de J.P.F.Ancillon, en la que se compara a
Colón con Moisés.[31] El uno y el otro descubrieron ante la gente las nuevas
"tierras de la gran promesa". En el camino hacia su objetivo tuvieron que
salvar un sinfín de obstáculos que les ponían tanto los soberanos como sus
compañeros de viaje. Ancillon compara la travesía del desierto por los
judíos con la expdedición de Colón. Tanto él como Moisés no alcanzaron la
meta: "Colon desde Oeste (tal y como pretendía) no llegó a la India oriental.
Tampoco Moisés llegó a la tierra de la gran promesa". A los dos les persiguió,
hasta la muerte, la envidia humana. Pese a que hubo diferencias entre ellos
en muchas cuestiones "se parecían, como p.ej. en su sinceridad y apertura;
en su humildad y religiosidad".

Al igual que Ancillon ponía a Moisés, bajo todos los aspectos, por encima de
Colón, los autores polacos, al comparar a Colón con Copérnico no dudaban en
apreciar más al "astrónomo sarmata".

En el siglo XIX esta paralela reforzaba el orgullo nacional de los polacos
que se veían privados del Estado independiente. Lo expresó Kazimierz
Brodziński al escribir en 1815 que el polaco "buscaba las luces para sí y
para los demás a quienes defendía y alimentaba".

>Forjaba los escudos para los vecinos, rompía las cadenas;
>Colón descubrió nuevas tierras, Copérnico los nuevos universos.[32]

Esta paralela reflejaba la convicción de que los dos descubrimientos estaban
íntimamente relacionados entre sí, dado que el desarrollo de la navegación
no hubiera sido posible sin el conocimiento de la astronomía, y vice versa.
A los dos "aspirantes a la fama" los conciliaban los poetas, como p.ej.

Stefan Giller (Stefan de Opatówek) llamaba a Copérnico "un Colón de los
cielos" (1873) y "un navegante por las púrpuras solares", mientras Kornel
Ujejski escribía:

>En la memoria de las gentes están uno al lado del otro
>Cual dos hermanastros cogidos de la mano,
>Siendo cada uno de ellos el hijo y el confesor de Dios
>Colón y Copérnico.[33]

En todo el poema estaba entrelazaba la trama del cautiverio; el poeta comparaba el encarcelamiento de Colón con la ocupación de Polonia por las potencias vecinas.

El dicho popular sobre el "huevo de Colón" (huevo de Juanelo) se conocía en Polonia ya en la segunda mitad del siglo XVIII. A los autores polacos les debemos otras dos metáforas relacionadas con el nombre del gran descubridor que se ganaron una gran popularidad en Polonia. La primera de ellas es "la generación de los émulos de Colón", aplicada a las personas nacidas a principios de los años 20 de este siglo que en los tiempos de la segunda Guerra Mundial se vieron expuestas a las más duras pruebas y sufrieron un exterminio masivo.[34] La otra noción es "el error de Colón" que merecemos al sovietólogo exiliado Wiktor Sukiennicki.

>"Parecidamente a Colón Lenin estaba profundamente convencido
>de conocer el apropiado camino para llevar a la humanidad al
>estado de la felicidad universal[...] parecidamente a Colón
>se lanzó en 1917, acompañado de un puñado de compañeros, en
>una dirección que consideraba como la única conveniente.
>Parecidamente a Colón aplastó y rompió todas las dudas y
>rebeldías que estallaron entre la tripulación al inicio
>mismo del viaje. A diferencia de Colón, Lenin nunca creyó
>haber conseguido la meta que se había planteado ... ".[35]

A lo largo de los quinientos años que nos separan del descubrimiento de América la imagen de Colón no pudo no haber experimentado modificaciones dado que cada nueva generación de investigadores y escritores le atribuía nuevos méritos para la humanidad. En el siglo XVI se elogiaba al Descubridor porque había proporcionado a la Iglesia a nuevos fieles de piel roja, en la época de la Ilustración se escribía sobre América como de un país en el que se había visto cumplido el ideal de la libertad republicana, en el siglo XIX en la corona de la fama de Colón se introdujo la patata que protegía a los europeos del hambre. En el siglo XX se estimó que su valor era igual que el de los primeros cosmonautas, o hasta era mayor ya que carecía de una base técnica tan amplia como la que tienen a su disposición los conquistadores del espacio.

En un primer período en las informaciones sobre Colón difundidas en Polonia influyó negativamente la falta del interés de los nobles por los grandes descubrimientos geográficos. Este estamento social había realizado con bastante facilidad conquistas territoriales comparables en las coloniales de otros pueblos. La necesidad de su conservación así como los problemas que creaba el sistema socio-político imperante en Polonia, hacían que los nobles polacos no tuviesen ni tiempo ni ganas de mostrar un interés más profundo por lo que acontecía en otras tierras, lejanas, exóticas y medio fabulosas. La figura del navegante nunca fue, además, excesivamente popular como ejemplo a seguir, ni entre los nobles ni entre la burguesía polaca. Estas dos capas apreciaban más el trabajo en tierra firme que el navegar por los mares traicioneros. En la época de la ocupación de Polonia por Prusia, Rusia y el Imperio Austrohúngaro los polacos, dada su situación política, se sentían más próximos a los indios que a los conquistadores, los descubridores, con Colón a la cabeza. No fue casual, entonces, que tan corta vida tuviesen las revistas dedicadas a esta temática, como "Dziennik Podróży Lądowych i Morskich" (Diario de los viajes por Tierra y por Mar) 1827 , la menciona revista bimensual "Kolumb" (Colón) 1828-1829 , o la revista mensual "Wybór Najciekawszych i Najnowszych Podróży" [Selección de los viajes más interesantes y recientes] (1830).

Tal como ya he mencionado al principio el hecho de que aumentase el interés por Colón resultó, en cierta medida, del crecimiento de la importancia de EE.UU. para la historia de Europa y del resto del mundo. Por ello el Aniversavio que se celebrará en 1992 se augura como aun más portentoso que el que tuvo lugar hace 100 años. Si Colón hubiera sido el descubridor de Asia o de Africa la descolonización hubiese mermado seriamente su popularidad. En cambio, tanto en EE.UU. como, p.ej. en Brasil o Méjico Colón es el primer Europeo, el padre espiritual de todas las gentes de piel blanca que habían fundado allí sus propios Estados.

NOTAS
1. Compárese J.Tazbir, Christopher Columbus in early Polish Literature, "Acta Poloniae Historica", vol.25: 1972 así como el mismo autor, Kultura staropolska wobec "wysp dalekich": Kolumb i Morus, w : Szkice z dziejów kultury polskiej (La cultura polaca ante "las islas lejanas": Colón y More, en: <u>Esbozos de la historia de la cultura polaca</u>), Warszawa 1972.

2. Dada la poca extensión del presente artículo no he tomado en consideración los bosquejos de la historia de los descubrimientos e historia universal escritos por autores polacos, trabajos en los que, dado su carácter, había numerosas menciones de Colón.

3. "Kolumb. Pamiętnik opisów podróży lądowych i morskich, najnowszych odkryć geograficznych[...]" nr 16 (s. 161-182), 17 (s.242-261) i 19 (3-26); ("Colón. Memorias de los viajes por tierra y mar, de los descubrimientos geográficos más recientes ... ", n° 16 (pp.161-182), 17 (s.242-261) y 19 (pp.3-26).

4. Rozprawa historyczna o Kolumbie[..]z pism obcych w językach zebrał J.N.Leszczyński, Warszawa 1843; (Disertación histórica sobre Colón[...] recopilada de escritos en lenguas extranjeras por J.N.Leszczyński).

5. Desde el punto de vista cronólogico el primero fue, con más probabilidad, el folleto de J.Żuchowski, Opis odkrycie Ameryki przez Kolumba, Wilno 1829 (La descripción del descubrimiento de América por Colón).

6. Wielka Encyklopedia Powszechna Ilustrowana, t.37, Warszawa, 1904, s.164-176. (Gran Enciclopedia Universal Ilustrada, tomo 37, pp.164-167). El artículo no está firmado pero la autoría de Krzemiński la conforma K.Górski, Stanisław Krzemiński, Warszawa 1985, pág.326.

7. H.Colón, Dzieje żywota i znamienitych spraw Admirała don Krzysztofa Kolumba, przełożył oraz wstępem i przypisami opatrzył A.Dukanović, Warszawa 1965 (La historia de la vida y de las hazañas del Almirante don Cristóbal Colón, traducción, introducción y comentarios por A.Dukanović).

8. K.Kolumb, Pisma, przełożyła, przypisami i przedmową opatrzyła A.L.Czerny, Warszawa 1970 (C.Colón, Escritos, traducción comentarios e introducción por A.L.Czerny).

9. El pionero de estas investigaciones en Polonia fue el destacado historiador de la geografía Bolesław Olszewicz (1893-1972).

10. Fragmento de la introducción de A.Dukanović a la obra de H.Colón, La historia de la vida [...] de Colón, p.9.

11. Compárese J.Pertek, Polacy na morzach i oceanach, t.I do roku 1795, Poznań 1981, s.67 (Los polacos en los mares y océanos, vol.I, hasta 1795, p.67).

12. W.Słabczyński, Polscy podróżnicy i odkrywcy, Warszawa 1988, s.241 (Los viajeros y los descubridores polacos, p.241).

13. A.Gerbi, La disputa del Nuovo Mundo. Storia di una polemica, 1750-1900, Milano-Napoli 1955.

14. A.Mickiewicz, Dzieła, t.1: Wiersze, Warszawa 1955, s.41-57. (Obras, vol.I: Versos, pp.41-57). Mickiewicz recurría a menudo al motivo frecuente en la temprana literatura polaca de un juicio sobre Polonia mantenido por los santos en los cielos.

15. W.Weintraub,"Three Myths of America in Polish romantic Literature", en: Studies in Polish Civilisation, sin lugar de edición 1970, ed. by D.S.Wandycz, p.280 y sgg.

16. W.Weintraub, Mickiewiczowskie "proroctwo" o Ameryce i jego angielskie paralele, w: Księga ku czci Konrada Górskiego, Torīn 1967, p.221 ("La "profecía" de Mickiewicz sobre América y sus paralelas inglesas",en: Libro de memorias en honor a Konrad Górski).

17. A.Mickiewicz, Księgi narodu polskiego i pielgrzymstwa polskiego, Wrocław 1956,pp.13-14 (Libros del pueblo polaco y su peregrinación). En opinión de la editora del texto Z.Stefanowska, Mickiewicz estana influenciado por la biografía de Irving quien atribuía a Colón la intención de organizar una cruzada.

18. W.Weintraub. Mickiewiczowskie "proroctwo", s.222("La "profecía" de Mickiewicz", p.222).

19. (L.Finkel) L.Warnicki, O odkryciu Ameryki przez Krzysztofa Kolumba napisał [...], Lwów 1892, s.55 (Sobre el descubrimiento de América por Colón[..]p.55).

20. C.K.Norwid (Coś ty Atenom zrobił Sokratesie)(Qué has hecho a Atenas, Sócrates) en la obra del mismo autor Dzieła zebrane t.I: Wiersze. Tekst (Obras completas vol.I: Versos. Texto), Warszawa 1960, p.37.

21. W.Szymanowski, Kolumb w więzieniu (Colón encarcelado)(manuscrito inédito), "Kurier Warszawski", 1901,n° 187.

22. J.Słowacki, Do Michała Rola Skibickiego, w tegż: Dzieła, t.I: Wiersze drobne (A Michał Rola Skibicki, en: Obras, vol.I: Poesías menudas), ed. B.Gubrynowicz, Lwów 1909, p.38.

23. A.Tyszyński, Amerykanka w Polsce, (Americana en Polonia. Romance) parte I, San Petersburgo 1837, pp.23-24.

24. Compárese J.Tazbir, La connaissance de l'Amérique chez les habitants de la République nobiliaire aux XVIe-XVIIe siècles, "Acta Poloniae Historica", vol.60: 1989, p.20 y sgg.

25. A.Tyszyński op.cit., parte II, pp.113-117.

26. De esta manera se portaba poca gente - compárese J.Paradowska, Obraz Indian Ameryki Południowej w Polsce XIX wieku (Imagen de los indios de América del Sur en la Polonia del siglo XIX), parte II, "Etnografia Polska", vol.26, cuad.2, 1982, p.23 y pp.51-52.

27. (L.Finkel), op.cit., p.55.

28. T.Peiper, Krzysztof Kolumb odkrywca, (Cristóbal Colón el descubridor), Warszawa 1949, p.81, 85 y pp.126-127.

29. Studi Colombiani, vol.I, Genova 1952, pp.73-74.

30. H.Colón, Dzieje żywota (Historia de la vida[...]), p.26 (de la Introducción)

31. "Dziennik Wileński", 1816, junio-julio; disertación de Ancillon (La posición [...]del primer descubridor del Nuevo Mundo ante el sagrado legislador del pueblo de Dios), publicada también de forma independiente (Wilno 1822).

32. K.Brodziński, Wybór poezyj (Selección de poesías), selección por A.Lucki, Kraków 1926, p.33.

33. T.Mikulski, Zapomniany viersz Kornela Ujejskiego o Koperniku w: Rzeczy staropolskie("El olvidado poema de Kornel Ujejski sobre Copérnico", en: Sobre la antigua Polonia), Wrocław 1964, pp.330-332.

34. Compárese A.Lam, Kolumbowie i współcześni. Antologia poezji polskiej po roku 1939 (Los émulos de Colón y sus contemporáneos. Antología de la poesía polaca posterior al año de 1939), Warszawa 1972.

35. W.Sukennicki, Kolumbowy błąd. Szkice z historii, teorii i praktyki sowieckiego "komunizmu", (El error de Colón. Bosquejos de la historia, teoría y práctica del "comunismo" a la soviética), París 1959, p.11

Der polnische "Kolumbus" als Kollektivum
"Kolumbowie rocznik 20" von Roman Bratny

Ulrich Steltner

1. Die Kommunikationssituation des Textes

Roman Bratny, eigentlich Roman Mularczyk (* Krakau 1921), hatte schon eine ganze Reihe von Werken veröffentlicht und war dennoch breiteren Leserschichten unbekannt geblieben, als er 1957 seine Trilogie "Kolumbowie rocznik 20" herausbrachte (in der deutschen Übersetzung von 1961 "Kolumbus, Jahrgang 20"). Die Trilogie machte ihn gleichsam über Nacht zu einem berühmten Mann. Binnen zweier Monate war die Erstauflage von 20.000 Exemplaren vergriffen.[1] Noch 1957 folgte die zweite Auflage.[2] Aber die Nachfrage überstieg wiederum das wohl auch aus planwirtschaftlichen Gründen zu knapp bemessene Angebot. Und so blieb es auch: zuletzt erschien der Roman 1987 in der 20.Auflage.[3] Er wurde verfilmt (1970) und übersetzt.[4] Er gehört zu den erfolgreichsten Werken der polnischen Nachkriegsliteratur, nicht aber zu den besten, wie die polnische Literaturkritik ziemlich einhellig meint.

Die Gründe für den Erfolg lassen sich zunächst aus der Situation ableiten, in der der Text erschienen ist. Bratny schrieb seinen Roman in den Jahren 1955-56, zu einer Zeit, da sich nicht nur die polnische Literatur von den Fesseln zu befreien versuchte, die ihr der Stalinismus z.B. in Form der Doktrin des "Sozialistischen Realismus" auferlegt hatte. Es ist die Zeit des "Tauwetters", das in Polen recht bald in der sogenannten "Abrechnungsliteratur" seine spezifischen Ausdrucksformen findet.[5]

Bratny greift ein Tabu-Thema auf: Glanz und Elend der "Armia Krajowa (AK)", der im Untergrund wirkenden "Heimatarmee", die politisch von der Londoner Exilregierung abhing und deren militärisches Wirken schließlich 1944 im "Warschauer Aufstand" kulminierte. Er ist nicht der erste, der sich mit diesem Thema beschäftigt. Schon 1947/48 hatte Jerzy Andrzejewski seinen auch im Westen (wohl wegen der Verfilmung durch Andrzej Wajda) bekannten Roman "Asche und Diamant" veröffentlicht, der Polens innere Widersprüche und insbesondere die Heimatlosigkeit der "Heimatarmee" in der von der UdSSR bestimmten Nachkriegsordnung darstellt. Andrzejewski war es auch gewesen, der als erster die Chance des Tauwetters nutzte und Texte über die Zeit

der deutschen Okkupation publizierte, und zwar Texte ohne das obligate
(falsche) Pathos und ohne die panegyrische Verfälschung bestimmter im
außerliterarischen Bereich doch nachprüfbarer Sachverhalte.[6] Bratny nun
widmete der AK über den gesamten Zeitraum zwischen 1943 und 1947 nicht nur
einen Roman von mehr als 600 Druckseiten, sondern sorgte auch mit seiner
Darstellungsweise für eine gehörige ästhetische Irritation. In ihrem Hang
zur Prägung und Verwendung handlicher und leider manchmal auch euphemistischer
Kurzformeln einigten sich die polnischen Rezensenten darauf, daß Bratnys
Roman einem "gesellschaftlichen Auftrag" entsprochen habe.[7]
Zu fragen bliebe also, worin dieser "Auftrag" bestand, wie er erfüllt wurde
und, insbesondere, in welcher Weise dabei der Kolumbus-Mythos benutzt
worden ist.

2. Die Handlungsträger und ihre Handlungen

Im Roman gibt es eine Fülle von Handlungsträgern, ein deutliches Indiz für
Eigenarten der Handlungslogik, nämlich die abgeschwächte Kausalität der
einzelnen Handlungen und ihre zuweilen verdeckte zeitliche Beziehung. Schaut
man genauer hin, sind es insbesondere vier Handlungsträger, die die logische
Einheit des Textes sichern und die nach der Art eines die Rezeption "lenkenden
Helden",[8] freilich zu viert!, den "roten Faden" garantieren. Jeder von ihnen
kann mehrere Namen haben.[9] Auch dieses Merkmal trägt zur erwähnten Diffusität
bei, wird aber selbst thematisch verankert, weil sie allesamt konspirativ
tätig sind. Sie sollen eben Soldaten der polnischen Heimatarmee (AK) sein.
Darüber hinaus werden sie durch traditionelle literarische Motive, wie
"Freundschaft", "Liebe", "Verwandtschaft" etc., verknüpft. Sie heißen:
Jerzy, Czarny Olo (= der Schwarze Olo), Zygmunt und Kolumb,[10] die polnische
Form des Namens "Kolumbus". Insbesondere "Kolumbus" fällt auf, weil dieser
Name die Verbindung zum Titel herstellt, freilich im polnischen Original
in einer paradigmatischen Beziehung, nämlich Plural, also "Kolumbowie"
(Titel), zu Singular "Kolumb" (Name des Handlungsträgers). Der deutsche
Titel "Kolumbus Jahrgang 20" verdeckt diese Beziehung. Daß "Kolumbus" im
deutschen Titel nicht als Eigenname, sondern quasi als Gattungsname ver-
wendet wird, erschließt sich endgültig wohl erst nach vollzogener Lektüre.
Im Polnischen liegen die Verhältnisse anders. Dort tritt der sinnstiftende
Akt, daß mindestens diese vier "Kolumbus" sind, von Anfang an hervor.
Die Bedeutung ihrer Handlungen wird vom dargestellten Geschichtszeitraum

gesichert, der ja jedermann bekannt ist, darin dem "Mythos" des antiken
Dramas vergleichbar: es geht um Polen im 2.Weltkrieg. Ohne den Rahmen des
bekannten Geschichtszeitraumes würde vermutlich die diffuse Handlungslogik
zu einem Nonsens-Text führen.[11] Der "Sinn" der Darstellung, d.h. also die
Ordnung von einem Aussagesubjekt her - von Roman Bratny oder seinem abstrakten
Stellvertreter im Text, wie immer man es beschreiben möchte - erschließt sich
mangels auktorialer Binnenkommentare und angesichts der diffusen Handlungslogik offenbar wesentlich über die Beziehung "Kolumb" - "Kolumbowie" und
weiter über den außertextuellen symbolischen Gehalt des Namens Kolumbus.[12]

Der behandelte Zeitraum hat seine inneren Grenzen, die in der Darbietung
zeichenhaft überhöht werden und rein äußerlich mit den Grenzen der drei
Bände der Trilogie zusammenfallen: die Zeit der deutschen Besatzung bis zum
Aufstand (Band 1),[13] der Aufstand (Band 2), die "Befreiung" und die Zeit
danach (Band 3). Die drei partiellen Zeiträume werden mit Handlungen ge-
füllt, die in ihrer Kausalität, wie schon gesagt, undeutlich bleiben und
deshalb auch hier nicht hinreichend beschrieben oder gar "paraphrasiert"
werden können. Um einen Eindruck des Geschehens zu vermitteln, können
allenfalls einzelne Episoden benannt werden, die kürzere Textabschnitte
(höchstens mehrere Kapitel) verknüpfen, wodurch sich auf der Ebene der
Darbietung auch kürzere Spannungsbögen einstellen.

Im Bezugsrahmen des Kampfes der AK lassen sich die Handlungen gar nicht
einzeln aufzählen. Konspiration, Schulung, militärische Aktion, Verhaftung,
Folter, Verwundung und Tod werden detailliert geschildert. Auch kuriose
Details fehlen nicht, wie z.B. Olos Entdeckung einer geheimen Fertigungs-
stätte für die V1 und der merkwürdige Ausgang seines doch lebensgefähr-
lichen Einsatzes, wobei es auch um den immer wieder evozierten latenten
Konflikt zwischen den Generationen bzw. zwischen der (älteren) Führung
der AK und den durchweg jungen Kämpfern (vgl. "Jahrgang 20"!) geht; weiter
die Aushebung einer Schnapsbrennerei, die als Konkurrenzunternehmen bei
der Existenzsicherung der AK angesehen wurde.

Im Rahmen von Liebe und Tod sei beispielsweise die Liebesbeziehung
Kolumb - Basia in Band 1 erwähnt, die Basia sozusagen der Gestapo ans
Messer liefert und die offenbar mit Basias Tod endet.[14] Weiter die Verbindung Jerzy - Alina: Alina ist vorgeblich Kolumbs Ehefrau, eigentlich
aber seine Schwester. Um sie zu retten (Kolumb und Alina sind Juden),
wird sie von Jerzy "kirchlich" geehelicht. Jerzy liebt sie freilich auch
insgeheim. Daraus entwickeln sich weitere Episoden, wie etwa die Aushebung eines Geheimsenders durch die deutsche Besatzungsmacht, in deren

Folge Jerzy (und Alina) nach allen Seiten kompromittiert sind. Ihre zufällige und auf einer Notlüge beruhende Verschonung durch die Gestapo kehrt sich in der Folge (bis in die Nachkriegszeit: Band 3!) immer wieder gegen sie. Kurzum: Schwarzhandel, Razzien, Straßenkämpfe, der berühmte Rückzug der AK durch das Kanalsystem, Liebe, Tod, Heldentum und Kleinmut - alles das wird aneinandergereiht und wird in sich nur locker verknüpft.

Aus alledem läßt sich etwas Allgemeines ableiten. Weil der Geschichtszeitraum den Bedeutungsrahmen bildet, wird recht sinnfällig eine bestimmte Kausalität eingerichtet. Sie hat im Unterschied zu der "normalen" kausaltemporalen Verknüpfung ein anderes Fundament, nämlich die Kontiguität zwischen "Privat" und "Historisch".[15] Die einzelnen recht unverbundenen Handlungen "bedeuten" die Geschichte. Darüber hinaus könnte man in diesem Moment der Handlungslogik wohl auch den Anlaß für den obersten Wert des Romans, die "Wahrhaftigkeit", sehen.[16] Die Trilogie ist auch aus diesem Grund eher gegen das Schema des Sozialistischen Realismus geschrieben und kehrt dieses Schema nicht etwa bloß um:[17] Es fehlt das teleologische Moment der ("romantischen" und "parteilichen") Zukunftsgewißheit, obwohl die Einzeltitel der drei Bände ein solches Moment zunächst wirklich erwarten lassen: "Der Tod zum ersten Mal" (Bd.1); "Der Tod zum zweiten Mal" (Bd.2); "Das Leben (Bd.3).

Schließlich läßt sich ein weiteres Strukturmerkmal benennen, das die Handlungen außerhalb ihrer kausal-temporalen Folge gliedert: die Parallelhandlungen, die Wiederkehr gleicher Konstellationen trotz gewandelter Situation (im Bedeutungsrahmen jedes Einzelbandes), woraus u.a. die doch recht häufig anzutreffende Deutung des "Lebens" (Bd.3) als eigentlich eines "Todes zum dritten Mal" rührt, das Verstehen einer auktorialen Ironie, die mit Hilfe der erwähnten "sozrealistischen" Hülle und der Parallelhandlungen fundiert wird.[18]

3. Momente der Darbietung

Damit ist aber der Bereich der Handlungslogik deutlich überschritten. Die Frage des Sinnes der Parallelhandlungen soll daher als Moment der Darbietung beschrieben werden, das neben anderen Momenten besteht und die Rezeption sichert.

Um bei den Liebesbeziehungen zu beginnen, so gibt es eine auffallende Parallelität in bezug auf den Handlungsträger Kolumb. In jedem partiellen

Zeitraum wird die Beziehung zu einer Frau gezeigt: (Band 1) Basia, (Band 2) Niteczka, (Band 3) Danielle. Man könnte das als Ausdruck eines Attributes nehmen, das dem Handlungsträger zukommen soll: die den Handlungsträger individualisierende "besondere Wirkung auf Frauen". Da Kolumb aber ohne Zweifel allein schon durch seinen Namen hervorgehoben wird, steckt vielleicht auch hinter den Parallelbeziehungen ein zusätzlicher Sinn. Alle drei Beziehungen enden entweder in einer Katastrophe (Basia, Niteczka) oder vom literarischen Schema her "unglücklich" (Danielle). So gesehen, wird gerade die "Beziehungslosigkeit" vermittelt, die sich mit weiteren sinnstiftenden Momenten bis hin zum Symbol "Kolumbus" (s.u.) verbindet. Kolumb ist Jude. Dieses Attribut wird in der Darbietung immer wieder aufgenommen. Sein Bezug zum bedeutungsverleihenden Geschichtszeitraum bedarf wohl keiner ausführlichen Erläuterung. Es sei lediglich auf den mehr oder minder latenten Antisemitismus (leider auch) innerhalb der polnischen Nation verwiesen, auf den der Text also rekurriert. So bleibt sicher nicht unbemerkt, daß es ein Jude ist, der als Handlungsträger das Titelsymbol im Text repräsentiert, der für die Freiheit Polens kämpft und dessen Schicksal von einer besonderen Beziehungslosigkeit geprägt ist. Alle anderen Handlungsträger haben wenigstens (metaphorisch) Land erreicht, auch wenn sie zugrunde gehen (vgl. Jerzys Ermordung nach seiner Rückkehr nach Polen, offenbar durch die "eigenen" Gesinnungsfreunde). Kolumb aber bleibt (metaphorisch und symbolisch) auf dem Meer zurück.[19] Nimmt man also das Stereotyp des Juden wahr, so gehört weiter dazu auch die offenbar vermittelte besondere Geschäftstüchtigkeit. Kolumb entpuppt sich im dritten Teil des Romans als ein besonders gerissener Händler, der die verworrene Nachkriegssituation z.B. der verschiedenen Besatzungszonen virtuos zu nutzen weiß, bis hin zur Persiflage: der Verkleidung als Bischof,[20] um in Deutschland von den Besatzungsmächten requirierte Nobelautos unbehelligt nach Belgien zu verschieben, und der schließlich in das Waffengeschäft für den Nahen Osten (Israel) einsteigt. Das Stereotyp kollidiert aber sicherlich mit der Darstellung des Kampfes eines Juden für Polens Freiheit.

Ein besonderes Problem des Geschichtsraumes von Band 2, des "Warschauer Aufstandes", bildet das Verhalten der sowjetischen Armee, die bekanntlich ihren Vormarsch an der Weichsel im Warschauer Stadtteil Praga so lange stoppte, bis der Aufstand mit der Niederlage der AK und der völligen Verwüstung Warschaus geendet hatte.[21] Auch hier scheint eine Parallele der Sinnstiftung zu dienen. Als der Aufstand im Warschauer Ghetto (Geschichtszeitraum von Band 1) ausbricht, verharren die Polen, d.h. die AK, untätig.

"Sinnstiftung" heißt selbstverständlich nicht, daß damit sozusagen die
Nemesis in die Darstellung hineingenommen würde, sondern es geht um den
Aspekt literarischer Wirkung. Die Parallele wirkt wie ein (freilich
implizites) Argument.[22]

Der literarische Wert des Romans wird, wie schon erwähnt, nicht sehr hoch
veranschlagt. Die polnischen Rezensenten waren eher geneigt, ihn für ein
Dokument zu halten, das eben bis dato verborgene Fakten zutage förderte
und allenfalls im Rahmen der (publizistischen) Gattung Reportage wirkte.
Dazu paßt, daß Bratny offenbar der wirklichen Geschichtssituation nicht
nur Prototypen entnimmt und sie nur wenig verschleiert,[23] sondern auch,
daß er aus (dokumentarischen) Texten anderer Autoren ohne Quellenangabe
oder überhaupt ohne Bloßlegung des Zitatcharakters zitiert[24] und daß er
schließlich markierte Zitate verwendet sowie unverschlüsselt "Personen der
Zeitgeschichte" auftreten läßt.[25] Weil z.B. diese Personen handeln, indem
sie Meinungen äußern (wie die Schriftsteller Irzykowski und Goetel), die
einer Nachprüfung nicht standhalten, wird ein starkes Moment der Irritation
des Rezipienten in die Struktur des Ganzen eingebaut. Der Roman stellt
offensichtlich keine Fiktion dar, aber ebenso offensichtlich ist sein
dokumentarischer Wert begrenzt. Dem Autor wurde nicht nur Unredlichkeit,
sondern auch Unvermögen vorgeworfen.

Zur Entlastung Bratnys darf aber doch darauf hingewiesen werden, daß die
Situierung eines literarischen Textes im Grenzbereich zwischen Fiktion und
Dokument eines der wesentlichen literarischen Merkmale des 20.Jahrhunderts
ist. Die Irritation, die aus der solchermaßen vorgenommenen kategorialen
Mischung zweier im Bewußtsein streng voneinander geschiedenen Bereiche
sprachlicher Äußerung folgt, hat als das dominante Verfahren zu gelten,
das ästhetisch (positiv oder negativ) konkretisiert wird. Daß diese
Mischung, das "Opalisieren" zwischen zwei Erfassungsmöglichkeiten, sehr
unterschiedlich beschaffen sein kann und also auch sehr unterschiedlich
"wirkt", steht außer Frage. Und hier kann vielleicht Bratnys Text neben
Werken wie "Doktor Faustus" von Thomas Mann (mitsamt der "dokumentarischen"
Ergänzung "Die Entstehung des Doktor Faustus. Roman eines Romans") oder dem
berühmten und nur wegen der Sprachbarriere kaum wirklich bekannten "Gedicht
ohne Helden" der russischen Dichterin Anna Achmatova nicht bestehen,
aber sein Erfolg beim Publikum ist sicher auch ein Erfolg seiner Vertextungs-
strategie. Am ehesten läßt sich die Trilogie als "fiktives Dokument" oder
"dokumentarische Fiktion" noch mit dem Erfolgsroman "Exodus" von Leon Uris

vergleichen, der freilich ein Jahr später (1958)zum ersten Mal erschienen ist.

Charakteristische Merkmale der Vertextung treten auch in der Binnenstruktur hervor. Bratny bedient sich einer Montagetechnik, die insbesondere an den Grenzen der einzelnen Kapitel auffällt und bei genauerem Hinsehen auch innerhalb der Kapitel anzutreffen ist, so daß die Verknüpfung der einzelnen Ereignisse einer zusätzlichen rezeptionellen Anstrengung bedarf. Diese Montagetechnik stammt aus der Fiktion[26] und nicht aus der Alltagssphäre der Sprachverwendung. Sie verleiht dem Text den Anstrich des Artifiziellen. Dabei beruht der Verfremdungseffekt nicht nur auf der abrupten Versetzung von Raum, Zeit und Handlungsträgern, sondern auch auf der Inversion der Orientierungsmerkmale, die natürlich bei derartigen Brüchen besonders wichtig sind. Grundsätzlich wird zuerst das Detail entworfen und danach der situative Rahmen oder, filmtechnisch gesprochen: die Totale. Als Beispiel sei der Anfang der Trilogie zitiert, an dem der Rezipient ja grundsätzlich im dunkeln tappt und der normalerweise in "guter" realistischer Tradition mit Erläuterungen zu Raum, Zeit, Handlungsträgern und deren Aussehen oder wenigstens doch mit Erörterungen zur Art des Erzählens (Herausgeberfiktionen etc.) angefüllt ist. Anders bei Bratny, und hier zeigt sich eben die Tradition des 20.Jahrhunderts:

> Schwalben flatterten hoch oben. Ein in die Höhe geschossener Ball zerriß den von den Parkbäumen geworfenen Schatten, und blitzte in der untergehenden Sonne auf,
> - Ah! -, quittierten die Spieler anerkennend den Aufprall der "Bombe". Zygmunt warf Kolumb durch die zusammengebissenen Zähne zu:
> - Gib nochmal.[27] usw.

Das Literarische eines Textes bemißt sich aber auch nach seinem Potential an Allusionen an andere literarische Texte oder Vertextungsschemata, weil nur so die erwartete Polyfunktionalität der literarischen Rede recht erfüllt werden kann. Auf das von Bratny ironisch unterlaufene Schema des Sozialistischen Realismus wurde schon verwiesen. Die Trilogie mit ihren so deutlich aufeinander bezogenen Einzeltiteln "Der Tod zum ersten Mal" : "Der Tod zum zweiten Mal" : "Das Leben" spielt aber ebenso ironisch mit einem anderen berühmten "Dreischritt" der Weltliteratur, nämlich mit Dantes "Göttlicher Komödie" ("Hölle" : "Fegefeuer" : "Paradies"). Es sei denn, man wollte das Schema "Weg zum Heil in drei Schritten" nur den entsprechenden außerliterarischen Argumentationsmustern zurechnen. Aber es gibt in der

polnischen Literatur bereits eine "Un-Göttliche Komödie" des Romantikers
Zygmunt Krasiński aus dem Jahre 1835, in der dieser Weg als ein manichäischer
Kampf zweier letztlich politischer Anschauungen gezeichnet wird. Das politische
(Selbst-)Bewußtsein der polnischen Nation hat sich im 19.Jahrhundert in der
Erfahrung zweier blutiger Aufstände (1831 und 1863) gebildet. Deren ideologische Überhöhung stammt aus der literarischen Romantik und wurde kontinuierlich fortgeschrieben. Bratnys Text beteiligt sich an dieser Fortschreibung
in einer Weise, die ihn für nicht in der polnischen Kulturtradition stehende
Rezipienten nicht gerade unverständlich, aber doch wenigstens um eine ganze
Dimension verkürzt erscheinen läßt.

Der Mythos des romantischen Kampfes für eine Freiheit, deren Ausgestaltung
unklar ist, durchzieht insbesondere Band 2, die 63 Tage des Warschauer Aufstandes. Was z.B. deutsche Leser unter der Suggestion anderer Texte eventuell wie spannende Versatzstücke einer bestimmten Kriegsberichterstattung
anmutet, die die Heldentaten im Kleinen preist, um die Niederlage im Großen
zu verschleiern, schließt für polnische Leser offenbar die Verbindung zum
Kontext literarischer Werke. Neben Krasińskis schon erwähnter "Un-Göttlicher
Komödie" wäre v.a. Juliusz Słowackis "Kordian" (1834) zu nennen sowie die
in Bratnys Helden unausgesprochene Selbstgewißheit von Mickiewiczs
Messianismus,[28] wie er sich etwa in Mickiewiczs berühmt-berüchtigten
"Büchern des polnischen Volkes und seiner Pilgerschaft" (1832) äußert.
Zu den Ahnen bei der Darstellung patriotischer kriegerischer Handlungen,
die trotz allem Heldentum die Niederlage nicht abwenden, gehören des
weiteren Henryk Sienkiewicz und Stefan Żeromski,[29] v.a. was bestimmte
Schemata der Personendarstellung, beispielsweise das Frauenbild, angeht.
Der polnische "Kolumbus" zieht sich somit die Montur des romantischen
Helden an. Er setzt wie selbstverständlich sein Leben ein für etwas unklar
Gedachtes und undeutlich Gefühltes und bleibt am Ende dennoch ohne das
ersehnte "Amerika", das Vaterland.[30]

4. "Kolumbus"

Die Frage, wer denn der eigentliche "Held" des Romans sei, läßt sich angesichts der beschriebenen Struktur, also der Beziehung zwischen Titel und
Handlungsträgern und den Momenten der Darbietung, nicht ohne weiteres
entscheiden. Sicherlich, <u>Kolumb</u> gehören Anfang (s.o.) und Schluß des Romans.
Aber im Verlaufe der Darbietung legt sich doch ein besonderes Gewicht auf

einen anderen Handlungsträger, nämlich Jerzy, der von den Rezensenten als
alter ego des Autors identifiziert worden ist. Von Jerzy aus wird nicht nur
ein Großteil der "ideologischen" Reflexionen vermittelt, sondern Bratny ist
offensichtlich Jerzys Protoyp.[31] Kolumb ist dagegen eher nur einer unter
mehreren, wenn er sich auch durch die ihm verliehenen Attribute vor dem
Hintergrund des dargestellten Geschichtszeitraumes besonders abhebt.

Weil die Ausfüllung des Titel-Symbols und seine Wirkung ja davon abhängen,
wie dem Titel vom Text her Sinn zugewiesen wird, zeigt sich nun wohl die
argumentative Schwäche des Romans; denn Bratny "verschenkt" sozusagen
Möglichkeiten, wie gerade der Stelle (Band 3, Kapitel 9) entnommen werden
kann, an der der Titel explizit im Text erscheint. Das 9.Kapitel des Bandes 3
bildet den Höhepunkt einer Argumentation, die von Jerzy aus quasi auktorial
die Probleme des Geschichtszeitraumes entwirft. Insofern wird der Titel in
dem entsprechenden "ideologischen" Kontext aufgenommen. Dieses 9.Kapitel
und seine Folgen seien also etwas genauer betrachtet. Das 9.Kapitel beginnt
in der für die Montage typischen Weise:

> - Gegenstimmen?
> Die Frage kam schon vor dem Hintergrund eines trägen
> Beifalls, der eine geschlossene und solidarische Meinung
> manifestierte und gegenüber dem sie wie naive Pedanterie
> klingen mußte. Aber der Beifall erstarb vor der Zeit: über
> den Köpfen hob sich eine einzelne Hand. Der Versammlungs-
> leiter war konsterniert: er schaute auf diese Handfläche,
> als erwarte er von ihr einen Taschenspielertrick. Aber ein
> schnelles Flüstern des zur Linken sitzenden Genossen brachte
> wieder Ordnung in die Reihe des Präsidiums der Wahlversamm-
> lung in der Presseabteilung des Verlages. Der Versammlungs-
> leiter stellte jetzt eine Frage, in der das besonders akzen-
> tuierte Wort Bürger ein eigenartiges Klima um die erhobene
> Hand schaffen sollte: eine Hand, die gegen das Vaterland
> erhoben worden war.
> - Bürger, können Sie Ihre Meinung begründen?
> Olo erhob sich langsam. Er zuckte mit den Achseln.
> - Ja, das ist meine Antwort -, er zuckte noch einmal
> verächtlich und lässig mit den Achseln und setzte sich
> wieder auf seinen Platz.[32]

Der argumentativen Hilflosigkeit Olos, die freilich auch zu einer Pose wird,
entspricht die Hilflosigkeit des Versammlungsleiters, der nunmehr mit seiner
vorformulierten Feststellung in bezug auf "Einstimmigkeit" nicht kommen
darf. Eine andere hat er aber nicht zur Hand, weil nichts anderes als
"Einstimmigkeit" vorgesehen war. (Und deshalb fürchtet er auch für sich
mögliche Konsequenzen).

Jerzy hält Olos Demonstration für sinnlos und schädlich, denn es gebe "ohne Kommunismus kein Polen", sondern nur das ewige romantische Polen als "Christus der Völker" (s.o.). Und in diesem Zusammenhang sagt er schließlich:

> - Wir haben mit ganz hohen Tönen angefangen, und du willst noch höher fliegen, aber schau doch mal zur Erde: haben wir nicht die Notwendigkeit erkannt, unsere Generation zu retten, diese Kolumbusse, Malutkis, Jagiełłos und Zygmunts?[33]

Er wolle mit seiner Zeitung "Głos pokolenia (Die Stimme der Generation) über den "Schmerz und das Unrecht" schreiben, weil er wisse, daß eine "Verständigung mit der Intelligenz" nicht möglich sei, wenn eben diese Schmerzen, d.h. die Leiden der jungen AK-Soldaten für Polen während der deutschen Besatzung und danach, verschwiegen würden.

Eine Antwort gibt die Narration: die Zeitung wird von den regierenden Kommunisten verboten; Jerzy wird von denen, die er mit dem "neuen" Polen versöhnen wollte, ermordet; Kolumb hört auf seinem Schiff im Mittelmeer über Radio Warschau nicht den erwarteten Aufruf Jerzys an ihn (und seinesgleichen) zur Heimkehr, sondern das Feuilleton "Die Verpflichtung zur erhöhten Wachsamkeit" eines gewissen Żaboklicki,[34] der sich einst in einem recht zweideutigen Verhältnis zur Besatzungsmacht befunden hatte.

Dennoch bleibt alles unklar, zumal da Olo offenbar "den Weg in die Partei der Arbeiterklasse findet".[35] Wie der Roman auf den "Mythos" des Geschichtszeitraumes rekurriert, so stützt er sich auch auf die Vorurteile des polnischen Lesepublikums. Möglicherweise bestanden die Vorurteile z.B. gegenüber dem östlichen Nachbarn, seiner Ideologie und den Handlungen seiner polnischen Satrapen um Staatspräsident Bierut und Verteidigungsminister Rokossowski zu Recht, aber sie werden weder eindeutig benannt noch widerlegt. Insofern bildet die oben zitierte Eingangssituation des 9.Kapitels im 3.Band eben auch die Argumentation des Textes innerhalb der zu ihm gehörenden Situation "isomorph" ab. Allen Lösungen haftet, literarisch gesehen, das Moment des _deus ex machina_ an, worunter schließlich auch die Einordnung des symbolischen Kolumbus-Titels leidet.

Die polnische Literaturwissenschaft bzw. -kritik hat sich auf einen Ausweg geeinigt, der zumindest alle im Laufe dieser Erörterung zitierten Momente zusammenbringt: den Plural im Titel, die merkwürdige Stellung des Handlungsträgers _Kolumb_ im Text, das Titelstichwort aus dem 9.Kapitel des 3.Bandes, die lockere Narration u.a.m.

Sie deutet den Roman als Ausdruck einer Kolumbus-Situation, die eine ganze
Generation betreffe (vgl. den Titel von Jerzys Zeitschrift "Die Stimme der
Generation"). Das liegt natürlich nahe und mag hier vielleicht gar nicht
der Hervorhebung wert erscheinen. Aber in Polen ist das aus dem vorigen Jahrhundert stammende positivistische Gliederungsschema nach Generationen bis
heute virulent. Unter diesem Aspekt gewinnt natürlich auch der Hinweis auf
die literarische Tradition einer Fortschreibung der Aufstandsproblematik
seit der Mitte des 19.Jahrhunderts noch eine andere Nuance. Das Thema
Befreiungskampf für Polen blieb nicht nur bis weit in unser Jahrhundert
aktuell, sondern mit ihm blieb auch die Perspektive aktuell, unter der das
Thema dargestellt wurde, nämlich das Schicksal einer jeweiligen Generation,
der die nächste in ihren vergeblichen Mühen folgen sollte und der Resignation und Unverständnis der vorangehenden entgegenstanden.

Dieses Schema mit dem Kolumbus-Symbol aufzufüllen, ist wohl recht originell,
so daß zum Schluß noch überlegt werden soll, welche Sinnpotenzen dem Text
daraus erwachsen können.

Bratny selbst hatte in bezug auf den behandelten Geschichtszeitraum ganz
unzweideutig (wenn auch in einem anderen Zusammenhang) vom "Ozean" der
Ereignisse gesprochen, den es schriftstellerisch zu bewältigen gegolten
habe. [37] Wenn man will, erschließt sich hier von der Seite des realen
Autors aus eine Motivation für die Wahl des Kolumbus-Symbols, die mit der
Textgestaltung zusammenstimmt. Kolumbus, der Seefahrer, mitten auf dem
Meer, ohne ein klares Ziel, aber mit der Hoffnung, das rettende Ufer zu
erreichen. Aber welches Ufer? Aus dem Kolumbus-Symbol (und eben nicht aus
dem historischen Schicksal des wirklichen Kolumbus) scheint sich zwingend
die Suche nach der Neuen Welt zu ergeben. Hinter Kolumbus steht die Neue
Welt, und zwar eine Neue Welt, die in dieser Formel seit Ende des 19.Jahrhunderts etwas bezeichnet, was letztlich als Paradies auf Erden zu gelten
hat. Positiv wurde die Neue Welt entworfen in den zahlreichen und im
marxistischen Umkreis auch bis heute ganz unironisch-formelhaft verwendeten Fügungen, wie Neuer Mensch, Neue Zeit, Neues Leben etc., negativ etwa
in Aldous Huxleys Anti-Utopie Brave New World (1932). Obwohl kaum gesagt
werden kann, daß Bratnys Text die Neue Welt negativ entwirft, so scheitert
seine Kolumbus-Generation doch: sie findet das rettende Ufer, das Neue
Polen, nicht. Der Repräsentant des Kolumbus-Symbols im Text, Kolumb,
bleibt auf dem Meer zurück. Unter einem anderen Blickwinkel gelangen sie
nicht nach "Amerika", sondern tatsächlich nach "Indien".[38] Sie finden das
Alte und nicht das Neue.

Jerzy, Bratnys Sprachrohr im Text, schreibt:

> ... Der Untergrund waren die Keller mit den alten politischen Verschlägen. Alle Parteien und Parteiungen lebten in der Konspiration weiter. Zuweilen verbargen sie ihr wahres Wesen hinter einem veränderten Schild[...], zuweilen begannen unsere politischen Parteien auch ohne das ein "neues Leben"[...].[39]

Sicherlich muß man sich hüten, dem locker gefügten Text eine genau durchkomponierte Schicht "uneigentlichen Redens" abzutrotzen, aber es gibt doch wenigstens Ansätze, die die bisher beschriebenen Konkretisationen stützen. Mit der Aufdeckung eines letzten, verborgenen, geradezu figürlichen Merkmals sei diese Erörterung abgeschlossen. Es ist die Topographie der Stadt Warschau, die in der Narration eine Rolle spielt und die sich dazu eignet, metaphorisch überhöht zu werden: so wird z.B. der Schein des ersehnten neuen Lebens über ein Ufer sichtbar gemacht. Jenseits der Weichsel (in Praga!) mäht eine Bäuerin friedlich ihre Wiese, während diesseits der Aufstand tobt.[40] Neben der "Altstadt (poln. umgangssprachlich Starówka)", dem eigentlichen Ort des Aufstandes, gibt es in Warschau eine "Neue Welt (poln. Nowy Świat)". Der Abzug der Soldaten der Heimatarmee aus der Altstadt durch die Kanalisation in Richtung auf die Stadtteile Śródmieście und Mokotów ließe sich mit diesen beiden Orten verknüpfen, wovon die Starówka immer wieder tatsächlich auch genannt wird.

Der polnische Kolumbus, den Roman Bratny in der Trilogie "Kolumbowie rocznik 20" entwirft, bezeichnet mit seiner Symbolik eine ganze Generation. Die Generation der um 1920 Geborenen irrt durch den "Ozean" der Geschichte. Die stürmischen Jahre 1939 bis 1947 stecken voller Mühsal, Kampf und Tod, aber auch zunächst voller allerdings undeutlicher Verheißung. Zudem handelt es sich um eine Generation "romantischer" Seefahrer zu Polens Heil, wie sie seit Anfang des vorigen Jahrhunderts immer wieder den Schauplatz der Geschichte betreten hat. Anders als Cristóbal Colón erreicht der polnische Kolumbus im 20.Jahrhundert offenbar kein rettendes Ufer. "Amerika" bleibt nur Verheißung, der "Seeweg nach Indien" bleibt verschlossen, die Entdeckungen unterwegs sind trügerisch und ihr Wert zweifelhaft.

Anmerkungen

1. Błaut, S.: "Kolumbowa droga przez mękę (Der Kolumbus-Weg durch die Qual)"; in: Za i przeciw. 1957 Nr.20, S.14-15.

2. Polska bibliografia literacka za rok 1957. Warszawa 1962, Nrn.611 u.612.

3. Bratny, R.: "Kolumbowie rocznik 20". 3 Bände. Warszawa 1987. Höhe der Auflage: 25.000 Expl. Der Text dieser Ausgabe liegt den folgenden Erörterungen zugrunde.

4. Außer der deutschen gibt es zum Beispiel eine französische und eine italienische Übersetzung. Ins Russische oder Englische ist der Roman offenbar nicht übersetzt worden. Vgl.Literatura Polska. Przewodnik encyklopedyczny. Band 1. Warszawa 1984, S.458.

5. Vgl. Maciąg, W.: Polnische Gegenwartsliteratur. 1939-1976. München 1979, v.a. S.80ff.

6. Insbesondere in seiner Novellensammlung "Złoty lis (Der Goldene Fuchs)" (Warszawa 1955). Die Novellen waren zum Teil vor der "stalinistischen Repression" entstanden und hatten nur nicht veröffentlicht werden dürfen.

7. Vgl. z.B. Bartelski, L.M.: "Toast za literaturę (Einen Toast auf die Literatur)"; in: Życie Warszawy. 1957 Nr.310, S.5.

8. Nach einem Terminus der polnischen Literaturwissenschaft in bezug auf Texte der Jahrhundertwende.

9. So heißt der "Titelheld" nicht nur Kolumb, sondern auch Machabeusz (= Makkabäus), wodurch er trotz der historischen Authentizität beider Pseudonyme in eine andere symbolische Dimension gerückt wird. Vgl. zu seinem Judentum weiter unten. Zur Authentizität der Namen vgl.Szewczyk, K.: Analiza językowo-stylistyczna nazw osobowych w powieści R.Bratnego "Kolumbowie rocznik 20" (Sprachlich-stilistische Analyse der Personennamen in R.Bratnys Roman "Kolumbus Jahrgang 20"). In: Acta Universitatis Copernici. Toruń 1978. Zeszyt 93: Filologia Polska 14, S.65-97.

10. (Die polnische Namensform Kolumb wird auf der ersten Silbe betont.) Der morphologische Unterschied zur in Deutschland üblichen Form Kolumbus, sei hier so genutzt, daß der Handlungsträger mit dem polnischen Namen Kolumb bezeichnet wird, das Symbol aber als Kolumbus.

11. Es ist die Struktur eines viel berühmteren Romans, die hier wiederkehrt, nämlich von Lev Tolstojs "Vojna i mir (Krieg und Frieden)", freilich ohne dessen Sinngebung auf der historiosophischen Ebene. Bratny selbst hatte in einem Zeitungsinterview Remarque, Scholochow und London als seine Lieblingsautoren (und daher vermutlich Vorbilder) genannt. Vgl. Czuliński, J.: Rocznika dwudziestego - śmierci życie (Des Jahrgangs Zwanzig Tod und Leben); in: Żołnierz Polski 1957 Nr.18, S.18.

12. Die Kritik vermißte durchgehend eine "Sinn"-Gebung vom Autor aus, und siedelte den Roman zwischen Bericht, Reportage und Pamphlet an.

13. Zeitlogisch gesehen, ist freilich auch die Zeit vor 1939 präsent. Sie wird in der Darbietung mit Hilfe von Erinnerungen oder Gegenüberstellungen entworfen, wird aber nicht thematisch.

14. Die Verbindung von Eros und Tod ist eine Art Subthema aller drei Bände.

15. Man könnte im Blick auf die literarische Entwicklung auch sagen, daß hier die sowohl den Symbolismus (d.i. in diesem Falle die "Młoda Polska (Das Junge Polen)") als auch den Expressionismus auszeichnende Überhöhung des Individuellen ins Kosmische bzw. Allgemeine ("der Mensch") wiederkehrt, und zwar in einer der polnischen Literatur ohnehin eigenen historischen Umdeutung.

16. Nicht etwa die Faktizität des Dargestellten, wie manche meinten. Vgl.z.B. Taborski, B.: Kolumbowie i ich Ameryka (Die Kolumbusse und ihr Amerika). In: Kultura[Paris]1957 Nr.12, S.138-143.

17. Vgl.Błaut [wie Anm.1]; Błonski, J.: Bratny czyli odwet faktów (Bratny oder die Rache der Fakten). In: Przegląd kulturalny. 1957 Nr.31, S.3.

18. Diese Deutung kann man sehr häufig lesen; vgl. z.B. Kądziela, J.: Tragedia pokolenia Kolumbów (Die Tragödie einer Generation von Kolumbussen). In: Głos Poznański. 1957 Nr.195, S.3. Der gesamte Titel wird ironisch verstanden von Greń, Z.: Nie ma Ameryki! (Es gibt kein Amerika!). In: Głos Szczeciński. 1957 Nr.195, S.4.

19. Vgl. den Romanschluß. Damit wird hier kein positiver ästhetischer Wert behauptet; im Gegenteil, der Romanschluß kann eher stören, weil "zu dick aufgetragen" wird. Kijowski betont hier das romantische Zitat: Kolumb wandele auf den Spuren von Słowacki nach Palästina. Von diesem Zitat her dehne sich das Kolumbus-Emblem auf alle Handlungsträger aus: "Sein Pseudonym aus der Heimatarmee erlangt jetzt symbolische Kraft - Kolumb[us] fährt ins unbekannte Land." Kijowski, A.: Kolumbowie (Kolumbusse). In: Przegląd Kulturalny. 1957 Nr.24, S.1-2.

20. Auch die Verkleidung muß als Parallelhandlung gelten. In Band 1 spielen die polnischen Untergrundkämpfer deutsche Besatzungsmacht, um einen Bahnhofsposten, "Bahnschutz Maltz", zwecks Waffenbeschaffung zu überfallen.

21. Die Auseinandersetzung setzt gerade im gegenwärtigen Zeitpunkt.(1989) wieder ein; vgl. das Interview der Krakauer Literaturzeitung "Zycie Literackie" (Nr.38 v.24.September 1989) mit Witold Zalewski ("Drwiący śmiech pokoleń (Das spöttische Lachen der Generationen). Zalewski als Prototyp tritt im übrigen selbst in Bratnys Roman auf (als Czarny Olo).

22. In der Irritation der kategorialen Mischung des Textsortenanspruches Fiktion/Dokument verwickelt, haben sich polnische Rezensenten um den Beweis des faktisch-historischen Gegenteils bemüht; vgl.Bartoszewski,M.: Prawda o "Roczniku 20" (Die Wahrheit über den "Jahrgang 20"). In: Tygodnik Powszechny. 1957 Nr.49, S.3, Bartoszewski spricht von "polemischen Vereinfachungen" und widerlegt Bratny als Autor des Romans mit Bratny als Mitverfasser eines Manifestes der einstigen konspirativen Gruppe "Miecz i Pług (Schwert und Pflug)". Gegen Bartoszewski äußert sich A.Mandalin (unter dem Pseudonym "amen"): Między wierszami (Zwischen Versen)". In: Nowa Kultura. 1957 Nr.51/52.

23. Vgl.oben Zalewski als Czarny Olo, den im Kampf gefallenen Dichter Tadeusz Gajcy nennt er Dębowy, darüber hinaus werden wirkliche AK-Pseudonyme benutzt, wie z.B. Kolumb / Machabeusz, aber z.T. anders als "im Leben" verteilt.

24. Vgl. Mieroszewski, J. (unter dem Pseudonym "Londyńczyk"): Z księgi dżungli (Aus dem Dschungelbuch). In: Kultura [Paris] 1963 Nr.11, S.107-111; über verdeckte Zitate aus dem Buch von Stefan Korboński: W Imieniu Rzeczpospolitej (Im Namen der [polnischen] Republik).

25. In bezug auf die Zitate sei auf den Auszug aus der Kapitulationserklärung des Oberbefehlshabers der AK, General Bór-Komorowski, am Schluß von Band 2 verwiesen. "Personen der Zeitgeschichte" sind darüber hinaus mehr oder weniger bekannte polnische Schriftsteller wie Ferdynand Goetel, Karol Irzykowski oder Zofia Nałkowska.

26. Es handelt sich, wie Rezensenten lobend hervorhoben, um eine filmartige Sequenzierung. Vgl. Kądziela [wie Anm.18]; Kijowski [wie Anm.19].

27. Band 1, S.7. Im übrigen läßt das Deutsche mit seiner als Vertextungssignal wirkenden Determination eine Übersetzung zu, die noch stärker "verfremdet":
   "Die Schwalben flatterten hoch oben. Der in die Höhe geschossene Ball zerriß den von den Parkbäumen geworfenen Schatten,..."etc.

28. Sie wird in Jerzys Artikeln nach seiner Rückkehr als Verneinung explizit gemacht, die Rolle Polens sei n i c h t die eines "Christus der Völker", Band 3, S.450.

29. Vgl. Bereza, H.: Polska epopea okupacyjna (Ein polnische Epos der Okkupation). In: Nowe Książki. 1957 Nr.14, S.833-836. Bereza spricht von einem "Extrakt an Polentum". Sehr viel ironischer äußert sich Nowakowski, T.: Witamina "P" (Vitamin "P"). In: Wiadomości [London] 1958 Nr.1, S.1. "P" steht offenbar für Polen, polnisch oder Polentum. Ebenso Błaut [wie Anm.1]; Kijowski [wie Anm.19].

30. Vgl. Greń, Z.: Nie ma Ameryki! (Es gibt kein Amerika!); in: Głos Szczeciński 1957 Nr.195, S.4.

31. Vgl. z.B. Bartelski, L.M.: Żegnaj, Warszawo! (Adieu, Warschau!). In: Tygodnik zachodni Nr.28 v.13.7.57, S.4.

32. Band 3, S.564.

33. Band 3, S.566.

34. Der Name trägt eine negative Konnotation.

35. Der polnische Nobelpreisträger und Slawistikprofessor in Amerika Czesław Miłosz schreibt in seiner durch ausgewogene Urteile bestechenden "Geschichte der polnischen Literatur" (Köln 1981), S.363: "Andere akzeptierten die neue Linie, besonders die unausgereiften Jünglinge, die aus Widerstandskämpfern des Londoner Regimes zu eifernden Neophyten der neuen Regierung geworden waren. An die Illegalität gewöhnt, den Revolver in der Tasche, hatten sie romantische Vorstellungen von der Revolution und schwärmten für Majakowskij, ohne zu begreifen, daß er in die Gegenwart nicht hineinpaßte."

36. Vgl. z.B. den Generationenkonflikt innerhalb der AK. Bei Sławiński findet sich der Hinweis auf Eliza Orzeszkowas Generationsroman "Zygmunt Ławicz i jego koledzy (Zygmunt Ławicz und seine Kollegen)" aus dem Jahre 1882. Sławiński, J.: Powieść o generacji Kolumbów (Ein Roman über die Kolumbus-Generation); in: Twórczość 1957 Nr.1, S.164-169, hier S.169. Bei dieser Gelegenheit sei auch auf Andrzej Wajdas Debutfilm verwiesen, "Pokolenie (Eine Generation)", der 1954 gedreht worden ist und der den gleichnamigen Roman von Bohdan Czeszko aus dem Jahre 1951 zum Vorwurf hat. Wie das Verhältnis zwischen Roman und Film auch immer bestimmt werden mag, der Roman liefert eigentlich wohl das als Geschichtsklitterung empfundene Bild des Untergrundkampfes, das die Stalinzeit zeichnet: nämlich eine unangemessene Überhöhung des Kampfes der kommunistischen "Armia Ludowa (Volksarmee)" zu Lasten der AK. So gesehen, ist Bratnys Trilogie auch eine Polemik mit Czeszkos parteilicher Sicht und das Beharren der Kritik auf dem Generationen-Schema auch ein versteckter Hinweis auf den "Vorläufer".

37. Nach Sławiński wie[Anm.36], S.165.
38. Vgl. Greń [wie Anm.18].
39. Band 3, S.450f.
40. Band 2, Kaitel 9, S.429.

"Les Indes" d'Édouard Glissant:
du rêve avorté à l'alchimie d'un monde nouveau

Carminella Biondi

"Les Indes, est une Légende des siècles[...] où la dialectique marxiste du maître et de l'esclave remplace la droite ligne du progrès".[1] Si lire Les Indes d'Edouard Glissant comme une moderne légende des siècles nous paraît correct, un peu étroite nous semble au contraire la grille interprétative de la dialectique marxiste, même si elle est ici adaptée à des catégories, celle du maître et de l'esclave, qui ont fait l'histoire des rapports entre l'Europe et les Indes de l'Occident.

Les Indes est en réalité une épopée de la découverte qui avec son peu de lumières et ses ombres géantes a mis en "relation"[2] trois continents et changé les chemins de l'histoire. Et si on n'a pas pu (ou su) empêcher que la lutte, la vexation, la souffrance soient les pierres angulaires de cette imposante construction, le moment est venu où il faut essayer d'établir une relation correcte à l'intérieur de cette grande "maison commune" et d'expurger de leur venin les fruits de tant de rêves jusqu'ici avortés.

Le poème se compose de presque mille vers (ou prose poétique); distribués en six chants de longueur différente à leur tour divisés en 65 strophes inégalement distribuées.[3] Chaque chant est précédé d'un court prologue qui en résume, de façon très libre, le sujet. Le poème, à structure circulaire (il s'ouvre et se ferme sur la ville de Gênes), chante l'histoire d'une époque grandiose et tragique qui se veut (ou se voudrait) conclue pour que soit enfin reconnu à chaque peuple, de n'importe quelle race ou culture, le droit d'appartenance à la communauté des hommes: "...peut-être enfin l'homme n'a-t-il que même désir et même ardeur, n'importe soit-il? Et d'où qu'il vienne, même souffrance connaissable?".[4]

Les Indes qui sont dans le projet poétique de Glissant pays réel et métaphore de tout monde rêvé, se proposent de faire revivre l'élan passionné de ceux qui entreprirent le voyage dangereux et envoûtant dans les régions de l'inconnu, qu'on s'était imaginé être les Indes, et les avatars de cette entreprise extraordinaire. Entre la coupe et les lèvres... il peut y avoir l'espace d'une vie. Et cette vie se charge de toutes les attentes, de tous les désirs, de toutes les joies et les horreurs qui jalonnent le chemin qui mène du rêve à son incarnation dans le corps des choses. De l'exaltant

"Appel" (c'est le titre du premier chant) au départ dans le port de Gênes qui a été l'humus où a grandi le rêve d'une voie nouvelle vers les Indes enchantées, au retour dans le même port d'un fils de ces Indes qui porte sur son corps les stigmates d'un rêve avorté mais aussi l'espoir d'autres rêves, se développe l'histoire de la rencontre entre deux mondes. Histoire audacieuse et tragique qui a entraîné dans son sillon, inattendument, un autre monde, l'Afrique, en y puisant une force-travail qui aurait dû compenser l'échec d'une illusion née au coeur de l'Europe.

Mais au départ, au moment où on largue les amarres, celle qui domine est encore la couleur magique du rêve, derrière laquelle, toutefois, pointe déjà, encore inaperçue, la couleur tragique du sang. Et c'est "... le silence, l'énorme et neuve mer, qui ouvre/ Les Deux Livres d'azur saignant" (p.78).

D'abord c'est donc l'exaltation de l'appareillage où le rêve et la folie ont leur part, mais peu à peu, au cours du "Voyage" (c'est le titre du deuxième chant), la peur bouleverse l'âme de tous ces hommes qui ont fait confiance à l'aventure et aux Fantasmes de l'imagination. Ils veulent rebrousser chemin, revenir au port sûr qu'ils ont quitté, renonçant au fol espoir qui les a poussés vers un Occident (ou un Orient?) qui se soustrait à leur poursuite:

> L'homme recule sous la voile, il fuit le vent; il voit l'hier,
>   plus chaud,
> Qui l'appelle, qui murmure, plus secret que cette flamme
>   morte,
> Ou que ce corps de femme où est la flamme maintenant.
>   (p.82).

"Mais qui peut, ô marin, se déprendre des Indes?" (p.82). Le voyage doit poursuivre sur le navire où le Moyen Age ténébreux a rétabli sa dure loi d'obéissance absolue au "duc, ombrageux capitaine", qui impose sa foi dans des Indes qui tardent seulement un peu au rendez-vous fixé par la chimère, avant de quitter le port.

Cette longue obéissance, rongée par le désir, la nostalgie et le désespoir qui remplissent l'espace "Entre l'une et l'autre terre" (p.85), produit sa victime, un jeune marin qu'on jette à la mer dans "un drap de Flandres, brodé/ d'un coeur" (p.86). Il ne saura jamais la danse d'amour fou et de brutale violence qui va unir à jamais le voyageur conquérant et la belle terre où son navire a enfin jeté l'ancre. C'est le sujet du chant qui va suivre, celui que le poète consacre à "La Conquête", où,pour ceux qui n'ont pas cédé à la fatigue du voyage et à l'attrait de l'abîme liquide, commence la stupéfiante rencontre avec une terre inattendue, une vierge nue et sauvage là où l'on avait imaginé une dame exquise toute chargée d'or et de pierreries (les Indes orientales décrites par Marco Polo).

Une vierge qu'il faut courtiser pour qu'elle découvre ses trésors; et peut-être même brutaliser si elle se refuse aux flatteries et aux caresses de ces amants exigeants et jaloux qui viennent de si loin. C'est leur chef, qu'on n'a pas besoin de nommer, qui commence cet étrange chant d'amour et de mort pour émouvoir la belle insensible:

> "[...]
> O vierge! vos amants, je les tuerai sans plus de rage, avec
>   soin.
> Ils se parent de l'or de vos seins, ces bijoux m'embrasent!
> Je fondrai l'or, la part de vous que je destine à mon baiser,
> O vierge! l'alchimiste de votre corps, le voici, soldat de foi,
> Et qui vous aime d'un grand vent de folie et de sang, il est
>   en vous!
> Venez sur le rivage de votre âme! Tendez vos trésors à vos
>   conquistadores!"
> Mais le rivage sommeillait dans son éternité. (p.92).

Grâce à cette puissante métaphore d'une passion ardente qui cherche inutilement les mots et les gestes, gentils ou brutaux, pour que la vierge, enfin domptée, livre ses trésors en accueillant le conquérant dans ses bras, Glissant réuissit à brosser une fresque inédite et envoutante de la conquête. A l'image du conquérant excité et impatient, amant tendre et terrible qui crie, déchire et brûle tout ce qui entrave son désir, s'oppose l'attitude d'une terre millénaire insensible à toute cette excitation qui travaille la surface de son corps: "La femme se taisait, si belle, en son éternité" (p.97).

L'attente, doublement déçue, d'une femme exquise parée d'or et d'une vierge consentante provoque la réaction brutale du conquérant qui impose alors sa terrible loi afin qu'une partie au moins du rêve qui l'a si longuement hanté soit sauvegardée:

> "Fini de rire![...]
> Plus une feuille qui ne soit marquée du sceau des
>   arquebuses!
> Plus une pierre que n'ait pesée notre balance! C'est justice.
> Et si les Indes ne sont pas de ce côté où tu te couches, que
>   m'importe!
> Indes je te dirai. Inde de l'Ouest: afin que je regagne mon
>   rêve". (p.97)

Leurré par "la femme du couchant", qu'il essaie en vain de faire entrer dans le moule inventé par sa longue attente et son désir, le Conquérant (qui n'est pas seulement, ou pas tant Colombo, mais Cortez, Pizarro, Almagro, Balboa) s'abandonne au saccage, consommant ainsi une rupture qui pèsera lourd sur l'histoire à venir. Ce rêve tourné en cauchemar ouvre l'abîme de la traite où va sombrer pendant plus de trois siècle l'innocent peuple d'Afrique.[5] C'est le sujet du quatrième chant, un "chant de Mort" auquel seule la prose convient, car aux Indes du rêve se substitue l'Inde de souffrance et de honte.

C'est dans ce chant de douleur que Glissant, tout en substituant le vers par une prose poétique mieux adaptée au sujet, révèle sa vocation épique replaçant la tragédie sans héroïsme d'un peuple qui n'a pas su s'opposer à sa réification, dans une perspective universelle qui lui confère sa dignité et sa grandeur. La plainte pour un passé d'horreurs y a sa place, comme le reproche pour ceux qui ont "cloué un peuple au bateau de haut bord[...] vendu, loué, troqué la chair" (p.107), pour ceux qui ont débité la vie, mais sans perdre de vue l'ensemble de l'histoire, sans oublier que ce peuple, dont le poète est un fils,[6] a ainsi contribué au "commencement d'une Unité" (p.101) et à la naissance d'un monde nouveau. Fini donc avec la plainte stérile qui ne fait que laisser aux mains du conquérant tout le beau rôle, même si c'est pour le condamner. Ce peuple à la peau noire qu'on a troqué comme une marchandise et plié sous le joug de l'esclavage a fait, lui aussi, l'histoire. L'image du Soleil qui ouvre le chant et qui le clôt en exorcise les ténèbres, "ô Soleil, et toi Mer[...]que se ferme le chant de Mort où l'Ombre aura régné" (p.110).

Après le chant d'ombre vient le chant de lumière, le cinquième, consacré aux "Héros". On y chante la Liberté, encore innommée au début, qui paraît un matin et allume peu à peu l'incendie autour d'elle. Les Héros se lèvent à son passage et la suivent: "Toussaint qui fut le sage et la victime" et Dessalines, "Ombre de sang, jailli d'un lac de sang" (p.117), "Delgrès, qui tint trois ans la Guadeloupe" (p.119) et tous ceux que l'histoire oublie, "car ils sont morts de ce côté du monde/ où le soleil décline" (p.118).

Des Indes de rêve du départ, à travers les tragiques Indes de mort, on est enfin arrivé aux "Indes assumées" où "Ce qui fut désir, folie et soif de connaissance, ardeur de l'or et plaisir du triomphe a pris corps" (p.111), même si de façon souvent imprévue et insatisfaisante.

Il est temps désormais de revenir au point de départ, là où l'"Appel" s'est fait entendre pour la première fois, à Gênes, pour pouvoir enfin lire toute l'histoire et cueillir le sens et les perspectives d'un rapport apparemment manqué. Le sixième et dernier chant, "La Relation" (composé d'une seule longue strophe de 111 vers coupée par quelques pauses), se termine au moment où un fils de ces Indes dont on était parti à la recherche et de cette Afrique qu'on avait saccagée, pour avoir au moins un ersatz du monde rêvé, entre à son tour dans le port du lointain départ. Ce port de Gênes, d'où n'est jamais en réalité partie aucune escadre, mais où est né celui qui, hanté par sa folle chimère, a conçu l'audacieux voyage.

Ce fils qui revient vers le port mythique est lui aussi en quête de ses Indes de rêve qu'il situe, comme il se doit, à l'autre bout de l'océan (cette mer qui fait "commerce de soi-même, à / l'autre place de la vie", p.73), dans cette Europe où a commencé l'inépuisable voyage entre la "Demeure et la Connaissance" (p.79). Un cycle s'est ainsi conclu au cours duquel des peuples qui se sont entredéchirés (les uns peut-être plus cruels que les autres) ont grandi ensemble. Une relation s'est établie entre eux qui est le début d'une entente, fondée sur la prise de conscience que chaque peuple, chaque homme porte en soi son Inde où le rêve bâtit ses merveilles et le réel fait ses ravages:

> Et une Inde, laquelle? en quoi le rêve a son limon.
> C'est épaisseur des cieux et la dernière étoile convoitée,
> C'est au coin de la lune l'oasis de l'infini
> C'est liberté nourrissant l'homme, c'est la femme aimée
> C'est pour un peuple qui gémit, l'écartement de la
>   broussaille,
> Pour un qui meurt c'est le silence et la beauté pour un qui
>   vit,
> Et c'est au coeur le noeud d'eau grise qui épie.
> (pp.128-129).

Cet événement grandiose qui a brassé les peuples en les déchirant, cette immense épopée de la découverte et de ses suites est en même temps histoire et mythe, fait réel et métaphore d'une quête. L'"Appel", le "Voyage", la "Conquête", la "Traite", les "Héros", la "Relation" ne sont pas seulement les chants d'un poème épique, mais aussi les étapes d'un voyage initiatique chargé d'épreuves, à la fin duquel on revient au point de départ riche d'une connaissance sur quoi fonder une <u>relation</u> entre égaux.

Les Indes, enfantées dans un passé lointain par un fils de la vieille Europe, sont ainsi devenues un laboratoire du monde à venir.[7]

Notes

1. Gaëtan Picon, Panorama de la nouvelle littérature française, Paris, Gallimard, 1960, p.243. Le passage est cité par Daniel Redford dans l'ouvrage qu'il a consacré à Edouard Glissant dans la collection "Poètes d'aujourd'hui", Paris, Seghers, 1982, p.21. Nous donnons de suite quelques références critiques qui peuvent être utile pour aider à l'approche d'une oeuvre complexe et quelque peu secrète pour un lecteur européen. Elles concernent surtout l'oeuvre romanesque de cet écrivain martiniquais qui essaie de récupérer, faire revivre et souder les fragments flottant dans le vide de l'histoire profonde de son pays et de son peuple: Jacques André, Caraïbales. Etudes sur la littérature antillaise, Paris, Editions Caribéennes, 1981, ch. IV: Les lambeaux du territoire (sur Edouard Glissant); Carla Fratta, Storia, identità e coscienza collettiva ne "La case du commandeur" di Edouard Glissant, dans Critica testuale ed esegesi del testo. Studi in onore di Marco Boni, Bologna, Patron, 1984, p.447-454 et Il simbolo del serpente fra Africa e Antille in "Le quatrième siècle" di Edouard Glissant, dans Africa, America, Asia, Australia. Saggi e ricerche sulle culture extraeuropee, 2, Roma, Bulzoni, 1986, pp.123-133. Nous nous permettons enfin de citer un bref essai que nous avons consacré aux écrits théoriques de l'écrivain: Per un progetto culturale a dimensione planetaria: la poetica della "Relation des Divers" di Edouard Glissant, dans Miscellanea in onore di Francesco Vian, éditée par l'Université de Parme (en cours de publication).

2. A la "poétique de la Relation" Glissant a consacré le deuxième livre de son Discours antillais (Paris, Editions du Seuil, 1981, pp.189-270) et de nombreuses pages de L'intention poétique (Paris, Editions du Seuil, 1969). Tout son effort d'écrivain vise d'un côté à la recherche d'une identité et d'un espace d'action autonome pour les français de la Caraïbe, qui sont en grande partie d'origine africaine, et de l'autre à repérer et créer les conditions d'une entente qui transcende les barrières ethniques et culturelles sans oblitérer les particularités (opacités dans le langage de Glissant) des différents peuples:"... la poétique de la relation suppose qu'à chacun soit proposé la densité (l'opacité) de l'autre. Plus l'autre résiste dans son épaisser ou sa fluidité (sans s'y limiter), plus sa réalité devient expressive, et plus la relation féconde.[...] La relation n'est pas une mathématique du rapport, mais une problématique toujours victorieuse des menaces" (L'intention poétique, cit., p.23).

3. Les strophes, de longueur différente, sont ainsi distribuées à l'intérieur de chaque chant: 18,14,10,10,12,1. Le poème, daté avril-juin 1955, a été publié en 1956. Nous avons lu le texte dans l'édition de 1985 (Paris, Editions du Seuil) qui réunit Les Indes, Champ d'îles, La terre inquiète et reproduit dans son intégralité l'édition de 1965, intitulée Poèmes.

4. Les Indes, éd. citée, p.123. Nous nous limiterons par la suite à indiquer les pages entre parenthèses dans le texte.

5. "Innocent" dans ce contexte. Mais il ne faut pas entendre le mot dans un sens absolu; ce serait fausser la pensée de Glissant qui essaie avant tout de ne pas tomber dans le leurre d'un innocentisme ou d'un angélisme suspect: "Traquer l'angélisme. C'est vanité[...]de poser la relation dans un succédané d'absolu (d'idéale perfection où l'homme serait agneau pour l'homme); elle comporte qu'on domine et pèse la part du quotidien qui

appartient au dénis, à l'horrible, aux démissions" (L'intention poétique, cit., p.24).

6. "Nous sommes fils de ceux qui survécurent" (p.110).

7. Glissant voit dans les Antilles, où tant d'ethnies et de cultures s'affrontent et se confrontent, un creuset où il serait possible d'expérimenter des transmutations fécondes à partir des données culturelles souvent contradictoires et morcelées: "Si les Antillais ne sont pas les héritiers d'une culture atavique, ils n'en sont pas condamnés pour autant à la déculturation sans retour. Au contraire. La vocation de synthèse ne peut que constituer un avantage dans un monde voué à la synthèse et au contact des civilisations! L'essentiel est ici que les Antillais ne s'en remettent pas à d'autres du soin de formuler leur culture. Et que cette vocation de synthèse ne donne pas dans l'humanisme où s'engluent les bêtas" (Le discours antillais, cit., p.16).

Columbus in Quebec
Réjean Ducharme, "La fille de Christophe Colomb" (1969)

Hanspeter Plocher

Die Literaturkritik seiner Heimat Quebec steht dem 1941 in Saint-Flix-de Valois geborenen Réjean Ducharme mit einiger Ratlosigkeit und Skepsis gegenüber. 'Est-il bon? Est-il mauvais?' so ließe sich Diderot paraphrasieren, wobei zwischen dem welterhellenden Schrifttum des französischen Aufklärers und dem weltverdunkelnden Oeuvre des lustvoll in sich verrätselten poète (maudit) d'outre-mer eine wohl mindestens ebenso weite Spanne klaffen dürfte wie zwischen 'ancienne' und 'nouvelle France'. Die Partisanen der 'bonté' werden nicht müde, ganze Sippen renommierter Ahnen aus dem Mutterland zur 'illustration de la langue ducharmienne' heranzukarren: die Rimbaud, Lautréamont und Jarry, verehrungswürdige Initiatoren eines alle Grenzen sprengenden und alle Bürger schreckenden 'déréglement de tous les sens' (Rimbaud); Die Surrealisten von Breton bis Dali und Picasso; auch André Gide, den Apologeten eines aus allen moralischen Ketten befreiten, dem puren Hedonismus verpflichteten Menschenbildes, und Boris Vian, das skandalumwitterte 'enfant terrible' der Pariser Nachkriegsszene mit seinen von schwarzer Todeslust getränkten anarchischen Humoresken.

Für die Gegenpartei ist Ducharme mit seinen üppig wuchernden Spracharabesken und seiner "écriture résolument néologique qui remet en cause[...] la littérature et le savoir"[1] nichts als ein spätpubertärer, stets nach Extremen haschender Manierist (- "surtout rien d'ordinaire" -), für den es allmählich wohl an der Zeit wäre, sich seine Hörner abzustoßen und den Unfug der 'pochades' à la Jarry, (der sich schließlich auch mit einer einzigen begnügt habe), ad acta zu legen. So etwa Jean-Ethier Blais in Le Devoir am 11.Oktober 1969. In La Presse (11.10.1969) liefert R.Martel ein frappierendes Zeugnis der zitierten Ratlosigkeit:

> Ducharme est Ducharme et on lui pardonne volontiers de faire du Ducharme: jeux de mots, impertinences, gros mots, surréalismes, lyrisme fou, tendresse blessée, cabotinage, sagesse niaise ou brillante, amour de l'amour, clichés, idées fixes, fantasmes suspendus dans le vide, jolie salade!"

Die zwischen solchen Strafregistern und akademischem Klassifizierungseifer hin- und herpendelnde Ducharme-Rezeption illustriert in symptomatischer Weise das Selbstverständnis einer Literatur(kritik), der man des öfteren schon vorgeworfen hat, daß sie jahrhundertelang so ziemlich alles verschlafen habe, was sich an geistes-, kultur- und vor allem literaturgeschichtlichen Entwicklungen, Strömungen, Diskussionen und Innovationen in der (alten) Welt durchgesetzt hat. Den Ursachen nachzuspüren, ist hier nicht der Ort; daß die Aufgabe der ehemaligen Kolonie durch das Mutterland (mit Ende des Siebenjährigen Krieges) die Wurzel allen Übels ist, sei jedoch wenigstens erwähnt. Die vielzitierte Behauptung des Literaturwissenschaftlers Ronald Sutherland, wonach sich Quebecs Literaturgeschichte in gerade zwei Epochen einteilen lasse, nämlich in die ersten dreihundertfünfzig (konservativen) Jahre und in die (moderne) Etappe nach dem zweiten Weltkrieg, basiert auf der klaren Erkenntnis, daß die frankokanadische Tendenz zur Bewahrung und Glorifizierung einer längst verblichenen Pionierherrlichkeit, des 'temps sauvage' mit den Worten der Schriftstellerin Anne Hébert, erst nach 1945 allmählich verblaßt.

> Le Bas-Canada offre un phénomène presque unique dans l'histoire contemporaine, celui d'une population qui est absolument telle qu'elle était il y a cent ans. Le temps n'a pas marché pour elle, les révolutions qui ont bouleversé le monde n'ont modifié ni ses idées, ni ses habitudes...[2]

Michel Tremblay mit seinem sozialkritischen Volkstheater im Proletarierslang des 'Joual'[3] sowie Gabriel-le Roy und Maire-Claire Blais mit ihren satirischen Anti-Familienromanen sind unter den ersten, die das morsche Gemäuer der 'splendid isolation' einreißen und dabei mitunter keinen Stein auf dem anderen lassen. Und Réjean Ducharme, "en train de faire notre anti-littérature, à lui tout seul".[4] In dieses Horn stößt auch keine geringere als die für ihren Roman Une Saison dans la vie d'Emmanuel (1966) mit dem reonommierten Pariser Prix Médicis ausgezeichnete Kollegin Marie-Claire Blais. Sie erkennt in Ducharme den kommenden "grand écrivain qui pourrait dénoncer un jour cette médiocrité dont nous sommes si fiers". Klar und unmißverständlich beschreibt sie am Beispiel Ducharmes das Defizit, das man in Quebec gegenüber einer Moderne empfindet, die über Nacht plötzlich auf den Plan tritt: "Une telle audace, une telle précocité nous choquent".[5] Réjean Ducharme ist einer der nicht eben zahlreichen zeitgenössischen frankokanadischen Autoren, deren Oeuvre eine geradezu diabolische Lust an der Zerschlagung aller sprachlichen, stilistischen und metaphorischen

Normen und Konventionen kennzeichnet. Nichts bleibt mehr von der etablierten nationalliterarischen Praxis des faktographisch-pathetischen Umgangs mit Literatur und auch nichts von den handfesten gesellschafts- und sozialkritischen Tendenzen der Literatur der 'Révolution tranquille', mithin seiner eigenen Epoche. Die reflektierteren unter den Literaturkritikern respektieren Ducharmes neuen Stil. "S'abandonner à la volupté des mots" statt wie bisher "décrire une situation objective" heißt das Gebot der Stunde. "Au réalisme joual devait succéder un délire de l'imagination[...]. Le jeu verbal se substitue au jeu social". Der (ungeneigte) "lecteur agacé" wird um der "incontestables trouvailles" willen beschworen,"(de) tout pardonner."[6] Resigniert fast klingt die Feststellung, daß Ducharme sein Publikum wohl eher in Frankreich finden dürfte als zuhause, und auch die zaghafte Überlegung, ob man ihn nicht besser nur in literaturwissenschaftlichen Oberseminaren lesen solle, legt beredt Zeugnis ab von den Schwierigkeiten des Vaterlandes im Umgang mit seinem Propheten. Ducharme selbst ist sich dessen durchaus bewußt: "Le public canadien-français n'est pas sûr de ses goûts."[7] Gewiß hat er kräftig an seiner Legende mitgestrickt. Anläßlich eines Gesprächs (im August 1968 mit der Zeitschrift Le Nouvelliste kann sich der Interviewpartner nicht genug darüber wundern, daß ihm der mysteriöse und berühmte Meister nun leibhaftig gegenübersitzt, "qui avait réussi à garder l'anonymat depuis trois ans, celui qui avait échappé aux constantes recherches de la presse française, canadienne et américaine",[8] und noch Lise Gauvin und Gaston Miron müssen in ihrer 1989 erschienenen Literaturanthologie Quebecs bedauernd zur Kenntnis nehmen, daß ihnen der Autor "(qui) a toujours opposé un refus radical à ce que son image privée soit connue[...] si bien qu'on a longtemps[...] douté de son identité et même de son existence"[9] den Abdruck nur weniger Romanzeilen konzediert. (Daß Ducharme seinen Persönlichkeitskult offensichtlich bis zum heutigen Tag pflegt, bestätigte uns die Goncourt-Preisträgerin Antonine Maillet anläßlich eines Gesprächs im Juni 1991).

Eskapismus, Exotismus und Hermetismus kennzeichnen auch den vierten seiner Romane, das 1969 erschienene Versepos La Fille de Christophe Colomb, "une histoire fantastique et burlesque qui ne se raconte pas",[10] eine alle räumlichen und zeitlichen Grenzen sprengende "Franciade énigmatique et désinvolte",[11] wo, einem aus tausend verschiedenen Märchen, Mythen und Geschichten gewobenen Zauberteppich gleich, das wundersame Leben der imaginären Columbustochter Colombe Colomb vor uns ausgebreitet wird.

> Christophe Colomb arriva en mil neuf cent quarante-neuf
> [...] On croyait encore
> Qu'il avait décélé du neuf
> Qu'il était le découvreur de l'Amérique du Nord
>
> Depuis qu'il a été dégradé[...]
> Christophe vit seul, presque suicidé
> Au bord de l'eau, avec sa fille, dans une chaloupe.
>
> Colombe Colomb, fille de Christophe, ma chère,
> Est gracile et belle come un petit oiseau.
> D'ailleurs, née de l'oeuf célèbre de son notoire père,
> Elle a failli devenir un de ces êtres que peut porter l'air.
> (S. 12f.)

Ausgangspunkt des Geschehens im Jahre 1949 ist die Insel Manne-Terre bzw. Manne-Eau mit ihren amphibischen Bewohnern, die im Atlas zu suchen ebenso müßig wäre wie die Nachbarinsel Fautre. "Ne s'agit-il pas dans le cas de Manne d'un simple jeu sur l'anglais 'man'?"[12] Hier beginnt Colombe nach dem Todes ihres Vaters, der für sie einem Geborgenheitsverlust gleichkommt, als "bizarre Cunégonde, partie à la conquête de soi-même",[13] ihre pikaresken Abenteuerreisen, die sie quer über den Erdball in alle Kontinente, Länder und Städte zwischen Peru und Griechenland, Jugoslawien und Rußland, Afrika und Kanada führen, wobei der jegliche narrative Logik sprengende Verlauf der Reise und der Ereignisse einzig und allein dem Prinzip des Zufalls und der freien Assoziationen zu gehorchen scheint. Die Anspielung auf die mehrfach gevierteilte und stets wieder zu alter Schönheit erblühende Kunigunde in Voltaires Candide kommt nicht von ungefähr. Auch Colombe verliert alle Haare, wird verbrannt, aufgehängt, gepeinigt; ihre zermarterten Organe werden durch elektronische Ersatzteile und ihre geblendeten Augen durch Diamanten ersetzt. Was dann noch zu reparieren bleibt, wird dem Können eines renommierten Visagisten anvertraut. "Colombe semble être ... un double de la femme, demontable, ajustable, mobile en tous sens, alliance du sexe et de la représentation, merveille d'irréalité".[14]

Aus zerlegbaren, einmontierbaren und austauschbaren Versatzstücken besteht auch das Ensemble der abenteuerlichen Reisen Colombes, zu deren erster die kaum Fünfzehnjährige, "la chaloupe sur le dos" (S.34), aufbricht, um ihren sechzig Bewerbern zu entfliehen ("leur âge varie entre douze et trois cent soixante ans", S.31), auf der Suche nach einem Platz in verschiedenen Ordnungen und Formen des menschlichen Zusammenlebens, auf der Suche indes vor allem nach der Freundschaft, die sie aber unter den Menschen nicht finden wird:

> Mon enfant, tu as cherché de l'amitié
> Dans le coeur des êtres humains.
> Pour te faire aimer d'eux, tu as tout essayé.
> Tu as fait des pieds et des mains.
>
> Et tu as échoué. Et tout t'a été contraire.
> Faudra-t-il que jusqu'à la mort ton âme saigne?
> Non! Laisse-les tomber. Il n'y a pas qu'eux sur terre.
> As-tu jamais fréquenté des êtres d'un autre règne?
>
> Il y a des animaux, par centaines de miliers.
> Il y a les chats, les chiens, les loups, les mouches.
> Pense aux lions, aux boas, aux turtues, aux sangliers.
> Essaye-les. Tu verras. Ils ne sont pas si farouches. (S.127f.)

Dabei begegnet sie Persönlichkeiten der verschiedensten Provenienz und Couleur, die ihren Weg säumen wie de Gaulle, Tito, Stalin, Hitler, Puschkin, Bonaparte und Marat oder als Inkarnation des Bösen wie Al Capone Gottvater aus dem Paradies vertrieben und sich an seine Stelle gesetzt haben:

> (Al Capone) avait organisé un syndicat,
> Renversé Dieu le Père, s'était rendu maître du paradis.
> Déniaisé par les distilleries, anges et saints l'appellent papa.
>
> Al a besoin d'un bon croupier pour la table de baccara
> D'un casino qu'il vient d'ouvrir, casino réservé
> A des types comme Hitler, Bonaparte, Pouchkine et Marat... (S.50)

Im zweiten Teil des Romans, dessen 94 Episoden Ducharme im Unterschied zu den ersten 101 mit arabischen statt mit römischen Zahlen durchnumeriert, wird Colombe zu einer weiteren Reise aufbrechen, dieses Mal als eine Art Schöpfungs-Urmutter an der Spitze der 'vernunftlosen' Tierwelt, die sie der vernunftbegabten Menschenwelt entgegenführt:

> En adoptant leur point de vue, elle élimine toute perspective
> temporelle chronologique puisque le comportement instinctif
> des bêtes se règle sur les cycles saisonniers. Cette circu-
> larité[...] fait abstraction du temps linéaire et abolit le
> passé et le futur, car l'animalité se perd dans l'instant.[15]

Kühe, Kälber, Ratten, Hunde, ein ganzes mittelalterliches Bestiarium und eine Arche Noah zugleich, die von Chagall gemalt oder von Buñuel verfilmt sein könnten, bilden das Szenario auf dem Weg quer durch alle Epochen, Religionen, Institutionen, Systeme und Ideologien. "A quoi bon reprendre en détail?"[16] könnte man mit Françoise Laurent angesichts der schlechterdings unüberschaubaren und ineinander verknäuelten Fülle historischer, zeitgeschichtlicher, politischer, mythologischer, regionalistischer, philosophischer und kosmopolitischer Einzelaspekte und -episoden seufzen, die scheinbar ohne erkennbares Konstruktionsprinzip, blühenden Phantasmagorien gleich, auseinander hervorwuchern wie die Gegenstände im Absurden Theater. Für Laurent ist Colombe eine

> âme composite tissue de sous-produits de mythes et de légendes [qui] outrepasse la condition humaine et ses lois. Elle fait crouler toutes les catégories de l'entetement aussi bien que les données essentielles de la psychologie et de la physiologie. Insensible à la douleur, quasi indestructible, exilée et inadaptée au monde, maillon entre l'homme et l'animal, elle n'est que le mystérieux déterminisme qui va aveuglement vers la protection d'une étincelle de vie menacée.[17]

Zu den Charakteristika der frankokanadischen Literatur zählt seit alters her die mehr oder minder unkritische Auseinandersetzung mit der eigenen Geschichte, wie sie sich vor allem in der Prosa des späten 19. und frühen 20.Jahrhunderts beobachten läßt. Romane wie Légendes Canadiennes (Henri-Raymond Casgrain, 1861), Les Anciens Canadiens (Philippe Aubert de Gaspé, 1863), Pour la patrie (Jules Tardival, 1895), L'Appel de la race (Lionel Groulx, 1922), Chez nous (Adjutor Rivard, 1924) und vor allem das frankokanadische Nationalepos Maria Chapdelaine von Louis Hémon (1914) bemühen sich um die Propagierung eines spezifischen Nationalbewußtseins, das ganz auf dem ehernen Wertesystem von Frömmigkeit, Familiensinn, Loyalität und ethnischem Identitätsgefühl basiert. Dabei ist es immer wieder die stolze Rückbesinnung auf die harten Gründerjahre der Kolonialzeit und auf die Epoche nach der Trennung vom Mutterland, die die stoffliche Vorlage liefert. Auch Réjean Ducharme reiht sich mit La Fille de Christophe Colomb in die Riege dieser geschichtsbildenden Nationalhistoriographen ein, geht es ihm doch in einem allerdings sehr viel weiter ausholenden Rückgriff um nicht weniger als um die Geschichte der Entdeckung des eigenen Kontinents. Bezeichnend für seinen Umgang mit der Vergangenheit ist nicht nur die Wahl des Columbus-Stoffes als Geschichte vor aller politischen Geschichte Quebecs, sondern vielmehr noch der Verzicht sowohl auf eine nationalpathetische als auch auf eine (im Sinne der Literatur der 'Révolution tranquille') realistische Verarbeitung seiner Vorlage. Stattdessen schlägt er den Ton von Gilles Vigneaults legendärem Chanson Mon pays an, wo Heimatliebe und Heimatstolz nicht mehr im Verborgenen, sondern innerhalb universell-kosmopolitischer Zusammenhänge blühen:

> De mon grand pays solitaire
> Je crie avant que de me taire
> A tous les hommes de la terre
> Ma maison c'est votre maison
> Entre mes quatre murs de glace
> Je mets mon temps et mon espace
> A préparer le feu la place
> Pour les humains de l'horizon
> Et les humains sont de ma race.[18]

Mit den Worten Ducharmes aus einem seiner wahrhaft raren Interviews:

> Mon opinion réaliste est que la terre est devenue trop
> petite pour le nombre de cultures qui s'y son développées
> et maintenues[...] D'ailleurs, y a-t-il un Canada[...]
> une France? Ou n'y a-t-il que des hommes? Sa solitude
> ne désigne-t-elle pas un être humain comme étant le seul
> et la seule unité possible?[19]

Nicht vielen der zeitgenössischen frankokanadischen Schriftsteller gelingt es, sich aus der geradezu traumatisch empfundenen Umklammerung ihrer 'quatre murs de glace' zu befreien und das Gefühl der Isolation anders als mit dem konventionellen Instrumentarium des bodenständigen Formen- und Motivschatzes glanzvoll zu sublimieren. Réjean Ducharme zählt zu ihnen, und sein Rettungsanker ist ganz zweifellos die surrealistische 'vision du monde'. Mit Gisela Steinwachs ließe sich sein poetisches procedere als Rückverwandlung von Kultur in Natur und als 'mythe de passage' im Lévi-Strauss'schen Sinne vom Bekannten ins Unbekannte beschreiben. "An die Stelle zur Hinwendung zur Kultur ist die Hinwendung zur Natur getreten, an die Stelle der Hinwendung zum Bewußten die Hinwendung zum Unbewußten."[20] La Fille de Christophe Colomb spielt ganz in diesem Sinne in der diffusen Übergangszone zwischen erkennbarer Realität und den Bereichen der Imagination und Phantasmagorie. Ducharme schreibe, so bemerkt Edwin Hamblet, einen surrealistischen Roman, dieser sei jedoch allen "thèmes courants du roman québécois" verpflichtet:

> La désintégration de la vie familiale, la difficile
> adaptation à la vie en milieu urbain, le goût des
> voyages et de l'exotisme et le désir de faire table
> rase de tout pour réinventer la vie.[21]

Bei seiner Darstellung der 'québécitude' bedient sich Ducharme in geradezu exemplarischer Weise des poetologischen Arsenals der Surrealisten. Colombe selbst etwa, die Titelheldin, ist die Inkarnation par excellence der für die Surrealisten heilsgeschichtlich relevanten, das Leid von Individuation und Sozialisation nicht kennenden 'chère enfance', Kind-Frau an sich und Sinnbild für das im Premier Manifeste du Surréalisme von 1924 so gepriesene

Ursprungszeitalter der Menschheitsgeschichte, wo die 'impérieuse nécessité pratique', die Zwänge der Logik, die Normen von Ethik, Moral und Erziehung und die Praeskriptionen des gesellschaftlichen Zusammenlebens nicht greifen. So Peter Bürger:

> Die surrealistische Gesellschaftskritik, die sich gegen die Zwänge einer zweckrational orientierten Gesellschaft im Namen der Freiheit des Individuums auflehnt, hält gerade in der[...] Unrealisierbarkeit ihrer Forderungen ein Utopisches fest, an dem das jeweils Bestehende zu messen ist[...]. Neben der frei schaffenden 'imagination' ist die Erinnerung an die Kindheit diejenige seelische Instanz, die das Bild einer besseren Zukunft zu entwerfen vermag. Von der Freudschen Terminologie her läßt sich das utopische Projekt Bretons folgendermaßen bestimmen: nicht um eine Wiedereinsetzung des Lustprinzips geht es ihm, sondern um ein Praktischwerden der Phantasie.[22]

Was Colombe auf ihren phantastischen Reisen widerfährt, sind märchenhafte 'aventiuren'-gleiche Ereignisse, 'adventūs' und 'eventūs' zugleich, die sich zu einer kostbaren Perlenkette von Zufallsbegegnungen zusammenfügen, zum Ensemble jener 'hasards objectifs' und 'trouvailles', die qua 'images surréalistes' dem Lautréamontschen Metaphernprinzip der 'rencontre fortuite d'une parapluie et d'une machine à coudre sur une table de dissection' verpflichtet sind. Begegnungen und Bildern solcher Qualität entspringt die 'étincelle' jener konvulsivischen Schönheit, die im Zentrum aller surrealistischen Poesie steht und die auch schon Apollinaire qua Ästhetik der 'surprise' reklamiert hatte. Mit den Worten André Bretons aus L'Amour fou:

> La beauté convulsive sera érotique-voilée, explorant-fixe, magique-circonstantielle ou ne sera pas.[23]

> Die Disparatheit der Elemente, die scheinbare oder die nicht aufhebbare, ist entscheidend. Kombinatorische Verfahren sind geeignet, sie herzustellen, geeigneter als der alltägliche und auf Alltägliches sich richtende Verstand, der nur seine bereits gewohnten Kombinationen abwandelt.[24]

Was Hans Holländer über die den Surrealisten nicht unbekannte Geheimkunst der 'Ars combinatoria' (Ars magna, Ars inveniendi et investigandi) des katalanischen Mystikers Ramón Llull (Raimundus Lullus) schreibt, von der sich auch Novalis und Mallarmé beeinflußt zeigten, dient ihm als Interpretationsansatz der Gemälde und 'ready-mades' eines Giorgio de Chirico, Max Ernst und Marcel Duchamp. Deren Methode des Erfindens und Findens unbekannter, nichtgesehener Konstellationen aus den Elementen der Wirklichkeit[25] ist mit der Montagetechnik Ducharmes durchaus verwandt. Holländers Deutung von de Chiricos berühmten 'Großen Metaphysiker' (1017, New York, Museum of

Modern Art) könnte auch für La Fille de Christophe Colomb Gültigkeit beanspruchen:

> Die nichtwirkliche, fremdartige Rätselwelt, in der Unwirkliches,
> Traumhaftes dem Betrachter begegnet, enthält doch nichts, das
> nicht der Realität entnommen wäre. Der normale Bezug ist freilich gestört, Raum und Figur, Platz und Perspektive und sämtliche beteiligten Elemente sind aus ihrem gewohnten Kontext
> entfernt und neu montiert worden [...] Eine neue und zugleich
> sehr bekannte Eigenschaft wirklicher Gegenden gerät in der
> Isolierung der Teile und in ihrer verqueren Kombination in
> grelles Zwielicht.[26]

In grelles Zwielicht getaucht ist auch das Universum Réjean Ducharmes:

> Le choc des époques jette ensemble pêle-mêle des poules
> mythiques, de la dynamite, une Cadillac jaune, un juge
> qui prend des sels de fruits Eno, un curé qui mâche de
> la Dentyne, la grève des dockers du 17 mai 1966, les
> fêtes millénaires de la découverte de l'Amérique -
> en 2492 - où Colombe est invitée.[27]

> Tous traversent la mer Rouge à la nage,
> Les vautours, l'albatros et le serpentaire y compris.
> [...]
> Sur la rive opposée, un avion plein de monde les attend.
> A la pauvre Colombe ils veulent parler.
> Les rats et les autres ne sont pas contents.
> [...]
> "Mademoiselle Colomb? Quel désordre!
> Ne pouvez-vous éloigner un peu ce bestiaire?"
> "Qu'est-ce qu'il y a? Qu'est-ce qui vous prend?"
> Leur chef, un historien, lui expose le problème.
> "Le Canada a mis sur pied un festival extravagant
> Pour célébrer le millénaire de votre père. On l'aime!
> Quant à vous, vous l'adoriez. C'est pourquoi vous accepterez
> De venir avec nous pour prononcer un petit discours à Montréal
> Lors du banquet de clôture. [...]" (S.209)

Auch die folgenden, unmittelbar hintereinander plazierten Romanpassagen illustrieren exemplarisch Ducharmes assoziativ-kombinatorische Kreativität, die Simultaneität von Nichtzusammengehörigem, die Gleichzeitigkeit von Ungleichzeitigem im Kontext einer vorgespiegelten epischen Kontinuität:

> Ayant trouvé, le long de sa route,
> Un lavabo de porcelaine neuf,
> Elle cherche, question de casser la croûte,
> A le vendre. Elle est à Paris, sur le Pont-Neuf.
>
> Elle n'a vraiment pas de chance.
> Personne ne veut acheter le bibelot.
> Depuis au moins trois mois, en France,
> Chacun est muni de son lavabo.

Mais Colombe ne se compte pas pour vaincue.
"Mesdames, Messieurs, je reviens d'Amérique.
Et là, chacun en a deux, sinon plus.
Que feriez-vous si, comme Pilate, l'inique,

Il vous prenait l'envie de laver deux fois vos mains?"
[...]
"Va voir en Allemagne! Il y a un surplus de choucroute!"
[...]
Elle rassemble ses dernières forces et se remet en route.
[...]
A Calambourg, patrie du grand Mozart[...]
Je me demande si je viendrai jamais à bout
De cette Franciade. Continuons! Les arts
Ont besoin que quelqu'un leur torde le cou.

A Topinambourg, berceau du grand Wagner,
La fille de Colomb a la surprise de sa vie.
Elle manque de faire une crise de nerfs:
Elle est nez à nez avec Gitôle, le bandit.
[...]
Parlant de Josué, voici qu'il leur arrive une aventure
Presque identique à l'aventure du nommé Jonas.
Ils tombent dans leur baleine en sautant du haut d'une clôture.
Les murs de ventre de leur absorbeur sont tapissés d'as,
D'as de coeur, de pique, de trêfle et de carreau.
Le dernier à faire le voyage fut le joueur de Dostoïevsky
Sans doute.[...]   (S.41ff.

Mit einem Waschbecken aus Porzellan, das sie vergeblich zu verkaufen sucht, überschreitet Colombe die unweit Notre-Dame liegende Seinebrücke Pont-Neuf, hierin der visionären schönen Unbekannten in André Bretons programmatischem Gedicht Tournesol[28] aus dem Jahre 1923 vergleichbar, bricht von dort nach Calambourg, der Heimat Mozarts, und nach Topinambourg, der Heimat Richard Wagners auf, wo sie den Banditen Gitôle wiedertrift, mit dem sie sich auf eine Seereise begibt, in deren Verlauf beide von einem Wal verschluckt werden, dessen Magenwände mit den Trumpfkarten des Dostojewskischen Spielers tapeziert sind, der sich offensichtlich vor ihnen dieses Transportvehikels bedient hatte. Der Wal verdankt seine Existenz ausschließlich der kombinatorischen Ars inveniendi: Colombe will unter Anspielung auf die Fähigkeiten des alttestamentlichen Propheten Josuah, der bei der Schlacht von Gibeon Sonne und Mond zum Stillstand brachte, um den Tag zu verlängern (Jos.10, 12-13), "rejoindre le soleil[...] avant qu'il soit trop haut audessus de l'horizon. Stoppons-le pour faire un jour sans fin" (S.48), wobei vom Propheten Josué zum Propheten Jonas inklusive 'seines' Wals nur ein lautlich-assoziativer Schritt ist.

Bei der Nach- und Weiterdichtung des Gründungs'mythos' seiner Heimat geht
es Ducharme, so scheint uns, nicht zuletzt um den Rekurs auf die Phantasie
als "diejenige seelische Instanz", die angesichts unerfüllbarer Forderungen
- wie etwa der nach politischer Autonomie Quebecs - "das Bild einer besseren
Zukunft zu entwerfen vermag",[29] an dieser spezifisch surrealistischen Utopie
wäre mithin das Bestehende zu messen. Was der liberale Provinzpremier Jean
Lesage seit 1960 versucht hatte, nämlich durch die 'Stille Revolution'
Quebec aus seiner wirtschaftlichen Stagnation und kulturellen Isolation zu
befreien, führte zu separatistischen Unruhen und zu einer zunehmenden Radi-
kalisierung des politischen und intellektuellen Klimas. Pierre Vallières
fast zeitgleich mit La Fille de Christophe Colomb erschienene Buch Nègres
blancs d'Amérique kann als "Schlüsseltext zum Verständnis der frustrierten
Intellektuellengeneration der sechziger Jahre gelten, der überdies deutlich
macht, aus welchen Gründen diese Generation mit Notwendigkeit dem politischen
Terrorismus zutrieb".[30] Im Vorwort zu seiner (1987 wiederaufgelegten) Studie
La Question du Québec (1974) setzt der Soziologe Marcel Rioux 'être
Québécois' nach wie vor mit 'vivre dangereusement' gleich:

> Au Québec rien n'est facile et ne semble définitivement
> acquis. A chaque génération ou presque, il faut, comme
> Sisyphe, recommencer à pousser le même rocher que l'on
> arrive jamais à rouler jusqu'au haut de la côte[...]
> Tous ceux et celles qui depuis des années ont cru à
> l'indépendance politique ... sont aujourd'hui durement
> désappointés et pleins d'amertume.[30]

Viele engagierte Schriftsteller und Intellektuelle aus der Epoche der
Stillen Revolution reagieren mit der Brachialgewalt eines schonungslosen
Realismus auf die Unabänderlichkeit ihrer Situation. So feiert etwa Michel
Tremblay mit seinen Familienstücken aus dem Proletariermilieu Montreals
wahre Selbstzerfleischungsorgien und zeigt dabei die Welt, wie sie ist.
Der "refus de voir le monde tel qu'il est"[31] seines Altergenossen Ducharme
hingegen versteht sich nicht nur als kulturkritische Stellungnahme gegen
die Dekadenz der modernen Industriegesellschaft, sondern ebenso als utopisches Vertrauen in den "mouvement surréaliste qui coïncidait dans
l'esprit de tous avec une souveraine libération de toutes les chaînes".[32]
Ducharmes Schöpfungs'mythos' nährt die schönsten Blütenträume:

Cette fertilité exprimerait la réalité d'un peuple
jeune, rebelle, et dont l'épanouissement culturel
vigoureux, pour paraître à d'aucuns rustique, dénote
la robustesse et, loin d'être ralenti, se trouve
aiguillonné par sa situation géographique tout en
étant façonné par ses emprunts à la civilisation
nord-américaine et sa tolérance des vestiges de
l'ancienne mère patrie. Dans cette perspective,
l'hétérogénéité de la langue chez Ducharme, au lieu
d'accentuer la défaite et la défection, refléterait
la vitalité dans la diversité et s'avérerait une
porte d'accès au Nouveau Monde pour les lecteurs
du reste de la francophonie.[34]

Dem bedrückenden Trauma von Regionalität und Provinzialität entflieht
Réjean Ducharme mit seiner Columbustocher durch die weit geöffneten Tore
des Reichs der unumschränkten Phantasie.

Anmerkungen

(Alle Primärzitate nach der Ausgabe Réjean Ducharme, La Fille de Christophe
Colomb, Paris, Gallimard, 1969; die Pressezitate in Réjean Ducharme-Dossier
de Presse 1966-1981, Bibliothèque du Séminaire de Sherbrooke, 1918)

1. Lise Gauvin/Gaston Miron, Ecrivains contemporains du Québec despuis 1950, Paris 1989, S.172.

2. F.Ouellet, Histoire économique et sociale du Québec, 1760-1850, o.J., S.412 (zit.n. Marcel Rioux, La Question du Québec, Montréal ²1987, S.77f.)

3. Vgl. dazu Michel Tremblay, Schwesterherzchen (Les Belles-Soeurs), ins Deutsche übertragen und eingeleitet von Hanspeter Plocher, Tübingen 1987 (Canadiana Romanica, Volume 2)

4. L'Action 25.10.1969.

5. Le Devoir 11.10.1969.

6. André Major, ibd.

7. Jean Montalbetti, La Presse 15.12.1966.

8. Interview mit Normand Lassonde 10.8.1968.

9. Gauvin/Lassonde, S.171.

10. Jean Royer, L'Action 25.10.1969.

11. Françoise Laurent, L'oeuvre romanesque de Réjean Ducharme, Québec 1988, S.94.

12. op.cit., S.103.

13. Alain Bosquet, Le Devoir 10.9.1969.

14. Laurent, S.110.

15. Renée Leduc-Park, Réjean Ducharme-Nietzsche et Dionysos, Les Presses de l'université Laval, Québec 1982, S.162.
16. Laurent, S.110.
17. op.cit., S.111.
18. zit.n. Edwin Hamblet, La littérature canadienne francophone, Paris 1987, S.142.
19. Vgl. Anm.7.
20. Gisela Steinwachs, Mythologie des Surrealismus oder die Rückverwandlung von Kultur in Natur, Neuwied und Berlin 1971, S.111f.
21. Hamblet, S.118.
22. Peter Bürger, Der französische Surrealismus, Frankfurt/M. 1971, S.72.
23. André Breton, L'Amour fou, Paris 1937, S.21.
24. Hans Holländer, "Ars inveniendi et ars investigandi: Zur surrealistischen Methode", in Surrealismus, hg.v. Peter Bürger, Darmstadt 1982, S.253.
25. Vgl. op.cit., S.258f.
26. Op.cit.. S.260.
27. Laurent, S.105.
28. Vgl. dazu Anm.23.
29. Vgl. Anm.22.
30. Helene Harth, "Hubert Aquin und der Nouveau Roman", in Zur Literatur und Kultur Kanadas, hg.v. Dieter Meindl, Erlangen 1984, S.133.
31. Rioux, S.9f.
32. Gérard Tougas, La littérature française canadienne, Paris ^{5}1974, S.190.
33. Laurent, S.97.
34. Leduc-Park, S.297.

"Une folle aventure": "Christophe Colomb" de Charles Bertin

Peter-Eckhard Knabe

> Ouch hatt man sydt jnn Portigal
> Vnd jnn hispanyen vberall
> Golt, jnslen funden, vnd nacked lüt
> Von den man vor wulst sagen nüt.
>
> (Sebastian Brant, Das Narren Schyff, 1494)

Des petites phrases commentent les grands événements. Qui ne connaît le "premier pas" sur la lune? Ici l'auteur fait dire à Colomb au moment décisif: "Ce qui a attendu tant de siècles ne peut-il pas attendre un instant?".[1] Son triomphe - la découverte du Nouveau Monde, le but de son voyage -, l'Amiral le vit dans la solitude, abandonné et trahi de presque tous. On le croit fou. Seul le capitaine Vincente Pinzon reconnaît la signification historique de l'entreprise et lui rend visite. Colomb lui montre la lumière qui s'élève et s'abaisse, annonçant que le but de "l'aventure dans l'esprit" (6) est atteint: l'accomplissement de soi et la véritable raison d'être. "Toute ma vie, Vincente, tient dans cette minute[...] Si elle n'existe pas, je n'ai pas existé"(83). La tâche de sa vie et la mission imposée par Dieu sont accomplies: "En face de Colomb le dépouillé, de Colomb le bafoué, le bâtonné, de Colomb le fou, il y a depuis une minute, Colomb, l'homme de Dieu" (84). L'homme nouveau est né, l'homme des Temps modernes, debout devant Dieu qui l'exauce. C'est l'homme de la Renaissance qui puise en lui-même la force de renaître et poursuit son but avec assurance, sans s'en laisser détourner. Les succès ici-bas sont le signe divin de la grâce et de la prédestination. "Maintenant, laisse-moi, Vincente[...]Je t'abandonne le commandement pour cette nuit... Nous aborderons au lever du jour" (84). La mission historique est accomplie - la pièce peut s'achever: "Vincente Pinzon sort en courant. Silence soudain. Colomb reste seul et regarde le crucifix".

Christophe Colomb fut écrit en 1952 et créé le 26 octobre 1953 dans une version radiophonique par l'I.N.R. (nom que portait à l'époque la R.T.B.). La pièce fut ensuite l'objet de nombreuses adaptations pour la radio réalisées par les plus grandes stations européennes, canadiennes et américaines. En 1953, la pièce reçut le Prix Italia,[2] qui est la plus importante distinction mondiale dans le domaine de l'audiovisuel. La première eut lieu le 1er septembre 1958, au Théâtre national de Belgique, dans le cadre de l'Exposition Universelle de Bruxelles.[3]

La pièce, par sa structure rigoureuse, quasi classique et singulièrement aussi par la présence d'un choeur, s'apparente à la tragédie antique. Dans l'histoire de Colomb, Bertin choisit pour sa pièce le voyage, depuis le départ de Ténériffe jusqu'à la nuit précédant son arrivée. Il ne s'agit donc pas de la decouverte elle-même, mais plutôt de la lutte intérieure de Colomb qui surmonte ce que Bertin, dans le "liminaire", appelle les trois "tentations". Ce combat intérieur marque en même temps un chemin conduisant à la solitude, thème favori de l'auteur et présent aussi dans d'autres pièces telles que Don Juan[4] ou Le roi bonheur.

L'action se déroule ainsi pendant le premier voyage, entre le départ des îles Canaries, le 6 septembre 1492, et le jour de l'arrivée, le 11 octobre 1492, dans cette période qui marque le "sommet de la vie de Colomb" (5). Pendant vingt ans, le héros s'est préparé pour devenir l'homme que présente la pièce. "Ce n'est point trahir la vérité que de réduire son visage aux contours qu'il revêtit au cours de ce voyage"(5).

L'action, à bord de la Santa-Maria, se déroule alternativement dans deux lieux, dont l'un est la cabine de l'Amiral, selon l'auteur, le "lieu de l'action dramatique", et "cette partie du pont où les marins ont coutume de se rassembler aux heures de repos", "lieu de l'action poétique" (5). La structure de la pièce est empreinte de cette opposition. Les trois actes sont respectivement divisés en quatre, six et quatre "tableaux". Les tableaux impairs, dont le lieu est sur le pont, sont l'expression de l'action poétique, parce que les personnages qui y figurent, à la manière des voix d'un choeur, ne participent qu'indirectement à l'action. L'action dramatique se concentre sur les tableaux pairs, eux-mêmes divisés en scènes, sept par acte. Dans la cabine de l'Amiral apparaissent les personnages réels: les deux capitaines Martin Pinzon et Vincente Pinzon, l'aumônier Arenas, le secrétaire Alonzo et la délégation de l'équipage. Le tableau final est le seul de toute l'action dramatique qui ne soit pas divisé en scènes. Grâce à ce contraste de tonalité, la pièce acquiert une densité et une profondeur particulières et suggère à l'auditeur la monstrueuse tension qui pèse sur tous durant ce voyage vers l'inconnu. C'est précisément dans cette alternance des scènes que Bertin voit la "signification" particulière de la pièce.

La première scène commence, d'une manière saisissante, le matin du
6 septembre 1492: "L'obscurité est encore presque complète". Le pont,
faiblement éclairé par la lumière d'une lanterne, est illuminé par le
volcan de Ténériffe en éruption, un signe que les matelots interprètent
dans leur superstition comme de mauvais augure. Des voix et le choeur,
avec à l'arrière-plan la musique douce d'une guitare, créent l'atmosphère.
Aucun dialogue véritable, ni dans cette scène, ni dans les autres de
l'action poétique. Les voix et le choeur n'incarnent pas des individus
définis, mais représentent l'opinion de la masse anonyme des matelots.
Dans ce commentaire poétique de l'action dramatique émergent les thèmes
de l'inquiétude et de l'angoisse, du souvenir et du mal du pays, ainsi
que la colère contre Colomb et l'impuissance de ces hommes "sans défense,
sans pouvoir et même sans volonté"(14). C'est un dialogue avec Dieu,
jusqu'à la déréliction absolue: "Dieu a voilé son visage, et Il s'est
détourné de nous" (54). Après que Colomb a interdit les conversations des
matelots et la musique de guitare, il ne reste que la résignation: "[...]
ces hommes n'ont rien à se dire, et ils ont même cessé d'attendre". Les
scènes sur le pont sont l'expression de la conscience collective des
matelots, insérée dans un "commentaire poétique" dont le lyrisme contraste
avec le réalisme des scènes qui se déroulent dans la cabine de l'Amiral.
D'un point de vue dramaturgique, Bertin recourt à un choeur, dont le rôle
est comparable à celui qu'il remplit dans la tragédie antique."Le choeur,
qui ne participe pas à l'action, est le témoin de celle-ci et, comme dans
la tragédie classique, il constitue une émanation de la conscience collective bouleversée par de grands événements" (5 sq).

Cependant, ce voyage dans un espace inconnu et perçu comme incommensurable
s'effectue aussi dans le temps. Pour l'équipage, il représente aussi une
"aventure dans l'espace", tandis qu'il est pour Colomb "une aventure dans
l'esprit". Cinq longues semaines d'attente insupportable dans l'incerti-
tude existentielle sont rendues par la partie lyrique, d'abord des
souvenirs hallucinants:

> TROISIEME VOIX: Cinquante-sept jours, cinquante-sept nuits!
> CHOEUR: A Palos, à la Saint-Michel, les filles dansent dans
>   les jardins de la Passetta!
> QUATRIEME VOIX: Sous un cyprès tremblant d'oiseaux, c'est
>   là que je l'ai rencontrée. Nous avons dansé tout
>   le jour[...]
> CHOEUR: A Palos à la Saint-Michel![...]

> PREMIERE VOIX: On boit le vin frais sur le seuil en se
> racontant la journée.
> DEUXIEME VOIX: Le soir est doux comme l'amour[...]
> TROISIEME VOIX: A Palos, le jour de la Saint-Michel[...]
> CHOEUR: Est-ce donc trop demander qu'on nous laisse au
> moins cela?
> Ces heures qui avaient tant de prix pour nous, mais
> nous ne le savions pas!
> Seigneur, rendez-nous notre pauvreté, nos petits
> espoirs, nos moissons mauvaises!

Les accents du choeur rappellent une litanie et s'achèvent par une prière:

> CHOEUR: Rendez-nous, Seigneur, toute la beauté du monde,
> le bonheur de l'été, la couleur du ciel,
> dans le parfum d'une grenade mûre
> cueillie
> à Palos, le jour de la Saint-Michel! (34 sq)

Cependant, le souvenir est assombri par la monotonie de la mer tout autour et par l'infinitude du temps. Il est interdit de jouer et de se réunir: s'installent ainsi l'apathie et un épuisement absolu. Les voix et le choeur se taisent, la mélodie mélancolique de la guitare s'est tue. Le chant poétique de l'acte III accuse une gradation angoissante. LA VOIX (avec article défini), une voix isolée, assure le commentaire. Le ton lyrique a disparu. "La Voix" est extérieure aux matelots, au-dessus des choses. La Voix fait le récit des événements de l'action dramatique, mais, au-delà, est capable de les prophétiser, tel un oracle.

> LA VOIX:[...] Quel silence tout à coup, dans le coeur du
> monde! Voici que Dieu se penche sur la terre[...]
> L'heure est venue de nouer ce qui était dénoué,
> de réunir ce qui était séparé.
> Alors, Dieu choisit un homme dans l'île. Il l'éveille.
> Il conduit ses pas vers la plage. Et là, Il lui
> montre trois lumières qui brillent sur les flots,
> à deux portées de flèche, trois lumières qui brillent
> sur les flots, et qui demeurent immobiles.
> Alors, l'homme que Dieu a choisi, allume une torche.
> Il l'élève au-dessus de sa tête, le plus haut qu'il
> peut, et la balance de gauche à droite, de droite
> à gauche, pour saluer l'Esprit qui est venu sur
> les eaux. (80 sq)

Comparé au récit de la naissance du monde dans le premier livre du Pentateuque, Bertin fait commencer le "Nouveu Monde" d'une manière nettement plus poétique. La mission divine de Colomb est accomplie.

La pièce, comparable sur ce point aussi à une tragédie antique à seulement trois acteurs, ne comprend qu'un tout petit nombre de personnages dans "l'action dramatique". Ils sont campés avec beaucoup de finesse, tout en représentant les conflits que Colomb doit surmonter.

Martin Pinzon, le capitaine de la Pinta, est de tous le plus facile à cerner: "il a le coeur franc" (41). Il ne fait pas un mystère de son opinion négative, voire hostile, et n'est sûrement pas totalement innocent dans l'avarie survenue au gouvernail - sans doute un sabotage - et qui a contraint à un long séjour aux îles Canaries. Le voyage est pour lui une opération-suicide (19), accomplie avec des navires mal équipés, des équipages mal formés et un amiral dément, dont les capacités de marin lui paraissent inexistantes: "La science de l'Amiral? Où l'aurait-il acquise? Dans les antichambres des cours royales? ... "(17). "je suis de ceux qui pensent qu'on ne mène pas un navire avec des rêves"(39). Avec ses appréhensions, il est sûrement très proche de l'équipage. Alonzo ne voit en lui que peur et trahison (37). Il n'est ainsi guère étonnant qu'il souhaite que l'équipage se mutine, même si l'aumônier doit tout d'abord le convaincre et déclencher une mutinerie ouverte: une telle entreprise requiert en effet du courage.

> MARTIN PINZON: Vous avez acquis soudain le goût de
> l'héroïsme?
> VINCENTE PINZON: Disons que j'ai simplement le désir de
> ne pas me faire honte[...] Il est possible
> qu'au fond de moi, je croie aussi peu que
> vous au succès de cette entreprise[...]
> Mais, - c'est peut-être une faiblesse de
> ma part! - je jugerais indigne de moi, de
> vous, de notre nom, et de l'honneur de ces
> navires, l'abandon d'une expédition qu'aucun
> danger réel n'a encore menacée[...] (17)

Vincente se dit lui-même sincère. Il est également curieux:"Oui, j'ai beaucoup de curiosité à l'égard de cette entreprise. Elle me paraît aussi belle que'elle est déraisonnable[...]" (18). Esprit ouvert, il juge le voyage sans préjugés, mais dans son for intérieur, il est toujours partagé entre la raison et ses sentiments, ainsi qu'il apparaît lors de ses deux longues conversations avec Colomb. Vincente est également un marin qui aime la vie et se sent responsable de son navire. Le souvenir de son pays, de sa femme, de ses amis et des petits plaisirs quotidiens le font douter parfois du sens de l'entreprise. Mais d'autre part, il a trouvé un accomplissement dans "l'étrange solitude" (42) de cette expédition: "Car pour la première fois, j'ai le sentiment d'être inscrit à ma place exacte dans l'ordre du monde [...]" (43). Et il suit son "coeur" (43): "Alors j'écoute mon coeur me souffler tout bas que vous (Colomb) avez raison, et qu'on peut mener un navire avec des rêves[...]" (43). Cette aptitude à ressentir la valeur de son existence manifeste la parenté d'âme entre Vincente et Colomb. Mais, pour l'Amiral, "Il n'existe qu'une vérité" (41). Les traits de Vincente sont plus humains, tourmenté qu'il est par des faiblesses et des doutes. La confiance en soi de l'Amiral, que rien ne saurait ébranler, l'impressionne: "Voyez l'Amiral[...] Il est à l'aise dans la grandeur, comme un aigle au sommet du ciel!" (38). C'est cette grandeur qui le détermine finalement à suivre l'Amiral. Face à la mort, il veut donner un sens à sa vie: "Quand je suis sur cette pente, j'avoue qu'il ne me déplairait pas de mourir dans une grande action qui frapperait la mémoire des hommes" (68).

En plus de cette sensibilité qui lui permet de s'interroger sur le sens de la vie, Vincente est doué d'une froide aptitude à raisonner. En tant que capitaine, il sait tenir son équipage en mains, fait brosser le pont aux hommes pour leur occuper l'esprit, et il propose à Colomb de pendre un rebelle pour faire une démonstration de force. La curiosité, la raison et aussi le courage caractérisent Vincente. C'est lui qui suit Colomb dans le "Nouveau Monde" de l'avenir, et ce n'est pas sans raison que l'Amiral, une fois le but atteint et la mission accomplie, lui abandonne le commandement: Vincente, l'homme des Temps modernes, saura en faire usage.

Alonzo est, dans la pièce, un autre personnage qui hésite. Il prendra une autre résolution que Vincente Pinzon. Alonzo est demeuré fidèlement acquis à Colomb, dont il est le secrétaire et rédige le "journal de bord". Il demeure toutefois étonnamment dépourvu de relief. Il ne prend que rarement la parole et ne donne que de brèves réponses. Pas plus que l'aumônier Arenas, il ne donne son avis sur l'expédition. Tous connaissent son dévouement, quasi religieux: il est une manière de disciple. "J'ai placé ma foi en vous", dit-il à Colomb, "je crois en vous. Je crois en votre mission" (75). L'Amiral considère Alonzo comme son seul ami: "Je n'ai pas d'amis. Alonzo excepté" (42). S'il doit lui arriver malheur, il fait de lui son successeur, dans une sorte de testament. Alonzo a interrompu ses études au séminaire pour suivre Colomb, il a remplacé Dieu par une idole, s'abandonnant d'une dépendance à une autre. Parlant de l'Amiral, il déclare: "J'admire son génie. J'aime sa bonté. Je lui dois tout ce que

je suis" (71). Vincente se méfie de ce dévouement inconditionnel, qui
confine à la fascination religieuse:"Pourquoi a-t-on sans cesse l'impression que vous vous contraignez? Comme si vous tentiez de respirer à une
hauteur qui n'est pas la vôtre[...]Vous me faites penser à une mésange
qui aurait battements d'oreille[...]"(38). C'est Vincente qui aura raison.

Colomb verra également la faiblesse d'Alonzo et ne peut s'empêcher de
constater que "La dévotion ne suffit pas" (76).

Alonzo devient un Judas. L'aumônier Arenas parvient à l'impressionner,
grâce à son autorité purement formelle: "Reconnaissez-vous oui ou non,
mon autorité spirituelle?" (73); et sous la menace de l'excommunication, la
détermination d'Alonzo chancelle:"Simplement que vous me déchirez" (73).
Il retombe dans le Moyen Age et manque l'entrée dans la modernité.

Arenas, l'aumônier du bord, représente l'Église médiévale conservatrice
qui s'efforce d'empêcher les progrès de la science. Observateur attentif,
il essaie de rassembler le plus d'informations possible, en particulier de
découvrir les faiblesses des uns et des autres, afin de s'en servir, comme
dans le cas d'Alonzo. Au début de la pièce, il donne le change en demeurant neutre et en ne prenant pas position.

> VINCENTE PINZON: Mon père, vous ne dites rien?
> ARENAS: Je vous écoute[...]
> VINCENTE PINZON: Je serais heureux de connaître votre avis.
> ARENAS: J'attendais cette question. Mais je ne désire
> pas y répondre[...]
> VINCENTE PINZON: Vous vous dérobez?
> ARENAS: Mon fils, j'ai la garde d'intérêts différents
> des vôtres. (18)

Même au sens figuré, il n'a plus rien à dire à un homme comme Vincente.
L'équipage est devenu apathique, et seul un reste de sentiment du devoir
envers l'Amiral retient les capitaines de fomenter une mutinerie ouverte.
Quand ils demandent conseil à l'aumônier, ce dernier, loin de répondre
clairement, se contente d'allusions vagues à la manière dont on pourrait
résoudre "le problème": indirectement, il les encourage à la rébellion,
sans prendre directement de responsabilité.

> VINCENTE PINZON: Mon père, une mutinerie est un acte fort grave[...]
> ARENAS: Question de termes! Appelle-t-on mutinerie la révolte contre un pouvoir injuste? Je ne le pense pas. Cette révolte est l'exercice d'un droit, et même d'un devoir[...](66)

Vincente Pinzon perce à jour l'hypocrisie de l'aumônier: tout, en fin de compte, est "une question de termes".

Si Martin Pinzon est l'adversaire "temporel" de l'amiral, Arenas en est l'adversaire spirituel: "je tiens à vous rappeler, Amiral, que je relève directement de son Éminence le Cardinal d'Espagne" (21). Colomb ne conteste pas son autorité spirituelle:

> COLOMB: Mais je tiens à vous rappeler à mon tour que la conduite matérielle de cette expédition m'a été confiée, et que, dans ce domaine, je commande seul à bord.
> ARENAS: Après le Dieu que je représente!
> COLOMB: Après Dieu. (21)

Dès lors, il ne saurait être question entre eux d'une collaboration, ou d'une division du travail. Tout au contraire, il est de plus en plus évident qu'Arenas revendique aussi l'autorité temporelle, confondant, pour ainsi dire, Dieu et cette Église dont Colomb conteste l'autorité comme intermédiaire entre l'homme et Dieu. Il ne voit dans l'ecclésiastique d'abord qu'un être humain: "L'homme qui promet la vie éternelle à ceux qui craignent la mort est toujours un puissant consolateur" (26). Les conversations qui les opposent sont des duels intellectuels, dans lesquels Colomb, porté par ses points de vue clairs, parvient à échapper habilement aux rets qui lui sont tendus.

L'aumônier représente l'univers intellectuel médiéval de l'Église, fermé aux connaissances nouvelles.:

> Le premier commandement de la créature est de se savoir limitée, mon fils. Je regardais vos livres tout à l'heure. (Il les prend en main et parcourt les titres) Esdras, Végétius, Toscanelli ... Que de pages, et quel néant! (Il laisse retomber les livres avec colère) Toute cette science est l'image de notre vanité ...   (29).

Au moment où Colomb lui fait lire la célèbre vision d'avenir de Sénèque, Arenas est tout simplement étonné que l'Amiral entende le latin - c'est Alonzo qui lui a fourni la traduction; il change bien vite de sujet pour interroger Colomb sur Alonzo. Colomb ne s'est pas montré assez prudent: en effet, l'aumônier utilisera les révélations qui lui sont faites pour faire naître des doutes profonds dans l'âme d'Alonzo. La rupture entre les deux hommes intervient quand Arenas découvre que Colomb lui cache ce que les capitaines supposent, à savoir que la distance déjà parcourue est plus grande qu'il ne le prétend. Colomb reste "le seul maître d'un secret" (55), et provoque, quand il se déclare élu de Dieu, la jalousie de son représentant terrestre:

> ARENAS: Vous vous faites l'interprète de Ses (Dieu) intentions?
> COLOMB: J'essaie de les comprendre. Et je suis certain qu'Il m'approuve. Il m'en a donné mille preuves, mille signes, depuis vingt années qu'Il a mis en moi ce dessein (57).

Par ce rappel à l'ordre, Arenas veut soumettre Colomb à sa volonté. Ne parvenant pas à faire plier l'Amiral, il pèse de toute son autorité d'homme d'Église: "Mais c'est le prêtre maintenant, qui vous parle, et vous allez l'écouter!" (58)

> ARENAS: Je viens au nom du Seigneur Tout-Puissant vous ordonner en ce lieu de vous mettre à genoux![...]
> COLOMB: C'est bien. Il s'agenouille.

Colomb feint d'être vaincu, mais sa confession est ironique: il s'accuse de ne suivre que la volonté de Dieu. L'aumônier reconnaît son impuissance et perd contenance: "Assez! Assez! (frappant violemment la table) Assez, vous dis-je![...]", et il lui ordonne d'abandonner le commandement: [L'expédition] n'a plus l'approbation de l'autorité ecclésiastique".

> COLOMB: Je vous ait dit qu'elle avait celle de Dieu. Cela me suffit.
> ARENAS: Il ne vous manquait que d'être rebelle!
> COLOMB: Mon père, il me manque d'être martyr[...] Je le serai peut-être par vos soins (60).

Dans cette scène clé s'accomplit un renversement des valeurs. De même que le Christ parcourt le chemin qui mène de l'Ancien Testament au Nouveau, Colomb est l'élu qui doit conduire l'humanité de l'Ancien Monde au Nouveau. "A la charnière de l'Histoire, Christophe Colomb, le découvreur, se dresse, en face du Moyen Age déclinant, comme le premier homme en qui s'annoncent les Temps modernes[...]"(7).

Colomb est, avec ses traits charismatiques, le personnage dominant de la pièce. La volonté le domine, tout est subordonné à un but unique. Tous doivent exécuter ses ordres, et il n'est plus décidé à rendre de comptes: "Qui devrais-je encore consulter ?" (20). Il ignore le retour en arrière: "Notre voyage se poursuit!" (39) ou: "Je ne reviendrai pas en arrière avant d'avoir atteint mon but" (21). Son expérience l'a rendu méfiant dans ses rapports avec autrui: "J'ai appris à me méfier" (25), mais elle lui a appris aussi à être patient: "La patience est une vertu que la sottise des hommes m'a longuement enseignée" (39). Ainsi pourrait s'expliquer cette bonté qu'Alonzo admire. Il ne recherche pas les coupables qui ont saboté le gouvernail (20), ailleurs il grâcie les mutins. Il veut des héros et non des victimes (39).

L'Amiral ne rencontre qu'une seule fois l'équipage. Trois marins mécontents (dont les noms sont authentiques) viennent voir Colomb à l'improviste; il réagit cependant avec calme et circonspection:

> COLOMB: (doucement) Fermez la porte, Pedro! (Pedro Nino hésite, puis obéit. Colomb s'approche lentement du groupe toujours immobile. Il aperçoit une hache dans la main de Bartolomeo Roldan.) Vous coupez du bois en pleine nuit, Bartolomeo? (un temps) Donnez-moi cette hache! Vous pourriez vous blesser [...] (48)

Les marins sont désarmés par son calme, et Colomb les fait parler, révèle le forfait de Sancho Ruiz, en appelle à la dignité humaine des matelots et, n'étant pas entendu, à leur honnêteté. Tandis que Pedro et Bartholomeo renoncent à leur projet de rébellion, Sancho recherche une solution de force. Les combattants sont séparés par l'intervention d'Alonzo, qui apporte un oiseau mort, signe indubitable que la terre n'est pas loin. La crise est résolue par "une grande merveille que Dieu nous [a] envoyée"(51).

Lors de la violente dispute, un des marins pose une question provocante: "Vous croyez qu'il (Dieu) aime les fous?" (48 sq). Mais Colomb est accoutumé à se faire considérer comme un fou dont on se moque:

> D'année en année, de ville en ville, de château en château, j'ai été ce prophète dérisoire, vêtu de loques et coiffé du bonnet des fous, que la valetaille poursuit à travers les cuisines, chasse à coups de bâton vers les fossés, et qui, sous l'insulte et les immondices, ne peut que courber la tête en répétant son cri. "Les Indes! Les Indes! Les Indes!". Qui sait si la valetaille ne faisait pas preuve d'autant de sagesse que ses maîtres? (77)

La folie joue un rôle particulièrement important dans le texte. Le terme apparaît dès la première scène, lorsque la quatrième voix s'écrie: "Oui, le Ciel conspirait avec Colomb dans la folie d'aller si loin!" (13). Au Moyen Age, le thème de la folie est relié à celui de l'eau. Foucault parle d'une expérience tragique de la folie, représentée dans le tableau <u>La nef des fous</u> de Jérôme Bosch. La nef est l'espace de l'expérience humaine. Tout paraît annoncer la fin du monde, l'Apocalypse. Citons aussi <u>Das Narrenschiff</u> (1494) de Sebastian Brant, illustré par les magnifiques gravures sur bois attribuées au jeune Dürer.[5] Pour l'homme du Moyen Age, le voyage sans fin dans un espace infini ne peut signifier, à la manière de celui de la nef des fous, qu'un voyage vers l'Apocalypse, sous la direction d'un amiral également considéré comme fou par son équipage (48). C'est en ce sens que Vincente désigne ce voyage comme "une folle aventure" (42). Mais la Renaissance commence à maîtriser la force de cette folie tragique, en ce sens que la folie devient une forme relative à la raison.

Ce couple antithétique, raison / déraison, se retrouve également dans la pièce: "[...] cette folie que tu nommes raison[...]" (46), chante une voix du choeur. "J'ai attendu vingt années pour entreprendre ce que votre frère appelle folie, et que je nomme, moi, le dessein de Dieu" (43), déclare Colomb à Vincente Pinzon. C'est tout à fait dans la ligne d'Érasme (1509), selon qui l'existence humaine n'est pas guidée par la raison, et ne peut même pas l'être, mais a besoin, au contraire, de la folie pour être créatrice. C'est ainsi que Vincente, que nous avons déjà identifié comme représentant des Temps modernes, s'interroge de même:

> Oui, j'ai beaucoup de curiosité à l'égard de cette entreprise. Elle me paraît aussi belle qu'elle est déraisonnable ... Mais je me demande parfois si sa folie ne cache pas plus de raison et de sagesse que vous ne le pensez[...](18)

Quand Vincente Pinzon prend parti pour Colomb, son frère, conséquence logique de ses positions, le traite de "fou", s'attirant la réponse suivante: "Si la folie est d'avoir perdu le goût de ce que je suis, pour l'amour de ce qui me dépasse, je suis fou! Mais c'est une grande merveille que cette folie-là[...]"(69).

Christophe Colomb entreprend son voyage "dans les desseins de la Providence" (44) et c'est lui qui éveille ce dessein qui dormait dans la mémoire de Dieu. Il se considère comme un élu, comme en témoignent ses premiers mots dans la pièce: "Quelle que soit cette distance, si Dieu le veut, nous la parcourrons!" (19). Il entreprend ce voyage comme une mission divine: "Dieu nous a désignés pour l'une des plus grandes missions qu'Il ait jamais confiées à Sa créature" (21 <u>sq</u>), et plus loin: "Dieu a béni ce voyage" (39). Dans des situations de crise, il interprète ces interventions comme le signe de la Providence. Quand par exemple, après une longue accalmie, le vent se lève soudain, ou quand les marins mutinés le menacent et qu'Alonzo apporte le cadavre d'un oiseau blanc, Colomb les invite à se réjouir que "Dieu nous ait envoyé ce signe de Son approbation! Précisément à ce moment[...]N'est-ce pas une grande merveille que Dieu nous ait envoyé cet oiseau au moment où vous doutiez de Lui et de moi?" (51). Il n'est pas étonnant que cette certitude d'être un élu provoque la jalousie de l'aumônier.

Pourtant, cette inébranlable foi en sa mission et en sa possibilité de réaliser le dessein de sa vie est soumis à l'épreuve des "tentations", comparables aux trois tentations du Christ.

Ces tentations sont de trois ordres:

> - tentation <u>matérielle</u>: les marins et les capitaines des navires, qui défendent, en face de Colomb, leurs biens et leur vie;
>
> - tentation <u>spirituelle</u>: l'aumônier du bord, qui oppose à la dangereuse expérience de découvreur, l'autorité de l'Église toute-puissante dont il est le représentant;
>
> - tentation <u>sentimentale</u>: Alonzo, second et disciple de Colomb, dont l'Amiral avait rêvé de faire son successeur et qui, sous la pression de l'aumônier, abandonne son maître. (6)

Ces tentations conduisent Colomb au comble de la solitude. Mais, là non plus, Dieu ne l'abandonne pas et envoie le signe espéré:

> COLOMB:[...]Que voyez-vous, Vincente?
>
> VINCENTE PINZON: Je vois briller une lumière!
>
> COLOMB: Décrivez-la[...]
>
> VINCENTE PINZON: On dirait une mauvaise chandelle de cire. Je la vois s'élever et se baisser, comme si elle rythmait le pas d'un homme marchant dans la nuit [...]
> [...]
>
> COLOMB: Oui, Vincente. Le but est atteint. (83)

NOTES

1. Citée d'après la 3ème édition: Charles Bertin, Christophe Colomb, Bruxelles (Les Éperonniers) 1989. Cette édition est accompagnée d'une courte "Histoire de la pièce"; ici, p.83.

2. Dans la catégorie des oeuvres musicales, c'est encore une oeuvre inspirée par Christophe Colomb qui a remporté le Prix Italia cette même année: La Route de Colomb, opéra radiophonique, musique du compositeur italien Riccardo Nielsen sur un texte d'Alessandro Piovesan tiré d'un récit de Bontempelli.

3. Traduction: Traduction allemande: Christoph Columbus par Hellmut von Cube, Hambourg, W.D.R., 1954; par Widulind Clerc-Erle,Vienne, Wiener Verlagsanstalt, 1965; Munich, Drei Masken Verlag, 1965. Traduction italienne: Cristoforo Colombo par F.Borelli, Rome, RAI, 1954. Traduction néerlandaise: Christoffel Columbus par Karel Jonckheere, Bruxelles, Belgisch Centrum voor Dramatische Kunst, 1958. Traduction anglaise: Christopher Columbus par Henry Van Hoof, Londres, B.B.C., 1953; Traduction américaine: Christoffer Columbus par William Jay Smith, Minnéapolis, Minnesota, Drama Editions, 1970. Traduction espagnole: Cristóbal Colón par Stevane Voukovitch, México 1976. Traduction portugaise: Cristobal Colon par Virginia Ramos, Lisbonne 1954.

4. Bertin place cette pièce au moment du retour de Colomb de son premier voyage. "MAMITE. - Deux caravelles sont arrivés des Indes cette nuit. On dit qu'elles renferment d'énormes richesses. J'ai vu un des hommes de l'équipage: il parlait au milieu d'un groupe assemblé sur la place de la cathédrale." Bruxelles 1948, p.74.

5. Le texte contient d'ailleurs, en exergue, la première référence littéraire à la découverte récente des "îles d'or" peuplées d'habitants nus.

Colón y la modernidad:
"Colón, versos de arte menor por un varón ilustre",
de Alberto Miralles

Jochen Heymann

Cristóbal Colón no ha tenido mucha suerte en la literatura española de postguerra. Parece como si le faltase la sustancia especial que convierte a figuras históricas en personajes teatrales o literarios con personalidad rica y hechos y vicisitudes convertibles en acción literaria, en expresión de un conflicto interno y/o externo. La figura de Colón se diluye detrás de un hecho muy determinado, en el que él no aparece más que como el director casual de una empresa que demandaba sobre todo paciencia y pericia técnica. Colón va añadiendo tierras al mapamundi, sin por ello ganar en contornos humanos palpables, y eso no ha cambiado ni por la creación literaria, entre tanto muy nutrida que se centra en su persona,[1] ni por la historiografía, también numerosa, que trata de sacar a luz nuevos datos o aspectos desconocidos sobre su persona. Parece como si la falta absoluta de datos, siquiera putativos, le redujese al simple viaje de descubrimiento y le quitase toda potencialidad literaria. Quizá también, la machaconería imperial de la Hispanidad franquista, que se repetía puntualmente el 12 de octubre de cada año, produjo un hastío literario o una oposición silenciosa al tema, cargado de resabios ideológicos impuestos por las circunstancias. De los ejemplos de creación colombina destaca, después de 1939, la obra de Alberto Miralles (Elche, 1940) Colón. Versos de arte menor por un varón ilustre (1967/1981),[2] por ser la única producida en el período más joven de la literatura española. Aunque poco conocido fuera de España, el autor cuenta con un nutrido curriculum teatral que le ha valido, al menos entre profesionales españoles, reconocimiento y renombre. Aparte de su obra literaria bastante numerosa,[3] ha dirigido durante varios años el grupo "Cátaro", afincado en Barcelona, con el que ha efectuado un importante trabajo de experimentación teatral, que le ha valido la integración en el trabajo de otros directores escénicos de renombre, por ejemplo Adolfo Marsillach.[4] El título original de la pieza colombina, Cátaro Colón, hace referencia a las circunstancias de su creación, y ha ido cosechando, a lo largo de cambios más o menos profundos, premios de relieve.[5] El texto impreso, correspondiente a la última redacción de 1981, ha llegado a un grado de literariedad que permite un análisis textual adecuado para establecer las características del Colón que viene a construir.

Esto es importante, porque como representante del llamado Nuevo Teatro Español (NTE), y como partidario de experimentos escénicos colectivos, el trabajo de Miralles no siempre se ha basado en un texto tan desarrollado como en este caso.[6] Efectivamente, el NTE, que reúne a los autores jóvenes - y no tan jóvenes algunos de ellos - que empiezan a sacar obras a la luz en los últimos años sesenta y primeros setenta, se despega de forma programática del realismo practicado por el grupo de autores que les preceden inmediatamente y que pertenecen, en los años sesenta, a lo más actual de la escena española, como son José María Rodríguez Méndez, José Martín Recuerda, Lauro Olmo o Carlos Muñiz.[7] La polémica que enfrentó a éstos con el grupo del NTE, formado por Miralles mismo, José Ruibal, Eduardo Quiles, Manuel Martínez Mediero, Jerónimo López Mozo y bastantes más, fue agria y resultó a veces insultante.[8] El resultado fué, si no una fundamentación clara de la estética del NTE, al menos sí la cristalización de una serie de rasgos distintivos, inspirados en su mayor parte por técnicas teatrales practicadas en el extranjero, y cuyo valor al nivel de comunicación entre escenario y público perteneció a lo más manido de la discusión del momento; el componente más distintivo de dichas características es el hincapié sobre el trabajo específicamente escénico, como la coreografía, la música, la luz y la escenografía, en detrimento de la importancia del texto dramático. El texto mismo pasa a ser un guión de elaboración muchas veces colectiva, que habría de actuar como soporte y no como eje central del espectáculo teatral.[9] En su forma más extrema, estos postulados dieron como resultado los montajes de grupos como Els Joglars, Cátaro, Dagoll Dagom, La Cuadra de Sevilla y otros.[10] Por otro lado, esto explica en buena medida la parquedad textual de un gran número de obras del NTE, su esquematismo y muchas veces su simplicidad lingüística, que necesita absolutamente del complemento escénico para sobrepasar la pobreza textual. El NTE renuncia en muchos casos además al intento de mímesis esencial que tiene lugar en el teatro realista, por ser considerado éste inútil - desfasado sobre todo - para la expresión adecuada de una realidad completamente dislocada de su apariencia y alienada del ser humano que la puebla;[11] por tanto, se intentan expresar las leyes y reglas que rigen esa realidad y producen su alienación por medios no realistas, pero siempre correctos en cuanto a la reproducción de mecanismos y valores sociales.[12] A esto se debe también la variación temática con respecto al período precedente.

La fábula, la invención y la pura fantasía sustituyen en gran medida al
"caso social" generalizable, en el que se pueden analizar los factores
que lo condicionan; por medio de la acción puramente ficticia, que no
pretende cumplir con ilusiones miméticas y que está construída con elementos
ad hoc, son los factores mismos los que suben a escena, sin ningún anecdotario que distraiga de ellos. Una consecuencia lógica es la relativa pérdida de importancia de los temas históricos, lo que convierte el Colón de
Miralles en una obra atípica del grupo.[13]

La elección de una tema histórico resulta todavía más extraña si se tiene
en cuenta que el mismo Miralles le ha objetado al drama histórico practicado bajo el franquismo su candidez pretendidamente astuta con respecto al
régimen:[14] la observación de que Censura era lo suficientemente inteligente
como para adivinar o reconocer la "sedición" de los autores es sin duda
acertada. Sin embargo, es obvio que con ello Miralles no pretende poner
en cuestión la legitimidad del teatro histórico, sino antes que nada su
efectividad política, aspecto que domina la discusión estética alrededor
de 1970 hasta el histerismo. El simple hecho de haber escrito un drama
histórico es, además, indicio suficiente de que Miralles considera el género
viable y efectivo dentro del marco de praxis social del teatro que postula.
Claro está que no se puede tratar de una drama histórico de corte realista,
siempre amenazado por la anécdota o por una especie de "narcisismo histo-
ricista", más interesado por la precisión histórica que por la formulación
certera de un significado bien determinado. Buena parte de ésto se desprende
de la preliminar del autor a su obra, donde explica algo de su intención
primordial:
> Se ha dicho que España es un país con poco sentido económico;
> que lo que le sale del alma es lo caballeresco, lo heroico y
> no lo racional, y que por eso recurrimos frecuentemente a la
> improvisación y apelamos al milagro. Pues bien, con mi anti-
> biografía sobre Colón, intento demostrar todo lo contrario.(p.13)

Es decir, el material histórico del que se quiere servir pasa a segundo plano
de importancia, en comparación con el intento de describir y demostrar un
aspecto de la idiosincrasia nacional. Por una parte, ésto sitúa a la historia
al mismo nivel instrumental que otros elementos que pueden constituir el
entramado de la fábula teatral, lo cual implica, ya de por sí, la desmitifi-
cación de la historia en cuanto tal, independientemente de su contenido con-
creto, y su reducción a instrumento fortuito, por no ser fin primordial de
la obra. Por otra parte, sin embargo, la utilización de la materia histórica

como soporte argumental para una intención o un asunto determinado significa perentoriamente la interpretación del hecho histórico elegido, para adecuarlo a la intención final. La materia histórica es objeto de dos pasos interpretativos; el primero, implícito, tiene lugar con la elección, puesto que supone en el hecho elegido suficientes elementos para cimentar la hipótesis intencional. El segundo, explícito, ocurre con la concretización de la materia histórica en el texto literario, que re-inventa aquellas partes de la historia que son desconocidas o accesorias en la configuración de temas y motivos. Miralles lo pone de manifiesto al caracterizar su obra como intento de demostración de un rasgo determinado, y al mismo tiempo como "antibiografía" de Colón; como tal, lleva inherente una reinterpretación de la figura de Colón, de los Reyes Católicos y de la política española de su tiempo, interpretación que difiere acusadamente de la oficial. Por la cita resulta evidente que Miralles no está interesado por ningún anecdotario de anticuariado, ni por preocupaciones estrictamente historiográficas, pero sí por la interpretación de los hechos. Con esto queda claro que la verdadera diferencia entre su obra - y por extensión, la del NTE - y el drama histórico del teatro realista de los años cincuenta y sesenta estriba sobre todo en matices y técnicas de presentación de la trama, como es por ejemplo la ironía, que junto con otros elementos de extrañamiento produce la distanciación requerida para poder considerar críticamente la acción; claro que esta regla heredada de Brecht la practica ya Alfonso Sastre desde la primera mitad de los sesenta, de modo que otra vez hay que matizar: es la ironía lo que aporta realmente el enfoque nuevo, y no la técnica aprendida de Brecht. Por su acción, la figura principal pierde la consistencia trágica, y el entramado el aura de excepcionalidad que en otros casos acompaña al tema histórico.

La ironía es efectivamente el medio básico por el que Miralles ofrece una nueva interpretación de la historia colombina, ya que del lado de los acontecimientos sólo se ha permitido unas pocas licencias de poca importancia, ateniéndose por lo demás a la historia conocida. Por ejemplo, los contratos de Colón con la Corona, firmados el 17 de abril de 1492, son ubicados <u>antes</u> de la caída de Granada (que se rindió el dos de enero de ese año);[15] en el segundo acto, el segundo y tercer viaje - inciados el 25.9.1493 y el 30.5.1498 respectivamente -[16] son reunidos en uno solo para mayor unidad de acción. Hay que señalar la casi completa exclusión del florilegio de leyendas más o menos edificantes en torno al Descubridor, excepción hecha

de pocos elementos que permiten clarificar o sacar a colación aspectos
determinados de la personalidad del protagonista. En la obra de Miralles,
Colón se dirige directamente a los Reyes, sin intermediarios ni favores,
y todo el descubrimiento, la apoteosis y la caída final son producto de la
contienda - soterrada o descubierta - entre ambos, especialmente entre
Colón y Fernando el Católico. El primer acto abarca toda la fase prepara-
toria hasta el comienzo del primer viaje; el segundo empieza con el motín
a bordo en ese mismo, y termina con la aniquilación de Colón como personaje
soberano. De este modo se desvía el centro de atención y el punto culminante de la tensión dramática del hecho mismo del descubrimiento a la
prueba de fuerza entre Colón y los Reyes, que termina con la derrota del
primero, cumpliendo de ese modo con un requisito importante de la configuración del tema literario de Colón en su vertiente crítica, porque
la ampliación significativa del contexto es la que permite - o incluso
impone - una evaluación de los hechos fundamentalmente distinta de aquélla
producida por un planteamiento finalista del descubrimiento, en el que este
hecho significa el culmen apoteósico de un desarrollo. Desde el primer
instante, tanto los medios escénicos como el papel de Colón desvirtúan
toda posible dignidad del asunto. El macero que da entrada al protagonista
"[...]va a dar los tres avisos. Tras los dos golpes, solemnes y espaciados,
yerra e tercero y se desgarra el pie y la garganta, esto por gritar del
dolor de aquello."(p.15) La jocosidad intempestiva provocada por este
percance hace imposible cualquier solemnidad y pone en duda la que pueda
surgir en su contorno inmediato. Así, la aparición subsiguiente de Colón
no puede desarrollar el pathos que podría iniciar su sentencia:

> COLON.- No, Teresa, no. Olvídame. Tú me has esclavizado con
> el matrimonio y con los hijos y Dios... (<u>Gesto de estudiado
> misticismo</u>). Dios me pide libertad para mejor cumplir su mi-
> sión (p.15, subrayado allí)

Efectivamente, la inclusión subsiguiente de una canción - verso de
entrada: "Los cosmógrafos famosos" - interrumpe de nuevo toda solemnidad.
Los elementos brechtianos de este tipo ocupan gran parte del primer acto,
mientras que en el segundo son cuantitativamente menos importantes, menos
acentuados, y están dirigidos más que nada contra los contendientes de
Colón.

El tono festivo se mantiene en las escena inicial, acumulando signos
indicativos claros de antífrasis irónica facilmente reconocible, provo-

cando una pauta interpretativa muy determinada, que se caracteriza por sugerir al receptor una norma antifrástica en el conjunto del texto, sólo abandonada tras señalización expresa; dicho de otro modo: la intención es construir una obra irónica, a menos que se indique lo contrario. Por ser la materia histórica el punto de arranque de la antífrasis, queda inmediatamente desvirtuada, despojada de la carga de significación que le adjudica la tradición; la opción significativa que ofrece la antífrasis pasa a ocupar esta posición "evacuada", y produce con ello la reinterpretación de la historia que persigue el autor.[17] Wellwarth[18] ha intuido exactamente esta técnica al establecer un nexo entre la obra de Miralles y la de Tucholsky y Hasenclever sobre el mismo tema.[19] Sin embargo, al contrario de lo que ocurre en la deconstrucción de éstos, que se extiende sin ningún género de dudas al protagonista mismo, Miralles deja al espectador en la incertidumbre sobre Colón, evitando una caracterización concluyente de su persona. Esto queda muy claro en lo que toca a la motivación de Colón para intentar el viaje; aunque por una parte el autor sugiera teatralidad, tal vez engañosa, en el Almirante (a eso apunta el "Gesto de estudiado misticismo", p.15), por otra parte incluye elementos que no admiten tal suposición. Así, al recibir la noticia de la denegación de su proyecto por parte de la comisión real de estudiosos, Colón cae en trance místico, reclamando la autoría del proyecto para Dios, no para sí: "no se han negado ante mí, sino ante Dios. ¡El proyecto es suyo y no mío!"(p.41) Su propia función la ve en ese trance como de simple instrumento: "Debes servirme. Debes llevarme, de tierra a tierra sobre tus hombros[...]cruzando las aguas que separan a los hombres" (p.42). Ahora bien: en el momento del trance sólo están presentes Diego Enríquez - amigo de Colón - y su hermana Beatriz - futura amante -, que no tienen ninguna influencia sobre las decisiones de la Corte. El Comisionado que le trae el informe negativo entra en escena sólo _después_ de iniciado el trance, de modo que no puede ser el destinatario de éste. Esto quiere decir que Colón no tiene ninguna razón para hacer teatro, sino que es presa de una vivencia sincera, al no estar en compañía sino de sus más íntimos confidentes; de donde resulta que no se le puede tomar lisa y llanamente por un farsante ambicioso y egoísta. Esto no quiere decir que Colón sea en todo momento un personaje sincero y sin dobleces. Inmediatamente después de la iluminación mística desaparece todo vestigio de espiritualidad:

> [COLON.-...] Ha visto alguien más mi arrebato?
> DIEGO.- Sí... el Comisario de la Corte.
> COLON.- ¡Ah, magnífico! Cuando lo comente, la Reina quedará impresionada y no dudo que ejercerá su influencia sobre el Rey hasta que sea revocada la orden de la Comisión.
> BEATRIZ.- Pero ¿es que esa visión de Dios la estábais fingiendo?
> COLON.- ¡Por supuesto que no!... Pero una vez que la tengo ¿por qué no aprovecharla? (p.42)

La sinceridad que parece dominarle en el momento anterior desaparece y pone de manifiesto el oportunismo que caracteriza, más que otra cualidad, a Colón. Lo esencial de la cuestión reside en que el espectador no puede, en ningún momento, decidir si tal oportunismo es real o fingido, y en este último caso por qué razón exactamente. Al principio, por ejemplo, su misticismo teatral parece indicar que se trata de un papel, con el que trata de convencer a todos de la necesidad de su proyecto y de la obligación de realizarlo. Inmediatamente aparece Marco Polo, que hace las veces de mentor de un Colón inexperto en propagar sus ideas. "Con vuestro apoyo y el de Dios, todo será más fácil." Exclama éste, a lo que Polo responde: "Sí, con mi ayuda todo será más fácil." (p.18) Está claro que para Polo, la dimensión religiosa, puramente ideal que Colón confiere a su empresa no tiene ninguna importancia, es más: ni siquiera es capaz de asimilarla. El no es más que el representante del "Real Olimpo de los Inmortales" (ibid.), al cual ha sido elegido Colón. En cambio, éste no deja de establecer un nexo inmediato entre su proyecto y la fe, interpretándolo como misión divina y a sí mismo como portador de Dios allende el océano. Los fracasos repetidos por hacerse oír, al principio de su estancia en España, se deben básicamente a que coloca la inspiración divina en lugar preeminente de su argumentación, sin reconocer que nadie a su alrededor toma este aspecto en serio. Sólo la intervención repetida de Polo explicando tácticas argumentativas y retóricas, convencen a Colón del método a seguir:

> POLO.- Escucha, escucha: nunca vayas directamente al asunto. Adorna tu palabra con el gesto breve y sé preciso.[...] A la Reina debes hablarle de fe, al Rey de política, al economista de intereses, a los militares de honor y al pueblo de lo que quieras si sabes mezclar hábilmente el pan con la paz... pero que todos te crean un hombre santo (p.26)

Sólo a partir de este momento se convierte Colón en el oportunista consumado que será al menos durante el primer acto. A pesar de todo, nada de esto desplaza definitivamente su motivación inicial, la llamada de Dios para extender el evangelio, sino que atañe solamente a los medios más adecuados para cumplir con la misión encomendada. De hecho, en los pocos momentos en que, a partir de ahora, Colón habla de sí mismo y de las razones de su empresa, la dimensión religiosa sigue presente, aunque siempre arreglada a la situación en que se encuentra. De este modo, la ambigüedad que al principio subrayan elementos escénicos, se extiende y se centra en poco tiempo en el protagonista, para no abandonarle más en toda la acción. En realidad, Miralles no intenta responder a las preguntas aún hoy sin respuesta alrededor de la figura de Colón, sino que aprovecha la ignorancia general para construir su versión dramática. La ambigüedad, que viene dictada en gran medida por la controversia científica que le rodea, es el elemento central del personaje, del que por cierto es en todo momento muy consciente. No sólo elude Colón en todo momento la cuestión de su origen,[20] sino que se erige desde el principio en la persona que aparenta o representa durante los años clave de su vida: "Para ustedes, mi vida empieza aquí, en este momento, en un cruce de caminos." (p.17)

La incertidumbre sobre el personaje no atañe tan sólo a sus datos biográficos sino, como se ha visto, también a su carácter. Esto se debe en gran medida a que Colón pone en práctica el consejo de Marco Polo y adapta sus temas, sus argumentos e incluso su manera de actuar a sus interlocutores inmediatos, cosa que los Reyes, sus interlocutores más importantes, detectan sin ninguna dificultad: "Ese navegante nunca responde abiertamente a las preguntas que se le hacen y sus pruebas son pueriles. O es muy necio o es muy inteligente." (p.36) Aún más: "Yo os diré lo que es: un hombre que se aprovecha de la idiotez de los consejeros del Rey."(p.37) Los Reyes comprenden muy bien la táctica de Colón, que se basa fundamentalmente en el principio: "Si quieres dominar un sistema tienes que estar dentro de él."(p.38) Como demuestra el desarrollo posterior, esto no les impide de ninguna manera reconocer el posible beneficio que les puede aportar un personaje de tales características. Por tanto existe, ya antes de ser evidente, una connivencia tácita entre Colón y los Reyes, que sólo necesita una base común para dar fruto. Ahora bien, los Reyes cometen en su estimación de Colón un doble error, imputándole por un lado un oportunismo de carácter, mientras que en realidad obedece a las circunstancias en que se encuentra. Por otra parte, suponen que la fachada creada por el oportunismo esconde una motivación cualquiera, pero egoísta y controlable, siendo así que este aspecto resulta, como se ha de mostrar, mucho más complejo. El primer aspecto lo desmiente no sólo la escena inicial, sino también el mismo Colón, resumiendo al final del primer acto su carrera histórica hasta la víspera el primer viaje: "Y así fue como, cándido por naturaleza, fui

convertido en astuto por necesidad." (p.62) La falsedad de la segunda
suposición se atisba cuando Colón es recibido por el Rey en Santa Fé.
Allí queda claro que no es más que una figura más en el rompecabezas
político que manejan los Reyes, para los que no cuentan los promesas
inciertas de riqueza ni las misiones religiosas. La pauta a seguir frente
a Colón la define la Reina: "no le deis excesiva ayuda para que si fracasa
en su empresa, no se diga que con él fracasó España." (p.47) De este modo,
el análisis del oportunismo colombino se convierte, al mismo tiempo, en el
análisis del pragmatismo político que domina a los Reyes. En contra de lo
que pretenden títulos y empresas, la religión y su defensa no juegan sino
un papel muy secundario en sus acciones.

> REY.- ¡Seamos claros! La misión evangelizadora estaría bien como
> excusa para los misioneros e incluso para la Reina; a mí habladme
> de política (mandoble), de expansión (mandoble), de conquista
> (mandoble)(p.53, subrayado allí)

El Rey está obsesionado por el asentamiento del poder real como absoluto,
como superación de bandos y partidismos internos y al mismo tiempo como
instancia principal que define y en la que se cristaliza España. En este
proyecto político, que pasa por la aniquilación del reino de Granada, la
religión no es más que un elemento subordinado a la razón política, y por
tanto de utilidad accidental: por su exclusividad dogmática permite a los
Reyes erigirse en campeones de la fe y definir a todos aquellos que no la
abrazan como sus enemigos y como enemigos del estado, definido como
católico. Por esta razón, en la guerra de Granada la religión es un argumento político de primer orden, pero no en la empresa colombina. Aquí, la
expansión de la religión católica es un acto políticamente gratuito, porque no aporta ningún beneficio a la Corona en su programa. Por eso, ni
Fernando ni Isabel reaccionan verdaderamente ante la argumentación de
Colón en este sentido. A su vez, éste reconoce rápidamente - ya iniciado
por Marco Polo - no sólo que el argumento religioso carece de fuerza, sino
también que él mismo, Cristóbal Colón, sólo puede obtener el apoyo real si
acierta a poner sus planes al servicio de la oportunidad política de los
Reyes, y no vacila en difuminar su perfil personal para poder aprovechar
esta coyuntura. Por eso muestra al Rey la posibilidad de instrumentalizar
su proyecto dentro del de la Corona, para que cobre un sentido en ese
contexto: "[...]un estado de miseria puede superarse si no se deja pensar
en tal estado."(p.55) La carrera de Indias se presenta aquí como una posibilidad de canalizar las energías divergentes, uniéndolas de nuevo - como

ya en la guerra de Granada - alrededor del proyecto de la Corona, sin que
queda al descubierto la crudeza que comporta la hegemonía del poder:

> COLON.- Para vos las Indias tienen un fin político; para el
> clero un fin religioso; para los comerciantes un fin económi-
> co y para los militares un fin glorioso. ¿Puede existir un
> proyecto más perfecto por su completa misión? (p.56)

El quid pro quo que se establece sobre esta base es, sin embargo, precario, porque se fundamenta por ambas partes en premisas llenas de salvedades y cargadas de segundas intenciones. La ayuda mutua que se prestan Colón y el Rey tiene un aspecto reconocido por los dos, que disimula los auténticos fines de ambos. La impostura es múltiple; Colón despliega su oportunismo de forma fácilmente reconocible para sugerir su maleabilidad a cambio de apoyo, y deja entrever que su fin real es puramente egoísta y por eso ningún obstáculo al plan del Rey, que por su parte está abiertamente dispuesto a satisfacer la ambición particular de Colón, siempre y cuando el beneficio político y carismático sea enteramente suyo. El Almirante, por su parte, está dispuesto a ceder este beneficio político dentro de límites muy estrechos, salvando siempre su completa libertad "contractual". Estas intenciones ulteriores, eludidas por ambos, se atisban cuando Colón nombra la recompensa material que espera, porque en la manera de defender su valor comercial - que justifica el precio que se ha puesto - surgen algunos aspectos de su personalidad y sus intenciones que hasta ese momento habían sido eludidos, y que prefiguran el meollo del conflicto que ha de desarrollarse entre él y el Rey. Al reclamar el contenido de las Capitulaciones de Santa Fé, lo hace auspiciándose en el progreso:

> REY.- Habláis de progreso y entendemos cosas diferentes de la
> misma palabra. Para mí es el progreso de España, para vos
> el progreso es *vuestro* progreso.
> COLON.- ¿Y qué importa que yo suba si conmigo suben los que
> están mi lado? ¿España está a mi lado? ¡Espana subirá!
> (p.57)

La cuestión reside en que Colón no pide para sí solamente nobleza y riqueza, sino que intenta colocarse fuera y por encima de la majestad de los Reyes, haciéndose su igual y no supeditando el éxito de su proyecto al programa político que lo apoya, sino considerando éste como subordinado de aquél. En esta escena habla Colón por primera vez de "afirmar" su personalidad (p.57), lo que repite más tarde, en medio se sus intentos por evitar las disciplinas que le imponen los Reyes: "No es por ambición por lo que he querido rebelarme contra el Rey erigiéndome en monarca de las Indias, sino

por afirmar mi personalidad." (p.92) Esto, naturalmente, no quiere decir
que Colón intente la rebelión abierta o accesión a la realeza, pero sí que
intenta colocarse a un nivel esencial tan alto como los Reyes de España.
Esto lo reconoce el Rey en su campamento, y lo subrayan las indicaciones
escénicas del autor. Primero, "Colón se ha subido sobre un asiento utili-
zando como perdaño un alzapiés" (p.56), con lo que queda más alto que el
Rey y podría representar su propia estatua. En esa altura "[...]se sienta
y su porte es premeditadamente real" (p.57), donde añade - por cierto sin
ninguna motivación inmediata - "Comparar mis acciones con las del Rey es
otorgarme parte de realeza." (ibid.) Es a continuación cuando indica al
Rey que España accederá al poder deseado a condición de alinearse en la
empresa que prepara él, Colón. Con esto se coloca por encima del estado,
se independiza de él y se niega a convertirse en su instrumento más que
pasajero. Lo que intenta es realmente conseguir el subsidio del estado para
promoción y fomento de su persona, sin incurrir en ninguna obligación y sin
estar dispuesto a cederle a ese estado la parte de autoría y mérito que le
corresponde. De este modo quedan sentadas las bases sobre las que resulta
posible la cooperación de ambos, y se preludia también, de forma todavía
incierta, el conflicto irreconciliable que va a estallar entre Colón y la
Corona, a medida que la impostura sobre la que reposa su asociación se vea
relegada por los intereses auténticos que persigue cada uno de ellos.

El oportunismo y la astucia que ha practicado Colón le permite obtener el
éxito político, el favor de los Reyes - aunque no su confianza - y, tras
el éxito de su primer viaje, el reconocimiento de la sociedad que antes le
había ignorado o despreciado. Ahora bien, a este anverso público corresponde
un reverso personal, porque la múltiple impostura que se ha impuesto a sí
mismo como condición del éxito le ha obligado a sepultar completamente sus
motivos y fines reales y a practicar un discurso argumentativo acorde con
el del poder, adaptándose y subordinándose - de puertas afuera - a éste.
Cuando el Rey requiere saber cuáles son sus motivos y la recompensa que pide
para sí, Colón sigue aún dentro de esa línea: poniendo la condiciones conocidas - título de Gran Almirante, virreinato perpetuo etc. - demuestra su
ambición, pero le da un tinte completamente advenedizo y materialista, y
por eso controlable: la sed de títulos y dinero significa querer superar
a los cortesanos que, a su vez, desprecia y utiliza, y por esa misma razón
obtiene el apoyo real. El problema personal de Colón consiste entonces en
que el transformismo a que se ha visto obligado amenaza con borrar definitivamente su auténtica personalidad: "[...]debo ser sincero conmigo mismo

o tanta mentira acabará dándome un contorno que no poseo; en fin, que ya no
sé si soy un fin o un medio." (p.65) Colón ha interiorizado de tal manera
los argumentos esgrimidos y el papel que se ha atribuido a sí mismo, que
ahora corre el riesgo de olvidar el verdadero motivo que le mueve y de abandonar su proyecto de personalidad que había concebido; esta situación ha
llegado a tal punto, que está a un paso de difuminarse completamente en el
sistema en que se ha apoyado: "¿Y por qué no pensar que los demás y yo
poseemos un fin idéntico? ¿Por qué no hacer una concordia entre lo que se
desea y lo que se es?" (p.66). En este momento, Colón casi acepta ser el
instrumento que quería el Rey, y con ello también su condición central de
cederle a la Corona el mérito principal y el beneficio político de la
empresa. En ese momento también queda de manifiesto, y lo reconoce él
mismo, que el poder que le han conferido los Reyes para las Indias es
espúreo, y que él mismo, como persona, ha perdido toda importancia. Martín
Alonso Pinzón le deja sentir la dependencia de su autoridad como capitán
y marino para ejercer el poder que ambiciona: "Comprendo que necesitéis
del poder de los demás para afirmar el vuestro. Las cualidades personales,
nada cuenta, ¿verdad?" (p.72s.) Pero con esto, Pinzón no se refiere solamente a la dependencia de Colón de la autoridad de su capitán, sino también
y muy principalmente a la del poder real que le sustenta y sin el que no
sería otra cosa que el visionario andrajoso del principio de la obra. Colón
está emparedado entre dos intereses que reclaman perentoriamente su sumisión,
diluyendo la posición destacada que creía haber conquistado con el hecho del
Descubrimiento; sólo puede mantenerla cediendo a las diferentes presiones.
De momento, su relación con Pinzón en Indias, su necesidad de consentirle
la ambición le recuerda a su situación con el Rey en Santa Fé. Ambas escenas
se corresponden simétricamente - separadas de la cesura de actos por una
escena panorámica -, obrando el equilibrio de la acción que provoca el
desplazamiento del interés y del punto de gravedad de la obra de los hechos
a las relaciones entre las personas. Para la figura de Colón, esta escena
significa, como al principio aquélla con Polo, el comienzo de una nueva fase
de actuación impulsado por una concienciación personal, provocada ésta por
experiencias con otros y decantada con la ayuda de convicciones propias.
A la activación del oportunismo por intervención de Marco Polo - la
"conciencia operativa" de Colón - para realizar su empresa corresponde,
ahora, la activación de su "conciencia personal", tras la experiencia
con Pinzón, por intervención de una nativa de reciente evangelización,
capaz sólo de repetir - sin comprenderla - la frase "Creo en Dios Padre".

Pinzón ha sido la imagen especular de Colón mismo ante el Rey; la nativa desencadena el proceso interior por el que el Almirante reconoce las consecuencias que debe asumir para que su deseo personal se realice: "Mis acciones quiero que sean sólo mías." (p.75) Para esto, Colón tiene que redescubrir y aceptar de nuevo su identidad original, y esto quiere decir también sus motivos originales, enterrados tanto tiempo por motivos tácticos: "Me has humanizado y así ya no debo representar ni los personajes que me imponen ni los que yo siempre me he impuesto." (p.78) Esto significa que la pugna entre Colón y los Reyes va a surgir ya sin componendas, y que sólo va a terminar con la humillación definitiva de uno de los contrincantes. Las posiciones quedan claras en el recibimiento de Colón en Barcelona: "COLON.- Majestad, he triunfado plenamente. REY.- España se alegra de haberos proporcionado la ayuda imprescindible para triunfar." (p.80) El resultado no se hace esperar; la sinceridad de Colón para consigo mismo le ciega sobre los propósitos de sus contrarios. Convencido y seguro de su excelsitud, se permite despreciar a la Corte y a sus representantes, con lo que provoca envidias y venganzas; al final, las acusaciones falsas y verdaderas y la oportunidad política de los Reyes le reducen a la nulidad de que ha surgido. Las acusaciones no son explícitamente religiosas o políticas; sencillamente, los Reyes castigan a Colón por su soberbia al haber querido arrogarse una posición que no es la suya, y con ello castigan su intento de independizarse de la obediencia que le había impuesto la Corona a cambio de su apoyo. En este momento, los Reyes abandonan su papel oficial y dejan ver, sin tapujos, la naturaleza de la práctica del poder. Colón intenta por última vez reanudar la retórica brillante y sentenciosa con la que antes había tenido éxito, pero ahora los Reyes le demuestran hasta qué punto han adivinado su método: "¡Frases! ¡Frases brillantes de libros que nunca leísteis! ¡Haced callar de una vez a Cristóbal Colón, y que hable de una vez el hombre!" (p.103) Esto no quiere decir que los Reyes sean menos sentenciosos o retóricos, pero sí que han recuperado el poder sobre la palabra, es decir que han recuperado el instrumento con que se fija la interpretación de unos hechos, que antes había detentado Colón para sus propios fines. Para éste, a su vez, el problema reside en que, cuando habla "el hombre", no es verdaderamente comprendido, y que el "Cristobal Colón" de que hablan los Reyes es aquel prestidigitador oportunista del primer acto, con el que el Almirante no puede identificarse más, pero que se ha convertido en la imagen pública, "oficial" de su persona: "Estáis consiguiendo que el nombre de Cristóbal Colón haga suponer una personalidad que no es la mía" (p.92).

La verdadera destrucción de Colón consiste en negarle una identidad, aparte
de la impuesta por las circunstancias, que él mismo se niega a asumir como
propias, y el triunfo de los Reyes reside en hacer desaparecer una personalidad a cambio de una imagen oficial, huera, utilizable por inexistente
como mejor convenga.

Esta situación aprovecha en buena medida la de la figura histórica de Colón,
cuya personalidad se desdibuja extrañamente tanto en el contexto de su empresa
como por contraste con sus coetáneos. Hasta aquí, Miralles ha intentado
mostrar los mecanismos por los cuales el poder político aniquila proyectos
que se apartan del suyo propio, aprovechando y apropiándose de los méritos
y beneficios que han aportado. Al mismo tiempo desarrolla una imagen propia
de Cristóbal Colón como figura histórica, lo que evidentemente pretende desde
el principio al definir la obra como "antibiografía". El problema principal
que presenta su esbozo de una personalidad es la cesura tan acusada que hay
entre el primer y el segundo actos, que no solamente atañe a los medios
dramáticos utilizados, sino también al carácter del protagonista. La seguri-
dad rayana en cinismo de que hace gala durante el primer acto cede el paso,
como se ha visto, a un personaje dubitativo y vacilante, que supera sus
dudas personales y trata de realizar su ideal. El segundo acto está marcado
por una reducción muy considerable de elementos de distanciación, que cambian
además su carácter esencial; por lo general, ya no conducen a ninguna valoración explícita o fácilmente reconocible de figuras determinadas, sino todo
lo más a reforzar, dentro de un marco más general, la impresión que se pretende producir con el conjunto de la obra. Por ejemplo, cuando la Corte se
retira tras la recepción en Barcelona, se descubre que los atuendos sólo
cubren con decoro o fasto su parte delantera, mientras que hombros y espaldas están desnudos o en harapos (p.83). Esto quiere demostrar que la Corte
es, como el mismo Colón dice, "una corte de paniaguados", pero no actúa con
la misma contundencia que recursos análogos en el primer acto, por no establecerse una deixis explícita e inequívoca que comunique un enunciado determinado con este elemento escénico. Del mismo modo, la función de las canciones
interpoladas pasa claramente de ser distanciadora con respecto a la acción,
a una función coral de intensificación en situaciones determinadas, como es
el caso del coro de enfermos en América que reclaman la fortuna prometida
(p.90s.). La contradicción interna sólo se resuelve - en parte al menos -
considerando al Colón del primer acto como fundamentalmente falso, producto
de una impostura oportunista, cuya superficie es para el espectador trans-

parente por lo menos en algunos aspectos. A este fin obedecen los medios
autoirónicos que ejercen sobre el protagonista tanto como aquellas partes
en las que la religiosidad de Colón resulta de dudosa seriedad. Al tratar
de explicar la contradicción entre ambos actos hay que tener además en
cuenta que el primero gira en torno a hechos históricos de dominio público,
constituyentes de la leyenda colombina, mientras que el segundo se centra
en aspectos más sutiles, menos espectaculares y más necesitados de interpretación, ya que por sí mismos no desvelan su significado. De ese modo,
la materia histórica condiciona en mayor medida al Colón del primer acto
que al del segundo, por estar mucho más ligado a su acción histórica. La
ironización es casi la única manera de evitar una visión tradicional de
los hechos pero, como ya se ha indicado, pertenece ya a una determinada
tradición temática y textual, y resulta por eso previsible. Precisamente
al no cumplir con el esquema iniciado en el primer acto, se produce el
desfase en la figura principal, lo que se debe, básicamente, a que la
desviación de una a otra postura es demasiado abrupta y está insuficiente-
mente motivada. Si se toma el segundo acto como reafirmación de la personalidad original de Colón, entonces equivale al rastreo del personaje
auténtico, dejando al descubierto la vacuidad de la figura pública en
todos sus aspectos. Efectivamente, la postura del Almirante es, en el
segundo acto, radicalmente opuesta a la del primero; la fe en la ayuda
de Dios y la completa supeditación a Su voluntad cede paso a una religiosidad ambigua, desilusionada por las leyes del mundo, pero íntimamente
ligada a la integridad moral. Es precisamente la primera frase del Credo,
"creo en Dios Padre", la que provoca la recapacitación de su propia y
original personalidad, y la que se convierte en su único consuelo y asidero
a ésta cuando los Reyes, por fin, le reducen a la nada. A lo largo del acto,
esta afirmación se convierte en señal de la integridad personal que aspira
a realizar, sea tras el recibimiento triunfal en Barcelona (p.86), sea al
final de la obra, cuando se ve despojado de su propia historia.

Del mismo modo que Colón se acerca cada vez más a una fe interiori-
zada, de importancia personal inmediata, del mismo modo refuta termi-
nantemente el providencialismo teatral que había aprovechado en el primer
acto, y que había aceptado todo lo más con un dejo irónico. Al grito de
"¡Tierra!" en medio del motín durante el primer viaje, exclama:

> ¡Ah, no! ¡Milagritos, no! No soy tan inexperto como
> para necesitar de lo sobrenatural para conseguir el
> triunfo. Un poco de ayuda al comienzo de la empresa,
> no me parece mal, pero si todo lo dejamos al cuidado
> de Dios ¿Qué pinto yo aquí? (p.69)

Esta reacción no tiene nada que ver con la ironía como recurso de deconstrucción en el primer acto, sino que pone de manera fundamental en tela de juicio una posición historiográfica - y por extensión, literaria - en la que la intervención de la providencia reduce la acción personal y el papel del protagonista a la inanidad. Aquí, Colón lucha ya no sólo contra contrincantes teatrales, los Reyes, sino también contra su propia leyenda, lo mismo que en la administración de Indias, donde tradicionalmente se la ha imputado inepcia política. "Créeme, Marco, la política da asco" (p.85), pero eso no le impide intentar una organización social distinta de la española que desprecia:

> [...]la libertad es hacer lo que la ley permite y siendo
> yo aquí la ley, no permito haraganes. ¿Pues qué, señor
> principal? ¿Pensábais que vivir en las Indias era lo
> mismo que bailar en fiestas cortesanas? (p.90)

Colón está completamente despegado de la codicia y la ambición de los colonos que han acudido al llamado de la promesa de oro, y queda de ese modo explícitamente excluido del expolio americano; llega incluso el momento en que toma más partido por los indios que por los Reyes, como si fueran aquellos más "sus" Indias que las que éstos pretenden levantar:

> Son ambiciosos, no tienen escrúpulos: concebir indias
> y encontrar oro, son sus preocupaciones mayores. Tu
> pueblo nos ha considerado como dioses y habéis ele-
> gido muy mal la divinidad. <u>Hay que luchar contra la
> ignorancia, sólo así tu pueblo será libre.</u>(p.76s.,
> subrayado propio)

Libre de la creencia en falsos dioses, es decir libre de la creencia en la superioridad española, es decir también libre de la creencia en la prioridad y magnificencia del proyecto real, que quiere establecer aquella superioridad hacia adentro y hacia afuera. Por ende, es decir libre de una leyenda histórica. Por esa razón planta cara a los nobles arruinados, que son los verdaderos representantes de los Reyes; Colón ha sido el instrumento de la España cortesana, allegada - por interés - a los Reyes: "[...]sobre vuestros hombros de ingenuo esclavo nos llevasteis a nosotros..." (p.104).

Con estas opiniones, el proyecto de Indias de Colón se intuye como una utopía que no llega a cristalizarse, tanto por la resistencia de su entorno

histórico como por la incapacidad de su artífice en realizarla. La tragedia
de Colón consiste aquí en que su utopía ni siquiera puede considerarse
frustrada por las circunstancias, sino que sencillamente no trasciende
el deseo personal, por no haberle dado ocasión de tomar forma. La maestría
Colón en velarse con imposturas y en construir una personalidad ficticia
es tan grande, que cuando quiere abandonarla nadie cree en su transmutación.
Pero además de eso, Colón tiene que reconocer que su vida y su imagen
histórica no son sólo el resultado de proyectos truncos por tergiversación
ajena, sino en la misma medida aquéllo que él mismo ha sido positivamente;
las protestas de inocencia, por tanto, no le sirven, ya que en el primer
acto ha sido indiscutiblemente un oportunista al pairo de otro oportunismo
político. Por esa misma razón se desdibuja en el momento en que los Reyes
le niegan su papel histórico, porque en él pierde la mayor parte de su
propio ser. "On est ce qu'on fait": la definición de Sartre corresponde
a esta estimación de la figura histórica - y por extensión de la existencia
humana -, y no por casualidad. Sólo partiendo de este supuesto, el Colón
de Miralles evita caer en uno u otro extremo hagiográfico - héroe santo o
canalla egoísta - y da una imagen compleja, que no duda en ser contra-
dictoria, de su protagonista. De este modo cumple también con su intención
"antibiográfica", por intentar una evaluación distinta del personaje
histórico y de los hechos que le rodean. Colón está poseído por una idea
que considera tan suya, que no quiere consentir ninguna ingerencia en ella,
aparte del apoyo puramente material para realizarla. Para esto es lo suficientemente hábil como para aprovechar la lógica interna de un aparato de
poder determinado; al mismo tiempo, es tan ingenuo como para creer que
puede evitar la entrada de la situación que ha aprovechado, la corrupción
de un sistema, en su sueño de Indias. Los Reyes en cambio son los verdaderos oportunistas consumados: aprovechan la coyuntura política y económica
que les ofrece Colón, y se deshacen de él cuando ya no resulta un instrumento adecuado. Ninguno de ellos, por cierto, puede reclamar ninguna mora-
lidad; a la política del poder de los Reyes corresponde la falta de
escrúpulos de Colón para convencer a sus alrededores de su idea: el fin no
dignifica los medios, porque si éstos son corruptos no pueden generar sino
corrupción.

A pesar de todas las correcciones que introduce Miralles en su obra y de
las interpretaciones particulares por las que aboga, el motivo y la finalidad principal de la obra no se reducen a la historiografía. No hay que

olvidar que el NTE, en cuya norma hay que incluirle, defiende un teatro
hecho para la actualidad, reflejo del momento histórico en que surge. El
Colón es imagen puntual de una postura estética determinada, al mismo tiempo
que de su desarrollo posterior: de ahí la importancia del soporte escénico
en el primer acto y, por contraste, el peso que adquiere el texto en el
segundo. Mientras que el primero corresponde a la práctica teatral del NTE
en su momento más álgido, el otro refleja cabalmente el retorno a plantea-
mientos más (supuestamente) convencionales. En un plano más general, la obra
trasciende el marco puramente teatral y resulta ser un reflejo de la situación histórica general en la que se gesta. Los años entre 1967 y 1980 no
sólo son de transición política - y por eso en cierta medida análogos a
1492 y siguientes -, sino que ofrecen un espectáculo nada edificante del
mundo político. Estos doce años están marcados por un alto grado de provi-
sionalidad y precariedad, durante los cuales no sólo el régimen político,
sino también la estabilidad económica y una parte el consenso social se
resquebrajan y cambian muy rápidamente. Aparte de la acción del terrorismo,
el giro de la clase política española entre 1975 y 1978 es notable; buen
número de funcionarios y allegados als Régimen aparecen, casi sin interrup-
ción, en los novísimos partidos políticos y hacen gala de demócratas,
ofreciendo así un ejemplo de oportunismo político de raras dimensiones.
Por otra parte, las ilusiones de auténtica renovación política y cultural
merced al vacío producido por la liquidación del franquismo no se realizan
sino en parte, y quedan, por algún tiempo aún, resabios del Régimen que,
desde fuera, parecen aceptados por el Ejecutivo, mermando así el valor de
la nueva democracia. De todo esto, el Colón de Miralles da cumplida cuenta,
empezando por el oportunismo político como medio principal para prosperar a
alto nivel. El protagonista, en el primer acto, es un representante casi
ideal de la tecnocracia más consumada, que desiste de toda idea y de todo
ideal para mayor fomento del éxito pragmático. El mismo deja después en
claro cual es el punto débil del tecnocratismo como coartada frente a un
medio hostil: la renuncia a la idea significa permitirle a éste apoderarse
de la competencia técnica sin variar sus máximas. Precisamente una evolución de esta índole era de temer durante el último franquismo, cuando
diversos gobiernos tecnocráticos se centraron en la mejora de las condiciones de vida, renunciando a toda posición ideológica y perpetuando de
ese modo el Régimen.[21] Además, el pesimismo y el hastío político son

inequívocos en la obra de Miralles, frutos precisamente de la puesta en evidencia de los mecanismo políticos. "Créeme, Marco, la política da asco." El Colón del primer acto es profundamente falso, pero es el único que puede existir y sobrevivir, puesto que el verdadero, aquél que se muestra en el segundo acto, no tiene sitio en ese mundo. La falsedad parece ser la única posibilidad de tomar parte en el devenir de un país, y ésta es una opción que difícilmente puede satisfacer o ser aceptada, lo que demuestra claramente la desilusión que domina a la clase intelectual que había esperado el advenimiento democrático como esperanza tanto política como cultural, y que se ve defraudada por el desarrollo en ambos sectores.[22] En este sentido, Colón demuestra bastante de la base subyacente sobre la que se funda el teatro del NTE con todos sus logros y limitaciones, y demuestra al mismo tiempo los límites internos que lo ciñen de manera que impiden la superación de su contexto histórico inmediato.[23] Por eso, Colón resulta ser, más aún que en otras obras históricas, una clave de la modernidad en que surge la pieza.

NOTAS

1. V. Titus Heydenreich, "'el arpa y la sombra' (1979):"Alejo Carpentiers Roman vor dem Hintergrund der Columbus-Wertungen seit den Jahrhundertfeiern von 1892", en: J.Riesz/W.Bader (eds.), Literatur und Kolonialismus, Frankfurt/M.-Bern 1983, t.I, p.291-321.

2. Alberto Miralles, Colón. Versos de arte menor por un varón ilustre. La asamblea de las mujeres, Madrid 1981 (Espiral/teatro, 63). Todas las citas del texto, con indicación de la página entre paréntesis, se refieren a esta edición.

3. Su bibliografía personal se puede consultar en Klaus Pörtl (ed.), Reflexiones sobre el Nuevo Teatro Español, Tübingen 1986 (Beihefte zur Iberoromania, 4). A ésta hay que añadir una novela aparecida hace poco, Mi país es tu piel, Barcelona 1989.

4. José Monleón, "Alberto Miralles, polémico y solidario", en Miralles, loc.cit. p.7-10, aquí p.8.

5. Con el título original, Cátaro Colón, la obra fue prohibida por la Censura. Bajo el título actual, elegido precisamente a causa de la prohibición, ganó en 1968 el Premio Guipúzcoa, en 1970 el Premio Estudios Alicantinos y en 1975-76 el Premio de la Real Academia Española. Cf.Miralles, loc.cit. p.5s. y George W.Wellwarth, Spanish Underground Drama, Madrid 1978,p.231s.

6. Sobre algunos aspectos de este teatro v. Alberto Miralles, Nuevo Teatro Español: una alternativa social, Madrid 1977, p.47ss.

7. Quedan aquí eludidas las múltiples interrelaciones entre los representantes de ambos grupos, así como la evolución dramática de cada uno, que p.ej. en el caso de Carlos Muñiz se aleja claramente del realismo. V. Fco.Ruiz Ramón, Historia del teatro español, t.II: Siglo XX, Madrid 1980, p.441ss.

8. Miralles, Nuevo Teatro Español, loc.cit. passim, ha dado cuenta cabal de las polémicas y querellas de su momento. Del otro lado, fué Rodríguez Méndez el que más cartas tomó en el asunto. V. J.M.Rodríguez Méndez, Comentarios impertinentes sobre el teatro español, Barcelona 1972.

9. El esbozo teórico del NTE está influído no sólo por las teorías y técnicas de Grotowsky y Stanislavsky, del "Living Theatre" y de los experimentos del llamado Off-off-Broadway, sino también, y en no pequeña medida, por la práctica de Jarry y por el "théâtre de la cruauté" de Artaud. V. a ese respecto las indicaciones de Miralles, loc.cit. p.83 y passim, y de Wellwarth, loc.cit. passim.

10. V. AA.VV. Quejío: Informe, Barcelona 1975, y la Cuadra de Sevilla, De Quejío a Andalucía amarga (Resumen informativo) 1972-1981, Sevilla 1982, que contienen información y bases textuales del trabajo de uno de esos grupos.

11. V. Miralles, Nuevo Teatro Español, loc.cit. p.141ss.

12. V. José Ruibal, Teatro sobre teatro, Madrid 1981, p.31ss., y Miralles, "El teatro español después de Franco. Reflexiones de un autor", en Pörtl, loc.cit. p.55-66, aquí p.57.

13. Hay que señalar, sin embargo, que Miralles ha tratado al menos en Crucifernario de la culpable indecisión otro tema histórico.

14. A. Miralles, Nuevo Teatro Español, loc.cit. p.142s.

15. P. Aguado Bleye, Compendio de historia de España, Madrid 1931,t.II,p.15 y 37.

16. Ibid., p.42s., y Salvador de Madariaga, Kolumbus. Entdecker neuer Welten, München 1978, p.530.

17. Para los mecanismos funcionales de la ironía v. Wayne C.Booth, Retórica de la ironía, Madrid 1986, Dan Sperber, "Rudiments de rhétorique cognitive", Poétique 23, 1975, p.389-415, Dan Sperber & Deirdre Wilson, "Les ironies comme mentions", Poétique 36, 1978, p.399-412, y Kathérine Kerbrat-Orecchioni, "L'ironie comme trope", Poétique 41, 1980, p.108-127.

18. Wellwarth, loc.cit. p.231.

19. Walter Hasenclever y Kurt Tucholsky, Christoph Kolumbus oder die Entdeckung Amerikas, Berlin 1932.

20. Los otros personajes le suponen catalán, portugués, genovés y judío, sin que él dé ninguna respuesta. El elenco corresponde precisamente al conjunto de teorías sobre el origen de Colón.

21. V. J.A.Biescas y M.Tuñón de Lara, España bajo la dictadura franquista (1939-1975), Barcelona 1982 (Historia de España,X),esp.caps.IV, V y VI.

22. Esta situación no ha variado sensiblemente, al menos en opinión de los autores. V. Alberto Miralles, "El teatro español después de Franco", loc.cit. p.56ss.

23. V. Daniel Cortezón, "Los años de la destrucción", en Pörtl, loc.cit. p.74-82, aquí p.75s.

Columbus aus marxistischer Sicht:
Über Anna Seghers' Erzählung "Das Versteck" (1980), mit einer Nachbemerkung zu Peter Hacks' Geschichtsdrama "Eröffnung des indischen Zeitalters" (1954)[*]

Günter Blamberger

1947 übersiedelte Anna Seghers aus Mexiko in die SBZ. Ihre im Exil geschriebenen Romane vom Leiden und Widerstand der Verfolgten des Naziregimes, Das siebte Kreuz (1942) und Transit (1944), hatten sie weltberühmt gemacht. 1952 wurde sie Präsidentin des Schriftstellerverbandes der DDR. Sie behielt dieses Amt 26 lange Jahre, nun 'eiserne Lady' der DDR-Literatur, unerbittlich gegenüber Dissidenten. Das trübt bis heute ihr Charakterbild in der Geschichte. Die Erzählungen, die sie nach ihrer Rückkehr nach Deutschland verfaßte, spielen einerseits in gegenwartsfernen mythischen, historischen oder exotischen Räumen, vor allem in den Landschaften ihres karibischen Exils, anderseits im Nachkriegsdeutschland, überwiegend im sozialistischen. Der Zweiteilung der Topographie entsprechen unterschiedliche Erzählweisen. Die erste ist parabolisch-kunstvoll, die zweite operativ-schlicht. Das ist idealtypologisch gesprochen: realiter wird damit der Pol bezeichnet, der in der Grundspannung jeweils dominiert. Der Gefahr jeder engagierten Literatur, der Gefahr der bloßen Thesenillustration, ist Anna Seghers in ihrem Spätwerk nicht immer entgangen. Es wiederholt sich hier eine ästhetische Aporie, die sie selbst schon an ihrem Frühwerk festgestellt hatte:

> Vor mir waren zwei Linien: über das zu schreiben, was mich heute bewegt, oder den Farbenreichtum einer Phantasieerfindung wiederzugeben. Ich wünschte das eine und das andere zu vereinen, aber ich wußte nicht wie.[1]

In Erzählungen wie Das Argonautenschiff (1949/53), Die Hochzeit von Haiti, Wiedereinführung der Sklaverei in Guadeloupe (beide 1949), Crisanta (1951) oder Das wirkliche Blau (1967) sprengt sie das Korsett des sozialistischen Realismus und läßt die öde Schwarzweißmalerei ihrer DDR-Geschichten hinter sich. In diese Reihe gehört auch die Novelle Das Versteck, die den 1980 erschienenen Erzählband Drei Frauen aus Haiti eröffnet. Ihr Inhalt ist, kurzgefaßt, der folgende: Columbus ist auf der Rückfahr von seiner dritten Amerikareise und nimmt in Haiti 12 junge Mädchen gefangen, die für Isabellas Hof bestimmt sind. Der Schönsten, Toaliina geheißen, gelingt die Flucht. Sie versteckt sich vor den spanischen

Schergen in einer Felshöhle am Meer und verharrt darin für Jahrzehnte. Die Höhle wird zum Unterschlupf für haitianische Rebellen, die Toaliina Nachrichten vom Aufstand gegen die Besatzungsmacht bringen. Zweien gebärt sie Kinder. Ihr Versteck bleibt unentdeckt, die Sturmflut erst zerstört es und reißt Toaliina in den Tod. Das Geschehen in Haiti wird durch die Zwischenberichte des auktorialen Erzählers parallel geführt mit den Wechselfällen der spanischen Hofgeschichte Ende des 15. Jahrhunderts.

Anna Seghers' literarische Karriere hatte mit der Verleihung des Kleist-Preises 1929 für die ein Jahr zuvor geschriebene Erzählung Aufstand der Fischer von St. Barbara begonnen. Mit der Novelle Das Versteck bewies sie am Ende ihres Lebens noch einmal, daß sie mit Recht in die Nachfolge des Meistererzählers gestellt worden war. Ihre besondere Affinität zu Heinrich von Kleist begründete sie biographisch. Sie verstand ihn als einen Dichter, der wie sie in einer Epoche schwerer gesellschaftlicher Erschütterungen tief an seinem Vaterland gelitten hatte, und verteidigte ihn vehement gegen die Romantikkritik sozialistischer Goethe-Epigonen.[2] Wie brüchig ein mit Vernunft gefaßter 'Lebensplan' sein kann, wußte Anna Seghers, die ihre Biographie als ein Diskontinuum erfahren hatte, notgedrungen ein halbes Leben lang auf Wanderschaft gewesen war, ebenso gut wie Kleist, und so verstieß sie in ihrem Spätwerk ab und an gegen die 'Erbe-Doktrin', die der DDR-Erzählkunst und ihren Helden das klassische Muster des bürgerlichen Bildungs- und Entwicklungsromans vorschrieb, das Muster einer kontinuierlichen und rational kontrollierten Identitätsgewinnung.[3] So auch in der Erzählung Das Versteck, die nach Kleistscher Manier mit einer Katastrophensituation einsetzt, mit der Zerstörung der traditionellen kultur-, sozial- und lebensgeschichtlichen Zusammenhänge auf Haiti durch die spanische Besatzungsmacht, für die der abrupte Wechsel in Toaliinas Biographie das besondere Beispiel gibt.

Das Ungewöhnliche, der Einbruch der Fremden, wirft in Seghers' Erzählung einen gewöhnlichen Menschen aus seiner Bahn, vertreibt ihn, bildlich gesprochen, aus dem Paradies seiner Gewöhnlichkeit, verändert sein Dasein durch und durch. Anna Seghers spielt im abbreviatorischen Novellenmodell nach, was in der haitianischen Alltagswirklichkeit um 1500 der Fall hätte sein können. Ihre Novelle ist eine Probe darauf, inwieweit es der von der historischen 'Katastrophe' der Eroberung Amerikas überraschten Toaliina und ihren Leidensgenossen gelingen kann, das Ereignishafte wieder in eine Ordnung einzubinden, das Diskontinuierliche wieder in ein Kontinuum zu überführen. Ihre Absicht ist es, die Kolonisation Haitis nicht allein aus der 'europäischen Perspektive' zu zeigen, aus der Sicht des Columbus oder des spanischen Hofes bzw. der Metaperspektive marxistischer

Geschichtsschreibung, sondern vor allem aus der Perspektive der Kolonisierten selbst. Es geht nicht eigentlich um den Verstehensprozeß der spanischen Entdecker als um den der Entdeckten bzw. vor der Entdeckung Fliehenden. Insofern hätte Anna Seghers selbst das hermeneutische Problem des 'Anderen'[4] zu lösen, und die Darstellungsmittel sollten der Darstellungsabsicht, d.h. dem Ausdruck indianischen Bewußtseins, angemessen sein. Dieser Anspruch wird Anna Seghers hier nicht einfach unterschoben. In ihrem Aufsatz Aufgaben der Kunst, den sie im Jahre 1944 in der Exilzeitschrift Freies Deutschland veröffentlichte, hieß es schon vielversprechend:

> Die Künstler, die bald aus der Emigration heimfahren werden, haben eine Lehrzeit hinter sich, die sie befähigt, die fremden Völker als den Beitrag der Erde zur Menschheit darzustellen.[5]

Es darf also gefragt werden, ob die "Lehrzeit" im Exil Anna Seghers dazu befähigt hat, die Andersartigkeit der indianischen Perspektive zu erfassen.

Die Wahrnehmung der Conquista durch die Spanier gestaltet sich in der Erzählung recht einfach. Sie sind - mit Ausnahme von Columbus, dessen Kurzportrait gesondert betrachtet werden soll - von keinen anderen als wirtschaftlichen Interessen geleitet. Das Motiv der christlichen Missionierung Amerikas wird überhaupt nicht erwähnt. Die gefangenen Mädchen sind wie die Hölzer, Früchte und Stoffe, mit denen die Schiffe des Columbus beladen sind, nur Beutestücke, zur Ausschmückung von Isabellas Hof bestimmt.

> "Sie ahnen nicht, was Spanien ist." - "Und was es für sie bedeuten würde, am spanischen Hof zu dienen."[6]

heißt es auf dem Admiralsschiff nach ihrer Flucht. Die Wiederaufgegriffenen schlägt man blutig und verbrennt die Hütten, in denen sie sich versteckten. Verständnis für die Denkweise der Indios muß nicht aufgebracht werden, weil die Vormachtstellung der Spanier im neu entdeckten Kontinent bereits gesichert scheint. Die 'Gesprächssituation' ist auf der dritten Amerikareise eine andere als auf der ersten. Die Herrschaftsgewalt ersetzt von vornherein den Versuch zur Kommunikation. Columbus' hermeneutische Schwierigkeiten von 1492, seine ebenso grandiose wie verhängnisvolle Verkennung der Sprache, Sitten und Gebräuche der Eingeborenen, vor allem durch die Verwechslung Amerikas mit Indien, dokumentiert in seinem Bordbuch, interessieren Anna Seghers nur noch am Rande. Die Anstrengung des Verstehens liegt in ihrer Geschichte allein bei den Neu-Kolonisierten, den Haitianern, die noch nicht "ahnen [...], was Spanien ist". Ihre Wahrnehmung der Conquista schildert sie auf zweierlei Weise: in diskursiver und in metaphorischer Form. Der diskursive Erfahrungsmodus wird den Männern, der metaphorische den Frauen zugeordnet.

Aus der Sicht von Toaliinas erstem Lebensgefährten Tschanangi stellt sich das Verstehensproblem als brisante, die Gemeinschaft der Ureinwohner zerreißende Streitfrage dar, als Zwist des Häuptlings mit seinem Bruder über die Motive der Conquista:

> Der Häuptling hat uns einreden wollen, die Götter hätten diese Fremden zu uns geschickt, sein Bruder aber hielt sie von Anfang an für die Bewohner einer entfernten Insel, die hierher fuhren auf Beute. Was die Wahrheit ist, hat sich bald herausgestellt. Wir sind uns auf der Insel nicht mehr einig. (S. 11)

Der Konflikt wird zunächst als interner und nicht als externer ausgetragen, das Volk der Haitianer spaltet sich quasi in 'Kollaborateure' und Widerstandskämpfer. Letztere bilden dann wieder eine verschworene Gemeinschaft von Partisanen, die ihre Überzeugung auch auf der Folter nicht verraten. Die Überzeugung nämlich, daß die Conquista ideologisch keinesfalls zu rechtfertigen ist und daß die Spanier bloß Ausbeuter sind, "gemeine, gierige, schlaue Menschen auf gewöhnlichen Beutezügen" (S. 15). Die Translation von historischen Erfahrungen des zwanzigsten in das beginnende sechzehnte Jahrhundert wird deutlich. Sie geschieht jedoch in äußerster Abstraktion. Seghers' nüchterne und sparsame Erzählweise verhindert die plane Identifikation der Haitianer mit antifaschistischen Widerstandskämpfern. Festzuhalten bleibt allerdings, daß sie sich dem Problem des 'Anderen' entzieht. Sie bemüht sich z.B. gar nicht um die Fingierung eines plausiblen historischen oder ethnologischen Diskurses, sie verzichtet völlig auf eine Annäherung an die tatsächlichen Stammessitten, Denk- und Redeweisen der Indios. Darstellungsabsicht und Darstellungstechniken sind nicht kongruent, die 'männlich'-diskursive Wahrnehmung der Conquista durch die Indios ist eine ungeschminkt europäische; präziser formuliert: eine sozialistisch-internationale, sie gehorcht dem Modell des internationalen Klassenkampfes, was im Segherschen Kontext ja nicht weiter verwunderlich ist. Sie überschneidet sich, wie wir noch sehen werden, mit der Sichtweise des auktorialen Erzählers. Interessanter ist der 'weibliche Blick' auf die Conquista bzw. der metaphorische Erfahrungsmodus, verkörpert durch Toaliina.

Toaliinas Part in der Novelle ist weitgehend sprachlos, beschränkt sich auf drei Worte, die nicht ihre eigenen, sondern Tschanangi nachgesprochen sind.[7] Am Bild der Stummen entzündet sich deshalb die Phantasie des Lesers, am Bild ihres Körpers, ihres Verhaltens, an den Zeichen, die Toaliinas besondere Beziehung zur Katastrophe der Conquista widerspiegeln. Ihr Körper ist von "paradiesischer Anmut" (S. 8), sie tanzt wie ein "Fliegender Fisch" (S. 7), zur Flucht ruft sie die anderen Mädchen mit einem "Vogelschrei" (S. 8) auf und der Grund dafür, daß sie im Gegensatz zu den haitianischen Rebellen ihr Versteck zeitlebens nicht verlassen darf, ist die Signalfarbe ihrer Haare. Tschanangis Mutter:

> Toaliina darf gar nicht hinaus. Ihr Haar ist schwarz, aber mit goldenen Punkten. Man erkennt sie von weitem. (S. 11)

Toaliinas Porträt ist aus Mythologemen zusammengesetzt, aus abendländischen, wie man sieht. Sie entspricht der Gestalt, welche die Neue Welt in den Träumen der Alten hatte, verkörpert die Hoffnungen, die die Europäer vor und nach Columbus zu ihren Entdeckungsfahrten trieben: die Vorstellungen vom Einklang des Menschen mit der Natur, von der Anmut und Schönheit paradiesischen Lebens, vom Paradies als Eldorado. Das Bild Toaliinas hat jedoch zwei Seiten. Sie personifiziert das Fremde und das Eigene, den Mythos der Kolonisatoren und den Mythos der Kolonisierten, der ebenso utopisch ist, nur in einer Fiktion seinen Ort haben kann. Anna Seghers' Erzählung begründet ihn erst. Toaliinas Passivität, ihr sprachloses Martyrium, ihre Bereitschaft zur Hingabe an die Rebellen und zum Verzicht auf jede Einmischung in deren Kampf, ihr lebenslanges Ausharren im unterirdischen Versteck sollte nicht unbedingt als ein realistisches Verhalten betrachtet, also wörtlich genommen werden - sonst wäre es ja aus feministischer Sicht ein Skandal, und Anna Seghers hat schon genug Schelte für ihre angeblich so altmodisch-konservativen Frauendarstellungen bekommen.[8] Es hat vielmehr Zeichencharakter. Der Verzicht auf die vita activa, der Rückzug aus der Chronik der laufenden Ereignisse,[9] ist das Zeichen einer großen und erfolgreichen Weigerung und damit eines indianischen Traums, der in der Gestalt Toaliinas Wirklichkeit werden darf, des Traums, nicht von den Europäern entdeckt worden zu sein oder entdeckt werden zu können. Das erste gelingt Toaliina beinahe; ihre "eigne Vergangenheit", heißt es, hatte "sie selbst fast vergessen" (S. 17) im Gegensatz zu denen, die weiter gegen die Spanier kämpfen, die sich in ihr Versteck flüchten und in deren Erzählungen das Ereignis der Conquista und die Geschichte Toaliinas wieder lebendig werden. Des zweiten kann sie sich erst in ihrem Tode gewiß sein, wie der Schlußsatz der Novelle verrät: "Sie wußte, ihre Flucht war geglückt." (S. 18)

In der 1965 in Seghers' Erzählband Die Kraft der Schwachen publizierten Geschichte Die Heimkehr des verlorenen Volkes ist es keine einzelne, sondern ein ganzer Volksstamm, der mexikanische, der sich vor der Conquista verbirgt, für Jahrhunderte im Dschungel lebt und nach dem Willen der Autorin unter der demokratischen Regierung Cárdenas wieder in die Freiheit zurückfindet.[10] Daß Toa-

liinas Tod kein Ende der an ihr Vorbild geknüpften Hoffnungen ist, kündigt
sich in der Novelle vorweg an: durch das Bild der vom Stamm abgerissenen Baumkrone, die wieder Wurzeln geschlagen hat (cf. S. 9), und durch die Darstellung
der dunklen Höhle als Geburtsort der Kinder und als Labyrinth (cf. S. 10).
Letzteres ist, wie wir aus Karl Kerênyis großartigen Studien wissen,[11] ein
mythologisches Sinnbild, das sich nicht nur im abendländischen Kulturkreis
findet: Unterirdische Höhlenbauten in labyrinthischer Anordnung symbolisieren
demnach den Wunsch, in das Totenreich zu versinken, wie die Sehnsucht nach
Wiedergeburt bei der Rückkehr ans Licht, sie haben die Bedeutung von Durchgang und Fortsetzung.

Flüchten oder Standhalten heißt die Alternative der Kariben angesichts der
spanischen Besetzung. Die Wahl, die Toaliina trifft, ähnelt der Entscheidung
von Anna Seghers, die sich vor ihren Verfolgern ins mexikanische Exil rettete.
Die Gestaltung des metaphorischen Erfahrungsmodus richtet sich wie schon die
des diskursiven nach dem Modell des antifaschistischen Widerstands, in das das
Ereignis der Conquista eingeordnet wird. Der Anachronismus wird verborgen in
den Formen der Abstraktion und der Anreicherung des Modells mit Mythologemen.
Das Problem des 'Anderen' stellt sich für Anna Seghers nicht. Das Versteck
ist wie die beiden anderen Geschichten ihres letzten Erzählbandes eine Parabel, eine Parabel von der Kraft der Schwachen. In Der Schlüssel wird die Opferbereitschaft eines schwarzen Ehepaares beschrieben, das dem Führer des haitianischen Sklavenaufstands von 1794, Toussaint l'Ouverture, auf allen seinen Wegen begleitet, bis nach Fort Joux, dem Ort seiner Festungshaft in Frankreich
und seines Todes. Die Trennung schildert das Martyrium einer jungen Frau zur
Zeit des berüchtigten Diktators Bêbê Doc.

Anna Seghers hat Haiti mehrfach zum Schauplatz ihrer Novellen gemacht. Sie
kannte die Antilleninsel nur von einem kurzen Zwischenaufenthalt her. 1941
während ihrer Fahrt von Marseille ins mexikanische Exil lief ihr Schiff Santo
Domingo an. In einem Brief vom Februar 1963 gibt Anna Seghers den generativen
Kern preis, aus dem sich ihre Antillen-Novellen entwickelten. Sie berichtet
von einem Gespräch zweier spanischer Frauen kurz vor der Landung in Santo Domingo:

> Vor mir an Deck, wahrscheinlich genauso erschöpft wie ich,
> lagen zwei spanische Frauen. Sie sprachen spanisch mit den
> Negermatrosen. Im Zuhören - ohne daß ich viel verstand - wurde mir plötzlich die Größe, die Gewalt der vergangenen spanischen Kolonialmacht klar, die Breite der 'Conquista', der
> einstmaligen spanischen Eroberungen, die der Grund dafür waren, daß hier an dem fernsten Punkt, den ich je auf Erden erreicht hatte, ein Teil der Bevölkerung spanisch sprach.[12]

Das Verhältnis von Nähe und Ferne wird von Seghers hier als ein geographisches beschrieben und ist doch zugleich ein hermeneutisches. Die Distanz der Autorin zu diesem besonderen Dialog von Spaniern und Haitianern hat Symbolcharakter. Gerade in der Nähe, 'vor Ort' der Conquista, wird ihre Entfernung von der Frage des 'Anderen' spürbar.

In summa: Die Grenzen von Anna Seghers' Darstellung indianischer Sicht auf die Conquista liegen in Das Versteck darin begründet, daß sie den Perspektivenwechsel selbst nicht problematisiert. Das wird gerade am knapp skizzierten Columbus-Porträt deutlich, das Tschanangi, Tschanangis bester Freund und der auktoriale Erzähler, der in seinen Zwischenbemerkungen ab und an die Rolle des spanischen Hofberichterstatters einnimmt, in seltsamer Einmütigkeit entwerfen. Die drei haben an Columbus eigentlich kein historisches oder biographisches, sondern ein moralisches Interesse. Columbus, so lautet ihre gemeinsame Conclusio, hat keine persönliche Schuld an der Katastrophe der Conquista. In bemerkenswerter Ausgewogenheit urteilt Tschanangi:

> "Ich weiß nicht, ob dieser Admiral gut oder schlecht ist. Seine Leute werden tolldreist, wenn er, wie jetzt, ihnen den Rücken kehrt. Er kann sie nicht bändigen aus der Ferne [...]." Ein anderes Mal sagte er: "Der Admiral ist mit seinem Freunde zurückgekommen. Er war nicht glücklich über die Ereignisse, die hier inzwischen geschehen sind. Die Spanier sind dreist und herzlos. Du, Toaliina, geh keinen Schritt von hier weg." (S. 13)

Das ist brav gedacht und findet in den Kommentaren von Tschanangis Freund seine Fortsetzung, der Toaliina u.a. zu berichten weiß, daß Columbus nach der dritten Amerikareise in Spanien "nicht ganz so herzlich empfangen worden" (S. 13) sei und außerdem für die Greueltaten, die neuerdings gegen die Haitianer verübt würden, nicht verantwortlich gemacht werden könne, weil die spanische Regierung an seiner Stelle einen anderen Gouverneur in Haiti eingesetzt habe (cf. S. 13). Der Erzähler pardonniert Columbus von vornherein durch den diskreten Hinweis, daß Columbus mit der Verschleppung der Mädchen lediglich "den ausdrücklichen Wunsch der Königin" (S. 7) erfüllt habe. Der Admiral wird aus seiner Sicht vom hilflosen Instrument der Conquista zum unbedeutenden Nebendarsteller auf der spanischen Hof- bzw. Weltbühne, für die Columbus' Entdeckungen wohl unterhaltsam seien, aber weniger erregend als die Heiratspolitik der Königsfamilie mit den Niederlanden (cf. S. 15). Zur tragischen Gestalt wird er dadurch nicht, er gilt dem Erzähler eher als verblendeter Wissenschaftler, der in seinem Irrtum, daß Amerika Indien sei, befangen bleibt und Scheuklappen hat, was die schrecklichen Folgen "seiner Entdeckerunruhe" (S. 15) angeht. In allem das Gegenbild zu Columbus ist in der Novelle Toaliina.

Der Unruhe des Entdeckers steht die Ruhe der Verborgenen gegenüber, seinen rastlosen Fahrten ihr geduldiges Warten, seiner Gier nach Neuem, die ihn mit den spanischen Aristokraten verwandt macht, welche der gefangenen Indianermädchen bald satt werden, ihr Wissen um das an Werten und Gütern im Leben notwendige. Anna Seghers' Kritik an Columbus wird durch diesen Kontrast erst deutlich. Sie ist äußerst behutsam.

Die Gestalt des Columbus scheint aus marxistischer Sicht ein problematisches 'Erbe' zu sein. Das soll noch an einem zweiten Text gezeigt werden, der nicht in der DDR geschrieben wurde, durch seine Wirkungsgeschichte aber deren sozialistischer Literaturgesellschaft zugehörig ist: an Peter Hacks' frühem Drama Eröffnung des indischen Zeitalters, das von der Forschung bisher wenig beachtet wurde, weil seine literarische Qualität zweifelhaft ist. Sein Columbus-Bild aber verdient einiges Interesse. Peter Hacks gehört nicht mehr der Generation der Exilanten an wie Anna Seghers, sondern der jungen Generation der Nachkriegsschriftsteller. Die Analyse seines Stückes steht deshalb in diesem Aufsatz an zweiter Stelle, obwohl es lange vor Seghers' Novelle verfaßt wurde.

Hacks' Columbus-Drama entstand 1954, der Autor war damals 26 Jahre alt, promovierter Theaterwissenschaftler und lebte in München. Das Stück wurde dort am 17. März 1955 an den Kammerspielen uraufgeführt, die Regie hatte Hans Schweikart, das Bühnenbild entwarf Caspar Neher. Prominent war auch die Besetzung: Kurt Meisel spielte den Columbus, Pamela Wedekind die Königin Isabella. Einige Wochen später sah sich Brecht das Schauspiel in München an, versprach dem Jungtalent eine Wohnung und ein Stipendium in Berlin und ermöglichte ihm damit die Übersiedlung in die DDR. Den Plan dazu hatte der Marxist Hacks schon 1953 gefaßt. Daß sein - Aufsehen erregender - Entschluß sich allein der Attraktionskraft Brechts und seines im Aufbau begriffenen Berliner Ensembles verdankte, ist unter Literaturwissenschaftlern eine schwer auszuräumende Legende, welche zur Etikettierung des frühen Hacks als Brecht-Epigonen paßt. Der Autor hat das entschieden bestritten, und auch für die Zeit nach dem Umzug 1955 läßt sich ein Lehrer-Schüler-Verhältnis zwischen Brecht und Hacks schwerlich konstruieren.[13] Festzuhalten ist, daß Hacks, glaubt man seinen eigenen Aussagen, bis 1954 kein Brecht-Stück gelesen hatte, folglich Eröffnung des indischen Zeitalters, obgleich es Columbus als von den spanischen Herrschaftsmächten verführbaren Wissenschaftler zeigt, von Brechts Leben des Galilei nicht hat beeinflußt werden können - eher verhielt es sich umgekehrt: denn Brecht schrieb, unter dem Eindruck nuklearer Aufrüstung, gerade an der dritten, Galilei-kritischen Fassung des Stückes, als er Hacks' Schauspiel in München sah.

Eröffnung des indischen Zeitalters wurde 1956 dann am Deutschen Theater in Ostberlin aufgeführt, mit großem Erfolg. Regie führte Ernst Kahler, die Hauptrolle spielte Rudolf Wessely. Daß das Columbus-Stück sofort reüssierte, sein Autor dafür den Lessing-Preis bekam, ist aus der kulturpolitischen Situation im Kalten Krieg leicht erklärlich. Der Übersiedler aus dem Westen sollte in die sozialistische Literaturgesellschaft integriert werden. Belohnt wurde damit aber auch der Hackssche Versuch einer marxistischen Deutung der geschichtlichen Leistung des Columbus.

Hacks wählt aus dem komplexen historischen Stoff der Conquista drei zentrale Motive aus und beschränkt sich auf die Darstellung eines Jahres. Die eigentliche Handlung spielt vom Oktober 1491 bis zum Oktober 1492 - zuerst in Spanien, am königlichen Hof in Santa Fê und in der Hafenstadt Palos, dann an Bord der Karavelle Santa Maria. Sie zeigt den Genueser bei dem Versuch, Isabellas Hilfe für seine Indienpläne zu gewinnen, und seine Schwierigkeiten, eine nach mehrmonatiger Seereise skeptisch gewordene Mannschaft zur Fortsetzung der Fahrt zu bewegen. Dazwischen geschaltet ist ein Traum des Columbus, der den Tag der Landung auf Guanahani vorwegnimmt.

Die private Lebenssphäre seines Helden ist für Hacks kein Thema. Ihn interessieren allein die öffentlichen Faktoren, die das Handeln des Columbus bestimmen: die gesellschaftlich relevanten Konflikte, ökonomischen Abhängigkeiten und politischen Machtkonstellationen. Das erklärt den agonalen Charakter aller Dialoge des Stückes. Die Kontrahenten, gegenüber denen sich Kolumbus behaupten muß, verkörpern die sozialen Institutionen bzw. gesellschaftlichen Gruppen der Alten und der Neuen Welt. Sie figurieren durchweg als Masken zwangsläufigen sozialen Verhaltens und gewinnen, wie Columbus selbst, kein Eigenleben. In den Anmerkungen zur Eröffnung des indischen Zeitalters schrieb Hacks:

> Das historische Theaterstück lebt von der Fiktion, daß einzelne Leute Geschichte machen, daher muß es den Charakter dieser einzelnen dem Charakter dessen, der Geschichte macht, ihrer sozialen Schicht also, anpassen. Es befreit den Helden von seiner anekdotischen Zufälligkeit, es generalisiert wie jedes Produkt der Intelligenz.[14]

In Santa Fê ist Columbus in der Rolle des Bittstellers, der sich vor den Beratern Isabellas zu verantworten hat: vor intriganten Höflingen wie Don Ronco Patillas, Geldgebern wie den Baron Luis de Sant Angel und einer Trias von Gelehrten verschiedenster wissenschaftlicher Disziplinen. In Palos rechtfertigt Columbus seine Pläne vor dem einfachen Volk. An Bord der Karavelle hat er sie noch einmal gegenüber den meuternden Seeleuten zu verteidigen. Auf Guanahani schließlich ist er Vertreter der spanischen Krone, also in der Rolle des Eroberers, der sich Herrschafts- und Besitzansprüche erst erkämpfen muß, gegen den Widerstand der Indianer. Hacks inszeniert demnach grundsätzlich Bewährungsproben, bei denen Columbus lernt, wie er seine Ideen in die Tat umsetzt. Ihr Gehalt ist Nebensache, genauer gesagt: eine Randbedingung in Hacks' Geschichtsmodell. Von den Antrieben des historischen Columbus ist bei ihm wenig die Rede. Sein Dramenheld begehrt weder Reichtum noch Macht, verfolgt weder Missionsnoch Kreuzzugspläne. Er ist kein Retter des Christentums wie die Hauptfigur von Paul Claudels Le livre de Christophe Colomb, das im übrigen 1954 am Berliner Schiller-Theater aufgeführt wurde.[15] Columbus wird von Hacks primär als Wissenschaftler dargestellt, der mit seiner Indienreise den Beweis antreten will, daß die Erde rund ist. Er kämpft für eine neue Weltsicht, die zu Zeiten des historischen Columbus nicht mehr revolutionär zu nennen war. Doch Faktizitätstreue spielt für Hacks keine Rolle, auch in den Details nicht, er geht mit dem historischen Material relativ frei um.[16] Das Problem, das Columbus bei Hacks zu bewältigen hat, ist nicht die Entdeckung Amerikas. Er muß, wie es in der neunten Szene, im Schlußmonolog, heißt, die Einsicht gewinnen, daß "zwischen dem Gedanken und der Wirklichkeit" mehr liegt "als bloß Zeit und Raum".[17]

Damit ist nicht die Kluft zwischen Ideal und Wirklichkeit gemeint, die Grundspannung, aus der Komödien wie Tragödien entstehen. Hacks' Schauspiel behandelt nur das Verhältnis von Denk- und Machbarem, es ist ein Lehrstück, ein Thesenstück, das von einigen unterhaltsamen Einfällen lebt. Columbus ist bei Hacks kein tragischer Held, sondern ein Mann ohne Format, eine "lausige kleine Seele von geringer Intelligenz"[18], der Lächerlichkeit preisgegeben, jedenfalls so lange, bis er begriffen hat, daß es gar nicht um die Frage geht, "ob die Erde rund sei", sondern um die, "ob die Erde rund sein dürfe" (S. 124). Das lernt er in einigen grotesken Szenen, z.B. im Streit gegen die bigotten Gelehrten, den Hacks in einer Stierkampfarena spielen läßt. Weil es keine Wahrheit ohne Interesse zu geben scheint, wechselt er die Gesinnung und verspricht, sein "Genie [zu] kommerzialisieren" (S. 131), nicht nur "Kenntnisse" in der Neuen Welt zu "erobern" (S. 85), sondern vor allem Gold.

Das "indische Zeitalter", das Columbus eröffnen darf, ist bei Hacks das kapitalistische. Kein Genie bewegt hier die Welt, sondern das Geld. Es ist nicht die Idee von der Kugelgestalt der Erde, welche "das Fundament" des Feudalzeitalters "zerbricht", wie der gegen Columbus vergeblich intrigierende Höfling Don Ronco Patillas meint (cf. S. 123). Die Revolution findet nicht im Überbau, sondern an der Basis statt. Denn Columbus' Vorhaben gelingt nur, weil die spanische Wirtschaft nach dem langen Krieg gegen die Mauren Gold und Rohstoffe braucht. Das ist die Formel, nach der Hacks sein Stück aufgebaut hat. Die Legende vom großen Mann Columbus wird dabei gründlich zerstört. Aus dem naiven Wissenschaftler wird ein korrupter Helfershelfer der spanischen Kolonisation, der - so die Traumszene von der Landung auf Guanahani - unschuldige Indianer hinrichten läßt und, wie Pinzon bemerkt, auf einmal "wie ein Fugger" (S. 146) redet.

Columbus bricht am Ende des Dramas ins vermeintliche Eldorado des Frühkapitalismus auf und träumt doch in einem anachronistischen Schlußmonolog von einem "anderen Zeitalter" als der "Gold-Zeit und Gier-Zeit", von einer Zeit intellektueller Redlichkeit der Gelehrten und "vom vernünftigen Ende" der Geschichte. So wird er zuletzt - deus ex machina ist die Doktrin des sozialistischen Realismus - doch noch zu einem Helden mit 'Perspektive':

> Dieses indische Zeitalter, diese Gold-Zeit, diese Gier-Zeit, scheint nicht jene Zeit der Vernunft und der Tugend, deren Vorstellung meiner Seele soviel bequeme Stärke verlieh. [...] Ich würde ganz gern ein anderes Zeitalter machen, doch es steht fest, daß ich, wenn überhaupt eines, nur dieses machen kann. [...] Also fahre ich, einst ein gelehrter Mann, Neues anfangend, nach Westen. Glücklich preise ich aber die, die von der vernünftigen Tat nicht allein den Anfang sehen, sondern auch das vernünftige Ende. Ich preise die Gelehrten einer späteren Zeit, die nichts als vernünftig zu sein brauchen, sie, die gelassen des Neuen pflegen um der Lebendigkeit und des Wahren, um des Entzückens der Wißbegierde willen. (S. 159 f.)

"Der Beginn des bürgerlichen Zeitalters, von seinem Ende her gesehen", ist - so Peter Hacks - die "beherrschende Idee" seines Columbusdramas.[19] Die Ablösung des Feudalzeitalters durch das neue, "indische Zeitalter" stellt sich so als historischer Fortschritt dar, der von Anfang an kritikwürdig ist. Columbus wird von Hacks wie von Seghers nur als ein Instrument spanischer Kolonialpolitik gesehen, als eine Randfigur der Conquista.

Die fiktionale Geschichtsschreibung marxistischer Couleur stimmt - das läßt sich denken - mit der nonfiktionalen in den wesentlichen Punkten überein.

> Die Zersetzung des Feudalismus und die Herausbildung kapitalistischer Verhältnisse in Europa wurden im 15. und 16. Jahrhundert durch die Entdeckung neuer Handelsstraßen und neuer Länder beschleunigt, wobei diese Entdeckungen die koloniale Ausbeutung der Völker Afrikas, Asiens und Amerikas einleiteten,

heißt es summarisch in der offiziellen Weltgeschichte der DDR, welche eine Übersetzung der russischen ist.[20] Und weiter: An der Eroberung von Kolonien seien besonders die spanischen und portugiesischen Könige interessiert gewesen, um den nach Abschluß des Kampfes gegen die Mauren gefährlich zu werdenden Hidalgos ein neues Betätigungsfeld zu geben und vor allem ihre finanziellen Schwierigkeiten zu lösen,

weil die bettelarme Bauernschaft, die unter dem schweren
feudalen Joch stöhnte, und die nur schwach entwickelten
Städte nicht genügend Geld aufbringen konnten, um die Ausgaben des absolutistischen Regimes zu decken.[21]

Der Entdecker der Neuen Welt wird als ein "großer Seefahrer" unter vielen in dieser Wendezeit dargestellt. Der Erfolg seiner Expedition verdanke sich seiner "umsichtigen Leitung", aber ebenso der "Standhaftigkeit der gesamten Besatzung", der einfachen Seeleute aus Palos. Columbus wird der "Gier nach Bereicherung" bezichtigt und des Vorschlags, aus den Kolonien Sklaven nach Spanien zu exportieren. Außerdem sei er unfähig gewesen, "seine Entdeckungen geographisch richtig zu beurteilen". Desillusionierend wird denn auch sein Ende geschildert, die nonfiktionale Geschichtsschreibung geht dabei in die fiktionale über, der Erzählton der letzten Sätze verrät es: die Beispielgeschichte vom Erforscher der Neuen Welt, der sein wissenschaftliches Ethos um des schnöden Mammons willen preisgibt, hat Appellcharakter:

> Columbus' Entdeckungen brachten Spanien jedoch nicht den erwarteten Goldsegen, und bald nach dem Erfolg Vasco da Gamas machte sich im Lande Enttäuschung über die spanischen 'Indien' breit. Columbus wurde als Betrüger bezeichnet, der statt des sagenhaft reichen Indiens ein Land des Kummers und des Unglücks entdeckt habe, in dem viele kastilische Adlige umgekommen seien. Die spanischen Könige entzogen ihm das Recht, als einziger Entdeckungsfahrten in westlicher Richtung zu unternehmen, und nahmen ihm auch jenen Teil der Einkünfte aus den entdeckten Gebieren, den sie ihm anfangs zugebilligt hatten. Columbus verlor schließlich seinen gesamten Besitz, mit dem die Schulden bei seinen Gläubigern gedeckt wurden. Von allen verlassen, starb er im Jahre 1506. Die Zeitgenossen vergaßen den großen Seefahrer; selbst den Erdteil, den er entdeckt hatte, bezeichneten sie nach dem Namen des italienischen Gelehrten Amerigo Vespucci [...].[22]

Anmerkungen

* Für hilfreiche Gespräche über diesen Aufsatz habe ich Bettina Schulte (Erlangen) zu danken.

1. Cf. Anna Seghers: Über Kunstwerk und Wirklichkeit. Bd. I: Die Tendenz in der reinen Kunst. Berlin/Ost 1970, S. 20 f.

2. So schon in ihrem mutigen Beitrag zur 'Expressionismusdebatte' der dreißiger Jahre, in ihren beiden Streitbriefen an Georg Lukács vom Juni 1938 und Februar 1939, in denen sie Goethes Kleist-Aburteilung mißbilligt und in aller Schärfe darauf hinweist, daß Goethes Geniewerke im Gegensatz zu den Kleistschen "erkauft [waren] durch eine starke Anlehnung seines Schöpfers an die bestehende Gesellschaft" (cf. Anna Seghers: Über Kunstwerk und Wirklichkeit. Bd. I: Die Tendenz in der reinen Kunst. Berlin/Ost 1970, S. 174).

3. Zur Begründung und Entwicklung dieses Literaturkonzeptes in der SBZ/DDR vgl. Volker Wehdeking/Günter Blamberger: Erzählliteratur der frühen Nachkriegszeit (1945-1952). München 1990.

4. Cf. Tzvetan Todorov: Die Eroberung Amerikas. Das Problem des Anderen. Frankfurt 1985 (La conquête de l'Amérique. La question de l'autre. Paris 1982).

5. In: A.S.: Über Kunstwerk und Wirklichkeit. Bd. I, a.a.O., S. 201.

6. Cf. Anna Seghers: Drei Frauen aus Haiti. Darmstadt und Neuwied 1980, S. 9 (Textbelege im folgenden nach dieser Ausgabe, durch Angabe der Seitenzahl in Klammern nach dem Zitat).

7. Wiederholt wird so die Nachricht vom grausamen Schicksal der wiedergefangenen Mädchen (cf. S. 11).

8. Cf. Irene Lorisika: Frauendarstellungen bei Irmgard Keun und Anna Seghers. Frankfurt 1985.

9. Indiziert u.a. auch durch die vagen Temporalbestimmungen, mit deren Hilfe Toaliinas Biographie nach ihrer Flucht gegliedert wird. Ihre Zeit wird beschrieben durch Wendungen wie "ein anderes Mal" (S. 12), "nach langem Warten" (S. 13), "nach und nach" (S. 17) etc.

10. Cf. Anna Seghers: Die Kraft der Schwachen. Berlin/Ost 1965.

11. Cf. Karl Kerényi: Labyrinth-Studien. Labyrinthos als Linienreflex einer mythologischen Idee. Amsterdam und Leipzig 1941.

12. Cf. Anna Seghers: [Entstehung der Antillen-Novellen]. In: A.S.: Über Kunstwerk und Wirklichkeit. Bd. 2: Erlebnis und Gestaltung. Berlin/Ost 1971, S. 31.

13. Zur angeblichen Brecht-Nachfolge vgl. die umsichtigen und die Fakten sichernden Studien von Peter Schütze: Peter Hacks. Ein Beitrag zur Ästhetik des Dramas. Kronberg/Ts. 1976, S. 24 ff. und Winfried Schleyer: Die Stücke von Peter Hacks. Tendenzen - Themen - Theorien. Stuttgart 1976, S. 103 ff.

14. Cf. Peter Hacks: Theaterstücke. Berlin/Ost, S. 206.

15. Hacks nannte sein Stück deshalb einen "Gegen-Claudel" - anläßlich der um einige Szenen gekürzten Neufassung von Eröffnung des indischen Zeitalters, die unter dem Titel Columbus, oder: Die Weltidee zu Schiffe 1975 in Zaragoza uraufgebührt wurde (cf. Peter Hacks: Die Maßgaben der Kunst. Gesammelte Aufsätze. Düsseldorf 1977, S. 320).

16. So verwandelt er z.B. die Mäzene des historischen Columbus, Medina Celi und Medina Sidonia, in Pagen der Königin Isabella, macht Columbus' Mitstreiter Pinzon zu einem Tölpel und verlegt den Gelehrtenstreit auf den Oktober 1491.

17. Peter Hacks: Fünf Stücke. Frankfurt/M., S. 159 (Textbelege im folgenden nach dieser Ausgabe, durch Angabe der Seitenzahl in Klammern nach dem Zitat).

18. So Hacks im Kommentar zur Neufassung, a.a.O., S. 320.

19. Cf. Peter Hacks: Theaterstücke. Berlin/Ost 1957, S. 279. Spekulieren ließe sich im übrigen darüber, ob sein Stück nicht eine Parabel auf die von Hacks vor seiner Auswanderung immer wieder beklagte Situation des westdeutschen Intellektuellen zur Zeit der Restauration darstellt, der wie Columbus nur zwei Möglichkeiten hat: ein Narr zu bleiben oder sich am Aufbau des Wirtschaftswunderlandes zu beteiligen.

20. Cf. Weltgeschichte in zehn Bänden. Bd. 4 (red. von M. M. Smirin u.a.). Berlin/Ost 1964, S. 86.

21 Ebd. S. 92.

22 Ebd. S. 96-98.

Cristóbal Colón el Invisible o "El arpa y la sombra" de Alejo Carpentier

Hermann Herlinghaus

Los aniversarios viven de la supresión de la historia cotidiana. Funcionan como alibi para visiones "especializadas" de la historia. Las alabanzas de personajes y acontecimientos, por ser anti-dialécticas, esconden cuidadosamente su ambigüedad. Cuando Bertolt Brecht hacía a sus "Tejedores de Kujan-Bulak" desistir de edificarle un busto a Lenin, en vez, les llamaba la atención sobre las deficiencias contundentes. Entonces, la lección histórica de esta gente consistía en que se esforzaron a mejorar su condición de vida, muy modestamente.

¿A quiénes les sirven los aniversarios?¿A los que se empeñan a estatizar lo mas dinámico que hay, inclusive en los tiempos recientes? Si es que se buscan motivos para celebrar, ¿por qué no se celebra lo incumplido y lo incompleto, aprovechando las oportunidades para incomodar a los finalistas? La identidad histórica de unos parece excluir la de otros; estímulo del "progreso" humano y enfermedad de épocas, culminando en la sensación de inseguridad global de los últimos decenios.

Mientras los cultos de cualquier heroismo histórico siguen colisionando con la realidad ¿no es la España actual que padece de la tentación de colocarse una aureola de 1992? El concepto del "encuentro" de dos mundos lo señala, si viene acompañado de la supresión de los términos "descubrimiento" y "conquista". Hay voces de la península que se expresan en contra del barullo de una euforia tardía, al advertir: "La eliminación de la 'leyenda negra' es un objetivo-guinda de 1992"[1] ¿Miseria antigua sobre telón nuevo de una "leyenda áurea-futurista-desarrollista" de una España universalmente europeizada?[2] ¿O simplemente uno de tantos malentendidos de la historia?

El problema es más amplio. Si, por primera vez, se avecina la posibilidad de que la historia humana llegue a ser extinguida, el contraste crecido entre una historia "descubierta" para algunos y una "historia por descubrir" más democráticamente se ha convertido en una relación clave. Sin embargo, manejar los pasados como un juego de anonimidad de mayor o menor grado, es uno de los rasgos mas difundidos en el campo de la cultura política de hoy; y se adorna de los aniversarios.

Siendo los aniversarios pesados, contribuyen a movilizar las energías subversivas de los no-conmemorados. La condición de aquellos es necesariamente dinámica ya que tienden a optar, de un modo u otro, por un concepto "abierto", tal vez "entero" de la historia. Mientras los centros de desarrollo disponen de categorías más modernas, sean también post-modernas, la reflexión sobre la viabilidad de la noción de "descubrimiento" recibe intensos impulsos hoy desde la "periferia" América Latina.

"De cómo fue descubierto el Caribe y no precisamente por Cristóbal Colón" (1989) es el título irónico de un texto de Ana Lydia Vega (Puerto Rico) en que la autora propone concebir el término en el sentido de "toma de conciencia".[3] Habla en favor de la gente que, después de ser colonizada políticay económicamente, sufre una casi perfecta "colonización de sus sueños" a través de los medios masivos audiovisuales. Queda obvio que la recepción de la empresa de Cristóbal Colón no ha dejado de tocar el tendón de Aquiles del pensar histórico.

El avecinarse del famoso quinto centenario contribuye a que intelectuales y políticos latinoamericanos se hacen incómodos una vez más en la medida en que se oponen a la historiografía cerrada y "cumplista". Diferentes periódicos latinoamericanos le hicieron comentar a Eduardo Galeano la motivación que le había incitado a escribir su tríptico "Memoria del fuego" (1982/1984/1987): "En 1492, América fue invadida y no descubierta, porque previamente la habían descubierto, muchos miles de años antes, los indios que la habitaban." Polemiza en contra de una terminología hegemonizadora: "Ninguna empresa imperial ... descubre. La aventura de la usurpación y el despojo no descubre: encubre. No revela: esconde".[4] "Memoria del fuego", en la medida en que el escritor contribuye a escribir una "nueva historiografía latinoamericana", demuestra que la distinción entre lo literario y lo historiográfico ha perdido su legitimidad casi completamente.[5]

Uno de los movimientos culturales que más estimulara esa nueva historiografía, era la denominada literatura latinoamericana moderna. Ella rompió tanto con las nociones de una literatura alta como con las de una historiografía, o positivista, o heroizante. Era Alejo Carpentier quien, en 1975, indicara la experiencia básica a extraer de su condición de novelista:"[...] la historia de nuestra América pesa mucho sobre el presente del hombre latinoamericano, pesa mucho más que el pasado europeo sobre el hombre europeo".[6] Y es que la pluma de un Carpentier mismo, empezando con la novela afrocubana "Ecue-Yamba-ô" (1933), han salido atrevidas reinterpretaciones de la historia que debían alborotar las conciencias de la tradición.

Cuando Alejo Carpentier termina de redactar su última novela "El arpa y la sombra" (1979), tiene casi 75 años. La pluralidad de los mundos, las relaciones entre el "acá" (America) y el "allá" (Europa), entre el "aquí ahora" y el "allá entonces", que tantos años lo conmovieron como tema básico, las volvió a asumir "no más" que en una irónica variación de una problemática grande. Se trata del descubrimiento de América por Cristóbal Colón y de las interpretaciones que el mismo enfrenta en la posteridad.
Con este tema el novelista se había tropezado mucho antes cuando, en el año 1938 en Paris, se hizo responsable de la realización radiofónica de "Le livre de Christophe Colomb" (1929) del poeta católico Paul Claudel;[7] obra en que Colón aparece siendo el gran misionero que colocaba el globo entero bajo el signo de la cruz. Desde entonces Carpentier comenzaba a interesarse por los empeños hagiográficos alrededor de la figura de Colón que, en pleno umbral de la época contemporánea, llegaron a exaltarse en algunos textos del renouveau catolique como en "Le Revelateur du Globe" (1884) de Leon Bloy. El escritor francés, según destaca Carpentier, comparaba al descubridor con un Noé, un Abraham o un San Pedro.[8]

El proyecto de convertir a Cristóbal Colón en personaje de novela nace mucho más tarde. Recién en la década del setenta casualmente le es revelado a Carpentier por "unos documentos"[9] el intento de canonizar a Colón, presentado ante la Sacra Congregación del Rito, y rechazado por la Iglesia que considera a Colón indigno de entrar en un santoral cristiano.

"Hay ignorancias que cuestan caro",[10] dice el novelista: "Cuando Leon Bloy propuso a la Iglesia la canonización de Cristóbal Colón, se engañaba de manera increíble acerca del personaje del cual, más tarde, Claudel querrá darnos una imagen edificante y sulpisciana. Leon Bloy no había tenido la precaución de leer correctamente las cartas y el testamento de Colón; se conformó con las informaciones brindadas por un mal historiador francés: el conde Roselly de Lorgues. Si hubiese estudiado un poco mejor a Colón, habría descubierto que este - en esto la Iglesia no se equivocó al negarle una aureola - vivía en concubinato con Beatriz Enríquez. Habría descubierto también que Colón le había robado al pobre Rodrigo de Triana, para regalárselos a su querida, los diez mil maravedíes de renta asignados por la Corona de España al primer hombre que avistara las costas del Nuevo Mundo; y que había hecho a sus monarcas la abominable proposición"[...] de someter a esclavitud a todos los indios de las Antillas."[11]

La "ignorancia" de los que quisieron santificar a Colón se convierte en la virtud de ofrecer la clave argumentativa a la novela "El arpa y la sombra", título que simboliza la contradicción entre las antípodas desde las que, póstumamente, se valorizaba al descubridor.

El hecho de que dentro de la disputa columbina en la literatura y en los anales de los siglos pasados la imagen glorificadora desplegó su fulgor, no necesariamente en España sino, en la Francia y en el Vaticano hacia finales del siglo XIX, la revela como reacción en contra del avance masivo de la modernidad social e industrial, en donde el pensamiento antiilustrativo tiende a restaurar sus mitos con clara pretensión moral y universal.[12]

Como lo señala minuciosamente Titus Heydenreich, la novela carpenteriana se entiende como polémica, no tanto con los protagonistas de la colonización política de América Latina sino, particularmente, con los que elevan al descubridor con motivos ideológicos de mayor actualidad.

Más que indagar en los hechos le parece haber fascinado a Carpentier la posibilidad de confrontar perspectivas contradictorias sobre una misma historia; perspectivas que a su vez quedarán relativadas en el transcurso de los hechos que llevan a la época presente, en donde en 1992 con motivo del 500 aniversario unos celebrarán y otros cuestionarán el descubrimiento de América. Inventando con incomparable habilidad humorística un juego de perspectivas, Alejo Carpentier se propone propinarle al lector una máxima libertad para tratar de una materia tan cargada de elogios y prejuicios. A este propósito responde la estructura de la novela que es la de un tríptico. Las tres partes son sobrenombradas "el arpa", "la mano", "la sombra", con lo que el autor utiliza libremente una cita de La Leyenda Aurea: "En el arpa, cuando resuena, hay tres cosas: el arte, la mano y la cuerda. En el hombre: el cuerpo, el alma y la sombra".[13]

El escenario de la primera es el Vaticano en el año, al parecer, 1869. El Papa Pío IX reflexiona largamente antes de echar a andar el proceso de una beatificación - paso previo para la canonización - del descubridor de América. Valladolid a principio del siglo XVI, donde Cristóbal Colón, en su lecho de muerte, medita lo que de sus actos y motivaciones (no) va a decir al fraile confesor, es el sitio del capítulo central. La tercera parte - el Vaticano vive los años ochenta del siglo XIX - se configura por una satírica puesta en escena de cómo la Sacra Congregación de Ritos rechaza concederle una aureola a quién - en figura de sombra invisible - participa en el espectáculo.

En comparación con la obra de Claudel, la confesión de Cristophoros en vísperas de su muerte no es el único foco que marca la perspectiva de lo narrado. Además, Carpentier hace que esta termine en lo que el protagonista no relataría al fraile, siendo entonces una confesión "inoficial". Con esta, debido a la configuración novelesca, contrastan las reflexiones del Papa, de un lado, y la interacción teatral de diferentes personajes históricos, de otro lado. Al final del libro se da un encuentro de la sombra de Cristóbal Colón con la de su compatriota genovés, el almirante Andrea Doria.

Las miradas sobre la historia que Carpentier incita se basan en una <u>estructura dialógica</u> de experiencias históricas muy diversas, hasta de épocas, con respecto a una misma materia. Procediendo así, el novelista no cuestiona solamente las voces oficializadas de la historiografía. Pone en tela de juicio cualquier exclusividad de perspectiva, optando por la pluralidad de enfoques o por una colectividad de voces. En este sentido se hablará de un "principio dialógico" de la novela.

Consecuentemente, el autor se deja guiar por los aspectos ambivalentes en su materia a trabajar. Está la miseria del Papa Pío IX quien, en pleno siglo XIX, se imagina las consecuencias que la modernidad espiritual, reforzada por el pensamiento de la iluminación y los temblores de las revoluciones burguesas, le pueda deparar al espíritu paternalista de la iglesia. Parécele al Papa que el mundo se hace cada vez mas disperso por lo que concibe elevar la figura de Colón a la altura de un símbolo unificador. Particularmente el personaje de Cristóbal Colón al novelista le interesa en sus "insuficiencias", ya que el descubridor, para poder financiar sus grandes empresas, ha tenido que mentir y montar reiteradamente un carnavalesco "retablo de maravillas" tanto en la corte de los Reyes Católicos como a bordo de sus naves; y, según su confesión entera, sobran las razones que le van a impedir ser convertido en un santo.

La preocupación del anciano Carpentier va dirigida hacia el nivel cotidianamente imperfecto de sus héroes, hacia su fisura no-estática, para poder minar "la historia oficial" desde dentro. Lo que generalmente se considera poco es que, con todo, el novelista enriquece su intención de "ilustrar" a los lectores.[14] Hasta el final de su quehacer creativo se encuentra dialogando con aquella tradición universal que nace en Europa: en el siglo dieciocho europero (y francés en especial) se formaron las condiciones para que los pueblos adquiriesen una perspectiva de su propia historicidad. Constata Werner Krauss que el paso del siglo dieciocho al siglo diecinueve no solamente lleva a una nueva época, sino que constituye el comienzo de una nueva edad mundial

(Weltzeitalter) "en que realizamos el origen de nuestro propio vivir histórico."[15] Alejo Carpentier que, conforme a una noción amplia y abierta de la novelística y ensayística latinoamericana, bien puede ser denominado "Historiógrafo de Nuestra América", siempre se entendía "nombrador" de las cosas vistas hasta entonces a traves de enfoques distantes o hegemonizadores. "La iluminación", libremente enfocada, constituye un principio, es decir un criterio básico de su método literario; y repetidas veces ha indagado en su materia histórica concreta.

Para conformar núcleos argumentativos en "El arpa y la sombra", el pensamiento que emanaba de la ilustración francesa entra en juego en la primera parte del libro. Evoca el Papa aquella misión apostólica dirigida por el nuncio Giovanni Muzi que llevaba, siendo aun el joven clérigo Mastai Ferretti, a Argentina y Chile. El viaje es emprendido en 1823/25, años de victoria de los movimientos de independencia en gran parte del continente, tierra en donde "demasiado se hablaba" de la Revolución francesa,[16] según el joven canónigo.

Al hacer despertar la idea de la canonización de Colón en el viaje a América de aquel clerigo que todavía está lejos de convertirse en Papa, introduce Carpentier en su libro una problemática que es de tanto peso global como la es de envergadura actual: "la dialéctica de la ilustración". Refleja Mastai Ferretti al atravesar el nuevo continente: "Ciertas ideas habían cruzado el ancho océano, con los escritos de Voltaire y de Rousseau ... esos libros habían marcado muchos espíritus, para quienes la misma Revolución francesa, contemplada en la distancia, no resultaba un fracaso."[17] Lo insinuado va más allá todavía: Una parte extensa del pensamiento latinoamericano humanista y emancipativo del siglo XIX y XX no se ausenta de un principio que le es implícito: tomar en serio las metas del progreso humanizador y autoconcientizador de pueblos que tan elocuentemente se abrieron brecha con la Revolución francesa y ahí mismo comenzaron a debilitarse. Tal forma de la dialéctica entre lo nacional, lo continental y lo internacional, Carpentier la conecta con la figura de Cristóbal Colón, habiendo descubierto la empresa estratégicamente antiilustradora de canonizar al descubridor de Las Indias.

Para Mastai Ferretti, durante su viaje por la América del Sur, se le perfilan las huellas de la emancipación: "[...]había una humanidad en efervescencia, inteligente y voluntariosa, siempre inventiva aunque a veces desnortada, generadora de un futuro que, según pensaba Mastai, sería preciso de aparear con el de Europa". Concluye Ferretti que "El elemento unificador podría ser el de la fe"[18] que, una vez alimentada con renovados contenidos, debe contribuir a lo que equivale a una segunda colonización de América

Latina. "Lo ideal, lo perfecto, para compactar la fe cristiana en el viejo
y nuevo mundo[...], sería un santo de ecuménico culto, un santo de renombre
ilimitado, un santo de una envergadura planetaria, incontrovertible[...]que
[...]tuviese un pie asentado en esta orilla del Continente y el otro en los
finis-terres europeos[...]Un San Cristôbal, Christophoros, Porteador de
Cristo, conocido por todos, admirado por los pueblos, universal en sus obras,
universal en su prestigio".[19] Desde ese momento Ferretti va acariciando tal
sueño, hasta poder autorizar, muchos años despues, el inicio del proceso
beatificador.

Como la primera parte termina con el proyecto de ideologizar, es decir de
despersonalizar pôstumamente al descubridor, el segundo capítulo sirve para
rescatar a un Colôn vital, narrando su vida como "una gran comedia de los
errores".[20] Rinde testimonio de que efectivamente lo que le había molestado
a Carpentier en un número de textos sobre Colón, era el estilo hagiográfico
prefabricado. Salta a la vista el gusto que el autor sentía ante un personaje tan contradictorio. Una vez preguntado si, en el fondo, le fascinaba la
complejidad de ese hombre, Carpentier dijo: "¿Colón embustero? ¿Colón
impostor? ¿Colón comediante? Sin duda, pero ante todo, era un hombre genial
que a menudo superó sus propias limitaciones con una intuición prodigiosa.
En sus viajes confundía las millas árabes con las millas usuales, mentía
continuamente al informar acerca de las distancias, nunca sabía donde
llegaba ni donde embarcaba, pero estaba impulsado por una convicción inquebrantable de que lograría algo importante".[21] Y cita Carpentier una frase
del dominico fray Bartolomé de las Casas, uno de los críticos más severos
del descubridor: "Estaba tan seguro de llegar, que se hubiera dicho que
en su bolsillo llevaba las llaves de un Nuevo Mundo".[22]

Para el novelista, el mérito del descubridor consistía en que sobrepasaba
a todos los navegantes de su época por su creación imaginativa, por el
hecho de haber logrado introducir lo maravilloso en la vida real, "y esa
fue su función como poeta".[23] Por lo tanto, el hombre que se confiesa aparece
convertido en figura literaria de inquebrantable espíritu fabulador. Su don
imaginativo le permitía extraer de lo históricamente cotidiano las cosas
mas increíbles las cuales, como evidencia la historia de la recepción, no
han sido digeridas por la posteridad.

Yaciendo en el lecho muerte, Colón comienza con una alusión a su destino
ambivalente. "[...]a menudo el hacer necesita de impulsos, de arrestos, de
excesos (admito la palabra) que mal se avienen, hecho lo hecho, conseguido

lo que había de conseguirse, con las palabras que, a la postre, adornadas
en el giro, deslastradas de negruras, inscriben un nombre en el mármol de
los siglos."[24] A nivel narrativo, la constante variación entre la perspectiva
de una Yo y una técnica auktorial permite ligar una crónica de confesión
picaresca con la ironía que vive de un autodistanciamento el cual, además,
suele ser carpenterianamente culto. A Colón, al visualizar un nuevo mundo,
ni las lecturas de textos ni las de experiencias logran satisfacer su sed
de imaginación. Se instruye sin límites académicos algunos: "Si los murciéla-
gos pueden dormir colgados de sus patas; si muchos insectos, transitan muy
naturalmente en el cielorraso de esta habitación de putas donde ahora re-
flexiono - mientras la mujer ha ido por vino a la taberna cercana - puede
haber seres humanos capaces de andar con la cabeza para abajo, diga lo que
diga el venerado autor del Enchiridion".[25] Mientras más lee y se instruye
Colón, más ve "que lo tenido por imposible en el pensamiento se hace posible
en la realidad".[26]

Su burla de reglamentos preestablecidos tanto como su hombría le abren,
en presunción del novelista, hasta la intimidad de Isabel la Católica. Al
ofrecer a la reina su visión del mundo "impaciente por redondearse",[27] al
evocar la profecía de Séneca que memoriza siempre del libro de las
"Tragedias"[28] y, al revelar los últimos secretos sobre la probabilidad
de encontrar tierras nuevas, Colón despierta la pasión en Isabel. Así,
abriéndosele las noches de la mujer que comienza a llamar "Columba", el
sueño del hombre de obtener las carabelas necesarias parece cumplido.
Falta que al "montar" "en iracundia"[29] a la reina, que esta venza sus
últimas dudas sobre el éxito de la gran empresa, y Colón obtiene los medios
que tanto esfuerzo le habían costado. El pacto sexual inusitado, en el fondo,
aparece como competencia de beneficio mutuo. "Te inspira el Espíritu
Santo",[30] exclama Colón al besarle las manos. "Alea jacta est",[31] replica
la reina.

Con tal peripecia inventada que, a falta de fuentes explícitas, le lucía
de buena probabilidad circunstancial a Carpentier, hasta despertaría una
pequeña polémica psicoanalítica. Otro escritor latinoamericano no vaciló
en escribir un libro sobre Cristóbal Colón después de ser publicado "El
arpa y la sombra". Es Abel Posse quién, en su novela histórica-farsesca
"Los perros del paraíso" (1983), insinua que el pacto entre la
Reina y el descubridor de América "en la secretísima aventura del Paraíso"
se funda en un "panorgasmo".[32] Aplica la ciencia psicoanalítica a la rela-

ción entre el plebeyo y la realeza para imaginar una constelación diferente
a la que configura Carpentier. Imaginando el comportamiento del hombre en
una situación de contacto físico, concluye: "Ante ella, la Reina, su carne
se retrajo sin posibilidad de movimiento alguno. (Por eso yerra el gran
Alejo Carpentier cuando supone una unión sexual, completa y libre, entre
el navegante y la Soberana. La noble voluntad democratizadora lleva a
Carpentier a ese excusable error. Pero es absolutamente irreal. La intimi-
dación del plebeyo fue total en el aspecto físico. Total, en cambio, fue
su descaro metafísico y así alcanzó la liberación del panorgasmo)".[33]

Un Colón sexualmente "intimidado" se buscaría en vano en "El arpa y la
sombra". El distanciamiento irónico del personaje pasa por encima de sus
cualidades de hombre. El novelista cubano pinta un Colón vigorosamente
masculino a quien, al parecer, nunca le hubiese fallado su supremacía
seductora frente al sexo feminino, debido a lo que revela su confesión.
Naturalmente, cuando una de las causas que impiden la canonización del
navegante resulta ser su concubinato con Beatriz Enríquez, ningún lector
se vería incitado a compartir tal objeción. Colón mismo se deja guiar
por motivos de ética caballeresca según la cual, con afirma, no se contra-
dicen su relación con la soberana y la con su amada. Rebelando silenciosa-
mente contra la reunión de "vaticanos de prebenda y poltrona",[34] el navegante, testigo del proceso canonizador desde la intemporalidad de su condición, siendo entonces "el Invisible" (tercera parte), comenta: "[...] no
entendían esos feroces observantes del canon reunidos para condenarme,
[...], que yo, como los magnánimos varones de la Andante Caballería[...],
tuve por Dama a quien jamás traicioné en espíritu, si bien permanecía unido
por la carne a la que hizo perdurar mi prosapia".[35] Llegamos a saber que,
cuando resistía a la tentación de tocar a las mujeres indias en tierra
descubierta, lo hacía por motivos de noble voluntad: "Y es que hay normas
de la fidelidad caballeresca que jamás entenderán esos mediocres leguleyos
que ahora me culparon de amancebado, fornicador y no se cuantas cosas
más[..] Si no hubiese alentado el ideal que en mi llevaba, me habría ayuntado
con indias - que bien apetecibles eran, a veces, en su edénica desnudez - como
hicieron tantos y tantos que me acompañaron en mis descubrimientos [...]".[36]
Es como si fuera recuperado un Colón "imperfecto", pero muy macho.

Se notifica que la condición de tradicional orgullo masculino, para
Carpentier, no es objeto que vale ser problematizado. Entra en su visión
pluralizadora del descubrimiento - y desde ese punto de vista hasta de

toque posmoderno (quiere decir crítico hacia la modernidad) - un cierto aire sentimental cuando se trata del individuo del protagonista.

En la visión del Abel Posse, "una descomunal, una fantástica violación"[37] era el origen de la América actual por lo que se dedica a acentuar la sexualidad que suprimen u olvidan los historiógrafos académicos. Al interpretar el descubrimiento, va relativando la lógica histórica del 'hombre opresor' desde una perspectiva de psicología y simbología sexual que favoriza la identidad de los seres femininos (su fuerza de identidad). Uno de los blancos de su crítica, en este contexto, es la imagen de la supremacía del hombre. Si su figura de Cristóbal Colón en algo se salva de este cuestionamiento, es por su aspecto enigmático y metafísico, aspecto de "personaje intermedio"[38] que rebasaba el entendimiento de sus coetáneos.

Al texto de Posse le marca el rigor sarcástico omnipresente, narrando el "choque de culturas" como cronología de un acto deformador de la América inicial - "interpretación de América en sus orígenes".[39] "De este choque no hubo una solución. No hubo una síntesis final",[40] sino que se habían introducido las consecuencias que hasta el presente siguen causando "la enfermedad de América".[41]

Mientras Carpentier, trascendiendo las épocas, cuestiona el "choque de culturas" y con un humor menos radical, los dos novelistas se acercan en su criterio de buscar a un Cristóbal Colón no preconcebido, sea con o sin aureola. Tratan de despejar el cielo de las nubes conmemorativas para descubrir "lo invisible" del personaje. Para Posse, Colón "era el hombre que llega a América y que trae todas las contradicciones de ese continente, pero, al mismo tiempo, como era un marginal, podía adaptarse también a la comprensión de América, podía interpretar y tener una cierta flexibilidad mayor que los otros frente al indígena".[42]

El Colón de Carpentier, en un momento de madurez, logra verse a si mismo a traves de los ojos de los indios que el había separado de sus tierras. He aquí no solamente una condenación implícita de la sumisión a esclavitud de los indios que, siglos mas tarde, le va a costar la aureola al descubridor. Es un ejemplo más de la sátira cultural a la que el novelista somete el viejo mundo. Expresa Colón: " esos hombres ni nos querían ni nos admiraban: nos tenían por pérfidos, mentirosos, violentos, coléricos, crueles, sucios y malolientes, extrañados de que casi nunca nos bañáramos... Decían que nuestras casas apestaban a grasa rancia; a mierda, nuestras

angostas calles; a sobaquina nuestros más lúcidos caballeros, y que si
nuestras damas se ponían tantas ropas ... era porque, seguramente, querían
ocultar deformidades y llagas que las hacían repulsivas ... Nuestros per-
fumes y esencias ... los hacían estornudar; se ahogaban en nuestros estrechos
aposentos, y se figuraban que nuestras iglesias eran lugares de escarmiento
y espanto por los muchos tullidos, baldados, piojosos, enanos y monstruos...
Tampoco entendían por que tanta gente, que no era de tropa, andaba armada,
ni como tantos señores ricamente ataviados podían contemplar, sin avergon-
zarse, de lo alto de sus relumbrantes monturas, un perpetuo y gimiente
muestrario de miserias... Por lo demás, los intentos de inculcarles algo
de doctrina ... habían fracasado. No diré que ponían mala voluntad en entender: diré, sencillamente, que no entendían. Si Dios, al crear el mundo,
y las vegetaciones, y los seres que lo poblaban, había pensado que todo
aquello era bueno, no veían por que Adan y Eva, personas de divina hechura,
hubiesen cometido falta alguna comiendo los buenos frutos de un buen
arbol."[43]

Hacia el final de la confesión Colón sale siendo el "descubridor descubierto",[44] el "conquistador conquistado"[45] ya que "empecé a existir para
mi y para los demás el día en que llegué allá, y, desde entonces, son
aquellas tierras las que me definen".[46] Por ejemplo, al hacerle exclamar:
"... en lo que se refiere al adoctrinamiento de los indios¡que de ello se
ocupen varones más capaces que yo para desempeñar tamaña misión! Y no se
pida vocación de apóstol a quien tiene agallas de banquero".[47]

Volviendo a la crítica cultural a que son sometidas historiografía y
pensamiento autoritarios, estas, en la tercera parte de "El arpa y la
sombra", se revelan como fuente de comicidad.

Los monólogos interiores de la primera parte (reflexión del Papa) y de
la parte central (confesión del descubridor) se sustituyen, en el tercer
capítulo, por una disputa polifónica. El principio que utiliza Carpentier
para juntar teatralmente personajes históricos de épocas diversas que
defendieron o, la leyenda áurea, o la leyenda negra, es el de crear una
especie de auto sacramental carnavalizado.[48] Aparecen numerosos escritores
y cronistas que testifican en pro (Leon Bloy) y en contra de la canonización. Entre los últimos, Bartolomé de las Casas acusa al postulado para
Beato de haber instituido la esclavitud de Indios, y es el poeta francés
Alfonso Lamartine que confirma que ha habido concubinato entre Colón y
Beatriz Enríquez; cargos tan grandes desde la perspectiva del Vaticano que

la postulación es denegada.

Pero la crítica civilizatoria va más allá, ya no siendo Colón el blanco principal de la sátira. Surge de toda la constelación de la extraña asamblea cuyo participante más activo y convencedor es el ficticio "abogado del diablo". Su sarcasmo ilustrado e implacable les abre el camino a los testigos "subversivos", siendo la sátira el único trato que merecen los hipócritas que, durante siglos, no dejan de fabricar versiones deformadoras de la historia.

No existe una última, una verdadera visión de Cristóbal Colón. El intento de concebir la historia, con fines ideológicos, como asociación de "grandes hombres", queda inhabilitado. Permitiendo la estructura del libro una dialógica de perspectivas, detrás de esta hay un constante juego entre lo visible (previamente autorizado) y lo invisible (imperfecto y ambivalente) cuyo conflicto permanece.

Al final del libro se da la salida a escena del invisible Colón, entristecido, de un lado, de que le fue negada la aureola y confrontado, de otro lado, con la miseria de carecer de una identidad justa. Lamenta, después de encontrarse en la Plaza de San Pedro con la sombra de su compatriota, el almirante Andrea Doria: "Somos los transparentes. Y como nosotros hay muchos que, por su fama[...]no pueden perderse en el infinito de su propia transparencia alejándose de este mundo cabrón donde se les levanta estatuas y los historiadores de nuevo cuño se encarnizan en resolver los peores trasfondos de sus vidas privadas".[49] Ha desaparecido la sátira, el tono es de timbre trágico y hasta de elegía al constatar el Invisible: "Hay descubrimientos tan enormes - y sin embargo posibles - que, por su misma inmensidad, aniquilan al mortal que a tanto se atrevió".[50] Parece como si Carpentier, simpatizando desde su avanzada edad con el protagonista, rescatara valores individuales destacables en contra de aquella tendencia de la modernidad que, en creciente medida, instrumentaliza los esfuerzos humanos. ¿Y dejando qué, exepto los grandes aniversarios?

En las palabras de Ana Lydia Vega, escritora caribeña de generación más joven, crece el reto de autorresponsabilizarse colectivamente. Con el avance de la discutida "modernidad periférica",[51] en América Latina, se va perfeccionando el instrumentario para fabricar "historias oficiales."

En vista de "una fantasía confiscada" por los medios de comunicación modernos y "una identidad intervenida"[52] por múltiples mecanismos: Que se continue enfocando el viejo problema, pero con máxima libertad crítica. El caracter del proyecto es experimental. Su lema pudiera ser: "De cómo fue descubierto América y no precisamente por Cristóbal Colón".

Desde la razón de ser de escritores como Alejo Carpentier se nos transmite esta libertad de planteamiento.

NOTAS

1. Pedro Pacheco, El valor estratégico de 1992. En: El País, Madrid, lunes 20 de febrero de 1989, p.18.
2. Véase ibidem.
3. Véase Ana Lydia Vega, De cómo fue descubierto el Caribe y no precisamente por Cristóbal Colón. En: Diálogo, San Juan, mayo de 1989, págs.22, 23.
4. Eduardo Galeano, América ante el V Centenario. En: Claridad, San Juan, Del 13 al 19 de octubre de 1989, p.16.
5. "Nueva historiografía latinoamericana" es entendida como una especie de programa para un movimiento diversificado y "abierto" de intelectuales que tienden a re-escribir la historia del continente descubriendo las cotidianidades que impactan tanto a individuos como a comunidades grandes.
6. Alejo Carpentier, Problemática del tiempo y el idioma en la moderna novela latinoamericana. En: Alejo Carpentier, Razón de ser, Caracas (Universidad Central de Venezuela) 1976, págs.92, 93.
7. Véase Titus Heydenreich. "El arpa y la sombra" (1979): Alejo Carpentiers Roman vor dem Hintergrund der Columbus-Wertungen seit den Jahrhundertfeiern von 1892. En: Wolfgang Bader/Janos Riesz (Ed.), Literatur und Kolonialismus I. Die Verarbeitung der kolonialen Expansion in der europäischen Literatur. Frankfurt/Bern, Lang 1983, p.293.
8. Véase Alejo Carpentier, Conferencias. La Habana (Editorial Letras Cubanas) 1987, p.175.
9. Véase ibidem.
10. François Wagener, Hay ignorancias que cuestan caro..., Entrevista con Alejo Carpentier, Paris 1976. En: Alejo Carpentier, Entrevistas, La Habana (Letras Cubanas) 1985, p.335.
11. Ibidem.
12. Titus Heydenreich traza un esbozo histórico de cómo fue tergiversado la imagen de Cristóbal Colón en Europa del siglo XIX, iniciando el 400 aniversario del descubrimiento de América el comienzo de un cambio de tendencias con respecto a la valorización del descubridor. Llama la atención sobre el naciente potencial crítico que, a partir de un poema como "A Colón" de Rubén Darío (1892) marcaría textos literarios tanto en Europa como en América Latina. Constata Heydenreich que la novela "El arpa y la sombra" constituye una de las obras claves y más consistentes

dentro de las versiones críticas que ofrece la literatura moderna sobre Colón. Véase íbidem, págs.294-302.
13. Alejo Carpentier, El arpa y la sombra. Madrid (Siglo XXI Editores)1979,p.9.
14. Véase Hermann Herlinghaus (Ed.), Romankunst in Lateinamerika. Berlin (Akademie-Verlag) 1989, p.55.
15. Werner Krauss, Aufklärung (Das wissenschaftliche Werk, tomo II), Berlin und Weimar (Akademie-Verlag, Aufbau-Verlag) 1987, págs.33, 249.
16. Alejo Carpentier, El arpa, p.42.
17. Ibidem, p.34.
18. Ibidem, p.47.
19. Ibidem, págs.49, 50.
20. Ramón Chao, Palabras en el tiempo de Alejo Carpentier. La Habana (Editorial Arte y Literatura) 1985, p.36.
21. Ibidem, págs.35, 36.
22. Ibidem, p.36
23. Ibidem, págs.37, 38.
24. Alejo Carpentier, El arpa, p.57.
25. Ibidem, p.69.
26. Ibidem.
27. Ibidem, p.101.
28. Véase íbidem, págs.81, 82.
29. Véase íbidem, p.103.
30. Ibidem, p.106.
31. Ibidem.
32. Abel Posse, Los perros del paraíso. Barcelona (Editorial Argos Vergara),p.120.
33. Ibidem, págs.119, 120.
34. Alejo Carpentier, El arpa, p.219.
35. Ibidem.
36. Ibidem, págs.220,221.
37. Roland Spiller, Conversación con Abel Posse. En: Iberoamericana, Frankfurt/Main (Editorial Vervuert) 1989 (año 13), núms.37/38, p.110.
38. Véase íbidem, p.109.
39. Ibidem, p.108.
40. Ibidem, p.109
41. Ibidem, p.106.
42. Ibidem, p.109.
43. Alejo Carpentier, El arpa, págs.157, 158.
44. Ibidem, p.181.

45. Ibidem, p.182.
46. Ibidem.
47. Ibidem, p.159.
48. Véase Claudius Armbruster, Schein und Sein - die Funktion von Theater, Oper und Karneval in der modernen lateinamerikanischen Literatur. En: Christian Wentzlaff-Eggebert, Felix Becker: Realität und Mythos in der lateinamerikanischen Literatur. Köln/Wien (Böhlau Verlag) 1989, págs. 72, 73.
49. Alejo Carpentier, El arpa, p.223.
50. Ibidem, p.226.
51. Con respecto a reflexiones actuales sobre este término en un contexto cultural véase Beatriz Sarlo, Una modernidad periférica: Buenos Aires 1920 y 1930; Carlos Rincón, Postmoderne und lateinamerikanische Literatur. En: Sturzflüge, Wien April/Mai 1989 (año 8), No.27, págs.31-34.
52. Véase Ana Lydia Vega. Ibidem, p.22.

Roland Brival, "Le sang du roucou" - zum Problem eines dekolonisierenden Diskurses im Roman

Volker Roloff

1. Von Columbus zu Todorov und Brival: La question de l'autre.

Im Jahr 1982 erscheinen in Paris zwei Werke, die enger miteinander verbunden sind, als man auf den ersten Blick hin vermuten kann: Tzvetan Todorovs wissenschaftliche Untersuchung La conquête de l'Amérique. La question de l'autre und der Roman von Roland Brival Le sang du roucou. Es sei dahingestellt, ob sich die Autoren - der Bulgare Todorov, der als Literaturwissenschaftler am Pariser Centre National de la Recherche Scientifique arbeitet und an der Ecole Normale Supérieure lehrt, und der aus Martinique stammende, in Paris als Schriftsteller, Musiker und Regisseur tätige Brival[1] - kennengelernt haben; wichtig ist, daß beide Texte weit mehr verknüpft als nur das Thema, nämlich die Darstellung der ersten Begegnung des Columbus mit der anderen Welt, der 'neuen' Welt der Indios.

Vorauszuschicken ist, daß die vor allem in Deutschland hartnäckig verteidigte Unterscheidung zwischen Sachbuch und Roman hier keineswegs relevant ist; daß vielmehr beide Texte, in ihrer spezifischen Kombination von historiographischen, ethnologischen und fiktionalen Elementen nicht nur die gleiche Problemstellung behandeln, die von Todorov so genannte "question de l'autre", sondern auch durch vergleichbare Vermittlungs- und Darstellungsformen gekennzeichnet sind; mit anderen Worten: es geht in beiden Werken um die Möglichkeiten und Grenzen eines 'dekolonisierenden' Diskurses, d.h. eines Diskurses, der die seit Columbus etablierte Macht der kolonisierenden Diskurse in Frage stellt, sie aufzuheben sucht.[2]

Eine wesentliche Rolle spielt dabei die Frage, wie die Indios, ihre Lebensformen und ihr Bewußtsein bei der Konfrontation mit den Conquistadoren, mit dem literarischen und wissenschaftlichen Repertoire unserer Zeit, fast 500 Jahre nach der Conquista, überhaupt dargestellt werden können; wobei beiden Autoren sehr deutlich ist, daß dabei die traditionellen, durch die europäische Kultur geformten Mittel nicht mehr ausreichen: weder der in der Romantik entstandene historische Roman noch der moderne wissenschaftliche Diskurs der Ethnologen sind imstande, das hermeneutische Problem des 'Anderen' zu lösen, die Perspektive und Denkweise der Indios, die von

Lévi-Strauss so genannte "pensée sauvage", unmittelbar zu veranschaulichen.
Die Wahrnehmung und Darstellung des Fremden ist prinzipiell, wie auch
F.Gewecke im Hinblick auf die ersten Reiseberichte, die "crónicas de
Indias", bemerkt, durch das gesteuert, was dem europäischen Autor "aus
der eigenen Kultur bekannt war und in dieser für relevant erachtet wurde"
(vgl. 1986, S.102).

Man hat inzwischen längst erkannt, daß schon Columbus selbst als Hermeneut
(wenn er in seinen Tagebüchern und Berichten über die Indios spricht)
völlig versagt hat, daß er - wie Todorov detailliert zeigt (1985, S.39ff.) -
von der Welt der Indios kaum etwas wirklich begriffen hat; man kann aus der
Distanz der Gegenwart auch die Gründe nennen, die zu einer Serie von Mißverständnissen geführt haben. Dazu gehörten Columbus' Befangenheit in mittelalterlichen Vorstellungen, die die Wahrnehmung des Anderen, des Fremden
beeinträchtigt, und auch die in dem Bordtagebuch sehr deutliche Verknüpfung
und Wechselwirkung von Erkenntnis und Interesse, z.B. der Wahn der Goldsuche, der eine wirkliche Kommunikation mit den Indios ausschließt.

Roland Brival zeigt in seinem Roman sehr anschaulich und prägnant, wie
dieser Wahn die Wahrnehmungsfähigkeit der fremden Besucher einschränkt,
den Blick trübt, verengt, ja sogar ihr Verhalten ändert, Aggression hervorruft:

> Elle [Akiwa] portait un croissant de métal jaune retenue
> à son cou par un simple lacet de cuir.
> Colombus, à la vue du collier, se dressa. Sa vue se brouillait,
> il fit le geste de chasser un nuage devant ses yeux. Ses oreilles
> résonnaient d'un bourdonnement sans fin sur une même note aigue
> prolongée, stridente. Le père Felipe bondit, Colombus le renversa d'une bourrade et porta les mains devant lui. Ses doigts
> agrippèrent le médaillon et l'arrachèrent d'une secousse impatiente. Sa gorge s'assécha. La femme immobile soutenait son
> regard, sans trouble apparent.
> - L'or! dit-il, exhibant le métal à la ronde. L'or! cria-t-il
> à ses compagnons. L'or! hurla-t-il à l'adresse des sauvages.
> (S.108f.)

Brival nutzt die besondere Möglichkeit der Doppelung der Perspektive, mit
dem Ziel, dem Leser, wie T.Heydenreich formuliert, "den Vorgang des Entdeckens aus der Sicht der Entdecker, den Vorgang des Entdeckt-Werdens aus
der Sicht der Entdeckten" (1985, S.19) erleben zu lassen; und er bemüht
sich vor allem darum, die Sprache der Indios - und mit der Sprache auch
die Denkweise und die sozialen Strukturen, die Lebenswelt der Indios <u>vor</u>
der Entfremdung durch die Kolonisation - wiederzufinden, sie soweit wie

eben möglich 'wiederzuentdecken'. Brival weiß auch, daß ihm, dem französisch schreibenden Martiniquaner, nur eine der Kolonialsprachen selbst zur Verfügung steht, und daß auch die Vermittlungsform des historischen Romans durch die europäische Kultur, die Ideenwelt des 18. und 19.Jahrhunderts, mitgeprägt ist.

Der Autor hat bei der Vorbereitung des Romans, wie er selbst anmerkt,[3] ethnologische Werke über die präkolumbianische Kultur und Archäologie der Antillen studiert, z.B. die Arbeiten von Ch.Montbrun und J.Petitjean Roget; eine wichtige Anregung für Brival dürfte dabei die Ausstellung gespielt haben, die im Jahre 1980 mit dem Titel "1500 ans de préhistoire martiniquaise" in Fort-de-France gezeigt wurde und von Montbrun, einem der wichtigsten Archäologen der Antillen, organisiert wurde (vgl. Ch.Montbrun, S.2). Mehr als die Ethnologen kann der Romancier, insbesondere bei der Darstellung eines Volkes, das selbst keine sprachlichen Zeugnisse hinterlassen hat, die besonderen Mittel der fiktionalen Versetzung nutzen, die literarische Phantasie, die nötig ist, um überhaupt Vergangenes, Fremdes, das Problem des 'Anderen' zu veranschaulichen und zu vergegenwärtigen.

Es geht vor allem darum, die von Proust beschriebene "Zukunft in der Vergangenheit" darzustellen, hier z.B. die Imagination der Indios selbst beim Anblick der Fremden, ihre Gedanken, Gefühle und Erwartungen im Hinblick auf die fremden Wesen, die zunächst wie Götter oder Dämonen erscheinen. Wenn der Geschichtsschreiber - wie schon Aristoteles in seiner Poetik erkennt - nicht nur berichten will, was geschehen ist, sondern auch, was geschehen könnte und möglich wäre, so ist er auf die Mittel der Fiktion, die Kunst des Erzählens oder der dramatischen Ausgestaltung angewiesen.

Das gilt aber auch für ein Werk wie Todorovs Conquête de l'Amérique, obwohl Todorov bei seiner Darstellung der Conquista offener und expliziter auf den wissenschaftlichen Diskurs der modernen Ethnologie zurückgreift: er habe sich aber, so führt Todorov selbst aus, dafür entschieden, eine G e s c h i c h t e zu erzählen, eine exemplarische Geschichte.

> die so wahr wie möglich ist, bei der ich aber versuchen
> werde, nie das aus den Augen zu verlieren, was die Bibel-
> exegeten die tropologische oder moralische Bedeutung ge-
> nannt haben (S.12) [...]
> [...] in diesem Buch wird es, ähnlich wie in einem Roman,
> abwechselnd Zusammenfassungen oder summarische Überblicke,
> Szenen oder mit Zitaten gespickte Detailanalysen und Pausen
> geben, in denen der Autor kommentiert, was gerade geschehen
> ist. (S.12)

Der Unterschied zu Brivals Roman liegt lediglich in einer etwas anderen
Mischung von wissenschaftlichem Kommentar und Fiktion, und nicht zuletzt
darin, daß Todorov, von dem Moctezuma-Kapitel abgesehen, die Wahrnehmung
der Indios durch die Spanier zu erfassen sucht, während Brival mit dem
Versuch der Doppelperspektive die 'andere' Welt der Indios selbst als
Kontrast direkt miteinbezieht - und so die Opposition und Konfrontation
der beiden Welten als Thema und Strukturprinzip seiner Darstellung wählt.

Beide, Todorovs und Brivals Versuche, verbindet "La question de l'autre",
die Frage, wie der Erzähler oder Kommentator bei der Darstellung und Analyse
des Fremden aus dem hermeneutischen Zirkel herausfindet, wie er, mit
Foucault gesprochen, die Sprache der 'anderen' vermittelt[4] - hat doch
der koloniale Diskurs die Sprache der anderen fast völlig erstickt, bis
zur Unkenntlichkeit deformiert und pervertiert, so daß die sogenannten
'Wilden' bis in die Gegenwart entweder als Kannibalen in einer grotesken
Weise dargestellt, als Naive in einem romantischen Sinne verharmlost
werden,oder schließlich als Demonstrationsobjekt für ethnologische Theorien
dienen.

Es liegt an der Macht der Diskurse, daß sogar dort, wo die Rede von den
'Naiven', 'Primitiven', oder 'Wilden' als solche kritisch in Frage gestellt
wird, wie schon bei Autoren der Aufklärung und in der modernen Ethnologie).
die Deformationen durch verdeckte Assoziationen immer präsent bleiben und
noch im aktuellen Sprachbewußtsein der Europäer wirksam sind. Sogar die
bis heute übliche Verwendung des Begriffs "Indio" zeigt, wie lange das
Mißverstehen, etwa Columbus' ursprünglicher Glaube, sich in Indien zu befinden, in den Sprachgewohnheiten verankert bleibt.

2. Diskurs- und Kommunikationsprobleme
2.1. Die Seite der Indios

> "Der Amerikaner, der den Colum-
> bus zuerst entdeckte, machte
> eine böse Entdeckung."
> (Lichtenberg)

Kann man, so fragt Todorov,

> aus Colóns Aufzeichnungen schließen, wie die Indianer ihrer-
> seits die Spanier wahrnahmen? Wohl kaum. Auch hier ist die
> gesamte Information dadurch verfälscht, daß Colón über alles
> bereits vorab entschieden hat. (S.55)

In dem umfangreichen Kapitel "Colón als Hermeneut" zeigt Todorov sehr anschaulich die kolonisierende Funktion der Sprache, Columbus' Benennungswut (S.39): "Die erste Tat, die Columbus auf der Insel vollbringt, ist eine Art erweiterter Benennungsakt, die Erklärung, daß die Länder von nun an dem Königreich Spanien gehören" (S.40), während er der fremden Sprache der Einheimischen keine Beachtung schenkt.

Columbus' Namensnennung ist noch - im Sinne Foucaults - von einem 'prämodernen', prärationalistischen Denken geprägt, die Wörter erscheinen als Abbild der Dinge; er sucht Analogien, indianische Äquivalenzen der Begriffe, und er ist dabei in einer naiven Weise Assimilationist (vgl. Todorov, S.41, 56). In einer noch mittelalterlichen Angst vor der Vielfalt der Sprachen sind er und seine Begleiter zunächst nicht in der Lage, die Andersartigkeit der einheimischen Sprache als solche zu erkennen. Da er davon überzeugt ist, sich in dem von Marco Polo beschriebenen Land des Großen Khan, d.h. in Westindien, zu befinden, kann er den Begriff Cariba (genauer Calina), mit dem sich die Indianer selbst bezeichnen, nur als C a n i b a verstehen, und er vermutet dabei z u n ä c h s t , ganz im Sinne des mittelalterlichen Analogiedenkens, daß diese Menschen Hundeköpfe (von spanisch "can") haben können, daß sie sich mit ebendiesen auffressen (Todorov, S.42). Die Kariben der Antilleninseln erfüllen für Columbus, wie F.R.Fries es ausdrückt, "ein mitgebrachtes Wort, es sind die Kannibalen, die Ähnlichkeit der Silben genügt für ein Urteil" (S.56).

Für Brival, der ganz ähnlich wie Todorov den auf diese Weise entdeckten Kannibalismus als Diskursproblem darstellt (vgl. im folg.Kap.3), sind die Mißverständnisse des Columbus zunächst nicht so wichtig wie das Mißverstehen der anderen Seite, der Einheimischen selbst. Vorauszuschicken ist, daß der Roman Brivals die erste Begegnung zwischen den Indios und den Begleitern des Columbus, im Sinne der Doppelperspektive, sehr behutsam und genau vorbereitet. Der Roman zeigt - in jeweils kurzen Abschnitten - Szenen, Alltagssituationen, Lebensformen und Pläne der Inselbewohner, die jeweils mit ebenso kurzen Berichten und Szenen über das Leben auf den Schiffen, die sich allmählich der Insel nähern, abwechseln; in einer Art Montagetechnik, die, wie T.Heydenreich erläutert (S.20), den auf die erste Konfrontation schon neugierigen Leser durch das Zeitlupentempo ungeduldig macht und Spannung schafft, z.B. durch lange, z.T. auch umständliche Erläuterungen etwa der Kriege und Konflikte der Galibis und Taïnos, durch Einführung immer neuer Figuren und Situationen, durch eingehende Schilderungen der Sitten und sozialen Struktur der Indios.

Die eingehende Darstellung der Mythologie der Indios, ihrer Symbole und
Zeichensprache, ermöglicht es Brival dann, die ersten Reaktionen auf das
Erscheinen der Schiffe aus der Sicht der Indios als ein sprachliches Problem,
als ein Aufeinandertreffen verschiedener Diskurse zu veranschaulichen. Der
junge Yayael, der nur die kleinen "pirogues" seiner Insel kennt, kann die
großen Schiffe, die drei Karavellen, die er plötzlich sieht, gar nicht als
solche wahrnehmen:

> Alors, il découvrit la carapace monstrueuse de la bête
> flottant sur l'eau.
> Il comprenait (mais son esprit se refusait encore à
> l'admettre) que c'était une sorte de grande pirogue
> dans laquelle voyageaient les hommes qu'il distinguait,
> s'affairant dans son ventre. La pirogue - le monstre
> (Yayael ne savait plus) - ouvrit sa gueule et l'un
> de ses petits en sortit, portant un groupe d'hommes
> sur son dos. (S.89)

Die einzige Möglichkeit der Benennung bieten die eigenen mythologischen
Assoziationen, d.h., die Indios benutzen die Sprache der Mythen und auch
die damit verbundenen Erzähltraditionen, um das Andere, Unbekannte und
'Unheimliche' zu erfassen. Roland Brival zeigt dabei, daß der Mythos,
ganz im Sinne der "strukturalen Anthropologie" von Lévi-Strauss, eine
"Sprache auf sehr hohem Niveau" darstellt (1969, S.227ff.), daß die Indios
versuchen, hier mit viel Phantasie das Auftauchen des Unheimlichen (ähnlich
wie bei den Grenzsituationen von Leben und Tod überhaupt) zu bewältigen;
durch die vom "mythischen Denken" vorgenommene "bricolage", die Lévi-Strauss
in La pensée sauvage beschreibt und die Brival ganz ähnlich - als eine Art
Gedankenspiel, als Bastelei mit schon vertrauten Mythologemen - veranschaulicht:

> Les monstres crachaient des hommes vivants par la gueule.
> Ils se coupaient un morceau de la langue et les hommes s'y
> installaient pour flotter à travers la baie jusqu'au rivage.
> Les monstres envoyaient des chasseurs à la poursuite des
> peuples d'hommes, leur gibier. Bientôt les Galibis seraient
> mangés comme ils avaient mangé le Taïnos vaincu. Ils finirai-
> ent leur cours dans la gueule vorace des monstres marins.
> (S.67)

So wird verständlich, daß im Verlauf des Romans - in dem Maße, in dem die
Weißen die latenten Ängste der Indios durch Gewalttaten bestätigen - die
am Anfang nur angedeutete apokalyptische Phantasie der Indios die Oberhand
gewinnt. Das mythologische Repertoire der Indios enthält, wie Brival zeigt,
verschiedene Möglichkeiten, etwa die Alternative zwischen Erlösungsvor-

stellungen oder den Ausdruck der Angst vor der Katastrophe. Die mythische Phantasie läßt zunächst an "fremde Götter" denken:

> Il [Noctilio] comprenait que le jour était arrivé. A moins qu'il ne fût entré dans la mort sans l'avoir senti, à la faveur du sommeil. Les exclamations montant du rivage le détrompèrent aussitôt, ceux du village voyaient la même chose que lui.
> Le serpent ailé était venu à Grande-Baie, comme les visions l'avaient annoncé.[...] Il était l'envoyé des dieux. (S.66)
> Akiwa rêvait qu'un dieu descendu du ciel viendrait la visiter. Elle sait à présent que leurs âmes sont différentes, et qu'elles n'aspirent pas aux mêmes joies... (S.198)

Doch schon bald werden dieselben Erscheinungen ("le grand serpent ailé") als Zeichen der Apokalypse gedeutet:

> - Fassent les dieux pour qu'il ne mène pas tout droit dans la gueule des monstres marins, en châtiment de nos erreurs, murmura le cacique. (S.102)
> Tout cela faisait-il partie d'un plan conçu pour emmener leurs âmes en captivité dans la terre d'en bas? (S.144)
> Guanikana était parti. Le grand serpent ailé regagnait ses abîmes, emmenant avec lui l'âme des derniers braves de la tribu des Galibis. Yayael, Akavouman, Avotex, Jossencao, touts étaient morts ... (S.152)

Der Versuch, das Unheimliche, völlig Fremde zu benennen, hat oft auch eine komische Seite: die Fremden erscheinen den Indios grotesk, man zögert mit guten Gründen, ihre Menschlichkeit anzuerkennen:

> ... Noctilio vit que tout son corps était recouvert de vêtements brillants d'une richesse prodigieuse, hormis ses mains et son visage, de sorte qu'il lui parut impossible d'authentifier l'origine humaine de ce personnage. (S.96)

Erst nach längerem Beobachten und Nachdenken hat Noctilio dann doch den Eindruck, daß dieses groteske Wesen und sein Begleiter, der ganz in Schwarz mit dem merkwürdigen "Bildnis eines Menschen mit ausgestreckten Armen an einem Kreuz" erscheint, doch wohl Menschen seien

> Tous semblaient appartenir à la race des hommes. Mais que dire de leur teint blafard qui leur donnait l'air de noyés rapportés par la mer? (S.96)

2.2. Die Seite der Weißen

Solche Stellen zeigen bereits, wie konsequent Brival die Umkehrung der Perspektive zur Relativierung und Ironisierung des kolonisierenden Diskurses der Weißen einsetzt. Der Autor setzt voraus, daß dem Leser das Erstaunen der Weißen über die angebliche Nacktheit der Indios bekannt ist. Columbus selbst wird, wie z.B. auch Todorov sehr anschaulich erzählt (S.47f.), nicht müde, immer wieder seine Verblüffung über diese Tatsache zu betonen:

> Ellos andan todos desnudos como su madre les parió, y
> también las mujeres, aunque no vide más de una harto
> moza, y todos los que yo vi eran todos mancebos, que
> ninguno vide de edad de más de 30 años, muy bien hechos,
> de muy hermosos cuerpos y muy buenas caras ... (11. 10. 92;
> Diario S.91)

Columbus ist überrascht, daß die Indios trotz ihrer Nacktheit den Menschen näher zu sein scheinen als den Tieren (vgl. Todorov,S.48). Im Kontext des Romans von Brival, der ähnliche Reaktionen der Weißen registriert (S.87f.), der aber auch sehr genau die Bemalung der Kariben mit der pâte du roucou (S.16ff.) als ein der Bekleidung vergleichbares kulturelles Ritual beschreibt, ist daher das Erstaunen Noctilios über die nackten Hände und das Gesicht der Weißen verständlich (S.96), wobei aber die Reaktionen der Indios auf diese Form der Nacktheit viel toleranter erscheinen als die Abwehrrituale der in der christlichen Körperfeindlichkeit befangenen Weißen.

Beide Seiten bemühen sich, die durch die unerwarteten Begegnungen auftauchenden Kommunikations- und Diskursprobleme auf ihre Weise zu lösen. Dabei wird bei Brival immer wieder das gewohnte europäische Denkschema umgekehrt: Zwar haben auch die Indios in bezug auf die Weißen Probleme der Benennung und der Hermeneutik, die ihre Mythologien und Zeichensysteme nicht lösen können ("les oracles restent muets", S.102), und müssen die Enttäuschung ihrer ursprünglichen, meist zu hoch gespannten Erwartungen erleben -

> Le serpent ailé du présage n'était pas le dieu attendu,
> il était l'ennemi. Guanikana et les siens n'étaient
> que des hommes, des guerriers aux moeurs inconnues,
> à la recherche du métal jaune. (S.201)

- aber viel hilfloser sind bei Brival die Weißen. Die Ursache dieser sprachlichen Hilflosigkeit liegt in dem Roman Brivals (im Unterschied zur Analyse Todorovs, der eher die prämoderne, mittelalterliche Denkweise des Columbus und seiner Begleiter betont) paradoxerweise in dem - scheinbar überlegenen - wissenschaftlichen Instrumentarium selbst, über das die Weißen verfügen.

Der Autor schildert die wissenschaftlichen und sprachlichen Bemühungen der
Weißen mit Aufmerksamkeit, aber von Anfang an cum grano salis. So hat
Octavio Cortês y Montezar, der Mediziner, der die Expedition begleitet und
an einer Histoire naturelle des Indes schreibt (S.23ff.; 39ff.), zwar eine
gewisse Sympathie, aber er zieht auch den Spott des Erzählers auf sich: die
Karikatur eines Gelehrten, der alles registriert, dessen Forschungen aber
vor allem durch akademischen Ehrgeiz gesteuert werden. Die wissenschaftliche
Neugierde beruht bei ihm, wie bei vielen Conquistadoren, auf dem typischen
Interesse, das neu entdeckte Fremde in Europa einem erstaunten Publikum zur
Schau zu stellen (S.113ff.).[5] Zu seinem Kuriositätenkabinett gehört z.B.
der Kolibri, der von Cortês zunächst mit lexikalischem Interesse sehr genau
beschrieben wird, mit unverkennbarer Begeisterung:

> "COLIBRI: nom donné par les Indiens à l'oiseau le plus
> beau et le plus petit qui soit au monde. Son corps
> n'est guère plus gros qu'une noix sous un duvet de
> plumes extrêmement fines et déliées arborant une
> myriade de reflets verts des plus chatoyants. ... (S.191)

Um so grotesker, nämlich wie ein brutaler Mord und ein sadistischer Akt,
erscheint dann die Art und Weise, wie er den Vogel fängt, ihn tötet und
ausstopft (S.192f.). Bei Brival gerät diese Szene zur Demonstration einer
entfremdeten Wissenschaft, die trotz aller Beschreibungs- und Konservierungs-
künste, trotz der aufklärerischen Attitüde, gar keine Beziehung zu dem
Objekt der Forschung selbst findet, unabhängig davon, ob es sich um Pflanzen,
Fische, Tiere oder um die Menschen selbst, die Indios, handelt. Dieses
Denken steht im Gegensatz zu der "pensée sauvage" der Indios, die, wie
Brival zeigt, die Tiere und Pflanzen der Insel in einer engen und ursprüng-
lichen Beziehung zum Menschen begreifen.

Die Kolibri-Szene steht im übrigen in Korrelation zu der exemplarischen
Beschreibung der Initiationsriten der Indios (in denen ebenfalls ein Vogel
getötet wird, vgl.S.58), wobei Brival aber solche rituellen Handlungen -
im Unterschied zu den wissenschaftlichen Experimenten von Cortês - als im
System der "pensée sauvage" sinnvoll darstellt.

Noch grotesker sind allerdings die Kommunikationsbemühungen des Pater Felipe,
Bordfranziskaner und Missionar, der bei Brival eine ähnlich repräsentative
Funktion hat wie der Wissenschaftler Cortês, eine Figur, die "wie eine makabre
Parodie auf alle Missionierungen wirkt" (T.Heydenreich, S.22) und dessen
Ermordung durch einen alkoholisierten, soeben getauften Indio die Massen-

morde der Weißen an den Indios einleitet: ein Geschehen, das wie in einem
Zerrspiegel die leyenda negra der spanischen Missionierung in Lateinamerika
vorwegzunehmen scheint. Es ist Père Felipe, der als erster überhaupt auf
die Idee kommt, die Sprache der Galibis zu lernen:

> Les sauvages ne semblaient pas disposés à lui rendre les
> choses faciles; il avait même observé qu'il existait
> entre eux une sorte d'accord tacite leur enjoignant
> d'en révéler le moins possible à l'étranger sur ce sujet.
> Ils semblaient trop heureux de pouvoir converser entre
> eux, à l'abri de ce qu'ils jugeaient être l'oreille
> indiscrète des visiteurs. Le père Felipe n'y voyait
> là qu'un reste de méfiance que l'on pouvait au demeu-
> rant raisonnablement s'attendre à trouver chez un
> peuple de primitifs brutalement confronté aux mer-
> veilles du monde civilisé. (S.173)

Den Priester ärgert also die Möglichkeit der Indios, sich untereinander über
die Weißen zu verständigen, d.h. die Möglichkeit der unkontrollierten, freien,
nicht 'kolonisierten' Kommunikation, im Grunde der Freiraum der Sprache
selbst. Der Autor deutet damit an, daß der Missionsgedanke im wesentlichen
darauf hinausläuft, die Macht eines bestimmten Diskurses zu installieren
und die Freiräume der anderen Sprache zu unterdrücken, d.h., mit Foucault
gesprochen, die herrschenden Diskurse der Conquista durch Hierarchisierung,
Kontrolle und Unterdrückung der 'anderen' Sprache abzusichern:

> Le malentendu se dissiperait bientôt, songeait le moine,
> dès qu'il connaîtrait assez de leur langage pour pouvoir
> les instruire en la parole de Notre-Seigneur Jésus-
> Christ. (S.173f.)

Während Todorov vor allem das völlig unzureichende Interesse der Weißen für
die Sprache der 'anderen' betont (S.41ff.), bringt Brival - quasi in Vorwegnahme der historisch späteren Bemühungen einzelner europäischer Intellektueller, besonders der Jesuiten, die die Sprache der Indios lernen und analysieren - ein Beispiel für frühe Wörterbucharbeit: Schon Pater Felipe
notiert und erläutert in einem "cahier de notes" die wichtigsten Ausdrücke
der Einheimischen:

> AJOUPA: cuisine
> AGOUTI: espèce de lapin
> BOUGAN: feu de camp
> BOUTOU: massue
> CAONA: or
> CAPO: ciel
> CARBET: village

COHOBA: herbe aux vertus "magiques" dont ils se servent
à la manière d'un tabac à priser
GALIBI: nom qu'ils se donnent (signifie "vient de la mer")
[...]
PRI-PRI: pirogue de petite taille
ROUCOU: huile végétale de couleur rouge dont ils s'enduisent
le corps afin d'être protégés de la morsure des
insectes
ZÉMI: esprit ou créature surnaturelle
(S.174)

Es handelt sich hier um dieselben Begriffe, die der Autor Brival schon längst, bei der Beschreibung der Lebensformen und Sitten der Indios, also in den Abschnitten, in denen er die Perspektive der Indios selbst wählt, benutzt, aber nur zum Teil näher erläutert hatte. Insofern kommentiert das Wörterbuch Felipes auch den Roman selbst.

Die Figuren des Père Felipe und des 'Wissenschaftlers' Cortés y Montezar zeigen gleichwohl sehr deutlich, daß Brival gar kein Interesse hat, auf der Seite der Weißen zumindest einzelne positive Gegeninstanzen, kritisch-intellektuelle Gegenstimmen gegen die Gewalttätigkeit der kolonisierenden Diskurse zu schaffen: eine Möglichkeit, die sonst in der Columbus- und Conquista-Literatur oft Figuren wie Las Casas oder anderen 'gelehrten' Missionaren - mehr oder weniger - zugeschrieben wird. In dem satirischen Bild, das Brival von den Weißen zeichnet, gibt es dafür keinen Platz.

3.1. Die Kannibalen

Man kann Le sang du roucou, wie schon angedeutet, als eine Kombination von historischem Roman und ethnologischer Studie ansehen, wobei die durchaus konventionellen, romanhaft ausgestalteten Beschreibungen der Lebensformen der Kariben einen besonderen Reiz und auch die Spannung des Romans ausmachen. Das thematisch und erzähltechnisch konstituierende Mittel ist die Opposition und Konfrontation der beiden Welten, der Kariben und Weißen, die der Erzähler durch den mehrfachen Wechsel der Perspektive veranschaulicht. Die Wahl der Themen zeigt die - die Opposition bestimmende - Wechselbeziehung der entgegengesetzten Diskurse und Lebensformen: der Erzähler greift auf Traditionen und Klischees des kolonisierenden Diskurses der Weißen zurück, um diese durch die Umkehrung der Perspektive ad absurdum zu führen.

Die von den Weißen sogenannten 'Wilden' haben denn auch, wie Heydenreich feststellt, mit der "papierenen Veredelung bzw. Kannibalisierung europäischen Gepräges wenig gemein" (S.21); sie leben vielmehr in einem gut funktionierenden sozialen System, das, wie schon gezeigt, im Sinne von Lévi-Strauss' "pensée sauvage" durch klare Prinzipien und Wertvorstellungen geprägt ist, auch wenn dabei, anders als in den romantisierenden Darstellungen des "bon sauvage", die Konflikte, kriegerischen Auseinandersetzungen und z.T. auch sehr brutalen Raubzüge der Indios in dem Roman von Brival keineswegs ausgespart werden.

Die Situation auf der Insel ist kurz vor dem Auftauchen der Weißen durch Kriegsvorbereitungen zwischen den konkurrierenden Stämmen der Galibis und Taïnos gekennzeichnet. Dabei wird auch nicht übersehen, daß die Stammeskämpfe der Kariben von Grausamkeit und rassistischen Vorstellungen geprägt sind. In dem Begriff und Leitmotiv des sang du roucou wird die Ambivalenz der "pensée sauvage" deutlich: etwa der Sinn für die Ästhetik, z.B. mit der Vorliebe für den blutfarbenen Schmuck und Tätowierung, aber auch die Ideologie der Reinheit bzw. Unreinheit des Blutes, die die Stämme zu den Kriegen treiben (vgl. S.46f., 75). Dabei wird immer wieder auf die rituelle Bedeutung des Blutes hingewiesen.

Erst allmählich kann der Leser durchschauen, daß die Strategie des Erzählers darauf angelegt ist, die europäischen Vorurteile, Klischees und Stereotypen über die 'Wilden' mit Hilfe neuester ethnologischer Forschung umfassend und radikal zu widerlegen: Die Selektion der Themen dient einem gezielt dekolonisierenden Diskurs. Fast alle Beobachtungen und Assoziationen, die seit Columbus' Tagebüchern den besitzergreifenden Diskurs und die Hermeneutik der Weißen bestimmen, werden in Frage gestellt, als Mißverständnisse entlarvt.

Von den von Columbus notierten Merkmalen der Kariben - wie z.B. Nacktheit, Feigheit, Unterwürfigkeit, extreme Freigebigkeit, Friedfertigkeit, Polygamie - haben nur die positiven Attribute einen gewissen Bestand, z.B. die von Brival ausführlich geschilderte Gastfreundschaft, die zunächst vorherrschende Friedfertigkeit oder auch die körperliche Schönheit der Kariben. Das spektakulärste Beispiel bildet das Thema des Kannibalismus, das auch in der ethnologischen Forschung selbst zu den hartnäckigsten Vorurteilen und Stereotypen über die Kariben gehört und das, wie bereits angemerkt durch die Namensgebung selbst, durch die Assoziation Kariben-Kannibalen, nach wie vor eine starke Wirkung hat.

Man kann - mit F.Gewecke - voraussetzen, daß rituelle Anthropophagie zu
allen Zeiten und in nahezu allen Kulturkreisen Fremdgruppen zugeschrieben
wird (1986, S.128f.), so daß für Columbus die z.B. von Herodot, Marco Polo
oder Mandeville am Rand der Welt angesiedelten 'Menschenfresser' eine vertraute Vorstellung waren, so daß seine Vermutungen, auch die Kariben seien
Menschenfresser, keineswegs ganz abwegig sind, aber eben, wie die meisten
Vorstellungen des Columbus, nichts anderes als die Wirkung der literarischen
Phantasie, die eurozentrische Erwartungshaltung verraten.[6]

Für die neuere ethnologische Forschung ist denn auch die These der Anthropophagie amerikanischer Völker trotz zahlreicher Beschreibungen zwar nicht
undenkbar, aber nicht sicher bewiesen (vgl. Gewecke 1986, S.129). Wahrscheinlich gab es Anthropophagen im Inneren Perus sowie verschiedene endo-
kannibalistische Riten (vgl. H.Becher, S.247ff., Ch.Montbrun, S.122ff.).
Die Crónicas de Indias sind, besonders in diesem Punkt, eher durch literarische Phantasie als durch wirkliche Beobachtungen beeinflußt, im Interesse
der Rechtfertigung der Mission, die an dem Nachweis der Barbarei der betroffenen Völker interessiert war. Die Chronisten sehen das, was sie zu
wissen glauben.

Roland Brival bringt sehr gute Beispiele und Gründe für solche Täuschungen
der Wahrnehmung. In dem Roman werden zunächst die Mahlzeiten der Kariben
genau beschrieben, die alltäglichen und festlichen Mahlzeiten (S.20, 100
usw.), zu denen sie in ihrer Gastfreundschaft auch die Weißen einladen,
wobei es zu den ironischen Pointen des Romans gehört, daß die Indios daran,
daß die Fremden die Speisen der Insel essen, deren Menschlichkeit zu erkennen glauben (S.100). Trotz solcher Erfahrungen beharren aber die Gäste
auf ihren durch die Lektüre der spätmittelalterlichen Reiseberichte geschaffenen Vorurteilen; besonders deutlich wiederum Père Felipe, dessen
Notizbuch auch in diesem Punkt den Tagebuchaufzeichnungen des Columbus
sehr nahe ist.

Columbus selbst hatte zwar keine Ungeheuer in Menschengestalt feststellen
können, sondern, wie er selbst notiert, überall Leute von angenehmem
Äußeren, aber er will durch Berichte von Einheimischen von einer Insel
erfahren haben, auf der z.B. Menschen mit einem Schwanz geboren werden
und wo eine Bevölkerung hause, die Menschenfleisch verzehre (vgl. Gewecke
1986, S.90). Dementsprechend notiert Felipe in seinem ethnologischen
Notizbuch:

> "Ils habitent dans des huttes simples qui ne leur servent
> qu'à dormir, n'ont que très peu de besoins et quasiment
> aucune chose qui leur appartienne en propre. Hormis
> l'hérésie de la polygamie (qu'ils semblent considérer
> comme une chose naturelle) et la croyance (non encore
> confirmée), qu'ils mangent de la chair humaine, il
> semble que l'idée du vice ne se rencontre pas parmi
> eux." (S.175)

Die meisten dieser Behauptungen werden im Kontext des Romans widerlegt, in ihrer Leichtfertigkeit entlarvt, wobei der Typ des pseudowissenschaftlichen ethnologischen Diskurses der Weißen überhaupt der Ironie des Roman ausgesetzt wird. So hatten die Begleiter des Columbus schon bei ihrem ersten Besuch auf der Insel einen menschlichen Knochen bemerkt, dessen kultische Funktion von Brival vorher genau erläutert worden war: die Knochen der Toten sind Elemente des Rituals der "présage" (S.50-52), wobei die Beschreibungen Brivals sehr eng an die neuesten Forschungen zur präkolumbianischen Archäologie der Karibik anknüpfen, in denen solche endokannibalistischen Riten genau beschrieben werden (vgl. Montbrun, S.118ff.). Für die ahnungslosen Besucher gerät der Anblick der Knochen zu einem Gruselerlebnis:

> - C'était un bras, dit-il. Un bras d'homme. Ça ne ressemblait
> à aucune bête. UN BRAS D'HOMME, boucané. (Sa voix s'étrangla.)
> Ils mangent la chair humaine ... (S.77)

Auf diese Weise zeigt Brival, auch in der satirischen Zuspitzung durchaus plausibel, wie der Kannibalismus und mit ihm nahezu alle Mutmaßungen der Weißen über die Indios keinen anderen Ursprung haben als die eigene Horrorphantasie. Doch der Roman geht in der Behandlung dieses Themas - bei der Umkehrung der gewohnten Assoziationen - noch einen Schritt weiter: Nicht die Kariben, sondern die Weißen selbst sind die eigentlichen Barbaren, die Kannibalen.

3.2. Der Kannibalismus der Weißen

Schon Montaigne hatte in einer für seine Zeit erstaunlichen Klarheit den angeblichen Kannibalismus der amerikanischen Völker, von denen die Crónicas berichteten, mit der Behandlung verglichen, die Europäer ihren Feinden angedeihen ließen:

> Je ne suis pas marry que nous remerquons l'horreur
> barbaresque qu'il y a en une telle action [d.i. der
> Kannibalismus], mais ouy bien dequoy, jugeans bien
> de leurs fautes, nous soyons si aveuglez aux nostres.
> Je pense qu'il y a plus de barbarie à manger un homme
> vivant qu'à le manger mort, à deschirer par tourmens
> et par geênes un corps encore plein de sentiment, le
> faire rostir par le menu, le faire mordre et meurtrir
> aux chiens et aux pourceaux (comme nous l'avons non
> seulement leu, mais veu de fresche memoire, non entre
> des ennemis anciens, mais entre des voisins et con-
> citoyens, et, qui pis est, sous pretexte de pieté et
> de religion), que de le rostir et manger après qu'il
> est trespassé. (Des Cannibales, Essais I, S.239)

Montaigne ging es, wie Gewecke ausführt (1986, S.234ff.), vor allem darum, nachzuweisen, daß der Begriff der Barbarei als Kriterium für die Beurteilung fremder Völker gänzlich unbrauchbar sei. Der Roman Brivals folgt auf seine Weise einer solchen Argumentation. Die Weißen sind hier als Entdecker, wie Heydenreich formuliert, psychisch, politisch, sexuell, religiös 'kaputte Typen' (S.22). Sie sind nicht nur in ihrer Phantasie, sondern auch in ihren Verhaltensweisen die eigentlichen Kannibalen, da sie imstande sind, die Indios aus nichtigen Gründen oder problematischen Vorwänden körperlich zu vernichten und so schließlich eine ganze Kultur durch Massenmorde auszulöschen.

Die Weißen bringen, wie Brival sehr drastisch, mit den Mitteln der Groteske, zeigt, in ihrem Eroberungswahn und Goldrausch den Kannibalismus schon mit. So lassen sie z.B. den Schiffsjungen José, der als erster das Land gesichtet hatte, erbärmlich als Häftling in der untersten Kammer des Schiffes verenden; erst der Verwesungsgestank auf dem Schiff erinnert die Besatzung an den vergessenen José:

> Dorval vit que les rats avaient commencé à déchiqueter
> son cou, ses épaules. La vermine grouillait d'une plaie
> ouverte au sommet de son crâne. (S.128)

Der wahre Kannibalismus ist, wie Brival zeigen will, letztlich eine Folge des Intellekts, ein Bibliotheksphänomen, das, wie z.B. Foucault zeigt, die Monstren erzeugt, aber zugleich auch die eigene Monströsität entlarvt. Es ist, wie bei Goya (El sueño de la razón...), der Traum der Vernunft selbst, die Dialektik der Aufklärung, die die Monstren erzeugt. Es ist der aufgeklärte Wissenschaftler Cortés, der im Interesse seiner Wissenschaft z.B. den Kolibri auf brutale Weise tötet, und der Missionar, der, ohne es zu wollen, die Massaker der Weißen auslöst, da seine Ermordung durch Ayotex zu den 'Vergeltungsmaßnahmen' führt. Gerade der vornehme Kapitän Oliveira, der (scheinbar) Kultivierteste und Nachdenklichste (S.36), ist am Ende zu den schlimmsten Greueltaten fähig.

Der besondere Grund für die Grausamkeiten Oliveiras ist einmal mehr ein Mißverständnis, das Scheitern der kulturellen Kommunikation. Die Indios hatten den von Oliveira abgöttisch, geradezu fetischistisch geliebten Kater getötet, nicht um Oliveira zu beleidigen, sondern um ihm bei der festlichen Einladung einen besonderen Gefallen der Gastfreundschaft zu tun (S.132f.). Die groteske Geschichte, die erneut das Thema des Kannibalismus variiert und reflektiert, führt Oliveira schließlich zur Rache, zur Realisierung seiner eigenen, im Grunde latenten Horrorphantasie, verleitet den "homme cultivé" zum Massaker.

4. Columbus

Obwohl der zeitgenössische französischsprachige Roman der Antillen häufig - im Rahmen der Identitätssuche der Schriftsteller - die eigene Geschichte thematisiert, rücken (im Vergleich mit den Themen der Négritude, der Sklaverei usw.) die präkolumbianische Geschichte der Karibik und Columbus selbst relativ selten in den Mittelpunkt.[7] Die Beispiele, die der vorliegende Sammelband bietet, von E.Glissant über Métellus bis hin zu Brival, bilden eher eine Ausnahme; in deutlichem Unterschied übrigens zur spanischsprachigen Literatur des karibischen Raums, in dem vom 19.Jahrhundert an bis hin zu Carpentier die Figur des Columbus ganz offensichtlich eine besondere literarische Faszination hat, und zwar auch dort, wo die ironische Dekonstruktion des Columbus-Mythos, wie z.B. bei Carpentier, unverkennbar ist.[8]

Für Brival spielt denn auch Columbus als Persönlichkeit keine wirklich herausragende Rolle. Anders als etwa bei Glissant oder auch bei Todorov, der trotz aller Kritik an der Conquista immer wieder die Schlüsselstellung von Columbus selbst, seine entscheidende Funktion für die Entdeckung und Hermeneutik des Neuen Kontinents betont und dabei zu einer differenzierten Bewertung seiner Person und auch zu einer gewissen Sympathie gelangt (vgl. S.14ff.).

Für Todorov hat Columbus - auch im Hinblick auf die Motivation seiner Expedition, die mit einer archaisch-mittelalterlichen Religiosität, dem Kreuzzugsgedanken, in Zusammenhang gebracht wird (wie schon bei Las Casas und auch noch bei Carpentier) - ohne Zweifel einen besonderen Rang. Bei Brival gerät dagegen auch das Porträt des Columbus, wie das aller seiner Begleiter, zur Karikatur. Auch Columbus wird, wenngleich im Verlauf des Romans erst allmählich, zum Repräsentanten der im Prinzip fragwürdigen, wenn nicht sogar perversen und unmoralischen Konzeption und Zielsetzung der Conquista, zum Ausdruck des Kannibalismus der Weißen.

Zwar ist Columbus nicht von Anfang an so unmenschlich wie einige seiner Begleiter, aber sein Sendungsbewußtsein, sein Glauben an die Vorsehung, seine Kühnheit (er wird, wie Brival notiert (S.20), von Kindheit an als "Tête rouge" oder "Tête brûlée" bezeichnet) haben in der Darstellung Brivals jeweils einen ironischen Akzent. Dies gilt insbesondere für den mehrfachen Hinweis auf die Weissagung einer andalusischen Zigeunerin, "la prédiction de la gitane", die Columbus' Phantasie in fataler Weise lenkt:

> - La mort marche à tes côtés. Elle est partout, devant et derrière toi - la mort. Quant à toi, le poison te viendra d'une femme. (S.22)

Es geht Brival bei diesem Leitmotiv nicht um eine Psychologie des Columbus, sondern um eine psychoanalytische Deutung und Satire christlicher Vorstellungen schlechthin. Dies zeigt sich z.b. bei der Gastfreundschaft des Ouboutou, bei der ersten Begegnung mit dem Häuptling:

> Ouboutou reçut une pipe magnifique en bois sculpté, sertie d'ivoire et d'argent. Le sauvage ne parut manifester aucun signe d'émotion, mais Colombus crut déceler un éclair de joie dans ses yeux; il signifia d'ailleurs à l'amiral que tout ce qui lui appartenait était à sa disposition, ses femmes y comprises, dit-il, retenant par le bras l'une d'elles qui s'était approchée pour le servir.(S.105)

Ein solches Angebot erscheint Columbus wie eine Verführung des Teufels:

> Approcher l'une de ces créatures alors qu'il remplissait une mission divine eût été un acte impur, un péché susceptible de lui revenir sous la forme d'un châtiment mettant sa tâche en péril. Au reste, il se pouvait fort bien que la prédiction de la gitane concernât le poison de la chair et son cortège de maladies honteuses certainement fort répandues chez les sauvages, si l'on se fiait au seul débraillé de leur tenue vestimentaire, à l'insalubrité des cases. (S.106)

Aber erst die Szene zwischen der Gefangenen Akiwa, "la sauvagesse", entlarvt die sexualpathologische Kehrseite der Religiosität des Columbus: voller Schuldkomplexe bestraft er Akiwa, mit der er geschlafen hatte, brutal mit einer in seinem Reliquienkästchen verwahrten Peitsche, "le chat à neuf queues dont il s'administrait lui-même la discipline pour chasser ses démons" (S.186) - um sich dadurch, wie der Erzähler bemerkt, zu 'reinigen', von Akiwa zu befreien:

> Il comprenait à présent qu'elle s'était jouée de lui;
> elle, la diablesse envoyée par Satan pour le tenter
> et lui faire rompre ses voeux. (S.187).

Die 'göttliche' Mission des Columbus ist, in der satirischen Argumentation von Brival, nichts anderes als ein Produkt des Teufelswahns eines höchst problematischen Christentums, das im Vergleich (bzw. in der Konfrontation) mit der "pensée sauvage" der Indios in jeder Beziehung versagt und, wie gerade auch die sexuellen Beziehungen zeigen, zur Kommunikation völlig unfähig ist.

Brivals Roman hat kein biographisches Interesse an Columbus selbst oder seinen Begleitern und auch kein chronologisch-dokumentarisches Interesse an der Schiffsfahrt und den Abenteuern der Expedition. Es geht ihm vielmehr um eine exemplarische, pointierte Analyse der Conquista und ihrer Ideologie im Vergleich zu der einheimischen Gesellschaft. Es ist bezeichnend für die Erzählweise Brivals, daß er die erwähnte Akiwa-Episode nicht der Literatur über Columbus selbst entnehmen konnte, sondern einem Bericht eines Begleiters der zweiten Expedition des Columbus, Michele de Cuneo, "Edelmann aus Savona", über ein Abenteuer mit einem Indio-Mädchen, das von Cuneo, weil es sich gegen die Vergewaltigung wehrt, verprügelt wird (vgl. Todorov, S.63f.).

Brival akzentuiert in seiner Montage und romanesken Transposition dieser Textstelle nicht nur die sadistischen Elemente der Sexualität, sondern er deutet sie zugleich als eine Folge einer pervertierten religiösen Erziehung, für die das Christentum verantwortlich ist. Die polemische Argumentation des Romans läuft am Ende fast überdeutlich darauf hinaus, die Werte der christlichen Gesellschaft zugunsten der der präkolumbianischen Gesellschaft systematisch in Frage zu stellen - durch eine satirische Zuspitzung der dargestellten Ereignisse, bei der aber der Erzähler ganz ohne direkten auktorialen Kommentar auskommt. Columbus kann daher nicht einmal, wie in so vielen literarischen Darstellungen, die den Gegensatz etwa zwischen ursprünglicher Idee und Wirklichkeit der Conquista betonen, zur tragischen Gestalt werden.

5. Schlußbemerkung

Die Grenzen von Brivals Roman liegen sicherlich darin, daß er, anders als Todorov oder Lévi-Strauss, die eigene Position und das hermeneutische Problem bei dem Versuch, die historische Begegnung der beiden Kulturen darzustellen und dabei die europäische Perspektive in Frage zu stellen, im Roman selbst nicht thematisiert. Der Roman bleibt in der Erzähltradition des historischen Romans, seiner teils romantisierenden, teils realistischen Darstellungsmittel; er nutzt auch Ergebnisse der wissenschaftlichen Ethnologie, ohne deren verborgene diskursive Prämissen selbst zu diskutieren.

Der Roman sucht, im Gegensatz zu anderen zeitgenössischen Romanen, keinen Ansatz zur Problematisierung der eigenen Position und Erzählweise, zur Autoreferentialität, aber er entfaltet neben den z.T. melodramatischen Tendenzen, die bei der Beschreibung des Schicksals der Indios deutlich werden, viel Sinn für Ironie und Satire bei der Entlarvung der Rhetorik und Verhaltensweisen der weißen Eroberer. So ist der Roman nicht nur aufgrund seiner anschaulichen Vermittlung des Wissens über die präkolumbianische Kultur der Karibik spannend und lesenswert.

Wenn man über die Thematisierung der in dem Roman wichtigsten Diskurs- und Kommunikationsprobleme hinaus die literarische Form des historischen Romans berücksichtigt, d.h. den von Brival selbst gewählten literarischen Diskurs, so kann man folgenden Schluß ziehen: Brival behandelt sehr genau und konkret, besser als es vielen Werken über die Conquista auf theoretischer Ebene gelingt, die kolonisierende Macht der Sprache, die ideologischen, z.T. grotesken und absurden Aspekte der Kommunikation von Weißen und Indios; aber auch sein Roman ist ganz offensichtlich, mit der Tradition des historischen Romans und der von der Aufklärung geprägten ethnologischen Forschung, durch europäische Diskurse bestimmt.

Der Gedanke der Unmenschlichkeit der europäischen Zivilisation im Vergleich zur präkolumbianischen Kultur ist denn auch nicht neu, sondern wird von Brival nur neu formuliert. Das Lexikon des Père Felipe, das im Roman verspottet wird, ist daher nolens volens auch die Basis des eigenen Romans, geht es doch auch in dem Roman Brivals um den Versuch einer (auch sprachlich) möglichst exakten Darstellung der Indios. Brival versucht in seinem Roman - wie Felipe -, den Wortschatz der Weißen zu erweitern, z.B. die französische Sprache mit den speziellen Begriffen, die der Kultur der Indios entstammen. Insofern ist das in Paris publizierte Werk auch ein Produkt der Kolonisation, d.h. der zweiten französischen Kolonisation, die der der Spanier folgt, und verdeutlicht, ganz ähnlich wie das Werk Todorovs, die Unlösbarkeit des hermeneutischen Zirkels, den auch der dekolonisierende Diskurs nicht überwinden kann.

Anmerkungen
1. Zur Person und dem Werk Brivals vgl.T.Heydenreich, der (zusammen mit W.Bader) in Deutschland als erster auf den Autor hingewiesen hat und dem ich viele Anregungen verdanke (vgl. 1985, S.13 und S.19ff. und 1986): weitere Werke von Brival: Martinique des cendres (Ed. O.Orban) Paris 1978; Les tambours de Gao (Lattès) 1985; No man's land (Lattès) 1986.

2. Vgl. zum Begriff der Dekolonisation bes. den von J.v.Stackelberg herausgegebenen Band der RZLG (1982); zum Diskursbegriff vgl. M.Foucault 1971 (der auch dem Werk Todorovs zugrundeliegt); zum "discours antillais" s.a. E.Glissant und W.Bader.

3. vgl. T.Heydenreich 1985, S.21 (Anm.)

4. vgl. M.Foucault 1971; sowie ders., Histoire de la folie (Paris 1961), ein Werk, das am Beispiel der vom Diskurs der Moderne unterdrückten, also ebenfalls 'dekolonisierten' Sprache der folie eine analoge Diskursproblematik behandelt.

5. vgl. dazu im einzelnen F.Gewecke, 1986, bes. S.134ff.

6. Dies ist auch ein zentrales Thema bei A.Carpentier, El arpa y la sombra, México-Madrid 1979; dazu bes. Vf.1985, S.83ff.

7. vgl. W.Bader 1986, S.182ff.; M.M.Thoss, 1985, bes. S.191f.; B.Ormerod.

8. vgl. zu Carpentier T.Heydenreich 1985, S.16-18; Vf. 1985, S.79ff.

Literaturhinweise

W. Bader   "Martinique, Guadeloupe, Guyane: eine periphere Literaturgeschichte", in: Französisch heute 17 (1986), S.182-201

H. Becher   "Die endokannibalistischen Riten als früheste Erscheinungsform der Anthropophagie", in: Zeitschrift für Ethnologie 92 (1967), S.247-253.

U. Bitterli Die "Wilden"und die "Zivilisierten", München 1976

R. Brival   Le sang du roucou, Paris (J.-C. Lattès) 1982

C. Colón   Diario de a bordo. Ed. de L.Arranz, Madrid 1985

M. Foucault	Die Ordnung der Dinge. Eine Archäologie der Humanwissenschaften, Frankfurt 1974 (Les mots et les choses, Paris 1966)
M. Foucault	L'ordre du discours, Paris 1971
F.R. Fries	"Columbus oder Der Tagtraum in der Literatur", in: ders., Bemerkungen anhand eines Fundes oder Das Mädchen aus der Flasche, München 1988, S.54-63
F. Gewecke	Die Karibik. Zur Geschichte, Politik und Kultur einer Region, Frankfurt 1984
F. Gewecke	Wie die neue Welt in die alte kam, Stuttgart 1986
E. Glissant	Le discours antillais, Paris 1987
T. Heydenreich	Abhängigkeit und Revolte auf Martinique im Romanwerk von Roland Brival (Vortrag auf der Zweiten Bayerischen Karibik-Tagung München 1986)
T. Heydenreich	"Kolumbus aus karibischer Sicht: García Márquez - Carpentier - Brival", in: W.Binder (Hg.), Entwicklungen im karibischen Raum 1960-1985, Erlangen 1985 (Erlanger Forschungen Reihe A, Bd.37), S.9-23
E. Leach	Claude Lévi-Strauss, München 1971
C. Lévi-Strauss	Das wilde Denken, Frankfurt 1968 (La pensée sauvage, Paris 1962)
C. Lévi-Strauss	Strukturale Anthropologie, Frankfurt 1969
M. de Montaigne	Essais, Ed. M.Rat, 2 Bdd., Paris 1962
Ch. Montbrun	Les Petites Antilles avant Christophe Colomb. Vie quotidienne des Indiens de la Guadeloupe, Paris 1984
B. Ormerod	An Introduction to the French Caribbean Novel, London 1985
V. Roloff	"Alejo Carpentier und die Mythisierung des Mittelalters", in: Iberoromania 21 (1985), S.79-104
R. Sander (Hg.)	Der karibische Roman zwischen Selbst- und Fremdbestimmung. Zur karibischen Literatur, Kultur und Gesellschaft, Frankfurt 1984
J.v. Stackelberg (Hg.)	Probleme der Dekolonisation, Heidelberg 1982 (RZLG 6)
M.M. Thoss	"Der Romancier als Historiker: Zur Thematik der französischen Antillenliteratur", in: Lendemains 40 (1985), S.86-92
T. Todorov	Die Eroberung Amerikas. Das Problem des Anderen, Frankfurt 1985 (La conquête de l'Amérique. La question de l'autre, Paris 1982)

"Anacaona" de Jean Métellus (1985): la parole et la croix

Patrizia Oppici

Anacaona de Jean Métellus a été mise en espace par Antoine Vitez, en février 1985, au Théâtre National de Chaillot.[1] Il s'agit donc d'une interprétation toute récente de l'histoire tragique de la Fleur d'Or d'Haïti.[2] L'auteur, haïtien lui-même,[3] s'est proposé d'esquisser un tableau de la conquête vu à travers les yeux des vaincus. Anacaona, la protagoniste, résume en elle toute la tragédie de l'île. A ses côtés son époux Caonabo, le prince guerrier; la suivante Altabeira; Yaquimex lex résistant,qui survit et choisit, à la fin de la pièce, la fuite sur les montagnes pour continuer la lutte avec les marrons; Colomb, au contraire, reste en arrière-plan: il n'apparaît dans la pièce qu'à travers les discours des Indiens ou des Espagnols: Hojeda et Ovando, les gouverneurs, Roldadilla, le juge, et le Frère Buyl. Ces derniers trouvent discutable la stratégie qu'il adopte avec les Indiens et s'inquiètent de sa prétendue origine juive qui lui interdirait de comprendre "la dimension spirituelle" de l'entreprise. D'ailleurs Colomb est "un homme perdu": il trouve même quelque mérite aux sauvages!

La pièce, en vers libres et en prose, est divisée en quatre actes; les deux premiers, de sept scènes chacun, ont une fonction de présentation et de mise en perspective. Dans le premier acte est représentée la réaction des Indiens au ravage provoqué par les Espagnols dans leurs pays jadis si florissant. Caonabo livre bataille et remporte la victoire. La Nativité est brûlée.

La riposte des Espagnols, présentée dans le deuxième acte, est beaucoup plus sinueuse. Ils prennent du temps d'abord pour rétablir leur colonie; ensuite ils arrêtent Caonabo grâce à un piège et massacrent les Indiens qui les ont attaqués à Isabella.

Les effets de parallélisme et de contraste entre ces deux premiers actes sont nombreux. Les démarches directes et franches des Indiens dans le premier sont évidemment opposées à la dissimulation mise en oeuvre par les envahisseurs dans le deuxième. Dans les deux actes c'est la cinquième scène qui constitue le pivot de l'action: dans le premier c'est le récit de la bataille livrée et gagnée par Caonabo; dans le deuxième la nouvelle de son arrestation. De même, les deux actes se ferment sur un monologue lyrique marquant du point de vue psychologique et dramatique; mais tandis que dans le premier acte c'est Caonabo qui fait résonner son cri de victoire et de guerre: "Que désormais le sang des Espagnols soit notre boisson quotidienne!" (p.47), dans le deuxième Anacaona, restée seule face au désastre, y affirme son rôle et sa mission:

> A moi femme, à moi Reine
> De faire revivre un peuple nié dans ses racines
> (...) Il faut réengendrer le pays (pp.77-78)

Là aussi la violence prônée par Caonabo est opposée à la voie féminine et souple dont la Reine se propose de faire usage.

Plusieurs événements forment le corps du troisième acte: les menées des Espagnols, l'arrivée des Noirs esclaves sur l'île, les tentatives d'Anacaona de faire face aux envahisseurs par la compréhension et le dialogue, d'essayer la conciliation. C'est l'acte le plus long (huit scènes) et il constitue en quelque sorte la "péripétie". Le dernier, par contre, composé de trois scènes seulement, traduit bien du point de vue structural l'effet de brusque "chute" engendré par la catastrophe finale: la mort de la Reine et le génocide de tout un peuple.

Véritable tragédie, <u>Anacaona</u> renferme beaucoup d'éléments classiques, qui sont néanmoins bien adaptés à ce qu'on peut imaginer des anciennes coutumes de l'île; ainsi, par exemple, les oracles et les présages jouent un rôle important dans la progression dramatique; les invocations aux Dieux sont fréquentes; la suivante de la Reine joue ce rôle de confidente si essentiel dans toute tragédie pour permettre à la protagoniste d'épancher ses sentiments. Et encore, comme le voulait la doctrine classique, jamais dans cette pièce sanglante on n'assiste à des épisodes de violence: les deux batailles, l'arrestation et la mort de Caonabo, le meurtre de la Reine sont racontés sur scène par d'autres personnages.

Il importe de souligner ces allusions à la tradition littéraire classique, et donc "occidentale", parce que la tragédie d'Anacaona et celle d'Haïti tout entier est justement la tragédie de l'assimilation totale à l'envahisseur, au point que, pour <u>dire</u> cette tragédie, il faut maintenant employer les langues et les modèles littéraires du conquérant.[4] C'est de ce contraste poignant que naît cette pièce: Anacaona, la femme reine et poète, est l'expression de cette parole anéantie et que l'auteur ne peut que faire revivre à travers les mots de ceux qui l'ont tuée. "Je ne veux pas mourir infestée par les mots d'autrui" (p.123) s'exclame la Reine à un certain moment. Or, le propre du poête haïtien est justement cette tragique mais inévitable infestation par les mots de l'autre.

Anacaona, ou la tragédie de la parole assassinée, donc. C'est une lecture qui peut être confirmée par plusieurs indices; si on tentait une enquête statistique, la récurrence des termes: mot, discours, parole, propos, verbe, etc., serait probablement très élevée. C'est le champ sémantique qui joue un rôle prépondérant dans le vocabulaire de la pièce.

D'emblée, en effet, Anacaona se présente comme la parole de tout un peuple, une parole qui ne fait qu'un avec la nature d'Haïti:

> Que mon souffle et mes voeux
> Caressent mes sujets
> A l'approche du couchant
> A l'heure où les demeures s'endorment.(p.19)

Tout se passe comme si l'auteur voulait suggérer l'idée d'un rapport simple et direct entre les mots et les choses. Dans ce Paradis Terrestre qu'est Haïti - Ayti - d'avant la conquête les mots ne peuvent qu'être l'expression sincère d'un sentiment vécu; et comme la possibilité du mensonge est exclue, c'est le dire qui crée l'évênement:

> Marchons d'un pas ferme vers l'avenir
> Avec la complicité des mots
> Ils ont la force de métamorphoser
> Les objets qu'ils touchent
> Les soucis qu'ils frôlent (p.39)

Les mots des hommes, qui adhèrent spontanément au tissu même de la vie, possèdent une entière efficacité:

> Il est bon que l'homme parle, même pour dire sa peur
> Les esprits ou les coeurs gonflés de tristesse ou de passions
> Trouvent toujours l'apaisement
> En payant leur tribut de mots à la nature qui s'exprime sans jamais se lasser
> A la nature qui crie la puissance de la vie, sous toutes ses formes (pp.137-138)

Dans cet Haïti d'avant la chute le Logos garde encore tout son pouvoir créateur: la nature et la vie sont dans le Verbe, elles sont le Verbe. "Au commencement était le Verbe, et le Verbe était Dieu", comme le dit doctement un des Espagnols à Anacaona, en avouant toutefois n'avoir jamais bien compris cette expression. Anacaona, elle, peut la comprendre beaucoup mieux, puisque

la Reine-poète sait bien que sa parole créatrice lui vient des Dieux; d'où
l'importance des prières et des invocations qu'elle leur adresse tout au
long de la pièce ("Corocoté, dieux pourpres et jaunes (...) portez, portez
mes mots à travers les montagnes/ Corocoté délivrez-nous du joug et des
souillures de ces hommes blancs")(p.19).

Mais en elle et dans tout son peuple s'est désormais produite une fêlure.
Anacaona sait que l'empire de la parole divine ne durera que tant que les
hommes auront foi en elle. Or cette foi qui avant faisait partie d'une relation harmonieuse entre la nature et la parole est troublée maintenant par
l'arrivée d'autres hommes dont les mots ne correspondent plus aux actes et
aux sentiments. Les Espagnols sont porteurs d'une façon autre d'entendre
le rapport avec la nature qui brise l'harmonie préexistante.

Eux aussi sont caractérisés par la parole: "Eux sont gens qui parlent tant"
(p.126). Ils sont, en effet, "riches en paroles, mais en armes aussi"(p.116)
et les "paroles douces" (p.152) dont ils font parfois usage avec les Indiens
contrastent étrangement avec leur violence dévastatrice qui déjà a changé
l'aspect de l'île. Face à cette réalité nouvelle la foi des Indiens est
bouleversée. "Les dieux sont immortels tant que les mortels peuvent encore
les défendre" (p.77) raisonne Yaquimex, déjà converti à une manière beaucoup
plus brutale d'entendre les rapports entre les hommes et les dieux. La
nature même d'Haïti, autrefois si généreuse, semble se révolter contre ses
habitants: "Voilà que la campagne entière nous accuse de traîtrise" (p.23)
et les dieux restent muets, insensibles aux malheurs des humains: "Si vous
le dites, vous le croyez/ Et si vous le croyez, alors c'est chose faite"
(p.24). La foi spontanée et simple des Indiens en un rapport directe entre
nature divine et parole se révolte contre eux: puisqu'ils ne savent
employer ni la ruse ni la dissimulation, il seront inévitablement battus
"par un peuple sans parole"(p.68), sans mots authentiques et vrais. C'est
donc tout l'univers des valeurs des Indiens qui s'écroule et la Reine elle-
même semble un instant vaciller: "Nous restera-t-il un jour (...) assez de
mots pour dire ce massacre?"(p.77) Comme si elle prévoyait que sa tragédie
ne pourra être revêcue qu'à travers les mots de Caïn.

L'histoire d'Anacaona est donc étroitement associée par Métellus à la foi
et à la religion de l'ancien Haïti en une dense agglomération sémantique
qui réunit les thèmes de la nature, de la parole et des dieux. Mais le
réseau de correspondances établies par l'auteur avec les mots des chrétiens

Espagnols ne fait que commencer. Le jeu d'échanges créé par Métellus est
subtil: il ne s'agit pas simplement d'opposer la parole vraie d'Anacaona
à la dissimulation des Espagnols mais d'un véritable chassé-croisé de
signifiants où les mots de l'oppresseur s'entrecroisent avec les raisons
des victimes, où la civilisation des Blancs devient une clé - désormais
la seule possible - pour faire réentendre la voix des victimes.

Si donc Anacaona représente le pouvoir créateur du verbe les Blancs en
expriment toutes les possibilités de mystification. Frère Buyl, le religieux,
est chargé d'énoncer dans la pièce cette autre vision du monde dont les
Espagnols sont porteurs:

> Là où il faut atteindre ces sauvages
> (...) C'est dans leur âme, dans leur être profond
> (...) Ce qu'il faut faire, c'est détruire leurs traditions,
> leurs coutumes, les empêcher de contempler leurs pierres
> sacrées,
> Bref il s'agit de leur enlever leurs racines les plus pro-
> fondes. (pp.51-52).

La conversion prônée par Frère Buyl est essentiellement un déracinement.
Pour rendre ces sauvages plus dociles et exploitables - le mobile économique
est évidemment sous-jacent au discours religieux - il faut avant tout les
déposséder de leur culture; il faut, littéralement, les détruire pour les
remodeler différemment et les rendre semblables aux Blancs. Mais "et c'est
là le problème qui se pose au religieux que je suis" comment les plier à
"une vision nouvelle, chrétienne, sainte, fervente"?(p.54) Car le recours
à la violence renferme un grand danger, le prêtre le sait bien:

> Les châtiments n'ont jamais empêché de vivre
> Ni même de survivre
> Pensez à Jésus, Notre Seigneur
> Qui s'est laissé crucifier
> Il a subi toutes les tortures
> Crachats, insultes, outrages
> Mais il en est sorti plus puissant (p.53)

L'image du Christ ne lui suggère d'ailleurs aucune pensée charitable à
l'égard des Indiens et constitue plutôt une réflexion sur les moyens à
employer pour obtenir la conversion: "Jamais l'atteinte corporelle ne
défait un homme/ Pour détruire un homme, il faut l'amener à renier son
âme". (pp.53-54)

En fait Frère Buyl ne désavoue nullement l'usage de la violence et prône
même une violence d'un degré supérieur, qui doit parvenir à l'anéantissement

complet des esprits. Mais si cette dépossession des âmes constitue "la dimension spirituelle (p.82) de l'entreprise" la suppression des corps n'est pas, bien sûr, exclue:

> Même si nous devons procéder à l'extermination presque
> totale des sauvages
> Il faut les convertir
> Le déluge est une oeuvre proprement divine
> Notre mission est d'installer partout dans le monde notre
> modèle religieux
> En imposant même par les armes la certitude de l'existence
> d'un seul Dieu
> D'un seul lieu pour l'adorer, l'Eglise catholique
> (pp.82-83)

Voilà le véritable noyau du modèle oecuménique proposé par Frère Buyl: au coeur de la religion des Blancs se trouve la violence, une violence dévastatrice qui doit s'abattre sur le monde pour le rendre partout identique et abolir la différence. Et cette religion de violence a pour symbole un instrument de supplice - que les Indiens ne connaissent pas encore - la croix. "Que présage cette croix qu'ils portent tous sur le coeur?"(p.32) se demande Anacaona au début de la pièce. Frère Buyl à son tour recommande aux Espagnols de ne pas commencer par donner des croix aux Indiens: "pas de croix, la croix fait parfois instinctivement peur" (p.60). Toujours subtil, le religieux a déjà perçu que les Indiens, par le rapport transparent qu'ils vivent entre le mot et la chose, devineront tout de suite ce que la croix signifie pour eux. Et il remarque ironiquement: "L'idée d'envoyer une croix n'est pas, en soi, mauvaise, étant donné le but que nous poursuivons" (p.57), but qui n'est pas simplement la conversion des Indiens, mais aussi et surtout leur crucifixion. Et alors, en faisant un pas de plus dans cette possible interprétation de la pièce, on pourrait dire qu'Anacaona est la tragédie de la parole crucifiée.

Car Frère Buyl a tout de suite compris que son entreprise d'évangélisation est entravée principalement par la parole: "Dans ces pays encore sauvages la parole est une arme redoutable/ Elle remplace l'épée et les canons" (p.58). Et cette parole autre qui s'oppose aux mots de l'Evangile est Anacaona, elle est le Verbe de tout son peuple, un Verbe, "qui ne doit pas s'incarner". L'expression est troublante, car elle est évidemment calquée sur le verset de l'Evangile de Saint Jean: "Et verbum caro factum est". Métellus fait passer la tragédie d'Anacaona dans le moule du symbole chrétien qui l'a tuée, elle et son peuple.

Donc Frère Buyl a gagné. Son modèle oecuménique a triomphé, puisque l'auteur doit encore une fois accepter la médiation occidentale pour raconter cette histoire tragique. Mais c'est une acceptation critique qui, par le jeu d'échanges qu'elle propose, devient subversive non seulement au niveau du contenu - la condamnation du modèle occidental, violent et dévastateur - mais aussi sur le plan formel du symbole.

Sous la plume de Métellus cette religion qui se veut universelle, mais qui s'est imposée essentiellement comme une religion du père, se féminise pour s'adapter à la nature d'Anacaona-Haïti. Car le Verbe d'Haïti s'est incarné dans une femme "enceinte d'été et de couleurs" (p.90), dont la parole donne la vie comme son ventre peut la donner:

> Je ne peux plus plus porter d'enfant n'ayant plus de mari
> Mais tout un peuple me féconde, attend un chant nourri de
> mon sang (p.123)

Le pouvoir créateur du Verbe est attribué à Anacaona dans son double rôle de poète et de femme: elle est une parole-femme douée du privilège de la génération et de la régénération d'Haïti:

> Puisqu'il faut vivre, invoquons, exaltons nos dieux
> Sans eux nous périrons
> Essayons de les célébrer
> Par les prières, grâce aux mots
> A moi femme, à moi reine
> De faire revivre un peuple nié dans ses racines
> Mais est-il rien d'impossible à une femme à la fois Reine
> et Mère?
> L'homme n'est-il pas issu d'une matrice de femme?
> Il faut réengendrer le pays. (pp.77-78)

Mère et poète de l'île Anacaona rejette la voix de la violence qui a déjà perdu Caonabo:

> Quand la force déploie l'éventail de sa voix
> (...) J'arbore les vertus de la sagesse et prodigue
> l'enseignement de la patience (p.104)

Comme elle croit en la valeur des mots, Anacaona cherche l'apaisement, convaincue que partout doivent exister "des hommes loyaux, fidèles à leur parole". (p.93) Jusqu'au bout, elle tentera la voie de la communication entre Indiens et Espagnols, confiante en sa conception _transparente_ de la parole, une parole qui unit et rassemble les hommes en leur faisant expérimenter l'identité des besoins et des sentiments humains:

> Car nous avons au moins en commun le pouvoir
> De communiquer, de parler, de mettre nos sentiments en parole
> D'échapper à l'exil que façonnent les haines et la duplicité
> Et de créer peut-être... (p.146)

Mais les Espagnols ne veulent pas collaborer avec les Indiens. Il préfèrent "créer" seuls, à l'image de leur terrible Dieu. Et Anacaona était vaincue à l'avance, parce que son royaume, fondé uniquement sur la parole, ne pouvait faire partie d'un monde où les mots servent uniquement de masque à la force. Elle devra donc mourir, avec presque tout son peuple; mais en assumant ce rôle sacrificiel que les chrétiens attribuent au Christ elle <u>sauve</u> également son peuple de l'oubli total:

> Si vous devez périr
> Bénissez l'étoile qui vous a vu naître
> Et qui ose mêler le destin d'une femme au sort des dieux
> (p.68)

Déesse, mythe, légende, Anacaona continuera à vivre: elle sera "le génie de la terre d'Haïti", sa mémoire historique "cette volonté indomptable de l'homme de retrouver son passé" (p.97). Comme le craignait Frère Buyl, "un vaincu est toujours un vainqueur potentiel" (p.53) et la parole crucifiée d'Anacaona continuera de résonner dans Haïti, tout au long de l'histoire sanglante de ce pays, jusqu'à maintenant.

Mais on ne peut s'empêcher de souligner que Métellus a choisi de faire passer le message d'Anacaona à travers le texte fondamental de la civilisation occidentale, le Nouveau Testament, cité à plusieurs reprises par Frère Buyl et les autres Espagnols. Tout se passe comme s'il voulait renchérir sur les difficultés posées par le problème de l'assimilation: à la double contrainte linguistique et formelle, explicite dès le début de la pièce, il ajoute le recours aux symboles et à l'iconographie chrétienne, qui se précise de plus en plus à mesure que la tragédie progresse et culmine finalement dans la saisissante image du Christ-femme, prise "par trahison" et pendue à la Croix:

> Vêtue d'un pagne de coton blanc orné de fleurs, la langue pendante et les lèvres bleues
> Les seins entourés de colliers de fleurs
> Une mousse noire jaillissait de sa bouche teintant ses guirlandes et son pagne
> Tandis que le vent disséminait ses cheveux dans toutes les directions (pp.155-156),

un vent violent des Caraïbes semblable à un houragan, un signe de la colère du Ciel pour ce Calvaire du Nouveau Monde.

Certes, dans le jeu d'allusions multiples crée par Métellus dans sa pièce on pourrait voir au fond une réaffirmation de l'universalisme chrétien qui arrive à comprendre même ses propres victimes. On ne peut empêcher l'histoire d'avoir été ce qu'elle a été... Mais si ces victimes n'ont même plus une voix autonome, il semble au moins suggérer qu'un souffle de vie s'exhale encore de l'ancien Ayti, capable de revivifier notre culture et de réaliser peut-être enfin ce rêve de communication d'Anacaona.

Notes

1. A la lecture publique de la pièce par Antoine Vitez (le 25 février 1985) a fait suite, en février 1988, la représentation de la pièce, toujours au Théâtre National de Chaillot.

2. La pièce a été publiée par Hatier, dans la Collection Monde Noir poche, en 1986. A cette édition se réfèrent nos citations qui indiquent le numéro de la page entre parenthèses, directement dans le texte. Rappellons que l'histoire d'Anacaona avait déjà inspiré un autre écrivain haïtien, Jacques Stephen Alexis, qui lui consacra le "Dit de la Fleur d'Or" à l'intérieur de son Romancero aux étoiles, Paris, Gallimard, 1960.

3. Jean Métellus, né à Haïti en 1937, vit à Paris où il exerce la profession de neurologue et s'intéresse tout particulièrement aux problèmes du langage et de l'aphasie. Il a publié des recueils poétiques: Au pipirite chantant (1978), Tous ces chants sereins (1981), Hommes de plein vent (1981), et Voyance (1985); de nombreux romans: Jacmel au crépuscule (1981), La famille Vortex (1982), Une eau-forte (1983), L'année Dessalines (1986), La parole prisonnière (1986), et Les cacos (1989); un essai consacré à son pays: Haïti, une nation pathétique (1987). Parmi ses recueils poétiques, signalons qu'une partie d'Hommes de plein vent est consacrée au personnage de Christophe Colomb et que déjà dans ce poème les thèmes de la parole et de la croix s'enchevêtrent d'une façon très suggestive.

4. Cf. l'essai de Carminella Biondi Le "soleil" des Antilles:réflexions et problèmes, "Neohelicon", VII-2, 1979-80, pp.143-168 qui fournit également une riche bibliographie sur le sujet.

"-¿Y ahora, qué será de nosotros sin los bárbaros?"
Lectura de "1492" de Homero Aridjis

Susana Zanetti

"Y no hallé cosa en que poner los ojos
que no fuese el recuerdo de la muerte."
Quevedo

"Torno y digo que va a ser de mí,
en tierras agenas yo me vo murir."
Aridjis, 1492.

A partir de El camino del Dorado (1948), la señera novela de Arturo Uslar Pietri, la ficcionalización de ese pasaje inaugural de Europa y América - que entrañaron el descubrimiento y la conquista del Nuevo Mundo - ha despertado el interés sostenido de los narradores hispanoamericanos. El arpa y la sombra (1979) de Alejo Carpentier o Terra Nostra (1975) de Carlos Fuentes son ejemplos de primera magnitud de una indagación acerca del destino americano, con los cuales nuestra narrativa colabora en revertir la "actitud humboldtina", definida por Carrera Damas como la inclinación del conocimiento europeo de dar cuenta del Nuevo Mundo sin prestar oído a las explicaciones que éste da de sí.

El escueto título de la novela de Homero Aridjis, 1492,[1] remite al tema abriendo muy diversas hipótesis de lectura. La fecha enuncia, por antonomasia, el descubrimiento de América. La figura de Cristóbal Colón irrumpe pocas veces, y casi al azar, en el continuo deambular de los personajes, como estrategia anticipatoria del descubrimiento de América, que la novela no cuenta. Solo se refiere a la preparación de la partida de las carabelas desde el Puerto de Palos.

Sabemos que el descubrimiento del Nuevo Mundo con frecuencia ha deslizado la interpretación de la Historia tanto hacia el Origen, hacia la imagen del Paraíso que vislumbrara Colón en las bocas del río Orinoco - imagen casi constante en la narrativa de Carpentier -, es decir, hacia la pura vida natural y la inocencia primigenia, como hacia el desafío del futuro aparentemente vacío, hacia la promesa de un nuevo espacio frente al viejo que se negaba a las utopías.

Las palabras del narrador protagonista, Juan Cabezón de Castilla - al separarse de su mujer y de su hijo - anuncian el futuro como apertura a la esperanza del hombre de ser dueño de su libertad y del rumbo de su vida: " - No tengo miedo dellos ni de sus ordenanzas, no temo a Torquemada ni a sus inquisidores, me hacen reír los alguaciles, los alcaldes, los familiares y los notarios del Santo Oficio; conozco un mundo futuro donde ya son polvo, donde no son una sombra siquiera[...]"(p.284). La tierra americana, allí donde Juan Cabezón de Castilla escribe las memorias de su vida, está ausente en la novela. En el peregrinaje último del protagonista es un objeto aún desconocido, que podría encerrar la promesa de cambio ansiada, e insinuada por la imagen luminosa que imagina en su duermevela poco antes del embarque: "[...]Y me vi zarpando en un rocín de madera mecido por las aguas bajo el océano inmenso de la noche que clareaba, semejante a la calma que precede a la aparición del sol o a la eclosión de un nuevo mundo" (p.373).

Dos de los epígrafes iniciales también auspician la lectura de América como el lugar donde se concretaría la profecía de libertad en un Mediodía que pone fin al cautiverio,[2] pero los dos restantes clausuran tal expectativa pues al exilio sucede la violencia y la persecución ya conocidas, la herencia de una condición que no transforma un nuevo espacio. La experiencia del refrán popular, que cierra los epígrafes, en cuanto sabiduría afianzada por largos años, contribuye a confirmar esta lectura.[3]

La esperanza que inauguraría el final de la novela - un final abierto por otra parte -, en verdad se contamina, o más bien se coagula, si consideramos que ese desenlace es el resultado de los nudos que amarraron la historia contada de desplazamientos innumerables a hitos siempre precarios, meras escalas, infructuosos puntos de llegada. El último desplazamiento, con el arribo al Nuevo Mundo, cuya ventura posible cala el presente de la escritura - no se alude al deseado reencuentro con Isabel -,[4] parece más bien un nuevo tránsito con escasos cambios, salvo el de la supervivencia: tierras nuevas para la violencia y la desolación antiguas. No hay nuevos mundos ni espacios vacíos, no porque no los haya, sino porque el hombre traslada a ellos su herencia fortalecida. 1492 parece acordar con la idea de que, si América es en buena medida hechura de Europa, recibirá de esta "fortaleza asediada" - parafraseando a Thomas Mann - solamente un "soplo de los secretos de nuestra soledad".[5] Pareciera recuperar también esa mirada de los primeros americanos hacia los europeos que imaginara Montaigne, sobre la cual se han ido acumulando todas aquellas con las que el hombre ha ido constatando sus presentes sombríos.[6]

Si América está en el presente de la escritura de las memorias de Juan
Cabezón de Castilla, lo está también en ese otro que escribe 1492, el poeta
mexicano Homero Aridjis, casi cinco siglos más tarde, quien comparte la
certidumbre de Joyce de que "la historia es una pesadilla de la cual no
puedo despertarme".[7] En su novela breve El último Adán (1981, revisada en
1982 y en 1986) tematiza también la doble mirada hacia el pasado y hacia el
futuro, con su carga extrema y emblemática aquí, de Génesis y Apocalipsis.
En este relato Adán es el testigo final de la Historia. Reconocemos rasgos
de Juan Cabezón de Castilla en el deambular angustioso de este personaje;
sus desplazamientos solo conducen a la visión de nuevos cadáveres, de
monstruosas transformaciones de la naturaleza y del hombre en medio de una
atmósfera de destrucción que es resultado de una explosión nuclear.[8]

Sabemos que el descubrimiento de América pudo ser un reto a la transformación
de valores, a la comprensión de lo diferente, al reconocimiento del otro.
Estas perspectivas se desvanecen en la novela de Aridjis: las disuelve la
dispersión del destierro provocado, justamente, por el rechazo de lo otro,
por el cierre de la aceptación de experiencias y concepciones plurales, que
la fecha elegida, 1492, claramente señala: el fin de la España de las tres
religiones. La novela despliega la expulsión de los judíos, transcribiendo
inclusive el Edicto General de 31 de marzo de 1492; alude, con poco desarrollo
en el relato, a la toma de Granada y a la expulsión de los moros.

"Estos no han sido buenos tiempos para mí" (p.368), afirma Juan Cabezón de
Castilla. Esos son los tiempos de la novela. Tiempos de la amenaza y del
acoso, del fanatismo, la crueldad y el sacrificio humano - así expresado -,[9]
que trae la Inquisición. La novela se construye a través de la recurrencia
de los infinitos desplazamientos de los personajes - las víctimas especialmente -, sujetos a un peregrinar sin desmayo, pues "dudar, descansar un
momento, era sucumbir" (p.29). Mesones, tabernas, y sobre todo las calles
de innumerables villas y ciudades españolas son el escenario casi único de
esa danza de la muerte que crepita en las hogueras con que el Santo Oficio
- establecido en 1481 - incendia el país.[10] Mientras quedan abiertas, y
calladas, las profecías de los epígrafes, el relato se hace cargo de expresar
el cumplimiento de una, la augurada por esa suerte de filósofo de 1492, pero
Meñique: "Yo voy por las calles de este mundo ciego, y no quiero abrir los
ojos para mirar los fuegos de la muerte que se encenderán en muchos lugares
de estos reinos para quemar gente inocente" (p.138 s.).

Acusadores y espías agudizan los riesgos de la errancia, cuya única puerta de salvación se encuentra en la separación y el éxodo. Hacia el final del relato miles de judíos parten hacia Portugal o los Países Bajos: "Desarraigados de los lugares de su nacimiento, ningún sendero arbolado los protegía del sol, que caía a plomo y hacía vibrar la distancia; igual que si todo fuese una alucinación de la mirada, un delirio del día calenturiento y no una pesadilla infligida a los hombres por los hombres." (p.366)

El citado es uno de los pocos pasajes de luz plena de 1492. Su ámbito es la reiteración de la noche y las sombras, en las que se diluye y confunde la precisión, y el sentido, de lo real. La novela marca el transcurso temporal, siempre lineal y señalado por la fecha; pero este tiempo así concatenado adelgaza su sentido de proceso, pierde aristas, como si borroneara la nitidez que debe unir los actos a sus causas y consecuencias, en los múltiples meandros del peregrinaje que ritman su sintaxis narrativa. El tiempo se espacializa en la itinerancia. El futuro se vuelve tránsito hacia lo mismo; se dice en un momento de la novela: "Con resignación milenaria venía no como alguien que va de una parte a otra de la villa, sino como alguien que recorre el espacio y el tiempo." (p.116).

El peso del acontecimiento - que abre o cierra una época o promueve cambios profundos - involucrado en la fecha del título pierde buena parte de su entidad. Podríamos pensar que 1492 recupera de la crónica - uno de sus modelos discursivos -, aunque expandiendo simbólicamente su significación, el rasgo de que, en sentido estricto, tiene final abierto y carece de comienzo, pudiendo continuar indefinidamente.[11]

La constante atmósfera crepuscular o nocturna transfiere a los personajes la consistencia de la sombra y de la fantasmagoría, o del sueño.[12] Ellos transitan por la historia sin posibilidad de asidero cierto;[13] el proceso histórico se concreta en un deambular que se acumula, sumando reiteradamente violencia y muerte.

Estos son los tiempos en los que vive Juan Cabezón de Castilla, "azotador de caminos y empedrador de las escudillas de mis caldos." (p.32) Su heroísmo radica en el esfuerzo por la supervivencia: "Al verlos exánimes en el polvo sentí la alegría de encontrarme vivo" (p.323), dice en una de las secuencias importantes de la novela. Esta resistencia es una de las formas de triunfo que posibilita 1492. En otro de sus niveles la resistencia, y la transgresión, se asienta en la mirada del testigo que origina la memoria y la escritura de su vida, ejemplar en cuanto es imagen de muchos: "En la cabeza todo se hace una sola cosa y en la memoria todos los recuerdos se harán una sola historia. (p.347) En parte, Juan Cabezón de Castilla recuerda al outsider, introducido por Dostoievski en Memorias del subsuelo, cuya mirada extrañada será la esencial de los héroes de ficción latinoamericanos - según considera Fernando Aínsa -, porque su condición es el resultado de un trasplante presente en todos - indios, blancos, negros -, que interesa las dimensiones sociales y culturales, además de la espacial o geográfica. El desajuste que esta situación acarrea se palpa en un desplazamiento permanente, con el cual los personajes de la novela latinoamericana persiguen un espacio de felicidad que se les niega.[14] Cristóbal Colón, desde esta perspectiva, inaugura esa búsqueda, con su carga de ilusión y fracaso.

Los alcances de la búsqueda en 1492 aparecen circunscriptos por ese "Yo me fui a Palos en busca de fortuna"(p.385), que el narrador explicita al final de su historia. La posible dimensión épica cede paso a las modalidades de la picaresca presentes ya en el subtítulo - "Vida y tiempos de Juan Cabezón de Castilla" - y la relación de hechos se ciñe a la autobiografía. En buena medida la escritura de 1492 atiende al lenguaje y a los modelos discursivos de los siglos XV y XVI. En este sentido, se vincula con las novelas históricas que narran el período elegido volviendo a fundir diversos moldes retóricos de la época en que ocurren los hechos. El subtítulo, la elección de la primera persona narrativa para contar su vida desde una perspectiva antiheroica, la recurrencia a lo cómico y a los juegos de palabras, tanto como muchas otras características del léxico en el diálogo de los pícaros, remiten a peculiaridades de la picaresca. Estas modalidades asoman en el relato de las "fortunas y adversidades" de Juan Cabezón de Castilla a partir de su prehistoria, de su genealogía. También él proviene de una familia de conversos. Su legado es la "muerte labradora" que ha signado el pasado familiar. El relato de su origen nos lleva hasta 1391, con el nacimiento del abuelo Justo Afán, simultáneo a la toma de la Aljama de Sevilla - que va "dejando tras de su paso fuego y sangre, saqueo y muerte." Esta prehistoria del protagonista se expande a la humanidad toda en las palabras de su padre, cuando, huérfano, se echa a los caminos "sin más hermandad que la progenie ubicua de Caín."(p.28).

La primera parte de la novela cruza crónica y picaresca. Esta última se impone con el diálogo de pícaros en la plaza (el Rey Bemba, la Trotera, etc.), poco después del ingreso de Juan Cabezón al servicio del ciego Pero Meñique. La historia de éste presenta rasgos fuertemente picarescos - su retrato,[15] la parodia que hace de la caridad cristiana de su madre, el relato de su linaje y de sus peripecias, la falta de escrúpulos y la actitud crítica frente a la acción humana -, que a veces recuerdan al Lazarillo de Tormes.

Podríamos decir que 1492 pone en escena no solo un tiempo histórico de los orígenes americanos, sino también del surgimiento de su literatura. Roberto González Echeverría señala que "Cada tradición literaria moderna[...] se autodesigna unos orígenes, de los que dimana la literatura actual. Tales Orígenes son generalmente épicos[...]. La función de las crónicas americanas es la de ser su Origen" para la literatura latinoamericana.[16] La novela contemporánea acude a sus fabulaciones, cita sus textos - Carpentier, García Márquez, Severo Sarduy, Posse, etc. Por un lado, 1492 se impregna de la crónica, esa estirpe textual fundadora y en tantos sentido constructora de los mitos fabulosos y heroicos en que fuimos reconocidos y en los que casi hemos concluido por reconocernos. En la novela de Aridjis encontramos una "relación" que vuelca los avatares de quien es protagonista y testigo a la vez, de una empresa que incluye a muchos que enfrentan parejas circunstancias. Fundantes fueron los textos de Colón, la primera mirada hacia el mundo nuevo transferida a la escritura. Las memorias de Juan Cabezón de Castilla complementan fictivamente los escritos de Colón, son su antesala; ellas callan lo que Colón cuenta y describe. Pero solo la actividad imaginativa del lector puede arriesgar cubrir los blancos que dejan ambos textos, interpretar coincidencias entre expectativas y desengaños. Las crónicas americanas en sí, pertenecen al futuro en sombras en la novela. En cambio, las peripecias en que menudean el hambre y los golpes, la lucha por la supervivencia o el logro de fortuna, el lenguaje y las otras modalidades de la picaresca ya enunciadas, destacan el modelo de la picaresca; y con cierto vigor una línea de interpretación del mismo - discutida por cierto - que destaca la insistencia en mostrar la pérdida de caridad de ese mundo hostil y sin solidaridad en que viven los pícaros. 1492 se hace eco de esa lectura de Francisco Márquez Villanueva del Lazarillo de Tormes: "Tal vez no exista libro más intensamente dedicado a exponer la crueldad del hombre para el hombre, las infinitas formas de violencia con que el fuerte oprime al débil."[17] La picaresca constituye también uno de los orígenes de la novela americana. Justamente en México aparece la primera novela publicada en Hispanoamérica: el Periquillo Sarniento (1816) de José Joaquín Fernández de Lizardi, que guarda ciertos lazos con la obra que comentamos por el prodigio de su lenguaje y por la dimensión crítica. En 1492 los pícaros son los únicos que critican el racismo[18] y la persecución de los judíos. El Rey Bemba se rebela y Pero Meñique planea e interviene en el intento de matar al Inquisidor General Tomás de Torquemada, perdiendo la vida en ello. Los pícaros encarnan otra de las transgresiones - y de las resistencias, más allá de la lucha por sobrevivir - de la novela no solo por la rebelión sino también porque solo ellos siguen encontrando en la risa una dimensión humana, ausente en el texto.

El movimiento de destrucción que encarna Torquemada y la Inquisición convive con el de Cristóbal Colón, más silencioso y aparentemente más azaroso, que emerge en momentos significativos de 1492 y que cobra peso sobre todo hacia el final. La primera mención de Colón es la cita de uno de sus textos en el tercer epígrafe inicial.[19] La segunda, bastante avanzado ya el relato, ocurre cuando se enuncia el presente de la escritura. Al contar el diálogo de los pícaros en la plaza y el paso de una figura cruzándola, Juan Cabezón recuerda al almirante. El personaje que provoca la asociación pareciera confundirse con el mismo Colón cuando recorría España en busca de apoyo a su proyecto: "Pasó por la plaza un hombre enjuto, de rostro blanco, cejas, barbas y pelos canos, con ropas toscas de navegante, como si llevara una coraza gris más que un vestido; venía descalzo, con el cuero de los pies tan grueso y áspero que daba la impresión de haber hecho zapatos de sus propias plantas. Su gesto era colérico, desesperado, el hambre le salía por los ojos, y venía hablando solo, como si trajera alrededor suyo un interlocutor invisible" (p.139). Enseguida se pierde en la plaza, en medio del carnaval, recitando el linaje del hombre según la genealogía judía "[...] haciendo las cuentas del mundo, semejante a don Cristóbal Colón" (p.139).

En la siguiente entrada en el relato Colón es ya un personaje con entidad, aunque secundario. En Toledo, en el Hostal del Tajo, el narrador es testigo del diálogo entre un familiar de la Inquisición y "un hombre de unos cuarenta años, cara larga y pecosa, ojos garzos y vivaces, barbas y cabellos blancos que un día fueron bermejos" (p.263). Es Colón, quien responde al interrogatorio del inquisidor exponiendo su intención de ver a la reina Isabel para proponerle una "empresa asaz grandiosa", la de "llegar a las Indias por occidente". Por vez primera la errancia se transforma en plan, adquiere un sentido propio, no a impulso de la persecución. Es un derrotero que abre por sí la aventura del futuro. En la paranoia que condensa la acción de Torquemada se recorta la obsesión del genovés, terco en el propósito de concretar su idea. Será ese nuevo loco que ya esperaba Eliodo, según expresa el epitafio que transcribe la novela.[20] Pareciera abrirse una vía de interpretación diferente respecto de la relación entre futuro y pasado en este Colón que deambula con el objeto de abrir nuevos canales vitales para el hombre, que dejen atrás el fanatismo y la muerte. El desenlace, como dijimos, es la salida de Juan Cabezón de Castilla del Puerto de Palos el viernes 3 de agosto de 1492. Su "Deo gratias" cierra la ficción. Pero el texto concluye con un "Apéndice" que transcribe el proceso del Santo Oficio contra Isabel de la Vega y su hermano Gonzalo, de 24 páginas de extensión. Cuando el porvenir abre puertas promisorias, de nuevo 1492 reitera el pasado, impulsando a leer igual destino para Isabel y Juan Cabezón. Al final de la ficción Isabel de la Vega parte en éxodo rumbo a Flandes, futuro escenario de la intolerancia. El pasado prevalece, impone su marca inalterable: "Aun en sueños el hombre no puede cambiar la historia, no puede modificar su vida, no puede alterar el pasado que confirma el porvenir" reflexiona Pero Meñique (p.151). Podríamos decir que el gesto primordial de 1492 es volver la mirada hacia el pasado inmediato de ese 12 de octubre que contribuyó a inaugurar el mundo moderno. De algún modo, la novela comparte estas ideas de Carpentier respecto del tiempo: "El presente es adición perpetua. El día de ayer se ha sumado ya al de hoy. El de hoy se está sumando al de mañana. La verdad es que no avanzamos de frente; avanzamos de espaldas mirando hacia un pasado que, a cada vuelta de la tierra, se enriquece de 24 horas añadidas a las anteriores. No somos - en cuanquier tránsito de nuestras vidas - sino hechura de nuestro pasado."[21]

Esta presencia del pasado en el presente tiene alcances de trágica pesadilla para Homero Aridjis, aunque haya intentado atemperar esta significación: "Nuestro dilema como hombres de nuestro tiempo lo ha expresado ya Albert Camus cuando afirmó que no somos culpables de la Historia, pero tampoco somos inocentes porque la continuamos [...]. Vemos que nos precipitamos en un cauce abismal y destructivo, autosuicida. Envueltos en un mismo fenómeno, lo propiciamos también."[22] La densidad que adquiere el pasado en la configuración del presente en 1492 recuerda, extremadas, las palabras de Marx al comienzo de El 18 Brumario de Luis Bonaparte: "Los hombres hacen su propia historia, pero no la hacen arbitrariamente, bajo circunstancias elegidas por ellos mismos, sino bajo circunstancias dadas y heredadas del pasado. La tradición de todas las generaciones muertas oprime como un pesadilla el cerebro de los vivos".[23] Esta última frase pareciera dirigir la siguiente percepción de Pero Meñique: "Entonces, igual que si evocara con los ojos una ciudad desvanecida, pero que aún estaba allí, y a criaturas fantasmales que desde hacía tiempo habían muerto, pero que aún deambulaban por las calles [...]".(p.216).

Se ha dicho que 1492 es una novela pesimista. Podríamos pensar que, atenta a la recomendación de Walter Benjamin, pasa a contrapelo el cepillo a la Historia, eligiendo la expulsión de los judíos y el fin de la España de las tres religiones y no el descubrimiento de América. Pero en su lectura del pasado no halla esas "astillas de un tiempo mesiánico" que pudieron encenderse en el Nuevo Mundo, en la tierra ignota surgida de uno de los peregrinajes, el de Colón, que plantea el texto. Privilegia en esa "constelación cargada de tensiones" del fragmento histórico que trata, no una puerta de salvación, sino la acumulación de "ruina sobre ruina".[24] Homero Aridjis no huye espantado al volver la mirada, como el ángel de Benjamin, sino que la detiene para narrar, una y otra vez, la extorsión, el saqueo, el éxodo y la muerte.

"El rostro que vemos en la noche es el tiempo nuestro, por ser el de nuestra mirada al borde de la muerte" (p.171), afirma Isabel de la Vega. "Escudriñamos en los oleajes de la historia, sin saber que cabalgamos en una ola" (p.190), "En el porvenir o en el pasado, en la realidad o en el sueño, ignoro el lugar adónde vamos" (p.116), dice Juan Cabezón de Castilla. Todas estas citas aluden a la posibilidad de conocimiento del presente, que, si se produce, es solo "al borde de la muerte". También el arte, la literatura, entonces, accede a un saber, y a una reflexión solo posible cuando la realidad ya ha conformado su proceso, cuando ya está terminada, igual que la filosofía: "Cuando la filosofía - dice Hegel - pinta con sus tonos grises ya ha envejecido una figura de la vida que sus penumbras no pueden rejuvenecer, sino solo conocer; el búho de Minerva recién alza su vuelo en el ocaso."[25] La media luz, las sombras crepusculares constituyen, como ya dijimos, la atmósfera casi constante de 1492.[26]

La lectura que hago de 1492 explica el título de mi trabajo, la cita de dos versos del poema de Kavafis "Esperando a los bárbaros". En uno y otro texto vibra el desasosiego ante la convicción de que no hay cambios redentores que no provengan de una lucha, difícil, de y en nosotros mismos. No existen los bárbaros - americanos, europeos - a los que se aguarda con temor y esperanza. No es ya una solución, parafraseando a Kavafis.

1492 guarda interesantes vínculos con otras novelas mexicanas que cruzan historia y ficción, como Morirás lejos (1967) de José Emilio Pacheco,

José Trigo (1966) de Fernando del Paso y Terra Nostra de Carlos Fuentes. Coincide en la ficción articulada por el peregrinaje y la temporalidad espacializada, en la preminencia de la represión y de la muerte, así como de las posibilidades de escritura de la memoria. Una diferencia importante respecto de esto último proviene de la incidencia del documento. Los dos documentos importantes transcriptos en 1492 son sobre todo jurídicos, lo cual pone en escena la ley y el derecho, la violencia y su legitimación del procedimiento conforme a fines justos, emanados de la imposición de un único destino para el hombre. ¿Naufrage cualquier idea de una libertad superior para la condición humana? La novela genera posibilidades de resistencia: la supervivencia, la rebelión y el proyecto de Colón. La narración genera también otras.

El documento del "Apéndice" es el "Proceso contra Isabel de la Vega e contra Gonzalo de la Vega su hermano /visinos de Cibdad Real /ausentes/ escrito por los escrivanos e notarios públicos de la Santa Inquisición" (El subrayado es mío). El procedimiento jurídico del documento se abulta con la confirmación de los testigos, pero su rasgo notable es la ausencia de los acusados y juzgados, condenados a ser quemados en efigie. El lenguaje legal apela siempre a la redundancia para evitar errores y que nada escape. 1492 ficcionaliza en los intersticios, en los blancos infinitos que deja todo documento. La novela expande esos blancos hacia la vida individual y concreta. Construye la imagen de Isabel, reniega del fuego que ha quemado su efigie y abre su cuerpo al amor. Esta historia de amor es otra de las transgresiones; se extiende a lo largo de la segunda mitad de la novela. Es un breve momento, sin embargo, la unión de Isabel y Juan Cabezón. Enseguida se produce la separación y el peregrinaje de Juan Cabezón en busca de Isabel.

El amor, el afecto, la solidaridad se viven siempre, o casi siempre, en espacios cerrados y secretos. Allí resiste la vida familiar, la religión y las costumbres prohibidas de los judíos. Es la vida detrás del cerco, de la muralla, de la ventana o el barrio tapiado. Allí florece el amor de Juan Cabezón y de Isabel. La separación guardará en el relato el rasgo transgresor del amor, al dar sentido ahora al peregrinaje del narrador en la búsqueda de la amada.

La novela penetra en el documento desde la sustancia de la vida individual apelando a la herencia de la literatura, a los moldes de la picaresca y de la historia de amor. Afirma el legado de la lengua y de la escritura. También lo hace el narrador. Irónicamente, Juan Cabezón dice que su padre lo alimentaba con proverbios. Cuando niño, uno de sus padrastros lo alimentaba con pan y escritura. En el diálogo de los pícaros en la plaza, la destrucción y la desaparición que el paso del tiempo acarrea, presentadas sobre la base del tópico del ubi sunt, lleva a Rodrigo Rodríguez a afirmar que "Solo palabras nos quedan de los siglos, palabras en idiomas muertos" (p.130). Sin embargo, los judíos se llevan al destierro sus cantos y el castellano, ese castellano antiguo que la novela despliega, que trae al presente para hacerlo convivir y confundir con el español actual, como si intentara restañar las fracturas temporales. El lirismo de la poesía acude para hacer posible esta nueva intimidad entre léxico, formas y grafías arcaicas y actuales. La escritura de la novela es la transgresora por excelencia. Cita, reescribe, apela a la simultaneidad del pasado y el presente de la lengua española, buscando cubrir también aquí los huecos de la ausencia, a contrapelo del hecho de que el lenguaje - como señala Georg Steiner - "comparte con el tiempo su carácter irreversible, y, como él, huye de nosotros".[26]

Aunque 1492 tematiza la carga destructora del pasado en la Historia, su texto se constituye en la afirmación de ese otro pasado del lenguaje y de la literatura que posibilitan la plenitud del presente, esa plenitud que, aunque pasajera, surge cuando "un mago invisible" - para nosotros el poeta - "suspende en el espacio la música de lo efímero, el diálogo de la piedra y la luz" (p.55).

NOTAS

1. Homero Aridjis, 1492; vida y tiempos de Juan Cabezón de Castilla, México. Siglo XXI, 1985. Todas las citas del texto con el número de página entre paréntesis provienen de esta edición.

2. El primer epígrafe, tomado de Abdías 20, dice: "Los captivos de Ierusalem que estarán en Sepharad poseerán las ciudades del Mediodía".

3. El segundo epígrafe dice: "Desde el día que partimos de nuestro país para el exilio, la persecución no ha cesado, porque desde nuestra juventud ella nos ha educado como un padre, y desde el vientre de nuestra madre ella nos ha guiado." Moisés Maimónides, Epístola sobre la persecución o Tratado sobre la santificación del Nombre (según Job 31, 18). El refrán del siglo XV, que se reitera varias veces en la novela, además de ser el cuarto epígrafe, es el siguiente: "Manos besa home, que querría ver cortadas."

4. " - ¿Adónde iréis? - le pregunté, viendo su determinación de partir.
   - A Flandes - respondió -, buscadme un día en Flandes.
   - Lo haré, sin ninguna duda - dije." (p.384).

5. Thomas Mann, <u>Doktor Faustus</u>. Buenos Aires, Sudamericana, 1958, p.7.

6. "Y, como nosotros, así juzgaron ellos que este universo estaba próximo a su fin; y tomaron la desolación que nosotros les llevamos, como signo de ello". Miguel de Montaigne, "Sobre los carruajes", III, 6.

7. Gerardo Ochoa Sandy, "Entrevista con Homero Aridjis" en <u>Sábado</u>, n°495, México, 28 de marzo de 1987, p.5.

8. "Pues otra vez el hombre se había enseñoreado sobre la naturaleza y había dado a la maldad su cerebro, su corazón y sus entrañas. Y en esta vez última, tampoco había faltado fantasía y precisión para el homicidio y la destrucción." <u>Playa nudista. El último Adán</u>, Barcelona, Argos-Vergara, 1982, p.176.

9. "Porque las víctimas no eran ni santos ni dioses sino hombres y mujeres comunes horrorizados ante ese monstruo de mil caras que se llamaba multitud, azuzando al sacrificio humano a los sacerdotes sanguinarios que habían transformado las parábolas de amor en instrucciones de muerte y al paraíso prometido en infierno terrestre." Ibid., p.228.

10. "La muerte anda suelta por los reinos de Castilla y Aragón, va de villa en villa incendiando hogueras." Ibid., p.224.

11. La crónica es la materia inicial, que luego el historiador articula y jerarquiza en el tramado de los hechos, otórgandoles una coherencia formal que les da sentido. Véase Hayden White, <u>Metahistory; The Historical imagination in Nineteenth-Century Europe</u>. Baltimore, Johns Hopkins Univ. Press, 1973.

12. "Todo se volvió quieto, vago, pesaroso, como si las figuras imprecisas fuesen a vivir de un momento a otro en el sueño." <u>1492</u>, p.87.

13. "La luz de la candela daba a sus rostros una calma distante, como si allí estuviesen suspendidos en el tiempo, sin corresponder a un año específico ni a una tierra particular." Ibid., p.156.

14. Fernando Aínsa, "Los buscadores del Paraíso", en <u>Anales de Literatura Hispanoamericana</u>, n° 2, Madrid, abril de 1973.

15. "Vino por el camino un ciego feo y colorado, de rostro largo y nariz quebrada, cabellos rojos, barba crecida y orejas puntiagudas; enjuto, picaba el aire y la tierra con su palo, abrazaba las paredes, besaba las puertas y se acostaba en los peldaños para descansar."(p.56).

16. R.González Echevarría, "Colón, Carpentier y los orígenes de la ficción latinoamericana" en <u>La Torre</u>, nueva época, a.II, n° 7, julio-setiembre de 1988, p.439-452.

17. Francisco Márquez Villanueva, <u>Espiritualidad y literatura en el siglo XVI</u>, Madrid, Alfaguara, 1968, p.110.

18. " - Yo, como trotera, no puedo condenar a nadie en este mundo, la muerte por vía del fuego me parece horrenda y tengo misericordia por cualquier criatura que la sufre[...] . Un día, cuando niña, andando por las calles muy hambrienta, un viejo judío me dio pan para comer y no me fijé si su mano era hebrea o de cristiano viejo, que la bondad y la maldad no tienen linaje sino obras." <u>1492</u>, p.138.

19. "Vernán los tardos años del mundo ciertos tiempos en los cuales el mar Occéano alfoxerá los atamentos de las cosas y se abrirá una grande tierra; y un nuebo marinero, como aquel que fue guía de Jasón, que obe nombre Tiphi, descobrirá nuebo mundo y estonces non será la isla Tille la postrera de las tierras." Cristóbal Colón, Libro de las profecías (según Séneca, Medea). (epígrafe de 1492).

20. "Yo, Eliodoro, loco, natural de Cartago, mande en mi testamento me enterrasen en este sepulcro, aquí en el cabo del mundo, por ver si avía otro más loco que yo en venir a verme." Ibid., p.374.

21. "Habla Alejo Carpentier" en Recopilación de textos sobre A.Carpentier, La Habana, Casa de las América, 1977, p.24.

22. Gerardo Ochoa Sandy, "Entrevista con Homero Aridjis", en: Sábado, m.495 citado.

23. Carlos Marx, El 18 Brumario de Luis Bonaparte, Barcelona, Ariel, 2 ed., 1971, p.11.

24. Cito brevemente consideraciones de W.Benjamin, Para una crítica de la violencia, 3 ed., México, La Nave de los Locos, 1982.

25. Principios de la filosofía del derecho, Buenos Aires, Sudamericana, 1975, p.26.

26. 1492, p.140 dice de las sombras que "como huellas inasibles de un esplendor efímero que por doquiera tendía a recogerse".

27. Después de Babel, México, Fondo de Cultura Económica, 1983, p.154.

Cantando la historia:
"Los perros del paraíso" de Abel Posse

Roland Spiller

> La transformación (en el arte) lo es hacia lo verdadero. No es un encantamiento en el sentido de un hechizo que espera a la palabra que lo deshaga, sino que se trata de la redención misma, de la vuelta al ser verdadero [...] De ese modo el concepto de la transformación se propone caracterizar esa forma de ser autónoma y superior de lo que llamamos una construcción. A partir de ella la llamada realidad se determina como lo no transformado, y el arte como la superación de esa realidad en su verdad [...] 'La realidad' se encuentra siempre en un horizonte futuro de posibilidades deseadas y temidas, en cualquier caso de posibilidades todavía no dirimidas.
> Hans-Georg Gadamer[1]

Colón no existe: el Almirante de la Corona y Virrey de las Indias, fallecido el 20 de mayo de 1506 en Valladolid, desapareció para siempre. Su fama póstuma consiste en muchos Colones ficticios que iban multiplicándose a partir del Diario de a bordo como texto inicial. Al final del siglo XVI ya existía la leyenda colombina cuyas dialécticas internas engendraron las crónicas y obras literarias como La famosa comedia del Nuevo Mundo descubierto por Cristóbal Colón (1603) de Lope de Vega, que convirtió al almirante en figura quebrada y ambivalente, luchando consigo mismo, lo que Lope de Vega desarrolló a través del desdoblamiento argumentativo, por lo cual el drama provocó la 'disputa colombina' en la Corte de Carlos I. Más tarde el romanticismo engendró muchas biografías y numerosos poemas tematizando las hazañas colombinas. Hoy, al acercarse el quinto centenario del llamado descubrimiento de América, Colón sirve de pretexto para relatos ficticios que configuran una red textual que sigue creciendo. El escritor argentino Abel Posse se encadena en esta serie de intertextos. Resultaría vano enumerar exhaustivamente todos los poemas, todas novelas, películas y óperas que giran en torno de la figura de Colón.

La obra de Abel Posse forma parte de una serie de réplicas literarias
dentro de la cual saltan a la vista Le Livre de Christophe Colomb (1929) de
Paul Claudel, El arpa y la sombra (1979)[2] de Alejo Carpentier y Los perros
del paraíso. Abel Posse ha creado, como Carpentier con su última obra y
refiriéndose a ésta como vamos a ver, una versión del origen de la historia
americana que combina lo cómico, lo erótico y lo paródico para indagar la
diversidad de la identidad latinoamericana.[3] La novela de Posse es sin
lugar a dudas la más grotesca, más farsesca y más irónica dentro de la
tradición de la deconstrucción del mito de Colón. Los perros del paraíso[4]
destaca por un tajante humorismo omnipresente que caracteriza todos los
temas y perspectivas del texto. Lo nuevo de la novela no consiste en
relatar desde ambos lados, para descubrir los defectos de los descubridores
desde la perspectiva indígena,[5] ni en el contraste de (seudo)civilización
y barbarie del cual los indios salen más civilizados y más racionales que
los blancos, ni tampoco en los efectos humorísticos que proporciona esta
doble perspectiva, lo innovativo de Los perros del paraíso radica en el
tono narrativo grotesco, trágico y satírico que revela la ambivalencia
fundamental de las consecuencias de la conquista con el implícito dilema de
ser la América Latina del presente el resultado de un "choque de culturas";
por eso el Colón de la novela es el "hombre entre dos mundos" por excelencia. El siguiente análisis se concentra en seis aspectos: 0. La historia en
la versión del novelista. 1. La hermenéutica y el proyecto histórico 2. El
estilo y el lenguaje barrocos como diálogo entre presente y pasado 3. La
técnica literaria: síntesis espacio-temporal. 4. La transformación ficticia
de personajes y eventos históricos. 5. Las transformaciones génericas de la
novela histórica latinoamericana.

0. La historia en la versión del novelista

Los adolescentes Fernando e Isabel, en una alianza de erotismo y voluntad
de poder, se adueñan del reino agonizante en manos de Enrique IV, El
Impotente. Expulsan a los moros de su último baluarte peninsular, el reino
de Granada, fundan el imperialismo cristiano que inicia el Renacimiento y
llevan a término la agonizante Edad Media. Financian asimismo la aventura
marítima del católico Colón de origen judío, a quien más que el saqueo de
especies y oro le importaba la posibilidad de llegar al Paraíso Terrenal.
El navegante, creyendo haber alcanzado su propósito, comunica solemnemente
a los Reyes Católicos y al Papa Rodrigo Borja (Alejandro VI) que ha anexado

el Paraíso a la Corona. Convencido de estar en el mundo edénico, ordena la
desnudez, hasta a los eclesiásticos, y proscribe el trabajo y la acumulación de bienes, que son condenas nacidas del pecado original para que todos
disfruten de una alegría sin "pascaleos ni kafkerías" (pág. 217). Pero las
leyes del imperio, fundadas por la razón del poder y por el interés económico, son implacables. Roldán, militar y conspirador, realizará, con el
apoyo del clero, el primer "bolivianazo" (pág. 226) en América. El propio
Colón iniciará el genocidio en el Paraíso, enviando a Isabel 500 indios
esclavos ya olvidado de su naturaleza angélica. Los "buenos salvajes"
terminarán en cadenas rematados en Sevilla o esclavizados en las minas.
Isabel, secreta cómplice de la secta de los buscadores del paraíso, no se
lo perdonará. Fernando exige que le envien oro, no exóticos aborigenes,
diezmados por la travesía del mar, ni aves raras; por eso condenará al
Almirante.

1. Sobre la hermenéutica del autor: la música de la historia

Según el diccionario de la Real Academia "la Historia" por un lado es:
"Narración y exposición verdadera de los acontecimientos pasados" y "una
novela" por el otro: "Obra literaria en que se narra una acción fingida en
todo o en parte, y cuyo fin es causar placer estético a los lectores".
Alejo Carpentier rechazó ambas definiciones diciendo: " [...] nunca he
podido establecer distingos muy válidos entre la condición de cronista y la
del novelista. Al comienzo de la novela, tal como hoy la entendemos, se
encuentra la crónica".[6] Abel Posse sería pues, visto por Carpentier, un
verdadero cronista y según la Real Academia un mentiroso novelista más.
Sabiendo que escribir sobre Colón significa re-escribir y consiguientemente
mentir, Posse miente porque ya existen múltiples versiones que arraigan en
otros textos ficticios. Entre estas invenciones literarias surgieron
muchas, y la de Posse es una de ellas, que se afanan de hacer del novelista
mentiroso un cronista de la verdad literaria, que pretende superar las
posibilidades de veracidad de la historiografía tradicional. "Comme Carpentier Posse s'intéresse à la «musique de l'histoire» plus qu'à la véracité
documentaire": con estas palabras caracterizó Jean-Charles Gateau la
transformación artística de fuentes históricas por parte de Abel Posse.[7]
Si bien sostiene su invención de la historia por un conjunto impresionante
de fuentes literarias e históricas,[8] que está marcado por la tradición
argentina de referirse a una red intertextual universal - muchas veces

maliciosamente ficticia u oscilando entre verdad y falsedad a la Borges -,
su hermenéutica radica en lo "real maravilloso" de Carpentier, que el
cubano solía considerar la mejor forma de aprehender la realidad latinoamericana. Abel Posse, admirador y amigo de Borges y Carpentier, desarrolla
una estrategia doble: por un lado aplica - a la carpentieriana - mecanismos
surreales, fantásticos y oníricos para poner en marcha el imaginario
poético. Por el otro lado insinúa - como lo solía hacer Borges - a través
de las notas al pie de la página y de las citas una autenticidad artificial
(cuya paródica falsedad salta a la vista) para desenmascarar la disimulada
autenticidad del discurso historiográfico oficial.[9] Lo que distingue a
Posse de Borges y de Carpentier es su rechazo de la teoría de la literatura. Mientras ellos reflexionaron conceptos teóricos Posse no teoretiza ni
dentro de sus novelas ni en ensayos, lo que no trae consigo, que su literatura resulte por eso ingenua. El autor reconstruye la historia con los
medios que les están propios a los escritores: la fantasía, la inventiva,
el delirio, la intuición y los juegos del lenguaje. Si las obras literarias
son "une sorte de noeud qui se produit à l'intérieur d'un tissu culturel"[10] aquí vemos un nudo intercultural que conecta no sólo culturas
distintas, sino también estilos y procedimientos narrativos provenientes de
dos escritores sumamente desparejos. Pasando por alto otras influencias el
texto podría ser visto como "parodia argentino-caribeña de la historiografía del descubrimiento", que partiendo de Borges y Carpentier produce un
estilo genuinamente provocador.

2. El estilo y el lenguaje: diálogo entre presente y pasado

Posse recurre a una estética que Carpentier había definido como constituyente para la nueva novela latinoamericana, según la cual lo histórico
debería incluir lo fantástico, lo fabuloso y lo irreal con un tiempo
sincronizado, que integra pasado, presente.y futuro.[11] Posse quiebra, tal
como lo exigió Carpentier, "las reglas de una temporalidad tradicional en
el relato para inventar la que mejor convenga a la materia tratada".[12]
Sincronicidad y contextualización universal marcarían los rasgos distintivos de este estilo barroco, que constituye una categoría fundamental de la
novela latinoamericana. Lo barroco resulta de la historia específica de
América Latina: "Porque toda simbiosis, todo mestizaje, engendra un barroquismo. [...] y el espíritu criollo de por sí es un espíritu barroco".[13]
Los perros del paraíso cuenta la historia del descubrimiento con los medios

del barroquismo americano, en el cual confluyen, como solía sostener
Carpentier, lo fantástico y lo irónico - fenómeno concocido también del
barroquismo español, si pensamos p.e. en Quevedo. Posse usa el estilo
barroco con el fin de revelar las dos caras de la dialéctica histórica: el
encantamiento y el saqueo de América. Otras ambivalencias barrocas hallamos
en la tensión entre "Weltflucht" y "Weltsucht", que alimenta al texto
entero y que caracteriza sobre todo a la figura de Colón, cuya vida es una
lucha entre las fuerzas de su tremenda vitalidad (esto sería la vertiente
dionisíaca-nietzscheana) y sus energías religiosas espirituales fuertemente
ascéticas, las que, al fin y al cabo, le hacen negar los falsos valores del
Occidente. Esta tensión barroca se desdobla en una proyección al futuro. El
texto exige pues una doble lectura, porque al narrar la vida colombina y el
descubrimiento de las Indias relata a la vez la relación entre América
Latina y Europa a finales del siglo XX como vamos a ver más adelante.

En la novela Colón va a quedar absorbido en la consecución de la tierra
prometida. Colón al final niega el mundo. Huyéndose en una espiritualidad
recién descubierta en el otro lado se vuelve místico. El autor convierte la
añoranza y la pérdida, o mejor dicho la destrucción, del paraíso en leit-
motif y lo traduce en la estética barroca, que es la base de su hermenéutica poética. Esta estética, que implica tal vez la ética del texto, usa lo
'real maravilloso' y el barroquismo de Carpentier, sin imitar obras como
Los pasos perdidos (1953), Concierto barroco (1974), o La consagración de
la primavera (1978), que todas tratan también distintas formas del viaje a
los orígenes, del viaje mítico y/o cognitivo.

Posse crea a través del viaje de Colón una visión crítica de la relación
España/Europa - Latinoamérica, que se puede comprender, siguiendo a Jean-
Charles Gateau, como una "boda alegre" de historia y ficción: "L'affabula-
tion d'Abel Posse, comme celle de Carpentier, marie allègrement le vrai et
le faux, l'érudition de savant et la blague de potache."[14] Pero el uso
lúdico y la transposición fantástica del dato histórico - motivo de indignación para no pocos historiadores - se efectúa solamente en la superficie del texto. Detrás de la fachada paródica e irónica, que brinda una
relectura de la historia oficial, se esconde una crítica del clero y de la
expansión imperial de España que pone de relieve sus consecuencias traumá-
ticas para América Latina. Esta sería una crítica poco original si no
estuviese relacionada con el presente inmediato de América Latina. Posse lo
explicó de la siguiente manera: " [...] la historia deja de ser un ente en

sí mismo, aislado, casi de uso estético, y pasa, como decía Marx, a integrarse en una significación actuante."[15] Por lo tanto al hablar de la conquista la novela habla del presente.

En este contexto el lenguaje es el secreto protagonista de la novela: actúa como intermediario entre el pasado y el presente. Estilo y léxico combinan elementos históricos - contemporáneos a la época de los Reyes Católicos - y giros, expresiones y neologismos del siglo XX. El uso de términos como "take-off económico"(pág. 231), "marketing" (pág. 232), "dumping" (pág. 233), "self-service", le recuerda al lector que pasado y presente forman un conjunto dinámico. Carlos Fuentes dijo al respecto, cuando presentó la novela en el Instituto de Cooperación Iberoamericana en Madrid que: "Abel Posse se sale de la realidad y parte hacia la fantasía, pero siempre con un pie en la historia y con otro en la angustia contemporánea de América". Vamos a analizar detalladamente este recurso de síntesis más arriba, ya que actúa también en el contenido del libro. La transformación paródica de la historia con el fin de desmitificar el descubrimiento constituye una analogía instrumental e intencional con El arpa y la sombra (1979). Como Carpentier, Posse fusiona crítica y componentes paródicos y carnavalescos, que merecen los adjetivos rabelaisiano y bachtiano.

Héctor Murena diagnosticaba en El pecado original de América (Buenos Aires: Sur, 1954), "la enfermedad de América" y su exclusión del paraíso, del logos europeo y de la historia en general.[16] El libro de Posse remite a esta diagnosis, pero sin calificar a los pueblos latinoamericanos de "escándalo histórico", como lo hizo Murena, sino en plena conciencia de la auto-responsabilidad del continente sudamericano. La España imperial entonces no tendría la culpa de manera monocausal y lineal. Las causas se han de buscar en el nacimiento mismo de América Latina, justamente en el origen del mestizaje de los dos mundos, ahí donde se empezaban a mezclar las culturas occidental e indígena. Esto implica una concepción histórica de la identidad cultural de América Latina, que dista de la judeo-cristiana. La novela explora los inicios de la formación de los rasgos distintivos de esta identidad latinoamericana. Abel Posse considera que el "encuentro" del Nuevo con el Viejo Mundo se produjo en forma de un "choque cultural". Este conflicto vino a ser la causa primordial de las deformaciones políticas y socio-culturales de los países latinoamericanos. Entonces se moldearon los sistemas políticos autoritarios. A partir de éste choque inicial se mestizaron las tradiciones feudales, militares y eclesiásticas españolas, fundadas en intereses económicos, con las tradiciones sociales indígenas. El impacto del Occidente en el Nuevo Mundo no se produjo como un proceso lineal de subordinación, sino como un choque mutuo que transformó igualmente la visión del mundo de los conquistadores. Posse integra desde un principio la visión india, la "mirada del otro". En los capítulos escritos desde la perspectiva indígena el autor pone su énfasis en esta doble perspectiva. La repercusión de lo otro se refleja ante todo en la figura de Colón. Es él quien incorpora los rasgos de ésta ambivalencia de manera más pronunciada. La asimilación de lo americano se refleja muy marcadamente en la 'Ordenanza de estar'(216), proclamada por Colón. En ella se manifiesta el ser americano antagónicamente al mundo del hacer occidental. La 'Ordenanza de estar' postula esta especie de espiritualidad que proclamaba Ariel (1900) de José Enrique Rodó para formar una filosofía latinoamericana, que contrastara y superara la preponderantemente materialista y utilitaria del Norte. Pero el Colón arielista no sustenta su tolerancia frente a lo otro. Muy pronto va a ser arrinconado por los representantes del hacer que imponen las leyes católico-imperiales - no las cristianas. El clero, los militares y los mercaderes inician un "entusiasta take-off económico" (pág. 231) y establecen el orden del "marketing" (pág. 232) con precios "dumping" (pág. 233). En fin: "El hacer retornó con furor demoníaco. La playa se transformó en un enloquecido panal" (pág. 229). La dialéctica interna del Occidente no se contenta con el paraíso.

En un plano humano-filosófico más general la novela pone en tela de juicio la capacidad del hombre para la felicidad. La frase final del libro resume el enlace trágico a la manera del tango. Concluye con un suspiro del abatido Colón: "Purtroppo c'era il Paradiso" (pág. 253). La destrucción del paraíso constituye un tema central del libro, que ya había articulado Bartolomé de las Casas. A sabiendas que Posse utilizó el libro de las Casas como fuente, veamos cómo ensanchaba la crítica del misionero incluyendo otros elementos como por ejemplo la sexualidad.

3. La técnica literaria: síntesis espacio - temporal
3. 1. La estructura temporal y el tiempo en la novela

La síntesis de distintos niveles temporales constituye un procedimiento narrativo importante en la novela. Por lo tanto no solo elabora una indagación diacrónica, sino construye un diálogo entre diacronía y sincronía, así que el relato convierte "el tiempo de ayer en hoy, es decir, un ayer significado presente en un hoy significante", que a su vez vislumbrara el futuro, como lo había postulado Carpentier.[17] Las visiones de Colón interrumpen el desarrollo lineal como focos dirigidos hacia el futuro. Pasado, presente y futuro se sintetizan. Los cuatro viajes de Colón se condensan ficcionalmente en un solo viaje: "Aquella partida duró diez años (1492 - 9 mayo 1502)" (pág. 127) advierte el narrador al empezar el primer viaje. En lo siguiente el Almirante pasa del puente de la "Santa María" (del primer barco que salió en el año 1492) al segundo barco "María Galante" (1493) al "Vaqueños" (1498) y finalmente a la "Vizcaína" (en el año 1502, pág. 152): "El Almirante pronto comprendió que su propósito significaba una ruptura flagrante del orden espacio-temporal establecido" (pág. 175). El Colón de la novela es el primero en darse cuenta de la noción temporal del otro lado. Al viajar de un lado del mar al otro se cambian las leyes del espacio y del tiempo. Una vez instalado en el supuesto paraíso terrenal, tumbado bajo el arbol de la vida, pierde definitivamente "la noción del tiempo en que se había criado" (pág. 243) - y con esto la razón occidental. Sin llegar a convencer ni a Nietz, ni a Las Casas, Colón les explica que: "La red del tiempo aquí se desteje". Escuchemos un diálogo significativo entre Las Casas y Colón:

> Casi nada significa ya hablar de día, de noche, de semana, de año... Esas palabras no eran más que ilusiones. Trucos para medirnos, administrarnos, doblegarnos. [...] Por ejemplo, ¿qué me diría usted si le pregunto cuántos días hace que estamos aquí?
> - ¡Cuatro años! -interrumpió con impaciencia el padre de Las Casas.
> -¿Qué quiere decir, padre, con eso de "cuatro años"?
> Las Casas no supo qué contestarle. Se veía que el Almirante se había fugado - con éxito - de los sistemas métricos, de los calendarios, de las distancias usuales.
> Colón prosiguió:
> -Cede también la malsana ilusión del supuesto conocimiento del espacio... ¿Es ésta la continuación del mismo mundo donde estábamos? ¿Se podrían sumar estos miles de leguas de tierras nunca holladas, a las del territorio de España, de Andalucía, digamos? ¡No! Sería como pretender sumar cuatro gallinas a cuatro guayabas...
> Las Casas lo escuchaba impotente. Concluyó Colón:
> -Estamos en otro espacio. ¡Por fin estamos dentro del mundo, *en* el mundo y no ante la realidad, como eternos mirones tristes con nuestro metro de sastres" (págs. 242, 243).

Con esto volvemos a la visión de identidad propuesta por Posse. Espacio y tiempo constituyen los pilares fundamentales de la misma. Ellos rigen el "mundo del estar", que el Almirante trata de ordenar a sus hombres, porque le parece más auténtico que el viejo mundo. En este argumento hallamos un aspecto importante de la crítica del Occidente que forma parte de lo real maravilloso de Carpentier: la inversión del tópico de "civilización y barbarie". El Occidente desalienado y bárbaro precisa técnicas artificiales como los creados por los surrealistas para experimentar una vida auténtica e integral "en el mundo" como se lo encuentra en América Latina.

El autor utiliza también en los capítulos dedicados a los indígenas la técnica literaria del "flash-forward" para sintetizar el proceso histórico. Ahí menciona las lavacopas y camareras indígenas de un self-service "Nebraska" que trabajan justamente al lado de la "Plaza de las Tres Culturas" en Méjico Ciudad. Posse condensa distintos niveles temporales para relacionarlos entre sí: "Utilizo la historia con el fin de buscar nexos de unión que tiene cualquier situación del pasado con el presente. Trato de hacer una novela metahistórica. Más allá del episodio busco los contenidos que sean un reflejo del mundo actual".[18]

El ejemplo de Colón ha mostrado que esta síntesis resultara de manera conflictiva. La utopía jamás es armoniosa, tal como en las novelas de Carpentier, donde el "universo de las simbiosis" fracasó igualmente.[19] He aquí algunos ejemplos de este procedimiento de síntesis temporal:
- Durante su primer viaje Colón ve barcos futuros. De tanto en tanto cruzan navíos de siglos aun por venir: el "Mayflower" con los puritanos que poblarán las colonias inglesas, el "Queen Mary", cuyos pasajeros bailan a bordo al son de la rumba "Manisero" de Lecuona (pág. 177), el "Rex", "naves sombrías cargadas de emigrantes sicilianos, genoveses, extremeños, irlandeses" que van al Río de la Plata, los veleros traficando esclavos negros, dos veleros ingleses con conspiradores: "George Canning" y el "Avón", que lleva el perfil de Bolívar. La visión reune todos los viajes de Colón en un sólo instante fuera de las leyes establecidas de tiempo y espacio. Después de éste recurso narrativo el flujo de la conciencia vuelve al primer viaje.
- Colón recibe lentes de la marca "Monsiú Zeiss".
- Al escapar un toro a Joan Velmont empieza la primera fiesta de "San Fermín".
- El "bolivianazo" de Coronel Roldán representa todos los golpes de estado latinoamericanos hasta hoy en día. Inicia la tradición del discurso autoritario de índole nacionalista y religiosa en América Latina (pág. 227).
- Anuncios públicos del "Banco Santángel & Hawkings Ltd". (pág. 251)
- El Congreso de Cultura Hispánica de 1940 (pág. 17).

3. 2. La estructura narrativa

La novela está divida en cuatro capítulos mayores titulados "El Aire", "El Fuego", "El Agua", "La Tierra", que son introducidos por cronologías esquemáticas: 1. El Aire, trata el período de 1461 hasta 1469 (págs. 10-60. 31-35 y 57-60 Aztecas e Incas). 2. El Fuego: Los años 1476-1488 (págs. 62-123. Los ritos Indios, [81-83] y anunción de los dioses blancos 121-123). 3. El Agua: La temporada de 1492 hasta 1498 (págs. 126-192, 162-174 la bitácora del Capitán). 4. La Tierra, sintetiza los años 1498-1550 (págs. 194-253), reforzando la crítica de los blancos desde la perspectiva de los indígenas (págs. 203,4: "los tan esperados, han llegado [...]") y describiendo el iniciante mestizaje (págs. 226-30) para culminar en una critica implacable (págs. 236-40: "Si éste es Cristo, Cristo es un delincuente" pág. 237). Los cuatro bloques manifiestan varias dialécticas internas sustentadas por tres tipos de relatos que se imbrican mutuamente a lo largo de la novela:

   I) **Del lado europeo:**
      1. Relato: La vida de Isabel de Trastámara y Fernando de Aragón.
      2. Relato: La vida del joven Colón.
      Ambos se imbrican para unirse con el tercer relato.
   II) **Del lado americano:**
      3. Relato: La vida de los indígenas:
         a) Los Incas
         b) Los Aztecas

El desarrollo de la relación entre ambos lados constituye el tema del "choque de culturas". En el primer capítulo titulado "El aire" aún están separados los dos mundos. Se informa al lector sobre la respectiva visión del mundo y el estado de las respectivas sociedades. Posse convoca allí todas las fuentes no-oficiales, rumores y especulaciones sobre la prehistoria de la conquista. De modo que los aztecas ya habrían sobrevolado el océano en balones, echando desde arriba un vistazo a Düsseldorf; habrían llegado también en barco hasta Europa. Además conocen el otro mundo desde hace siglos por los barcos islandeses que solían venir hasta sus latitudes. Posse presenta las visiones del mundo de los incas y de los aztecas de modo igualmente especulativo: "Estos aztecas tenían aperturas a la gracia, a la inexactitud. Toleraban el comercio libre y la lírica. El incario, en cambio, era geométrico, estadístico, racional, bidimensional. Socialista, en suma" (pág. 33). El imperio incaico se encuentra con la confederación azteca. Los enviados del Inca Túpac Yupanqui habrían llegado hacia Tenochtitlán. Después de haber discutido entre ellos conquistar aquellas tierras al fin y al cabo no les parece atractivo y se quedan esperando la llegada de los dioses barbudos anunciados en sus crónicas:

> Con verdadera humildad, cosa de no ofender al competitivo orgullo azteca, Huamán refirió:
> -Uno de nuestros globos llegó a Düsseldorf. Son hombres pálidos, aparentemente desdichados - aseguró con distante desinterés. [...]
> El *tecuhtli* comprendió que sería difícil vencer la indiferencia del Tawantinsuyu hacia los blanquiñosos. No se comprometerían en una aventura imperial hacia las tierras frías. (págs. 34, 35).

Por tratarse de un encuentro imaginario con menos peso narrativo que la relación entre Colón y los Reyes Católicos, conviene dejar el lado americano unido. La dialéctica interna indicamos a través de la distinción entre los relatos 3a y 3b.

Al relatar desde ambos lados, Posse abarca las mutuas visiones y proyecciones de conquistadores y conquistados. Integrando la visión indígena Posse realiza el procedimiento de "taking the attitude of the other" expresión tomada de la teoría social-sicológica de Georg Herbert Mead[20], que representa un paso imprescindible en el proceso de la identidad. La reflexión sobre los orígenes incluye la doble basis de la identidad latinoamericana y con ello la problemática "question de l' autre" del ya citado Tzvetan Todorov.[21]

La novela provee pues una doble perspectiva iluminando el momento de enfrentación de las dos culturas. El choque fue, como se ha dicho anteriormente, bilateral. Colón, el representante de Occidente, una vez instalado en el otro lado pierde la razón occidental, se hunde en los encantos del Nuevo Mundo. Colón que se cree descendiente de la estirpe profética es el único que acepta lo extraño sin querer dominarlo, aunque fracasa rotundamente como hermeneuta, porque proyecta sus visiones paradisíacas a todo lo que ve. Siguiendo su firme creencia alcanzó su meta más alta: el paraíso terrenal, donde bajo el Arbol de la Vida "descansaba de la viejísima fatiga de Occidente" (pág. 224). Pero sus "congéneres civilizados nada temían más que ser devueltos a la armonía primordial. Como casi todos los lectores de Dante preferían el infierno al cielo" (pág. 251). Otra posible interpretación para éste desenlace sería la incapacidad del hombre de ser feliz

después de haber realizado sus sueños: El deseo del hombre de destruirlo
todo al final.

4. Transformaciones ficticias de personalidades y eventos históricos
4.1. Colón: "el primer sudamericano integral"

El Cristóbal Colón de Abel Posse, un genovés de origen judío, ha de aprender el castellano en España para hablar al final un español argentino con fuertes incidencias en el tango y en el lunfardo de Buenos Aires. Con toda naturalidad emplea el "voseo" (pág. 108) y el "che" argentinos (págs. 65, 211). Acaba viviendo desnudo en el mundo edénico del "estar", no en el del "hacer" occidental, del cual salió ya con el propósito fijo de dar con el paraíso terrenal. Allá se dedica exclusivamente a la meditación bajo el árbol de la vida, otro símbolo que iba fascinándolo desde el día de su circuncisión, que marcó el fin de su juventud (pág. 40). El Almirante representa el mundo occidental. En América encuentra el ansiado paraíso. Es un "buscón de lo absoluto" (pág. 132). Se convierte - según palabras de Posse - en un intermediario. Colón sintetiza el universo europeo colonizador: es italiano y converso, residente en España, místico y esclavista, empresario y poeta, ambicioso y capaz de creer en el paraíso terrenal. Por sus venas religiosas,[22] místicas y poéticas[23] representa una cosmovisión antagonista a la del Rey Fernando de Aragón, quien encarna la visión materialista concentrada en el poder. Su condición de marginado lo convierte en "personaje puente entre dos culturas" como explica Posse.[24] Nunca pierde su condición de extranjero y las tripulaciones de sus barcos lo tratan como tal: "El Almirante era un extranjero. Le atribuían magia, pederastia, connubio con los diablos del mar, malversación de fondos públicos, hasta brujería" (págs. 139 y 160). En eso radica su "argentinidad". Por dicha marginalidad se volvió americano y al fin y al cabo víctima.

La actitud de Colón al acercarse a lo otro no deja de ser ambivalente, pero, según la versión de Posse, muestra fuertes rasgos de tolerancia. Su misión está intrínsecamente marcada por la transgresión de las leyes espacio-temporales predominantes en el Viejo Mundo: "[...] el Almirante sabíase portador de una terrible responsabilidad: retornar al lugar donde ya no rige esa trampa de la conciencia, esa red tramada con dos hilos: el Espacio y el Tiempo" (pág. 131). El se adentra profundamente en el Nuevo

Mundo: "Resultaba evidente que el Almirante había sufrido una mutación ya probablemente sin retorno. La conciencia racional, característica de los "hombres de espíritu" de Occidente, lo había abandonado" (pág. 243). Por consiguiente adopta el orden espacio-temporal americano y por lo tanto: "se había transformado en el primer sudamericano integral" (pág. 243) y recíprocamente en el primer europeo desarraigado - visto desde la perspectiva europea.

Colón emprendía su arriesgada navegación bajo el signo de la secta de los buscadores del paraíso. La aparente noción biblica de su empresa está ligado al tema del viaje. Llama la atención el parentesco con Moby Dick (1851) de Herman Melville. Como el capitán Ahab, que caza hiperbólicamente la encarnación del mal en la ballena blanca, el Almirante busca el Edén con el fin de liberar al hombre del pecado original. La misión redentora y mítica de ambos navegantes no puede más que naufragar por su ambición sobrehumana. Posse enfatiza la dimensión nietzscheana de su Colón, lo nombra incluso "superhombre".[25] Salta a la vista el aparente parentesco con la figura de Colón de Alejo Carpentier. Para comparar el Colón del autor cubano con el de Posse, conviene citar una reflexión que hace el Almirante de El arpa y la sombra, quien fracasa también por su apasionada voluntad, la cual trasciende las limitaciones que le están impuestas al ser humano, aunque intuye haber hecho un salto cualitativo hacia un Mundo Nuevo:

> Un día, frente a un cabo de la costa de Cuba al cual había llamado yo Alfa-Omega, dije que allí terminaba un mundo y empezaba otro: otro Algo. Otra cosa que yo mismo no acierto de vislumbrar [...] Había rasgado el velo arcano para penetrar en una nueva realidad que rebasaba mi entendimiento porque hay descubrimientos tan enormes -y sin embargo posibles - que, por su misma inmensidad, aniquilan al mortal que a tanto se atrevió.[26]

Este afán de ir más allá nos lleva al tema del viaje. La vida de Colón es la perfecta alegoría del viaje. El impulso viajero entraña los motivos primordiales de todo su hacer. El viaje, en el caso de Colón, es el modelo por excelencia de la vida en tránsito permanente, del llamado a lo desconocido, de una inquietud existencial que le impulsa a atravesar la Estigia, a cruzar al otro lado para descubrir una nueva realidad.

4. 2. Federico Nietzsche

El lansquenete Ulrico Nietz es una fusión ficticia del filósofo Friedrich Nietzsche y de Ulrich Schmiedel, el primer cronista que llegó al Río de la Plata.[27] Está convencido de que Dios murió y "que Jehová, el dios que ocupó todos los espacios del Occidente judeocristiano, había sido en realidad un demonio triunfante, un aniquilador demiurgo" (págs. 224, 25). Nietz evoca al mismo tiempo el eterno retorno de lo mismo. Incluso antes de la entrada en acción de Nietz se anuncia un tiempo cíclico: "Occidente, vieja Ave Fénix, juntaba leña de cinamomo para la hoguera de su último renacimiento. Necesitaba ángeles y superhombres. Nacía, con fuerza irresistible, la secta de los buscadores del Paraíso" (pág. 13). Ya pocas páginas después encontramos el próximo indicador nietzscheano:

> Pero en el rincón del eterno retorno de lo mismo, casi invisibles, el general Queipo de Llano con altas botas muy lustradas y planchadísimos 'breeches' preside la comitiva de académicos y magistrados (¿Díaz Plaja? ¿El doctor Derisi? ¿Battitesa? ¿D'Ors?). Le pedirán al Rey patrocinio y fondos para el Congreso de Cultura Hispánica de 1940 (pág. 17).

Hablando del "eterno retorno de lo siempre mismo" de Nietzsche hay que mencionar la novela <u>Daimón</u> (1978) de Abel Posse, donde el protagonista Lope de Aguirre representa de hecho a un Ahasver latinoamericano que se reencarna permanentemente.

El impacto del filósofo alemán en esta novela transciende por mucho los trucos literarios. Abel Posse relaciona toda su escritura con la obra de Nietzsche. En el discurso de aceptación del V Premio de Novela 'Rómulo Gallegos' declaraba al respecto: "Tal vez en mí, como en otros escritores, la obra literaria fue haciendo como un exorcismo, con la secreta esperanza de que tal vez al hombre le sea dado poder quebrar esa fatalidad del nietzscheano eterno retorno de lo siempre mismo". Nietzsche "sigue siendo el gran provocador" para Posse, quien nunca ocultó sus inclinaciones hacia la cultura literaria alemana. Desde ya la presencia de Nietzsche en toda la obra de Posse "es muy marcada".[28]

Los cuatro grandes capítulos del libro, titulados El Aire, El Fuego, El Agua, La Tierra, refuerzan la circularidad. Los cuatro elementos representan las esencias primordiales inexorables a todas las manifestaciones de la vida. Como las cuatro estaciones del año, pertenecen al comunitario fondo

simbólico de la humanidad. Los cuatro ciclos simbolizan el devenir de la
naturaleza y de la historia, así que el eterno retornar nietzscheano se
refleja hasta en la estructura de la novela. La función narrativa de los
cuatro ciclos se concretiza en la relación con el devenir histórico - el
desarrollo de España de la agonía a la hegemonía -, con las etapas de la
vida de Colón y con la cosmovisión indígena del Libro de los linajes de
Chilam Balam Chumayel.[29]

4. 3. Emanuel Swedenborg

Posse recrea una visión diferenciada del mundo occidental, por eso integra
caracteres tan dispares como Nietzsche y el místico escandinavo Swedenborg
(1688-1772). En el caso de Swedenborg se trata de un científico y pensador
de índole religiosa quien ya fue anteriormente objeto literario. Dentro de
la literatura argentina Borges trató la figura marginada con aura de
genio.[30] Se puede rastrear la influencia de Swedenborg en el pensamiento y
en la literatura europeos en Immanuel Kant, en William Blake y a través de
la mediación de éste en la obra de Bernard Shaw.[31]

La inserción del místico sueco no revela los caprichos literarios de parte
de Abel Posse, sino demuestra una sutileza no del todo arbitraria, que
matiza el papel del clero dentro de la conquista de América, un argumento
importante en el conjunto del libro. Conviene citar las palabras de Hans
Radermacher sobre el rol que juega Swedenborg en la obra borgeana: "Esta
futilidad universal, prefigurada en el destino escandinavo, deviene para
Borges momento simbólico de la realidad latinoamericana".[32] Swedenborg, el
"último padre de la Iglesia que elaborara de un modo escolástico el ideario
neoplatónico" y representante de una cultura marginal, encarna la ambigüedad del pensamiento religioso en via hacia la desacralización. Por un
lado reclamaba haber conversado a lo largo de su vida con ángeles y por el
otro declaraba la descendencia humana de los seres angélicos, quienes, por
lo tanto, no fueron creados por Dios.

En suma, Posse aprovecha de la analogía escandinava-argentina descubierta
por Borges para pintar un cuadro policromático del clero europeo. Swedenborg se convierte en un símbolo de la génesis de la identidad latinoamericana con sus contradicciones y sus paradojas ya prefiguradas en Europa. La
técnica literaria de integración del místico sueco es otro ejemplo de la

síntetis espacio-temporal, que ya obró en la ficcionalización de Nietzsche.

4. 4. "El ex soldado manco" y "el loco francés"," Mordecay", el comentador de los hechos económicos y "el lansquenete Todorov" - enloquecido de impotencia

En el texto desfila toda una serie de personajes históricos, que cumplen un papel menor: Entre los que despiden la nave de Colón en el primer viaje se encuentran Cervantes y Descartes:

> Por ahí anda el ex soldado que fue rechazado dos veces con su pretención de ser enganchado como escribiente, y el loco francés que ayer pontificaba diciendo que la inteligencia es la cosa mejor repartida del mundo pero que lo que falta es método (pág. 137).

En los capítulos que describen el desarrollo económico en las Indias, después del "primer bolivianazo", se menciona entre paréntesis al "indeseable Mordecai" (pág. 226). Esta alusión se refiere a Carlos Marx y su crítica del capitalismo.[33]

Tzvetan Todorov dedicó su historia crítica de la conquista "a la mémoire d'une femme maya dévorée par les chiens". Abel Posse se refiere a ésta dedicación programática de La conquête de l'Amérique. La question de l'autre (1982) al integrar a la ilustre tripulación narrativa el lansquenete Todorov quien "creyó enloquecer de impotencia" (pág. 238) después de haber sido testigo de la muerte de una indígena, que fue ("aperreada") despezada por los perros, a los que alude el título de la novela, por haber sido fiel a su marido rechazando relaciones sexuales con los conquistadores.

La intención de Posse al incluir figuras históricas tan disímiles como Nietzsche, Swedenborg, etc. fue por un lado testimoniar la heterogeneidad del Occidente en sí, que se reflejara en la convergencia de múltiples procesos de mestizaje en América Latina, incluyendo movimientos espirituales marginalizados. Sintetizando otra vez, Posse detecta las raices de distintas visiones del mundo que fueron englobados bajo el rótulo de "Occidente". Por el otro lado el uso irónico y paródico de toda una red de referencias culturales y de fuentes fingidas y verdaderas recuerda a Jorge Luis Borges. Posse recupera una de las más vigorosas tradiciones argentinas: la que juega con los límites de realidad y sueño, que confunde maliciosamante verdad e imaginación y renueva las fronteras tradicionales entre historia y ficción. Es la tendencia cosmopolita de tradición, traducción y traición que trasciende el marco nacional a base de un sistema de citas y plagios muchas veces ficticios.

4. 5. Erotismo y sexualidad: la guerra de cuerpos y sexos

Otro rasgo distintivo de la transfiguración literaria del material histórico se encuentra en toda una serie de aspectos que la historiografía oficial suele omitir. Posse incluye la vida cotidiana y sobre todo los aspectos sensuales de la misma. El lector puede pasar revista a detalladas descripciones de exuberantes comidas, se entera de las preocupaciones mercantiles del mundillo de los sastres de la estirpe de Colón, etc. La sexualidad, igual que en El arpa y la sombra de Carpentier, es una fuerza que en la novela impulsa la historia. La pasión amorosa ocupa por lo tanto un lugar central dentro de la reformulación ficticia de eventos y personajes históricos. He aquí, los episodios más relevantes:

- El pacto entre Fernando e Isabel que funda el nuevo imperio se confirma a través de un acto sexual: "Lo cierto es que entre Fernando e Isabel había un combate de inmensa trascendencia. Una guerra de cuerpos y de sexos que era la base verdadera del actual Occidente y sus consiguientes horrores" (pág. 66). Y pocas páginas después: "Son renacentistas y fuente del Renacimiento. [...] En el atolondrado fornicio de aquellos adolescentes sublimes fenece definitivamente la Edad Media" (pág. 70).
- El matrimonio de Colón con Felipa Moñiz que inicia bajo el signo de una furibunda actividad sexual (pág. 76).
- La comunión entre Rodrigo Borja (el futuro Papa Alejandro VI) y Fernando e Isabel, que amalgama fe y poder, católicismo e imperialismo se lleva a cabo por un ritual erótico: "Era la suprema consagración, la santa nupcia, el engendramiento de la nueva Sinarquía" (pág. 88).
- El encuentro de Colón y la reina Isabel está cargado de una tensión erótica excepcional, que en la versión de Posse no se realiza corporalmente: "Fue sólo un instante, pero de larga delicia. Un instante, pero más intenso que toda una vida de asceta o de profesor de latín" (pág. 119).[34]
- Antes de zarpar de España Colón y Beatriz de Arana "habían tenido una muda e intensa tarde de amor sin mayores esperanzas" (pág. 137).

- Colón, haciendo escala en las Islas Canarias, expresa una última vez su virilidad. Antes de salir hacia lo desconocido pasa tres días con Beatriz de Bobadilla. Con ella comparte un clima sexual que asciende hasta la "trimesí final" (págs. 154-157). El episodio evoca reminiscencias a Odiseo y Circe.

- La violación de las mujeres indígenas por los conquistadores que abusan desenfrenadamente sus supuestos derechos de apropiación, legitimado por su "superioridad natural", viene a ser descrita detalladamente a lo largo del último capítulo del libro.

El tono de estas descripciones de escenas sexuales - siempre fuertemente irónico - linda con la frivolidad. Posse subraya la conjunción de la sexualidad y del factor económico: "Los intereses económicos y eróticos conjugados estaban en la base de la acción" (pág. 226).

Concluyendo este capítulo sobre los modos de ficcionalizar la historia se podría hablar de una revalorización paródica de mitos históricos, que critica los procesos de formación de la nueva época, como es el caso de la violación de las indígenas. La representación de los múltiples aspectos de la vida cotidiana tiene una envergadura enorme. Posse parodia y revisiona los mitos establecidos por los discursos históricos. Al mismo tiempo enfatiza parcialmente ciertos aspectos míticos, como p.e. el talante de superhombres de los Reyes Católicos o de Colón, quien aun en el fracaso representa al arielismo latinoamericano.

5. Transformaciones genéricas de la novela histórica latinoamericana

Los conceptos se mueven: observamos que escritores y críticos literarios van cambiando la valoración de la relación entre historia y ficción. Un grupo de autores latinoamericanos de la nueva novela historica al cual pertenece Abel Posse y, también críticos europeos como Roland Barthes,[35] H. Baumgart, Arthur C. Danto,[36] Reinhart Koselleck,[37] Hayden White[38] reformularon la pregunta aristotélica, tratando de precisar las interrelaciones entre discurso historiográfico y discurso literario. En este debate hay una clara tendencia que propugna el acceso ficcional a la verdad, en detrimento del acceso histórico tradicional, que, como agudizó Hayden White, comparte los recursos retóricos, más precisamente cuatro tropos, que caracterizan también la literatura. Para Carlos Fuentes una función esencial de los autores latinoamericanos es buscar un nuevo acercamiento a la historia:

> Creo que la ambigüedad que compartirían la historia y la literatura en la edad clásica en forma egalitaria, se ha perdido en los tiempos modernos porque *la historia sólo es lo que nosostros pensamos que es* [...] Quisiera ver la historia tan relativizada como la literatura, y no ser un absoluto.[39]

El contexto de esta discusión constituye el trasfondo conceptual de <u>Los perros del paraíso</u> (y de <u>Daimón</u> y también, aun cuando de modo diferente, de <u>Momento de morir</u> Buenos Aires: Emecé, 1979) de Abel Posse.

Después de haber mostrado la intención de los autores al transformar la Historia en ficción(es), cabe preguntarse si tal tergiversación de materiales históricos se puede catalogar bajo el rubro de la novela histórica. Para contestar ésta pregunta echemos un breve vistazo a los orígenes de la literatura latinoamericana: Por un lado estan las crónicas, que desde un principio convertían historia en ficción como observaba Gabriel García Márquez:

> El Caribe es un mundo distinto cuya primera obra de literatura mágica es el "Diario de Cristóbal Colón", libro que habla de plantas fabulosas y de mundos mitológicos. Sí, la historia del Caribe está llena de magia, una magia traída por los esclavos negros de Africa, pero también por los piratas suecos, holandeses y ingleses [...]. La síntesis humana y los contrastes que hay en el Caribe no se ve en otro lugar del mundo.[40]

El proceder narrativo de Posse, quien relaciona su propia escritura con la del Caribe traduce la génesis de dicha "síntesis humana" en términos literarios.[41] Por el otro lado está la tradición de las novelas históricas propiamente dichas a partir del nacimiento de las repúblicas latinoamericanas. El desarrollo genuino del género en América Latina muestra una vez más que las categorías europeas no son aptas para comprender procesos literarios de culturas distintas. Ya la literatura argentina del siglo XIX socavaba el imperialismo genérico europeo en forma de un conflicto subterráneo entre el dominio de categorías importadas del viejo mundo y los procesos de americanización que disminuían el grado de internalización inconsciente de las normas europeas. Surgió una cantidad de novelas históricas de tema político, como las novelas sobre caudillos, y las indigenistas. El contenido político estribaba en el esfuerzo de participar en la construcción del estado nacional y de legitimarlo. La novela histórica

sirvió para analizar y fundar la identidad nacional. Tanto era así que ésta
funcionalización de la literatura dentro del sistema político nacional
procuró la identificación total de literatura y nación. La expresión
discursiva de ésta simbiosis mostró carácteres eminentemente patriarcales.
Se identificaba lo masculino con lo nacional. El hombre representaba (la
idea de) la Patria, mientras la mujer era el símbolo de la tierra receptora
y pasiva.[42]

La representación novelesca de la historia continuaba en el siglo veinte
sin ruptura alguna. Los siguientes no deberían faltar en un primer intento
de enumeración no del todo exhaustivo: El argentino Enrique Larreta, quien
renovó con La gloria de don Ramiro, (1908), los medios lingüísticos y
expresivos del género introduciendo textos modernos en el esquema romántico. Las novelas revolucionarias mexicanas de Mariano Azuela y Martín Luis
Guzmán, para nombrar solo los dos autores más destacados. El venezolano
Arturo Uslar Pietri con Las lanzas coloradas (1931) y El camino de el
dorado (1947). Alejo Carpentier con El reino de este mundo (1949), el
portorriqueño Luis Martín Santos y muchos otros más.

Llevaría demasiado lejos discutir aquí el género de la novela histórica,
porque existen múltiples conceptos divergentes.[43] Lo que importa en
nuestro contexto es el hecho de que desde las novelas históricas de Walter
Scott, pasando por los románticos latinoamericanos, hasta el presente, se
cambió profundamente el paradigma tradicional. No sólo estilísticamente,
sino también en el tratamiento y en la función de la historia, que ya no
sirve más de mera decoración para la acción fictícia, sino que ocupa un rol
activo dirigiendo el hilo narrativo mismo. La novela se convirtió en
instrumento de investigación de la historia. Estas novelas históricas
rearman la materia histórica para contribuir al proceso de la emancipación
y del conocimiento de la identidad propia de América Latina. Ucronía y
reflexión del discurso histórico dentro de la novela marcan este cambio
mimético y funcional. Alejo Carpentier, Carlos Fuentes, Augusto Roa Bastos
y Mario Vargas Llosa entre otros sustituían la linearidad temporal de la
novela histórica con formas cíclicas o discontinuas del tiempo. Seguía una
ola de novelas históricas que seguían desarrollando las nuevas estructuras
temporales y, aunque ello no es el caso de Posse, autorreflexivas revalo-
rando la relación entre historia y ficción. En estas novelas la ficción
organiza la historia. Daimón y Los perros del paraíso de Abel Posse per-

tenecen a este tipo igual que Temporada de ángeles de Lisandro Otero[44], o Palinuro de México, (1982), de Fernando del Paso.

La novela histórica estaba de boga a lo largo de todo éste siglo y llegó nuevamente a un auge a principios de la década de los ochenta en la Argentina y en toda Latinoamérica. A parte de razones de mero interés histórico se puede mencionar el creciente reclamo del lector-comprador como una causa de la boga histórica, pero los criterios de los grandes premios literarios, que fomentaron el enfoque histórico en la narrativa, son simultáneamente producto y productor de las corrientes del mercado. Como decía antes, Los perros del paraíso utiliza la programática real maravillosa, en cuanto instrumento hermenéutico y estilístico, pero cabe preguntarse si por estas razones conviene insertar la novela en esta corriente definida imprecisamente e inventada un poco polémicamente por Carpentier contra sus amigos y maestros surrealistas de antaño. Falta lisa y llanamente la concepción mágica del mundo que corresponde a este tipo de literatura. Falta además la dimensión telúrico-indigenista.

Lo que, sí, se puede confirmar es que Los perros del paraíso forma parte de una corriente en la actual narrativa latinoamericana, alrededor y después del así llamado "boom", que une historia con imaginación e intuición y que se utiliza la estética y la hermenéutica de "lo real maravilloso" para indagar y constituir la identidad propia, y que une distintos tiempos históricos desde antes del descubrimiento hasta la historia presente y vigente. Esta mezcla caracteriza obras como La tragedia del Generalísimo de Denzil Romero,[45] Aguirre, príncipe de la libertad de Daniel Otero Silva, también venezolano, Yo, el supremo (1974) de Augusto Roa Bastos, Una sombra donde sueña Camila O'Gorman (1973) del argentino Enrique Molina,[46] Daimón de Abel Posse, y las anteriormente citadas de Lisandro Otero y Fernando del Paso. Estas nuevas novelas históricas recrean la historia latinoamericana con los medios de la ficción, lo que Djelal Kadir llamó "historia poética".[47]

Antes de terminar, queda por analizar la proyección hacia el futuro de Los perros del paraíso. Después de haber esbozado la interpretación la cual propone la novela para la conquista de América y de los orígenes de su identidad distorsionada, especificado por el autor como "choque de culturas" y "guerra de los dioses", hace falta considerar cómo evalua el autor la situación histórica actual de América Latina.

En los discursos sobre su novela, Abel Posse destaca la fuerza cultural de
América Latina, cuya característica radica en su creatividad y su capacidad
innovadora, las cuales se han desarrollado sobre todo en el campo de la
literatura, que, por tanto, es digna de ser llamado vanguardista, en
comparación con las expresiones filosóficas, políticas, económicas, etc.
del subcontinente. Si bien el balance de los primeros 500 años después de
la conquista resulte pésimo para América Latina, Posse parece vislumbrar un
futuro mejor, o, en el peor de los casos, (en)canta al desencanto. Su
visión no signaliza una esperanza desesperada de parte de un frustrado. Las
señales del cambio, las que ya había observado Octavio Paz y las que había
descrito Arnold Toynbee en A Study of History (Nueva York 1937), provienen
de la riqueza cultural. Uno se ha acostumbrado a creer, que la pobreza de
América Latina es simultáneamente causa y expresión de su excepcional
riqueza, que se limita todavía a lo cultural; un pensamiento que parece
atraer sobre todo a los escritores.[48] Si terminara este desfase entre lo
cultural y los otros sectores sociales, si se realizara esta utopía - eso
es lo que insinúa Posse entre las líneas - entonces el Viejo Mundo podría
aprender a tocar la música de la historia a la manera de los conciertos
barrocos que compusieron los autores latinoamericanos, superando por este
lado el déficit cultural, que agobia las sociedades "desarrolladas" y
liberando por el otro lado las almas de los perros del paraíso.[49]

Bibliografía:

Artículos sobre Los perros del paraíso de Abel Posse:

ARROYO, Francesc, "Abel Posse ve a Isabel la Católica tan sensual como a Jane Fonda", en: El País, 18 de marzo de 1983.

CAMPOS, Jorge, "Hallazgo y pérdida del paraíso", 28 de abril de 1983.

BRYCE ECHENIQUE, Alfredo, "Una gran novela histórica", en: Oiga, Lima, 16 de mayo de 1983.

-, "Abel Posse y el descubrimiento de América", en: El País, 26 de junio de 1983.

FILER, Malva E., "Abel Posse y la nueva novela histórica", en: Homenaje a Alfredo A. Roggiano, En este aire de América, Keith McDuffie y Rosa Minc Pittsburgh: University Press, 1990, págs. 315-323.

-, "La visión de América en la obra de Abel Posse", en: La novela argentina de los años 80, Lateinamerika-Studien, 29, Roland Spiller, (ed.), Frankfurt: Vervuert, 1991, págs. 99-117.

PEREZ, Ramón Alberto, "El sueño español-cristiano y la convicción americana", en: Gaceta, 24 de julio de 1983.

GATEAU, Jean-Charles, "Cristophe Colomb parmi les séraphins", La Tribune de Genève, 28 de junio de 1986.

LARAIA, Mirella, "Quell'America segrata", Napoli Oggi, 22 de mayo de 1986.

CARIANI, Alexandra K., "Abel Posse V premio 'Rómulo Gallegos'", en: El Universal, Caracas, 26 de julio de 1987.

MARQUEZ RODRIGUEZ, Alexis, "Abel Posse: La reinvención de la historia", Papel Literario, Caracas, 2 de agosto de 1987.

Entrevistas:

"La libertad no es un delirio", (sin autor), en: Papeles para el diálogo, N° 1, (Caracas) 1988.

"Conversación con Abel Posse. Una entrevista realizada por Roland Spiller", en: Iberoamericana, 2/3, (37/38), 1989, págs. 106-114.

"Entrevista con Magdalena García Pinto", en: Revista Iberoamericana, N° 146-47, 1989, págs. 493-500.

Notas :

1. Gadamer, Hans-Georg, Verdad y método, Salamanca: Sígueme, 1977, pág. 157.

2. Titus Heydenreich ha analizado la réplica de Carpentier a Claudel incluyendo obras previas y posteriores: "El arpa y la sombra" (1979): Alejo Carpentiers Roman vor dem Hintergrund der Columbus-Wertungen seit den Jahrhundertfeiern von 1892, en: Bader, Wolfgang/ Riesz, János, (ed.), Literatur und Kolonialismus, I, Die Verarbeitung der kolonialen Expansion in der europäischen Literatur, Frankfurt/Bern/New York: Lang, 1983. (Bayreuther Beiträge zur Literaturwissenschaft, 4) págs. 291-321. Y del mismo: Kolumbus aus karibischer Sicht: García Márquez - Carpentier - Brival, en: Binder, Wolfgang, (ed.), Entwicklungen im karibischen Raum 1960-1985, Erlangen 1985, págs. 9-23.

3. No puedo profundizar los pormenores de la réplica literaria (Posse - Carpentier), porque esto sería un tema aparte. Los aspectos que siguen me van a servir de base para un análisis comparativo más detallado.

4. Fue galardonado en el año 1987 con el V Premio Internacional de Novela 'Rómulo Gallegos'.

5. Roland Brival, Le sang du roucou, (1982), aplica este procedimiento de doblamiento de la perspectiva muy marcadamente. Véase: Heydenreich (Nota anterior: 1985) pág. 19.

6. A. Carpentier, La novela latinoamericana en vísperas de un nuevo siglo, pág. 160, en: Ensayos, La Habana 1984, págs. 148-167.

7. Jean-Charles Gateau, Cristophe Colomb parmi les séraphins, en: La Tribune de Genève, 28 de junio de 1986.

8. Las fuentes citadas más importantes son las siguientes: El Archivo de Indias de Sevilla (230), Abate d'Ailly, Imago Mundi, (79, 186), Bartolomé de las Casas (227), La Biblia: (167), [212: Exodo, 213, 222: Génesis], Chilam Balam de Chumayel, Libro de Linajes, Cosmos Indicopleustes, Topographia Christiana, (186), Rene Daumal, Monte Análogo, (191), Fraile Landa, Relación, (233, 238), Pedro Mártir, Las cartas y Décadas, (228), Fernández de Oviedo, Historia natural y general de la Indias, (238).
Jakob Burckhardt, Die Kultur der Renaissance in Italien, (111), Jean-Louis Cesbron, Colomb Aimat-il la Discipline, Paris 1966, J. Huizinga, El Otoño de la Edad Media, (96), Salvador de Madariaga, (sin título), (70), Angel Rosenblat, La población indígena de América 1492-1950, (202).
Dante Alighieri, Divina Comedia, (74, 186), Emanuel Swedenborg, Del cielo y del infierno, (202), Alejo Carpentier, (sin título, pero refiriéndose aparentemente a El arpa y la sombra) (119).

9. En esta manera de Borges de jugar con las citas se manifiesta la clave de su concepto literario, que pregunta ¿qué es un texto si no cita (resultado de lectura) de otros textos? El cuento Pierre Menard, autor del Quijote (en: El jardín de senderos que se bifurcan, Buenos Aires 1941) sintetiza este procedimiento de citar. En este sentido Posse escribe o reescribe - igual que Borges - una página de la gran biblioteca que es el mundo.

10. Michel Butor en: L'Arc, 39, (1969), pág. 2.

11. A. Carpentier, Problemática del tiempo y del idioma en la moderna novela latinoamericana, págs. 141-143, en: Alejo Carpentier. Ensayos, La Habana: Letras Cubanas, 1984, págs. 127-143.

12. Alejo Carpentier, Problemática del tiempo y el idioma en la moderna novela latinoamericana, en: Ensayos, La Habana: Letras Cubanas, 1984, pág. 141.

13. A. Carpentier, ibid., en: Lo barroco y lo real maravilloso, (págs. 108-126) pág. 119.

14. Jean-Charles Gateau, ob. cit.

15. En: Papeles para el diálogo, 1, (Buenos Aires 1988).

16. El topos del continente enfermo aparece en el siglo pasado en la obra del boliviano Alcides Arguedas, Pueblo enfermo, (1903), y tiene aun hoy una difusión considerable sobre todo en el terreno del ensayo.

17. Alejo Carpentier, Problemática del tiempo y el idioma en la moderna novela latinoamericana, en: Ensayos, La Habana: Letras Cubanas, 1984, págs. 142, 143.

18. Véase: Francesc Arroyo, A. Posse ve a Isabel la Católica tan sensual como a Jane Fonda, en: El País, Madrid 18 de marzo de 1983.

19. A. Carpentier, El siglos de las luces, en: Obras Completas, V, México 1984, pág. 372.

20. Georg Herbert Mead, Mind, Self and Society, Chicago 1934. Aquí citado de la edición alemana: Geist, Identität und Gesellschaft aus der Sicht des Sozialbehaviorismus, Frankfurt a. M. 1968. Véase capítulo III: Identität, págs. 177-266.

21. Posse (pág. 238) se refiere explícitamente a Tzvetan Todorov, La conquête de l'Amérique. La question de l'autre, 1982.

22. Colón "[...] modestamente - se sabe descendiente directo del Profeta Isaías" (págs. 109, 131, 205).

23. Posse acentúa las venas poéticas de Colón: "Cristóbal se reconocía poeta y sabía que toda gran aventura - privada o pública - para realmente valer debe terminar en un gran libro" (114).

24. Conversación con Abel Posse. Una entrevista realizada por R. Spiller, en: Iberoamericana, 2/3, (37/38), 1989, pág. 110.

25. Véase la nota al pie de la página 70: "A pesar de la opinión de Salvador Madariaga, otro es el caso de Cristóbal Colón que era un superhombre, un apasionado creador de hechos nuevos como un Gonzalo de Córdoba o el Márqués de Cádiz o Boticelli o Miguel Angel".

26. A. Carpentier, El arpa y la sombra, La Habana: Letras Cubanas, 1985, pág. 209.

27. Proveniente de Straubing. Se lo conoce también bajo el nombre de Utz Schmidl. Su relato <u>Wahrhaftige Historia einer wunderbaren Schiffahrt, welche Ulrich Schmiedel von Straubing von 1534 bis 1554 in America oder Neue Welt bei Brasilia und Río della Plata getan</u>, (1567), redactado primero en alemán, fue traducido al latín y llegó a ser un verdadero "bestseller". El presidente Bartolomé Mitre (1862-68) escribió el prólogo de la traducción argentina. El valor histórico de su crónica es generalmente reconocido. La obra es frecuentemente citada sobre todo en Argentina, porque relata la fundación de Buenos Aires, sin definir, sin embargo, la fecha exacta.

28. Vease la entrevista del autor con A. Posse pág. 144.

29. Bajo el título <u>Chilam Balam</u> se esconden una serie de textos que redactaron indios misionados y monjes después de la conquista. "'Chilam' significa 'el que es boca' y se aplica para designar a los sacerdotes que interpretaban los libros sagrados. 'Balam' fue uno de los más famosos sacerdotes mayas en la época inmediatamente anterior a la llegada de los españoles que se hizo famoso por predecir la llegada de hombres diferentes que aportarían una nueva religión. 'Balam' significa 'jaguar o brujo' por lo que Chilam Balam podría traducirse como 'brujo profeta'". En: Alcina Franch, José, <u>Mitos y literatura maya</u>, Madrid 1989, p. 17.
La visión cíclica de los indígenas manifiesta rasgos apocalípticos. Posse eligió la cita justa: "Ha comenzado la era del Sol en Movimiento/ que sigue a las edades del <u>Aire</u>, el/ <u>Fuego</u>, el <u>Agua</u> y la <u>Tierra</u>./ Este es el comienzo de la edad final, nació/ el germen de la destrucción y de la/ muerte" (pág. 240, el subrayado es nuestro).

30. Jorge Luis Borges, <u>El destino escandinavo</u>, en: <u>Borges, oral</u>, Buenos Aires: Emecé, 1979.

31. Véase al respecto: Jorge Dotti, <u>Sweden/Borges</u>, en: Espacios, 6, Facultad de Filosofía y Letras, Universidad Buenos Aires, Oct.- Nov. 1987, págs. 33-36. Y Hans Radermacher, <u>Kant, Swedenborg, Borges</u>, trad. por J. Dotti, ed. cit., págs. 37-43.
I. Kant comentaba en: <u>Träume eines Geistersehers</u> seriamente las visiones de Swedenborg, interpretándolas como fantasmas éticos.

32. H. Radermacher, <u>Kant, Swedenborg, Borges</u>, en: Espacios, 6, pág. 37 traducido por J. Dotti del libro <u>Kant, Swedenborg, Borges</u>, Bern, Frankfurt a. M., New York: Peter Lang, 1986, 96 págs.

33. Entre las alusiones a personajes históricos de menor importancia figura también Jean Jacques Rousseau llamado maliciosamente "Jean Loup Vasselin" como autor de un "<u>Traité de la Modération</u>" (pág. 238).

34. Posse niega explícitamente en una nota la versión de Carpentier en <u>El arpa y la sombra</u>. Contrariamente a éste Posse sugiere una unión metafísica, que lleva a Colón a alcanzar "la liberación del panorgasmo" (pág. 119, 120).

35. Roland Barthes, <u>Le discours de l'histoire</u>, (1967).

36. Arthur Coleman Danto, <u>Analytical Philosophy of History</u>, Cambridge 1965, (el título de la traducción alemana es: <u>Analytische Philosophie der Geschichte</u>, 1965).

37. Reinhart Koselleck, Historia Magistra Vitae, (1967); Vergangene Zukunft. Zur Semantik geschichtlicher Zeiten, (1984).

38. Hayden White, Tropics of Discourse; Essays in Cultural Criticism, Baltimore y Londres: The John Hopkins University Press, 1983. (El título de la traducción alemana es: Auch Klio dichtet. Die Fiktion des Faktischen. Studien zur Tropologie des historischen Diskurses, Stuttgart: Klett-Cotta, 1986).

39. Cito de: Rodríguez Hernández, Raúl, "'Nueva novela histórica'hispanoamericana: La insurreción y Un día en la vida", [pág. 155] Texto crítico, 36-37, Xalapa/Veracruz 1987, págs. 153-163.

40. Gabriel García Márquez en: El olor de la guayaba. Conversaciones con Plinio Apuleyo Mendoza, Barcelona: Bruguera 1982, pág. 74.

41. Véase la entrevista del autor con A. Posse, pág. 108.

42. Como por ejemplo Doña Bárbara de Rómulo Gallegos y La vorágine, de José Eustasio Rivera. Véase la ponencia de D. Sommers, Not Just Any Narrative: How Romance Can Love Us to Death, en: Daniel Balderstone, (ed.), The Historical Novel in Latin America, Gaithersburg: Ediciones Hispamérica, 1986, págs. 47-74: "While male agency swells metonymically to national dimensions, female agency is cancelled in a metaphoric replacement. [...] On the other hand, the fatherland herself derives her meaning from the father. Although the land is female, her legitimacy comes from the father and his name. Therefore her lack of native legitimacy makes her dependent on him. But this reminds us that the father is dependent too; he needs the female land to bear his name, to give him, that is, the status of father" (págs. 47, 48).

43. Daniel Balderstone, Symposium on the historical novel in Latin America, (del 14 al 16 de noviembre de 1985) Tulane University/ New Orleans, publicado bajo el título de la nota anterior. Resumido por Ottmar Ette en: Romanistische Zeitschrift für Literaturgeschichte, 1/2, (Heidelberg) 1987, pág. 265-269.

44. Otero fue el competidor más favorecido tras de Posse para el V Premio Internacional de Novela 'Rómulo Gallegos'. Otero, interrogado sobre su pertenencia a este supuesto núcleo de la nueva novela histórica, lo afirmó rotundamente:
"Pregunta: Críticos como el venezolano Alexis Márquez, señalan un nuevo acercamiento de la literatura latinomaericana a la novela histórica, en los nombres de Uslar Pietri, Fernando del Paso, el argentino Abel Posse, ¿integras en ese movimiento?
Otero: Es un agrupamiento válido, registra una preocupación que siempre reaparece en los escritores latinoamericanos, la búsqueda de perfil propio, el tema de la identidad. Aquello que A. Carpentier llamaba "el proceso de nombrar las cosas, que es también una manera de conocerse.", en: De la revolución al danzón, Entrevista de Analía Effrom a L. Otero en: Crisis 59, (Buenos Aires) abril 1988, págs. 16-17.

45. Premiado por Casa de las Americas 1983. Romero cuenta un período de la historia venezolana en forma paródica, basado en hechos históricos. Como en Los perros del paraíso abundan los episodios eróticos con un toque de frivolidad. Miranda, el narrador, se presenta como un fracasado en todos los campos, salvo en el terreno del erotismo, donde se jacta de imbatible e incansable.

46. Preguntado por sus autores argentinos preferidos Posse respondió al autor de este artículo que Medina es al lado de Borges él quien quisiera destacar y sobre todo su novela histórica Una sombra donde sueña Camila O'Gorman. La novela de Medina pretende como la de Posse más bien un "análisis poético" de la historia que un acercamiento sociológico o económico a la historia. Medina trabaja con ideas y técnicas surrealistas: la exploración de los sueños y de impulsos inconscientes, la exaltación de la libertad de la imaginación y del individuo. Véase Kirkpatrick, Gwen, The Poetics of History in "Una sombra donde sueña Camila O'Gorman", (pág. 140) en: Balderston, Daniel, (ed.), The Historical Novel in Latin America, Gaithersburg 1986, págs. 139-150.

47. Djelal Kadir, Questing Fictions. Latin Americas Family Romance, Minneapolis: University of Minnesota Press, 1986. Véase al respecto también el trabajo de Malva E. Filer, La visión de América de Abel Posse, en: Roland Spiller, (ed.), La novela argentina de los años '80, Frankfurt: Vervuert, 1991, págs. 99-117.

48. Véase al respecto: Andrea Pagni, "Zonas de discusión", en: Kohut, K.; Pagni, A., (eds.), Literatura argentina hoy, Frankfurt: Vervuert, 1989, pág. 297.

49. Sobre el significado del título aclaró Posse: "El título hace referencia a dos tipos de perros: En primer lugar a los perros guardianes que llevó España a América, que eran mastines, de los cuales se escribieron biografias. Uno de ellos, Becerrillo, recibió grandes elogios porque fue un gran defensor de la moral sexual, dicen. Despedazó a doscientos indios por malas costumbres. A los perros les hago formar una comisión asesora de la mora, en torno a Bartolomé Roldán, convertido en coronel, y que da el primer coronelazo de América. Los otros perros son nostálgicos del paraíso. Los que, según una leyenda maya, llevan el alma del amo desdichado que no ha podido retornar al todo. Esos perros, que siguen vagando por América, resultan el símbolo del infortunio americano." (En: Francesc Arroyo: 1983). Uno podría agregar, que los perros simbolizan el potencial revolucionario de los suprimidos que llevan una vida perra en América Latina, como expuso Seymour Menton en: "Los perros del paraíso", una novela dialógica, en una ponencia presentada en el "Tercer Congreso Internacional del CELCIRP: 'Discurso historiográfico y discurso ficcional en las literaturas del Río de la Plata'" en Ratisbona del 2 al 5 de julio de 1990, en prensa.

Namenindex

Aaron, Daniel 525, 571
Abad de Santillán, Diego 621
Abellán, José Antonio 378
Abrabanel, Abraham 81
Abrabanel, Isaac 67
Achach Centurión, Eduardo 624
Achmatova, Anna 814
Acosta, Gabriel de 744, 749
Acosta, José de 119, 124, 287, 291
Acquarone, Aldo 662
Adams 341
Addison, Joseph 396
Adler, Joyce 574
Afán, Justo 947
Agosto, Aldo 106
Aguado, Juan 375
Aguado - Andreut, Salvador 637, 639f, 647
d'Ailly, Pierre 147, 165, 168 980
Aínsa, Fernando 947, 954
Alarcón 292
Albuquerque, Luis de 80
Al Capone 837
Alcina Franch, José 982
Alexander der Große 151, 342, 643, 779
Alexander VI (Papst) 87, 90, 375, 958, 973
Alexis, Jacques Stephen 941
Algarotti, Francesco 446
Allen 105
Almagro, Diego de 342
Almodóvar, Duque de (Malo de Luque) 361
Altoaguirre y Duvale, Angel de 82
Alva Ixtlilxóchitl, Fernando de 428
Alvarez Chanca, Diego 38f
Amoroso, Venanzio 776
Ancillon, J.P.F. 802, 807
Andersen, Harry 692ff
André, Jacques 830
André, M. 479
Andrews, K.R. 572
Andrzejewski, Jerzy 809
Angeli, Franco 324
Anghiera, Peter Martyr von, siehe: Martyr, Peter
Anjou, Renato de 56
Antoine, Gérald 705
Anzoátegui, Ignacio B. 792
Apollinaire, Guillaume 840
Arago 429
Araña, Beatriz de siehe Enriquez
Araña, Beatriz
Arce, Gaspar Núñez de 745

Arellano, Jorge Eduardo 647
Arguedas, Alcides 981
Aridjis, Homero 943, 945, 948, 950f, 953
Aristoteles 83, 93, 132, 145, 217, 221ff, 307, 717, 790, 913
Armas, Antonio Rumeu de 78
Armbruster, Claudius 909
Armstrong, Jeannette C. 540
Arranz, Luis 425
Arroyo, Francisco 979, 981
Artaud 880
Arundell of Laherne, Thomas, Sir 398
Arveiller, Michel 510ff
Atahualpa 321, 427
Aubrun, Charles Vincent 292
Augustinus 286
Autrand, Michel 776
Avitus, Alcimus 274
Azuela, Mariano 976
Bachtin, Michail 590
Bacon, Francis 396
Bader, Wolfgang 337, 353, 433, 620, 644, 741, 879, 930, 980
Badurova, Anezka 264f
Bahner, Werner 323
Baker, Charles 577
Balderstone, Daniel 983f
Baldi, Giuseppe 457, 475, 612
Ballesteros Beretta, Antonio 147, 267, 269, 272, 275, 378
Bancquart, Marie-Claire 493, 506, 512ff
Bang, Hermann 670
Banse, Ewald 421
Barbarisi, Gennaro 324
Barbauld, Anna Laetitia 398
Barbeau, Raymond 502, 513
Barbey d'Aurevilly, Jules 483ff
Barcia, Pedro Luis 646
Barlaeus, Caspar 211, 213ff
Barlow, Joel 521ff, 545, 547f, 550, 554f, 565, 571
Baroja, Julio Caro 49, 80
Barrès, Maurice 505
Barros, João de 62, 80
Bartelski, L.M. 821, 823
Barthes, Roland 974, 982
Bartlett Giamatti, L. 323
Bartoszewski, M. 822
Basedow 326
Bassenge, Friedrich 620
Bataillon, Marcel 266
Baudet, Henri 45
Baumgart, H. 974

Bayo, Armando 421
Beavers, Harold 574
Becerrillo 984
Becher, H. 923, 930
Beck, Hanno 420, 420, 423, 425, 435
Becker, Felix 909
Beckett, Samuel 89
Beers Quinn, David 572
Béguin, Albert 491, 499, 507, 512ff
Behaim, Martin 125, 222, 299, 305, 567
Bellah, Robert N. 571
Belli, Giuseppe Gioachino 651, 661, 666
Bellini, Bernardo 457ff
Belmás, Antonio Oliver 644f
Bembo, Pietro 177f
Benci, Francesco 234
Benedikt XIV, Papst 311
Benítez, Fernando 18
Benjamin, Walter 738, 742, 951, 955
Bennet, John 399
Bensabat Amzalak, Moisés 73, 82
Bentley 537
Benzoni, Girolamo 124, 141, 219, 231, 370
Bereza 823
Berios, Luciano 704
Berkeley, Georg, (Bischof) 517
Berkhofer, Robert F. 268
Bernabeu Albert, Salvador 613 620f, 665
Bernal, Martin 45
Bernáldez, Andrés 51, 77
Bernardin de Saint-Pierre 417, 423, 438
Bertazzoli, Raffaella 667
Bertin, Charles 777, 847ff
Bertone, Giorgio 21ff
Besold, Christoph 220
Besterman, Theodore 324
Bettini, A. 231
Beyen, Roland 776f
Bezanson, Walter E. 574
Biermann, Karlheinrich 792
Biermann, Kurt-R. 426
Biescas, J.A. 880
Bigiaretti, Libero 668
Biglione, Aldo 618
Billeskov Jansen, F.J. 693, 695
Binder, Wolfgang 479, 544, 980
Binns, James W. 263
Biondi, Carminella 941
Bischoff, Bernhard 266
Bitterli, Urs 268, 930
Bizzarri, Edoardo 662, 665f, 667
Blais, Jean-Ethier 833
Blais, Marie-Claire 834

Blake, William 971
Blamberger, Günter 893
Blanc de Saint-Bonnet, Antoine 491, 512
Blanke, Gustav H. 397
Blasco Ibáñez, Vicente 743, 745, 747, 754f
Blau, J.L. 104
Blaut, S. 821ff
Bleye, Aguado 880
Bloch, Ernst 95
Blodgett, Harold W. 574
Blonski, J. 822
Bloy, Léon 612, 483ff, 897, 905
Bloy, Véronique 491
Blüher, Karl Alfred 293
Blumenberg, Hans 148
Blumenthal, Peter 666
Bobadilla, Beatriz de 974
Bobadilla, Francisco de; (Bovadilla, Francisco de) 71, 366, 369, 714, 719
Bobzin, Hartmut 104
Bodmer, Johann Jakob 295, 307, 311
Böckmann, Paul 305
Böhm, Günter 45
Böhringer, Wilfried 44, 141, 544, 571
Boemus, Johannes 123
Boesnier 310f, 314f, 322
Bohan, Ruth H. 573
Bohatcová, Mirjam 264
Bolívar, Simón 420
Bollery, Joseph 510f, 513, 620
Bologna, Francesco Pippino von 147
Bonitz, Antje 740
Bonpland 406
Bontempelli 859
Booth, Wayne C. 880
Borch, Rudolf 422
Borda, Ignacio 644
Borelli 859
Borges, Jorge Luis 960, 971f, 980, 982f
Borgia, Rodrigo 567
Borja, Rodrigo siehe Alexander VI (Papst)
Borrat, Hector 621
Borromeo, Carlo 240, 267
Bosch, Jérome 857
Bosquet, Alain 844
Bossuet 309, 607
Botticelli 981
Bottorff, William, K. 542
Bougainville, Luis Antoine de 322
Boulez, Pierre 700
Bourgeois, Nicolas - Louis 311f, 314ff

Bourget, Paul 494
Bourne, Edward Gaylord 546, 572
Bovio, Giovanni 666
Bowman, David H. 573
Bowra, Cecil Maurice 276
Boyssières, Jean de 620
Brack, Karlheinz 294
Brackenridge, Hugh Henry 518
Bradley, Sculley 544, 574
Brahe, Tycho 397
Branca, Vittore 667
Brandt, Ellen B. 397
Brant, Sebastian 109, 120, 857
Bratny, Roman (Roman Mularczyk) 809ff
Braun, Hermann 398
Braun, L. 264
Bray, René 456
Brecht, Bertold 660, 731, 734, 742, 864, 888, 893, 895
Breinig, Helmbrecht 542, 544, 578, 646
Breitinger, Johann Jakob 295, 304
Bremer, Thomas 665f
Brenner, Peter J. 140
Breton 833, 842, 845
Breton, André 840
Bridenbaugh, Carl 548, 572
Bridenbaugh, Roberta 548, 572
Briesemeister, Dietrich 212, 622
Brival, Roland 911ff, 980
Brizzi, Bruno 665
Brodzinski, Kazimierz 802, 807
Brook, Thomas 553
Brown, Alice 399
Bruck, Guido 267
Brüning, Heinrich 732
Bruerton, Courtney 292
Bruhns, Karl 429
Brumm, Ursula 558, 575
Brunner, Otto 438
Bruno, Giordano 656, 666
Bry, Théodore de 124, 158
Bryce Echenique, Alfredo 979
Buchberger, M. 479
Buchholtz, Bertram 142
Buck, August 276
Büchner, Georg 731, 742
Büchner, Karl 276
Büntig, Aldo 621
Bürger, Peter 840, 845
Büttner, Manfred 140
Buffon 417, 437f
Buher, Bernadette 45
Buitrago, Edgardo 645
Bultmann, Rudolf 144
Buñuel 837
Burckhardt, Jacob 317, 223, 980

Burmeister, Karl Heinz 104, 120, 122f
Burney, Fanny 382
Busse, K. 106
Butor, Michel 981
Byron, George Noel Gordon, Lord 567, 798
Byssipat, Jorge 57
Caballería, Alfonso de la 65
Caballería, Micer Pedro de la 65
Caballería, Mosen Pedro de la 65
Cable, George Washington 559
Cabot 435, 561
Cabrera, Andrés 67
Caddeo, R. 105, 482
Cádiz, Márqués de 981
Cäsar 610
Cagigas, Isidro de las 80
Cagnazzi, Octavius 211, 229
Caillet-Bois, Julio 647
Cairoli (Gebrüder) 650
Calderón de la Barca, Pedro 279, 633
Caleppio, Trussardo, Conte 459
Calin, William 323
Calvin, Johannes 133
Calzada, Rafael 76
Camões, Luis Vaz de 307, 312, 608
Campanella, Tomaso 94, 168, 286, 291, 294
Campe, Joachim Heinrich 325ff, 794, 799
Campillo, José del 358
Campoamor y Camposorio, Ramón de 745, 747ff
Campos, Daniel 623
Campos, Jorge 294, 979
Canetti, Elias 739, 742
Canny, N.P. 572
Cano, Benito 378
Cantera Burgos, F. 80
Cantú, Cesare 619
Cao, Diego 145
Capac, Manco 526f
Capitani, L. 480
Capsali, Eliyahu 81
Cárcel, Ricardo García 378
Cardenal, Ernesto 605
Cárdenas, Lázaro 624
Carducci, Giosue 651, 662
Careme, Maurice 705
Cariani, Alexandra K. 979
Carinus 266
Carle, M. 343, 346f, 354f
Carlos I, (König von Spanien) 957
Carlos III (König von Spanien) 240
Carlyle, Thomas 611, 620, 659, 755
Carpentier, Alejo 1, 337, 612, 644,

743, 754, 777, 895ff, 926, 930, 943, 948, 958ff
Carrara, Ubertino 234, 238, 245f, 252, 260, 273, 275
Carreno, Antonio 791
Carrillo, José 624
Carvajal, Gaspar de 279
Carvalho, Joaquim 80
Casenove-Coullon, Guillaume de 56f
Casgrain, Henri-Raymond 838
Cassel, Charlotte von 664
Castellanos, Juan de 277, 285, 370
Castelvetro, Giacomo 233, 263
Castelvetro, Lodovico 233
Castro, Fidel 624
Castro, Guillén de 292
Catull 167
Cayssac, Henry 511
Cecchi, Emilio 657, 664f
Cecchi, Leonetta 657
Celichowski, Z. 795
Cellier, Léon 456
Cempírková, Kveta 264f
Cendrars, Blaise 708
Cepik, J. 795
Cermák, Jan 265f
Cervantes, Miguel de 53, 280, 293, 633, 711, 722f, 727, 779, 972
Cesbron, Jean-Louis 980
Chaffiol-Debillemont, F. 456
Chagall, Marc 837
Chanovel, Gabriel 512
Chao, Ramón 908
Chateaubriand, François René Vicomte de 277, 417, 425, 481
Chavez, Manuel A. 623
Chiapelli, Fredi 276, 776
Chinillo, Noah 66
Chirico, Giorgio de 840
Chlewaski, Franciszek 794
Christadler, Martin 574
Christian II, (König) 672
Chumayel, Chilam Balam (de) 971, 980
Cicero 270
Civezza, Marcellino da 457
Clarín 611
Claudel, Paul 507, 514, 697ff, 725f, 754, 777, 890, 897, 899, 958, 980
Clemens XII (Papst) 236
Clerc-Erle, Widulind 859
Cleveland, John 397
Cocteau, Jean 775
Cohen, Isaac 748
Cohen, J.M. 46
Coleman Danto, Arthur 982
Coleridge, Samuel Taylor 552

Colombo, Domenico 49f, 77
Colombo, Giovanni 49
Colón, Bartolomé 49f, 147, 173, 175, 399, 561, 719, 722
Colón, Diego 49f, 59, 71f, 452f, 461, 476, 481f
Colón, Hernando (Fernando) 38, 52, 56ff, 105, 149, 173, 178, 270, 363, 370, 389, 405, 410, 416, 424f, 431, 435, 461, 473, 482, 709, 795, 802, 805f
Columbo, de Ianqa, Dominici de 76
Columbus, Bartolomeo 49f, 147, 173, 175, 399, 561, 719, 722
Comella y Villamitjana, Francisco 314
Contarino, Rosario 667
Conze, Werner 438
Cook, E.T. 399
Cook, James 791
Cooper, James Fenimore 535ff, 548, 571, 794
Córdoba, Gonzalo de 981
Corneille, Pierre 607
Corpancho, Manuel Nicolás 420
Cortés, Hernán (Cortéz, Fernando) 29, 41, 46, 85, 90, 107, 310f, 315, 321, 325, 327, 331f, 335f, 342, 357, 362, 403f, 407, 426, 428, 432, 464, 468, 475, 481, 715, 776, 828
Cortezón, Daniel 880
Cosco, Leandro de 126, 139
Cossel, Ch. v. 480
Costa, Lorenzo 457f, 469ff
Courtes, J. 590
Cowley, Abraham 148, 235, 396f
Creech, Thomas 397
Cro, Stelio 294
Cromwell, Oliver 611
Crosby, Alfred W. 540, 544
Crosby Jr., Alfred W. 271
Cuadra, Pablo Antonio 647
Cube, Helmut von 859
Cushing, Caleb 528ff
Cushing, Carolyn 528
Cotolo, Vicente Osvaldo 618
Czerny, A.L. 805
Czeszko, Bohdan 818
Czulinski, J. 821
da Ca'da Mosto, Alvise 145
da Civezza, Marcellino 479
Daemmrich, Horst S. 399
Daemmrich, Ingrid 399
da Gama, Vasco 63, 174, 713
Dalarnas 670
Dalí, Salvador 833
Damas, Carrera 483
da Montalboddo, Antonio Fracanzano

131, 140
Dandolo, Tullio, Conte 457
Dante, Alighieri 18, 431, 443f, 478, 482, 565, 608, 611, 655, 799, 815, 967, 980
Danto, Arthur C. 974
d'Arc, Jeanne 619, 492, 495
Darío, Rubén 627ff, 613
Darwin, Charles 672, 674f, 680, 687f, 791
Dati, Giuliano 233, 262
Dauber, Kenneth 397
Daumal, Rene 980
David, Maurice 82
Davis, Merrell R. 573
Defoe, Daniel 385, 390, 398
Delaruelle, L. 1058
Delitzsch, S. Franz 105
Dellac 441f
Della Corte, F. 480
Delli Colli, Lino 665
Dell'Isola, Maria 481
DeLollis, Cesare 78, 480
Delon, Michel 354
Demaría, Barnabé 593ff, 1ff
Demerson, Geneviève 263
De Micheli, L. 459
Descartes, René 349, 370, 444, 972
Deschner, F. Karlheinz 96
Desdovits, T. 666
Desfontaines, Pierre-François 307
Devonshire, Duchess of 383
Deza, Diego de (Fray) 67
Diás, Bartolomeu 145
Dias, Dinis 145
Díaz del Castillo, Bernal 279
Diderot, Denis 334f, 337, 338f, 346, 350f, 354, 833
Diem, Werner 104
Di Negro, Giacomo Marchese 469f
Diokletian (Kaiser) 266
Dioskurides 217
Doc, Bébé 886
Doderer, Klaus 336
Döderlein, J.Ch. 106
Doria, Andrea 470, 899, 906
Doria, Tedisio 472, 475ff
Dorr Griffin, Edmund 211
Dos Passos, John R. 563ff
Dostojewskij, Fjodor Michajlowitsch 947
Dotti, Jorge 982
Dove 429
Drake, Jeremy 699, 701, 703ff
Drake, Francis, Sir 321
Du Bocage, Anne - Marie 307, 311, 314ff
Duchamp, Marcel 840

Ducharme, Réjean 833
Dürer, Albrecht 857
Dukanovic, Alija 801, 805
Dunn, Oliver 267
Durán, Diego 92
Durzak, Manfred 739, 742
Dussel, Enrique 614, 621
Eatough, Geoffrey 262
Eckardt, M. 479
Edel, Robert 753
Eder, Klaus 775
Effe, Bernd 266, 269
Effrom, Amalia 983
Egenolffen, Christian 141
Eggert, Hartmut 621
Ehlers, W.-W. 264
Eichenbaum, Boris 605
Eigner, Edwin M. 573
Elbek, Jorgen 694
Elbrond-Bek., Bo 694
Éliade, Mircea 775
Eliseo, R. 590
Elliott, Emory 542, 574
Elliott, John H. 282, 292ff
Ellis, Keith 645, 648
Elter, Anton 222f
Emerson, Ralph Waldo 562, 576
Emmanuel, Pierre 499, 513
Enders, Horst 741
Engelmann, Gerhard 436
Engler, Winfried 646, 755
Ennius 177, 275
Enrique IV, (El Impotente) 958
Enríquez, Diego 866
Enríquez Arana, Beatriz (Enríquez de Harana, Beatriz) 389, 461, 463, 746, 750f, 866, 897, 903, 905, 973
Entrambasaguas, Joaquín de 645
Erasmus 98, 105
Eratosthenes 145, 717
Ercilla y Zunigas, Alonso de 277f, 289f
Erickson, Leif 562
Eric the Red 563, 785
Ernst, Max 840
Espada, Joaquín 624
Espronceda 608
Estrada, José Manuel 615
Ette, Ottmar 983
Evelyn, John 397
Ewers, Hans-Heino 336
Faak, Margot 426
Fabricius, Johannes Albert 263
Falaturi, Aboljavad 104
Fasola, Carlo 667
Fastenrath, Johannes 644f, 754
Faulkner, William 559
Fears, J.Rufus 263, 791

Federmann, Nikolaus 124
Fell, Barry 29
Fénelon (François de Salignac de la Motte) 307, 349
Ferdinand, (König von Spanien) 27, 42, 163, 245, 257, 289, 363, 366f, 375, 386, 459, 521, 658, 728, 778, 869, 958f, 966, 968, 973
Fernández, García 51
Fernández de Lizardi, Joaquín 948
Fernández de Moratín, Leandro 281
Fernández de Navarrete, Martín Teodoro 78, 79ff, 120, 407, 411, 424, 427f, 429, 431, 530
Fernández de Oviedo, Gonzalo 119, 124, 283f, 293f, 370, 980
Fernández-Shaw, Carlos M. 292
Fernando, Columbus 524
Ferres, Antonio 743, 754
Ferro, Gaetano 667
Ferrrari, Ettore 657
Feugère, Anatole 352
Fielding, Henry 396, 398, 567
Fielding, Sarah 398
Filer, Malva E. 979, 984
Finkel, L. 801, 806
Fiorentino, Francesco 657
Firpo, L. 262
Fischer von Erlach, Emanuel 240
Fischer von Erlach, Johann Bernard 240
Fisher, John C. 211
Flaubert, Gustave 455, 744
Flechia, Giuseppe 649f, 662ff
Flint, Weston 292, 754
Florus 228
Förster, F. 794
Fonseca, Juan de 70
Fontanarosa, Giacomo 49
Fontanarosa, Susana 47, 49
Fontanarueba de Bezagno, Jacobi de 76
Forcellini 274
Ford, Arthur L. 542
Ford, Henry 556
Fordyce, William 399
Forthoff 305
Foucault, Michel 408, 429, 438, 857, 914, 920, 925, 930f
Fowler, Marian L. 398
Fracastoro, Gerolamo 148, 169, 177ff, 233, 262, 271
France, Anatole 505
Francis, Jean 777
Franck, B. 708
Franck, Sebastian 116, 123f, 134, 141
François I., (König) 98

Frankl, Ludwig August 711
Franklin, Benjamin 341
Franz I, (Kaiser) 459, 478
Fratta, Carla 830
Fredericks, S.Casey 791
Freneau, Philip 518ff
Frenzel, Elisabeth 397, 571, 723, 775
Freud, Sigmund 93, 676, 692, 730
Frickx, Robert 775
Friedrich II 776
Fries, F.R. 915, 931
Friis, Oluf 693
Frisi, Paolo 324
Fuentes, Carlos 1f, 7, 12, 15ff, 943, 952, 961, 976
Gabriel-le Roy 834
Gabrielli, (Principe) 666
Gadamer, Hans-Georg 980
Gajcy, Tadeusz 822
Galeano, Eduardo 896, 907
Galilei, Galileo 397, 478, 482, 711, 791, 888
Gallegos, Rómulo 983
Gallez, Paul 28, 44
Gallo, Antonio 50, 77, 104
Gambara, Veronika 148
Gambara di Brescia, Lorenzo 143, 148, 149, 153f, 157, 159ff, 230, 233f, 243, 263, 269f, 272f, 276
Gancourt, Jules de 744
Gandía, Enrique de 294
García de la Riega, Celso 47, 76
García Escobar, Ventura 745
García Márquez, Gabriel 948, 975, 983
Gaspé, Philippe Aubert de 838
Gateau, Jean-Charles 959, 961, 979f, 981
Gaulle, Charles 837
Gautier, Théophile 607
Gauvin, Lise 835, 844
Genty, Luis (Abbé) 349, 353
Gerbi, Antonello 268, 271, 797, 805
Gerratana, Valentino 666, 668
Gesualdo, Vicente 618
Gewecke, Frauke 142, 268, 912, 923, 925, 930f
Ghelderode, Michel de 757ff
Gherardi d'Arezzo, Giuseppe 458, 480
Giannetasio, Nicolò Parthenio 148, 235
Gibbon 522
Gide, André 833
Gier, Albert 776
Gil, Juan 379
Gil Novales, A. 378

Giller, Stefan (Stefan de Opatowek) 803
Gillet, Jean 323
Gill-Mark, Grace 323
Gilman, William H. 573
Ginés de Sepúlveda, Juan 30, 216, 370
Giraldo Jaramillo, Gabriel 421
Giustiniani, Agostino 50, 97ff
Giustiniani, V. 229
Glissant, Edouard 825ff, 926, 930f
Goetel, Ferdynand 814, 823
Goethe, Johann Wolfgang von 18, 417, 438, 608, 882, 893
Goldsmith, Arnold L. 578
Goncourt, Edmond de 744
González Echeverría, Roberto 948, 954
González Puebla, Ruy 77
Gorbolán, Ginés de 160
Gordoa, Marcos 294
Górski, K. 805
Gottsched, Johann Christoph 295, 304
Gould y Quincy, Alicia 81
Goya, Francisco José de 925
Graetz, Heinrich 76
Gramsci, Antonio 657, 659, 666
Granados, Francisco 623
Grandel, Hartmut 543
Grant, Ulysses Simpson 643
Granzotto, Gianni 45f
Grasser, Johann Jakob 116, 123
Gregor XVI, (Papst) 651, 656
Greimas, Algidras J. 590f
Greiner, Annedörte 754
Gren, Z. 822
Grente, Georges 620
Griffith, John 541
Griffiths, Gwyn J. 273
Grijalva 109
Grimm, Melchior 311
Gronda, Giovanna 668
Grotowsky 880
Groulx, Lionel 838
Groux, Henry de 513
Grüninger, Johann 122
Grynaeus, Simon 123, 133, 219, 406, 422
Gsell-Fels, Th. 665f
Guacanagarí 254, 271f
Gubrynowicz, B. 806
Günther, H. 232
Gueux, Jules 456
Guevara, Francisco Maldonado de 751
Gumbrecht, Hans-Ulrich 438
Gustav von Schweden 116
Gutenberg, Johannes 343f

Gutiérrez Lasanta, Francisco 645
Guzmán, Martín Luis 976
Haase, Wolfgang 263
Hack, Peter 881, 888ff
Häbler, Konrad 121, 139
Hair, P.E.H. 572
ha-Levi, Shelomo 65
Hall, Donald G. 543
Hamblet, Edwin 839, 845
Hammer, Heinrich 28
Hamsun, Knut 669
Hancock 341
Hanke, Lewis 30, 45
Hansen, Klaus P. 541
Hantzsch, V. 104
Harisse, Henry 78, 486
Harte, Bret 554
Harth, Helene 845
Hasenclever, Walter 711, 725ff, 866, 880
Haswell, William 382
Hausmann, Frank-Rutger 431
Hausmann, Franz Josef 352
Hawthorne, Nathaniel 573
Hayford, Harrison 543
Hazlett, John D. 532, 543
Hébert, Anne 834
Hedges, William L. 535, 543
Heers Taviani 147
Hegel, Georg Friedrich Wilhelm 515f, 541, 608, 620, 951
Hein, Wolfgang-Hagen 435
Heinrich der Seefahrer 145, 715
Heinrich VII 561
Heitmann, A. 693
Hemingway, Ernest 563ff
Hemlow, Joyce 398
Hémon, Louis 838
Henlein, Peter 329
Henripetri, Sebastian 123
Henry VII, (King of England) 386, 391
Hentschel, Cedric 421
Herlinghaus, Hermann 620, 908
Herodot 923
Herr, Michael 123, 141
Herrera, Antonio de (Herrera y Tordesilla, Antonio) 361, 363, 365, 370, 405
Herrero Ezpeleta, Miguel 357
Hertzka, Emil 699
Herzog, Reinhart 266, 270
Hesse, Hermann 707
Hewitt, Bernard 574
Heydenreich, Titus 140, 232, 254, 271, 337, 352, 378, 433, 479, 620f, 644f, 647, 666, 725f, 741, 777, 879, 898, 907, 912, 915, 919, 922,

925, 930f, 980
Heyse, Paul 667
Hidalgo (Padre) 9
Himmelsbach, Siegbert 323, 606f, 619ff
Hinck, Walter 271
Hindemith, Paul 704
Hindenburg, Paul von 734
Hinman, R.B. 264
Hiob 713
Hitler, Adolf 732, 735ff, 837
Hodgen, Margaret T. 268
Hodgson, Heather 544
Hölz, Karl 792
Höniger, Nikolaus 124, 135ff
Hoffmann, F.L. 263
Hofmann, Heinz 230, 262ff
Hoiris, Ole 693
Hojeda, Alonso de 160
Holder, Alan 562, 576
Holländer, Hans 840, 845
Hollander, A.N.J. den 574
Homer 18, 259, 278, 307, 460, 480, 518, 608
Honecker, Erich 91
Honour, Hugh 45
Hoppenot, Henri 704
Horaz 783
Hostos, Eugenio María de 579, 581f
Hovdar de La Motte, Antoine 307
Howells, W.D. 554
Hozven, Roberto 792
Huarte de San Juan, Juan 294
Hudde, Hinrich 352, 423, 425
Huemer, Allen 29, 32, 35, 44
Hugenberg, Alfred 732
Hugo, Victor 619, 623, 627, 636fff, 657
Hulme, Peter 276
Humboldt, Alexander von 401ff, 794
Humboldt, Wilhelm von 401, 409, 429, 437
Hume, David 522f
Huron, Adario 350
Hussein, Saddam 91
Huttich, Johannes 109, 116, 122, 133f, 141
Huxley, Aldous 819
Huysmans, Joris-Karl 487, 494, 511
Ideler, Jul. Ludwig 423
Iglesias, Roger 777
Ijsewijn, Josef 229f
Indikopleustes, Kosmas 145
Irving, Washington 411, 431, 470, 481, 528, 530f, 546, 548, 554, 571f, 612, 748, 794f
Irzykowski, Karol 814, 823
Isabella von Kastilien (Isabel la Católica) 27, 42, 58, 65, 67, 363, 366, 386, 391, 448, 520, 548, 631, 711f, 728, 750, 778, 869, 881, 883, 888f, 894, 902, 944, 958f, 966, 973
Isaiah (Prophet) 89
Isidor von Sevilla 144f
Ister, Aethicus 144
Iustinus 228
Jacob, E.G. 122
James, Henry 554, 559, 562, 575
Jammes, Francis 697
Jane, Cecil 44
Janik, Dieter 646
Jarry, Alfred 91, 833, 880
Jauss, Hans Robert 755
Jedin, Hubert 267
Jenike, L. 794
Jensen, Johannes Vilhelm 669ff
Jeppesen, Bent Haugaard 693ff
Jerzy 823
Jesaia 713
Jiménez de Quesada, Gonzalo 279
João II de Portugal 62, 386, 388
Joaquin (Abad) 60
Johannes, (Priester) 144
John, (King of Portugal), siehe João II de Portugal
Johnston, Mary 571
Jonas (Prophet) 842
Jonckheere, Karel 859
Jones, Donald G. 27, 571
Jones, Michèle H. 456
Jones, W.H.S. 121
Jorgensen, Aage 693ff
Joseph I (Kaiser) 239
Joyce, James 945
Kadir, Djelal 977, 984
Kadziela, J. 819
Kästner, Hannes 123
Käutner, Helmut 741
Kafka, Franz 89
Kahler, Ernst 889
Kallimachos 153
Kant, Immanuel 971, 982
Kanut Schäfer, Paul 421
Karcher, Carolyn L. 576
Karl - Albert von Sardinien - Piemont 459, 470
Karl II (König von Spanien) 239
Karl III, (König von Spanien) 359, 361f
Karl IV, (König von Spanien) 359
Karl V (Kaiser) 41, 239f, 266, 715, 719
Karl VI (Kaiser) 236, 239f
Kauffmann, Georg 266
Kayserling, Moritz 47, 76, 81
Keith, Ellis 634f

Kelley, James E. 267
Kenney, Alice P. 541, 543
Kerbrat-Orecchioni, Katherine 880
Kerényi, Karl 886, 893
Kernberg 93
Kijowski, A. 822
Kirk, Clara 397f
Kirk, Rudolf 397f
Kirkpatrick, Gwen 984
Kirkpatrick, J. 300, 306
Kirsch, Wolfgang 270
Kistler, Bartholomäus 126, 129
Klauser, R. 479
Kleiber, Erich 699
Kleist, Heinrich von 882, 893
Klencke, Hermann 420, 434
Klingelhöfer, Hans 139, 142, 231
Klopstock, Friedrich Gottlieb 295, 307
Klowski, J. 231f
Klüpfel, Karl 124
Knaller, Susanne 619
Knauer, Georg Nicolaus 275
Knight Miller, Henry 398
Koch, Hans 480, 664
Kochanowski, Jan 797
Kocka, Jürgen 617, 621
Köhler, Erich 605
Kolno, Jan de 796
König, Hans-Joachim 139
Kösting, Karl 710
Kohl, Karl-Heinz 45, 123, 140, 268
Kohut, Karl 93, 984
Konetzke, Richard 271
Konstantin (Kaiser) 87f
Kopernikus, Nikolaus 527, 686, 802f
Korbonski, Stefan 823
Kosciuszko 799
Koselleck, Reinhart 398, 429f, 438, 974, 982
Krasinski, Zygmunt 816
Krauss, Werner 323, 292, 899, 908
Kremers, Dieter 619
Krüger, Reinhard 606, 619
Krysztofiak 693
Krzeminski, Stanislaw 794f, 805
Krzyzanowski, Adam 795
Kunoth, George 267
Kuntz, M.L. 104
Kwasniewski, K. 796
Labriolle, Jaqueline de 698, 703ff
Lacan 89, 93f
Lacave, José Luis 76
La Condamine 322
Lacroix, Paul 323
Lactantius 286
Lämmert, Eberhard 621
Laet, Johann de 220

Lagerlöf, Selma 670
La Hontan, Baron de 309, 350
Lalotte, Victor 494
Lam, A. 807
Lamartine, Alphonse de 492, 619, 623, 905
Lambart, Friedrich 742
Lamore, Jean 591
Landa, Diego de 84
Landino, Cristoforo 147
Landry, Georges 494
Landsberg, Melvin 576
Lang, Hans-Joachim 543f, 574
Laraia, Mirella 979
Larbaud, Valery 779
LaRochefoucauld 396
Larreta, Enrique 976
La Salvia, Adrian 667
Las Casas, Bartolomé de 21, 30, 38, 50, 53, 55ff, 85f, 88ff, 110, 139, 157, 216, 270, 283f, 290, 293, 301f, 334, 343, 344, 370f, 411, 416, 424, 524, 590, 610, 709, 719, 901, 905, 926, 963f, 980
Lassonde, Normand 844
Laubenberger, Franz 268
Laureau, Pierre 313, 316f, 320
Laurencie, Jean de la 510
Laurent, Françoise 837f, 844f
Lautréamont 833
Lawrence, David Herbert 562
Leach, E. 931
Leary, Lewis 541
Lebeu, Jean 123
Le Bossu, P. 307
Leduc-Park, Renée 845
Leibniz, Gottfried Wilhelm 349
Leisy, Ernest E. 571
Lelewel, Joachim 796
Lemartinel, J. 293f
Lemcke, Johannes 263
Lemercier, Népomucène Louis 441ff
Lenin, Vladimir Iljitsch 895
Lenz, Günter H. 574
Leòn, Juan Ponce de 171, 279
León Pagano, José 596
Leopardi, Giacomo 22, 459
Leopold I (Kaiser) 239
Leo X, (Papst) 106, 134
Leo XIII, (Papst) 211, 457, 479, 612, 616, 651, 655, 657, 666
Lequenne, Michel 723
Léry, Jean de 119, 124, 158
Lesage, Jean 843
Lespinasse 316f, 321
Lespinasse de Langeac, Chevalier 313
Le Suire, Robert Martin 311ff

Leszczynski, J.N. 805
Leszczynski, Nepomucen 794
Lethen, Helmut 726, 741
Levi, David 666
Levin, David 572
Lévi - Strauss, Claude 912, 916, 922, 929, 931
Lewis-Short 274
Lezama, Antonio de 292
L' Hermite, R.P. 710
L'Huillier, Henriette 88, 512
Lichtenberger, Johann 130
Lipsius, Justus 136, 142
Livius 228
Llull, Ramón 840
Loaiza, Guillermo C. 623
Loeuwer, Alfred 513
Löw, Conrad 137f, 142
Löwenberg, Julius 429
Lombroso, Cesare 539
London, Jack 708, 821
López de Gómara, Francisco 119, 124, 284, 292f, 370, 422
López de Laras, Guillermo 624
López Mozo, Jerónimo 862
López Velarde, Ramón 5
Lorisika, Irene 893
Loschky, Helen 542
Louis XVI 346
Louis XVII 492, 495
Luchesi, Elisabeth 45
Lucka, E. 711
Lucki, A. 807
Ludwig, Walther 230, 264
Lüsebrink, Hans-Jürgen 337, 354, 378, 424
Luhmann, Niklas 270
Lujan, Micaela 278
Lukács, Georg 605, 893
Lukan 161, 273, 307
Lukrez 167f, 177, 273, 307, 397
Luque, Malo de siehe Almodovar, Duque de
Luther, Martin 133f, 214, 527, 611, 686
Luz y Caballero, José de 401
Lyell, James P.R. 106
Mably 351
Maciag, W. 821
Madariaga, Salvador de 36, 42, 45f, 48, 54, 65, 67, 73f, 76f, 78ff, 567f, 775, 880, 980f
Madison, Robert D. 543
Magelaes, Fernão de 714ff
Magnosco, (Monsignore) 457, 479
Mahn-Lot, Marianne 777
Maillet, Antoine 835
Maimónides, Moisés 105

Majakowskij 823
Major, André 844
Major, R.H. 139, 121
Malaspina 428
Maldonado-Denis, Manuel 590
Malfilatre, Jacques Charles Louis 308
Mallarmé, Stéphane 840
Malraux, André 721
Mandalin, A. 822
Mandeville, John 121, 144, 147, 159, 165, 171, 744, 923
Mandrillon, Joseph - Henri 340ff
Manfroni, Camillo 668
Mangers, Jürgen von 652
Mann, Thomas 707, 814, 944, 954
Mansfield, Luther S. 574
Manzano, Juan 364, 379
Mapes, Erwin K. 647
Mara, Edith 619
Marat, Jean Paul 837
Maravall, José Antonio 292
Marcus, Aage 675
Margarit, Mosén Pedro 163
Mariani, Gaetano 665, 667
Marie-Antoinette 492, 503
Marineo Siculo, Lucio 370
Marini, M. 264
Maritain, Jacques 508, 514
Marlowe, Stephen 566f, 577
Marmontel, Jean - Francois 307ff
Márquez, Alexis 983
Márquez Rodriguez, Alexis 979
Márquez Villanueva, Francisco 948, 954
Marshall, David 323
Marsillach, Adolfo 861
Martel, R. 833
Martí, José 583, 589
Martín, Carlos 647
Martin, Wendy 397f
Martines, Fernan 792
Martínez Mediero, Manuel 862
Martini, Dario G. 667
Martín Recuerda, José 862
Martyr Anglerius, Peter 66, 71, 81, 109ff, 126, 129ff, 149, 154f, 157, 159ff, 219, 270, 277, 290, 292, 370, 524, 659, 780, 980
Marx, Karl 91, 950, 955, 961, 972
Massini, L.C. 480
Masson, André 305
Mather, Cotton 517
Maurikios (Kaiser) 238
Maximilian, Kaiser 129
Mazzali, Ettore 292
McAlister, Lyle N. 271
McDuffie, Keith 979

McElroy, John Harmon 481, 542f
McKaye, Steele 554
McKeown, J.C. 270
McWilliams, John 542, 572
Mead, Georg Herbert 967, 981
Mèchoulan, Henry 352
Medina, Jeremy T. 754
Meisel, Kurt 888
Mejía, Medardo 625
Mejía Sánchez, Ernesto 645, 647
Mela, Pomponius 144
Melanchton 133
Melville, Herman 534, 539, 545, 548ff, 969
Méndez, Diego 176
Méndez Plancarte, Afonso 644
Mendoza y Bobadilla, Francisco 80
Menéndez Pidal, Ramón 53f, 75, 78, 293
Menéndez y Pelayo, Marcelino 281, 293
Menton, Seymour 984
Métellus, Jean 895, 898ff, 926
Metlitzky Finkelstein, Dorothee 573
Meyer, Reinhart 304, 306
Meyer, Reinhold 263
Meyer-Abich, Adolf 420f
Meyer-Minnemann, Klaus 776
Michael, Johannes 80
Michaud, Guy 441, 456
Michelet, Jules 492, 505
Mickiesiczs 816
Mickiewicz, Adam 797f, 800, 805f
Mickl, Johann Christian Alois (Abt Quirinus) 153, 230, 233, 236ff
Mieroszewski, J. 823
Mikulski, T. 807
Milhaud, Darius 697ff
Milhaud, Madeleine 704f
Millán, María del Carmen 719f
Miller, Elizabeth W. 541
Miller, Joaquin 538
Miller, J.W. 528
Milosz, Czeslaw 823
Milton, John 295, 297, 300, 307, 311, 524, 608
Minc, Rosa 979
Minguet, Charles 287, 293f, 422, 439
Minián de Alfie, Raquel 293
Miralles, Alberto 861ff
Miron, Gaston 835, 844
Mitre, Bartolomé 982
Moebus, Joachim 45, 123, 140
Mörchen, Helmut 741f
Molina, Enrique 977
Monastra, Rosa Maria 667
Moñiz Perestrello, Felipa (Muñiz de Perestrello, Felipa) 461, 710, 973
Monleón, José 879
Montaigne, Michel de 290, 396, 753, 764, 776, 924f, 931, 944
Montalbetti, Jean 844
Montbrun, Ch. 913, 923, 931
Montchal, Louis 503, 514
Montesino, Ambrosio 277
Montesquieu 298, 301, 304, 306, 321, 349, 360
Montezuma 41, 764ff
Monti, Giuseppe 657
Moore, James L. 542
Morales, Angel Luis 792
Morall, E.J. 121
Morandi, Luigi 651
Mordechai Farrisol, Abraham ben 47
More, Thomas 94
Morínigo, Marcos A. 279, 292, 294
Morison, Samuel Eliot 77, 147, 152, 175, 267, 269, 271f, 275, 480ff, 539, 567f, 572, 649, 664
Morley, Griswold S. 292
Morley French, Bryant 575
Morsztyn, Jan Andrzej 797
Morsztyn, Zbigniew 797
Morus, Thomas 132, 168, 214, 290f
Moses-Krause, Peter 740
Motolinía 428
Moyle, Jeremy 268, 271
Mozáb, Gadel 624
Mozart, Wolfgang Amadeus 842
Müller, André 741f
Münster, Sebastian 97, 107ff, 133f
Muller, Marcel 511
Mumme 329
Muno, Jean 775
Muñiz, Carlos 862, 879
Muñoz, Juan Bautista 357ff, 405, 424, 430f
Muratori, Ludovico Antonio 77
Murdoxk, Kenneth B. 541
Murena, Héctor 962
Muro Orejón, Antonio 378
Muscetta, Carlo 666
Musculos, Wolfgang 106
Mussolini, Benito 663
Muzi, Giovanni 900
Nagy, Moses M. 323
Naigeon 338
Nalkowska, Zofia 823
Napoleon 482, 492, 495, 503, 610f, 620, 799, 837
Nash Smith, Henry 575
Nason, Elias 383
Nasau, Johann Moritz von 225f
Natta, Fulvia 481

Nebukadnezar 643
Nedergaard, Leif 693ff
Neher, Caspar 888
Nemesian 266
Németh s, Jenö 619
Neruda, Pablo 605, 619
Neuber, Wolfgang 120, 139f, 306
Neuhausen, Karl August 705
Neuman, A. 81
Neuss, E. 232
Neves, Eugenia 619
Newton, Isaac 349, 397
Nexö, Martin Andersen 670
Nichol, John P. 549
Nicoletti, Gianni 776
Niebuhr, Reinhold 551
Nielsen, Erik A. 695
Nielsen, Ricardo 859
Nietzsche, Friedrich 91, 675, 969ff
Niewöhner, S. 105
Niza, Tadeo de 428
Nodier, Charles 6o7
Norwid, Kamil 799, 806
Novales, A. Gil 378
Novalis 840
Nowakowski, T. 823
Nuix y Perpiná, Juan 362, 377
Numerianus 266
Núñez, Estuardo 420
Núñez, Pedro, Alonso 113
Núñez Cabeza de Vaca, Alvar 791
Núñez Coronel, Fernán 67
Ochoa Sandy, Gerardo 954f
Oehlenschläger, Adam 673
O'Gorman, Edmundo 27, 29, 44, 293, 421f, 436ff, 546f, 572
Ojeda, Anonio de 375, 719
Ojetti, Ugo 661, 667
Olguín, Manuel 781f, 791
Olmo, Lauro 862
Olmos, Andrés de 428
Olpe, Johann Bergmann von 126
Olsen, Otto H. 575
Olszewicz, Boleslaw 796, 801, 805
Oña, Pedro de 278, 292
Opfermann, Susanne 541
Oppian 217
Orell, Conrad 305
Orioli, Giovanni 666
Ormerod, B. 930f
Orosius, Paulus 144f
Ortega y Medina, Juan A. 428
Ortelius, Abraham 412
Ortiz, Diego 62
Ortiz, Fernando 420f
Orzeskowa, Eliza 824
Otero, Lisandro 976f, 983
Otero Silva, Daniel 977

Otten, Michel 716
Ouellet, F. 844
Ovid 268, 273
Oviedo 149, 178
Oyuela, C. 754
Pabst, Walter 777
Pacheco, Andrés 64
Pacheco, Juan Emilio 951
Pacheco, Pedro 907
Page, T.E. 121
Pageaux, Daniel-Henri 323
Pagni, Andrea 984
Palencia, Alonso de 56
Palma, Ricardo 613
Papen, Franz von 734
Paradowska, J. 806
Paratore, Ettore 665ff
Pardo Bazán, Emilia 752, 754f
Parini, Giuseppe 655
Parker Willis, Nathaniel 542
Parodi, Emma 665f
Parry, J.H. 45
Partridge, Eric 456
Pascarella, Cesare 649ff
Paso, Fernando del 952, 976f, 983
Passeron, Jean 646
Pastor, Beatriz 294
Pattee, Fred L. 541
Paul (Apostel) 86
Paul III (Papst) 141
Pauw de 313, 367, 372
Pavel, Rafael 264f
Pavoni, Rosanna 665
Paz, Marcos R. 624
Paz, Octavio 2, 17f, 781, 978
Pearson, J. 106
Pease, Arthur Stanley 269
Pedreira, Antonio 589
Péguy, Charles 505
Peiper, Tadeusz 801, 806
Pelegrinus, Iohannes 76
Pellico, Silvio 459, 478
Péméja 338
Penn, William 527
Penney, C.L. 542
Perenotti, Antonio, (Kardinal) 149f, 176, 178
Perestrello e Moñiz, Felipa 389
Pérez, Ramón Alberto 979
Pérez, Tomás 615
Pérez Bustamante, C. 378
Pertek, J. 796, 805
Petit, Jacques 510f
Petitjean, Roget J. 913
Petrarca, Francesco 177
Petri, Heinrich 122
Petroni, P. 481f
Petrucciani, Mario 665

Pfeiffer, Heinrich 421
Pfeiffer, Ludwig K. 438
Phelan, Anthony 742
Philbrick, Thomas 544
Philipp II 80, 280, 361
Philipp V 240
Philoponus, Honorius 220
Picasso, Pablo 833
Piccolomini, Aeneas Sylvius 53, 61, 147
Picon, Gaetan 830
Pike, Frederick B. 45
Pina, Ruy de 56
Pinciano, López 294
Pindar 297
Pineda Yáñez, Rafael 79
Pintor, Giaime 664, 668
Pinthus, Kurt 741
Pinzón, Martín Alonso 38, 123, 251, 289, 364, 561, 710, 787, 848, 851, 872f, 984
Pinzón, Vicente 115, 251, 346, 847f, 851ff
Piovesan, Alessandro 859
Pirckheimer, Willibald 131
Pius II, (Papst) 53, 61, 147
Pius IX, (Papst) 457, 470, 479, 483, 488, 616, 620, 651, 656, 898ff, 900f
Pius XI, (Papst) 663
Pizarro, Francisco 29, 275, 311, 321, 325, 327, 331f, 335f, 342, 362, 427, 464, 475, 708, 715, 828
Pizer, Donald 577
Pizzirani, Luigi (Giggi) 655, 662, 665, 667
Placcius, Vincentinus 234, 245, 252, 263f, 269
Planck, Stephan 121
Platon 18, 94, 217, 221f, 643, 717, 783
Plautus 270
Plinius 110, 121, 128, 132, 144, 147
Plinius d. Ä. 217
Plocher, Hanspeter 844
Poe, Edgar Allen 549, 573
Pökel, W. 230
Pörtl, Klaus 879f
Pollet, J. 232
Pollmann, Leo 619
Polo, Marco 27, 40, 107, 110, 120f, 147, 159, 165, 173, 431, 532, 573, 709, 716f, 727, 744, 784, 867ff, 915, 923
Polybios 227
Pongerville, M. de 441
Pontano, Giovanni 174

Pope, Alexander 307
Popp, Georg 336
Posse, Abel 902, 904, 908, 948, 957ff
Postel, Guillaume 97
Porras, Matias de 278
Potocki, Waclaw 797
Prado, Jerónimos del 67
Pratt, Mary Louise 421, 429
Prause, Gerhard 776
Preisendanz, Wolfgang 305
Prescott, William H. 528, 535f, 546, 548, 572
Preston, Thomas R. 541
Prete, Sesto 263
Prien, Hans-Jürgen 621
Prose, T.T. 292
Prosperi, Adriano 666
Proust, Marcel 913
Provost, Foster 539
Ptolemaios 110, 144f, 152, 223
Pulci, Luigi 786
Pupo-Walker, Enrique 293
Puschkin, Alexander 837
Putschögl, Emil 264
Quartino, L. 231
Quesada, Ernesto 593, 616
Quevedo, Francisco de 943
Quiles, Eduardo 862
Quinet, Edgar 607
Quinn, Arthur Hobson 561, 575
Quirinus (Abt): siehe Mickl, Johann Christian Alois
Raabe, Paul 212
Racine 608
Racine, Louis 323
Rackham, H. 121
Raddatz, Fritz J. 740
Radermacher, Hans 971, 982
Raleigh, Walter, Sir 527, 529
Ramage, Edwin S. 791
Ramírez Torres, Rafael 624
Ramminger, Johann 274
Ramos, Virginia 859
Ramusio, Gian Battista 149, 270
Rauw, Johann 142
Raynal, Guillaume - Thomas, (Abbé) 313, 325, 334f, 337, 338f, 345f, 351ff, 360ff
Read, Louise 512
Redford, Daniel 830
Regiomontanus 147, 176
Reif, Monika 775
Reiff, Arno 276
Reinhard, Wolfgang 139, 269, 271
Reinhardt, Max 697, 699
Remarque, Erich Maria 821
Renan, Ernest 492, 652

Revilla Rico, Mariano 106
Reyes, Alfonso 779ff
Reynolds, Winston A. 292
Richardson, Samuel 382
Richardson, Robert D., Jr. 542
Richey, Russel E. 571
Richter, Eckart 323
Richter, Melvin 306
Riedel, Alfred 398
Riega,
Riesz, János 337, 353, 433, 620, 644, 741, 879, 983
Rimbaud, Arthur 833
Rincón, Carlos 909
Ringmann, Matthias 125, 214, 268
Ríos, José Amador de los 80
Rioux, Marcel 843ff
Ritter, Carl 420
Rivas, Angel de Saavedra y Ramírez de Baquedano, Duque de 745
Rivera, Jose Eustasio 983
Rivinius, Karl J. 666
Roa Bastos, Augusto 976f
Robb, James Willis 781f, 789, 791f
Roberts Anderson, Charles 573
Robertson, William 328, 336, 360f, 362ff, 399, 424, 522f, 541, 794
Robles, José 564
Rode, Helge 692
Rodó, José Enrique 963
Rodrigo (Mestre) 62
Rodríguez Méndez, José María 862, 880
Roellenbleck, Georg 276
Roger, Jaques 456
Roggiano, Alfredo A. 792
Rojas, Emilio 624
Roldán, Bartolome 714, 365f, 375, 714, 959, 965, 984
Roldán, Francisco 70
Roloff, Volker 931
Romeo, Rosario 268
Romero, Denzil 977, 983
Rosa, Simón de la 80
Rosas 596
Roselly de Lorgues, Antoine-François-Félix Comte 457, 479, 483f, 486, 612, 620, 754, 897
Rosenberg, Eleanor 263
Rosenblat, Angel 980
Rosenthal, Bernard 574
Rosenthal, Earl 239, 266f
Rosenthal, Manuel 705
Rosin, Robert 231
Rossel, Sven H. 695
Roth, Cecil 48, 77, 80
Rousseau, Jean - Jacques 315, 326, 417, 611, 900, 982

Rowson, Susanna 381ff
Rowson, William 383
Royer, Jean 844
Rozas, Juan Manuel 293
Ruchamer, Jobst 123, 131ff
Ruibal, José 862, 880
Ruiz de Alarcón y Mendoza, Juan 279
Ruiz Ramón, Francisco 293, 879
Rumazo, José 625
Ruskin, John 390
Sabatini, Francesco 662, 667
Sabelico, Antonio 55
Sacco, Nicola 565
Sacrobosco, Johannes de (John Holywood) 152
Sadeler, Jan d.Ä. 763, 771, 778
Sahagún, Bernardino de 428
Saint-John Perse 619
Saint-Lambert, Jean-François 345
Salinas, Pedro 636, 643, 646f
Salotti, Marco 664
Sánchez, Alberto 743, 751, 753
Sánchez, Gabriel 48, 66, 233
Sánchez, Jean-Pierre 791
Sánchez, Otero 76
Sánchez, Raphael 233
Sander, R. 931
Sanders, Ronald 36, 45
Sanguineti, Angelo 457, 479
Santa María, Pablo de 65
Santángel, Luis de 32, 48, 65f, 110, 126, 166, 233
Santís, Rafael de 795
Santos, Luis Martín 976
Santos, Rodolfo 618
Santos Rivera, José 647
Sanz, Carlos 262, 775
Sarazani, Fabrizio 665f, 667
Sarduy, Severo 948
Sarmiento, Domingo F. 583ff
Sarmiento, Martín (Fray) 357
Sartre, Jean Paul 89, 877
Sastre, Alfonso 864
Sauton, A. 484
Schäfer, Eckart 231f
Scharlau, Birgit 123
Schelsky, Helmut 271
Scherfig, Hans 669, 674, 692, 695
Schiottz-Christensen, Aage 694
Schlegel, Friedrich 741
Schleyer, Winfried 893
Schlieben-Lange, Brigitte 422
Schliemann, Heinrich 708, 779
Schmid, Hermann 711
Schmidel, Ulrich 119, 124, 969
Schmidl, Utz 982
Schmidt, Bernhard 754
Schmidt, Maurizio 778

Schmidt, P.G. 264
Schmidtmayer, Rudolf 230, 238, 264ff
Schnabel, Johann Gottfried 168
Schneider, Hans-Julius 106
Schöwerling, Rainer 397
Scholochow, Michail 821
Schuchard, Barbara 620
Schütze, Peter 893
Schulte, Bettina 893
Schulz-Buschhaus, Ulrich 617, 621
Schwarzenberger, G. 693
Schweikart, Hans 888
Schweikle, Günther 775
Schweikle, Irmgard 775
Scipio 482
Scott, Walter, Sir 537, 555, 976
Scribner, Charles 577
Scudder, Harold H. 552
Scurla, Herbert 420, 429
Seco Serrano, Carlos 427, 429
Secret, F. 104
Sedlmeyer, Hans 267
Segher, Anna 881ff
Segrais, Jean R. 307
Segre, Mario 264
Seidensticker, B. 264
Selomo al-Harizi, Yehuda ben 105
Seneca 132, 221f, 225, 232, 373, 713, 902
Senior, Abraham 67
Sepúlveda, Juan Ginés de 216
Serrano y Sanz, Manuel 80
Serrao, Francisco 714
Sert, José Maria 697
Severus 266
Sforza, Ascanio, Kardinal 111
Shakespeare, William 552, 611
Shaw, Bernard 734, 971
Shelley, Percy Bysshe 798
Sicardi, Francisco A. 623
Sienkiewicz, Henryk 816
Sievernich, Michael 294
Sigourney, Lydia H. 528
Silbermann, Otto 779
Simka, F. 264
Sixel, Friedrich Wilhelm 122, 139
Skard, Sigmund 574
Skelton, R.A. 44
Skibicki, Michal Rola 806
Sklovskij, Viktor 250, 271
Skutsch, Otto 275
Slabczynski, W. 796, 805
Slaski, K. 796
Slawinski, J. 824
Slowacki, Juliusz 800, 806, 816, 822
Smirin, M.M. 894

Smith, Henry Nash 556
Smith, Katy 565
Smith, Marion 577
Smith, William Jay 859
Snowden, Richard 542
Sobczynski, J. 795
Socrates 799
Solinus 217
Solís y Ribadeneira, Antonio de 310, 311f, 357, 359, 361
Solow, Herbert 576
Somerset 398
Sommers, Doris 983
Sonntag-Krum, Beate 791
Soustelle, Jacques 704
Soyfar, Jura 742
Spadolini, Giovanni 655, 665f
Sperber, Dan 880
Spiller, Roland 908, 979, 984
Spitz, Lewis W. 231
Sprengel, Mathias-Christian 379
Stackelberg, Jürgen von 930f
Staden, Hans 124, 158, 231
Stalin, Josif W. 837
Stangerup, Hakon 693, 695
Stanislavsky 880
Statius 218, 273
Stauder, Thomas 668
Stefanowska, Z. 806
Steiner, Carlo 480
Steiner, Georg 953
Steinwachs, Gisela 839, 845
Stella, Giulio Cesare 233f, 243, 245f, 252, 254, 256, 260, 263, 268ff
Stendhal 442, 750
Stevens, Henry 425
Steward, Dugald 399
Stiavelli, Giacinto 666
Stiffoni, Giovanni 378
Strabon 128, 144f, 152, 217
Stradanus (J. van der Straet) 218
Stratmann, Gert 399
Strauss, Richard 697
Stubbs, Ricardo Walter 623
Sueton 228
Sukiennicki, Wiktor 803, 807
Sulzer, Johann Georg 326, 336
Surius, Lorenz 134f, 141
Sutherland, Ronald 834
Swain, James Q. 753
Swedenborg, Emanuel 971f, 980, 982
Szenwald, Lucjan 801
Szewcsyk, L. 821
Szymanowski, Waclaw 799, 806
Taborski, B. 822
Tacitus 55, 228
Taine, Hippolyte 505

Talavera, Hernando de 67
Tamms, Werner 741
Tardival, Jules 838
Tasso, Torquato 60, 278, 307, 312, 324, 460, 480, 608, 655
Taviani, Paolo Emilio 33, 36, 45f, 267, 269, 272, 275, 480, 667
Tazbir, Janusz 804, 806
Tertullian 218
Test, George A. 543
Thacher, John Boyd 77
Theophrast 217
Thevet, André 158
Thomas, Brook 574
Thoss, M.M. 930f
Tieghem, Paul van 456
Tietz, Manfred 378, 646
Tito, Josip 837
Todorov, Tzvetan 29, 31, 40, 44f, 83ff, 123, 141, 540, 545, 547, 571f, 751, 755, 893, 911ff, 967, 972, 981
Tognetti, Gaetano 657
Tolstoi, Lew 821, 643
Tommasini 478, 482
Tonguc, Spencer 574
Topitsch, Ernst 777
Torlais, Jean 323
Torres, Edelberto 645
Torres, Luis de 69
Tortarolo, Edoardo 324
Toscanelli, Paolo 709f, 716, 720, 786, 792
Tougas, Gérard 845
Tourgée, Albion Winegar 537, 559, 561f, 564, 566f, 575
Tourneux, Maurice 324
Townsend Ludington 576
Traustedt, P.H. 693
Tremblay, Michel 834, 843f
Triana, Rodrigo de 897
Tristão, Nuño 145
Trousson, Raymond 775
Trutat, Alain 777
Tryggvason, Olaf, König 678
Trzeciakowski, L. 796
Tucholsky, Kurt 725ff, 866, 880
Tucholsky, Mary 742
Tuñón de Lara, M. 880
Túpac Amaru 428
Turner, Frederick Jackson 555
Tuttle, Edward F. 776
Twain, Mark 539, 546, 548, 554ff
Tyszynski, Aleksander 800f, 806
Ugartes, Manuel 636
Ujejski, Kornel 803
Uris, Leon 814
Uslar Pietri, Arturo 943, 976, 983

Usodimare, Antoniotto 145
Uzielli, Gustavo 262
Värmland 670
Valbuena Prat, Angel 744, 755
Valera, Diego de 78
Valéry, Paul 487, 511
Vallières, Pierre 843
van der Horst, K. 230
van der Woude, S. 230, 232
Van Hoof, Henry 859
Van Wyck Brooks 563, 565, 576
Vanzetti, Bartolomeo 565
Varela, Consuelo 424, 590
Vargas Llosa, Mario 976
Vasco de Quiroga 279
Vasconcelos, José 18
Vecinho, Joseph 62
Vega, Ana Lydia 896, 906f, 909
Vega, Garcilaso de la 293
Vega, Lope de 277ff, 710f, 957
Velázquez, Diego Rodríguez de Silva 631
Vélez de Guevara, Luis 279, 292
Velmont, Joan 965
Velser, Michel 121
Vergil 153, 157, 160, 167, 175, 177f, 219, 226, 235, 249, 260f, 300, 307, 318, 470, 518, 525, 608
Verlinden, Charles 271
Vespucci, Amerigo 27, 107, 114f, 119, 134, 158, 214, 217ff, 263, 268, 296, 321, 342, 349, 366, 428, 430, 434ff, 454f, 473, 713, 738, 788
Vian, Boris 833
Vier, Jacques 323, 512
Vignaud, Henry 78, 479
Vigneaults, Gilles 838
Vigneras, L.A. 44
Viktor Emanuel III, König 663
Vilar Béroguain, Pierre 294
Viñas, David 618
Vincent, Howard P. 574
Vitez, Antoine 933, 941
Vittorini, Elio 663f
Vitzthum, Richard C. 543
Vivaldi (Brüder) 475
Volta, Alessandro 478, 482
Voltaire 307, 311f, 321f, 323, 360, 435, 900
Voßkamp, Wilhelm 271
Vossler, Karl 281f
Voukovitch, Stevane 859
Wagener, François 907
Wagner, F. 267
Wagner, Richard 560, 842
Wagner, Sabine 142
Waida, Andrzej 809, 824

Waldseemüller, Martin 27, 122, 125, 214, 241, 268, 567
Wallerstein, Immanuel 35, 39, 46
Walter, H. 267
Waltzer, Hildreth Naomi 590
Wandycz, D.S. 806
Warner, Charles Dudley 558
Warner, Maria 95
Warnicki, L. 806
Washington, George 341, 346, 527, 643
Wasilewska, Wanda 801
Wassermann, Jakob 294, 707ff, 726ff
Weber, Alfred 543
Wedderburn, A. 399
Wedekind, Pamela 888
Wedgwood, C. V. 567
Wehdeking, Volker 893
Weimar, Klaus 305
Weinrich, F.J. 710
Weintraub, W. 806
Welles, Orson 663
Wellwarth, George W. 667f, 866
Wendt, Reinhard 140
Wentzlaff-Eggebert, Christian 620, 909
Werner, Hansheinz 791
Wessely, Rudolf 889
Wetterer, Angelika 305
Wetzel, Ernst 305
White, Hayden 616, 621, 954, 974, 983
Whitman, Walt 539, 554, 643, 671
Wientraub, W. 798
Wiesenthal, Simon 433
Wild, Reiner 329, 336
Wilder, Ania 741f
Wilhelm, Gertraude 693
Wilhelm, Julius 578
Willet, John 726
Williams, Roger 565
Williams, Stanley T. 541, 543, 554, 574
Williams, William Carlos 562f
Wilson, Deirdre 880
Wilson, Edmund 576
Wilson, Samuel 211
Winsor, J. 794
Wittkower, Rudolf 121
Wivel, Henrik 679, 693ff
Woldan, E. 231
Wolff, Mathias 264
Wuthenau, Alexander von 28, 44
Ximeno 70
Yitzhak Baer, Fritz 48, 80f
Yxart y Moragas, José 613, 621
Zabughin, Vladimiro 276
Zacharias, Thomas 267

Zacuto, Abraham ben Samuel 62ff
Zalewski, Witold 822
Zamora, Margarita 427
Zannazzo, Giggi 662, 667
Zannettus, Fanciscus 233
Zannino, Adriano 668
Zaragoza, Gonzalo 378
Zayas, Colon 590
Zea, Leopoldo 17
Zedler, Johann Heinrich 305
Zeromski, Stefan 816
Ziechmann, Jürgen 775
Zima, Peter V. 590
Zmantar, Françoise 791
Zola, Emile 503, 752, 755
Zorrilla de San Martín, Juan 613, 623
Zpracoval Ryba, Bohumil 264
Zuchowski, J. 805
Zuretti, Juan Carlos 621
Zweig, Stefan 707f, 714f, 718, 720f, 723

Adressen

Prof.ssa Carminella BIONDI
Università degli Studi di Parma
Facoltà di Magistero Istituto di
Lingue e Letterature Romanze
Via Jenner, 8

I-43100 Parma

Dr. Günter BLAMBERGER
Institut f. Deutsche Sprach-u.
Literaturwissenschaft
Universität Erlangen-Nürnberg
Bismarckstr. 1

D-8520 Erlangen

Prof.Dr. Günter BÖHM
Universidad de Chile
Centro de Estudios de Cultura
Judaica
Casilla 13583

Santiago de Chile

PD Dr. Hartmut BOBZIN
Institut f. Außereuropäische
Sprachen und Kulturen
Universität Erlangen-Nürnberg
Bismarckstr. 1

D-8520 Erlangen

Prof.Dr. Helmbrecht BREINIG
Institut f. Amerikanistik
Universität Erlangen-Nürnberg
Bismarckstr. 1

D-8520 Erlangen

Dr. Thomas BREMER
Institut f. Romanische Philologie
Universität Gießen
Karl-Glöckner-Str. 21, Haus G

D-6300 Gießen

Prof.Dr. Dietrich BRIESEMEISTER
Iberoamerikanisches Institut
Potsdamer Str. 37

D-1000 Berlin 30

Prof.Dr. Giovanni DOTOLI
Università di Bari
Facoltà di Lingue
Via Garruba, 6/b

I-70121 Bari

Dr. Ottmar ETTE
Institut f. Romanistik
Katholische Universität Eichstätt
Universitätsallee 25

D-8078 Eichstätt

Prof.Dr. Hans-Günter FUNKE
Institut f. Romanistik
Universität Regensburg
Postfach 397

D-8400 Regensburg

Prof.Dr. Franz FUTTERKNECHT
University of Florida
Department of Germanic and Slavic
Languages and Literatures
263 Dauer Hill

Gainesville, Florida 32611-2005
USA

Prof.Dr. Elio GIOANOLA
Piazzale dei Glicini 2/9

I-16156 Genova

Dr. Marga GRAF
Mariahilfstr. 7

D-5100 Aachen

PD Dr. Bernd HENNINGSEN
Weinschenkstr. 20

D-8000 München 50

Prof.Dr. Manfred HENNINGSEN
University of Hawaii
Department of Political Science
2424 Maile Way, Porteus 605

Honolulu/Hawaii 96822/USA

Dr. Hermann HERLINGHAUS
Planckstr. 20

O-1080 Berlin

Dr. Jochen HEYMANN
Institut f. Romanistik
Universität Erlangen-Nürnberg
Bismarckstr. 1

D-8520 Erlangen

Prof.Dr. Heinz HOFMANN
Rijksuniversiteit Groningen
Faculteit der Letteren
Postbus 716

NL-9700 AS Groningen

Prof.Dr. Volker KAPP
Universität Kiel
Romanisches Seminar
Olshausenstr. 40-60

D-2300 Kiel

Dr. Heinz KLÜPPELHOLZ
Luisental 3

D-4330 Mülheim/Ruhr 1

Prof.Dr. Peter-E. KNABE
Romanisches Seminar
Universität Köln
Albertus Magnus Platz

D-5000 Köln 40

Dr. Wynfried KRIEGLEDER
Institut f. Germanistik
Universität Wien
Universitätsstr. 7

A-1010 Wien

Prof.Dr. Hans-Joachim LANG
Julius Vosselerstr. 41c

D-2000 Hamburg 54

Gérard LAUDIN
(Université de Rouen)
Les Florins

F-45220 Châteaurenard

Prof.Dr. Arno LÖFFLER
Institut f. Anglistik
Universität Erlangen-Nürnberg
Bismarckstr. 1

D-8520 Erlangen

Prof.Dr. Hans-Jürgen LÜSEBRINK
Romanisches Seminar
Universität Passau
Innstr. 25

D-8390 Passau

Dr. Wolfgang NEUBER
Institut f. Germanistik
Universität Wien
Universitätsstr. 7

A-1010 Wien

AOR Dr. Karl August NEUHAUSEN
Philologisches Seminar
(Mittellatein)
Universität Bonn
Am Hof 1

D-5300 Bonn

Dott.ssa Patrizia OPPICI
Viale Mentana 112

I-43100 Parma/Italia

Dr. Andrea PAGNI
Universität Regensburg
Institut f. Romanistik
Postfach 397

D-8400 Regensburg

Prof.Dr. Horst PIETSCHMANN
Romanisches Seminar
Universität Hamburg
Von-Melle-Park

D-2000 Hamburg 13

Dr. Hanspeter PLOCHER
Universität Augsburg
Institut f. Romanistik
Universitätsstr. 10

D-8900 Augsburg

Prof.Dr. Volker ROLOFF
Gesamthochschule Siegen
FB III - Sprach- u. Literatur-
wissenschaften
Adolf-Reichenwein-Str.

D-5900 Siegen 21

Dr. Thomas Daniel SCHLEE
Im Tal 26

A-4040 Linz

Prof.Dr. Ludwig SCHRADER
Romanisches Seminar
Universität Düsseldorf
Universitätsstr. 1

D-4000 Düsseldorf

Dr. Joachim SCHULTZ
Lehrstuhl f. Romanische Literatur-
wissenschaften u. Komparatistik
Universität Bayreuth
Postfach 101251

D-8580 Bayreuth

Dr. Roland SPILLER
Institut f. Romanistik
Universität Erlangen-Nürnberg
Bismarckstr. 1

D-8520 Erlangen

Prof.Dr. Ulrich STELTNER
Institut f. Slawistik
Universität Erlangen-Nürnberg
Bismarckstr. 1

D-8520 Erlangen

Prof.Dr. Anthony STEPHENS
The University of Adelaide
Department of German

Adelaide, South Australia 5001

Prof.Dr. Janusz TAZBIR
u. Warecka 11 m. 21

00-034 Warszawa/Polen

Prof.Dr. Manfred TIETZ
Fakultät f. Philologie
Romanisches Seminar
Universität Bochum
Universitätsstr. 150

D-4630 Bochum 1

Sabine WAGNER, M.A.
Zieglergasse 15/25

A-1070 Wien

Dr. Monika WALTER
Isländische Str. 5

O-1071 Berlin

Prof.Dr. Harald WENTZLAFF-EGGEBERT
Romanisches Seminar
Universität Bamberg
Postfach 1549

D-8600 Bamberg

Prof.Dr. Friedrich WOLFZETTEL
Institut f. Romanische
Sprachen u. Literaturen
J.W. Goethe-Universität
Gräfstr. 69

<u>D-6000 Frankfurt 90</u>

Prof. Susana ZANETTI
Avda. Díaz Vélez 5242 - 2°D

<u>1405 Ciudad de Buenos Aires</u>
Argentina